스펄전 설교전집 14

이사야Ⅲ

독자 여러분들께 알립니다!

'CH북스'는 기존 **'크리스천다이제스트'**의 영문명 앞 2글자와
도서를 의미하는 **'북스'**를 결합한 출판사의 새로운 이름입니다.

스펄전 설교전집 14

이사야III

1판 1쇄 발행 2021년 9월 15일

발행인 박명곤 **CEO** 박지성 **CFO** 김영은
편집 채대광, 김준원, 박일귀, 이은빈, 김수연
디자인 구경표, 한승주
마케팅 임우열, 유진선, 이호, 김수연
펴낸곳 CH북스
출판등록 제406-1999-000038호
대표전화 070-4917-2074 **팩스** 031-944-9820
주소 경기도 파주시 회동길 37-20
홈페이지 www.hdjisung.com **이메일** main@hdjisung.com
제작처 영신사 월드페이퍼

'그리스도와 그의 나라를 위하여'
CH북스는 여러분의 의견 하나하나를 소중히 받고 있습니다.
원고 투고, 오탈자 제보, 제휴 제안은 main@hdjisung.com으로 보내 주세요.

스펄전 설교전집 14

The Treasury of the Bible

스펄전 설교전집

이사야 Ⅲ

이광식 옮김

CH북스
크리스천
다이제스트

차례

■ 이 사 야 Ⅲ

이사야 Ⅲ

제
63
장

예수의 채찍 맞으심에 의한 우리의 치유

"그가 채찍에 맞음으로 우리는 나음을 받았도다."—사 53:5

일전에 엑시터 홀에서의 저녁 예배 때, 나는 우리의 사랑하는 형제 고(故) 맥케이(Mackay) 씨가 말씀을 전하면서 한 사람에 대해 언급하는 것을 들었습니다. 그 사람은 영혼에 대하여 아주 깊은 관심을 가졌고, 구원을 발견하기까지는 결코 안식을 누릴 수 없다고 느꼈습니다. 그래서 성경을 손에 들고서 그는 이렇게 말했습니다. "영생은 이 하나님의 말씀 어딘가에서 발견될 것이다. 그것이 여기에 있다면, 나는 그것을 찾아낼 것이다. 나는 이 책을 통독하면서 매 장을 넘길 때마다 하나님께 구할 것이기 때문이다. 아마도 이 책 어딘가에는 나를 위한 구원의 메시지가 포함되어 있을 것이다."

맥케이 씨는 말하기를, 그 진지한 구도자가 창세기와 출애굽기와 레위기 등을 쭉 읽어 내려가면서, 그리스도께서 그곳에 명백히 계심에도 불구하고 예표와 상징들 속에서 그분을 발견하지 못했다고 했습니다. 구약의 역사서들도 그에게 안위를 제공하지 못했고, 욥기 역시 마찬가지였습니다. 그는 시편을 읽어 내려갔지만, 역시 그곳에서도 자기 구주를 발견하지 못했습니다. 다른 책들에서도 마찬가지였는데, 마침내 그는 이사야서에 도달했습니다. 그는 이 선지서를 계속 읽어 내려가다가 거의 끝 부분에 이르렀습니다. 그 때 53장에서 이 말씀이 그의 관심을 사로잡았습니다. "그가 채찍에 맞으므로 우리는 나음을 입었도다." "이제야 나는 찾았다"라고 그가 말했습니다. "여기에 죄로 병든 내 영혼에 필요한 치유가 있다. 이제 나는 그것이 주 예수 그리스도의 고난으로 말미암아 어떻게 내게로 임하게 되는지를 이해할 수 있다. 그분의 이름을 찬양합니다. 나는 구원받았습니다!"

그 구도자가 성경을 진지하게 탐색한 것은 아주 지혜로운 일이었습니다. 이 책에 생명을 주는 말씀이 있고, 성령께서 그 말씀을 그 구도자의 마음에 계시해 주신 것은 그보다 훨씬 더 좋은 일입니다. 나는 스스로에게 이렇게 말했습니다. "이 본문은 내게 아주 적합하며, 아마도 죄를 각성한 다른 사람들에게도 하나님의 음성이 들려올 수 있을 것이다." 이 구절을 통해 에디오피아 여왕의 시종장에게 말씀하셨던 그분이(참조. 행 8:32), 성경을 진지하게 탐색하며 읽는 사람들의 마음을 감동하셨던 그분이, 또한 이 설교를 듣거나 읽는 많은 사람들에게도 말씀하실 것입니다! 하나님은 매우 은혜로운 분이시니, 그분이 우리의 기도를 들으실 것입니다.

이 설교의 목적은 아주 단순합니다. 나는 이 본문에 다가가길 원하며, 이 말씀으로 여러분에게 다가가길 원합니다. 성령께서 이 두 가지 모두를 감당할 힘을 주시어 하나님께 영광을 돌리게 하시길 빕니다!

1. 하나님이 죄를 하나의 질병으로 다루심

본문의 의미에 충분히 다가가기 위해 노력하면서, 나는 먼저 이 말을 하고 싶습니다. 하나님께서는, 무한한 자비 속에서, 여기서 죄를 하나의 질병으로 취급하십니다. "그가 채찍에 맞으므로" —주 예수님이 맞으신 채찍을 말합니다— "우리는 나음을 받았도다." 우리 주님의 고난을 통하여 죄가 용서되고, 우리가 악의 권세에서 건짐을 받습니다. 여기서 이것이 하나의 치명적인 질병으로부터의 치유로 언급되고 있습니다. 금생의 삶에서 주님은 죄를 하나의 질병으로 다루십니다. 만약 그분이 즉각적으로 죄를 죄로서 다루시고, 그에 대해 해명하도록 우리를 그분의 법정에 소환하신다면, 우리는 즉시 아무런 소망을 바랄 수 없는 상태로 떨어질 것입니다. 왜냐하면 우리는 그분의 정죄에 해명하지 못할 것이며, 그분의 정의로부터 우리 자신을 변호하지 못할 것이기 때문입니다. 크신 긍휼로 그분은 우리를 불쌍히 바라보십니다. 그리고 그분은 한동안 우리의 악한 태도들을 마치 처벌되어야 할 반역적인 죄로 다루기보다는, 치료되어야 할 질병들로 취급하십니다.

하나님 편에서 볼 때 그렇게 하는 것은 너무나 자비로운 일입니다. 죄가 질병으로 취급되는 동안에는, 그에 상응하는 처우를 받을 것입니다. 만약 우리의 죄악들이 피할 수 없는 질병의 결과라면, 우리는 비난보다는 긍휼을 요청할 수 있을 것입니다. 하지만 우리는 고의적으로 죄를 범합니다. 우리는 악을 선택하며, 마음속으로 죄를 짓습니다. 따라서 우리는 도덕적 책임을 지고 있으며, 그것이 죄를 하나의 거대한 악으로 만듭니다. 죄는 우리의 불행이기보다는 우리의 악입니다. 하지만 하나님께서는 한동안은 그것을 다른 방식으로 바라보십니다. 그분은 우리를 소망의 관점에서 바라보실 수 있습니다. 즉 그분은 죄를 악한 범죄로서가 아니라 질병으로서 보실 수 있는 것입니다. 여기에 이유가 없는 것이 아닙니다. 심각한 악에 빠진 사람들이 종종 그들의 동료들에 의해 그들이 전적으로 악한 것이 아니라 부분적으로 정신이 온전치 못해 그렇게 되었다고 관대하게 판단되는 경우도 있기 때문입니다. 악을 향한 성향은 대개 크든 적든 어느 정도는 정신적 질병을 동반하며, 아마도 육체적 질병을 동반하기도 합니다. 하여간, 죄는 가장 나쁜 종류의 영적 질병입니다.

죄는 하나의 질병입니다. 왜냐하면 그것은 인간성의 본질적인 부분이 아니며, 하나님이 창조하셨을 때 인간 본성의 필수적인 구성 요소가 아니었기 때문입니다. 타락하기 이전의 인간은 더할 나위 없이 진실했습니다. 특별히 "인자"라고 불리었던 그는 죄를 알지 못했고 그 입에 거짓도 없었습니다. 그 때 인간은 온전하였습니다. 죄는 병적인 것입니다. 그것은 일종의 암이 자라는 것과 같으며, 인간 영혼의 내부에 없어야 하는 것입니다. 죄는 인간성을 교란시키며, 인간으로 하여금 인간다움을 잃게 만드는 것입니다. 죄는 파괴적입니다. 그것은 인간의 머리에서 왕관을 앗아가며, 그의 지성에서 빛을, 그의 마음에서 기쁨을 빼앗습니다. 우리는 인류에게 파괴적인 결과를 미치는 심각한 질병들을 언급할 수 있지만, 그 중에서도 최악은 죄입니다. 정녕 죄는 죽음에 이르게 하는 해로운 알이며, 거기에서 모든 다른 질병들이 부화되어왔습니다. 그것은 모든 치명적인 질병들의 원천이며 근거입니다.

죄가 하나의 질병인 이유는, 그것이 인간의 전체적인 체계를 어긋나게 하기 때문입니다. 그것은 인간의 더 낮은 기능들을 높은 곳에 위치시키며, 몸으로 하여금 영혼을 다스리게 만듭니다. 인간이 말 위에 올라타야 합니다. 하지만 죄인에게는 말이 인간 위에 올라탑니다. 정신이 동물적인 본능들과 성향들을 억제해야 합니다. 하지만 많은 사람들에게서, 동물성이 정신적이고 영적인 특성들을 뭉개버리고 맙니다. 예를 들어, 얼마나 많은 사람들이 먹고 마시는 것이 마치 존재의 주된 목적인 양 살아가고 있습니까? 그들은 살기 위해 먹는 것이 아니라 먹기 위해 삽니다! 인간의 기능들이 죄로 인해 원활하지 못하며, 발작적으로 불규칙하게 작동합니다. 어느 것 하나도 제자리를 지키고 있다고 믿을 수 없습니다. 생명의 힘을 유지하는 균형상태가 심각하게 훼손되었습니다. 마치 몸의 질병이 이상증세로 불리듯이, 죄는 영혼의 이상증세입니다. 인간 본성은 뒤죽박죽되었고, 건강을 잃었으며, 더 이상 인간답지 못합니다. 그는 죄로 말미암아 죽었으니, 이는 "네가 먹는 날에는 반드시 죽으리라"(창 2:17)고 경고를 받은 대로입니다. 인간은 질병으로 훼손되었고, 상해를 입었으며, 병들었고, 마비되었으며, 오염되었고, 부패했습니다. 이는 죄가 그 본래의 특성을 나타낸 정도에 정확히 비례하는 것입니다.

죄는, 질병과 마찬가지로, 인간을 약화시킵니다. 어떤 사람들에게는 도덕적인 힘이 붕괴되어 거의 찾아보기 힘들 정도입니다. 양심은 치명적인 폐병에 걸린 상태에서 힘겨워하고, 그 소모성 질환으로 인해 점차 망가집니다. 이해력은 악에 의해 절름발이가 되고 맙니다. 의지는 악을 위해서라면 강력하지만 선을 위해서는 약합니다. 정직의 원리와 덕목을 위한 결심에 인간의 진정한 힘이 놓여 있지만, 그것은 악행에 의해 약화되고 손상되었습니다. 죄는 은밀하게 흐르는 피의 흐름과도 같아서, 인간을 위한 필수적인 자양분 중에서 핵심적인 요소들을 빼앗습니다. 어떤 사람들은 선과 악을 분간할 능력조차 잃어버려 거의 죽은 것과 다름없을 정도입니다! 사도는 우리에게 "우리가 아직 연약할 때에 기약대로 그리스도께서 경건하지 않은 자를 위하여 죽으셨도다"(롬 5:6)라고 말합니다. 이 무능함은 죄의 질병으로 인한 직접적인 결과이며, 그것이 우리의 전 인간성을 약화시킨 것입니다.

죄는 하나의 질병으로서 어떤 경우에는 극도의 고통과 괴로움을 야기하지만, 다른 경우에는 감각을 무디게 합니다. 빈번하게 발생하는 사례는, 사람이 죄를 더 많이 지을수록 그것을 더 적게 의식한다는 것입니다. 어떤 악명 높은 범죄에 대하여 많은 사람들이 살인죄로 기소된 당사자를 무죄로 생각한 적이 있습니다. 왜냐하면 그가 자신의 감정을 조금도 드러내지 않았기 때문입니다. 그 비열한 사람에게는 침착함이 있었는데, 내 생각으로는 그것이 그가 그 범죄에 매우 친숙했다고 하는 잠정적인 증거였습니다. 만일 무죄한 사람이 큰 잘못에 대한 혐의로 기소되었다면, 기소 자체가 그를 두렵게 만듭니다. 그런 경우 상황을 면밀히 검토하고, 죄와 수치심을 구분하기만 하면, 그는 혐의에서 풀려날 수 있습니다. 수치스러운 행위를 할 수 있는 사람은 그 잘못으로 기소될 때 얼굴을 붉히지 않습니다. 사람은 죄 속으로 더 깊이 들어갈수록, 그것이 죄였음을 덜 인정합니다. 마치 아편을 복용하는 사람처럼, 그는 갈수록 더 많은 양의 죄의 마약을 복용하는 능력을 획득하게 되어, 마침내 다른 백 명의 사람들을 죽일 정도의 치사량도 그에게는 가벼운 영향만 끼칠 뿐인 상태에 이르게 됩니다. 언제든지 거짓말을 할 수 있는 사람은 거짓말쟁이가 되는 것으로 인한 도덕적 타락을 거의 의식하지 않습니다. 비록 자신이 거짓말쟁이로 불리는 것에 대해서는 수치스럽게 생각해도 말입니다. 분별력을 잃게 하고 양심을 마비시키는 것은 죄의 질병이 초래하는 최악의 증세들 중의 하나입니다.

인간이 물려받는 다른 질병들과 마찬가지로, 죄는 점차로 확실하게 고통을 야기합니다. 죄가 자각될 때, 그것이 얼마나 큰 발작을 일으키는지요! 언젠가 양심이 깨어날 것이며, 죄를 지은 영혼에게 놀람과 고통으로 가득 채울 것입니다. 이 세상에서가 아니라면, 다른 세상에서 틀림없이 그렇게 할 것입니다. 그 때는 주의 율법을 어기는 것이 얼마나 무서운 일인지 알게 될 것입니다.

죄는 인간을 오염시키는 질병입니다. 어떤 질병들은 인간을 매우 불결하게 만듭니다. 하나님이 정결에 대한 최고의 판단자이십니다. 그분은 지극히 거룩하시고 죄를 용납하실 수 없기 때문입니다. 주님은 죄를 혐오스러운 것으로 여기시며, 최종적으로 불결한 것들이 스스로에 의해 차단되게 하는 한 장소를 예비하십니다. 하나님께서는 이곳 지상에서도 부정한 것들과 함께 거하지 않으실 것이니, 부정한 것은 천국에서도 그분과 함께 거하지 못할 것입니다. 사람들이 나병환자들을 격리시키듯이, 정의는 천상의 세계에서 모든 더러운 것들을 쫓아내야 합니다. 오 내 청중이여, 여러분이 계속해서 악을 고집한다면, 주께서는 여러분을 그분의 임재로부터 쫓아내셔야 하지 않겠습니까?

죄의 질병은 인간을 오염시키는 것일 뿐 아니라, 동시에 우리에게 아주 해로운 것입니다. 그것이 삶의 숭고한 즐거움과 활동을 막는다는 사실에서 그 해로움을 알 수 있습니다. 죄 속에서는, 인간이 존재하긴 하지만 진정으로 사는 것이 아닙니다. 성경이 말하듯이, 죄 속에 있는 인간은 살아 있는 동안에도 죽은 자입니다. 우리가 죄 속에 거하는 한, 우리는 지상에서 하나님을 섬길 수 없으며, 천상에서도 영원히 그분을 즐거워할 소망을 가질 수 없습니다. 우리는 완전한 영들과 교통할 수 없고, 하나님과도 교제할 수 없습니다. 이 교제의 상실이야말로 죄의 모든 해악 중에도 최악입니다. 죄는 우리에게서 영적인 시력과 청각과 감각과 미각을 앗아가며, 그렇게 함으로써 단순한 존재를 진정한 삶으로 전환시키는 그러한 기쁨들을 빼앗는 것입니다. 그것은 우리에게 진정한 죽음을 가져다주며, 그리하여 우리는 파멸 속에 존재할 뿐, 생명이라고 불릴 수 있는 모든 것을 빼앗기는 것입니다.

이 질병은 치명적입니다. 성경에 이렇게 기록되지 않았습니까? "범죄하는 그 영혼은 죽을지라"(겔 18:20). "죄가 장성한즉 사망을 낳느니라"(약 1:15). 죄가 없어지지 않으면 어떤 인간에게도 영생의 소망은 없습니다. 이 죄의 질병은 결코 저절로 소멸되지 않습니다. 악인들은 갈수록 악한 상태로 떨어질 것입니다. 이 현재의 상태에서와 마찬가지로 다른 세상에서도 신자의 성품은 계속해서 발전하고 성숙해지듯이, 죄인들은 영적인 죽음의 결과에 따라 갈수록 부패해질 것입니다. 오 나의 친구들이여, 여러분이 그리스도를 거절한다면, 죄가 여러분의 평화와 기쁨과 미래의 전망을 모두 삼킬 것이며, 무엇이든 소유할 가치가 있는 모든 것을 여러분에게서 빼앗아갈 것입니다! 다른 질병들의 경우에는 체질이 질병을 이길 수도 있고, 여러분은 회복될 수도 있습니다. 하지만 죄의 질병의 경우에, 하나님의 개입이 없다면, 여러분 앞에는 영원한 죽음밖에는 아무것도 남지 않을 것입니다.

하나님께서 죄를 하나의 질병으로 다루시는 이유는, 그것이 실로 질병이기 때문입니다. 나는 여러분이 그렇게 느끼기를 바랍니다. 그 때 여러분은 주께서 이런 방식으로 여러분을 대하심을 감사하게 될 것입니다. 우리 중에서 많은 이들은 죄를 하나의 질병으로 느꼈으며, 또한 그것에서 치유되었습니다. 오, 다른 사람들도 주님께 죄를 범하는 것이 얼마나 큰 악인지를 깨달을 수 있기를 바랍니다! 그것은 전염성이 있으며, 오염시키며, 치유될 수 없는, 치명적인 질병입니다.

아마도 누군가 이렇게 말할 것입니다. "왜 당신은 이런 문제를 제기하나요?

그것이 우리를 불쾌한 생각으로 가득하게 만듭니다." 내가 그렇게 하는 이유는 저 거대한 메나이(Menai) 하로교(下路橋, 단면이 직사각형이 관 모양의 다리로서 중공(中空)부분을 통로로 함 — 역주)를 세운 기술자의 경우와 마찬가지입니다. 그 다리가 세워졌을 때, 어떤 동료 기술자들이 그에게 말했습니다. "당신은 모든 형태의 난제들을 제기한 셈입니다." 그가 대답했습니다. "예, 내가 그 난제들을 제기한 것은 내가 그것을 풀기 위해서입니다." 그와 마찬가지로, 우리가 이 시간에 인간의 본성적인 슬픈 상태에 대해 상세히 말하는 것은, 이 본문이 달콤하게 들려주는 영광스러운 치유법을 더 효과적으로 제시하기 위해서입니다.

2. 하나님이 죄의 치유법을 선언하심

하나님은 여기서 죄를 하나의 질병으로 다루시며, 또한 그분이 제공하시는 치유법을 선언하십니다. "그가 채찍에 맞음으로 우리는 나음을 받았도다."

내가 여러분에게 우리 주 예수님이 맞으신 채찍에 대해 말하는 동안, 나와 함께 묵상의 보조를 맞추어주시길 엄숙히 요청합니다. 주님은 우리를 회복시키려 결심하셨고, 그분의 독생자 곧 "참 하나님에게서 나신 참 하나님"(very God of very God, 그리스도의 위격에 관한 니케아 신경의 표현 — 역주)을 보내기로 하셨으며, 그리하여 그분이 우리의 속량을 위해 우리의 본성을 취하여 이 세상에 내려오실 수 있었던 것입니다. 그분은 한 인간으로서 사람들 중에 사셨습니다. 그리고 때가 되자, 삼십 년 가량 섬김의 삶을 사신 후에, 모든 섬김 중에서도 가장 큰 섬김의 행위를 보이실 때가 되었으니, 곧 우리를 대신하여 징계를 받음으로 우리로 하여금 평화를 누리게 하신 것입니다. 그분은 겟세마네로 가셨습니다. 그곳에서 우리의 쓴 잔을 먼저 맛보셨으며, 핏방울 같은 땀을 흘리셨습니다. 그분은 빌라도의 법정에 가셨고, 헤롯의 심판대에 서셨으며, 거기서 우리를 위하여 우리 대신 고통과 조롱의 잔을 마셨습니다. 마지막에, 사람들이 그분을 십자가로 데려가, 거기서 못 박아 죽였습니다. 거기서 그분은 죽으셨고, "의인으로서 불의한 자를 대신하셨으니 이는 우리를 하나님 앞으로 인도하려 하심입니다"(벧전 3:8).

"채찍"이라는 단어는 그분의 육체와 영혼 모두의 고난을 나타내기 위해 사용되었습니다. 그리스도의 전부가 우리를 위한 속죄제물이 되었습니다. 그분의 인성 전체가 고난을 당했습니다. 그분의 몸은, 그분의 정신과 마찬가지로 말로 표현할 수 없는 고통을 겪으셨습니다. 그분의 수난 초기에, 우리를 대신하여 크게 고통당하셨을 때, 그분은 고통스러워하셨으며, 그분의 신체에서 핏방울과 같은 땀이 많이 맺혀 땅에 떨어졌습니다. 피를 땀처럼 흘리는 경우는 사람에게 매우 희귀합니다. 한두 번 그런 일을 겪는다면, 거의 즉각적인 죽음이 뒤따릅니다. 하지만 우리 구주께서는 사셨는데, 다른 사람에게는 치명적인 것으로 판명되었을 그런 고통을 견디고 사신 것입니다. 그분이 이 진홍색 땀방울들을 얼굴에서 다 씻어내기도 전에, 그들은 서둘러 그분을 대제사장의 집으로 끌고 갔습니다. 한밤중에 그들은 그분을 묶어서 끌고 갔습니다. 곧이어 그들은 그분을 빌라도에게와 또 헤롯에게로 데려갔습니다. 군병들이 그분에게 채찍질을 했고, 그분 얼굴에 침을 뱉고, 희롱하고, 머리에 가시 면류관을 씌웠습니다. 채찍질은 악의를 품고 가할 수 있는 가장 무서운 고문들 중의 한 가지입니다. 아홉 가닥의 "채찍"을 사용하도록 허용하는 것은 영국인들에게는 영원한 치욕으로 간주됩니다. 하지만 로마인들에게 잔혹함이란 너무나 자연스러워 그들의 일반적인 처벌조차 더없이 잔혹했습니다. 로마인들의 채찍은 황소의 힘줄들로 만들어졌다고 전해집니다. 그들은 그것을 엮어서 매듭들을 만들고는, 이 매듭들 속에 양의 좌골(坐骨)들을 포함하여 뼛조각들을 끼워 넣었습니다. 그래서 채찍을 등에 내려칠 때마다 "쟁기질 하는 자들이 깊은 골들을 파놓았습니다."

우리 구주께서는 저 로마의 채찍이라는 잔혹한 고통을 견디셔야 했지만, 그것이 그분에게 가해진 형벌의 끝은 아니었으며, 단지 십자가형의 예비에 불과했던 것입니다. 여기에 그들은 희롱하고 머리털 당기는 행위를 추가했습니다. 그들은 그분에게 모든 형태의 고통을 남김없이 가했습니다. 그분이 너무나 피곤하고, 피 흘리며 주리신 중에, 그들은 그분에게 십자가를 메고 가게 했습니다. 그리고 그들의 잔인성으로 보아 예견된 일이지만, 그들의 희생자가 도중에 죽지 않도록 하기 위해, 또 한 사람으로 하여금 억지로 그 십자가를 지고 가게 했습니다. 그들은 그분의 옷을 벗기고, 그분을 눕게 한 후, 나무에 못 박았습니다. 그들은 그분의 손과 발에 못을 박았습니다. 그들은 그분을 못 박은 나무를 들어올려 땅에 깊이 자리를 잡도록 내리 꽂았습니다. 그분의 모든 사지는 탈골이 되었고, "나는 물 같이 쏟아졌으며 내 모든 뼈는 어그러졌나이다"라고 한 시편의 탄식처럼(22:14) 그분의 모든 사지는 탈골되었습니다. 그분은 뜨거운 태양 아래 매달려 있었으며, 열기가 그분의 힘을 소진시킬 때쯤 그분은 이렇게 말씀하셨습니다. "내 마음은 밀랍 같아서 내 속에서 녹았으며, 내 힘이 말라 질그릇 조각 같고 내 혀가 입천장에 붙었나이다. 주께서 또 나를 죽음의 진토 속에 두셨나이다"(시 22:14-15).

거기에 매달려 그분은 사람들에게 구경거리가 되셨습니다. 그분의 몸의 무게가 발에 의해 지탱되었고, 마침내 그 못들이 연약한 신경들을 찢어놓았습니다. 그 때 고통스럽게도 몸의 하중이 손에 의해 지탱되기 시작했으며, 그분의 신체상 약한 부분들이 찢어졌습니다. 손에 입은 작은 상처가 어떻게 파상풍을 초래하는지요! 그분의 손과 발의 연약한 부분을 뚫었던 그 쇠못들은 틀림없이 끔찍한 고통을 초래했을 것입니다! 모든 형태의 육체적 고통이 그분의 고통스러운 신체에 집중되었습니다. 그런 와중에도 그분의 원수들은 둘러서서 그분을 가리키며 멸시를 보냈고, 조롱하는 혀를 내밀었으며, 그분의 기도를 웃음거리로 삼고, 그분의 고통을 보며 히죽거렸습니다. 그분이 "내가 목마르다"고 외쳤습니다. 그 때 그들은 그분에게 쓸개 탄 포도주를 주었습니다. 잠시 후에 마침내 그분이 "다 이루었다"고 말씀하셨습니다. 그분은 예정된 고통을 최후까지 견디셨으며, 하나님의 정의를 온전히 옹호하셨습니다. 그 때, 그리고 그 때서야, 그분은 숨을 거두셨습니다. 옛적에 경건한 사람들이 깊은 애정을 가지고서 우리 주님의 육체적 고통을 자세히 설명했습니다. 나 역시 주저 없이 그렇게 하는 이유는, 떨면서 주님을 신뢰하는 죄인들이 구속주의 고통스러운 "채찍"의 상처들 속에서 구원을 볼 수 있기 때문입니다.

우리 주님의 외적인 고통들을 묘사하기란 쉽지 않습니다. 나는 내가 실패했다고 인정합니다. 하지만 그분의 영혼의 고통이야말로, 그분이 겪으신 고통들의 핵심인데, 그 누가 상상이라도 하겠으며, 어찌 감히 제대로 묘사할 수 있겠습니까? 앞에서 나는 여러분에게 그분이 피와 같은 땀방울들을 흘리셨다고 말했습니다. 그것은 그분의 마음에 가해진 영혼의 끔찍한 압박이 표면으로 표출된 것입니다. 그분은 "내 마음이 매우 고민하여 죽게 되었다"(마 26:38)라고 말씀하셨습니다. 유다의 배반, 열두 제자들의 도망이 우리 주님을 슬프시게 했습니다. 하지만 우리의 죄의 무게가 그분의 마음을 짓누르는 진정한 압박이었습니다. 우리의 죄가 마치 올리브 기름을 짜는 틀처럼 그분의 마음을 짓눌러 그분으로 하여금 생명의 진액을 흘리게 만들었습니다.

어떤 언어로도 수난을 앞둔 그분의 고뇌를 설명할 수 없습니다. 그러니, 그 수난 자체를 우리가 어찌 상상인들 하겠습니까! 십자가에 못 박히실 때 그분은 어떤 순교자도 겪지 못한 고통을 견디셨습니다. 순교자들에 대해 말하자면, 그들이 죽을 때 하나님이 그들을 붙들어주셨고, 그래서 그들은 고통 중에서도 기뻐하였습니다. 하지만 우리의 구주께서는 아버지에게 버림을 받으셨기에, 마침내 이렇게 부르짖으셨습니다. "나의 하나님, 나의 하나님, 어찌하여 나를 버리셨나이까?" 그것은 모든 부르짖음 중에서도 가장 쓰라린 부르짖음이며, 그분의 가늠할 수 없는 고뇌의 깊은 곳으로부터 터져 나온 부르짖음이었습니다. 하지만 그분이 버림받으시는 것이 필요했습니다. 왜냐하면 하나님께서 죄를 외면하셔야 했듯이, 결과적으로 우리를 위하여 죄를 지신 그분도 외면하셔야 했던 것입니다. 저 위대한 속죄자의 영혼은 그 공포의 고통을 감수하셨으니, 이는 만약 그분이 죄를 대신 짊어지고 저주를 받지 않으셨더라면 죄인들이 지옥에 떨어질 때 겪어야 하는 공포를 그분이 대신 감수하신 것입니다. "나무에 달린 자마다 저주 아래에 있는 자라"고 기록되었지만(갈 3:13), 그 저주가 의미하는 바가 무엇인지 어느 누가 알겠습니까?

여러분과 나의 죄의 치유책은 주 예수님의 대속의 고통 속에서 발견되며, 오직 그 속에서만 발견됩니다. 주 예수 그리스도께서 받으신 이 "채찍"의 매는 우리를 위한 것이었습니다. 여러분은 "우리의 죄를 제거하기 위해 우리가 해야 할 어떤 일이 있습니까?"라고 묻습니다. 나는 이렇게 대답합니다. "여러분이 해야 할 것은 아무것도 없습니다. 예수님이 채찍에 맞으심으로 우리는 나음을 받습니다. 모든 채찍을 그분이 견디셨으니, 우리가 받아야 할 채찍질은 아무것도 남지 않았습니다."

"하지만 우리는 그분을 믿어야 하지 않습니까?" 아아, 당연히 그러하지요. 만일 내가 치유의 어떤 기름에 대해 말한다면, 그것을 발라 상처에 동여매어주는 붕대가 필요함을 나는 부인하지 않습니다. 믿음은 우리 죄의 상처에 그리스도의 속죄의 연고를 발라 묶어주는 천입니다. 그 천이 치료하는 것은 아닙니다. 치유는 그 기름의 효능입니다. 믿음이 치유하지는 않습니다. 치유의 효능은 그리스도의 속죄에 있습니다.

어떤 사람이 이렇게 질문하며 대꾸합니다. "하지만 정녕 나는 무언가를 해야 하고, 혹은 어떤 일을 감당해야 하지 않을까요?" 내 대답은 이것입니다. "당신은 예수 그리스도께서 하신 일에 아무것도 보태려고 해서는 안 됩니다. 만약 그렇게 한다면 당신은 그분을 크게 불명예스럽게 하는 것입니다. 당신의 구원을 위해, 당신은 예수 그리스도의 상처에 의지해야 하며, 그 외에 다른 어떤 것도 의지해서는 안 됩니다. 본문은 '그가 채찍에 맞으신 일이 우리의 치유에 도움을 준다'라고 말하지 않으며, '그가 채찍에 맞음으로 우리가 나음을 받았다'고 말합니다."

"하지만 우리는 회개해야 합니다."라고 또 한 사람이 말합니다. 물론 우리는 그렇게 해야 하고, 또 그렇게 할 것입니다. 회개란 치유의 첫 번째 표징이기 때문입니다. 하지만 예수님께서 채찍에 맞으신 것이 우리를 치유하는 것이지, 우리의 회개가 치유하는 것이 아닙니다. 예수님께서 채찍에 맞으신 것을 우리의 마음에 적용할 때, 우리 속에는 회개의 작용이 일어납니다. 우리는 죄를 미워하게 되는데, 왜냐하면 그것이 예수님을 고통스럽게 했기 때문입니다.

여러분이 예수님을 여러분을 위해 고난당하신 분으로 신뢰할 때, 그분이 여러분의 잘못으로 인하여 형벌을 대신 감당하셨으므로, 그 동일한 잘못에 대해 하나님이 재차 여러분을 벌하지 않으실 것임을 깨닫게 될 것입니다. 하나님의 정의는 이미 지불된 빚을 다시 갚으라고 요구하지 않을 것입니다. 하나님은 채무를 보증인에게서 찾은 후에 다시 채무자에게서 찾지 않으십니다. 정의는 보상을 두 번씩 요구할 수 없습니다. 만약 피 흘리신 나의 보증인이 내 죄를 짊어지셨다면 그 후에 내가 그것을 다시 짊어질 수 없습니다. 나를 위해 고난당하신 예수 그리스도를 받아들이면서, 나는 모든 사법적 채무로부터의 완전한 면제를 받아들인 것입니다. 나는 그리스도 안에서 정죄되었으니, 따라서 이제는 더 이상 내게 정죄가 없습니다. 이것이 예수님을 믿는 죄인의 안전을 위한 근거입니다. 그가 사는 것은 예수님께서 그를 위하여, 그를 대신하여 죽으셨기 때문입니다. 그가 예수님을 받아들였기에, 그는 하나님께 받아들여집니다. 예수님을 대속자로 받아들인 사람은 해방되었습니다. 어느 누구도 그를 건드릴 수 없습니다. 그는 깨끗합니다. 오 나의 청중이여, 당신은 예수 그리스도를 당신을 위한 대속자로 받아들였습니까? 만약 그렇다면, 당신은 정죄에서 해방되었습니다. "그를 믿는 자는 심판을 받지 아니하는 것이라"(요 3:18). 이와 같이 "그가 채찍에 맞음으로 우리는 나음을 받은 것입니다."

3. 이 치유책은 적용되는 곳에서 즉각적인 효능을 나타냄

나는 여러분 앞에 죄의 질병과 치유책을 제시하려고 노력했습니다. 이제 이 치유책은 그것이 적용되는 곳이면 어디에서나 즉각적인 효능을 나타낸다는 사실을 주목하고자 합니다. 채찍에 맞으신 예수님의 상처가 사람들을 치료합니다. 그것은 우리 중 많은 이들을 치료하였습니다. 그것이 그토록 엄청난 치유의 효력을 지닌 것으로 보이지 않지만, 그 사실을 부인할 수 없습니다. 나는 종종 사람들이 이렇게 말하는 것을 듣습니다. "만약 당신이 예수 그리스도를 믿는 이 믿음이 사람들을 구원하는 것이라고 전한다면, 그들은 거룩한 생활에 대해서는 무관심해질 것입니다." 나는 그 점에 관해서는 어느 누구에 못지않은 좋은 증인입니다. 왜냐하면 나는 매일같이 구원을 위하여 채찍에 맞으신 예수님을 의지하는 사람들 중에 살아가지만, 그런 신뢰로 인해 어떤 악한 결과가 뒤따르는 것을 보지 못했기 때문입니다. 오히려 나는 정반대의 경우들을 보아왔습니다. 가장 나쁜 사람들이 주 예수 그리스도를 믿는 믿음에 의해 최상의 사람들이 되는 것을 보아왔다고 나는 증언합니다. 예수님의 상처는 놀라운 방식으로 도무지 치유할 수 없는 것처럼 보이던 사람들의 도덕적 질병을 치유합니다.

성품이 치유됩니다. 나는 술주정뱅이가 온전한 사람이 되는 것을 보아왔고, 매춘부가 정숙한 숙녀로, 성미 급한 사람이 부드러운 사람으로, 탐욕적인 사람이 관대한 사람으로, 거짓말쟁이가 진실한 사람으로 되는 것을 보아왔습니다. 예수님의 고난을 단순히 믿음으로써 그렇게 된 것입니다. 만일 그것이 그들을 선한 사람으로 만들지 못한다면, 그것은 실제적으로 그들을 위해 아무것도 하지 않는 것입니다. 왜냐하면 여러분은 사람들을 결국에는 그들의 열매로 판단해야 하기 때문입니다. 그리고 만약 그 열매들이 변하지 않는다면, 실상 그 나무가 변하지 않은 것입니다. 성품이 전부입니다. 만약 성품이 올바로 되지 않았다면, 그 사람은 구원받지 않은 것입니다. 하지만 우리가 모순을 두려워하지 않고 말할 수 있는 것은, 속죄의 희생제물이 마음에 적용되면 죄의 질병을 치유한다는 것입니다. 만약 의심된다면, 그렇게 시도해보십시오. 예수님을 믿는 자는 의롭게 될 뿐 아니라 거룩하게 됩니다. 믿음으로써 그는 전적으로 변화된 사람이 되는 것입니다.

양심이 그 고통에서 치유됩니다. 죄는 인간의 영혼을 망칩니다. 그는 활기도 없고 기쁨도 없었습니다. 하지만 그가 예수님을 믿는 순간 빛으로 뛰어드는 것입니다. 종종 여러분은 사람의 얼굴 표정에서 큰 변화를 볼 수 있습니다. 죄책이 양심에서 사라질 때 그 얼굴에서는 검은 구름이 사라집니다. 수십 번씩, 내가 죄

짐을 지고 엎드러져 있는 사람들과 대화를 나누곤 했을 때, 그들의 표정은 내적인 근심으로 인해 정신병원에 가야 할 것처럼 보였습니다. 하지만 그들이 "내가 그리스도를 의지한다면, 그분은 내 편이 되어주신다. 그분이 그렇게 하셨다는 증거가 있다. 나는 그것을 확신한다"는 생각을 붙들었을 때, 마치 천국의 빛이라도 비친 듯 그들의 얼굴 표정은 밝아졌습니다.

그러한 큰 은혜에 대한 감사가 생각을 변화시켜 하나님께로 향하게 합니다. 그리하여 그것이 판단력을 치유합니다. 이 말의 의미는 애정의 방향이 바른 쪽으로 전환한다는 뜻이며, 또한 마음이 치유된다는 의미입니다. 죄는 더 이상 사랑의 대상이 되지 못하며, 하나님이 사랑의 대상이 됩니다. 그리고 거룩함이 바람의 대상이 됩니다. 전인(全人)이 치유되며, 전 삶이 변화됩니다. 여러분 중에 많은 이들이 예수님께 대한 믿음이 어떻게 여러분의 마음을 가볍게 했고, 여러분의 삶의 고통의 짐을 덜어주었으며, 또한 죽음에 대한 두려움의 속박에서 벗어나게 했는지를 압니다. 여러분은 주 안에서 기뻐합니다. 이는 채찍에 맞으신 예수님의 치유책이 그분을 믿는 믿음에 의해 여러분의 영혼에 적용되었기 때문입니다.

"그가 채찍에 맞음으로 우리는 나음을 받았다"는 사실은 증거로 입증되는 문제입니다. 나는 나 자신의 사례를 증언하고자 합니다. 만약 필요하다면, 나는 내가 일상적으로 알고 있는 지인 수천 명을 소환할 수 있습니다. 그들은 그리스도께서 채찍에 맞으신 상처로 인하여 치유되었다고 말할 수 있는 사람들입니다. 하지만 그렇다고 해서 나 자신의 개인적인 증언을 억제해서도 안 될 것입니다. 만약 내가 끔찍한 질병으로 고통을 받았고, 한 의사가 내게 치료약을 주어 나를 낫게 했다면, 나는 여러분에게 그 모든 일에 관해 말하기를 부끄러워해서는 안 될 것입니다. 하지만 내가 나 자신의 사례를 하나의 논증으로 인용하는 이유는 내 의사를 여러분에게 분명히 알리기 위해서입니다.

오래전에, 내가 아직 청년이었을 때에, 내 죄의 짐이 내게 너무나 무거웠습니다. 그렇다고 내가 어떤 심각한 악행에 빠진 것이 아니었으니, 누구든 나를 특별한 범죄자로 간주해서는 안 될 것입니다. 하지만 나는 나 자신을 그렇게 간주했으며, 또 그렇게 간주할 만한 충분한 이유가 있었습니다. 내 양심은 민감했는데 그렇게 가르침을 받았기 때문입니다. 나에게는 경건한 아버지와 기도하는 어머니가 있었고, 경건의 길에서 훈련을 받아온 만큼, 나는 빛을 거역하여 죄를 지었다고 판단했으며, 결과적으로 나는 나의 다른 젊은 동무들에 비해 이점들을 누린 것이 아니라 오히려 내 죄로 인해 더 큰 죄책감을 갖고 있었습니다. 나는 젊은이들의 놀이를 즐길 수 없었는데, 내 양심에 위배되는 행동을 한다고 느꼈기 때문입니다. 나는 내 골방을 찾곤 했습니다. 거기서 나는 홀로 앉아, 성경을 읽고, 용서를 구하며 기도했습니다. 하지만 평화는 찾아오지 않았습니다. 백스터(Baxter)의 『회심하지 않은 자들을 향한 부르심』(*Call to the Unconverted*)이나 도드리지(Doddridge)의 『일어서 전진하라』(*Rise and Progress*)와 같은 책들을 읽고 또 읽었습니다. 이른 아침에 깨어서, 내 죄의 짐이 가볍게 되기를 바라면서, 찾을 수 있는 아주 진지한 종교 서적들을 찾아서 읽곤 했습니다. 내가 항상 그렇게 우울하게 가라앉은 것은 아니었지만, 때때로 내 영혼의 근심은 너무나 컸습니다. 저 눈물의 선지자의 말씀과 욥기의 말씀들이 슬퍼하는 나의 경우에 딱 어울렸습니다. 나는 차라리 삶보다는 죽음을 택하고 싶었습니다.

나는 내 행동을 바르게 하기 위해 할 수 있는 시도를 해 보았습니다. 하지만 내 판단에 나는 갈수록 악화되어가고 있었습니다. 나는 점점 더 우울함을 느꼈습니다. 나는 내가 가볼 수 있는 모든 예배당에 참석해보았으나, 지속적인 위안을 주는 어떤 말씀도 듣지 못했습니다. 마침내 어느 날 나는 복음을 단순하게 전한 어느 설교자가 "땅 끝의 모든 끝이여 내게로 돌이켜 구원을 받으라"(사 45:22)는 본문으로 말하는 것을 들었습니다. 그가 내게 말했을 때 내가 해야 할 일은 예수를, 십자가에 못 박히신 예수를 "바라보는"(look) 것이 전부였습니다. 나는 그 말을 믿기 어려웠습니다. 그가 계속해서 말했습니다. "보라, 보라, 보라!" 그가 이 말을 덧붙였습니다. "한 젊은이가 있습니다. 예배당 복도 왼쪽 편에 아주 슬픈 상태로 앉아 있습니다. 그는 예수님을 바라볼 때까지 평안을 얻지 못할 것입니다." 그리고 나서 그는 소리쳤습니다. "보라! 보라! 젊은이여, 보라!" 나는 보았습니다. 그 순간 구원의 안도감이 임했습니다. 너무나 넘치는 기쁨을 느꼈기에 나는 일어서서 "할렐루야! 하나님께 영광을, 나는 내 죄의 짐에서 구원을 받았습니다!"라고 소리칠 수 있었습니다.

그 때 이후로 많은 날들이 지나갔습니다. 하지만 내 믿음이 나를 지탱해주었고, 나로 하여금 거저 주시는 은혜와 죽음으로 보이신 사랑에 대해 말하도록 강권하였습니다. 나는 진실로 이렇게 말할 수 있습니다.

"당신의 상처에서 흐르는 물과 피를

믿음으로 내가 바라본 이후,
구속의 사랑이 줄곧 내 주제가 되었으니
내가 죽을 때까지 그럴 것입니다."

나는 마지막 임종의 시간에 침상에 앉아서, 나를 치유한 그분의 채찍의 상처에 대해 말하기를 소망합니다. 나는 몇몇 젊은이들이, 그리고 내 앞에 앉아 있는 나이든 분들이, 즉시 이 치유책을 시험해보기를 소망합니다. 그것은 모든 세대의 모든 사람들에게 효험이 있습니다. "그가 채찍에 맞음으로 우리는 나음을 받았도다." 우리 중에 수천수만의 사람들이 이 치료제의 효능을 입증했습니다. 우리는 우리가 아는 것을 말하고, 우리가 본 것을 증언합니다. 하나님의 성령의 능력으로 말미암아, 사람들이 우리의 증언을 받아들이게 되기를 바랍니다!

나는 이 놀라운 만병통치약을 전혀 시험해보지 않은 사람들과 잠시 대화를 나누기를 원합니다. 잠시 비좁은 장소로 갑시다. 친구여, 당신은 우리 중 어느 누구와 마찬가지로 본래부터 영혼의 치유가 필요한 사람입니다. 당신이 이 치유책에 관심을 기울이지 않는 한 가지 이유는 당신이 병들었다고 믿지 않기 때문입니다. 나는 일전에 길을 걷다가 한 행상인을 보았습니다. 그는 지팡이를 팔고 있었습니다. 그는 내 뒤를 따라와 내게 지팡이 하나를 사도록 권했습니다. 나는 그에게 내 지팡이를 보여주었는데, 그것은 그가 팔아야 했던 지팡이들보다 훨씬 더 좋은 것이었습니다. 그러자 그는 즉각 물러났습니다. 그는 내가 구매자가 될 것 같지 않음을 알아차릴 수 있었던 것입니다. 나는 설교할 때에 그 일을 종종 생각하곤 합니다. 나는 사람들에게 주 예수님의 의를 보여줍니다. 하지만 그들은 내게 그들 자신의 의를 보여주는데, 그러면 그들과 거래하려는 모든 소망은 사라지고 맙니다. 만약 내가 그들의 의가 무가치함을 입증하지 못하면, 그들은 믿음으로 주어지는 하나님의 의를 구하지 않을 것입니다. 오, 주께서 여러분에게 여러분의 질병을 보여주시길, 그리하여 여러분이 치료제를 구하게 되기를 바랍니다!

아마도 여러분은 주 예수 그리스도에 관한 설교를 듣는 것에 관심이 없을지도 모르겠습니다. 아아, 내 사랑하는 친구들이여, 구원을 위해서든지 혹은 정죄를 위해서든지, 여러분은 당분간 그분에 관해 들어야 할 것입니다. 주님이 여러분의 마음의 열쇠를 가지고 계십니다. 나는 그분이 여러분에게 더 나은 마음을 주실 것을 기대합니다. 언제든 이런 일이 일어나면, 여러분은 나의 단순한 설교를 기억하게 될 것이며, 아마도 이렇게 말할 것입니다. "나는 기억한다. 그래, 나는 그 설교자가 그리스도의 상처 속에 치유가 있다고 선언하는 것을 들었다."

주님을 찾는 일을 미루지 말라고 당신에게 호소합니다. 그것은 당신 편에서는 크게 주제넘은 일이며, 슬프게도 그분께 도발하는 일이 될 것입니다. 하지만, 혹 당신이 그 일을 미루는 경우가 생겨도, 마귀로 하여금 당신에게 너무 늦었다고 말하게 하지 마십시오. 목숨이 지속되는 동안에는 너무 늦은 경우란 없습니다. 나는 책에서 사십 세 이후에 회심하는 사람들은 극소수라고 언급한 내용을 읽은 적이 있습니다. 내가 엄숙하게 확신하는 바로는, 그런 진술에는 진실성이 희박합니다. 나는 특정 연령층에 속하는 사람들이 다른 연령층에 속하는 사람들과 마찬가지로, 그 연령층의 인구수에 비례하여 회심하는 것을 보아왔습니다. 매월 첫 주일이면 여러분은 교회의 친교 속으로 들어온 삼십에서 팔십의 나이에 이르는 사람들이 오른손을 드는 것을 볼 수 있습니다. 그 명부를 살펴본다면, 어린이부터 노년에 이르기까지 각 연령을 나타내는 사람들을 볼 수 있을 것입니다. 예수님의 보혈에는 오래 뿌리내린 죄를 치유할 권세가 있습니다. 그것은 오래된 마음을 새롭게 만듭니다. 만약 당신의 나이가 천 세라고 해도, 나는 당신에게 예수님을 믿으라고 권할 것이며, 그러면 그분의 채찍에 맞은 상처가 당신을 치유할 것이라고 나는 확신합니다. 당신의 머리털은 거의 빠져 버렸습니다. 노년의 친구여, 당신의 이마에는 깊은 고랑들이 나타납니다. 하지만 이리 오십시오! 당신은 죄와 더불어 쇠하고 있지만, 이 약은 절망적인 경우에도 효험이 있습니다! 연금으로 살아가는 가난하고, 늙고, 병들어 비틀거리는 친구여, 예수님을 믿으십시오. 그분의 채찍에 맞은 상처로 인하여 늙고 죽어가는 사람도 치유됩니다!

내 사랑하는 청중이여, 지금 이 시간 여러분은 치유되었든지 그렇지 않든지 둘 중 하나입니다. 여러분은 은혜로 치유되었든지, 여전히 타고난 질병 중에 있든지 둘 중 하나입니다. 어느 쪽인지 여러분 자신에게 물어보시지 않겠습니까? 많은 사람들이 말합니다. "우리가 어떤 상태인지를 압니다." 하지만 더 생각이 깊은 사람들은 이렇게 말합니다. "우리는 확실히 알지 못합니다." 친구여, 당신은 알아야 하며, 반드시 그렇게 해야 합니다. 내가 어떤 사람에게 이런 질문을 했다고 상상해보십시오. "당신은 파산 상태입니까, 아닙니까?" 그러자 그가 이렇게 대답합니다. "내 장부를 들여다볼 시간이 없습니다. 그래서 확실하지가 않습니다." 나로서는 그가 이십 실링의 돈도 지불할 능력이 없다고 의심할 것입니다. 여러분은 그렇지 않습니까? 어떤 사람이 자기 장부를 들여다보기를 두려워할 때마다, 나는 그가 무언가를 두려워한다고 추측할 것입니다. 마찬가지로, 어떤 사람이 "나는 내 상태를 알지 못합니다. 그 문제에 대해 많이 생각할 겨를이 없습니다"라고 말할 때마다, 그에게 무언가 잘못되었다고 결론내릴 수 있을 것입니다. 여러분은 여러분이 구원을 받았는지 아닌지를 알아야 합니다.

"나는 내가 구원받았다고 생각합니다" 한 사람이 말합니다. "하지만 내 회심의 날을 알지 못합니다." 그것은 전혀 문제가 되지 않습니다. 사람이 자기 생일을 아는 것은 좋은 일이지요. 하지만 사람들이 자기가 태어난 정확한 날짜를 모른다고 해서, 그것 때문에 그들이 살아 있지 않다고 추론하지는 않습니다. 어떤 사람이 자신이 언제 회심했는가를 알지 못하여도, 그것이 그가 회심하지 않았다는 증거는 아닙니다. 요점은 이것입니다. 당신은 예수 그리스도를 의지합니까? 그 믿음이 당신을 새로운 사람으로 만들었습니까? 그리스도께 대한 당신의 믿음이 당신으로 하여금 당신이 용서받았다고 느끼게 만듭니까? 그것이 당신으로 하여금 용서받은 것을 감사하며 하나님을 사랑하게 만듭니까? 그리고 그 사랑이 당신의 삶의 주된 동기가 되었으며, 그리하여 하나님을 향한 사랑이 당신으로 하여금 즐거이 그분께 복종하게 만듭니까? 그렇다면 당신은 치유 받은 사람입니다. 만약 당신이 예수님을 믿지 않는다면, 분명 당신은 여전히 치유되지 않은 것입니다. 나는 당신이 이 본문을 살펴보고 은혜로써 이렇게 말하게 되기를 간절히 바랍니다. "저는 치유 받았습니다. 내가 예수님의 채찍에 맞으신 상처들을 의지하기 때문입니다."

잠시 당신이 치유되지 못했다고 가정하고서, 나는 이 질문을 하고자 합니다. "왜 당신은 치유되지 못했습니까?" 당신은 복음을 압니다. 왜 당신은 그리스도에 의해 치유를 받지 못했습니까? "모르겠습니다"라고 한 사람이 말합니다. 하지만 내 사랑하는 친구여, 당신에게 간절히 호소하니, 당신이 알게 될 때까지 안주하지 마십시오.

"그 말이 무슨 말인지 모르겠군요"라고 누군가 말합니다. 일전에 어떤 소녀가 자기 아버지의 외투에 단추를 달고 있었습니다. 그녀는 창문 쪽으로 등을 기대고 앉은 상태에서 이렇게 말했습니다. "아버지, 저는 볼 수가 없어요. 내가 빛을 가리고 있거든요." 그가 대답했습니다. "아, 내 딸아, 거기는 네가 태어나서 평생 있었던 자리잖아!" 이것이 바로 여러분 중에 어떤 이들의 영적 상태입니다. 여러분이 스스로 빛을 가리고 있습니다. 여러분은 여러분 스스로에 대해 너무 많은 생각을 합니다. 의의 태양 안에는 풍부한 빛이 있습니다. 하지만 여러분은 그 태양을 가리고서 여전히 어둠 속에 있습니다. 오, 여러분 자신이 비켜서야 합니다!

나는 일전에 한 사람이 어떻게 평화를 발견했는지에 대해 감동적인 이야기를 읽었습니다. 어떤 젊은이가 죄를 의식하며, 긍휼을 찾게 되기를 갈망하면서 일정한 시간을 보냈습니다. 하지만 그는 평안의 상태에 도달할 수 없었습니다. 그는 전신국의 사무원이었는데, 어느 날 아침 사무실에서 전보를 받고 또 전송해야 했습니다. 그가 놀랍게도, 그는 이런 글을 받아 적게 되었습니다. "보라 세상 죄를 지고 가는 하나님의 어린 양이로다"(요 1:29). 어떤 신사가 영혼의 근심 중에 있는 한 친구에게, 받은 편지에 대한 답신으로 전보를 보내고 있었던 것입니다. 그 글귀는 다른 사람을 위한 의도로 보낸 것이었지만, 그 전보를 전송한 사무원은 영생을 얻었습니다. 그 글귀가 그의 영혼 속으로 섬광처럼 비추며 들어왔기 때문입니다.

오 사랑하는 친구들이여, 여러분 자신이 빛을 가로막지 마십시오. 즉시 "세상 죄를 지고 가는 하나님의 어린 양을 보십시오!" 나는 그 말씀을 여러분에게 전신으로 보낼 수 없지만, 여러분 앞에 그 말씀을 분명하고 선명하게 제시하기를 바라며, 그리하여 영혼의 고민 중에 있는 모든 사람이 그 말씀이 바로 그 자신을 위한 것임을 알게 되기를 바랍니다. 여러분의 소망은 여러분 자신 속에 있는 것이 아니라, 하나님의 어린 양 안에 있습니다. 그분을 보십시오. 그분을 바라볼 때 여러분의 죄가 치워질 것이며, 그분의 상처로 인해 여러분은 낫게 될 것입니다.

사랑하는 친구여, 만약 당신이 치유되었다면, 이것이 당신에게 전하는 내 마지막 말입니다. 병든 무리와의 교제에서 나오십시오. 당신을 죄로 감염시킨 동무들에게서 떠나십시오. 그들로부터 나와서 구별될 것이며, 부정한 것을 만지지 마십시오. 만약 당신이 치유되었다면, 치유하신 분을 찬미하고, 그분이 당신에게 행하신 일을 인정하십시오. 고침을 받은 열 명의 나병환자들이 있었지만, 오직 한 사람만이 돌아와서 자기를 치유하신 분을 찬미했습니다. 감사치 않은 아훕 중에 속하지 마십시오. 당신이 그리스도를 찾았다면, 그분의 이름을 시인하십시오. 그분이 정하신 방식대로 그분을 시인하십시오. "믿고 세례를 받는 사람은 구원을 얻을 것이라"(막 16:16). 당신이 이렇게 그분을 시인하였다면, 그분을 위해 분명하게 말하십시오. 예수님이 당신의 영혼을 위해 행하신 일을 밝히 말하고, 당신을 치유한 복음의 메시지가 널리 전파되도록 거룩한 목적을 위해 당신 자신을 헌신하십시오.

이번 주간에는 나를 기쁘게 한 어떤 일들이 있었습니다. 치유를 받은 한 사람이 어떻게 또 다른 사람에게 축복의 도구가 될 수 있는지에 관한 일입니다. 몇 년 전에 나는 엑시터(Exeter) 홀에서 설교를 했고, 그것은 "땅 끝에 있는 자들에게 구원을(Salvation to the uttermost)"이라는 제목으로 인쇄되었습니다. 이곳에서 그리 멀리 떨어지지 않은 곳에 사는 한 친구가, 브라질의 파라(Para)라고 하는 도시에 있을 때의 이야기입니다. 그곳에서 그는 감옥에 있는 한 영국인에 대한 소식을 들었습니다. 그 사람은 술에 만취된 상태에서 살인을 저질렀고, 그로 인해 종신형을 받았습니다. 우리의 친구가 그를 만나러 갔고, 그가 깊이 뉘우치면서, 주님 안에서 상당히 안정되고 평온한 상태인 것을 발견했습니다. 그는 그의 영혼에 피 흘린 죄라고 하는 끔찍한 상처가 있음을 느꼈지만, 치유를 받았고, 용서의 은혜를 느꼈습니다.

그 불쌍한 사람의 회심에 관한 이야기를 내가 들은 대로 전하겠습니다: "한 젊은이가, 가스 공장과의 계약을 끝내고 영국으로 돌아가려던 참이었습니다. 하지만 그 전에 그는 저를 방문하였는데, 한 꾸러미의 책을 들고 왔습니다. 제가 그것을 풀어보았을 때, 그 책들이 소설이었음을 발견했습니다. 하지만 읽을거리가 생겼기에, 저는 그것이 무엇이건 감사했습니다. 몇 권의 책을 읽은 후, 저는 설교 한 편을 발견했습니다. 그것은 찰스 스펄전 목사님이 1856년 6월 8일 엑시터 홀에서 '그러므로 자기를 힘입어 하나님께 나아가는 자들을 온전히 구원하실 수 있으니'(히 7:25)라는 본문으로 전한 설교였습니다. 그 설교에서, 스펄전 목사님은 스태퍼드(Stafford) 감옥에서 사형 선고를 받고 갇혀 있던 팔머(Palmer)라는 사람에 대해 언급했는데, 이는 그의 청중들에게, 만약 팔머가 다른 많은 살인죄를 저질렀다 해도 회개하고 그리스도 안에 있는 하나님의 용서의 사랑을 구한다면, 그 역시도 용서받을 것임을 상기시키기 위함이었습니다! 그 때 저는 만약 팔머가 용서받을 수 있다면, 저도 그렇게 될 수 있을 거라고 느꼈습니다. 저는 찾았고, 하나님께 감사하게도, 발견했습니다. 저는 용서받았습니다. 저는 구원받았습니다. 저는 은혜로 구원받은 죄인입니다. 비록 살인자이지만, '최후의 선을 넘는' 죄를 범하지는 않게 되었습니다. 그분의 거룩하신 이름을 높여드립니다!"

유죄를 선고받은 불쌍한 살인자가 이렇게 회심할 수 있다는 생각이 나를 매우 행복하게 했습니다. 이 설교를 듣고 읽는 모든 자에게, 그가 어떤 죄인이라고 해도, 정녕 소망이 있습니다!

여러분이 그리스도를 안다면, 그분에 관해 다른 사람들에게 말하십시오. 비록 여러분이 할 수 있는 일이 소책자를 건네면서 한 마디 말을 되풀이하는 것이 전부여도, 예수님을 알리는 일에는 얼마나 큰 가치가 있는지요! 아주 많은 교과서들을 집필한 밸피(Valpy) 박사는 그의 신앙 고백에 관하여 다음과 같은 단순한 글귀를 적어두었습니다.

> "저로 평화롭게 숨을 거두게 하시고,
> 당신의 구원을 보게 하소서.
> 내 죄는 영원한 죽음에 합당하지만,
> 예수님이 저를 위해 죽으셨습니다."

밸피 박사는 죽어 세상을 떠났습니다. 하지만 그는 그 글귀를 베켄험(Bechenham)의 교구목사인 고(故) 마쉬(Marsh) 박사에게 건넸으며, 그는 그 글귀를 그의 연구실 서가(書架) 위에 걸어두었습니다. 로덴(Roden) 공작이 방문하여, 그 글귀를 읽었습니다. "저 문구의 사본을 내게 한 부 주겠소?"라고 그 공작이 물었습니다. "기꺼이 그렇게 하지요"라고 마쉬 박사가 대답하고서, 그 글귀의 사본을 건네주었습니다. 로덴 경이 그 글귀를 집으로 가지고 가서, 그것을 그의 서가 위에 걸어두었습니다.

워털루의 영웅 테일러(Taylor) 장군이 그 방에 들어왔을 때, 그 문구에 주목했습니다. 그는 로덴 공작 댁에 머무는 동안, 반복해서 그 문구를 읽었는데, 마침내 그 집 주인이 이렇게 말했습니다. "내 벗 테일러여, 나는 자네가 그 문구의 의미를 마음으로 안다고 생각하네." 테일러가 대답했습니다. "마음으로 알고말고요. 정녕 나는 마음으로 그 의미를 파악하고 있습니다." 그는 그 겸손한 시구를 통해 그리스도께 이끌렸던 것입니다.

테일러 장군은 그 글귀를 군대의 한 장교에게 건네주었는데, 그 장교는 크림 전쟁에 출전할 예정이었습니다. 그는 본국으로 돌아와 죽었습니다. 마쉬 박사가 그를 보러 갔을 때, 그 가련한 영혼이 병중에서 이렇게 말했습니다. "목사님, 목사님은 테일러 장군이 제게 준 이 문구에 대해 아십니까? 그것이 저를 내 구주께로 이끌어주었습니다. 저는 평화롭게 죽습니다." 마쉬 박사가 놀랍게도, 그는 이 문구를 암송하였던 것입니다.

"저로 평화롭게 숨을 거두게 하시고,
당신의 구원을 보게 하소서.
내 죄는 영원한 죽음에 합당하지만,
예수님이 저를 위해 죽으셨습니다."

그 단순한 4행의 문구가 어떤 유익을 끼쳤는지를 생각해보십시오. 예수님의 상처에 치유의 능력이 있음을 아는 여러분이여, 용기를 내십시오. 모든 수단을 동원하여 이 진리를 전하십시오. 전하는 말이 얼마나 단순한지에 대해서는 염려하지 마십시오. 그것을 분명하게 말하십시오. 어느 곳에나, 어떤 방법으로나, 그 말을 전하십시오. 다른 방법으로 할 수 없다면 단순히 찬송가의 한 구절을 베껴 씀으로써 그렇게 하십시오. 예수님이 채찍에 맞으심으로 우리가 나음을 받았음을 밝히 말하십시오. 사랑하는 친구들이여, 하나님이 여러분에게 복을 주시길 빕니다! 이 설교가 많은 열매를 맺을 수 있도록 기도해주십시오.

제
64
장

예수님께 담당시킨 죄

"우리는 다 양 같아서 그릇 행하여 각기 제 길로 갔거늘 여호와께서는 우리 모두의 죄악을 그에게 담당시키셨도다."—사 53:6

이 성경 구절은 본문이 말하는 모든 사람들이 공통적으로 고백하는 죄의 고백으로 시작합니다. 하나님께서 택한 모든 백성이 이 본문에 해당됩니다. 그들은 모두 타락했으며, 책임감 있게 살았던 이들도 실제로는 모두 죄를 지었습니다. 그러므로 먼저 천국에 간 이도, 나중에 천국에 갈 이도, 모두 같은 소리로 일제히 "우리는 양 같아서 그릇 행하였습니다"라고 고백합니다. 그러나 이 고백은 모두 일치하여 마음에서 나온 고백이지만, 개인마다 다른 점이 있습니다. "우리는 각기 제 길로 갔거늘."

각 개인에게 해당되는 특별한 죄가 있습니다. 모두 죄를 지었지만, 각자가 지닌 특별한 괴로움의 죄가 있으므로, 그 죄가 다른 친구들에게는 없을 수 있습니다. 참된 회개의 특징은, 회개가 다른 참여자와 연관성을 갖는 반면, 또한 고독한 위치에 서야 함을 느끼는 것입니다.

"각기 제 길로 갔거늘." 이 말씀은, 각자 자신에게 비춰진 빛을 거슬러 지은 죄를 고백하거나, 최소한 다른 친구에게서는 찾아볼 수 없는 죄를 심하게 지은 것을 고백하는 것입니다. 일반적이면서 특별한 이 고백은 형언할 수 없는 훌륭한 특징들을 많이 포함하고 있습니다. 이 고백은 매우 솔직합니다. 여러분은 이

고백 속에서 사과의 말을 한 마디도 찾아볼 수 없지만, 한 마디도 고백의 힘을 상실한 말이 없음을 볼 것입니다.

더욱이 이 고백은 상당히 깊은 면을 보여 줍니다. 생각이 없는 사람 같으면 본문 중의 이 말 "우리는 다 양 같아서 그릇 행하여"에 알맞은 은유법을 사용하지 않았을 것입니다. 우리는 "주인을 아는" 소도 아니고, "주인의 구유를 기억하는" 당나귀도 아니며, 하루 종일 돌아다니다 밤에 구유로 돌아오는 돼지도 아닌, "양 같이 그릇 행합니다."

우리는 보살핌을 받아야 할 피조물이지만, 자기를 돌본 손길에 감사할 줄 모릅니다. 도망가기 위해 울타리의 틈을 찾을 정도로 지혜로운 피조물이지만, 제멋대로 돌아다니다가 자기 집으로 돌아갈 의욕이나 생각도 없을 정도로 어리석습니다. 우리는 돌아갈 힘도 없이 천성적으로 언제나 제멋대로이며, 어리석은 양같이 그릇 행합니다.

나는 죄에 대한 우리 모두의 고백이 이처럼 신중하게 나타나기를 원합니다. 그 이유는, 우리가 실제로 죄를 느끼지 못하면서 "비참한 죄인"이라고 자신을 말하는 것은 우리의 죄를 더욱 크게 하며, 우리 영혼이 고백 속에 들어가지도 않고 일반적인 고백의 말을 사용하는 것은 단지 높은 하늘에 대해 욕하고 비웃었던 바를 느껴서 회개하는 것에 불과하기 때문입니다. 이와 같은 하늘에 대한 모욕과 비웃음은 최대한의 자비와 거룩한 두려움이 있어야 할 곳, 하늘을 향해 저지른 것입니다.

나는 본문의 고백이 독선적이지 않기 때문에 좋아합니다. 이 고백은 의식적으로 죄를 지은 자의 육체에 대한 선언입니다. 이 사람은 심하게 죄를 지었고, 이유 없이 죄를 지었습니다. 그들은 모두 산산조각 난 반역의 무기를 가지고 일제히 서서 말하길 "우리는 다 양 같아서 그릇 행하여 각기 제 길로 갔거늘"이라고 합니다.

나는 이와 같은 죄의 고백 속에서 고통스러운 울부짖음을 전혀 듣지 못합니다. 다음 구절은 죄의 고백을 도리어 노래로 바꾸고 있기 때문입니다. "여호와께서는 우리 모두의 죄악을 그에게 담당시키셨도다."

이 세 번째 문장은 가장 슬픈 문장이지만, 가장 멋있고 가장 풍성한 위로가 있습니다. 이상하게도, 불행이 응집된 곳에 은혜가 지배하며, 슬픔이 절정에 이른 곳에서 지친 영혼이 가장 안락한 휴식을 찾습니다. 상처받은 구세주는 상처

받은 마음을 치료하십니다.

지금, 나는 고백을 필요로 하는 모든 심령에게 본문 — 여호와께서는 우리 무리의 죄악을 그에게 담당시키셨도다 — 에 나타난 교리를 제시하려고 합니다.

우리는 본문을 첫째 설명하고, 둘째 적용하고, 마지막으로 신중하고 유익한 묵상으로 결론지으려고 합니다.

1. 강해의 방법으로 본문을 생각해 봅시다.

본문의 난외 번역을 살펴보는 것이 좋을 것입니다. "여호와께서는 우리 무리의 죄악을 그에게 모으셨도다."

첫째로, "죄를 모으심"에 대해 생각해봅시다. 죄는 악한 광선에 비유할 수 있습니다. 죄는 빛처럼 세상에 널리 흩어지고, 그리스도는 죄의 태양에서 흐르는 악한 광선을 견디어 내십니다. 마치 하나님은 불이 담긴 잔을 들고, 흩어지는 모든 광선을 그리스도에게로 집중시키는 것 같습니다. 본문은 "주께서 우리 무리의 죄악을 그에게 집중시키셨도다"라는 말과 같은 뜻입니다. 모든 곳에 흩어진 죄악이 일제히 집중되었습니다. 찬송 받으실 우리 주님의 머리 위에 자기 백성의 모든 죄가 놓여졌습니다. 하늘이 캄캄해지고 바람이 윙윙 불기 시작하며 태풍이 불기 바로 전, 여러분은 하나님의 포병들이 전쟁터로 서둘러 가는 것처럼, 구름이 사방에서 몰려오는 것을 본 적이 있을 것입니다. 회오리바람과 폭풍 가운데, 하늘이 번쩍이며, 천둥이 치고, 먹구름이 햇빛을 가릴 정도로 첩첩이 쌓일 그 때, 여러분은 그리스도에게 모든 죄가 모아지는 은유적 표현을 생각할 수 있을 것입니다.

그 죄는 과거의 죄, 미래의 죄, 이방인 중에서 택함을 받은 자들의 죄, 유대인들의 죄입니다. 젊은이의 죄, 늙은이의 죄, 원죄, 자범죄, 이 모든 죄가 모아질 때, 모든 먹구름이 몰려 큰 폭풍우를 함께 동반하며 무서운 폭풍을 일으켜서, 위대한 대속자가 될 사람, 중보자에게로 몰려갈 것입니다. 이것은 마치 비 오는 날, 수천 개의 시내가 산의 한 쪽으로 몰아쳐, 깊고 물이 많은 호수가 된 것과 같습니다. 이 호수는 구세주의 마음이요, 용솟음치는 급류는 죄의 고백으로 표현된 우리 모두의 죄입니다.

또, 자연에서 은유적 표현을 택하지 않고 상업에서 택한 것은, 높이 쌓인 수많은 사람의 빚과, 이런저런 날에 사용 가치가 있을 수도 있고 없을 수도 있는 계산서와 계약서를 생각나게 합니다. 그리고 이 모든 것이 혼자서 책임질 수 있는 한 사람에게 담당시킴을 생각나게 합니다. 이것이 구세주께서 하신 일입니다. 하나님은 자기에게 자기 백성의 빚을 담당시키셨으므로, 주님은 자기에게 주신 모든 자의 빚이 무엇이든 간에 그들의 채무에 책임을 지셨습니다. 또, 이와 같은 은유법이 본문의 의미를 나타내는 데 충분하지 않다면, 성경 본문을 "주께서 우리 모두의 죄악을 그에게 담당시키셨도다"라고 해석하십시오. 한 사람의 등에 지워진 짐처럼, 하나님은 그에게 그의 모든 백성의 죄악을 담당시키셨습니다. 늙은 대제사장이 속죄 염소의 머리에 죄를 두듯이 그의 머리에 자기 백성들의 죄악을 담당시키셨습니다. 지금까지 살펴본 이 두 번역은 완전히 일치합니다. 모든 죄가 모아지고 그 모아진 것을, 짓밟힌 주님 한 분에게 묶어서, 모든 짐을 그에게 담당시킨 것입니다.

둘째로, 모든 죄가 죄 없이 고통당하는 대속자에게 모아졌다는 사실을 생각해 봅시다. 내가 "고통당하는 이"라고 한 것은 본문의 문맥이 말하기 때문입니다. "그가 찔림은 우리의 허물 때문이요 그가 상함은 우리의 죄악 때문이라 그가 징계를 받으므로 우리는 평화를 누리고 그가 채찍에 맞으므로 우리는 나음을 받았도다"(사 53:5). 이 말씀은 "고통당하는 이"라는 뜻을 포함하여 주의 모든 슬픔을 설명하면서, "주께서 우리 모두의 죄악을 그에게 담당시키셨도다"라는 말씀으로 연결됩니다.

주 예수 그리스도께서 죄인이셨다면, 자기 백성의 대속자로서 그들의 죄를 받아들일 수 없었을 것입니다. 그러나 그리스도는 신성에 대해서는, "거룩, 거룩, 거룩, 만군의 주여"라고 찬양받으실 만합니다. 인성에 대해서는, 기적적으로 모든 원죄에서 자유롭고, 거룩한 삶을 사셨으므로, 점도 없고 흠도 없는 하나님의 깨끗한 어린 양이셨습니다. 그러므로 그는 모든 점에서 죄인의 방, 죄인의 장소, 죄인이 있는 곳에 설 수 있었습니다.

본문이 말하는 교리는, 그리스도는 자기 어머니가 낳은 사람임에도 불구하고, 참 하나님이시며, 가장 진실하시고 영화로우신 창조주, 보호자이고, 또한 자기 백성의 모든 죄를 자신이 담당할 위치에 서셨으나 여전히 죄 없으신 분이심을 보여줍니다. 그리스도는 인간의 죄를 짓지 아니하시며, 죄를 지을 수도 없으시지만, 도리어 다른 사람의 죄를 친히 담당하신 분이십니다. 신학자의 말에 따른다면 '전가되었다'라고 합니다. 그러나 이 말이 우리가 이해하기에는 충분하지만, 이 말의 사용이 대속의 교리를 반대하는 자들의 잘못된 개념을 진실인 것처럼 보이게 하지 않을까 의심이 듭니다. 그러나 '전가'라는 표현보다 더 신비스러운 표현으로, "하나님의 백성의 죄를 예수 그리스도에게 실제적으로 담당시키셨다"라는 표현이 좋은 것 같습니다.

하나님이 보시기에, 그리스도는 죄인으로 취급되었을 뿐 아니라, 바로 그 자체였습니다. 나는 어떻게 그럴 수 있는지는 모르지만, 본문에 따른다면, 하나님의 백성의 죄를 그리스도 예수의 머리 위에 담당시키셨습니다. "하나님이 죄를 알지도 못하신 이를 우리를 대신하여 죄로 삼으신 것은 우리로 하여금 그 안에서 하나님의 의가 되게 하려 하심이라"(고후 5:21). 그는 단순히 그들의 죄의 형벌을 담당하실 것도 아니며, 그들의 죄의 전가를 담당하실 것도 아니고, 도리어 "그들의 죄악을 담당하실 것이라"고 기록되지 않았습니까? '전가'라는 표현보다 좀 더 깊고 참된 의미에서 본다면, 우리의 죄를 그리스도에게 담당시키셨습니다. 나는 이것을 표현할 수도 없으며, 내 마음에 간직한 생각을 전하는 것도 아닙니다. 그러나 예수님은 결코 죄인이 아니시며, 또 죄인이 될 수도 없습니다. 하나님께서는 이와 같은 불경한 생각을 우리 입에 담지도 말며, 우리 마음에 품지도 말라고 하셨습니다. 예수님은 죄인이 아니심에도 불구하고 자기 백성의 죄를 자신이 담당하셨습니다.

셋째로, 다음과 같은 질문이 계속 있어 왔습니다. "이처럼 죄를 그리스도에게 담당시킴이 의로운 것인가?"

우리의 대답은 네 가지로 생각해 볼 수 있습니다. 1) 우리는 정말 의롭다고 믿습니다. 무엇보다 이것이 의를 이루셔야만 하는 그리스도의 사역이기 때문입니다. "주께서 우리 모두의 죄악을 그에게 담당시켰기 때문입니다." 여호와께서는 자기 백성이 자기를 거역했는데도, 백성의 죄를 그리스도에게 담당시키기로 정하셨습니다. 그래서 이것을 비난하는 것은 하나님의 공의를 비난하는 것이 될 것입니다. 나는 우리 중 누구도 뻔뻔스럽게 이런 일을 범하지 않기를 원합니다. 질그릇이 감히 토기장이와 겨룰 것입니까? 만들어진 물건이 모든 것을 만드신 창조주와 다툴 것입니까? 여호와께서는 이 일을 행하셨습니다. 그러므로 사람이 여호와 자신이 행하신 일을 생각할 수 있다고 생각하지 말고, 이 사실이 의롭다고 받아들여야 합니다.

2) 더욱이 예수 그리스도께서 자발적으로 이 죄악을 짊어지셨음을 기억하십시

오. 강제적으로 그리스도에게 담당시킨 것이 아닙니다. 예수께서는 자기와 아무 상관도 없으며 자기의 뜻을 거역한 자들의 죄를 위해 벌을 받으신 것이 아닙니다. 도리어 예수님 자신은 나무에 몸을 다시며 우리 죄를 짊어지셨고, 죄를 담당하시면서 말씀을 이루셨습니다. "이를 내게서 빼앗는 자가 있는 것이 아니라 내가 스스로 버리노라"(요 10:18). 예수님은 우리를 위해 아버지와 맺은 영원한 언약을 행하신 것입니다. 또한, 예수님이 친히 원하셔서, 마땅히 세례 받을 자로 세례를 받으셨고, 말씀이 성취될 때까지 변하지 않으셨습니다. 그러므로 주님의 일이 의롭지 않다고 여겨질지라도, 주님은 자신이 관심을 가지신 일에 자발적으로 대처하신 것입니다.

3) 그러나 사랑하는 여러분, 우리가 기억할 것은 우리 주님과 그의 백성 사이에 관계가 있다는 것입니다. 이것은 자주 잊혀졌지만, 본래 예수님께서 자기 백성의 죄를 담당하실 것을 말하는 것입니다. 본문은 왜 우리가 양같이 죄를 짓는다고 말합니까? 나는 그리스도가 우리의 목자이심을 상기시키고자 하기 때문이라고 생각합니다.

형제들이여, 그리스도께서는 다른 사람의 죄를 담당하신 것이 아닙니다. 죄지은 자들과 고난당하신 그리스도 사이에는 가장 신비롭고 가장 밀접한 결합이 항상 있었음을 기억하십시오. 어떤 부인이 빚을 지면, 그녀의 남편이 이것을 담당하는 것이 불공평한 것이 아니라 합법적이라고 말한다면 잘못일까요? 그러므로 하나님의 교회가 빚을 졌을 때, 교회의 남편 된 자가 교회의 행위에 대해 빚진 자가 되는 것은 정말 의로운 것입니다. 주 예수님은 자기의 교회와 결혼한 남편의 관계에 서 있었습니다. 그러므로 주님께서 교회의 짐을 지신 것은 이상한 일이 아니었습니다. 근족이 기업을 무르는 것이 자연스럽듯이, 근족인 임마누엘께서 자신의 피로, 잃어버린 자기 교회를 회복하는 일은 당연한 것입니다. 우리는 주님의 몸의 지체이므로, 심지어 결혼 관계보다 더 긴밀한 결합에 있다는 사실을 상상해 보십시오.

여러분은 나의 머리에 고통을 느끼지 않을 정도로 감각을 잃게 한 채, 이 손을 자를 수는 없을 것입니다. 몸의 하찮은 지체가 죄를 범할 때, 머리가 고통당하는 일이 여러분에게 이상하게 여겨집니까? 형제들이여, 하나님의 대속이 은혜로 충만하다면, 그 대속은 당연한 것이며, 영원한 사랑의 법칙에 따르는 것입니다.

4) 네 번째로 살펴볼 것이 아직 있습니다. 이것은 그리스도에게 담당시킨 죄의 고통을 벗겨 줄 것입니다. 하나님은 죄의 고통을 그리스도에게 담당시키셨으며, 예수님께서 자발적으로 죄의 고통을 담당하셨고, 더욱이 그리스도와 교회의 연합 관계 속에서 그리스도께서 죄의 고통을 담당함은 당연한 것이었습니다. 또한 여러분은 이와 같은 구원의 계획이 멸망의 방법과 아주 유사하다는 것을 기억해야만 합니다.

형제들이여, 우리는 어떻게 타락했습니까? 우리 중 한 사람이 실제로 스스로 타락하였기 때문이 아닙니다. 나는 여러분이 다음 사실을 알기를 원합니다. 즉, 우리 자신의 죄가 최후 멸망의 원인이 되는 것이지만, 우리의 원죄에는 다른 원인이 있습니다. 나는 나의 구원에 관계가 있지, 나의 타락에는 아무 관계가 없습니다. 곧, 나를 죄인으로 만든 타락은 이미 내가 태어나기도 전, 첫째 아담으로 말미암아 완전히 이루어졌습니다. 그리고 내가 받은 구원은 이미 내가 빛을 보기도 전, 나를 위하여 둘째 아담으로 말미암아 성취되었습니다. 만약 우리가 타락을 인정한다면 — 아무리 우리가 그 원리를 싫어한다 할지라도, 사실을 인정해야 합니다 — 하나님께서 우리에게 연합의 대표와 같은 원리에 기초한 구원의 계획을 주신 것을 의롭지 않다고 생각할 수 없습니다.

많은 사람이 생각하는 것처럼, 타락한 천사가 모두 개별적으로 죄를 지었기 때문에 구원이 불가능하다는 것은 아마 사실일 것입니다. 그러나 사람은 첫 장소에서 한 명씩 차례로 죄를 지은 것이 아니라, 언약의 대표 아래서 범죄하였기 때문에, 다른 언약의 대표로 말미암아 인간의 구원의 기회는 남아 있습니다. 여하튼 타락에 대한 연합의 대표 원리를 받아들이는 우리는, 기쁨으로 그리스도 예수 안에서 구원에 대한 원리도 받아들입니다. 그러므로 이 네 가지 근거로 하나님께서 자기 백성의 죄를 그리스도께 담당시키신 것은 의롭습니다.

넷째로, 그리스도께서 죄를 담당하실 뿐 아니라, 이 일로 인해 생겨난 결과도 담당하셨음을 살펴봅시다. 하나님은 기쁨에 차서, 죄가 있는 곳을 보시지 않습니다. 예수님께서 인격적으로 관여하시지만, 그분은 아버지가 기뻐하시는, 아버지의 사랑하는 아들이십니다. 그러나 하나님께서 자기 아들에게 죄를 담당시킨 것을 보셨을 때, 그분은 아들의 외침을 들었습니다. "나의 하나님, 나의 하나님, 어찌하여 나를 버리셨나이까?" 예수님은 우리를 위해 죄를 담당하시는 동안, 아버지의 임재의 빛을 누리지는 않았다고 생각됩니다. 따라서 예수님은 큰 어둠의 공포를 겪으셨는데, 그것은 아버지 하나님이 계신다는 의식적인 즐거움이 사라져가는 뿌리이고 근원이었습니다. 더욱이 빛도 없어지고, 엄청난 슬픔이 엄습하였습니다. 하나님은 죄를 멸하셔야만 합니다. 그 죄는 그리스도 자신이 실제로 저지른 것이 아니었지만, 도리어 그리스도께서 그 죄를 담당하신 것입니다. 그러므로 그리스도는 우리를 위해 저주를 받으셨습니다.

그리스도께서 참으신 고통이 무엇이었습니까? 나는 여러분에게 말할 수 없습니다. 여러분은 예수님께서 십자가에 못 박히신 이야기를 읽어 보셨을 것입니다. 사랑하는 친구여, 누가 껍질뿐 아니라 마음속까지 묘사할 수 있습니까? 그리스도는 인성으로 견딜 수 있는 것을 모두 견디셨을 뿐 아니라, 그의 인성에는 그 인성에 큰 힘을 더해 주는 신성이 있었으므로, 인성이 견딜 수 있는 것보다 더 많이 견디실 수 있도록 했다는 것이 확실하지 않습니까? 이와 더불어, 그 속에 있는 신성은 그리스도의 품성에 특별히 거룩에 대해 민감하도록 하신 것이 틀림없습니다. 그러므로 죄는 단지 완전한 사람이 느끼는 것보다 그리스도에게는 더욱 혐오스러운 것이 되었습니다. 그리스도의 슬픔은, "알지 못하는 고통들"이라고 표현된 헬라 기도서처럼 표현될 만합니다.

우리는 예수 그리스도의 참으심의 높이와 깊이, 너비와 길이를 마음으로 추측할 수 없으며, 언어로도 말할 수 없고, 상상력으로 구성할 수도 없습니다. 주께서 우리 모두의 죄악을 그에게 담당시키실 때 하나님만이 하나님의 아들이 토해낸 슬픔을 아십니다. 결국, 죽음 그 자체였습니다. 죽음은 죄에 대한 형벌입니다. 죽음이 무엇을 의미하든, 또는 "네가 먹는 날에는 정녕 죽으리라"는 말씀 속에서 자연사 이상의 것을 의미하는 것이 무엇이든지, 그리스도는 죽음을 느끼셨습니다. 죽음이 그를 엄습하였고, 그 때 "머리를 숙이시고 영혼이 돌아가셨습니다." "자기를 낮추시고 죽기까지 복종하셨으니 곧 십자가에 죽으심이라"(빌 2:8).

다섯째로, 사랑하는 친구들이여, 잠시 동안 이 모든 일의 결과를 생각해 봅시다. 죄는 그리스도에게 맡겨졌고, 그리스도는 죄를 위해 멸망당하셨고, 그러면 그 다음은 어떻게 되었나요? 물론 죄가 없어졌습니다. 만약 형벌을 내린다면, 의는 아무것도 요구하지 않습니다. 빚이 다 청산되었으니 남은 빚은 아무것도 없습니다. 지불 요구서가 청구되었으나 지불 요구가 이루어졌으므로, 더 이상 지불 요구가 있지 않습니다. 우리는 어떠한 사람에게서도 지불 요구를 이룰 수 없지만, 마치 레위가 아브라함의 자식에 속하는 것처럼, 우리와 하나가 되어 연합한 자, 우리가 속한 예수님 안에서 지불 요구는 청산되었습니다.

또한 예수님 자신은 자유롭습니다. 그에게 몰려온 폭풍우도 다 지나가고, 구름 한 점도 청아한 하늘 위에 걸려 있지 않습니다. 비가 내리지만, 그의 사랑은 그 비를 마르게 합니다. 그의 고통은 수문을 여셨고, 홍수를 일으켜, 영원히 흐르도록 하셨습니다. 계산서가 날아왔지만, 예수님은 그것을 모두 소중히 여기셨고, 한 영혼도 소홀히 여기지 아니하시고, 그들을 위해서 대신 죽으셨습니다.

여섯째로, 우리는 이 구절의 내용에 접근하기 위해 본문에 의도된 '우리'에 대해 살펴보아야 합니다. "여호와께서는 우리 모두의 죄악을 그에게 담당시키셨도다."

제한적 속죄 교리를 믿는 우리는 그리스도의 죽음 안에서는 일반성과 보편성이 매우 많음을 인정합니다. 우리는 그리스도의 대속이 무한한 가치가 있음을 믿습니다. 그리고 그리스도께서 여인에게서 난 모든 사람을 구원하도록 명령을 받았다면, 또한 다른 고통을 당할 필요가 없음을 믿습니다. 만약 예수님께서 인류 전체를 속죄하시기를 원하셨다면, 그의 속죄는 충분했습니다. 우리는 또한 그리스도의 죽음으로 말미암아, 하늘 아래 있는 모든 피조물에게 일반적이고 정직한 초대가 다음과 같은 언어로 주어졌다고 믿습니다. "주 예수를 믿으라 그리하면 구원을 얻으리라."

그러나 우리는 이 말씀을 뛰어넘을 준비가 한 치도 되어 있지 않습니다. 우리는 이 초대가 그리스도의 속죄의 참된 성격으로 말미암아 다른 사람이 아니라 그리스도의 택한 자들에게 주어졌다고 생각합니다.

그리스도께서 모든 사람의 빚을 청산했습니까, 아니면 청산하지 않았습니까? 그리스도께서 모든 사람의 빚을 청산하셨다면 그 빚은 이미 청산되었으며, 아무도 그 빚을 요구할 사람이 없습니다. 그리스도께서 생명 있는 모든 사람들의 보증인이셨다면, 어떻게 일반적인 의의 이름으로 멸망당하셔야 하며, 또한 인간도 멸망당해야 합니까? 인간이 속죄를 받아들이지 않았을 것이라고 대답한다면, 다시 한 번 여러분께 묻겠습니다. 속죄가 이루어졌습니까? 인간이 속죄를 받아들이든 안 받아들이든 간에 속죄가 이루어졌다거나, 또는 인간이 속죄의 효력을 체험할 때까지 속죄 자체가 아무 효력을 발생하지 않아도 그 속죄가 이루어졌다면, 이런 것들은 상상할 필요가 없기 때문입니다. 여러분이 우리에게서, 그리스도께서 위하여 죽을 자들 대신 죽으심으로써 실제로 속죄하셨다는 사실을 제거한다면, 우리는 야곱처럼 "내가 잃게 되면 잃으리로다"고 소리칠 것입니다. 소유할 가치가 있는 것을 여러분이 모두 앗아갔으니, 대신 우리에게 무엇을 주렵니까? 여러분은 우리에게 확실히 속죄시킬 수 없는 구속을 주었습니다. 여러분은 우리에게, 타락하여 지옥에 있는 자와 구원받아 하늘에 있는 자에게 동등하게 주어지는 속죄를 제시하였습니다.

그렇다면 이와 같은 속죄의 본질적인 가치가 무엇입니까? 그리스도께서 인류의 모든 사람을 위해 완전한 속죄를 하셨다고 말한다면, 어떻게 예수님께서 세상에 오시기 전, 수천 년 동안 지옥불 속에 있었던 자들을 위해서도 속죄하였단 말입니까?

형제들이여, 우리의 대속 교리가 선포되어 신실성이 나타나는 곳에는 또한 보편성이 있습니다. 예수님을 믿고 그리스도로 말미암아 구원받지 않을 사람은 아무도 없기 때문입니다. 그러나 이보다 더 큰 유익이 있습니다. 곧, 믿는 자는 믿음으로 구원을 받습니다. 그들은 그리스도께서 자기들을 위해 대속하셨으므로, 죄로 멸망당할 자기들을 위해 자비를 베푸실 뿐 아니라 의도 이루실 것을 압니다. 오, 나의 영혼이여! 너의 모든 죄를 그리스도에게 담당시킨 날, 그리스도께서 너의 죄를 대신하여 형벌을 참으신 날, 이날을 너는 아는구나.

> "그는 우리가 참을 수 없는 것을 참으셨고,
> 그의 아버지는 의로우셨다네."

여기 예수님을 믿는 자를 위해 안전한 휴식처가 되는 반석이 하나 서 있습니다. 그를 믿지 않는 여러분이여, 여러분의 피가 여러분의 머리로 돌아갈 것입니다. 여러분이 그를 믿지 않는다면, 이것에 대해 아무 분깃도 없고, 몫도 없습니다. 여러분은 자신의 형벌을 당해야만 할 것입니다. 하나님의 진노가 여러분에게 임하며, 예수님의 피가 여러분의 죄를 속죄하지 않았다는 사실을 알게 될 것입니다. 여러분은 주어진 초대를 거절하고, 그리스도의 십자가를 버렸으므로, 용서의 피가 결코 여러분의 머리 위에 떨어지지 않을 것입니다. 여러분을 위해서는 아무 변호도 없을 것이며, 도리어 율법 아래서 멸망당해야 합니다. 여러분이 복음 아래서 구원받는 것을 거절했기 때문입니다.

2. 간결하게 적용을 살펴봅시다.

사랑하는 여러분, 지금 어떤 친구가 여러분에게 한 가지 질문을 합니다. 주 예수님께서 헤아릴 수 없이 많은 죄를 담당해 주신 친구가 있습니다. 예수님께서 여러분의 죄를 담당하셨습니까? 대답을 듣기를 원하십니까? 여러분은 대답할 수 없나요? 여러분에게 성경 구절을 읽어드릴 테니, 동의할 수 있는지 확인하시기 바랍니다. 나는 이 말에 동의하여, "그거 사실이군요"라고 말하는 것은 아닙니다. 그러나 여러분의 영혼 속에 사실이라고 느낄 것입니다. "우리는 다 양 같아서 그릇 행하여 각기 제 길로 갔거늘 여호와께서는 우리 모두의 죄악을 그에게 담당시키셨도다."

오늘 아침 여러분이 길 잃은 양처럼 잘못을 범하고 그릇 행한 것을 알고, 죄에 대한 개인적인 느낌이 있어서 여러분이 자신의 길로 행했다고 느끼며 회개한다면, 그리고 지금 예수님을 믿을 수 있다면, 두 번째 질문은 생기지 않습니다. 그리스도께서 여러분의 죄악을 담당하셨으므로, 모든 죄인들은 자기들의 죄를 회개하고 그리스도만 바라봅니다. 그러나 여러분이 그리스도를 믿지 않는다면, 하나님께서 여러분의 죄를 그리스도에게 담당시키셨다고 말할 수 없습니다. 나의 영혼으로 다음의 사실을 알기 때문입니다. 곧, 여러분이 지금 생사의 기로에 있다면, 여러분의 죄가 여러분을 심판할 것입니다.

사랑하는 친구여, 내가 감히 여러분에게 묻는 것은 "여러분은 죄를 사하시는 하나님의 방법을 단념하려 하십니까?" 하는 점입니다. 예수님께서 여러분의 죄를 담당하시고, 여러분을 위해 고통당하신 것을 생각할 때 여러분이 아무런 기쁨도 느끼지 않는다면, 말씀에 복종하는 자에게 본문이 주는 위로를 여러분에게 제공할 수 없습니다. 그러나 여러분은 자신의 죄를 스스로 담당하려 하십니까? 그 방법이 무엇이라고 생각합니까? 예수님은 자기 백성의 죄를 담당하실 때 아파하셨습니다. 그렇다면 여러분이 자신의 죄를 담당할 때 그것은 얼마나 아프겠습니까? "살아계신 하나님의 손에 빠져 들어가는 것이 무서울진저"(히 10:31).

오늘날, 영벌의 교리에 대해 굉장히 분노하는 자들이 있습니다. 나 역시 이 교리가 사람의 발명이었다면 분노했을 것입니다. 그러나 하나님의 책에 가장 확실하게 새겨졌으므로, 내가 그것을 지워 버리는 것은 헛된 것입니다. 나의 질문은 "어떻게 내가 이것과 논쟁할까?"가 아니라, "내가 어떻게 이것을 피할 수 있을까?"입니다.

사랑하는 여러분, 여러분의 죄를 여러분이 담당한 채 하나님의 존전에 감히 들어가지 마십시오. 우리 하나님은 타고 있는 불이시며, 그의 진노는 여러분이 그곳에 설 때 여러분을 향해 크게 발하실 것입니다. 여러분 자신의 공로가 죄를 대속하리라고 생각하십니까? 그리스도께서는 죄를 담당하시지 않을 수 있었는데, 왜 하셔야만 했는지 생각해 보십시오. 그리스도께서 어떤 슬픔을 견디셨으며, 진노의 바다를 어떻게 건너셨는지 생각해 보십시오. 여러분의 값없는 공로가 공로라 해도, 구세주께서 말씀을 성취하시기 위해 당하신 고통보다 더 가치 있다고 생각합니까? 형벌을 피하기 원합니까? 그렇다면, 이 문제를 깊이 생각해 보십시오.

하나님께서 자신의 아들을 멸하셨다면, 여러분이 빚에서 자유로워지는 것을 원하신다고 생각하지 않습니까? 영광의 왕이 오직 다른 사람들의 죄만 담당하기 위해 죽어야 한다면, 티끌만도 못한 벌레 같은 여러분은 자신에 대해 무엇을 생각합니까? 여러분이, 하나님께는 의롭고 여러분에게는 안전한 계획으로 말미암아 구원받는 것을 택하지 아니하였기 때문에, 하나님께서 다정한 친구가 되어 여러분을 만나 주시고, 하나님 자신의 판결을 취소하시리라고 생각하십니까? 하나님께서 여러분의 생각에 영합하거나, 여러분의 욕망을 만족시키는 것이 불의합니까? 죄인들이여, 이와 같은 구원의 계획에 무릎을 꿇으십시오. 여러분에게는 이 계획이 알려졌습니다. 나는 지금 내가 말하는 것을 분명히 알기 때문에 말합니다.

하늘 아래 구원에 대한 다른 계획은 없습니다. 구원에 대한 다른 방법이 전파될지 모르지만, 어떤 사람도 의로우신 예수 그리스도에게 근거한 구원 외에 다른 구원을 세울 수 없습니다. 여러분이 개인적으로 구원을 찾아 노력하며, 그리스도의 머리 되심과는 거리가 먼 하늘에 도달하길 소원한다면, 노력하십시오. 그러나 여러분은 하나님을 열심히 지식으로 찾았던 옛 유대인과 같이 될 것입니다. 여러분이 자신의 의를 이루려고 할 뿐 그리스도의 의에 자신을 복종시키지 않는다면, 멸망할 것입니다. 그러나 여러분께 묻고 싶습니다. "이 계획이 여러분의 마음에 들지 않습니까?" 내가 예수님을 믿으며, 예수님께서 나의 죄를 담당하시고, 내 대신 고통당하신 사실은 내게 분명한 사실입니다. 오, 이 사실이 내게 기쁨을 주다니!

나는 지금 여러분에게 나의 경험을 솔직히 말씀드리려 합니다. 대속의 교리만큼 나의 영혼을 기쁨으로 불타게 하는 교리는 없었습니다. 자주 설교된 것처럼, 대속의 교리는 어떤 것을 모호하고 애매하게 행하는 것으로, 그에 의해 율법이 존중되거나 멸시됩니다. 나는 이것을 무엇이라 불러야 될지 모르기 때문에 이렇게 말합니다. 이 교리는 내게 아무 기쁨도 주지 않습니다. 그러나 그리스도께서 참되시며 긍정적이신 분임을 알 때, 자기 백성을 위한 대속은 은유적 표현이거나 비유적 방법이 아니라, 문자 그대로이며 긍정적인 사실이었습니다.

내가 그리스도를 믿을 때, 나는 그의 백성의 한 사람임을 확신하게 되었습니다. 나의 영혼이 이렇게 말하기 때문입니다. "나를 살려주시오! 나는 깨끗하게 되었소. 예수님의 피로 나는 깨끗하게 되었소. 나를 죽여주시오! 나의 주 예수님으로 말미암아, 부활의 그날에 나는 담대히 설 수 있기 때문이오." 영혼아, 너는 그리스도의 팔에 안긴 듯하구나. 십자가에 못 박힌 팔! 너를 위해 흘린 피가 온몸에 묻었네! 자기 원수를 위해 아랑곳없이 고통당하시므로 그들을 살리셨네! 오, 그 팔에서 벗어나지 마오!

"죄 지은 영혼들아 나아오라
비둘기처럼 날아와 예수님의 상처를 보라
오늘은 복음을 받아들이는 날,
이 속에 값없이 주는 은혜가 충만하네.

하나님은 교회를 사랑하셔서 자기 아들을 주셨다네
진노의 잔을 마시도록.
그리고 예수님은 아무도 쫓아내지 않으리라고 하시네
믿음으로 자기에게 나아오는 자를."

3. 잠시 거룩한 묵상에 대해 생각해 봅시다.

여러분은 말하는 것보다 생각하는 것을 원합니다. 나는 네 가지 생각할 것을 말하려고 합니다.

1) 그리스도에게 담당시킨 놀라울 정도로 많은 죄를 생각해 봅시다. 이 말에 놀라지 말고, "그럼요, 그의 택한 자의 억만 가지 죄입니다"라고 말하십시오. 이 사실

에 놀라지 말고, 차차 생각해 보십시오. 여러분 자신의 죄부터 생각하십시오. 여러분 자신의 죄를 느껴 본 적이 있습니까? 없을 것입니다. 여러분은 결코 죄의 충분한 무게를 느끼지 않았습니다. 여러분이 느꼈다면, 지옥에 가 있을 것입니다. 지옥에 가게 하는 것은 바로 죄의 무게입니다. 죄는 죄의 무게 속에 형벌을 포함해서 이야기하고 있습니다.

지옥의 고통이 여러분을 붙잡고 있다고 느낄 때, 여러분은 걱정과 슬픔을 당한다고 생각합니까? 그때, 여러분은 주의 이름을 부르며 말하기를, "오! 주님, 내가 당신에게 간구하오니, 나의 영혼을 구원하소서!" 그러고 나서 여러분은 단지 여러분의 죄가 조금밖에 없다고 느낍니다. 그러나 여러분의 모든 죄는 얼마만큼의 무게가 될까요?

여러분은 몇 살입니까? 여러분은 안식에 들어가기 전까지 몇 살이 될지 모릅니다. 그러나 여러분이 일생 지은 죄를 예수님은 담당하셨습니다. 빛과 지식을 거스른 죄, 율법과 복음을 거스른 죄, 평일에 지은 죄, 안식일에 지은 죄, 손으로 지은 죄, 입으로 지은 죄, 마음으로 지은 죄, 성부께 지은 죄, 성자께 지은 죄, 성령께 지은 죄, 각양각색의 죄, 이 모든 죄를 그에게 담당시키셨습니다.

여러분은 지금 이 사실을 생각할 수 있습니까? 지금 넓게 생각해 보십시오. 특히 하나님 백성의 죄에 대해 생각해 보십시오. 다소의 사울과 같은 사람 앞에는 박해와 살인의 죄가 있었습니다. 다윗 앞에는 간음이 있었습니다. 하나님은 죄인들의 괴수 가운데서 선택하셨으므로 모든 모양과 크기의 죄가 있습니다. 그가 택한 자는 천성적으로 가장 훌륭한 사람이 아니었습니다. 도리어 그들 중 어떤 이는 가장 악합니다. 그러나 주권적 은혜는 이전에 일곱 귀신이 살던 곳, 아니 군대 마귀가 축제를 벌이던 죄의 집을 발견하고는 기뻐했습니다. 그리스도는 사람들을 두루 살펴보시고, 바리새인은 지나쳤으나 세리장 삭개오는 택했습니다. 이 모든 죄는 그 죄의 무게와 함께 그리스도에게 떨어졌습니다. 죄의 무게는 이 모든 사람을 지옥으로 영원히 떨어뜨리지만, 그리스도는 이 모든 죄의 무게를 담당하셨습니다.

내가 감히 많은 죄로 말미암은 진노의 실재와 영원성과 무한성을 말한다 할지라도, 신성의 무한성을 훌륭하게 지니신 하나님의 아들께서 그 모든 것을 담당하시고 유지시키셨습니다. 나는 조금만 더 여러분이 생각하도록 하고 싶습니다. 그러나 여러분이 집에 돌아간다면, 여러분은 아마 다음 사실을 생각하면서 매우 유용하게 반 시간을 보낼 것입니다.

> "인간 죄의 거대한 짐이
> 나의 구세주께 맡겨졌네
> 옷을 입듯이 죄인을 위해
> 고통을 입으셨네."

2) 예수님에게 이 모든 일을 하도록 하신 그의 놀라운 사랑을 묵상해 봅시다. 이것에 대해 말한 바울의 표현을 기억하십시오. "의인을 위하여 죽는 자가 쉽지 않고 선인을 위하여 용감히 죽는 자가 혹 있거니와 우리가 아직 죄인 되었을 때에 그리스도께서 우리를 위하여 죽으심으로 하나님께서 우리에 대한 자기의 사랑을 확증하셨느니라"(롬 5:7-8).

그리스도께서 우리를 성령으로 새롭게 하실 때, 우리는 우리 안에 있는 어떤 우월성이 구세주의 마음을 끌었다는 유혹을 받을 수 있습니다. 그러나 형제들이여, 여러분은 그리스도께서 우리가 아직 죄인 되었을 때, 우리를 위해 죽으셨다는 사실을 알아야 합니다. 우리는 깨끗이 씻겨져 강보에 싸인 아이도 아니었습니다. 귀에 보석을 단 아름다운 숙녀도 아니었습니다. 머리에 순금으로 된 왕관을 쓰고 자기 남편에게 순결한 처녀로 나타나는 사랑스런 왕녀도 아니었습니다. 예수님께서 죽으실 때 보신 것은 이것이 아닙니다. 그는 통찰력 있는 시각으로 이 모든 것을 보셨습니다. 저 아름다운 숙녀의 실제 모습은 주님께서 그녀를 위해 죽으실 때의 모습이 아니었습니다. 그녀는 버림을 당했으므로, 몸은 씻지 못했고, 달래 주는 이도 없었고, 강보에 싸이지도 않았고, 피투성이로 있었습니다. 단지 어리석고 사악한 존재였습니다. 우리 안에서 아름다움을 발견할 수 없고, 우리를 칭찬할 것이 한 가지도 없고, 도리어 그리스도의 거룩한 성품에 도덕적으로 혐오스러운 존재였을 때 놀라운 은혜가 있었다니! 그는 높은 하늘에서 내려와 우리의 수만 가지 죄를 담당하셨습니다.

어느 날, 나는 소설과 같은 질문을 받았습니다. 그 질문은 이것입니다. "당신에게 나병이나 다른 몹쓸 병을 가진 아이가 있다고 가정해 보십시오. 당신의 사랑스러운 아이가 병균에 전염되어, 모든 부위가 너무 심할 정도로 오염되었고, 마침내 눈이 멀고, 손이 썩고, 심장은 돌처럼 굳어 가고, 온 몸엔 상처와 타박

상과 썩고 있는 헌데 투성이라고 상상해 보십시오. 이 아이를 위해서는 치료법이 없지만, 당신의 온전하고 건강한 영혼이 있다고 가정해 보십시오. 이 영혼을 저 아이의 몸에 넣어 주고, 아이 대신 아이의 병을 담당한다고 가정해 봅시다. 당신은 이 일을 할 수 있겠습니까?" 어머니의 사랑은 이것을 감당하리라고 생각할 수 있습니다. 그러나 여러분이 썩고 있는 헌데를 싫어하면 할수록, 그 일은 더 무서운 것이 될 것입니다. 이 일은 예수님께서 우리 죄를 담당하시고 우리의 연약함을 담당하실 때 우리를 위해 하신 일 중 겉핥기에 불과할 뿐입니다.

그리스도와 죄인 사이에는 놀라운 결합이 있었으므로, 나는 성경에서 직접 인용할 수 있는, 인간의 죄와 그리스도의 관계에 대해 신구약의 몇 가지 표현을 담대하게 말할 수 있습니다. 여러분이 그 결합에 속한다면, 우리의 슬픈 사정과 곤경을 맡으신 예수 그리스도의 사랑이 얼마나 놀라운 것인지 알게 될 것입니다. 오, 그 사랑! 오, 그 사랑! 아니, 나는 사랑에 대해 말하지 않을 것입니다. 여러분이 그 사랑에 대해 묵상해야 합니다. 침묵은 때때로 가장 훌륭한 웅변입니다.

내가 여러분에게 말할 수 있는 최선의 것은 이 말일 것입니다. "오, 깊으신 예수님의 사랑! 찾을 수 없지만, 과거에 알려졌네! 모든 만물 위에 계셔서 영원히 복 주시는 하나님께서 그에게 우리의 죄악을 담당시키셨네!"

3) 이와 같은 구원의 계획이 제공하는 비교할 수 없는 안전을 생각해 봅시다. 나는 그리스도께서 자기 죄를 담당하셨다는 사실을 느끼고 아는 사람에게서 비난받을 점을 볼 수 없습니다. 나는 하나님의 모습을 봅니다. 하나님의 모습은 죄인인 나에게, 나를 찌르는 날카로운 가시를 가진 정어리 같은 물고기로 여겨집니다. 그러나 예수님이 나를 위해 죽으셨고, 정말 나의 죄를 담당하셨다는 사실을 내가 알았을 때, 하나님의 태도가 무엇이 겁나겠습니까? 창처럼 날카롭고 번쩍이는 의가 있습니다. 의는 나의 친구입니다. 하나님이 의로우시다면, 예수님께서 대속하신 죄 때문에 나를 멸하실 수 없습니다. 하나님의 마음에 의가 있는 한, 그리스도를 속죄자로 선언한 의로운 영혼이 멸망하는 일은 있을 수 없습니다.

은혜, 사랑, 진리, 영광, 비교할 수 없는 것, 신성에 속한 하나님다움과 신격에 대해, 나는 이렇게 말합니다. "자기 아들을 아끼지 아니하시고 우리 모든 사람을 위하여 내주신 이가 어찌 그 아들과 함께 모든 것을 우리에게 주시지 아니하겠느냐"(롬 8:32).

사도가 이것을 말함이 얼마나 당당합니까! 구세주의 죽음과 부활에 대해 말하면서, "누가 능히 하나님께서 택하신 자들을 고발하리요"라고 멋진 질문을 제기한 것은 지금까지 그가 성령에 의해 발한 웅변의 극치라 느껴집니다. 사도는 밝은 눈으로, 영원한 의가 앉아 있는 타오르는 왕좌의 황홀함을 보았습니다. "어떤 사람은 정죄함을 받으리라"고 말하는 것 같습니다.

그러나 사도는 "누가 능히 하나님께서 택하신 자들을 고발하리요 의롭다 하신 이는 하나님이시니"(롬 8:33)라고 말합니다. 하나님이 우리를 의롭게 하신 후에 우리를 벌하실 수 있습니까? 하나님은 그리스도께서 대신 죽은 자들을 의롭다 하십니다. 우리는 그리스도의 부활로 의롭게 되었기 때문입니다. 그렇다면, 어떻게 그가 우리를 심판하실 수 있습니까? 그러므로 사도는 다시 한 번 소리 높여 외칩니다. "누가 정죄하리요 죽으실 뿐 아니라 다시 살아나신 이는 그리스도 예수시니 그는 하나님 우편에 앉아 계신 자요 우리를 위하여 간구하시는 자시니라"(롬 8:34).

다른 곳에 서 있는 사람은 분명히 불완전함을 느낍니다. 그러나 그는 여기서 안전함을 알 것입니다. 원하는 대로 가서, 모래 위에 터를 세우십시오. 바벨탑만큼 높이 여러분의 건물을 올리십시오. 큰 소동이 일어나서 무게를 지탱할 수 없을 것입니다. 그러나 나의 영혼은 이와 같이 견고한 대속의 반석 위에서 쉼을 얻을 것입니다. 확신에 찬 결심으로 그 반석에 매어달릴 때, 예수님께서 나를 위해 죽으셨으므로 두려워할 이유가 없습니다.

4) 마지막 묵상의 주제를 제시합니다. 나는 여러분이 이 주제를 잊지 않기를 원합니다. 그 주제는 "그렇다면, 예수 그리스도께서 나와 여러분에게 요구하시는 것이 무엇일까?" 하는 것입니다.

형제자매여, 나는 때때로 웅변가가 되고 싶었습니다. 그때는 내 속에 있는 것을 변호하고 싶은 이유가 있어서가 아니라, 예수님을 위해 말해야 할 때였습니다. 그러나 정말, 여기서는 웅변이 필요하지 않습니다. 여러분의 마음이 변호자가 될 것이며, 예수님의 번민이 변호의 내용이 될 것입니다.

형제들이여, 은혜로우신 우리 주님께서 여러분의 죄를 담당하시고, 무서운 죄의 결과로 여러분을 위해 고통당하셨으므로, 여러분이 구원받지 않았습니까? 나는 그의 피와 상처로 말미암아, 그의 죽음으로 말미암아, 그를 죽게 만든 사랑으로 말미암아, 여러분이 마땅히 영접할 자로 주님을 영접하기를 원합니다. 마땅히 사랑받을 자로 그를 사랑하십시오! 마땅히 섬김을 받을 자로 그를 섬기십시오!

여러분은 나에게 그의 교훈을 순종했느냐고 물어볼 것입니다. 나는 이 말을 기쁘게 듣습니다.

여러분은 순종했다고 확신하십니까? "너희가 나를 사랑하면 나의 계명을 지키리라."

여러분은 주님께서 구원하셨으므로 규례를 지켰습니까?

모든 면에서 주님께 순종하기를 구했습니까?

주님께서 정하신 모든 길로 신중하게 계속 행했습니까?

여러분이 대답할 수 있다면, 나는 만족하지 않습니다. 어떤 지도자도 주님처럼 순전히 순종한 사람은 없는 것 같습니다. 나폴레옹은 기묘하게도 사람의 마음을 사로잡는 힘이 있었습니다. 그는 전쟁할 때, 명령이 내려지는 곳에는 어디든지 신속하게 복종하며 행진할 뿐 아니라 그를 위해 열렬히 충성하는 병사들과 많은 장군들을 거느렸습니다. 황제를 구하기 위해 자기 가슴에 총탄을 맞는 길로 뛰어든 사람의 이야기를 들어 본 적은 없습니까? 어떤 순종이, 어떤 법이 그에게 필요한 것이 아니라, 열광적인 사랑이 그를 그곳으로 움직였습니다. 나의 주님께서 우리에게 높은 평가를 받으시는 것은, 이와 같은 열정적인 사랑 때문입니다. 그것은 율법의 범주를 초월한 것입니다. 율법이 요구하는 것 이상의 것입니다.

그러나 여러분은 율법 아래 있지 않고, 은혜 아래 있으므로, 이 모든 것이 적선은 아닙니다. 여러분은 강제적 요구로 행하는 것보다 더 많은 사랑을 나타낼 것입니다. 내가 나의 주인을 위해 무엇을 할까요? 내가 어떻게 그분을 나타낼까요?

형제자매여, 여러분 중 회개하지 않은 자와 대화하는 것 다음으로, 내가 하나님 앞에 바라는 가장 높은 목적은, 바로 그리스도를 사랑하는 여러분이 정말 그를 사랑하고 그가 행하신 대로 행하도록 하는 것입니다. 나는 여러분이 결코 냉랭한 교인이 되지 않기를 바랍니다. 오, 나의 목회가 여러분을 속여서 이런 상태로 이끌지 않게 하소서!

예수 그리스도께서 여러분의 모든 것을 기쁘게 받으시지 않는다면, 어느 것도 기쁘지 않습니다. 여러분이 다음과 같이 느끼지 않는다면, 그분의 요구를 알지 못하는 것입니다.

> "당신이 침묵하고
> 의무가 소리치지 않아도,
> 열정을 가지고 주님을 사랑하므로
> 모든 것을 그분께 드리려 하네."

그리스도가 나를 위해 서 계시다니!

오, 내게 주를 위해 서고, 주를 위해 변호하고, 주를 위해 살고, 주를 위해 고통당하고, 주를 위해 기도하고, 주를 위해 설교하고, 주를 위해 일하는 것을 가르쳐 주소서. 주는 나를 도와주실 것입니다.

여러분이 자기 길을 가고, 개인마다 죄가 있어 그 짐이 점점 무거워질 때, 그에게 개인적인 헌신을 드리도록 여러분 각자에게 일러드릴까요? 여러분의 물질을 교회 공동 사업에 바치십시오. 끊임없이 이것을 행하십시오. 그때 기쁨이 옵니다. 많은 봉사를 하는 우리의 대학생들은, 우리의 일을 사랑하고 주의 진리를 사랑하는 모든 이들의 도움을 크게 필요로 합니다. 그러나 무엇보다 혼자 힘으로 하십시오. 스스로 그리스도를 말하십시오. 자발적으로 손에 잡히는 것부터 하십시오. 다시 말하지만, 하나님은 우리 안에 살아계시므로, 연합된 몸의 일을 도와주십시오. 그 일은 위대한 일이 될 것이며, 어느 누구도 그리스도를 핑계삼아 자기 물질을 아껴서는 안 됩니다. 그러나 하나님은 여러분의 주머니 속에 있는 것을 모두 요구하시는 것이 아니라, 여러분의 마음을 원하십니다. 이것은 취미 활동이 아니라 영혼의 활동입니다. 실링이나 기니와 같은 돈을 원하시는 것이 아니라, 바로 마음속 가장 깊숙한 곳에 있는 여러분의 영혼을 원하십니다.

오, 그리스도인이여, 예수님의 피로 다시 그분께 헌신하십시오! 고대 로마의 전쟁에는 이런 일이 종종 있었습니다. 싸움의 승패가 불분명할 때, 미신적인 애국심을 가진 대장은 자기 칼 위에 자기 배를 대고 국가의 이익을 위해 몸을 바쳐 스스로 죽습니다. 그 후 신화에 따르면, 전쟁은 항상 호전되었습니다. 주님의 은혜로우심을 경험한 여러 성도여, 오늘 자신을 드려, 왕 되신 예수님을 위해 살고, 그를 위해 죽고, 그를 위해 사람을 보내고, 그를 위해 가십시오. 누구도 이보다 더 가치 있는 소망을 갖지 않았으므로, 여러분은 바보가 되지 않을 것입니다.

여러분은 헌신할 필요가 없는 자에게 자신을 헌신하지는 않을 것입니다. 여러분은 그에게 얼마나 은혜를 입고 있는지 압니다. 아니, 여러분은 여러분이 해야 할 의무의 깊이를 충분히 모르고, 단지 여러분이 가진 모든 것이 그의 은혜라는 것을 알 뿐입니다. 그 은혜로 말미암아 여러분은 지옥에서 벗어나 하나님을 소망하게 되었습니다. 오늘 아침 다음 시를 생각해 봅시다.

"놀라운 거래가 이루어졌네,
나는 주의 것, 그는 나의 것
그가 나를 이끄시면 나는 따라가며
하나님의 목소리를 고백하도록 매혹되네

오랫동안 나뉜 나의 마음이여, 지금 안식하라
여기 아름다운 안식처에 거하여라
죽음 때문에 헤어지기 싫어하는 자여,
언제 천사의 잔치에 초대받았느냐?

높은 하늘이여, 준엄한 맹세를 들으라
새 맹세가 날마다 들리네.
목숨이 다하는 순간까지 나는 경배하고
죽음 속에서도 아름다운 결합을 찬양하리."

제 65 장

털 깎는 자 앞의 양

"털 깎는 자 앞에 잠잠한 양 같이 그의 입을 열지 아니하였도다."—사 53:7

이 본문의 맥락에서 우리는 양에 비유되어 있습니다. 그런데 예수님께서 양에 비유된 죄인들의 입장에 서신 것은 많은 것을 생각나게 합니다. "우리는 다 양 같아서 그릇 행하였습니다"(6절). 그런데 그 다음에 우리를 대신하기 위해 오신 그분이 역시 양에 비유되십니다. 그분은 "털 깎는 자 앞에 잠잠한 양 같으셨습니다." 그리스도와 그분의 백성 사이의 위치 교환은 너무나 놀랍도록 완벽하여, 그분이 그들의 입장이 되신 것은, 그들이 그분의 입장이 되도록 하기 위함이었습니다. 그분이 어떻게 자기 형제들처럼 되셨는지를 자세히 보십시오. 나는 우리가 왜 양과 같으며 또한 그분이 어떻게 목자와 같은지에 대해서는 아주 잘 이해할 수 있습니다. 그러나 나는 감히 그분을 양과 같다고 한 비유를 만들어낸 적이 없습니다. 그 비유를 설명하려고 시도해야겠지만, 만약 그 비유를 여기서 발견하지 못했더라면 나는 감히 그에 대한 설명을 시도하지 않았을 것입니다. 지존자의 아들을 한 마리 양에 비유하는 것은, 그분의 영이 황송하게도 그렇게 비유하시지 않았더라면, 용서할 수 없는 주제넘은 짓일 것입니다.

비록 이 표상이 매우 은혜롭긴 하지만, 그것이 결코 새로운 것은 아닙니다. 우리 주님께서 이사야 시대에 앞서 이미 오래전에 유월절 어린 양으로 예표(豫表)되었던 적이 있었기 때문입니다. 그분을 "세상 죄를 지고 가는 하나님의 어린 양"(요 1:29)으로 부르는 것은 그분이 어떻게 우리의 죄를 속죄하셨는지를 설명하는 아주 빈번한 방식입니다. 심지어 그분은 영광 중에서 보좌에 앉으신 어린 양이시며, 그분 앞에 천사들과 구속받은 성도들이 엎드려 경배합니다. 나는 여러분과 예수님 사이의 독특한 친교를 여러분의 생각 속에 제시하는 것을 기쁘게 여깁니다. 여러분은 "양 같으며"(6절), 그분도 "양 같이"(7절) 되셨습니다. 여러분은 양처럼 방황하였고, 그분은 양처럼 잠잠히 참으셨습니다. 나와 여러분 모두는 양 같은데, 아주 어리석다는 면에서 그러합니다. 하지만 그분은 온순한 순종의 측면에서 양과 같으시며, 털 깎는 자의 손 아래에서도 "그 입을 열지 않으셨습니다."

1. 주님의 인내

나는 여러분을 서두에서 오래 붙들어두지 않을 것입니다. 먼저 나는 여러분으로 하여금 털 깎는 자 앞에 있는 양의 표상을 통해, 우리 구주의 인내를 숙고하도록 요청할 것입니다. 성령의 도우심에 의지하여 우리 주님의 인내를 관찰하도록 합시다.

나는 여러분에게 설교를 하려 하기보다는, 할 수 있는 한 여러분 앞에 하나의 창을 열어두고, 여러분에게 그 창을 통해서 하나님의 어린 양을 보라고 요청하려고 합니다. 우리 주님은 도살자에게 끌려갔으며, 다른 의미로는 또 다른 손에 의해 털 깎는 자들 앞으로 끌려가신 것입니다. 도살자에게 가서 그분은 죽으실 것입니다. 털 깎는 자들에게 가서 그분은 그분의 위로와 영예의 털을 깎이게 되실 것이며, 그분의 선하신 이름과 마지막에는 목숨 자체를 잃게 되실 것입니다. 도살자들 앞에 계신 동안 그분은 이끌려온 어린 양처럼 잠잠하셨습니다. 털 깎는 자들 아래에 있을 때 그분은 털을 깎이는 한 마리 양처럼 잠잠하셨습니다. 여러분은 그분이 빌라도 앞에서와, 헤롯 앞에서와, 가야바 앞에서와, 최후에는 십자가에서 어떻게 인내하셨는지에 대한 이야기를 압니다. 그분의 신음 소리라든가, 혹은 악인들의 손에서 받는 고통과 수치를 참지 못하시는 것처럼 어떤 큰 소리를 낸 것에 대한 기록이 없습니다. 한 마디 불평의 말도, 한 마디 거친 발언도 찾을 수 없습니다. 빌라도가 물어 외쳤습니다. "아무 대답도 없느냐? 그들이 얼마나 많은 것으로 너를 고발하는가 보라"(막 15:4). 헤롯 역시 크게 실망했는데, 왜냐하면 그는 그분이 행하시는 어떤 기적을 볼까 기대했었기 때문입니다.

그분이 하신 말씀의 전부는 마치 양이 울음소리를 내는 정도였는데, 그것으로써 그 어떤 말보다 더 많은 의미를 담고 있었습니다. 그분은 이와 같은 몇 마디 문장으로 발언하셨습니다. "내가 이를 위하여 태어났으며 이를 위하여 세상에 왔나니 곧 진리에 대하여 증언하려 함이로라"(요 18:37). "아버지 저들을 사하여 주옵소서 자기들이 하는 것을 알지 못함이니이다"(눅 23:34). 그분은 인내하셨고 잠잠하셨습니다.

먼저, 우리 주님이 잠잠하여 그 입을 열지 않으신 것은 그분의 적대자들에 대해서였음을 기억하십시오. 그분은 그들 중 한 사람도 잔혹하고 부당하다고 고소하지 않으셨습니다. 그들은 그분을 비방했습니다. 하지만 그분은 대응하지 않으셨습니다. 거짓 증언자들이 일어났지만, 그분은 그에 대해 대답하지 않으셨습니다. 그분은 바울처럼 "회칠한 담이여 하나님이 너를 치시리로다"(행 23:3)고 말씀하시지 않았습니다. 내가 바울을 비난하려는 것은 아니지만, 분명 그를 칭찬하려는 것도 아닙니다. 주님과 대조했을 때 그는 얼마나 다르게 행동했는지요! 예수님은 어느 누구에 대해서도 한 마디 대적하는 말씀을 하지 않으셨습니다. 비록 그들이 악의를 품고 고안해낼 수 있는 모든 말로 그분을 대적했음에도 말입니다. 빌라도를 위해 그분은 반쯤은 해명하는 투로 말씀하셨습니다. "나를 네게 넘겨 준 자의 죄는 더 크다"(요 19:11).

사람들이 그분의 얼굴에 침을 뱉었을 때 그분이 무언가 말씀하셨을 거라고, 누군가 추측할 수도 있습니다. 그분이 이렇게 말씀하시지 않았을까요? "친구여, 왜 이렇게 하느냐? 내가 한 모든 일들 중에 무엇 때문에 나를 모욕하느냐?" 하지만 그런 충고를 할 때는 지났습니다. 그들이 손바닥으로 그분의 얼굴을 쳤을 때, 그분이 "무엇 때문에 나를 치느냐?"라고 대꾸하셨어도 놀랍지 않았을 것입니다. 하지만 아닙니다. 그분은 아무 말씀도 하지 않으셨습니다. 그분은 아버지께 어떤 탄원도 제기하지 않으셨습니다. 그분이 단지 시선을 하늘로 향하시기만 했어도, 혹은 격분하여, 천사들의 군대로 하여금 저 입이 거친 병사들을 쓸어내기를 바라시기만 했어도, 그것으로 충분했을 것입니다. 스랍 천사가 한 번만 날개를 휘저어도 헤롯이 벌레들에게 먹혀 죽었거늘, 빌라도 역시 부당한 재판에 대하여 그에 합당한 죽음을 당할 수 있었습니다. 저 십자가의 언덕이 화산의 분화구가 되어 거기서 그분을 향해 조롱과 비웃음을 보내던 무리들을 다 삼켜 버릴 수 있었습니다.

하지만 그런 일은 없었습니다. 그분의 힘을 과시하는 그런 종류의 일은 없었습니다. 오히려 그분을 대적하여 모든 거대한 힘이 그분에게 가해졌으나, 그분은 그 잔혹한 원수들에게 자기 힘을 사용하지 않으셨습니다. 그분은 측량할 수 없는 힘으로 자신의 전능의 힘을 억제하셨습니다. 그분의 강력한 사랑이 신적인 진노를 억제했던 것입니다. 그분은 원수들의 부당함과 거짓과 수치스러운 악의에 대하여 솟구쳐 올랐을 자연스러운 적개심을 억제하셨습니다. 그 모든 것을 억누르고, 그분은 인내하셨고, 온유하게 끝까지 잠잠하셨습니다.

그분이 적대자들에게 한 마디도 하시지 않았던 것처럼, 그분은 또한 우리 중 어느 누구에 대해서도 한 마디도 하시지 않았습니다. 여러분은 십보라가 그 아들이 피 흘리는 것을 보면서 모세에게 어떤 말을 했는지를 기억합니다. "당신은 참으로 내게 피 남편이로다"(출 4:25). 정녕 예수님께서도 그분의 교회에게 이렇게 말씀하실 수 있었습니다. "그대는 내게 많은 희생을 요구하는 배우자로다. 내게 이런 수치와 피 흘림을 감수하게 하는구나." 하지만 그분은 아낌없이 주셨습니다. 마음의 입을 여시고서, 한 마디도 비난하지 않으셨습니다. 그분은 최대의 비용을 지불하셨고, 십자가를 참으셨으며, 부끄러움을 개의치 않으셨습니다.

"용서의 값이 자기 피인 것을
구주께서 아셨을 때에도,
그분의 긍휼은 철회되지 않았으니
이것이 곧 하나님의 긍휼이로다."

의심의 여지 없이 그분은 오는 세대들을 내다보셨습니다. 그분의 눈은 흐리지 않았습니다. 나무에 달려 충혈된 상태에서도, 그분은 당신과 나의 무관심과, 우리 마음의 냉정함과 부정함을 내다보실 수 있었습니다. 그분은 이런 말을 기록에 남겨놓으실 수도 있었습니다. "나는 내가 관심을 기울이기에 전혀 합당하지 않은 자들을 위해 고난을 당한다. 내 사랑에 반응하여 돌아오는 그들의 사랑은 보잘것없다. 비록 나는 그들을 위해 내 모든 마음을 주지만, 나를 향한 그들의 사랑은 얼마나 미지근한지! 나는 그들에게 실망했으며, 그들에게 싫증이 난다. 내 심장의 피를 내 백성처럼 무가치한 자들을 위해 흘려야 하는 내가 슬프구나." 하지만 그런 감정은 조금도 암시된 적이 없으며, 그 흔적조차도 없습니다.

그분은 털 깎는 자들 앞에서 잠잠하였습니다. 그들은 그분에게서 모든 것을 박탈하여 갔습니다. 그분의 마지막 의복마저 벗겨 취하였습니다. 그분이 나무에 달려 이렇게 말씀하시는 그 무렵에 말입니다. "내가 내 모든 뼈를 셀 수 있나이다 그들이 나를 주목하여 보나이다"(시 22:17). 하지만 그분은 우리의 잔인한 죄에 대하여 불평하지 않으셨습니다. 그분이 옷을 빼앗기신 것은 우리가 헐벗었기 때문이며, 우리로 하여금 우리의 헐벗음을 가리도록 하기 위함이었습니다. 그분은 우리에게 아무런 불평을 제기하지 않으셨고, 그토록 중한 값을 치러야 하는 가혹한 일에 개입된 것에 대해 한 마디 유감의 말도 표현하시지 않았습니다. 그렇지 않았습니다. 그분은 "그 앞에 있는 기쁨을 위하여 십자가를 참으사 부끄러움을 개의치 아니하셨습니다"(히 12:2). 불평처럼 보이는 말, 그 일을 시작하지 않았더라면 하고 바라는 것처럼 보이는 말은 한 마디도 하지 않으셨습니다.

예수님은 적대자들과 나에게 반대하여 한 마디도 하지 않으셨던 것처럼, 아버지를 거역하거나 우리 죄로 인한 형벌의 가혹함을 불평하는 말을 한 마디도 하지 않으셨습니다. 여러분은 가인이 "내 죄짐을 지기가 너무 무거우니이다"(창 4:13)라고 말한 것을 압니다. 하지만 내가 보기에 손을 피로 물들였던 그 최초의 사람은 이상하게도 관대한 취급을 받았던 것으로 보입니다. 때때로 여러분과 나는 비교적 가벼운 고통을 당하고서도 이렇게 소리칩니다. "정녕 내 고통은 너무 무거워, 그 무게를 잴 수 없을 정도입니다." 우리는 모질게 취급당했다고 스스로 생각합니다. 우리는 감히 하나님을 향하여 "내 얼굴은 울음으로 붉었고 내 눈꺼풀에는 죽음의 그늘이 있습니다. 그러나 내 손에는 포학이 없고 나의 기도는 정결합니다"(욥 16:16-17)라고 말하기도 했습니다. 하지만 구주께서는 그러지 않으셨습니다. 그분의 입에는 아무런 불평이 없었습니다. 아버지께서 그분을 얼마나 압박하시고 상하게 하셨는지를 우리는 감히 상상조차 할 수 없습니다. 감람유를 짜는 틀이 얼마나 자주 작동되었으며, 그 톱니들이 얼마나 자주 조여졌는지, 그 돌들은 서로 압착되어 그분을 상하게 하였고 마침내 그분의 목숨까지 해쳤습니다! "여호와께서 그에게 상함을 받게 하시기를 원하사 질고를 당하게 하셨도다"(사 53:10). 온 인류 중에 오직 그분만이 이렇게 말씀하실 수 있었습니다. "주의 모든 파도와 물결이 나를 휩쓸었나이다"(시 42:7). 그럼에도 불구하고 불평은 없었습니다. "나의 하나님, 나의 하나님, 어찌하여 나를 버리셨나이까?"라고 하는 부르짖음은 고통의 부르짖음이지, 불평의 부르짖음이 아닙니다. 그것은 인성의 약함을 보여주는 것이지, 인성의 반항심을 나타내는 것이 아닙니다. 고통의 부르짖음은 있었지만, 반역의 목소리는 없었으며, 절망의 목소리도 없었습니다. 우리는 예레미야의 애가를 볼 수 있습니다만, 예수님의 애가는 어디에 있습니까? 예수님은 우셨고, 피와 같은 땀방울을 흘리셨지만, 결코 불평하지 않으셨으며 그분 마음속에서 반항을 느끼지도 않으셨습니다.

사랑하는 이여, 나는 이 문제에 관해 설교할 수 없을 것 같이 느껴집니다. 여러분이 열려진 창을 통하여 들여다보시기 바랍니다. 그리고 도살장에서 대기하는 어린 양과 같은 예수님을 보십시오. 칼을 그 목에 갖다대어도 그분은 다투지 않으시며, 그저 죽기를 기다리시고, 그분 자신의 동의로 죽으십니다. 우리를 위하여 자발적으로 자기 목숨을 내어주십니다. 다시 보십시오. 여러분의 주와 구원자께서 순순히 체념하고 털 깎는 자들의 손 아래 쭉 뻗은 채 누워 계십니다. 그들이 그분에게서 모든 귀한 것을 앗아가려 하지만, 그분은 입을 열지 않으십니다. 나는 이 모습에서, 우리 주 예수 그리스도에게서, 완전한 순종을 봅니다. 그분은 자기 목숨을 버리셨으며, 남김없이 내어주셨습니다. 그 희생의 제물은 줄로 묶어서 제단 뿔에 매어둘 필요가 없었습니다. 여러분과 나의 경우와는 얼마나 다릅니까? 그분은 거기 서서 기꺼이 고난당하고자 하셨고, 침 뱉음과, 수치스럽게 취급당하는 것과, 죽는 것을 감수하고자 하셨습니다. 그분 마음속에 완전한 복종이 있었기 때문입니다. 그분의 몸과 마음과 목숨을 아무것도 남기지 않았습니다. 그분은 아버지의 뜻을 행하기 위해, 또 우리의 구속을 이루기 위해, 온전히 제물로 바쳐졌던 것입니다. 거기에는 또한 완전한 '자기 극복'이 있습니다. 그분에게는 자유를 호소하는 욕구도 일어나지 않았고, 일반적인 피로감에서 면제되기를 바라는 요청도 없었습니다. 몸의 어느 한 지체도, 정신의 어느 한 부분도, 영의 어떤 한 기능도 뒤로 물러나지 않았으며, 오직 전체가 복종하였습니다. 그리스도의 전부가 온전히 하나님께 바쳐졌으니, 이는 그분이 우리의 속량을 위하여 흠 없는 자기를 하나님께 온전히 드리려 하셨기 때문입니다.

자기 극복만이 있었던 것이 아니라, 그분의 일에 대한 완벽한 전념이 있었습니다. 양은 누운 채로 목초지 이상의 것을 생각하지 않으며, 털 깎는 자에게 자기 자신을 맡깁니다. 그리스도께서 아버지를 떠나신 것은 육신이 되어 우리와 함께 거하시기 위함이었습니다. 그분은 이곳에 오셔서 베들레헴에서 우리와 합류하셨습니다. 그분은 그 연합을 끝까지 유지하셨고, 그리하여 그분은 죽음에서도 우리와 하나가 되셨습니다. 하나님의 집을 위한 열심이 다른 어디에서뿐 아니라 빌라도의 법정에서도 그분을 삼켰으며, 거기서 그분은 선한 증언을 하셨습니다(참조. 딤 6:13). 하나님의 영광을 나타내는 것과 하나님의 백성을 구원하는 것 외에 그분은 아무것도 생각하지 않으셨습니다. 그분의 힘은 한 가지 바람에 집중되었고, 사람들을 향한 사랑의 열정이 그분의 마음을 속에서 뜨겁게 하였으며, 마침내 그것이 녹아 사랑과 피의 강물이 되어 흘러나왔습니다.

오, 형제들이여, 나는 우리가 이런 상태가 되기를 바랍니다. 우리의 진심이 하나님께 복종하고, 우리 자신을 완전히 버리며, 자기 극복을 배우고, 그 다음에는 극복된 자아를 전적으로 하나님께 바치는 것입니다. 한 가지 소망을 위해 온통 전념하고, 온전한 번제가 되어 엘리야가 갈멜 산에서 바친 제물처럼 되기를 바랍니다. 그 때에 하늘에서 불이 내려와 번제물인 송아지를 태우고, 제단의 나무와 돌을 태우고, 고랑의 흙을 핥아, 마침내 광대한 불과 연기의 구름 속에서 온전한 번제가 살아계신 하나님께 바쳐졌던 것입니다. 이런 일이 그 날 우리 주 예수 그리스도에게서 일어났듯이, 오늘 우리 중에서도 일어나기를 바랍니다.

만약 동양에서 양들이 이 나라에서 키우는 양들보다 훨씬 더 유순하여 다루기 쉽다면, 우리 주님의 놀라운 침착함과 복종은 이 본문에 의해 훨씬 더 잘 표현된 것입니다. 양들을 씻기고 털을 깎는 과정에서 시끄러운 소리를 듣고 거친 모습을 본 많은 사람들은, 양이 털을 깎이기 위해 자발적으로 왔다고 단정하는 고대 유대인 작가 필로(Philo)의 증언을 믿기 어려울 것입니다. 그는 이렇게 말합니다: "두터운 양털 때문에 괴로움을 겪는 텁수룩한 숫양들은 털을 깎아주도록 스스로 목자의 손에 자기를 맡긴다. 양들은 이런 식으로 매년 그들의 왕인 인간에게 공물을 바치는 것에 익숙해 있다. 양은 비스듬히 기댄 자세로 서 있으며, 털 깎는 자의 손에 의해 강제로 속박당하지 않는다. 이런 일들은 양의 유순함을 알지 못하는 자들에게는 이상하게 보이겠지만, 그것은 사실이다."

2. 양의 은유에 비추어보는 우리 자신

사랑하는 친구들이여, 지금까지 나는 미약하지만 우리의 사랑하는 주님의 인내를 여러분에게 제시하였습니다. 이제 두 번째로, 나는 여러분이 나와 더불어 우리 주님과 관련하여 사용된 동일한 은유로 우리 자신의 경우를 살펴보기를 바랍니다.

내가 서두에서 우리 자신이 양이기 때문에 그분이 황송하게도 스스로를 양에 비유하셨다고 말하지 않았던가요? 이제, 다시 돌아가겠습니다. 우리 주님은 털 깎는 자 앞에 양이셨으며, 우리 역시 이 세상에서 그분과 같은 입장입니다. 비록 우리가 어린 양처럼 속죄를 위하여 성전에 바쳐지는 것은 아니지만, 그럼에도 불구하고 여러 세대 동안 성도들은 도살되는 양 무리와 같았으니, 성경에 이렇게 기록된 바와 같습니다. "우리가 종일 주를 위하여 죽임을 당하게 되며 도살당할 양 같이 여김을 받았나이다"(시 44:22; 롬 8:36). 예수님은 양을 이리 가운데로 보내시듯 우리를 보내십니다. 그러니 우리는 우리 자신을 산 제물로 여겨야 하며, 기꺼이 바쳐질 준비가 되어야 합니다.

하지만 나는 특별히 두 번째 상징을 곰곰이 생각하려고 합니다. 우리는 마치 털 깎는 자의 손 아래에 있는 양처럼, 갈 수 있고 또 가는 것입니다. 오늘 밤 나는 여러분에게 이 상징에 대해 말하기를 원하는데, 여기 있는 많은 사람들의 삶에서 이 상징이 구현되고 있음을 나는 의심하지 않습니다. 아마 이런 모습은 지금 이 시간에도 여러분 중 많은 이들에게서 나타나며, 또 앞으로 다른 이들에게서도 나타날 것입니다.

양이 털 깎는 자에게로 이끌려가서, 그 털을 모두 깎이듯이, 주님께서도 자기 백성을 데려가서 그들의 털을 깎으십니다. 때때로 그들의 모든 위로를 제거하시고, 지상의 모든 위안들을 가져가시며, 그들을 마치 털 깎인 양처럼 남겨두십니다. 나는 이러한 털 깎는 작업이 우리 차례로 닥쳤을 때, 우리도 주님처럼 될 수 있기를 바랍니다. "털 깎는 자 앞에 잠잠한 양 같이 그의 입을 열지 아니하였도다." 나는 우리가 입을 크게 열지 않을까 염려되며, 끝없이 불평하지 않을까 두렵습니다. 하지만 저 은유를 주목하십시오. 우리는 털 깎는 과정을 감수해야 합니다. 바로 그것이 내가 지금 말하고자 하는 목적입니다.

먼저, 양은 털을 깎임으로써 그 소유주에게 그의 모든 보살핌과 수고에 대해 보상한다는 점을 기억하십시오. 양이 할 수 있는 다른 일에 대해서는 나는 알지 못합니다. 그것은 죽임을 당할 때 식량을 제공하지만, 살아 있는 동안에 양이 목자에게 제공할 수 있는 것은 적당한 때에 양모를 제공하는 것입니다. 그리고 사랑하는 친구들이여, 양이 만약 영리하다면, 아마도 털을 깎일 때 잠잠히 있을 것입니다. 왜냐하면 속으로 이렇게 말할 것이기 때문입니다. "목자는 그의 모든 수고에 보상을 받을 자격이 있다. 그러니 나는 털 깎는 작업장으로 가서, 내 양털이 보상이 되는 것에 기꺼이 만족한다." 하나님의 백성들 중 일부는 활동적인 섬김으로써 감사의 공물을 그리스도께 바칠 수 있습니다. 그들은 매일의 삶에서 그렇게 하기를 기뻐합니다. 하지만 다른 많은 사람들은 그다지 활동적으로 섬기지 않으며, 주님께 보상으로 드릴 수 있는 것이라곤 단지 고난을 당해야 할 때 고난을 당함으로써 그들의 양털을 깎이게 하는 것입니다. 참고 견뎌야 하는 시간이 올 때, 그들의 개인적인 위로를 빼앗기는 것을 순종하는 태도로 감수하는 것입니다. 그러므로 활동적으로 그리스도를 섬기는 이들은 그런 방식으로 행하는 것이 지극히 적은 부분에 지나지 않음을 느껴야 하며, 그 부족분에 대해서는, 그들 역시 다른 사람들처럼 털을 깎여야 할 때 수동적인 섬김으로써 보충할 수 있음을 알아야 합니다. 이런 방식으로, 그들은 그리스도께서 그들에게 행하신 일들에 대하여 더 풍성한 감사를 나타낼 수 있음을 알고 기뻐해야 합니다.

여기 털 깎는 자가 옵니다. 그가 양을 붙들고 털을 자르기 시작합니다. 깎고 또 깎아서 전체를 밀어버립니다. 큰 가위를 사용하기에 종종 고통이 느껴집니다. 남편을 잃어버리거나, 혹은 아내를, 혹은 어린 자녀들을 잃어버리고, 혹은 재산을 잃거나 건강을 잃어버릴 때가 있습니다. 때때로 그 큰 가위가 당신의 명성을 잘라냅니다. 비방이 닥치고, 당신의 위로를 앗아가는 일들이 한꺼번에 닥치는 듯하며, 마침내 모든 위로는 사라집니다. 자, 이 때가 당신이 털을 깎이는 때입니다. 아마도 이 과정을 견디는 것 외에는, 달리 무엇으로도 하나님께 큰 영광을 돌릴 수 없을 듯합니다. 만약 이것이 사실이라면, 여러분과 나는, 마치 그리스도의 착한 양처럼, 즐거이 복종하면서 이렇게 말해야 할 것입니다. "주님, 당신께서 저에게서 모든 것을 가져가시더라도, 저는 주님의 뜻에 기꺼이 저 자신을 맡깁니다. 당신께서 제게 행하고자 하시는 모든 일을 행하소서. 저는 저 자신의 것이 아니며, 주께서 값으로 사신 자이기에, 당신께서 저를 통해 영광을 얻고자 하시는 일이라면 그 어떤 일이든 기꺼이 순종하겠나이다. 당신은 양들의 위대한 목자이시니, 당신이 원하시는 대로 저의 털을 깎으소서. 그것이 당신의 친절한 보살핌과 고통스러운 수고에 대한 얼마간의 보상이 될 수 있다면 얼마든지 그리하소서."

양은 털을 깎이는 작업에 의해 그 스스로도 유익을 얻음을 기억하십시오. 사람들이 양털을 자를 때쯤이면 그 털은 길고 오래되었기 때문에, 모든 덤불이 양털에 걸리며, 모든 엉겅퀴가 양털과 뒤얽힙니다. 찔레나무들을 지날 때마다 약간의 양털이 찢겨나가면서, 양은 텁수룩하고 볼품없게 보입니다. 만약 양털을 그대로 두면 여름의 열기가 닥쳐올 때 양은 스스로 견딜 수가 없을 것이며, 마치 우리 자신이 털로 된 옷을 입거나 두꺼운 천으로 된 옷을 계속 입고 있을 때 너무 무겁고 답답하다고 느끼는 것처럼, 양도 그렇게 느낄 것입니다. 여름의 더위가 찾아온 후에 우리는 두꺼운 옷을 벗어야 합니다. 우리는 그 옷들을 견디지 못합니다. 마찬가지로 양도 그 털을 잃어버리는 편이 낫습니다. 왜냐하면 계속 양털을 유지할 때 그것이 위로가 되기보다는 방해가 될 것이기 때문입니다.

그러므로 형제들이여, 주께서 우리의 털을 깎으실 때, 우리가 그 일을 좋아하지 않는 것은 양들과 마찬가지입니다. 하지만 그것은, 첫째로는 그분의 영광을 위한 것이며, 둘째로는 진정으로 우리의 유익을 위한 것이기에, 우리는 기꺼이 그 일에 복종해야 합니다. 우리가 간직하기를 원했지만, 만약 그대로 간직했더라면, 우리에게 복이 아니라 저주로 판명되었을 것들이 많이 있습니다. 오래되어 진부해진 복은 저주임을 기억하십시오. 하나의 성물(聖物)처럼 보존되었던 놋뱀이 그 백성에게 올무가 되어, 결국에는 깨뜨려지고 '느후스단' 즉 '한 조각의 구리'로 일컬어졌음을 기억하십시오(참조. 왕하 18:4). 만나는 비록 하늘에서 내려진 것으로 여겨졌지만, 하나님의 명령이 그것을 복이 되도록 하시는 동안에만 유익할 뿐이며, 정해진 시간이 지나서도 간직되면 벌레가 모이고 악취를 풍겨서 전혀 복이 못했습니다. 내가 확신하건대, 많은 사람들이 만약 할 수만 있다면 그들의 복을 악취가 풍기도록 집에 간직하여, 마침내 그들의 찬장이 벌레들로 가득할 때까지 간직할 것입니다. 하지만 하나님은 그렇게 되기를 원치 않으십니다.

어떤 특정한 지점까지는, 부유해지는 것이 여러분에게 복이었습니다. 그런데 그것이 더 이상 복이 되지 않기에, 주께서는 당신의 재물을 가져가십니다. 어떤 특정한 시점까지 당신의 자녀는 큰 복이었지만, 더 이상은 그렇지 않을 수도 있으며, 그럴 경우 아이는 병이 들고 죽기도 합니다. 아마도 당신은 그 일을 이해하지 못하겠지만, 틀림없이 그럴 것입니다. 하나님은 자기 백성에게서 복을 거두어 가실 때에, 그것이 더 이상 복이 되지 않을 것이기 때문에 거두어 가시는 것입니다. 이 본문을 기억하십시오. "여호와께서 정직하게 행하는 자에게 좋은 것을 아끼지 아니하실 것임이니이다"(시 84:11). 만약 그 말씀이 진실이라면, 이 말도 진실일 것입니다. "여호와는 정직하게 행하는 자에게서 좋은 것들을 가져가지 않으실 것입니다." 왜냐하면 '가져가시는' 것이 '아끼지 아니하시는' 것 이상의 행동을 뜻하기 때문입니다.

양털이 깎일 때, 그것은 양이 진정으로 그것을 원치 않기 때문이며, 그것이 없는 편이 더 낫기 때문입니다. 양에 대한 글을 쓴 조어트(Jouatt) 씨는 우리에게 이런 말을 들려줍니다. "봄이 한창일 때 오래된 양모는 더 이상 그 짐승이 추위를 막는데 필요하지 않다. 그것은 그 무게와 더위 때문에, 위로가 되기보다는 성가신 것이 되고 만다." 주께서 우리의 털을 깎기 위해 고통과 시련을 보내실 때, 우리는 그 과정을 통해 그분께 영광을 돌리고자 소망할 뿐 아니라, 또한 그것을 깎이도록 하는 편이 우리에게 유익임을 인식해야 합니다. 비록 우리가 당시에는 그 일을 좋아하지 않겠지만, 그 일은 우리에게 지속적인 유익을 주는 방향으로 작용할 것입니다.

양에 대해서 어느 정도 아는 사람이라면 양은 털을 깎이기 전에 항상 씻겨진다는 점을 기억할 것입니다. 사람들이 양들을 시내로 데려가서는, 둑으로 막아 큰 웅덩이를 만들어, 그곳에서 양들을 씻기는 장면을 본 적이 있습니까? 그곳에서 사람들은 열을 지어 서고, 목자는 가슴 높이의 물에 섭니다. 양들이 물가로 인도되면, 사람들이 그것들을 붙들어 물 속으로 던지며, 양들의 얼굴을 물 위로 내게 한 상태에서, 계속해서 씻어주어 양털을 깎기 전에 먼저 깨끗하게 해 줍니다. 그 장면에서 여러분은 그 불쌍한 것들이 거의 죽을 듯이 놀란 채 반대편 물가로 올라오는 것을 볼 수 있는데, 틀림없이 그것들은 일어나고 있는 일에 대해 당황해하며, 아마도 물에 빠져 죽을 것 같다는 인상을 받았을 것입니다. 하나씩 목욕을 마치면 그 양들은 겨우 물에서 빠져나와 반대편 기슭에 서서 '매에' 소리를 냅니다.

형제들이여, 내가 여러분에게 제안하고 싶은 것이 있습니다. 언제든 시련이 닥쳐올 징후가 보일 때마다, 그것이 실제적으로 닥치기에 앞서, 여러분은 주님께 여러분을 정결하게 해 주시도록 기도해야 할 것입니다. 만약 그분이 양털을 깎고자 하신다면, 그분께 구하여 그분이 양털을 잡으시기에 앞서 그것을 씻어주시도록 요청하십시오. 몸과 혼과 영을 씻어주시도록 구하십시오. 그리스도인들이 빵을 먹기에 앞서 그들의 식사에 복을 주시도록 구하는 것은 아주 좋은 풍습입니다. 우리가 시련에 들어가기에 앞서 그 시련이 우리에게 복이 되기를 구하는 것이야말로 그보다 훨씬 더 필요한 일이 아니겠습니까? 여기 여러분의 사랑하는 자녀가 숨질 듯합니다. 친애하는 부모들이여, 함께 만나서 하나님께 구하되, 만약 그 아이의 죽음이 실제로 발생한다면 그것이 복이 되도록 구하지 않겠습니까? 여기 사업에서 일이 잘못될 것 같습니다. 가족이 특별한 모임을 가져, 기울어지는 사업이 여러분에게 오히려 복이 되도록 하나님께 구하는 것이 좋지 않을까요? 흉작이 될 듯합니다. 농사를 망쳤습니다. 여러분이 이렇게 말하는 것이 좋지 않을까요? "주여, 이 가난을, 올해의 흉작을, 이 손실을 정화시켜주소서. 그리하여 그것이 우리에게 은혜의 수단이 되게 하소서. 나쁜 일이 다가오고 있습니다. 그것이 닥치기에 앞서, 우리는 그 일이 우리에게 복이 되기를 구합니다." 감사의 잔에 대해서와 마찬가지로 쓴 잔에 대해서도 복을 구하지 않겠습니까? 털을 깎이기 전에, 만약 그 일이 닥쳐야 한다면, 그 일에 앞서 여러분이 씻어지도록 요청하십시오. 그것이 여러분의 주된 관심이 되게 하십시오. "주여, 당신께서 저의 털을 취하려고 오신다면, 당신이 그것을 취하시기에 앞서 그것을 깨끗하게 하소서. 당신이 취하시는 것을 씻어주시고, 저 역시도 씻어주시어 깨끗해지게 하소서. 그렇습니다, 주여, 저를 눈보다 희게 씻어 주옵소서."

씻은 후, 양의 몸이 마르면, 그 양은 실제로 한때 위로였던 것을 잃습니다. 그것은 뉘어져 있고, 여러분은 털 깎는 자를 봅니다. 여러분은 그 광경을 보고 놀라며 그 불쌍한 양에 연민을 느낍니다. 그 양은 그 위로였던 것을 잃어버리고 있습니다. 여러분에게 위로였던 것을 잃어버리는 일이 여러분에게도 발생할 것입니다. 그 때 여러분은 이 점을 기억하시기 바랍니다. 다음번에 여러분은 새로운 위로를 얻을 것이기 때문에, 여러분은 그 일이 일시적 대여(貸與)라고 여겨야 합니다. 오 양이여, 당신의 등에는 양모가 없지만 장차 어떤 일이 일어날까요? 하나님의 자녀여, 당신의 소유에는 아무런 위로거리가 남지 않습니다. 당신에게 남겨진 것이 없든지, 혹은 당신이 남겨둘 것이 없을 것입니다. 우리 하나님 외에는 당신이 가진 것은 아무것도 없습니다. 한 사람이 말합니다. "아니, 우리 죄가 있지 않습니까?" 그것은 우리의 것이지요. 그 점을 인정합니다. 하지만 예수님께서 그것을 짊어지고 가셨으며, 그래서 우리는 그것을 더 이상 우리의 것이 아니라고 부릅니다. 하나님 외에 우리가 가진 것은 아무것도 없습니다. 또한 주께서 우리에게 복을 주실 때, 우리가 그저 그것을 한동안만 소유할 뿐이라고 동의하는 것을 제외하고는 다른 소유가 없습니다. 그것은 차용된 것이며, 그 기간은 주의 뜻에 따라 끝날 수 있는 것입니다. 어리석게도 우리는 우리에게 주어진 복들이 우리의 소유라고 간주하여, 주께서 그것들을 가져가실 때 불평합니다. 만약 여러분이 이웃에게 무언가를 빌렸다면, 그것을 되돌려줄 때 눈물을 흘려서도 안 되며, 혹은 "당신이 그것을 되돌려달라니 유감이군요"라고 말해서도 안 됩니다. 빌린 것을 돌려줄 때는 웃으면서 돌려주어야 한다고 사람들이 말하는데, 하나님께서 우리에게 빌려주신 것에 대해서도 그렇게 해야 합니다. 우리는 기뻐해야 합니다. 주신 이도 그분이시요, 거두신 이도 그분이시니, 그분의 이름이 찬송을 받으셔야 합니다. 그분이 취하시는 것 중에 원래 우리의 소유는 아무것도 없으며, 단지 우리에게 빌려주신 것을 다시 돌려받으시는 것뿐입니다. 우리의 모든 소유는 이생에서 은혜로 꾸어 쓰는 것이니, 머지않아 다시 돌려드려야 하는 것입니다. 양이 양모를 내어주고 그 위로를 잃듯이, 우리도 우리의 모든 위로거리들을 차례로 양도해야 합니다. 설혹 우리가 죽을 때까지 그것들이 우리에게 남겨지더라도, 그 때는 우리가 그것들을 떠나야 하니, 우리는 죽음의 강물을 건널 때 그것들 중 어느 하나도 가져가지 않을 것입니다. 우리의 영적인 부요함은 종류가 다르지요. 그것들은 이미 하늘에 간직되어 있습니다. 하지만 이 낮은 곳에 있는 모든 것들에 대하여, 우리는 그 중 실오라기 하나도 가져가지 않을 것입니다.

털 깎는 자들은, 양에게서 양모를 취할 때에, 양이 다치지 않도록 주의를 기울입니다. 그들은 할 수 있는 한 바짝 들여서 깎지만, 피부를 상하게 하지는 않습니다. 할 수 있는 한 그들은 베인 상처를 남기지 않으며, 조금이라도 피를 흘리지 않도록 합니다. 살을 베이게 될 때는, 그것은 양이 가만히 누워 있지 않기 때문입니다. 하지만 조심스럽게 양털을 깎는 자는 피를 흘리지 않습니다. 이에 대해 톰슨(Thomson)은 다음과 같이 노래하는데, 그 가사가 이 전체 주제에 대해 너무나 훌륭한 예시가 되기에, 그것을 인용함으로써 내 설교를 장식하고자 합니다.

"얼마나 유순하고, 얼마나 잘 참는 짐승이 누워 있는지!
침울한 얼굴에도 부드러움이 배어 있으니,
말없이 무죄함을 호소하는 듯하도다!
연약한 짐승이여, 두려워 말라! 네 위에서
휘둘려지는 것은 무서운 살육자의 칼이 아니라,
부드러운 시골 젊은이의 잘 길들여진 가위라.

그가 이제 한 해 동안 보살핀 대가를 얻으려 하니,
너에게는 무거운 짐인 털을 깎고 나면,
다시 너를 언덕으로 보내어 뛰게 하리라."

주께서 우리의 털을 깎으실 때 우리를 다치게 하지 않으실 것임을 확신하십시오. 그분이 우리의 위안거리들을 가져가시겠지만, 진정으로 우리에게 해를 입히시지는 않으며, 또한 우리의 심령에 상처를 주시지는 않습니다. 그분이 이렇게 말씀하시지 않았습니까? "세상에서는 너희가 환난을 당하지만, 내 안에서 평안을 누리리라"(참조. 요 16:33). 만약 가위가 우리에게 피를 흘리게 한다면, 그것은 우리가 뒷발질하고 몸부림치기 때문입니다. 우리가 양처럼 인내하며 가만히 누워 있을 수 있다면, 털 깎는 과정은 우리에게 아주 적은 고통만을 요구할 것입니다. 우리가 하나님의 뜻에 전적으로 복종한다면, 고통스럽게 여겨졌던 것이 즐거운 일이 될 것입니다. 하나님이 그 일을 원하시는 것을 여러분이 깨닫게 될 때, 고통은 변하여 기쁨이 됩니다. 그분이 정하신 일이기에 여러분은 즐거이 고난을 감수합니다. 털 깎는 일을 매우 힘들게 만드는 것은 발로 차고 몸부림치는 것입니다. 하지만 우리가 털 깎는 자 앞에서 잠잠하다면 아무런 상처도 입지 않을 것입니다. 주님께서 아주 짧게 깎으실 수도 있습니다. 나는 그분이 어떤 이들을 매우 짧게 깎으신 경우를 압니다. 그들은 남은 털이 거의 없는 것처럼 보이는데, 이는 그들이 거의 모든 것을 잃었기 때문입니다. 마치 욥이 "내가 모태에서 알몸으로 나왔사온즉 또한 알몸이 그리로 돌아가올지라"(욥 1:21)고 부르짖은 것처럼 말입니다. 하지만 그럼에도 그는 이 말을 덧붙일 수 있었습니다. "주신 이도 여호와시요 거두신 이도 여호와시오니 여호와의 이름이 찬송을 받으실지니이다."

양털 깎는 일을 관찰해보면, 털 깎는 자들이 항상 적절한 때에 깎는다는 것을 알게 됩니다. 겨울에 털을 깎는 것은 매우 악하고, 잔인하고, 현명치 못한 처사입니다. "하나님은 털 깎인 어린 양에게는 바람을 줄이신다"는 속담이 있습니다. 그 속담에 일리가 있습니다. 하지만 바람을 줄일 필요가 있을 때 어린 양의 털을 깎는 것은 매우 악한 일입니다. 양이 그 털을 깎이는 때는 따뜻하고 온화한 날씨에, 양이 그 털을 잃어도 견딜 수 있을 때, 그리고 그것들을 잃어버리는 편이 오히려 더 나을 때입니다. 여름이 다가올 때 양털 깎는 철도 다가옵니다. 여러분은 주께서 우리에게 고통을 겪게 하실 때마다 가능한 최상의 때를 선택하신다는 것을 주목한 적이 있습니까? 주님이 제자들에게 "너희가 도망하는 일이 겨울에 되지 않도록 기도하라"(마 24:20)고 말씀하신 적이 있습니다. 그 기도에 담긴 정신은 우리의 슬픔의 시의적절함에서 발견될 수 있습니다. 그분은 우리에게 최악의 때에 최악의 고난을 보내시지 않을 것입니다. 나는 내게서 강한 죄의 성향이 발견될 때 죄의 기회가 오지 않았음을 빈번하게 인식하였으며, 그 일을 나는 감사하게 기억하고 있습니다. 그리고 만약 죄를 짓도록 강하게 부추기는 기회들이 내 앞에 제시되는 경우, 그 때는 내 속에 죄를 향한 내면적인 욕구가 없을 때였음을 나는 인식하곤 했습니다. 만약 내면적인 욕망과 기회가 만난다면, 그 때야말로 정말이지 위험한 경우입니다. 하지만 주님은 자기 백성을 그런 위험으로부터 지키십니다.

그와 마찬가지로, 여러분의 영혼이 침체되었을 때 주님은 여러분에게 아주 무거운 짐을 지게 하시지 않습니다. 주님은 그 짐을 한동안 미루어두시는데, 여러분이 주 안에서 기뻐할 때, 곧 그 힘이 여러분의 힘이 될 때까지 유보하십니다. 우리에게는 일종의 이런 느낌이 있는데, 즉 우리에게 기쁜 일이 많을 때 시련이 가깝고, 슬픔이 깊을 때 구원이 다가온다는 것입니다. 주님은 우리에게 한꺼번에 두 가지 짐을 지게 하시지 않습니다. 만일 그렇게 하시는 경우라면, 그분은 우리에게 곱절의 힘을 더하십니다. 내 생각에 아일랜드 사람이 아니고는 잘 관찰하지 않는 사실이 있는데, 그것은 동풍이 괴롭힐 때 서풍이 동시에 불지 않는다는 것입니다. 남쪽에서부터 바람이 불고 있을 때 북쪽에서도 바람이 불어오는 경우를 여러분은 결코 알지 못할 것입니다. 회오리바람이나 폭풍의 경우를 제외하고는, 일반적으로 바람은 한쪽 방향에서 불어옵니다. "주께서 동풍 부는 날에는 거친 바람을 머물게 하시는도다"(KJV, 사 27:8). 그분은 우리에게 닥치는 고난이 우리가 견딜 수 있는 이상의 환난이 되지 않도록 막으시는 법을 아십니다. 그분은 우리의 털을 깎으시지만, 우리에게 해를 입히지 않으십니다. 그분은 양털을 깎으시지만, 온화한 기온을 보내주시고, 그리하여 우리로 하여금 손실을 겪고서도 번성할 수 있도록 하십니다. 그 사실을 유의하시고, 그로 인해 하나님께 감사하시기 바랍니다.

또 한 가지 기억할 것이 있습니다. 우리가 누리는 은혜들을 가져가실 때 하나님은 더 많은 것을 공급하실 준비가 되어 있습니다. 양에게 일어나는 일이 우리에게도 일어나는데, 곧 새롭게 돋아나는 양털이 있다는 것입니다. 주께서 한 손으로 우리의 현세적인 위로들을 하나, 둘, 셋 가져가실 때마다, 다른 한 손으로는 여섯, 열둘, 스물, 일백을 회복시켜주십니다. 그분은 수저로 뜨시듯 소량을 가져가시고는, 수레로 실을 정도로 많은 양을 주십니다. 우리는 적은 것을 잃고서 울며 흐느끼지만, 그것은 큰 은혜를 얻기 위해 필요한 일입니다. 그렇습니다. 그렇게 될 것이며, 우리는 기뻐할 이유를 얻게 될 것입니다. "아침에는 기쁨이 오리로다"(시 30:5). 바다에는 물 밖으로 나온 것만큼이나 좋은 물고기가 항상 있으며, 한두 가지 혜택들을 잃어버릴 때면 더 큰 은혜들이 다가옵니다. 하나님의 사랑의 큰 바다에는 밖으로 나온 물고기보다 더 큰 물고기가 있습니다. 만약 우리가 한 가지 지위를 잃으면, 우리를 위해 준비된 또 다른 지위가 있습니다. 우리가 어느 한 곳에서 쫓겨나더라도, 여전히 우리를 위한 피난처는 있습니다. 하나님께서는 첫 번째 문을 닫으실 때 두 번째 문을 여십니다. 만약 그분이 만나를 그치게 하시면, 이스라엘 백성에게 그러하셨듯이, 그것은 그들이 먹고 살 수 있는 가나안의 곡식이 있기 때문입니다. 만약 반석의 물이 더 이상 그 족속들을 위해 흐르지 않는다면, 그것은 그들이 요단의 강물을 마실 수 있기 때문이며, 산과 계곡으로 이루어진 그 땅에서 흐르는 시냇물을 마실 수 있기 때문입니다. 그렇습니다. 새롭게 돋아나는 양털이 있습니다. 그러므로 털 깎는 일에 대해 불평하지 마십시오. 내가 이 부분을 간략히 다룬 것은 마지막으로 전할 말씀이 있기 때문입니다.

3. 주님이 보여주신 본을 따르기

셋째로, 우리에게 털 깎는 차례가 올 때 복되신 주님을 본받도록 합시다. 털 깎는 자 앞에서 잠잠하도록 합시다. 그분처럼 복종하며 침묵합시다.

나는 내가 말해온 모든 것에 대해, 그렇게 해야 하는 이유를 제시해왔습니다. 나는 털 깎는 것이 하나님께 영광을 돌리고, 목자에게 보상을 드리며, 우리 자신에게 유익을 주는 것임을 제시해왔습니다. 나는 그분이 우리의 고통을 조절하시고 완화시키시며, 또한 적절한 때에 시련을 보내심을 제시했습니다. 나는 여러분에게 많은 방식으로 양이 털 깎는 자에게 그러하듯이 우리가 자발적으로 복종하는 것이 지혜로운 것임을 제시하였으며, 더욱 온전히 복종할수록 더욱 유익하다고 말했습니다. 오 형제들이여, 우리가 자아를 제대로 다룰 수 있다면 행복할 것입니다. 우리가 토플레디(Toplady)의 시구를 배울 때에, 무슨 일을 겪더라도 그 모든 것이 우리에게 좋을 것입니다.

> "당신의 손에 순종하여 맡기며,
> 당신의 뜻 외에는
> 아무것도 바라지 않음이 즐겁습니다."

나는 우리가 많이 발버둥치고, 발버둥치는 핑계를 대는 것을 알고 있습니다. 때때로 우리는 이렇게 말합니다. "오, 이 일은 너무나 고통스러워 참을 수 없습니다! 저는 다른 것은 무엇이건 참겠지만, 이것만은 참을 수가 없습니다." 아버지가 자기 자녀를 바로잡으려 할 때, 그가 무슨 유쾌한 일을 선택하던가요? 오, 그렇지 않습니다. 고통이야말로 징계의 핵심입니다. 그와 마찬가지로, 여러분의 슬픔의 고통이 여러분에게 복이 될 것입니다. 멍든 상처에 의해 마음은 더 좋게 될 것입니다. 당신의 시련이 이상하게 여겨진다는 이유로 반항하지 마십시오. 그것은 이렇게 말하는 것이나 마찬가지입니다. "만약 모든 일을 납득한다면 나는 반항하지 않을 것이다. 하지만 만약 모든 일이 내 마음에 들지 않는다면 나는 참지 않을 것이다." 때때로 우리는 우리 자신의 연약함 때문에 불평합니다. "주여, 제가 더 강하다면 이 커다란 손실에 신경 쓰지 않겠습니다. 저는 폭풍에 날려가는 마른 잎사귀 같습니다." 하지만 당신의 시련의 적절성을 판단할 이가 누구입니까? 당신입니까, 하나님이십니까? 주께서 이 시련이 당신의 약함에 적절하다고 판단하시므로, 그것이 적절한 것임에 틀림없습니다. 가만히 누우십시오! 가만히 누워 있으십시오!

당신은 이렇게 말합니다. "오호라, 내 고통은 가장 가혹한 방식으로 다가옵니다. 이 일은 하나님께로부터 직접 발생한 것이 아닙니다. 그것은 감사함으로 나를 대해야 하는 내 사촌이나 내 형제로부터 온 것입니다. 이 고통이 이런 방식으로 온 것이 아니라면 저는 그것을 견딜 수 있었을 것입니다. 하지만 나를 괴롭게 한 자는 내 원수가 아니었으니, 저는 그것을 견딜 수 없었습니다." 하지만 나는 어쨌든 그들이 배반자는 아님을 당신에게 상기하고 싶습니다. 당신의 겪는 시련의 밑바닥에 하나님이 계십니다. 이차적인 원인들을 넘어 첫 번째 원인을 직시하십시오. 우리를 치는 인간적인 도구에 대해서만 불평하고, 그 회초리를 사용하는 손에 대해 망각하는 것은 큰 실수입니다. 만약 내가 막대기로 개를 때릴 수 있다면, 그는 내 막대기를 물어뜯을 것입니다. 그것이 바로 그 개가 어리석은 이유이지요. 만약 개가 조금만 생각한다면 그 개는 나를 물려 하든지, 그렇지 않으면 그 막대기로 인해 내게 엎드려 복종하겠지요. 자, 당신은 막대기를 물어뜯어서는 안 됩니다. 결국 그 막대기를 사용하시는 분은 하나님이십니다. 비록 그것이 짙은 흙색의 자두나무 지팡이라 할지라도 말입니다. 우리가 지팡이를 고르고 선택하려는 시도를 끝내고, 모든 문제를 무한하신 지혜의 손에 맡기는 것이 좋습니다. 어느 감미로운 시인이 이 문제를 아주 멋지게 노래했습니다. 그 가사를 인용하겠습니다.

> "어느 편에 있을 때 만족하는지를
> 주께서 내게 물으셨을 때,
> 나를 정결하게 할 도구로
> 고통이 보내어졌네.
> 짐작하던 고통이 나타나고
> 내 눈 앞에서 행복이 시들어갈 때
> '오! 이것만은 남겨두소서,
> 오, 이것만은 안 됩니다'라고 나는 소리쳤네.
> 속 깊은 곳에
> 의사의 칼을 필요로 하는 환자가,
> 목숨을 살리기 위한 일임에도
> 살갗이 벗겨짐을 참지 못하는 것 같았네.
> 하지만 우리에게 무엇이 필요한지와
> 우리가 얼마나 참을 수 있는지를
> 가장 잘 이해하시는 그분이
> 내 울부짖음에도 불구하고 내 증세를 친히 다루셨네."

이것이 내 설교의 요점입니다. 오 양이여, 당신 자신을 맡기십시오. 오 믿는 자여, 당신을 맡기고, 유순하게 누우며, 다투지 마십시오! 발버둥쳐도 소용없으니, 이는 우리의 크신 목자가 털을 깎으려 하신다면, 반드시 그렇게 하실 것이기 때문입니다. 그분이 우리에게 시련과 고통들을 보내고자 하신다면, 우리가 울부짖는다고 그것을 면하게 하시진 않을 것입니다. 그분은 우리의 푸념에 개의치 않으시고, 그분의 뜻을 행하고 그분의 목적을 이루실 것입니다. 그러니 반항한들 무슨 유익이 있을까요? 내가 좀 전에 말하기를, 양은 발버둥치는 것 때문에 털 깎는 자들에 의해 상처를 입는다고 하지 않았던가요? 그러므로 여러분과 나는, 만약 하나님과 더불어 다툰다면, 이중의 고통을 얻는 셈입니다. 실상 어느 한 가지 고통 속에 담긴 고통의 정도는 우리가 고통을 거부하며 뒷발질하는 고통에 비하면 절반에 지나지 않습니다.

동양의 농부는 쟁기로 땅을 갈 때에 뾰족한 막대기로 황소를 찔러 앞으로 나아가도록 만듭니다. 그는 소를 많이 다치게 하지 않습니다. 하지만 만약에 막대기가 닿는 순간 소가 갑자기 발을 내뻗으면, 막대기가 살을 깊이 찌르게 되어, 소는 피를 흘리게 됩니다. 우리에게도 마찬가지입니다. 만약 우리가 하나님의 섭리에 뒷발질한다면, 우리는 쓰라린 상처를 입게 될 것이며, 그 상처는 필요 이상의 상처가 될 것입니다. 만약 우리가 하나님의 뜻에 복종하고자 한다면, 닥쳐오는 고통보다 훨씬 큰 고통도 견딜 것입니다. 그러니 불평하는 이들이여, 가시채 뒷발질하고 몸부림치는 것에 무슨 소용이 있습니까? 여러분은 머리 털 하나도 희게 하거나 검게 하지 못합니다. 고난을 당하는 여러분이여, 안심하십시오. 여러분은 소나기를 내리게도 못하며, 해를 비치게도 못합니다. 여러분이 신음하며 운다고 해서 비가 내리거나 좋은 날씨가 되는 것이 아닙니다. 여러분은 불평하는 것으로 단 돈 일 원이라도 얻은 적이 있습니까? 혹은 불평하는 것으로 식탁에 빵이 생기는 것을 경험해보았습니까? 투덜댄다고 해서 주머니에 땡전 한 푼이라도 생기던가요? 투덜거리는 것은 호흡의 낭비이며, 조바심치는 것은 시간의 낭비입니다. 하지만 하나님의 손 안에서 잠잠한 것은 영혼에 큰 복을 가져다줍니다.

나는 나 스스로도 좀 더 잠잠하고, 침착하며, 차분해지기를 바랍니다. 하지만 분주한 마음은, 교회의 모든 염려들과 큰 일이 무겁게 누를 때, 스스로에게 상처를 입히기 쉽습니다. 나는 습관적으로 이렇게 부르짖기를 원합니다. "주여, 당신이 원하시는 일을, 당신이 원하실 때, 당신의 종인 저에게 당신의 뜻대로 행하소서. 명예든 불명예든, 부든 가난이든, 질병이든 건강이든, 유쾌함이든 침울함이든, 저는 당신의 손에서 주어지는 것이라면 무엇이든지 기쁘게 받아들이겠나이다."

한 사람이 주님의 뜻에 온전히 복종할 때 그는 천국 문에서 멀지 않습니다. 비록 천국은 언덕 위에 있으나 그곳에 이르는 길은 내리막입니다. 그렇기에 한 사람이 아주 많이 내려가 자아에 대해 죽을 때, 그는 영원한 생명을 누리는 곳, 하나님이 모든 것이 되시고 영원한 행복을 누리는 곳으로 들어가기에 멀지 않습니다. 털을 깎인 여러분이여, 나는 오늘 밤 여러분이 복되신 하나님의 영으로 말미암아 위로의 말씀을 받기를 바랍니다. 하나님이 여러분에게 복을 주시길 빕니다. 오 저기 있는 죄인이여, 당신 역시 하나님께 복종하여, 더 이상 거역하지 마십시오! 여러분 자신을 하나님께 복종시키고, 모든 생각을 사로잡아 그분에게 복종하십시오. 그러면 하나님께서 그리스도를 위하여 복을 내려주실 것입니다. 아멘.

제
66
장

그리스도의 죽음

"여호와께서 그에게 상함을 받게 하시기를 원하사 질고를 당하게 하셨은즉 그의 영혼을 속건제물로 드리기에 이르면 그가 씨를 보게 되며 그의 날은 길 것이요 또 그의 손으로 여호와께서 기뻐하시는 뜻을 성취하리로다."—사 53:10

얼마나 많은 눈들이 그 시선을 들어 해를 바라보는지요! 얼마나 무수한 사람들이 그 눈을 들어, 반짝이는 하늘의 천체들을 바라보는지요! 해와 별들은 수많은 사람들에 의해 지속적으로 관찰되어 왔습니다. 하지만 세계의 역사에는 한 가지 위대한 사건이 있는데, 그것은 마치 '경주하기를 기뻐하는 장사처럼 하늘이 끝에서 저 끝까지 운행하는 태양'(참조. 시 119:5-6)보다 훨씬 더 많은 관중들을 매일 끌어 모읍니다. 한 가지 위대한 사건이 있습니다. 그 사건은 태양이나 달이나 별들이 그 길을 행진할 때보다 더 많은 감탄과 찬사를 이끌어냅니다. 그 사건은, 우리 주 예수 그리스도의 죽음입니다. 그 사건에 기독교 시대 이전에 살았던 모든 성도들의 눈이 항상 향하고 있습니다. 그리고 그 이후에도, 천년이 넘는 역사의 세월이 지났어도, 모든 현대의 성도들의 시선이 그 사건을 향하고 있습니다. 하늘의 천사들도 지속적으로 그리스도를 바라봅니다. "이것은 천사들도 살펴보기를 원하는 것이니라"(벧전 1:12)고 사도는 말합니다. 그리스도에게, 구속받은 백성의 수많은 눈들이 지속적으로 향하고 있습니다. 그리고 이 눈물의 세상을 지나는 수많은 순례자들에게, 신앙의 목적과 소망의 소망하는 대상으로서, 천국에서 그리스도를 계신 그대로 보고 그분과 교제하는 것 이상은 없습니다. 사랑하는 이여, 오늘 아침 우리의 얼굴이 골고다 언덕으로 향하는 동안, 우리와 함께하는 많은 이들이 있을 것입니다. 우리는 외로운 관찰자로서 우리 구주의 죽음이라는 두려운 비극을 바라보는 것이 아닙니다. 우리의 시선이 향하는 곳은 천국의 기쁨과 즐거움의 중심인 곳, 곧 우리 구주 예수 그리스도의 십자가입니다.

이 본문을 가지고, 우리는 안내자로서 골고다를 방문하기를 제안하며, 우리가 십자가에서 죽으신 그분을 바라보는 동안 성령의 도우심이 있기를 바랍니다. 나는 여러분이 오늘 아침에 무엇보다도 **그리스도의 죽음의 원인**(cause)에 주목하기를 바랍니다. "여호와께서 그에게 상함을 받게 하시기를 원하셨도다." 여호와께서 그분을 상하게 하기를 원하셨다고 본문은 말하고 있습니다. "여호와께서 그에게 질고를 당하게 하셨도다." 두 번째로, **그리스도의 죽음의 이유**(reason)입니다. "여호와께서 그의 영혼을 속건제물로 드리기에 이르면." 그리스도께서 죽으신 것은 그분이 속죄를 위한 제물이셨기 때문입니다. 세 번째로, **그리스도의 죽음의 효과와 결과들**에 주목하기 바랍니다. "그가 씨를 보게 되며 그의 날은 길 것이요 또 그의 손으로 여호와께서 기뻐하시는 뜻을 성취하리로다." 거룩하신 성령님, 지금 오소서, 이 비길 데 없는 주제들에 대해 말하는 동안 이곳에 임하소서.

1. 그리스도의 죽음의 원인

먼저, 여기서 우리는 **그리스도의 죽음의 발단**을 접하게 됩니다. "여호와께서 그에게 상함을 받게 하시기를 원하사 질고를 당하게 하셨도다." 단순한 역사로서 그리스도의 일생에 관해 읽는 자는 그리스도의 죽음의 발단을 유대인들의 적대감에서 찾으며, 또한 로마 총독의 변덕스러운 성격에서 그 원인을 추적합니다. 이런 시도는 정당합니다. 왜냐하면 구주의 죽음이라는 범죄의 책임은 인간에게 돌려져야 하기 때문입니다. 우리 인간들이 구주를 살해했으며, 주를 십자가에 못 박았습니다.

하지만 믿음의 눈으로 성경을 읽는 자는, 그 숨은 비밀들을 찾아내기를 바라면서, 구주의 죽음에서 로마인의 잔인함이나 유대인의 적대감 이상의 무언가를 발견합니다. 그는 하나님의 엄숙한 작정이 인간들에 의해 이루어지는 것을 봅니다. 인간들은 무지하였지만, 그 작정의 성취에 있어서 간악한 도구들이었습니다. 믿음의 눈으로 성경을 읽는 자는 로마인의 창과 못 이상을 보며, 유대인의 비웃음과 조롱을 넘어 모든 것이 흘러나오는 성스러운 원천을 바라보며, 그리스도의 십자가형의 원인을 하나님의 품에서 찾습니다. 그는 베드로와 더불어 다음의 사실을 믿습니다. "그가 하나님께서 정하신 뜻과 미리 아신 대로 내준 바 되었거늘 너희가 법 없는 자들의 손을 빌려 못 박아 죽였도다"(행 2:23). 우리는 감히 죄의 책임을 하나님께 전가하지 않습니다. 하지만 동시에 십자가의 사실에 대하여는, 세상의 속량이라는 놀라운 결과들과 더불어, 우리는 그 원인을 찾을 때 하나님의 사랑이라는 거룩한 원천으로까지 추적합니다. 우리의 선지자도 그렇게 합니다. 그는 말합니다, "여호와께서 그에게 상함을 받게 하시기를 원하셨다." 그는 빌라도와 헤롯을 넘어, 하늘의 아버지 곧 성삼위일체의 제1위격이신 분에게로 그 원인을 추적합니다. "여호와께서 그에게 상함을 받게 하시기를 원하사 질고를 당하게 하셨도다."

사랑하는 이여, 성부 하나님께서 기껏해야 구원에 관하여는 무관심한 방관자에 불과하다고 생각하는 이들이 많습니다. 다른 이들은 그분에 관하여 그 이상으로 나쁜 말을 전하기도 합니다. 그들은 그분을 무정하고 냉혹한 존재로 간주하며, 인류에 대한 사랑이 없었으나, 단지 우리 구주의 죽음과 고난에 의해 애정을 갖게 된 분 정도로 간주합니다. 이는 성부 하나님의 아름답고 영광스러운 은혜에 대한 비열한 중상모략입니다. 성부 하나님께 영원한 영예가 있어야 함은, 예수 그리스도께서 죽으심으로써 하나님이 비로소 인류를 사랑하시게 된 것이 아니라, 오히려 하나님이 인류를 사랑하셨기에 예수 그리스도께서 죽으신 것이기 때문입니다.

"예수께서 하늘 보좌를 떠나
고난당하는 사람이 되신 것은
자기 백성을 향한 여호와의 사랑에
불을 붙이기 위함이 아니었다네.
예수께서 견디신 죽음과
그가 감당하신 모든 고통이
하나님의 영원한 사랑을 끌어낸 것이 아님은,
그 전에도 하나님의 사랑이 있었음이라."

그리스도께서는 그분의 아버지에 의해 세상에 보내어지셨으며, 곧 성부 하나님이 자기 백성을 향해 가지신 애정의 결과로 이 땅에 오신 것입니다. "하나님이 세상을 이처럼 사랑하사 독생자를 주셨으니 이는 그를 믿는 자마다 멸망하지 않고 영생을 얻게 하려 하심이라"(요 3:16). 사실은 아버지께서 구원을 작정하시고, 그것을 실행하시며, 그 일을 기뻐하시는 것은, 성자 하나님이나 성령 하나님께서 그 일을 행하시는 것과 같은 차원입니다. 우리가 세상의 구주에 대해 말할 때, 우리는 언제나 이 내용을 포함하는 것입니다. 즉 우리가 넓은 의미로 말한다면, 성부 하나님, 성자 하나님, 성령 하나님, 이 삼위(三位)께서 한 분 하나님으로서 우리를 죄로부터 구원하시는 것입니다. 이 본문은 여호와께서 예수 그리스도로 하여금 상함을 받게 하기를 원하셨다고 우리에게 들려줌으로써, 성부에 관한 모든 잘못된 생각을 물리칩니다. 그리스도의 죽음의 원인은 성부 하나님께로 거슬러 올라갑니다. 과연 어떻게 그러한지 살펴보도록 합시다.

1) 첫째, 하나님의 작정에서 그 출처를 찾을 수 있습니다. 하나님은, 하늘과 땅의 유일하신 하나님으로서, 그 권능의 손으로 운명의 책을 전적으로 관장하십니다. 그 책에는 낯선 손에 의해 기록된 것이 하나도 없습니다. 그 거룩한 예정의 책의 필체는 처음부터 끝까지 하나님의 것입니다.

> "한 책을 그분 보좌에 묶어두셨으니
> 그 속에 모든 인간의 운명이 있네.
> 모든 천사들의 형상과 크기도
> 그분의 영원한 펜에 의해 그려졌다네."

그보다 열등한 어떤 손은 섭리의 가장 사소한 부분에 대해서도 감히 그릴 수 없습니다. 알파에서 오메가까지, 거룩한 서문에서 장엄한 종결부에 이르기까지, 그 책은 전적으로 모든 것을 아시고 무한히 지혜로우신 하나님의 생각에 의해 고안되고, 그려지고, 계획된 것입니다. 그러므로 그리스도의 죽음도 그 책에서 제외되지 않았습니다. 천사를 날게 하고 참새의 길을 안내하시는 그분이, 우리의 머리털이 너무 이른 때에 땅에 떨어지는 것을 방지하시는 그분이, 그토록 작은 일들에도 주의를 기울이시는 그분이, 지상의 모든 기적들 중에서도 가장 경이로운 일 곧 그리스도의 죽음을 거룩한 작정의 책에서 빠뜨렸을 것 같지는 않습니다. 그럴 리가 없습니다. 그 책의 피로 물든 페이지, 너무나 귀중한 말씀으로 과거와 미래를 모두 영광스럽게 만드는 그 페이지, 그 피 묻은 페이지는 다른 내용과 마찬가지로 여호와께서 쓰신 페이지입니다.

여호와는 그리스도께서 동정녀 마리아에게 나시도록 정하셨으며, 그분이 본디오 빌라도에게 고난을 받으실 것과, 음부에까지 내려가실 것과, 다시 살아나시고, 사로잡혔던 자들을 사로잡으시고, 지극히 높으신 분의 우편에서 영원히 다스리실 것을 정하셨습니다. 나는 성경이 내가 말하는 바를 보증해준다고 여깁니다. 그리스도의 죽음은 예정의 핵심이며, 그 사건이 주된 원인이 되어, 하나님께서는 그것에 의해 그분의 다른 모든 작정들을 계획하셨습니다. 하나님은 그것을 기초와 머릿돌로 삼으셔서 거룩한 건물을 세우려 하신 것입니다. 그리스도는 하나님 아버지의 절대적인 예지와 장엄한 작정에 의해 죽으셨습니다. 그런 의미에서 "여호와께서 그에게 상함을 받게 하시기를 원하사 질고를 당하게 하신" 것입니다.

2) 더 나아가, 그리스도께서 세상에 오셔서 죽으심은 아버지의 뜻과 의도의 결과였습니다. 그리스도께서는 보냄을 받지 않고 세상에 오신 것이 아닙니다. 그분은 세상이 있기 전부터 여호와의 품에 계셨고, 아버지 안에서 영원히 기뻐하셨으며, 그분 자신도 아버지께 영원한 기쁨이었습니다. "때가 차매" 하나님께서 자기 아들 곧 자기 독생자를 그 품에서 보내셨으며, 우리 모두를 위하여 아낌없이 그분을 주셨습니다. 여기에 그 무엇과도 비길 수 없는 사랑이 있습니다. 배반당하신 재판장께서 반역한 백성들의 속량을 위하여 그분 자신과 동등한 아들로 하여금 죽음의 고통을 당하도록 허용하신 것입니다.

여러분에게 옛적의 그림과 같은 한 장면을 상상해보라고 권합니다. 수염이 난 족장이 있습니다. 그가 아침에 일찍 일어나 자기 아들을 깨우는데, 그 아들은 힘이 넘치는 젊은이입니다. 그 족장은 그 아들에게 일어나 자기를 따르라고 말합니다. 그들은 서둘러 아이의 모친이 깨기 전에 소리를 내지 않고 조용히 집을 떠납니다. 그들은 종들과 함께 삼일 길을 여행하여, 마침내 여호와께서 일러주신 산에 도착합니다. 여러분은 그 족장이 누구인지 압니다. 우리의 기억 속에서 아브라함의 이름은 언제나 새롭습니다. 도중에, 그 족장은 자기 아들에게 한 마디의 말도 하지 않습니다. 그의 마음은 너무나 메어 아무 말도 할 수 없었습니다. 그는 슬픔으로 압도되었습니다. 하나님께서 그에게 그의 아들 곧 그의 독자를 산으로 데리고 가서, 하나의 제물을 삼아 죽이라 명하셨기 때문입니다. 그들은 함께 갑니다. 자기가 사형 집행인이 되어 죽여야 하는 사랑하는 아들과 함께 걷는 동안, 그 아버지의 마음속에 있는 비통함을 어느 누가 묘사할 수 있을까요?

제삼일에 드디어 그들은 도착했습니다. 함께 따라갔던 종들을 산 아래에서 기다리게 하고, 그들 부자는 하나님께 예배하기 위해 저 너머로 갑니다. 언덕 중턱을 걷는 동안에 아들이 아버지에게 묻습니다. "불과 나무는 있거니와 번제할 어린 양은 어디 있나이까?"(창 22:7). 그 족장이 자신의 감정과 흐느낌을 어떻게 억누르면서 대답했을지 상상할 수 있겠습니까? "내 아들아 번제할 어린 양은 하나님이 자기를 위하여 친히 준비하시리라"(8절). 보십시오! 그 아버지는 자기 아들에게 하나님께서 그의 생명을 요구하신다는 사실을 전한 것입니다. 이삭은, 아버지와 싸우고 도망칠 수도 있었지만, 만일 하나님께서 그 일을 명하셨다면 기꺼이 죽을 것이라고 선언합니다. 아버지가 그 아들을 잡고, 그의 손을 뒤로하여 묶고는, 돌무더기로 제단을 만들고, 나무를 그 위에 쌓아두고, 불을 준비합니다. 칼을 칼집에서 꺼내어 손을 높이 들어 자기 아들을 죽이고자 했을 때, 그 아버지의 얼굴에 있는 고뇌를 그릴 수 있는 미술가가 과연 어디에 있을까요? 하지만 여기서 막이 내려집니다. 하늘에서 들려오는 한 음성과 더불어 그 캄캄한 장면은 사라집니다. 수풀에 걸려 있던 양이 그 아들을 대신합니다. 믿음의 순종을 보인 것은 그것으로 충분합니다.

아아, 내 형제들이여, 나는 여러분을 이보다 더 큰 장면으로 데려가기를 원합니다. 믿음과 순종이 사람으로 하여금 하도록 한 일을, 사랑은 하나님을 강권하여 하시도록 만듭니다. 그분에게는 독생자가 있었으며, 그 아들은 그분의 마음에 충만한 기쁨이었습니다. 그분이 우리의 속량을 위하여 그 아들을 주기로 언약하셨고, 그분은 자기 약속을 어기지 않으셨습니다. 때가 찼을 때, 그분은 그 아들을 처녀 마리아에게 나게 하셨으니, 그로 하여금 인간의 죄를 위하여 고난받도록 하시기 위함이었습니다. 오! 여러분은 그 사랑의 위대함을 말할 수 있습니까? 영원한 자기 아들을 제단에 올려둘 뿐 아니라, 실제 행동으로, 희생의 제물을 잡는 칼로 자기 아들의 심장을 찌른 그 사랑의 위대함을 말할 수 있나요? 아브라함이 단지 의도로만 시도한 일을 그분이 실제로 완수했을 때, 인간을 향한 하나님의 사랑이 얼마나 압도적이었는지 여러분은 상상할 수 있나요? 저기

저곳을 바라보십시오. 그분의 독생자가 십자가에 달려 죽으신 그곳을 보십시오! 저기 정의의 희생물이 되어 피를 흘리는 제물을 보십시오! 정녕 사랑은 여기에 있습니다. 아버지께서 그 아들에게 상함을 받게 하시기를 원하신 일에서, 우리는 참 사랑이 어떤 것인지를 봅니다.

3) 이 일은 나로 하여금 이 본문에서 한 가지 요점을 더 살펴보게 만듭니다. 사랑하는 이여, 진실은 하나님께서 그리스도의 죽음을 계획하시고 기꺼이 허용하신 것으로 그치지 않습니다. 그리스도의 죽음을 둘러싼 초인적인 공포와 말할 수 없는 고통 역시, 사실은 아버지께서 그리스도를 실제 행동으로 상함 받게 하기를 원하신 결과였습니다.

한 순교자가 감옥에 있습니다. 쇠사슬이 그의 팔목을 감고 있지만, 그는 노래를 부릅니다. 그는 내일이 그의 화형을 집행하는 날이라고 통지를 받았습니다. 그는 즐겁게 손뼉을 치고, 미소를 지으면서 이렇게 말합니다. "내일은 고통스러운 날이 되겠구나. 나는 불 같은 시련 속에서 조반을 먹겠지. 하지만 그 후에는 그리스도와 함께 저녁을 먹으리라. 내일은 나의 혼인식 날이며, 내가 오랫동안 고대하던 날이니, 영광스러운 죽음으로 내 삶의 증언에 서명하리라." 때가 왔습니다. 창과 도끼를 든 사람들이 그를 선도하여 거리를 지납니다. 그 순교자의 얼굴에 서린 침착함을 주목하십시오. 그는 고개를 돌려 자기를 구경하는 자들을 향해 외칩니다. "나는 이 쇠사슬을 황금으로 된 사슬보다 훨씬 더 값지다고 여깁니다. 그리스도를 위하여 죽는 것은 행복한 일입니다."

몇몇 대담한 성도들이 화형대 주변에 모여듭니다. 옷을 벗고, 장작단 위에서 죽음을 맞아들이기 전에, 그는 둘러선 자들을 향해 그리스도의 군사가 되어 그 몸이 불태워지도록 허용되는 것은 즐거운 일이라고 말합니다. 그리고는 그들에게 손을 흔들면서, 즐거운 기분으로 "안녕"이라고 말합니다. 혹자는 그가 화형을 당하는 것이 아니라 마치 결혼식에 가는 것 같다고 여길 것입니다. 그는 장작단 위로 올라갑니다. 사슬이 그의 허리를 두르고 있습니다. 짧은 기도의 말이 끝난 후, 불이 타오르기 시작하고, 그는 남자다운 담대함으로 사람들에게 말합니다. 귀를 기울여 들으십시오! 장작더미가 불에 타고 화염이 위로 올라가는 동안에도 그는 노래합니다. 신체의 아래 부분들이 타고 있을 때 그는 노래하며, 옛 시편의 찬송들을 감미롭게 부릅니다. "하나님은 우리의 피난처시요 힘이시니 환난 중에 만날 큰 도움이시라. 그러므로 땅이 변하든지 산이 흔들려 바다 가운데에 빠지든지 우리는 두려워하지 아니하리로다"(시 46:1-3).

또 다른 장면을 마음속에 그려보십시오. 십자가를 향해 가고계시는 구주가 계십니다. 고난으로 인해 너무나 약하고 지친 모습입니다. 그분의 마음은 속으로부터 아프고 슬프기만 합니다. 그곳에는 신적인 침착함이 없습니다. 마음이 너무나 슬퍼서, 그분은 길에서 쓰러집니다. 많은 죄수들이 짊어지고 갔을 십자가 밑에서 하나님의 아들이 지쳐 쓰러집니다. 사람들이 그분을 나무에 못 박습니다. 거기엔 찬미의 노래가 없습니다. 그분은 허공에 높이 들리어, 그곳에 매달려 죽음에 이르게 됩니다. 어떤 환희의 외침도 들리지 않습니다. 그분의 얼굴은 심하게 일그러져 있으니, 마치 말할 수 없는 고통이 그분의 가슴을 찢는 듯합니다. 겟세마네의 고통이 다시금 십자가에서 가해지며, 그분의 마음은 여전히 이렇게 말하는 듯합니다. "만일 할 만하시거든 이 십자가가 내게서 지나가게 하소서. 그러나 나의 원대로 마시옵고 아버지의 원대로 하옵소서"(참조. 마 26:39). 들으십시오! 그분이 말씀하십니다. 그분은 순교자의 입술에서 나온 노래보다 더 감미로운 노래를 부르실까요? 아! 그렇지 않습니다. 그것은 흉내 낼 수 없을 정도로 두려운 탄식의 울부짖음이었습니다. "나의 하나님, 나의 하나님, 어찌하여 나를 버리셨나이까?"(마 27:46). 저 순교자는 그렇게 말하지 않았습니다. 하나님이 그와 함께 하셨습니다. 옛 신앙고백자들은 죽게 되었을 때에 그렇게 울부짖지 않았습니다. 그들은 불 속에서도 소리 높여 외쳤으며, 고문대에서도 하나님을 찬송했습니다.

왜 이렇게 되었습니까? 왜 구주께서는 그토록 고난을 당하시는 것입니까? 사랑하는 이여, 왜 아버지께서는 그분에게 상함을 받게 하시길 원하셨을까요? 하나님의 얼굴빛은 죽어가는 많은 성도들의 기운을 북돋우었으나, 그리스도에게는 철회되었습니다. 하나님께 받아들여진다는 의식은, 많은 거룩한 사람들로 하여금 기쁨으로 십자가를 지게 했지만, 우리 구주께는 주어지지 않았습니다. 그래서 그분은 짙은 캄캄함 속에서 정신적 고뇌를 감수해야 했습니다. 시편 2편을 읽고서, 예수님이 어떻게 고난당하셨는지를 배우십시오. 1절과 2절과 5절 이하의 엄숙한 말씀들에서 멈추고 생각해보십시오. 교회 밑에는 영원한 팔이 받치고 있습니다. 하지만 그리스도 아래에는 받쳐주는 아무런 팔이 없습니다. 오히려 아버지의 손이 그분을 심하게 누르고 있습니다. 하나님의 진노라고 하는 위와 아래의 맷돌들이 그분을 짓눌러 상하게 하였습니다. 조그마한 기쁨이나 위로도 그분에게는 허용되지 않았습니다. "여호와께서 그에게 상함을 받게 하시기를 원하사 질고를 당하게 하셨도다." 내 형제들이여, 우리 구주의 슬픔의 절정은, 아버지께서 그분을 외면하시고 그분에게 질고를 당하게 하셨다는 이것입니다.

지금까지 나는 이 주제의 첫 번째 부분을 상세하게 전했습니다. 우리 구주의 고난의 원천은 아버지께서 그 일을 원하셨다는 것입니다.

2. 구주의 고난의 이유

우리의 두 번째 요지는 첫 번째 요지를 설명하는 것이어야 합니다. 만약 그렇지 않으면, 하나님께서 어떻게 무죄한 자기 아들을 상하게 하시고, 한편으로는 부족하고 온전치 않은 신앙고백자들과 순교자들에게는 시련의 때에 상함을 면케 하셨는지가 풀리지 않는 신비일 것입니다. 구주께서 고난을 당하신 이유가 무엇일까요? 여기서 우리는 그 대답을 듣습니다. "그의 영혼을 속건 제물로 드리기에 이르면." 그리스도께서 이처럼 고난당하신 이유는 그분의 목숨이 속건 제물이었기 때문입니다.

우리 주 예수 그리스도의 속죄라고 하는 귀한 교리를 전할 때에, 나는 가능한 분명하게 전하려 합니다. 그리스도는 대리자의 차원에서 속죄를 위한 제물이었습니다. 하나님은 인간을 구원하시길 원했지만, 만약 이런 표현을 쓸 수 있도록 허용된다면, 정의가 그분의 손을 묶었습니다. 하나님이 말씀하십니다. "나는 공의로워야 한다. 그것은 필연적인 내 본성이다. 내가 정의로워야 함은 필연적이고도 움직일 수 없는 확고한 진리이다. 하지만 그럴 때에도 내 마음은 용서하기를 원하며, 인간의 허물을 간과하고 그들을 용서하기를 원한다. 어떻게 그런 일이 가능할까?" 지혜가 끼어들어 이렇게 말합니다. 그리고 사랑도 지혜에 동의합니다. "이와 같은 방식으로 이루어질 것입니다. "예수 그리스도, 하나님의 아들 인간의 입장에 서고, 그가 골고다 언덕에서 인간을 대신하여 제물로 바쳐지는 것입니다."

자, 주목하여 보십시오. 여러분이 저 운명의 산으로 오르시는 그리스도를 볼 때, 여러분은 그곳으로 가는 인간을 보는 것이며, 그리스도께서 나무 십자가에 내동댕이쳐지는 것을 볼 때, 여러분은 거기서 그분이 선택한 전체 무리를 보는 것입니다. 또한 그분의 복되신 손과 발을 꿰뚫고 나무에 박히는 못들을 볼 때, 여러분은 그 대리자 안에서 그분의 몸인 교회 전체가 거기서 못 박힘을 보는 것입니다. 이제 병사들이 십자가를 들어, 그것을 미리 파 둔 구덩이 속으로 세차게 박습니다. 그분의 뼈들은 모두 어긋나고, 그분의 몸은 형언할 수 없는 고통과 더불어 찢어집니다. 거기서 고난을 당하는 것은 인간입니다. 대리자 안에서, 거기서 고난을 당하는 것은 교회입니다. 그리스도께서 죽으실 때, 여러분은 그리스도의 죽음을 단지 그분 자신만이 죽으시는 것이 아니라, 그분이 아사셀과 대속자로서 위하여 죽으신 모든 자들이 또한 죽는 것으로 간주해야 합니다. 정녕 그리스도께서 친히 죽으신 것은 사실입니다. 또한 그분이 죽으신 것은 자기 자신을 위해서가 아니라, 대속자로서 죽으신 것이며, 모든 믿는 자들을 위하여 죽으셨다는 것 역시 동일하게 사실입니다.

여러분이 죽을 때는 여러분 자신이 죽는 것입니다. 그리스도께서 죽으셨을 때, 만약 당신이 그분을 믿는 자라면, 그분은 당신을 위해 죽으신 것입니다. 당신이 저 무덤의 문을 지나갈 때, 당신은 홀로 단독자로 거기에 가는 것입니다. 당신은 인간들의 대표자가 아니며, 단지 한 개인으로서 죽음의 문을 통과하는 것입니다. 하지만 기억하십시오. 그리스도께서 죽음의 고난을 통과하셨을 때, 그분은 그분의 모든 백성을 대표하는 머리로서 통과하신 것입니다.

그리스도께서 속죄를 위한 제물이 되셨다는 의미를 이해하시기 바랍니다. 여기에 이 문제의 핵심이 있습니다. 그분이 그분의 택하신 모든 백성의 죄 때문에 실제 문자 그대로 형벌을 감당하신 것은 대속자로서 그렇게 하신 것입니다. 내가 하는 이 말이 어떤 비유로 이해되어서는 안 되며, 오히려 내가 말하는 그대로 이해되어야 합니다. 인간은 자기 죄로 인하여 영원한 불의 정죄를 받았습니다. 하나님께서 그리스도를 대속자로 삼으셨을 때, 그분이 그리스도를 영원한 불 속으로 보내신 것은 아닙니다. 하지만 그분은 그리스도에게 질고를 당하게 하셨으며, 그것이 너무나 맹렬하였기에 그것은 영원한 불을 대신하는 유효한 변상이었습니다. 인간은 영원히 지옥에서 살도록 정죄되었습니다. 하나님께서 그리스도를 영원히 지옥으로 보내시진 않았지만, 그분은 그리스도를 그와 맞먹는 형벌에 처하게 하신 것입니다. 비록 하나님은 그리스도에게 믿는 자들이 마셔야 하는 지옥의 잔을 주시지는 않았으나, 그분에게 응분의 대응물(*quid pro quo*)을, 즉 그에 상당하는 무언가를 주신 것입니다. 하나님은 그리스도의 수난의 잔에 고통, 슬픔, 고뇌를 담으셨습니다. 그러한 것들은 오직 하나님만이 상상하실 수 있는 것들로서, 그리스도의 피로 사신 바 되어 마지막에 영원한 천국에 서게 될 모든 자들이 받았어야 할 고통과 슬픔 및 영원한 고문들에 정확하게 상응하는 것이었습니다. 여러분은 말합니다. "그리스도께서 그 잔을 남김없이 마셨나요? 그분이 그 모든 고통을 받으셨나요?" 예, 내 형제들이여, 그분은 그 잔을 마셨습니다.

"사랑으로 그 잔을 단숨에 들이켜
그 저주의 잔을 마르게 하셨네."

그분은 지옥의 모든 공포를 견디셨습니다. 단번에 퍼붓는 진노의 소나기가 그분에게 쏟아졌습니다. 달란트(무게 단위로 약 34킬로그램)보다 더 큰 우박들이 함께 쏟아졌으며, 그분은 검은 먹구름이 완전히 거두어질 때까지 그것을 맞으며 견디셨습니다. 우리의 큰 빚이 거기에 있습니다. 그분은 그분의 백성이 진 빚을 남김없이 갚으셨습니다. 이제는 하나님의 정의의 차원에서 믿는 자가 응당 치러야 할 형벌의 삯은 하나도 남은 것이 없습니다. 비록 우리는 하나님께 대하여 은혜에 빚지고, 그분의 사랑에 많은 것을 빚지고 있지만, 그분의 정의에 대해서는 아무것도 빚진 것이 없습니다. 왜냐하면 그리스도께서 그 때에 우리의 과거와 현재와 미래의 모든 죄들을 담당하셨기 때문이며, 그 때 그곳에서 그 죄들로 인하여 형벌을 받으셨기 때문입니다. 그분이 우리를 대신하여 고난을 받으셨기에 우리는 형벌을 받지 않을 수 있게 된 것입니다.

이제 여러분은 하나님 아버지께서 어찌하여 그리스도로 하여금 상함을 받게 하셨는지 이해하겠습니까? 그분이 그렇게 하시지 않았더라면, 그리스도의 수난이 우리의 고통에 대한 등가물이 될 수 없었을 것입니다. 지옥은 하나님께서 죄인들로부터 그 얼굴을 숨기시는 것에 있으니, 만약 하나님께서 그 얼굴을 그리스도에게 숨기지 않으셨더라면, 그리스도께서는 자기 백성들의 슬픔과 고통의 등가물로 간주되는 고난을 받으실 수 없었을 것입니다.

누군가 이렇게 말한다고 생각되는군요. "당신은 이 속죄를, 방금 당신이 전한 것처럼, 우리가 하나의 실제적인 사실로서 이해하기를 바라는 것입니까?" 아주 엄숙하게 말하거니와, 내 의도는 바로 그것입니다. 세상에는 속죄에 대한 많은 이론들이 있습니다. 하지만 나는 이 대속의 교리 외에는, 어느 누구에게든 어떠한 속죄도 볼 수 없습니다. 많은 신학자들은, 그리스도께서는 죽으실 때 하나님을 의로우시게 하면서도 불경건한 자들을 의롭게 하시는 어떤 일을 행하셨다고 말합니다. 그런데 그 어떤 일이 무엇인지를 그들은 우리에게 말하지 않습니다. 그들은 모든 사람을 위한 속죄를 믿습니다. 하지만 그렇다면, 그들의 속죄는 이러한 것입니다. 그들은 유다가 베드로와 마찬가지로 속죄되었다고 믿는 것입니다. 그들은 지옥의 저주받은 자들이 천국에서 구원받은 자들과 마찬가지로 예수 그리스도의 속죄의 대상이라고 믿는 것입니다. 비록 그들이 명백한 언어로 그렇다고 말하지는 않지만, 그런 의미임에 틀림없습니다. 그들의 말에 따라 정당하게 추론하자면, 많은 사람들의 경우에 그리스도께서 헛되이 죽으신 셈입니다. 그들은 그분이 모든 사람들을 위해 죽으셨다고 말하기 때문입니다. 그들을 위한 그분의 죽음이 아무런 효과가 없었기에, 비록 그분이 그들을 위해 죽으셨어도 그들이 후에 저주를 받았다고 말하는 셈입니다. 나는 그런 식의 속죄론을 경멸합니다. 나는 그것을 거부합니다.

내가 '제한 속죄'(limited atonement)를 전하기 때문에 사람들이 나를 도덕률폐기론자(antinomian) 혹은 칼빈주의자로 부를지 모릅니다. 하지만 나는 인간 의지가 결합되지 못한 누군가에게는 효력이 없는 보편 속죄(universal atonement)보다는, 예정된 모든 사람들을 위하여 효력이 있는 제한 속죄를 믿습니다. 내 형제들이여, 만약 우리가 그리스도의 죽음에 의해 속죄를 받은 것이 단지 후에 우리가 스스로를 구원할 수 있을 정도에 불과한 것이라면, 그리스도의 속죄란 조금의 가치도 없습니다. 왜냐하면 우리 중에 어느 누구도 스스로 구원할 수 없기 때문입니다. 복음으로 말미암지 않고는 누구도 자기 자신을 구하지 못합니다. 만약 내가 믿음으로 구원을 받아야 하고, 그 믿음이 나 자신의 행위여야 하며, 성령의 도움을 받지 않는 것이라면, 내가 믿음으로 나 자신을 구하지 못함은 선행으로써 나 자신을 구원하지 못하는 것과 마찬가지입니다. 요컨대, 비록 사람들은 내가 믿는 바를 '제한 속죄'라고 부르지만, 그것은 그들 자신의 그릇되고 부패한 속량이 가능하다고 주제넘게 생각하는 것 이상으로 효력이 있습니다.

하지만 여러분은 그 제한에 대해 알고 있습니까? 그리스도께서는 "아무도 능히 셀 수 없는 큰 무리"(계 7:9)를 사셨습니다. 속죄의 제한이란 바로 이것입니다. "그리스도께서는 죄인들을 위해 죽으셨습니다." 이 회중 가운데 내적으로 자기 자신이 죄인임을 알고 슬퍼하는 자가 있다면, 그리스도께서는 그를 위해 죽으신 것입니다. 누구든 그리스도를 찾는 자가 있다면, 그리스도께서 그를 위해 죽으셨음을 알게 될 것입니다. 그리스도가 필요하다는 우리의 의식과, 그분을 찾는 우리의 추구는, 그리스도께서 우리를 위해 죽으셨다는 틀림없는 증거들입니다.

이 중요한 말에 주목하시기 바랍니다. 아르미니우스주의자(Arminian)는 그리스도께서 그를 위해 죽으셨다고 말합니다. 하지만 불쌍하게도, 그 사람은 그로 인해 단지 자그마한 위안을 얻을 수 있을 뿐입니다. 그는 이런 식으로 말하기 때문입니다. "아! 그리스도께서 나를 위해 죽으셨습니다. 그것이 많은 것을 입증하지 않습니다. 그것은 단지 만약 내가 후에 나 자신에 대해 주의를 기울인다면, 내가 나 자신을 구원할 수도 있음을 입증할 뿐입니다. 그리스도께서는 나를 위해 큰 일을 행하셨습니다. 하지만 만약 내가 무언가를 하지 않으면, 그것으로 충분하지 않습니다."

하지만 성경을 있는 그대로 받아들이는 사람은 이렇게 말합니다. "그리스도께서 나를 위해 죽으셨습니다. 그러므로 나의 영생이 확실함을 나는 압니다." 그는 계속해서 말합니다. "그리스도께서 한 사람을 대신하여 형벌을 받으시고, 후에 그 사람이 다시 형벌을 받는 것은 불가능합니다. 그럴 수는 없습니다. 나는 의로우신 하나님을 믿습니다. 그리고 만약 하나님이 의로우시다면, 그분은 그리스도를 먼저 벌하시고, 후에 사람들을 벌하시지 않을 것입니다. 그럴 수는 없습니다. 내 구주께서 죽으셨으니, 이제 나는 하나님의 모든 복수의 요구에서 자유로우며, 이 세상을 안전히 돌아다닐 수 있습니다. 어떤 벼락이 나를 치지 못합니다. 나는 절대적인 확신 속에 죽을 수 있습니다. 나에게 지옥의 화염이 없으며, 깊은 구덩이가 없기 때문입니다. 나의 대속물이 되어주신 그리스도께서 나를 대신하여 고난당하셨으니, 그러므로 나는 분명히 구원받은 것입니다." 오, 영광스러운 교리입니다! 나는 그것을 전하다가 죽고 싶습니다! 그리스도를 믿는 모든 사람들을 위한 탁월하고 만족스러운 속죄를 증언하는 것보다, 하나님의 사랑과 신실하심에 대해 우리가 어떻게 더 잘 증언할 수 있겠습니까?

여기서 탁월하고 심오한 신학자인 존 오웬(John Owen) 박사의 증언을 인용하고자 합니다: "속량이란 속전(贖錢)을 지불함으로써 한 사람을 불행에서 풀어주는 것이다. 죄수의 자유를 위해 속전이 지불될 때, 정의는 그 사람에게, 그를 위해 값을 치름으로써 얻게 해 준 자유를 값지게 여기고 누리라고 요구하지 않겠는가? 만약 내가 한 사람을 속박으로부터 구해주기 위해 일천 파운드를 지불하였고, 또한 그를 풀어줄 힘을 가진 자가 내가 지불하는 값에 만족하였다면, 그러고도 그 해방이 완전하지 않은 것이라면, 그런 일은 나에게나 그 불쌍한 죄수에게나 부당하지 않겠는가? 사람들을 위해 속전을 지불하였는데 그 사람들을 되찾지 못한 것이나, 값을 지불하였는데 구입이 완결되지 않은 경우를 상상이나 할 수 있을까? 하지만 만약 보편 속죄가 옹호된다면, 이런 상상은 진실이 되고 말며, 그 외에도 셀 수 없이 무수한 불합리한 가정들이 진실이 되고 만다. 모든 사람들을 위하여 값이 지불되었지만, 소수만이 구원을 받는다. 모든 사람을 위한 구원이 완성되었지만, 그들 중 소수만이 구원을 받는다. 재판장이 만족하고, 간수가 정복되었건만, 여전히 죄수들은 억류 중이라니! 보편 속죄론에 따르면 속량되었다고 하는 사람들 중의 대다수가 멸망한다. 의심의 여지 없이, '보편적'(universal)이라는 단어와 '속량'(redemption)이라는 단어가 조화되지 못하는 것은, '로마'(Roman)라는 단어와 '가톨릭'(Catholic, '보편적'이라는 뜻도 포함함 — 역주)이라는 단어가 서로 조화될 수 없는 것과 마찬가지이다. 만일 모든 사람을 위한 보편 속죄라는 것이 있다면, 모든 사람들이 속죄되는 것이다. 만약 그들이 속전의 지불에 의하여 속죄된다면, 그들은 모든 불행으로부터, 그들을 사로잡았던 것으로부터 사실상 실제적으로 해방되는 것이다. 그런데 어찌하여 모든 사람이 구원받지 못한단 말인가? 한 마디로, 그리스도에 의한 속량은 그분의 피의 값을 치른 속량으로서, 속량된 사람들에게는 그들을 둘러싸고 있던 모든 불행으로부터의 온전한 구원이다. 모든 사람이 구원받지 않는 것이라면 '보편적'이라는 말은 상상조차 불가능한 것이다. 그러므로 보편속죄론자들의 견해는 속죄에 관한 한 불합리하다."

여기서 한 번 더 잠시 멈추고 생각해보겠습니다. 어떤 연약한 영혼이 이렇게 말하는 소리를 듣는 듯하기 때문입니다. "하지만 목사님, 저는 선택되지 않았을까 두렵습니다. 만약 선택되지 못했다면, 그리스도께서는 저를 위해 죽으신 것이 아닙니다."

말을 멈추시오, 선생! 당신은 죄인입니까? 당신은 그렇다고 느낍니까? 성령 하나님께서 당신으로 하여금 당신이 잃어버린 죄인이라고 느끼게 하십니까? 당신은 구원을 원합니까? 만일 당신이 구원을 원하지 않으면, 구원이 당신에게 주어진 것이 아니라고 해서 곤란할 것은 없습니다. 하지만 당신이 진정으로 구원을 원한다고 느끼면, 당신은 하나님이 택하신 자입니다. 당신에게 구원받고자 하는 소원이 있다면, 그 소원이 성령에 의해 당신에게 주어졌다면, 그 소원은 확실한 증거입니다. 만약 당신이 믿음으로 구원을 위해 기도하기 시작했다면, 그 사실에서 당신이 구원받은 분명한 증거를 가진 것입니다. 그리스도께서는 당신을 위하여 징벌을 당하셨습니다. 당신은 이렇게 말할 수 있나요?

"아무 가진 것 없는 손으로
그저 십자가만 붙듭니다."

만약 그렇다면 당신은 당신 자신의 존재를 확신하는 것만큼이나 하나님의 선택된 백성임을 확신할 수 있습니다. 그리스도에 대한 필요와 갈망을 느끼는 것, 이것이 선택의 틀림없는 증거이기 때문입니다.

3. 그리스도의 죽음의 복된 결과들

이제 그리스도의 죽음의 복된 결과들을 언급함으로써 말씀을 맺고자 합니다. 이 문제는 간략히 다루도록 하겠습니다.

구주의 죽음의 첫 번째 결과는 "그가 씨를 본다(shall see)"는 것입니다. 사람들이 그리스도에 의해 구원을 받을 것입니다. 사람들은 생명으로 후손을 얻습니다. 그리스도는 죽음으로 후손을 얻으셨습니다. 사람들은 죽고, 자녀들을 남겨두며, 그들의 후손을 보지 않습니다. 그리스도는 살아계셔서, 매일 그분의 후손들이 믿음의 연합 속으로 들어오는 것을 보십니다. 그리스도의 죽음의 한 가지 결과는 많은 사람들의 구원입니다.

구원의 우연성이라고 하는 것에 주목하지 마십시오. 그리스도께서 죽으셨을 때, 누군가가 말한 것처럼, 천사는 "이제 그분의 죽음에 의해 많은 사람들이 구원을 받을 수도 있을(may be saved) 것이다"라고 말하지 않았습니다. 예언의 말씀은 모든 "그러나"와 "혹시"라는 단어들을 침묵시켰습니다. 그리스도는 자기 의로써 많은 사람들을 의롭게 하실(shall) 것입니다. 구주의 죽음에 우연성이라고는 조금도 없었습니다. 그리스도께서는 죽으실 때 그분이 사신(buy) 것이 무엇인지를 아셨습니다. 그리고 그분이 사신 것을 그분은 소유하실 것입니다. 그 이상도, 그 이하도 아닙니다. 그리스도의 죽음의 결과에 우연성이라고 하는 것은 없습니다. '쉘'(shalls)과 '윌'(wills)이 언약을 견고하게 하였습니다. 그리스도의 피의

죽음은 그 숭고한 목적을 이룰 것입니다. 모든 은혜의 상속자들이 보좌에 둘러 모여

> "그분의 은혜의 기적들을 칭송하고
> 그분의 영광을 송축하리라."

그리스도의 죽음의 두 번째 결과로, "그의 날이 길 것입니다." 그렇습니다. 복되신 그분의 이름을 찬송합니다. 그분이 죽으셨을 때 그분은 자기 목숨을 끝내신 것이 아닙니다. 그분은 무덤에 오래도록 갇혀 지내실 수 없었습니다. 세 번째 아침이 오자, 그 정복자가 잠에서 깨어나, 죽음의 쇠 빗장을 깨뜨리시고, 옥에서 나오셨고, 더 이상 죽지 않으셨습니다. 그분은 사십일 동안 기다리셨고, 그 때 크고 거룩한 노래 소리와 더불어, 그분은 "사로잡혔던 자들을 사로잡으시고 위로 올라가셨습니다"(참조. 엡 4:8). "그가 죽으심은 죄에 대하여 단번에 죽으심이요, 그가 살아 계심은 하나님께 대하여 살아 계심이니"(롬 6:10), 그분은 더 이상 죽지 않으십니다.

> "이제 그분이 승리자가 되어
> 아버지 옆에 앉아 다스리시네."

그분은 죽음과 지옥을 정복하셨습니다.

마지막으로, 그리스도의 죽음에 의해 아버지의 기뻐하시는 뜻이 이루어지고 성취되었습니다. 하나님의 선하신 의도는, 이 세상이 언젠가 죄로부터 완전히 속량되는 것입니다. 하나님의 선하신 목적은, 오래도록 어둠에 둘러싸여 있던 이 가련한 지구가, 마치 새로 태어난 태양처럼 밝게 빛나는 것입니다. 그리스도의 죽음이 그 일을 이루었습니다. 골고다 언덕에서 그분의 옆구리에서 흘러나온 피와 물이 온 세상의 더러움을 씻어냈습니다. 그 때 한낮의 캄캄함은 새로운 의의 태양이 떠오르는 것이었고, 그 태양은 멈추지 않고 온 땅을 비출 것입니다. 그렇습니다. 칼과 창이 잊혀진 물건들이 되는 때가 오고 있습니다. 전쟁의 도구들과 화려한 의상들이 치워져서 벌레의 먹이가 되거나, 혹은 호기심의 대상이 되는 날이 오고 있습니다. 옛 로마의 일곱 언덕들(가톨릭 교회)이 흔들리고, 마호

메트의 초승달이 기울어 더 이상 차지 않으며, 이방의 모든 신들이 그 보좌들을 잃고 두더지들이나 박쥐들에게 내던져지는 날이 올 것입니다. 그 때 적도에서부터 남극과 북극에 이르기까지, 그리스도께서 가장 높으신 온 땅의 주로 영예를 얻으실 것입니다. 나라와 나라를, 강들을 포함하여 땅 끝에 이르기까지, 한 왕이 다스리실 것이며, 이와 같은 외침이 울려 퍼질 것입니다. "할렐루야 주 우리 하나님 곧 전능하신 이가 통치하시도다"(계 19:6). 내 형제들이여, 그 때 우리는 그리스도께서 그 죽음으로 성취하신 일을 볼 것입니다. "그의 손으로 여호와께서 기뻐하시는 뜻을 성취하시리로다."

제
67
장

범죄자들을 위한 예수님의 간구

"그가 범죄자를 위하여 기도하였느니라."—사 53:12

우리의 복되신 주님은 십자가에 못 박히시는 동안에도 많은 말로 범죄자들을 위해 간구하셨습니다. 우리는 그분이 이렇게 기도하신 것을 듣습니다. "아버지 저들을 사하여 주옵소서. 자기들이 하는 것을 알지 못함이니이다"(눅 23:34). 일반적으로, 그분이 이 기도를 하신 때는 그분의 손과 발에 못이 박히는 순간이었으며, 로마 군인들이 집행자로서 그들의 의무를 거칠게 수행하고 있을 때였다고 간주됩니다. 그분의 수난이 시작될 때 그분은 기도로써 자기 원수들을 축복하기 시작하십니다. 우리 구원의 반석을 치자마자, 거기에서 복된 간구의 물이 흘러나온 것입니다.

우리 주님은 가장 우호적인 관점에서 박해자들을 주시하셨는데, 즉 그들이 자기들이 하는 바를 알지 못했다고 여기는 관점입니다. 그분은 그들의 무죄를 변론하실 수는 없었으며, 그래서 그들의 무지를 호소하신 것입니다. 무지가 그들의 행동을 정당화하지는 못하지만, 그들의 죄를 경감시켰으며, 따라서 우리 주님은 마치 어느 정도 정상을 참작하는 상황에서 그러하듯이 신속하게 그들의 무지를 언급하신 것입니다. 물론, 로마의 군인들은 그분의 높은 사명에 대해 아무것도 알지 못했습니다. 비록 그들이 그분을 "희롱하면서 나아와 신 포도주를 주긴"(눅 23:36) 했지만, 그들은 권세 잡은 자들의 단순한 도구에 불과했습니다. 그들이 그렇게 행동한 것은 그분의 주장을 오해했고, 그분을 가이사의 어리석은 대항자로 간주했으며, 따라서 마땅히 조롱을 받아야 한다고 여겼기 때문입니다. 분명 주님은 이 거친 이방인들을 그분의 간구에 포함시키셨으며, 아마도 "하나님께 영광을 돌리며 '이 사람은 정녕 의인이었도다'"(눅 23:47)라고 말했던 백부장은 우리 주님의 기도의 응답으로 회심하였을 것입니다.

유대인들에 대해 말하자면, 비록 그들이 어느 정도의 빛을 가지긴 했지만, 그들 역시 어둠 속에서 행동했습니다. 어느 누구에게도 아첨의 말을 하지 않았을 베드로는 이렇게 말했습니다. "형제들아 너희가 알지 못하여서 그리하였으며 너희 관리들도 그리한 줄 아노라"(행 3:17). 그들이 알았더라면, 정녕 그들은 영광의 주를 십자가에 못 박지 않았을 것입니다. 물론, 그분이 어떤 분임을 나타내는 증거가 자명하였기에, 마땅히 그들은 그분을 알아야만 했던 것도 사실입니다. 우리 구주께서는, 죽음의 순간에 하신 그분의 기도에서, 그분이 맡으신 소송의 가난한 의뢰인에게 조금이라도 우호적인 것을 보기 위해 얼마나 민첩한지를 보여주십니다. 그분은 한순간에 동정심의 발판이 될 수 있는 점을 간파하시고, 사랑이 가득한 그 마음을 이 기도로 토로하십니다. "아버지 저희를 사하여 주옵소서. 자기들이 하는 것을 알지 못함이니이다." 정녕 우리의 위대한 변호사는 우리를 위하여 지혜롭고도 효과적으로 변론하실 것입니다. 또한 그분은 찾을 수 있는 모든 근거들을 내세우실 것입니다. 사랑이 가득하고 민감하신 그분의 눈은, 우리에게 우호적일 수 있는 그 어떤 것도 그냥 지나치는 것을 묵과하지 않으실 것입니다.

하지만 선지자는 복음서 기자들에 의해 기록된 한 가지 사건에만 우리의 사고를 한정시키기를 원치 않았을 것이라고 나는 생각합니다. 그리스도의 간구는 그분의 전 생애에 걸친 사역에서 필수적인 부분이었기 때문입니다. 산중턱에서 그분의 기도 소리가 들렸으며, 공기가 차가운 밤중에도 그분의 심장으로부터 간구가 쏟아졌습니다. 그분은 "슬픔의 사람"으로서뿐 아니라 "기도의 사람"으로 불리시는 것이 적절하였습니다. 그분은 입술이 움직이지 않을 때조차도, 항상 기도하고 계셨습니다. 낮에 그분이 가르치시고 기적들을 행하시는 동안, 그분은 잠잠히 하나님과 교통하시고, 사람들을 위하여 간구하셨습니다. 그리고 밤에, 그분은 지치게 만드는 수고로부터 회복을 바라며 시간을 보내시는 대신, 자주 기도에 몰두하셨습니다. 정녕 우리 주님의 전 삶이 기도였습니다. 그분의 지상 생애는 행동으로 표출된 기도였습니다. "가장 사랑하는 자가 가장 잘 기도하는 자"이기에, 그분이 온통 사랑이신 만큼, 그분의 삶 자체가 온통 기도였습니다. 그분은 단지 기도의 통로와 본보기이실 뿐 아니라, 기도의 생명과 힘이십니다. 하나님을 향한 가장 위대한 호소는 그리스도 자체입니다. 언제나 하나님을 설득시키는 논증은 성육하신 그리스도, 율법을 성취하신 그리스도, 형벌을 감당하신 그리스도이십니다. 예수님 자체가 기도의 이유이자 논리이며, 그분 자체가 지존자를 향한 영원히 살아 있는 기도입니다.

우리 주님의 공적 사역의 일부는 범죄자들을 위하여 간구하는 것이었습니다. 그분은 제사장이시기에, 제물을 가져오시는 것뿐 아니라, 백성들을 위하여 기도를 하십니다. 우리 주님은 우리 신앙의 위대한 대제사장이시며, 이 직무를 수행하심에 있어서 그분이 강력한 부르짖음과 눈물로써 기도와 간구를 드리셨음을 우리는 성경에서 읽습니다. 그리고 그분은 지금도 사람들의 영혼을 위하여 간구하고 계심을 우리는 압니다. 정녕 이것이야말로, 오늘날 그분이 수행하시고 계시는 위대한 일입니다. 우리는 그분이 완성하신 일을 기뻐하고, 그 안에서 안식합니다. 하지만 그것은 그분의 속죄의 희생과 관련된 것입니다. 그분의 간구는 그분의 속죄로부터 솟아나는 것이며, 그분의 희생의 피가 그 힘을 유지하는 한 그 간구는 결코 멈추지 않을 것입니다. 피 뿌림은 아벨의 제사보다 더 나은 것을 지속적으로 말합니다. 예수님은 지금도 간구하고 계시며, 지금의 하늘이 더 이상 없을 때까지 계속해서 간구하실 것입니다. 그분에 의해 하나님께 이르는 모든 사람들을 위하여, 그분은 계속해서 그분의 공로를 하나님께 제시하시며, 그들의 영혼들을 구원할 이유를 호소하십니다. 그분은 자기의 삶과 죽음으로부터 이끌어낸 중요한 논증을 제시하시고, 그리하여 완고한 인생들을 위하여 헤아릴 수 없는 은혜의 복들을 얻어내십니다.

1. 간구하시는 예수님의 은혜로 인한 감격

오늘 아침 나는 여러분의 관심을, 영원히 살아서 범죄자들을 위하여 간구하고 계시는 우리 주님께로 향하게 하기를 원합니다. 그렇게 할 때에, 우리의 마음이 그분의 은혜로 인한 감격으로 일깨워지기를 기도합니다.

형제들이여, 여러분의 흐트러진 마음을 모아, 친히 우리를 위해 나서시며 그 간구로써 진노를 돌이키기에 홀로 합당하신 예수님을 묵상하도록 합시다. 만약 여러분이 그분이 실제로 사람들이 죄를 범하는 현장에 계신 동안, 범죄자들을 위하여 그분이 기도하셨던 것을 곰곰이 숙고한다면, 여러분의 마음이 그분의 사랑과 친절과 자비로우심에 감동될 것이라고 나는 생각합니다. 죄에 대해 듣는 것과 직접 보게 되는 것은 전혀 별개의 일입니다. 우리는 신문에서 범죄들에 대해 읽지만, 마치 우리가 그것들을 직접 본 것처럼 소름끼치는 느낌을 갖지는 않습니다. 우리 주님은 실제로 인간의 죄를 목격하셨습니다. 고삐가 풀린 채 제멋대로 행하는 최악의 죄를 목격하셨습니다. 범죄자들이 그분 주위를 둘러쌌고, 그들의 죄가 수많은 화살들이 되어 그분의 심장을 쏘았습니다. 하지만 그들이 그분을 찔렀을 때에도 그분은 그들을 위해 기도하셨습니다. 그분을 에워싼 군중이 "그를 십자가에 못 박으라, 그를 십자가에 못 박으라!"고 고함쳤을 때에도, 그분의 대응은 "아버지, 저들을 사하여 주옵소서!"였습니다. 그분은 그들의 잔인함과 배은망덕을 아셨고, 그들이 너무나 날카롭다고 느끼셨지만, 그들에게 기도로 대응하실 뿐이었습니다. 세상의 큰 자들이 역시 그곳에 있었고, 조롱과 조소를 보내고 있었습니다. 그분은 바리새인과 사두개인과 헤롯당원들의 이기심과 자만심과 거짓됨과 피에 목마른 모습을 보셨지만, 그럼에도 기도하셨습니다. 바산의 힘센 황소들이 그분을 에워쌌고, 개들이 그분을 포위했지만, 그분은 사람들을 위해 간구하셨습니다.

인간의 죄는 분발하여 하나님의 사랑을 파괴하기 위해 그 모든 힘을 발휘했으며, 따라서 죄는 그 최악의 경지에 이르렀습니다. 하지만 죄의 적개심에도 불구하고, 자비는 제 속도를 유지하다가 그것을 추월했으니, 그분이 자기를 고문하는 자들을 위해 용서를 구했기 때문입니다. 선지자들과 다른 사신들을 죽인 후에, 그 악한 살인자들은 이제 이렇게 말하고 있었습니다. "이는 상속자니 죽이고 그 유산을 우리의 것으로 만들자"(눅 20:14). 하지만 그 만유의 상속자는, 하늘에서 불이 내려와 그들에게 임하게 하실 수도 있었지만, 이렇게 외치면서 죽으셨습니다. "아버지, 저들을 사하여 주소서!" 그분은 그들이 행하는 일이 죄임을 아셨으니, 그렇지 않았더라면 "저들을 사하여 주소서"라고 기도하시지 않았을 것입니다. 그분은 그들의 행위가 패역한 짓임을 아셨지만, "저들이 자기들이 하는 것을 알지 못합니다"라고 말씀하셨습니다. 그분은 자신의 아들로서의 자격을 그들에게 유리하도록 쓰셨고, 그들을 위하여 아버지의 사랑에 호소하셨습니다.

우리 주 예수 그리스도의 인격에서처럼, 미덕이 그처럼 어울리게 액자에 넣어진 적이 없었으며, 인자함이 풍성한 사랑으로 그토록 아름답게 장식된 적이 없었습니다. 하지만 그들은 그분의 아름다운 덕목으로 인해 더욱 그분을 미워했으며, 그분의 무한한 인자함 때문에 더 깊은 원한을 가지고 그분을 에워쌌습니다. 그분은 그 모든 것을 보셨고, 여러분과 내가 느낄 수 없을 정도의 차원에서 죄를 실감하셨습니다. 그분의 마음은 우리의 마음보다 더 순수하셨기에, 그만큼 더 부드러우셨습니다. 그분은 죄의 성향이 그분을 죽음에 이르게 할 것임을 보셨으며, 그분과 같은 모든 것, 만일 그 의도를 이룰 수만 있다면 하나님까지도 죽이려 한다는 것을 보셨습니다. 인간은 신을 죽이는 자가 되어, 자기 하나님을 십자가에 못 박으려 했던 것입니다. 하지만 그분이 이 모든 범죄의 성향과 극악무도함을 친히 목도하고 혐오하셨음에도 불구하고, 그분은 범죄자들을 위하여 간구하셨습니다.

내 생각을 어떻게 전해야 할지를 모르겠습니다. 하지만 내게는, 그분이 죄를 그토록 철저하게 아시고, 그 악독함을 이해하시며, 그 추악함을 보셨고, 그분에 대한 터무니없는 공격을 직접 느끼셨을 때에도, 오직 자비의 행동 외에 아무것도 행하지 않으셨다는 것이 형용할 수 없을 정도로 아름답게 보입니다. 그분에게 가해지는 죄의 악독함을 생생하게 느끼셨음에도 불구하고, 그 때 그 곳에서, 그분은 범죄자들을 위하여 기도하며 이렇게 말씀하셨습니다. “아버지 저들을 사하여 주옵소서 자기들이 하는 것을 알지 못함이니이다.”

이 경우에 그분의 은혜로우심은 또 다른 관점에서 볼 때도 명백한데, 곧 그분이 고통 중에서 그렇게 간구하셨다는 것입니다. 그분이 생각의 방향을 자신의 고통으로부터 그들의 범죄를 숙고하는 쪽으로 돌리실 수 있었다는 것이 놀랍습니다. 여러분과 나는, 만약 신체의 큰 고통을 받게 되면, 생각을 통제하는 것이 쉽지 않다는 것을 발견합니다. 특히 그 고통을 가하고 있는 사람을 용서하고 그들을 축복할 수 있을 정도로, 생각을 집중하고 통제하기란 어렵습니다. 여러분의 주님이 간구하실 때에 고통당하고 계셨음을 기억하십시오. 죽음의 고통을 겪기 시작하고, 몸뿐 아니라 영혼의 고통을 느끼고 계셨음을 기억하십시오. 그분은 동산에서 곧바로 오셨는데, 그곳에서 그분의 마음은 심히 슬퍼 죽게 될 정도였습니다. 하지만 마음이 그처럼 짓눌리는 중에도, 그로 인해 자기를 죽음에 이르게 만드는 야비한 사람들을 잊어버릴 만할 때에도, 도리어 그분은 자기 자신을 잊으시고 오로지 그들만을 생각하셨고, 그들을 위해 간구하셨습니다. 만약 우리라면, 비록 우리를 괴롭히는 자들에 대한 적개심으로 들끓지는 않더라도, 우리 자신이 겪는 고통에 관심이 집중될 것입니다. 하지만 우리 주님으로부터는 아무런 불평도 들리지 않습니다. 주님은 하나님께 그들에 대한 고소를 제기하지도 않으셨고, 한때 바울이 "회칠한 담이여 하나님이 너를 치시리로다"(행 23:3)고 했듯이 그들에게 화난 반응을 보이지도 않으셨습니다. 그분이 참으시는 모욕과 관련하여 한 마디의 불평이나 신음소리도 내지 않으셨습니다. 오히려 그분의 마음에서 우러나와 하늘을 향해 올라간 소리는 자기 원수들을 위한 복된 간구였으니, 그분은 그 때 그 곳에서 아버지께 범죄자들을 위해 간구하신 것입니다.

하지만 나는 여러분의 생각을 그 사건에 한정시키고 싶지 않습니다. 왜냐하면, 내가 이미 말했듯이, 그 선지자의 말씀에는 좀 더 폭넓은 의미가 있기 때문입니다. 내게는 순결하신 그분이 범죄자들을 위해 기도하신다는 자체가 놀라운 일입니다. 여러분과 나 역시 그들 중에 포함되는 것이니, 그 사실에서 불가사의가 시작됩니다. 본성에서의 죄인들, 행실에서의 죄인들, 무서울 정도로 완강하게 죄에 집착하는 죄인들, 죄 때문에 아픔을 겪은 후에도 다시 죄로 돌아가는 죄인들이 바로 우리입니다. 하지만 저 의로우신 분께서 우리의 입장을 대변하시며, 우리의 용서를 위하여 탄원자가 되셨습니다. 우리는 의무가 기쁨일 때에도 의무를 빠뜨리며, 슬픔과 관련되어 있다고 알려진 죄들을 따라갑니다. 그러므로 우리야말로 가장 어리석은 종류의 죄인들이며, 제멋대로의 고집스러운 죄인들입니다. 하지만 모든 죄를 미워하시는 그분이 우리를 편들기로 작정하셨고, 우리 영혼을 위하여 변호해주십니다. 죄에 대한 우리 주님의 증오는 죄인들을 향한 그분의 사랑만큼이나 큽니다. 모든 불순한 것들에 대한 그분의 노여움은, 악과 마주칠 때에 복수하시고 격노하시는 지극히 거룩하신 하나님의 노여움과 다름없이 큽니다. 하지만 이 거룩하신 왕이, 우리가 "왕은 정의를 사랑하고 악을 미워하신다"(시 45:7)고 노래하는 그분이, 범죄자들을 변호하시고, 그들을 위해 간구하십니다. 오, 비길 데 없는 은혜로다! 정녕 천사들도 이 겸손한 사랑의 폭에 놀라움을 금치 못합니다. 형제들이여, 나는 말로 그것을 다 표현할 수 없습니다. 여러분이 그 은혜를 찬미하기 바랍니다!

더 나아가, 그분이 영광 중에서 죄인들을 위하여 여전히 기도하고 계신다는 것이 내게는 놀라운 사실입니다. 높은 지위에 올랐을 때 이전의 동료들을 잊어버리는 사람들이 더러 있습니다. 그들은 한때 가난하고 궁핍한 친구를 알았습니다. 속담이 말하듯, 가난은 우리에게 낯선 동료들을 데리고 옵니다. 하지만 그들이 높은 곳에 올라 그러한 상태에서 벗어났을 때 그들은 한때 그들이 알았던 사람들을 부끄러워합니다. 하지만 우리 주님은 그분이 낮아지셨던 때에 변호하셨던 낮은 처지의 의뢰인들을 잊지 않으십니다. 그분의 불변성에 대해 알고 있지만, 그럼에도 나는 놀라고 감탄합니다. 인자께서 지상에서 죄인들을 위하여 간구하시는 것은 매우 은혜로운 일입니다. 하지만 저 높은 곳에서 다스리시는 지금, 죄인들을 위하여 간구하고 계시는 그분을 생각하면 나는 감격에 압도되고 맙니다. 그곳에는 수를 헤아릴 수 없는 수금들이 그분을 찬미하고, 그룹과 스랍 천사들은 그분의 발치에서 아무것도 아닌 존재로 서 있는 것만으로도 영광으로 여깁니다. 그분은 말할 수 없는 신적 위엄과 사랑 가운데 하나님 우편에 앉아 계십니다. 그 왕 중의 왕이요 만주의 주께서 범죄자들을 돌보는 일에 몰두하고 계신다는 말을 들을 때 우리가 어찌 놀라지 않을 수 있을까요? 정녕 그분은 여러분과 나를 돌보고 계십니다.

그분이 자기 보좌 앞에서 피로 씻겨진 자들과 친교를 나누시고, 그 온전한 영혼들을 그분의 동반자들로 용납하시는 일도 황공스러운 일입니다. 하지만 그분의 마음이 그러한 천국의 더없는 축제에서 빠져나와 우리와 같이 가련한 죄인들을 기억하시고 우리를 위하여 쉬지 않고 기도하신다니, 이것이야말로 정녕 온통 사랑이신 그분다우신 일입니다. 지금 이 순간 우리의 위대하신 대제사장께서 보좌 앞에서 간구하고 계시는 모습을 보는 듯합니다. 보석이 박힌 흉패와 영광스럽고 아름다운 의복을 입으신 그분은, 가장 거룩한 곳인 그분의 가슴과 어깨에 우리의 이름을 새겨두셨습니다. 이야말로 그 무엇과도 비교할 수 없는 사랑의 모습이 아니겠습니까! 그것은 사실이며, 결코 상상이 아닙니다. 그분은 지성소에 계시며, 한 제물을 드리고 계십니다. 그분의 기도가 항상 들리니, 그 기도는 우리를 위한 것입니다. 하나님의 아들이 황공하게도 그런 직무를 수행하시고 범죄자들을 위하여 간구하시는 것은 놀라운 일이 아닐 수 없습니다. 이 비할 데 없는 은혜가 거의 내 입술을 닫아 버리게 만들었습니다. 하지만 그 은혜가 내 영혼의 수문을 여니, 나는 그분에 대해 말로 제대로 표현하지 못하지만, 기꺼이 잠시 멈추고 그분을 경배하고 싶습니다.

우리 주님께서 이 일을 지속하신다는 것이 지극히 영광스럽고 은혜롭습니다. 그분이 영광에 들어가신지 천팔백 년 이상 지났지만, 그분은 범죄자들을 위한 간구를 결코 멈추신 적이 없습니다. 천국의 지극히 즐거운 축제일에, 그분의 온 군대가 정렬하고, 그분의 찬란한 기병대가 만왕의 왕이 보시는 앞을 지나갈 때, 그 때에도 그분은 구속받은 자들을 잊지 않으셨습니다. 천국의 화려함이 그분으로 하여금 지상의 슬픈 자들에 대해 무관심하도록 만들지 못했습니다. 아마도 그분이 무수한 세계를 창조하실 수도 있었고, 또 분명히 우주의 진행을 주관하여 오신 것이 확실하지만, 그럼에도 불구하고 그분은 단 한 번도 범죄자들을 위한 지속적인 간구를 멈추신 적이 없습니다. 성경에 따라 우리가 믿기로는, 그분이 중보자로 사시는 한 그분은 결코 간구를 멈추지 않으실 것입니다. "그러므로 자기를 힘입어 하나님께 나아가는 자들을 온전히 구원하실 수 있으니 이는 그가 항상 살아 계셔서 그들을 위하여 간구하심이라"(히 7:25). 그분은 전이나 지금이나 살아 간구하시니, 간구가 마치 그분이 사시는 분명한 목적인 양 그렇게 해오셨습니다. 사랑하는 이여, 위대하신 구속주께서 살아 계시고 또 그분에게로 오는 죄인이 있는 한, 그분은 계속해서 간구하실 것입니다.

오 나의 주님, 제가 어떻게 당신을 찬양해야 하는지요! 만약 당신께서 이따금씩 그런 직무를 수행하셨더라도, 특별한 경우에만 이따금 왕의 임재 속으로 들어가서 그 일을 수행하였더라도, 그것은 지극히 은혜로운 일이었을 것입니다. 하지만 당신께서는 언제나 탄원하셨고, 결코 간구를 멈추지 않으셨으니, 우리가 아무리 찬미해도 지나치지 않습니다!

이사야에 의해 예언의 형태로 기록된 그분의 말씀은 놀랍습니다. "나는 시온의 의가 빛 같이, 예루살렘의 구원이 횃불 같이 나타나도록 시온을 위하여 잠잠하지 아니하며 예루살렘을 위하여 쉬지 아니할 것이라"(사 62:1). 마치 성전의 등불이 꺼지지 아니하듯이, 우리의 대언자께서도 낮이나 밤이나 간구를 멈추지 않으셨습니다. 사랑의 수고에 지치지 않으시고, 아버지 앞에서 우리의 사정을 변호하는 일을 그분은 멈추지 않으셨습니다. 사랑하는 이여, 나는 이에 대해서 상세하게 설명하지 않을 것이며, 또 그렇게 할 수도 없습니다. 그저 내 마음은 그런 사랑에 대한 찬미로 가득 차 있을 뿐입니다. 범죄자들을 위하여 전에도 간구하셨고, 지금도 간구하시며, 앞으로도 항상 간구하실 중보자의 넘치는 사랑으로 인하여, 여러분의 마음이 넓어지기를 바랍니다. 나는 그분이 앞으로도 "간구하실" 거라고 말했습니다. 이는 단순히 나의 주장이 아닙니다. 이 본문의 말씀은 과거에도 그러했듯이 미래에도 읽혀질 것입니다. 여러분이 조금만 생각하면 이해하듯이, 이 본문은 미래에도 그렇게 이해될 것입니다. 왜냐하면 이 예언은 우리 주님이 십자가에서 중보의 기도를 하시기에 앞서 약 칠백 년 이전에 기록된 것이기 때문입니다. 비록 이 선지자는 그의 언어가 그림처럼 생생하도록 하기 위해 과거 시제로 표현했지만, 그것은 실제로는 미래의 일이며, 따라서 우리가 이 본문을 미래 시제로 읽어도 오류가 아닙니다. 내가 이미 말했듯이, "그가 범죄자들을 위하여 기도할(shall) 것입니다." 지속적인 사랑이 쉬지 않는 기도를 하게 만듭니다. 끝없는 긍휼이 끝없는 기도를 하게 만듭니다. 최후로 구속받은 자가 본향에 들어갈 때까지 그 간구는 결코 멈추지 않을 것이며, 결코 그 효력을 잃지도 않을 것입니다.

2. 간구하시는 예수님께 대한 신뢰

지금까지 나는 여러분에게 그분의 은혜로 인한 감격을 느끼도록 호소하였습니다. 이제 두 번째로, 성령의 인도하심에 의해, 범죄자들을 위한 그분의 간구를 바라봄으로써 그분을 신뢰하게 되기를 간절히 바랍니다. 그리스도께서 지속적으로 간구하신다는 사실로부터, 죄인이 그리스도를 의지할 근거를 찾을 수 있고, 믿는 자가 그분을 완전히 신뢰할 풍성한 근거를 얻을 수 있습니다.

사랑하는 이여, 내가 여러분에게 이것을 먼저 제시하는 이유는 그분의 간구는 성공하기 때문입니다. 하나님이 그분의 간구를 들으시며, 그것을 우리는 의심하지 않습니다. 하지만 이 중보의 근거가 무엇입니까? 그것이 무엇이든, 그것이 그분의 간구를 성공적으로 만드는 것을 보면서, 우리는 그것을 안심하고 의지할 수 있습니다. 이 구절을 조심스럽게 읽어보십시오. "그가 자기 영혼을 버려 사망에 이르게 하며 범죄자 중 하나로 헤아림을 받았음이라 그러나 그가 많은 사람의 죄를 담당하였느니라." 그분의 간구의 성공은 그분의 대속(代贖)에 근거를 둡니다. 그분이 간구하시고 또 성공하시는 이유는 그분이 중재하시는 자들의 죄를 담당하셨기 때문입니다. 그분의 중보 기도가 효력을 얻는 주된 근거와 힘은 그분이 많은 사람의 죄를 담당하셨을 때 그분이 바치신 제물의 완전함에 있습니다. 자, 이로 인하여 그리스도의 기도에 효력이 있다면, 그분을 믿는 믿음에도 효력이 있을 것입니다! 같은 토대 위에 서 있으므로, 여러분의 믿음도 마찬가지로 받아들여질 것입니다.

영혼이여, 그 진리를 굳게 믿으십시오. "그가 많은 사람의 죄를 담당하였느니라." 당신의 모든 죄와 더불어 당신 자신을 던져 그분의 대속을 의지하며, 이것이 당신이 믿을 수 있는 안전한 피난처라고 느끼십시오. 왜냐하면 그것이 곧 주님의 간구의 견고한 토대이기 때문입니다. 그 완벽한 제물이 그 위에 올려지는 모든 중압을 이겨낼 것입니다. 당신 스스로 강력한 믿음으로 그것을 시험해 보고 직접 확인해 보십시오. 가장 담대한 요청으로 그 제물의 효력에 호소하고, 그 무한한 효력을 겪어보고 배우십시오. 주 예수님께서 대속의 피에 의지하여 아버지께 호소하시고, 또 결코 실패하지 않으신 것을 보니, 당신도 보혈을 의지하여 아버지께 호소할 수 있는 것입니다.

또한 주 예수님께서 범죄자들을 위하여 간구하시는 것을 보면, 범죄자들이 그분께 와서 그분을 신뢰할 이유가 있는 것입니다. 그리스도께서 당신을 위하여 간구하시는 것을 들을 수 있을 때, 당신은 그분이 당신을 내쫓으실 것을 결코 두려워할 필요가 없습니다. 어떤 아들이 불순종하여 자기 아버지 집을 나갔다가, 다시 되돌아올 때, 아버지가 그를 받아줄 것인지에 대해 어떤 두려움을 가질 수 있겠지만, 그가 문 밖에 서서 그의 아버지가 그를 위해 기도하는 소리를 듣는 순간 그 모든 두려움은 사라질 것입니다. 그는 이렇게 말할 것입니다. "오, 내가 돌아오는 것은 내 아버지의 기도의 응답이구나. 그분은 얼마든지 기쁘게 나를 받아주실 것이다." 한 영혼이 그리스도께 올 때마다 주저할 필요가 없으니, 그리스도께서 이미 그 영혼이 구원을 얻도록 기도하셨음을 보았기 때문입니다.

죄인들이여, 여러분이 여러분 스스로를 위해 기도하지 않을 때에도 그리스도께서는 여러분을 위해 기도하십니다. 그분이 자기를 믿는 백성에 대하여 이렇게 말씀하시지 않았던가요? "내가 비옵는 것은 이 사람들만 위함이 아니요 또 그들의 말로 말미암아 나를 믿는 사람들도 위함입니다"(요 17:20). 그분의 택하신 백성이 믿는 자가 되기 전에도 그들은 그분의 간구의 일부분이었습니다. 여러분이 범죄자임을 스스로 알고 용서를 바라기 전에, 아직 여러분이 죄 가운데 죽은 채로 누워 있을 때에도, 그분의 간구는 여러분과 같은 자들을 위해 올려졌습니다. "아버지, 저들을 사하여 주소서"는 결코 자기 자신을 위하여 용서를 구하지 않았던 자들을 위한 기도였습니다. 여러분이 무모하게도 스스로를 위하여 기도하지 않을 때에도, 그분은 여전히 여러분을 위해 기도하고 계십니다. 죄의식 때문에 당신이 감히 눈을 들어 하늘을 우러러보지도 못할 때, "정녕 내가 하늘 아버지의 얼굴을 구하는 것은 헛된 일일 것이다"라고 스스로 생각할 때에, 그리스도는 당신을 위하여 기도하고 계십니다. 아, 그렇습니다. 당신이 기도할 수 없을 때, 깊은 침체로 인하여 마음이 눌리고 막혀 기도를 시도할 수 없다고 느낄 때, 당신 자신이 너무나 합당치 못하여 기도의 말이 입술만 괴롭게 할 뿐이라고 느낄 때, 낙심한 마음으로부터 거룩한 탄식조차도 내뱉을 힘이 없다고 느낄 때, 여전히 그분은 당신을 위해 간구하십니다.

오, 이 말이 여러분에게 격려가 되기를 바랍니다. 당신이 기도할 수 없을 때 그분은 하실 수 있습니다. 당신 스스로 당신의 기도가 거부되어야 한다고 느낄 때에도, 그분의 간구는 거부될 수 없습니다. 와서 그분을 의지하십시오! 와서 그분을 신뢰하십시오! 당신을 위해 간구하시는 그분이 당신을 거절하지 않으실 것입니다. 스스로 매정한 생각에 몰두하지 말고, 와서 그분에게 당신 자신을 맡기십시오. 그분이 이렇게 말씀하셨지 않습니까? "내게 오는 자는 내가 결코 내쫓지 아니하리라"(요 6:37). 그 말씀의 확실한 진리를 담대하게 믿으십시오. 그러면 그분의 사랑의 거처로 받아들여질 것입니다.

만약 예수 그리스도께서 범죄자들을 위하여 기도하신다면, 즉 그들이 아직 범죄자들로서 그들 스스로를 위해 기도를 시작하기도 전에 그들을 위해 기도하신다면, 그들이 마침내 기도하도록 인도되었을 때에는 틀림없이 그분이 그들의 기도를 들으실 것이라고 나는 확신합니다. 범죄자가 뉘우치게 될 때, 그가 방황하였던 것 때문에 슬피 울 때, 그가 죄 중에 있을 때에 그를 찾아 나섰던 자비의 주께서 이제 그가 되돌아올 때에 기꺼이 그를 맞이하실 것임을 확신합시다. 그 점에는 의심의 여지가 있을 수 없습니다.

나는 마음이 무거워질 때 이 본문을 붙드는 것이 무엇인지 압니다. 나는 죄로 가득한 나를 보고 비탄한 심정이 되었을 때, 주 예수 그리스도께서 범죄자들을 위하여 기도하시는 것으로 인하여 그분께 감사하였습니다. 그 때 나는 그분이 나를 위해서 간구하심을 분명히 믿을 수 있으니, 이는 내가 의심할 것 없는 범죄자이기 때문입니다. 또한 내 심령이 소생하여 "그럴지라도 나는 하나님의 자녀이고, 위로부터 났음을 안다"라고 말할 수 있을 때, 그 때 나는 그 이상의 추론을 이끌어냅니다. 즉, 만약 그분이 범죄자들을 위하여 기도하신다면, 자기 친 백성을 위해서는 더욱더 전념하여 간구하실 것임이 틀림없다는 것입니다. 만약 바른 길에서 벗어난 자들을 위한 그분의 기도가 들으심을 얻는다면, 영혼의 목자요 감독자에게로 돌아온 백성을 위한 그분의 기도가 들으심을 얻을 것은 더욱 확실합니다. 다른 누구에 앞서 그분은 그들을 위하여 간구하실 것이니, 이는 그가 살아서 그로 말미암아 하나님께 온 모든 자들을 위하여 친히 간구하시기 때문입니다.

우리의 확신이 더욱더 커지도록 하기 위해, 범죄자들을 위한 우리 주님의 기도의 효력을 숙고해봅시다. 먼저, 최악의 범죄자들 중에서 많은 이들이 그리스도의 기도의 응답으로 그 생명을 보전하였음을 기억하십시오. 그분의 간구가 아니었다면 그들은 오래전에 죽었을 것입니다. 여러분은 열매를 맺지 않아 땅만 못쓰게 한 그 무화과나무의 비유를 압니다. 포도원 주인이 "그것을 찍어버리라"(눅 13:7)고 말하자, 포도원지기가 이렇게 대답했습니다. "그대로 두소서 내가 두루 파고 거름을 주리니 이후에 만일 열매가 열면 좋을 것입니다"(8,9절). 다른 누군가가 이미 오래전에 마른 나무 뿌리에 놓아둔 도끼를 좀 더 머무르게 한 그가 누구인지를 내가 말할 필요가 있을까요? 경건하지 못한 남자와 여자들이여, 내 여러분에게 말하거니와, 여러분이 목숨을 부지한 것은 여러분을 위한 우리 주님의 중재 덕택이었습니다. 여러분은 그 기도를 듣지 못했지만, 그 포도원의 소유주는 그것을 들으셨습니다. 그리고 자기 아들의 호의적인 탄원에 대한 응답으로 그분이 여러분을 조금 더 오래 살게 하신 것입니다. 여러분은 여전히 복음을 접할 수 있는 곳에 살며, 성령께서 여러분을 새롭게 하실 수 있는 곳에 머무르지 않습니까? 이 은혜로운 사실을 믿을 근거가 없는 걸까요? 여러분이 아직 살아 있는 것이 그분 덕택임을 믿지 못하겠습니까? 여러분의 하늘의 아버지께 이렇게 말하십시오.

"주여, 저는 아직 살아 있으니,
제가 지옥의 고통 속에 있는 것이 아닙니다!
여전히 당신의 선하신 영은
죄인 중의 괴수와 더불어 거하려고 애쓰시나이까?"

그분의 간구의 덕택으로 당신은 아직 자비가 미치는 곳에 있으니, 그분을 믿으십시오. 사망과 지옥으로부터 당신의 목숨을 보전하신 그분을 의지하십시오. 성령께서 당신을 가르치시어, 당신으로 하여금 내 논증의 합리성을 깨닫게 하시고, 당신을 이끌어 겸손한 믿음으로 즉시 예수께로 오게 하시기를 빕니다.

또 기억할 것은, 범죄자들의 소생에 필수적인 성령의 선물은 그리스도의 기도의 결과라는 것입니다. 어느 시인이 다음과 같이 올바르게 표현했습니다.

> "주여, 당신의 기도의 숨결 때문에
> 성령께서 사람들과 함께 거하시나이다."

자기를 죽인 자들을 위한 그리스도의 기도와 오순절 성령의 부어짐 사이에는 밀접한 관련이 있다고 나는 믿어 의심치 않습니다. 스데반의 기도가 사울을 교회로 이끌어 사도가 되게 하였듯이, 그리스도의 기도는 오순절에 삼천 명의 사람들로 하여금 그분의 제자들이 되게 했습니다. 우리 주님의 기도의 응답으로, 하나님의 영이 "반역자들에게도" 주어졌습니다. 하나님의 영이 사람들에게 주어진다는 것은 큰 복이고, 이런 복이 예수님의 기도를 통해서 오는 것이라면, 우리가 그분을 믿어야 하지 않겠습니까? 우리가 그분의 능력을 의지할 때 어떤 일이 생길까요? 죄인들에게 그분은 여전히 자기 능력을 나타내십니다. 그들이 마음에 찔림을 받고, 자기들이 찔렀던 그분을 믿을 것입니다.

우리의 빈약한 기도가 하나님께 받아들여지는 것은 그리스도의 기도로 말미암는 것입니다. 계시록에서, 요한은 제단 곁에 서서 금 향로를 가지고 있는 또 다른 천사를 보았습니다. 그에게 많은 향이 주어졌는데, 그것은 모든 성도의 기도와 합하여 보좌 앞 금 제단에 드리는 것이었습니다(계 8:3). 이 많은 향이 어디에서 올까요? 예수님의 공로가 아니라면 그것이 무엇일까요? 우리의 기도는 오직 그분의 기도 때문에 받아들여지는 것입니다. 만약, 범죄자들을 위한 그리스도의 기도가 범죄자들의 기도를 받아들여지도록 만들었다면, 망설임 없이 그분을 신뢰합시다. 믿음의 충만한 확신과 함께, 그리고 언약의 하나님이 주신 약속에 대한 흔들림 없는 확신과 함께 우리의 간구를 올려드림으로써 그리스도께 대한 우리의 믿음을 보입시다! 모든 약속들은 그리스도 예수 안에서 '예'와 '아멘'이 아닙니까? 그분을 기억하고, 믿음으로 구하며, 물결처럼 요동하지 맙시다.

유혹의 때에 우리가 보전되는 것 역시 그리스도의 기도로 말미암은 것입니다. 사탄이 베드로를 밀 까부르듯 하려고 요구했을 때, 주님께서 베드로에게 하신 말씀을 기억하십시오. "내가 너를 위하여 네 믿음이 떨어지지 않기를 기도하였다"(눅 22:32). "아버지여, 저들이 악에 빠지지 않도록 보전하소서"(참조. 요

17:15)는 우리 주님의 기도의 일부이며, 아버지께서는 그분의 기도를 항상 들으십니다. 그리스도께서 우리를 위하여 간구하심으로 우리가 유혹의 한가운데서 멸망치 않도록 보전된다면, 그분의 친절하고 주의 깊은 손길에 우리 자신을 맡기기를 두려워하지 맙시다. 그분은 우리를 지키실 수 있으니, 지금까지도 그분이 우리를 지키셨기 때문입니다. 그분의 기도가 우리를 사탄의 손에서 구해내셨다면, 그분의 영원한 능력이 우리를 안전하게 본향으로 데려갈 수 있을 것이니, 비록 도중에 사망이 웅크리고 있어도 그러할 것입니다.

정녕, 우리가 구원받는 것 자체가 전적으로 그분이 기도하시기 때문입니다. 예수님은 "자기를 힘입어 하나님께 나아가는 자들을 온전히 구원하실 수 있으니 이는 그가 항상 살아 계셔서 그들을 위하여 간구하심이라"(히 7:25). 이는 또한 우리가 이 세상과 마귀의 모든 고소에 맞설 수 있는 하나의 커다란 이유입니다. "누가 정죄하리요? 죽으실 뿐 아니라 다시 살아나신 이는 그리스도 예수시니 그는 하나님 우편에 계신 자요 우리를 위하여 간구하시는 자시니라"(롬 8:34). 사탄의 참소는 우리의 대언자에 의해 모두 반박됩니다. 마치 여호수아가 더러운 옷을 입은 채 마귀의 참소를 당할 때처럼(참조. 슥 3:1-3) 우리가 심판대 앞에 설 때, 그분이 우리를 옹호하시며, 따라서 판결은 언제나 우리에게 우호적으로 내려집니다. "그 더러운 옷을 벗기라!"(슥 3:4). 오, 하나님의 성도들을 대적하여 비방과 고소들을 제기하는 너희여, 위대하신 왕의 법정에서 너희가 제기하는 것들이 우리에게 해를 입히지 못할 것이다! "만일 누가 죄를 범하여도 아버지 앞에서 우리에게 대언자가 있으니 곧 의로우신 예수 그리스도시라!"(요일 2:1).

내 사랑하는 형제들과 자매들이여, 예수님의 기도가 어떤 결과를 가져왔는지를 생각하십시오. 그러면 여러분의 유일한 신뢰를 오직 주님께만 두도록 큰 자극을 얻게 될 것입니다. 그분을 믿지 않았던 사람들이여, 바로 오늘 아침부터 시작하여 그분을 신뢰하지 않으시겠습니까? 오, 마음이 지친 사람이여, 주 예수님을 당신의 의지로 삼으십시오. 그 이상 당신이 바랄 것이 무엇입니까? 그분보다 더 좋은 친구를 바랄 수 있습니까? 보좌 앞에서 그분보다 더 설득력 있는 대언자가 있을 수 있습니까? 다른 모든 의지의 대상들을 버리고 오십시오. 이 아침에 여러분 자신을 그분께 복종시키십시오. 이 사랑의 조언을 여러분이 받아들이기를 간절히 바랍니다. 그리고 여러분 성도들이여, 만일 여러분이 어리석게도 의심과 두려움을 가지고 있다면, 예수님이 여러분을 위해 어떻게 간구하시는지

보십시오. 그분에게 여러분이 져야 할 짐을 맡기십시오. 지금 이 순간 여러분의 모든 근심을 그분에게 맡기십시오. 그분이 여러분을 돌보시기 때문입니다. 그분은 여러분의 사정을 영원한 보좌 앞에 가져가실 것이며, 성공적으로 그 임무를 수행하실 것입니다. 사람들 중에서 법적 사무를 수행하도록 법률 변호사를 고용하는 자는 그의 손에 자기 일을 맡깁니다. 그리고 하나님 앞에서 기묘자요 모사이신 그리스도 예수와 같은 변호사를 가진 사람은, 근심들로 자기를 괴롭힐 필요가 없습니다. 예수님께 맡기고, 인내로 그 결과를 기다리십시오.

> "내 영혼아, 호소해야 할 사건을 그분께 맡기라,
> 아버지의 은혜를 의심하지 말지어다."

그러므로 그분을 신뢰하는 것은 우리의 의무입니다. 성령께서 여러분의 마음을 믿음과 평화로 가득 채워주시길 빕니다.

3. 예수님의 본을 따르는 순종의 정신

세 번째로, 본문의 말씀이 우리 마음을 감동하여 우리가 그분의 본을 따르는 순종의 정신을 가지게 되기를 빕니다. 나는 그분의 본을 따르는 순종이라고 말합니다. 왜냐하면 그리스도의 본보기는 기록된 그분의 명령과 마찬가지로 우리에게 구속력이 있는 가르침으로 실현되어야 한다고 여기기 때문입니다. 그리스도의 삶은 그분의 제자라고 고백하는 모든 사람들의 규범입니다. 그리스도 안에 있는 형제들이여, 여러분에게 실제적인 문제들을 제시할 터이니, 여러분은 하나님의 성령의 도우심을 힘입어 그대로 실천하도록 애쓰지 않겠습니까?

첫째, 당신의 주님은 범죄자들을 위하여 기도하십니다. 그러므로 당신은 당신을 대적한 모든 범죄자들을 용서함으로써 그분을 본받으십시오. 누군가 당신에게 잘못을 범했습니까? 그 잘못에 대한 기억을 가능한 머리에서 지우십시오. 어느 누구도 사람들이 그분에게 해를 입힌 것만큼 당신에게 해를 입히지는 않았습니다. 굳이 말하자면, 당신 자신도 그분에게 해를 입혔습니다. 사람들이 당신의 손과 발을 십자가에 못 박지는 않았고, 당신의 옆구리를 찌르지도 않았습니다. 만약 그분이 "아버지, 저들을 사하여 주소서"라고 말씀하셨다면, 당신도 그렇게 말하는 것이 당연합니다. 당신은 일만 달란트를 빚지지 않았습니까? 하지만 그분은 당신의 모든 빚을 탕감하셨고, 그 무거운 부담이 되는 경비를 지불하게끔 하지 않으셨습니다. 당신의 형제는 겨우 일백 펜스를 당신에게 빚졌거늘, 당신은 그의 멱살을 잡는단 말인가요? 당신은 일곱 번의 일흔 번씩이라도 너그럽게 용서하지 않겠습니까? 당신은 그를 용서할 수 없습니까? 만약 당신이 그것을 불가능하다고 여긴다면 나는 더 이상 당신을 그리스도인으로 여기면서 말하고 싶지 않습니다. 왜냐하면 나는 당신이 믿는 자인지 자체를 의심해야 하기 때문입니다. 당신이 용서하고 있지 않는 동안에는 주께서 당신을 용납하실 수 없습니다. 왜냐하면 그분이 친히 이렇게 말씀하시기 때문입니다. "그러므로 예물을 제단에 드리려다가 거기서 네 형제에게 원망들을 만한 일이 있는 것이 생각나거든 예물을 제단 앞에 두고 먼저 가서 형제와 화목하고 그 후에 와서 예물을 드리라"(마 5:23-24). 만일 화목이 이루어지지 않으면 당신은 받아들여지지 않을 것입니다. 하나님은 그 마음에 악의와 적개심이 있는 자들의 기도를 듣지 않으십니다.

하지만 나는 당신에게 위협의 말보다는 사랑의 어조로 말하고 싶습니다. 온유하신 그리스도를 따르는 자로서 나는 당신에게 이 문제에서 그분을 본받으라고 호소합니다. 그러면 당신의 마음은 안식과 위로를 발견할 것입니다. 그리스도께서 당신을 용서하신 그 날부터, 그리스도를 위하여 모든 잘못들을 온전하고 솔직하게 용서하는 것에서 기쁨을 발견하는 고귀한 성품이 솟아납니다. 정녕 그분이 지불하신 죗값은, 하나님을 만족시켰듯이 당연히 당신도 만족시키는 것이며, 당신의 형제가 주님께 대해서뿐 아니라 당신에 대해서 범한 죄를 보상하는 것입니다. 예수님은 첫 번째 돌판에 새겨진 율법을 어긴 잘못뿐 아니라 두 번째 돌판에 새겨진 율법을 어긴 잘못까지도 친히 담당하셨습니다. 그런데 당신은 예수님이 담당하신 죄에 대해 당신의 형제를 송사하겠습니까? 형제들이여, 여러분은 용서해야 합니다. 그분의 피가 기록을 지워 버렸기 때문입니다! 이 성경 말씀이 여러분의 마음에 하늘에서 내리는 이슬처럼 내리기를 바랍니다. "서로 친절하게 하며 불쌍히 여기며 서로 용서하기를 하나님이 그리스도 안에서 너희를 용서하심과 같이 하라"(엡 4:32).

둘째로, 사랑하는 형제들이여, 여러분 스스로를 위하여 기도함으로써 그리스도를 본받으십시오. 여러분은 범죄자들이며, 또한 예수님이 범죄자들을 위하여 기도하시는 것을 알기에, 다음과 같이 담대히 말하십시오. "만약 그분이 나 같은 자를 위하여 기도하신다면, 나도 겸손한 간구를 드릴 것이며, 그분으로 말미암아 들으심을 얻으리라고 소망한다. 그분이 '아버지, 저들을 사하여 주소서'라고 부르짖으시는 소리를 내가 듣기에, 나는 겸손히 그분의 발치에 엎드려 울 것이며, 나의 빈약하고 두려워 떠는 간구를 그분의 유효하고 설득력 있는 간구와 섞이게 할 것이다." 예수님께서 "아버지, 저들을 사하여 주소서"라고 말씀하실 때, 여러분은 "아버지, 저를 사하여 주소서"라고 말하는 것이 지혜입니다.

사랑하는 형제여, 그것이 구원받는 길입니다. 당신의 기도를 저 위대하신 대제사장의 옷자락에 달린 금종들처럼 되게 하십시오. 그분이 그것들을 휘장 안으로 가지고 가실 것이며, 그곳에서 감미롭게 그 소리가 울리도록 하실 것입니다. 멀리서 미풍에 실려 오는 음악처럼, 당신의 기도 소리가 예수님의 기도의 미풍을 타고 천국까지 실려가 그곳에서 들리도록 하십시오. 당신의 기도는 연약하기에, 그것을 그분의 무한한 능력의 기도와 짝을 이루게끔 하십시오. 그분의 공로들을 당신의 기도가 타고 오를 수 있는 날개라고 여기고, 그분의 능력을 너무나 값진 혜택들을 움켜쥘 수 있는 손이라고 여기십시오.

예수님의 도움과 같은 큰 격려를 받을 때에도 기도하기를 거부하는 자들에게 내가 무슨 말을 할까요? 우리가 경건하지 못한 자들에게 기도하도록 설득하려 할 때는, 부드러운 어조로 말하는 것이 적절합니다. 하지만 그들이 예수 그리스도의 기도를 배격한다면, 우리는 엄숙한 경고의 말을 보태야 할 것입니다. 만약 당신이 멸망한다면, 당신의 피가 당신 머리에 돌려질 것입니다. 우리는 당신의 정죄에 아멘이라고 말할 것이며, 당신이 가중 처벌을 받기에 합당하다고 증언할 것입니다. 큰 은혜를 거부한 자들은 큰 진노를 예상해야 합니다. 당신의 구원자의 기도가 당신에 의해 배격된다면, 그 기도는 그분이 당신의 재판장이 되시는 날에 당신에게 무서운 고통으로 엄습할 것입니다.

사랑하는 친구들이여, 세 번째 요점에 있어서도 우리 주님을 본받도록 합시다. 즉, 만일 우리가 우리의 죄에서 용서를 받았다면, 예수님이 그렇게 하시는 것처럼, 우리도 이제는 범죄자들을 위해 기도합시다. 그분은 그분의 모든 제자들에게 큰 본이십니다. 만약 그분이 죄인들을 위해 기도하는 것을 그분의 지속적인 업무로 삼으신다면, 그분의 백성이 그분과 연합해야 하지 않겠습니까? 나는 기억의 방식으로 여러분의 순수한 정신을 자극하여, 여러분이 수백 명 혹은 수천 명으로 모여 기도하게 되기를 바랍니다. 결코 우리의 기도 모임을 쇠하게 하지 맙시다. 우리는 하나의 교회로서, 범죄자들을 위해 기도해야 할 것이며, 결코 우리 주위에 있는 모든 사람들의 회심을 위해 기도하기를 쉬지 말아야 합니다. 나는 여러분이 매일같이 여러분 자신을 위해 자주 무릎을 꿇는 것처럼, 범죄자들을 위해 기도할 것이라고 기대합니다. 불쌍한 사람들입니다. 그들 중 많은 이들이 죄를 지으며 그들 자신의 영혼에 해를 가하고 있지만, 그들은 자기들이 하는 바를 알지 못합니다. 그들은 죄에서 즐거움을 찾는다고 생각합니다. 이 점에서도 역시 그들은 자기의 하는 것을 알지 못합니다. 그들은 안식일을 어기고, 성소를 멸시하며, 그리스도를 거부하고, 유쾌한 중에 지옥으로 내려가거늘, 마치 혼인 잔치에라도 가는 듯이 즐겁게 노래하면서 갑니다. 그들은 자기들이 하는 것을 알지 못합니다. 하지만 여러분은 그들이 하는 것이 무엇인지 압니다. 여러분의 인간애(人間愛)—내가 굳이 더 강력한 동기에 호소할 필요도 없을 것입니다—, 순수한 인간애로써, 나는 여러분에게 이 불쌍한 영혼들을 위해 여러분이 할 수 있는 모든 것을 행하되 특별히 그들을 위해 기도하라고 호소합니다. 여러분에게 요청되는 일은 크지 않습니다. 여러분은 십자가에 못 박히도록 지명되지 않았고, 거기서 죄인들을 위해 피 흘리라는 명령을 듣지 않았습니다. 여러분은 단지 기도하라는 요청을 받습니다.

기도는 명예로운 섬김입니다. 당신과 같은 죄인이 다른 사람들을 위해 왕께 탄원하도록 허용되는 것은 당신의 품격을 높여주는 일입니다. 만일 당신이 영국 여왕의 궁전에 자주 들어가도록 허락을 얻을 수 있다면, 거기서 다른 사람을 위하여 탄원하도록 요청받는 것을 힘든 일이라고 여기지 않을 것입니다. 거기서 다른 사람들을 위해 청을 드리도록 허락된다면, 그것은 당신에게 기꺼이 누리고 싶은 즐거움일 것이며, 간절히 움켜쥐기를 바라는 특권일 것입니다. 오, 아브라함이 서서 죄인들을 위해 간청했던 곳에 서십시오. 소돔은 이 시대 세상의 많은 곳에 비하면 그 악함이 더 심하지 않을 것입니다. 그러므로 여러분의 마음을 다해 간구하십시오. 비록 당신이 진토와 재에 불과할지라도, 주님께 간청하고 또 간청하십시오. 주께서 마침내 이렇게 말씀하실 때까지 멈추지 마십시오. "내가 그 간구를 들었다. 내가 그 도시에 복을 내릴 것이다. 내가 수백만의 사람들을 구원할 것이니, 내 아들이 영광을 얻을 것이다."

할 말을 다 한 것이 아닙니다. 좀 더 해야 할 말이 있습니다. 사랑하는 친구들이여, 만약 우리가 다른 사람들을 위해 기도한다면 그 기도에 그들을 위하여 선을 행하는 것을 결합시켜야 합니다. 왜냐하면 주께서 범죄자들을 위하여 기도하셨다는 것만 기록된 것이 아니라 그와 더불어 "그가 많은 사람의 죄를 담당하였다"고 기록되었기 때문입니다. 우리가 죄인들을 위해 기도하면서도, 그들을 가르치지 않고, 그들을 각성시키기 위해 우리 스스로 애쓰지 않으며, 혹은 그들의 회심을 위해 아무런 희생도 하지 않는 것은, 우리 편에서 단지 하나의 형식에 불과할 수 있습니다. 우리는 가진 능력대로 행동함으로써 우리 기도의 진실성을 입증해야 합니다. 노력 없는 기도는 허위이며, 하나님을 기쁘시게 할 수 없습니다. 힘써 다른 사람들의 유익을 구하십시오. 그러면 정직한 마음으로 기도할 수 있을 것입니다.

마지막으로, 그리스도께서 천국에서 우리를 위해 앞으로 나서신다면, 우리는 즐거이 지상에서 그분과 함께 나서기로 합시다. 그분이 하나님 앞과 거룩한 천사들 앞에서 우리를 시인하시니, 우리는 뒤로 물러서지 말고 하나님을 위하여 사람들에게 호소합시다. 만약 그분이 그분의 간구로써 우리를 끝까지 구원하신다면, 우리는 끝까지 그분을 섬기는 일에 최선을 다합시다. 그분이 우리를 위하여 기도하시는 일에 영원의 시간을 쓰신다면, 우리는 우리의 시간을 그분의 목적을 위해 기도하는 일에 쓰도록 합시다. 그분이 우리를 생각하시면, 우리도 역시 그분의 백성을 생각하고, 특히 그분의 고통 받는 백성들을 위해 간구합시다. 그분이 우리의 사정을 살피시고 우리의 필요를 위해 기도하신다면, 우리는 그분의 백성들의 필요를 살피고 그들을 위해 간청하도록 합시다.

오호라, 사람들이 우리 주님을 위하여 기도하는 일에 얼마나 쉽게 지치는지요! 만약 기도를 위해 하루 온 종일을 따로 떼어두고, 기도 모임이 신중하게 이루어지지 않으면, 그것은 쉽게 육체를 지치게 하는 것이 되고 맙니다. 기도 모임의 불꽃과 열기는 아주 쉽게 사그라집니다. 부끄러운 우리의 이 느릿한 정신과 무거운 육체는 활기와 간결성을 필요로 하며, 그렇지 않으면 우리는 기도 중에도 잠들기 쉽습니다. 주님께는 "영원히"가 기도하기에 길지 않지만, 여기서는 단 한 시간도 우리를 지치게 합니다. 쉬지 않고, 모든 시대를 통틀어, 그분의 기도는 계속해서 보좌 앞으로 올라갑니다. 하지만 우리는 쉽게 시들해지고, 짧은 기간에도 우리의 기도는 절반은 죽은 듯이 됩니다. 모세가 그의 손을 내리자, 아말렉이 평지에서 여호수아를 이기는 것을 보십시오! 우리가 이런 식으로 승리를 잃어버리고 원수가 승리하도록 참고 내버려둘 수 있습니까? 만일 여러분의 사역들이 성공적이지 못하다면, 먼 나라에서 그리스도를 위한 여러분의 수고에 거의 진척이 없다면, 그리스도를 위한 일이 지지부진하다면, 그것은 은밀한 곳에서 우리의 기도가 거의 힘을 잃었기 때문이 아닐까요? 기도를 억누르는 것은 교회를 약화시키는 것입니다. 만약 우리가 분발하여 저 언약의 사자를 붙들고 "당신이 내게 축복하지 아니하면 가게 하지 아니하겠나이다"(창 32:26)라고 결연하게 부르짖는다면, 우리는 우리 자신과 이 시대를 복되게 할 수 있습니다. 만일 우리가 지각(知覺)을 더욱더 활용하여 모든 기도의 무기로 삼는다면, 우리의 승리는 그리 드물지 않고 그리 멀지도 않을 것입니다. 기도하시는 우리의 주님은 기도하는 교회가 부족한 것으로 인해 방해를 받으십니다. 나라가 임하지 않는 것은 은혜의 보좌를 활용하는 것이 너무나 적기 때문입니다.

내 형제들이여, 여러분의 무릎을 꿇으십시오. 여러분의 승리는 무릎에 달려있기 때문입니다. 은혜의 보좌에 가서 그곳에 머무르십시오. 내가 여러분에게 제시할 수 있는 논증 중에 이보다 더 나은 것이 무엇이겠습니까? 즉 예수님이 거기 계십니다. 여러분이 그분과의 동행을 바란다면 여러분은 자주 거기서 머물러야 하지 않겠습니까? 만약 여러분이 그분의 가장 귀하고도 달콤한 사랑을 맛보기 원한다면, 그분이 행하고 계시는 일을 여러분도 행하십시오. 일에서의 연합은 마음의 새로운 교제를 창출해낼 것입니다. 기도하는 사람들이 함께 모일 때 결코 빠지지 말도록 합시다. 다른 일은 제쳐두더라도, 기도하기 위한 모임에는 반드시 참여하도록 합시다. 우리가 사는 날 동안 다른 무엇보다 기도의 사람이 되도록 합시다. 그리고 우리가 죽을 때, 비록 사람들이 우리에 대해 다른 말은 할 수 없을지라도, 이 비명(碑銘)으로 우리를 기념하게끔 합시다. 그것이 또한 우리 주님의 기념비이기도 합니다. ― "그는 많은 범죄자들을 위하여 기도하였다." 아멘.

제
68
장

쓸쓸한 자들을 위한 노래

"잉태하지 못하며 출산하지 못한 너는 노래할지어다 산고를 겪지 못한 너는 외쳐 노래할지어다 이는 홀로 된 여인의 자식이 남편 있는 자의 자식보다 많음이라 여호와께서 말씀하셨느니라."—사 54:1

아이가 없다는 것은 동양의 여성에게는 큰 슬픔이었습니다. 현대에는 그 고통을 침착하게 견딜 수 있지만, 그 시대에는 그것이 무서운 저주로 간주되었습니다. 따라서 아이가 없는 것으로 인해 겪는 고통스러운 느낌은, 우리가 한나의 경우에서 보듯이, 가장 참기 어려운 종류에 속했습니다. 오호라, 인간의 본성이여! 자녀의 복을 받은 자들이 종종 잔인할 정도로 거만해지는 죄를 범하고, 그런 복을 받지 못한 사람들을 향해 조롱을 퍼붓는 경우가 있습니다. 우리는 한나에 대한 브닌나의 경우를 그 예로 들 수 있고, 사라의 고통에 대한 하갈의 조롱을 그 예로 들 수 있습니다.

우리는 동양적인 사고를 이해하도록 노력해야 합니다. 그러면 우리 눈 앞에 매우 크고, 깊으며, 지속적이고, 상존하며, 괴로운 슬픔이 펼쳐지는데, 그러나 그 경우에 처한 사람이 노래하고 크게 외치며 즐거워하라는 말씀을 듣습니다. 왜냐하면 하나님의 은혜의 임재가 곧 그 쓸쓸함을 기쁨으로 만들 것이기 때문입니다.

1. 하나님의 교회를 향하여

무엇보다 먼저, 본문은 하나님의 교회를 언급하는 것으로 간주되어야 합니다.

그리스도께서 오시기 전 오랫동안 하나님의 교회는 쓸쓸했습니다. 교회의 아들과 딸들이 거의 없었습니다. 교회의 엄숙한 축제일에는 많은 위선자들이 참석했고, 교회의 뜰은 형식주의자들로 붐볐습니다. 하지만 이스라엘의 참된 자녀들은 슬프게도 소수였습니다. 그리고 교회의 남편이신 주께서 친히 오셨을 때에도, 교회는 행복한 상태가 아니었습니다. 그분이 그녀(교회)와 함께 머무시는 동안에도 그녀의 기쁨은 완전하지 않았습니다. 그리스도의 사역은, 그분의 이름에 대한 모든 공경의 마음을 담아 표현하자면, 비록 그것이 그분 자신이 정하신 뜻에 의한 것이긴 하지만 비교적 성공적이지 못하였습니다. 그분의 모든 가르침에도 불구하고 그분을 믿은 사람은 대략 일백이십 명 정도에 불과했습니다. "그가 자기 땅에 오매 자기 백성이 영접하지 아니하였다"(요 1:11). 결혼한 아내의 자녀들이 지극히 소수였던 것입니다.

그리스도의 전 생애 동안 이사야의 구슬픈 소리가 들려왔을 것입니다. "우리가 전한 것을 누가 믿었느냐 여호와의 팔이 누구에게 나타났느냐? 그는 주 앞에서 자라나기를 연한 순 같고 마른 땅에서 나온 뿌리 같아서 고운 모양도 없고 풍채도 없은즉 우리가 보기에 흠모할 만한 아름다운 것이 없도다"(사 53:1-2). 구주께서 유다에게 배반을 당했을 때 그 얼마나 캄캄한 밤이었을까요! 아아, 하나님의 교회여, 이제 그대에게 어떤 일이 일어날 것인가? 신랑이 그대와 함께 있는 동안에도 자녀들이 적었거늘, 이제 그분이 옥으로 잡혀가 죽게 되었으니, 그대는 무엇을 할 것이오? 그대의 자녀들에 대해 말하자면, 그대는 그들을 의지할 수 없을 것이오. 저기 맹세하고 저주하며 자기 주님을 부인하는 베드로를 보시오! 사랑을 받은 제자인 요한조차도 그분을 버리고 도망쳤습니다. 그들은 모두 제 길로 갔습니다. 그들은 모두 등을 돌렸습니다. 에브라임의 자녀들처럼, 그들은 "무기를 갖추며 활을 가졌으나 전쟁의 날에 물러갔습니다"(시 78:9). 오호라, 시온이여! 이제 그대는 쓸쓸하게 되었도다! 그대의 남편이 포로가 되어 끌려갔으며, 그대의 아들들이 그대를 버렸으니, 애도의 시간이 다가왔도다!

예루살렘의 딸들이 구주를 둘러싸고 울던 때에, 구주께서 『슬픔의 길』(*via dolorosa*)을 따라 수치스러운 십자가형을 받으러 가시는 동안에, 어둠은 더욱더 캄캄해졌을 것입니다. 그분이 가시 면류관을 쓴 머리에서 떨어지는 핏방울들로 예루살렘의 거리를 물들이시는 모습을 보십시오! 그분은 영문 밖으로 이끌려나가 죽음의 동산으로 오르십니다. 그들이 그분을 나무에 단단히 고정시킵니다. 그들이 그분을 십자가에 단 채로 높이 듭니다. 그분의 원수들이 그분 주위에 몰려듭니다. 바산의 황소들이 그분을 향해 으르렁댑니다. 지옥의 개들이 그분을 향해 짖습니다. 교회여, 지금 그대의 아들들과 딸들은 어디에 있나요? 그 수치스러운 나무 주위에 몰려 있던 소수를 제외하고, 그대의 아들들과 딸들이 지금 어디에 있나요? 그대의 태양은 영원히 졌으며, 그대의 촛불은 어둠 속에서 꺼져 버렸도다!

그렇게 불신앙은 속삭입니다. 하지만 주님은 그렇게 말씀하시지 않습니다. 주께서 무덤에 누이신 후에 다시 살아 교회를 떠나 승천하셨습니다. 그 때 새롭게 되는 날이 임했고, 성령의 강림이 있었습니다. 성도들이 다락방에 모였을 때, 그들의 수가 얼마 되지 않았기에 하나의 방에 모두 모일 수 있었습니다. 그 때 별안간 "급하고 강한 바람" 같은 소리가 들려왔으며, 불꽃이 택하심을 입은 각 사람 위에 임했습니다. 그 때 선지자 요엘의 말씀이 성취된 것입니다. "내가 내 영을 만민에게 부어 주리니 너희 자녀들이 장래 일을 말할 것이라"(욜 2:28). 오, 시온이여 기뻐하라! 잉태하지 못하며 출산하지 못한 너는 노래할지어다! 하루에 그대 자녀들의 수가 삼천이 되었고, 아직 더 많은 수의 사람들이 올 것이기 때문이라!

교회에 구원받는 자들의 수는 더하여질 것이며, 그 수가 크게 증대될 것입니다. 박해가 그들을 흩어지게 하지만, 그들은 흩어지면서도 성장합니다. 모든 나라에 하나님의 교회는 그 자녀들을 두고 있습니다. 가이사의 궁전에서조차 진리가 고백되고 있습니다. 산들이 메시야 나라의 진행을 멈추지 못합니다. 야만스러운 전쟁의 사람들인 고트족(Goths)과 갈리아인들(Gauls)이 십자가 사랑의 강력한 힘을 느낍니다. 동쪽 해안에서 서쪽에 이르기까지, 유피테르(주피터)와 베누스(비너스)가 그들의 보좌에서 떨어지며, 예수 그리스도께서 높임을 받으십니다. "바다에서부터 바다까지와 강에서부터 땅 끝까지"(시 72:8) 그분의 이름이 알려집니다. 이와 같이 여러분은 예루살렘의 온 교회에 이 본문의 말씀이 영광스럽게 성취된 것을 봅니다. "잉태하지 못하며 출산하지 못한 너는 노래할지어다." 교회가 결혼한 신부로서 신랑이신 예수 그리스도와 함께 있을 때보다, 남편이신 주님의 부재 기간에 쓸쓸한 교회의 자녀들의 수는 더욱더 많아졌습니다.

비록 이것이 잘 알려진 사실이지만, 별다른 생각 없이 간과되어서는 안 됩니다. 왜냐하면 교회가 황폐하고 불모의 상태가 되었던 모든 시기에, 하나님이 나타나셨음을 회상하는 것은 즐거운 일이기 때문입니다. 어두운 시대에는 교회의 자녀들이 소수의 숨겨진 무리에 불과하였습니다. 소수의 수도사들만이 수도원에서 신앙을 지키고, 감히 밖으로는 고백하지 않고 성경을 은밀히 돌려봄으로써 믿음의 명맥을 유지하였으며, 피에몬테(Piemonte, 이탈리아 북서부에 있는 주)의 산지에 한줌에 불과한 적은 수가 있었고, 알비파(Albigenses, 12-13세기 프랑스 알비 지방에 일어났던 일종의 반로마 교파)와 발도파(Waldenses, 12세기 프랑스 사람 Peter Waldo가 창시한 기독교의 일파)와 네스토리우스파(Nestorians, 그리스도의 신격과 인격을 구별해야 한다는 5세기 콘스탄티노플의 대주교 네스토리우스의 주장을 따르는 기독교 일파. 이집트, 시리아, 인도 등에 전파되었고, 중국에서는 경교로 불렸다) 중에서 소수의 흩어진 사람들이 있었으며, "사데"(Sardis)에도 그 옷을 더럽히지 아니한 자 몇 명이 있었습니다(계 3:4). 그때 처량한 교회는 불모의 상태였습니다. 목사들이 없었습니다. 하지만 여기저기서 복음을 전하는 사람들이 있었고, 그들은 그들의 피에 목말라하는 자들에 의해 마치 산지의 자고새들처럼 사냥을 당했습니다. 교회는 그 슬피 우는 소리에 의해 잡힐 수 있었고, 그 황폐함과 부패로 인하여 속에서 공명하는 구슬픈 소리를 내었습니다.

하지만 이처럼 무서운 곤경의 때에, 주께서 교회에 그 모습을 나타내셨고 쓸쓸하던 교회의 자녀들 수가 별안간 많아졌습니다. 비텐베르크의 그 수도사가 복음을 선포하기 시작했습니다. 그 제네바의 강력한 선각자(先覺者)가 일어나 예수님 안에 있는 진리를 있는 그대로 선언했으며, 은혜의 영광스러운 교리들을 분명하게 가르쳤습니다. 불과 열정으로 가득한 츠빙글리가 스위스에 있는 성도들을 이끌었습니다. 화형대가 그 희생자들과 더불어 타기 시작하였고, 고문대가 순교자들의 피로 붉게 물들었으며, 감옥들은 하나님의 택하신 자들로 가득 채워졌던 것이 사실입니다. 하지만 그것이 무슨 문제였습니까? 하나님께서 자기 백성을 권고하시는 날이 왔습니다. 그것은 마치 절망적인 싸움 중에서, 별안간 지원군이 그 강력한 대장을 앞세우고 도착하자, 전선에 있던 모든 사람들이 용기를 얻고, 모든 겁쟁이들이 영웅이 되며, 모든 영웅들이 마치 천 개의 손에 양날 선 검을 든 자들처럼 된 것과 같았으니, 싸움과 승리가 있었던 그 날이 그러하였습니다. 한 노래가 지상에서 하늘을 향해 올라갔습니다. "여호와께 찬송하라, 그가 영광스럽게 승리하셨도다. 그의 오른손과 거룩한 팔로 자기를 위하여 구원을 베푸셨도다!"(시 98:1).

종교개혁 시대 이후에도 하나님은 실패하지 않으셨습니다. 영국은 잠들었습니다. 영국 교회는 어둠 속에서 자고 있었으며, 비국교도들은 빛 속에서 자고 있었습니다. 그들 사이의 차이점은 그것뿐이었습니다. 영국 전체에 생기가 없어 보였습니다. 영적인 죽음이 살금살금 다가와 모든 목사들과 신앙고백자들을 덮었습니다. 물론 소수의 예외가 있긴 했지만, 오호라! 그들은 너무나 약하고 고립되어 거의 영향을 미칠 수가 없었습니다. 여섯 명의 젊은이들이 기도한다는 터무니없는 죄명으로 옥스퍼드에서 쫓겨났습니다. 그 젊은이들 중 셋은 장차 영원한 반석에 그 이름들이 새겨질 자들이었는데, 두 명의 웨슬리와 조지 휫필드가 그들이었습니다. 이 사람들은, 무엇 때문에 부름을 받았는지 거의 알지 못한 상태에서, 말씀을 전했으며, 처음에는 규칙적이고 질서정연한 방식으로 말씀을 전하였지만 하늘로부터 임하신 성령께서 함께 하셨습니다. 그들은 박해로 인해 야외에서 불규칙적으로 말씀을 전하는 상황으로 몰렸습니다. 복된 시대여! 그들이 무덤 비석 위에 서서 무덤의 입구에서 산 자들을 향해 말씀을 전하든지, 산중턱에서 하늘과 땅을 증인들로 소환하면서 말씀을 전하든지, 그것이 문제되지 않았습니다. 복음은 혼수상태에서 규범만 지키려는 타성의 사슬을 끊어버렸습니다. 내 형제들이여, 그 시대의 정신에 얼마나 큰 변화가 생겼는지요! "주께서 말씀을 주시니 그것을 공표하는 자들의 무리가 많도다"(KJV, 시 68:11). 불이 하늘에서 내려왔습니다. 마치 옛 바로의 시대에 하늘에서 내려온 불이 온 땅에 번져 하나님의 원수들을 불살랐던 것과도 같았습니다. 그 불은 번갯불처럼 거역할 수 없이 내려왔으며, 아무도 그것에 대적할 수 없었습니다. 주의 날이 임했고, 그 날은 타는 불과 능력의 날이기 때문입니다. 하나님의 이름을 찬송합니다. "홀로 된 여인의 자식이" 많았습니다.

지금 이 시대에 영국에 있는 하나님의 교회와 관련하여 사람들이 어떤 말을 하는지를 우리는 압니다. 여기에 내가 여러분에게 제시하고자 하는 실제적인 교훈이 있습니다. 우리 형제들 중 일부는 완전히 만족한 상태입니다. 나는 교회가 번성하는 중이며 경건의 활력도 넘친다고 생각하는 사람들의 무리에 나 자신을 포함시킬 수 없습니다. 형제들이여, 그럴 수도 있겠지요. 나도 그 문제에서 완전히 만족을 느낄 수 있다면 좋겠습니다. 하지만, 다른 한편으로, 나로서는 모든 것이 잘못되었다고 말하며 소란을 떠는 자들의 무리에 끼이고 싶지도 않습니다. 어떤 이들에 따르면, 기독교회는 위선자 집단에 불과하다고 합니다. 우리 모두는 황급하게 로마주의를 향하여 달려가고 있으며, 로마주의는 마귀의 거주지 바로 옆집에 있다고 합니다. 우리는 자꾸만 아래로 내려가고 있으며, 가파른 내리막길을 달리고 있다는 것입니다.

음, 나는 모르겠습니다. 그럴 수도 있겠지요. 나는 그렇지 않다고 확신할 수 있다면 좋겠습니다. 내 입장을 표명하자면 나는 그 양자 사이의 중도를 택하는데, 즉 한편으로 떨면서 기뻐하는 것입니다. 우리 모두는 이 문제에서 의견이 일치될 수 있습니다. 우리에게는 슬퍼해야 할 이유와, 다른 한편으로 희망의 염원을 가질 만한 여지가 모두 있습니다. 왜냐하면 한편으로 우리는 과거 한때에 그랬던 것과 달리 하나님의 임재를 누리지 못하고 있기 때문이며, 또 다른 한편으로는 그럼에도 불구하고 우리의 황폐함이 풍요로운 결실의 상태로 변할 수 있기 때문입니다. 최악의 관점을 취하여 가정해봅시다. 나는 그 가정에 상당한 진실이 있다고 생각합니다. 즉 우리가 한때 정통주의를 지지했던 그 꿋꿋함이, 경박스러운 광교회(廣敎會)주의(latitudinarian, 교의와 형식에 얽매이지 않는 영국 국교회 내부의 분파, 넓은 의미로 자유주의를 지칭하기도 함)에 그 자리를 내어주는 중이라고 가정해봅시다. 또는 우리를 한때 광신도들이라고 불릴 만하게 했던 그 열정이 점차 저하되어 무관심의 상태로 떨어지고 있는 중이라고 가정해봅시다. 한때 신앙을 고백하는 그리스도인을 쳐다보기에는 조금 두렵게 만들던 청교도의 도덕적 엄격함이, 이제 행동의 느슨함과 방종으로 변하고 있다고 가정해봅시다. 자, 만일 그렇다면, 우리는 잉태하지 못하며 출산하지 못하는 여인과도 같습니다. 하지만 어쨌든, 우리에게는 여전히 붙들어야 할 약속이 있기에, 우리는 그것을 굳게 붙잡을 것입니다. "잉태하지 못하며 출산하지 못한 너는 노래할지어다 산고를 겪지 못한 너는 외쳐 노래할지어다 이는 홀로 된 여인의 자식이 남편 있는 자의 자식보다 많음이라 여호와께서 말씀하셨느니라."

어떤 처지이든지 주께서 자기 교회에 나타나실 것을 의심하지 마십시오. 여러분의 우울한 염려가 여러분의 손을 늘어뜨리도록 하지 마십시오. 여러분이 처한 가장 캄캄한 밤 중에도 하나님께서 별안간 한 촛불을 밝히실 수 있기 때문입니다. 그분은 죄악이 관영하도록 버려두실 수 있으며, 아직 그것이 충분히 익기까지는 낫으로 그것을 베어버릴 예정된 농부를 보내시지 않을 수 있습니다. 그분이 불의가 넘치도록 버려두시고, 많은 사람들의 사랑이 차갑게 식어버리게 두실 수도 있습니다. 하지만 두려워 마십시오. 비록 그분이 결코 그분의 시간에 앞서 오시지는 않지만, 결코 그보다 늦게 오시지도 않기 때문입니다. 그분은 정확한 순간에 오실 것입니다. 그분의 교회를 위하여 최상의 때에, 그분 자신의 영광을 위하여 최적의 때에 오실 것입니다. 다시 한 번 우리는 부흥의 행복한 날들을 맞이할 것이며, 마음이 즐거운 시기를 맞을 것입니다. 그 때 "한 사람은 이르기를 나는 여호와께 속하였다 할 것이며 또 한 사람은 야곱의 이름으로 자기를 부를 것이며", 시온의 자녀들은 "풀 가운데에서 솟아나기를 시냇가의 버들같이 할 것입니다"(사 44:4,5). 희망을 가지고 수고합시다. 우리의 황폐함을 보고 슬퍼합시다. 은혜의 임재를 기대합시다. 그 날은 올 것이며, 그 때 우리는 노래할 것이니, "예루살렘의 황폐한 곳들이 기쁜 소리를 내어 함께 노래할"(사 52:9) 것입니다.

2. 어느 한 교회를 향하여

이제 나는 하나님의 도우심을 따라, 이 본문을 어느 한 교회와 관련하여 활용하고자 합니다.

나는 내가 이제 말하려고 하는 것이 이 곳에서 모이는 교회를 특별히 지칭한다고 생각하지 않습니다. 왜냐하면 우리에게는 하나님께 감사할 이유들이 있고, 대략 11년의 기간 동안, 우리가 감당할 한도 내에서 부흥의 고조(高潮) 상태에 있었다고 여기기 때문입니다. 만약 하나님께서 우리에게 더 많은 회심자들을 주셨더라면, 우리가 그들에게 무엇을 해야 했을지 나는 모르겠습니다. 그분은 이미 우리의 수를 놀랍도록 증대시켜주셨기에, 그 수 전체를 내려다보기가 어려울 정도이며, 일부는 떼를 지어 나가서 다른 교회들을 형성하는 것이 필요한 문제로 대두되었습니다. 하지만 그럼에도 불구하고, 이 본문의 일부는 우리의 경우에도 적용할 수 있습니다. 여기에는 이 나라의 많은 형제와 자매들이 있습니다. 하지만 약 이만 내지 삼만 명의 사람들이 이 말씀을 읽을 것이기에, 비록 이 말씀이 이 교회의 지체들에게는 해당되지 않을지라도, 나는 청중 없이 말하는 것이 아닙니다.

아주 슬픈 상태에 있는, 진실로 잉태하지 못하고 홀로 된 여인과 같다고 말할 수 있는 격리된 교회들이 더러 있음을 직시합시다. 이 나라에도 생명력 없는 목사로 인해 저주받은 상태에 처한 교회들이 몇몇 있다는 것을 우리는 알지 않습니까? 느릿느릿하고 태평한 말투로써 진리를 망쳐놓는 목사가 있지 않습니까? 그 목회에는 어떤 힘도 생명도 없습니다. 어떤 목사들은 진실하지 않습니다. 그들은 진리의 일부를 전하기는 하지만, 진리 전체를 전하지는 않습니다. 그들은 이런저런 이유로 한두 가지 교리들을 두드러지게 하고, 동일하게 고귀한 진리의 다른 부분에 대해서는 사람들이 접근하지 못하게 합니다. 그리고 전하는 내용 전체를 너무 자주 냉랭하고, 공식적이며, 성직자로서 판에 박은 태도로 전할 뿐, 아무런 열정도 열의도 없이 전하기에, 어쩔 수 없이 교회는 불모의 상태가 된다고 나는 감히 말합니다.

또한 얼마나 많은 교회들이 세속적인 교회 직분자들(Church-officers)에 대해 불평해야 하는지요! 볼 때마다 슬픔과 유감을 느끼지 않을 수 없는 사실은, 어떤 교회 직분자들은 교회에 있을 때보다 세상에 있을 때에 훨씬 더 활동적이며, 그들이 자기 자신의 업무를 수행할 때에는 약간의 상식이라도 보여주지만 그리스도의 일을 수행할 때는 상식 수준에도 미치지 못한다는 것입니다. 그들은 개인적인 이득이 걸린 문제에는 손과 마음의 힘을 모두 기울이지만, 하나님의 교회가 먹을 양식을 얻거나 시온의 경계가 확장되는 것과 관련된 문제에서는, 그것을 전혀 중요하지 않거나 혹은 거의 중요하지 않은 것처럼 여기면서 되는 대로 방치합니다.

이보다 더 나쁜 것을 말하자면, 생명력 없는 목사 및 세속적인 집사와 장로와 더불어 교회는 살아가고, 더 흔하게는 생명력 없는 회원들과 더불어 존속합니다. 대부분의 교인들이 기도를 위해 모이는 것에 대해서는 거의 생각조차 하지 않는 교회들이 얼마나 많은지요? 만약 그런 곳에도 생명력이 있다면, 그 힘은 싸우고 흠을 잡는 데에만 소비되고 있습니다. 그들은 "성도에게 단번에 주신 믿음의 도를 위하여"(유 1:3), 공통의 적에 맞서 진지하게 싸우는 것이 아니라, 오히려 그 진리를 두고 말다툼이나 하면서 서로를 원수로 만들고 있습니다. 오! 사회적 지위를 자랑할 수 있는 그리스도인들이 얼마나 많은지요! 교회 문 앞에는 사륜마차들이 끝없이 이어집니다. 그들은 부에 대해서와, 그들이 하나님의 대의를 위해 바칠 수 있는 큰 기부금에 대해서 말할 수 있습니다. 하지만 죽어가는 사람들을 위하여 속에서부터 우러나오는 열정은 어디에 있습니까? 하나님의 마음을 감동시킬 눈물은 어디에 있습니까? 선포된 말씀에 복을 내려줄 한숨과 부르짖음은 어디에 있습니까? 오호라! 우리들의 많은 교회에서 오직 메아리만이 이 물음에 대답할 뿐입니다. "그것들은 이제 어디에 있는가?" 후렴구처럼 "그것들은 이제 어디에 있는가?"라는 소리가 있을 뿐입니다. 그것들은 떠나갔습니다. 그것들은 오래전에 떠나갔으며, 어떤 그리스도인들은 그것들이 영원히 떠난 것에 만족하는 듯이 보입니다. 그들은 한때 그들이 뜨거웠던 날들을 거의 기억하지 않습니다. 성령께서 그들 위에 임하여 이슬처럼 그들을 적시던 때를 기억하지 않습니다.

나는 주저 없이 엄숙하게 말합니다. 나 자신이 속한 우리 교단에도 그처럼 황폐한 상태에 있는 교회들이 많습니다. 그들이 예배드리는 곳이 문을 닫는다 해도, 그 교회들이 서 있는 이웃들에게 미치는 손해는 미미할 것입니다. 그리고 그들이 귀를 기울여 듣는 목사가 입을 다물고 침묵한다 해도, 그것은 오히려 유익이라고 할 수 있을 것입니다. 왜냐하면 그들이 듣는 메시지는 그들 자신이 옳다는 사상으로 그들을 감싸줄 뿐이며, 그들이 살았다 하는 이름은 가지고 있으나 실상은 죽은 상태이면서도 그들 중에 하나님의 영이 거하신다고 믿게 만들기 때문입니다.

이것이 그들의 상태입니다. 오늘 아침 이곳에 참석한 형제들 중에 진지한 이들은 "그런 교회들의 지체들로서 그들의 당면한 의무가 무엇입니까?"라고 내게 물을 것입니다. 형제들이여, 여러분의 의무는 아주 명백하다고 나는 대답합니다. 여러분이 속한 교회의 황폐함을 의식한다면 힘써 수고하십시오. 지난 5~6개월간 세례를 주는 물웅덩이에 사람들이 들어간 적이 없었습니까? 그 일에 대해서 당신은 태평입니까? 여러 달이 지나도록 교회에 믿는 자의 수가 더해진 적이 없었습니까? 그 일에 대해 당신은 만족할 수 있습니까? 당신은 우리 주의 나라가 임하도록 하는 일에 모든 열의와 열정과 뜨거움이 없어진 것을 목격합니까? 그 일에 대해 당신은 잠잠할 수 있습니까? 만일 그렇다면, 내 사랑하는 친구여, 나는 당신이 무엇을 할 수 있는지에 대해 아무 말도 할 수 없습니다. 내가 보기엔 이 문제에 있어서 내가 호소할 대상이 아니라고 여겨지기 때문입니다.

하지만 사랑하는 형제들이여, 만일 여러분이 번성하지 않는 교회의 지체들이라면, 당신이 끼치고 있는 슬픈 손실을 의식하면서, 부지런히 힘쓰라고 나는 말합니다. 만일 소금이 그 맛을 잃으면 아무 곳에도 쓸모가 없으며, 땅에도 적합하지 않고 퇴비로 쓰기도 적절하지 않아, 사람들은 그것을 버립니다. 우리는 나쁜 상인들과도 힘겹게 씨름할 수 있습니다. 그가 좋은 정치가나 철학자가 될 수도 있기 때문입니다. 하지만 죽은 교회는 아무 데에도 쓸모가 없으며, 어떤 일에도 어떤 방식으로든 아무 유익을 끼치지 못합니다. 그것은 단지 버려지기에 적합할 뿐입니다. 심지어 퇴비조차도 죽은 교회를 거부합니다. 오! 마귀의 존재도 영적 생명을 잃어버린 교회의 존재보다 더 불길하지 않다는 것을 우리가 알기를 바랍니다!

나는 과장하고 있는 것이 아닙니다. 그 증거를 나는 가지고 있습니다. 로마 교회가 그 치명적인 활동으로 세상에 끼치는 것이라곤, 지옥 그 자체에서 나오는 가장 큰 저주 외에 무엇이 있습니까? 지옥조차도 그 불타는 연못 속에서, 악의 목적을 이루기 위한 도구로 로마 교회보다 더 적절한 도구를 찾을 수 있을지 나는 의문입니다. 그리고 여러분의 교회도, 성령을 잃어버린다면, 그 정도의 차이는 있어도 마찬가지일 것입니다. 웨슬리파인지, 침례교파인지, 독립교파인지, 그 무엇이든지, 나는 거기에 관심을 기울이지 않습니다. 생명이 떠나면, 그 후로 교회는 아무 유익을 주지 못하게 됩니다. 그것은 땅의 거름으로도 적합하지 않고, 거름의 내용물로도 적합하지 않으니, 사람들은 그것을 버리고 발로 밟을 뿐입니다. 이 점을 의식하십시오. 그리고 하나님 앞에서 겸손한 자들은 함께 모여, 그 사정을 주 앞에 아뢰십시오.

우리는 두세 사람의 능력을 크게 믿어야 합니다. "두세 사람이 내 이름으로 모인 곳에는 나도 그들 중에 있느니라"(마 18:20)고 주께서 말씀하시기 때문입니다. 저 길고 가느다란 붉은 줄이 종종 전투에서 승리하였으며, 여전히 영국에서도 이길 것입니다. 내가 말하는 그 가느다란 줄이란 교회의 황폐함으로 인한 소수의 한숨과 부르짖음입니다. 마음이 뜨거운 내 형제여, 설혹 당신이 교회 안에서 하나님 앞에서 진정으로 탄식하고 부르짖는 유일한 지체일지라도, 하나님께서는 그 교회에 복을 주실 뜻을 가지고 계시니, 이미 그분이 당신을 그곳에 보내심으로 복을 주셨기 때문입니다. 같은 마음을 가진 다른 사람들을 찾아보십시오. 불평하지 말고, 분파를 만들지 말며, 목사를 쫓아낼 궁리를 하거나 교회 체계의 변화를 추구하지 말고, 그저 당신의 할 일을 하며, 엘리야가 그랬듯이 하늘에서 불이 내려와 제단에 임하도록 엎드려 기도하십시오. 이것이 진정으로 필요한 한 가지 일입니다. 조직체계상의 잘못, 행정에서의 실수, 교회 직무의 부적절성,

이 모든 것은 일단 당신이 거룩한 삶에 돌입한다면 바르게 잡힐 것입니다. 하지만 이것(기도) 없이는, 당신이 다른 모든 것을 바로잡아도, 어떤 실제적인 목적을 위해 당신이 이루는 것은 거의 없을 것입니다. 그러므로 나는 당신에게 그 사정을 여호와 앞에 펼쳐 아뢰고, 다른 것으로부터 눈길을 돌려 당신 자신이 그분에게 할 수 있는 일, 오직 그분에게 할 수 있는 일에 주의를 기울이십시오.

잉태하지 못한 여인이 무엇을 할 수 있을까요? 홀로 된 여인이 무엇을 할 수 있을까요? 오, 그녀는 이 약속을 들고 하나님 앞에 가서 이렇게 말할 수 있을 것입니다. "당신께서 말씀하시길 '잉태하지 못한 자여 노래할지어다'라고 하셨습니다. 주여, 저로 노래하게 하소서! 당신께서 말씀하시길 '홀로 된 여인의 자식이 많을 것이라'고 하셨습니다. 주여, 우리의 자손이 많게 하소서!" 홀로 된 여인은 이 일을 할 수 있습니다. 그리고 마음이 쓸쓸한 가여운 당신도, 비록 회중의 수가 적음과 교회 지체들의 냉랭함을 두고 한숨짓고 부르짖는 것이 전부여도, 당신의 외로운 마음도 그와 동일한 일을 행할 수 있으며, 평화의 응답을 얻어낼 것입니다.

하지만 기도할 때에 당신의 기도의 진실성을 행동으로 입증하도록 유의하길 바랍니다. 스스로 분발하십시오. 나는 형제 사랑이 결핍되었다고 불평하는 많은 사람들에게서, 그들 자신이 그 사랑이 지극히 결핍된 것을 보아왔습니다. 그리고 교회에 영적 생명이 없음을 보는 자들이, 종종 그들 스스로 영적 생명이 없는 사람들임을 보아왔습니다. 그들은 그들 내부에서 볼 수 있는 것을 밖에서만 보려 합니다. 하지만 나는 이런 자들보다는 좀 더 고상한 분들을 대상으로 말하길 원합니다. 여러분은 고의적으로 하나님의 성도들에 대해 거짓 고소를 하기 원치 않는다고 느끼며, 그들에게 잘못이 없는 부분에 대해서도 그들을 비난하기를 바라지 않는다고 느낍니다. 여러분은 교회를 너무나 사랑합니다. 여러분은 교회의 허물들을 확대하기보다는, 여러분의 손가락으로 그 오점들을 가려주기를 바랍니다.

사랑하는 형제들이여, 만일 여러분의 마음 상태가 그렇다면, 여러분 스스로 예수 그리스도를 위해 살고 애쓰십시오. 그리고 주의 종 이사야의 이 말씀이 문자 그대로 성취될 때까지 주님을 쉬게 하지 마십시오. 나의 이 메시지가 여기에 있는 몇몇 사람들에게는 아무런 중요성이 없어 보일 것입니다. 하지만 나는 이 메시지가 은혜롭고 경건한 사람들이 대표로 참석한 여러 교회들에게 유용하게 되기를 바랍니다.

3. 가련하고 무력한 죄인을 향하여

이제 우리는 세 번째 활용의 차원에서 본문을 살펴보려 합니다. 여기에 이러한 사정이 우리 앞에 펼쳐져 있습니다. 불쌍하고 도움이 없는 죄인의 형편을 선지자는 잉태하지 못하고 홀로 된 상태로 잘 묘사하고 있습니다.

나는 여러분의 입장을 대변하여 말할 터인데, 여러분 자신이 이 말의 의미를 잘 알 것입니다. "잉태하지 못한다! 열매를 맺지 못한다! 아, 내가 그렇습니다. 내게는 하나님 앞에 바칠 수 있는 가치 있는 열매가 하나도 없습니다. 내 속에서 어떤 선한 것을 찾으려 하는 것은, 마치 사람이 가시나무에서 포도열매를, 혹은 엉겅퀴에서 무화과를 얻기를 기대하는 것과도 같습니다. 내 마음은 오염된 물의 근원이며, 거기서 나오는 모든 것은 '마라'(출 15:23)라고 불릴 만합니다! 마라! 한 방울까지 모두 씁니다. 내 속에서 발견하는 것이라곤 온통 악한 것뿐이고 선한 것은 없으니, 내게 무슨 기대를 갖는 것이 어찌 가능하겠습니까? 오호라! 나는 공로의 열매가 없을 뿐 아니라 느낌 자체도 황폐합니다. 나는 죄로 인해 겸손해져야 하지만, 그렇지도 못합니다. 내 눈은 눈물의 분수가 되어야 하거늘, 메말라 있습니다. 내 마음은 지팡이로 맞았을 때의 모세의 반석처럼 되어야 하지만, 오호라! 그것은 물을 내지 않는 너무나 단단한 반석입니다. 오, 내 마음이 깨어질 수 있으면 좋으련만! 오 내가 진실로 참회할 수 있으면 좋으련만! 참회하고 상한 심령을 주께서 멸시하지 않으실 터인데, 나는 그런 마음조차 없습니다. 오호라, 그뿐 아니라 나는 기도에서조차 메말라 있습니다. 설혹 무릎을 꿇는다 해도, 저는 기도할 수가 없습니다. 내가 할 수 있는 말이라곤 '하나님이여, 저를 불쌍히 여기소서'가 전부입니다. 나는 너무나 메말라 저 세리가 기도하여 하나님 앞에 받아들여졌던 기도조차 할 수 없는 것처럼 여겨집니다. 나는 골방에서 내려올 때, 기도하기 위해 노력을 하긴 했지만, 의심과 산만한 생각들로 너무나 분산되어 하나님이 받으실 만한 청을 드렸다기보다는 차라리 내 죄만 더했다는 느낌을 갖습니다. 성경이 예수님을 믿으라고 명하니, 그분을 믿을 수 있기를 간절히 바랍니다."

"오 내가 믿을 수 있다면!

그렇다면 모든 것이 편안해질 텐데.
믿고자 하나 믿을 수 없으니, 주여, 구하소서
저의 도움은 오직 당신께로부터 옵니다!"

"나는 소원을 가지고 있지만 능력이 없습니다. 나는 '원함은 내게 있다'(롬 7:18)고 말할 수 있으며, 그것에 대해 하나님께 감사하지만, 그러나 내게서 '선을 행하는 것을 찾을 수 없습니다.' 나는 공로도 없으며, 느낌도 메마르고, 능력도 없으며, 기도도 메마르고, 믿음조차 메마른 상태입니다. 나는 잉태하지 못하는 여인 같으니, 극도로 황폐한 처지입니다."

예, 죄인이여, 내가 당신의 마음을 '쓸쓸한'이라는 단어로 표현하는 것도 매우 적절한 것 같군요. 당신은 쓸쓸하며, 아무도 당신을 위로해주지 못합니다. 당신이 고충을 털어놓은 당신의 친구는 최선을 다했습니다. 하지만 그는 당신의 무거운 마음을 위로하는데 성공하지 못했습니다. 이따금 당신은 이 예배당에 올라오면서, 내가 당신에게 위로가 되는 한 마디라도 해 주기를 바랐지만, 나는 단지 불에 기름을 부을 뿐이었습니다. 선포된 진리가 당신에게 결코 위로가 될 수 없었기 때문입니다. 그것은 오히려 당신을 침울하게 했고 당신의 상태를 더 가라앉게 만들었습니다. 당신은 설교를 경청했고, 좋은 책들을 읽었으며, 성경을 펼쳐보기도 했습니다. 하지만 그 모든 것에도 불구하고, 당신에게 위로가 될 만한 말을 해주는 본문은 없는 듯이 보였습니다. 오히려 읽은 책장에서 위협의 말씀들이 튀어나오고, 마치 개들이 수사슴을 사냥할 때 달려들어 꽉 물어 끌고 가듯이 그 말씀들이 당신을 아래로 끌고 가는 듯했습니다.

당신은 멀리 떨어진 사막에서 길을 잃은 불쌍하고 외로운 방랑자처럼 "쓸쓸합니다." 그는 멀리 지평선을 따라 사방을 둘러보지만, 단 한 가지의 희망도, 아니 희망의 섬광조차 발견하지 못합니다. 그가 멀리서 보는 것이라고는 생명을 잃은 그의 시신을 기다리는 잔인한 독수리뿐입니다. 당신의 처지가 그와 같습니다. 당신은 당신을 삼킬 준비가 되어 있는 지옥의 독수리들을 봅니다. 희망도 없고, 어떤 위로도 없습니다. 당신의 처지는 메마르고 황량합니다.

당신이 생각하는 것 중의 한 가지를 내가 말하지요. 당신은 만일 좀 더 알았더라면 부러워하지 않았을 사람들을 종종 부러워했습니다. 가련하고 잉태하지 못하는 당신은 종종 "결혼한 아내"를 부러워했습니다. 내 말은 바리새인을 의미하는데, 당신은 그런 사람에 대해 이런 식으로 말했지요. "아, 내가 다른 사람들과 같지 않다고 말할 수 있으면 좋으련만! 내가 죄를 짓지 않고 의롭게 행하였다고 말할 수 있으면 좋으련만! '이것은 내가 어려서부터 다 지키었나이다'(눅 18:21). 오, 내가 그렇게 말할 수 있다면 얼마나 좋을까!" 당신은 이와 같이 결혼한 아내들이 하는 말을 들었고, 사실 그들이 선함을 자랑하는 말을 들었습니다. 당신은 그들을 바라보며 이렇게 생각했지요. "그들은 얼마나 행복한 사람인지! 오 그들이 볼 수 있는 것을 나도 볼 수 있으면 좋으련만!" 세상에는 인간의 능력에 대해 전하는 사람들이 더러 있습니다. 그들은 인간이 믿을 수 있고 회개할 수 있으며, 모든 종류의 영적인 행동들을 할 수 있다고 우리에게 말합니다. 그리고 성령과 무관하게 그런 일을 할 수 있다고 여기는 사람들도 더러 있습니다. 자, 그렇다면, 당신이 그들을 부러워하는 것이 무엇인지가 분명해지는군요. 당신은 이런 식으로 말하는 셈입니다. "나는 아무개처럼 느낄 수 있기를 바랍니다. 나는 누구처럼 즐거워할 수 있기를 원합니다. 오! 내가 그 사람처럼 희망을 가질 수 있기를 바랍니다." 이 말을 귀담아 들으십시오! 그는 위선자입니다! "오, 나는 그 사람처럼 평화로 가득할 수 있기를 바라는데요?" 주의하십시오, 그는 형식주의자일 뿐입니다. "오, 그의 깨어지지 않는 평화를 나도 갖기 바랍니다." 만약 당신이 그가 가진 평화를 갖는다면, 그것이 당신의 영원한 파멸이 될 것입니다.

잉태하지 못하는 여인같이 불쌍한 죄인이여, 당신에게 이 정도로 말해두겠습니다. 당신의 도움은 메마름이나 황폐함에서 발견되는 것이 아닙니다. 그것이 당신에게 도움이 될 것이라고 여기지 마십시오. 당신의 메마름은 그대로 두면 영원한 메마름이 될 것이며, 당신의 황폐함은 누군가 개입하지 않으면 완전히 절망적인 상태가 될 것입니다. 이 본문 앞 장(章)의 내용을 한 번 읽어보십시오. 나는 성경이 장별로 잘리어 구분되지 않았다면 좋았다고 생각합니다. 장별로 구분하는 것이 오히려 성경을 손상시킵니다. 그렇게 구분하는 것은 결코 성령의 의도가 아니었습니다. 그것은 인간의 고안일 뿐입니다. 만일 여러분이 그것을 곧바로 읽어 내려가면 그 흐름이 어떤지를 알 것입니다. "우리는 다 양 같아서 그릇 행하며 각기 제 길로 갔거늘 여호와께서는 우리 모두의 죄악을 그에게 담당시키셨도다"(사 53:6). 여러분은 그 내용이 어떻게 계속되다가 여기까지 이르는지를 알 것입니다. "그가 자기 영혼의 수고한 것을 보고 만족하게 여길 것이라 나의 의로운 종이 자기 지식으로 많은 사람을 의롭게 하며 또 그들의 죄악을 친히 담당하리로다. 그러므로 내가 그에게 존귀한 자와 함께 몫을 받게 하며 강한 자와 함께 탈취한 것을 나누게 하리니 이는 그가 자기 영혼을 버려 사망에 이르게 하며 범죄자 중 하나로 헤아림을 받았음이라 그러나 그가 많은 사람의 죄를 담당하며 범죄자를 위하여 기도하였느니라. 잉태하지 못하며 출산하지 못한 너는 노래할지어다 산고를 겪지 못한 너는 외쳐 노래할지어다 이는 홀로 된 여인의 자식이 남편 있는 자의 자식보다 많음이라 여호와께서 말씀하셨느니라"(53:11-54:1). 그 흐름을 이해하겠습니까? 예수님이 죄인의 죄를 담당하시고, 완전한 속죄를 이루셨습니다. 그러므로 "잉태하지 못한 자여 노래할지어다"로 연결되는 것입니다.

강력한 구원자가 자기 거처에서 나와 원수와 싸우셨고, 승리하셨습니다. "잉태하지 못한 자여 노래할지어다!" 이제는 죄가 용서될 수 있으니, 그리스도께서 죽으셨기 때문입니다. "메마른 자여 노래할지어다!" 죄성은 이제 정복될 수 있으니, 그리스도께서 지옥의 무리들에게 승리를 거두셨기 때문입니다. 열매를 맺지 못하는 그대여! 너무나 메마른 영혼이여! 여기 서서 저 놀라운 광경을 보십시오. 그분이 에돔에서 나와 "피로 그 의복을 붉게 물들이셨습니다"(참조. 사 63:1). 당신은 그분의 옷에 묻은 피를 볼 수 있습니까? 그것은 마치 그분이 포도즙틀을 밟은 것처럼 붉습니다. 당신은 그 피를 볼 수 있습니까? 그것은 온통 당신의 죄로 인한 피입니다. 당신의 죄들은 사라졌습니다. 그것들은 사라졌습니다! 오 황폐한 영혼이여, 그것들은 사라졌습니다! 당신의 모든 원수들의 피입니다. 그들은 죽임을 당했습니다! 오 잉태하지 못하는 여인이여! 그들이 죽임을 당했습니다! 이제 지옥을 정복하신 그분이 오십니다. 그분이 당신을 구하실 수 있지 않을까요? "용사가 빼앗은 것을 어떻게 도로 빼앗으며 승리자에게 사로잡힌 자를 어떻게 건져낼 수 있으랴?"(사 49:24). 당신이 비록 쇠사슬에 묶이고 애굽에서의 흑암과 같은 캄캄함이 온통 당신을 둘러싼다 해도, 그분은 당신을 해방하실 수 있습니다.

"그분이 오시어 갇힌 자들을 풀어주시니
사탄에게 속박된 자를 해방하시네.
그분 앞에 있는 놋 문이 부서지고
차꼬가 힘없이 풀어지네."

당신의 소망은 지금 높은 곳에 오르시어 사람들에게서 선물을 받으시는(시 68:18) 피 흘리신 구주에게 있습니다. 잉태하지 못한 이여, 정녕 내가 선율을 타는 동안 당신은 노래하시기 바랍니다. 크게 외쳐 노래하십시오. 강하신 주님께서 당신을 구원하실 것임을 기억하십시오. 그 바리새인을 부러워했던 당신이여, 당신은 그가 가진 것보다 더 큰 기쁨을 얻을 것입니다. "홀로 된 여인의 자식이 남편 있는 자의 자식보다 많음이라!" "나는 이것이든 저것이든 할 수 있다"고 말한 거만한 사람을 부러워하면서 너무나 메말라 아무것도 할 수 없었던 당신이여! 당신은 사랑으로 채워질 것이고, 은혜를 받을 것이며, 그리스도와의 친밀함 속으로 들어가도록 허락될 것이고, 하나님과의 하나 됨을 누리며 그분과 더불어 영원히 기쁨을 누리도록 허락될 것입니다. 그러므로 당신의 기쁨과 영광은 남편 있는 자가 소유하였노라고 주장하는 것보다 훨씬 더 클 것입니다. 나는 그와 같은 죄인도 이 말씀을 듣고 순종하게 되기를 바랍니다. 당신은 구주를 의지하십시오. "너희는 기쁨으로 나아가며 평안히 인도함을 받을 것이요 산들과 언덕들이 너희 앞에서 노래를 발하고 들의 모든 나무가 손뼉을 칠 것이라"(사 55:12).

4. 침울한 신자에게

네 번째로, 이 본문은 마음이 울적한 신자에게 해당되는 말씀이 아니겠습니까? 앞에서와 마찬가지로, 나는 여기서 경험적으로 말할 수 있습니다. 주 안에서 사랑하는 성도들이여, 여러분과 나는, 비록 약간의 열매를 맺어 그분의 이름을 높여드렸고, "주님이 오른손으로 심은 식물들"임을 확신하지만, 때때로 매우 메마른 것을 느낍니다. 나는 여러분이 내가 느끼는 만큼 그런 것을 자주 느끼지 않기를 바랍니다. 어떤 경우에 나는 다른 사람들에게 설교한 후에 "자신이 도리어 버림을 당할까"(고전 9:27) 스스로를 살펴보아야 할 때가 있습니다. 할 수만 있다면, 나는 거역하는 사람들의 죄와 파멸 때문에 항상 울고 싶습니다. 나는 주님의 큰 구원을 거절하는 사람들을 위하여 마음의 온정을 느끼고 싶습니다. 하지만 때때로 나는 이 모든 것에 대하여 결핍되어 있습니다. 나는 내 마음이 돌처럼 냉정함을 느끼고, 바위처럼 딱딱함을 느낍니다.

형제들이여, 여러분은 기도하려고 할 때, 여러분이 하나님을 매우 가까이 했던 사람일지라도, 기도하지 못할 때가 더러 있지 않습니까? 여러분은 천사와 씨름하기를 원하지만, 여러분이 할 수 있는 말이라고는 이것이 전부입니다. "내가 믿나이다. 나의 믿음 없는 것을 도와주소서"(막 9:24). 여러분은 그리스도를 사랑하기 원하지만, 여러분의 영혼 속에서 발견되는 것은 사랑의 용광로가 아니라 하나의 불씨에 불과합니다. 오! 여러분은 불붙기를 얼마나 원하고, 환하게 타오르기를 바라며, 신앙고백만으로 그치는 이 초라하고 죽은 듯한 수준보다 더 높은 차원으로 오르기를 얼마나 바라는지요! 그러나 여러분은 그 수준에 이르지 못하고 있습니다. 오, 하늘의 이슬이 내 메마른 가지를 적시어주기를 바랍니다! 오, 하나님의 강이 내 빈약하고 메마른 뿌리에 물을 공급해주기를 바랍니다! 그렇지 않으면 나는 항상 메마른 상태일 것입니다. 여러분은 종종 황폐함을 느끼지 않습니까? 나는 의인이 결코 메마르지 않을 것임을 알지만, 여전히 그는 때때로 자기 자신이 메마르다고 느낍니다. 그는 모든 음식물을 싫어하며, 위로받기를 거절합니다. "내가 밤을 새우니 지붕 위의 외로운 참새 같으니이다"(시 102:7)고 말했던 사람은 나쁜 사람이 아니었습니다. 이따금씩 태양을 정면으로 쳐다본 사람들은 이런 식으로 말해야 했기 때문입니다. "나를 쳐다보지 마십시오. 나는 캄캄한 사람입니다. 왜냐하면 태양이 나를 쳐다보았기 때문입니다." 심령의 의기소침, 자기 자신에 대한 굴욕적인 생각, 깊고도 무거운 속박, 이 모든 것들에 대해 하나님의 자녀들은 잘 알고 있습니다. 바울과 더불어 우리는 때때로 이렇게 부르짖어야 하기 때문입니다. "오호라 나는 곤고한 사람이로다. 이 사망의 몸에서 누가 나를 건져내랴?"(롬 7:24).

사랑하는 이여, 우리가 경험적으로 잘 안다고 내가 확신하는 바는, 이 메마름과 황량함의 문제에서 인간이 할 수 있는 것이 거의 없다는 것입니다. 살리는 이는 성령이시며 육은 무익하다는 것입니다. 우리가 이런 상태에 들어갔을 때, 우리는 물에 빠져 헤엄을 치지 못하는 사람처럼 느끼며, 우리가 발버둥칠수록 더 깊이 빠져 들어갈 뿐입니다. 인간의 모든 힘은 단지 죄를 짓기 위한 힘일 뿐, 참된 영적인 삶에 대해서는 우리를 더욱 죽게 만드는 것처럼 여겨집니다. 그러니, 우리가 할 수 있는 것이 무엇이겠습니까?

자, 본문이 그런 상태에 처해 있는 우리들에게 하는 말씀을 기억합시다. "잉태하지 못하며 출산하지 못한 너는 노래할지어다 산고를 겪지 못한 너는 외쳐 노래할지어다." 하지만 내가 무엇에 대해 노래할 수 있을까요? 나는 현재에 대해서는 노래할 수 없습니다. 나는 심지어 과거에 대해서도 노래하지 못합니다. 그러나 여전히 나는 예수 그리스도에 대해서는 노래할 수 있으니, 그렇지 않습니까? 나는 이 본문 앞에 나오는 대목에 주목할 수 있으며, 전에 구주께서 나를 찾아오신 일에 대해 노래할 수 있습니다. 혹은, 그에 대한 것뿐 아니라, 자기 백성을 구원하기 위해 하늘의 높은 곳에서 내려오신 그분의 크신 사랑에 대해서도 노래할 수 있습니다. 나는 또한 십자가로 갈 것입니다. 내 영혼아, 한때 너는 무거운 짐을 지었으나, 그곳에서 네 짐을 벗었도다! 그 때 너는 그 샘에서 씻어 깨끗하게 되었도다! 오물이 묻어 더럽혀진 가여운 영혼이여, 와서 다시 씻어라! 한때 나는 돌아온 탕자였습니다. 그 때 그분이 내 목을 안고서 내게 입을 맞추셨습니다. 나는 다시 한 번 예수님께 갈 것입니다. 비록 내 죄가 산처럼 높이 쌓였지만, 나는 이와 같은 말씀에 순종할 것입니다. "여호와의 말씀이니라, 배역한 자식들아 돌아오라 나는 너희 남편임이라"(렘 3:14). 나의 메마름이 무엇입니까? 그것은 그분의 능력 발휘를 위한 근거입니다. 내 황량함이 무엇입니까? 그것은 그분의 영원한 사랑이라는 사파이어가 빛을 발하는 배경입니다. 나는 가난 중에도 갈 것이며, 무기력함 중에도 갈 것이며, 내 모든 수치와 넘어짐 속에서도 갈 것입니다. 나는 그분에게 내가 여전히 그분의 자녀임을 말할 것이며, 그분의 마음이 신실하심을 확신할 것입니다. 나 같이 메마른 자일지라도, 크게 외쳐 노래할 것입니다!

사랑하는 이여, 나는 이 본문이 묵상하기에 즐거운 말씀이라고 생각합니다. 특히 우리가 마음이 메말랐던 자의 기쁨이, 미래에는 그런 메마름을 그 정도로 느껴보지 못했던 자의 기쁨보다 훨씬 더 크다는 것을 기억할 때에 그러합니다. '남편 있는 여인'처럼 보이는 그리스도인들이 더러 있습니다. 그들은 온화한 기질을 소유하고 있으며, 크게 압박받는 상황을 겪지 않으며, 평온한 삶의 행로를 유지하고 있습니다. 나는 종종 그들을 부러워하곤 합니다. 우리는 부침을 겪습니다. 하지만 여러분은 이 점을 기억하십시오. 우리가 높이 올라갔을 때, 우리가 낮았을 때에 우리를 멸시했던 자들이 우리를 매우 부러워할 것입니다. 비록 골짜기는 어둡고 침울하지만, 언덕 꼭대기는 너무나 밝으니, 주께서 우리의 발을 높은 곳에 서게 하실 때에 우리는 더 이상 결혼한 여인들의 일상적인 평온함을 부러워하지 않을 것입니다. 우리는 즐거움을 위하여 시련을 감수할 것입니다. 우리가 당하는 환난이 많을수록, 그리스도 예수 안에서 우리의 위로도 넘치기 때문입니다.

5. 선행에서 빈약했던 그리스도인들에게

이제 마지막으로 내게 떠오르는 생각은, 이 본문이 선을 행함에 있어서 성공적이지 못했던 그리스도인들에게 특별한 음성으로 들려야 한다는 것입니다.

한 교회로서, 나는 우리가 영적 자녀들을 낳아 예수 그리스도께 드릴 수 있기를 바란다는 점에서는 같은 마음이라고 확신합니다. 나는 이 교회의 지체 중에서 단지 천국에 가는 것만으로 만족하는 사람이 하나도 없기를 바랍니다. 내가 여러분을 아는 한, 여러분 가운데는 이러한 소원이 공통적으로 있습니다. 여러분은 죄인들을 그리스도께 인도하기를 바랍니다. 여기 참석한 사랑하는 형제들과 자매들 중 일부는 그런 일에 아직 성공을 거두지 못했을 것입니다. 여러분은 시도를 해왔습니다. 기도를 해왔습니다. 단순한 믿음으로 그리스도를 의지해 왔으며 그분의 성령을 고대해왔습니다. 하지만 여전히 여러분은 쓰임 받는 행복한 특권을 누리진 못했습니다. 이제, 그런 여러분에게 한두 마디 할 말이 있습니다.

여러분은 잉태하지 못하고 출산하지 못하였습니다. 그리고 나는 여러분이 잉태하지 못한 동안에, 그로 인해 마음이 쓸쓸하다고 느끼는 것에 대해 기쁘게 여깁니다. 왜냐하면 만약 여러분이 잉태하지 못하는 상태에서 불행하다고 느낀다면 여러분의 황폐함은 오래가지 않을 것이기 때문입니다. 사랑하는 나의 친구들이여, 여러분은 여러분의 평가 기준에서 메마른 것일 뿐입니다. 비록 여러분은 그분이 한 가지 복도 주시지 않았다고 여길지라도, 하나님께서 이미 여러분에게 많은 복을 주셨을 가능성이 있습니다. 어딘가에 귀한 보석들이 있을 것이며, 여러분은 그것들을 가장 먼저 죄의 깊은 곳으로부터 끌어올렸을 것입니다. 비록 여러분은 그것들을 반짝이는 것이라고 여기지 않았지만, 그리스도는 그렇게 여기셨습니다. 비록 여러분은 일전에 행한 시도에서 성공하지 못했다고 생각하겠지만, 어쩌면 여러분이 자신의 성공을 제대로 판단하지 못한 것일 수도 있습니다.

빈번한 일이지만, 나는 하나님께서 불멸의 영혼들에게 복을 주신 설교에 대해 스스로는 괴로워하면서 집으로 돌아가곤 했습니다. 내가 생각하기로는 최악의 설교였다고 여긴 것들에 대해, 하나님께서는 가장 크게 복을 주시곤 했습니다. 우리 자신이 한 일에 대해 판단할 자는 우리가 아니라고 나는 생각합니다. 우리의 일의 성공 여부에 대해서는 주님이 우리보다 더 잘 아십니다. 사랑하는 친구들이여, 게다가 여러분은 단번에 열매를 보기를 기대하는 것은 아니지 않습니까? "너는 네 떡을 물 위에 던져라 내일 도로 찾으리라"고 성경이 말했습니까? 그 본문을 올바로 읽으면, "너는 네 떡을 물 위에 던져라 여러 날 후에(after many days) 도로 찾으리라"(전 11:1)입니다. 여러분은 아직 "많은 날들"을 기다리지 않았습니다. 농부는 곡물을 재배할 때에 아마도 10월이나 11월에 쟁기로 땅을 갈 것입니다. 하지만 그는 1월에 수확할 것을 기대하지 않습니다. 그는 때가 오기를 기다릴 것입니다. 주님의 농부들인 여러분이여, 여러분은 수고의 귀한 열매들을 인내하며 기다려야 합니다. "포기하지 아니하면 때가 이르매 거두리라"(갈 6:9). 그러므로 기다리십시오.

하지만 여러분의 메마름이 사실일 수도 있습니다. 그렇다면, 이것이 여러분을 크게 겸손하게 만들어야 하지 않겠습니까? 내 형제들이여, 여러분이 항상 메마른 것은 아니었습니다. 여러분이 열매를 맺었을 때, 여러분은 그 모든 영광을 하나님께 돌렸습니까? 여러분은 "잘했구나, 나여!"라고 말하지 않기 위해 주의를 기울였습니까? 아마도 지금의 메마름은 여러분으로 하여금 여러분이 아무것도 아님을 느끼게 하고, 여러분을 더 큰 성공을 얻기에 적합하게 만들려고 찾아온 것일 수도 있습니다. 하나님께서는 자기 종들에게 복 주시기에 앞서, 그들을 크게 낮추시는 경우가 종종 발생합니다. 그것이 절대적으로 필요한지 아닌지에 대해서는, 나는 알 수가 없습니다. 하지만 나는 이것을 알고 있습니다. 하나님께서 어떤 사람의 명예를 공개적으로 높이시려 할 때, 그를 문 뒤에서 징계하며 교훈하시는 것이 일반적인 규칙이라는 것입니다. 그분은 그에게 놀라운 계시를 주시기 전이나 후에, 그의 육체에 가시를 두십니다.

사랑하는 친구여, 아마도 이것이 그 이유일 것입니다. 당신은 이렇게 말하겠지요. "나는 그 이유를 모르겠습니다. 하지만 나는 그것을 제거할 수 있기를 바랍니다. 나는 쓸모없이 되는 것을 견딜 수 없고, 땅만 버리는 나무가 되는 것을 참을 수 없기 때문입니다." 내 사랑하는 형제여, 당신이 그렇게 말하는 것을 들으니 너무나 기쁘군요. 지금 당신은 열매 맺지 못하는 것을 진정으로 부끄러워하기 때문에 당신은 곧 열매를 맺게 될 것입니다. 지금 하나님께서 당신으로 하여금 열매 없는 것을 몹시도 싫어하게 만드셨으니, 그분은 곧 당신으로 하여금 귀한 포도송이들을 가득 맺게 하실 것입니다. 한 가지는 분명합니다. 당신 스스로는 열매 없는 메마름의 상태를 열매 가득한 풍성함의 상태로 바꾸지 못합니다.

하지만 이 본문이 조금 전 내가 여러분에게 주목하도록 요청한 그 본문 뒤에 위치한 사실이 의미심장하지 않습니까? 멸시받고 거절당하신 구세주에 관한 이야기 바로 뒤에, 여러분처럼 메마른 자들을 위한 이 즐거운 말씀이 위치한 것입니다. 그러므로 나는 여러분에게 십자가로 오라고 초대합니다. 여러분에게 생명을 주었던 바로 그 십자가가 여러분에게 풍성한 열매도 줄 수 있습니다. 여러분은 전에 그곳에서 도움을 발견했으니, 지금 그곳에서 활력을 발견할 수 있지 않을까요? 형제들과 자매들이여, 예수 그리스도를 위한 내 동역자들이여, 눈을 들어 구주의 귀한 피가 흐르는 것을 바라봅시다. 우리의 평화를 위해 그분의 복된 어깨에 가해진 잔혹한 징계를 바라봅시다. 그 채찍을 바라봅시다. 땅바닥에 떨어지는 그분의 핏방울들을 주목합시다. 그러면 우리는 다음과 같이 느끼지 않겠습니까?

> "이제 사랑으로 인하여 그분의 이름을 전하니
> 내게 유익하던 것을 이제는 해로 여기네.
> 이전의 내 자랑을 이제는 내 수치라고 칭하며,
> 내 영광을 그분의 십자가에 못 박았네.
> 지금도 앞으로도 내가 결심하는 바는
> 예수를 위하여 모든 것을 해로 여기는 것이니,
> 오직 내 영혼이 그분 안에서 발견되고
> 그분의 의에 참여하는 자가 되길 바라네."

사랑하는 이여, 구주를 바라보는 것과 같은 것은 없습니다! 나는 사역을 포기할 준비를 하다가 잠들어 꿈을 꾼 어느 목사에 대해서 들은 적이 있습니다. 그는 꿈속에서 가시 면류관을 쓰신 채 그 얼굴에 피와 같은 땀을 흘리며 수확하고 계신 구주를 보았습니다. 그 십자가에 달리신 분이 곁에서 한가롭게 서 있는 그를 보시고는 이렇게 말씀하셨습니다. "너는 한 시간도 나와 같이 수확을 할 수 없느냐?" 그는 낫을 잡고, 그 십자가에 달리신 분 곁에서 계속 일하고 또 일했습니다. 그가 계속해서 일하는 동안 힘이 솟아났습니다.

오, 하나님의 종들이여, 못 박히신 손을 가지신 분이 여러분 곁에 계시거늘 여러분은 사역을 저버린단 말입니까? 내 형제들이여, 용기를, 용기를 내십시오! 우리는 실패하지 않습니다. 그리스도께서 우리와 함께하시기 때문입니다. 우리가 멈추지 말아야 함은, 예수님께서 멈추시지 않기 때문입니다. 다함께 주님을 찬양합시다! 그분이 이 아침에 우리의 허리를 동일 끈을 보내주셨고, 우리를 끝까지 강하게 하십니다! "잉태하지 못하며 출산하지 못한 너는 노래할지어다. 산고를 겪지 못한 너는 외쳐 노래할지어다. 이는 홀로 된 여인의 자식이 남편 있는 자의 자식보다 많음이라 여호와께서 말씀하셨느니라."

예수 그리스도를 위하여 하나님께서 우리에게도 그런 은혜를 주시길 빕니다. 아멘.

제
69
장

골수가 가득한 기름진 것들

"내가 잠시 너를 버렸으나 큰 긍휼로 너를 모을 것이요, 내가 넘치는 진노로 내 얼굴을 네게서 잠시 가렸으나 영원한 자비로 너를 긍휼히 여기리라. 네 구속자 여호와께서 말씀하셨느니라. 이는 내게 노아의 홍수와 같도다. 내가 다시는 노아의 홍수로 땅 위에 범람하지 못하게 하리라 맹세한 것 같이 내가 네게 노하지 아니하며 너를 책망하지 아니하기로 맹세하였노니 산들이 떠나며 언덕들은 옮겨질지라도 나의 자비는 네게서 떠나지 아니하며 나의 화평의 언약은 흔들리지 아니하리라. 너를 긍휼히 여기시는 여호와께서 말씀하셨느니라."—사 54:7-10

이 귀한 구절들은 주 예수 그리스도 안에 있는 모든 참된 신자들의 소유입니다. 그렇다고 우리에게 확인해주는 이 장의 마지막 구절이 없었다면, 우리는 감히 이런 말을 하지 못했을 것입니다. "이는 여호와의 종들의 기업이요 이는 그들이 내게서 얻은 공의니라 여호와의 말씀이니라"(17절). 비길 데 없을 정도로 고귀한 이 장의 약속들과 보증들은 유대 교회에만 속한 것이 아니며, 이방인 교회에만 속한 것도 아니고, 하나의 공동체로 간주되는 특정한 교회에 배타적으로 속한 것도 아니며, 살아계신 하나님의 모든 자녀들과 종들에게 속한 것입니다. 이사야는 자녀됨과 섬김에 대해 모두 말하고 있습니다. "이는 기업이라." 즉 상속권에 의해 획득되는 분깃이라는 뜻이며, 자녀의 권리를 함의(含意)하고 있습니다. 그러므로 만약 우리가 출생하여 은혜의 가족 안으로 들어오게 되었다면, 이 약속은 우리들의 것입니다. 하지만 하나님의 모든 자녀들은 또한 종들입니다. 마치 많은 형제들 중에서 맏아들이 우리를 위하여 종들의 종이 되신 것과 같습니다.

사랑하는 친구들이여, 여러분이 출생에 의한 하나님의 자녀인지, 선택에 의한 하나님의 종들인지 여러분 스스로를 판단해보십시오. 여러분이 그렇다면, 이 약속을 여러분에게로 가져갈 수 있습니다. 이 약속의 마지막 문장에는 이렇게 쓰여 있습니다. "이는 그들이 내게서 얻은 공의니라." 여기서 우리는 우리의 몫을 주장할 수 있으니, 비록 우리에게는 우리 자신의 의가 없지만, 주께서 우리를 위하여(for) 의를 행하기를 기뻐하시고 또한 우리 속에(in) 의를 주기를 기뻐하셨기 때문입니다. 우리의 상태는 이 두 가지 모두에서 크게 결핍되어 있기 때문에, 우리는 그 어떤 수단으로도 우리 스스로 그것들을 획득할 수 없습니다. 만약 주 예수님께서 우리에게 의와 거룩함 모두가 되시지 않았더라면, 우리는 하나님의 자비하신 얼굴을 볼 희망을 가질 수 없었습니다. 만약 우리가 거듭남에 의한 자녀이고, 우리 본성의 갱신에 의한 종들이라면, 또한 우리에게 심어지고 전가된 의가 오직 하나님 안에서만 발견되는 것이라면, 이 본문은 우리의 것이며 우리가 얼마든지 즐거워할 수 있는 말씀입니다. 풍성하게 차려진 식탁에서 물러나지 말고, 제공된 진미(珍味)를 마음껏 먹고 마시기 바랍니다. 만약 이것이 우리의 유업이라면, 주께서 아브라함에게 다음과 같이 말씀하신 것이 곧 우리에게 말씀하신 것이나 다름없습니다. "너는 눈을 들어 너 있는 곳에서 북쪽과 남쪽 그리고 동쪽과 서쪽을 바라보라. 보이는 땅을 내가 너와 네 자손에게 주리라"(창 13:14-15).

이 본문 속으로 더 자세히 들어가기 전에, 나는 여러분에게 우리 앞에 펼쳐진 이 놀라운 장(章)의 위치에 대해 주의를 기울이라고 요청하고 싶습니다. 평범한 진술처럼 들릴지 모르겠지만, 본문의 위치는 우리 주님과 관련된 모든 예언들 중에서 가장 선명한 이사야 53장에 이어지는 것으로서 주목할 만한 것입니다. 이사야 53장은 위대한 음유시인인 선지자가 사람들로부터 멸시와 거절을 당하신 주님의 고난에 대해 노래한 것이며, 본문은 그 찬란한 장에 이어지는 내용입니다. 속죄에 의하여 우리는 언약의 복들을 누릴 수 있게 되었습니다. 골고다의 고통으로 인하여 우리는 우리 자신의 질고를 불평 없이 감당할 수 있게 되었고, 그 위대하고 완전한 대속물을 바라봄으로써 우리는 주 앞에서 우리의 안전을 확신할 수 있게 되었습니다. 여러분의 눈이 우리를 위해 해를 당하심으로써 아버지를 기쁘시게 했던 그분을 응시하지 않는다면, 여러분은 주께서 여러분을 위해 예비해놓으신 유업의 크기가 어떠한지를 충분히 이해할 믿음을 결코 갖지 못할 것입니다. 우리가 예수님의 고난과 그분으로 하여금 자기 백성의 죄악들을 담당하게 하셨던 그 사랑을 온전히 깨달을 때, 그 때 비로소 우리는 언약의 은혜라는 경이(驚異)와 그분의 대속의 희생을 통해 우리에게 주어진 값진 은총들을 깨달을 수 있는 적절한 상태에 있게 됩니다. "그는 실로 우리의 질고를 지고 우리의 슬픔을 당하였으며, 그가 찔림은 우리의 허물 때문이요 그가 상함은 우리의 죄악 때문이라"(사 53:4,5). 여러분의 마음속에 이와 같은 말씀들을 간직하고서, 우리 앞에 펼쳐진 보배로 가까이 다가갑시다. 성령께서 우리를 도우시길 빕니다.

하나님의 백성들도 종종 극심하게 고통을 겪습니다. 그들은 섭리 속에 시련을 당하며, 그들이 거주하는 주변의 악인들에 의해 괴롭힘을 당합니다. 때로는 마치 그들의 운명이 경건치 못한 자들의 운명보다 훨씬 더 바람직하지 못한 것처럼 보이기도 합니다. 최상의 성도들도 시험을 당하여, 최악의 죄인들이 큰 권세를 가지고 푸른 초원의 나무처럼 번성하며 그들 자신은 시든 풀처럼 되곤 했을 때 그들을 부러워하기도 했습니다. 성도들은 징계를 당하고 죄인들은 부요하게 될 때, 이는 결코 적지 않은 믿음의 시련입니다. 설상가상으로, 때때로 하나님의 자녀들은 커다란 영적 고통의 대상이 되며, 그들의 경건으로부터도 어떤 위로를 이끌어내지 못합니다. 그들은 스스로 판단하기를 그들의 하나님께 버림을 받았다고 여기며, 속으로 이렇게 자문하곤 합니다. "그의 인자하심은 영원히 끝났는가? 주께서 다시는 은혜를 베풀지 아니하실까?"(참조. 시 77:7,8). 그럴 때 그들의 마음의 기쁨은 멈추고, 그들의 음악은 탄식으로 바뀝니다.

그럴 때에도 하나님의 자녀를 위한 강력한 위로가 있습니다. 사실상, 주께서 그에게 어떤 일을 행하시더라도, 그분은 그에게 격노하실 수 없으며, 가장 혹독한 의미로 그를 책망하실 수 없습니다. 예수님께서 우리를 위하여 완전한 속죄를 이루셨으니, 우리의 잔에 쓴 것이 많이 포함되어 있을 수는 있어도, 그 속에 죄에 대한 사법적인 형벌은 한 방울도 포함되어 있지 않습니다. 그리스도께서 그 모든 것을 담당하셨기에, 정의가 그 벌을 다시 가할 수는 없습니다. 대리자에게 먼저 형벌을 집행하고서 그 다음에 그가 짊어지고 간 죄 때문에 그의 백성에게 다시 형벌을 가하는 것은 지존자의 고결한 성품에 일치되지 않습니다. 그러므로 하나님께서 우리에게 부과하시는 모든 징계들 속에는 형벌적인 차원에서의 진노는 조금도 포함되어 있지 않습니다.

"죽음과 저주는 우리의 잔에 없으니
오 그리스도시여, 그것은 당신의 잔에 가득하였지요!
하지만 당신께서 그 마지막 한 방울까지 마셨으니
이제 나를 위해서는 그것이 비워졌나이다.
그 쓴 잔을, 사랑이 모두 마셔 버렸으니,
이제 나를 위해서는 축복의 잔이 있을 뿐이네."

죄에 대한 형벌은 단번에 영원히 우리 구주 예수 그리스도께 집행되었습니다. 그러니 이제는 하나님에게 자기 백성을 향한 노여움이 있다 하여도, 그것은 그분이 불신의 세상을 향해 가지신 노여움과는 다른 종류입니다. 경건치 않은 자들에게 그분은 재판장이시니, 그분은 그들을 심판으로 소환하실 것이며, 그분의 의로운 판결을 그들에게 내려 집행하실 것입니다. 하지만 그리스도 안에 있는 우리는 실질적으로 그분 안에서 죽었고, 우리의 위대하신 대속자의 인격 안에서 정의는 그 판결을 집행하였으니, 율법이 더 이상의 형벌을 우리에게 요구하지 못합니다. 우리는 이제 하나님의 자녀들이고, 전혀 다른 법 아래 있으니, 곧 자기 가족을 향하여 사랑이 풍성하신 아버지의 법입니다. 주님은 마치 한 아버지가 자기 자녀에게 화를 내듯이 우리에게 화를 내실 수 있지만, 결코 재판장이 범죄자에게 격노하듯이 격노하시는 법이 없습니다. 그런 관점에서 볼 때, 그분의 진노는 구속받은 자들에게서 영원히 떠난 것입니다.

우리의 주제는 하나님의 작은(little) 진노와 하나님의 커다란(great) 진노입니다. 작은 진노는 주의 사랑하시는 백성에게도 내려질 수 있으니, 그분이 이렇게 말씀하시기 때문입니다. "내가 작은 진노로 내 얼굴을 네게서 잠시 가렸다"(8절. KJV, 한글개역개정은 '내가 넘치는 진노로...'라고 표현되어 다른 뉘앙스를 풍김. 원어적인 의미로 갑작스런 파도나 너울처럼 격동적인 노여움을 표현하고 있으며, 그것을 한글개역개정에서는 '넘치는'으로 옮겼고 KJV는 '작은'으로 옮겼음 — 역주). 하지만 또한 소멸하는 불처럼 타는 거대한 진노가 있으니, 이런 진노는 구속받은 자들 위에 떨어질 수 없습니다. 왜냐하면 주께서 그들에게 결코 노하지 아니하며 그들을 책망하지 아니하기로 맹세하셨기 때문입니다(9절).

1. 자녀들을 향한 하나님의 작은 진노

첫 번째 주제는 주께서 "작은 진노"라고 부르신 것입니다. 나는 그러한 진노에 대해서와 그 조절된 형태들에 대해 말하려고 합니다. 성령께서 우리의 묵상에 복을 주시어 그분의 고통 받는 백성들에게 위로가 되게 하시길 빕니다.

우리의 첫 번째 진술은 그 진노에 대한 우리의 관점과 하나님의 관점이 아주 크게 다를 수 있다는 것입니다. 바른 상태에 있는 하나님의 자녀에게는 매우 완화된 형태의 하나님의 노여움도 매우 고통스럽습니다. 사랑하는 자녀는 아버지 편에서 최소한의 불쾌함이라도 있다면 그것을 두려워합니다. 그는 자기 부모가 자기를 죽이거나, 의절하거나, 혹은 치안 판사에게 넘겨 옥에 갇히게 하지는 않을 것을 잘 알고 있습니다. 하지만 그에게는 자기 아버지가 근심한다는 사실 자체가 충분한 슬픔으로 다가옵니다. 하나님의 자녀들을 올바른 상태로 유지하기 위해서 종의 두려움은 필요하지 않습니다. 아버지의 찡그린 얼굴을 보고 떠는 자식으로서의 두려움만으로 충분합니다. 하나님이 그 얼굴을 감추시는 것만으로도 우리는 고통스러워합니다. 그러므로 우리는 주의 징계를 멸시하거나, 그분의 아버지로서의 노여움을 경시하지 않습니다. 그와 반대로, 우리는 우리의 하나님을 기다리는 동안 울면서 지치고 눈이 쇠약해집니다. 우리의 호소는 이것입니다. "주의 얼굴을 주의 종에게서 숨기지 마소서 내가 환난 중에 있사오니 속히 내게 응답하소서"(시 69:17). 우리가 하나님을 근심하게 하였다는 생각이 우리의 마음을 깨어지게 만듭니다.

이런 마음의 고통은 매우 적절한 느낌이지만, 그것이 불신에 의해 왜곡됨으로써 죄에 빠지는 계기가 될 수 있습니다. "나는 포도원에 대하여 노함이 없다"(사 27:4)고 주님이 명백히 말씀하셨음에도 불구하고, 우리는 성급하게도 하나님의 징계의 회초리로부터 주께서 우리를 멸하실 것이라고 결론을 내릴 수도 있습니다. 이 본문이 암시하는 것처럼 보이듯이, 우리는 하나님이 완전히 우리를 버리셨고 그분의 얼굴을 영원히 감추셨다고 그릇된 결론을 내릴 수 있습니다. 기도할 때에도 우리는 어떤 자유를 누리지 못하고 은혜의 보좌 가까이 간다는 느낌을 누리지 못합니다. 우리가 노래하려고 시도할 때에도 우리의 찬양은 우리 혀에서 맥없이 떨어지고 맙니다. 성도들의 모임에 참여할 때에도, 우리는 더 이상 전에 주의 성소에서 그분을 보았던 것처럼 그분의 영광을 보지 못합니다. 우리가 성경을 펼쳤을 때, 그 속에 있는 최상의 약속들이 마치 모든 골수가 빠져나간 메마른 뼈들처럼 보이기도 합니다. 그리하여 우리는 모든 것이 끝났으며 하나님이 우리를 버리셨다고 결론내리고, 따라서 우리에게 영원한 파멸 외에 아무것도 남은 것이 없다고 두려워합니다.

> "내가 슬플 때에, 때로는
> 당신의 약속을 붙들려고 애를 쓰지만,
> 더욱 사나운 파도가 엄몰하여
> 나를 다시 깊은 물 속에 잠기게 합니다.
> 당신의 목전에서 멀어져 괴로움을 당하는 동안,
> 유혹이 찾아와 소리치며 하는 말
> '주께서 너를 아주 버리셨고
> 네 하나님이 더 이상 은혜 베풀지 않으리.'"

우리의 형편에 대한 이처럼 우울한 판단은 하나님의 관점이 아닙니다. 그분은 최종적으로 완전히 물러나지 않으셨다는 사실을 알고 계시며, 오히려 그 일을 "내가 잠시 너를 버렸다"(7절)고 표현하십니다. 그분과의 일시적인 멀어짐으로 인해 성도가 고통당하는 것이며, 그 '잠시'는 곧 끝날 것입니다.

시련을 당하는 자는 단지 부분적이고 일시적으로만 하나님의 얼굴빛이 가려지는 것을 견디는 것입니다. 주께서 말씀하십니다. "내가 내 얼굴을 네게서 잠시 가렸다." 만약 우리가 이 세상에 태어난 지 얼마 못되어 태양이 수평선 아래로 내려가는 것을 본 적이 없다고 가정한다면, 우리는 일몰을 보고 판단하기를 곧 영원한 밤으로 빠져드는 것이라 여길 것입니다. 지금은 우리가 태양이 지고 다시 뜨는 것을 보는 것에 익숙하기에, 저녁이 우리를 놀라게 하지는 않습니다. 하나님의 자녀여, 나는 당신이 아버지의 얼굴빛을 잠시라도 잃지 않기를 바라지만, 설혹 당신이 그 빛을 잃는다 해도 그것은 다시 되돌아올 것입니다. 그분은 당신을 아주 버리신 것이 아닙니다. 밤에는 울음이 깃들일지라도 아침에는 기쁨이 올 것입니다. 주님은 결코 영원히 떠나시지 않을 것입니다(참조. 시 30:5). "그가 비록 근심하게 하시나 그의 풍부한 인자하심에 따라 긍휼히 여기실 것임이라"(애 3:32).

하나님의 얼굴빛이 우리에게 가려졌을 때, 우리는 바르게 판단할 수 없습니다. 우리는 지나치게 동요하고, 근심하며, 혼란스럽게 되어 문제들을 바른 관점에서 볼 수가 없습니다. 그럴 때 우리는 두려워할 이유가 없을 때 두려워하며, 또한 근심의 원인이 되는 것을 지나치게 확대합니다. 불신이 우리에게는 너무나 자연스럽고, 우리 스스로에 대한 비관적인 성향이 너무나 만연하기에, 우리가 판단의 척도를 가지기에는 합당하지 않습니다. 우리가 내린 결론이 진리라고 지나치게 낙관하지 맙시다. 하지만 하나님의 판단을 받아들이도록 합시다. 만약 우리가 지금 이 시간 흑암 중에 행하고 빛을 볼 수 없을지라도, 주를 신뢰하고 그분의 말씀에 기대도록 합시다. 하나님이 우리에게 행하신 일이 무엇이든, 만약 우리가 진정 하나님의 종들이라면, 그분은 단지 잠시 동안만 우리를 버리신 것이며, 작은 진노로 그 얼굴을 우리에게서 잠시 가리신 것이기 때문입니다.

하나님께서 얼굴을 가리시는 일에 대한 우리의 관점을 크게 수정하도록, 여러분에게 두세 가지 점에 주의를 기울일 것을 요청합니다. 첫째는, 시간에 관한 것으로서, 하나님께서 스스로를 우리에게 감추시는 기간은 매우 짧습니다. "잠시"(for a moment)라고 그분이 말씀하시는데(8절), 그분은 그것을 더 줄여서 "매우 잠시"(for a small moment)라고도 표현하십니다(7절). 아주 짧은 순간이 어떤 것인지 여러분은 알지 않습니까? 그것이 주님의 표현입니다. 그분이 얼마나 오래도록 우리를 사랑하셨는지 생각해보십시오. 세상의 기초가 세워지기 이전부터입니다! 그분이 자기 얼굴을 가리시는 시간은 그에 비하면 매우 짧습니다. 그분이 얼마나 오래도록 우리를 사랑하실 것인지를 생각해보십시오. 이 우주가 본래의 아무것도 아닌 무의 상태로 사라질 때에도, 그분은 영원히 우리를 사랑하실 것입니다! 그분이 우리를 징계하시는 기간은 그에 비하면 매우 짧은 순간입니다. 우리가 지옥에 오랫동안 머물면서 영원히 그분의 진노 아래 있어야 마땅했던가를 생각해보십시오. 그분의 무거운 손이 우리를 누르는 짧은 순간은 정녕 우리의 죄가 초래해야 마땅했던 영원한 불행에 비하면 아무것도 아닙니다. 사랑하는 형제들이여, 여러분이 그분의 얼굴빛을 볼 수 없는 상태에서 나와 다시 밝은 빛으로 들어올 때에, 그 어두운 시기는 아주 잠시뿐이었다고 여겨질 것입니다. 여러분은 젊은 날의 부끄러움을 잊을 것이며, 여러분의 과부 시절의 치욕을 더 이상 기억하지 않을 것입니다. 지나간 슬픔이란 무한하고 끝없는 기쁨이 뒤따를 때에는 가볍고 짧은 것입니다. 천국의 영원함이 고통으로 점철되었던 여러분의 일생조차도 짧은 순간으로 축소시킬 것입니다.

여러분이 시간에 관하여 주목하였다면, 이제 나는 여러분에게 약속된 보상에 주의를 기울이라고 요청하고 싶습니다. "내가 잠시 너를 버렸으나 큰 긍휼로 너를 모을 것이라"(7절). 주께서 여러분의 모든 손실과, 환난과, 십자가와, 징계들에 대하여 보상하실 것입니다. 시련의 때가 지나간 뒤처럼 우리에게 대한 하나님의 조치가 자비롭게 보이는 때가 없습니다. 그럴 때는 모든 복이 그야말로 은혜이며, 우리는 우리에게 그 복을 부여하신 사랑에 탄복합니다. 쑥과 쓸개의 맛이 여전히 구강에 남아 있을 때 잘 걸러진 포도주는 특별한 맛을 갖게 되며, 우리는 특별한 향취를 느끼며 그것을 마십니다. 쓴 것이 단 것을 더욱 달게 하며, 슬픔이 기쁨을 더욱 풍성하게 만듭니다.

본문은 하나님께서 우리를 한동안 버려두신 후에 은혜를 주신다고 말하지 않습니다. 그 단어는 복수로서 "은혜들"(mercies)이며, 곧 많은 은혜들을 말합니다. 더 나아가, 본문은 단지 "은혜들"이라고 말하지 않으며, "큰 은혜들"(great mercies)이라고 말합니다. 은혜가 더 큰 이유는 우리가 은혜들을 크게 필요로 하기 때문이며, 은혜를 결핍한 큰 환난에 빠졌기 때문이며, 또한 우리의 미래의 상태에 대해 크고 많은 두려움들로 가득하기 때문입니다. 주님은 크신 긍휼로 우리에게 오실 것이며, 우리의 두려움들을 잠재우고, 흩어졌던 우리의 소망들과 확신들을 다시 모으도록 우리를 도우실 것입니다.

주께서는 우리에게 이러한 큰 긍휼들을 약속하실 뿐 아니라, 또한 그분 자신이 그것들을 친히 가지고 오시겠다고 약속하십니다. 그것들은 천사들이나 외적인 섭리에 의해 우리에게 보내어지는 것이 아닙니다. 그분이 친히 "큰 긍휼로 너를 모을 것이라"고 선언하십니다. 회복의 역사는 주님 자신의 인격적인 활동입니다. 그분의 오른손이 그 일에 개입하십니다. 주께서 몇몇 종류의 사람들을 낮추시고 흩으신 후에, 친히 일어나 자기 백성을 모으실 것입니다. "이스라엘을 흩으신 자가 그를 모으시고 목자가 그 양 떼에게 행함 같이 그를 지키시리로다"(렘 31:10). "여호와께서 이와 같이 말씀하시되, 어머니가 자식을 위로함 같이 내가 너희를 위로할 것이라"(사 66:12,13). 여호와께서 친히 그분의 흩어진 자들을 돌아오게 할 수단들을 고안하실 것입니다. 그분이 그들을 향했던 노여움을 돌이키실 것이니, 그들이 노래할 것입니다. "여호와여, 주께서 전에는 내게 노하셨사오나 이제는 주의 진노가 돌아섰고 또 주께서 나를 안위하시오니 내가 주께 감사하겠나이다"(사 12:1).

일생 한 번의 길게 지속된 교제 속에서 하나님과 동행하는 것이 훨씬 더 좋겠지만, 만약 교제가 깨어진다 해도 여러분은 돌아올 수 있고, 또한 즉시 돌아올 수 있습니다. 고난 중에서도 여러분의 기쁨이 지속되었다면 그것은 위대한 일입니다. 하지만 만약 그 고난이 여러분에게 너무 과중하여, 하나님의 모든 물결과 파도가 여러분을 덮쳐버렸다고 해도, 여전히 그분은 여러분을 회복시키실 것입니다. 그분이 이렇게 말씀하셨기 때문입니다. "내가 그들을 바산에서 돌아오게 하며 바다 깊은 곳에서 도로 나오게 하리라"(시 68:22). 여러분은 그분의 노여움이 얼마나 작은 것이었던가를 보게 될 것입니다. 사랑으로 싸매어준 붕대가 상처의 아픔을 잊게 할 것이며, 위로의 기름이 효과적으로 상처를 치유할 것이기 때문입니다. 비록 주께서 여러분을 어둠 속에 가두어두셔도, 후에는 다시 빛을 주실 것이며, 그 빛은 어둠으로 인해 한층 더 밝을 것입니다. 위로가 회복될 때 우리는 위로가 잠시 떠났던 이유들을 이해하게 될 것이니, 마치 옛 야곱이 오랫동안 잃었던 그의 요셉을 다시 찾았을 때와 마찬가지일 것입니다. 그 때 우리는 우리에게 위로를 회복시킨 은혜에 감복하는 것만큼이나 우리에게 고통을 허용했던 사랑에도 탄복할 것입니다. 그러므로 여러분은 하나님의 작은 노여움을 인내함으로 견디십시오. 그 노여움의 기간은 짧고 그 보상은 클 것입니다.

더 나아가 본문은 **그 진노 자체가 작다(little)고** 선언합니다. 만약 이 표현을 오류가 없는 펜으로 기록된 이곳에서 발견하지 않았더라면, 나는 아마도 이런 식의 표현을 쓰지 않았을 것입니다. "작은 진노로 내 얼굴을 네게서 잠시 가렸노라"(8절). 자기 백성을 향한 하나님의 진노는, 불경건한 자들을 향하여 불타는 진노에 비하면 작은 것이며, 필요한 정도 이상을 결코 넘지 않습니다. 여러분이 본문을 읽으면 그것이 작은 진노여야 하는 이유를 보게 될 것입니다. 우선, 그 진노는 자기 아내를 향한 남편의 진노이기 때문입니다. "너를 지으신 이가 네 남편이시라"(5절). 그렇습니다. 선하신 주여, 당신이 저에게 화를 내실 수 있지만, 당신은 여전히 남편이십니다! 당신이 잠시 저를 잊으실 수는 있지만, 당신은 신실과 인자하심으로 영원히 저와 정혼하셨습니다! 당신의 말씀에 이렇게 기록되어 있나이다. "이스라엘의 하나님 여호와가 이르노니 나는 이혼하는 것을 미워하노라"(말 2:16). 택하신 자들을 향한 주의 진노는 반역한 신하들을 향한 왕의 분노가 아니며, 자기 원수를 미워하는 상대방의 적개심도 아니며, 오히려 부드러운 시기심, 곧 신부가 나쁘게 대할 때에 사랑하는 신랑이 가지는 부드러운 질투라는 것을 기억하십시오. 예레미야서에서 그것을 확인하십시오. 그분이 자기 백성에게 고통을 주시는 곳에서, 그분은 동시에 자기 사랑을 보이시며, 또한 탄식하십니다. "내 마음으로 사랑하는 것을 그 원수의 손에 넘겼노라"(렘 12:7).

또한 그 진노는 친히 구속하신 자들을 향하신 구속주의 진노임을 기억하십시오. 8절 끝부분에서 우리는 "네 구속자 여호와께서 말씀하셨느니라"고 하신 선언을 대합니다. 그 진노에도 불구하고 그분은 우리를 위해 죽으셨으며, 여전히 그분은 값을 치르고 사신 것을 얻으려고 힘을 발휘하시며, 우리를 잃어버리기에는 너무나 귀하다고 여기십니다. 진노하실 때에도, 여전히 범죄자를 속량한 그 피를 기억하는 분의 노여움은 작은 노여움이 아닐까요? 오 구주시여, 하나님의 아들, 나의 주, 나의 생명, 나의 모든 것 되시는 주여, 비록 제가 당신의 얼굴에서 미소를 볼 수 없다 하여도, 저는 여전히 당신의 손에 있는 상처들을 볼 수 있습니다! 비록 제가 저의 마음에 성령으로 부어지는 당신의 사랑으로 황홀경에 빠지지는 못해도, 그럼에도 저는 창이 당신의 심장을 찔렀을 때, 당신의 사랑이 상처 입은 고귀한 옆구리에서 흘러나온 것을 압니다! 여기에 구름 아래에 있는 자들을 향한 위로가 있습니다. 구속주께서 고난의 대가를 치르고 속량하신 자들에게 자기 얼굴을 가리시는 때의 진노는 작은 것일 뿐입니다.

더 나아가, 우리를 긍휼히 여기시는 분의 노여움에 대하여 10절 끝부분에 이렇게 기록되어 있습니다. "너를 긍휼히 여기시는 여호와께서 말씀하셨느니라." 히브리어로 그 구절은 이와 같습니다. "너를 측은히 여기는 여호와가 말한다." 그 진노는 애정과 동정심을 가지신 분의 진노이기에, 그분이 때리실 때에도 여전히 그분은 측은히 여기십니다. 그것은 회초리를 들고 자녀를 때릴 때에 자녀보다 더 큰 아픔을 느끼는 아버지의 노여움입니다. 아버지가 매를 들어 자기 자녀를 소리 내며 울게 만들 때, 그의 마음은 찢어지는 것만 같습니다. 그것은 사랑과 조화되는 진노입니다. "내가 그를 책망하여 말할 때마다 깊이 생각하노라"(렘 31:20). 우리에게 매를 대시는 분의 손에는 우리의 이름들이 새겨졌으니,

우리를 아프게 하는 그 회초리에는 긍휼의 마음이 깃들여 있습니다.

이 문제를 다루는 것에만 오래 지체할 수는 없으니, 이제 우리는 그분의 넘치는 진노라고 표현된 것이 전혀 가혹한 처분이 아니라는 점에 주목할 것입니다. 본문이 무어라고 말합니까? “내 얼굴을 네게서 잠시 가렸다.” 주의 얼굴이 악을 행하는 그들을 향하여, 그들을 지면에서 끊어버려 기억되지 못하게 하는 것이 아닙니다. 본문은 “내가 노한 얼굴로 그들을 보았다”고 말하지 않고, 오히려 “내 얼굴을 네게서 가렸다”라고 말합니다. 나는 이것이 고통스러운 것임을 인정하지만, 묵상하면 달콤한 부분도 있습니다. 왜 그분이 얼굴을 가리셨을까요? 그 이유는 그분 얼굴을 보는 것이 우리에게 즐거운 일이기 때문입니다. 그분의 얼굴은 사랑의 얼굴입니다. 만일 그것이 진노의 얼굴이라면, 그분은 잘못을 행한 자녀에게서 그 얼굴을 가리실 필요가 없을 것입니다. 만일 그것이 화난 얼굴이고, 그분이 우리를 징계하기를 바라신다면, 그분은 그 얼굴을 드러내실 것입니다. 그러므로 우리가 확신할 수 있는 바는 이것입니다. 그분이 얼굴을 가리시는 이유는, 그 얼굴이 영원한 사랑으로 너무나 밝게 빛나기에, 그 얼굴을 보게 되면 우리가 어떤 징계도 느끼지 못할 것이기 때문입니다.

“찡그린 섭리 뒤에서
미소 짓는 얼굴을 가리고 계시네.”

그분의 감추어진 사랑은 진정한 사랑이며, 그렇기 때문에 그 사랑은 스스로를 감추는 것입니다. 우리가 외적인 어둠에 빠질 수도 있고, 으스러뜨리는 쇠몽둥이의 타격을 느낄 수도 있지만, 우리가 그분의 언짢은 기색을 대하는 것은 잠시뿐임을 기억하십시오. “우리의 죄를 따라 우리를 처벌하지는 아니하시며 우리의 죄악을 따라 우리에게 그대로 갚지는 아니하셨도다”(시 103:10). 하나님의 능하신 손 아래에서 겸손하고, 주의 징계를 가볍게 여기지 말며, 그분이 우리를 바로잡으실 때 낙심하지 맙시다. 주께서는 그 사랑하시는 자들을 징계하시고 그가 받으시는 아들마다 채찍질하시기 때문입니다. 실망하지도 말고 우리의 하나님을 불신하지도 말며, 우리가 그분의 큰 진노의 대상이라고 생각하지도 맙시다. 정녕 그럴 때 우리는 그분의 아버지로서의 노여움을 느끼는 것일 뿐이며, 그것은 그분의 지혜롭고 깊은 사랑의 한 형태입니다.

여기서 우리가 빠뜨릴 수 없는 말은 이것입니다. 즉 그분의 작은 진노는 영원한 사랑과 완벽하게 조화된다는 것입니다. "내가 작은 진노로 내 얼굴을 네게서 잠시 가렸으나 영원한 자비로 너를 긍휼히 여기리라." 주님은 약속을 하실 때 영원한 인자함으로 가득하십니다. 왜냐하면 만일 여러분이 어떤 사람에게 사랑할 것이라고 약속한다면 여러분은 이미 그 사람을 사랑하고 있기 때문입니다. 내가 여러분 앞에서 읽은 종류의 약속은 오직 사랑이 동기가 되어야만 할 수 있는 약속입니다. 오, 하나님이 잠시 얼굴을 가리셨다고 느끼는 당신이여, 그분이 영원한 자비로 당신을 긍휼히 여기리라고 약속하셨다면, 그분의 가슴을 지배하고 있는 것은 이미 사랑이 아니겠습니까? 우리의 천부께서는 자기 자녀를 쓰다듬으며 어르실 때와 마찬가지로 그 자녀를 징계하실 때에도 동일하게 사랑하시는 분이십니다. 주님의 백성은 친교의 산봉우리에 있을 때와 마찬가지로 환난의 용광로에 있을 때에도, 그분에게 너무나 귀한 존재입니다. 그들은 그분이 그들을 죽이실 때조차 그분에게 귀하며, 그분의 격렬한 노여움이 그들의 기쁨과 모든 소망을 파괴하는 듯이 보일 때에도, 그분이 그들을 자기의 손에 올려놓으실 때와 마찬가지로 귀합니다. 주님의 사랑은 바다 물결처럼 요동하지 않습니다. 그분의 확고한 사랑은 큰 산처럼 견고하게 서 있으며, 영원한 언덕처럼 안정되어 있습니다.

당신의 고통이 크다고 해서 하나님이 당신을 사랑하기를 중단하셨다고 여기거나, 당신을 덜 사랑하신다고 판단할 권리가 당신에게는 없습니다. 그와 반대로, 사람에게 닥칠 수 있는 모든 고통들이 하나님의 자녀에게 한꺼번에 닥친다 해도, 하나님이 일으키신 파도와 물결이 그를 엄몰한다고 해도, 그리하여 그가 깊은 고통의 자리로 내려가 땅의 빗장이 영원히 그를 가두는 것처럼 보인다 해도, 한 줄기의 빛도 그에게 비치지 않고, 오히려 유혹으로 괴롭힘을 당하고, 사탄에게 고문당하며, 사람들에게는 버림을 받는다 해도, 그리고 몸과 영혼이 모두 슬픔과 고통에 처한다고 해도, 그럼에도 불구하고 이런 것은 그를 향한 하나님의 사랑의 한 징표일 뿐이며 그 사랑이 그에게 지극한 복락을 주기 위한 과정의 일부일 뿐이라고 나는 확신합니다. 최악의 상태에 있는 믿는 자에 관하여, 진실로 최대한 어둡게 말할 수 있는 것은 이 정도에 지나지 않습니다. "내가 작은 진노로 내 얼굴을 네게서 잠시 가렸노라."

오 하나님의 자녀들이여, 여러분은 이 말씀에 의해 위로를 받아야 합니다.

하지만 거룩한 보혜사(Comforter)께서 이 하늘의 진리를 여러분 영혼 속에 심어 주시지 않으면, 여러분이 그런 위로를 얻지 못할 것임을 나는 압니다. 나는 나 자신의 부족한 방식으로 그 진리들을 말할 수밖에 없지만, 그분은 능력으로 그 진리들을 말씀하실 수 있습니다. 주의 작은 진노 아래에 있을 때 우리의 의무는 그것을 느끼고, 그 문제에 대해 슬퍼하는 것입니다. 또한 우리 자신을 살피고, 우리의 죄악을 멀리하는 것입니다. 하지만 우리는 불신앙으로 주의 명예를 훼손해서는 안 되며, 우리 스스로 행위 언약 아래에 있다고 상상해서도 안 되며, 마치 속죄가 실패하여 우리가 이전처럼 진노의 자녀였던 상태로 남겨졌다고 여겨서도 안 됩니다. 우리는 율법 아래에 있지 않으며, 따라서 율법이 촉발하는 진노 아래에 있지 않습니다. 우리는 주님 앞에서 유죄로 여겨지지 않으며, 따라서 그분의 큰 진노를 일으키는 불쾌한 대상이 될 수 없습니다. 이 점을 기억하고, 주의 징계를 당하는 동안 용기를 내도록 합시다.

2. 하나님의 큰 진노와 우리의 안전

이제 우리는 하나님의 큰 진노와 그 진노로부터의 우리의 안전에 대해 생각해보고자 합니다. 하나님의 진노로부터 우리의 안전은 이것입니다. "이는 내게 노아의 홍수와 같도다. 내가 다시는 노아의 홍수로 땅 위에 범람하지 못하게 하리라 맹세한 것 같이 내가 네게 노하지 아니하며 너를 책망하지 아니하기로 맹세하였노라"(9절). 하나님께서 온 세상을 다시 물에 잠기게 하시지 않는 한, 그분은 결코 자기 백성을 향하여 그분의 큰 진노를 쏟아내실 수 없습니다. 노아가 방주에서 구원을 받은 이후로 많은 세기가 흘렀으며, 그 이후로 세상 전체에 미치는 다른 홍수는 없었습니다. 여기저기서 부분적인 홍수들은 있었지만, 지구가 물로 완전히 멸망하지는 않았습니다. 나는 노아가 방주에서 나온 이후 처음 쏟아진 소나기에 무척 놀랐을 것이라고 생각하며, 만약 그가 구름에 걸려 있는 하나님의 활을 보지 않았더라면, 세상이 다시 한 번 깊은 물 속에 잠기지나 않을까 두려워했을 것입니다. 하지만 그의 두려움은 모두 기우에 불과했습니다. 여러 세대들이 떠나고 또 그 뒤를 따랐지만 홍수로부터 안전하였습니다. 지금은 전 세계적인 홍수를 두려워하는 사람은 없을 것이라고 나는 생각합니다.

하나님의 자녀여, 당신은 하나님의 큰 진노가 당신에게 엄몰할 것이라는 모든 두려움을 단번에 영원히 몰아내야 합니다. 그것은 의롭게 된 자에게 결코 미칠 수 없기 때문입니다. 노아의 홍수가 다시 땅 위에 범람하지 않는 것과 마찬가지로, 당신이 주 예수 그리스도를 믿는다면, 주께서 결코 당신에게 노하지도 책망하지도 않을 것이며 당신을 결코 원수로 여기지 않을 것임을 굳게 믿으십시오. 그분의 큰 진노는 끝났습니다. 옛 홍수는 열두 달 이상 지속되었고, 그 시기에 씨를 뿌리는 것이나 수확하는 것이 없었지만, 주께서 홍수가 자연의 활동을 막는 일이 다시는 없을 것이라고 말씀하셨습니다. "땅이 있을 동안에는 심음과 거둠과 추위와 더위와 여름과 겨울과 낮과 밤이 쉬지 아니하리라"(창 8:22)고 그분이 말씀하셨고, 실제로 멈춘 적이 없었습니다. 들로 나가서 땅 위에 열매들이 얼마나 맺었는지를 보십시오. 그것들은 익어 낫을 기다리고 있습니다. 비록 수천 년의 세월이 흘렀지만, 하나님께서 또 다른 홍수에 의해 계절들이 중단되는 일이 없게 하셨듯이, 그분이 당신의 영적 생명을 멈추는 일도 없을 것이며, 당신에게 진노를 쏟아 부으심으로써 언약의 복들을 빼앗는 일도 없을 것임을 확신하십시오. 그렇게 하지 않겠노라고 그분이 말씀하십니다. 형제여, 이 후에도 그런 의심에 빠지는 것은 일종의 신성모독과도 같은 일임을 명심하십시오.

이 본문이 시사하는 바는, 하나님의 진노가 결코 우리를 향해 폭발하지 않을 것을 우리가 확신할 수 있다는 것입니다. 그 진노가 한 번 우리에게 퍼부어졌기 때문입니다. 노아의 홍수는 한 번 땅 위에 범람했지만, 결코 두 번은 아니었습니다. 하나님의 진노는 구속받은 그분의 백성에게 결코 두 번 쏟아질 수 없습니다. 왜냐하면 그것이 이미 그들에게 쏟아졌기 때문입니다. 여러분은 그것을 기억하지 못합니까? 그 어둡고 슬픈 밤에, 우리의 위대한 언약의 머리이시며 대표자이신 그분이 그동안에 홀로 계실 때, 홍수가 격렬하게 일어났으며, 그 때 그분이 이렇게 말씀하셨습니다. "내 마음이 매우 고민하여 죽게 되었다"(마 26:38). 그 날 밤 그 동산에서 우리 중 아무도 보지 못한 놀라운 광경이 있었습니다.

"임마누엘이 두려운 슬픔에 잠기셨으니,
그 하나님의 아들 외에는
땅에 있는 아무도 느끼지 못하고 알지 못한 것이라네.
마음의 극심한 고통 속에서,
쓴 잔을 깊이 들이마셨고
피와 같은 땀방울들이 흘러내렸네."

홍수가 그 소리를 높이고, 진노의 폭우가 쏟아졌으며, 거대한 심연이 아래에서도 입을 벌려 그분의 마음을 삼켰습니다. 물들이 그분의 영혼에까지 흘러들어왔습니다(참조. 시 69:1).

여러분은 빌라도의 관저에서 그분에게 무슨 일이 일어났었는지를 압니다. 군병들 사이에서, 그분이 어떻게 수치와 침 뱉음으로부터 자기 얼굴을 가리지 않으시고, 엎드린 채로 채찍을 휘두르는 자에게 등을 맡기셨는지를 여러분은 압니다. 그리고 여러분은 그들이 어떻게 그분에게 십자가를 지우고, 그분 곧 여러분과 나의 주님을 그곳에 못 박았는지를 기억합니다. "여호와께서 그에게 상함을 받게 하시기를 원하사 질고를 당하게 하셨도다"(사 53:10). 여호와께서 그분의 영혼을 속건제물이 되게 하셨고, 우리 모두의 죄악들을 그분에게 담당시키셨습니다. 아버지께서는 그에게서 그 얼굴을 가리셨고, 죄인을 대신한 분에게 미소 짓기를 거절하셨습니다. 폭풍이 휘몰아치고, 홍수가 산꼭대기 위로 이십 규빗이나 되는 높이에 이르렀을 때에, 우리 주님께서 소리치셨습니다. "나의 하나님, 나의 하나님, 어찌하여 나를 버리셨나이까?" 그 때 홍수가 최고조였으니, 그것은 죄로 인하여 우리에게 쏟아졌어야 할 진노의 홍수였습니다.

주 예수님의 죽음 안에서 우리는 죽었습니다. 우리는 그분 안에서 십자가에 못 박혔습니다. 그분 안에서 우리는 죄의 형벌을 짊어졌습니다. 여호와께서 그분에게 우리 모두의 죄악을 담당시키셨습니다. 우리가 새겨두어야 할 금언(金言), 결코 부인될 수 없는 진실은, 한 번의 잘못에 두 번의 심판이 있을 수 없다는 것입니다. 땅의 법이든 하늘의 율법이든, 결코 대속자가 피를 흘리고 난 후에 다시 형벌이 있어야 한다고 요구하지 않을 것입니다. 만약 그런 일이 발생한다면 속죄의 가치가 어디에 있는 것입니까? 예수께서 우리의 빚을 갚으셨으니, 우리에게는 더 이상 빚이 없습니다. 그분이 우리에게 불리한 법조문들을 가져가시고, 그것을 그분의 십자가에 못 박으셨습니다. 거기에서 우리의 채무가 수령되었고, 그 영수증이 그리스도의 십자가에 붙어 있습니다. "누가 능히 하나님께서 택하신 자들을 고발하리요 의롭다 하신 이는 하나님이시니 누가 정죄하리요 죽으실 뿐 아니라 다시 살아나신 이는 그리스도 예수시라"(롬 8:33-34). 그것이 지옥의 모든 요구에 대한 충분한 답이 아니겠습니까?

두어 가지 성경 구절들을 묵상하면서 그 안에 담긴 꿀을 마시도록 합시다. "자기를 단번에 제물로 드려 죄를 없이 하시려고 세상 끝에 나타나셨느니라"(히

9:26). 그것을 붙잡읍시다. 죄가 영원히 치워졌습니다. 또 다른 선지자가 우리에게 말합니다. 그분이 오신 것은 "허물이 그치며 죄가 끝나도록"(단 9:24) 하시기 위해서입니다. 그분이 죄를 끝내셨다면, 그것이 어디에 있습니까? 우리가 그것이 돌아오지 않을까 두려워할 이유가 무엇입니까? 다윗이 그것을 어떻게 표현했는지를 생각해보십시오. "동이 서에서 먼 것 같이 우리의 죄과를 우리에게서 멀리 옮기셨도다"(시 103:12). 저 광대한 하늘에서 동이 서에서 얼마나 먼 것을 아는 자가 있습니까? 저 광대한 우주에서 어느 방향으로 가든지 그 경계선을 상상할 수 없으며, 따라서 그 거리도 추측할 수 없는 것입니다. 비록 큰 원수가 우리의 죄를 다시 가져오려고 시도하여도, 그가 그 일을 하는 데는 영원의 시간이 소요될 것이며, 그런 사이에 우리는 천국에서 안전하게 될 것입니다.

주님께 대하여 미가서는 무어라고 말하고 있습니까? "주께서 우리의 죄악을 발로 밟으시고 우리의 모든 죄를 깊은 바다에 던지시리이다"(미 7:19). 바다가 얼마나 깊은지 아는 자가 있습니까? 어떤 장소들에서는 그 깊이를 가늠할 수가 없습니다. 그 깊은 곳에 던진 것을 우리가 다시 찾을 수 있을까요? 우리의 죄들은 우리 주 예수님에 의해 어떤 다림줄도 다다를 수 없는 깊은 곳에 던져졌습니다. 이로 인해 그분의 이름을 찬송합니다!

또 다른 본문이 내 기억 속에서 떠오릅니다. "여호와의 말씀이니라, 그 날 그 때에는 이스라엘의 죄악을 찾을지라도 없겠고 유다의 죄를 찾을지라도 찾아내지 못하리라"(렘 50:20). 또 이 구절을 기억하십시오. "내가 네 허물을 빽빽한 구름 같이, 네 죄를 안개 같이 없이하였노라"(사 44:22). 이러한 결과에 대해 말하는 본문은 많습니다. 시간 관계로 그 구절들을 다 언급할 수는 없지만, 그 요약과 핵심은 우리의 위대한 언약의 보증이신 예수 그리스도께서 우리를 위하여 저주를 받은 바 되사 율법의 저주에서 우리를 속량하셨다는 것입니다. 여러분은 내 의도를 이해할 것입니다. 큰 진노의 홍수는 지나갔습니다. 그 홍수가 거룩하고 귀하신 구속자를 엄몰하였으니, 그 격렬한 노여움은 떠난 것입니다.

"무서운 폭풍의 소리가 들리더니,
오 그리스도시여, 그것이 당신에게 임했나이다.
당신의 넓은 가슴이 나의 피난처이니,
그 가슴이 용감하게 날 위해 폭풍에 맞섰나이다.

당신의 모양이 손상되고, 당신의 용모가 상하셨으니,
이제 내게는 구름 없는 평화가 임했나이다."

물로 세상을 덮었던 홍수이건, 혹은 구속받은 자들을 압도했던 하나님의 진노이건, 그것이 두 번 다시 찾아오지 않을 것임은 절대적으로 확실합니다. 이 얼마나 큰 기쁨인지요! 하지만 그것이 전부가 아닙니다.

본문은 우리의 안전에 관하여 하나님의 맹세를 제공합니다. "내가 다시는 노아의 홍수로 땅 위에 범람하지 못하게 하리라 맹세한 것 같이 내가 네게 노하지 아니하며 너를 책망하지 아니하기로 맹세하였노라"(9절). 여호와께서 하늘을 향해 그 오른손을 들고서 맹세하시는 때는 언제나 엄숙한 경우입니다. 하나님의 맹세에 의해 보증된 것은 확고합니다. 내 생각에 이보다 더 경외심으로 가득하게 하는 것은 없습니다. 나는 이러한 문제를 완전히 이해하지 못하지만, 그러나 그것을 묵상하기를 좋아합니다. 그분이 친히 맹세하신 이유는 그분 자신보다 더 큰 것으로 맹세하실 수가 없기 때문이며, 또한 그분의 약속에 자기 맹세를 더하심으로써 우리에게 변경될 수 없는 것들을 주고자 하시기 때문입니다. 하나님이 거짓을 말하실 수는 없습니다. 그분은 자기를 들어 맹세하시며 이와 같이 말씀하십니다. "그들의 죄와 그들의 불법을 내가 다시 기억하지 아니하리라"(히 10:17). 그리스도의 무덤에 매장된 죄는 다시 일어나지 않을 것이며, 더 이상 영원히 우리에게 불리한 차원에서 언급되지도 않을 것입니다. 그리스도께서 담당하신 죄악은, 다시는 구주께서 위하여 그것을 대신 짊어지신 자들의 탓으로 돌려지지 않을 것입니다. 어떻게 그럴 수가 있겠습니까? 진실과 거룩함이 지속되는 한, 속죄가 받아들여지고 나서 다시 죄인이 자기 자신 때문에 형벌을 받는 일이 가능하겠습니까? 만약 하나님이 자기 맹세를 어기실 수 있다면, 그런 일이 있을 수 있겠지만, 그런 일은 상상조차 할 수 없는 일이니 우리는 안심할 수 있습니다.

또한 우리는 주께서 언약으로 우리에게 안전을 보장하셨다는 사실을 본문에서 확인할 수 있습니다. 10절에서 그분은 이렇게 말씀하십니다. "나의 화평의 언약은 흔들리지 아니하리라." 영원하신 아버지는 그리스도와 언약을 맺어 그분에게 후손을 주고자 하셨고, 그들에 대하여 그리스도는 언약의 머리와 보증이 되십니다. 그리스도는 자기 백성들의 죄에 대한 모든 형벌을 감당하심으로써 그분 편에서 언약을 완수하셨고, 모든 의를 이루셨으니, 이제 그 언약은 아버지 편에서 확실하게 실행되어 견고하게 서 있습니다. 언약의 조항은 이런 것입니다. "새 영을 너희 속에 두고 새 마음을 너희에게 주되 너희 육신에서 굳은 마음을 제거하고 부드러운 마음을 줄 것이라"(겔 36:26). "내가 그들에게 복을 주기 위하여 그들을 떠나지 아니하리라 하는 영원한 언약을 그들에게 세우고 나를 경외함을 그들의 마음에 두어 나를 떠나지 않게 하리라"(렘 32:40). 하나님이 이렇게 말씀하셨습니다. "내가 그들 가운데 거하며 두루 행하여 나는 그들의 하나님이 되고 그들은 나의 백성이 되리라"(고후 6:16). 이는 주께서 되돌리실 수도 없고 되돌리시지도 않을 언약입니다. 그분은 그분 입에서 나온 것을 결코 변개하시지 않기 때문입니다. 이 언약은 그리스도의 피에 의해 서명되고 봉인되었으며 비준되었습니다. 그것은 모든 면에서 잘 되었고 확고합니다. 그러므로 하나님의 백성은 의로운 진노의 홍수로부터 영원한 구원을 얻어, 완벽한 안전 속에서 안식할 수 있습니다.

이제 말씀을 마무리하면서, 주님의 마음과 의도를 선언하심에 있어서, 우리의 안전에 관하여 얼마나 복된 예증들이 추가되었는지를 살펴보겠습니다. 주님은 산들과 언덕들을 보시고, 이런 것과 그 외 모든 가시적인 것들이 사라질 것임을 선언하십니다. 주님의 영원한 통치가 재개될 때에, 시간에 의해 태어난 가장 위대한 것들도 사라집니다. 산들과 언덕들은 가장 견고한 지상의 소망과 확신들을 대표합니다. 하지만 그 모든 것들은 우리가 그것들을 가장 필요로 할 때에 우리를 실망시킵니다. 주님께서는 친히 우리에게 그것을 확인시켜주시며, 우리에게 어떤 보이는 것들의 안전이나 피조물로부터 얻어낼 수 있는 어떤 평화도 보증하시지 않습니다. "산들이 떠나며 언덕들은 옮겨질지라도 나의 자비는 네게서 떠나지 아니하며 나의 화평의 언약은 흔들리지 아니하리라 너를 긍휼히 여기시는 여호와께서 말씀하셨느니라"(10절). 오! 산들이 녹아지고, 언덕들이 해체되며, 땅과 하늘이 떠나갈지라도, 여호와께서는 자기 맹세를 잊으시거나 그의 택하신 자들을 버리실 수 없습니다! 우리가 가장 사랑하는 친구들이 죽고, 저 무덤으로 가는 슬픔의 길을 우리가 수없이 밟으며, 산 자들이 우리에게 비정해지고, 우리의 재산이 한꺼번에 잃어지고, 또한 우리의 명예로운 이름이 부당하게 의문시되고, 박해에 의해 우리가 추방되고, 약함과 질병이 우리의 침상에 찾아오며, 폐병이 우리에게 그 인장을 찍거나 다른 고통스러운 질병들이 마치 무장한 사람들처럼 우리에게 엄습한다고 해도, 또한 그 때에 산들이 떠나고 언덕들이 제거되는 것을 목도하여도, 그럴 때에도 우리는 전능의 사랑 안에서 승리할 것입니다. 왜냐하면 주께서 이렇게 말씀하셨기 때문입니다. "나의 자비는 네게서 떠나지 아니하며 나의 화평의 언약은 흔들리지 아니하리라." 병실이 궁전이 될 것이며, 질병 자체가 천사 같은 사자(使者)가 될 것입니다. 가난이 우리를 부하게 할 것이며, 수치가 우리의 명예로 변할 것이고, 추방이 우리를 본향으로 더 가까이 이끌어줄 것이며, 죽음 자체가 생명의 영역을 확대시켜줄 것입니다. 상상할 수 있는 어떤 환경에서도 언약은 실패하지 않습니다. 언약을 맺으신 여호와께서 변하실 수 없고, 그 언약에 인장을 찍으신 예수께서 죽으실 수 없으며, 그것을 선포한 사랑이 중단될 수 없고, 그것을 실행하는 능력이 쇠하여질 수 없으며, 그것을 보증하는 진리가 의문시될 수 없습니다. 그 평화의 언약의 영원한 조항 안에서, 모든 하나님의 백성에게 확실한 그 조항 속에서, 우리는 말할 수 없는 기쁨과 충만한 영광으로 즐거워할 수 있습니다.

내 형제들이여, 여러분은 이것을 믿습니까? 만일 그렇다면 여러분은 천사들처럼 행복할 것이 틀림없습니다. 우리의 운명은 지극히 복된 것입니다. 우리가 섬기는 하나님은 얼마나 사랑이 많으시며, 그분이 우리에게 대하여 말씀하신 일들은 얼마나 위대한지요! 전능하신 하나님께서 "흙집에 살며 티끌로 터를 삼고 하루살이 앞에서라도 무너질"(욥 4:19) 인생들과 언약을 맺으시다니, 이 얼마나 경이로운 일인지요! 우리의 외적인 슬픔들이 무엇이든지, 우리가 이 최상의 은혜들을 생각하고 우리 마음에서 그것들을 즐거워할 때, 우리는 모든 사람들 중에서 우리 스스로를 가장 행복하다고 여길 수 있을 것입니다. 우리가 어떻게 그토록 냉정하고, 죽은 것 같을 수 있을까요? 그런 은혜는 바위들과 언덕들이라도 크게 노래하도록 만들기에 충분합니다. 오, 내 영혼아, 일어나라! 주를 향하여 영원토록 할렐루야를 크게 외칠지어다!

이 거룩한 진리와 아무런 관계도 없는 이들에게 말합니다. 여러분이 소유한 것은 무슨 가치가 있습니까? 오 세상을 추구하면서 언약의 자비를 멸시하는 여러분이여, 여러분은 차라리 태어나지 않았더라면 좋았을 것입니다. "사람이 만일 온 천하를 얻고도 자기 목숨을 잃으면 무엇이 유익하리요?"(막 8:36). 이 문제를 생각하고, 여러분의 길을 숙고하십시오. 여러분에게 격려가 될만한 것이 여기에 있으니, 이 본문 전체에서 특히 주목할 것은 긍휼입니다. 7절을 보십시오. "내가 잠시 너를 버렸으나 큰 긍휼로 너를 모을 것이라." 8절을 보십시오. "너를 긍휼히 여기리라." 하나님의 말씀에 긍휼이 넘쳐납니다.

이 사실을 또한 기억하십시오. 비록 우리 중 어느 누가 이 언약을 얻었더라도 우리는 본성상 여러분보다 나은 것이 없으며, 공로에 의한 자격을 여러분보다 더 많이 가진 것이 아닙니다. 그저 하나님께서 특별한 은혜 안에서, 우리를 이끌어 이러한 특권을 누리게 하신 것입니다. 그렇다면 그분이 여러분 또한 이끄시지 못할 이유가 무엇일까요? 만약 구원이 공로에 의한 것이면, 복음은 없었을 것입니다. 그러나 그것이 은혜, 곧 값없이 주시는 풍성한 은혜로 인한 것이면, 여기 여러분을 위한 복된 소식이 있습니다. 귀한 영혼이여, 만약 당신이 용서를 받고 싶다면, 그리스도께서는 용서하실 준비가 되어 있습니다. 만일 당신이 하나님과 더불어 화평하고 싶다면, 그 평화는 이루어졌습니다. 만일 당신이 주 예수 그리스도를 믿으면, 당신은 오늘 그분의 완벽한 구속 안에서 기뻐하는 자들과 마찬가지로 구원을 얻을 것입니다. 하나님께서 오늘 당신으로 하여금 겸손히 죄를 고백하게 하시고, 믿는 마음으로 그리스도를 바라보게 하시며, 어린 양의 피로 말미암은 구원을 발견하게 해 주시길 빕니다. 아멘.

제
70
장

"돈 없이, 값 없이"

"돈 없이, 값 없이 와서 포도주와 젖을 사라."—사 55:1

복음에서 약속되고 제공되는 영적인 복들은 인간이 필요로 하는 모든 것을 포함합니다. 그것들은 우리가 보고 있는 이 장(章)에서 "물"로 묘사되는데, 곧 새롭게 하고 깨끗하게 하는 "생명의 물"이며, 사람이 이 물을 마시면 다시 목마르지 않을 것입니다. 그것들은 본문에서 또한 "포도주"로 묘사됩니다. 이 포도주는 기쁨을 주고, 유쾌하게 하며, 위로를 주는 포도주입니다. 그것은 "사람의 마음을 기쁘게 하는 포도주"(시 104:15)로서, 그 속에는 슬픔이 없고 거룩한 즐거움으로 가득합니다. 이러한 복들은 세 번째로 "젖"으로 표현되는데, 젖이란 인간이 기운을 유지하는데 필요한 모든 성분을 포함하는 거의 유일한 식품이기 때문입니다. 따라서 그것은 인간을 만족시키는 복음의 특징들을 대변하는 일종의 전형(典型)입니다. 예수 그리스도의 복음을 받아들이는 자는 지금 현재와 또한 영원히 그의 영혼이 필요로 하는 모든 것을 가집니다. 물과 포도주와 젖이 목숨을 위하여 풍성한 영양분을 제공하듯이, 복음은 우리의 영혼에 만족을 제공합니다.

본문에 따르면, 우리 영혼에 필요한 이 양식이 무료로 제공됩니다. 우리는 그것을 사야 합니다. 말하자면, 마치 우리가 그것을 구입한 것처럼 분명한 권리와 확실한 보증으로 그것을 소유하는 것입니다. 하지만 그 구매는 "돈 없이" 이루어집니다. 우리가 오해하는 것을 막기 위해, 또는 비록 문자 그대로 돈으로 사는 것은 아니지만 어떤 다른 보상이 하나님께 드려져야 한다고 추측하는 것을 피하도록 하기 위해, "값 없이"라는 표현이 덧붙여졌습니다. 이러한 이중의 표현은, 어떠한 방식으로든 하나님의 은혜를 살 수 있다고 하는 모든 생각을 단번에 영원히 쓸어버립니다. 복음은 금으로 살 수 있는 것이 아닙니다. 설혹 여러분에게 많은 보화가 있어 그것들을 아낌없이 그리스도의 발 아래 바치더라도 아무런 소용이 없습니다. 그분이 금이나 은에 관심을 기울이실까요? 그들은 지식이나 지혜로도, 곧 지성의 부(富)나 정신적인 돈으로도 은혜를 구입할 수 없습니다. 한 사람이 많은 것을 알 수는 있지만, 그의 지식이 그를 교만하게 할 뿐이며, 혹은 그의 유죄를 증대시킬 뿐입니다.

하나님의 은혜의 선물들은 인간의 공로에 의해 획득되는 것도 아닙니다. 인간의 공로(merit)란 정녕 논할 가치도 없습니다. 차라리 그것을 결함(demerit)이라고 부르는 편이 옳을 것입니다. 비록 우리가 해야 할 모든 일을 행했더라도, 우리는 그것을 당연히 할 일을 한 것뿐이며, 심지어 그런 경우에도 여전히 우리는 "무익한 종"(눅 17:10)일 뿐입니다. 타락한 인간에게 공로가 가능하다는 생각일랑 치우십시오. 아담이 낙원에서 쫓겨난 날 "인간의 공로"라는 말은 진리의 사전에서 지워졌습니다. 하나님의 호의를 획득하려는 차원에서 그분에게 바치는 모든 종류의 선물은 "값 없이"라는 말에 의해 배격됩니다.

어떤 사람들은 만약 그들이 살 수 없다면 물물교환이라도 할 수 있을 것이라고 꿈꾸어왔습니다. 그들은 하나님께 내적인 거룩함 대신 외적인 의식의 아름다움을 가지고 왔습니다. 또한 완벽한 의(義) 대신 그들은 세례 의식의 갱신이나 예전상의 엄숙함을 들고 왔습니다. 비록 그들이 율법을 지키지는 않았지만, 하여간 그들은 예배 규정들은 지켰습니다. 비록 그들이 하나님을 온 마음을 다해 사랑하지는 않았지만, 그들은 적어도 사제가 의식을 행하는 동안 무릎을 꿇었습니다. 그들은 일종의 주술이 어떤 말이나 몸짓에 깃들여 있다고 상상했으며, 하나님이 그런 것에 감동을 받아 그들의 죄를 없애주실 것이라고 꿈꾸었습니다.

다른 사람들은 완전히 정신이 나간 것도 아니면서, 형태만 다를 뿐 같은 오류에 빠졌습니다. 그들은 일정한 정도의 감정이 그들에게 은혜의 선물들을 조달할 것이라고 상상합니다. 그들은 어떤 지점까지 침울해져야 하고, 어느 정도는 두려워 떨면서 절망적이 되어야 한다고 느끼며, 그렇지 않으면 은혜를 바랄 수 없다고 여깁니다. 그런 식으로 그들은 불신앙 곧 죄를 은혜를 위한 준비단계라고 간주합니다. 그리고 절망은, 자비로우신 하나님께 대한 모독이거늘, 그들은 그 상태가 그분의 풍성한 은혜를 받기에 합당한 상태라고 과장합니다. 또 다른 사람들은 부분적인 개혁, 기도문 읽기, 유산 남기기, 정통 교리를 가르치는 곳에 참석하기, 선행 행하기 등이 그들에게 은혜의 선물들을 가져다줄 것이라고 꿈꿉니다.

이상의 모든 사람들에게 이 복음의 선언이 들려옵니다. 하나님의 사랑의 선물들은 "돈 없이, 값 없이"입니다! 나는 이 진리를 모든 사람들이 이해할 수 있고, 또한 아무도 오해하지 않는 말로 표현할 수 있기를 바랍니다. 사람이 구원을 받을 때마다, 그가 구원을 받는 이유는 하나님께서 은혜로 그를 구원하시기 때문입니다. 그 사람 안에 구원을 받을 만한 어떤 것이 있어서가 아니며, 하나님께서 그 사람은 구원하고 다른 이는 구원하지 않으시는 특별한 타당성이 그에게 있어서가 아닙니다. 하나님의 은혜의 선물들은 절대적으로 거저 주시는 것이며, 이 표현은 어떠한 제한적인 의미로도 한정되지 않습니다. 은혜를 얻을 목적으로, 사람은 그 어떤 선한 것을 가져와도 소용없고 또 그런 것을 가져오도록 기대되지도 않습니다. 모든 것이 은혜로 주어지는 것이며, 우리는 "돈 없이, 값 없이" 그것을 받아들이는 것입니다. 그 한 가지 사상을 나는 강조할 것이며, 하나님의 성령께서 그 사상이 여러분의 정신 속에 분명히 새겨지도록 도우시길 바랍니다.

1. 은혜가 값 없이 주어지는 경이로움

먼저, 나는 구원이 값 없이 주어지는 이 사실의 경이로움에 대해 말할 터인데, 구원이 "돈 없이, 값 없이" 주어진다는 것은 인간이 듣기에 아주 놀라운 일이기 때문입니다. 그것은 사람들에게 너무나 놀라운 일이기에 가장 분명한 용어로 말해도 그들을 이해시킬 수 없습니다. 여러분이 그들에게 하루에 천 번을 말해도, 그들은 여러분이 다른 무언가에 대해 말하고 있다고 생각할 것입니다. 그들은 아무 값도 치르지 않고 모든 것을 가질 수 있다는 사실을, 구원의 은혜와 영원한 생명이 순수하게 하나님의 자비의 선물이라는 사실을, 문자 그대로 진리로서 받아들이지 못합니다.

오늘 아침 이 예배당에 앉아 있는 사람들 중에는 구원의 길을 알고, 구원받은 사람들이 있습니다. 아마도 그들은 여러 해 동안 복음이 아주 명백하게 제시되는 것을 들었지만, 하나님의 성령이 그들의 마음을 밝혀주시기까지는 진정으로 예수님을 단순하게 믿는 것이 무엇을 의미하는지 이해하지 못했노라고 말할 것입니다. 사실 그들은 그 때 하나님의 구원을 단순히 받아들이기만 하면 그것이 그들 자신의 것이 되는 것을 미처 깨닫지 못했다고 말할 것입니다. 그들은 복음이 그토록 단순한 문제일 것이라고는 믿을 수가 없었습니다. 그들은 신비를 추구했고, 고생과 복잡한 준비 과정을 추구했습니다. 그들이 말은 이해했지만, 그 중심이 되는 의미를 이해하지 못했습니다. 은혜와 값 없이 주어지는 복음의 특성은 그들의 생각을 초월하는 것이었습니다. 아주 어렸을 때부터 복음을 들어온 경건한 부모의 자녀들이 여전히 구원의 길에 대해 무지한 경우를 발견하는 것은 특별한 일이 아닙니다. 그들은 이 단순한 진리, 즉 구원은 하나님이 거저 주시는 선물이며, 또한 그런 식으로만 받을 수 있다는 것을 배우지 못했습니다.

자, 인간이 이것을 이해하지 못하는 이유가 무엇일까요? 우선, 나는 그 이유가 하나님께 대한 인간의 관계와, 그분에 대한 그의 잘못된 판단 때문이라고 생각합니다. 인간은 하나님을 엄한 주인이라고 생각합니다. 자기 달란트를 감추어두고는 "당신은 굳은 사람이라 심지 않은 데서 거두고 헤치지 않은 데서 모으는 줄을 내가 알았습니다"(마 25:24)라고 했던 그 사람의 표현이 정확히 대다수 인간이 하나님께 대하여 가지고 있는 생각입니다. 그들은 하나님을 꼼꼼하고 엄한 분이라고 판단하며, 그분의 율법이 인간에게 지나친 것을 요구하고 있다고 판단합니다. 그들은 불쌍하고, 실수가 많으며, 오류가 많은 죽을 인생들에게 그분이 더욱 관대하게 대하는 것이 마땅하다고 판단합니다. 성령께서 인간에게 죄를 깨닫게 하실 때에, 그들은 여전히 하나님께 대해 굳은 생각을 유지하고 있으며, 그분이 그들의 죄를 제거하실 정도로 은혜로우실 수 없다고 여기며 두려워합니다. 그들 자신의 기준으로 하나님을 판단하면서, 그들은 그분이 값 없이 용서하시리라고는 생각하지 못합니다. 비록 그들이 하나님이 자기도 의로우시면서 경건치 않은 자를 의롭게 하시는 것을 가능하게 하는 위대한 속죄를 떠올리기는 하지만, 여전히 그들은 그들 자신이 다른 사람들의 잘못을 기꺼이 용서할 수 없기 때문에, 틀림없이 하나님께서도 그들과 마찬가지로 용서하시기에 더딜 것이라고 생각합니다. 그분으로 하여금 애정이 가득한 상태가 되어 기꺼이 은혜를 베푸실 정도가 되게 하려면, 그분에게 절박하게 호소해야 하고, 참회의 보상을 해야 하며, 약속으로 호의를 얻어야 하고, 눈물로 감동시켜야 한다고 생각합니다. 그들은 여호와의 가슴에서 고동치는 강력한 사랑의 심장에 대해 거의 알지 못합니다. 그들은 에브라임을 가슴에 꼭 껴안고 이렇게 소리치는 그분의 심정을 거의 이해하지 못합니다. "나의 삶을 두고 맹세하노니 나는 악인이 죽는 것을 기뻐하지 아니하고 악인이 그의 길에서 돌이켜 떠나 사는 것을 기뻐하노라"(겔 33:11). 사람들이여, 이 말씀의 의미를 배우십시오. "하늘이 땅보다 높음 같이 내 길은 너희의 길보다 높으며 내 생각은 너희의 생각보다 높으니라"(사 55:9). 그분은 은혜를 베풀기 위해 기다리시며, 경건치 않은 자들이 그 길을 버리고 그분께로 돌아오기만 하면 너그럽게 용서하십니다.

의심의 여지 없이, 타락한 인간의 상태가 그로 하여금 하나님의 선물들이 "돈 없이, 값 없이" 주어지는 것임을 더욱더 이해하기 어렵게 만듭니다. 그는 자신이 필요로 하는 거의 모든 것을 얻기 위해서는 수고해야 하는 운명임을 발견합니다. "네가 얼굴에 땀을 흘려야 먹을 것을 먹으리라"(창 3:19)는 말씀이 우리 인류에게 내려진 판결입니다. 만약 인간이 빵을 원한다면 땅은 그가 땅을 파도록 요구하며, 혹은 어떤 다른 형태의 노동을 하도록 요구합니다. 문명화된 생활 상태에서도 저절로 우리에게 오는 것은 거의 없으며, 돈으로 사야만 얻을 수 있습니다. 인간은 자신이 처한 환경 속에서 무언가를 산다면, 그것은 정녕 "돈 없이, 값 없이" 얻는 것이 아님을 발견합니다. 모든 시장과 가게에서 그는 치를 수 있는 돈과 값을 손에 들고 있어야 하며, 그렇지 않으면 그는 빈손으로 가야 합니다. 따라서 그는 죄로 어두워진 이 세상에서와 마찬가지로 그리스도의 왕국에서도 마찬가지일 것이라고 간주하는 경향이 있습니다. 하나님의 은혜가 수고함으로써 얻는 것이 아님을 발견할 때, 그는 그것을 이상하다고 여기며, 그것이 사실이라고 믿을 수 있기까지는 오랜 시간이 걸립니다. 그는 "돈 없이, 값 없이"라는 말씀을 읽고서, 그 행간에는 틀림없이 그 의미를 조절하는 무언가가 있을 것이라고 여기는데, 죄인이 은혜의 선물들을 받기에 앞서 해야 하거나 혹은 느껴야 할 무언가가 있어야 한다고 생각하는 것입니다.

또한 인간은 서로를 향한 인간들의 일반적인 규칙을 떠올립니다. 이 세상에 아무런 가치가 없는 것을 제외하고 거저 얻을 수 있는 것이 무엇입니까? 공짜로 얻는 것은 아무 가치가 없다고 하는 것이 통상적인 규칙입니다. 거래를 하는 사람치고 이윤 없는 거래를 생각하는 사람은 없습니다. 만약 어떤 사람이 값을 받지 않고 팔도록 강요받는 상황이라면, 그는 눈을 크게 뜨고서 자기 자신이 곧 파산할 거라고 선언할 것입니다. 우리 동료들을 대하면서 우리가 자연스럽게 예상하는 것은, 심지어 황금률에 따르더라도, 우리가 받는 것에 상응하는 바를 그들에게 주어야 한다는 것입니다. 물론 기독교 신앙은 참된 신자들의 상태를 기꺼이 주고자 하고 되돌려 받기를 바라지 않는 수준으로 끌어올리지만, 도처에서 적용되는 일반적인 규칙은 여러분이 얻는 것을 위해서 반드시 값을 지불해야 한다는 것입니다. 여러분은 돈 없이 옷을 구할 수 있습니까? 대가 없이 겨울에 손을 따뜻하게 할 수 있으며, 여러분의 자녀들을 위한 보금자리를 찾을 수 있습니까? 돈 없이 여러분의 지친 몸을 누일 침상을 획득할 수 있습니까? 그러므로 "돈 없이, 값 없이"는 상당히 신기한 것이며, 인간은 그에 대해 놀라며, 그것이 참이라고 믿지 못하는 것입니다.

또 다른 문제가 인간으로 하여금 이런 난관에 빠지도록 일조하는데, 즉 그의 타고난 교만입니다. 그는 하나님 앞에서 극빈자가 되는 것을 좋아하지 않습니다. 인류의 대부분은, 그들 스스로 평가하기에는, 자기 자신을 다른 사람들보다 높이는 어떤 장점을 가지고 있습니다. 상류층 사람들의 대부분은 그들이 가난한 자들에 비해 훨씬 우월하며, 노동자 계층은 인간의 서열에 있어서 그들 자신에 비해 열등하다고 완벽하게 확신합니다. 여러분은 노동자 계층의 사람들 중에서도 동일한 교만을 발견할 것입니다. 그 교만이 그들로 하여금 스스로를 국가의 참된 중추라고 여기게 만들며, 종종 그들은 그런 교만을 불굴의 독립심이라고 부릅니다. 하지만 그것이 신앙의 문제에 끼어들 때에 그것은 악한 오만에 지나지 않습니다.

탕자는 그의 자주독립을 사랑했기에 탕자가 되었습니다. 그는 재산 중에서 자기 자신의 몫을 원했습니다. 탕자가 된 후에 그는 시간을 낭비했으며, 그의 돈도 무분별하게 낭비했습니다. 그는 멋진 신사 노릇 하기를 좋아하며 돈을 소비했습니다. 심지어 탕자가 정신을 차렸을 때에도 여전히 그에게는 대가를 지불해야 한다는 옛 사고방식이 있었습니다. 그래서 그는 하인으로 고용되기를 바랐고, 비록 돈으로 지불하지는 못해도 노동으로 대가를 지불하려고 했습니다. 우리는 자선에 의해 구원받는 것을 좋아하지 않으며, 그렇게 됨으로써 앉아서 자랑할 구석이 없어져버리는 것을 좋아하지 않습니다. 우리는 조금이라도 자축할 근거를 만들기를 원합니다. 만약 여러분이 어느 도덕적인 사람에게 도둑이나 살인자와 같은 방식으로 구원을 받아야 한다고 말한다면, 그것이 진리일지라도 그를 모독하는 셈이 될 것입니다. 정숙한 여성이 막달라 마리아를 구원한 동일한 은혜가 그녀에게도 필요하다는 말을 듣는다면, 그녀는 너무 천하게 취급을 받는 것 같아서 분개심이 일어날 것입니다. 하지만 그것은 사실이며, 모든 경우에 있어서 구원은 "돈 없이, 값 없이" 주어지는 것입니다.

더 나아가, 인간이 만들어 세상에 존재해온 모든 종교들은 하나님의 선물들이 값을 주고 사거나 공로에 의해 얻어지는 것이라고 가르칩니다. 이 점을 잘 구분하십시오. 여러분은 한편에서 복음이 값없이 주어지는 은혜를 가르치는 것을 발견할 터이지만, 이단에서부터 이슬람교와 교황주의에 이르기까지 거짓 종교들 전부가 구원의 약속을 위한 값을 요구할 것입니다. 바리새인들은 넓은 경문 띠를 두르고 이레에 두 번씩 금식하지 않으면 누구도 구원의 약속을 얻을 수 없다고 여깁니다. 이교도들은 반복해서 등을 굽혀 절하거나, 수백 킬로미터를 구르면서 진행하거나, 자기 몸을 고문하거나, 혹은 그의 우상의 제단에 큰 희생 제물을 바칠 것입니다. 이슬람교도들은 순례를 하고 엄청난 기도의 공적을 쌓습니다. 교황주의자에 대해 말하자면, 그의 종교는 처음부터 끝까지 공로와 보상이며, 영혼을 위해서 뿐 아니라 몸에 거하는 동안에도 그러합니다. 죽을 때에도, 죽은 자들을 위한 미사들을 통하여 여전히 세금이 요구되지요. 인간은 하나님과 거래하기를 바라며, 하나님의 자비의 성전을 경매장으로 만들고, 거기에서 각 사람이 할 수 있는 한 높은 가격을 부르며, 특정한 액수에 도달함으로써 구원을 획득하기를 바랍니다. 하지만 여기에 무한한 은혜의 보고(寶庫)를 열어두고서 아낌없이 주는 복음이 있습니다. 하늘의 모든 양식 창고의 문이 열리면서, 이런 외침이 들립니다. "원하는 자는 값없이 생명수를 받으라"(계 22:17). 그것은 돈도 값도 요구하지 않고, 인간에게서 그 어떤 것도 요구하지 않으며, 오직 관대하고 풍성하신 아버지의 무한한 은혜를 강조합니다. 그 문제에서 그분은 긍휼히 여길 자를 긍휼히 여기시고, 자격 없는 자에게 그분의 은혜를 나타내십니다.

지금까지 나는 이 사실의 놀라운 특성에 대해 말했습니다. 하지만 덧붙이고 싶은 말이 있습니다. 비록 우리가 놀랄 만한 몇 가지 이유들을 제시하긴 했지만, 만약 인간이 조금만 생각하려 한다면 그들은 지금처럼 그렇게 불신하면서 크게 놀라지는 않을 것입니다. 결국, 우리에게 오는 최상의 축복들은 값 없이 오는 것들입니다. 여러분의 목숨은 너무나 고귀한 것이지만, 여러분은 그것을 위해 무엇을 지불했습니까? 여러분은 제공받은 모든 것에 대해 그에 상응하는 값을 치르고 싶을 것입니다. 그런데 여러분이 마시는 공기에 대해서는 어떤 값을 치르겠습니까? 나는 사람들이 왜 일광(日光)을 보호하는 일종의 수렵법(사냥하는 장소와 시기 등을 규정하는 법률)을 만들지 않았는지, 그래서 오직 지주들만 따스한 햇살을 즐기고, 반면 가난한 자들은 햇볕을 얻으려고 침입하면 벌을 받게 되도록 하지 않았는지 궁금할 지경입니다. 오, 그들은 햇볕에 값을 지불하는 서명을 하지 못합니다. 하나님께서는 그것을 주시되, 황태자에게나 극빈자에게나 값없이 주셨습니다. 우리의 지불능력으로, 시력에 대해 누가 값을 지불하겠습니까? 경치를 조망하고 미를 감상하는 눈에 대해, 얼마를 지불하겠습니까? 동이 틀 때 새들의 노래 소리를 듣는 귀에, 어떤 값을 매길 수 있을까요? 감각들이 하나님에 의해 값 없이 우리에게 주어졌듯이, 감각들을 쉬게 하는 잠 역시도 그러합니다. 오늘밤 우리가 베개에 머리를 누일 때, 가난한 사람의 잠도 거위 털 베개 위에서 쉬는 사람의 잠만큼 달콤할 것입니다. 잠은 값을 주고 사지 않은 하늘의 선물입니다. 여러분은 그것을 돈으로 살 수 없으며, 포토시(Potosi, 볼리비아 남부에 위치하며 16세기 이후 전 세계 은의 반 이상을 생산해 온 광산도시) 광산의 모든 자원으로도 한순간의 잠을 살 수 없지만, 하나님께서는 아찔한 높이의 돛대 위에 있는 선원에게 그것을 주십니다.

그러므로 우리가 소유한 최상의 복들 중 어떤 것은 값없는 선물의 방식으로 우리에게 주어진 것이며, 또한 그럴 만한 자격이 없는 자에게 주어진 것입니다. 내일 구두쇠의 들에 있는 풀 위에서 이슬이 반짝일 것이며, 자기 하나님을 모독하는 파렴치한의 자라는 곡식 위에 때를 맞추어 비가 내릴 것입니다. 밀과 보리와 다른 땅의 열매들을 자라게 하는 양분들이, 경건한 자들의 들판에만 아니라 무신론자의 농장에도 주어질 것입니다. 그것들은 악인들에게나 선인들에게 동일하게 내려질 것입니다. "여호와께서는 모든 것을 선대하시며 그 지으신 모든 것에 긍휼을 베푸시기"(시 145:9) 때문입니다. 그러므로 우리는 그분의 은혜의 선물들이 값 없이 주어지는 것에 대해 놀라서는 안 됩니다.

2. 은혜가 값 없이 주어져야 할 필요성

두 번째로, 사랑하는 친구들이여, 나는 본문에 언급된 이 사실의 필요성을 여러분에게 제시하고자 합니다. 복음의 선물이 "돈 없이, 값 없이" 주어져야 하는 필요성이 있습니다. 이는 불가피한 필요성입니다.

첫째, 주시는 분의 성품 때문입니다. 주시는 분은 하나님이십니다. 오 선생들이여, 여러분은 그분이 용서의 은혜를 파시기를 원합니까? 여러분은 왕 중 왕이신 그분이 인생들에게 두 당 얼마씩을 받고 용서를 판매하시길 원합니까? 여러분은 그분이 자기의 성령을 팔고 시몬 마구스(Simon Magus)처럼 돈을 받고 그것을 제공하시기를 원합니까? 여러분은 그분으로 하여금 공로에 대한 보상으로서 여러분을 그분의 가족으로 입양하시게 하기를 바랍니까? 그렇게 그분의 자녀들이 되어, 천국의 궁전에서조차 여러분이 그 위엄의 자리에 여러분 자신의 선행으로 오르게 되었다고 허풍떨며 자랑하기를 바랍니까? 그렇게 너무 거만하게 말하지 마십시오. 위대하신 왕이 큰 만찬을 베푸셨습니다. 여러분은 그분이 입장료로 값을 요구하시기를 바랍니까? 그래서 그분이 은혜의 문을 지키는 입장료 수령자가 되어, 각각의 사람이 그곳에 입장하기 위해 값을 지불하는지를 지켜보게 하시기를 바라는 것입니까? 아닙니다, 그런 일은 우리 하나님이 하실 일이 아닙니다. 그분은 그런 식으로 일을 처리하지 않으십니다.

탕자가 돌아왔을 때, 그가 건강증명서를 가지고 왔는가를 보기 위해 그의 아버지가 그를 격리시켜두었다고 상상해보십시오! 그가 이렇게 말한다고 상상해보십시오. "내 아들아, 너는 나와 화해하기 위해 선물을 가지고 왔느냐?" 만약 그런 것이 조금이라도 암시되어 있다면, 그 비유는 완전히 망쳐졌을 것입니다. 그 비유의 핵심은 아버지 사랑의 너그러움에 있습니다. 그 사랑이, 아무것도 묻지 않고서, 회개하는 아들을 있는 모습 그대로 가슴에 품게 만들었습니다. 위대하신 하나님 아버지께서 여러분에게 값을 요구한다는 식으로 생각함으로써 그 명예를 손상시켜서는 안 됩니다. 공로의 차원에서 여러분이 그분에게 무언가를 행해야 한다거나, 무언가를 느껴야 한다거나, 손에 무언가를 들고 와야 한다고 생각한다면, 그것은 그분을 불쾌하게 만드는 것입니다. 여러분은 예수님께서 팔레스타인을 돌아다니시면서 돈을 받고 치료하시는 모습을 상상이나 할 수 있겠습니까? 예수님께서 눈먼 거지에게 "구제 의연금 중에서 남은 돈이 얼마이며, 그것을 시력을 찾아준 대가로 나에게 줄 수 있겠느냐?"고 물으시는 것을 상상할 수 있나요? 혹은 마르다와 마리아에게 "너희의 소유 전부를 내게 가져오라, 그러면 내가 너희 오라비 나사로를 살리겠다"고 하시는 그분을 상상할 수 있습니까? 오, 그런 말을 하는 것조차 혐오스럽습니다. 그런 것을 상상만 하여도 나는 메스꺼움을 느낍니다. 주께서는 여러분의 '자기 의'(self-righteousness)에 얼마나 싫증내시고, 그분과 거래하며 물물교환하려는 시도를 얼마나 혐오하시는지요! 오 선생들이여, 여러분은 여러분의 동료들을 대하고 있는 것이 아니라, 왕 중의 왕을 대하고 있습니다. 그분의 크신 마음은 여러분의 뇌물을 경멸하십니다. 구원은 값 없이 주어져야 하는 것이니, 왜냐하면 그것을 주시는 분이 하나님이시기 때문입니다.

그것이 대가 없이 주어져야 하는 또 다른 이유는, 그 은혜의 가치 때문입니다. 누군가 이렇게 잘 말한 적이 있습니다. "그것은 돈으로 살 수 없는 것이므로 값 없이 주는 것이다." 여러분은 그 복의 적정한 가격을 상상조차 할 수 없으니, 그것은 값 없는 것이어야 합니다. 오늘 아침 내가 코이누르(Kohinoor, 영국 왕실 소장의 유명한 106캐럿의 인도산 다이아몬드), 혹은 그보다 일천 배의 가치가 나가는 다이아몬드를 팔 수 있는 자격을 가지고 이곳에 보내어졌다고 상상해보겠습니다. 아마도 그런 보석은 수십억 파운드의 값어치가 있겠지요. 나는 그것을 지금 여러분에게 팔아야 합니다. 하지만 여러분이 그에 합당한 가격으로 그것을 구입할 수 없다는 것을 나는 잘 압니다. 여러분이 제공할 수 있는 모든 것을 합해도 그 가치의 지극히 적은 일부에 지나지 않습니다. 그래서 나는 그토록 하찮은 값을 받음으로써 그 보석에 대한 평가를 절하시키느니, 차라리 그것을 무상으로 주어버리는 편을 택하겠습니다. 복음은 너무나 고귀한 것이므로, 만약 그것을 값을 주고 사야 한다면 온 세상으로도 그것을 살 수 없을 것입니다. 따라서 어떻게 해서든 사야 하는 것이라면, 그것은 돈 없이 값 없이 사는 것이어야 합니다. 그것은 주 예수님께서 피의 대가를 치른 것인데, 여러분이 달리 무슨 값을 치른단 말입니까? 뭐라고요? 그것을 몇 가지 하찮은 행위로써 살 수 있다고 상상하는 것입니까? 죄인들에게 용서와 영원한 생명을 가져다주시기 위해, 하나님이 친히 인간이 되시고, 피를 흘리시고, 죽으셔야 했습니다. 그런데 여러분은 여러분의 눈물로써, 무릎을 구부림으로써, 돈으로 산 선물로, 마음의 감정 따위로, 값으로 살 수 없는 이 은혜를 사겠다는 말인가요? 오, 그것은 너무나 값비싼 것이기에, 만약 그것이 우리의 것이 되어야 한다면 거저 주어져야 하는 것임을 믿으십시오.

또 다른 이유는 극단적인 인간의 궁핍으로부터 발생합니다. 은혜의 복은 "돈 없이, 값 없이" 주어져야만 합니다. 왜냐하면 우리에게는 그것을 살 만한 돈이나 값이 없기 때문입니다. 일전에 나는 신앙적인 질문들에 대해 답을 하고 있었는데, 이 문제에 관하여 나는 아주 소박한 방식으로 대답해주었습니다. 그 대답을 반복하겠습니다. 나는 이렇게 말했지요. "인도에서 그러하듯이, 여러분에게 끔찍한 기근이 있다고 가정하겠습니다. 여러분이 가진 돈은 모두 소비되었고, 여러분이 끌어 모을 수 있는 것 전부를 합해도 1파딩(farthing, 폐지된 청동화로서 1/4 페니)의 가치도 못 됩니다. 자, 나는 빵을 가지고 파견되었고, 여러분에게 그것을 팔기를 원합니다. 우선 이렇게 말하면서 시작하겠지요. '아 물론 기근이 있는 상황이지만 우리는 여러분에게서 약간의 이윤을 남겨야 합니다. 우리는 값을 조금 올리려고 합니다. 하지만 우리는 아주 적정한 가격을 매길 것이기에, 여러분은 4파운드 무게의 빵에 1실링(12 펜스의 가치)만 지불하시면 되겠습니다.' 여러분이 이렇게 말합니다. '우리는 그 가격이 잘못되지 않았음을 압니다. 하지만 우리가 가진 돈은 1파딩도 안됩니다. 선생님, 우리는 그것을 당신에게서 살 수가 없답니다.' '자, 그렇다면 가격을 낮추지요. 여러분은 평상시의 가격으로 온 가족이 먹을 빵을 구입할 수 있습니다! 자, 여러분은 이보다 더 싼 가격을 요구할 수 없습니다, 그렇지 않습니까?' 여러분이 또 말합니다. '그것은 부당하지 않습니다. 값은 매우 적당합니다. 우리는 기꺼이 그 가격에 빵을 사고 싶습니다. 하지만 우리에게는 일 페니도 없는데, 우리가 무엇을 할 수 있을까요?' '그래요? 그렇다면 우리가 값을 크게 낮추지요. 우리는 최상의 빵 1/4조각을 2페니만 받고 팔겠습니다. 이 빵을 이 가격에 파는 것을 들어본 적이 있습니까? 여러분은 이 가격으로 매일 여러분 자녀들의 배를 채울 수 있을 것입니다.' 여러분이 소리칩니다. '오호라, 그래도 아무 소용이 없습니다. 우리는 2페니의 돈도 찾을 수가 없습니다.' '자, 그렇다면, 우리는 1파딩에 빵 한 덩어리로 가격을 더 낮추겠습니다. 전에 이 가격에 빵을 샀다는 말을 들어본 적이 있습니까?' 하지만, 여러분은 눈물이 고인 채로 이렇게 울면서 소리칩니다. '우리가 그것을 1실링에 살 수 없는 것이나 1파딩에 살 수 없는 것이나 매한가지입니다. 우리에게는 1파딩도 남아 있지 않으니까요.' '그렇다면 나는 그냥 보따리를 풀어놓을 수밖에 없겠군요. 여러분은 공짜로 그것을 가져가십시오. 그냥 가져가십시오. 나는 그 빵을 그냥 여러분에게 넘기겠습니다.'"

나는 여러분에게 그보다 더 값나가고 귀중한 것을 주려고 합니다. 내 말이 무엇을 의미하는지 궁금해 하는군요. 이 말에 귀를 기울이십시오. "주 예수를 믿으라 그리하면 너와 네 집이 구원을 받으리라"(행 16:31). 그것이 바로 여러분이 요청하거나 혹은 생각하던 것 이상의 선물입니다. 하나님께서 영생을 값 없이 주셔야만 하는 것에는 충분한 이유가 있지 않을까요? 여러분에게 그 값을 지불할 만한 아무것도 없기 때문입니다. 여러분이 영생을 가져야 한다면, 은혜 외에 다른 수단으로는 원하는 것을 얻을 수 없습니다.

사랑하는 친구들이여, 죽어가던 강도가 그리스도의 곁에 매달려 있었을 때, 주 예수 그리스도께서 사람이 은혜를 받으려면 한 주 동안이라도 거룩한 삶을 살아야 한다는 규칙을 정해두셨다고 가정해보십시오. 아아, 그 강도는 틀림없이 은혜를 얻지 못한 채 죽었을 것입니다! 그분이 모든 인간에게 "너희는 교회에 반드시 출석하고 세례를 받아야 한다. 그렇지 않으면 내가 너희를 구원할 수 없을 것이다"라고 말씀하셨다고 가정해보십시오. 그렇다면 몸져 누워 있는 불쌍한 죄인들은 아무런 가망도 없이 죽어야 합니다. 저 죽어가는 강도에게는 아무 대가 없이 주어지는 복음이 적합했습니다.

"그 말을 인정합니다"라고 누군가 말하는군요. 아 내 친구여, 그렇다면 당신은 정녕 최악의 상태에 있는 것은 아닙니다. 몇 해 전에 어떤 신사가 내게 매우 높은 수준의 칭찬을 했는데, 그 의도는 모독하려는 의미였지요. 그는 내 설교를 조롱했고, 그래서 내 설교는 명백히 흑인들처럼 가장 낮은 계층의 사람들에게나 어울린다고 말했지요. 그 말을 나는 명예로운 인정으로 받아들였습니다. 왜냐하면 흑인에게 들리게 하고 복을 끼치는 설교를 하는 자는 백인에게도 헛되이 설교하지 않을 것이기 때문입니다. 어느 설교자에 관하여 들은 말이 있는데, 그를 비방하는 자들이 그는 나이든 여성들에게나 설교하기에 꼭 맞을 것이라고 말했습니다. 아아, 그렇다면, 그는 누구에게나 맞을 설교자입니다. 그가 나이든 여성들에게 어울리는 설교를 한 이유는 그들이 무덤의 경계선에 있기 때문이라고 나는 생각합니다. 우리 역시 모두 그런 상태에 있으며, 우리는 상상하는 것보다 훨씬 더 무덤 가까이에 있습니다. 값 없이 주시는 구원은 가장 비열한 자들에게 어울리며, 동일하게 가장 도덕적인 자들에게도 어울립니다.

만일 그것이 모든 사람에게 값 없이 주어지는 것이라면, 너무 가난하기 때문에 소망에서 제외되는 사람은 아무도 없을 것입니다. 만약 그것이 "돈 없이, 값 없이" 얻어질 수 있는 것이라면, 어떤 영혼도 궁핍하여 그것을 얻지 못하는 일은 없을 것입니다. 정녕 그 가격은 충분히 내려갔습니다. 난관은 그 가격이 인간의 교만으로 볼 때는 너무 낮기 때문에, 죄인들이 그것을 얻으려 하지 않는다는 것입니다. 다른 모든 판매원들은 그의 고객들을 그의 높은 가격 수준으로 올리지(up) 못하는 것에 어려움이 있다면, 나의 어려움은 내 고객들을 내 가격에 맞도록 낮추지(down) 못한다는 점에 있습니다. 그들은 여전히 무언가를 하려 하거나, 무언가가 됨으로써, 혹은 무언가를 약속함으로써 가격을 흥정합니다. 그러나 복음의 은혜를 가질 수 있는 조건, 유일한 조건은 "돈 없이, 값 없이"입니다.

여러분은 그것을 거저 얻을 수 있습니다. 하나님은 여러분의 어떤 흥정도 받아들이지 않으십니다. 은혜를 받아들이십시오. 은혜는 여러분의 있는 모습 그대로를 환영합니다. 더 좋은 사람이 될 때까지 지체하지 마십시오. 여러분이 더 나아지는 그것이 여러분을 더 악화시킬 것입니다. 만약 여러분이 스스로 상상하는 적합성에 어울릴 정도가 된다면, 그것이 곧 여러분의 부적합성이 될 것입니다. 여러분의 배고픔이 음식을 얻기 위한 여러분의 적합성이고, 여러분의 헐벗음이 의복을 얻기 위한 여러분의 적합성이며, 여러분의 빈곤이 은혜의 풍성함을 얻기 위한 여러분의 적합성입니다. 여러분의 죄, 여러분의 혐오스러움, 여러분의 마음의 완고함과 고집스러움이, 여러분을 놀라운 은혜의 대상이 되기에 적합하게 하며, 또한 여러분을 하나님의 능력이 인간 속에서 일으키시는 놀라운 변화의 대상이 되도록 적합하게 해 줍니다.

은혜의 축복들은 절대적으로 "돈 없이, 값 없이" 주어져야 할 필요가 있으며, 실제로 그러하기에 하나님을 찬양합니다.

3. 은혜가 값 없이 주어지는 사실에 따르는 이로운 결과

세 번째 요점은 은혜가 값 없이 주어지는 이 사실의 이로운 결과입니다. 만일 그것이 "돈 없이, 값 없이" 주어진다면, 그 다음은 무엇일까요?

첫째, 그것이 우리로 하여금 만민에게 복음을 전파할 수 있게 합니다. 예수님이 말씀하셨습니다. "너희는 온 천하에 다니며 만민에게 복음을 전파하라"(막 16:15). 믿고 세례를 받는 자는 구원을 받을 것이며, 믿는 자는 결코 정죄를 당하지 않을 것입니다. 만약 우리가 사람들의 손에서 어떤 대가를 바라든지, 그들 마음에서 어떤 적절성을 찾아야 하든지, 혹은 그들의 삶에서 어떤 탁월함을 찾아야 한다면, 우리는 그렇게 준비된 사람들에게 그 말을 전하겠지만, 그럴 경우 그 준비란 바로 돈과 값이 될 것입니다.

나는 내 형제들 중 일부가, 복음이 어떤 특정한 성품을 가진 사람들에게만 전해져야 한다는 생각을 가진 것이 유감입니다. 그들은 모든 사람들에게 복음을 전하지 않으며, 선택된 사람들에게만 전하려고 애를 씁니다. 정녕, 만약 주께서 그런 식의 선택을 의도하셨다면 그분은 택하신 자들에게 어떤 표시를 해 두셨을 것입니다. 나는 그런 선택을 알지 못하며, 그들에게만 내 설교를 한정하여 전하라는 명령을 받지 않았습니다. 오히려 나는 복음을 만민에게 전하라는 명령을 받았습니다. 나는 복음이 "돈 없이, 값 없이" 주어지고, 아무리 가난하거나, 아무리 악하거나, 아무리 비천해도 받아들일 수 있는 방식으로 제시되는 것에 대해 하나님께 감사합니다. 그 값은 바닥을 치고 있습니다. 누구든지 원하기만 하면 우리 인류 중에서 가장 타락하고, 천하고, 멸시받는 자도 그것을 얻을 수 있습니다.

만약 내가 복음을 전하기 전에 인간에게서 어느 정도의 적절성을 찾아야 한다면, 내가 적절성을 가졌다고 판단하는 자들을 제외하고는 누구에게도 복음을 전하지 못할 것입니다. 하지만 복음이 대가 없이 전해지는 것이고, 사전 준비로서 아무런 조건이나 요구 없이 전해지는 것이라면, "누구든지 예수님을 믿는 자는 정죄를 받지 않는다"는 내용이 복음이라면, 나는 가장 비천한 남아프리카 부시맨들(Bushmen)에게나 가나의 야만인들인 아샨티족(Ashantees)에게도 갈 수 있고, 길들일 수 없는 모독족(Modocs)에게도 가서 복음을 전할 수 있습니다. 우리는 매춘부나 도둑들에게 은혜에 관해 말할 수 있으며, 죄악의 소굴이나, 교수형이 집행되는 공간에서도 복된 소식을 전달할 수 있습니다. 우리는 범죄의 밀림지대로 파고 들어가, 하늘의 간절한 호소를 전달할 수 있습니다. "악인은 그의 길을, 불의한 자는 그의 생각을 버리고 여호와께로 돌아오라 그리하면 그가 긍휼히 여기시리라 우리 하나님께로 돌아오라 그가 너그럽게 용서하시리라"(사 55:7). 하나님의 은혜가 "돈 없이, 값 없이" 주어진다는 사실이 우리로 하여금 그것을 모든 남자와 여자들에게, 여자에게서 난 모든 사람들에게 전할 수 있게 해 줍니다.

둘째, 은혜가 값 없이 주어지는 사실로부터, 모든 교만을 배제하는 건전한 결과가 초래됩니다. 그것이 "돈 없고, 값 없는" 것이라면, 이 문제에 관한 한 부요한 사람들도 가장 가난한 사람들에 비해 조금의 이점을 누리지 못합니다. 부자들이여, 여러분의 지위는 존중받을 만하지만, 하나님께서는 사람을 차별하지 않으십니다. 여러분은 사회에서 중요한 신분에 속한다고 평가될 수 있지만, 하나님의 평가에서 하나의 신분은 다른 신분과 다름없이 악할 뿐이며, 모든 인간의 신분상의 특권은 간과됩니다. 하나님의 은혜는 왕좌에 앉아 있는 여왕에게나 거리의 거지에게나 "돈 없이, 값 없이"라고 하는 이 동일한 메시지와 더불어 임합니다. 그러므로 부의 교만은 복음에 의해 철저히 소멸되며, 공로의 교만 역시 그러합니다. 여러분이 아주 선하여 자선을 베풀어왔고, 아주 탁월하고, 아주 종교적이며, 매사에 해야 할 의무를 다했으므로, 아마도 여러분은 개별적인 출입문, 즉 따로 예약된 문, 혹은 여러분처럼 특별한 자질을 가진 사람들을 위한 입구로 들어가야 한다고 상상할지도 모르겠습니다. 하지만 선생들이여, 그 문은 너무 협착하기에, 만약 여러분이 영생으로 들어가려면 도둑들과 술주정뱅이들과 살인자들과 함께 어깨를 비벼야 할 것입니다. 영생으로 가는 길은 오직 하나의 길뿐이며, 그것은 바로 은혜의 문입니다. 그러니 자랑할 데가 어디 있습니까? 그것은 배제되었습니다. 행위의 법으로입니까? 그렇지 않습니다. 오직 은혜의 법으로입니다. 구원받는 자들은 결코 그들 자신을 향해 찬미의 노래를 부르지 않습니다. 천국에 이를 때에 그들은 오직 은혜만 칭송할 뿐입니다.

> "은혜가 영예를 얻을 것이니
> 세세무궁토록 그러하리라.
> 천국에서 기념비가 세워지리니
> 은혜가 칭송을 얻기에 합당하리라."

이것이 인간의 자기 자랑을 얼마나 정면으로 거절하는지요! 인간의 자랑은 가장 철면피한 것이기 때문입니다. "그러나 목사님, 정말이지 훌륭하고 도덕적인 사람들과 공개적인 범죄인들을 구분해야 하는 것 아닌가요?" 예, 나는 서로에 대한 우리의 관계를 논할 때에는 분명히 구분하고 있습니다. 하지만 우리는 지금 은혜에 대해 말하고 있으며, 그런 관계로, 공로가 아니라 은혜가 다스리는 곳에서 그러한 구분은 쓸모가 없습니다. 모든 사람들에게 오직 하나의 규칙이 있을 뿐입니다. "그를 믿는 자는 심판을 받지 아니하는 것이요 믿지 아니하는 자는 하나님의 독생자의 이름을 믿지 아니하므로 벌써 심판을 받은 것이니라"(요 3:18).

본문에서 언급되는 또 하나의 건전한 결과는 그 사실이 절망을 금한다는 것입니다. 절망아, 네가 어디 있느냐? 나에게는 너를 때려 쫓아낼 열 겹의 가죽 채찍이 있다! "돈 없이, 값 없이"인데, 누가 절망할 수 있습니까? 여러분은 주머니에서 아무것도 느낄 수 없고, 아무것도 찾을 수 없습니다. 그러나 여러분에게 필요한 것은 아무것도 없으니, 구원은 "돈 없이" 주어지는 것이기 때문입니다. 여러분은 마음속에서 아무것도 느낄 수 없고, 아무것도 찾을 수가 없습니다! 그러나 예수님에게 오기 전에 여러분에게 필요한 것은 아무것도 없으니, 그분의 은혜는 "값 없이" 주어지는 것이기 때문입니다. 여러분은 지난 삶의 과정을 되돌아보고, 온통 텅 비고 암담한 것을 발견합니다. 그것이 사실입니다. 하지만 예수 그리스도는 잃어버린 자를 구원하려고 세상에 오셨습니다. 여러분은 자신의 성품 속에서 구원받을 만한 특징을 아무것도 찾지 못합니다. 아, 하지만 하나님은 구속자 곧 힘센 구원자를 찾으셨으니, 여러분이 그분을 의지하기만 하면 그분이 여러분을 죄에서 구원하실 것입니다. 여러분이 누구이건, 영생이 값없이 얻어질 수 있는 것이라면, 여러분이 너무 가난해서 그것을 얻지 못하는 일은 없습니다. 복음을 받아들이기에는 너무 타락했다는 말은 성립되지 않습니다. 예수 그리스도는 자기를 힘입어 하나님께 나아오는 자들을 얼마든지 구원하실 수 있기 때문입니다.

나는 오랫동안 내가 어떤 특별한 비전을 가지거나, 대단한 계시를 얻거나, 독특한 경험을 함으로써, 무언가 말할 것이 내게 있어야 한다는 생각으로 괴로움을 겪었습니다. 나는 훌륭한 사람들이 그렇게 말하는 것을 들어왔습니다. 하지만 성령에 의하여 내게서 복음이 명백해졌을 때, 나는 마치 새로운 계시라도 받은 듯 했습니다. "땅 끝의 모든 끝이여 내게로 돌이켜 구원을 받으라"(사 45:22)는 말씀이 내 귀에 새로운 노래처럼 들렸습니다. 그 소식에 내 마음은 기쁨으로 뛰었습니다. 그리스도께서 십자가에 못 박히셨으며, 나는 그분을 바라보고 구원을 얻을 수 있었습니다. 마치 놋뱀이 장대 위에 높이 달리어 그것을 쳐다보는 자마다 뱀에게 물린 상처에서 치유를 받은 것처럼, 내게는 영생의 축복이 나무에 달리신 예수님을 바라봄으로써 주어졌습니다. 왜 내가 전에는 그것을 이해하지 못했을까요? 아아, 왜 그랬을까요? 왜 여러분 중에 어떤 이들은 그것을 이해하지 못하나요? 오늘 아침 하나님의 성령께서 여러분에게 그것을 깨닫게 해 주시길 기도합니다. 그것이 바로 여러분의 영혼을 구원할 위대한 진리이기 때문입니다. 모든 것을 거저 얻을 수 있으며, 그리스도 그분 자체를 구하면 얻을 수 있습니다. 정녕 이 진리가 가장 낙심한 사람에게도 위로가 될 것입니다.

다음으로, 그것은 감사를 고취시키며, 그 감사는 거룩함의 기초가 됩니다. 여기를 보십시오. 이 사람은 거저 구원을 받았습니다. 그의 죄가 하나님이 거저 주시는 은혜를 따라 용서되었습니다! "오, 나의 하나님, 나의 하나님, 제가 얼마나 당신을 실망시켰는지요! 제가 어떻게 당신을 비방했었는지요! 그런데 당신께서 저를 긍휼히 여기셨나이다. 당신께서 내 죄를 도말하셨고, 당신께서 저를 당신의 자녀로 삼으셨으며, 당신께서 나의 구속자로 당신의 아들을 주셨나이다. 나의 하나님, 제가 당신을 사랑합니다! 어떻게 하면 제 마음이 온전히 당신의 것임을 보여드릴 수 있을까요?"

"저로 당신의 계명 안에서 달리게 하소서,
그것이 즐거운 길이기 때문입니다.
저의 머리로도, 마음으로도, 저의 손으로도,
내 하나님께 죄를 짓지 말게 하소서."

어떤 이들은 은혜의 복음이 사람들로 하여금 죄를 가볍게 생각하게 만들 것이라고 합니다. 그러나 그것은 죄의 죽음이고, 미덕의 생명이며, 거룩함의 원동력입니다. 언제든 그것이 영혼 속에 임할 때마다 그것은 주를 향한 열심을 일으킵니다.

"피 흘리신 어린 양이시여, 도덕에 대해 말하소서!
최상의 도덕은 당신을 사랑하는 것입니다."

최상의 도덕은 하나님의 선물로 받은 용서와, 은혜와, 산 소망에 대한 감사에서 솟아나는 것입니다.

또한 돈 없이 값 없이 구원을 받는 것이 영혼 속에서 관용의 미덕을 발생시킴을 주목하십시오. 이 말이 무슨 의미일까요? 값 없이 구원받은 사람이 자기 동료들에 대해 처음으로 느끼는 감정은 그가 그들을 사랑해야 한다는 것이 아닐까요? 하나님께서 나를 용서하셨습니까? 그렇다면 나는 나에게 잘못을 행한 자들을 너그러이 용서할 수 있습니다. 하나님으로부터 용서를 받아들인 영혼의 첫 번째 반응은 자기 동료들에 대한 모든 적대감을 지워 버리는 것입니다. 나는 내 하나님의 무한한 자비로써 탕감 받은 일만 달란트를 기억할 때에, 내 동료 죄인이 내게 진 몇 페니의 빚을 너그럽게 탕감해줄 수 있습니다. 용서하지 않는 사람은 결코 용서받은 것이 아니며, 너그럽게 용서받은 사람은 다른 사람들을 용서합니다. 아니, 그 사람은 그 이상을 행하지요. 그는 이렇게 말합니다. "이제 내 하나님께서 나를 선대하셨으므로, 나도 다른 사람들을 선대하리라. 그리고 하나님께서 감사할 줄 모르는 악인들에게도 선대하시는 것처럼, 나도 그렇게 할 것이다." 그가 자격 없는 자에게 은혜가 주어진 것을 발견할 때, 그것 때문에 그는 속으로 와들와들 떨면서 "이제 더 이상은 주지 않을 것이다"라고 말하지 못합니다. 오히려 그는 이렇게 말합니다. "하나님께서는 항상 그분을 저주하는 인간들에게 생명과 빛을 주시지 않는가? 그렇다면 나도 사람들을 축복하리니, 비록 그들이 그 보답으로 나를 저주할지라도 그렇게 하리라."

이것이 그에게 선의의 정신을 고양시킵니다. 그는 다른 사람들이 구원받는 것을 간절히 보기 원하며, 그리하여 그는 애써 다른 사람들을 예수 그리스도께로 데려옵니다. 만약 그가 구원을 값 주고 샀다면 그는 그것을 자랑하며, 그것을 혼자 간직하기를 바랄 수도 있을 것입니다. 마치 작은 귀족처럼, 그는 대중 모두가 그의 특권에 끼어드는 것을 바라지 않을 것입니다. 하지만 복음이 그에게 거저 주어졌고 그는 주께서 이렇게 말씀하시는 것을 들었습니다. "너희가 거저 받았으니 거저 주어라"(마 10:8). 그러므로 그는 나가서 예수 그리스도께서 그의 손에 풍성하게 들려주신 생명의 떡을 나누어줍니다.

거저 주시는 은혜의 선물들은, 우리 하나님께서 성령의 능력과 권세로 역사하심을 따라, 우리 속에 하나님을 향하여 아낌없이 드리는 풍성함의 미덕을 생성합니다. 이제 우리는 이렇게 말할 수 있습니다.

> "내 하나님의 사랑을 받았으니, 그분을 위하여
> 뜨거운 사랑으로 불타오르네."

예수님께서 우리를 구원하셨음을 알 때 우리는 우리의 목숨을 그분을 위해 내려놓을 수 있습니다. 자기부인은 여기에서 솟아납니다. 그렇습니다. 자아의 죽음은 거저 주시는 주권적인 은혜의 풍성한 경험에서 비롯됩니다. 내게 사랑하실 만한 요소가 전혀 없을 때에도 주께서 저를 사랑하셨습니까? 그분이 세상이 시작되기도 전에 자발적인 사랑으로 저를 사랑하셨습니까? 그분이 죄 많은 죄인인 저를 위해, 타락하여 망가진 저를 위해, 아들을 죽음에 내어주셨습니까? 그렇다면 나는 내가 가진 모든 것을 하나님께 드릴 것이며, 또 이렇게 느낄 것입니다.

"만일 내가 얼마 만큼 남겨놓을 수 있고,
그럴 의무가 없다할지라도,
내 하나님을 뜨겁게 사랑하기에
그분에게 내 모든 것을 드리리."

이것이 "돈 없이, 값 없이"라고 하는 위대한 교리의 자연적인 결과입니다.

마지막으로, 사랑하는 이여, 나는 이 사실보다 천국에서 진심 어린 경배자들로 만드는 것을 달리 생각할 수 없습니다. 구속으로 말미암아 영광을 얻고자 하시는 하나님의 방식은 바로 이것입니다. 그분을 경배할 수 있는 영들이 천국에 있었고, 그분을 찬미할 수 있었던 천사들은 여전히 그분에게 충실하게 남아 있습니다. 하지만 그분은 천사들보다 그분에게 더 가까운 존재들을 창조하기를 원하셨습니다. 비록 어떤 의미에서는 천사들보다 더 멀리 떨어진 존재들이긴 하지만 말입니다. 천사는 순수한 영이며, 인간은 부분적으로는 물질입니다. 하나님께서는 영이면서 물질인 피조물이 천사들보다 높아지도록 하고, 그들로 하여금 순수한 영들이 다가오는 것보다 그분께 더 가까이 오게 하기로 결심하셨습니다. 사실상 그분의 아들로 말미암아 그분의 친족이 되게 하시려는 것이었습니다. 그리하여 그분의 아들이 인간이 되셨으니, 이는 하나님이 만유의 주로서 만유 안에 계시고, 또한 인간이 그분 곁에서 그분의 손으로 만드신 것을 다스리고 만물을 그의 발 아래 두도록 하기 위함이었습니다.

자, 만약에 인간에게서 자유의지라고 하는 고상한 속성을 제거하실 수도 있었던 전능자의 능력이 아니었더라면, 앞서 말했듯이 구속의 놀라운 경험이 없었더라면, 그리하여 인간이 가진 모든 것이 자격 없는 자들에게 주어진 주권적인 은혜의 선물들임을 알지 못한다면, 하나님께서 우리 같은 피조물로부터 영원한 순종과, 경외하는 사랑과, 지속적인 겸손을 확보하실 다른 방법을 우리가 어떻게 알 수 있을까요? 그들이 면류관을 쳐다보고 종려가지를 흔들 때, 그들은 무서운 구덩이와 더러운 진창에서 건짐을 받았던 것을 기억할 것입니다. 그들이 그들의 찬란한 의복을 쳐다보고, 하나님의 보좌 앞과 우주의 귀족들과 천국의 황태자들 앞에 설 때에, 어떠한 교만도 그 완벽한 영혼에서 솟아오르지 않을 것입니다. 왜냐하면 구속의 은혜와, 죽음으로 보이신 사랑과, 돈 없이 값 없이 주어진 은혜의 복에 대한 기억이 그들을 주 앞에서 겸손하게 해 줄 것이기 때문입니다. 오, 만약 그들이 무언가를 받았다면, 만약 그들이 무언가를 행했다면, 만약 그들에게 어떤 공적이 있다면, 그것이 전체를 손상시킬 것이며, 자기 영광의 유혹이 개입될 여지를 남길 것입니다.

하나님의 모든 자녀는 그가 구원받은 것이 은혜에 의한 것이며, 처음부터 끝까지, 시작부터 종말까지, 오직 은혜에 의한 것임을 영원히 자각할 것입니다. 그리하여 그들 자신의 가슴속에서 발견되는 것을 제외하고는 어떤 강제도 없이, 구속받은 모든 자녀들은 영원히 주를 높이며 이와 같은 노래를 부를 것입니다. "찬양받기에 합당한 하나님의 어린 양이시여! 일찍이 죽임을 당하사 우리를 피로 사시고 우리를 하나님 앞에서 나라와 제사장들을 삼으셨나이다!"

주께서 "돈 없이, 값 없이" 주어지는 이 구원의 은혜를 받아들이도록 여러분을 이끌어주시길 바랍니다.

제
71
장

오호라! 오호라!

"오호라 너희 모든 목마른 자들아 물로 나아오라."—사 55:1

믿는 자에게만 있는 독특한 목마름이 있습니다. 그는 다윗과 더불어 이렇게 말할 수 있습니다. "하나님이여 사슴이 시냇물을 찾기에 갈급함 같이 내 영혼이 주를 찾기에 갈급하나이다"(시 42:1). 유쾌한 목마름입니다! 우리가 그런 목마름을 더 가질 수 있기를 바랍니다! 우리가 그런 의미에서 하나님을 찾기에 갈급하다면 마침내 우리는 그분의 영으로 충만해질 것이며, 그분의 임재 안에서 영원히 살 것입니다!

하지만 나는 지금 다른 종류의 목마름에 대하여 다른 부류의 목마른 사람들을 향해 말하고자 하는데, 그들은 무엇에 대해 목마른지를 잘 알지 못합니다. 그들은 불안의 느낌이 있고, 갈증의 느낌과, 무언가를 애타게 바라는 느낌이 있지만, 그들의 영혼이 갈망하는 것이 무엇인지에 대해서는 희미한 생각을 가지고 있을 뿐입니다. 그들은 당장 자신들의 갈증 해소를 위해 필요한 것을 찾아낼 수도 있습니다. 그보다 더 나은 것은, 하나님의 은혜에 의해, 무료로 마음껏 마시라고 주께서 말씀하신 생명수를 마심으로써 그들의 목마름이 해소되는 것입니다.

나는 긴 서두로 여러분을 붙잡아두고 싶지 않습니다. 긴 설교로 그러고 싶지도 않습니다. 나는 내 설교의 각 대지를 간략하게 하려고 애쓸 것이며, 실제적이면서도 요점이 있는 메시지가 되도록 노력할 것입니다. 하나님의 성령께서 도우시어 효과적인 설교가 되기를 바랍니다!

이 본문에서 하나님께서 풍성한 영혼의 양식을 주셨음을 배우십시오. 또한 모든 목마른 영혼에게 이 양식은 완벽하게 무료이며 호의로 주는 것임을 배우십시오.

1. 하나님께서 풍성한 영혼의 양식을 주셨다.

첫째, 하나님께서 풍성한 영혼의 양식을 주셨습니다. 우리는 여기서 "물"이라고 하는 것을 대합니다. 물은 모든 세대와 모든 체질의 사람들에게 가장 단순하고, 순수하고, 적합한 음료로 알려져 있습니다. 인간의 몸에는 그로 하여금 물을 필요로 하는 목마름이 있습니다. 그는 물을 마시고, 그 목마름은 해소됩니다. 인간의 영적 본성 안에도 유사한 목마름이 있습니다. 그는 무언가를 원하며, 그것을 얻을 때까지는 불편함을 느낍니다. 그리스도 예수 안에서 우리에게 선포된 하나님의 은혜는 인간의 목마름을 해결합니다. 본문에서는 그 단어가 복수로 "너희 목마른 자들아 물들(waters)로 나아오라"고 표현되었습니다. 나는 그것의 풍성함을 제시하고자 하는데, 마치 거기에는 많은 강들이 있는 것과도 같아서, 누구도 제공되는 것 이상의 물이 필요하리라는 염려를 할 필요가 없습니다.

"사랑과 자비의 강물들이 여기 있으니
광대한 대양에서 함께 만났네.
풍성한 구원의 은혜가 흐르니
젖과 포도주의 홍수와도 같다네.
위대하신 하나님, 당신의 사랑의 보화들은
영원한 광산과도 같으니
우리의 무기력한 불행보다 깊고
우리의 많은 죄보다도 무한히 넓습니다."

하나님의 자비는 지나가는 황소가 마셔 거의 메마르게 할 수 있는 작은 시내가 아닙니다. 도리어 그것은 거대한 강과 같으니, 마치 많은 강물들, 그 안에서 헤엄칠 수 있는 강물들과 같습니다. "오호라, 목마른 자들이여!" 스스로 충분치 않다고 생각하여 물러서지 말고, 그 물로 나아오기 바랍니다!

그 단어가 복수로 표현된 것은 아마도 다양성을 나타내기 위해서일 것입니다. 영혼은 많은 것들을 필요로 합니다. 영원과, 하나님과, 심판에 대해, 다양한 각도에서 바라봅니다. 그것은 많은 풍부한 은혜들을 필요로 합니다. 그 모든 것들이 제공되는데, "물들"이라는 단어가, 모든 영적인 복들에 대해 목마른 자들을 위하여 많은 신선한 위로의 샘들이 준비되었음을 시사합니다. 여러분은 두려워할 필요가 없습니다. 여러분이 죄의 용서를 바라든지, 본성이 새로워지는 것을 원하든지, 난처한 처지에서의 인도하심이나, 고통 속에서 위로를 바란다면, 그것을 발견하지 못할까 두려워할 필요가 없습니다. "너희 모든 목마른 자들아 물로 나아오라." 하나님의 은혜 안에는 무한한 다양성이 있습니다. 그분은 "모든 은혜의 하나님"(벧전 5:10)으로 불리십니다. 그분에게 나아오는 모든 죄인들이 바랄 수 있는 모든 은혜를, 그들은 은혜 언약인 복음의 조항들 속에 저장되어 있음을 발견할 것입니다. "오호라 너희 모든 목마른 자들아 물로 나아오라." 하나님은 넘치는 풍성함과 끝없는 다양성 안에서 영혼의 필요들을 제공하셨습니다.

지금 여러분은 목마르십니까? 정녕 이곳에 영적인 의미에서 목마른 사람들이 있다고 내가 확신하는 것은, 단순히 상상의 놀이가 아니며, 건전한 이해력으로 사실을 파악한 것입니다. 그들 중의 한 사람이 이렇게 말한다고 생각됩니다. "나는 목마릅니다. 나는 내 죄가 용서되고, 하나님과 화목하게 되기를 갈망합니다. 내가 그릇 행하였던 것을 압니다. 내가 만약 무죄였다고 항변하는 것은 다른 모든 죄악들에 거짓말을 더하는 것입니다. 나는 내 마음 깊은 곳에서 태만과 과실 모두에 의해 하나님의 법을 어겼던 것을 자각합니다. 나는 벌을 받아 마땅합니다. 하지만, 어떤 다른 수단들에 의해, 하나님의 호의를 얻을 수 있기를 바랍니다. 나는 하나님께서 매일 나에게 화를 내신다는 생각을 견딜 수 없습니다. 한때 나는 이런 생각을 비웃었지만, 지금은 그 의미를 느끼고 있습니다. 그것은 마치 내 허리를 찌르는 화살과도 같은 것입니다. 오, 나의 창조주를 내 친구로 삼을 수만 있다면 얼마나 좋을까요? 나는 그분과의 싸움을 이길 수 없으며, 그분은 한순간에 나를 뭉개버리실 것입니다. 그러므로 나는 내 반역의 무기들을 버리고, 그분과 화해하기를 바랍니다."

그렇다면 오십시오! 그대 목마른 자여, 와서 당신이 원하는 것을 가지십시오! 와서 예수님을 의지하십시오. 그러면 당신의 죄가 용서될 것이며, 당신은 하나님과 화목할 것입니다. 비록 당신이 멀리 떨어져 있어도, 그리스도의 피로 가까워질 수 있습니다. 당신은 어떻게 그렇게 되는지를 알고 있습니까? 바로 이런 것입니다. 하나님은 반드시 죄를 벌하십니다. 당신의 죄는 형벌을 초래하였습니다. 하지만 그분이 당신의 빚을 당신의 보증인에게로 돌리셨습니다. 그분이 당신이 저지른 당신의 죄 때문에 예수님을 벌하셨습니다. 그렇다면 당신은 예수님을 대속자로 믿으십시오. 당신이 견딜 수 없는 하나님의 진노를 그분이 전부 견뎌내셨습니다. 따라서 하나님은 이제 그분의 정의를 손상시키지 않고서 범죄한 죄인을 자기와 화목케 하실 수 있으며, 그를 자기와 뜻이 같게 하시고, 그를 우정의 관계 속으로 받아들이시며, 더 나아가 아들로 받아들이십니다. 그를 입양하여 자녀로 삼으시는 것입니다. 죄인들을 위하여 죽임을 당하신 하나님의 어린양 곧 피 흘리신 화목제물을 믿으면, 근심하는 당신의 영혼은 곧 평화를 얻을 것입니다. 당신을 위하여 한때 가시 면류관을 쓰셨던 그분의 귀한 머리에 당신의 손을 얹으십시오. 그러면 당신은 하나님이 당신의 친구이심을 확인할 것이며, 당신의 죄가 용서되었음을 알게 될 것입니다. 오호라 모든 목마른 자들이여, 용서와 화해를 위해 물로 나아오십시오. 거기서 당신들이 갈망하는 것을 얻으십시오.

또 한 사람이 이렇게 말한다고 생각합니다. "나는 그런 복을 바라지만, 그 이상의 무언가를 원합니다. 나는 내 안에 거하는 죄를 정복하기를 원합니다. 나는 순결하고 거룩하기를 원합니다. 나는 미래에 과거의 내 모습처럼 되는 것을 견딜 수 없습니다. 나는 나를 묶고 있는 습관의 사슬들을 느낍니다. 나는 그것들을 끊어버리고 싶습니다. 나는 더 이상 악의 본보기가 되고 싶지 않으며, 사랑받을 만한 훌륭한 미덕의 본이 되기를 원합니다. 그러나 죄와 치열하게 싸워왔지만 죄가 나를 이겼습니다. 나는 잠시 동안 그 지배에서 벗어나긴 하지만, 여전히 그 속박을 차고 있으며, 다시 내 감옥으로 끌려옵니다. 나는 원하는 바를 행하지 못합니다. 오, 내가 죄의 권세에서 벗어날 수 있다면 얼마나 좋겠습니까!"

아, 그대 목마른 자여, 당신처럼 목마른 것은 복된 일입니다. 하나님께서 당신의 마음에 소원하는 바를 주실 거라고 나는 감히 말합니다. 예수님께서 자기 백성을 사탄의 권세에서 건지시려고 죽으셨기 때문입니다. 그분이 오신 목적은 자기 백성 안에 있는 죄의 권세를 멸하기 위해서이며, 그들로 하여금 죄를 섬기는 것에서 해방되어, 선한 일에 열심을 내는 백성으로 만들기 위해서입니다. 당신이 예수님께 와서 단순하게 그분을 믿는다면, 즉 그분을 의지하고 신뢰한다면, 그분의 은혜가 임하여 당신을 정결하게 할 것입니다. 새로운 본성을 심어주심으로써 돌 같은 마음을 제거하시고, 살 같이 부드러운 마음을 주실 것입니다.

당신은 당신의 모든 부패한 죄의 성향들을 이기고 그 목을 발로 누르게 될 것입니다. 당신은 조금씩 그것들을 쫓아낼 것이며, 빛의 성도들이 받는 유업에 참여하는 자가 될 것입니다. 오호, 순결과 미덕에 목마르고, 내면에 거하는 죄에 대해 승리하길 갈망하는 모든 자들이여, 예수님의 옆구리에서 흘러나오는 물로 나아오십시오. 그 물을 맛보십시오. 그러면 영원히 목마름이 가실 것입니다.

어떤 사람들에게 이 영혼의 목마름은 구원의 견인(堅忍)과 안전을 위한 애타는 갈망의 형태를 띱니다. 한 사람이 말합니다. "나는 내가 구원받았는지를 알기 원하며, 확실히 구원받아 다시 잃어버리는 일이 있을 수 없음을 알기를 원합니다! 내가 반석 위에 서서, 내 피난처의 견고함을 느끼기 원하며, 다음과 같이 노래할 수 있기를 바랍니다."

> "그분의 손바닥에 새겨진 내 이름은
> 영원히 지워지지 않을 것이네.
> 지울 수 없는 은혜의 표시들이
> 그분의 마음에도 각인되어 있다네."

"나는 내가 얼마나 이것을 갈망하고 애타게 바랐는지를 회상합니다. 끝까지 지속되지 않는 구원이란 가질 가치가 없는 것이라고 여겨졌기 때문입니다. 결코 지워질 수 없는 표시가 아니면, 어떤 은혜의 표시들도 가질 필요가 없는 것으로 보였습니다. '혹시'라고 하는 생각이 결국 모든 일이 실패로 끝나지 않을까, 최종적인 구원의 전망이 어떤 우세한 악의 세력에 의해 무산되지나 않을까 하는 두려움이 되어 늘 나를 따라다니며 괴롭혔습니다. 나는 내재(內在)하는 영원한 생명을 원하며, 썩지 않고 영원히 사는 생명을 원합니다."

자, 그런 생명에 대하여 우리는 성경에서 읽을 수 있습니다. 예수님이 사마리아 여인에게 말씀하셨습니다. "내가 주는 물을 마시는 자는 영원히 목마르지 아니하리라"(요 4:14). 안전을 원하고, 구원받았는지 알기를 원하며, 그 확신 속에서 기뻐하기를 원하는 당신이여, 이 말씀에 귀를 기울이는 것이 좋습니다. "오호라 너희 모든 목마른 자들아 물로 나아오라." 당신이 그리스도께 나아온다면 당신은 이 복된 만족을 얻게 될 것입니다. 그리스도께 당신을 맡기십시오. 그러면 당신은 우리 찬송의 가사처럼 노래할 것입니다.

"그분과 함께라면 안전하며,
그분의 능력으로 보호됨을 나는 알았네.
내가 그분의 손에 의탁한 것을
그분은 끝 날까지 지켜주시리."

용서와 하나님과의 화목, 성화와 죄로부터의 구원, 혹은 견인과 안전을 위한 당신의 목마름이 어떠할지라도, 당신은 하나님이 흐르게 하신 이 물에서 그 모든 것들을 얻을 것입니다.

하지만 세상에는 그 목마름이 다른 형태로 나타나는 사람들이 있습니다. 그들은 지식에 대한 목마름을 가지고 있습니다. 그들은 알기 원하며, 오류 없이 알기를 원합니다. 어떤 사람들은 얼마나 많은 이론들을 헤치며 나아가는지요! 본래부터 트집이나 잡고 논쟁하기를 좋아하는 사람들이 있습니다. 그들은 이미 논한 것을 다시 재론하기를 좋아하는 사람들이지요. 그들이 더 많이 연구할수록 그들의 의심은 더욱 커져갈 뿐입니다. 줄곧 배워도, 그들은 결코 진리의 지식에 이르지 못합니다. 그런 사람은 마치 이렇게 말하는 것처럼 보입니다. "오! 내가 참된 것을 붙잡을 수 있다면, 어떤 사실, 어떤 확실성을 붙잡을 수 있다면 좋으련만!" 선생이여, 만약 당신이 그 문제로 목마르다면, 당신의 정신으로 하여금 그리스도를 믿는 믿음에 굴복하게 하십시오. 그러면 당신은 곧 확실성을 찾을 것입니다.

나는 예수 그리스도를 믿는 기독교 신앙이 그것을 믿는 자에게 너무나 확실한 진리이기에, 그것이 그의 내적 의식에서 진실로 입증되고, 그의 전 존재와 굳게 결합될 것이라고 믿으며, 그렇기 때문에 그 진리는 유클리드(Euclid, 기하학으로 유명한 고대 그리스의 수학자 — 역주)의 수학적 명제보다 더 확실하고 결정적이라고 믿습니다. 우리는 나사렛 예수가 하나님의 아들이라는 계시를 알고 믿었습니다. 우리는 그 생명의 말씀을 맛보고, 느끼고, 손으로 만져도 보았습니다. 나와 또 이곳에 있는 많은 분들은, 예수를 믿은 이후로 전적으로 새로운 세계에서 살게 되었음을 믿습니다. 우리는 전에 전혀 알지 못했던 한 왕국으로부터 우리를 갈라놓았던 휘장을 통과했으며, 그리하여 이 새로운 왕국에 들어와, 그 안에서 살고 있습니다. 또한 우리는 전에 우리를 지배했던 옛 감각들을 의식하는 것과 마찬가지로, 새로운 감각들과, 새로운 감정들과, 새로운 슬픔들과, 새로운 기쁨들을 의식하고 있습니다.

선생들이여, 그것은 참입니다. 진실로 참입니다. 우리의 순교자들이 화형대에 서서 이 진리 때문에 불에 타지 않았습니까? 그것은 인간이 그것을 위해서라면 용감히 불에 타기를 바랄 정도로 확고한 진리입니다. 고문대 위에서 신경들과 근육들이 뒤틀려도, 고문하는 자들에 의해 그들의 심장이 불에 달군 쇠꼬챙이로 지져져도, 그들은 고통의 한가운데서도 노래하는 법을 배웠고, 현재의 즐거움에 대해서 말하는 법과, 그들이 증언하는 교리의 절대적 진리 안에서 용감하게 승리하는 법을 배웠습니다. 만약 여러분이 반석 위에 서고 싶고, 든든한 디딤돌을 느끼고 싶고, "자, 다른 것은 몰라도 이것이야말로 진실입니다"라고 여러분의 확신을 표현하고 싶다면, 여러분은 예수 그리스도를 믿어야 합니다. 그러면 여러분은 안내 없이 항해하는 배처럼 바람과 물결에 따라 요동하지 않을 것이며, 오히려 승선하신 하늘의 항해사(Pilot)와 더불어 항해하며, 그분이 영원한 평화의 항구로 여러분을 인도하시는 것을 경험할 것입니다.

하지만 그 목마름이 마음의 목마름인 사람들이 있습니다. 그들이 원하는 것은 그들이 믿을 만한 그 어떤 것이 아니라, 그들이 사랑할 만한 그 어떤 것입니다. 내 사랑하는 친구여, 만약 당신이 애정을 기울일 가치가 있는 어떤 것을 원하고, 여러분이 가능한 최대치의 사랑으로 사랑할 수 있으면서도 결코 당신을 속이지 않을 인격적인 존재를 원한다면, 그리고 여러분이 흠모하고 숭배하면서도 결코 여러분 자신이 우상숭배자로 전락하지 않을 대상을 바란다면, 내 여러분에게 말합니다. 물로 나아와, 그리스도의 사랑을 마시기 바랍니다. 그분을 많이 사랑하는 자들도 그분을 더 많이 사랑할 수 있으며, 아무리 그분을 사랑해도 그들의 사랑은 지나치지 않습니다. 그분은 그분을 신뢰하는 자들의 그 어떤 신뢰도 실망시키지 않습니다. 그분을 사랑하는 자들의 영혼 속에 그분이 부어주시는 귀하고도 달콤한 사랑은, 그들이 그분을 위해서 감당하는 그 어떤 슬픔에 대해서도 충분한 보상이 되며, 그 보상은 그들로 하여금 그 사랑에 수반되는 지극히 큰 영광 안에서 모든 불행과 슬픔을 잊게 만들기에 충분합니다.

오! 여러분이 내 주님을 알기만 한다면, 여러분은 그분을 아는 것이 곧 그분을 사랑하는 것임을 알게 될 것입니다. 이 세상의 다른 모든 것들은 그분에 비하면 중요하지 않습니다. 마치 하나의 양초가 한낮의 태양에 비할 바가 못 되듯이, 이 세상의 기쁨들은 그리스도와의 친교에서 누리는 기쁨에 비하면 언급될 가치조차 없습니다. 이것을 얻으십시오. 그러면 여러분은 넘치는 기쁨을 얻는 것입니다. 여러분은 골수와 기름진 것으로 만족할 것이며, 극상품 포도주를 마시게 될 것입니다.

하지만 영혼의 목마름의 다양한 형태들을 모두 언급하자면 시간이 부족할 것입니다. 그 목마름의 형태가 무엇이든, 하나님께서 그 모든 것들을 위해 필요한 것을 공급해주십니다. 죄인이여, 당신에게 필요한 것이 무엇이건, 하나님께서는 그것을 당신에게 주실 수 있습니다. 당신의 영혼이 갈망하는 것이 무엇이건, 하나님께서는 그것을 제공하실 수 있습니다. 당신이 앓고 있는 영혼의 질병이 무엇이건, 그분은 당신을 치유할 치료제를 가지고 계십니다. 당신의 헐벗음이 어떠하든지 그분이 당신에게 옷을 입히실 수 있고, 당신이 아무리 더럽더라도 그분은 당신을 깨끗하게 씻으실 수 있습니다. 당신이 아무리 사악할지라도 그분은 당신을 거룩하게 하실 수 있고, 당신이 아무리 저주를 받은 상태여도 그분이 당신을 구원하실 수 있습니다. 그리스도께서는 모든 것의 모든 것 되십니다. 비록 지금 당장 당신이 죽을 것 같아도, 당신이 죄로 인하여 스스로를 무덤문으로 끌고 갔다고 해도, 당신의 악행들의 결과로 몸의 고통을 겪고 있어도, 그리고 당신의 양심이 당신을 향해 무서운 사망 선고를 내렸다고 해도, 이 점을 아시기 바랍니다. 내 주님의 팔은 강하며, 강한 만큼 또한 길기도 합니다. 그분은, 가장 악하고, 가장 비열하며, 가장 심하게 버려진 자들에게도 그 능력의 손을 뻗으실 수 있으며, 그분이 일단 그들에게 손을 뻗으시면, 그분은 그들이 그 진흙탕에서 끌어올려질 때까지, 그들이 그 무서운 구덩이에서 나올 때까지, 그들의 발을 반석 위에 세울 때까지, 결코 그들을 버리고 떠나지 않으십니다.

내게 천사의 혀가 있다면 좋겠습니다. 또는 온 세상 끝까지 들리는 나팔소리를 울릴 수 있다면 좋겠습니다. 그렇다면 나는 하나님께서 궁핍한 자들을 위하여 그들이 원하는 모든 것을 예비해두셨다는 복된 소식을 큰 소리로 선포할 것입니다. 어떤 죄인도 기근으로 죽을 필요가 없으니, 이 은혜의 땅에는 기근이 없기 때문입니다. 이 세상을 지나는 어떤 여행자도 목말라 죽을 필요가 없으니, 이 우물이 깊고, 영원히 솟아나기 때문입니다. 어떤 죄인도 주릴 필요가 없으니, 소와 살진 짐승들을 잡고, "모든 것을 갖추었으니 오소서"(마 22:4)라고 하는 복음의 메시지가 들리기 때문입니다. 하나님께서 역사하시어, 우리로 하여금 이 모든 것들이 얼마나 풍성하게 제공되는지를 알게 하시고, 우리 중 어느 누구도 뒤로 물러서지 않게 하시길 바랍니다! 우리 중 어느 누구도 이토록 관대한 부르심에 귀를 막거나, 이 특별한 초대를 거절하거나, 은혜를 멸시하거나, 복음을 조롱하는 일이 없기를 바랍니다!

2. 복음의 양식은 모든 목마른 영혼들에게 무료로 제공된다.

둘째로, 복음의 양식은 모든 목마른 영혼들에게 무료로 제공된다는 것에 주목하십시오.

여러분은 본문의 첫 번째 단어에 주목하셨습니까? "오호라!" 그것은 시장에서 장사꾼의 외침과도 같습니다. 그는 지나가는 자들에게 소리칩니다. "오호라! 보시오! 들으시오! 여기를 보시오! 여기 값싼 세일이 있습니다! 여러분이 주목할 가치가 있는 것입니다!" 그와 마찬가지로 하나님께서도 황송하게 이 세상의 관심사들로 분주한 자들에게 소리치십니다. 제각기의 일과 거래와, 사고파는 일로 바쁜 이들에게 외치십니다. "오호라! 오호라! 오호라! 여기 너희가 생각을 쏟을 가치가 있는 무엇이 있다. 너희는 적은 값을 치르고 큰 부자가 될 수 있다. 너희가 부족한 것, 너희가 필요한 것, 너희 사정에 꼭 맞는 무언가를 여기서 찾을 수 있다." 오호라! 이는 복음의 목소리입니다. 짧고, 의미심장한 호소이며, 여러분에게 여러분 자신의 혜택과 관련되는 일에 충분한 관심을 기울이도록 권하고 있습니다. 오, 하나님의 겸손하심이여! 그분이 자기가 지으신 피조물들에 대해 간청하시고, 그분의 영광의 위엄에서 내려와 어리석고도 배은망덕한 인간들에게 "오호라!"라고 외치시다니요!

그 다음 말에도 주목하시기 바랍니다. "오호라! 너희 모든 자들아!" 목마른 여러분 중에 일부가 아니라 모두를 부르십니다. 부유한 여러분, 가난한 여러분, 큰 자와 작은 자들, 나이든 사람들과 젊은 사람들을 향해 "오호라 너희 모든 목마른 자들아!"라고 외치십니다. "누구를 제외하고 모든 자들"이 아닙니다. 결코 그렇지 않습니다. 여기 예외를 두지 않고 널리 공표된 특별 사면이 있습니다. 여기 모든 갈망하는 자들, 목마른 사람들을 향해, 단 한 사람의 이름도 빠뜨리지 않은 초대장이 있습니다. "오호라 너희 모든 목마른 자들아!"

그 다음에 "오라"는 말이 더해집니다. "준비하라"가 아니고, "돈을 가져오라"도 아니며, "너희 권리를 입증하라"도 아닙니다. 그저 "오라!"입니다. 있는 그대로의 모습으로 오십시오. 오는 것이 믿는 것이며, 또한 신뢰하는 것입니다. 믿으십시오. 신뢰하십시오. 여러분의 있는 모습 그대로 그리스도를 의지하십시오. "너희는 물로 나아오라." 지금 오십시오. 여러분 스스로 그 초대장을 읽어보십시오. 그것은 현재형으로 기록되어 있습니다. 그 부름에 순종하십시오. 오십시오, 즉시 오십시오. 여러분이 돈이 없어도, 얼마든지 와서 마실 수 있습니다. 그것은 돈 없이 제공되는 것이기 때문입니다.

지난 주간의 한 날에 나는 긴 모래밭 길을 걸었습니다. 날씨는 찌는 듯하였는데, 통상 이 나라에서 경험하는 더위를 훨씬 초월하는 것으로서, 거의 열대 지방의 날씨였으며, 나는 시원한 물이 흐르는 작은 시내를 보았습니다. 타는 듯한 갈증을 느꼈기에, 나는 몸을 구부려 마셨습니다. 여러분은 내가 누군가의 허락을 구하거나, 내가 그것을 마실 수 있는지 아닌지를 물었을 것이라고 생각합니까? 나는 그것이 누구에게 속했는지 알지 못했고, 또 그에 관해서는 신경을 쓰지 않았습니다. 거기에 물이 있었고, 나는 그것이 내게 충분하다고 느꼈습니다. 어느 누구도 거기서 "오호라!"라고 소리치지 않았습니다. 나는 목이 말랐고, 거기에 있는 물이 나에게 그것을 마시도록 초대했습니다. 물을 마시고 난 후, 나는 두 명의 초라한 도보 여행객들이 다가와 비슷한 방식으로 몸을 구부려 마시는 것을 보았습니다. 그들을 잡아 감옥으로 연행하는 자들은 없었습니다. 거기에 시내가 있었고, 그 시내가 거기에 있었으며, 또 목마른 사람들이 거기 있었고, 그 물은 그들의 필요에 적합했기에, 그들이 신속하게 그 물을 마셨던 것입니다.

하나님께서 복음을 제공하셨고 또한 인간들이 그것을 필요로 하는 때에, 그들이 누군가에게 그들을 "오호라! 오호라! 오호라!" 하며 불러주기를 요구한다면 그 얼마나 이상한 일이겠습니까? 오, 그들이 조금만 더 목마르다면, 그들이 그들의 필요를 더욱 알기만 한다면, 그들이 자신들의 죄를 자각한다면, 그들은 초대는 거의 바라지도 않을 것입니다. 오히려 그들에게 복음이 제공되었다는 단순한 사실만으로 그들에게 충분할 것이고, 그들은 와서 마시고자 할 것이며, 그리하여 내면의 타는 듯한 목마름을 해소할 것입니다.

자, 비록 복음의 양식이 모든 목마른 영혼에게 무료로 제공되는 것이지만, 이 사실을 믿지 못하는 많은 사람들이 있습니다. 어떤 이들은 복음의 교리들에 걸려 넘어지기 때문에 그것을 믿지 못합니다. 사랑하는 친구여, 어떤 교리가 당신을 놀라게 합니까? 선택의 교리입니까? 나는 선택의 교리를 믿으며, 그로 인해 하나님께 감사합니다. 그것은 고귀한 교리입니다. 사랑하는 친구여, 내 당신에게 말하지요. 선택의 교리는 비록 그것이 아주 많은 사람들을 포함하기는 하지만, 어느 누구도 배제하지 않습니다. "하지만 나는 그리스도께 와서 믿을 수가 없을 겁니다." 당신이 그것을 어떻게 압니까? 하나님께서는 당신이 믿을 수 있다고 말씀하십니다. 그분은 이렇게 말씀하십니다. 그분은 "믿지 아니하는 자는 하나님의 독생자의 이름을 믿지 아니하므로 벌써 심판을 받은 것이니라"(요 3:18)고 말씀하심으로써, 사실상 믿지 않는 것을 죄가 되게 하십니다. 그러므로 당신에게는 이미 그것을 믿을 권리가 있으며, 심지어 믿는 것이 당신의 의무가 됩니다. 선택의 교리가 어떠하든지, 또는 그것이 무엇을 의미하든지, 우리는 이 시간 그것에 대해 논하지 않을 것입니다. 그것이 성경의 명백하고 실제적인 가르침과 모순될 수 없다는 것이 분명하기 때문입니다. 여기 명백한 본문이 있으며, 어느 누구도 그 내용을 부인하지 못합니다. "그를 믿는 자는 심판을 받지 아니하는 것이라"(요 3:18). 그러므로 당신이 예수 그리스도를 믿으면, 당신은 심판을 받지 않는 것이며, 선택이냐 아니냐를 따질 이유가 없는 것입니다. 하지만 당신에게 분명히 말하지요. 당신이 그리스도를 믿으면 당신은 그분의 선택된 백성이며, 그분이 당신을 선택하셨기 때문에 당신이 그분을 믿게 된 것입니다. 당신이 그분을 간절히 바라고 또한 그분을 영접하게 된 것은 그분이 당신을 선택하셨기 때문입니다. 그 교리가 당신을 놀라게 하지 않기를 바라며, 당신의 불신앙을 조장하지 않기를 바랍니다. 당신이 그 계시를 올바로 이해한다면, 그것은 당신을 위협하거나 당신을 그리스도에게서 멀어지게 만드는 망령이라기보다, 오히려 그분께 향하도록 가리키는 손가락이 될 것입니다.

다음으로, 법적으로 따지는 정신이 복음이 무료가 아니라고 당신에게 말할 것입니다. 왜 그럴까요? 당신이 그것을 받아들이기에 적합하지 않기 때문입니다! 이는 합법의 정신이지만, 명백히 복음에는 반대되는 정신입니다. 그리스도를 영접하는데 요구되는 적합성이란 없습니다. 당신은 사람들이 씻으러 가는 것을 봅니다. 씻기 위한 적합성이란 무엇일까요? 더럽다는 그것이 적합성은 아닙니다. 죄인이 그리스도를 얻기 위해 가질 수 있는 적합성이란 단지 그리스도를 필요로 하는 것입니다. 당신이 텅 비어 있다면, 당신은 그리스도를 얻기에 적합합니다. 그분이 오셔서 당신을 채우실 것입니다. 당신이 가난하다면, 당신은 그리스도께서 당신을 부요케 하시기에 적합합니다. 병든 자는 의사에게 적합합니다. 궁핍한 자는 긍휼을 얻기에 적합합니다. 잘못이 있는 자는 자비를 위해 적합합니다. 당신에게 호소하거니와, 그리스도를 위한 적절성이라고 하는 유해하면서도 영혼을 파괴하는 사상을 버리십시오. 당신은 있는 모습 그대로 하나님께 나올 수는 없지만, 있는 모습 그대로 구주께로 나올 수는 있습니다. 온통 더럽고 씻지 않은 모습이어도, 당신은 와서 그분이 열어놓으신 샘에서 씻을 수 있습니다. 그러므로 합법성 차원에서의 그 어떠한 것도, 당신으로 하여금 복음의 양식이 당신에게 무료가 아니라고 생각하지 못하게 하십시오.

만약 당신이 너무나 큰 죄인이라는 것 때문에, 당신에게 은혜가 제공되지 않을 거라고 불신앙이 속삭인다면 어떻게 할까요? 예수님은 가장 큰 죄인들을 구하시려고 세상에 오시지 않았던가요? 그분이 말씀하셨습니다. "사람에 대한 모든 죄와 모독은 사하심을 얻을 수 있다"(마 12:31). 당신의 죄가 산처럼 높이 쌓였어도, 하나님의 홍수는, 노아의 홍수처럼, 당신의 모든 불의의 산봉우리들을 덮으실 수 있습니다. 당신의 불신으로 이스라엘의 거룩하신 분을 제한하지 마십시오. 그분을 믿으십시오. 그러면 비록 당신이 지금의 당신보다 더욱 악한 자일지라도 용서될 것입니다.

아, 형제들이여! 마귀가 무어라 말하든, 또 당신의 초조한 양심이 값 없이 주시는 하나님의 은혜에 반대하여 무어라 말하든, 나는 당신에게 엄숙히 말합니다. 그것은 모든 목마른 사람들에게 길모퉁이에 있는 분수식 샘물이 무료이듯 무료이며, 산 위에서 계곡으로 불어오는 공기가 그것을 들이마시는 모든 허파에게 무료이듯 무료입니다. 하나님의 은혜는 그처럼 값 없이 주어집니다. 하나님께서는 그것을 필요로 하는 사람들에게 인색하게 제한하지 않으십니다. 그들이 목마르다면, 그리고 그 은혜를 갈망한다면, 그들은 그것을 얻을 것입니다. 그들 편에서 어떤 어려움이 있을지 몰라도, 하나님 편에서는 어려움이 없습니다. 여러분은 그분 안에서 궁핍하지 않을 것입니다. 여러분은 여러분 자신 안에서 궁핍한 것입니다. 오, 죄 많은 죄인들이여, 여러분이 자비를 발견하지 못한다면 그것은 하나님이 그것을 주지 않으시기 때문이 아니라 여러분이 그분을 믿지 않아서이며, 그분이 그것을 주실 수 없을 것이라고 여러분이 잘못 생각하기 때문입니다. 탕자는 실제로 시험해보고 입증하지 않았더라면, 아버지의 마음이 그토록 인자한지를 결코 믿지 못했을 것입니다. 와서 내 주님의 마음을 시험해 보십시오. 그분이 구름 같은 여러분의 죄들, 곧 빽빽한 구름 같은 여러분의 죄악들을 지워주실 것입니다. 그분을 믿기만 하십시오. 그러면 여러분은 지금껏 여러분이 그분에 대해 생각한 것 이상으로 그분이 선하신 분임을 알게 될 것입니다. 내 말로는 그분을 온전히 표현할 수가 없습니다. 여러분이 그분을 시험해보기 바랍니다. 그럴 때 여러분은 그분이 능력의 구주이심을 확실히 알게 될 것입니다.

은혜의 제공은 목마른 자들에게 무료로 제공되어야 합니다. 그렇지 않다면 그들이 어떻게 그것을 공급받겠습니까? 만일 하나님께서 죄인들에게 구원을 주시지 않을 것이라면, 무엇 때문에 죄인들을 위한 구주가 있겠습니까? 만일 하나님께서 죄인들을 받아주시지 않을 거라면, 그분이 입은 상처들은 무엇이며, 그 피와 같은 땀은 무엇이고, 그 가시 면류관은 무엇 때문이며, 숨이 끊어질 때 그 고통들은 무엇을 위한 것입니까? 죽으신 구주가 불신자들의 따지는 물음들에 대한 최상의 대답입니다. 아들을 아끼지 아니하시고 내어주셨던 그분은 기꺼이 용서하고자 하심이 틀림없습니다. 만일 복음이 목마른 자들에게 무료가 아니라면, 무엇 때문에 그것이 선포되겠습니까? 만일 그것이 여러분을 위한 것이 아니라면, 왜 내가 여러분에게 말하도록 명령을 받으며, 여러분의 귀에 계속 그 소리를 들려주겠습니까? 만일 그것이 길모퉁이에 있는 소수의 사람들만 위한 것이라면, 왜 그것이 거리마다 공표되는 것이며, 왜 우리가 큰 거리에나 산울타리로 나가서 많은 사람들을 불러 모으고, 그들을 강권하여 데려오라는 명령을 받겠습니까? 만일 하나님께서 그들 면전에서 문빗장을 걸어두고자 하신다면, 이 모든 일이 무엇이겠습니까? 복음이 죄인들에게 전해진다는 그 사실이, 여러분이 하나님께 오기만 하면 그분이 여러분을 받아주실 것임을 보여주는 사랑의 증거입니다.

왜 은혜의 보좌가 있을까요? 하나님이 기도를 듣지 않으신다면, 왜 기도하는 것이 허용되고, 왜 여러분이 기도하라는 명령을 받을까요? 그분이 죄인에게 기도하도록 격려하시고서는 그의 말을 들으실 의향이 없다면, 그것은 일종의 조롱이며, 여러분은 그런 논리로 하나님을 비난할 수 없습니다. 다시 한 번 여러분에게 묻겠습니다. 다른 사람들이 그리스도께 와서 그분을 의지했을 때, 그들이 값 없이 주시는 하나님의 은혜를 발견한 것은 어찌된 연유일까요? 천국에 있는 무수한 성도들은, 한때 그들도 여러분과 같은 죄인이었건만, 모두 예수님의 보혈에 그 의복을 씻은 연유가 무엇일까요? 또한 지상에 있는 성도들이 평안을 찾은 연유가 무엇일까요? 그들이 스스로에 대해 자랑할 것이 전혀 없음은 여러분의 입장과 다를 것이 없습니다. 그들은 한결같이 여러분에게 말할 것입니다. 즉 그들은 있는 모습 그대로 왔을 뿐이며, 누더기를 걸치고 거지 행색을 한 채로 왔을 때, 예수님이 그들을 거절하지 않으셨다고 말입니다. 그분에게 그런 일은 결코 없습니다! 그분이 우리를 너그럽게 받아주시니, 그분의 이름을 찬양합니다! 그러니 동료 죄인들이여, 오십시오! 영원하신 성령이 지금 여러분을 이끄시기를 바랍니다! 바로 지금, "물로 나아오십시오." 비록 여러분에게 돈이 없고 값이 없으며, 선함이 없어도, 와서 예수님을 의지하여 영생을 찾으십시오. "오호라 너희 모든 목마른 자들아 물로 나아오라!" 그것이 내 메시지입니다. 여러분을 환영합니다. 오십시오, 오십시오! 그래서 내 심부름이 성공을 거두고, 여러분의 영혼이 복을 얻으며, 하나님의 이름이 높임을 받으시길 빕니다. 아멘.

제
72
장

가장 크고도 영원한 선물

"보라 내가 그를 만민에게 증인으로 세웠고 만민의 인도자와 명령자를 삼았나니, 보라 네가 알지 못하는 나라를 네가 부를 것이며 너를 알지 못하는 나라가 네게 달려올 것은 여호와 네 하나님 곧 이스라엘의 거룩하신 이로 말미암음이니라 이는 너를 영화롭게 하였느니라. 너희는 여호와를 만날 만한 때에 찾으라 가까이 계실 때에 그를 부르라."—사 55:4-6

우리는 두 가지 목적들을 대합니다. 첫째는, 설교자의 목적인데, 그것은 은혜 언약의 복들을 제시하고 선언하는 것입니다. 여기 서서 "오호라 너희 모든 목마른 자들아 물로 나아오라 돈 없는 자도 오라 너희는 와서 사 먹되 돈 없이, 값없이 와서 포도주와 젖을 사라"(1절)고 외치는 것은 나의 의무이며, 또한 나의 기쁨이기도 합니다. 그 다음에 듣는 이들의 목적이 있습니다. 그것은 이곳에 있는 모든 이들이 그것을 진심으로 추구하게 되는 것입니다. 아니 그보다 더 좋은 것은, 이곳에 있는 모든 이들이 그것을 획득하는 것, 즉 본문에서 언급된 복된 언약의 식량창고에서 먹을 양식을 얻는 것입니다. 내 형제들이여, 거기에 물이 있다면, 그것을 마시도록 합시다. 포도주와 젖이 있다면, 그것을 먹고 배부름을 얻도록 합시다. 이 자리에 있는 모든 영혼들이 바로 지금 그 살진 것을 먹고 즐거워하기를 바랍니다.

이미 이 은혜의 양식을 얻은 자들은, 다시 그것을 받으시기 바랍니다. 풍성하게 베풀어진 주님의 은혜의 식탁에 다시 한 번 오시기 바랍니다. 여러분은 매일 배고픔을 느끼는 자들이니, 그 주린 배를 다시 채우시기 바랍니다. 여러분이 영적으로 건강한 상태라면 여러분의 식욕은 왕성할 것입니다. 그러니 오십시오. 다시 한 번 그 식욕을 채우십시오. 여러분이 그렇게 한다면, 그 식욕은 다시 왕성해질 터인데, 그러면 여러분은 그 동일한 하늘의 양식을 더 많이 바라게 될 것입니다. 여러분은 주께서 여러분을 위해 풍성하게 베푸신 왕의 진미에 대하여 더욱 배고픔을 느낄 터인데, 그것은 복된 배고픔입니다.

오, 여기에는 참된 경건의 즐거움을 결코 맛보지 못한 이들도 더러 있습니다. 그런 분들도 내가 그 즐거움에 대해 말하는 동안 그것을 맛보게 되기를 바랍니다! 내 의도는 아주 명료하게 말하는 것입니다. 무엇이든 나 자신의 것을 말하려고 애쓰지 않고, 주님의 말씀을 전하고, 그 말씀들을 설명하되, 가능한 그 말씀들을 명료하게 제시하는 것입니다. 그리하여 비록 내가 구두로 전하는 말씀이긴 하지만, 말씀들이 마치 너무나 명료하게 표기되어 달려가는 자들도 곧바로 읽을 수 있는 글처럼 되기를 바랍니다. 왜 우리가 이 예배당에 옵니까? 주일에 모이는 목적이 무엇입니까? 정녕 그것은 단지 한 사람이 말하는 것을 듣고는, 나가서 우리 자신들이 그 말에 관하여 다시 말하는 것이 전부가 아닙니다. 이곳은 하늘의 업무가 이루어지며, 무언가 참된 일이 행해지는 곳입니다. 사람들이 더 높은 삶으로 고양되고, 아직 소생하지 않은 자들이 와서 그 생명을 얻을 수 있는 곳입니다. 지금 이 시간 몇 사람이 그 생명을 얻을 수 있기를 바랍니다. 시간이 날아갑니다. 죽음이 가깝습니다. 영원이 가까이에 있습니다. 비록 우리가 지금까지 헛되이 시간을 낭비하였어도, 이제는 우리가 이런 문제에 진지해져야 할 때입니다. 지금은 우리가 바르고 지혜로운 결정을 내려야 할 때이며, 하나님께서 그토록 풍성하게 제공하신 양식을 취해야 할 때입니다.

서두를 더 길게 하지 않고, 나는 여러분이 본문의 세 구절이 하나님의 선물, 하나님의 약속, 그리고 하나님의 권면을 포함하고 있다는 점에 주목하기를 바랍니다. 이 세 가지는 내 설교 주제의 세 부분이 될 것입니다.

1. 하나님의 선물

첫째로, 여기에 하나님의 선물이 있습니다. "보라 내가 그를 만민에게 증인으로 세웠고 만민의 인도자와 명령자를 삼았노라." 지금 우리는 대가의 지불이나 자격요건에 관해서 말하고 있지 않습니다. 복음과 복음이 가져다주는 모든 것은 선물로 간주되어야 합니다. 사람들이 선물이란 아무 대가가 없는 것이어야 한다고 말할 때 그 말은 옳습니다. 진실로, 하나님의 선물보다 대가 없이 아낌없이 주는 선물은 달리 없습니다. 본문이 말하는 하나님의 선물이 무엇입니까?

우선, 아버지께서 자기 아들을 주셨습니다. 내가 방금 한 말은 아주 단순하지만, 그 속에는 무한한 의미가 담겨 있습니다. 죄는 너무나 크고, 악은 측량할 수 없을 정도로 거대합니다. 죄가 우리 인간에게 초래한 파멸은 너무나 커서, 그것은 제대로 묘사하기조차 어렵습니다. 그런데 그 악을 위한 치료는 그와 동일하게 크며, 아니 그보다 훨씬 더 위대합니다. 만유를 지으시고, 만유를 채우시는 그분이, 우리가 멸망하는 것을 바라지 않으셨으며, 따라서 그분은 우리를 속박에서 해방하기 위해 속량의 값을 치르셔야 했습니다. 그분은 우리의 죄를 없이 하기 위해 희생의 제물을 제공하셔야 했습니다. 그리고 그 일을 하기 위해, 그분은 아들을 주셨습니다. 하나밖에 없는 아들, 그분이 너무나 사랑하시는 아들, 그분 자신과 동등한 아들, 그리고 모든 일에서 그분과 하나이신 아들을 주신 것입니다. 그분이 우리에게 자기 아들을 주셨으니, 이는 그분 자신을 우리에게 주신 것이라고 말할 수 있지 않겠습니까? 아버지와 아들 사이에는 신비의 연합이 있으니, 아들을 주심으로써 아버지는 자기 자신을 주신 것이라고 참으로 말할 수 있습니다.

오, 죄 가운데 잃어버린 여러분이여, 아무런 가망이 없어 보이는 여러분이여, 이 말에 귀를 기울이십시오! 이와 같은 큰 선물이 주어졌을 때에는 필시 여러분에게 소망이 있지 않겠습니까? 단순히 은혜의 선물, 사랑의 선물, 능력의 선물이 아니라, 하나님께서 자기 자신을 주신 선물임을 기억하십시오. 그 선물은 모든 것을 내포한 선물이니, 그분에 관하여 성경은 다음과 같이 말하고 있습니다. "아버지께서는 모든 충만으로 예수 안에 거하게 하셨다"(골 1:19). 그 아버지께서 말씀하십니다. "보라 내가 그를 만민에게 주었다." 이사야가 이 말씀을 기록했을 때, 그 말씀들은 오늘날 여러분과 내가 읽을 때처럼 명확하게 이해될 수 없었습니다. 지금은, 이 성경을 십자가의 빛에 비추어봄으로써, 그 다섯 군데 상처의 등불 곁에서 읽음으로써, 나는 그 안에 담긴 놀라운 의미를 이해할 수 있습니다. "내가 그를 주었다." 그렇습니다. 아버지께서 속박된 종들을 위하여 속전을 지불하셨습니다. 그분이 죄인들을 위하여 희생제물을 주셨습니다. 그분이 자기 아들을 주신 것입니다. 이 위대한 사실을 전하는 내 말은 아주 단순하며, 어쩌면 아주 빈약해보이기도 할 것입니다. 하지만 그 사실 자체의 진리는 천사들조차 망연자실할 정도로 놀라운 것입니다. 영원하신 하나님, 무한하신 하나님께서, 자기 아들을 가난하고 악하며 죽어가는 벌레들과 같은 우리들을 위하여 주셨다는 사실에 대해 온 하늘이 경탄하였습니다. 그것은 주기에는 너무나 엄청난 것으로 보입니다. 무한히 거룩하신 하나님께서 악한 죄인들을 위해 죽으시다니요! 영원하신 하나님의 아들이 미약하고 한계적인 피조물들이 멸망하지 않도록 하기 위해 고난을 당하시다니요!

성부 하나님께서 그 아들을 주신 것이 경이라면, 아들이 주어지는 일에 동의하셨다는 것 역시 동일한 경이입니다. 아버지께서 "내가 그를 주었다"고 말씀하셨습니다. 하지만 그 아들이 "나를 사랑하사 나를 위하여 자기 자신을 주셨다"(갈 2:20)는 것도 마찬가지로 진실입니다. 아버지의 선물은 아들의 뜻에 반하는 것이 아니었습니다. 오히려 아들이 이렇게 말씀하셨습니다. "내가 왔나이다. 나를 가리켜 기록한 것이 두루마리 책에 있나이다. 나의 하나님이여, 내가 주의 뜻 행하기를 즐기오니 주의 법이 나의 심중에 있나이다"(시 40:7-8). 오, 예수님께서 여러분과 나를 위해 자기 자신을 주신 일을 생각해보십시오! 우리의 본성을 취하시고, 하늘에서 구유까지 낮아지신 것은 엄청난 겸손입니다. 하지만 그분이 우리의 죄를 담당하신 것, 영광의 보좌에서 내려와 골고다의 십자가로 가신 것은, 그분의 겸손의 사랑을 보여주는 훨씬 큰 증거입니다.

오, 이 사랑에 대해 생각해보십시오! 그분은 자기를 주시되 완전히 주셨고, 그분의 신성과 인성을 우리에게 주셨으며, 그분의 영과 몸을 주셨고, 비록 그분이 죽은 자들 가운데서 다시 살아나셨지만 그분의 생명과 죽음까지도 우리에게 주신 것입니다. 그분은 여전히 그분 자신을 우리에게 주십니다. 그분은 한 번 주신 선물을 결코 회수하지 않으시기 때문입니다. 그분이 지속적인 선물로서 자기 자신을 우리에게 주신다는 이 사실이 곧 그분의 선물의 핵심입니다. 낙망하는 여러분이여, 이 복된 진리를 꼭 붙드십시오! 하나님께서 자기 아들을 우리에게 주셨고, 아들이 자기 자신을 우리에게 주셨습니다. 그러니 여러분이 믿음의 행위로써 그분을 신뢰하기만 한다면, 그분은 즉시 여러분의 것이 될 것이며, 영원히 여러분의 소유가 될 것입니다. 그렇게 되면 여러분에게 부족한 것이 더 이상 무엇이겠습니까?

4절에서 우리는 또한 이 선물의 목적이 공언됨을 발견합니다. "내가 그를 만민에게 증인으로 세웠고 만민의 인도자와 명령자를 삼았노라." 우선, 그리스도는 증언자로 우리에게 주어졌는데, 그 의미가 무엇일까요?

확실히, 그리스도께서 주어진 이유는 우리에게 하나님이 어떤 분이신지를 보여주시기 위함입니다. 여러분이 하나님이 어떤 분이신지 알기 원한다면, 그리스도의 삶을 연구하십시오. 예수님이 이렇게 말씀하셨기 때문입니다. "나를 본 자는 아버지를 보았다"(요 15:9). 그리스도 안에서, 하나님의 신성이 자비로운 중보자를 통해 빛을 발합니다. 그리하여 신성의 지극한 영광이 한층 누그러져 우리의 초라하고 연약한 정신과 만나는데, 이는 우리가 형용할 수 없는 광채에 의해 눈이 멀지 않도록 하기 위함입니다. 인간이 되신 하나님이, 인간들에게 하나님이 어떤 분이신지를 증언하신 증인이십니다.

또한 그리스도는 이런 의미에서 증인이십니다. 즉 그분은 아버지의 뜻, 아버지의 사랑, 아버지의 은혜에 대하여 우리에게 증언하십니다. 그분은 아버지의 은혜의 목적들과 그 신비에 관하여 보신 것을 선언하시며, 그러므로 그분의 증언은 그분 자신의 것이 아닙니다. 오직 그분은 아버지와 더불어 보신 것을 우리에게 선언하십니다. 그분은 하나님이 어떤 분이신지에 대해서와, 하나님께서 우리를 위해 어떤 일을 하셨는지에 대한 증언자이십니다. 그분의 이름은 많은 면에서 영원한 언약과 관련되어 있는데, 곧 그분은 언약의 보증이시며, 언약의 당사자이시고, 또한 언약의 증인이기도 하십니다. 그분은 그분의 인격 안에서 하나님께서 다음과 같이 말씀하심으로써 사람들과 언약을 맺으셨음을 증언하십니다. "너희가 첫 번째 행위 언약을 어겼고, 이제 그것을 지킬 수 없게 되었으므로, 나는 또 하나의 그리고 더 나은 언약을 세웠다. 그리스도가 나의 율법을 높이고 나의 정의를 만족시키는 일을 떠맡기로 했다. 그리고 나는 내가 그에게 준 모든 사람들을 구원하는 일을 착수하였다." 예수님은 그러하다고 증언하십니다. 그분 자신이 언약의 보증이며 인장(印章)이십니다.

나는 보이지 아니하시며, 만질 수 없으며, 사람이 본 적이 없는 하나님과 말하지 않아도 되는 것에 너무나 기쁩니다. 인간의 육체를 입고서, 보이지 아니하시는 여호와 곧 영이신 하나님과 대화할 수 있다는 것은 너무나 어마어마한 일인 것처럼 보입니다. 하지만 나는 사람이신 그리스도 예수께 말할 수 있습니다. 나는 이제 내게 중보자가 있다고 느낍니다. 그분은 언약의 양쪽 당사자들에게 그 손을 얹으실 수 있으니, 이는 그분이 양쪽 모두에게 속하시는 분 즉 하나님이시면서 인간이시기 때문입니다. 내 마음은 인간의 모양을 하신 하나님을 볼 때 기뻐하며, 하나님을 위하여 사람들에게 증인이 되신 분을 보고 기뻐합니다. 오 가련한 죄인들이여, 기뻐하십시오, 크게 기뻐하십시오! 하나님께서는 자기의 귀한 아들을 보내시어, 그분을 통해 여러분이 구원받기를 원하심을 증언하게 하십니다. 그분은 그의 정의를 침해하지 않고서도 여러분을 구원하실 수 있습니다. 그분은 여러분을 구원하기를 기뻐하시며, 바로 지금 여러분을 구원하기를 바라십니다. 여러분이 그분의 아들을 믿기만 하면 그렇게 될 것입니다!

이 본문이 우리에게 말하는 바는 아버지께서 그리스도를 증인으로뿐 아니라 인도자와 명령자로 보내셨다는 것입니다. 그것이 바로 우리가 필요로 하는 것입니다. 어느 나라에서나 크게 억압당하는 백성은 지도자를 그리워하며 한탄합니다. "담대하고 용감한 지도자를 보내주소서"는 많은 억압당하는 민족에게서 하늘로 올라가는 기도입니다. 주님은 자기 아들을 지도자와 사령관(Leader and Commander)으로 보내셨습니다. 그러므로 우리가 그분에게 복종하고, 그분의 인도를 받고, 그분의 명령에 따르기만 하면, 그분이 우리를 안전하게 인도하실 것이며, 우리를 승리로 이끄실 것이니, 때가 되면 천국이 우리의 소유가 될 것입니다. 자기 자신을 이 지도자 밑에 두는 자는 승리에 승리를 거듭할 것입니다. 그는 자신의 죄에 맞서 싸울 것이며, 승리를 쟁취할 것입니다. 그는 마귀에게도 맞서 싸울 것이며, 어린 양의 피로써 그를 이길 것입니다. 그는 죽음과도 싸울 것인데, 그 마지막 원수에게도 완벽한 승리를 거둘 것입니다. 여러분 중에서 어떤 이들도 이와 같이 말할 수 있기를 바랍니다. "하나님께서 그리스도를 지도자와 사령관으로 주셨으니, 우리는 그분의 깃발 아래에 모일 것이다. 지금부터 다윗의 아들, 하나님의 아들이, 우리에게 지도자와 사령관이 되실 것이다." 그것이 현실이 되는 자에게, 그것은 얼마나 복되고도 행복한 일인지요!

이제 이렇게 은혜를 입은 사람들이 누구인지 살펴봅시다. 하나님께서 주 예수님을 증언자로서, 또한 지도자와 사령관으로서 보내주신 대상은 누구입니까? 본문은 그것이 '만민'(people)이라고 두 번씩 언급합니다. "내가 그를 만민에게 증인으로 세웠고 만민의 인도자와 명령자를 삼았다." 나는 어떤 사람들이 "평범한 백성들"을 비웃는 것을 압니다. 하지만 기쁘게 그리스도의 말씀을 듣는 이들은 평범한 백성들이며, 그 백성을 위하여 그분이 죽으셨습니다! 하나님께서 말씀하십니다. “내가 백성 중에서 택함 받은 자를 높였도다”(시 89:19). 주 예수 그리스도는 평범한 백성의 그리스도이십니다. 만약 여러분 중에서 누군가 너무 높고 힘이 강하여 상류 사회의 유행에 어울리는 멋진 모습으로 천국에 가야겠다고 한다면, 그 사람은 잃은 자가 될 것입니다. 유행을 따르지 않는 방식, 예수 그리스도를 신뢰하는 방식만이, 여러분을 천국에 이르게 하는 유일한 방식입니다. 그분은 백성의 증인이시며, 백성의 인도자와 명령자이십니다.

그분이 만민의 인도자와 명령자시라는 것은, 그분이 단지 선택된 소수에게만 인도자와 명령자가 아니심을 의미하지 않을까요? 아마도 여러분은 우리에게 대하여 ‘가엾은 칼빈주의자’라고 언급하면서, 우리를 불쌍하고 불행한 분파라고 칭하고, 우리가 항상 구원을 우리 자신에게만 한정하여 지키려고 노력하고 있으며, 또한 우리가 오직 소수만 구원을 받을 거라고 믿는다는 식으로 평하는 글을 읽었을 것입니다! 우리의 원수들이 우리에게 대하여 말하는 그 모든 거짓말들을 배격하십시오. 그것은 사실이 아니며, 또한 결코 사실이었던 적도 없었습니다. 우리는 주님께서 구원하실 백성이 있다고 믿지만, 그럼에도 불구하고 우리보다 모든 사람들이 구원받기를 애타게 바라는 이들은 하늘 아래에 없습니다. 사람들이 우리를 반대하여 하는 말에도 불구하고, 우리의 마음은 사람들을 향한 사랑으로 가득하다고 우리는 믿습니다. 내 희망은 이것입니다. 즉 주 예수 그리스도께서 수많은 사람들을 구원하셔서, 질서가 잘 잡힌 국가에서는 감옥 바깥에 있는 대다수 국민들의 수에 비하면 감옥 안에 있는 사람들의 비율이 훨씬 낮듯이, 마지막에 잃어버린 자들의 비율이 모든 백성의 수에 비하면 크게 떨어지는 것입니다. “그런 일이 일어나려면 커다란 변화가 있어야 할 것입니다”라고 누군가 말합니다. 그렇습니다, 큰 변화가 있을 것입니다. 반대되는 모든 추세에도 불구하고, 장차 영광스러운 시대가 올 것입니다. 주 예수님께서 만왕의 왕이시며, 만유의 주이시라고 인정되는 날이 올 것입니다. “그가 세세토록 왕 노릇 하실 것입니다”(계 11:15). 그분이 구속하신 압도적 다수가, 그분이 ‘비참한 소수, 한줌밖에 안되는 무리’만을 위한 분이 아니라, 오히려 만민에게 증인과 인도자와 명령자이심을 입증할 것입니다. 만민 위에 그분이 탁월한 이름을 가질 것입니다.

“만민에게”, 그것은 정녕 모든 종류의 사람들을 의미하는 것이 아니겠습니까? 그렇습니다. 우리 주님은 모든 계층과 모든 조건에 있는 사람들에게 인도자와 명령자이십니다. 왕들 역시 그들이 원하기만 하면 그분을 따를 수 있습니다.

농부들과 빈민들의 다수도 그분을 따를 수 있습니다. 그분은 잃은 자들과 낮은 자들을 기꺼이 받아주시며, 가난한 계층 중에서도 가장 가난한 이들까지 받아주십니다. 그분은 깊은 나락에 빠진 이들을 기꺼이 끌어올려주기를 원하십니다. "원하는 자는 값 없이 생명수를 받으라"(계 22:17)고 그분이 말씀하십니다. 그분은 만민의 인도자와 명령자이십니다. 그러니 내 친구여, 그분을 따르십시오. 그분에게 복종하십시오. 당신이 전에는 결코 그런 일을 생각하지 않았겠지만, 하나님의 은혜는 당신을 감동하여 당신으로 하여금 이와 같이 말하게 할 수 있습니다. "그분이 만민의 인도자와 명령자이시라면, 나는 그들 중의 하나이며, 그러니 나는 그분을 따를 것이다." 당신이 그렇게만 된다면, 그것은 당신에게 크나큰 영광이 될 것입니다. 그리스도께서 당신을 영광에 이르게 하실 것이며, 당신은 은혜로 당신을 구원하신 그분을 찬송하며 영원무궁히 그분의 이름에 영광을 돌릴 것입니다.

하나님의 선물에 대해서는 여기까지 말하도록 하겠습니다. 하나님께서 사람들에게 그분의 아들을 구주로 주셨습니다. 또한 그리스도는 증인이요, 인도자와 명령자이십니다. 오, 우리 중에 그 누구도 그분을 거절하지 않기를 바랍니다. 모두가 우리에게 주시는 하나님의 선물로서 그분을 받아들일 수 있기를 바랍니다!

2. 하나님의 약속

이 본문에서 두 번째 우리가 생각할 주제는 이 인도자와 명령자에게 하나님의 약속이 있다는 것입니다.

먼저, 그것은 그분이 알지 못하는 이들을 부르신다는 약속입니다. "보라 네가 알지 못하는 나라를 네가 부를 것이라." 그것은 낯선 나라임에 틀림없습니다. 그리스도께서 알지 못하시다니 틀림없이 그렇지 않겠습니까? 종말에 그리스도께서 "내가 너를 알지 못한다"고 말씀하실 사람들이 있을 것입니다. 그리고 그런 의미에서 그리스도께서 결코 알지 못하시는 사람들이 지금도 있습니다. 그분은 그들과 이야기를 나누신 적이 없으시고, 그들의 기도하는 소리를 들으신 적도 없습니다. 그분은 결코 그들의 마음의 부르짖음을 들으신 적이 없고, 그들과 어떤 관계도 맺으신 적이 없으며, 상호적인 친숙함의 차원에서 그들을 결코 알지 못하십니다. 이런 종류의 사람들로 구성된 나라가 있습니다.

나는 그리스도께서 알지 못하시는 이런 종류의 백성이 런던에도 있다고 말할 수 있습니다. 그분이 아무런 상관도 하지 않으시는 백성이 수백만은 될 것입니다. 그들은 결코 그분의 궁정에 가까이 오지 않으며, 그분의 날도 인정하지 않고, 그분의 이름조차 거의 알지 못합니다. 이것이 그리스도께 주어진 얼마나 놀라운 약속인지요? "네가 알지 못하는 나라를 네가 부를 것이라!" 그 백성은 죄에 너무나 깊이 빠져 있기 때문에 마치 그리스도께서 그들을 전혀 모르시는 것처럼 보입니다. 빈곤과 불행 중에 많은 사람들이 모여 사는 집의 문지방을 넘어본 적이 있습니까? 그들의 집 전체는 아니어도 혹 그들의 방 하나에 들어가 보았던 적이 있습니까? 술 취함이 거기에 있습니다. 악덕이 거기에 있고, 불결함이 거기에 있습니다. 아마도 당신이 자비를 베풀 요량으로 그곳에 들른 첫 번째 방문자였을 것입니다. 당신이 속으로 말했습니다. "이 얼마나 끔찍한 곳인가! 정녕 복되신 구주께서 이곳에 계셨던 적이 없으며, 그분의 발자국 흔적이 이곳에는 전혀 없구나." 나는 아버지께서 그리스도에게 "네가 이런 종류의 백성을 부를 것이다"라고 말씀하신 것이 매우 복된 일이라 생각합니다. 이들처럼 타락하고 죄 많은 남자와 여자들이, 그럼에도 불구하고 여전히 부름을 받을 수 있으며, 또한 구원을 받을 수 있습니다. 오, 런던의 최악의 지역에서 수고하고 애쓰는 여러분이여, 용기를 내십시오. 그런 문제의 차원에서, 아프리카 최악의 지역에서 수고하는 여러분이여, 어디를 가든지 용기를 내십시오! 그 백성이 죄와 타락으로 인해 너무나 멀어진 듯이 보이고, 심지어 영혼들을 사랑하시는 위대하신 그분도 그들을 알지 못하시는 듯 보이지만, 그분이 그들을 부르실 것이라는 약속이 있습니다. 그분은 그들을 효과적으로 부르실 것이며, 그들은 그분에게로 올 것입니다.

약속의 다음 부분은 그리스도께서 그분을 알지 못하는 자들을 그분에게 달려오게 하실 것임을 선언합니다. 그리스도에 관하여 전혀 알지 못하던 사람들, 그분에 대해 알기를 원치 않던 사람들이, 별안간 그분에 대하여 듣고는, 그분에게로 달려올 것입니다. 나는 종종 그런 사람들이 그리스도께로 올 때 항상 달려오던 것을 목격하곤 했습니다. 나는 여러분 중의 일부가, 몇 년간 내 설교를 들어왔던 이들이, 비록 그리스도에게서 오랫동안 떨어져 있었지만 결국 그분에게로 오게 되기를 소망합니다. 하지만 여러분이 그렇게 할 때, 여러분들 중 일부는 마치 방주에 들어온 달팽이와 매우 흡사한 처지가 될 것입니다. 그런 사람은 너무나 느리게 이동하기 때문에, 문이 닫히기 전에 도착하려면 아주 일찍 출발해야 할 것이라고 나는 생각합니다. 복음에 대해 듣고 그것에 익숙해진 사람들이, 그리스도께 올 때는 마치 학교에 가는 일부 소년들처럼 더디게 옵니다. 하지만 복음에 대해 들어본 적이 없던 사람이, 마침내 누군가에 의해 예배당에 참석하도록 인도되어 복도나 뒷좌석에 앉게 되었을 때, 그것이 그에게는 온통 새로운 일이기 때문에 그는 스스로에게 이런 식으로 질문을 합니다. "그리스도께서 죄인을 위해 죽으셨단 말인가? 내가 그분을 믿기만 하면, 내 죄가 용서되고, 내가 구원을 받을 수 있단 말인가?" 그는 그런 생각을 뛸 듯이 기쁘게 받아들입니다. 그것이 바로 그가 원하는 것이며, 그는 그것을 즉시 움켜쥡니다. 그는 한순간에 구원을 받습니다. 그리고 비록 다른 사람들이 몇 년간 구원의 복된 소식을 헛되이 들어왔어도, 그는 약 반 시간 전에 발견한 그리스도 안에서 말할 수 없는 즐거움으로 기뻐합니다. "너를 알지 못하는 나라가 네게 달려올 것이라."

여러분은 여기에서 하나님이 어떻게 말씀하시는지를 주목하고 있습니까? 그분은 하나님으로서 말씀하십니다. "그들이 ~할 것이라(They shall)"고 말씀하시는 분이 누구입니까? 어떤 사람이 이렇게 묻습니다. "인간은 자유의지를 가지고 있습니다, 그렇지 않나요?" 예, 그렇지요. 그리고 하나님께서도 자유 의지를 가지고 계십니다. 그리고 이 두 가지가 충돌하게 될 때, 이기는 쪽은 하나님의 자유 의지입니다. 인간은 하나님이 그 사람에게 원하시는 것을 원하게 될 것입니다. 영원하신 분의 의지가 빈약하고 일시적인 인간의 의지를 이길 것입니다. 내가 이 강단에서 설교하게 될 때, 나는 스스로에게 이렇게 말하지 않습니다. "아마도 누군가 스스로의 의지로 구원을 얻게 될 것이다." 오히려 나는 이렇게 생각합니다. "내 주님의 메시지에 귀를 기울이도록 선택된 회중이 있을 것이다. 주께서 그들을 골라내실 것이며, 그들로 하여금 그분의 말씀을 듣게 하실 것이다. 내가 그분의 말씀을 전할 때, 그분의 말씀은 헛되이 그분에게로 다시 돌아가지 않을 것이다. 그분이 복주시기로 정하신 사람들은 복을 받을 것이니, 아무리 마귀가 그 반대되는 일을 하려고 시도하여도, 주님의 의지대로 될 것이다. 하나님께서 그분의 뜻대로 행하실 것이며, 사람들의 마음을 몰아 모두 그분 앞으로 오게 하실 것이다."

어떤 사람이 묻습니다. "하지만 목사님은 인간의 자유 의지를 믿으시지요?" 예, 믿습니다. 그것은 당신과 마찬가지이며, 어쩌면 당신보다 더 많이 믿을 것입니다. 하지만 나는 하나님의 영원한 목적을 역시 믿으며, 또한 모든 것을 극복하시는 그분의 의지를 믿습니다. 인간의 의지를 훼손하지 않으면서도, 그분은 여전히 그분 자신의 뜻을 이루실 수 있습니다. 그분은 그리스도께 하신 이 약속을 이루실 수 있습니다. "너를 알지 못하는 나라가 네게 달려올 것은 여호와 네 하나님 곧 이스라엘의 거룩하신 이로 말미암음이니라."

마지막으로 한 가지 요점을 더 살펴보겠습니다. 이 본문에는 특별한 원동력을 부여하는 하나님의 약속이 있습니다. 무엇이 사람들로 하여금 그리스도께 달려오게 만듭니까? "너를 알지 못하는 나라가 네게 달려올 것은 여호와 네 하나님 곧 이스라엘의 거룩하신 이로 말미암음이니라. 이는 너를 영화롭게 하였느니라." 영화롭게 된 그리스도가 사람들로 하여금 그에게 달려오게 만드십니다. 사랑하는 친구들이여, 그리스도께서 여러분 마음에서 영화롭게 되실 때, 여러분은 그분에게로 달려갈 것입니다. 여러분은 하나님의 아들에게 원수였지만, 그분은 강렬한 사랑 때문에 이 땅에 오셨고, 사셨으며, 수고하셨고, 죽으셨습니다. 경건치 않은 자들이 그분으로 인하여 구원을 얻을 수 있도록 그분의 전 삶을 희생하셨습니다. 그분 자신을 위하여 어떤 유익을 얻기 위해서가 아니라, 순수한 긍휼과 넘치는 사랑으로, 그분은 아버지의 징계를 감수하셨고, 피와 같은 땀방울들을 흘리셨으며, 인간의 구원을 위하여 고난을 당하시고 마침내 죽기까지 하셨습니다.

이 일을 행하신 분은 하나님의 아들이시며, 영원히 복되신 하나님이십니다. 그분은 죽으시고, 장사지낸 바 되셨다가, 다시 살아나셨으며, 이제는 하늘과 땅의 모든 권세가 그분에게 주어졌습니다. "그러므로 자기를 힘입어 하나님께 나아가는 자들을 온전히 구원하실 수 있으니 이는 그가 항상 살아계셔서 그들을 위하여 간구하심이라"(히 7:25). 그분은 술주정뱅이, 망령되게 맹세하는 자, 난봉꾼, 죄의 추악함이 목까지 찬 80년 묵은 죄인까지도 구원하실 수 있습니다. 그분은 말씀으로, 가장 타락한 자들까지도 죄의 권세에서 구원하실 수 있습니다. 그분은 가장 방종한 자들을 순결하고, 정숙하며, 깨끗하게 하실 수 있습니다. 자기의 귀한 피로써 그분은 그들을 모든 죄책으로부터 구원하실 수 있고, 죄의 세력으로부터 구원하실 수 있으며, 죄의 형벌과, 궁극적으로는 죄의 존재로부터도 그들을 구원하실 수 있습니다. 그리하여 머리부터 발끝까지 온통 더럽던 자들이 "티나 주름 잡힌 것이나 이런 것들이 없는"(엡 5:27) 상태로 될 것입니다.

오, 성령께서 영광스러운 햇살로 저 십자가를 비추시어 여러분 모두가 그것을 보게 되기를 바랍니다! 오, 한 줄기의 빛이 죄의 불뱀에 물린 자들에게 비추어 그들이 높이 달린 저 놋뱀을 보게 되기를 바랍니다! 그리스도를 바라보는 것에 생명이 있습니다. 오 친구들이여, 나는 여러분 모두가 오늘 내가 말하는 이것을, 단지 내 입술로가 아니라 내 마음으로 말하는 이것을, 사실대로 믿기를 바랍니다! 그것은 죽을 인생이 말했던 것 중에 최상의 소식입니다. 심지어 천사들도 이와 같이 달콤한 소식을 전하기 위해 그 영광 중에서 땅으로 내려온 적이 없습니다. 그리스도께서 높이 오르시어 큰 죄인들의 큰 구주가 되셨습니다! 능력 있는 용사에게 돕는 힘이 더하여졌습니다(시 89:19). 그분이 죄인들을 다스리시기 위해 보좌에 오르셨습니다. 그분이 온 세상을 통치할 왕의 홀을 가지셨으며, 그분은 그것을 죄인 중의 가장 큰 죄인에게도 자비로써 그것을 내미실 수 있습니다. 그분을 믿기만 하십시오. 그분의 발치에서 참회하고, 여러분의 죄를 고백하며, 그 죄에서 구원받도록 간청하십시오. 이것이 바로 하나님께서 자기 아들에게 주신 약속입니다. 여러분과 같은 사람들이 그리스도께 오게 될 것입니다. 여러분과 같은 사람들이, 그분이 영광스러운 그리스도이시며 모든 면에서 여러분의 필요를 채우실 수 있는 분이시라는 사실에 의해 그분에게로 이끌려 달려올 것입니다. 그럴 때 우리는 그분에게로 달려온 구원받은 죄인들을 얻는 것입니다!

3. 하나님의 권고

이제 마지막으로, 이 본문의 마지막 절이 제시하는 것은 하나님의 권고입니다. "너희는 여호와를 만날 만한 때에 찾으라 가까이 계실 때에 그를 부르라"(6절).

5절과 6절의 연관성에 주목하시기 바랍니다. "너를 알지 못하는 나라가 네게 달려올 것이라." 여기에 절대적이고 무조건적인 약속이 있습니다. 그리고 그 바로 다음 구절이 이렇게 말합니다. "너희는 여호와를 만날 만한 때에 찾으라." 여기에 사람들을 향한 무제한의 권고가 있습니다. 그리하여 사람들을 향한 권면은 가장 강력한 은혜의 교리와 모순되지 않습니다. 더 나아가, 하나님의 작정이 결코 인간의 노력을 불필요하게 만들지 않습니다. "나라가 네게 달려올 것이라"고 아버지께서 아들에게 말씀하십니다. 그리고 그분이 그 말씀을 하셨을 때, 그분은 나라들을 향하여 그들에게 말씀하십니다. "너희는 여호와를 만날 만한 때에 찾으라 가까이 계실 때에 그를 부르라." 구원은 값 없이 주어지는 것이며, 하나님의 은혜의 선물입니다. 하지만 오, 내 청중이여, 여러분은 그것을 구해야 합니다. 여러분은 그것을 위해 하나님께 부르짖어야 합니다. 하나님의 이름으로, 나는 여러분이 지금 그분을 찾도록 여러분의 마음을 각성시키고 싶습니다! 침상에 눕기 전에, 그분이 만날 준비가 되었을 때에 그분을 찾고, 여러분의 소리를 듣기 위해 기다리시는 그분을 부르십시오.

여기에 크게 격려를 주는 호소가 제시되어 있음에 주목하십시오. "너희는 여호와를 만날 만한 때에 찾으라." 그것은 복음의 날입니다. "가까이 계실 때에 그를 부르라." 그것은 은혜의 날입니다. 이와 같이 큰 회중에 복음이 진지하게 전해지고 있을 때, 사람들에게 일종의 순조로운 기회가 허락된다고 나는 믿습니다. 은혜에 있어서도, 재산을 모으는 문제에서와 마찬가지로, 일종의 '호기'(好機)가 있으며 그 호기에 반드시 편승해야 합니다. "여호와를 만날 만한 때에"라고 하는 상쾌한 음악소리에 귀를 기울이십시오. 그리스도께서 떠나시고 자비의 문을 닫아버리신 것이 아닙니다. "그를 만날 수 있을 때!" "너희는 여호와를 만날 만한 때에 찾으라." 그분은 멀리 계시지 않습니다. 그분은 멀리 떠나시고 그 뒤로 문을 닫지 않으셨으며, 다시는 기도를 듣지 않겠노라고 선언하시지 않았습니다. "가까이 계실 때에 그를 부르라." 바로 지금 그분은 당신에게 아주 가까이 계십니다. 그분이 당신에게 권면하고 계십니다. 그분이 당신의 이웃에게 복을 주셨습니다. 그분이 당신과 같은 신도석에 앉아 있는 사람을 그분의 은혜로 부르셨습니다. "너희는 가까이 계실 때에 그를 부르라."

또한 이 말씀에는 격려뿐 아니라 경고가 있습니다. "가까이 계실 때에." 은혜의 해가 아직 저물지 않았을 때에, 낮의 열두 시간이 모두 지나가지 않았을 때에, 즉 주님의 오래 참으시는 은혜의 날이 끝나지 않았을 때에, 그분을 찾으십시오. 왜냐하면 여러분이 그분을 헛되이 찾을 날이 오고 있기 때문입니다. 일단 집의 주인이 일어나 문을 닫으면, 그 때는 여러분이 문을 두드려도 소용이 없습니다. 그런 의미가 이 본문에 분명히 내포되어 있습니다. 그분을 찾을 수 없을 때가 올 것입니다. 나는 그런 때가 이 생애 중의 기간에 이를 것이라고는 거의 믿지 않습니다. 하지만 이 생애는 매우 덧없이 지나가며, 언제든지 끝날 수 있습니다. 그러므로 삶이 지속되는 동안에, 주님을 찾으십시오. 일단 이 삶이 끝났을 때는, 여러분이 그분을 찾을 수 없기 때문입니다.

적어도 나는 하나님의 말씀에 반하는 흉악한 모반, 즉 사람들로 하여금 다른 생의 상태에서도 그분을 찾으면 찾을 것이라고 믿게 만드는 음모에는 결코 연루되지 않을 것입니다. 지금까지 전해진 모든 거짓들 중에서 이것이 가장 위험하며, 사람들의 영혼을 가장 크게 해칠 것이라고 나는 믿습니다. 그것이 매우 인기가 있음을 나는 압니다. 하지만 내게 그것이 무슨 상관입니까? 하나님의 종은 유창한 말을 전하기보다 참된 말을 전합니다. 우리가 전해야 하는 것은 이것이며, 우리는 감히 그 기준을 조금도 넘기를 원치 않습니다. "믿고 세례를 받는 사람은 구원을 얻을 것이요 믿지 않는 사람은 정죄를 받으리라"(막 16:16). 하나님의 말씀에 그렇게 선언되었고, 그 이후에는 아무것도 없습니다. 크든 적든, 주 예수 그리스도를 믿지 않는 자들에게는 소망이 없습니다. 하나님의 아들을 거부하고서, 당신에게 어떤 소망이 있을 수 있단 말입니까? "우리가 이같이 큰 구원을 등한히 여기면 어찌 그 보응을 피하리요?"(히 2:3). 성육하신 하나님께서 피 흘려 죽으셨습니다. 그런데도 당신이 그분에 의해 구원을 받지 못한다면, 그 다음에는 어떻게 되겠습니까? "오직 무서운 마음으로 심판을 기다리는 것과 대적하는 자를 태울 맹렬한 불"(히 10:27) 외에 무엇이 당신을 기다리겠습니까? 구원하실 수 있는 하나님을 믿지 않는 자는 고의로 영적인 자살을 범하는 자이며, 그의 피가 그 자신의 머리 위로 돌려질 것입니다.

그러므로 나는 당신에게 호소합니다. 이 본문의 메시지에 주의를 기울이십시오. "너희는 여호와를 만날 만한 때에 찾으라 가까이 계실 때에 그를 부르라." 반드시 그렇게 하고, 즉시 그렇게 하십시오. 예수님을 믿으십시오. 전심으로 믿으십시오. 온전히 그분을 의지하십시오. 당신의 죄를 떠나십시오. 당신의 자기의(self-righteousness)를 떠나고, 그것에서 벗어나십시오. 당신 자신을 그리스도께 드려 거룩해지고 그분의 뜻대로 행하는 법을 배우십시오. 당신의 평생에 그분의 종이 되십시오. 그분의 이름을 송축하십시오. 그분이 당신을 구원하실 것입니다. 하나님께서는 그리스도께서 그 일을 행하시도록 그분을 보내셨기 때문입니다. 그분은 그 일을 행하실 것이며, 그렇게 주의 뜻이 당신에게서 이루어질 것입니다. 아멘, 아멘.

제
73
장

풍성한 용서

"그가 너그럽게 용서하시리라."—사 55:7

어린 시절 우리는 와츠(Watts) 박사의 교리문답에서 이사야가 주 예수 그리스도에 관하여 다른 모든 선지자들보다 더 많이 말하였다고 배웠습니다. 이 장에 있는 본문의 앞부분에서, 그는 여호와의 이름으로 오실 구원자에 대해 선언했으며, 그분에 대해 다음과 같이 말했습니다. "보라 내가 그를 만민에게 증인으로 세웠고 만민의 인도자와 명령자를 삼았노라"(4절). 그리스도의 출현에 대해 선언하자마자 그는 곧 이방 민족들이 그분에게 달려오는 것을 보았습니다. 그리고 그 광경에 감동을 받아, 그는 즉시 자기 주변에 있는 죄인들에게 말하기 시작하였고, 그들을 향해 그분에게 달려가도록 명했습니다.

의사와 환자 사이에 자연적인 연관성이 있는 것처럼, 구주와 죄인 사이에서도 그러합니다. 이사야 선지자는 지도자와 증인과 명령자로서 오실 그리스도께서는, 틀림없이 악인들과 불의한 자들을 향하여 즉시 그들의 길을 버리고 그들의 명령자의 깃발 아래로 모여, 그분이 가져다주실 복에 참여하도록 명하실 것이라고 생각합니다. 예수님은 죄를 범한 인간들을 끌어당기는 거대한 인력(引力)입니다. "모든 세리와 죄인들이 말씀을 들으러 가까이 나아오더라"(눅 15:1). 예수님은 그분이 필요하다는 것을 아는 자들에게 언제나 환영을 받으십니다. 스스로를 의롭게 여기는 바리새인들과 서기관들은 그런 예수님에 대해 투덜대지만, 자기 죄를 의식하기 때문에 겸손하고 애통하는 자들은 그분의 옷자락을 만져 온

전해지기를 바라면서 그분에게 다가옵니다. 태양의 주변에서, 태양으로부터 빛을 받는 행성들이 태양을 수행하듯이, 주 예수님의 주변에서는 그분에게서 소망을 발견하는 많은 죄인들이 예수님을 수행합니다. 목마른 사슴이 시냇물을 찾는 것처럼, 궁핍한 영혼들은 서둘러 예수님께 갑니다. 그것은 그렇게 되도록 한 하나님의 뜻에 따른 것입니다.

선지자가 하는 말에 귀를 기울이십시오. 그는 불의하고 악한 자들에게 말하며, 그들에게 즉각적인 믿음과 회개를 호소합니다. 나는 이 구절이 그런 의미라고 이해합니다. "너희는 여호와를 만날 만한 때에 찾으라 가까이 계실 때에 그를 부르라"는 기도와 믿음을 위한 권고입니다. 우리는 믿음 없는 기도로 하나님께 가까이 갈 수 없으니, 이는 믿음 없는 기도는 중도에 떨어질 것이기 때문입니다. 주님을 바르게 찾기 위해 우리는 "그가 계신 것과 또한 그가 자기를 찾는 자들에게 상 주시는 이심을 믿어야 할 것입니다"(히 11:6). 나는 6절 말씀이 3절 말씀과 결합하여 기도를 위한 명백한 권면을 이룬다고 간주합니다. 믿음은 들음에서 나는데, 그 이유가 이렇게 기록되어 있습니다. "너희는 귀를 기울이고 내게로 나아와 들으라 그리하면 너희의 영혼이 살리라"(3절). 회개에 관해서는, 7절에서 분명히 제시되어 있습니다. "악인은 그의 길을, 불의한 자는 그의 생각을 버리고 여호와께로 돌아오라." 이 전체의 메시지는 마치 "회개하고 복음을 믿으라"(막 1:15)는 복음의 메시지를 표현만 바꾼 것처럼 보입니다. 마치 이사야가 선지자라기보다는 복음서 저자인 것처럼 보이며, 그가 자기가 살았던 시대를 넘어, 마치 주님을 보았던 사도들처럼 복음을 전하는 것처럼 보입니다. 마치 해가 뜨기 전 땅을 비추는 새벽 별처럼, 그 청명한 광채로 믿는 자들의 마음을 기쁘게 합니다. 언약의 사자 곧 예수 그리스도께서 오신다는 생각이 그의 영혼을 기쁘게 하고, 그의 심령에 불을 밝히며, 그 빛이 또한 그에게서 발산되어 나옵니다. 그의 마음이 기쁨으로 가득하기에 그의 혀가 풀어져, 그는 곧장 "어둠과 죽음의 그늘에 앉은 자들에게"(눅 1:79) 말하며, 그들에게 일어나 빛을 발하고, 그들의 하나님께 가라고 명합니다. 절망할 이유가 없기 때문입니다. 자비가 있으며, 큰 은혜가 있으며, 풍성한 용서가 있기 때문에, 그는 그들에게 주님에게서 얻으라고 말합니다. "너희는 여호와를 만날 만한때에 찾으라, 가까이 계실 때에 그를 부르라."

그가 사람들을 권면하는 동기는 그들이 용서를 발견할 수 있다는 확실성이었습니다. 이는 고대에 영혼의 어부들이 "사람들을 낚을" 때에 사용하던 미끼였습니다. 내가 동일한 것을 사용할 때에 성령께서 도우시기를 빕니다. 내가 여러분에게 숙고하도록 권면할 내용은 하나님께서 죄인들에게 주시는 풍성한 은혜입니다. 그것에 대해서는 어느 정도 살펴보았기에, 이제 두 번째로 우리는 이 고무적인 진리로부터 끌어올 수 있는 정당한 추론을 숙고할 것입니다.

1. 너그러운 용서

먼저, 본문에 따르면 하나님은 너그럽게 용서하십니다. 우리는 그 진리를 여러 각도에서 생각하고, 많은 빛으로 조명하여 살펴볼 것입니다.

하나님의 용서가 풍성할 수 있는 것은, 그것이 무한한 샘에서 솟아나기 때문입니다. "영원한 인자하심"이 그 용서를 솟구쳐내는 출처입니다. 용서는 자비의 자녀이지, 정의의 자녀는 아닙니다. 하나님이 풍성한 용서를 주시리라고 우리가 기대하는 이유는 그분이 인애를 기뻐하시기 때문입니다(참조. 미 7:18). 하나님의 모든 속성들은 훌륭하게 균형을 이루고 있습니다. 그분 자신과 마찬가지로, 그분의 속성들은 무한하며, 그 중 한 가지도 다른 속성들을 침해하거나 그 광채를 흐리지 않습니다. 그분은 한없이 정의로우시며, 그러면서도 한없이 선하십니다. 그분에게는 무한한 능력이 있지만, 그럼에도 그분은 한없이 부드러우십니다. 하나님의 어느 한 가지 속성이 작용하게 될 때 그것은 충분하고도 명백하게 그 영광을 드러낼 것이라고 우리는 확신합니다.

죄가 있기까지는 하나님의 자비가 발휘되지 못했습니다. 아무런 흠이 없는 곳에서, 자비가 활동할 영역은 없습니다. 천사들이 타락하자마자, 주께서는 그가 기뻐하시는 인애를 발휘하실 수 있었습니다. 하지만 그분은 사탄과 그를 추종하는 반역의 무리들을 위해 구원을 베풀지 않기로 결정하셨습니다. 그분은 타락한 천사들이 돌이킬 수 없이 타락하도록 방치하셨고, 그들에게 합당한 응분의 벌로서 그들을 영원한 불에 넘겨주셨습니다. 옛 뱀에게 속아서, 인간 역시 타락했습니다. 그리고 자비가 개입될 여지가 생겼습니다. 인간은 천사들보다 열등한 피조물이었습니다. 그가 멸망하도록 버려두어야 할까요, 아니면 은혜가 개입해야 할까요? 이 경우에는 자비가 하늘을 떠나 땅으로 내려왔습니다. 만유의 주께서 마치 그분이 "긍휼히 여길 자를 긍휼히 여기고 불쌍히 여길 자를 불쌍히 여기시는"(롬 9:15) 분임을 보이려는 듯이, 비록 천사들을 간과하셨지만, 인간들을 긍휼히 여기시고 그들에게 용서가 주어지도록 결정하셨습니다.

자, 하나님이 자비를 전면에 나타내려고 결심하셨을 때—다시 말하지만 그것은 죄가 없었더라면 나타날 수 없었을 것입니다—그분이 그 복된 속성으로 하여금 그 모든 충만한 힘을 나타내도록 허용하신 것은 놀라운 일이 아닙니다. 창조 세계에서 여러분은 그분의 위엄과 능력을 볼 수 있으며, 그 장엄함 속에서 그분의 지혜를 볼 수 있습니다. 섭리 속에서 여러분은 그분의 한없는 선하심과 끝없는 신실하심을 볼 수 있습니다. 주께서 악인들을 정죄하여 가두신 깊은 구덩이에서, 여러분은 그분의 정의가 그 두려운 위엄을 나타내는 것을 볼 수 있습니다. 그러므로 그분이 자비를 그 상아 궁전에서 내보내기로 결정하셨을 때에, 그분이 자비에게 넓은 공간과 충분한 관할 지역을 부여하신 것은 자연스러워 보입니다. 그분의 측량할 수 없는 사랑의 심연으로부터, 자비의 물줄기가 마치 바닥을 드러낸 실개천의 물처럼 졸졸 흐른다는 것은 생각할 수 없습니다. 그분의 사랑의 심연에서 흘러나오는 물이 겨우 우리의 적은 죄만 씻을 수 있을 정도에 불과하고, 빈약하고 메마른 한 구획의 밭과 같은 우리의 본성에 소량의 물만 제공한다는 것은 생각할 수 없습니다. 그와 반대로 그분은 메마른 땅을 많은 물로 덮으십니다. 우리의 죄가 넘칠 때 그분의 은혜는 더욱 넘칩니다. 그분이 자비의 수문을 여실 때, 그분은 위로부터 무한한 사랑의 폭포수를 내려 보내십니다. 그리하여 은혜의 홍수로 우리의 죄의 산들을 잠기게 하시니, 우리는 조금 전에 불렀던 노래처럼 이렇게 노래할 수 있는 것입니다.

> "보라, 여기 끝없는 대양의 물이 흐르니
> 결코 메마르지 않는 은혜로다.
> 보라, 구주의 혈관에서 흐르는 피가
> 그 홍수의 수위를 높이네.
> 그 물이 높이 올라 언덕들을 잠기게 하니
> 그 기슭에 오를 수도 닿을 수도 없네.
> 혹 우리의 죄를 찾아보려 하여도
> 더 이상 우리의 죄들을 찾아볼 수 없네."

"하나님은 사랑이심이라"(요일 4:8)는 말씀은 사랑이 그분의 성품에서 우세함을 내포합니다. 사랑의 속성이 그분의 다른 속성들을 손상시키거나 파괴하는 것이 아니라, 오히려 그 모든 성품들을 결합시킨 결과로서 그렇다는 것입니다. 그러므로 우리는 하나님의 모든 속성들 중에서 가장 두드러진 속성, 그분의 모든 속성들을 합친 이 사랑의 속성이, 그 힘을 최대로 발휘할 것이며 그 특별한 선물들을 풍성하게 나누어줄 것이라고 확신할 수 있습니다.

둘째로, 이 용서의 출처가 되는 하나님의 속성이 사랑으로 풍성하시듯, 우리는 이 용서가 베풀어지는 대상들도 풍부하다는 진리를 압니다. "그가 너그럽게 용서하시리라"는 말씀이 참인 것은, 하나님께서는 인간의 계산으로 추정할 수 있는 이상으로 수많은 죄인들을 이미 용서하셨기 때문입니다. 지금까지 우리 주 예수님의 복음 안에서 희망을 발견하여 그분에게 피했던 죄인들이 얼마나 헤아릴 수 없이 많았는지요? 그들은 한 사람도 예외 없이, 그분을 바라보고 빛을 얻었습니다. 내 형제들이여, 지금까지 살고 또 죽은 이들 중에 용서받았던 수많은 사람들을 생각해보십시오. 천국에는 거주민들이 희박하지 않습니다. 만약 여러분이 지금 눈을 들어 볼 수 있다면, "네 씨가 바다의 셀 수 없는 모래와 같이 많고 네 몸의 소생이 모래 알 같으리라"(창 32:12; 사 48:19)는 옛 언약의 약속들이 부분적으로 성취되었음을 알 것입니다. 하나님과의 언약, 곧 하나님께서 아브라함에게 말씀하셨던 언약에서 약속된 씨는 이미 하늘의 별들처럼 많고 바닷가의 모래 알들처럼 많아 그 수를 헤아릴 수 없습니다. 그들은 모든 나라에서 왔으며, 땅의 모든 끝에서 왔습니다. 그들의 피부색은 다양하며, 그들 의상의 색채도 다양합니다. 그들의 언어도 다양하고, 그들의 생활 상태 역시 다양합니다. 하지만 그들이 주님 앞에서 은혜를 발견하였다는 점에서는 모두 똑같이 닮았습니다. 수많은 가난하고 궁핍한 사람들, 버려진 자들이 주님께 왔습니다. 맷돌을 돌리는 여인들, 감옥의 차꼬에 매여 있던 죄수들이 왔습니다. 하나님의 놀라운 사랑의 눈이 상심한 수백만의 사람들을 찾아내셨고, 그분이 너그럽게 그들을 용서하셨습니다.

아아, 지금도 이 지구상에는 하나님께서 용서하신 사람들이 얼마나 많은지요! 그분의 이름을 찬양합니다! 그 수는 자유주의자들이 상상하는 것처럼 많은 것은 아니지만, 분명 편협한 자들이 생각하는 것보다는 많습니다. 하나님께서는 아주 큰 수의 사람들을 용서하셨으며, 또한 더 많은 사람들을 용서하기를 원하십니다. 복음이 전파될 것이며, 더 밝은 날이 오고 있으며, 민족들이 회심할 복된 시대가 오고 있습니다. 마치 비둘기 떼가 비둘기장으로 올 때처럼, 수많은 영혼들이 용서를 바라며 예수님께 날아들 것입니다. 온 세상이 그분의 영광으로 충만할 때, 회개하고 용서받은 복된 시대의 수많은 사람들이 하나님께서 "풍성하게 용서하신" 것을 보게 될 것입니다.

셋째, 하나님의 사랑이 지워버린 많은 죄들을 생각할 때, 우리는 정녕 그분의 용서가 풍성함을 압니다. 오, 내가 지금 생각하려는 주제는 얼마나 엄청난 것인지요! 여기 그 깊이를 가늠할 수 없는 강이 있습니다. 감히 건너갈 수 없는 폭을 가진 넓은 강이 있습니다. 그것은 우리가 그 속에서 헤엄치는 강입니다! 아니, 그 말을 수정하고, 차라리 대양이라고 부르는 것이 좋겠습니다. 정녕, 이 죄의 바다에 대해 내가 무슨 말을 해야 할까요? 기어 다니는 벌레들이 헤아릴 수 없이 많고, 크고 작은 짐승들이 있습니다. 강력하게 그 힘을 과시하는 '리워야단'(참조. 욥 41:1)이 있습니다. 돛단배를 침몰시킬 무서운 폭우와 끔찍한 폭풍이 있습니다. 나는 넘치는 죄악에 대한 생각으로 압도당합니다. 죄여! 그대의 다산(多産)의 태로부터 얼마나 수많은 악들이 나오는지! 셀 수 없이 많은 행악들이 죄의 열매들을 먹습니다! 또한 그 자체로 죄악인 것들이 얼마나 많은지요!

생각의 죄들이 있습니다. 반항적인 생각들, 교만한 생각들, 불경스러운 생각들, 외설적인 생각들, 성급한 생각들, 잔인한 생각들, 거짓된 생각들, 악한 기억의 생각들이 있으며, 미래에 대한 사악한 생각들이 있습니다. 생각 속에 얼마나 많은 죄가 득실대는지요! 그와는 반대로 생각의 태만이라는 죄가 있습니다. 회개, 감사, 존경, 믿음 등 그런 것에 대한 생각들을 하지 않는 것입니다! 내 두루마리 책에는 그러한 가증스러운 목록들이 앞뒷면 모두에 기록되어 있습니다. 저녁 무렵 각다귀 벌레들이 떼를 짓는 것처럼, 생각의 죄악들 역시 무수합니다.

다음으로 말의 죄들이 있습니다. 나는 그 목록을 재차 언급해야겠습니다. 얼마나 많은 말들이 깨끗하고 거룩한 하나님의 귀를 거스르는지요! 그분을 대적하는 말들, 그분의 아들을 거역하는 말들, 그분의 율법과 복음을 거스르는 말들, 우리의 이웃을 거스르고, 선하고 참된 모든 것에 반하는 말들이 얼마나 많은지요! 거만하고 허세부리는 말들, 고집스럽고 완고한 말들, 신실하지 못한 말들, 음탕한 말들, 허탄한 말들, 사악한 불신앙의 말들이 있습니다. 오 하나님, 우리의 악한 말들이 얼마나 많은지요! 혀의 죄들, 어떤 사람이 그 많은 것들을 일일이 셀 수 있을까요?

다음에는 행동의 죄들이 있습니다. 그것들은 사실 생각의 죄에서 발생하는 열매들일 뿐입니다. 여기서 어린 시절 처음 지은 죄로부터 인생의 노년에 이르기까지, 혹은 지금 이 시기까지 지은 죄의 수를 헤아릴 수 있는 사람이 과연 누구겠습니까? "자기 허물을 능히 깨달을 자 누구리요 나를 숨은 허물에서 벗어나게 하소서"(시 19:12). 아마도 우리가 알지 못하는 죄가 우리가 의식하는 죄보다 더 많을 것입니다. 양심이 적절히 깨우쳐지지 못하여, 많은 일들이 실제로는 죄이지만 죄가 아닌 것처럼 보일 수 있습니다. 하지만 하나님의 밝은 눈은 그분의 율법을 위반하는 모든 것을 꿰뚫어보십니다. 그리고 예수 그리스도의 보혈로 말미암는 풍성한 용서로써 그 전체가 지워지기까지는 모든 잘못들이 낱낱이 기록되어 있습니다. 우리의 죄는 마치 비옥한 땅에 내려와 모든 것을 먹어치우고, 인간에게 기근과 절망만 남기는 수많은 메뚜기 떼와 같습니다. 그것은 과거 애굽에서 그러했듯이 지금도 마찬가지입니다. 주님은 은혜의 바람이 불도록 명하여 메뚜기들을 온 지면에서 떠나게 하시며, 그것들이 떠나면 그 즉시 우리의 마음은 기쁘고 즐겁습니다. 우리의 죄는 이 가을 아침에 모든 잎들을 적시는 무수한 이슬방울들과 같아서, 인생의 황혼에 모든 나무들로 하여금 슬픔의 눈물을 흘리게 만듭니다. 하지만 해가 뜨면, 태양의 적은 열기에도 수분이 증발하며, 이슬들은 마치 원래 없었던 것처럼 모두 사라집니다. 그처럼 우리의 죄도 무수하게 많지만, 예수님의 무한한 사랑이 우리에게 비치고, 하나님께서 아들 안에서 아들이 흘리신 속죄의 피에 의하여 우리와 화목하실 때, 그 모든 죄악의 제거도 완벽합니다. 셀 수 없는 죄들이 하나님의 사랑의 한 마디에 의해 용서되는 것입니다.

넷째, 우리는 용서받은 자들의 많은 죄에서 이 진리를 볼 수 있습니다. 어느 누구든, 그 한 사람의 죄의 크기에 대해 생각해보십시오. 어느 죄든 그 내부에는 또 수많은 죄들을 내포하고 있습니다. 여러분은 어린 거미들이 모두 들어와 살 때의 거미줄을 본 적이 있습니까? 그것은 일종의 거미들의 도시입니다. 어떤 한 가지 죄 역시 그와 마찬가지입니다. 그것은 일종의 불법들의 집단 서식지이며, 살아 있는 거대한 불의의 소굴입니다. 여러분이 그것을 한 번 휘저으면, 여러분은 셀 수 없는 죄들이 거기에서 튀어나오는 것을 볼 것입니다. 그것은 악들의 집합체입니다. 한때 나는 많은 관심을 가지고 아담의 죄에 대한 다양한 저작들을 연구했던 기억이 있습니다. 나는 각각의 저자들이 아담의 죄를 각기 다른 관점에서 다루었으며, 비록 그것이 단순하긴 하지만, 그 속에는 모든 종류의 죄들이 숨어 있는 것으로 최종 결론을 내렸다고 확인했습니다. 죄는 단순히 두 겹으로 피는 꽃이 아니라, 일곱 겹으로 피는 꽃입니다. 그것은 복잡한 악이며, 수천 가지 면에서 거룩하신 하나님께 혐오스러운 것입니다. 그럼에도 불구하고 하나님은 죄를 용서하시되, 너그럽게 용서하십니다!

어떤 죄들은 계획적으로 꾸민 것이며, 뻔뻔한 고의성을 가지고 실행된 것입니다. 그러므로 죄의 행위가 자행될 때, 그것은 단지 거대한 죄라고 하는 전체 덩어리의 일부일 뿐입니다. 그 사람은 처음에 그 일을 어떻게 행할 것인지 숙고하므로, 그 생각 속에도 죄가 있는 것입니다. 한 예를 들어, 그것이 복수의 죄라면, 처음에 그 죄를 생각 속에 떠오르게 만든 분노가 죄입니다. 그 다음에 해를 끼칠 것을 상상하고 그것에 시동을 건 악의가 죄입니다. 그 다음으로는, 어떤 간교한 방식의 복수를 꾸미는 꾀와 지혜의 악용이 죄입니다. 이 모든 것이 죄입니다. 많은 죄는 일련의 기다란 죄의 연속성 속에서 발전한 것이며, 인간 자체의 혈통보다 훨씬 긴 계보를 가지고 있습니다. 그리고 그 과정에서 죄의 강도는 더욱 세어집니다. 어떤 죄들은 이상하게도 그 속에 서로 상충하는 혼합물들을 가지고 있습니다. 우리는 어떤 사람들이 교만과 탐욕에서 출발하여, 결국에는 천박하고 수익적인 면에서도 파멸의 상태로 떨어지는 것을 보아왔습니다. 우리는 자기의(self-righteousness)와 정욕이 같은 안장에 올라타고 있는 것을 보아왔습니다. 오 죄여, 너는 어떤 존재이더냐! 괴이하고도 서로 충돌하는 형태들을 지닌 괴물이 아니더냐! 나는 너에게서 한순간은 빛의 천사와 같은 모습을 보고, 또 다음 순간에는 네가 악귀와도 같으며, 지옥의 한밤중처럼 캄캄한 모습을 보는구나! 너는 뱀처럼 비굴하게 기면서도, 이내 스랍 천사처럼 빛을 내는구나! 너는 "모든 사람들에게 모든 다양한 형태"로 다가와서는, 어떤 수단으로든 사람들을 속여 지옥 구덩이로 던져 넣으려 하는구나! 하지만 주께서는 예수님 때문에 이토록 악한 죄에 대해서도 사람들에게 용서를 베푸십니다. 정녕 그분은 너그럽게 용서하시는 분이 아닙니까?

한 가지 죄에 많은 죄가 있는 것에 더하여, 때때로 우리가 한 가지 죄에서 얼마나 많은 양의 병균을 흡입하는지를 여러분이 기억하기를 바랍니다. 한 사람이 그릇된 행동을 하여 그것 때문에 괴로움을 겪어도, 그는 여전히 동일한 짓을 의도적으로 반복하며, 자기 양심과 그가 받은 경고에 반하여 그런 짓을 행합니다. 한 사람이 때때로 그가 얼마나 바보 같이 굴었는지를 인정하면서, 여전히 같은 짓을 반복합니다. 어떤 사람들은 별다른 동기도 없이, 그저 죄의 방종 그 자체를 위해 죄를 짓습니다. 가끔씩 신문에서 어떤 사람들이 때때로 그렇게 할 만한 특별한 이유도 없이 범죄에 빠지는 것을 보고는 매우 놀랍니다. 그들은 좋은 환경에 있는 사람들이며, 원하는 것을 얼마든지 돈을 주고 구입할 수 있음에도 훔칩니다. 만약 우리가 순전한 고의로 죄를 지었다면, 그것이 죄의 책임을 증대시키고, 죄를 훨씬 더 해롭게 만듭니다. 만일 우리 중 누구든 부드러운 양심의 복을 받고, 경건의 훈련을 받으며, 건전한 복음 설교를 듣고, 그리하여 빛과 지식을 소유하고서도 고의적으로 죄에 빠진다면, 그 죄 속에는 가난하고 무지한 자들 곧 어두운 가운데 살아와서 무엇을 해야 하는지를 거의 배우지 못한 자들의 범죄에서는 발견되지 않는 역겨움이 있습니다. 그러나 양심의 빛과 지식을 거스른 죄에 대해서도 하나님은 용서하십니다. 고의적이고도 철면피적인 죄들을 그분은 용서하십니다. 불경스럽고, 뻔뻔하고, 화를 돋우는 죄들, 그대로 두었다면 우리를 지옥 가장 밑바닥으로 가라앉게 했을 죄들을, 우리가 예수 그리스도를 믿을 때에 그분의 강력한 자비가 한순간에 쓸어버립니다. 십자가 밑에서 우리를 조금 더럽게 물들였던 죄들만 그 자취를 감추는 것이 아니라, 깊고도 붉게 물든 우리의 고의적인 죄들, 선명한 주홍색 흔적을 남긴 심각한 죄악들이, 우리가 "피로 가득한 샘"에서 씻을 때에 모두 사라집니다. 많은 죄인들의 많은 죄들이 용서받으며, 각각의 죄 속에 도사린 많은 죄들이 또한 제거됩니다. "그가 너그럽게 용서하시리라." 이 본문의 의미는 얼마든지 확장되는 것이 아니겠습니까?

다섯째, 주께서 "너그럽게 용서하시리라"는 의미는, 우리가 그분이 죄인들을 위하여 기꺼이 제공하신 용서의 풍성한 수단들을 숙고할 때에 선명하게 다가옵니다. 하나님께서 죄를 용서하심으로써 그분의 도덕적 통치에 오명을 남긴다는 것은 있을 수 없습니다. 만약 어떤 판사가 판사석에 앉아서 어떤 종류의 징벌도 없이 큰 범죄들을 묵과한다면, 그것은 한 나라에 커다란 재앙이 될 것입니다. 곧 범죄가 마치 단순하고 하찮은 일로 간주될 것이기 때문입니다. 악한 자들에 대한 관대함이 의로운 자들에게는 잔인함으로 판명되고 말 것입니다. 거리에서 폭력을 행사한 한 사람이 태형(笞刑)을 당했을 때 우리는 원한다면 그를 불쌍히 여길 수도 있습니다. 하지만 그런 자에게 태형이 가해지지 않는다면, 우리는 해질녘에 집을 향해 가다가 거반 죽임을 당한 선량하고 정직한 시민들을 더욱 불쌍히 여겨야 할 것입니다. 재판장은 범죄들을 묵과함으로써 결과적으로 그것들을 증대시켜서는 안 됩니다. 하나님께서는 인간으로 하여금 죄를 가볍게 생각하게 하거나, 그분의 정의의 구속력에 의문을 갖게 만드는 방식으로 죄를 용서하시는 것이 아닙니다. 그렇다면, 하나님이 무엇을 하셔야 했을까요? 그분은 "자기도 의로우시며 또한 경건하지 아니한 자를 의롭다 하실"(롬 3:26; 5:5) 수 있는 한 방식을 마련하셔야 했습니다. 그리고 그분은 그것을 마련하셨습니다. 그분의 친 아들이 죄인들을 위하여 대속자가 되셨으며, 그분은 그들의 입장에서 그들을 대신하여 하나님의 진노를 감당하셨습니다. 그리하여 하나님의 엄격함은 예수님의 죽음에서 확인되었으며, 하나님의 자비는 예수님이 위하여 죽으신 자들에 대한 용서에서 확인된 것입니다.

우리를 구원하기 위해 오신 대속자가 천사가 아니며, 능력과 공로가 뛰어난 어떤 피조물이 아니며, 다름 아닌 하나님 자신 곧 "참 하나님에게서 나신 참 하나님"(very God of very God)이라는 사실에서 그분의 풍성한 용서의 사랑이 분명하게 나타납니다. 우리가 들어가서 씻을 수 있는 그 샘은, 단지 조금 씻으면 그 미덕이 소멸되고 마는 그런 샘이 아닙니다. 하나님의 아들은 그분의 찔린 가슴에서 나온 피로 그 샘을 채우셨습니다. 그분이 자기 교회를 사랑하셨고, 교회를 위하여 자기 자신을 주신 것입니다. 그 속죄의 공로에 어떤 한계가 있다고 상상하는 것은 불경스러운 짓입니다. 하나님의 아들의 희생에는 스랍 천사들도 상상할 수 없을 정도의 능력이 있습니다. 모든 별들의 세계에, 하나님께 반역한 수없이 많은 거주자들로 가득하다고 해도, 그 모든 피조물들을 속죄하기 위해서, 그리스도께서 십자가에서 제시하신 속죄보다 더 큰 속죄가 필요하다고 나는 상상할 수 없습니다. 그러므로 그 무한한 공로가 우리를 기쁘게 합니다. 우리의 하나님께서 그 공로로 인하여 "너그럽게 용서하시기" 때문입니다. 죄인이여, 만일 우리의 구주가 예수님이 아니라 더 힘없는 구주였다면, 당신은 절망했을 것입니다. 죄인이여, 만일 구주께서 부족한 희생물을 바치셨다면, 그분의 고통과 수난의 공로가 더 편협한 정도의 수준이었다면, 나는 숨을 죽이고 당신에게 힘없이 속삭였을 것입니다. 하지만 나는 그분이 "자기를 힘입어 하나님께 나아가는 자들을 온전히 구원하실 수 있음"(히 7:25)을 압니다. 그러므로 나는 확신을 가지고 당신에게 선언합니다. 하나님, 곧 그리스도 예수 안에서 우리의 하나님은 "너그럽게 용서하실 것입니다." 죄의식으로 힘겨워하는 사람들의 마음에 이 진리의 선언이 간직되기를 빕니다.

여섯째로, 나는 용서라는 말에 담긴 풍성한 안식에 대해 언급해야 할 것입니다. 한 사람이 다른 누군가를 용서하겠다고 말하면서, 실제로는 그럴 의도가 없이 어려운 조건들을 제시하며 이렇게 말한다고 가정해봅시다. "나는 만약 그가 이런 일을 하고 저런 행동을 한다면, 그 상황을 전제로 그를 용서할 것이다." 이것은 너그러운 용서가 아닙니다. 그것은 인색하고 쩨쩨한 용서의 정신이며, 사실상 그것은 전혀 용서라고 할 수 없습니다. 하지만 하나님께서 용서를 어떻게 표현하시는지 주목해 보십시오. 그분이 어떤 사람에게 이렇게 말씀하시던가요? — "나는 만약 네가 칠년을 운다면 용서할 것이다. 혹은 평생 참회한다면 용서할 것이다." 혹은 "나는 네가 많은 금이나 은을 가져온다면 용서할 것이며, 또는 이런저런 약속을 한다면 용서할 것이다." 그렇지 않습니다. 절대 그렇지 않습니다.

하나님의 용서는 진심의 용서이며, 그 조건은 단순하고 쉽습니다. 내가 '조건'(terms)이라고 말할 때 나는 단지 그보다 더 나은 말이 생각나지 않아 쓸 뿐입니다. 사실상 그 조건이란 전혀 조건이 아닙니다. "악인은 그의 길을, 불의한 자는 그의 생각을 버리고 여호와께로 돌아오라 그리하면 그가 긍휼히 여기시리라 우리 하나님께로 돌아오라 그가 너그럽게 용서하시리라"(7절). 이것이 전부입니다! 어떤 사람도 자기 죄의 길을 계속 간다면 용서받기를 기대할 수 없습니다. 당신이 계속해서 하나님의 노여움을 자극하면서도 그분이 당신을 용서하시기를 기대할 수는 없습니다. 그것은 불합리합니다. 죄가 포기되어야 합니다. 복음이 말합니다, "주 예수 그리스도를 믿으라. 그리하면 네가 구원을 얻으리라!" 당신이 어떤 치료의 약을 복용하지도 않으면서 그 약이 당신을 낫게 해 주기를 기대할 수는 없습니다. 그와 마찬가지로, 당신이 하나님께서 그 아들 예수 그리스도를 통해 주시는 용서를 받아들이지 않는다면, 하나님께서 당신을 용서하시리라고 기대할 수는 없습니다. 하나님이 당신에게 요구하시는 전부는, 당신이 그분에게 용서를 구하고 그것을 받기를 바라는 것입니다. 심지어 그분은 당신에게 그런 마음을 주십니다. 그분에게 나오는 모든 자에게 그분은 기도하고, 회개하고, 믿을 수 있는 힘을 주시기 때문입니다. 비록 그분이 사람들에게 "믿으라"고 명하시고, 믿는 것을 그들의 의무가 되게 하시지만, 한편으로는 그분이 그들에게 믿음을 주시며 따라서 그 믿음도 은혜가 되게 하십니다. 하나님이 어떤 분이신지요! 그분은 원수들, 거역하는 자들, 계속 그릇된 길을 가는 반역자들에게, 그들의 죄를 회개하고 그분의 아들을 믿을 수 있는 마음을 주십니다. 그리고 그들의 죄를 그분의 등 뒤로 던지시고, 영원히 깊은 바다 속으로 던지십니다. "그가 너그럽게 용서하시리라."

일곱째로, 이 너그러운 용서는 그 용서의 충만함에서도 나타난다는 사실에 유의하십시오. 하나님의 용서는 겉모양만 그럴듯하거나 피상적인 것이 아닙니다. "그분은 너그럽게 용서하십니다." 말하자면, 그분은 진정으로 용서하신다는 것입니다. 용서받은 여러분이여, 여러분은 스스로에게 이런 질문을 한 적이 있습니까? "그것이 정말로 사실일까? 그럴 수 있을까? 내가 진정으로 용서받았을까?" 예, 그것은 사실입니다. 하나님은 용서하는 시늉을 하시는 것이 아닙니다. 그분은 용서의 흉내를 내시는 것이 아닙니다. 일단 그분이 "내가 너를 용서하노라"고 말씀하시면, 그분은 진정으로 용서하시는 것입니다. 그 용서는 유효합니다. 그것은 이 땅에서 양심의 법정에서도 유효하며, 하늘의 법정에서도 유효합니다. 용서받은 죄인은 참으로 용서받은 것이며, 어느 누구도 그를 정죄하지 않을 것입니다. 그의 죄는 사라졌다고 가정되는 것이 아니라, 사라진 것입니다. 그것은 용서받은 죄인으로부터 조금만 멀어진 것이 아니라, "동이 서에서 먼 것 같이 우리의 죄과를 우리에게서 멀리 옮기신"(시 103:12) 것입니다. "나는 그들의 죄악을 깊은 바다에 던지리라"(참조. 미 7:19)고 그분이 말씀하십니다. "내가 그것들을 내 등 뒤에 던지리라"(참조. 사 38:17)는 그분의 또 다른 강력한 표현입니다.

아아, 영혼이여! 당신이 예수님을 믿으면, 당신의 죄는 존재하지 않습니다. 성경에 이와 같이 기록되었기 때문입니다. "허물이 그치며 죄악이 용서되며 영원한 의가 드러나리라"(단 9:24). 그 결과가 여기에 있습니다. 하나님께서 죄를 제거하실 때 그분은 너그럽게 용서하실 뿐 아니라 불의하던 자들에게 의를 전가하십니다. 그분은 죄를 전가하시지 않으며, 오히려 그리스도의 의를 우리에게 주시며, 그로써 우리는 그분 보시기에 합당하게 받아들여지는 것입니다. 그리스도 예수는 우리에게 "지혜와 의로움과 거룩함과 구원함이 되셨습니다"(고전 1:30). 우리 주님은 그 어떤 것도 절반만 행하시지 않습니다. 그분이 우리의 추함을 보셨고, 우리를 희게 씻으십니다. 우리는 헐벗었으니 그분이 우리에게 옷을 입혀주십니다.

"더러운 얼룩의 흔적조차도
우리 영혼에서 발견되지 않도록,

그분이 구주의 의복을 가져와
그 옷으로 우리를 온통 두르셨네."

더러움 때문에 씻는 것이고, 헐벗음 때문에 입히는 것이며, 결함 때문에 단장하는 것입니다. 아름답지 못하기에 아름답게 하시는 것이며, 우리의 모든 결핍 때문에 무한하게 공급하시는 것입니다. 그 용서의 보따리 안에 싸여 있는 것을 풀어볼 때, 이 용서야말로 정말이지 풍성하지 않습니까?

나는 우리의 하나님께서 주시는 이 영광스러운 용서에 대해서 어떻게 해야 충분히 설명할 수 있을지 그 방법을 알지 못합니다. 한 가지 요점이 언제나 나에게 충분한 기쁨을 줍니다. 그것은, 그 용서가 취소될 수 없다는 것입니다. 주께서 용서를 베푸신 자들은 결코 정죄를 당하지 않습니다. "하나님의 은사와 부르심에는 후회하심이 없느니라"(롬 11:29). 그분은 자기의 피조물들을 짓궂게 가지고 놀지 않으시며, 오늘 용서했다가 내일 정죄하시지 않습니다. 그분이 일단 죄를 제거하시면 그 죄는 영원히 사라진 것입니다. "그 날 그 때에는 이스라엘의 죄악을 찾을지라도 없겠고 유다의 죄를 찾을지라도 찾아내지 못하리라"(렘 50:20)고 주께서 말씀하십니다. 영원한 구원과 취소되지 않는 용서에 대해 전할 때 내 기쁨이 얼마나 큰지요! 내 하나님, 나의 왕은 변치 않으십니다. 그러므로 야곱의 자손들은 정죄를 당하지 않을 것이며, 언약의 복들이 그리스도 예수 안에서 "예와 아멘"이 되는 것입니다. "그러므로 이제 그리스도 예수 안에 있는 자에게는 결코 정죄함이 없나니, 그들은 육신을 따르지 않고 그 영을 따라 행하는 자들이라"(롬 8:1,4).

한 가지만 더 말하겠습니다. 해야 할 말이 너무 많아서 어쩔 수 없이 세부적인 내용을 늘이는 수밖에 없음을 밝힙니다.

여덟 번째로, 그분의 용서가 풍성한 이유는 그 용서에 수반되는 풍성한 복들 때문입니다. 하나님께서 갇혀 있는 불쌍한 영혼을 어떻게 속박에서 벗어나도록 구해주시며, 그 손과 발에서 모든 사슬들을 끊으시고, 그리스도 예수 안에서 그 영혼을 기쁘게 하시는지를 보십시오. 오, 한때 죄로 인한 가책에 매여, 그 고통스러운 속박 속에서 부르짖던 당신이여, 이제 당신은 용서를 받았기에 하나님의 자녀들의 자유가 얼마나 영광스러운 것인지를 압니다. 당신은 이제 "감금된 상태"가 아니며, 믿음으로 의롭게 되어 당신의 주 예수 그리스도로 말미암아 하나님과 더불어 화평을 누리고 있습니다.

주님은 우리에게 죄책으로부터의 자유뿐 아니라, 죄의 권세로부터의 자유도 주십니다. 그리스도께서 그 귀하신 입술을 우리의 상처에 대시어 그 속의 독을 빨아내셨고, 그리하여 우리의 옛 범죄의 병균이 새로운 질병을 유발하지 못하게 하셨습니다. 저 복된 비둘기가 생명나무로부터 치유의 가지를 물고 내려왔는데, 그 잎사귀들은 만국을 치료하기 위해 있는 것입니다(참조. 계 22:2). 우리의 영혼은 하나님을 경외하는 믿음 안에서 온전한 상태에 이르기까지 거룩함을 추구하게 되었습니다. 이것이야말로 정녕 풍성한 용서입니다! 만약 한 왕이 반역자들을 용서한다면 그것은 큰 자비임에 틀림없습니다. 하지만 그 반역자들을 자기의 친구로 삼는다면 그것은 더욱 풍성한 자비입니다. 더 나아가 그들을 입양하여 그들을 자기 자녀들로 삼는다면, 아아, 그리하여 그들의 머리에 화관을 씌우고, 그들을 그의 제국에 왕들과 제사장들로 삼는다면, 이것이야말로 정녕 풍성한 용서일 것입니다! 반역자들을 받아들여 그들에게 왕의 음식을 제공하고, 그들을 자기 식탁에 앉게 하며, 그들을 교육하고 훈련하고, 그들을 자기 궁정에 머물게 하며, 그들의 요청을 수락하고, 그들과 교제하며, 그들을 그의 궁전에서 자기와 함께 살게 한다면, 그것이야말로 풍성한 용서일 것입니다! 그런데 하나님께서 이 모든 것을 죄인들에게 행하십니다. 그분은 그들을 자기 자녀들로 삼으십니다. 그들의 기도를 들으십니다. 그들로 하여금 그분 자신과 그분의 친 아들로 더불어 친교를 나누게 하십니다. 그들을 신뢰하여 중요한 직무들을 맡기시며, 그들의 동료 죄인들을 그분에게 데려오도록 하는 일을 맡기십니다. 이윽고 그분은 그들을 천국의 본향으로 데려오시고, 그곳에서 그들을 영원히 자기 우편에 살게 하시며, 그분의 독생자의 영광과 기쁨 안에서 즐거워하게 하십니다. 오, 이런 것이 너그럽게 용서하는 것이 아니겠습니까?

오늘 아침 불붙은 입술을 가진 어떤 스랍 천사가 내려와, 내 대신 이 자리에서 여러분에게 이러한 주제로 말씀을 전한다면 좋겠습니다. 하지만 그럴 수는 없겠지요. 어쩌면 이런 경우에는 내가 여러분에게 말하기에 더 나은 입장일 수도 있습니다. 왜냐하면 바로 이런 이유 때문입니다.

> "하늘의 천사들은
> 구속의 은혜와 죽음으로 보이신 사랑을

결코 맛보지 못하였네."

하지만 나는 그것을 맛보았습니다! 이 용서는 오늘 나의 것이며, 나는 그 안에서 즐거워합니다! 그것을 여러분에게 전하는 동안, 나는 내가 아는 것을 전하고, 내가 누려왔던 것을 여러분에게 제시하는 것입니다. 오, 다른 사람들이 와서 이 놀라운 용서에 참여할 수 있기를 원합니다. 이 한없는 죄에 대한 이 한없는 용서를 누리기를 바랍니다!

2. 풍성한 용서에서 이끌어내는 추론

다음으로 우리가 간략히 살펴볼 것은, 이 풍성한 용서에서 흘러나오는 자연스러운 추론에 대한 것입니다. 첫 번째 추론은 이것입니다. 어느 누구든 절망할 이유가 없습니다. 비록 오늘 아침 이곳에 술주정뱅이로서 추하고 부정한 삶을 살아왔던 사람이 있어도, 혹은 도둑으로서 그보다 더 나쁜 삶을 살아왔던 사람이 있어도, 그가 절망할 이유는 없습니다. 만약 내가 이런 식으로 말할 수밖에 없다고 가정해보십시오. "하나님은 때때로 일부 소수의 죄인들을 용서하십니다. 큰 죄를 지었지만, 용서를 받아 천국에 있는 소수의 사람들이 있습니다." 그럴 경우, 만약 지각이 있는 사람들이라면 그런 말에서도 희망을 발견할 것이며, 이렇게 소리칠 것입니다. "누가 알겠는가? 혹 그분이 우리를 용서하실는지, 누가 알겠는가?" 희망을 걸 수 있는 한 가닥 실오라기라도 있다면, 지혜로운 자는 가서 은혜를 구할 것입니다. 요나는 니느웨 성읍을 다니면서 "사십 일이 지나면 니느웨가 무너지리라!"(욘 3:4)고 외쳤을 뿐입니다. 은혜에 대해서는 한 마디도 하지 않았습니다. 하지만 니느웨 백성들은 이렇게 반응했습니다. "하나님이 뜻을 돌이키시고 그 진노를 그치사 우리가 멸망하지 않게 하시리라. 그렇지 않을 줄을 누가 알겠느냐?"(욘 3:9). "누가 알겠느냐?"에 힘입어서 그들은 악한 길에서 떠났으며, 자비의 하나님께서는 그 죄 많은 도시를 멸하지 않으셨습니다.

오, 가련한 죄인이여! 당신에게 "누가 알겠느냐?"라는 가능성만 있어도, 가서 그 가능성을 시도해볼 가치가 있습니다. 하지만 내가 제시하는 말씀을 주목하십시오. 이 말씀에 "누가 알겠느냐?"는 없습니다. "그가 너그럽게 용서하시리라"입니다. "악인은 그의 길을, 불의한 자는 그의 생각을 버리라", 그것은 마음에 관계된 일입니다. "여호와께로 돌아오라", 회개와 믿음으로 그분의 얼굴을 구하십시오. 그것이 그 말씀의 의미입니다. "그리하면 그가 너그럽게 용서하실 것입니다." 주님은 큰 죄인들을 위하여 큰 긍휼을 베풀려고 하십니다. 나는 소리를 울리는 큰 종을 설치했으며, 그 종을 반복해서 울리게 할 것입니다. "오십시오, 환영합니다. 오십시오, 환영합니다! 큰 문이 활짝 열렸으니 오십시오, 환영합니다! 식탁은 크게 길며, 소와 기름진 것들이 풍성하게 준비되어 있고, 수많은 사람들이 오고 있습니다! 여러분도 함께 오십시오!" 그 큰 종이 다시 울립니다. "오십시오, 환영합니다! 오십시오, 환영합니다! 그분이 너그럽게 용서하시리니, 오십시오, 환영합니다!" 하나님께서 몇몇 영혼들로 하여금 이 최상의 소식이 선언되는 것에 귀를 기울이게 하시고, 바로 오늘 용서를 구하러 그리스도께 달려오게 하시기를 빕니다!

이 주제에서 또 하나 유추할 수 있는 것은 아직 회개하지 않은 모든 자들을 향한 큰 부르심이 있다는 것입니다. 그토록 선하시고 인자하신 주님을 노엽게 할 정도로 비열한 자가 있습니까? 나는 이 이야기에 여러분 각 사람의 마음이 감동되기를 바랍니다. 여기 당신이 노엽게 만든 한 분이 계십니다. 당신은 그분이 매우 화가 났다고 생각하며, 당신 자신도 역시 매우 화가 났다고 느낍니다. 그로 인해 당신은 다시 그분을 불쾌하게 만듭니다. 당신은 그분을 원수로 여기고, 그분과 계속해서 다투고, 그분에게 더 많은 악을 행합니다. 당신은 그분의 명성을 손상시키고, 그분에 대해 나쁘게 평합니다. 이 모든 것이 진행되는 동안, 당신은 그분이 당신에게 심각한 타격을 입힐 것을 준비한다고 상상하며, 그분이 참아왔던 모욕에 대해 복수할 것이라고 추측합니다. 그래서 당신은 더욱더 화를 내고, 그분을 이전보다 더 미워합니다. 당신은 원한을 곱씹으며, 그 쓰라린 맛을 느끼며 더욱더 악해져 갑니다.

그러던 어느 날 문득 당신이 줄곧 잘못해왔던 것을 깨닫습니다. 한 친구가 당신을 만나 이렇게 말합니다. "왜 당신은 당신의 이웃에 대해 그렇게 나쁘게 말합니까?" "나는 그를 미워합니다, 그를 혐오합니다." "무엇 때문에요?"라고 상대방이 묻습니다. "당신은 그분이 당신이 행하는 모든 일을 들을 때에 단지 '나는 그가 매우 딱하다고 느낀다. 나는 그에게 어떤 해를 입히지 않았고, 앞으로도 그럴 것이다'라고 말하는 것을 알고 있습니까? 당신은 그분이 당신에게 편의를 제공해왔던 것을 알고 있습니까? 당신은 빚을 졌고, 만약 그분이 당신에게 빚을 갚으라고 요구하기만 했다면, 당신은 감옥에 보내어졌을 것입니다. 당신이 심하게 아팠을 때 그분은 당신에게 의사를 보냈고, 비록 당신은 의사를 보낸 이가 그분인줄 몰랐겠지만, 사실은 그랬답니다. 그래서 당신이 회복된 것이지요. 당신은 그분이 당신에게 다가오는 고난의 때를 위하여 토지를 사두었고, 그것을 당신의 이름으로 정비하였고, 당신에게 그것을 상속하였으며, 그래서 당신에게 영원히 거할 거처를 마련해주려 한 것을 알고 있습니까?" 그 사람이 이렇게 말합니다. "나는 결코 그렇게 생각한 적이 없습니다. 나는 그것을 믿을 수가 없었습니다. 그리고 지금도 그것을 믿지 않습니다." "하지만 그것은 사실입니다"라고 상대방이 대꾸합니다. "그분이 내가 그를 반대하면서 해왔던 모든 일을 알고 있을까요?" "물론이지요! 그분은 종종 은밀한 가운데서, 당신이 그분에게 온갖 종류의 나쁜 말을 하는 것을 들으셨지요." "그 때 그분이 뭐라고 하시던가요?" 그분이 하신 말씀은 이것이 전부였습니다. "가엾은 영혼! 그가 나를 더 잘 알게 되는 때, 그는 자신이 지금 하는 일에 대해 슬픔을 느낄 것이다." "그분이 하신 말씀이 그게 전부라는 겁니까?" "그렇습니다." "그분이 얼굴이 붉어지지도 않고, 소송한다고 위협하지도 않으시고, 다른 보복적인 대응을 하지 않으신단 말인가요?" "그렇게 하시지 않았습니다. 그분은 언젠가 당신이 그분을 알게 될 때, 당신을 얻게 될 것이라고 말씀하셨답니다."

자, 만약 당신의 동료 이웃이 이런 식으로 당신을 대해왔다면, 당신은 스스로를 부끄럽게 여기고 얼굴을 가리고 싶을 것입니다. 그렇지 않습니까? 만약 당신이 그토록 나쁘게 대했던 사람으로부터 초대를 받는다면, 그리고 그에게서 이런 말을 듣는다면 어떨까요? "당신은 오기를 두려워할 필요가 없습니다. 나는 내가 사는 동안 당신을 비난하는 말을 한 마디도 하지 않을 것입니다." 그럴 경우 아마도 당신은 이렇게 말하겠지요, "내 성미가 나빴구나. 그를 찾아가서 화해를 해야겠다." 그와 마찬가지로, 하나님께서 경건치 않은 여러분과 변론하시어 여러분의 마음을 그분께로 돌이키게 하시기를 기도합니다. 하나님께서 지금까지 여러분에게 어떤 해를 입히신 적이 있었습니까? 그분의 율법, 거기에 어떤 잘못된 것이 있던가요? 그것이 힘들고, 가혹하고, 잔인하던가요? 그 율법들은 여러분의 유익을 위한 것입니다. 그것들은 위험을 알리는 신호들이며, 우리에게 우리 자신을 해치지 않도록 알려주는 것입니다. 하나님께서는 우리가 가서는 안 되는 길을 고집스럽게 가는 것을 원치 않으십니다.

하나님께서는 여러분 중 어떤 이들을 위해 충만하고도, 자격제한이 없는 용서를 준비하셨습니다. 그분은 여러분을 그분 자신에게로 이끌기를 원하시며, 여러분에게 복을 주시고 여러분을 천국까지 안전하게 데려가기를 바라십니다. 오, 고집스럽게 그분을 대적하지 마십시오. 오히려 강력한 은혜에 굴복하고 복종하십시오. 당신은 그분의 매력에 저항할 수 있습니까? 하나님께서 당신과 변론하기를 원하시는 동안 와서 그분과 변론하십시오. 당신의 양심으로 하여금 이렇게 말하게 하십시오. "주여, 당신은 긍휼이 충만하십니다. 제가 당신에게 갑니다. 당신의 아들의 죽음을 통하여 당신과 화목하기를 원합니다." 하나님께서 여러분 중 많은 이들에게 이 본문의 말씀으로 강력하게 역사하시길 빕니다!

또 다른 추론이 있습니다. 만약 이 예배당에서 본문 말씀이 특별하게 부르는 누군가가 있다면, 그것은 여기서 가장 큰 죄인일 것입니다. 왜냐하면 죄가 넘치는 곳이 아니라면 넘치는 용서도 있을 수 없기 때문입니다. 남자이든 여자이든, 이곳에서 자신이 가장 큰 죄인이라고 여기는 사람이 있다면, 이 본문이 부르는 대상은 바로 그 사람입니다. 귀한 영혼이여, 당신은 어디에 있습니까? 당황하여 멀리 떨어져 있습니까? 내 주님께서 당신을 부르십니다. "그가 너그럽게 용서하시리라." 마리아여, 당신은 막달라 출신의 여성입니다! 요한, 거기 있군요! 당신은 박해자이며, 복음을 반대하는 남자입니다! 당신에게도 풍성한 용서의 여지가 있습니다. 하나님이든 마귀든 전혀 신경을 쓴 적이 없던 당신이여, 마음이 너무나 딱딱하고 완고하여 구원받을 수 없다고 느끼는 당신이여, 당신이 바로 오늘 본문이 부르는 그 대상입니다. 당신을 위해서도 풍성한 긍휼의 여지가 있습니다. 이 본문의 말씀이 각 죄인을 초대하는 동안, 이 말씀은 오늘 아침 많은 죄를 가진 사람들을 손가락으로 가리키며 그들을 부릅니다. "이리로 오라, 이리로 오라, 주께서 너그럽게 용서하시리라."

이러한 하나님의 용서에 대해 우리는 큰 사랑으로 보답해야 합니다. 그분이 풍성하게 용서하신다면 우리는 풍성하게 감사를 표해야 합니다. 흉악한 죄인들이, 구원을 얻을 때에는, 가장 아름다운 성도가 됩니다. 그들이 열렬하게 반역을 일삼았던 정도에 비례하여, 그들은 그들을 사랑하여 자기 목숨을 주신 주님을 귀하게 여기며 열렬하게 사랑합니다.

끝으로, 사랑하는 친구들이여, 그 은혜가 등한히 여겨진다면 어찌될까요? 그토록 풍성한 긍휼이 있음에도, 그것이 거절된다면 어떻게 될까요? 만일 우리가 하나님의 자비를 거부하고, 그분의 귀한 아들의 피를 거스른다면 어찌될까요? 용서받기를 원치 않는 자들은, 그들 자신이 초래한 응분의 벌을 받도록 내버려지는 것이 마땅합니다. 만일 하나님께서 당신에게 인자하게 말씀하시는데도 당신이 그분에게 반응하지 않으면, 머지않아 그분의 음성이 변하더라도 놀라서는 안 됩니다. 등불이 타고 있으며, 그것이 타는 동안 당신은 긍휼을 얻을 수 있습니다. 기억하십시오, 그것은 곧 꺼질 것입니다! 가장 긴 인생도 짧은 것이며, 그 후에는 더 이상의 긍휼이 없으며, 더 이상의 은혜도 없습니다. 은혜와 보좌는 사라질 것이며, 심판의 보좌가 그 자리를 대체할 것입니다. 오, 만약 하나님께서 우리에게 은혜를 발견할 수 있는 단 5분의 여유를 주신다면, 그리고 정말이지 우리가 바보들이 아니라면, 우리는 그 기회를 활용할 것입니다. 하지만 그분은 여러분 중에 어떤 이들을 위해 50년의 세월을 기다려주셨으니, 더 이상 그분을 노엽게 하지 마십시오. "오늘 너희가 그의 음성을 듣거든 너희 마음을 완고하게 하지 말라"(히 4:7). 그분에게 돌아오십시오. 오, 예수님을 위하여 하나님의 영이 여러분을 돌이키게 하시길 빕니다. 아멘.

제
74
장

인간의 생각과 하나님의 생각

"이는 내 생각이 너희 생각과 다르며 내 길은 너희의 길과 다름이니라. 여호와의 말씀이니라. 이는 하늘이 땅보다 높음 같이 내 길은 너희의 길보다 높으며 내 생각은 너희의 생각보다 높으니라."—사 55:8-9

본문은 생각에 대해 말합니다. 인간의 생각과 하나님의 생각에 대해 언급합니다. 생각의 힘은 하나님의 형상대로 지으심을 받은 인간에게서 한 가지 중요한 요소입니다. 다른 살아있는 피조물들은 생각하는 지적 피조물인 인간에게 복종하며, 생각에서 하나님과의 교제가 없습니다. 그들은 하나님의 순수한 영의 세계로 들어가지 못합니다. 위엄 있는 사자나 거대한 리바이어던에게도, "내 생각과 너희의 생각"이라는 차원에서 하나님의 말씀이 들리지는 않습니다. 하지만 주님은 여기서 그분이 살아있는 영혼으로 지으신 또 다른 피조물을 향해 말씀하고 계십니다. 인간은, 보이지 않고, 영적이며, 거룩하신 분과 교제를 나눌 수 있는 피조물입니다.

사람들이 생각을 하지 않을 때, 특히 가장 고상하고 가장 중요한 문제들에 대해 생각하지 않을 때, 그들은 스스로 불멸의 정신이 가진 존재로서의 참된 위치와 본분에서 추락하는 셈입니다. 짐승의 혼은 아래로 내려가듯이, 경솔하고 생각 없는 사람들은 단순한 짐승들처럼 천박한 수준으로까지 내려갈 수 있습니다. 생각은 우리를 하나님과 비교되게 하는 요소입니다. 영원한 문제들에 관하여 올바로 발휘된 생각의 힘은, 인간의 본성이 도달할 수 있는 최고의 위치까지 우리를 올려주는 수단입니다. 그리고 생각의 힘이 도달하는 수준이 높지 않아도, 짐승처럼 경솔한 것보다는 훨씬 좋습니다. 나는 저기 생각 없는 영혼이 짐승과 더불어 사방으로 돌아다니는 것을 봅니다. 그는 오직 먹을 것과 마실 것 외에는 아무것도 찾지 않습니다. 또한 나는 생각이 깊은 사람이 이마를 하늘로 향하여 똑바로 걸으면서, 진흙 덩어리가 그에게 줄 수 없는 무언가를 구하고 있는 모습을 봅니다.

만일 여러분이 오늘 아침 영적인 일들에 대해 생각하기 시작한다면 나는 감사할 것입니다. 비록 여러분의 생각 속에 불행하게도 여러분 자신의 생각에 대한 회의적인 색채가 있어도, 또한 슬프게도 여러분의 생각이 하나님의 생각과 거리가 멀어도, 여러분이 하여간 생각을 하고 있다면 나는 그것을 악한 조짐이라고 탓하지 않을 것입니다. 하나님과 자기 영혼에 대해, 영원에 대해, 죄에 대해, 의에 대해, 생각하기를 시작하는 사람은, 에스겔이 환상에서 본 뼈들과 같이 될 것입니다(참조. 겔 37장). 머지않아 소리가 나고 흔들리면서 그 뼈들이 서로 들어맞아, 죽은 자가 살아나게 될 전망이 있는 것입니다. 대체 생각이라곤 결코 하지 않는 여러분에게 말합니다. 이 본문은 여러분에게 단 한 줄기의 위로의 빛도 비출 수 없습니다. 여러분을 위한 나의 우선적인 의무는, 주께서 여러분으로 하여금 생각이라는 고귀한 특권을 활용하도록 이끌어주시길 기도하는 것이며, 그리하여 여러분이 빠져 있는 끔찍한 혼수상태에서 여러분을 흔들어 깨우는 것입니다.

본문에는 생각하는 두 인격체가 있으며, 그 결과로서 사람의 생각과 하나님의 생각이 있습니다. 하나님의 생각은 인간의 생각보다 높다고 하나님 자신에 의해 선언됩니다. 하지만 인간이 하나님과 함께 생각하려고 한다면, 그는 하나님이 생각하시는 것처럼 생각해야 합니다. "두 사람이 뜻이 같지 않은데 어찌 동행하겠느냐?"(암 3:3). 만일 내 생각이 이편으로 향하고 하나님의 생각은 반대편으로 향한다면, 나는 그분과 더불어 교제를 나누지 못합니다. 내 생각이 하나님의 생각과 일치되어야 하고, 그렇지 않으면 나는 그분처럼 될 수 없고 그분과 함께 행하지 못합니다. 그러나 그분은 그분의 생각이 내 생각과 다르며, 그분의 길이 내 길보다 높다고 말씀하십니다. 그렇다면 그분에게로 올라가기 위해 내가 무엇을 할 수 있을까요? 내가 원하는 대로 생각하면, 생각이 나를 독립적으로 세워주고 그만큼 유익을 주긴 하겠지만, 여전히 내 생각은 나를 지상에 남겨둘 뿐이며, 하나님은 저기 나보다 훨씬 높은 곳에 계십니다. 마치 어린아이의 손가락이 하늘의 별들에 닿지 않는 것과 마찬가지로 내 생각은 그분에게 도달하지 못할 것입니다.

하지만 내게 위로가 되는 것이 있습니다. 만약 내가 진지하게 나에 대해 생각하고 계시는 하나님을 따라 생각한다면, 비록 내 생각이 나를 그분에게로 끌어올리지는 못하겠지만, 그분의 생각이 그분을 내게로 오시게 할 것입니다. 그분이 내 위에 있는 하늘과 그분 아래에 있는 땅 사이에 가교를 세우실 때, 나는 그분의 생각을 이해하고, 그분이 나를 생각해 오셨음을 믿으면서, 그분이 계신 곳까지 끌어올려질 것이며, 그분의 생각을 생각하게 되고, 그리하여 지존하신 분과의 소통과 교제 속으로 들어갈 수 있습니다.

오늘 아침에 나는 성령께서 주시는 힘대로, 영원한 것들에 관하여 생각하는 사람들, 특히 죄의 용서에 대해 생각하는 사람들에게 말하기를 원합니다. 여러분은 아직 여러분 자신의 생각을 가지고 있을 뿐이며, 그 생각들이 여러분을 괴롭게 하고 또 현혹하고 있습니다. 나는 여러분이 믿음으로 하나님의 생각을 붙들게 되기를 바라면서, 여러분의 생각과 하나님의 생각을 대조하기를 원합니다. 하나님의 생각들을 굳게 붙듦으로써, 여러분은 그 생각들에 의해 끌어올려질 수 있습니다. 그것은 마치 하나님의 손에 의해, 여러분의 영혼이 지금 울면서 외로이 앉아 있는 상태로부터 더 행복하고 더 밝은 상태로 끌어올려지는 것과도 같을 것입니다. 하나님의 생각이 오늘 아침 마치 독수리의 날개로 업은 듯이 여러분을 완벽한 평화와 즐거운 확신 속으로 높이 올라가게 할 수 있습니다. 하나님의 생각은, 당신 자신의 깊고도 걱정스러운 생각이 성취할 수 없는 것을 성취할 수 있을 것입니다.

첫째, 나는 오늘 아침에 용서의 가능성에 관한 여러분의 생각과 하나님의 생각을 대조할 것입니다. 둘째, 용서의 계획에 대한 여러분의 생각을 같은 관점에서 조망할 것입니다. 셋째, 개인적 용서의 현재적인 획득에 관한 여러분의 생각을 간략히 살펴볼 것입니다.

1. 용서의 가능성

내가 용서의 가능성에 대한 여러분의 생각과 하나님의 생각을 대조하려고 할 때 성령께서 저를 도와주시길 빕니다. 여러분은 만약 여러분이 그분의 위치에 있다면 어떻게 할 것인가에 대한 상상으로부터, 하나님의 길에 대한 여러분의 생각을 형성합니다.

나는 오늘 아침 그러한 관점을 취하여, 어떤 악한 사람이 당신에게 아주 심각한 해를 끼쳤다고 상상할 것이며, 또한 당신이 그 사람을 용서할 것인지에 대한 질문이 지금 토의되고 있다고 가정할 것입니다. 우리는 당신이 관대하고, 솔직하며, 용서하기를 좋아하는 성향을 가지고 있으며 또한 침착하고 사려 분별이 있는 정신적 상태에 있다고 가정할 것입니다. 당신은 아주 관대하게 행동할 준비가 되어 있지만, 당면한 그 사건은 간단치가 않고 심사숙고를 요구합니다. 그 문제를 잘 생각하고 심사숙고한 후에, 당신은 이렇게 말해야겠다고 느낍니다. "나는 이 사람을 용서할 수 있다. 하지만 그의 잘못은 아주 심각하게 해로운 것이다. 그가 내 지갑이나 부동산을 강탈했다면, 나는 그 일을 간과할 수 있었을 것이다. 하지만 그는 내 명성을 망쳤고, 내 인격을 가장 예민한 부분에서 건드렸으며, 가능한 가장 심하게 나에게 해를 끼쳤다. 나는 다른 형태의 범죄는 몇 번이고 용서할 수 있지만, 그가 내게 고통을 가했던 형태의 악은 특별히 나를 불쾌하게 만들고 모욕적인 것이다. 심사숙고해보니 그 사람은 상상할 수 있는 가장 악한 형태의 잘못을 내게 범한 것이다. 그 일을 그냥 넘겨버릴까 아주 진지하게 생각해보았지만, 그래서는 안 된다고 느끼며, 법에 따라 처리되도록 해야 할 것이다." 명예를 침해당했을 때 사람들이 그런 식으로 말하는 경우가 많이 있습니다. 그럴 때 분별 있는 사람이라면 아무도 그들을 비난할 수가 없지요.

죄를 자각한 죄인이여, 주님 앞에서 당신의 경우가 그렇지 않습니까? 비록 그분이 한 사람이 다른 사람에 대해 생각하듯이 당신에 대해 생각하신다 해도, 당신은 그분이 정당하다고 인정해야 합니다. 사랑하는 친구여, 당신이 가장 예민한 부분에서 하나님을 노엽게 한 것이 확실합니다. 당신은 그분의 피조물임에도 불구하고, 당신에 대한 그분의 권리를 부인했습니다. 당신은 당신에게 명하실 수 있는 조물주의 권리를 부인하면서 이런 식으로 말했지요. "여호와가 누구이기에 내가 그의 목소리를 듣고 순종해야 하느냐?"(참조. 출 5:2). 당신은 그분에게 날마다 은혜를 입어 생활하는 기숙생임에도 불구하고, 끊임없이 당신 자신이 주인이라고 주장하고, 당신이 내키는 대로 행할 권리가 있다고 주장해왔습니다. 당신은 이렇게 하여 만왕의 왕의 권리를 침해하였고, 그분이 아주 귀하게 수호하는 그분의 주권에 반기를 들었습니다. 무엇보다 악한 것은 당신이 그분의 사랑하는 독생자 곧 주 예수 그리스도를 거부했다는 것입니다. 당신이 그분의 백성을 박해하거나, 그분의 신성에 반대하는 말을 하지 않았을 수도 있습니다. 하지만 당신은 구주의 보혈을 경시했고, 마치 그분의 속죄가 당신에게 아무것도 아닌 것처럼, 십자가에 못 박히신 구주를 외면하고 지나쳤습니다. 당신은 이렇게 함으로써 하나님을 노엽게 하는 잘못을 범했고, 그분의 눈동자를 건드렸습니다. 만일 당신이 그 입장이라면, 당신은 용서할 수 없을 것입니다. 하지만 놀랍게도 당신은 당신의 생각이 하나님의 생각과 같지 않고, 그분의 용서의 길이 마치 하늘이 땅보다 높음같이 당신의 길보다 높다는 말씀을 듣습니다. 당신이 주 예수님을 믿으면, 당신의 죄가 비록 악하고 혐오스러운 것이어도 영원히 지워질 것입니다.

아마도 당신은 어떤 죄의 경중을 이런 식으로 판단할 것이라고 상상할 수 있습니다. "만일 그가 부주의나 태만 때문에 그런 나쁜 죄에 빠졌더라면, 혹은 그가 어떤 큰 이득을 얻을 것이라는 큰 희망 때문에 그런 것이었다면, 나는 그를 용서할 수 있었을 것이다. 하지만 그의 잘못은 의도적이었으며, 악의적이고, 터무니없는 것이다. 그러므로 나는 그것을 그냥 지나칠 수 없다." 자연스럽게, 당신은 그런 당신의 생각을 하늘의 주님께 전가하면서 이렇게 말합니다. "내가 고의적으로 잘못을 범했기 때문에 그분이 결코 나를 용서하시지 않을 것이다. 나는 옳은 것을 알았지만 그른 것을 선택했다. 나는 내 죄로 이득을 얻은 것이 없다. 나는 종종 내 죄로 인해 쓰라림을 느끼며, 마치 불에 덴 아이처럼 되어버린다. 하지만 나는 터무니없게도 내 손가락을 다시 불 속에 밀어 넣는다. 나에게는 그럴듯한 죄의 동기도 없었고, 단지 확고하면서도 고쳐지지 않는 악에 대한 애착이 있었을 뿐이다. 나는 마치 황소가 고개를 숙이고 물을 마시는 것처럼 불의를 마셨다. 황소는 갈증을 풀었지만, 나는 단지 내 정욕만 만족시킬 뿐이었고, 아니 그것마저도 채 만족시키지 못했다. 더 많은 죄를 지을 수록, 나는 더 크게 불행해질 뿐이었다. 그 악한 물을 더 많이 마실 수록, 더 끔찍한 갈증이 내게 찾아왔다. 나는 변명의 여지 없이 죄를 지은 것이다."

내 사랑하는 친구여, 그런 언어는 참회자의 혀에 어울리는 말입니다. 하지만 당신은 주 예수 그리스도 안에서 하나님을 대하고 있으니, 절망하지 마십시오. 사람들은 자기 동료들의 터무니없는 악의를 생각할 때 그들의 범죄를 용서하지 못합니다. 하지만 하나님은 당신을 용서하실 수 있습니다. 비록 당신이 의도적으로 그분을 무시하고, 그분의 기분을 상하게 하고, 노엽게 하고, 심지어 훼방을 하였어도, 마치 하늘이 땅보다 높음 같이, 그분의 길은 당신의 길보다 높습니다.

어떤 경우에 있어서 당신은 틀림없이 이런 식으로 말할 것입니다. "나는 이 잘못을 기꺼이 간과할 수 있었습니다. 하지만 그 잘못은 반복되었습니다. 그것은 한 번이 아니고, 두 번도 아니며, 심지어 스무 번도 아니었습니다. 이 사람은 너무나 나를 미워해서 고의적으로 일생 동안 매일 나를 괴롭혀왔습니다. 그는 건방지게도 나를 계속 희롱하고 성가시게 굴기 때문에, 나는 그에게 화를 내는 수밖에 달리 도리가 없습니다. 그를 용서하다니요! 만약 그것이 일흔 번씩 일곱 번이었다면 용서했을 것입니다. 하지만 그는 헤롯보다 더 잔악하고, 모욕과 무례함에 있어서 헤롯이 그랬던 횟수를 훨씬 초과했습니다. 목사님은 내가 그를 용서하기를 기대할 수 없습니다."

오 딱한 죄인이여, 하나님께 대한 관계에서 당신의 경우가 꼭 그러합니다. 당신의 잘못은 바닷가의 모래 알처럼 많은 것이 틀림없습니다. 당신은 이십 년, 삼십 년, 사십 년, 어쩌면 칠십 년 인생 중에서 육십 년의 세월을 죄 짓는 것 말고는 달리 한 것이 없습니다. 당신의 범죄 횟수는 마치 당신의 심장 박동수만큼 많습니다. 하지만 당신은 감히 용서에 대해서 생각할 수 없겠지만, 하나님은 그것을 생각하실 수 있을 뿐 아니라 그것을 주실 수도 있습니다. 천 년 만 년의 세월 동안 지은 죄를 모두 무더기로 쌓아둔 경우라 해도, 그분은 그 모든 것을 한 순간에 없애실 수 있습니다. 죄의 횟수와 관련하여 하나님의 생각은 당신의 생각과 다르며, 그분의 길은 당신의 길과 다릅니다.

크게 상처를 받은 사람이 이렇게 말하는 것을 나는 상상할 수 있습니다. "나에게 가해졌던 이 모든 위해들을 나는 눈감아주고 싶습니다. 하지만 왜 내가 이 사람의 심술의 특별한 대상이 되었는지 그 이유를 알지 못하겠습니다. 그것은 내 편에서 볼 때 부당하기 짝이 없으며, 타당한 이유가 없습니다. 나는 나를 대적하는 이 원수에게 나를 나쁘게 말할 이유를 제공한 적이 없습니다. 나는 그에게 앙갚음하지도 않았습니다. 오히려 그 반대였지요. 혹 그가 나에게 어떤 도움을 요청하면, 나는 항상 기꺼이 아낌없이 주었습니다." 그것은 법정에서 범죄자에 대한 형벌을 주장할 때에 아주 뛰어난 변론이 될 것입니다. 판사는 그 진술의 중요성을 상당히 인정할 것이며, 모두가 그 설득력을 인정할 것입니다.

죄인이여, 만약 하나님께서 당신에 대한 소송에서 그렇게 변론하신다면 진정 그 변론은 강력할 것입니다. 당신에게 호소합니다. 당신이 해를 끼쳤던 선하신 하나님의 음성을 들어보십시오. "하늘이여 들으라, 땅이여 귀를 기울이라, 내가 자식을 양육하였거늘 그들이 나를 거역하였도다. 소는 그 임자를 알고 나귀는 주인의 구유를 알건마는 이스라엘은 알지 못하고 나의 백성은 깨닫지 못하는도다"(사 1:2-3). 당신은 이 슬프고도 정당한 불평의 결말이 무엇이라고 생각합니까? "이 배은망덕 때문에 나는 결코 용서하지 않을 것이다"입니까? 아닙니다. "여호와께서 말씀하시되, 오라 우리가 서로 변론하자 너희의 죄가 주홍 같을지라도 눈과 같이 희어질 것이요 진홍 같이 붉을지라도 양털 같이 희게 되리라"(사 1:18).

사랑하는 친구여, 비록 당신이 아주 악하게 굴었어도, 당신은 하나님께 자비 외에는 받은 것이 없으니, 당신에게 베풀어진 자비가 어떤 것입니까? 당신은 자신의 죄로 인해 질병을 자초했으므로, 당신의 모반에 의해 자비가 소멸되고, 당신은 즉시 스스로를 파멸하도록 방치될 수 있었습니다. 하지만 하나님은 당신을 아끼셨습니다. 당신이 그분을 노엽게 했지만, 그분은 심판의 강한 손을 보류하셨으니, 당신은 그분의 놀라운 오래 참으심의 전리품이 되었습니다. 오, 왜 당신은 그분을 거역하여 계속해서 죄를 지으려 하는 것입니까? 왜 당신은 그토록 친절하신 분에게 반역하려는 것입니까? 어찌하여 당신은 그토록 은혜가 충만하신 하나님께 그토록 편협하게 구는 것입니까? 그분의 사랑이 당신에게 녹아들길 바랍니다. 비록 사람들은 은혜를 베푼 자에게 손상을 가한 배은망덕한 파렴치한을 용서할 수 없지만, 마치 하늘이 땅보다 높음같이 주님의 생각은 우리의 생각보다 훨씬 높습니다.

기분이 상한 한 사람이 말합니다. "예, 만약 그 사람이 지금 전적으로 겸손한 상태라면 나는 그의 잘못을 간과할 수 있을 거라고 생각합니다. 하지만 보시다시피 그는 나에게 용서를 구하지만, 자기 잘못을 충분히 의식하지 못하고 있습니다. 그는 내가 얼마나 감정을 상했는지 알지 못합니다. 그 일이 그에게는 장난이었겠지만, 나에게는 죽음의 고통과도 같았습니다. 그는 자기 죄의 성격이 정말로 해로웠다는 것에 대해 올바로 인식하지 못하는 듯합니다. 그는 아주 그럴싸하게, 매우 유창한 말로 용서를 구하지만, 만약 그를 혼자 내버려두면 그는 똑

같은 짓을 반복할 거라고 나는 믿습니다. 그런데 내가 어떻게 그를 용서해줄 수 있겠습니까?"

고통을 당한 죄인이여, 이것이 바로 당신의 경우입니다. 당신은 오늘 아침에 어느 정도 비탄에 잠겨 있습니다. 하지만 당신은 마땅히 되어야 하는 상태에 비하면, 여전히 당신 마음이 완고한 상태라고 고백해야 합니다. 나는 우리 중 어느 누구도 완벽한 죄의식이라고 부를 정도의 죄의식을 가지지 못했다고 생각합니다. 가장 크게 슬퍼하고, 상심하고, 뉘우치는 죄인도 하나님께서 죄를 인식하시는 정도로 죄의 추악함을 모두 인식하는 것이 아닙니다. 또한 나는 우리 대부분이, 비록 그리스도께 오기는 했지만, 우리의 죄악에 대해 더욱 철저하고 통렬하게 슬퍼해야 한다고 생각합니다. 우리는 때때로 잘못을 범한 사람이 겸손하지 않아서 용서할 수 없다고 구실을 대지만, 하나님은 그렇게 하시지 않습니다. 그분이 말씀하십니다. "내가 돌 같은 마음을 제거하고 그들에게 살처럼 부드러운 마음을 주리라." 그분은 "나는 그 죄인이 돌 같은 마음을 가졌기 때문에 상관하지 않을 것이다"라고 말씀하시는 것이 아니라, 오히려 "내가 그 몸에서 돌 같은 마음을 제거하고 살처럼 부드러운 마음을 주리라"(겔 11:29)고 말씀하십니다. 여기 진정한 긍휼이 있습니다. 단단하게 굳은 마음을 보고 그것을 따뜻하게 녹이어, 마침내 그것이 밀랍처럼 되게 만드는 긍휼입니다. 하나님은 회개치 않는 자들을 오래 참으시고, 마침내 그 완고함이 깊은 뉘우침에 이르도록 친히 역사하십니다. 정녕 "내 생각이 너희 생각과 다르다"고 기록된 말씀은 진실입니다.

"하지만", 권리를 침해당한 쪽이 외칩니다, "나는 그 사람이 내게 어떤 보상을 해야 한다고 생각합니다. 그는 용서에 대해 말합니다. 하지만 그가 지나간 세월 동안 내게 가했던 모든 악행을 보십시오. 그가 내게 행했던 잘못을 바로잡기 위해서는 무언가를 제안해야 할 것입니다."

이런 논리는 법정에서 매우 적절하게 인정됩니다. 어떤 사람이 터무니없는 손해를 끼쳤을 때, 그에 대한 보상이 제공되지 않으면 그의 잘못을 너그럽게 보아 넘기기란 어렵다는 것이 일반적인 생각입니다.

가련한 죄인이여, 당신은 어떤 보상도 제시할 수 없다고 느낍니다. 만약 당신이 자기 자신을 제대로 안다면, 당신이 행했던 일을 무위로 돌리기 위해 아무것도 할 수 없음을 인지할 것입니다. 당신은 하나님의 율법을 모독해왔으며, 그 잘못을 없앨 어떤 희망도 가질 수 없는 방식으로 그렇게 해 왔습니다. 하지만 자비로우신 하나님께서는 당신에게 어떤 보상을 요구하지 않으십니다. 그분은 "그저 내게 돌아와서 네가 범한 잘못을 자백하기만 하라"고 말씀하십니다. 다윗이 나단에게 그랬듯이, 당신이 범한 죄를 인정하십시오. 그러면 당신은 예수님을 통해 나단이 다윗에게 전한 것과 같은 말씀을 듣게 될 것입니다. "여호와께서 당신의 죄를 사하셨나니 당신이 죽지 아니하리라"(삼하 12:13). 자기 죄를 자백하고 버리는 자는 긍휼을 발견할 것입니다. 어떤 보상도 요구되지 않습니다. 죄는 예수님으로 인하여 값 없이 용서되는 것입니다.

타당한 생각을 가진 많은 사람들은 자연스럽게 이런 식으로 말할 것입니다. "설혹 내가 아주 은혜롭다고 해도, 목전에서 항상 그 결과들을 볼 때, 내 마음이 너그럽게 용서하기란 어려울 것입니다." 누군가 당신의 자녀를 악의적으로 다치게 했다고 가정해보십시오. 예를 들어, 그가 당신 자녀의 팔 다리 중 하나를 부러뜨렸다고 가정해보십시오. 아마도 당신은 이렇게 말하겠지요. "나는 그를 용서할 수 있습니다. 하지만 절뚝거리는 내 가엾은 아이를 보십시오. 눈앞에서 절뚝거리는 불쌍한 아이가 늘 보이는데, 그 모습이 아이를 다치게 만든 사람의 잔인한 행동을 상기시키는데, 어떤 아버지가 너그럽게 그 사람을 용서할 것이라고 기대할 수 있겠습니까? 내가 그를 용서할 수 있겠습니까?"

하지만 죄인이여, 하나님께서는 매일 당신이 행했던 잘못의 증거들을 목전에서 보십니다! 방탕하고 음탕한 사람이여, 여러 해 전에 당신 때문에 몸과 영혼을 망친 저 불쌍한 소녀가 있습니다. 당신이 할 수 있는 그 어떤 것으로도 그 해악을 원상태로 되돌리지 못합니다. 당신의 눈물이 쉼 없이 흐른다고 해도, 당신은 지난 과거를 지우지 못하며, 잃어버린 영혼을 회복시키지 못합니다. 당신이 하나님의 은혜로써 저 방황하는 영혼을 되돌아오게 할 수 있어도, 그럴 경우에도 쓰라린 과거는 지워질 수 없습니다. 그녀 역시 그 독을 퍼뜨렸기 때문입니다. 그 불행한 죄의 과거는 여전히 살아남습니다. 하나님이 죄를 용서하시지만, 그 죄의 많은 결과들을 하나님은 피하지 않으십니다. 당신이 불을 붙이면, 그 불길은 지옥의 가장 밑바닥에까지 이를 것입니다. 하나님이 당신의 방화(放火)를 용서하실 수 있지만, 그 불 자체는 여전히 지속됩니다. 당신은 몇 해 전에 주 예수님을 반대하는 말을 어떤 젊은이의 귀에 들려주었고, 그로 인해 그는 바른 길에서 벗어났습니다. 당신은 그 말을 주워 담지 못합니다. 그 젊은이의 불신앙과 무신론 사상을 이제 당신은 무너뜨리지 못합니다. 당신이 다른 사람들에게 가한 지속적인 해악이, 지존하신 주께서 당신을 용서하시지 않을 적절한 이유가 될 수 있습니다. 하지만 그분은 말씀하십니다. "내 생각은 너희 생각과 다르다." 그분의 목전에 있는 이 모든 것에도 불구하고, 그분의 눈 앞에 있는 당신의 죄의 모든 결과들에도 불구하고, 당신이 예수님을 의지한다면 그분은 당신을 너그럽게 용서하십니다. 아아, 우리가 다른 사람들을 지옥의 구덩이로 보내는 도구가 될 수 있다는 것이 얼마나 불가사의한지요! 오호라, 우리는 그들의 끝없는 불행으로부터 그들을 회복시킬 수가 없습니다. 그런데도 불구하고 우리는 은혜로써, 놀라운 은혜로써, 우리 자신은 죄인들의 끔찍한 운명에서 건짐을 받을 수 있는 것입니다! 하나님의 긍휼은 우리 안에서 칭송을 받고, 그분의 정의는 그들 안에서 입증될 수 있습니다. 곧 다른 사람들의 정신에 독을 퍼뜨려 그들을 지옥으로 보낸 불신자, 무신론자가 있습니다. 그런데 하나님의 자비가 마지막 순간에 그를 구원합니다! 그는 그에게 속은 저 얼뜨기들을 구하지 못합니다. 그는 자기의 추종자들을 저 구덩이에서 끌어올리지 못합니다. 하지만 그 자신은 구원받습니다. 하나님의 주권과 은혜는 얼마나 엄청난 불가사의인지요! 우리가 조금 전에 불렀던 노래는 이 주제에 잘 어울립니다.

> "하나님이여, 당신처럼 용서하시는 이가 누구입니까?
> 달리 누가 그토록 풍성한 은혜를 아낌없이 베푸나이까?"

더 나아가, 나는 감정이 상한 당사자가 정당하게 말할 수 있는 한 사례를 생각할 수 있습니다. "나는 마음으로는 내게 가한 이 잘못을 잊을 준비가 되어 있다고 느낍니다. 하지만 그것은 공개적이었고, 따라서 아주 불쾌하고 모욕적이었습니다. 만약 다른 누군가가 그 일을 알지 못했다면, 나는 그 일을 간과할 수도 있었다고 생각합니다. 하지만 이 일은 장터에서 일어난 일이며, 어느 구석에서 일어난 일이 아닙니다. 나는 내게 존경을 표할 만한 사람들 앞에서 공개적으로 수치를 당했습니다. 나는 이 사람의 지독한 비방 때문에 거리에서 웃음거리가 되었습니다. 목사님은 내가 그와 같은 모욕을 그냥 넘기기를 기대하시는 건가요?"

떨고 있는 죄인이여, 당신은 또한 이렇게 생각할 가능성도 있겠군요. "정녕 하나님은 나를 결코 용서하시지 않을 거야. 나는 그분에게 죄를 범했고, 그분의 목전에 이 악을 행하고 말았지. 나는 공공연하게 죄를 지었어. 내 죄악은 모두에게 공개되어 볼 수 있는 것이었지. 나는 부끄러움도 모르고 죄를 지었고, 내 수치를 자랑으로 여겼구나." 슬프게 우는 가엾은 사람이여, 기뻐하십시오. 그것은 주께서 당신을 용서하시지 않는 이유가 아닙니다. 하늘이 땅보다 높음같이 그분의 생각은 당신의 생각보다 높습니다. 오직 그분에게 돌아와 당신의 마음에 있는 것을 정직하게 고백하십시오. 그분의 귀한 아들을 신뢰하십시오. 그러면 그분이 당신의 모든 죄를 사하실 것입니다.

나는 이 말을 오래 끌고 싶지 않지만, 죄의 어두운 부분에 대해 한 가지만 더 언급하려고 합니다. 기분이 상한 사람이 용서를 반대하는 자신의 논리를 매듭지을 요량으로 이런 말을 덧붙이는 것을 상상할 수 있습니다. "내 용서는 이미 무시되었습니다. 나는 종종 이 사람에게 나와 화평하자고 요청해왔습니다. 그의 모든 악의와 악행에도 불구하고 나는 그에게 '오십시오, 나와 언약을 맺고 친구가 됩시다. 왜 이 적대관계를 지속해야 합니까? 우리 사이에 화평이 불가능할 이유가 무엇입니까?'라고 말했습니다. 그런데 내가 그 말을 했을 때, 그는 경멸하듯이 홱 돌아서더니, 자기는 내 분노를 무시하며 내 사랑에는 관심이 없다고 대꾸했습니다. 나는 여러 차례 관대하게 행동했으며, 그의 미움을 가라앉히고 그와 바른 관계를 맺기 위해 큰 희생을 감수했습니다. 그러나 그는 계속해서 나를 반대했습니다. 이성과 정의가 내게 더 이상 무엇을 하라고 요구할 수 있을까요?"

당신 말이 옳다고 말할 수 있겠군요. 이성이나 정의 모두 당신에게 더 이상 요구하지 못할 것입니다. 하지만 우리가 당신에게 기대할 수 없는 것을, 죄를 짓고 회개하는 사람도 하나님께 기대할 수 없을 것입니다. 이 오랜 반역의 세월을 보낸 후에, 당신의 자애로운 어머니 또는 진지한 목사가 하나님의 이름으로 사랑의 초대를 한 것에 대해 당신이 수없이 거절한 후에, 이토록 거듭된 거절 이후에도, 그분의 자비는 영원히 흔적 없이 사라져버리지 않았고 그분의 인자하심도 소멸되지 않았습니다. 여러분 중에 어떤 이들이 지금까지 속마음으로는 숱하게 하나님께 가려고 분발했음에도 여전히 그분에게서 멀리 떨어져 있다는 것은 놀라운 일입니다. 여러분을 부른 것은 단지 이 음성만이 아니며, 여러분 내면의 음성도 있었습니다. 당신의 양심, 각성한 당신의 양심이 당신에게 "주 너의 하나님께로 돌아가라"고 외쳤지요. 하지만 당신은 양심의 천둥소리를 수없이 침묵시켰습니다. 성령께서 "그를 내버려두라, 그를 우상에게 넘겨주었다"고 말씀하시지 않은 것이 기적입니다. 여기서 여러분은 여전히 하나님께 기도와 간청을 드리고 있습니다. 그 일에 대해 그분에게 감사하십시오. 이 모든 거절에도 불구하고, 그분이 당신에게 그분의 안식에 들어오지 못할 것이라고 맹세하지 않으신 것에 대해 감사하십시오. 그분은 여전히 은혜를 주려고 기다리십니다.

> "여전히 그분의 선하신 영이
> 죄인 중의 괴수와 씨름하고 계시네."

여러분이 더 이상 거절하지 않고, 오늘 구주께 복종하게 되기를 빕니다!

죄를 자각한 상태에서, 만일 하나님의 입장이라면 어떻게 할 것이라는 자기 생각에 기초해서 하나님께 대한 생각을 형성한 사람이 있다면, 그에게 말하고 싶습니다. 나는 그에게 거리로 나가보라고 진지하게 요청하고 싶습니다. 들판이나, 정원이나, 혹은 오후에 갈 수 있는 어디로든 가서, 위를 올려다보고, 하늘이 어떻게 땅보다 높은지 가늠해보라고 말하고 싶습니다. 만약 당신이 좋다면, 밤이 찾아올 때에, 별이 총총한 하늘 아래에 서서, 저 하늘이 땅보다 얼마나 높은지 생각해보십시오. 당신은 행성들이나 고정된 위치에 있는 가장 가까운 별들에 상상력을 제한할 필요가 없습니다. 그 너머로, 또 그 너머의 너머로, 가장 먼 거리에 있는 성운(星雲)을 너머, 저 광대한 하늘이 우리가 딛고 서 있는 이 지구보다 얼마나 높은지를 생각해보십시오. 만약 원한다면, 천문학과 관련하여 당신이 알고 있는 것을 곰곰이 생각해보십시오. 우리 태양계의 가까운 경계를 넘어 저 무한한 공간을 측정해보고, 혹은 이 가시적인 별들의 우주에 대해 생각해보십시오. 그런 다음 이 하늘들이 얼마나 땅보다 높은지를 기억하고, 그와 마찬가지로, 주님의 생각이 당신의 생각보다 높고 그분의 길이 당신의 길보다 높음을 기억하십시오. 정녕 그 둘은 비교할 수도 없으니, 그분이 이처럼 단호하게 말씀하시기 때문입니다. "내 생각이 너희 생각과 다르며 내 길은 너희의 길과 다름이니라."

2. 용서의 계획

이제 두 번째 주제로 방향을 돌려, 용서의 계획에 대한 여러분의 생각과 하나님의 생각을 대조해보겠습니다.

만약 여러분이 하나님께서 용서하실 수 있음을 믿고 하나님의 생각을 이해하는 데까지 이르렀다면, 그것은 좋은 일입니다. 하지만 여전히 또 다른 여러분 자신의 생각이 여러분을 주저앉힙니다. 여러분이 용서의 방법에 대해 그릇된 생각을 가졌기 때문입니다. 나는 여기 있는 사람들 중에 무지하게도 이런 식으로 말하는 자들이 있을 거라고 생각합니다. "만약 하나님께서 죄를 용서하시는 것이 사실이라면, 그분은 그 일을 무조건 행하셔야 합니다. 그분은 펜을 들어 내 모든 죄를 통틀어 표시하시고, 그것을 끝내셔야 합니다. 그분이 '내가 너를 용서한다'고 말씀하시기만 하면, 그것으로 모든 것이 종결되는 것입니다."

하지만 이 경우에 하나님의 생각은 여러분의 생각과 다릅니다. 확실히 여러분의 마음은 죄를 사소한 것으로 볼 정도로 부정하게 되었지만, 온 땅의 재판장께서는 또 다른 생각을 가지고 계십니다. 그분은 온 세상의 통치자이시며, 그분의 통치를 유지하셔야 합니다. 그분에게 지배를 받고, 그분의 불변의 권리와 정의의 법에 의해 통치를 받는 수많은 인간들이 있습니다. 만일 어느 한 가지 경우에 있어서, 온 땅의 재판장이 죄를 눈감아주셨고, 그분의 도덕적 법칙을 중단하도록 권한을 행사하셨으며, 그분의 합당한 정의를 외면하셨다고 하는 속삭임이 온 우주에 전파되었다고 가정합시다. 그럴 경우, 그렇게 묵인된 죄인이 아무리 눈에 띄지 않는 대상이라고 해도, 그는 온 세상의 모든 인간들에 의해 신적 정의가 불변하는 것이 아님을 입증하는 하나의 증거 사례로 인용될 것입니다. 죄를 벌하는 것이 옳은 일이라면, 모든 경우에 그렇게 하는 것이 옳습니다. 어느 한 사건에서 죄를 벌하지 않고 묵인하는 것은, 그 형벌이 너무 가혹하다고 시인하는 것이 될 수 있습니다. 그러므로 저 위대하신 통치자께서는 죄를 벌하지 않은 채 눈감아주실 수 없습니다.

도덕적 통치자로서 하나님은 그분의 모든 행위에서 그러하시기에, 가장 작은 규모에서나 가장 큰 규모에서나 동일한 원리로 행하십니다. 만일 하나님께서 징벌 없이 죄를 용서하시면, 그분은 더 이상 모든 속성에서 동일하게 그 영광을 드러내실 수 없습니다. 긍휼이 정의를 잠식할 것이기 때문입니다. 지상의 왕들은 통치의 권리를 행사할 때 정의를 망각한 채 자비를 베풀기도 합니다. 이는 그들이 집행하는 법의 불완전성 때문이거나, 혹은 통치자로서 그들 자신의 불완전성 때문입니다. 하지만 하나님은 완벽한 통치자로 다스리시며, 완벽한 율법을 집행하시기 때문에, 결코 예외를 허용하거나 옳지 않은 것을 행하시는 법이 없습니다. 여호와는 변치 않고 동일하시기에, 죄를 범했던 천사들이 벌을 받았다면, 반드시 죄를 범한 모든 피조물들이 벌을 받아야 하며, 그렇지 않다면 하나님이 변하시는 것입니다. 그러나 그럴 수는 없습니다. 그분은 영원토록 동일한 분이시기 때문입니다.

자, 죄인이여, 당신은 하나님이 당신을 용서하실 수 있으며 그로 인해 아무런 손해도 없을 것이라고 생각합니다. 아무리 알려지지 않은 개인이라고 해도 형벌의 부과 없이 용서된다면, 그것이 온 우주에 퍼지는 악이 될 수 있다고 나는 앞에서 암시했습니다. 토대가 흔들린다면, 의인인들 무엇을 할 수 있을까요? 당신의 생각은 틀렸습니다. 하나님은 형벌 없이 당신을 용서하시지 않을 것입니다. 당신의 생각은 그분의 생각과 다릅니다. 그분은 죄에 합당한 벌을 내리실 것이며, 율법은 그 요구한 바를 얻을 것입니다. 그분은 자기 정의의 온전한 요구를 시행하심이 없이 당신의 범죄를 묵인하시지 않을 것입니다.

이 중에는 하나님께서 고통의 과정을 통과하게 하심으로써 용서하실 거라는 생각을 가진 사람들이 더러 있다고 나는 믿습니다. 가난한 사람들이 하나님의 은혜의 특별한 대상들이며, 힘든 노동과 빈곤과 특히 오랜 질병이 죄를 없애는 수단이라고 간주하는 미신적인 사고들이 여전히 영국에 잔재하고 있습니다. 고통을 많이 겪은 사람들은 이생의 삶에서 불행을 겪었으니 더 이상 고통당하지 않아도 된다고 여기는 것입니다. 이는 설교 강단에서는 좀처럼 언급되지 않는 허위입니다. 왜냐하면 그것은 타파되어야 할 생각이기 때문입니다. 하지만 우리는 그런 생각이 여전히 특정 계층들 사이에서는 매우 만연하다는 것을 압니다. 하지만 오, 내 청중이여, 이 문제에서 여러분의 생각은 하나님의 생각과 다릅니다. 지옥의 영원한 불행도 말할 수 없는 죄의 흉악성에 대한 충분한 속죄가 되지 않습니다. 여러분이 나사로처럼 가난하다고 해서, 그 때문에 아브라함의 품에서 생명을 누리지 못합니다. 여러분이 여기서 욥처럼 많은 고통을 겪는 처지가 되었다 해도, 욥이 앉았던 퇴비더미에서 지옥의 화염 속으로 떨어질 수 있습니다. 여러분이 겪는 이러한 고난이나 궁핍이 죄의 속죄가 될 수 있다는 어떠한 생각도 버리십시오. 하나님의 생각은 여러분의 생각과 다릅니다.

그보다 훨씬 더 널리 퍼진 생각은, 하나님께서 과거를 지우시고 새로운 출발을 주시며, 따라서 사람들이 미래를 계속해서 잘 지내려면, 죽음의 시간에, 결말이 찾아오는 순간에, 하나님이 용서를 말씀하셔야 한다는 것입니다. 하지만 영혼이여, 하나님의 말씀에 그런 식의 언급은 없습니다. 이 진실된 책이 우리에게 엄숙하게 말하는 바는, 율법을 지키는 문제와 관련하여, 또한 우리의 선행으로 구원을 얻게 되는 문제와 관련하여, 우리 모두는 오직 한 번의 기회를 가질 뿐인데, 우리가 한 가지 죄를 범하는 순간 그 기회는 끝난다는 것입니다. 아니, 우리가 삶을 시작하기도 전에 우리 조상 아담이 죄로 인해 우리를 위한 그 기회를 망쳐버렸습니다. 하나님의 말씀은 우리에게 두 번째 기회를 주시는 것에 대해 아무것도 말하지 않습니다. 율법은 말합니다, "누구든지 율법 책에 기록된 대로 모든 일을 항상 행하지 아니하는 자는 저주 아래에 있는 자라"(갈 3:10). 그것은 여러분이 마지막에 영적인 재물을 얻기 위해 다시 사업을 시작하는 것에 대해 아무것도 말하지 않습니다. 그런 것에 대해서는 아무것도 언급하지 않습니다.

자기 손으로 개선을 시도하고, 그렇게 함으로써 죽음의 순간에 영혼의 평화를 얻을 것이라고 희망하는 자들은, 양식 아닌 것을 위하여 은을 달아 주며 배부르게 하지 못할 것을 위하여 수고하는 자들입니다. 설혹 여러분이 미래에 결코 죄를 범하지 않는다고 해도, 그것이 과거와 무슨 상관이 있습니까? 사람이 미래를 위해 기꺼이 돈을 지불한다고 해서, 그것이 그가 이미 진 빚을 지불하는 것인가요? 하나님은 여러분의 전 생애 동안의 순종에 대해 권리를 가지십니다. 여러분은 그분에게 삶의 일부분 동안의 순종을 드리는 것이 전 삶에 대한 보상으로 받아들여질 거라고 생각하는 것입니까? 더 나아가, 거룩해져야 할 당신은 누구인가요? 어느 누가 부정한 것에서 정한 것을 이끌어낼 수 있습니까? 아무도 없습니다. 당신은 당신의 이전의 삶을 반복할 뿐이며, 마치 개가 그 토한 것으로 돌아가고 씻은 돼지가 오물 속에서 다시 뒹굴 듯이 옛 삶으로 돌아갈 것입니다.

죽는 순간의 평화에 대해 말하자면, 살아서 용서받지 못한 자는 죽어가면서 용서를 받을 것 같지 않습니다. 열에 아홉의 경우, 아마도 임종의 순간에 신앙을 고백한 일천에 구백구십구의 경우, 구원은 망상입니다. 우리는 그것을 입증할 충분한 사실들을 보유하고 있습니다. 어떤 의사가 곧 죽어간다고 여겨지던 사람들 중 회심을 고백했던 수백 명의 사람들이 남긴 비망록들을 수집했습니다. 이 사람들은 죽지 않았고 살았습니다. 그리고 한 사람을 제외하고 나머지 모든 사람들의 경우는, 비록 죽어간다고 생각되었을 때 진실로 회심하는 것처럼 보였음에도 불구하고, 이전에 살던 것과 같은 방식으로 살았습니다. 그런 것을 기대하지 마십시오. 그것은 사탄의 덫일 뿐입니다. 하나님께서 그 덫에서 당신을 구해주시길 바랍니다. 이 경우에 그분의 생각은 당신의 생각과 다릅니다.

아주 유행하는 한 가지 미신이 있는데, 그것은 하나님께서 이런 방식으로 용서하신다는 것입니다. 즉, 그분이 이렇게 말씀하신다고 하는 겁니다. "자, 나는 너의 과거를 용서한다. 내 율법은 너에게 조금 가혹했었지. 하지만 나는 좀 더 완화된 규칙 하에서 너를 다시 한 번 시험할 것이다. 최선을 다해 한 번 잘 해 보거라. 예배당에 참석하고, 기도하고, 아주 독실하게 되면, 내가 너를 구원할 것이다." 아아, 내 사랑하는 친구여, 하나님은 그런 일을 하지 않으십니다! 그분은 죄인에게 "거기 죄인이여, 내가 너의 과거를 용서하지만, 너는 미래에 어떻게 행동할 수 있는가를 보여야 한다"는 식으로 말씀하시지 않습니다. 죄인에게 주어지는 용서는 그가 이미 범한 죄들에 대해서 뿐 아니라 아직 범하지 않은 죄들에까지도 미칩니다.

"여기 과거의 죄에 대한 용서가 있으니,
얼마나 추했는지를 문제 삼지 않네.
오 내 영혼아, 경이의 눈으로 보라,
여기 장래의 죄들에 대한 용서 또한 있다네!"

예수님은 일부분만 용서하시는 것이 아니라, 전체를 용서하십니다. 그분이 말씀하십니다. "내가 너를 사면하니, 아무것도 너의 탓으로 돌려지지 않을 것이다." 이는 현재뿐 아니라 미래를 위한 것이기도 합니다. 모든 죄를 깨끗하게 제하는 것이 용서입니다. 모든 신자들의 모든 죄는, 비록 그것이 그들에게는 현재적인 것이 아니어도 하나님 앞에서는 현재적인 죄이기 때문입니다.

죄인이여, 만약 하나님께서 당신을 용서하신다면, 그분이 어떻게 그렇게 하시는지를 내가 말해주지요. 그분은 당신의 죄를 벌하시며, 곧 그에 대한 벌을 그리스도에게 내리십니다. 그리스도께서 당신의 입장에 서서 당신이 감당해야 할 하나님의 진노를 모두 감당하십니다. 그러므로 하나님께서는 당신에게 풍성한 긍휼을 베푸시는 동안에도 여전히 엄격하게 공의를 지키시는 것입니다. 다음으로, 하나님께서 당신을 용서하실 때 그분은 무조건적으로 그렇게 하십니다. 그분은 미래에 이런저런 일을 하는 조건으로 당신을 용서하시는 것이 아니며, 지금 이렇게 말씀하십니다. "내가 구름 같은 너의 죄를, 빽빽한 구름 같은 너희 허물을 없이하였다"(참조. 사 44:22). 이 모든 일을 그분은 한순간에 하실 수 있습니다. 시계 초침이 한 번 움직이기도 전에 그 판결은 효력을 발할 수 있습니다. "그 영혼은 내 사랑하는 아들을 의지하였다. 그래서 나는 그를 눈보다 희게 하였고, 지금도 그렇고 앞으로도 영원히 내 앞에서 눈보다 흴 것이다. 나는 그의 죄를 전부 내 뒤로 던져버렸고, 의의 옷으로 그를 덮었다. 그는 이제 내 소유이며, 내 보석들을 모으는 그 날에도 내 소유일 것이다." 여기에 당신이 대가를 주고 획득하는 것이 아니라 값 없이 받는 용서가 있습니다.

여기 당신에게 주어지는 용서가 있습니다. 이 용서는 당신이 어떠해야 한다거나, 당신이 어떤 느낌을 가져야 한다거나, 혹은 무엇을 하거나 바쳐야 한다는 조건에 의해 주어지는 것이 아니라, 하나님의 인자하심과 따스한 긍휼의 풍성하심을 따라 당신에게 거저 주어지는 용서입니다. 예수 그리스도께서 그것을 값 주고 사셨습니다. 예수 그리스도께서 그것을 당신을 위해 사셨습니다. 그분이 그것을 지금 당신에게 가지고 오십니다. 오! 당신에게 그것을 받아들일 수 있는 은혜가 있다면, 당신은 그것을 받을 수 있으며, 돌아갈 때에 여호와 곧 당신의 하나님 안에서 기뻐하며 갈 수 있습니다. 이것은 받을 가치가 있는 용서입니다. 다시 한 번 당신에게 이 사실을 숙고하라고 요청합니다. 하나님의 용서에 대한 당신의 모든 생각들은 여기 땅의 생각들에 지나지 않으며, 당신을 향한 그분의 사랑의 생각은 마치 하늘이 땅보다 높음같이 높습니다.

3. 용서의 현재적인 소유

말씀을 맺으려 합니다. 오늘 아침에는 시간이 평소보다 두 배로 빨리 지나가는 듯합니다. 이제 세 번째로, 나는 이 용서의 현재적인 소유에 대해 말하고자 합니다. 여러분 중에 많은 이들에게는, 그리스도를 믿고자 마음을 먹고 현장에서 즉시로 용서받는 것이, 너무 단순해서 안전하지 않다고 여기는 생각이 있을 것입니다. 여러분은 라틴어와 헬라어로 드리는 미사에서의 성체(聖體), 모든 종류의 장식과 의상들, 가운들, 제단들, 야단스러운 의식들, 기도, 찬송, 성찬식 전에 부르는 노래들, 성가대의 합창, 테데움 성가곡들(*Te Deums*) 등 그와 유사한 모든 종류의 일들을 계획하기를 원합니다. 여러분은 세례, 견진성사, 성찬식, 참회, 아침 기도, 저녁 기도, 축제들, 그 외에 내가 알지 못하는 긴 의식들을 원합니다. 하지만 복음은 "예수님을 믿으면 살리라", "예수 그리스도를 믿으시오, 그러면 구원을 얻습니다"입니다. 당신은 생각하기에, 그것이 너무 단순하여 안전하지 않다고 합니다.

자, 가장 단순한 치료약들이 가장 강력하고 안전하다는 것은 잘 알려진 사실입니다. 그리고 틀림없이, 가장 단순한 공학적인 규칙들이 놀라운 구조물들을 세우는 가장 위대한 기술자들에게도 적용됩니다. 복잡한 것으로 빠져드는 순간 당신은 혼란에 빠지게 되고, 곧 약해지고 말 것입니다. 단순성, 그것이 얼마나 건실한 것인지요! 마을의 시내를 가로질러 두꺼운 판자를 까는 옛 방식의 계획을 보십시오. 그것이 다리를 만드는 옛 방식이었습니다. 그런데, 누군가가 와서 아치 모양의 다리를 고안했습니다. 분명 그것은 대단한 고안이긴 하지만, 모든 경우에 써 먹을 수 있는 건 아니었지요. 왜냐하면 그것은 상당히 복잡하기 때문입니다. 기술자들이 어디로 되돌아갑니까? 널판자를 까는 옛 방식입니다. 메나이(Menai, 영국 웨일스 북서안에 있는 해협. 본토와 앵글시 사이를 잇는 현수교 및 관교로 유명하다 — 역주)의 관(管) 모양의 다리는 시내를 가로질러 두꺼운 판자를 까는 옛 방식에 지나지 않습니다. 갈수록 더 많은 위대한 기술자들이 단순성으로 되돌아가고 있습니다. 사람이 가장 지혜롭게 되면, 그는 출발했던 곳으로 되돌아갑니다. 나는 백조가 처음 호수를 가로질러 건넜을 때, 그것이 항해자들에게 선박의 최상의 모델을 제공했을 거라고 추측합니다. 만일 선박이 안정되고 아름다운 모습을 유지하려 한다면 그런 모델을 충실히 따라야 할 것입니다.

자연에서도 단순함 속에 힘이 있듯이, 은혜에서도 분명 그러합니다. 그리스도를 믿으십시오, 그러면 삽니다! 단순하게 보이지만, 그것은 구원에 관하여 생각해낼 수 있는 가장 철학적인 계획입니다. 왜냐하면 믿음이란 모든 인간에게 큰 태엽이며, 믿음이 옳을 때 가해지는 모든 힘들도 올바르기 때문입니다. 사람들에게 도덕을 가르치는 것은, 마치 움직이지 않는 시계를 가지고, 여러 태엽들 중의 하나를 돌리는 것과도 같습니다. 하지만 믿음은 핵심을 쥐고 주된 태엽을 감는 것이며, 그러면 전체가 제대로 돌아가는 것이지요. 단순하다는 이유로 복음을 멸시하지 마십시오. 그리스도를 믿으십시오, 그러면 당신은 지금 살 것입니다! 예수 그리스도께서 충분한 속죄를 이루셨다고 믿고, 마치 내가 지금 이 난간에 내 몸 전체를 의지하고 있듯이, 여러분의 전부를 그분께 의지하십시오. 만약 여러분이 전심으로 그리스도를 의지하고서도 구원받지 못한다면, 하나님의 말씀이 진리를 말하지 않은 것이 됩니다. 그런 일은 있을 수 없습니다. 성경에는 이와 같이 기록되어 있기 때문입니다. "그를 믿는 자는 심판을 받지 아니하는 것이요(요 3:18), 믿고 세례를 받는 사람은 구원을 얻을 것이라"(막 16:16).

나는 당신이 이렇게 말한다고 생각되는군요. "그것은 너무나 좋아 참일 리가 없어요." 그것은 내가 아주 오랫동안 싸워왔던 것과 반대입니다. 하지만 우리의 선하신 하나님과 관련해서는 최상의 것들이 가장 참된 것들입니다. 만일 누군가 하나님에 관하여 그다지 훌륭하지 않은 것을 내게 말한다면, 나는 분개하여 이렇게 말할 것입니다. "그것은 진실일 리가 없습니다. 그것이 하나님께 대한 것이라면 그것은 훌륭한 것이어야 합니다. 지존하신 분과 관계된 것이라면 최고로 좋은 것이어야 마땅합니다." 오 죄인이여, 당신이 오늘 아침에 천국의 자녀가 된다면 그것은 아주 좋은 일로 보입니다. 흉측한 수많은 범죄들이 한순간에 용서된다면, 그것은 너무나 멋진 일로 보입니다. 하지만 그것이 바로 우리 하나님께 어울리는 일입니다. 어느 훌륭하고 나이든 성도가 이렇게 말했습니다. "하나님께서 그런 죄를 용서하시는 것은 그리 놀랄 일이 아닙니다." 그녀가 계속해서 말했습니다. "그것은 놀랄 일이 아니며, 오히려 그분다운 일이지요." 예, 그런 일은 그분에게 어울리는 일이지요. 자기 독생자를 죽음에 내어주시고, 탕자의 목을 안고 입을 맞추시며, 그를 위해 잔치를 여시고, 잃어버린 자를 찾은 것 때문에 기뻐하시는 것은 지극히 그분다우신 일입니다.

마지막으로, 나는 당신이 속으로 이렇게 말한다고 생각합니다. "내게는 그런 일이 확실하다고 믿기에는 너무나 신속한 방식인 것처럼 보입니다. 뭐라고요? 한순간이라고요? 내게 수십 년의 세월이 소비되었듯이 의심의 쳇바퀴를 오랫동안 돌고나서, 그 후에 어떤 빛과 평안 속으로 들어가는 것이라면 나는 이해할 수 있습니다. 하지만 모든 것이 한순간에 이루어질 수 있다니요!" 또 한 사람이 말합니다. "나는 '한순간에 낫게 한다'고 말하는 약들은 믿지 않습니다." 당신의 말에 일리가 있습니다. 도처에 많은 돌팔이 의사들이 있으니까요! 하지만 이것은 인간적인 묘약이 아니며, 하나님의 처방전입니다. 믿으면 삽니다! 당신 자신과 씨름하는 일을 끝내고 그리스도와 함께 시작하십시오. 죄에서 거룩함으로, 지상에서 천국으로는, 오직 한 걸음입니다. 그 한 걸음은 자기에게서 나와 그리스도 안으로 들어가는 것입니다. 그 일은 걸음을 떼는 것처럼 단순합니다.

"그렇다면 왜 그 일이 그다지도 어렵지요?"라고 누군가 말합니다. 당신의 마음이 완고하기 때문입니다. 그 자체가 어렵기 때문이 아닙니다. 만일 그것이 더 힘든 일이라면 당신은 그것을 더 좋아할 것입니다. 하지만 그것이 너무나 단순하기 때문에, 당신의 사악한 마음은 성령 하나님께서 그 마음을 깨뜨려주시기까지는 결코 그것을 받아들이려 하지 않을 것입니다. 자기 자신이 다른 어떤 것도 할 수 없다고 느끼기 전에 예수님을 믿은 사람을 나는 알지 못합니다. 믿는 자는 이렇게 말합니다. "저는 나 자신을 구원할 수 없습니다. 그러므로 나는 그리스도께서 그 일을 하시도록 할 것입니다." 주께서 당신의 모든 자만심의 저수지를 메마르게 하시고, 그 다음에 영원한 자비의 강물을 속죄의 희생이라는 도관(導管)을 통하여 흘러들게 하시기를 바랍니다. 그럴 때 당신은 기뻐하며 살게 될 것입니다.

이제 나는 결론적으로 여기에 있는 모든 죄인들에게 내 하나님이 기꺼이 용서하기를 원하시는 하나님이시라고 말해야겠습니다. 하나님은 악과 과실과 죄를 용서하시는 분이십니다. 집단으로서 여러분 전체를 향해서뿐 아니라, 비록 내가 일일이 손가락으로 가리킬 수는 없지만, 회심하지 않은 여러분 각 사람을 향한 하나님의 말씀이 있습니다. "오라 우리가 서로 변론하자 너희의 죄가 주홍 같을지라도 눈과 같이 희어질 것이요 진홍 같이 붉을지라도 양털 같이 희게 되리라"(사 1:18). 이 말씀이 여러분의 마음을 전혀 녹이지 않습니까? 하나님께서 그 말씀으로 당신에게 복을 주시길 바랍니다. 당신은 회복되었고, 많은 환난을 겪은 후에 다시 이곳으로 이끌려 왔습니다. 하나님께서 당신에게 은혜를 베푸셨습니다. 그분이 오래 참으심으로 많은 죄를 간과하셨습니다. 오, 하늘의 자비가 당신의 마음을 녹이기를 바랍니다!

내게는 오늘 아침 그분이 여기 서 계시는 것처럼 느껴집니다. 그분이 이렇게 말하시는 것처럼 느껴집니다. "에브라임이여 내가 어찌 너를 놓겠느냐? 이스라엘이여 내가 어찌 너를 버리겠느냐? 내가 어찌 너를 아드마 같이 놓겠느냐? 어찌 너를 스보임 같이 두겠느냐? 내 마음이 내 속에서 돌이키어 나의 긍휼이 온전히 불붙듯 하도다. 내가 너를 멸하지 아니하리라, 이는 내가 하나님이요 사람이 아님이라"(호 11:8,9). 그러므로 당신의 아버지의 품으로 안기십시오! 그의 아들에게 입 맞추십시오! 그렇지 않으면 진노하심으로 여러분이 길에서 망할 것입니다!(참조. 시 2:12). 탕자가 돌아왔기에, 잃어버린 양을 찾았기에, 오늘 하늘에서 기쁨이 있기를 바랍니다! 예수 그리스도를 위하여, 하나님께서 이 단순한 설교를 통하여 우리 각 사람에게 은혜를 주시길 빕니다. 아멘.

제 75 장

주의 이름과 기념

"잣나무는 가시나무를 대신하여 나며 화석류는 찔레를 대신하여 날 것이라 이것이 여호와의 기념이 되며 영영한 표징이 되어 끊어지지 아니하리라."—사 55:13

이 말씀들은 복음이 임하는 곳마다 그것이 일으키는 커다란 도덕적 변화들을 시적으로 묘사한 것입니다. 복음은 인간의 본성을 변화시키고, 인간 사회를 마치 사막이 별안간 초목이 무성하여 잘 경작된 밭으로 바뀌는 것처럼 변하게 만듭니다. 동시에, 본문의 말씀은 순전히 시적인 묘사로 그치는 것이 아닙니다. 어디든 영적인 변화가 임하는 곳마다 확실히 물리적인 변화도 뒤따르는 것은 위대한 진리이기 때문입니다. 사람들의 영적 상태가 고양되면, 땅은 그 산물을 크게 증대시킵니다. 땅은 인간 때문에 저주를 받았습니다. 그리고 인간이 게으름과 술 취함과 미개함을 버리는 비율에 따라, 땅은 그의 근면함을 풍성한 수확으로 보상합니다. 게으름뱅이의 들판과 부지런한 자의 동산을 보십시오! 아프리카의 황무지를 보고, 그 다음에 선교사들을 통해 회심한 사람들이 경작하는 같은 토양을 비교해 보십시오! 외적인 환경에서 인간에게 유익을 주는 가장 확실한 방법은 그들을 영적으로 축복하는 것입니다. 그들이 하나님을 가까이 하고 그분의 뜻에 순종하는 것에 따라, 하나님이 그들을 복주고 번성하게 하실 것임은 하나의 법칙입니다. 영국은 하나님의 말씀을 존중하는 동안에는 언제나 번영할 것입니다. 만일 영국이 복음을 떠나 교황주의를 따르면, 영국의 번영은 쇠퇴하게 된다고 예상할 수 있습니다. 우리의 조국이 열방 중에서 탁월한 지위를 유지하기를 바란다면, 우리는 모든 계층에서 정의롭고 바른 일들을 계속해서 수행해야 합니다. 우리는 오래된 모든 악습을 타파하고, 선하고 참된 풍습을 세워야 합니다. 이런 일을 행하며 하나님의 말씀을 굳게 붙잡으면, 우리는 이 나라가 과거보다 더욱 밝은 미래를 물려받게 될 것이라고 기대할 수 있습니다.

본문은 분명 토양에서의 변화들을 언급하지만, 그것은 주로 위대한 도덕적인 세계와 관련되어 있습니다. 복음은 인간의 전 상태를 변화시키기 때문에, 죄의 가시나무 대신 은혜의 잣나무가 날 것이며, 정욕의 찔레 대신에 성결의 화석류가 날 것입니다.

1. 복음의 효과적인 기능

나는 본문에서 언급되는 효과적인 기능에 여러분이 주목하기를 바라며, 여러분의 성경을 참조하여, 나와 함께 이 장을 읽기를 요청합니다. 왜냐하면 이 장이 복음의 풍성하고도 세밀한 묘사를 제공하기 때문입니다.

나는 이사야 55장에서 이 본문의 영적인 기적들의 원인이 형식들과 의식들, 제단과 사제들, 기도서의 낭독과 예배행렬, 성상(聖像)들과 향, 기이한 모자와 신비의식 등에 있다는 근거를 발견하지 못합니다. 나는 이 장 전체를 통틀어 이러한 것들과 관련된 단 하나의 단어도 발견하지 못합니다. 또한 나는 여기서 교의들과 정통교리들, 엄격한 신조들, 그리고 오류가 없는 진술들, 즉 그것들을 믿지 않는 자들은 "의심의 여지 없이 영원히 멸망할 것이다"라는 식의 진술들을 발견하지도 못합니다. 오직 내가 여기서 배우는 것은 그것과는 상당히 다른 종류의 복음, 즉 더욱 거룩하고, 훨씬 더 영광스러운 복음입니다.

우리가 이 장에서 인지하는 것은, 인간의 필요를 위한 하늘의 공급을 제시하며 그것에 참여하도록 인간에게 진지하게 호소하는 복음입니다. 5절을 보십시오. "보라!"고 하는 그 진지한 호소와, "오라"고 하는 반복적인 간청을 주목하십시오. 영혼은 '목마름'으로 적절히 묘사된 갈망을 가지고 있습니다. 이 목마름의 해소를 위해 주님은 풍부한 물을 제공하십니다. 만약 인간이 더욱 자양분이 풍성한 음료에 대해 목마르다면, 여기 젖이 있고, 혹 더 위로와 기쁨을 주는 음료를 요청한다면, 여기 포도주가 있습니다. 영혼이 주려서 영적인 양식을 받아야 한다면, 여기 양식이 있으며, 인간은 와서 사 먹으라는 초청의 음성을 듣습니다.

예수님의 복음은 인간에게 이와 같이 말합니다. "여러분이 필요로 할 만한 모든 것을 예수 그리스도께서 여러분을 위해 예비해두셨습니다. 죄 용서받기를 원합니까? 피로 가득한 샘을 보십시오. 거기서 씻으면 깨끗해질 것입니다. 여러분 속에 있는 죄를 정복하기를 원합니까? 여러분 안에 거하기를 기뻐하시고 타고난 죄를 억제하여 이기게 하시는 성령님을 바라보십시오. 은혜 안에서 자라기를 바라며, 거룩한 형상을 이루기를 원합니까? 예수님을 바라보십시오. 여러분 속에서 하나님의 아들의 형상을 이루기 위해 일하시는 성령님, 주의 임재에 의하여 영광에서 영광으로 이르도록 여러분을 변화시키고 계시는 성령님을 바라보십시오." 여러분의 속 깊은 열망이 무엇입니까? 여러분의 불안한 심령의 깊은 슬픔과 갈망이 무엇입니까? "보라", 예수님이 말씀하십니다. "내게 오기만 하라, 그러면 내가 너에게 만족을 줄 것이며, 그 만족이 너를 안식으로 이끌리라."

복음은 인간을 질책하기 위해 온 것이 아니며, 인간에게 "너희는 이러한 결핍들을 가져서는 안 된다"라고 말하거나 혹은 "너희는 너희 자신의 노력으로 그 결핍들을 채워야 한다"는 식으로 말하지 않습니다. 오히려 복음은 이런 식으로 말합니다. "가난하고, 비천하며, 빈곤에 지친 사람이여, 내게로 오라. 하나님께서 내 양손에 너의 많은 필요들을 채울 수 있는 것들을 맡겨두셨다. 오기만 하라, 돈 없이 값 없이 와서 하나님께서 너희에게 거저 주시는 것들을 받으라." 그러므로 가시나무를 잣나무로 바꾸는 복음은, 하나님께서 인간의 필요들을 제공하실 것을 선언하는 것이며, 또한 진심으로 인간을 그 은혜에 참여하도록 초청하는 것입니다.

죄인을 향해 담대하게 "오라"고 말하지 않는, 일부 내 형제들이 전하는 방식의 '복음'을 나는 이해하지 못하겠습니다. 그들은 죄인에게 회개하고 복음을 믿으라고 말하기를 두려워합니다. 나는 그들이 왜 그렇게 두려워하는지 모르겠습니다. 그들은 인간이 스스로 회개하고 믿을 수 없다고 믿으며(그 신조에 대해서는 나도 완전히 그들에게 동의합니다), 그래서 그들은 인간에게 그들의 능력을 넘어서는 것을 행하라고 말하지 않으려 합니다. 하지만 전하는 것이 하나님의 말씀이라면, 그것은 응당 어떤 숙맥이나 성취할 수 있는 수준을 능가하는 무엇일 것입니다. 어떤 바보라도 다른 사람에게 그가 알고 할 수 있는 것을 행하라고 말할 수 있는 믿음은 충분히 가지고 있습니다. 하지만 하나님께 보냄을 받아서, 사람들에게 인간이 도달할 수 있는 수준을 훨씬 뛰어넘는 일들을 행하라고 하나님의 이름으로 명하기 위해서는, 충만한 믿음을 가진 사람이 필요합니다. 어떤 사람이 하나님이 시키시는 대로 담대하게 말할 때, 성령께서 그 명령에 힘을 실어주시며, 듣는 사람은 그 명령을 듣지 않았더라면 시도하지 않았을 일들을 능히 행할 수 있게 됩니다. "잠자는 자여 깨어서 죽은 자들 가운데서 일어나라 그리스도께서 너에게 비추이시리라"(엡 5:14)고 외치는 복음, 이것이 구원에 이르게 하는 하나님의 능력입니다! 우리는 죽은 자들에게 예언하며 "너희 마른 뼈들아 살아나라!"고 외칩니다. 이스라엘에 있는 어떤 사람이라도 살아있는 뼈들을 향해 "살라"고 말할 수 있었겠지만, 오직 에스겔만이 "너희 마른 뼈들아 살라"고 말할 수 있었습니다. 이것이 하나님의 참된 종들을 시험하는 시금석들 중의 하나입니다. 즉 그들은 사람들에게 그들 스스로는 행할 수 없는 것을 행하라고 담대히 말합니다. 그들은 주님의 이름으로 말하며, 하나님의 능력이 복음의 선포와 함께 나가는 것을 믿으며, 하나님의 명령은 그의 택하신 백성들이 진리를 들을 때에 그들에게 권능을 부여한다고 믿습니다.

동일한 구절에서 이 복음은 공기처럼 값이 없다는 사실이 너무나 명백하게 선언됩니다. "너희는 와서 사 먹되 돈 없이 값 없이 와서 사라"(1절)고 하는 구절을 반복해서 읽을 때, 돈 없는 자도 오라고 초대되는 것이 명백하지 않습니까? 이 구절의 명백한 의미는 단지 인간이 구원을 금으로 살 수 없다는 것뿐 아니라, 어떤 공로의 방식으로도 그것을 획득할 수 없다는 것입니다. 복음의 복들은 반드시 은혜로 받아들여져야 하는 것입니다. 주님은 죄인들과 거래하고 흥정하는 것을 금하십니다. 여러분은 은혜를 받을 만하다고 꿈꾸어서는 안 됩니다. 여러분은 여러분 스스로가 구원에 합당하다고 생각해서는 안 됩니다. 여러분은 있는 모습 그대로 예수님께 와야 합니다. 비록 여러분에게 선한 느낌들이 없어도, 여러분은 그것들을 얻기 위해 그리스도께 올 수 있습니다. 비록 여러분에게 미덕이나 다른 덕목들이나 올바른 감정들이 없어도, 여러분은 그 모든 것들을 위해 예수님께 올 수 있습니다. 당신의 상태가 너무 나빠서, 만일 체로 거르면 단 하나의 선함이라는 알갱이조차 당신 속에서 발견되지 않을 수 있습니다. 그럴지라도, 돈 없는 자를 그분에게 오게 하십시오. 그로 하여금 와서 하나님께서 제공하시는 것을 값 없이 가져가게 하십시오. 예수님의 복음은 우리가 숨쉬는 공기처럼 무료입니다. 우리의 폐는 어떤 제지나 방해 없이 그것을 들이마시며, 그에 대해 어떤 요금이나 세금을 지불하지 않습니다. 또한 은혜는 반석에서 솟아나는 물처럼 무료입니다. 거기서 모든 목마른 여행객들이 값 없이 마실 수 있습니다. 은혜에 의하여 그것을 갈망하도록 인도된 모든 남자와 여자들에게 그것은 무료입니다. "그러면 왜 사람들이 그것을 취하지 않습니까?"라고 당신이 묻습니다. 왜냐하면 그리스도께 대하여 그들의 심사가 뒤틀렸기 때문입니다. 그리고 사람들로 하여금 그리스도를 영접하도록 소원하게 만드는 것에는, 하나님의 주권적인 은혜의 행위가 필요하기 때문입니다. 하지만 만약 그들이 하나님의 은혜를 받아들이려 하지 않는다면, 그 잘못은 전적으로 그들 자신에게 있음을 기억하십시오. 그들의 영원한 파멸을 그들 자신이 초래한 것입니다.

더 주목할 것은, 복음은 행함에 관하여 말하기보다 들음에 관하여 말한다는 점입니다. 2절을 보십시오. "내게 듣고 들을지어다." 3절을 주목하십시오. "너희는 귀를 기울이라." "들으라, 그리하면 너희의 영혼이 살리라." 죽음은 처음에 눈을 통해 우리에게 왔지만, 구원은 귀를 통해 옵니다. 우리의 첫 조상인 하와는 그 실과를 보았습니다. 그녀가 그 나무를 먹음직하다고 보았으며, 그 열매를 따먹었고, 그래서 우리가 타락한 것입니다. 하지만 어떤 인간도 눈에 호소하는 표지나 상징들에 의해 영원한 생명에 이르지 못합니다. 기쁜 소식이 전달되는 것은 귀의 사용에 의한 것입니다. 임마누엘의 군사들은 습격에 의해 '눈의 문'(Eye-gate)을 함락시키기를 바라지만, 그것은 될 수 없는 일입니다. '귀의 문'(Ear-gate)이 복음의 전사에게는 훨씬 더 접근이 용이한 공격지점입니다. 거기서 우리는 은 나팔을 울려야 하며, 복음의 공성(攻城) 망치로 거기를 지속적으로 두드려야 합니다. 믿음은 보는 것에서 나는 것이 아니라, 들음에서 나기 때문입니다.

사랑하는 청중이여, 만일 여러분이 영생을 원한다면, 여러분은 저 침울한 고행을 수행하거나, 정신적 고문의 과정을 통과하거나, 오랜 세월에 걸쳐 선행을 쌓으려 할 것이 아니라, 오직 신중한 관심과 믿음을 가지고 복음에 귀를 기울여야 할 것입니다. 그것에 귀를 기울이고 그것을 여러분의 영혼 속에 받아들이십시오. 그러면 그 복음이 여러분 자신이 결코 할 수 없는 일을 여러분을 위해 행할 것입니다. 그것은 여러분의 본성을 바꿀 것입니다. 여러분의 본성이 변할 때, 선한 행위는 결과로서 따라올 것입니다. 만일 여러분이 구원의 근거로서 선한 행위들을 추구한다면, 심각한 오류를 범하는 셈이 될 것입니다. 하지만 여러분이 거룩함의 원인이자 뿌리인 복음을 여러분 속에 받아들인다면, 모든 형태의 선한 것들이 돋아날 것이며, 여러분에게는 위로를 주고 하나님께는 찬미를 드릴 것입니다. 죄인이 해야 할 첫 번째 일은 복음을 듣는 것입니다. 본문이 얼마나 그것을 반복해서 말하는지에 주목하십시오. "내게 듣고 들을지어다." "너희는 귀를 기울이라." "들으라, 그리하면 너희의 영혼이 살리라."

여러분에게 호소합니다, 복음을 전하는 목회자에게 자주 찾아가십시오. 여러분에게 호소합니다, 성경을 탐구하십시오. 복음이 무엇인지 알기 위해 부지런히 찾아 살피십시오. 여러분이 예수님의 문 앞 현관에서 기다리는 동안, 여러분은 다음과 같은 선한 말씀을 들을 수 있을 것입니다. "너의 많은 죄가 사하여졌도다"(참조. 눅 7:47). 빤히 쳐다보고 응시하게 만드는 복음을 타도하십시오. 그것은 인간을 저주할 것입니다. 그것은 인간을 구원하지 못합니다. 매일 우리 목전에서 과시되는 번지르르한 우상숭배들은, 무덤에 있는 순교자들을 벌떡 일어나게 하여, 그토록 어리석은 행위들을 용납하는 겁쟁이 후손들을 맹비난하도록 만들기에 충분합니다. 이 땅은 속에서부터 신음할 것이 틀림없습니다. 이 영국 땅에서 모독적인 십자가상들과, 십자가를 짊어지는 행위들, 제단들, 까까머리 수도사들, 그 외에도 내가 알지 못하는 많은 것들의 수가 증대되고 있습니다. 복음은 "예수님을 바라보면 산다"고 말합니다. 그것은 "십자가상들을 바라보라"고 말하지 않습니다. 복음의 메시지는 "너희는 귀를 기울이고 내게로 오라"이지, "얼굴을 돌려서 무언극의 어릿광대처럼 행동하는 사제를 쳐다보라"가 아닙니다. 마음으로 듣고 영혼에서 믿어진 복음은 이사야가 말하는 위대한 변화의 동인(動因)입니다.

더 나아가, 여러분이 계속해서 이 장의 내용을 읽어 내려가면, 사막을 정원으로 변화시킬 목적으로 하나님께서 사용하시는 위대한 수단은, 언약 위에 세워진 복음 곧 다윗의 주님과 그 아들 사이에 맺어진 언약임을 볼 수 있습니다. "내가 너희를 위하여 영원한 언약을 맺으리니 곧 다윗에게 허락한 확실한 은혜니라"(3절). 우리는 한 가지 언약을 통해서는 모두 잃은 자입니다. 하나님께서는 아담과 언약을 맺으셨는데, 그것은 행위 언약입니다. 그것은 이런 것입니다. "이것을 행하라, 그러면 네가 살리라. 금지된 나무의 열매를 먹는 것을 삼가라. 그러면 너와 네가 대표하는 자들이 내 은혜 안에서 살게 되리라." 아담은 그 협정의 조건을 어겼습니다. 그리고 그 때 거기에서, 여러분과 나, 우리 모두가, 우리의 첫 조상의 치명적인 행위에 의해 모두 타락하고 망하게 되었습니다.

주님은 지금 새 언약을 제시하셨고, 그것은 전혀 다른 성격입니다. 그것은 두 번째 아담이신 예수 그리스도와 맺으신 것이며, 또한 그분이 대표하시는 모든 이들과 맺으신 것입니다. 그것은 이와 같은 것입니다. "너 예수는 율법을 지킬 것이며, 또한 네 안에 있는 자들이 내 율법을 어긴 모든 행위에 대해 네가 형벌을 감수할 것이다. 만약 네가 이것을 행하면, 네 안에 있는 모든 자들이 영원히 살 것이다." 이 언약은 결코 우리를 저버릴 수 없습니다. 왜냐하면 우리 주 예수님께서 온전히 율법에 순종하셨고, 우리의 죄에 합당한 형벌을 감수하셨기 때문입니다. 은혜 언약의 조건들이 충족되었습니다. 따라서 그 후로 은혜 언약은 무조건적이며, 오직 우리에게 대한 하나님 편에서의 약속만으로 이루어져 있습니다. 하나님께 대한 우리 편에서의 율법적인 의무 조항은 없으니, 예수 그리스도께서 율법 행위와 관련하여 하나님께 대한 자기 백성의 의무들을 완수하셨기 때문입니다. 그 영원하고도 확실한 언약은 이런 식으로 그 효력을 발합니다. "내가 너희에게 복을 줄 것이다. 내가 너희를 구원할 것이다. 내가 너희 하나님이 되고, 너희는 내 백성이 되리라." 자, 만약 그 언약에 "만약"이라는 단서가 있다면, 우리에 의해 수행되어야 할 어떤 조건이 있다면, 그것은 이 장에서 언급하듯이 "영원한 언약"으로 불릴 수 없을 것입니다. 그럴 경우 그 언약은 조만간 깨뜨려질 것이 분명하기 때문입니다. 하지만 주 예수님께서, 은혜 언약에서 그분 편에서 수행해야 할 모든 조항들을 철저하고 끝까지 완수하셨기에, 이제 그 언약에서는, 예수 그리스도를 위해서와 그분이 대표하신 모든 자들을 위하여 영원하신 아버지께서 자기 몫을 수행하실 부분만 남았습니다. 이것이 복된 복음이 서 있는 반석입니다. 언약의 복음이 전파되는 곳마다, 그것은 기이한 일을 행할 것입니다. 하지만 그것은 영원히 은혜 언약에 근거한 복음이어야 하며, 곧 다윗에게 허락하신 확실한 은혜여야 합니다.

계속해서 이 장을 살펴보면서, 이사야가 성공이 보장된 복음을 묘사하고 있음에 주목하기 바랍니다. 5절을 보십시오. "네가 알지 못하는 나라를 네가 부를 것이라." 여러분은 종종 불러도, 사람들이 오지 않을 수 있습니다. 하지만 이 경우에, 그들은 올 것입니다. "나라들이 네게 달려올 것이라." 또한 10절과 11절을 보십시오. "비와 눈이 하늘로부터 내려서 그리로 돌아가지 아니하고 땅을 적셔서 소출이 나게 하며 싹이 나게 하여 파종하는 자에게 종자를 주며 먹는 자에게 양식을 줌과 같이, 내 입에서 나가는 말도 이와 같이 헛되이 내게로 돌아오지 아니하고 나의 기뻐하는 뜻을 이루며 내가 보낸 일에 형통하리라." 예수 그리스도의 복음은 하나님께서 의도하신 결과들을 산출하기 위해 채택된 매개체입니다. 그 복음에 하나님의 은혜의 성령께서 동반하시며, 예정된 결과들이 항상 도출됩니다. 오늘 아침 말씀의 선포가 유용할 것인지 아닌지의 여부는 우연에 달린 것이 아닙니다. 하나님께서는 세계의 기초가 놓이기 전에 이미 그 결과들을 결정하여 두셨습니다.

이것이 주 예수님을 섬기는 여러분 모두에게 얼마나 큰 위로가 되는지요! 여러분이 관련된 일에서, 모든 것은 여러분의 열심과 성실성에 달려 있습니다. 하지만 하나님께서 관계하시는 일에서, 그분은 모든 결과들을 결정하시고 작정하셨습니다. 그러므로 여러분은 하나님이 실패하시지 않을 것이며 영원한 목적이 결코 좌절하지 않을 것이라고 확신할 수 있습니다. 형제들이여, 어떤 일이 생겨도, 복음은 궁극적으로 승리할 것입니다. 우리의 조국인 이 땅에서도, 복음은 주에게서 임한 돌풍처럼, 추기경과 사제와 수도사와 모든 교황의 하수인들을 몰아낼 것이며, 앨비언(Albion, 잉글랜드의 옛 이름)의 깎아지른 듯한 흰 절벽들을 무너뜨리고 바다에 가라앉게 할 것입니다. 그 날이 올 때 미신들이 타파되어 사라질 것이며, 마치 비스케이(Biscay, 해안선 길이가 약 640km에 이르는 서유럽 해안의 만)의 강풍 앞에 몰려가는 옅은 구름처럼 될 것입니다. 이교도의 신상들은 지금도 흔들리고 있지만, 그 때는 받침대들에서 영원히 떨어질 것입니다. 하늘의 빛이 지옥의 어둠을 영원히 몰아낼 것입니다. 십자가의 군병들이여, 용기를 내십시오. 그리스도의 음성이 열방들을 부를 것이며, 그들은 속박을 떨치고 일어나 그리스도께 올 것입니다! 영원한 아버지께서 소생케 하시는 능력을 수많은 사람들의 마음에 불어넣으실 것이고, 그들은 경배하려고 만들었던 우상들을 두더지와 박쥐들에게 던질 것이며(참조. 사 2:20), 주께로 돌아와 살 것입니다. 이 사실에 우리의 위로가 있으니, 힘들게 수고하는 모든 사람에게 이것이 큰 격려가 되기를 바랍니다.

한 가지만 더 언급하겠습니다. 이사야가 말하고 있는 복음은 은혜로운 격려로 가득한 것입니다. 여기에 기록된 말씀보다 더 애타게 초청하는 말씀이 어디에 있을까요? "너희는 여호와를 만날 만한 때에 찾으라 가까이 계실 때에 그를 부르라 악인은 그의 길을, 불의한 자는 그의 생각을 버리고 여호와께로 돌아오라 그리하면 그가 긍휼히 여기시리라 우리 하나님께로 돌아오라 그가 너그럽게 용서하시리라"(6-7절). 8절과 9절의 말씀은 꿀 송이와 같지 않습니까? 그 말씀들이 떨고 있는 죄인을 기쁘게 할 것이 틀림없습니다! 그렇습니다. 우리가 그리스도를 전할 때, 우리는 그런 정신으로 그분을 전해야 합니다. 예수님은 하나님의 심판을 선언하셨고, 사람들에게 지옥을 경고하셨습니다. 어느 누구도 다가올 세상과 그 모든 재앙들에 관하여 그분보다 엄숙하게 전한 이가 없었습니다. 하지만 그럼에도 불구하고 그분의 말씀은 한없이 온유하고, 부드럽고, 긍휼로 가득한 것이었습니다. 사람들은 위협과 육적인 공포로 떨게 만드는 것에 의해 구원받는 것이 아니라, 예수님의 강력한 사랑으로 부드럽게 호소하고, 아버지의 크신 긍휼과, 성령님이 상한 심령에 임하신다는 사실을 상기시켜 주는 것에 의하여 구원받습니다.

주께서는 믿지 않는 자들과 겁 많은 죄인들을 얼마나 부드럽게 대하시는지요! 그분은 두려움을 거의 느끼지 못하게 할 정도의 애정이 깊은 언어들을 성경에서 사용하십니다. 성령님은 비유와 예증들을 통하여 불안하여 떠는 불쌍한 심령을 차분하게 가라앉히십니다. 그분이 말씀하십니다. "보라, 너희 생각은 매우 어둡고 절망적이다. 너희는 너희가 틀림없이 잃은 자들이라고 결론을 내린다. 하지만 내 생각은 너희 생각과 다르다. 너희는 내가 얼마나 인자한지를 알지 못한다. 너희는 내가 과거를 용서할 준비가 되었는지를 알지 못하며, 내가 얼마나 간절히 내게 거역한 자녀들과 죄를 범함으로써 잃어버린 자들을 회복시키기를 바라는지 알지 못한다." 여러분은 하늘에 계신 크신 아버지를 비방합니다. 여러분은 그분을 폭군처럼 여기고, 그분이 항상 칼을 쥐고 계신다고 상상합니다. 하지만 아시기 바랍니다. 저 유명한 비유에서의 아버지처럼, 그분은 멀리서 돌아오는 탕자들을 보시면 그들을 맞이하러 달려가는 분이십니다. 그분의 가슴은 그들을 향한 동정으로 가득하고, 그분의 입에는 그들에게 평안을 끼칠 말씀이 담겨 있습니다.

사랑하는 친구들이여, 우리가 강단에서 설교를 하든, 응접실이나 부엌에서 말씀을 전하든(우리가 경험적으로 복음을 안다면 어디서든 복음을 전하기를 바랍니다), 항상 우리가 만나는 이들을 격려하면서 말하도록 합시다. "우리는 주의 두려우심을 알므로", 사도가 무어라고 말합니까? "사람들을 권면한다"고 합니다(고후 5:11). "권면"이란 아주 예상치 못한 단어입니다. 여러분은 그 구절이 이런 순서로 될 것이라고 예상했을 것입니다. "우리는 주의 두려우심을 알므로, 사람들을 호통치고 위협한다." 하지만 그런 것이 아니라 "사람들을 권면한다"고 했습니다. 모든 두려움들이 우리의 마음을 무겁게 누르는 상태에서도, 우리는 여전히 부드럽고 온유하며 온화한 방식을 채택해야 하며, 사람들에게 하나님의 크신 은혜에 대해서와, 예수님의 피의 고귀함에 대해서와, 인간의 죄를 없애는 속죄 제물의 힘과, 지옥 문턱에 있는 죄인도 믿을 때에 언제든 천국으로 올려질 수 있다는 사실에 대해서 말해야 합니다. 그것이 결국에는 싸움에서 이기는 격려의 복음입니다.

지금까지, 본문에서 언급된 결과들을 이끌어내는 효과적인 기능을 살펴보는데 충분한 시간을 보냈습니다. 이제 계속해서 다른 요점을 살펴보고자 합니다.

2. 복음의 복된 결과들

둘째로, 복음의 복된 결과들에 주목하십시오. 이 구절에 묘사된 변화는 매우 근본적이며, 조금만 살펴보아도 그것이 토양에서의 변화임을 납득하게 될 것입니다. 이 구절은 "가시나무를 대신하여 하나님께서 잣나무를 심으실 것이라"고 말하지 않습니다. 가시나무가 난다는 것은 토양의 상태가 어떠함을 자연적으로 나타내주듯이, 잣나무가 자연발생적으로 돋아난다는 것은 지표면 아래에서 근본적인 변화가 있음을 보여주는 것입니다. 가시나무가 나는 대신, 자연적으로 잣나무가 날 것입니다. 토양의 결과와 생성물이 다를 뿐 아니라, "날 것이라"(shall come up)는 표현에서 그 토양 자체가 달라진다는 것이 명백하게 드러납니다.

나는 어제 공유지(共有地) 한 곳을 지나간 적이 있습니다. 그것은 울타리로 둘러쳐진 상태였는데, 그 이유는 파렴치한 자들이 할 수 있다면 가난한 자들에게서 권리를 빼앗고, 우리가 마음껏 밟고 다니는 푸른 풀밭을 좀도둑질하는 것을 방지하기 위함이었습니다. 하지만 나는 그것이 단지 둘러싸이기만 했을 뿐, 땅을 파고 쟁기질을 하거나 무엇을 심지도 않은 상태인 것을 보았습니다. 그들이 가시금작화(金雀花)와 바늘금작화를 베어내긴 했지만, 그것은 다시 돋아나고 있었습니다. 그것은 여전히 공유지였기 때문에, 단지 울타리나 담을 둘러치는 것만으로는 그 상태를 바꿀 수 없었습니다. 가시금작화는 다시 무성해지기 시작했고, 머지않아 울로 둘러막은 그 땅은 울 바깥 지역과 마찬가지로 황무지가 될 것이었습니다.

본문의 경우는 그와 같지 않습니다. 하나님께서 방치되었던 마음을 둘러싸실 때, 그분은 가시나무와 찔레를 베어내신 후, 그곳에 잣나무와 화석류를 심으실까요? 아니, 그렇지 않습니다. 그분은 그 토양 자체를 근본적으로 바꾸시며, 그 토양의 생명력으로부터 자연발생적으로 잣나무와 화석류가 돋아나게 하십니다. 이는 아주 놀라운 결과입니다. 여러분이 어떤 사람을 데려다가 그의 경건치 못한 마음 상태는 그대로 방치한 채, 그의 습관을 고치고, 교회에 다니게 하고, 기독교 집회에 참석하게 하며, 그에게 옷을 입히고, 그의 포도주 병을 깨뜨리고, 그의 입을 씻어 그로 하여금 추잡한 말을 사용하지 못하게 하는 등 온갖 조치를 시도해 보십시오. 아마도 여러분은 "그는 이제 존경받을 만한 사람이다"라고 말할지 모르겠습니다. 아아, 하지만 겉으로 드러나는 이러한 존경스러움과 올바름이 표면적인 것에 그친다면, 여러분은 아무 일도 하지 않은 셈입니다. 여러분이 행한 일은 전혀 놀라운 일이 아닙니다. 그런 일에는 자랑스럽게 여길 아무런 요소도 없습니다. 하지만 이 사람이 습관적으로 저주를 일삼던 데서 이제는 기쁘게 기도할 정도로 변화되고, 전에는 그토록 경건을 혐오하던 데서 이제는 그 속에서 즐거움을 찾을 정도이며, 전에는 죄를 짓는 것에서 즐거움을 찾던 자가 이제는 주님께 순종하는 것에서 즐거움을 찾는 자가 되었다고 상상해 보십시오! 이것이야말로 경이(驚異)이며, 사람이 이룰 수 없는 기적입니다. 이는 오직 하나님의 은혜만이 이룰 수 있는 놀라운 일로서, 하나님께 최고의 영광을 돌리는 일입니다.

외적 변화를 묘사하는 이 시적 은유를 주목하십시오. 본래부터 타고난 마음은 가시나무를 냅니다. 가시나무는 저주를 특징적으로 보여주는 상징입니다. 경건치 못한 수많은 사람들에게 아주 분명하게 그 저주가 있습니다. 그들 모두에게 저주는 실제로 머뭅니다. 그들은 수고하지만 메마르고 빈궁한 상태입니다. 주님의 저주가 악한 자들의 집에 있습니다. 술 취함, 도박, 부정 등이 항상 그들에게 저주를 가져다줍니다. 여러분은 어떤 사람들의 집에 들어갈 때마다 더러운 벽과 낡아빠진 바닥에서 저주의 흔적들을 발견합니다. 그들에게 귀를 기울여보십시오. 그들이 하는 말을 들어보십시오. 그들의 말이 그들의 상태가 어떤지를 폭로합니다. 그들은 죄의 저주를 나타내는 어떤 단어를 쓰지 않고는 한 문장도 제대로 말하지 못합니다. 혹은, 사회의 다른 계층에 속하는 사람들과 함께 지내보십시오. 여러분은 곧 불만족의 형태, 신앙적인 실천에 대한 싫증, 죽음에 대한 두려움, 복음에 대한 혐오, 혹은 그 외 다른 형태로 저주의 흔적들을 발견할 것입니다. 하지만 은혜가 놀라운 변화를 이끌어낼 때, 그 광경이 얼마나 달라지는지요!

가시나무를 대신하여 잣나무가 납니다. 잣나무는 하나님의 집을 건축하는데 사용되도록 선별된 나무로서, 그곳에서는 백향목과 잣나무 기둥들을 많이 목격할 수 있었습니다. 그런 사람은 이제 지존하신 하나님을 송축하고 높여드리며, 비록 그가 자기 자신의 타락한 본성에서 저주의 어떤 영향들을 느끼고 또 그것을 느낄 때 탄식하지만, 그의 심령의 경향성은 지존자를 진심으로 사랑하고 섬기는 방향으로 기울었습니다.

그 사람이 본래 가시나무를 내었던 것에 주목하십시오. 즉 그는 열매 없는 것을 낼 뿐이었으니, 그 메마르고 황량함이 어떠했는지를 보십시오. 하나님은 경건치 못한 사람에게서 기도도 찬양도 얻지 못하십니다. 그의 전 삶을 통해 그를 지으신 하나님은 잊혀집니다. 그는 자기 창조주를 구하지 않으며 그분께 영광을 돌리지 않습니다. 그는 그런 것을 위선으로 간주합니다. 그의 위대한 신은 자기 돈이며, 그는 부를 증대시킬 수만 있다면 그것으로 만족합니다. 하지만 오, 선하신 하나님! 당신은 이 회심하지 않은 사람에게서 아무것도 얻지 않으십니다. 그는 가시나무이기에 아무 열매를 맺지 못합니다. 하지만, 그가 복음을 듣고서 하나님의 은혜에 의해 변화되자마자, 그는 잣나무처럼 될 것입니다. 여기서 묘사되는 나무는 동양에서 자라는 가장 유용한 나무들 중의 하나입니다. 그처럼 회심한 사람은 하나님께 쓸모 있게 되며, 자기 동료 인간에게도 쓸모 있게 되고, 교회에 대해서와, 영적인 일들에 대해서와, 영원한 세계에 대해 쓸모 있게 되는 것입니다.

가시는 또한 쌀쌀맞게 내쫓는 것으로서, 거기에는 따뜻한 환대가 없습니다. 누구도 그것을 베개나 동반자로 삼으려고 선택하지 않을 것입니다. 회심하지 않은 이기적인 사람은 흔히 매우 쌀쌀맞습니다. 물론 그리스도를 믿지 않는 사람들 중에서도 태생적으로 상냥한 사람들이 있기 때문에 모두가 그렇다고 말하지는 않겠습니다. 하지만 아주 많은 사람들이, 특히 죄가 그들의 머리 속으로 들어올 때에, 그들은 일종의 '가시 울타리'와 같아서, 야비하고, 동정심이 없으며, 이기적입니다. 마치 가시나 찔레나무가 헐벗은 사람에게 그러하듯이, 죄인들은 참된 성도들에게 나쁜 동료입니다. "내 영혼을 죄인과 함께, 내 생명을 살인자와 함께 거두지 마소서"(시 26:9)라고 시편 기자는 말합니다. 마치 그가 주변 동료들을 감당하기엔 너무 진력난다고 느끼는 듯합니다. 하지만 변화될 때, 죄인들은 아름답고 매력적이 되어, 마치 우리 눈을 즐겁게 해 주는 품위 있는 잣나무처럼 됩니다. 한때 자신이 모든 그리스도인 동료들을 밀어내는 가시나무와 같았으며, 홀로 반항하는 쪽에 서 있다고 느꼈지만, 이제는 주를 경외하는 자들 중의 하나가 된 사람은 행복합니다! 그는 마치 숲의 소나무들이 거룩한 고독 속에서도 종종 서로 대화를 하듯이, 그리스도인들과 서로 경건한 대화를 나눕니다.

또한 가시나무는 찢어지게 하는 것으로서, 상하게 하고 해를 끼치는 것입니다. 맨발로 가시나무 위를 걸으면, 어떤 열상(裂傷)을 입겠습니까? 가시나무 사이를 지날 때 당신의 의복은 찢어지고, 그 옷의 아름다움은 가시에 의해 상할 것입니다! 은혜에 의해 통제되지 않는 불경건한 사람들과 지낼 때도 그러합니다. 다소의 사울처럼, 그들은 하나님과 그분의 백성에게 복수의 숨을 몰아쉽니다. 박해자들은 찢고 갈라지게 하는 가시들입니다. 하지만 그들이 구원받은 하나님의 백성이 될 때, 그들은 전과 같은 사람이 아닙니다. 그들은 한때 무너뜨렸던 것을 이제는 세우고자 하며, 한때는 그들이 그리스도의 이름을 모독했지만 이제는 그분의 왕국을 확장시키려 열심을 냅니다.

본문에서 사용된 찔레나무의 은유에 대해서 말하자면, 그것은 언제나 황폐의 상징이었습니다. 찔레는 바벨론과 니느웨의 황량한 성벽들에서 돋아납니다. 찔레는 이스라엘의 거주민들이 멀리 포로로 잡혀갔을 때, 이스라엘 땅을 덮습니다. 복음이 아직 임하지 않았을 때 얼마나 많은 사람들의 마음에 황폐와 슬픔과 절망이 있을까요! 그들은 그들이 알지 못하는 것을 원합니다. 그들의 울부짖음은 마치 왕들의 무너진 궁궐들 사이에서 들리는 승냥이와 올빼미의 울음소리와도 같습니다. 그들의 마음에서 하나님이 떠나셨으며, 그러므로 모든 행복도 떠났습니다.

찔레는 한편으로 땅을 괴롭히는 것이기도 합니다. 그것은 종려나무와 무화과나무의 자리를 차지합니다. 그런 식으로 불경건한 자들이 땅을 괴롭힙니다. 그들은 선을 행하지 않습니다. 그들은 다른 사람들이 하나님을 섬길 수 있는 영역을 차지합니다. 그들은 전적으로 낭비하는 자들이며, 하나님의 것을 강탈하고서, 그분에게 돌려야 할 영광의 공납을 바치지 않습니다.

찔레는 곧 베어질 것입니다. 그리고 일단 베어지면 아무 짝에도 쓸모가 없습니다. 그것은 태워지고 버려집니다. 회심하지 않은 사람의 미래가 그렇습니다. 그의 죄는 그에게 슬픔을 가져올 것이며, 그의 영혼의 공간은 황량해질 것입니다. 그의 삶은 땅을 버리는 것이었기에, 그의 종말은 하나님께서 버리시는 폐물들과 더불어 완전히 파괴될 것입니다. 하나님께서 그런 찔레 같은 사람을 근사한 화석류로 변화시키시는 것은 진정 복입니다! 주님에 의해 양분을 공급받고, 보살핌을 받으며, 모든 것을 이기는 은혜의 승리를 축하하게 될 사람은 진정 복됩니다! 복음이 이 모든 것을 행합니다. 그것은 사람의 마음에 들어가, 그가 가시나무로 뒤덮인 거친 황무지와 같음을 발견하고, 그를 계속해서 쟁기로 갈아 일굽니다. 이제 죄는 그에게 쓴 것이 됩니다. 그리스도의 십자가를 바라보면서 그는 자기 자신을 혐오하게 되는데, 이는 그가 하나님의 사랑을 모욕적이고 거만하고 배은망덕한 태도로 대했기 때문입니다.

쟁기질 다음에는 씨를 뿌립니다. 살아있는 진리가 고랑 속에 던져집니다. 그것은 싹을 틔웁니다. 처음에는 잎을 내고, 다음에는 이삭을 내며, 다음에는 이삭 속에 알찬 곡식을 냅니다. 한때 사탄이 통치하여 오직 악행만 일삼던 자에게서 이제는 하나님이 영광을 얻으십니다. 오늘 아침 이 예배당에도 그런 영광스러운 변화를 경험한 사람들이 얼마든지 있습니다. 우리 사역의 증거들을 원하거나, 혹은 복음의 능력을 확인시켜줄 인증을 원한다면, 바로 이곳에 그것들이 있음을 아는 것이 얼마나 위로가 되는지요! 오, 은혜가 우리 영혼을 위해 어떤 일을 행하였는지를 우리 중에 어떤 이들은 분명하게 증언할 수 있습니다! 우리 하나님의 이름을 송축합니다! 우리를 구원한 것은 사제술(司祭術)이 아니었습니다. 우리는 그리스도께서 죄인들을 구하시려고 세상에 오셨다는 복음을 들었습니다. 그것이 우리의 경우에 딱 들어맞았고, 우리는 있는 모습 그대로 예수님께 왔습니다. 우리 자신을 버리고 그분께로 온 것입니다. 이제 구원을 받았으니, 우리의 커다란 관심은 우리를 어두운 데서 불러내어 그의 기이한 빛에 들어가게 하신 이의 아름다운 덕을 선포하는 것입니다.

3. 복음의 영광스러운 결과

우리가 마지막으로 할 일은 이 복된 구절의 영광스러운 결과에 주목하는 것입니다. "이것이 여호와의 기념이 되며 영영한 표징이 되어 끊어지지 아니하리라."

여호와께서는, 만일 원하셨다면, 다른 이름을 취하셨을 것입니다. 그분은 그분의 손으로 만드신 다른 작품들을 선택하여 그분의 영광의 표징이 되게 하실 수 있었습니다. 하지만 그분은 복음의 결과들을 그분의 가장 자랑스러운 영예로 삼기로 정하셨습니다. 이런 표현을 써도 무방하다면, 그분은 자기의 영원한 위엄을 복음의 은혜가 도출할 결과들에 거셨습니다. 이교도들에게서 보자면, 그들의 신들은 그들의 가장 영광스러운 업적이었다고 생각되어지는 것에서 그들의 이름을 취합니다. 우리는 주피터를 천둥신이라고 읽는데, 그 이유는 이교도들이 그가 손에서 번개를 내보낸다고 생각하기 때문입니다. 그들은 멀리 창을 던지는 아폴로에 대해 말하는데, 그가 태양에서 광선을 쏜다고 믿기 때문입니다. 그들은 트로이 전쟁에서 잔인한 주노(Juno, 주피터의 아내)에 대해 말했습니다. 각각의 신과 여신들에게 그 개성을 나타내기 위해 특정한 이름이 배정되었습니다. 만약 유일하게 참되신 하나님인 여호와가 선택하셨더라면, 그분은 "천둥신, 여호와"가 되실 수 있었습니다. 우리는 멀리까지 창을 던지시는 하나님을 읽을 수도 있었을 것입니다. 우리는 성경에서 그분이 무섭게 복수하시는 하나님으로 묘사되는 것을 접할 수도 있었을 것입니다.

하지만 그분은 그런 이름을 택하지 않으셨습니다. 그분은 어떤 무서운 이름을 그분의 독특한 영광으로 선택하기를 기뻐하지 않으셨고, 오히려 부드러운 자비와 따뜻한 긍휼의 이름을 그분의 기념으로 삼기를 기뻐하셨습니다. 범죄한 죄인들을 향한 은혜의 복음, 많은 죄에 대한 풍성한 은혜의 복음이 그분의 기념이 될 것입니다. 들으면 살게 하는 복음, 귀를 기울여 들으면 구원에 이르게 하는 복음이 그분의 기념입니다.

주님으로서는 이것을 그분의 두드러진 기념이자 명예와 영광으로 선택하셔야 할 필요가 없었다는 점에 유념하십시오. 지나간 시대에 그분의 팔이 하신 일을 보십시오. 그분이 하늘과 땅을 지으시고, 궁창을 펼치셨으며, 깊은 심연의 해협들을 메우셨습니다. 그분이 이렇게 말씀하실 수 있지 않았을까요? "이런 것들이 나를 기념하는 이름이 될 것이다." 그분이 말씀하시자 그대로 이루어졌고, 그분이 명하시자, 그 명하신 일이 견고하게 서지 않았던가요? 혹 이 지상의 일들이 그다지 두드러지지 않는 것이라면, 눈을 들어 하늘을 보십시오. 그리고 누가 이 모든 것들을 만드셨는지, 누가 이 육중한 구체(球體)들을 일정하게 움직이게 하셨는지를 보십시오. 그 모든 것들을 그분이 만드시지 않았습니까? 만일 그분이 원하셨다면, 우리로서는 그 거리와 크기를 상상할 수도 없는 별들을 지으신 그분이, 이렇게 말씀하실 수 있지 않았을까요? "이 모든 것이 여호와의 기념이 되리라." 우리가 천문학자들에게서 듣고 또 의심하지 않는 사실은, 망원경으로 관측되는 별들의 수를 통틀어도 그것이 우주에서는 확인되지 않는 어느 구석의 작은 집단에 불과하다는 것입니다. 우주의 광대 무궁한 공간에서 어느 한 공간을 차지한다는 것이 무엇인지 우리로서는 상상이 불가합니다. 그것은 하나님이 지으신 모든 것들에 비하면 마치 저울의 작은 먼지에 불과할 것입니다. 만약 하나님께서 셀 수 없는 세계를 만드시고, 그곳을 셀 수 없는 거주민들로 채우셨다면, 그 모든 것이 소리 높여 그분을 찬미했을 것이며, 그분은 이렇게 말씀하실 수도 있었을 것입니다. "내가 완성한 이 창조세계가 나를 기념하는 이름이 되리라."

하지만 그렇지 않았습니다. 주님은 창조세계를 그분의 두드러진 영광으로 삼기로 정하지 않으셨습니다. 사랑하는 이여, 섭리의 세계가 있으며, 그 섭리 속에는 바퀴들 안에 또 바퀴들이 있어서, 지혜의 경이로운 일들을 진행시킵니다. 정녕 이런 일들이 주님께 기념이 될 수 있었고 영영한 표징이 될 수도 있었건만 그렇게 선언되지 않았습니다. 성경의 이야기에서 우리가 읽는 강력한 행위들, 그분이 팔을 펼쳐 바로의 교만을 꺾으셨을 때, 그것이 하나님께는 기념의 이름이 될 수 있었습니다! 여러분은 미리암의 소고 소리를 듣지 않습니까? 여러분은 지금도 크게 기뻐하는 이스라엘의 노랫소리를 듣지 않습니까? "너희는 여호와를 찬송하라 그는 높고 영화로우심이요 말과 그 탄 자를 바다에 던지셨음이로다"(출 15:21). 정녕 이것이 여호와의 기념 이름이 될 수도 있었습니다. 하지만 그렇게 기록되지 않았습니다. 광야에서 자기 백성을 인도하실 때, 그분은 이슬처럼 하늘에서 떨어지는 만나로 그들을 먹이셨습니다. 또 블레셋 거류민들을 멸하실 때, 그분은 이교도 왕들을 이스라엘 앞에서 도망치게 하셨습니다. 산헤립을 무찌르시거나, 그 외에도 그분이 행하신 많은 능력의 이적들이 정녕 그분을 기념하는 이름으로 불릴 수도 있었지만, 그렇게 되지 않았습니다.

우리 눈으로 보고 귀로 듣는 것으로부터 잠시 여러분의 생각을 돌려, 또 다른 세계를 생각해보십시오. 영들의 나라가 있으며, 그곳에서는 슬피 우는 것이 낮을 지배합니다. 아니, 내 말을 수정하자면, 그곳에서는 슬픔의 통곡의 소리가 한 줄기의 빛도 비치지 않는 온 밤을 지배합니다. 거기에 하나님의 원수들이 누워 있으며, 패배하여 사슬에 묶인 채로 방치되어 있습니다. 끔찍한 지하 감옥 깊은 곳에, 하나님이 세우신 아들에 대하여 "우리가 그 맨 것을 끊자"(시 2:3)고 말했던 제후들과 왕들이 누워 있습니다. 저 허풍선이들을 보십시오. 그들은 지옥 가장 밑에 있는 비참한 노예들입니다. 거기 교회를 잔인하게 핍박한 자들이 있고, 사악한 교황들, 거만한 추기경들, 탐욕스러운 수도사들, 그리고 거짓말하는 사제들이 있습니다. 지옥의 불을 위한 상당한 연료더미입니다! 그곳에는 또한 하나님을 망각한 민족들, 그분을 미워하고 멸시했던 수많은 사람들이 있습니다. 여호와께서 어떻게 이기셨는지를 보십시오! 이 모든 원수들이 어떻게 전복되었는지를 보십시오! 그분의 발이 그들을 무겁게 짓눌러, 그들을 영원히 뭉개버렸습니다! 그분이 그들을 산산조각 내셨으니, 그들을 구원할 자는 아무도 없습니다! 알렉산더나 나폴레옹이 정복에서 그들의 이름을 새겼고, 피의 검붉은 글귀로 그들의 영광을 기록하여 남겼으나, 엄위하신 여호와, 범죄자들을 결단코 살려두지 않으시는 여호와께서, 이것을 그분의 기념으로 삼지 않으실까요? 그렇지 않습니다. 본문은 그렇지 않다고 말합니다. 긍휼이 그분의 이름입니다. 용서가 그분의 영광이며, 사람들을 용서하시는 것이 그분의 영원한 표징입니다.

형제들이여, 물질적인 것 중에 하나님께서 자기 영광으로 삼으실 것은 아무것도 없습니다. 왜냐하면 비록 그분이 물질을 만드시기는 했지만, 그것은 그분에게 한참 못 미치는 것으로서 자랑할 것이 못되기 때문입니다. 하나님은 영이시기에, 그분의 최고의 영광은 반드시 영적인 세계로부터 나와야 합니다. 벽돌로 세워진 로마를 발견하고 그것을 대리석으로 세워 후세에 남기는 것은 죽을 인생에게는 대단한 업적입니다. 하지만 가장 고상한 물질적인 작품 중에서도 불멸의 영에 합당한 것은 아무것도 없습니다. 돌과 대리석의 차이가 대체 무엇이란 말입니까? 두 가지 모두 사라질 것입니다. 황폐화시키는 물결이 일어날 때 대리석이든 벽돌이든 마찬가지로 그 충격에 의해 전복될 것입니다. 하나님께서는 이런 것보다 더욱 근사한 것들을 만드셨고, 왕들의 허영으로는 상상할 수도 없고, 예술적인 기교로도 실행할 수 없는 더욱 강력한 기적들을 행하셨습니다. 하지만 그분은 물질적인 것들에서 기쁨을 찾지 않으십니다.

그분의 이름은 영적인 정복에 의해, 사람들의 마음을 다스리는 복음에 의해 높아집니다. 또한, 영적인 일들에서 하나님께서는 아주 특이한 경우를 선택하여 특별한 명성을 얻으셨습니다. 그분은 타락하지 않은 영들을 그분의 기념으로 삼지 않으셨습니다. 존재의 여러 계층 중에서, 아마도 결코 유혹을 받은 적이 없는 존재들이 많을 것입니다. 그들은 악과 같은 것을 의식하지 않으며, 언제나 거룩하고, 언제나 순결하기만 합니다. 이러한 흠 없는 존재들이 하나님을 높이고 영화롭게 하는 동안, 그분은 그들을 선택하여 그분의 기념이 되게 하지 않으셨습니다. 순결하고, 시험당하지 않고, 유혹을 받지 않은 미덕은 아름답습니다. 하지만 그것보다 더욱 고귀한 무언가가 있습니다. 유혹을 당했지만 타락하지 않았던 천사들이 있습니다. 이들은 선택된 천사들입니다. 그들은 사탄이 타락할 때 그 고결성을 지켰으며, 충실하지 못한 자들 중에서도 충실하였습니다. 그들은 죄를 짓지 않을 만큼 잘 행했으며, 죄를 지었던 아담보다 잘 했습니다. 하지만 이처럼 한결같이 충실한 종들도 하나님의 기념 또는 영영한 표징으로 일컬어지지 않습니다.

하지만 그분은 선과 악을 아는 피조물들, 곧 그것들을 경험에 의해 아는 자들을 선택하셨습니다. 그분은 이 타락하고 더럽혀진 존재들을 선택하셨고, 그들의 마음의 영역에 들어가셨으며, 그들 속에서 실질적인 악에 맞서 사랑의 싸움을 싸우셨고, 결국 그분의 사랑이 승리를 쟁취하였습니다. 그리하여 한때 악에게 노예가 되었던 피조물을 얻으시고, 사랑의 힘으로 죄를 정복하시며, 자기 피조물을 그분의 은혜로써 온전함에 이르게 하셨습니다. 그분은 그것을 천사의 지지를 얻거나 세계를 만드신 것보다 더 큰 영예로 간주하셨습니다. 주님은 악에게 큰 기회를 주셨고, 그것에 맞서 싸우고자 도전하셨으며, "네가 할 수 있는 최악의 악을 행하라"고 말씀하셨습니다. 그분은 그것이 인간의 본성 속에서 참호를 구축하도록 용인하셨고, 인간이 사탄의 음모의 희생물이 되고 자기 정욕의 노예가 되는 것을 두고 보셨습니다. 하지만 그분은 인간을 구원하여 그분의 발치에 엎드리게 하셨습니다. 주님은 여러 세대 동안 악의 무리들에게 세상의 모든 지혜를 양도하셨고, 세상의 부와 화려함과 위대함을 용인하셨습니다.

그분은 세상의 관점에서 비천한 인간(Man)을 내려 보내셨고, 그분으로 하여금 멸시받고 거절당하여 마침내 십자가에 못 박히게 하셨습니다. 그리고 그 사람(Man)을 따르는 연약한 사람들을 보내셨는데, 그들은 오직 그들의 혀와 마음 외에는 아무런 무기도 없었고, 진리의 힘과 성령의 도우심 외에 달리 아무런 능력이 없었습니다. 하지만 주님은 사탄을 전복시키셨으며, 완전히 무찔러 멸하셨습니다. 진리의 천사장이 사탄의 목을 발로 밟았습니다. 도덕적인 악은 하나님의 사랑에 의해 패배하였습니다. 예수님을 믿는 수많은 사람들의 마음속에서, 악이 한때 완전한 지배력을 행사하였었지만, 이제는 그 자리에서 쫓겨났습니다. 악은 그 왕좌에서 쫓겨났으며, 그 손들이 묶인 채, 그리스도의 병거의 바퀴에 짓밟혔습니다. 그리스도께서 사로잡혔던 자들을 사로잡으셨습니다(엡 4:8). 바로 이것이 "하나님께 기념이 되며 영영한 표징이 되어 끊어지지 아니하는" 것입니다.

언제나 그러하시듯, 주님께서는 이와 같은 일을 그분의 기념으로 선택하시는 것에서도 지혜롭게 행하셨습니다. 그 일은 그분 자신을 나타내는 것이었고, 영원한 일이기 때문입니다. 하나님은 만약 하기로 하셨다면 물질을 영원하게 만드실 수도 있었습니다. 하지만 그렇게 하지 않으셨습니다. 만약 이 세상이 하나님을 기념하는 이름이었다면, 그것은 결국 파괴되고 불에 탈 것이며 그 원소들은 뜨거운 열에 녹을 것이기 때문에, 그것이 오히려 주님께는 오명이 되었을 것입니다. 만약 해와 달과 별들이 가장 크게 하나님의 신성을 나타내는 것이었다면, 그 모든 것들은 결국 사라질 터이니, 과연 하나님의 영광은 어디에 있겠습니까? 해는 그 빛을 잃을 것이며, 온 우주는 불에 타는 두루마리처럼 말려 오그라질 것입니다. 하지만 하나님은 죽을 수 없는 불멸의 인간들을 선택하셨고, 이들 속에 결코 잊혀질 수 없는 한 가지 일을 행하셨습니다. 그 일은 인간들에게 결코 다 이행하여 면제될 수 없는 신성한 책무를 부여하였고, 감사와 애정으로 그분에게 결속되게 하였으니, 그 결속은 어떤 것으로도 풀 수 없는 것입니다. 그분은 우리를 무서운 구덩이에서 건져내시어, 영원히 우리의 기쁨이 되는 곳으로, 우리가 생명을 누리며, 그분의 이름을 송축하여 높이는 곳으로 우리를 들어가게 하셨습니다.

오, 그분이 행하신 일을 우리는 천사들에게 들려줄 것입니다! 우리는 천국의 모든 거리에서, 그 거룩한 거주민들에게 은혜가 우리를 위해 행한 일들을 보여줄 것입니다! 하나님의 사랑이 우리의 죄를 이기고 얼마나 강력한 승리를 이루었는지를 보여줄 것입니다! 우리는 그룹과 스랍 천사들에게 하나님이 행하신 일들을 들려줄 것이며, 그들로 하여금 하나님이 인간 속에서 역사하시기 전에는 결코 그들이 볼 수 없었던 하나님에 대해 생각하게 할 것입니다! 오랜 세월이 지난 후에도, 샛별이 잠들 때, 우리는 우리의 동료 인간들에게 골고다에 대해, 예수님과 그분의 사랑에 대해 이야기할 것입니다. 우리는 십자가의 이야기를 반복할 것이며, 사랑하여 죽으신 하나님의 이야기를, 창에 찔리고 십자가에 못 박히신 분의 승리의 이야기를, 그분이 우리 마음 문에 들어오셔서 그 사랑의 힘으로 우리를 사로잡으신 이야기를 널리 전할 것입니다. 그 때 이것이 주 우리 하나님께 영원한 표징이 될 것입니다.

그리스도인들을 격려하기를 원합니다. 만일 인간을 구원하는 것이 하나님의 영광이라면, 그들이 구원받게 될 것을 기대하고, 또한 그들을 구원하기 위해 계속해서 일하십시오. 오늘 오후 큰 용기와 확신을 가지고 기도의 무릎을 꿇으십시오. 내 사랑하는 형제들과 자매들이여, 하나님께서 여러분에게 복 주실 것을 기대하면서, 소책자를 들고 나가십시오. 젊은이들이여, 거리에서 전하십시오. 내 형제들이여, 모든 종류의 거룩한 일에 참여하십시오. 여러분의 수고가 주 안에서 헛되지 않을 줄 알기 때문입니다. 인간은 언제나 자기 자신을 영예롭게 하는 일을 하기 좋아합니다. 하나님 또한 그분을 영화롭게 하는 일을 기뻐하십니다. 그러므로 그분이 죄인들을 구원하실 것이라고 기대하십시오.

회심하지 않은 여러분에게는, 이 마지막 말을 전합니다. 이 메시지가 당신으로 하여금 그리스도 예수 안에서 하나님께 오도록 격려해야 마땅하지 않겠습니까? 당신을 구원하는 것이 그분의 영광이 아닌가요? 오, 그렇다면 그분이 그 일을 행하실 것입니다. 당신 속에는 은혜를 줄 동기가 될 만한 것이 아무것도 없습니다. 당신은 그분의 긍휼을 얻기에 합당하지 않습니다. 하지만 당신의 현재적인 죄가 더 클수록, 당신을 용서하시는 일에서 하나님의 은혜가 더 크게 나타날 것입니다. 그러니 죄 있는 모습 그대로 오십시오. 만약 당신이 지금껏 살았던 모든 죄인들 중에서 가장 큰 죄인이라면, 하나님의 은혜는 이전의 그 어느 때보다 더 크게 목격될 것입니다. 그러니 지금 오십시오. 바로 지금 오십시오. 있는 모습 그대로 예수님께 오십시오. 그분의 무한한 은혜가 당신의 죄를 모두 덮을 수 있게 하십시오.

구원받은 여러분에 대해서는, 이 본문이 여러분을 격려하여 여러분이 받은 구원의 은혜를 다른 사람들에게 말할 수 있게 되기를 바랍니다. 신앙을 고백하는 일에서 뒤로 물러서지 마십시오. 신앙 고백이 하나님께 영광이 되는 것이라면, 여러분은 그분을 시인하여야 하며, 그분에게서 그분의 찬송을 강탈해서는 안 됩니다. 오직 담대히 앞으로 나서서, 하나님께서 여러분의 영혼을 위해 행하신 일을 말하십시오. 그리스도의 사랑을 인하여, 하나님의 복이 여러분에게 머물기를 바랍니다. 아멘.

제
76
장

모아야 할 다른 사람들

"이스라엘의 쫓겨난 자를 모으는 주 여호와가 말하노니 내가 이미 모은 백성 외에 또 모아 그에게 속하게 하리라 하셨느니라."—사 56:8

지금 하나님의 일은 모으는 것입니다. 흩어지던 때가 있었습니다. 인간이 바벨탑을 세웠으니, 그것을 연합의 중심지, 권력의 본부, 지배력을 행사하는 곳으로 삼으려는 의도였습니다. 그곳에서 일부 힘센 니므롯 족속이 온 인류를 지배할 참이었습니다. 하지만 여호와께서 그렇게 되기를 원치 않으셨습니다. 무한한 지혜가 유한한 야망을 좌절시켰습니다. 인간의 중심이 하나님의 중심은 아닙니다. 그래서 하나님은 그들의 언어를 혼잡하게 하셨고, 그들을 열방으로 흩어지게 하셨습니다. 이제 주님은 널리 흩어진 하나님의 자녀들을 하나로 모으고 계십니다. 그의 아들 예수 그리스도께서 내려와 우리 가운데 거하셨으며, 우리의 구속을 이루시고, 이제는 하늘에서 가장 높은 곳으로 오르셨습니다. 그분이 하나님이 지명하신 하나님 백성의 중심입니다.

옛적에 야곱이 "그[실로]에게 백성이 모일 것이라"(KJV, 창 49:10)고 말했던 것처럼, 여호와께서 그를 "만민의 기치로 서게 하시고, 열방이 그에게로 돌아오게 하여 그가 거한 곳이 영화롭도록" 하셨습니다(참조. 사 11:10). 이사야의 입을 통해 주어진 저 위대한 약속이 복음 시대에 성취될 것입니다. "내가 뭇 나라와 언어가 다른 민족들을 모으리니 그들이 와서 나의 영광을 볼 것이라"(사

66:18). 예수님이 유대인과 이방인을 하나가 되게 하셨고, 모든 분열의 벽을 허물어뜨리셨기에, 이제는 야만인도 없고 스키타이족(옛 흑해 북방에 있던 민족)도 없으며, 종이나 자유자도 없으며, 오직 그리스도만이 모든 자들 안에서 모든 것이 되십니다. 하나님의 능력과 은혜는 지속적으로 모든 족속과 방언과 나라들 중에서 사람들을 공통의 소망 즉 우리 주 예수님의 죽음에 의해 이루어진 속죄와, 유일하신 주 하나님을 섬기는 공통의 섬김으로 끌어당기고 있습니다. 그리스도에 관하여 성경에는 "너희 선생은 한 분이시니 곧 그리스도시며, 너희는 다 형제라"(마 23:8,10)고 기록되어 있습니다. 이렇게 모으는 과정은 말씀의 증언에 의하여 매일 지속되고 있으며, 그것은 종말 때까지 계속될 것입니다. 나는 그 일이 오늘 우리 중에서도 진행될 것이라고 믿습니다. 하나님께서 예수님의 사랑이라는 거대한 자석을 우리 중에 두시어, 사람들의 마음을 그분께로 이끌어 그 영향력을 느끼게 하시기를 빕니다. 나의 간절한 소망은, 그리스도께로 모이는 것을 결코 생각해본 적이 없는 어떤 사람들이 오늘 그분에게로 끌어당겨지는 자기 자신을 발견하게 되는 것입니다. 하나님의 사랑이라는 신비의 물결이 여러분 중에서 많은 이들을 그 부드러운 힘으로 옮겨서, 먼저는 이스라엘의 왕이신 예수님에게로 이끌고, 다음에는 하나님의 참 이스라엘인 그분의 교회로 이끌기를 바랍니다.

1. 본문에서 언급된 사례들

첫 번째 요점으로, 주님을 찾는 자들에게 상당한 격려가 되는 점에 주목하려고 합니다. 여기서 언급된 사례들을 잘 살펴보시기 바랍니다. 그들은 하나님의 손에 의해 모여드는 자들인데, 하나님은 "이스라엘의 쫓겨난 자를 모으는 주 여호와"로 묘사됩니다. 쫓겨난 자들이 모여들었고, 이는 다른 사람들이 모여들 것이라는 징표입니다.

나는 우선 이사야가 바벨론으로 포로로 끌려간 사람들과, 동방의 각 지역으로 쫓겨난 자들을 암시한다고 생각합니다. 그들은 각기 다른 시기에 그들의 본국으로 회복되어 돌아왔습니다. 이스라엘 백성들은 많은 포로생활을 겪었습니다. 폭군들이 연이어 그 나라를 침공하여 그들을 멀리 끌고 갔지만, 주께서는 그들을 모으실 것이라고 약속하셨으며, 또 그렇게 하셨습니다. 에스라와 느헤미야 같은 이름들이 여러분에게 먼 나라에서 본국으로 되돌아오는 하나님의 백성을 상기시킬 것입니다. 그들은 황무지를 지나고 적대적인 나라들을 통과하여 마침내 그들의 하나님의 성읍에 도달하였습니다. 이러한 회복은 아주 놀라운 것이었습니다. 왜냐하면 하나님을 알지 못하던 왕들이 그분에게 좌우되어 그분의 계획을 이루었기 때문입니다. 하나님은 고레스에 대해 다음과 같이 말씀하셨습니다. "내가 공의로 그를 일으킨지라 그의 모든 길을 곧게 하리니 그가 나의 성읍을 건축할 것이며 사로잡힌 내 백성을 값이나 갚음이 없이 놓으리라 만군의 여호와의 말이니라"(사 45:13).

이제, 자기 백성을 바벨론에서 이끌어내신 하나님께서 사람들을 죄에서도 이끌어내실 수 있습니다. 속박의 포로들을 풀어주신 그분이 절망으로부터 영혼들을 해방하실 수 있습니다. 강력한 폭군의 통치력을 느슨하게 하신 그분이 사탄의 장악을 풀게 하실 수 있습니다. 자기 백성을 그들이 알지 못하던 길로 인도하시어 마침내 본국으로 돌아오게 하신 그분이, 가련한 죄인을 의심과 두려움이라는 모든 굽은 길들을 통과하게 하여, 그를 예수 그리스도 안에 있는 안식으로 이끄실 수 있습니다. 바벨론에서 돌아오는 이스라엘 백성들로 하여금 오늘 아침 우리에게 복음을 전하게 하십시오. 그들로 하여금 우리에게 이러한 소망의 말씀을 전하게 하십시오. "만약 시온에서 멀리 떨어진 곳에 포로로 잡혔던 우리가 되돌아왔다면, 주께서는 쫓겨났던 그분의 백성들이 영영 버려지지 않도록 수단들을 고안하실 것입니다."

하지만 나는 이 본문을 우리의 거룩하신 주님과 관련하여 사용하기를 더 좋아하는데, 그분에게 백성들이 모여드는 것을 보기 때문입니다. 이 땅에 계실 때 그분은 이스라엘의 쫓겨난 자를 모으셨습니다. 그분의 주변에 모인 무리를 보십시오. 그분 가까이에 몰려들었던 자들을 주의 깊게 살펴보십시오. 여러분은 바깥 집단의 서기관들과 바리새인들을 주목할 필요가 없습니다. 그들은 그분의 말에서 함정에 빠뜨리려고 무던히 애를 썼습니다. 그들을 내버려두고, 오직 조용히 서서 진지하게 귀를 기울이던 자들, 말없이 눈물을 흘리던 자들, 마음 깊은 곳에서 감동을 받았던 이들에게 주목하십시오. 이들이 누구입니까? 성경에는 "모든 세리와 죄인들이 말씀을 들으러 가까이 나아오더라"(눅 15:1)고 기록되었습니다. 그분의 원수들은 조롱할 의도로 말했지만, 우리는 이 말을 그분의 명예를 높이기 위해 인용합니다. "이 사람이 죄인을 영접하고 음식을 같이 먹는다"(눅 15:2). 그분은 이스라엘의 온 땅을 다니시면서 "이스라엘 집의 잃어버린 양"(마 15:24)을 찾으셨습니다. 단지 어리석고 무방비 상태에 있는 양들만이 아니라, 잃은 양들을 찾으러 오셨고, "잃어버린 자를 찾아 구원하려"(눅 19:10) 하셨습니다. 그분의 눈은 언제나 넘어진 자들을 살펴보셨고, 잘못에 빠진 자들을 향해서 언제나 동정 어린 시선을 보내셨습니다. 그분이 말씀하셨습니다. "건강한 자에게는 의사가 쓸 데 없고 병든 자에게라야 쓸 데 있느니라 나는 의인을 부르러 온 것이 아니요 죄인을 부르러 왔노라"(막 2:17). 오 복되신 주님, "거룩하고 악이 없고 더러움이 없고 죄인에게서 떠나 계시는"(히 7:26) 주여, 죄인들이 당신께 왔으며, 지금도 오고 있습니다! 예수여, 당신 안에서 죄인들이 친구를 발견했습니다!

더 나아가, 우리 주님은 쫓겨난 자들을 단지 모으기만 하신 것이 아니라, 그들의 죄를 용서하심으로써 그들을 모으셨습니다. 이것이 그들을 더욱 가까이 오도록 이끌었고, 그들을 그곳에 머물게 했습니다. 여러분은 예수님의 발을 눈물로 적시고 그 머리털로 닦았던 사람이 누구인지 압니다(눅 7:44). 그 여인에 대한 기념은 교회에서 결코 사라지지 않을 것입니다. 그 여인이 주님을 많이 사랑한 것은 그녀의 많은 죄가 사하여졌기 때문입니다. 그녀는 죄인이었습니다. 공공연한 죄인이었고, 수치스러운 죄인이었습니다. 하지만 그녀는 깨끗함을 얻기 위해 그분에게 왔으며, 깨끗함이 그녀에게 주어졌습니다. 나는 그녀가 그분이 잃어버린 한 푼의 돈, 잃어버린 양, 잃었던 아들에 대해 말씀하시는 것을 들었는지 모르겠습니다. 만일 들었다면, 그 비유 자체와 예수님이 그 비유를 들려주신 방식이 그녀를 감동시켰을 것이며, 그녀로 하여금 잃어버린 자기 자신이 찾아지기를 갈망하게 만들었을 것입니다. 그녀는 많은 은혜를 가지신 그분께 많은 죄를 가지고 왔습니다. 그녀의 추한 죄가 그분의 고귀한 사랑에 의해 지워졌고, 따라서 그녀는 많은 죄가 사하여진 만큼 그 누구보다 그분을 더 사랑했습니다.

나는 그녀가 그분을 가까이했던 많은 사람들 중의 한 가지 실례에 불과했다고 생각합니다. 왜냐하면 죄를 자각한 사람들이 그 어떤 것보다 절실히 필요로 했던 것, 즉 죄에 대한 용서를 그분 안에서 발견했기 때문입니다. 지금 이 순간, 예수님의 이름으로, 나는 그 여인을 여러분 앞에 제시하면서 그분이 말씀하셨던 것처럼 말합니다. "이 여자를 봅니까?"(참조. 눅 7:44). 그렇다면 여러분이 그분께 온다면, 예수님이 그녀를 영접하셨던 것처럼 여러분도 영접하신다는 교훈을 배우십시오. 그분은 이와 같이 말씀하셨으며, 또한 결코 거짓말을 하실 수 없기 때문입니다. "내게 오는 자는 내가 결코 내쫓지 아니하리라"(요 6:37). 수고하고 무거운 짐 진 여러분이여, 다 그분께로 오십시오. 그분이 여러분에게 쉼을 주실 것입니다. 저 불쌍하게 버림받은 자, 그분의 발치에서 울던 여인을 여러분의 본으로 삼고, 즉시 그녀의 행동을 본받으십시오. 사냥을 할 때 사람들이 새들을 유인하기 위해 그 새들 중의 하나를 일종의 미끼로 사용하는 것을 여러분은 알 것입니다. 나는 오늘 아침 이 여인의 사례를 통해 여러분을 유인하기를 원합니다. 만일 그녀와 같은 다른 사람들이 있다면, 그녀와 동일한 죄를 지은 사람들이 있다면, 그녀처럼 용서를 위하여 예수님께 오시기 바랍니다. 그녀와 같은 형태의 죄를 짓지는 않았지만 주님 앞에서 같은 죄책감을 느끼는 사람들이 있다면, 그런 분들도 오시기 바랍니다. 만약 죄의식이 여러분을 그 가련한 여인의 수준으로 낮아지게 한다면, 와서 그녀의 구주를 영접하십시오. 예수님은 이스라엘의 쫓겨난 자들을 모으십니다. 사랑하는 이여, 그분이 당신을 모으시지 않을 이유가 있습니까? 옛적에 죄인에게 향했던 그분의 사랑의 시선이 당신에게 향해서는 안 될 이유가 있습니까? 당신이 그 동일한 사랑을 느끼고, 그 느낀 사랑을 참회와 겸손의 행동으로 나타내지 못할 이유가 있습니까? 예수님은 당신과 같은 사람에 의해 다시금 그 발을 씻음 받기를 기꺼이 원하십니다.

이것이 전부가 아닙니다. 우리 주님은 많은 사람들을 은혜롭게 도우심으로써 그들을 모으셨습니다. 그분은 고통의 시련, 유혹, 슬픔을 당한 사람들을 만나셨습니다. 막달라 마리아가 대표적인 경우인데, 그녀의 이름은 기독교회에서 사랑을 받는 이름이지요! 막달라 마리아는 주님께서 일곱 귀신을 쫓아내어 주신 여인입니다. 일곱 귀신이 그녀에게 들어간 것은 그녀의 과실이라기보다는 그녀의 고통이었습니다. 그녀는 그 귀신들과 싸웠지만 그들을 떠나게 할 수 없었습니다. 하지만 예수님이 오셔서 꾸짖으셨을 때 그들은 도망쳤습니다. 그 이후로 막달라 마리아는 복되신 주님을 따르는 거룩한 여인들 중에서도 중요한 인물이 되었습니다.

이제 우리 주님께서는 막달라 마리아를 일곱 귀신에게서 건져주신 것처럼, 여러분 중에서 누구라도 유혹으로 심하게 괴로움을 겪는 것에서 건져내실 수 있습니다. 귀신들이 습관을 틈타 여러분 속에서 활동합니까? 그런 영들은 매우 강력하지만, 예수님은 그들을 훨씬 능가하는 강자이십니다. 습관은 사람에게 제2의 천성이지만, 예수님은 첫 번째 천성이나 두 번째 천성을 능가하는 위대한 분이십니다. 습관은 마치 거미줄처럼 우리를 묶기 시작하지만, 갈수록 두꺼워지고 단단해져서 철망처럼 되고 맙니다. 그러나 우리 주님은 한 번의 호흡으로 그 철망을 제거하고 갇힌 자를 자유하게 하실 수 있습니다. 혹 당신은 체질적인 죄로 유혹을 받습니까? 즉 당신의 체질상의 특성 속에 견고하게 자리 잡은 어떤 악, 당신의 특별한 정신 구조와 몸의 형태 속에서 안식처를 발견한 악에 의해 유혹을 받습니까? 예수님은 그 미묘한 원수도 격퇴하실 수 있으며, 한때 부정한 새들의 새장이 되었던 당신의 몸을 성령의 전으로 만드실 수 있습니다. 또는 당신의 환경이 매우 좋지 못합니까? 귀신이 당신이 거주하는 장소를 통해서나, 당신 주변에 사는 사람들을 통해 당신을 괴롭힙니까? 예수님은 거기서도 당신을 도우실 수 있습니다. 당신이 게달의 장막 안에 거하는 동안에도 당신을 솔로몬의 휘장처럼 아름답게 만드실 수 있습니다(참조. 아 1:5).

혹 당신을 유혹하는 것이 다른 종류입니까? 헤아릴 수 없는 의심과 불신적인 생각들이 당신을 혼돈스럽게 합니까? 당신은 이런 질문 저런 질문을 거듭하고 있습니까? 당신의 정신은 회의적인 방향으로 기우는 성향입니까? 내 주님은 그런 당신도 모으실 수 있으며, 당신을 당신의 형제들보다 믿음 안에서 더 강하게 하실 수 있습니다. 마치 의심했던 도마가 견고한 믿음의 사람이 된 것처럼 말입니다. 불신은 아주 고통스러운 정신이며, 영혼의 많은 고통을 야기합니다. 하지만 주님은 믿지 않는 자들과 그릇되게 믿는 자들을 모아서, 그들을 참된 믿음과 참 믿음에서 나오는 평화로 이끄실 수 있습니다. 그분이 일곱 귀신 들렸던 버림받은 여인과 군대 귀신 들렸던 사람을 구원하여 그분에게로 모으셨으니, 지금 속박 아래에 있는 이들을 구원하시지 못할 이유가 무엇입니까?

그분은 그들을 모아, 그분의 깃발 아래 군대로 모이게 하셨습니다. 예수님이 세관에 앉아 있는 레위를 부르셨을 때, 그것은 레위에게 놀라운 순간이었습니다. 그는 자기 이름을 바꾸어, 이방인처럼 행세하기 위해, 스스로를 마태로 부르고 있었습니다. 그는 그곳에 앉아 오직 돈에만 주의를 기울였습니다. 그런데 예수님이 그에게 "나를 따르라"고 말씀하셨을 때, 그는 그 음성에 순종했습니다. 그때부터 그는 더 이상 세금을 모으는 자가 아니라, 영혼들을 모으는 자가 되었습니다. 그는 그리스도의 깃발 아래 병사로 입대했으며, 더 이상 로마를 섬기는 일에 종사하지 않았습니다.

그렇습니다. 내 주님은 그와 같은 사람을 지금도 모으실 수 있습니다. 바쁜 사람들이여, 여러분은 일에 몰두하다가 귀 뒤에 펜을 꽂아둔 것도 모르고 오늘 아침에 예배당에 참석할 정도로 분주합니다. 여러분은 찬송가를 가져오려고 했으나 거래 장부를 들고 올 정도로 일에 정신이 팔려 있습니다. 그분은 그런 여러분에게도 "나를 따르라"고 말씀하실 수 있습니다. 그분은 당신을 그분의 목적을 위해 펜을 사용하는 사람이 되게 하실 수 있습니다. 여러분은 가장 고귀한 품목으로 사업할 것이며, 많은 사람들을 부요하게 할 것입니다. 여러분은 세금을 받던 자리에서 일어나, 예수님 앞에 엎드릴 것이며, 이후로는 그분을 섬기는 집사가 될 것입니다. 우리 주님께서 이 지상에 계시는 동안 그분에 의해 모여진 사람들은, 여러분 역시 그분과 그분의 교회로 모여들 수 있도록, 여러분의 소망과 소원을 불러일으키는 일종의 본보기로서의 사례들입니다.

이 요점을 마무리하기 전에 또 하나의 사례를 제시하려고 합니다. 아마도 여러분은 그분의 모으시는 힘이 그분의 직접적인 임재에 있다고 생각할 것입니다. 주님의 인격에 비할 데 없는 매력이 있음은 사실입니다. 하지만 우리는 더 이상 그분을 육체대로 알지 말아야 합니다. 가장 복되신 그리스도의 인성의 매력에도, 사람들이 "그를 십자가에 못 박으소서"라고 외치지 못하도록 막을 만큼 충분한 힘이 있는 것은 아니었습니다. 그분의 능력은 영적인 것이며, 그분의 영의 능력입니다. 따라서 비록 그분의 몸으로의 임재는 떠나갔어도, 그분의 능력은 지금도 발휘됩니다. 우리 주님께서 아버지께로 돌아가셨을 때, 그분의 종들은 한 장소에 모여 마음을 같이하여 기도하였고, 별안간 성령께서 급하고 강한 바람처럼 그들에게 임하셨으며, 불의 갈라진 혀처럼 갈라진 것들이 그들 각 사람 위에 임했습니다. 그 때 그들은 일어나 그분의 이름으로 전도했으며, 십자가에 못 박히셨던 예수님이 구주시라고 선포했습니다. 바로 그 날 그분은 사람들을 모으셨습니다. 그분이 그곳에 그분의 영으로 계셨기 때문입니다. 비록 그것이 몸의 임재는 아니었어도, 그분은 삼천 명의 영혼들을 그분의 교회로 모으셨습니다. 예수님은 정녕 사람들을 모으실 수 있습니다. 사람들이 그분에게로 몰려들었습니다. "내가 땅에서 들리면 모든 사람을 내게로 이끌겠노라"(요 12:32)고 하신 말씀은 여전한 진실입니다. 비록 그분이 이곳에 계시지 않아도, 우리가 그분을 전하면, 우리가 그분의 사랑을 밝히 전하고, 그분의 죽음과 그분의 속죄의 피에 대해 말한다면, 그분의 이름이 향유처럼 부어질 것이며, 많은 사람들이 모여들어 그 향기를 즐거워할 것입니다. 그분은 이미 그분에게로 모여든 사람들 외에 다른 사람들도 모으실 것입니다.

2. 본문에 언급된 약속들

이제 두 번째 대지에서 다룰 것은 본문에서 언급된 약속입니다. "이스라엘의 쫓겨난 자를 모으는 주 여호와가 말하노니 내가 이미 모은 백성 외에 또 모아 그에게 속하게 하리라 하셨느니라." 확실히 이 약속은 매우 광범위한 것입니다. 그것은 우선 이방인들이 주를 알도록 부름을 받을 것을 의미합니다. "내가 이미 모은 백성 외에 또 모아 그에게 속하게 하리라." 다른 유대인들을 언급함이 아니라, 유대인들이 "이방인 개들"이라고 불렀던 다른 사람들을 언급하는 것입니다. 가이사랴의 백부장이 욥바에 사람들을 보내어, 베드로의 방문을 받고 그에게 세례를 받은 날은 즐거운 날입니다. 에디오피아 내시가 빌립에게 세례를 받았던 날 역시 복된 날입니다. 그 때 주님은 "다른 사람들을 그분에게로" 모으고 계셨습니다. 사도들은 모두 유대인들이었으며, 그것도 매우 강경한 유대인들이었습니다. 그런 사도들에게, 특히 베드로에게, 이방인들이 모여드는 것을 목격하는 것은 너무나 기이했을 것이 틀림없습니다. 사람들은 바울의 출생과 교육을 고려하면서, 그가 마음이 편협하지 않았던 것에 대해 놀랍니다. 하지만 그는 옛 생각을 버렸던 것이며, 그래서 이방인들의 사도가 되는 것을 영광스럽게 여겼던 것입니다.

가능한 최상의 방식으로 인류의 연합을 입증하면서, 다양한 색깔의 사람들이 그리스도께 오는 것을 생각하는 것은 내게 큰 기쁨입니다. 만일 열두 제자들이 그들이 전한 복음이 온 인류를 하나의 형제애로 묶는 것을 볼 수 있었다면 어떻게 생각했을까요? 예수님은 로마인과 헬라인과 유대인들만 모으신 것이 아니라, 골(Gaul) 지방을 넘어, 사람들이 브리튼(Britain)이라고 불렀던 흰색 절벽의 섬에 사는 야만인들의 후손들도 모으셨습니다. 그분은 그 미개한 백성들을 자기에게로 모으셨습니다. 또한 이제 붉은색 피부의 인디언이 백인과 함께 예수의 이름에 복종하는 것을 보니 얼마나 기쁜지요. 한때 단단히 밀봉되었던 중국이 지금은 복음에 개방적인 것을 보고, 일본이 그 백성들을 가르치도록 우리 선교사들을 초빙하는 것을 보니 얼마나 기쁜지요. 또한 남태평양 거주민들과 아프리카의 검은색 피부의 인종들이 하나님께 손을 내밀고 있습니다. 외모와 언어에서 낯설고 거친 많은 종족들이 있지만, 그들도 더욱 문명화되어갈수록 주님께로 모일 것입니다.

세계의 민족들 중에서 주님께서 그 일부를 그분의 교회로 모으시지 않은 민족은 거의 남지 않았습니다. 우리의 믿음은 머지않아 복음이 온 땅에 두루 전파되리라는 것입니다. 그 때는 아직 오지 않았습니다. 우리는 얼마 전 저녁 예배 때에 아직 기독교 선교사를 받아들이지 않은 민족들에 대해 들었습니다. 예를 들어 티베트(Tibet)가 있습니다. 그곳의 수백만의 사람들이 그리스도의 말씀이 그들 가운데 전파되는 것을 듣지 못합니다. 일본의 수천만 인구에게 아직 예수의 이름이 알려지지 않았습니다. 하지만 그들은 모든 민족과 종족과 방언들에서 모일 것이며, 연합하여 하나의 거대한 가족을 이룰 것입니다. 예수님의 복음은 전 세계적인 것입니다. 복음은 우리가 사는 나라에도 너무나 잘 어울려 어떤 사람은 우리 주님께서 영국인으로 태어나셨다고 생각할 정도입니다. 그분의 이름은 요단강 주변에서 적절하게 언급되시지만, 템스(Thames)나, 갠지스(Ganges)나, 오리노코(Orinoco, 남미 베네수엘라와 콜롬비아를 가로지르는 강)에서도 그분의 이름을 부르는 소리가 들리지 않는 것은 아닙니다. 예수님은 모든 나라에 속하십니다. 그곳이 열대의 태양에 의해 바싹 마른 곳이든지, 극지방의 오랜 겨울에 의해 얼어붙은 곳이든지 마찬가지입니다.

예수님은 한 사람(a man)이십니다. '사람'은 고귀한 이름이며, 유대인이나 영국인이나 로마인보다 고귀한 이름입니다. 그분은 "그 사람(the man)"이십니다. 사람들 가운데의 사람이며, 사람들을 위한 사람이십니다. 모든 사람들이 그분께 경배하도록 합시다. 왜냐하면 그분이 우리 인류의 소망이시며, 우리의 몰락을 회복시키시는 분, 새 백성들을 모으시는 분이기 때문입니다. 그분은 그분에게 모인 사람들 외에 다른 사람들을 모으실 것입니다. 하나님께서는 "인류의 모든 족속을 한 혈통으로 만드사 온 땅에 살게 하셨고", 그 한 혈통의 배경에는 그보다 훨씬 고귀한 또 다른 혈통이 있으며, 그 한 혈통에 의해 그분은 인간들 중에서 누구도 능히 셀 수 없는 수많은 사람들을 속량하셨습니다.

이제 본문을 보고 그 약속이 지속적인 점에 주목합시다. "내가 이미 모은 백성 외에 또 모으리라." 이 말씀은 이사야가 언급했을 때에도 진실이었습니다. 베드로가 오순절 아침에 그것을 인용했을 때에도 진실이었습니다. 캐리(Carey)가 그 약속에 따라 행동하고, 사람들이 미친 모험이라고 생각한 일을 시작하며, 구두수선공으로서 헌신하여 인도의 학식 있는 브라만들을 회심시키기 위해 떠나,

그곳에 메시야 왕국의 기초를 놓았을 때에도 진실이었습니다. 그것은 그 때에도 진실이었고, 지금도 진실입니다. 만약 그 약속이 오늘 아침에 기록되어 아직 잉크가 마르지 않았다고 해도, 지금보다 더 이상 진실할 수는 없습니다. "내가 이미 모은 백성 외에 또 모으리라."

우리가 죽고 떠났을 때, 누가 이 강단에 서더라도, 이 약속은 진실일 것입니다. 지구가 오랜 인고의 세월을 다 마치고, 주께서 큰 소리와 더불어 하늘에서 내려오실 때까지, 이 약속은 여전히 진실일 것입니다. "내가 이미 모은 백성 외에 또 모아 그에게 속하게 하리라." 그리스도께서 말씀하셨습니다. "이 우리에 들지 아니한 다른 양들이 내게 있어 내가 인도하여야 하리라"(요 10:16). 아직 구원받지 못한 사람들, 거듭나지 못한 사람들, 부름 받지 못한 사람들이 많으며, 그들이 예수님께로 인도되어야 합니다. "내가 아직 그에게 모이지 않은 다른 백성도 모아 그에게 속하게 하리라." '그에게'라는 뜻은 '이스라엘에게 혹은 교회에게'라는 뜻입니다. 이스라엘의 머리이며 교회의 머리이신 그분, 곧 그리스도에게 다른 사람들이 모아져야 합니다.

이 약속이 광범위하고 지속적이라는 점 외에도, 나는 그것이 매우 은혜롭고 고무적이라는 점을 언급하지 않을 수 없습니다. 왜냐하면 그것은 버림받은 자들에게 아주 적절하게 적용되기 때문입니다. "이스라엘의 쫓겨난 자를 모으는 주 여호와가 말하노니 내가 이미 모은 백성 외에 또 [다른 백성을] 모으리라." 버림받은 다른 사람들이 분명히 언급되어 있습니다. 이 시간 내 목소리가 자신을 버림받은 자로 여기는 자에게 도달하지 않습니까? 이 음성에 귀를 기울여보십시오. "내가 이미 모은 백성 외에 또 모으리라." 비록 사회로부터 버림받지는 않았어도, 당신은 자신이 평가하기에 버림받은 자일 수 있습니다. 당신은 모든 소망을 잃을 정도로 죄를 지었다고 판단합니다. 당신은 스스로를 이해할 수 없는 범죄자로 간주하며, 특별한 반역자로 인식합니다. 우리의 위대한 대제사장을 찬송합니다! "그가 무식하고 미혹된 자를 능히 용납할 수 있습니다"(히 5:2). 그 본문이 당신에게 해당됩니다, 그렇지 않습니까?

나는 당신이 이렇게 부르짖는 소리를 듣습니다. "오, 하지만 내게는 소망이 없어요." 이 말에 귀를 기울이십시오. 이스라엘의 쫓겨난 자를 모으시는 그분이 이미 모으신 백성 외에 또 모으실 것입니다! 그러니 당신에게 소망이 없을 까닭이 무엇입니까? 당신에게 얼마든지 소망이 있습니다. 당신은 자기 자신에 대해 유죄 판결문을 기록하고, 거기에 서명하고 봉인하였으며, 따라서 사망과 언약을 맺고, 지옥과 제휴를 맺었으며, 자기 자신을 사탄에게 내어주었습니다. 하지만 사망과 맺은 당신의 언약은 깨어질 것입니다. 지옥과의 제휴는 무효화될 것입니다. 하나님의 영원한 은혜에 의해, 비록 당신이 멀리 떨어져 있지만, 당신은 하나님의 은혜의 팔이 당신에게 도달하기에 충분히 길다는 것을 발견할 것입니다. 당신은 죄로 무겁게 짓눌려 있지만, 그분의 사랑의 손이 당신을 높이 들어올리기에 충분히 강함을 발견할 것입니다. 그분은 예전에 자기 백성을 모으신 것처럼 오늘 또 다른 자기 백성을 모으실 것이기 때문입니다. 또 다른 막달라 마리아들, 또 다른 마태들, 또 다른 세리와 죄인들, "죄인"이라고 특별히 칭해지는 다른 사람들을 모으실 것입니다. 그분은 그런 사람들을 더 모으실 것입니다. 그분이 친히 말씀으로 약속하셨기에, 그분이 그렇게 행하실 것임을 나는 알며, 그러기에 그분의 이름을 송축합니다! 이 사실이 자기 자신에 대해 실망하고, 자기 죄에 대해 넌더리를 내는 여러분 모두에게 얼마나 달콤한 위로가 되어야 하는지요! 다른 어디에도 희망이 없지만, 예수님 안에는 있습니다. 그분은 강력한 구원자이시며 "자기를 힘입어 하나님께 나아가는 자들을 온전히 구원하실 수 있습니다"(히 7:25). 그분의 이름을 신뢰하십시오.

내가 이 본문에서 크게 탄복하는 것은 이 약속이 절대적이라는 사실입니다. "이스라엘의 쫓겨난 자를 모으는 주 여호와가 말하노니 내가 이미 모은 백성 외에 또 모아 그에게 속하게 하리라." 그분은 왕처럼 말씀하십니다. 이는 오직 전능의 존재만이 인간의 정신을 향해 사용하실 수 있는 언어입니다. "내가 이미 모은 백성 외에 또 모으리라." 하지만 그들은 자유적인 행위자들입니다! "내가 그들을 모으리라"고 그분이 말씀하십니다. 하지만 그들이 오려 하지 않는다고 가정해보십시오. "내가 또 모아 그에게 속하게 하리라." 내 형제들 중 어떤 이들은 인간의 자유의지에 대해 많은 관심을 가집니다. 나는 인간이 자유의지를 가진 행위자임을 믿습니다. 하지만 인간이 타락하게 된 것은 자유의지에 의해서입니다. 구원을 위해 우리는 값 없이 주시는 은혜만을 바라보아야 합니다. 오직 거기에 인간의 소망이 있기 때문입니다. 하나님께는 인간의 자유의지를 침해하거나 저해하지 않고서도, 그분의 은혜의 목적들을 성취하실 방법과 솜씨가 있습니다. 그분은 그분 자신이 상황의 주체임을 아시고, 또한 그분이 의도한 결과를 이끌어내실 수 있음을 아시듯이 "내가 모으리라"고 말씀하십니다.

지금 이 순간까지 주 예수님을 믿을 생각을 전혀 해보지 않은 사람들이 이 예배당에 더러 있을 수 있습니다. 하지만 그분은 이런 사람들도 어떻게 이끌 것인지를 아십니다. 이 말에 반발하면서 "나는 오지 않을 겁니다"라고 말하는 사람이 있을 수도 있습니다. 당신은 "나는 오지 않을 겁니다"라고 말하고는, 후에 회개하고 온 사람에 대해 들어본 적이 없나요? 은혜는 같은 방식으로 당신을 돌이킬 수 있으며, 당신이 전에는 상상하지도 않았던 행동을 하게 만들 수 있습니다. 이 말이 당신을 불쾌하게 만듭니까? 당신은 이를 깨물고 이렇게 말합니다. "아니요. 나는 절대 변하지 않아요. 나는 절대 종교적인 사람이 되지 않을 겁니다." 나는 당신이 덜 완고해질 거라고 말합니다. 당신은 언제 복종하게 될는지 알지 못하며, 이렇게 고집스러운 말을 한 것을 슬퍼하면서 우는 당신을 발견하게 될 것입니다.

여러분은 인간의 사랑에 의해 압도된 적이 없습니까? 젊은이여, 당신의 어머니가 위협에 의해서가 아니라, 그저 바라보고 눈물 흘림으로써 당신을 굴복시킨 적이 없습니까? 당신의 아내가 같은 방식으로 당신에게 이기지 않았습니까? 당신은 자유로운 행위자였습니다. 하지만 그럼에도 당신은 완전한 포로가 되었고, 달리 어찌할 수가 없었습니다. 만일 당신이 온통 사랑과 자비로 가득한 내 주님의 모습을 보았더라면, 그분의 긍휼의 눈물뿐 아니라 인간의 구원을 위해 입으신 그분의 상처까지도 당신이 보았더라면, 나는 당신의 완고함이 풀어질 것이라고 믿습니다. 오, 당신이 그분을 알게 되기를 바랍니다! 하나님께서 지금 그분을 당신에게 나타내시어, 당신이 이렇게 부르짖게 되기를 바랍니다.

"강력한 사랑으로 압도되어, 제가 항복합니다.
그 사랑에 어느 누가 저항하리요?"

주님은 자기 능력을 아시고, 그 힘을 행사할 수단을 아십니다. 그런 이유로 주님은 이토록 단호하게 말씀하시는 것입니다. "내가 백성을 모아 그에게 속하게 하리라." 사랑하는 청중이여, 여러분에게도 마찬가지입니다. 당신의 온전한 동의와 더불어, 혹은 당신 자신의 악한 의지에도 불구하고, 주님은 당신을 예수님께로 이끄실 것입니다. 거기서 당신은 그분과 연합하고 그분의 백성이 된 것을 기뻐할 것입니다. 거룩하게 선포된 이 약속이 오늘 설교자 앞에 앉아 있거나

서 있는 모든 이에게, 그리고 앞날에 이 말씀을 읽는 이들에게 성취되기를 바랍니다!

3. 우리의 믿음을 지지해주는 사실들

세 번째로, 나는 이 약속 안에서 우리의 믿음을 지지해주는 사실들을 언급하고자 합니다. 우리는 하나님의 약속이, 그것을 지지해주는 사실이 있거나 없거나, 확실하다고 믿습니다. 하지만 약속을 지지하는 사실들이 있다는 것이, 여러분 중에서 확신이 희미한 분들에게 도움을 줄 것입니다. 본문에서 우리의 믿음을 지지해주는 사실들은 많습니다. 여기 그 중에서 일부만을 다루도록 하겠습니다.

첫째는 복음의 영속성입니다. 사랑하는 청중이여, 복음은 여전히 여러분 가운데 전파되고 있습니다. 우리는 여전히 온 천하에 다니며 만민에게 복음을 전파하라는 명령을 듣습니다. 우리가 확실히 느끼는 바는 만약 하나님의 모든 백성이 이미 구원을 받았다면 우리 주님께서 이렇게 말씀하시리라는 것입니다. "너희는 더 이상 갈 필요가 없다. 더 이상 모을 백성이 없다." 왕이 와서 연회장을 보고는 모든 연회 자리가 찬 것을 본다면, 그는 종들에게 이렇게 명하지 않을 것입니다. "길과 산울타리 가로 나가서 사람을 강권하여 데려다가 내 집을 채우라"(눅 14:23). 하지만 우리에게 주어진 사명은 여전히 유효합니다. "너희는 온 천하에 다니며 만민에게 복음을 전파하라 믿고 세례를 받는 사람은 구원을 얻을 것이요 믿지 않는 사람은 정죄를 받으리라"(막 16:15-16). "볼지어다 내가 세상 끝날까지 너희와 항상 함께 있으리라"(마 28:20). 구원받아야 할 사람들이 더 있다고 우리는 확실히 느낍니다. 세상 끝날까지 복음을 전하라는 명령을 우리가 들었다면, 그것은 분명 세상 끝날까지 은혜로 부름 받을 영혼들이 있기 때문입니다. 여전히 추수되어야 할 곡식이 있으며, 우리는 여전히 씨를 뿌리러 보냄을 받습니다. 여전히 잡혀야 할 물고기가 있으며, 그래서 우리는 그물을 던지라는 명을 받는 것입니다.

우리의 믿음을 돕는 다음 사실은 이것입니다. 내가 이 찬송 가사를 제시하면 여러분은 분명히 그 사실을 인식할 것입니다.

"귀하신 어린 양이여, 당신의 보혈은
결코 그 능력을 잃지 않을 것입니다.

속량 받아야 할 하나님의 모든 교회가
구원받아 더 이상 죄가 없을 때까지."

속죄의 피는 그 힘을 잃지 않았으며, 그러므로 속량되어야 할 하나님의 모든 교회가 아직 구원받은 것은 아닙니다. 씻겨져야 할 백성이 더 있으니, 그 샘은 여전히 열려 있습니다. 치유되어야 할 백성이 더 있으니 길르앗의 향유가 우리 앞에 제시되며, 해방되어야 할 사람들이 더 있으니 속죄의 값이 그 유용성을 잃지 않는 것입니다. 우리 주 예수님은 사람들 중에서 이미 많은 백성을 속량하셨고, 그분의 보혈은 무한한 가치가 있기에 그분의 교회로 모여야 할 수많은 백성이 더 남아있다고 우리는 확실히 믿습니다.

여러분은 겨우 한 줌의 불쌍한 인간들을 그분이 값 주고 사셨다고 생각합니까? 여러분의 작은 예배당이 모든 속량 받은 백성들을 수용하기에 충분하다고 생각합니까? 그렇지 않습니다. 어떤 사람도 능히 셀 수 없는 수의 영혼들이 그분의 수고의 열매일 것이며, 그분은 아직 그 숫자의 백성이 그분의 발자취를 따르는 것을 보시지 않았습니다. 우리 주님의 속죄에는 여전히 구원의 능력이 있고, 우리 주님의 의는 여전히 놀랍고도 막대한 공로의 보고(寶庫)입니다. 그 보고가 완전히 방출되지 않았습니다. 더 많은 것이 거기에서 나와야 합니다. 우리는 우리 주님의 거룩한 수난이 우리가 이미 목격한 것보다 더 큰 결과를 얻어야 한다고 확신합니다. 그분은 이미 자기에게로 모으신 백성 외에 또 다른 백성들을 모으셔야 합니다.

내 형제들이여, 여러분의 눈은 저 창공을 넘어 볼 수 없는 세계를 볼 수 있습니까? 만약 그렇다면, 저 영원하고 빛나는 보좌 옆에 단지 한 인간 이상이신 사람(a Man)이 서 계신 것을 보십시오.

"아름답게 단장한 성도들이 그분을 둘러서고,
보좌와 능력들이 그분 앞에 엎드리네.
하나님께서 그 사람(the Man)을 통해 은혜롭게 비추시니
그들 모두에게 향기로운 기쁨의 햇살이 비추이네."

하지만 이 영광스러운 분이 어떤 일에 종사하고 계십니까? 그분은 그분이

속량하신 백성을 위해 간구하고 계십니다. "그러므로 자기를 힘입어 하나님께 나아가는 자들을 온전히 구원하실 수 있으니 이는 그가 항상 살아 계셔서 그들을 위하여 간구하심이라"(히 7:25). 하나님 보좌에 그러한 중보자가 계시는 한, 구원받아야 할 더 많은 죄인들이 있음에 틀림없습니다. 만일 모두가 인도되었다면 그분은 간구를 중단하실 것입니다. 하지만 구원의 길에 대해 무지한 한 영혼이라도 있다면 저 위대한 대제사장은 영원한 보좌 앞에서 지속적으로 탄원을 올리실 것입니다. 더 많은 영혼들이 인도되어야 함은, 예수님이 살아 계셔서 끝까지 간구하시기 때문입니다.

이것이 전부가 아닙니다. 이러한 은혜의 목적들이 아직 완전히 성취되지 않았다고 우리가 확신하는 이유는, 하나님의 영이 여전히 우리와 함께 하시기 때문입니다. 그분은 교회 안에 거하시며, 사람들에게 죄를 깨닫게 하시려고 오셨습니다. 그러므로 죄를 깨달아야 할 영혼들이 더 있음에 틀림없습니다. 그분은 사람들을 소생시키러 오셨고, 이곳에 거하십니다. 따라서 소생되어야 할 죽은 죄인들이 더 있는 것이 틀림없습니다. 그렇지 않다면 그분의 임무는 끝났을 것입니다. 그리스도의 일들이 계시되어야 할 대상들이 더 있는 것이 틀림없으며, 그렇지 않다면 성령은 우리를 조명(照明)하시는 분으로서 이곳에 더 머물지 않으실 것입니다. 성령은 떠나시지 않았습니다. 우리 중 많은 이들 안에 그분이 거하시며, 우리는 그분의 능력을 느낍니다. 성령의 임재는 아직 그 약속이 종결되지 않았음을 보여주는 확실한 증거입니다. 그 약속의 의미는 여전히 유효하며, 그분에게 모인 백성 외에 또 다른 백성이 모여야 합니다.

이 뿐만이 아닙니다. 복음의 영광과 위엄, 혹은 복음에 나타난 하나님의 영광의 위대함은, 우리가 이미 교회 안에 모은 사람들보다 더 많은 사람들을 모을 것을 요구합니다. 최대치로 산정하여도, 이 시대의 기독교회는 전 인류 중에서 빈약한 소수입니다. 잃어버린 자들의 수가 엄청난 것에 비해 구원받은 자들의 수가 얼마 되지 못한다는 것은, 은혜의 장엄한 목적에 조화되지 않는다고 믿습니다. 그럴 수 없습니다. 모든 일에서 탁월하신 예수님은 이 일에서도 탁월함을 나타내실 것이며, 그분이 구원하신 자들의 수가 잃은 자들의 수를 능가할 것입니다. 이것이 우리의 소망이며 확신입니다. 우리가 도무지 짐작할 수 없는 많고 많은 사람들이 메시야의 발 밑으로 인도될 것입니다. 그들은 마치 비둘기 떼가 구름처럼 떠올라 비둘기장으로 날아가듯 서둘러 그분께 날아갈 것입니다. 그들은 힘찬 파도처럼 행진하여 온 땅을 덮을 것이며, 그 수를 헤아릴 수 없는 해변의 모래처럼 될 것입니다.

비록 강력하지는 않아도 마지막으로 제시할 논증이 있습니다. 그것은 가장 약한 논거로 마무리하는 점강법(anticlimax, 漸降法, 장엄한 말을 한 후에 비교적 가벼운 말로 논지의 흐름을 약화시켜 마무리하는 수사학적 기법 — 역주)처럼 보일 수 있겠지만, 강조될 필요가 있는 것입니다. 내가 이 논거를 마지막에 둔 것은, 여기에 있는 신자들 각 사람이 그것을 각인하여 잊지 않기를 바라기 때문입니다. 나는 더 많은 영혼들이 모여들어야 하는 이유가 성도들의 열망 때문이라고 압니다. 그들은 회심자들을 보지 않고는 만족하지 않습니다. 그들은 참회자들의 부르짖는 소리 듣기를 간절히 바랍니다. 나는 그들이 더욱 강한 열망과 더욱 간절한 소원을 가지기를 바랍니다. 어떤 그리스도인들은 자기 자녀들이 회심하지 않았음에도 불구하고 지나치게 편안하게 지냅니다. 나는 그들을 비인간적이며 무감각한 자들이라고 부릅니다. 참된 성도들은 영혼들을 얻기 위해 주리고 목마릅니다. 사람들이 구원 얻기까지 그들은 안식할 수 없습니다. 아아, 우리 중에 어떤 이들에게는 그것은 갈망이나 목마름을 훨씬 뛰어넘는 것입니다. 그 감각은 그들에게 영혼들을 위한 출산의 고통이라고 할 만큼 예리하고 깊습니다. 많은 성도들이 영혼들을 위해 수고합니다. 다른 사람들 속에 그리스도의 형상이 이루어지고 영광의 소망이 간직되기까지 그들의 마음은 근심을 그치지 않습니다. 사랑하는 이여, 여러분은 시온이 그 자녀들을 낳을 때 수고하는 것을 압니다. 그러므로 이는 더 많은 영혼들이 모여야 한다는 좋은 근거입니다. 하나님은 반드시 기도를 들으시며, 많은 사람들이 기도하고 있습니다. 그분의 택하신 백성이 밤낮 그분께 부르짖고 있지 않습니까? 그분이 그들의 기도를 듣지 않으실까요? 거룩한 열정으로 영혼들을 얻기 위해 수고하며, 버려진 자들을 하나님이 인도하실 때까지 밤낮 그분을 쉬지 못하게 하는 많은 목사들과, 교사들과, 모든 종류의 일꾼들이 있지 않습니까? 그러므로 반드시 더 많은 영혼들이 모여져야 하는 것입니다.

내가 아는 한 가지는, 교회가 더 많은 회심자들을 필요로 한다는 것입니다. 젊은 피를 우리 안에서 새롭게 흐르게 하지 않고서는 우리는 결코 교회로서 번성할 수 없습니다. 회심자들이 없는 오래된 교회를 보십시오. 또 그것이 얼마나 병들었는가를 보십시오. 그것은 일반적으로 변덕스럽고, 괴팍하고, 심술궂은 작은 파벌로 전락하여, 세상에서 거의 쓸모가 없어지고 맙니다. 그것은 원수와 싸울 한 자루의 검을 원하기보다는, 오히려 비틀거리면서 땅바닥을 짚고 다닐 한 쌍의 목다리를 원합니다. 교회는 그 혈관 속에 젊은 피가 필요합니다. 믿음을 붙드는 우리의 힘은 경험 있는 성도들에게 있겠지만, 그 믿음을 전하기 위한 열정이 젊은이들에게서 발견되어야 합니다. 우리에게는 새로운 회심자들이 더해져야 할 커다란 필요가 있습니다. 우리가 그것을 필요로 하기에, 우리는 하나님께서 우리 필요를 공급하실 것이라 믿으며, 그분이 양 떼처럼 사람들의 수를 우리에게 증대시키실 거라고 확실히 느낍니다. 그분의 교회를 살아있고 생동감 넘치게 하기 위해, 그분은 사울 같은 자들을 붙잡아 그들을 바울 같은 사람들로 만드실 것입니다. 이 교회가 새로 거듭난 영혼들의 뜨거운 사랑에 의해 불붙기를 바랍니다! 비록 우리가 거의 이십오 년동안 지속적인 증대를 누려오긴 했지만, 주께서 우리에게 훨씬 더 큰 수의 증대를 허락하시길 빕니다. 그것은 그분의 약속이니, 그것을 위해 간구합시다. 그분에게 이미 모인 백성 외에 다른 사람들을 우리에게 주시도록 우리가 그분께 요청해야 합니다. 내 사랑하는 형제들과 자매들이여, 여러분과 내가 이를 위해 수고하고, 그 문제로 씨름하며, 그 문제로 기도하고, 그 문제로 부르짖기 시작할 때, 그에 따라 주께서 그분의 은혜로운 약속들을 이루실 것이며, 그분에게 이미 모인 백성 외에 또 다른 백성이 모여들 것입니다.

4. 이 약속과 조화되는 행동

이제 나는 네 번째 요지로 마무리를 할 터인데, 그것은 이 약속과 조화되는 행동에 관한 것입니다. 이 문제를 하나님의 백성과 관련된 관점에서 보도록 합시다. 나는 이미 그 주제에 접근하였습니다. 이 약속에 어울리는 행동은 그것을 믿는 것이며, 그 다음에는 그것에 관하여 기도하는 것입니다. 즉시 두세 사람의 작은 무리로 모이고, 약속의 말씀이 성취되도록 간구합시다. 바로 오늘 오후에 여러분의 골방으로 홀로 들어가든지, 아니면 가족을 모이게 하여 그들과 함께 기도회를 가지십시오. 이 약속을 기억하고, 이 약속에 관하여 주께 아뢰십시오.

아마도 여러분은 전에 이 은혜로운 약속의 말씀에 주목하지 않았을 것이지만, 이제는 그것이 여러분 눈앞에 펼쳐져 있습니다. 그러니 그 약속의 말씀을 활용하십시오. 만약 어떤 사람이 상당 기간 동안 그의 곁에 수표 하나가 놓여 있었던 것을 발견하고, 그 수표에 쓰인 내용을 확인하게 되었을 때, 그가 다음 날 아침에 무슨 일을 할까요? 그는 가서 그것을 현금화할 것입니다. 자, 여기 내 주님의 수표들 중에서 여러분이 돈으로 바꾸지 않은 것이 하나 있습니다. 그것을 들고 주님께로 가십시오! 오늘 그것을 가지고 가십시오. 천국의 문이 지금 이 순간에 열려 있습니다. 그것은 언제 문을 닫습니까? 그 말씀을 들고 가서, 기도로써 당신에게 성취되도록 하십시오. "주여, 당신께서 말씀하셨습니다. 저는 아직 모으지 못한 다른 사람들을 모을 것입니다. 그러니 이 약속의 말씀을 당신의 종에게 이루소서." 이렇게 하였다면, 당신은 주님을 향해 손을 높이 든 것이며, 뒤돌아 갈 수 없습니다. 당신이 기도한다면, 당신은 일해야 합니다. 노력 없는 기도란 위선이기 때문입니다. 기도 후에 할 일은 다른 사람들에게 가는 것이며, 그들에게 예수님과 그의 보혈을 믿음으로써 구원에 이르는 길을 전하여 그들을 모으는 것입니다. 가서 위대한 복음의 수단들을 사용하십시오.

그런 다음에는, 하나님께서 그것을 약속하셨으므로, 다른 사람들이 모이는 것을 볼 것이라고 기대하십시오. 어느 주일날 당신이 예수 그리스도에 대해 말하는 것을 통해, 많은 사람들이 회심하였다고 들었을 때 깜짝 놀라지 마십시오. 그것을 기대하십시오. 오히려 그런 일이 자주 일어나지 않는 것을 이상히 여기십시오. 영혼들이 오는 것을 계속해서 전망하십시오. 오늘 아침 그들이 오는 것을 내다보십시오. 내 주님은 내가 말하는 동안에 몇 사람을 모으셨습니다. 나는 확실히 그렇게 느낍니다. 이 새로운 회심자들은 여러분이 그들에게 말을 건네지 않으면 머지않아 상당히 외롭다고 느낄 것입니다. 그들은 갓 태어난 어린아이들 같습니다. 그들은 부드러운 양육의 손길을 필요로 합니다. 그들을 찾아보고 주님을 위해 그들을 돌보십시오. 그러면 그분이 여러분에게 수고한 값을 지불하실 것입니다. 처음에 복음 근처에서 망설이는 자들에게 격려의 말을 전하도록 하십시오. 그들을 몰아붙이지 말고, 계속해서 격려하십시오. "오, 하지만 저는 그들을 찾을 수 없을 것 같습니다." 당신이 그렇게 말한다면 당신은 찾지 못할 것입니다. 하지만 당신이 바라고 믿으면 그들을 빨리 찾을 것입니다. 그들은 이 부근에 얼마든지 있기 때문입니다. 주님께서 그들을 모으리라고 말씀하시지 않았습니까? 그러니 그분은 틀림없이 그렇게 하실 것입니다. 당신은 그분에게 그 말씀을 이루어주시도록 요청하였습니까? 그렇다면 의심의 여지 없이 그분이 그 일을 행하실 것입니다. 전도유망한 사람들을 찾아내십시오. 그들의 어려움을 들어주십시오. 어려움에 처한 그들을 도우십시오.

나는 오늘과 앞으로 몇 개월 동안 그리스도 안에 있는 여러분 모두가 매 시간 이 말씀에 따라 살고, 계속해서 "이 다른 사람들은 어디에 있을까?"라고 말하면서 살아가기를 간절히 바랍니다. 주께서 말씀하셨습니다. "내가 이미 모은 백성 외에 [다른 사람들을] 또 모으리라." 이 다른 사람들은 어디에 있을까요? 아마도 지금 이 시간까지 그들은 이 태버너클 예배당에 온 적이 없을 것입니다. 그들은 아마도 다른 기도의 집에 있을 수도 있습니다. 주께서 다른 교회들의 수를 증대시키시고, 영혼들이 각 계층에서 모여들 때 주를 송축하십시오. 그러나 아마도 주께서 모으실 사람들 중에는 지금 이 시간 어떤 예배당에도 없는 사람들이 있을 것입니다. 그들의 가정과 그들이 자주 들르는 곳으로 가서 그들을 찾으십시오. 모여야 할 다른 사람들이 있으니, 다른 사람들을 찾아보십시오. 구원받은 사람의 첫 질문은 이런 것이어야 합니다. "내가 주를 위해 무엇을 할 수 있을까요?" 그 다음 질문은 이런 것이어야 합니다. "내가 다른 사람들을 위해 무엇을 할 수 있을까요?" 그가 그리스도를 더 알수록, 그리스도를 향한 그의 사랑은 더 커지고, 그의 즐거움이 더 고상해질수록, 그는 더욱더 이렇게 부르짖을 것입니다. "다른 사람들은 어디에 있습니까? 내가 다른 사람들을 위해 무엇을 할 수 있을까요?"

만일 여러분 모두가 굶주리고 기근으로 거의 죽게 되었을 때, 내가 상당한 양의 빵을 들고 와서 여러분 대여섯 명을 교회부속실로 불러 좋은 식사를 제공했다면, 여러분은 음식을 먹자마자 곧 이렇게 소리칠 것입니다. "다른 사람들도 생각해주세요. 밖에 수천 명의 사람들이 우리처럼 굶주려 있습니다. 바라건대 우리에게 우리 자신을 위한 것뿐 아니라 그들에게 나누어줄 빵도 주세요." 여러분 각 사람이 빵을 들고 나가서 이렇게 외친다면 얼마나 기쁘겠습니까? "여기 여러분 모두를 위한 빵이 있습니다. 제한이 없습니다. 여러분은 와서 마음껏 먹을 수 있습니다. 어서 오세요." 만약 그들이 여러분의 전갈을 거부한다면 여러분은 매우 애타게 느낄 것이며, 그들에게 이런 말로 호소할 것입니다. "우리를 보세요. 우리는 빵을 먹었습니다. 여기서 이렇게 죽지 말고, 와서 우리처럼 배를 채우세요." 어떤 사람이 이렇게 대꾸할지 모릅니다. "그것은 좋은 음식이 아닙니다." 그러면 당신은 이렇게 대답하겠지요. "직접 맛을 보고 확인하세요." 당신에게 아내가 있는데, 그녀가 배고프면서도 당신의 말을 믿지 않고 연회에도 오지 않으려 한다면, 당신은 그녀에게 눈물로 호소할 것이며 그녀가 정신이상이 되지 않았는지 염려할 것입니다. 만일 당신에게 오지 않으려 하는 자녀들이 있다면,

그리고 그들이 배고픔으로 죽어가고 있다면, 그들의 어머니인 당신이 그들을 위해 얼마나 울 것인지를 나는 압니다. 당신은 그들에게 사랑으로 호소하며, 그들 자신의 문제에 열중하는 것에서 돌이켜 풍성하게 제공되는 빵을 먹으라고 권할 것입니다. 사랑으로 그들을 설득할 수 있다면 우리는 그들을 죽지 않게 할 수 있습니다. 이런 일은 영적으로도 마찬가지입니다. 그와 유사한 간절한 애정을 보이도록 합시다.

아직 모이지 않은 자들의 편에서 이 본문과 조화되는 행동에 대해 말하자면, 그들은 소망을 갖도록 고무되어야 함이 분명합니다. 만일 내가 도적이며, 저 죽어가는 도적이 속죄의 피의 샘을 발견하고 즐거워한 것에 대해 읽었다면, 나 역시 즐거워하면서 말할 것입니다. "만일 한 도적이 깨끗하게 되었다면, 다른 이가 그렇게 되지 못할 이유가 무엇인가? 나는 안 될 이유가 무엇이겠는가? 성경에는 큰 죄인들이면서도 그들의 죄를 모두 씻음 받은 사례들이 있다. 나도 그들과 마찬가지 죄인이니, 내가 그들처럼 되지 못할 이유가 무엇이란 말인가? 쫓겨난 자들 중에 더 많은 이들이 모아져야 한다면, 내가 그들 중의 한 사람이 되지 못할 이유가 무엇인가? 무엇 때문에 내가 제외되어야 한단 말인가? 나는 가서 시도해 볼 것이다."

세상의 일들에서 사람들은 희망이 크지 않을 때에도 승진을 위해 애씁니다. 공무원직에 빈 자리 하나가 생겼을 경우, 하나의 자리를 보고 800명이 지원하였다는 말을 나는 들은 적이 있습니다. 그것은 희박한 기회였지만, 많은 사람들이 가서 그것을 얻으려 시도했습니다. 하지만 여기서는 다른 사람들이 모여야 할 터인데, 그 다른 사람들은 한두 사람이 아니라 수천 수만에 이르는 사람들이거늘, 구원을 찾는 영혼이라면 왜 가서 시도해보지도 않는단 말입니까?

믿음으로 주님을 찾고서 거절당한 경우는 아직 한 사람도 없습니다. 그런 경우는 단 한 영혼에게도 없습니다! 단순한 믿음으로 예수님께 오는 자는 결코 거부당하지 않습니다. 내 친구여, 오십시오! 지금 예수님께 오십시오! 만일 그분이 당신을 내쫓으시면, 당신이 블랙리스트에 오른 첫 번째 사람이 될 것입니다. 우리는 당신을 여기 태버너클 예배당에서 눈에 잘 띄는 자리에 앉게 할 것이며, 우리 주 예수님이 구원하실 수 없는 첫 번째 죄인으로서 당신을 보여줄 것입니다. 자, 우리는 이렇게 말할 것입니다. "여기 예수님께 왔지만 예수님이 거부하신 첫 번째 사람이 있습니다!" 나는 내 모든 설교를 바꿀 것이며, 설교할 때마다 이렇게 말할 것입니다. "단 한 사람만 빼고는, 예수님은 그분에게 오는 자를 결코 내쫓지 않으시며, 그 한 사람이 태버너클 예배당에 앉아 있습니다." 나는 이번 주 동안에 리즈(Leeds)에서 설교할 터인데, 설교하는 동안 나는 사람들에게 "예수 그리스도께서 한 사람을 제외하고 모든 죄인들을 받으십니다. 그 한 사람은 지난 주일에 태버너클에서 쫓겨났습니다"라고 말할 것입니다. 당신에게 보증하거니와, 나는 당신의 이름이 온 세상에 울려 퍼지게 할 것입니다. 성도들이 천국에서 그것을 알게 될 것이며, 귀신들도 지옥에서 곧 그 일을 알고는 그들이 구주를 이기고 승리했다고 떠들겠지요.

딱한 사람이여! 왜 당신은 하나님이 참되시지 않다고 하는 첫 번째 증거가 되려고 합니까? 왜 당신은 그리스도가 은혜롭지 않으시며 그분의 피가 전능하지 않음을 입증하려는 첫 번째 사례가 되려고 합니까? 이런 일이 있을 수 있나요? 당신이 더 잘 알겠지요. 어서 오십시오. 지금 구주를 시험해보십시오! 당신은 결코 거부당하지 않을 것입니다. 오, 당신이 오늘 아침 그분의 강력한 사랑에 이끌리어 복종하게 되기를 바랍니다.

사랑하는 형제들과 자매들이여, 여러분이 이와 같이 말하는 사람들 중에 속하게 되기를 바랍니다. "그분이 다른 쫓겨난 사람들을 모으시는 것은 참됩니다. 그분이 저를 그분의 울타리로 모으셨기 때문입니다. 저는 그분의 주권적인 은혜를 노래하며, 그분의 거부할 수 없는 사랑을 노래하고, 그분을 영원무궁토록 송축할 것입니다." 아멘.

제
77
장

희귀한 열매

"입술의 열매를 창조하는 자 여호와가 말하노라. 평강이 있을지어다, 평강이 있을지어다."—사 57:19

입술의 열매! 입술은 동산의 과수(果樹)도 아니고 약초도 아닙니다. 입술이 무슨 열매를 맺을 수 있을까요? 언어 수가 증대되었을 때 인간의 말에 의해 바벨의 흩어짐이 시작되었고, 하나로 뭉쳤던 인류는 작은 단위로 쪼개졌습니다. 전쟁과 싸움, 증오와 피 흘림이 말의 허세에서 비롯되었습니다. 이런 것들은 치명적인 열매들입니다. 그런 열매들을 언급하는 것 자체가 마음에 고통을 가져다주며, 입과 혀에 간직할 가치가 있다고 보기가 어렵습니다. 위대한 좌담꾼들이 보잘것없는 실천가들일 개연성이 있으며, 말을 더 많이 할수록 일은 더 적게 할 수도 있습니다. 우리는 몇 년 동안 이 무화과나무에서 열매를 기대했지만 발견하지 못했습니다. 열매를 수확하여 곳간을 채우려고 입술을 쳐다보는 자들에 의해 거둘 수 있는 것이라곤 "잎사귀 외에 아무것도 없을"(막 11:13) 것입니다. 이는 틀림없는 사실입니다. 만일 입술을 혼자 내버려둔다면, 그것은 불행과 고통의 열매를 낼 것이며, 그 외의 다른 열매들은 많이 맺지 않을 것입니다. 새로워지지 않은 혀는 거듭나지 못한 마음보다 더 악한데, 그 이유는 마음은 비록 악해도 그 속에 약간의 온정이라도 있기 때문입니다. 하지만 혀는 무정합니다. 순전히 소리만 내는 속임수이며, 그 거슬리는 소음을 뒷받침할 실재가 없습니다. 입술로 내뱉는 말은 너무나 많지만, 그 말 속에 마음은 없습니다. 입술은 위선의 도구가 됩니다. 그리고 만약 입술의 열매가 유일한 열매라면, 그것은 소돔의 사과들(apples of Sodom)에 비견될 수 있을 것입니다. 더 나아가, 입술은 온 사방에 고통과 악을 야기합니다. 입의 도구 없이 마음만으로는 그런 일을 하지 못합니다. 마음이 닫힌 화덕과 같다면, 혀는 사방으로 퍼지는 불과 같아서, 삶의 수레바퀴를 불사르니 그 사르는 것이 지옥 불에서 나는 것입니다(참조. 약 3:6). 악인들의 입술은 유퍼스나무(열대 아시아산으로 이 나무에서 채취한 액이 독화살에 쓰임)와 같아, 독을 떨어뜨립니다.

부정하여 순결하지 못한 입술에서 나는 것이라면, 우리는 입술의 열매 없이도 얼마든지 지낼 수 있습니다. 나가서 입술의 열매들을 한 바구니 모아보십시오. 험담, 말다툼, 헐뜯음, 불평, 허튼소리, 헛소리, 거짓, 자랑, 배신 등이 그 내용물입니다. 나는 그 바구니에 담을 수 있는 모든 것을 언급하지 않겠습니다. 틀림없이, 그것을 조각내어 일상의 삶이라는 국에 쏟아 붓는다면, 이윽고 우리는 들호박을 따서 국 끓이는 솥에 넣은 사람처럼 이렇게 외칠 것입니다. "하나님의 사람이여, 솥에 죽음의 독이 있나이다"(왕하 4:40). 입술의 열매는 허영심, 가난, 슬픔, 수치, 죽음에 이바지합니다. 입술의 열매는 거듭나지 못한 마음을 뿌리로 두었을 때에 당연한 결과로 나타나는 것입니다.

여러분은 이솝의 이야기를 알 것입니다. 주인이 가능한 최상의 것들로 저녁을 마련하라고 명했을 때, 그 종이 얼마나 지혜롭게 주인의 명령을 준행했습니까? 사람들이 모였을 때, 그는 혀들을 내놓았고, 혀 외에는 다른 아무것도 없었습니다. 그의 주인은 그의 기지에 즐거워했으며, 비록 손님들은 그 명령을 좋아하지 않았겠지만, 주인은 그 종에게 다음번에는 저녁으로 가능한 최악의 것들을 내놓으라고 명했습니다. 종은 다시 혀들을 내 놓았고, 혀 외에 다른 아무것도 내놓지 않았습니다! 그 이야기에서 이솝은 참으로 지혜로웠습니다. 입술의 열매는 때때로 세상에서 최상의 것이지만, 때로는 세상에서 최악의 것입니다. 혀는 그것을 사용하는 사람에 따라 복이기도 하고 저주이기도 합니다. 입술의 열매는 예레미야의 무화과에 비견될 수 있는데, 즉 좋은 것은 극히 좋고, 나쁜 것은 극히 나빠 먹을 수 없는 것입니다(참조. 렘 24:1,2). 입술의 열매, 내가 그것에 대해 무엇을 말할까요? 그것에 관하여는 더 적게 말할수록 더 좋은 것처럼 여겨질 수도 있습니다. 우리의 경우에 입술의 열매란 쓸모없는 무더기를 더하는 것에 지나지 않을 수 있기 때문입니다.

본문은 하나님께서 입술의 열매를 창조하신다고 말합니다. 하지만 이것은 하나의 단서와 더불어 이해되어야 합니다. 그분이 창조하시는 입술의 열매란 우리가 일상적으로 보는 것이 아니라, 좋은 열매, 참된 열매, 거둘 가치가 있는 열매입니다. 마땅히 입술의 열매가 되어야 하는 것, 하나님은 이런 것을 창조하십니다. 자연적인 열매는 너무나 악하기에, 창조주께서 다시 개입하여 우리를 새로운 피조물들로 만드시고, 우리의 열매 또한 새롭게 하실 필요가 있습니다. 그렇지 않으면 우리의 열매는 극히 나빠서 이런 판결이 내려질 수밖에 없습니다. "헛되고 헛되니 모든 것이 헛되도다"(전 1:2).

본래 극히 메마른 곳에서 하나님이 내실 수 있는 열매가 무엇일까요? 무엇보다 먼저, 그것은 감사의 제사입니다. "항상 찬송의 제사를 하나님께 드리자 이는 그 이름을 증언하는 입술의 열매니라"(히 13:15). 하나님이 창조하시는 입술의 열매는 무엇보다도 찬송이어야 합니다. 우리는 하나님을 기쁘시게 하기를 즐거워해야 합니다. 그것이 우리의 원리, 우리의 업무, 우리의 휴식, 우리의 삶이 되어야 합니다. 우리는 분명 천사들과 마찬가지로 하나님을 찬미하기 위해 지음을 받았습니다. 새들을 볼 때, 잠시만 그것을 찬찬히 살펴보면, 나는 그것이 노래하기 위해 지음을 받았다는 확신이 듭니다. 우리가 천사에 대해 그 모양과 특성을 연구하면, 천사가 하나님을 찬미하도록 정해졌음을 확신할 수 있습니다. 또한 사람을 연구하는 자가, 타락이 그의 모든 기관에 미친 결점들을 초월하여 볼 수 있다면, 사람이 하나님을 찬미하기에 적합한 피조물임을 볼 수밖에 없을 것입니다. 우리의 혀는 우리 몸에서 영광스러운 부분인데, 그것은 몸을 형성하신 창조주께 우리가 영광을 돌리도록 하기 위해 주어졌습니다. 발음이 분명한 말은, 새들이나 짐승들에게는 주어지지 않은 것인데, 이러한 중요한 이유 때문에 우리에게 주어진 것입니다. 즉 우리가 분명하고 또렷하게 지존자의 이름을 높이고 송축하도록 하기 위함입니다. 오 인간이여, 아무리 당신의 입술에서 나오는 연설이 유창하고 노래가 매혹적이어도, 그것들을 가지고 당신이 당신의 조물주를 높이지 않으면 그것들은 무익한 것입니다! 만약 당신의 입술로부터 하나님을 향한 감사의 향긋한 꽃이 돋아나지 않는다면, 그것이 사랑의 언어로 향기롭게 표현되지 않는다면, 당신의 입술은 사하라 사막의 모래처럼 건조하거나, 한 포기의 풀도 살지 못하는 소금 광야와도 같습니다. 당신의 입술에서는 꿀 방울이 떨어져야 하며(아 4:11), 감사의 부드러운 이슬이 그곳에 맺혀야 합니다. 그것은 장미처럼 지속적인 향기를 발해야 하며, 모든 단어가 향긋한 입사귀가 되어, 찬미의 달콤한 냄새를 풍겨야 합니다. 입술은 감사의 문이어야 합니다. 그 문을 통해 끊임없이 많은 감사의 노래들이 나와야 하고, 감사하는 마음에서 생성되는 산물들이자 하나님을 향한 뜨거운 감사의 용광로에서 만들어지는 많은 찬미의 노래들이 배출되어야 합니다.

잊혀져서는 안 될 또 다른 입술의 열매가 있는데, 그것은 기도입니다. 이것은 모든 연령대의 거듭난 사람들에게 반드시 있어야 할 열매입니다. 어린아이들의 입술로도 기도를 말할 수 있으니, 나이든 사람의 입술이 기도를 말하지 못하는 일이 없어야 합니다. 이것이 하나님이 창조하시는 열매입니다. 입술에 열매를 풍성히 맺은 사람은 마치 하나님이 복 주신 포도나무와 같습니다. 은혜의 보좌 앞에서 벙어리인 자는 불행한 자이니, 언젠가 그는 심판의 보좌 앞에서도 벙어리일 것이기 때문입니다! 기도하지 못하는 입술은 저주받은 입술입니다. 기도하지 않는 입술은 말할 수 없는 고통을 겪을 것입니다. "그가 기도하는 중이니라"(행 9:11)는 마음에 은혜를 소유한 자가 나타내야 할 필수적인 표징입니다. 기도의 꽃이 피지 않은 입술에서는 결코 참된 찬양의 꽃도 피지 않습니다. 기도와 찬양이 같은 포도송이의 열매들이며, 전자에서 열매를 맺지 못한 입술이 후자에서 열매를 맺는 법은 없다는 사실을 기억하십시오. 은혜가 들어간 곳이라면 어디에서든, 하나님이 이러한 두 가지 입술의 열매들을 창조하십니다.

더 나아가, 우리 속에 기도와 찬양이 있을 때, 또 다른 입술의 열매는 증언입니다. 사랑하는 친구들이여, 여러분은 이 열매를 맺고 있습니까? 하나님께서 여러분의 입술에서 그것을 창조하셨습니까? 그 열매는 하나님이 하실 수 있는 바를 다른 사람들에게 입증하는 것입니다. 왜냐하면 여러분이 여러분 자신의 경험에서 그것을 받았기 때문입니다. 하나님께서 우리에게 복을 주신 목적은, 우리로 하여금 다른 불쌍한 영혼들에게 그분이 어떻게 인생들에게 복을 주실 수 있는지를 말할 수 있도록 하기 위함입니다. 하지만 하나님께로부터 큰 은혜를 받은 것처럼 보이는데도 그것을 숨기고 있는 그리스도인들이 있습니다. 최소한 나는 그들이 그리스도인들이기를 바랍니다. 오, 그렇게 되지 말라고 여러분에게 호소합니다. 여러분의 마음에 복된 소식을 간직하고 있다면, 입술의 열매를 내어 그것을 말하십시오.

"저는 말을 더듬습니다"라고 한 사람이 말합니다. 더듬으면서도 진지하게 말하는 모습은 아름답습니다. "저는 웅변적이지 못합니다"라고 또 한 사람이 말합니다. 하지만 웅변의 모양새를 취하지 않는 것에 참된 설득력이 있습니다. 어떤 사람이 자기 마음에 있는 바를 말하지 못할 때에도, 만약 당신이, 그가 자기 능력을 초월하는 주제를 느끼고 있기에 할 수만 있다면 천사의 혀로 말하고 싶어 하는 것을 그의 얼굴 표정에서 읽을 수 있다면, 그것은 문제가 되지 않습니다. 세련된 말이 강력한 것은 아닙니다. 설복시키는 것은 마음입니다. 당신의 이웃에게 예수님이 죽으셨다고 말하십시오. 당신의 이웃에게 예수님이 죄인들을 구하시려고 세상에 오셨다고 말하십시오. 당신의 이웃에게 그가 예수님에게 환영받을 것이라고 말하십시오. 당신의 이웃에게 그리스도께서 당신을 구원하셨다고 말하십시오. 당신의 이웃에게 당신 자신이 직접 생명의 말씀을 맛보고 만져본 것에 대해 말해주십시오. 이는 매우 유익한 입술의 열매이기 때문입니다. 형제로서 따뜻하게 증언하는 것보다 설득력 있는 것이 무엇이겠습니까? 사람들에게 에스골의 포도송이를 보여줌으로써 가나안에 매혹되게 하였듯이, 성령께서 주시는 힘으로 사람들에게 진지하게 말하는 것만큼, 사람들의 마음을 확실히 끌어당길 수 있는 것이 무엇일까요?

이러한 나의 강론 자체도 입술의 열매입니다. 나는 말로 다 표현할 수 없을 정도로, 내 설교가 주님의 명예를 높이기에 더욱 합당하기를 바랍니다. 하지만 여러분이 설교를 통해 유익을 얻었다면, 여러분이 다른 사람들을 위해 입술의 열매를 맺어야 할 의무가 있습니다. 증언하도록 부름을 받은 것은 나 혼자만이 아닙니다. 내가 입술의 열매를 맺어서 여러분이 새롭게 원기를 회복할 때, 가서 그와 유사한 열매를 맺어 다른 사람들을 유쾌하게 하는 것은 여러분에게 주어진 의무입니다. 그렇게 함으로써 삼중으로 입술의 열매를 맺게 되는 셈입니다.

우리의 입술로 언제나 말할 수 있는 유명한 주제가 있습니다. 그 복된 주제는 본문의 두 단어로 요약됩니다. "평강이 있을지어다 평강이 있을지어다(Peace, peace)." "입술의 열매를 창조하는 자 여호와가 말하노라, 평강이 있을지어다 평강이 있을지어다." 입술에는 평강의 주제가 담겨 있어야 합니다. 이것이 입술의 속삭임이어야 합니다. 사울이 위협과 살기를 내뿜었듯이(참조. 행 9:1), 우리는 입술에서 평강의 향기를 거듭해서 내뿜어야 합니다. 진리의 입에서 평화의 입맞춤이 있어야 하며, 평화의 말과, 평화의 호흡이 나와야 합니다. 입술로 전하는 최상의 위안은 "평강, 평강이 있을지어다"입니다. "평강"보다 달콤한 속삭임은 없습니다. 안에서 느껴지고, 밖으로 숨을 내쉬며 말하는 "평강"의 메시지보다 기운을 돋우고 마음을 즐겁게 하는 것은 없습니다. 상아 빛 치아도, 산호 빛 붉은 입술도, 평강으로 밝게 빛나며 반짝이는 외모의 사랑스러움보다 완벽하지는 못합니다. 사나운 언어는 사랑스럽지 못하며, 위협과 시끄럽게 외치는 소리는 아름다움을 파괴합니다. 하지만 평강은 입술의 매력입니다. 그러므로 나는 이 두 단어를 가지고, 하나님이 창조하시는 입술의 열매로서 여러분에게 그 두 단어를 권면하고자 합니다. 그리고 주께서 도우셔서, 우리 모두 이 예배당을 나갈 때에는 입술에 "평강, 평강"의 열매를 담아가기를 바랍니다.

1. 각성한 자들의 외침

우리는 이 단어들을 네 가지 방식으로 활용할 터인데, 먼저 각성한 자들의 외침으로 이 단어들을 사용할 것입니다.

사람들이 성령의 은혜에 의해 각성하여 그들의 참된 상태를 의식하게 될 때, 그들은 하나님과 불화하고 그들 자신의 양심과도 불화한 상태임을 발견하여 결과적으로 "평강, 평강이여"라고 부르짖게 됩니다. 그들은 그 무서운 싸움과 갈등을 종식시키기를 간절히 바랍니다. 사람이 허물과 죄로 죽은 동안에, 인간 본연의 모습을 잃어버리고, 마귀가 그 사람을 붙들고 있는 곳에서, 그는 죽은 듯한 정신적 평온함을 누립니다. 그는 고민하지 않습니다. 그는 죽는다고 해도 죽음의 속박을 느끼지 못하고, 일생 죄 속에 취하여 사는 동안에도 그것을 느끼지 않습니다. 그는 짐승과도 같아서, 그가 풀을 뜯어먹는 목초지 너머를 바라보지 않습니다. 그는 현재를 위해서 살아가며, 몸의 욕구가 충족되기만 하면, 그는 만족합니다.

하나님의 영이 그 사람 안에 좀 더 고상한 일들에 대한 생각을 불러일으키실 때, 모든 것이 바뀝니다. 그는 하나님에 대해 생각하며, 자기 창조주를 잊었던 것을 한탄합니다. 그는 창조주의 법에 대해 생각하며, 자기가 지속적으로 그 법을 어겨왔음을 의식합니다. 정녕, 그는 그것을 진지하게 숙고한 적이 없었고, 그것을 아무것도 아닌 것으로 취급했던 것입니다. 이제 그는 죽음에 대해서도 생각하면서 이렇게 말합니다. "나는 틀림없이 죽을 것이지만, 준비가 되지 못했구나." 그는 영원에 대해 생각하며, 다른 세상 곧 시간을 초월한 영원한 세계, 우리가 영원히 살아야 할 곳에 대해 생각하며 부르짖습니다. "나는 어디에서 살게 될까? 나의 몫은 어느 곳이 될까?" 그는 더 이상 현재에 만족한 자들 중에서 지낼 수 없다고 느끼는데, 이제 그는 그들 중의 하나가 아니기 때문입니다. 그는 기쁨으로 하나님의 얼굴을 뵈올 것을 소망하지 못하는데, 이는 그가 그 얼굴을 구한 적이 없었고, 하나님의 길을 아는 것에 관심을 기울이지 않았기 때문입니다. 그가 이러한 주제들에 대해 생각하기 시작하면서, 양심이 그의 생각 속에서 심판의 날을 떠올리게 합니다. 그는 불타는 하늘을 보며, 위대하신 재판장이 모든 인간을 소환하시는 것을 봅니다. 그는 극심한 고민에 빠집니다. 그는 열린 천국과 그 모든 영광을 바라보지만, 자신이 제외될 것을 두려워합니다. 그가 주님을 거역하는 반역자였기 때문입니다. 그는 지옥을 내려다보며 공포를 느낍니다. 그것이 자신을 향해 입을 크게 벌리고 있는 것처럼 보이며, 자신이 지옥의 영원한 먹잇감으로 적합한 것처럼 느껴집니다.

그 사람이 내적인 갈등과 외적인 전쟁의 공포로 괴로움을 겪는 것을, 여러분은 이상하게 여깁니까? 그는 안식이 없기에 "평화, 평화"라고 부르짖습니다. 하지만 그 부르짖음은 그의 귓속에서만 메아리칠 뿐, 그를 위해 어떤 평화가 있을 수 있을까요? 한 속인(俗人)이 다가와서는 이렇게 말할 것 같습니다. "당신은 우울합니다. 그런 침울한 기분에 빠지지 마세요. 나는 그런 따분한 생각과 염려를 몰아내는 것이 가장 지혜로운 일 중의 하나라고 여깁니다. 와서 나와 함께 즐겁게 지냅시다." 그렇게 말하고는 그 속인이 떠납니다. 하지만 남은 그 사람은 모든 황금이 겉치장일 뿐이며, 화려한 장신구들도 천박하고, 쾌락 속에 아무것도 없음을 봅니다. 놀이도 그에게는 단조롭고 지루한데, 그 자신이 어느 때보다 맥이 빠졌기 때문입니다. 그는 한때 눈으로 보고 즐거워했던 것을 즐기지 않습니다. 그런 것을 멀리합니다. 사람들이 그에게 와서 그들이 자주 들렀던 곳에 함께 가자고 말할 때, 그는 "아니, 싫어. 그곳에 가면 차라리 혼자 있을 때보다 마음이 더 무거워질 뿐이야"라고 대답합니다. 세상에서 떠들고 노는 것이 고뇌하는 영혼을 편하게 해 주기에는 적합하지가 못합니다.

그 다음에는, 아는 체하며 속삭이는 사람이 그를 방문하여 말합니다. "당신은 스스로를 번거롭게 할 필요가 없습니다. 이런 문제들로 고민하지 마십시오. 이런 일들은 모두 지난 세대의 까닭 없는 걱정거리들에 지나지 않음을 당신은 모릅니까? 우리처럼 현대적인 사상을 가진 사람들은 위대한 발견들을 하였으며, 미개한 선조들이 가졌던 두려움들을 용감한 신념으로 바꾸었습니다. 당신은 편안히 살 수 있습니다. 죄나, 천국이나, 지옥이나, 영원에 대한 생각으로 스스로를 성가시게 하지 마세요." 이런 김빠진 회의주의도 소용없습니다. 그런 마취제의 효과에 취하기에는 그 사람이 너무나 진지합니다. 고민하는 영혼에게 거만한 무신론이 힘을 발하지 못합니다. 하나님께서 친히 이 사람에게 죄와 의와 심판에 대해 자각하게 하셨으므로, 비록 그가 그런 것들을 믿지 않으려고 애써도 그럴 수가 없습니다. 죄의 자각이 그를 늘 따라다닙니다. 그의 방 안에도 따라 들어오고, 그에게서 안식을 빼앗습니다. 그는 부르짖습니다. "만일 할 수만 있다면 무신론자가 되고 싶지만, 그럴 수가 없구나. 오, 평화를 얻을 수 있다면! 평화를 얻을 수 있다면 좋으련만!"

세속 현자(Worldly Wiseman) 씨(氏)가 그의 친구 합법(Legality) 씨 및 그의 보조 의사인 공손(Civility) 씨와 함께 그를 방문합니다. 이들은 자만심(Conceit)이라는 연고와 본성의 선함(Natural Goodness)이라는 고약을 처방하려고 시도합니다. 합법 박사는 그의 환자가 복음의 위협과 성경의 교리들에 의해 괴로움을 겪는 것을 발견하고는 이렇게 말합니다. "이런 것들은 사실입니다. 하지만 당신이 염려할 필요는 없습니다. 왜냐하면 당신은 다른 수많은 사람들과 마찬가지로 그렇게 악하지 않았기 때문입니다. 만약 그것이 당신에게 심한 고통을 준다면 대부분의 사람들에게도 고통을 주어야 할 것입니다. 당신은 아주 올바릅니다. 당신은 정직했고, 의무를 다했으며, 관대했고, 심지어 종교적이었습니다."

물론 그렇겠지요. 하지만 하나님께서 이 사람을 다루신다면, 그는 이렇게 대답할 것입니다. "아니요, 나는 전혀 올바르지 않습니다. 나는 하나님의 진노를 받기에 합당하다고 느낍니다. 내 속에는 선함이 없습니다. 당신은 그렇게 생각할 수 있겠지만, 내가 나 자신을 압니다. 나는 내 마음을 들여다보았고, 그곳에서 모든 종류의 악을 발견했습니다. 오, 내가 평강을 얻었으면 좋겠습니다. 오, 평강을 얻고 싶습니다!" 자기의(self-righteousness)는 각성한 죄인이 팔다리를 뻗고 자기에는 너무 짧은 침대입니다. 그렇기 때문에 아첨꾼들이 하나님의 법을 잊어버리고 평화를 누리도록 그를 부추겨도 소용이 없습니다.

다음에는 사제가 찾아와서 이렇게 외칩니다. "나를 따라와 의식들을 준수하고, 성례전들을 행하십시오. 그러면 우리가 당신의 근심을 가볍게 할 것입니다." 아마도 그 가련한 사람은 이런 일을 시도하겠지만, 그것을 시도해도 아무런 안식을 찾지 못합니다. 그의 질병의 근원은 속 깊은 곳에 있기에, 어떠한 외적인 형식도 깊이 자리 잡은 그 오염의 근원을 씻어내지 못합니다. 근심의 짐은 그의 마음을 짓누르고 있으며, 따라서 어떤 외적인 의식들을 그럴싸하게 진행한들 그것이 그에게서 무거운 짐을 덜어주지 못합니다.

그의 외침은 이것입니다. "평화, 평화여, 평화, 평화여! 오, 내가 그것을 얻을 수만 있다면! 오, 내가 그것을 얻을 수 있다면! 온 땅과 바다와 공중을, 지옥까지도 뒤져서 그것을 찾을 수만 있다면 좋으련만! 만일 무덤이 내게 평화를 줄 수 있다면 무덤이라도 나는 환영할 것이오!" 불쌍한 영혼이여, 나는 당신을 공감합니다. 나는 한때 평화를 찾을 수만 있다면 이 초록색 지구의 끝까지라도 가려고 했던 때를 기억합니다. 당신에게 말하지만, 송사하는 양심에서 평화를 찾을 수 있다면, 나는 고문의 형틀이라도 견디고자 했습니다. 평화를 발견할 수 있다면 교도소나 지하 감옥이라도 나는 용감하게 들어가려 했고, 전투와 죽음에도 기꺼이 맞섰을 것입니다. 하지만 나는 찾지 못했습니다. 나는 마치 스스로를 깨물어 죽음에 이른다고 한 뱀과도 같았습니다. 조지 허버트(George Herbert)가 말했듯이, "모든 상황에서도 내 생각들이 내게는 칼이었습니다."

내 생각의 모든 움직임이 내 마음에 단검을 찌르는 것처럼 여겨졌습니다. 하나의 화산이 내 영혼 속에서 폭발한 듯했으며, 절망이라는 뜨거운 용암들이 사방으로 흘러내렸습니다. 나는 바보가 아니었고, 기만에 빠진 것이 아니었습니다. 내 일생의 그 어떤 시기보다도 내 생각은 온전했습니다. 분명 나는 그 어느 때보다도 진지했습니다. 나는 자기 그림자에 놀라는 숙맥이 아니었지만, 불안에 빠질 이유가 있었으며, 내게 있는 실제적인 죄를 자각하였습니다. 외적인 죄에 있어서 나는 다른 사람들보다 더 악한 것이 아니었지만, 나의 죄를 보고 느꼈기에 이렇게 소리칠 수밖에 없었습니다. "화로다 나여! 오호라 나는 곤고한 사람이로다!" 그 때 나의 매일의 기도는 "평화, 평화!"였지만, 나는 그것을 찾을 수 없었습니다. 하지만, 이것은 모든 각성한 영혼에게 좋은 외침입니다. 나는 모든 참회하는 자의 입에 그러한 외침이 있기를 바랍니다. 아니, 주께서 친히 그 외침을 입술의 열매로 창조해주시길 바랍니다. "평강, 평강이여!"

2. 구주의 응답

둘째로, 이 말씀이 구주의 응답인 것을 우리가 이해할 때, 우리의 주제는 훨씬 더 즐거운 것이 됩니다.

그것은 구주의 입술의 열매입니다. 그분의 입술은 향기로운 몰약의 즙을 뚝뚝 떨어뜨리는 백합화 같습니다(참조. 아 5:13). 영혼에게 찾아와 "평강, 평강이 있을지어다"라고 말씀하시는 분이 그분입니다. 오, 여러분은 우리 죄로 인해 죽으시는 그분을 본 적이 있습니까? 만일 여러분이 믿음의 눈으로 그 분을 본 적이 없다면 여러분은 평화가 무엇을 의미하는지 알지 못합니다. 이러한 방식으로 그분은 자기를 보여주십니다. 그분은 고통 속에서 이리저리 방황하는 죄인을 바라보시고, 이렇게 말씀하십니다. "무엇이 너를 괴롭게 하느냐?" 죄인이 대답합니다. "저의 죄가 저를 너무나 고통스럽게 합니다." "내가 천팔백여년 이전에 나무에 달린 내 몸으로 그것을 감당하였음을 너는 알지 못하느냐?" "예, 주여, 저는 당신께서 그런 일을 하셨다고 들은 적이 있습니다. 하지만 당신께서 그것을 짊어지셨다고 제가 그것을 짊어질 필요가 없는 것입니까?" 그 때 구속주께서는 그분이 죄의 짐을 실제로 짊어지시고 망각의 땅으로 옮겨가셨음을 보여주십니다. 그리고 더 나아가, 만약 그분이 우리 죄를 가져가셨으면, 그것이 우리에게 다시 짐 지워질 수 없다는 진리를 그분은 우리에게 명확히 깨우쳐주십니다. 왜냐하면 먼저 죄 때문에 대속자를 벌하시고 다시 범죄자를 벌하시는 것은 아버지의 정의에 조화되지 않기 때문입니다. 그리스도 예수를 대속자로 삼으시고는 그 후에 그분이 대신하여 보증하신 자들을 벌하신다면, 그것은 그분을 조롱하는 것이 됩니다. 불쌍한 영혼이여, 그것을 이해하겠습니까? 만일 보증인이 채무 때문에 소송을 제기당해 그 채무를 갚았다면, 원래의 채무자는 채무에서 해방되는 것이 너무나 명백하지 않습니까? 믿는 자의 경우가 바로 그렇다는 사실에서 안식을 찾기 바랍니다.

"하지만", 또 한 영혼이 말합니다. "내 주님, 저는 당신께서 죽으셨음을 압니다. 저는 당신의 상처를 보고, 당신의 찢어진 옆구리를 주목합니다. 하지만 제게 말씀해주세요. 당신께서는 특히 저를 위해 죽으셨나요?" "가련한 영혼이여, 너는 나를 신뢰하느냐? 너는 전적으로 나를 신뢰하느냐?" "아아! 그럴 것입니다, 내 주님." "그렇다면 내가 너의 죄를 짊어진 것이다. 나는 네 대신 징벌을 받았다. 너의 죄악이 그쳤다. 너의 죄를 내가 깊은 바다 속으로 던졌다. 이제 영원무궁토록 너의 불법이 더 이상 네게 불리하게 언급되지 않을 것이다. 가서, 다시는 죄를 짓지 말거라. 평강, 평강이 있을지어다!"

이와 같은 평강을 내가 무엇으로 깨뜨릴 수 있을까요? 망각 속으로 던져진 죄로 인해 내가 괴로워할 이유가 무엇입니까? 왜 내가 내 잘못으로 인해 절망해야 하며, 나 자신이 정죄를 받았다고 여긴단 말입니까? 나는 정죄당하지 않습니다. 내 영혼이 모든 것을 걸고 신뢰하는 예수님이 나를 위해 정죄를 당하셨기 때문입니다. 그분이 내 빚을 갚으셨고, 정의에 대한 내 채무를 변제하셨으며, 따라서 내 영혼은 아무것에도 저당잡히지 않았습니다. 평강, 평강이 있을지어다! 이와 같은 평강이 있었던 적이 있나요? 이러한 안식으로 인해 나의 구속주께 영광을 돌립니다. 진실로 하나님께서 우리에게 이러한 평화를 주셨습니다.

"오 당신께서 영광을 버리셨으니,
반역했던 죄인들이
본성의 치명적인 타락에서 돌아오나이다.
저를 당신께서 값 주고 사셨으니,
심판 때 저의 죄들이 저를 치러 일어나지 않을 것입니다.
당신께서 그 모든 것을 담당하셨기 때문입니다."

하지만 당신은 죽은 자 가운데서 일어나신 그리스도를 본 적이 있습니까? 여기에 위로를 위한 또 다른 비전이, 평화를 위한 또 다른 원천이 있습니다. 가련한 영혼이 구주의 발 앞에 엎드려 소리칩니다. "내 주님, 제가 당신을 봅니다. 당신께서 어떻게 저의 죄를 가져가셨는지를 이해하고, 그래서 제가 평화를 얻은 것을 압니다. 하지만 오호라! 저는 보잘것없고 어리석은 자이며, 다시 죄를 지을 것입니다. 저는 변덕스럽고 방황하는 마음을 가지고 있어서 곧 다시 죄 속으로 뛰어들 것입니다. 제가 어떻게 천국에 들어가기를 소망할 수 있을까요?" 이에 대해 주 예수님은 아주 부드럽게 대답하십니다. "너는 내가 죽은 자 가운데서 부활한 것을 알지 못하느냐? 나는 한때 죄로 인해 죽었어도 살았노라. 나는 살아서 자기 양 떼를 돌보는 위대한 목자니라. 내가 살았기에 너 또한 살리라. 나는 나를 의지하여 하나님께 오는 자들을 끝까지 구원할 수 있으니, 나는 영원히 살아 그들을 위해 간구할 것이다."

여러분은 주 예수님의 부활이 영혼에 가져다주는 평화를 알고 있습니까? 만약 그렇다면, 여러분은 예수님의 입술에 매달려 있는 풍성한 과일을 발견한 것입니다. 살아계신 주님의 능력을 알게 된 자는 미래가 과거와 마찬가지로 안전하다고 결론내립니다. 죽임당하신 구주께서 우리의 지나간 죄를 죽이셨고, 살아계신 구주께서 우리의 영원한 생명을 돌보시며, 우리를 끝까지 하나님 우편으로 인도하십니다. "평강, 평강이 있을지어다! 모든 것이 잘 되었습니다."

여러분은 주 하나님 우편에 승리자의 모습으로 앉으신 예수님을 보았습니까? 여러분이 보았기를 바랍니다. 가련하고 시련을 당한 영혼이 그 광경에 크게 위로를 얻기 때문입니다. 풀 죽은 영혼이 외칩니다. "내 주님, 저는 당신께서 이곳에서 저를 돌보실 것임을 압니다. 저는 당신께서 살아계셔서 저의 필요를 공급하시는 것을 인식합니다. 하지만 저는 죽을 터인데, 그 때는 제가 어떻게 해야 하죠? 내 주님, 저는 죽는 것이 두렵습니다. 죽는다는 것, 그것은 소름끼치는 일입니다. 그것은 전에 제가 한 번도 걸어본 적이 없는 길입니다. 요단의 물이 불었을 때에 제가 어떻게 해야 하나요?"

그런 두려움에 대하여 예수님은 그분만의 달콤한 방식으로 대답해주십니다. "너는 내가 죽은 자 가운데서 부활한 것을 알지 못하느냐? 또 내가 너를 위해 거처를 마련하기 위해 영광으로 들어간 것을 알지 못하느냐? 나는 마지막에 너에게 올 것이며, 나와 영원히 거하도록 하기 위해 네 영혼을 데려갈 것이다. 너는 죽는 것을 무서워할 필요가 없다. 살아서 나를 믿는 자는 영원히 죽지 않을 것이며, 또 나를 믿는 자는 죽어도 살 것이기 때문이다. 내가 너를 도울 것이다. 죽음이 네게는 죽음이 아닐 것이다. 내가 네 영혼을 받을 것이며, 네가 얼굴과 얼굴을 맞대고 나를 볼 때까지는 결코 알 수 없는 곳으로 너를 데려갈 것이다. 너의 초라한 진토에 대해 말하자면, 그것은 잠시 무덤 속에 누울 것이다. 하지만 내가 그 모든 미분자 하나라도 돌볼 것이니, 훗날 내가 하늘에서 땅으로 내려오고, 나의 천사장이 그 나팔소리를 울릴 때, 네 초라한 몸이 다시 일어날 것이다. 그 몸은 네가 이 땅에서 최상의 상태로 있을 때보다 더 훌륭하고 아름다운 몸이 될 것이다. 그리하여 너는 몸으로도 영으로도 영원히 주와 함께 있을 것이다." 이것이 당신에게 이렇게 속삭이지 않나요? "평강, 평강이여, 평강이 있을지어다."

"정녕 최후의 순간에도
의인에게는 평화가 있으리니,
얼마나 침착하게 그가 떠나는지!

지면에 내리는 밤의 이슬보다 차분하게,
지친 바람이 불 때보다 더 부드럽게 떠나는구나."

영광스러운 우리 주 예수 그리스도의 모습을 그리면서, 우리와 그분의 관계를 생각한다면, 우리는 모든 상황 속에서 그분이 이렇게 말씀하시는 것을 들어야 합니다. "평강, 평강이 있을지어다!" 그분의 음성은 모든 상처를 치유하는 최상의 연고이며, 모든 두려움을 제거하는 강심제입니다. 어떤 근심이나 당혹감도 여러분을 사로잡지 못합니다. 그리스도 안에서 모든 지각에 뛰어난 평강이 여러분의 마음과 영혼을 지켜 모든 두려움과 낙심을 극복하게 할 것이기 때문입니다. "평강, 평강, 평강이 있을지어다", 이것이 복되신 주님의 입술의 열매입니다. 여러분이 그분께 오지 않으면, 어떤 평화도 얻을 수 없습니다. 여러분이 그분을 가까이 하지 않으면, 어떤 평화도 유지할 수 없습니다. 여러분이 갈수록 그분과 더 가까워지지 않으면, 여러분은 여러분이 가질 수 있는 많은 평화를 잃을 것입니다. 그리스도 예수 안에 거하십시오. 그분이 여러분 안에 거하시도록 하십시오. 그러면 여러분은 오래도록 풍성한 평화를 소유할 것입니다.

크림전쟁(Crimean War)에 참여한 한 병사가, 누워서 죽어가고 있는 중에, 어느 덕망 있는 선교사의 방문을 받았습니다. 그 젊은 병사는 방문한 선교사에게 성경 한 장을 읽어주도록 요청했는데, 선택된 장은 요한복음 14장이었습니다. "평안을 너희에게 끼치노라"(27절)는 구절에 이르렀을 때, 그 병사는 거의 임종 직전이었는데, 읽는 이에게 이렇게 말했습니다. "선생님, 그것이 제가 누리는 평화입니다. 저는 그것을 오래도록 누려왔답니다." "평안을 너희에게 끼치노라." 그가 계속해서 말했습니다. "만일 내가 이 평안을 안다면, 내가 그것을 몇 년 동안 소유해왔다면, 나는 지금 그것을 잃지 않을 것이며, 오히려 당당하게 죽을 것입니다." 그 말대로 그는 당당하게 죽었습니다.

내 청중이여, 여러분은 오늘 그 평안을 가졌다고 말할 수 있습니까? 만약 여러분이 지금 그것을 가졌다면 죽음의 순간에도 그것을 가질 것입니다. 여러분은 와츠(Watts) 박사가 토머스 아브니(Thomas Abney) 경을 방문했을 때 한 말을 할 수 있습니까? 그는 이렇게 말했습니다. "토머스 경, 나는 몇 개월 동안 이렇게 말할 수 있었던 것에 대해 하나님께 감사하고 있습니다. '제가 밤에 잠든 후에, 깰 때에 이 세상에서 깨느냐 혹은 다른 세상에서 깨느냐 하는 것은, 제게 전혀 무관심한 문제랍니다.'"

나는 어느 감리교도에 관한 옛 이야기를 읽은 기억이 있습니다. 그는 약 오십여 년 전 군에 입대하게 되었습니다. 전투에서 다리를 잃고, 피를 흘린 채 땅바닥에 누워 있었습니다. 사람들이 그를 전장에서 옮겨갈 때 그가 말했습니다. "나는 천국 바깥에 있는 동안에 행복할 수 있는 최대의 행복을 누리고 있습니다." 사람들은 그가 미쳤다고 말했습니다. 오, 그렇게 미치는 것은 영광스러운 것입니다! 여러분의 팔 다리 하나가 잘려나갈 때에, 피를 흘려 목숨을 잃을 수 있는 상황에서도, "나는 천국 바깥에서 사람이 누릴 수 있는 최대의 행복을 누리고 있습니다"라고 말할 수 있다는 것은, 진정 그 속에 무언가가 있다는 것입니다! 하나님의 거룩한 손길이 작용했음이 틀림없습니다. 달리 어디서 고통과 약함을 이기는 승리를 찾을 수 있겠습니까? 극심한 폭풍 중에서도 천상의 고요를 명할 수 있는 것은 예수님의 음성이 아니고 무엇이겠습니까? 주여, 당신의 백성을 향한 당신의 메시지는 언제나 "평강, 평강이 있을지어다"입니다. 그 거룩한 말씀을 저에게 들려주시고, 또한 고난당하는 당신의 모든 백성에게 들려주소서! 우리 가운데 서서 "평안을 너희에게 주노라"고 말씀하여 주소서. 그리하면 우리에게 평안이 있을 것입니다!

3. 참된 신자의 노래

셋째로, 나는 이 말씀을 참된 신자의 노래라는 관점에서 살펴볼 것입니다.

이미 그리스도를 보고, 그분을 신뢰하기로 한 자는, 지금 "평화, 평화로다!"라고 노래할 수 있습니다. 전쟁이란 얼마나 저주스러운 것인지요! 나는 벤저민 프랭클린(Benjamin Franklin)과 마찬가지로 선한 전쟁(good war)이란 없었으며, 또한 나쁜 평화도 없었다고 믿습니다. 어떤 관점에서 보더라도, 전쟁은 처음부터 끝까지 심각한 해악이며, 평화는 즐거워할 만한 것입니다. 죽이고, 학살하고, 파괴하고, 불태우는 것은 원수 마귀의 놀이이며, 오직 악령들의 놀이입니다. 진실한 사람들은, 일단 전투에 소환된다면, 결코 태연하게 참여할 사람들이 아닙니다. 그것은 끔찍하고 무서운 일입니다.

최근의 큰 전쟁이 끝났을 때—가장 큰 전쟁, 즉 우리가 오랫동안 나폴레옹(Napoleon Bonaparte)과 교전했던 전쟁을 의미합니다—어느 마을에 평화의 소식이 찾아온 것에 대해 읽은 기억이 있습니다. 평화에 대한 소식은 부드럽게 속삭여졌을 뿐이지만, 몇 분 내로 온 마을에 퍼졌습니다. 모든 사람들이 거리로 뛰쳐나왔습니다. 빵 값이 전쟁 때문에 터무니없이 올랐었고, 모두가 세금 때문에 지쳤으며, 병사들의 학살, 침공에 대한 지속적인 두려움이 있었습니다. 한 사람이 거리를 달리면서 소리쳤습니다. "평화, 평화입니다. 평화, 평화입니다." 모두가 기뻐했습니다. 모든 좋은 것들이 "평화"라는 한 단어로 뭉쳐서 표현될 수 있습니다. 가족들이 더 이상 떨어지지 않아도 되고, 매매가 더 이상 끊어진 상태로 머물지 않고, 기근이 더 이상 온 땅을 삼키지 않습니다. 이제 가난한 자들과 배고픈 자들도 빵을 구할 수 있습니다. 과부는 자녀들을 집에 머물게 할 수 있으며, 대포의 포격에서 안전할 수 있습니다. "평화, 평화"라고 그들은 소리쳤습니다. 한 시간 내에 모든 교회의 탑들에서 종들이 울려 퍼졌고, 해가 저물자 모든 창문들 안에 초가 켜졌습니다. 평화가 찾아온 것 때문에 모두가 불을 밝힌 것입니다.

세상의 일들과 관련해서도 평화가 이토록 소중하다면, 영원한 일들과 관련해서도 평화는 너무나 소중한 것입니다. 만약 어떤 사람이 예수 그리스도를 보았다면, 그것은 그에게 "평화, 평화로다"라고 노래할 만한 일생의 기쁨입니다. 여기 하나님과 화평하게 된 한 사람이 서 있습니다. 그는 저 깨끗하고 푸른 하늘 너머로, 저기 별들을 지나, 끝없이 이어지는 저 광대한 공간 너머로, 천국을 바라보고 있습니다. 그는 하늘을 바라보며 하나님을 생각하고 있습니다. 그의 마음은 이렇게 느낍니다. "나는 그분과 화평하다. 비록 그분이 소멸하는 불이어도, 나는 그분과 화평하다. 저 위대하신 아버지와 나는 화평하다. 비록 그분 주변에 맹렬한 화염과 폭풍이 있어도, 나는 그분과 화평하다. 나는 저 영원하신 아들과 화평하다. 그분이 철장으로 원수들을 깨부수더라도, 나는 그분과 화평하기에 그분이 나를 결코 깨뜨리지 않으실 것이다. 나는 성령님과 화평하다. 그분을 훼방하는 것은 자비의 소망도 없는 죽음이지만, 나는 그분과 화평하다. 결코 그분이 나를 멸하지 않으실 것이다." 이 얼마나 놀라운 평화인지요! 하나님과의 평화, 이는 완벽한 평화입니다!

이 평화를 가지면, 모든 천사가 내 친구입니다. 모든 스랍 천사들이 내 보호자입니다. 저 하늘의 모든 빛나는 천군천사들과, 피로 씻음을 받고 구원받은 인간의 영들이, 모두 내 벗들입니다. 내가 만군의 여호와와 화평하였다면 하늘의 군대들과도 화평한 것이기 때문입니다. 사방을 둘러보면서, 섭리가 여러분의 편임을 확신할 수 있다는 것은 얼마나 즐거운 일인지요! 그 바퀴들은 거대하며, 그 바퀴들의 회전에 따른 결과들은 신비롭고 어마어마한 것입니다. 하지만 그 바퀴들이 어떻게 돌아도, 그것이 하나님의 자녀를 해치지는 못합니다. 하나님을 사랑하는 자 곧 그 뜻대로 부르심을 입은 자들에게는 모든 것이 합력하여 선을 이룹니다. 천국과 화평하였을 때는 모든 사건들에서도 평화가 있는 것입니다. 우리가 하나님과 화평할 때, 들의 짐승들이 우리와 동맹을 맺고, 길가의 돌들이 우리와 화평하게 됩니다. 여러분이 어디에 있든지 모든 것이 여러분과 화평하다고 느끼는 것은 너무나 달콤합니다. 한때 그토록 격렬한 싸움에 휘말렸던 이 작은 세상을 바라보면서, 이곳에 머물면서도 역시 예수의 피 뿌림을 느끼는 것은 큰 기쁨입니다! 양심이 잠잠하고, 두려움이 가라앉고, 죽음의 공포가 떠났으며, 모든 것이 고요하고, 모든 것이 평화롭습니다.

혹 원수가 있어도 모든 원수를 용서했다고 느끼며, 당신이 받은 상처를 기억 속에 간직하지 않는 것, 이 또한 마음의 커다란 안위입니다. 밀랍에 무언가를 기록하였다가 나중에 뜨거운 다리미로 밀어 완전히 지울 수 있었던 로마인들의 서판처럼, 우리는 은혜로써 우리의 영혼 속에서 모든 분노의 기록들을 지우고, 우리의 동료들과 새롭게 삶을 시작할 수 있습니다. 복수심과 적개심은 참된 그리스도인들에게는 알려지지 않은 것입니다. 나는 마치 갓난아기처럼 더 이상 어떤 사람에 대해서도 나쁜 기억을 가지고 있지 않습니다. 이는 살기에 너무나도 좋은 맑은 대기와도 같습니다! 언제라도 벼락이 내릴 듯한, 시기심과 악의와 미움이라는 대기 속에 사는 것과 얼마나 다른지요! "너희는 기쁨으로 나아가며 평안히 인도함을 받을 것이요 산들과 언덕들이 너희 앞에서 노래를 발하고 들의 모든 나무가 손뼉을 칠 것이라"(사 55:12). 이러한 평화 속에 사는 자들은 복이 있습니다. 이는 하나님이 주신 평화입니다. 이는 성령의 역사에 의한 평화입니다. 하늘에서도 평화, 땅에서도 평화이며, 안에서도 평화이며, 온 사방이 평화입니다. 평화, 이는 입술의 복된 열매입니다!

4. 모든 신자들의 좌우명

네 번째로, 이 본문을 실제적인 차원에서 활용하고자 합니다. 나는 이것이 모든 신자들의 좌우명이 되어야 한다고 말합니다.

이것이 신자 자신을 위한 노래가 되었다면, 이제는 다른 사람들을 대함에 있어서도 그의 모토가 되도록 합시다. "평강, 평강이 있을지어다!" 이것이 교회 안에서 그의 정신이자 열망이 되어야 합니다. 나는 여러 해 동안 우리 교회가 평화를 누려온 것에 대해 하나님께 감사합니다. 하지만 어떤 교회들에서는 평화라는 것이 아주 새로운 것임을 아는데, 나는 그 새로운 것을 그들에게 시도해보라고 추천합니다. 몇몇 자그마한 교회들은 마치 매월 격렬한 논쟁을 해야 한다고 생각하는 것처럼 보입니다. 그렇지 않으면 마치 복음의 특권들을 누리지 못하고 사는 것이라고 생각하는 듯이 보입니다. 이것이 원한으로 이어지고, 분열과 분쟁을 조장합니다. 이런 일들이 그들 중에는 마치 아일랜드의 축제에서 싸움이 자주 벌어지듯이 흔하게 발생합니다. 그들은 수시로 새로운 목사를 원하는데, 번영의 결핍이 목회자의 잘못이라고 간주하기 때문입니다. 또한 그럴 때 그들은 새로운 집사들로 조직을 개편하기 원하는데, 불행이 집사들의 탓이라고 여기기 때문입니다. 이윽고 그들은 어떤 지도적인 위치에 있는 남자 혹은 어떤 여자가 악의 근원에 있음을 발견하고는, 그 혹은 그녀를 제거해야만 하며, 그러면 모든 것이 바로잡아질 거라고 생각합니다. 그들은 구성원 축출의 과정을 실행하고, 몸의 어느 일부를 잘라내고, 계속해서 다른 일부를 잘라내다가, 마침내 구성원의 수가 적을수록 더 좋은 것이라고 여깁니다. 이 얼마나 큰 잘못인지요! 조직을 산산조각 낸다고 평화가 발견된답니까? 그들은 할 수만 있으면 그리스도인들을 잘게 나누며, 자그마한 모임을 또 다른 분파로 나누어 버립니다.

형제들이여, 여러분이 분쟁에 빠질 때마다 하나님의 영이 여러분에게서 떠나셨음을 나는 압니다. 지금까지 우리는 하나님의 은혜로써 서로 잘 참고 용납해왔으며, 계속해서 그럴 수 있기를 바랍니다. 나는 여러분이 나를 완벽하다고 여기지 않았을 거라고 생각합니다. 만일 그렇게 여겼다면, 여러분은 저에 대해 많이 알지 못하는 것입니다. 나 또한 여러분이 완벽하지 않다는 것을 잘 압니다. 나는 처음부터 그런 식으로 여러분에게 아첨하지 않았고, 따라서 여러분에게 실망하지도 않았습니다. 우리는 우리 자신이 얼마나 불완전한지를 인식하면서, 놀라울 정도로 서로 잘 지내왔습니다. 나는 이토록 큰 회중이 사랑과 화평으로 지낼 수 있었던 것은 하나님의 은혜라고 믿으며, 하나님께서 그분의 영광을 위하여 계속해서 그렇게 해 주시길 기도합니다.

특히 내가 떠나있을 때, 만일 어떤 원수가 이상한 불을 교회 안으로 가져와서 붙였다면, 나는 여러분 중에서 다른 이들보다 나이 많고 지혜로운 분들이 물통을 들고 와서 그 악한 감정의 불씨를 처음부터 꺼버리도록 부탁합니다. 말하기를 좋아하는 형제들과 자매들이여, 만일 여러분이 작은 불꽃이 붙기 시작한 것을 보거든, 대화를 멈추어, 그 불에 기름을 붓지 않기를 바랍니다. 한 형제에 대하여 들은 나쁜 말을 반복하지 마십시오. 오히려 소등(消燈)을 알리는 종을 울리고, 불을 덮으십시오. 땔나무들을 끌어내고, 뜨거운 잿더미 위에 거룩한 사랑의 물을 부으십시오. 분노의 불이 타게 하지 마십시오. 왜 우리가 그래야 합니까? 우리는 천국에서 영원히 함께 살아야 하므로, 여기서도 행복한 교제를 누리며 사는 것이 마땅합니다. 우리가 다가올 긴 세월 동안 평화롭게 살 수 있도록, 주께서 우리에게 천국의 삶의 원리를 느끼게 해 주시길 빕니다! 나는 교회의 모든 지체들이 속으로 이와같이 말하면서 다니기를 바랍니다. "평강, 평강이여! 나는 교회 안에서 화평케 하는 자이며, 설혹 내가 평화를 깨는 자가 된다고 해도, 그런 일은 하나님의 집 곧 주 예수님의 가족 안에서는 없을 것이다."

우리는 동일한 화목의 정신이 가족 안에서 실천되도록 노력해야 합니다. 여러분이 집에 가면 "평강, 평강"의 표어를 꾸짖고 바가지 긁는 것으로 바꾸지 마십시오. "할 수 있거든 너희로서는 모든 사람과 더불어 화목하라"(롬 12:18). 사도가 "할 수 있거든"이라고 말하는 이유는, 모든 사람과 더불어 화목한 것이 매우 어려운 일임을 알기 때문입니다. 어떤 사람들은 너무나 비합리적이어서 절대로 화평하게 지내지 못하고 결국에는 다툽니다. 그들은 가만히 있지 못하고 분란을 일으킵니다. 아무리 성이 나더라도 우리는 여전히 "화평, 화평"이라고 외칠 수 있기를 바랍니다. 크게 참으십시오. 참고, 참으며, 또 참으십시오. 참고 또 참으십시오. 시간상 같은 말을 계속 반복할 수는 없지만, 일흔 번씩 일곱 번이라도 참으십시오. 완전히 항복할 줄 아는 자가 틀림없이 정복하는 자가 될 것입니다. 이 세상에서 가장 크고자 하는 자는 가장 작은 자가 될 것이며, 가장 낮은 곳까지 낮아질 수 있는 자는 가장 높은 곳까지 오를 것입니다. 나는 형제간의 연합에 비하면 다툴 정도로 가치가 있는 유산은 많지 않다고 생각합니다. 가족의 평화와 사랑은 분쟁의 소지가 있는 유언이 남길 수 있는 것보다 훨씬 큰 가치가 있습니다. 다투어서 얻는 것은 조금의 가치도 없습니다.

내가 가족간의 불화를 조정해야 했을 때, 나는 대개 아무것도 아닌 일에서 오해가 시작되며, 또 아무것도 아닌 일 때문에 지속된다는 것을 발견했습니다. 하지만 그로 인해 발생된 불행은 종종 끔찍하였습니다. 내가 화해를 시도해야 할 때, 나는 어떤 실제적인 손해나 부당함이나 특정한 잘못을 다룬다면 좋겠습니다. 하지만 보이지 않고, 안개 같으며, 규명할 수 없는 의심은 정말이지 극복하기 어렵습니다. 아무것도 아닌 일로 말다툼이 일어났을 때, 화평케 하는 것은 어려운 일입니다. 아무것도 아닌 것을 두고 티격태격한 셈입니다. 문제가 무엇인지 알 수가 없습니다. 그것은 일종의 쏘는 해파리 같은 것으로서, 그것을 느낄 수는 있지만 잡을 수는 없습니다. 사랑의 결합이 깨어지고, 서로 사랑해야 할 기독교인 남자들과 기독교인 여자들 사이에 악감정이 있습니다. 아무것도 아닌 일 때문에 말입니다! 그리스도인들이여, 어디를 다니든지 이 말을 여러분의 암호처럼 간직하십시오. "평강, 평강이 있을지어다!" 이것이 언제나 남자를 지치게 만드는 최악의 잔소리꾼 아내를 잠잠하게 할 것입니다. "평강, 평강이 있을지어다!" 이것이 항상 여성을 지치게 만드는 가장 사나운 남편을 제정신으로 돌아오게 할 것입니다. 여러분이 어느 곳에서 무엇을 하든지, 가정의 정원에 평화를 재배하십시오.

평화가 여러분 자신의 가정을 다스릴 때, 동일한 표어를 가지고 세상으로 들어가십시오. "평강, 평강이 있을지어다." 개들과 다투지 말고, 사자들과 호랑이들까지 길들이십시오. 불화를 수습하고, 사람들을 화친하도록 만드십시오. 어떤 사람들은 에덴 동산 안에 떨어뜨려놓아도, 그들이 그 안에서 뱀이 될 것입니다. 하지만 다른 종류의 사람들도 있습니다. 만약 그들을 분쟁과 다툼으로 갈라진 어느 마을에 거주하게 하면, 그들은 곧 모든 쓴 맛을 누그러지게 하는 사랑의 사탕이 될 것입니다. 그런 사람들이 되도록 노력하십시오. 우리 교회와 지체들이여, 하나님의 영광을 위하여, 이웃들 사이에서 여러분의 표어가 언제나 "평강, 평강"이 되게 하십시오.

이것이 모든 기독교 분파들에게 적용될 때, 더 이상 이 교단과 저 교단 사이에 시기와 다툼이 없어지고, 오히려 각 사람이 그리스도의 이름 안에서 "우리는 형제들입니다. 평강, 평강을 빕니다"라고 말하게 된다면, 얼마나 많은 것이 달라지겠습니까? 한 무리의 사람들이 아무개 씨를 "지금껏 살았던 가장 위대한 설교자"라고 주장하는 것은 얼마나 어리석은 일인지요. 또 다른 사람들이 이렇게 대꾸하는 것은 얼마나 한심한 일인지요. "아니요, 가장 위대한 설교자는 그가 아니오. 누구누구 설교자가 더 낫습니다." 우리가 "평강, 평강"이라고 외치는 동안 그런 말이 잠잠해지도록 합시다. 목사들인 우리들 중 어느 누구도 마땅히 전해야 할 수준으로 말씀을 잘 전하는 자가 없습니다. 그리고 청중인 여러분 중 어느 누구도 마땅히 살아야 할 정도로 옳게 살아가는 자가 없습니다. 만약 여러분이 우리처럼 죽을 수밖에 없는 초라한 인간들에 대하여 소리 높여 칭송하는 말을 듣거든, "평강, 평강"이라고 외쳐서 그런 허튼 소리를 잠재우십시오. 우리는 모두 한 주인의 종들입니다. 주께서 우리 모두를 더 좋은 종들로 만들어주시길 빕니다! 평화가 하찮은 시기심들에 대해 조종(弔鐘)을 울리기를 바라며, 모든 성도들이 그리스도 예수 안에서 가시적으로도 하나가 되기를 바랍니다!

세상이 끝나고, 참된 평화가 있는 날이 오기를 바랍니다. 아프가니스탄 사람과 줄루족(Zulu), 프로이센 사람들과 프랑스 사람, 그리고 영국 사람들에게 평화가 있기를 바랍니다. 여자에게서 난 모든 이에게 "평강, 평강"이 있기를 바랍니다. 이 복된 말이 마치 클라리온(나팔) 음색처럼 온 하늘 아래에 울려 퍼지고, 마침내 사람들이 하나의 가족을 이루고, 하나님이 한 분 아버지이심을 인식하게 되기를 바랍니다. "열방들이, 다시는 전쟁을 연습하지 아니하리라"(사 2:4). 바람아, 이 말을 널리 퍼지게 하라! "평강, 평강이 있을지어다." 너희 별들아, 오늘 밤 이 말씀을 듣고 평화의 빛을 발하라! 오, 아침에 일어나는 태양이여, 그대의 빛과 따스함과 평화를 온 누리에 비추라! 내 형제들이여, 지금부터 영원히 여러분에게 평강이 있기를 빕니다. 아멘, 아멘.

제
78
장

안식이 없도다! 평강이 없도다!

"그러나 악인은 평온함을 얻지 못하고 그 물이 진흙과 더러운 것을 늘 솟구쳐내는 요동하는 바다와 같으니라. 내 하나님의 말씀에 악인에게는 평강이 없다 하셨느니라."—사 57:20-21

그리스도를 믿는 자의 큰 특권들 중에서, 최상으로 꼽을 수 있는 복은 안식과 평강입니다. 그리스도 예수를 믿고 영생을 얻은 자는 그의 죄가 용서된 것을 압니다. 그는 자신이 하나님의 자녀인 것과, 전능의 힘이 그를 끝까지 보존하리라는 것과, 언젠가는 그리스도께서 계신 곳에 그분과 함께 있게 되리라는 것을, 단지 그분을 보는 것이 아니라 영원히 그분의 영광에 참여하게 되리라는 것을 압니다. 결과적으로, 그의 마음은 평온합니다. 이 땅의 문제에 대해서나 미래의 문제에 대해서, 그는 염려하는 모든 것을 하늘의 아버지 손에 맡깁니다. 그를 돌보시는 분에게 그는 모든 염려를 맡깁니다. 그러므로 그는 평화를 얻습니다. 완벽한 평강을 마음속에 간직합니다. 믿는 자가 지금 이곳에서 누리는 이 평화와 안식은 깊어지고 커져서, 마침내 영원 속에서 완벽에 이르게 됩니다. 그리고 하나님의 자녀는 영원 무궁히 저 천국의 복된 상태에서, 자그마한 마음의 동요도 없을 것이며, 하나님의 임재 속에서 안식할 것입니다. 영화롭게 된 그의 영혼은 더할 나위 없는 충만한 기쁨을 누립니다. 사도 바울은 참되게 기록했습니다. "이미 믿는 우리들은 저 안식에 들어가는도다"(히 4:3). 하지만 그는 이 말을 덧붙이는데, 그것 역시 참된 기록입니다. "그런즉 안식할 때가 하나님의 백성에게 남아 있도다"(히 4:9).

하지만 안식과 평안이라는 이 최상의 특권은 결정적으로 신자들에게 속한 것입니다. "악인들"의 몫은 거기에 없습니다. 성경의 증언에 따르면, 그들은 결코 잠잠히 있지 못하고 요동하는 바다와도 같아서, 가장 잠잠할 때조차 결코 안식을 누리지 못합니다. 때때로 그들은 거센 파도처럼 격노하고, 끓는 가마솥에 담긴 내용물들처럼 소용돌이치며, 보이지 않게 깊은 곳에 쌓여 있던 진흙과 더러운 것들을 솟구쳐냅니다. 그런 것이 바로 거듭나지 않은 인간의 상태입니다.

본문에서 내가 말하고자 하는 것은 두 가지입니다. 첫째는, 목격된 사실입니다. "악인은 평온함을 얻지 못하고 그 물이 진흙과 더러운 것을 늘 솟구쳐내는 요동하는 바다와 같으니라." 둘째는, 선고된 판결인데, 그것은 하나님에 의해 직접 선고되었습니다. "악인에게는 평강이 없다."

1. 본문에서 목격된 사실

첫째, 여기에 목격된 사실이 있습니다. 악인들은 요동하는 바다와 같습니다. 평온함을 얻지 못하고, 진흙과 더러운 것을 늘 솟구쳐내는 이 악인들은 누구입니까? 나는 이 용어로 두 부류의 죄인들을 묘사하려고 합니다.

첫째로, 성경에서 사용되는 "악인들"이라는 표현을 우리는 종종 명백한 범죄자들, 즉 공공연하고 알려진 죄에 빠져서 살아가는 사람들이라고 이해해야 합니다. 둘째로, 다른 부류의 죄인들이 있는데, 이들은 공공연한 범죄자들이 아니며, 내가 방금 언급한 부류와는 다른 사람들입니다. 하지만 그들은 복음을 들었음에도 그것을 거부한 자들입니다. 우리는 그들을 죄인이 아닌 다른 범주로 분류할 수가 없습니다. 그들의 죄는 특별가중처벌법에 해당되는데, 그 이유는 그들이 누려왔던 빛과 특별한 혜택들을 멸시하거나 태만히 여겼기 때문입니다. 그들 역시 "악인들"의 범주에 분류되어야 합니다. 그들 역시 평온함을 얻지 못하는 요동하는 바다와 같습니다. 우리는 바울이 다음과 같이 말한 죄인들의 경우를 먼저 다룰 것입니다. "어떤 사람들의 죄는 밝히 드러나 먼저 심판에 나아간다"(딤전 5:24). 왜 그들은 안식과 평화를 누리지 못할까요?

첫 번째 이유는, 그들 자신이 끊임없는 욕망으로 요동하기 때문입니다. 사람이 빠져 있는 동안에는 결코 그 사람을 평온하도록 허용하지 않는 어떤 죄들이 있습니다. 정욕의 죄를 예로 들어봅시다. 그 욕구를 누가 만족시킬 수 있겠습니까? 사람이 일단 악한 정욕에 빠지면, 무엇이 그의 정욕을 만족시키겠습니까? 그들은 갈수록 굶주리게 되는데 마치 사람이 소금물을 마심으로써 갈수록 갈증을 느끼게 되는 것과 마찬가지입니다. 정욕이란, 결코 자발적으로 그 욕구를 멈추지 않습니다. 그것은 무덤처럼 만족을 모릅니다. 하나님의 은혜가 기적적으로 개입하지 않으면, 그것은 사람의 목숨을 삼킵니다. 젊은이여, 만약 당신이 쾌락의 추구에 자기 자신을 던져 버렸다면, 그 방향에서 당신의 영혼이 결코 안식할 수 없음을 알게 될 것입니다! 약간의 독을 마셔도 그것이 당신의 피를 뜨겁게 하여 열이 오르게 할 것이며, 당신의 베갯머리에서 참된 안식을 떠나게 할 것입니다. 이는 이 공적인 회중 앞에서는 내가 더 이상 말할 수 없는 주제입니다. 다만 저 옛 설교자와 더불어 이 말을 더하려고 합니다. "청년이여, 하나님이 이 모든 일로 말미암아 너를 심판하실 줄 알라"(전 11:9). 도드리지(Doddridge) 박사의 엄숙한 훈계를 당신의 마음에 새기고, 당신도 그와 함께 이렇게 말하기를 바랍니다.

"땅과 하늘이 그분의 면전에서
놀라 움츠러들 때,
그 날의 두려움을
내 마음이 어떻게 견딜까?"

그의 진지한 훈계에 귀를 기울이되, 단지 귀만 기울일 것이 아니라 즉시 그 말에 순종하기 바랍니다.

"그분의 은혜를 구하는 죄인들이여,
그분의 진노를 그대들은 견디지 못하리.
십자가의 피난처로 도망쳐
거기서 구원을 찾으시오."

다음으로는, 분노의 죄입니다. 아주 쉽게 화를 내는 사람들이 있습니다. 그들은 빨리 냉정을 되찾지 못합니다. 혹 냉정을 찾는 경우에도, 그들은 증오심을 키우고, 그들의 적수에게 앙갚음할 기회를 노립니다. 그런 사람에게 말합니다.

당신에게 해를 끼친 사람을 중심으로 너그럽게 용서하지 않는 한, 당신은 결코 참된 안식과 평화를 누릴 수 없습니다. 아마도 당신은 스스로 양심을 달래고 마음에 평화를 설득할지 모르겠지만, 원한이 당신의 가슴에 머물고 있는 한, 특히 그 원한이 그 악의적 행동을 나타내기 위해 기회를 찾고 있는 한, 당신은 평온할 수 없습니다. 싸우기 위해 태어난 것처럼 보이는 동물들이 더러 있습니다. 그것들은 다른 동물들을 갈기갈기 찢지 못하면, 자기 자신이라도 찢어야만 하는 것처럼 보입니다. 또 어떤 이는 성을 내며 자기 스스로를 해치는 뱀과도 같습니다. 분노란 그런 것입니다. 그런 것이 원한입니다. 오 사람이여, 진정한 안식이 무엇을 의미하는지 알고자 한다면, 당신은 이런 악한 것들을 제거해야만 합니다.

> "죄는, 해로운 독성이 있는 질병 같아서
> 우리 생명의 피를 감염시키네.
> 특별한 은혜가 유일한 치료제이며,
> 하나님이 유일한 의사시라네.
> 타고난 광기가 속에서 기승을 부리고
> 정욕이 사나운 불처럼 타오르네.
> 하나님의 아들이, 거룩한 솜씨를 발휘하실 때
> 그 내면의 불길이 사그라지네."

시기심 또한 그러합니다. 시기심은 자주 언급되지는 않지만 매우 흔한 죄입니다. 이는 자기보다 잘사는 다른 사람을 그냥 두고 볼 수 없는 가난한 사람의 죄입니다. 이는 건강을 부러워하는 병든 사람의 죄입니다. 하지만 시기심은 가난한 자들 가운데서만 발견되는 것이 아니라, 제후들 사이에서도 발견됩니다. 병든 자들 중에서만 아니라, 강한 사람들 중에서도 발견됩니다. 한 사람이 일단 시기하게 되어 다른 사람의 기쁨이 그 자신에게는 슬픔이 될 때, 그리고 다른 사람의 이득이 자신의 손실이 될 때, 그는 그 자신의 몫으로 만족하지 못합니다. 다른 사람이 자기가 가진 것보다 더 많은 영예, 더 많은 돈, 더 많은 친구들을 가진 것 때문에, 독화살에라도 맞은 듯 그의 내면은 쑤시고, 많은 쓰라린 감정들이 자랍니다. 그가 마음의 안식을 누리기란 불가능합니다.

교만은 평화와 안식의 또 다른 원수입니다. 여러분이 어떤 교만한 사람을 보면, 여러분은 틀림없이 그가 평온하지 못한 사람이라고 느낄 것입니다. 평화의 꽃이 발견되는 곳은 겸손의 골짜기입니다. 거만한 사람들에 대해 말하자면, 그들은 스스로를 아주 높게 평가하며, 다른 모든 사람들을 깔봅니다. 내 형제들이여, 그런 사람들을 불쌍히 여기십시오. 그들에게 화를 내지 마십시오. 그것은 슬픈 질병이며, 그들도 그것 때문에 고통을 당하고 있습니다. 그들은 머리가 돈 것입니다. 그러니 가능한 한 그들을 부드럽게 대하고, 그들을 이해하는 입장에서 생각하며, 하나님께 그들을 치유해주시도록 기도하십시오. 또한 그들의 불평에 휘말려들지 않도록 주의하십시오. 그것은 전염성이 무척 강하기 때문입니다. 겸손을 자랑하며, 다른 사람들의 교만을 비난하면서, 그런 와중에, 정작 그들 자신이 훨씬 더 교만한 사람들이 많기 때문입니다.

또한 탐욕이 있습니다. 사람이 일단 재물을 긁어모으고자 하는 욕망에 사로잡히면, 그에게는 평화나 안식이 없습니다. 그가 부라고 간주하는 것을 얻었다고 가정합시다. 그 부는 그가 그것을 얻자마자 더 이상 부가 아닙니다. 만약 마음으로 정해둔 일정 액수의 재물을 모으면, 그는 사업에서 은퇴할 것이라고 생각했습니다. 하지만 그 액수를 모으면, 그는 그것이 불충분하다고 간주합니다. 이제 그가 목표로 하는 액수는 처음의 열배가 됩니다. 혹시 그가 그 액수를 모으는데 성공하더라도, 그는 원하는 목표가 처음 출발했을 때보다 멀어진 것을 발견할 것입니다. 온 세상이 자기 것이라고 주장할 수 있어도, 태양과 달과 별들까지도 소유하기를 원하는 사람들이 더러 있다고 나는 믿습니다. 아무것으로도 그들을 만족시키지 못하기 때문입니다. 일단 탐욕에 사로잡히면, 안식은 불가능합니다.

야심 또한 그와 상당히 비슷하지요. 내가 말하는 야심이란, 하나님의 영광과 우리 동료 인간들의 유익을 위하여 자기 능력을 최대한으로 활용하려는 소원이 아니라, 동료 인간들이 경의를 표하게 만드는 소위 "영광"을 구하는 갈망입니다. 그러한 야심을 가진 사람은 바보들이 우러러보는 높은 주각(柱脚) 위에 자신을 세워놓지 않으면 결코 만족하지 못합니다. 아아, 선생이여, 만약 당신이 그런 의미에서 야심만만하다면, 당신과 평화는 결별한 동무 사이가 되었을 것이며, 아마도 다시는 서로를 만나지 못할 것입니다. 하지만 당신이 옳은 일을 하기 원하고, 당신의 평판을 하나님의 손에 맡기며, 특히 결국에는 당신을 무덤으로 인도하는 그 거만한 길을 떠난다면, 당신은 평화를 발견할 수 있을 것입니다. 하지만 내가 언급한 이러한 악들 중 어느 한 가지가 당신의 마음을 지배하고 있는 한, 당신은 평화를 찾지 못할 것입니다.

왜 악인의 마음이 요동하는 바다와 같은지에 대한 첫 번째 이유는, 그 속에 가만히 있지 못하는 악한 욕망이 있기 때문입니다. 그 다음 이유는, 악인은 그의 옛 죄에 대한 기억으로 초조해지기 때문입니다. 그가 몇 해 동안 정직하지 못하고 정숙하지 못한 악한 길에 빠졌었다고 가정합시다. 아무리 노력해도, 그는 자기 죄들을 잊지 못합니다. 그것들이 그의 영혼 속에서 불처럼 타오릅니다. 내 생각에 죄에 대한 기억보다 더 나쁜 것은, 각각의 모든 죄가 다른 죄들을 번식한다는 것입니다. 그리하여 여러분이 죄를 지을 때마다, 여러분은 더 많은 죄를 지을 더 큰 성향을 가지게 됩니다. 이 사실은 기이하게도 몸과 영혼 양쪽에 해당되는 진실입니다. 우리는 전에는 길이 없던 곳에 스스로 길을 냅니다. 우리가 처음 양심이라는 수풀을 헤치고 지나가면서, 어린 시절의 훈계와 은혜로운 본보기들이라고 하는 오랜 수목을 잘라 버렸다면, 얼마 후 우리는 오솔길을 만들고, 다음에는 다져진 길을 만들어, 죄를 짓기가 갈수록 더 쉬워집니다. 아니, 그 이상이라고 할 수 있겠지요. 습관에 의한 강제력으로, 악인은 처음에는 스스로 선택해서 한 일을 나중에는 반드시 해야만 하는 지경에 이릅니다. 영혼 속에 있는 죄는 반죽 속에 있는 누룩과 같습니다. 그것은 부풀어 오르고, 들끓게 됩니다. 아마도 그것이 이십 년 전 혹은 그 이전에 당신 속에 넣어졌어도, 그것은 계속해서 발효하고 작용하여 마침내 당신의 인간성 전체가 그것 때문에 비뚤어지게 됩니다.

이 모든 것 외에도, 경건치 못한 사람이 요동하는 바다 같은 이유는, 그가 자기 자신보다 더 큰 힘에 의해 지배를 받기 때문입니다. 바다는 달의 힘을 느끼며, 바람의 신비한 힘에 의해 동요되고 휘저어집니다. 그리고 악인은 공중 권세 잡은 자의 지배하에 있습니다. 비록 그가 잠시 동안은 쉼을 누리겠지만, 사탄은 그에게 평화를 허락하지 않을 것입니다. 사탄은 그의 앞에 죄지을 기회들을 둘 것이며, 그리고 그 악한 일에 빠지고 싶은 욕망을 부추길 것입니다. 사탄은 신화가 아닙니다. 사탄이 없다고 생각하는 사람들은 사실을 제대로 파악하지 못한 것입니다. 만일 그들이 눈을 뜬다면, 그들은 사탄의 존재에 대한 불신 그 자체를 사탄이 그들에게 심어준 것임을 깨달을 것입니다. 유혹의 때에 아볼루온과 맞서서 싸우고 이겨왔던 사람들은 사람들을 죄로 이끌기 위해 애쓰는 타락한 천사가 있다는 것을 결코 의심하지 않을 것입니다. 사탄과 그의 수많은 부하들은 경건하지 않은 자들을 덮치려고 가만히 숨어 기다리든지, 혹은 공공연하게 그들을 맹렬한 탐욕과 악한 욕정으로 몰아가 그들로 하여금 반복해서 죄를 짓게 합니다.

이것이 전부가 아닙니다. 공개적인 죄로 빠져드는 악인들은, 다른 사람들의 행동에 의해 평온하게 지낼 수가 없습니다. 만일 사회의 제지가 없다면, 완전히 방탕하고 버려진 자들이 모이는 곳은 얼마나 끔찍한 장소가 되겠습니까! 가끔 우리는 신문에서 소위 "신사들"의 행동에 대한 기사들을 읽습니다. 그 기사들은 바커스(Bacchus)가 지배하거나 야단법석을 일으킬 때 어떤 일들이 일어나는지를 우리에게 보여줍니다. 그 때는 사회 고위층에 있는 자들이 야수처럼 되는데, 그 "악귀들"은 그들의 구둣발로 아내들을 심하게 구타합니다. 그들 수십 명을 모아 그들 마음대로 하도록 내버려둬 보십시오. 그들을 전혀 억제하지 않고, 그들이 무엇을 하는가를 지켜보십시오. 그들이 함께 모여서 죄를 짓도록 서로를 충동질할 때, 정말이지 하나님께서 그런 자들을 얼마나 놀라운 인내로 참으시는지 하나님만이 아십니다. 나는 종종 하나님이 왜 그들의 불경과 외설과 잔학한 행동을 속히 끝장내지 않으시는지 의아스럽게 생각하곤 했습니다. 그들의 죄에도 불구하고, 그들은 여전히 목숨을 부지하고 있습니다. 하지만 그들이 안식을 누리지는 못합니다. 한 사람이 다른 사람들을 가만히 두지 않을 것입니다. 언제고 동무 사이에서 어느 한 쪽이 선한 결심을 하게 되면, 다른 사람들이 비웃으면서 그 결심을 중단시키고, 그 사교계 전체를 "평온함을 얻지 못하고 그 물이 진흙과 더러운 것을 늘 솟구쳐내는 요동하는 바다"처럼 되도록 유지합니다.

나는 악인이 평온함을 얻지 못하는 것을 이상히 여기지 않습니다. 왜냐하면 그런 사람은 하나님이 통치하시는 우주 전체와 원활하게 맞물리지 못하기 때문입니다. 눈을 들어 저기 반짝이는 별들을 보십시오. 그리고 그것들 중에 어느 것 하나도 그것을 지으신 창조주의 법칙에 불순종하지 않음을 기억하십시오. 특이하게 보이는 저 혜성도 모든 면에서 위대하신 창조주의 뜻에 복종합니다. 여러분이 볼 수 있는 모든 것, 바람결에 실려 온 미세한 먼지 하나에서부터, 거대한 바다생물이 편안함을 느끼는 대서양의 큰 물결에 이르기까지, 그 모든 것이 하나님의 법칙의 통제하에 있습니다. 하나님 보좌 앞의 대천사에서부터 여름 햇살 속에서 춤추는 작은 곤충에 이르기까지, 모든 것이 만유의 주께 순종합니다. 오직 악인만은 예외인데, 그는 "나는 그분에게 순종하지 않을 것이다"라고 말합니다. 그가 이처럼 자기를 제외한 나머지 온 우주와 원활하게 맞물리지 않는데, 그가 요동하는 바다 물결처럼 평온하지 못하고 평안을 갖지 못하는 것이 이상한가요? 만일 여러분이 우주의 물리 법칙에 거역하려고 한다면, 한 예로 중력 법칙을 존중하지 않고 교회의 첨탑에서 뛰어내리거나 벼랑에서 떨어진다면, 그런 미친 짓에 어떤 결과가 따르는지 여러분이 잘 알 것입니다. 만일 당신이 법에 반대하고 나선다면, 그 법이 당신을 통제할 것이 틀림없습니다. 하나님의 도덕법에 불순종하며 사는 사람은, 자신에게도 같은 일이 일어난다는 것을 알게 될 것이며, 영원히 안식을 얻지 못할 것입니다. 하나님의 종으로서, 나는 여러분에게 아주 분명하게, 그리고 아주 진지하게 말해야 합니다. 여러분이 지금 추구하고 있는 그 길에서 여러분은 평안과 안식을 발견할 수 없을 것입니다. 하나님께서 여러분을 죄에서 벗어날 수 있게 하시길 빕니다. 그리고 여러분으로 하여금 그분의 아들 예수 그리스도를 의지하게 하시길 바랍니다. 그러면 여러분은 믿음 안에서 기쁨과 평안 모두를 얻을 것입니다!

이제 나는 외적으로 소문난 악인들로 분류될 수 없는 자들에 대해 간략히 말하겠습니다. 여러분이 그렇게 분류될 수 없는 것에 대해 하나님께 감사합니다. 그렇지만, 여러분은 복음을 듣고도, 아마도 여러 해 동안 복음을 듣고 그것을 이해하고도, 그것을 받아들이지 않았습니다. 하나님과 화평을 누릴 수 있는 기회가 주어졌음에도, 여러분은 여전히 그분의 원수로 남아 있습니다. 잠시 나는, 그리스도인이 아니면서도 도덕적인 사람을 부도덕한 사람들과 같은 범주에 포함시켜놓고 말하지는 않겠습니다. 많은 면에서 그런 사람은 부도덕한 사람들처럼 세상에서 많은 해를 끼치지는 않습니다. 하지만 내 친구여, 당신에게 이 점을 말하고자 합니다. 만약 당신이 빛과 지식에 어긋나는 죄를 지으면, 당신의 죄 속에는 외적으로 당신보다 나쁜 사람의 죄에서는 발견되지 않는 강한 죄책이 발견될 것입니다. 후자의 사람은 가르침의 혜택을 얻지 못했고, 당신이 가진 부드러운 양심을 가지지도 못했습니다. 그러므로 그의 죄는 소돔과 고모라의 경우처럼 나쁘기는 하지만, 심판의 날에 당신의 경우보다 더 참을 만한 것이 될 수도 있습니다. 사람들의 판단에 따르면 당신은 그가 지은 죄의 십분의 일에도 못 미치는 죄를 지었겠지만, 당신은 복음을 반대하는 죄를 지었으며, 구주의 피를 거역하는 죄를 지었고, 성령을 거역하는 죄를 지었습니다. 하나님께서 당신을 이런 끔찍한 죄의 길에서 벗어나게 해 주시길 바랍니다!

그리스도 없이 살아가는 여러분에게 말합니다. 여러분이 아무리 상냥하고 훌륭하여도, 나는 여러분이 쉼을 모르는 요동하는 바다와 같다는 것을 압니다. 나는 여러분이 안심하지 못하는 특별한 때를 압니다. 그 때는 여러분이 다른 사람들이 회심하였다는 말을 들을 때입니다. 여러분의 형제나 자매가 그리스도께 나아와 죄를 자복하였을 때, 여러분의 친구나 친척들이 예수를 구주로 믿고 그 안에서 즐거워한다는 소식을 들을 때입니다. 여러분은 스스로에게 말합니다. "아, 그들은 안식과 평화를 누리건만, 나는 그렇지 못하구나." 때때로 성찬식이 있는 밤, 여러분이 먼저 돌아가야 할 때, 다른 사람들이 성찬 식탁 주변으로 모여드는 것을 볼 때, 여러분이 어떻게 느낄지를 나는 압니다. 그 때 여러분은 편하지 못하다고 느낍니다, 그렇지요? 또한 여러분은 여러분의 동료들 중 어느 하나가 죽을 때, 여러분 자신과 매우 비슷한 사람이 죽을 때 편하지 못합니다. 여러분은 그들의 장례식에 참석하고, 이런 생각이 여러분의 머리를 때립니다. "그들이 죽은 것처럼, 나도 그리스도 없이, 아무런 소망 없이 죽을 것이 아닌가? 나는 복음의 소리를 듣고서도 어떤 회심의 증거도 없이 숨을 거두고 말 것인가?" 그 때 여러분은 편하지 못하다고 느끼는 것을 내가 압니다.

그리고 때때로 양심이 여러분을 꾸짖을 때 여러분은 요동하는 바다처럼 느낍니다. 존 번연은 그의 『거룩한 전쟁』이라는 책에서 인간영혼(Mansoul)이 임마누엘(Immanuel)에 의해 포위 공격을 당할 때 양심 씨(Mr. Conscience)에게 어떤 일이 일어나는지를 생생하게 묘사합니다. 그런 일은 여러분 중 일부에게 일어나는 일과 매우 흡사합니다. 사람들은 그가 정신을 잃었다고 말했지만, 그가 인간영혼을 향해 위대하신 왕 샤다이(Shaddai)에게 항복하라고 소리쳤을 때 그는 결코 정신을 잃은 것이 아닙니다. 여러분 중에서 어떤 이들도 양심의 문에서 번연이 묘사한 공성(攻城) 망치(성벽 파괴용의 옛 무기)의 두드림을 느꼈을 것이라고 나는 확신합니다. 하지만 여전히 여러분은 평온함을 얻지 못하고 있습니다. 여러분이 여러분에게 안식을 줄 수 있는 유일한 분인 그리스도께 오지 않았기 때문입니다. 와츠(Watts) 박사가 오래전에 기록한 말은 여전히 진실입니다.

"두려워 떠는 양심이
쉴 만한 땅을 찾지만 헛되고,
오랜 절망으로 상심하던 영혼이

마침내 그리스도 한 분에게 의지하도다."

신실하게 전파되는 복음을 듣는다면, 여러분은 마냥 편히 지낼 수 없을 것입니다. 여러분 중에 일부는 거짓된 평안으로 만족하려고 시도하지만, 하나님의 은혜로써, 우리는 여러분을 귀찮게 해서라도 그리스도께 오도록 할 것입니다. 우리는 여러분이 그리스도께 오도록 호소할 것입니다. 우리는 끊임없이 여러분을 근심하게 할 것이며, 마침내 여러분이 예수님께 항복하도록 만들 것입니다. 여러분 중에 일부는 사업에 몰두하고 있습니다. 하나님은 매우 은혜롭게도 당신이 목숨을 부지하게 하셨으며, 질병에서 회복시켜주셨고, 또는 건강을 유지하게 하셨습니다. 당신은 이전의 어느 때보다 좋은 상황에 처해 있습니다. 그러나 당신은 평온을 누리지 못하고 있습니다. 당신은 하나님께서 당신에게 베푸신 모든 인자하심에 대해 감사를 느끼고 있지만, 여전히 "더 이상의 무언가가 필요하다"고 스스로 말하고 있습니다. 그렇습니다. 그 이상의 무언가가 진정으로 필요한 한 가지입니다. 나는 하나님께서 당신을 형통하게 하신 것을 감사하지만, 또한 당신이 그 필요한 한 가지를 얻을 때까지는 결코 평온함을 누리지 못하기를 바랍니다. 그 필요한 한 가지는 곧 하나님의 은혜입니다.

여러분 중에 어떤 이들은 아주 생각이 많아서, 약 반 시간 정도만 혼자 있어도, 그것이 아주 불편한 일이 됩니다. 여러분이 풀 수 없는 문제들이 있고, 그 문제들이 여러분을 크게 당혹스럽게 만들기 때문입니다. 무엇보다 나쁜 것은 미래에 대한 여러분의 전망입니다. 때때로 당신은 앞을 내다보면서, 당신이 병상에 누워 있는 모습을 그리고는 이렇게 말합니다. "내가 지금처럼 의기양양하게 죽을 수 있을까?" 그럴 수 없다는 것을 당신이 압니다. 또한 때때로 당신은 죽은 자 가운데서 일어나는 스스로의 모습을 그려봅니다. 천사의 나팔 소리가 울릴 때, 산 자와 죽은 자들이 그리스도의 심판대 앞에 설 때의 모습입니다. 당신은 그 거대한 흰 보좌에 대한 생각을 견디지 못하며, 의인들이 악인들에게서 분리되는 것을 생각하기가 고통스럽습니다. 커다란 변화가 당신에게서 일어나지 않는 한, 당신이 어디로 가야 하는지를 알기 때문입니다. 비록 외적으로는 악하지 않아도, 당신은 양 무리에 속하지 않습니다. 그러므로 당신은 염소들과 함께 가야 합니다. 이런 생각을 할 때, 그리고 일시적이지만 미래의 모습이 당신의 생각의 시야 앞에 펼쳐질 때, 당신의 영혼은 "평온함을 얻지 못하고 그 물이 진흙과 더러운 것을 늘 솟구쳐내는 요동하는 바다"와 같습니다. 나는 당신이 평온함을 얻기 바랍니다. 하나님께서 지금 이 시간 그것을 당신에게 주시길 바랍니다! 하지만 어거스터스 토플레디(Augustus Toplady)의 기도가 또한 당신의 기도가 되게 하십시오.

"오, 제가 당신 안에서 안식을 찾기까지,
여기서 용서의 은혜를 얻고
저를 향한 당신의 사랑을 느낄 때까지,
저로 결코 안식을 누리지 못하게 하소서.
당신의 얼굴을 돌리지 마소서.
당신이 보셔야 제가 깨끗할 수 있나이다.
당신의 혼인 예복을 제게 입혀주시고
저의 모든 죄를 덮으소서.
저에게 말씀하소서, 나의 하나님,
누구를 위해 당신의 보혈을 흘리셨는지.
죄인들을 위해서입니까? 주여, 죄인으로서 옵니다.
구주께서 그런 자들을 위해 피 흘리셨기 때문입니다."

2. 본문에서 선고된 판결

이제 두 번째로, 그리고 몇 분 동안만, 본문에서 선고된 판결을 살펴보고자 합니다. "평강 금지(No peace)." 이 단어들에 주목하십시오. "평강이 없다(*There is* no peace)"라는 문장에서 'There is' 부분은 이탤릭체로 되어 있습니다. 원문에 그 표현이 없기 때문입니다. 그러므로 본문을 "내 하나님이 악인들에게 '평강 금지(No Peace)'라고 말씀하신다"라고 읽을 수 있습니다.

하나님께서 친히 그렇게 말씀하십니다. 하나님이 노하기를 더디하시기에, 일시적 정전(停戰)은 있을 수 있습니다. 하지만 평화는 없습니다. 만일 당신이 "악인들" 중에 있다면, 하나님은 당신과 전쟁 중이십니다. 당신은 평강이 있다는 망상에 빠질지 모르겠으나, 하나님의 진리의 음성이 그 망상을 산산조각 낼 것입니다. 용서받지 못한 죄가 있는 곳에는 평강이 없습니다. 당신이 하나님 앞에서 자기를 낮추어 은혜를 구하고 찾지 않는 한, 하나님은 당신과 전쟁 중이시며,

당신은 그분과 전쟁 중입니다. 순결이 없는 곳에 평강은 있을 수 없습니다. 하나님은 죄와 화평하지 않으시며, 결코 그러실 수도 없습니다. 따라서 당신은 깨끗해져야 합니다. 당신의 본성이 변화되어야 하며, 죄에 대한 사랑이 당신 속에서 죽어야 합니다. 그리고 당신은 선하고 옳은 것에 대해 뜨거운 사랑을 가져야 합니다. 그렇지 않으면 하늘로부터 들려오는 하나님의 음성이 여전히 벼락처럼 당신에게 울릴 것입니다. "평화 금지! 평화 불가! 평화 불가!"

한 사람이 말합니다. "하지만 저는 교회에 나갈 것이며, 성찬식에도 참여할 것입니다." 그런 식으로 평화를 얻을 수 없을 것입니다. 그런 식으로 얻을 수 있는 것은 없는 것보다 나쁜 거짓된 평화뿐이지요. "하지만 저는 비국교도들과 함께 은혜의 수단들인 예배에도 참여할 것입니다"라고 다른 사람이 말합니다. 그것이 당신이 행하는 전부라면, 그런 식으로 평화를 얻지 못할 것입니다. 만약 당신의 죄가 하나님에 의해 용서되지 않으면, 그리고 당신의 본성이 성령에 의해 변화되지 않으면, 세상에 있는 모든 종교적인 의식들이 당신에게 아무런 평화를 가져다주지 못할 것입니다. "하지만 저는 많은 눈물을 흘릴 것이며, 계속해서 기도를 올릴 것입니다." 어떤 평화도 그런 식으로 당신에게 오지 않을 것입니다. 당신이 악한 상태로 남아 있는 한, 하나님이 말씀하시기를 "평강 금지! 평강 금지!"라고 하십니다. 그리고 예수님이 그분의 보혈로 가득한 샘에서 당신을 희게 씻으시기까지, 하나님의 영이 당신의 본성을 새롭게 하실 때까지, 당신은 "악한" 상태로 남을 수밖에 없습니다.

"지상의 그 어떤 외적인 형식으로도
하나님이 정하신 그 어떤 의식으로도
사람의 의지나, 피나, 출생으로도,
한 영혼을 천국으로 오르게 하지 못하네.
오직 하나님의 주권적인 뜻만이
우리를 은혜의 상속자가 되게 하고,
그분의 아들의 형상으로 태어나게 하며,
전연 새로운 인류로 창조한다네.
성령이 천상의 바람처럼,
육체를 가진 인간들에게 불어,

새롭고도 거룩한 정신을 창조하시고,
인간을 완전히 새로운 형상으로 빚으시네."

또 다른 한 사람이 말합니다. "오! 하지만 저는 더 좋아질 거라고, 더 잘 할 거라고 약속합니다. 저는 제 행동 방식을 수정하겠습니다." 당신이 그렇게 할 수 있고, 또 그렇게 해야 합니다. 하지만 여전히 내 하나님께서 악인들에게 "평강 금지!"라고 말씀하십니다. 이에 대해 당신이 무슨 말을 하겠습니까? 당신을 향해 무기를 들고 계신 하나님을 보십시오! 전능자께서 덧없는 피조물인 당신과 싸우시려고 다가오십니다! 당신은 항복하겠습니까? 지혜롭게 행하라고, 당신에게 호소합니다. 당신의 무기를 내려놓고, 자비를 요청하십시오. 그리스도께서 제시하신 화해를 받아들이십시오. 하나님의 아들 예수 그리스도께서 고난을 받으셨습니다. "의인으로서 불의한 자를 대신하시고, 우리를 하나님 앞으로 인도하려 하심입니다"(벧전 3:18). 당신이 그분을 믿기만 하면, 그분이 행하신 일이 당신이 행한 것으로 간주될 것입니다. 말하자면, 그분이 받으신 형벌이 당신이 감당한 것으로 여겨진다는 것입니다. 그리고 그분이 행하신 의가 당신이 행한 것처럼 간주될 것입니다. 하나님은 그분의 아들을 위하여, 당신을 그분의 아들의 입장에서 받아들이실 것입니다. 더 나아가, 하나님의 영이 당신을 보호하실 것이며, 당신에게 새 마음을 주시고, 바른 정신을 주시고, 돌 같은 마음을 없애고 대신 살 같이 부드러운 마음을 주실 것입니다. 당신은 항복하지 않겠습니까? 힘이 균등하지 못한 이 전쟁을 끝내고, 하나님과 화평하지 않겠습니까? 그러면 자기 아들을 주신 주께서 당신의 마음에 다시 그분의 아들을 주실 것이며, 당신에게 "평강, 평강이 있을지어다!"라고 말씀하시고, "너의 많은 죄가 사하여졌으니, 평안히 가라"고 말씀하실 것입니다.

자기 마음에서 죄를 버리고, 거짓 없이 예수님을 믿는 자는, 모든 지각에 뛰어난 하나님의 평강을 얻을 것입니다. 하지만 자기 죄를 유지하는 자, 악한 자들 가운데 머무는 자, 혹은 자기 의를 유지하려고 하면서 그리스도의 구원을 거절하는 자에게는, 하나님의 평강이 아무런 상관이 없을 것이며, 오직 "평강 금지! 평강 금지!"의 선언이 있을 뿐입니다. 오, 그 두려운 종소리가 임종의 귀에 들려올 때 죽는 것은 어떠할는지요! 하나님을 우러러 바라보니, 그분이 "평강 금지!"라고 말씀하시는 것을 들을 때 어떠할는지요! 그 때 당신을 위한 친구들의 기도

소리가 들려도, 아무런 평화를 느끼지 못할 것입니다! 당신이 직접 눈을 들어 하늘을 쳐다보아도, 재판장이신 하나님으로부터 들려오는 "평강 금지!"의 판결을 들을 때, 기도가 당신의 영혼에서 얼어붙는 것을 발견할 것입니다. 그 다음에 영원이 뒤따를 것이고, 그 속에서도 평강이 없습니다! 우리 중 어느 누구에게도 이 슬픈 운명에 처하지 않게 되기를 바랍니다. 예수님을 위하여, 하나님께서 우리 각 사람에게 평강을, 곧 완벽한 평강을 주시기를 바랍니다! 아멘.

제
79
장

어떤 구도자들이 구원받지 못하는 이유

"여호와의 손이 짧아 구원하지 못하심도 아니요 귀가 둔하여 듣지 못하심도 아니라. 오직 너희 죄악이 너희와 너희 하나님 사이를 갈라놓았고 너희 죄가 그의 얼굴을 가리어서 너희에게서 듣지 않으시게 함이니라."—사 59:1-2

오래전에 회심하였을 것이라고 우리가 예상했던 사람들 중에, 구원받지 못한 사람들이 더러 있습니다. 본문은 그 이유를 설명하고 있습니다. 그러므로 오늘은 서두 없이, 곧바로 본론에 들어가도록 하겠습니다.

1. 명백히 인정된 사실

먼저, 명백히 인정된 사실을 숙고해봅시다! 내가 지금 이 순간에 특별히 생각하고 있는 사람들은 복음을 들어온 자들이며, 또한 부지런히 들은 자들입니다. 그들의 좌석은 좀처럼 비는 적이 없으며, 또한 그들은 설교 시간에 잠에 빠지는 사람들 중에 속하지도 않습니다. 그들은 주일에 불신자들과 같은 방식으로 즐기지도 않습니다. 그들은 교회에 가서 아무 생각 없이 발을 받침대에 올려두고 잠에 빠져드는 것을 최상이라고 생각하는 사람들과는 다릅니다. 내가 지금 언급하고 있는 사람들은 설교자가 하는 말에 정말로 귀를 기울입니다. 그들은 주의 깊으며, 설교자가 전하는 진리를 기억 속에 간직하려고 노력합니다. 그들이 혹 감동적인 내용을 들은 것이 있다면, 그것을 집에 가서도 이야기합니다.

아마도 여러분은 그런 사람들이 복음으로부터 복을 얻었을 거라고 생각할 것입니다. 하지만 그렇지 않습니다. 그들은 몇 년간 진지한 목회자의 설교를 경청해왔습니다. 그들은 진지하지 않은 목사에게서 듣기를 원치 않습니다. 그들은 설교의 스타일을 식별하는 수준으로 자랐습니다. 그들은 복음이 무엇인지 알며, 복음이 분명하게 제시되지 않는 예배에 참석하는 것에는 관심이 없습니다. 하지만 이 모든 것에도 불구하고, 그들은 구원받지 못했습니다. 그들은 소나기 속에서 있고도, 아직 젖지 않았습니다. 그들은 기드온의 양털과도 같아서, 온 땅이 이슬로 젖어 있는 동안에도 완벽하게 마른 상태입니다. 이는 기이한 상황이긴 하지만, 오호라, 이런 일이 결코 보기 드문 일은 아닙니다. 우리는 그런 사람들이 있을 수 있다고 생각하지 않으려 했지만, 어쩔 수 없이 그런 사람들이 있음을 믿을 수밖에 없습니다. 왜냐하면 자주 그런 사람들과 마주치기 때문입니다. 그들은 자주 복음이 들리는 곳에 앉지만, 결코 마음의 귀로는 듣지 않는 자들입니다. 빛이 그들의 눈에 비추어도, 그들은 그것을 보지 못합니다. 두꺼운 비늘이 있어 태양의 광선으로부터 그들의 눈을 가리는 듯하기 때문입니다.

아마도 여러분은 내가 이 말을 더하면 더 크게 놀랄 것입니다. 단순히 듣는 차원을 뛰어넘었지만, 여전히 구원받지 못한 사람들이 더러 있습니다. 그들은 어느 정도 기도의 사람들이 되었습니다. 그들은 내가 여러분에게 읽어주는 이 장에서 묘사되는 자들이 아닌가요? "그들이 날마다 나를 찾아 나의 길 알기를 즐거워함이 마치 공의를 행하여 그의 하나님의 규례를 버리지 아니하는 나라 같아서 의로운 판단을 내게 구하며 하나님과 가까이 하기를 즐거워하는도다"(58:2). 이 사람들은 그런 정신적 상태에 있기 때문에, 만약 사업을 할 때에도 일정 형태의 기도를 반복하지 않으면 온 종일 불편한 감정을 느낄 것입니다. 게다가, 그것은 단지 기도의 한 형식으로만 그치지 않고, 어떤 경우에는 그들의 기도에 어느 정도의 삶과 소원과 진지함이 내포되어 있습니다. 바로 오늘 아침, 그들 중 한 사람이 설교가 끝났을 때 탄식하며 말했습니다. "아, 내가 하나님의 친구가 될 수 있다면 좋으련만!" 그리고 몇 주 전 주일 밤에, 내 설교를 들었던 그들 중의 하나가, 집에 도착했을 때 자기 개인 방으로 가서 무릎을 꿇고는, 그의 영혼에 말씀의 복을 달라고 하나님께 구했습니다. 이와 같은 일이 이십 년 전쯤에도 그에게 일어났습니다. 그는 자주 감동을 받았고, 무릎 꿇고 기도하기도 했습니다. 하지만 그는 더 이상 나아가지 못했고, 여전히 양심의 결정을 내리지 못한 상태에 머물고 있습니다. 하나님 나라 안에 있는 것이 아니라, 그 나라의 국경에서 주저하는 사람으로 남아 있습니다. 거의 설득되었지만 완전히 설복되어 그리스도인이 되는 단계에는 이르지 못한 것입니다.

사랑하는 청중이여, 거의 정직한 사람은 실상 불량배이며, '거의' 그리스도인인 사람은 실상 그리스도인이 아니라고 내가 굳이 여러분에게 말할 필요가 없을 것입니다. 불 속에서 거의 구원을 받았다가 타버린 사람이 있었습니다. 질병에서 거의 치유를 받았지만, 결국 죽은 사람이 있습니다. 거의 집행유예를 받았다가, 결국 교수형을 당한 사람이 있습니다. 지옥에는 거의 구원받았던 많은 사람들이 있습니다.

나는 되는대로 말하고 있는 것이 아닙니다. 나는 내가 묘사하는 바가 무엇인지 알고 있으며, 아주 희망적인 일부 내 청중들도 알고 있습니다. 그들은 복음을 듣고, 하나님께 기도하지만, 외적인 행사나 활동 이상으로 넘어가지 않습니다. 그들은 주 예수 그리스도를 믿지 않았습니다. 그들은 그분을 그들 자신의 개인적인 구주로 마음속에 영접하지 않았습니다.

나는 또한 이 사람들이 그들 자신에게 크게 실망한다는 것을 압니다. 물론 그들이 어디에 잘못이 있는지를 잘 알고 있기에 전적으로 실망하는 것은 아니지만, 그럼에도 그들은 그들 자신에 대해 좀 더 나은 것들을 바라고 있습니다. 만일 누군가 그들에게 십 년, 십이 년, 혹은 이십 년 전에 훗날 지금의 모습이 될 것이라고 말했다면, 그들 각자는 이렇게 말했을 것입니다. "저는 그렇게 되지 않기를 바랍니다. 당신이 언급한 그 때가 되기 훨씬 전에 나는 내 운명을 하나님의 백성과 함께할 것이며, 주님 안에서 영원한 구원을 받을 거라고 믿습니다." 그들은 여전히 희망하고 있습니다. 하지만 그들의 희망은 점차 변질되어 의심으로 바뀌고 있으며, 그들의 의심은 절망으로 악화되고 있습니다. 나는 그 절망이 그들을 더 큰 죄로 이끌지 않을까 크게 염려스럽습니다.

나는 특히 이런 친구들에게 말하고 싶습니다. 나는 마음에 온정을 가지고 그들에게 말할 것입니다. 나는 한편으로 신실하게 말하기를 원하며, 그들이 현재의 불만족스럽고 불안한 상태에서 벗어나도록 도움이 되기를 기도합니다.

2. 내포된 비난

두 번째로, 본문에 내포된 비난에 주목하기를 바랍니다. 그들이 어느 정도 구원과 관련된 의식에도 참여하고, 구원을 추구하기는 했음에도 불구하고 구원을 얻지 못한 것뿐 아니라, 아마도 구원은 그들에게 쉽게 주어질 것 같지도 않습니다. 아마도 그리스도께서는 다른 사람들을 구원하신 것과는 달리 그들을 구원하시지 못할 것 같습니다.

이 본문의 첫 번째 단어에 주목하십시오. "보라"(KJV, 히브리어 원문에도 있지만 한글개역개정에는 없음 — 역주). 이 말은 "단단히 주의하라"(*nota bene*)와 같습니다. "잘 주목하라, 눈을 이리로 향해라, 여기를 보라"는 뜻이지요. "보라, 여호와의 손이 짧아 구원하지 못하심도 아니요 귀가 둔하여 듣지 못하심도 아니라"(1절). 여러분은 이 사실을 주목하라는 요구를 받습니다. 그것을 분명하게 보고, 그것에 대해 의심을 품지 말라는 요구를 받습니다. 만약 여러분이 구원을 받지 못했다면, 그것은 하나님이 여러분을 구원하실 수 없기 때문이 아니며, 그분이 여러분의 기도를 듣기를 원치 않으시기 때문도 아닙니다.

이 말에 귀를 기울이십시오. 이 말씀을 하시는 분이 하나님 자신이기 때문입니다. 그분은 그분의 손이 마비가 되었는지 혹은 귀가 둔한지의 여부를 아시며, 친히 그분의 손이 짧아서 구원하지 못하는 것도 아니며 귀가 둔하여 듣지 못하는 것도 아니라고 선언하십니다. 여러분이 이 사실에 대해 어떤 의심을 가지고 있다면, 여러분에게 그것을 입증해보라고 권합니다. 믿음으로 예수님께 오십시오. 그리고 그분이 당신을 구원하시는지를 보십시오. 우리는 조금 전 이 노래를 불렀습니다.

"그분에게 과감히 맡기되, 전부를 맡기나이다."

만일 당신이 그렇게 하는 것이 일종의 모험이라고 생각한다면, 어쩌면 그리스도의 피가 당신을 씻을 수 없을 것이라든지, 혹은 하나님의 영이 당신을 새롭게 하실 수 없을 거라고 상상한다면, 와서 그 문제를 시험해 보십시오. 지금 예수님의 발 앞에 엎드리어, 이렇게 말해보십시오. "저는 당신이 저를 구원하실 수 있다고 믿습니다. 당신을 저의 구주로 믿나이다." 만약 그분이 당신을 구원하시지 않아도, 그분이 그렇게 하시지 못하여도, 적어도 당신은 시도를 해본 것입니다. 하지만 나는 당신에게 이 본문 말씀에 귀를 기울이라고 호소합니다. "보라, 보라, 보라! 여호와의 손이 짧아 구원하지 못하심도 아니요 귀가 둔하여 듣지 못하심도 아니라."

이 구절은 하나님의 구원의 능력이 전혀 손상되지 않았음을 입증합니다. 예전에 그분이 그분의 사랑하는 아들의 속죄 제물을 통해 큰 죄인들을 용서하셨듯이, 그분은 지금도 큰 죄인들을 용서하실 수 있습니다. 그분은 죽어가던 강도를 용서하셨고, 지금 당신을 구원하실 수 있습니다. 사람에 대한 모든 죄와 모독이 사함을 받았듯이(참조. 마 12:31), 지금도 당신이 지은 모든 죄와 모독이 사함을 받을 수 있습니다. 비록 당신이 일생을 술에 취해 살았거나, 혹은 부정하고, 부정직하고, 모든 형태의 악을 행하며 살아왔고, 일생을 죄와 사탄을 섬기며 살다가 백발이 되었어도, 용서받을 수 있습니다.

"피로 가득한 한 샘이 있으니
임마누엘의 혈관에서 쏟아진 것이라.
모든 죄인들이, 그 피의 샘에 잠기어
죄의 오물들을 씻고 있다네."

하나님께는 언제나 그렇듯이 죄를 용서하실 수 있는 동일한 능력이 있습니다. 예수님의 피에 전과 동일하게 깨끗하게 하는 능력이 있기 때문입니다.

또한 언제나 그렇듯이 성령님께는 당신의 본성을 변화시킬 수 있는 동일한 능력이 있음을 기억하십시오. 다소의 사울을 원수에서 사도로 바꾸신 그분이 당신에게도 동일한 일을 행하실 수 있습니다. 옛적에, 회심이 마치 죽은 자 가운데서 일어나는 것과 같았을 때에도 많은 죽은 영혼들을 소생시키셨던 그분이, 지금도 당신의 죽은 영혼을 소생시키실 수 있고, 당신을 죽은 자 가운데서 일으키실 수 있습니다. 그것은 새 피조물로 불리기도 했습니다. 다른 사람들에게서 모든 것을 새롭게 하셨던 그분이 당신에게서도 모든 것을 새롭게 하실 수 있습니다.

선생들이여, 만일 여러분이 하나님이 옛적에 하신 일과는 달리 요즘에는 죄를 용서하실 수 없다고 생각한다면, 여기 서 있는 나는 살아 있는 증언자로서 그와 정반대라고 증언합니다. 나는 그분이 나를 용서하신 것을 알기 때문입니다.

그 일은 항상 나를 놀라게 했습니다. 하지만 일생동안 내가 하나님의 자녀가 된 것을 경이롭게 여겨왔지만, 그것이 지금 내가 그것을 경이롭게 여기는 것과 크게 다르지 않습니다. 삼십 년 전에 나는 세례를 받았으며, 그 때 하나님의 은혜를 찬미했습니다. 하지만 그 때 하나님의 은혜를 찬미한 것이 지금 내가 하는 것과 다르지 않습니다. 나는 그 은혜에 빚지고 있으며, 그것을 말로는 다 표현할 수가 없습니다. 매번 여러분에게 설교할 때마다, 나는 이 거룩한 직무에 합당치 않다고 느끼며, 감히 그렇게 할 수 있다면 이 일에서 도망치고 싶어집니다. 하지만 내가 복음을 전하지 않으면 내게 화가 있을 것입니다. 나는 이 사실을 증언합니다. 즉, 나를 구원할 수 있었던 하나님의 은혜가 당신도 구원할 수 있다는 것입니다. 떠는 자여, 당신의 손을 내미십시오. 당신의 손을 내미십시오! 나는 복도를 두루 다니면서, 여러분의 손을 잡고 싶으며, 여러분 각 사람에게 이 말을 하고 싶습니다. "내 형제여, 내 자매여, 주께서 당신을 구원하실 수 있습니다. 그분이 당신을 구원하실 수 있습니다. 나는 그분이 나를 구원하셨기 때문에 당신도 구원하실 수 있다고 증언합니다."

하지만 나 자신에 대해서만 말할 필요가 없습니다. 적절한 일이라면, 나는 오늘 저녁 이 예배에 참석한 수백 명의 사람들, 아니 수천 명의 사람들에게, 일어서서 주님이 그들을 구원하신 것을 증언하도록 요청할 수 있습니다. 그들은 그들 안에서 일어난 일이 지금도 일어날 수 있다고 굳게 믿으며, 전능의 은혜가 미치지 못하는 어떤 경우도 없다고 증언할 수 있습니다. 그러므로 당신이 구원받지 못한 것이 마치 성부와 성자와 성령 편에서 능력의 결핍 때문인 것처럼, 하나님께 잘못을 돌리지 마십시오.

당신은 하나님께 구원하려는 뜻이 없을 거라고 말하지만, 그렇지도 않습니다. 주님은 언제나 동일하게 기꺼이 듣기를 원하십니다. 당신은 본문에서 그분의 귀가 둔하여 듣지 못하심이 아니라는 호소를 대합니다. 당신이 알다시피 듣지 않으려 하는 자들만큼 귀먹은 자들은 없습니다. 만약 하나님께서 당신의 기도를 듣지 않으려 결심하셨다면, 그분은 정녕 둔한 귀를 가지신 것이 맞을 것입니다. 하지만 그분은 당신의 기도를 거절하기로 결심하지 않으셨습니다. 당신은 기도하려는 소원이 없을지 모르나, 하나님은 듣기를 원치 않으시는 것이 아닙니다. "네가 만일 그를 찾으면 만날 것이라"(대상 28:9). "너희는 여호와를 만날 만한 때에 찾으라 가까이 계실 때에 그를 부르라"(사 55:6). "구하는 이마다 받을 것이요 찾는 이는 찾아낼 것이요 두드리는 이에게는 열릴 것이니라"(마 7:8). 만일 당신이 하나님의 길에 들어오기를 원한다면, 그리스도의 발 앞에 엎드리어 그분의 은혜를 구한다면, 당신은 틀림없이 구하는 것을 얻을 것입니다. 내가 내 주님의 증언자로서 그분이 약속을 지키실 거라고 말할 때, 그분은 내가 거짓말하는 것이 아님을 아십니다. "누구든지 주의 이름을 부르는 자는 구원을 받으리라." 그 "누구든지"에 당신도 포함되어 있음이 틀림없습니다. 그분의 이름을 부르십시오. 당신 자신을 위해 그 약속의 진실성을 시험해보십시오.

아마도 누군가는 이런 질문을 할 것입니다. "당신이 내게 말한 것이 사실이라면, 왜 진지하게 듣고 있고, 두드리고 구하는 내가 아직 구원받지 못한 것일까요?" 이제 나는 그 원인을 설명해보도록 하겠습니다.

3. 제기된 비난에 대한 설명

오늘 설교의 세 번째 요지는 제기된 비난에 대한 설명입니다. 당신이 허락한다면, 나는 마치 의사처럼 당신을 진단하고 싶습니다. 당신에게 어떤 문제가 있고, 당신은 그것이 무엇인지 알기를 원합니다. 나는 그것을 어느 정도는 입증해야 하며, 아마도 상당히 깊이 파고들어야 할 것입니다. 그리고 만일 당신이 진정으로 은혜 받기를 바란다면, 그리고 내가 진단한 말 속에 당신의 경우에 적절한 어떤 내용이 있다면, 당신은 내 말을 기꺼이 받아들이지 않겠습니까? 비록 내가 상당히 개인적인 차원에서 말하는 듯이 보이고, 그것이 당신에게 불편한 느낌을 갖게 할지 모르겠지만, 달리 도리가 없습니다. 치료를 위한 좋은 처방이 그리 상쾌한 느낌을 주진 않지만, 아마도 그것이 매우 필요할 것입니다. 가능한 한 나는 왜 당신이 하나님과의 화평을 얻지 못했는지를 규명하려고 시도할 것입니다. 내 연구를 인도해줄 실마리는 본문의 두 번째 구절에 있습니다. "오직 너희 죄악이 너희와 너희 하나님 사이를 갈라놓았고 너희 죄가 그의 얼굴을 가리어서 너희에게서 듣지 않으시게 함이니라."

이제 귀를 기울이십시오. 하나님께 대한 당신의 비난은 당신에게로 되돌아올 것입니다. 당신은 하나님의 손이 짧아졌다고 생각했고, 그래서 그 손이 구원할 수 없다고 생각했습니다. 하지만 짧아진 것은 당신의 손입니다. 당신이 그리스도를 붙잡지 않았기 때문입니다. 당신은 그분이 제거하실 수 있도록 당신의 죄를 그분께 가져가지 않았으며, 전심으로 하나님께 돌이키지도 않았습니다. 당신의 손이 짧은 것이지, 여호와의 손이 짧은 것이 아닙니다. 당신은 하나님의 귀가 둔하다고 말했습니다. 아니, 아니요, 절대 그렇지 않습니다. 둔한 것은 당신의 귀입니다. 당신은 여호와 하나님께서 당신에게 줄곧 말씀하신 것을 듣지 않았습니다. 당신은 하늘의 메시지에 순종하지 않았습니다. 모든 잘못은 당신에게 있는 것이지, 하나님께 있지 않습니다. 결국, 당신이 구원받지 못했다면, 그 비난은 구주께 돌려지는 것이 아니라 당신 자신에게 돌려지는 것입니다. 이것이 우리가 전하는 교리입니다. 만일 한 사람이 구원받았으면, 모든 영예는 그리스도께 돌려집니다. 하지만 어떤 사람이 파멸하게 되었다면, 그 모든 탓은 그 사람 자신에게 있습니다. 당신은 모든 참된 신학이 이 두 짧은 문장에 요약된 것을 발견할 것입니다. 구원은 전부 하나님의 은혜이며, 저주는 모두 인간의 의지에 따른 것입니다.

평화를 추구했던 당신이 평화를 얻지 못한 진짜 원인은 다름 아닌 죄입니다. 당신의 죄는 추상적인 것이 아닙니다. "너희의 죄가 주홍 같을지라도 눈과 같이 희어질 것이요 진홍 같이 붉을지라도 양털 같이 희게 되리라"(사 1:18)고 했기 때문입니다. 어떤 죄라 할지라도, 만일 어떤 사람이 자비를 위해 그리스도께 오기만 한다면, 그 사람을 파멸시키지 않을 것입니다. 비록 당신이 죄악으로 인해 지옥의 한밤처럼 캄캄하고 더러워도, 당신이 그리스도께 오기만 한다면, 그분은 기꺼이 당신을 씻어주실 것입니다. 결국, 당신이 구주께 나오지 못하도록 가로막는 것은 죄입니다.

먼저, 그것은 고백되지 않은 죄일 수 있습니다. 당신은 하나님 앞에서 충분하고도 철저하게 여러분의 죄를 고백한 적이 있습니까? 나는 당신이 모든 죄를 상세하게 말하라고 주장하는 것이 아닙니다. 그것은 불가능할 것입니다. 하지만 틀림없이 하나님께 어떤 죄를 가리거나 은폐하려는 기도가 있었을 것입니다. 틀림없이 당신 자신을 변명하거나, 다른 사람들에게 죄일 수 있는 것이 당신에게는 죄가 덜 된다고 주장하려는 바람이 있었을 것입니다. 로마주의자들은 사제에게 감으로써 고백을 도우려고 시도하며, 사제는 그의 기억을 돕기 위해 많은 질문을 제기합니다. 우리는 그런 수단을 쓰지 않습니다. 우리는 그런 일이 사제에게도 파멸을 초래하며, 그 사람에게도 해롭다고 믿습니다. 우리는 당신에게 하나님께 고백하라고 요청합니다. 성경에 이렇게 기록된 것을 기억하십시오. "만일 우리가 우리 죄를 자백하면 그는 미쁘시고 의로우사 우리 죄를 사하실 것이라"(요일 1:9). 탕자가 어떻게 말했는지 회상해보십시오. "아버지 내가 하늘과 아버지께 죄를 지었습니다"(눅 15:21). 당신은 그렇게 말했습니까? 당신의 이전의 모든 악한 일들을 인정하는 것, 겸손하고 진실하게 당신이 죄로 인해 하나님의 진노를 받기에 합당하다고 고백하는 것, 유죄를 인정하며 스스로 피고석에 서는 것, 그 때 하나님께서 당신에게 정죄를 선언하셔도 아무런 항변을 할 수 없다고 여기는 것, 그것이 구원받은 삶의 출발입니다. 당신은 그런 입장을 취해야 합니다. 당신은 유죄를 인정할 때까지 용서를 기대해서는 안 됩니다. 당신의 죄악을 인정할 때, 오직 그 때만이 당신은 그리스도를 당신의 구주로 붙들 수 있고, 완전한 용서를 위해 그분을 믿을 수 있습니다. 당신이 하나님과 화평한 관계를 누리지 못하는 것은, 당신이 당신의 죄를 솔직하고도 명백하게 고백하지 않았기 때문일 것입니다. 하나님께 완곡하게 말하는 것은 아무 유익이 없습니다. 그분은 당신에 대해 모든 것을 아십니다. 당신의 숨은 죄들, 당신의 아내가 모르는 죄들, 당신 외에는 아무도 모르는 죄들, 그 모든 것이 그분에게는 알려졌습니다. 가서 그 죄들을 위대하신 아버지의 귀에 속삭이십시오. 많은 눈물과 깊은 회한으로 당신이 그분에게 심각한 죄를 지었다고 고백하십시오. 당신이 그렇게 하지 않으면, 고백되지 않은 죄가 당신의 영혼과 하나님 사이에 장벽이 될 것입니다.

또한 버려지지 않은 죄는 은혜로 가는 데 있어서 아주 커다란 장애입니다. 어떤 사람들은 그들이 그릇되게 행하고 있음을 알면서도 그것을 버리지 않으려 합니다. 그들은 죄를 고백하지만, 여전히 그 죄를 지속하고 있습니다. 그들은 그 죄와 결별하려고 조금 결심해보기도 하지만, 실제로는 결코 실행에 옮기지 않습니다. 그들은 오른눈이 실족하게 하는 것을 알지만, 그것을 감히 빼어 내버리지 못하며, 또한 오른손이 실족하게 하는 것을 알면서도 그것을 찍어버리지 못합니다. 그들은 이런 일에 꾸물거리며, 여전히 죄 속에서 행합니다.

나는 당신의 양심에 호소합니다. 당신이 계속 그 죄를 지속하고 있는 동안에 하나님이 당신의 죄를 용서하실 거라고 기대할 수 있습니까? 당신은 복되신 하나님의 아들이 죄에 이바지하려고 세상에 오셨다고 생각할 수 있습니까? 감히 이런 식으로 말하려는 자는 그 마음이 극도로 악함에 틀림없습니다. "하나님은 자비로우시다. 그러므로 나는 계속해서 죄 안에 행할 것이다. 우리는 오직 믿음으로 구원받는다. 그러므로 나는 그리스도를 믿을 것이며, 계속 내 죄를 지속할 것이다." 이 사람이여, 당신은 그리스도의 복음을 왜곡하여 당신 자신을 파멸에 이르게 합니다! 당신은 당신 자신을 위하여 너무나 끔찍한 죽음의 침상을 만들고 있습니다. 당신은 사람들을 천국으로 인도하는 좁은 문 옆에서 지옥으로 가는 길을 찾으려 하고 있습니다. 당신에게 호소합니다. 당신 자신이 매달림으로써 그리스도의 십자가를 모독하지 마십시오! 그렇게까지 하는 자들이 더러 있기에 하는 말입니다. 구원받기 원한다면 당신의 죄를 버려야 합니다. 그리스도께서는 자기 백성을 그들의 죄로부터(from) 구원하려고 오셨지, 그들을 죄 속에서(in) 구원하려고 오신 것이 아닙니다. 술 취하는 자여, 당신은 술잔을 손에 쥔 채로 천국에 가지 못합니다. 나는 분명히 말합니다. 거짓말에 습관이 된 자여, 당신은 거짓의 혀를 가진 채로 영혼의 구원을 받을 수 없습니다. 만일 여러분 중 어느 누구든 사업에서 속임수를 쓴다면, 그리스도를 믿는다는 식으로 내게 말하지 마십시오. 당신이 거짓을 말하고, 속이며, 부정직한 행동을 할 수 있다면, 당신은 당신 아비인 마귀에게서 난 자입니다. 당신이 회개하고 악한 길에서 돌이키지 않으면, 그가 틀림없이 당신이 사는 동안 당신을 지배할 것입니다. 죄를 범하는 것으로부터의 구원이 아니라면 진정한 구원이 아닙니다. 그러므로 당신의 죄는 반드시 버려져야 합니다. 나는 이곳에서 말씀을 들으며 구원의 길을 찾으면서도, 여전히 평화를 찾지 못한 누구에게든 이 질문을 제기합니다. 당신이 버려야 할 어떤 죄가 여전히 당신에게 있지 않습니까? 그런 죄가 있다면, 하나님께서 그분의 강력한 은혜로 당신을 도우시어, 즉시 그 죄를 버리게 되기를 바랍니다!

한편으로, 버려지기는 했지만 여전히 사랑을 받는 어떤 죄가 있을 수 있습니다. 동경되는 죄는 은혜의 커다란 장벽입니다. 암소에게서 송아지를 데려가면, 암소는 자기 새끼를 그리며 얼마나 크게 우는지요! 죄와 결별한 후에도, 여전히 그것을 동경하는 많은 사람들이 있습니다. 그런 사람은 손이나 발로 죄를 짓지 않지만, 마음으로 죄를 지으며, 그의 영혼은 죄를 품고 있습니다. 마음속에 여전히 죄가 있는 동안에, 당신은 하나님과의 화평을 기대할 수 있겠습니까? 그럴 수 없습니다. 당신은 그 악을 버려야 하며, 단지 집에서뿐 아니라 마음에서 쫓아내야 합니다. 당신은 그것을 끝장내야 하며, 단지 손으로가 아니라 당신의 영혼의 갈망에서도 끝장내야 합니다. "오! 그것은 어려운 일입니다"라고 당신이 말합니다. 그것은 당신이 성취할 수 있는 것 이상으로 어려운 일이며, 그렇게 하기 위해서는 당신이 반드시 거듭나야 합니다. 이 진리가 당신을 그리스도께로 몰고 가면, 그분이 성령으로 당신에게 이 생명을 주실 수 있을 것입니다. 하지만 만약 죄에 대한 사랑을 당신이 포기하기를 원치 않으면, 당신이 죄를 동경하는 동안은 결코 구원을 발견하지 못할 것입니다.

의식하지 못하는 죄로 인해, 평화를 발견하는데 방해를 받는 사람들이 더러 있다고 나는 의심치 않습니다. 당신이 말합니다. "오! 그 말은 아주 당혹스러운 진술이군요." 그런데, 죄 속에 살고 있으면서도 그것이 죄인지도 의식하지 못하고, 그것이 하나님과의 화평을 누리지 못하게 하는 것임을 모르는 사람들이 많습니다. 또한 내가 덧붙여야 할 말은, 많은 사람들이 죄를 그다지 의식하기를 원치 않는다는 것입니다. 수많은 사람들이 자기 죄에 대해 너무 많이 알기를 원치 않습니다. 여러분은 빛이 단계에 따라 달리 우리에게 비추는 것을 압니다. 만약 우리가 어둠 속에서 죄를 지으면, 그 유죄의 정도는 빛 속에서 지은 죄만큼 무겁거나 심각하지 않습니다. 하지만 우리가 그 어둠 속에 의도적으로 머물고, 그 어둠의 일을 제거하기를 원치 않는다면, 그 때 우리는 진정으로 유죄일 것입니다.

내가 어떤 죄를 범하고 "내가 그 법을 어기는 것인지를 알지 못했다"라고 말하면, 판사는 이렇게 말할 것입니다. "내가 당신의 무지를 도울 수는 없다. 당신이 법을 어겼으니 벌을 받아야 마땅하다." 하지만 만약 내가 법이 요구하는 모든 내용을 알려주는 한 책을 소유하고서, 여전히 판사에게 "저는 그 법이 금하는 것이 무엇인지 몰랐습니다"라고 말한다면, 판사는 이렇게 대답할 것입니다. "하지만 당신은 알아야만 했다. 당신은 법을 공부하지 않았으므로, 이중의 죄를 범한 것이다. 그 책은 그것을 연구하라는 명령과 함께 당신의 집에 보관된 것이며, 당신은 그 법이 무엇을 말하는지 배우기 위해 충분한 관심을 기울이기를 거절하였다. 그러므로 당신은 이중의 잘못을 범한 것이다."

염려스러운 일이지만, 여러분 중에 일부가 죄를 의식하지 못하는 이유는 여러분이 그것을 알기를 원치 않기 때문입니다. 무지가 판치는 곳에서, 여러분은 지혜로운 것이 어리석은 것이라고 생각합니다. 여러분 중에 어떤 이들이 위로를 잃어버리고, 쓸모 있는 세월을 잃어버리며, 천국에 대한 확신도 잃어버리는 이유는, 여러분이 성경을 살펴보려 하지 않기 때문이며, 여러분 속에 여러분과 하나님 사이를 갈라놓는 악한 것이 무엇인지 알기를 원치 않기 때문입니다. 오, 남자들과 여자들이여, 이런 비난을 받을 때 거짓을 말하지 마십시오! 오히려 이렇게 말하기를 바랍니다. "나는 내게서 최악의 죄가 무엇인지를 알기 원합니다. 만약 내가 뾰족한 의학용 침으로 살펴보듯이 면밀히 조사해야 한다면, 그 해악의 원인이 무엇인지 찾아내고야 말 것입니다. 이것이 내 기도가 될 것입니다. '주여, 저로 하여금 제게서 가장 악한 것이 무엇인지 알게 하소서. 그리하여 훗날 심판의 날에 검증을 받을 때에도 확실한 구원을 얻을 수 있게 하소서.'"

내가 말하고 싶은 것이 더 있습니다. 진정으로 믿기를 바라면서도, 어떤 태만의 죄 때문에 평화를 발견하지 못하는 사람들이 있을 수 있습니다. 이 말이 여러분 중 누군가에게 의식을 일깨워줍니까? 그것은 당신이 그릇된 일을 하고 있다는 것이 아니라, 당신이 옳은 일을 하지 않고 있다는 것입니다. 당신은 어떤 적극적인 의무를 잊고 있으며, 그것이 당신과 당신의 하나님 사이를 갈라놓습니다. 나는 매우 기이한 경험들을 한 적이 있습니다. 아마도 그 일과 관련된 사람이 누구인지 알려지게 된다면 나는 결코 그 이야기를 들려줄 수 없을 것입니다. 하지만 아주 오래전의 일이기에, 이제는 두려움 없이 말할 수 있는 한 가지 사건이 있었습니다. 한 사람이, 내 설교를 읽는 중에, 죄를 자각하게 되었습니다. 그는 주님을 찾고 구했지만, 평화를 발견하지 못했습니다. 그는 오랫동안 어둠 속에 있었고, 마침내 아마도 용서받지 못한 채 남아 있는 어떤 잘못 때문에 하나님과의 평화를 찾지 못한다는 생각이 들었습니다. 몇 해 전에 그는 도둑을 알아보지 못하는 사람에게서 상당량의 돈을 강탈했습니다. 그 돈을 돌려주기까지 그는 결코 안식을 누리지 못했습니다. 나는 돈을 빼앗긴 사람을 본 적이 없었고, 그 사람에게 그 돈을 가져간 사람이 누구인지에 대해 아무런 언급을 하지 않고서, 그에게 그 액수를 되돌려줄 수 있는 방법을 짜내야 했습니다. 나는 그럭저럭 그 일을 처리할 수 있었고, 그 돈에 대한 영수증을 가지고 있습니다. 또 지금껏 그 문제에 대해 다른 말을 듣지 못했습니다. 하지만 마음에 무거운 부담을 지고 있던 그 사람은, 비록 내가 직접 그를 본 적은 없지만, 지금은 기쁨에 넘친 그리스도인이 되었다고 확신합니다. 그가 다른 사람에게서 가져간 그 돈이 그의 양심을 짓눌렀지만, 그 훔쳐간 액수를 정당한 소유주에게 되돌려주었을 때, 하나님께서 배상한 사람에게 평화를 주셨습니다.

자기의 것이 아닌 무언가를 가지고 있는 또 다른 사람이 있을 수 있습니다. 그렇다면, 그 역시 배상을 해야 할 것입니다. 만일 여러분 중에 누군가 부정한 이득을 취하기 위해 파산하였다면, 당신이 갚아야 하는 액수를 보상하도록 노력하십시오. 그리스도께서 이 땅에 오신 것은 당신을 불량배로 살게 하시다가, 마지막에 천국으로 몰래 숨어들도록 하기 위해서가 아닙니다. 절대로 그렇지 않습니다. 그분은 당신을 즉시 정직한 사람으로 만들기 원하십니다. 그분이 그렇게 행하셨을 때, 비로소 당신이 기쁨과 평화를 얻는 길에서 하나의 장벽이 제거되는 것입니다.

한 번 더 목표를 겨냥하도록 합시다. 나는 구도자들이 왜 평화를 발견하지 못하는지 그 이유를 규명하려고 시도하고 있습니다. 여러분은 어떤 사람들이 평화를 찾는데 실패하는 이유가 그들이 꼴사나운 기질을 가졌기 때문이라고 생각하지 않습니까? 어떤 이들은 아주 거친 기질을 가지고 태어납니다. 그들은 조악한 유전형질을 물려받았습니다. 나는 어떤 사람이 화를 내서 미안하다고 말하는 것을 들었습니다. 나는 그가 화를 냈다고 하는 말을 들어서 매우 기뻤지만, 그가 얼마 못가 또다시 울화통을 터뜨린 것에 대해서는 유감이었습니다. 자기 어머니나 아버지와의 사이가 틀어진 사람들이 있습니다. 남편과 아내들이 서로 다투는 것은 매우 슬픈 일입니다. 아마도 그런 사람들이 지금 내 말을 경청하고 있을 것입니다.

당신은 기도하고 있으며, 왜 하나님께서 당신에게 은혜를 베풀지 않으시는지 이상하다고 말합니다. 하지만 집안에는 분쟁이 있지요! 어쩌면 당신의 불쌍한 딸이 집에서 도망쳐나갔으며, 그녀가 오늘 밤 집으로 돌아온다면, 당신은 그녀의 면전에서 문을 닫을 것입니다. 그렇지 않습니까? 당신은 그토록 선하고 존경받을 만한데, 당신 자신의 자녀에게는 묵을 장소도 제공하지 못하는 것입니까? 그런데도 당신은 하나님께서 당신에게 긍휼을 베푸시기를 기대하지요? 혹 당신은 부루퉁하여 남편과 멀어져서, 다시는 그에게 돌아가지 않았습니다. 그런데 당신은 하나님과의 화평을 원하는 건가요? 하나님과의 평화라고요? 하나님과 화평을 구하기 전에 사람과 화평하십시오.

형제들과 자매들이여, 여러분은 싸움을 하고, 결코 상대를 용서하지 않을 거라고 결심했습니다. 오 선생들이여, 여러분에게 분명히 말하겠습니다. 여러분이 여러분의 동료 인간들과 화평할 수 없다면, 하나님과 화평하기를 기대할 수 없습니다! 주님께서는 예물을 제단 앞에 두고, 먼저 당신의 형제와 화해하고, 그런 후 돌아와 하나님과 화평하기를 구하라고 명하십니다. 마음의 악의는 전적으로 은혜와 충돌하며, 따라서 반드시 그것을 버려야 합니다. 나는 서로 말도 하지 않으려는 두 형제들을 압니다. 그런데 그들 중 하나는 그리스도인이라고 고백하며, 다른 하나도 그렇게 되기를 원한다고 말합니다. 하나님께서 그 두 사람에게 어떻게 하실까요? 나는 그들 중 누구에게도 어떻게 해야 할지 모르겠습니다. 구원의 일부는 우리를 악하고 증오에 찬 정신으로부터 구원하는 것이며, 우리를 하나님을 사랑하고 또한 우리의 동료 인간들을 사랑하게 하는 것입니다. 여러분이 악한 기질에 빠져 있는 것, 아마도 바로 그것이 여러분 중에 어떤 이들이 평화를 찾지 못하는 이유일 것입니다.

또한 여러분은 지적인 죄 때문에 평화를 얻지 못하는 어떤 사람들이 있다고 생각하지 않습니까? 무지의 죄가 있는 것처럼 확실히 지성의 죄도 있습니다. 어떤 사람들은 너무 많은 것을 알아 천국에 가지 못합니다. 말하자면, 그들은 성경보다 더 잘 안다고 생각하며, 하나님보다 더 잘 안다고 생각합니다! 그들의 사랑하는 어머니는 지금 천국에 있는데, 오, 그녀는 불쌍하고 생각이 단순한 인간이었습니다! 그들의 아버지는, 엄격할 정도로 성실한 사람인데, 오, 그는 고집불통입니다! 온 마음과 힘을 다해 복음을 전하여 많은 사람들을 그리스도께 오게 한 설교자는 시대에 뒤떨어진 사람이며, "교양"이 없는 사람입니다. 흥! 얼마나 바보들인지요! 여러분 중에서 그런 부류의 사람들을 묘사하는데 이보다 더 부드러운 말을 쓸 수가 없군요. 내가 이런 식으로 표명한 '찬사'가 진정한 의미에서 참이기를 바랄 뿐입니다. 왜냐하면 여러분이 바보라면, 여러분은 천국에 들어갈 수 있을 것이기 때문입니다. 하지만 여러분은 너무나 지혜로워서, 그 길을 잃을 가능성이 훨씬 커 보입니다. 하나님께서는 종종 스스로를 아무것도 아니라 여기고, 가난하고 궁핍하다고 여기는 자들을 선택하십니다. 반면 지혜를 자랑하는 큰 자들은 낙원으로 이끄는 길을 멸시합니다. 오, 너무 위대해서 천국에 들어가지 못하는 일이 없기를 바랍니다! 마음을 바꾸십시오. 어린아이들처럼 되십시오. 그렇지 않으면 여러분은 결코 천국에 들어가지 못할 것입니다.

이제 설교를 마치려 하지만, 머릿속에 떠오르는 것을 마지막이라고 말하고 싶지 않습니다. 나는 왜 어떤 사람들이 하나님과의 화평을 발견하지 못하는가에 대해 많은 이유들을 묘사했습니다. 하지만 때로는 내가 언급하지 않은 이유들이 있습니다. 그 이유들 중 하나는 추잡하고 은밀한 죄를 범하는 것입니다. 오, 자기 동료들의 영혼을 돌보아야 하는 사람은 이 세상에서 보고 한탄할 일이 얼마나 많은지요! 내가 어느 죽어가는 사람에게 심방 요청을 받은 것은 십오륙 년 전이었을 것입니다. 나는 그가 병들어 마음의 고통을 받기 전에 그를 본 적이 있었고, 그를 구주에게로 인도하기 위해, 또 그를 위로하려고 애를 썼습니다. 그는 우리 예배당에 지속적으로 출석했고, 나는 그가 왜 안식과 평안을 찾지 못했는지 이유를 알 수가 없었습니다. 나는 그의 길에 놓여 있다고 생각한 여러 가지 장애물들을 제거하려고 자주 노력했지만, 그가 죽은 이후까지도 왜 그가 평안을 얻지 못했는지 알 수가 없었습니다. 그는 친절하고, 관대했으며, 정이 많았기에, 여러분 모두 그가 살아있기를 바랐을 것입니다. 하지만 오호라! 나중에 또 다른 집과 가정이 있다는 것이 발견되었습니다. 그제야 나는 그가 그렇게 사는 한, 그와 하나님 사이에 화평이 있을 수 없었다는 것을 이해하게 되었습니다.

이런 말을 하는 것이 내키지 않지만, 어쩌면 나는 오늘 밤 그와 비슷한 상태에 있는 누군가를 향해 말하고 있는지도 모릅니다. 오, 사랑하는 귀한 영혼들이여, 죄 속에 살면서 그리스도인이 되려는 시도를 하지 마십시오! 은밀한 악에 빠져 있는 동안 하나님 안에서 소망을 가진 것처럼 가장하지 마십시오. 그럴 수는 없습니다. 여러분은 여러분의 죄를 버리든지, 아니면 천국에 대한 모든 소망을 버리든지 둘 중 한 가지를 해야 합니다. 남성들과 여성들이여, 지금은 악하고 부정이 가득한 시대입니다. 사람들의 영혼을 다루는 하나님의 종은 아주 분명하게 말할 필요가 있기에, 나는 여러분에게 이런 식으로 진리를 제시해야 한다고 느낍니다. 아무도 여러분의 죄를 모릅니다. 여러분은 발각되지 않았습니다. 하지만 어쩌면 여러분은 어떤 은밀한 죄를 끊임없이 범하는 중에 살아가고 있는지 모릅니다. 여러분 자신의 영혼에 대한 사랑으로, 그리스도를 찾고자 하는 여러분의 갈망으로, 악한 일에서 떠나라고 여러분에게 호소합니다. 여러분의 생명을 위하여, 다가올 진노에서 피하십시오. 영생을 취하십시오(딤전 6:12). 그리스도 안에 구원이 있습니다. 그분을 바라보는 것에 생명이 있습니다. 하지만 그 생명의 상당 부분은 죄에서 치유되는 것에 있습니다. 여러분은 더러운 삶을 지속하면서 구주의 피로 씻음 받을 수는 없습니다. 그것은 표현상으로도 모순이지만, 실제로도 모순입니다.

나의 청중이여, 내가 여러분을 하나님의 법정에서 만날 때, 그리고 다시는 말할 수 없는 죽어가는 사람으로서 만나게 될 때에도, 나는 진리를 이런 식으로 제시할 거라고 생각합니다. 왜냐하면 내가 집으로 돌아가 침상에 누워 죽을 때, 나는 여러분 중 어느 누구의 피도 내 옷자락에 남아 있기를 원치 않기 때문입니다. 영원을 두고서, 천국을 두고서, 지옥을 두고서, 여러분에게 호소합니다. 이 시대에 부드러운 혀를 가진 거짓말쟁이들이 무슨 말을 하더라도 지옥은 있습니다. 천국을 두고, 지옥을 두고, 여러분 자신의 불멸의 생명을 두고 호소하니 그리스도께 달려가십시오. 여러분의 죄를 버리십시오. 지금 예수님을 믿고 구원을 받으십시오! 하나님께서 그런 은혜를 주시길 빕니다! 아멘, 아멘.

제
80
장

원수의 목전에 높이 올려진 깃발

"여호와께서 그 기운에 몰려 급히 흐르는 강물 같이 오실 것 임이로다."—사 59:19
"원수가 홍수처럼 올 때에 주의 영이 그를 대적하여 깃발을 올리시리라."(KJV)

이 부분에서 히브리어는 매우 해석하기가 어려워 보입니다. 그래서인지 지금까지 수십 가지의 많은 번역이 제시되어왔습니다. 그 중에서도 흠정역(authorized version)이 대체로 아주 만족스럽습니다. 많은 다양한 번역으로 여러분의 생각을 번거롭게 하지 않고, 우리는 우리가 대하는 번역본 한 가지를 고수할 것입니다. 혹 그것이 원문에서 가르치는 진리를 정확하게 표현하지 못하더라도, 전체적인 성경의 진리와 부합되는 것이며, 지금 우리가 기억하기에 중요한 것입니다. "원수가 홍수처럼 다가올 때, 주의 영이 그를 대적하여 한 깃발을 들어 올리시리라." 이는 길(Gill) 박사를 비롯하여 훗날의 무수한 다른 주석가들에 의해 제시된 번역인데, 이 번역에서 그들은 아주 끔찍한 배교(背敎)가 있을 것이라고 믿습니다. 그 때 인간의 죄가 훨씬 더 발달하는 수준에 이를 것이며, 기독교회는 크게 위축될 것입니다. 바로 그럴 때 주의 영이 진리를 위하여 한 깃발을 올리실 것이며, 그분의 은혜의 능력으로 예수님의 왕국은 가장 충만한 영광을 나타내게 될 것입니다. 하지만 우리는, 엄격한 방식으로 이 본문이 오직 한 특정한 시기에 관계된 것으로 해석하고 싶지 않습니다. 어떤 것도 이 예언을 그렇게 해석하도록 나를 설득하지 못합니다. 하나님의 은혜로 나는 복음을 설명하는 것으로 만족할 것입니다. 쓸 만한 복음의 사역자들을 그들의 적절한 직무에서 짐승의 수라든가 작은 뿔의 의미 등에 대한 한가한 사변으로 빗나가게 만드는 것이 사탄의 가장 치명적인 책략들 중 하나라고 나는 믿습니다. 예언들은 그 성취로써 그 자체를 해석할 터이지만, 그렇게 할 수 있는 어떤 해석가도 아직은 일어나지 않았습니다. 섭리가 예언의 참된 해석자입니다.

"하나님이 자기 예언의 해석자이시니
그분이 자기 일을 명백히 하시리라."

하지만 우리가 다니엘과 요한의 신비로운 환상들을 그것들이 성취되기 전에 해석하려든다는 것은, 어리석기보다는 오히려 해로운 것이라고 나는 믿습니다. 영혼들을 구하는 일에 모두 소비되어야 할 에너지를 그 시도에 쏟아 붓는 것은 죄스러울 정도로 에너지의 큰 낭비일 것입니다.

우리는 단지 일반적인 원리를 숙고할 것이며, 그것은 충분히 명백합니다. 원수가 거대한 힘으로 와서 하나님의 백성을 대적할 때에, 하나님의 영이 영광스러운 능력을 발하실 것이며, 원수의 침입에 맞서 한 깃발을 높이 드실 것입니다. 우리는 먼저 본문을 우리 자신의 마음에서 일어나는 거룩한 전쟁과 관련지을 것이며, 둘째로는 바깥 세상에서 벌어지고 있는 거룩한 전쟁과 관련지을 것입니다. 이러한 전쟁은 혈과 육에 대한 싸움이 아니라 영적인 악함에 대한 싸움입니다.

1. 그리스도인의 내면에서 발생하는 싸움

먼저 우리는 본문의 일반적인 진술을 그리스도인의 내면에서 발생하는 싸움과 관련지을 것입니다. 우리가 그리스도인의 위치를 분명하게 이해하는 것이 좋습니다. 이곳은 승리의 땅이 아니며, 지금은 안식의 시기가 아닙니다. 우리가 이마에 월계관을 쓰고서 무기를 버린다면, 그것은 지극히 어리석은 짓입니다. 배는 아직 항구에 있지 않으며, 수많은 폭풍이 그 배를 타격할 것입니다. 전사는 아직 마지막 원수를 죽이지 않았으며, 순례자는 마지막 거인과 싸우지 않았습니다. 회심의 순간은 영적 싸움의 마침이라기보다는 오히려 시작입니다. 신자가 베개에 머리를 대고 숨질 때까지 그는 자기 싸움을 결코 마친 것이 아닙니다. 그 싸움은 우리가 여기를 떠나 이보다 훨씬 좋은 곳에서 그리스도와 함께 있을 때까지는 결코 끝나지 않을 것입니다.

사랑하는 그리스도인이여, 당신은 원수들이 가득한 땅에 있습니다. 당신 안에도 원수들이 있습니다. 당신은 타고난 죄의 영향력으로부터 구원받았어도 본성이 깨끗한 것은 아닙니다. 새로운 본성은 신적 기원에 속하며, 그것은 하나님께로부터 난 것이기 때문에 죄를 지을 수 없습니다. 하지만 당신에게는 또한 옛 본성, 육적인 생각이 있으며, 그것은 하나님과 화해하지 않았으며 정녕 그럴 수도 없습니다. 그것은 새로운 본성과 갈등하고 싸웁니다. 우리 마음에 있는 사울의 집은 다윗의 집과 전쟁을 하고, 그것을 쫓아내고 그 왕관을 탈취하려고 합니다. 이 싸움은 다소 격렬하게 당신이 안식에 들어갈 때까지 계속될 것이라고 예상해야 합니다. 게다가, 바깥 세계에도 수많은 원수들이 있습니다. 이 헛된 세상은 은혜의 원리에 우호적이지 않습니다. 만일 당신이 세상에 속하였다면 세상이 자기의 것을 사랑할 것입니다. 하지만 당신이 세상에 속하지 않고 천국의 백성의 일원이기에, 당신은 낯선 이방인, 아니 혐오스럽고 미운 원수로 취급받을 것을 예상해야 합니다. 모든 종류의 올무와 함정이 당신을 잡기 위해 놓일 것입니다. 주님을 말의 올무에 걸리게 하려고 시도했던 자들이 당신에게 더 관대하지 않을 것입니다.

더 나아가 그 이름이 "원수" 혹은 "악한 자"라고 불리는 자가 있습니다. 그는 당신의 모든 적대자들의 우두머리입니다. 온 힘을 다해 하나님을 미워하기에, 그는 당신 안에서 하나님께 속한 것을 보고는 그것을 미워합니다. 그는 지옥의 화살통에 있는 화살들을 아끼지 않을 것입니다. 그는 그 모든 것을 당신을 향해 쏠 것입니다. 그가 알고 있는 유혹들, 그가 오랜 실습으로 잘 이해하고 있는 기술들 중에서, 당신에게 써 먹지 않을 것은 하나도 없을 것입니다. 그는 때때로 당신에게 아첨할 것이며, 때로는 눈살을 찌푸릴 것입니다. 그는 가능하다면 당신을 자기의(self-righteousness)로 한껏 높였다가, 그 다음에는 당신을 절망으로 내동댕이칠 것입니다. 당신은 그가 언제나 사납고 지칠 줄 모르는 원수임을 알게 될 것입니다. 그러므로 이 점을 명심하고, 하나님의 전신갑주를 입으십시오. 길에서 원수를 발견한 자처럼 항상 손에 칼을 들고 행진하십시오.

본문은 우리로 하여금 그리스도인의 위치가 특별히 위험스러운 시기들이 있음을 예상하도록 인도합니다. 순례의 길을 떠난 자 중에서 어떤 때에는 원수가 마치 홍수처럼 다가오는 것을 모르는 자가 누구입니까? 홍수처럼, 마치 산 위의 호수가 터진 둑을 통해 갑자기 아래의 골짜기로 쇄도하는 때처럼, 별안간 그리고 의식하지 못한 때에 원수는 다가옵니다. 저항할 수 없을 정도로 파괴적이며, 전속력으로 돌진하면서 앞에 있는 모든 것을 휩쓸어갑니다! 만족할 줄도 모르지요! 가축도 사람의 거주지도, 소를 위한 여물도, 가족을 위한 곡식도 휩쓸고, 젊은이와 노인들을 물 속에 수장시키며, 그 냉정하고 무자비한 힘으로 모든 것을 파괴합니다! 홍수는 온정이 없으며, 어떤 탄원에도 굴하지 않습니다. 우리의 영적 원수들의 습격은 그처럼 지독하고 끔찍합니다. 죄와 의심과 유혹들이 우리를 공격할 때에, 하나님의 도움 없이 그것들에 맞설 자가 누구입니까? 누가 그것들에 저항할 수 있겠습니까? 영적인 싸움에서 백전노장이 된 여러분이여, 여러분은 왕들이 전투에 나서는 때가 있음을 잘 압니다. 그 때는 내부의 반역자들이 특히 괴롭게 하는 시기이며, 그 때 여러분은 특별한 은혜를 필요로 합니다.

영적인 싸움을 아는 당신은, 이 끔찍한 위험에 대하여 당신 자신의 전적인 무능을 철저하게 의식하는 것이 좋습니다. 홍수에 맞서서 한 사람이 무엇을 하겠습니까? 어떻게 그가 거기에서 벗어나거나 혹은 그 흐름을 저지하겠습니까? 가장 헤엄을 잘 치는 사람도, 모든 근육을 무리할 정도로 사용해도, 도움을 얻지 못한다면 틀림없이 그 압도적인 힘에 굴복하게 될 것입니다. 만약 사람이 자기 자신의 힘겨운 투쟁 외에 의지할 것이 아무것도 없다면, 거품을 일으키며 흐르는 격류에 그가 어떻게 맞설 수 있을까요? 쇄도하는 홍수의 맹렬함도 우리 원수들의 분노를 능가하지는 못합니다. 그 힘을 견뎌내는데 인간의 힘이 어디에 쓸모가 있을까요? 그리스도인이여, 당신은 원수들에게 둘러싸여 있습니다. 그리고 당신 자신은 전쟁의 날에 무력합니다. 만약 당신이 하늘의 갑옷을 입지 않으면, 당신은 벌거벗은 사람처럼 되어, 모든 화살들이 당신의 육체를 꿰뚫을 것입니다. 만일 믿음의 방패가 당신을 가려주지 않으면, 유혹자의 창들이 곧 당신의 심장을 찌를 것입니다. 당신은 하루살이보다 먼저 뭉개질 것이며, 한 마리의 벌레처럼 쉽게 짓밟힐 것입니다. 당신은 한없이 연약하며, 먼지처럼 미약합니다. 당신의 힘, 당신이 상상하는 힘도 완전한 약함일 뿐이거늘, 하물며 당신의 약함이야 어떠하겠습니까? 당신의 본성적인 최고의 지혜도 어리석음이거늘, 하물며 당신의 어리석음은 어떠하겠습니까? 부러진 날개를 가진 한 마리의 새가 높은 하늘로 오르려 시도하는 것처럼 당신은 당신 자신의 힘으로 천국에 도달하려고 시도

합니다. 전능하신 야곱의 하나님이 당신의 보호가 되지 않으시면, 지푸라기 하나를 지닌 어린아이가 한 무리의 무장한 어른들을 맞서려고 하는 것처럼 당신은 영적인 원수들을 향해 무모하게 돌진하는 꼴입니다. 당신의 싸움에서 돌진해 나가려면 영원한 무기가 필요하지만, 당신 자신은 너무나 미약하니, 어떻게 당신이 승리를 얻을 수 있겠습니까? 자기 확신을 멈추십시오. 당신 자신이 얼마나 약한지를 아십시오. 당신을 넘어, 당신보다 더 고귀하고 확실한 힘의 원천을 바라보십시오.

본문은 우리의 위치를 철저하게 깨닫도록 분명히 말한 후에, 우리의 연약함을 우리에게 시사한 후에, 우리의 유일한 도움 즉 신비하면서도 거룩한 조력자(Helper)를 향하도록 우리에게 명합니다. 원수가 홍수처럼 올 때, 그 때 어떻게 해야 할까요? 그리스도인이 그것을 저지할까요? 아니면 그것을 피할까요? 그렇게 말씀하지 않습니다. 그가 자기 목사에게 달려갈까요? 그리스도인 친구들을 모을까요? 그러면 그들이 뭉쳐서 그 물길을 막거나 싸움에 나설까요? 그렇지 않습니다. 그들도 마찬가지로 약합니다. 그들의 연합은 아무런 힘이 되지 못할 것입니다. 그들 각자는 아무것도 아니며, 그들 전부가 뭉쳐도 아무것도 바꾸지 못합니다. 텅 빈 것을 모아도, 더 큰 규모의 텅 빈 것일 뿐입니다. 일천 명 바보들의 지혜를 모아도, 그만큼의 더 큰 어리석음에 지나지 않습니다.

그러면 본문은 우리에게 어떤 방향을 지시합니까? 그것은 우리가 애정과 공경을 가지고 그 이름을 언급하는 분, 곧 주의 영을 우리에게 상기시킵니다. 우리가 이미 그분의 덕을 입고 있지 않습니까? 복되신 성령이여! 당신은 우리가 하나님의 우리 밖에서 방황하던 나그네들이었을 때 우리를 찾으신 분이십니다. 우리의 맹렬한 의지가 행악으로 치달을 때에 우리와 씨름하셨던 분이십니다! 당신께서 우리에게 죄에 대하여, 의에 대하여, 다가올 심판에 대하여 깨닫게 하셨을 때, 당신은 결국 우리를 굴복시키셨습니다! 복되신 성령이시여! 우리가 현재의 거룩한 위안을 얻은 것은 바로 그분 덕택입니다. 그분이 우리를 구주의 십자가로 이끄셨으며, 우리의 어두운 눈을 뜨게 하여 속죄의 사랑이라는 경이를 보게 하셨습니다. 그분이 우리로 하여금 구주를 사랑하게 했고, 우리에게 약속을 적용시키셨고, 양자의 영을 주셨으며, 우리로 하여금 "아빠, 아버지"라고 말하도록 가르쳐주셨습니다. 우리가 소생하여 살게 된 것은 그분의 생명의 능력 때문이었습니다. 우리는 나사로처럼 누워 있었고, 무덤 속에서 썩고 있었지만, 마침내 그분이 우리를 나오라고 부르셨습니다. 우리가 그리스도의 일들에 관하여 이 정도까지 깨닫게 된 것은 그분의 가르침 때문이었습니다. 그리스도께서 우리에게 전해주신 것이면 무엇이든지, 그분이 우리에게 모든 것을 가르쳐주셨고, 모든 것을 기억나게 하셨습니다. 지금까지 그분이 우리 속에 내주하시는 안내자가 되어주셨고, 우리 믿음에서 어둠을 밝히셨으며, 우리 의지의 변덕스러움을 자제시키셨고, 우리의 본성을 성화시키시며, 우리로 하여금 우리 영혼이 갈망하는 궁극적인 온전함을 향하여 우리 자신을 극복하며 앞으로 나아가게 하셨습니다. 복되신 성령이시여!

형제들이여, 그분을 근심하게 하지 맙시다. "성령을 소멸하지 말라"(살전 5:19). 세미한 그분의 권면에도 순종하십시오. 그분이 여러분에게 무엇을 명하든지 그것을 행하십시오. 우리의 영혼 속에서 그분의 능력이 자기 병사들을 지휘하는 백부장의 그것처럼 되게 하십시오. 그분이 우리에게 "가라"고 명하시면, 우리는 갈 수 있습니다. 그분이 자기 종에게 "이것을 하라"고 말씀하시면, 그는 "그것을 할" 것입니다. 그분의 임재의 위로를 잃지 않도록 주의하십시오. 그리하여 그분의 부재를 슬퍼하고 탄식하면서 이와 같이 부르짖지 않게 되도록 하십시오.

> "오 거룩하신 비둘기여, 돌아오소서,
> 오 달콤한 안식의 전달자시여!
> 당신을 탄식하도록 만들고,
> 당신을 제 품에서 떠나게 만든 죄를 미워하나이다."

그분의 능력과 임재를 사모하며 의지하는 법을 배우도록 합시다. 우리의 모든 신앙적인 실천과 활동에서 능력을 얻기 위해 그분을 바라보도록 합시다. 우리의 기도를 인도하시고 우리의 노래에 감동을 주시도록, 우리의 연약함을 도우시고 마음을 강하게 하시도록, 그분께 간청을 드립시다. 모든 기독교적 노력의 진정한 생명력은 성령님이심을 계속해서 믿읍시다. 우리의 사역들을 생각할 때, 그 일들을 우리에게 부여하신 성령님께 의지합시다. 그분만이 우리 사역에 복을 주실 수 있습니다. 또한 교회가 수행하는 다양한 활동들을 위해, 성령께서 그 일들을 통해 능력을 나타내기를 기뻐하시므로 그 일들을 감당하면서 성공을 기대합시다. 사랑하는 친구들이여, 우리는 우리가 알지 못하는 누군가에게, 우리에게 낯선 자에게 의지하지 않습니다. 하지만 우리는 눈물이 가득한 눈으로 가장 선하시고 귀하신 우리의 친구로부터 오는 하늘의 도움을 바라보아야 합니다. 그분은 온 하늘에 충만하시고 만유 위에 계시며 영원히 복되신 하나님이시지만, 그럼에도 우리의 초라한 몸을 그분의 성전으로 삼으셨으며, 교회에 지속적으로 거하십니다.

성령께서 고난의 때에 우리를 돕기 위해 오신다고 합니다. 지금까지 그렇지 않았습니까? 믿음이 약해질 때 성령께서 안위의 약속으로 믿음을 북돋우셨습니다. 마치 엘리야가 숯불에 구운 떡을 먹은 후 그 힘으로 사십 주야 광야 길을 갈 수 있었던 것처럼, 우리의 믿음은 약속의 말씀을 먹고 힘을 얻었습니다. 우리의 사랑이 시들어 마침내 아무것도 남아있지 않은 것처럼 보일 때에, 성령이 오셨고, 주 예수님의 영광스러운 모습을 계시하심으로써, 부지중에 우리의 영혼이 다시 사랑으로 뜨거워지게 했습니다. 우리는 정말이지 아무런 영적 생명이 우리 속에 남아있지 않다고 생각했지만, 거룩한 비둘기이신 성령께서, 소생케 하시는 그분의 모든 능력으로 임하셨고, 구주의 사랑을 부어주심으로써 끊임없이 우리 마음의 제단에 불을 붙여주셨습니다. 우리는 무기력에서 뜨거움의 상태로, 게으름의 상태에서 부지런히 애쓰는 상태로 고양되었습니다. 두더지처럼 땅을 파고 기던 우리가 어떻게 해서 별안간 독수리처럼 오르게 되었는지 이해하기가 어렵습니다. 이는 성령의 역사입니다. 원수가 홍수처럼 올 때에 주의 영이 그를 대적하여 깃발을 올리실 것입니다.

또한 우리의 현재적인 어려움에 대해, 그것이 무엇이건, 우리는 영적인 힘을 의지해야 합니다. 오, 사랑하는 이여, 구원의 싸움을 오직 인간의 힘으로만 싸워야 한다면, 여러분과 나는 칼과 방패를 내려놓고 절망적으로 그 싸움을 포기해야 합니다. 왜 우리가 열매 없는 일에 우리 수고를 낭비한단 말입니까? 하지만 하나님의 영이 우리를 구원하시기 위해 그분의 거룩한 팔을 펼치신다면, 또한 자기의 기쁘신 뜻을 위하여 우리 안에 소원을 두고 행하게 하신다면, 우리는 싸움에서 최악의 순간에도 두려워하지 않으며, 가장 암울한 전투의 시기에도 절망하지 않습니다. 그렇지 않습니다. 원수가 격노하여 온 힘을 집중하여 덤비고, 내적 부패라는 어둠의 세력이 그 악한 힘을 다해 진격해 와도, 그 모든 것보다 강하신 분이 계시며, 그분의 깃발이 그것들의 습격을 저지할 것입니다. 그 악한 영이 최선을 다해도, 그 때 우리는 성령께서 그분의 능력을 나타내실 때 어떤 일을 하실 수 있는지를 볼 것입니다. 마귀가 최악의 일을 행하는 것을 목격할 때가 아니면 우리는 하나님이 최선의 일을 행하시는 것을 보리라고 기대할 수 없습니다. 우리가 아주 고통스러운 처지에 빠졌을 때, 우리의 도움은 가장 영광스러울 것입니다. 피조물이 절망으로 죽게 되었을 때, 바로 그 때가 그 무엇도 저항할 수 없는 창조주의 팔이 힘을 발휘하여 우리에게 그 영광을 나타낼 기회입니다.

이제 잠시 이 위대한 진리가 두드러지는 두세 가지 사례들을 제시하도록 하겠습니다. 이것은 죄를 자각하는 영혼에게 해당됩니다. 이는 구원을 찾는 많은 영혼들에 대한 사탄의 때와 기회입니다. 죄가 그리스도인의 영혼을 무거운 짐으로 누를 때, 그는 존 번연이 말하듯이, "번민으로 엎치락뒤치락" 하기가 쉬우며, 마침내 그는 바른 정신과 감각을 유지하기가 어렵습니다. 때때로 율법으로 인한 두려움이 마음을 너무나 혼란스럽게 하여, 두려움에 시달리는 그의 가엾은 마음은 어둠과 빛을 분간하기조차 어렵습니다. 그러할 때에, 사탄이 인간이 매우 약하여 자기에게 저항할 힘이 없다는 것을 아는 바로 그 때에, 그는 다가와서 어떤 가증스러운 생각을 불어넣습니다. 그 가증한 생각이란 그 영혼의 영원한 파멸과 현재의 절망은 정해진 일이며, 그 죄를 용서받기란 이미 늦었고, 그 영혼이 용서받을 수 없는 죄를 범했다는 암시입니다. 혹은 그 영혼이 은혜를 받기에 바른 상태가 아니며, 완고하여 성령에 의해 버려졌으며, 하나님의 긍휼을 얻기에는 전적으로 부적합하다는 암시입니다.

슬머시 파고드는 이런 암시들을 하나씩 몰아내어도, 사탄은 그 수만큼의 해로운 암시들을 다시 불어넣습니다. 사실상, 사탄이 곤혹스러워하는 영혼을 공격하는 유혹의 다양성은 거의 무한할 정도입니다. 폭넓은 목회적 경험이 있어도 우리가 사탄의 간계에 어떤 제한을 두지는 못합니다. 왜냐하면 이러한 상태에서 겪는 유혹들이 서로 상당히 비슷한 듯이 보여도, 사실상 어떤 두 가지 경우도 정확히 같지는 않기 때문입니다. 각 사람으로 하여금 그의 사례가 그런 종류로는 유일한 사례이며, 그의 경우는 특별한 경우라고 생각하도록 만드는 것이 사탄의 방책 중의 일부이기 때문입니다. 그런 식으로 사탄은 그로 하여금 하나님의 말씀에서 그의 경우를 묘사하는 부분이 없다고 생각하게 만들고, 어떤 약속도 그에게 해당되지 않으며, 그는 하나님께서 은혜를 베푸실 의향이 없는 대상에 속한다고 생각하게 만듭니다. 처음부터 살인한 이 오래된 거짓말쟁이는, 계속해서 이러한 끔찍한 생각들을 쏟아 붓습니다. 독을 한 방울씩 떨어뜨리듯이 그런 생각을 스며들게 하는 것이 아니라, 그를 확실히 자기 희생물로 삼기 위해 인간의 마음속으로 그런 암시들이 홍수처럼 밀려들게 하는 것입니다. 때때로 그런 암시들은 뒤죽박죽으로 섞이고 윤곽도 불분명해서, 그런 암시들에 시달리는 사람은 생각을 도무지 분간할 수가 없으며, 친구도 그에게 위로를 주지 못합니다. 그는 너무 혼란스럽고, 너무 낙심되어, 마치 흘러가는 홍수 한가운데서 사투를 벌이는 한 마리의 파리와도 같습니다. 그 급류에서 구출될 희망은 없이, 물살이 소용돌이치는 곳마다 빙글빙글 돌며, 물결이 칠 때마다 요동하는 것입니다.

이제 어떤 일이 벌어질까요? 원수가 그 땅을 장악하여, 그것을 발로 밟고, 쟁기로 갈아엎고, 그곳을 피로 물들입니다. 무엇을 행할 수 있을까요? 아아, 그런 경우에 성령의 개입이 없이는 아무것도 행할 수가 없습니다. 설교자가 위로하려고 노력합니다. 그가 멋진 말씀을 찾고, 그 말씀으로 평안을 가져다줄 수 있기를 바랍니다. 하지만 그는 실망하게 됩니다. 많은 영혼들이 죄로 혼돈스러워하는 경우에는 목사도 난처하게 됩니다. 사람들이 의사에게 수치를 안겨주었던 어떤 질병에 대해 말한 바 있는데, 그 의사는 그 병에 손도 댈 수 없습니다. 그와 마찬가지로 어떤 영혼의 질병들은 목사를 난처하게 만듭니다. 왜냐하면 비록 우리가 그런 경우에 적합한 약속들을 찾아내고, 위로를 주기에 적당한 교리들을 가르칠 수는 있어도, 약을 찾아내는 것과 그 영혼으로 하여금 그것을 받아들이도록 하는 것은 별개의 문제이기 때문입니다. 옛 속담이 말하듯이, "한 사람이 말을 물로 데려갈 수 있어도, 이십 명의 사람도 그 말에게 물을 마시게 할 수는 없습니다." 마찬가지로 한 사람이 어떤 영혼을 약속으로 데려갈 수는 있어도, 이십 명의 사람도 그 약속을 그 영혼이 받아들이게 할 수는 없습니다. 하지만 오! 이 본문이 얼마나 기쁜 말씀인지요! "주의 영이 그를 대적하여 깃발을 올리시리라."

고통당하는 가련한 영혼이여, 당신의 경우에 그 깃발은 곧 십자가일 것입니다. 그분이 당신의 눈 앞에서 고난당하신 하나님의 아들을 높이 드실 것입니다. 이것이 지옥을 도망치게 만드는 깃발입니다. 사탄은 한때 그가 상하게 했던 발꿈치의 능력을 압니다. 예수님의 발이 이미 그의 머리를 부수었고, 그는 하나님의 아들이 높이 들릴 때마다 도망쳐야 합니다. 가련한 죄인이여, 당신에게 호소하니, 골고다의 십자가에서 죽임을 당하신 하나님의 어린 양을 바라보십시오.

당신이 그렇게 할 수 있도록 성령께서 도우시길 빕니다. 그 고난 속에 속죄가 있으며, 창에 찔린 그 가슴은 언제든 당신을 받아들일 것입니다. 그분의 상처 입은 옆구리에서 흐르는 피와 물에는 씻어 정결하게 하는 능력이 있습니다. 바라보고 살라는 것 외에 당신에게 요구되는 것은 없습니다. 오, 이 순간 내가 하지 못하는 것을 성령께서 당신에게 행하시길 빕니다! 그분이 당신의 마음에 그 깃발을 높이 드시어, 당신의 모든 의심과 두려움을 즉시 몰아내시길 빕니다. 그리스도께서 당신의 편이 되심으로써 당신이 싸움에서 이기기를 바랍니다. 나는 그렇게 될 것이라고 믿습니다. 당신은 오랫동안 어둠 속에 있었을 것이지만, 언제나 그곳에 있지는 않을 것입니다. 전심으로 주를 찾았던 영혼이 멸망한 적은 결코 없습니다. 당신은 은혜의 문 밖에서 두드릴 수 있습니다. 비록 추운 겨울 날씨이고, 문고리를 쥐고 있는 당신의 손가락에 냉기가 스며들 수 있습니다. 하지만 그 문은 결국 열리고 말 것이니, 그 점에 대해서는 두려워할 필요가 없습니다. 만약 간구하는 죄인을 거절하실 수 있다면, 하나님은 자기를 부인하시는 셈입니다. 만약 당신이 하나님께 속한 자가 되고 싶다면, 하나님께서도 기꺼이 당신의 하나님이 되실 것입니다. 왜냐하면 그분이 그 영혼의 구원에 관하여 그분의 뜻을 정하지 않으셨다면 그 사람에게 그런 소원을 갖게 하시지 않았을 것이기 때문입니다. 주의 영이 당신의 조력자가 되실 것입니다.

이제 또 다른 경우를 염두에 두고, 본문을 적용해보도록 하겠습니다. 이런 일은 회심 후에 자주 일어나며, 특히 회심 전에 중대한 죄를 지었던 사람들에게 일어납니다. 그 유혹은 특별한 힘으로 다가옵니다. 여러분은 술 취함에서 돌이켜 회심한 사람이 다시는 술의 유혹에 빠지지 않을 거라고 생각해서는 안 됩니다. 그는 유혹을 받을 것입니다. 아마도 그 유혹은 오래도록 그에게 큰 짐일 것입니다. 정욕에 빠졌던 사람은 그것이 그의 뼈 속에 있음을 발견할 것이며, 비록 그가 그것을 미워하고 맞서서 싸우더라도, 때로는 그 유혹은 하나님의 은혜가 아니면 그가 도저히 이겨내지 못할 정도로 강하게 올 때가 있습니다.

특히 하나님께서는 고통당하는 영혼들을 위로하는 일에 쓰시려는 그분의 일꾼들에게 큰 유혹들을 보내신다고 나는 믿습니다. 오, 어떤 하나님의 종들은 저 무서운 신성모독, 머릿속에 떠오르는 극악무도한 연상들, 지옥보다 더 끔찍한 생각들에 맞서 한 시간 동안 내내 싸워야 했으며, 그런 생각이 입 밖으로 튀어나올까 두려워 손으로 입을 때리기도 했습니다. 이 사람들은 그러한 악한 생각들을 몸서리치도록 미워하고 혐오하고, 마치 바울이 그 손을 물고 있던 독사를 불 속으로 떨어 버렸듯이 그것들을 떨쳐 버리려 노력했지만, 그럼에도 그것들을 없애버릴 수 없었습니다. 하나님의 어떤 훌륭한 종들처럼 유혹을 받는 것은 무서운 일입니다. 어떤 그리스도인도, 그가 어디에 살든지, 유혹들로부터 전적으로 피할 사람은 없으며, 종종 더 탁월하게 쓸모 있는 사람들이 더 현저한 유혹들을 받기 때문입니다.

그럴 때는 어떻게 할까요? 그럴 때 힘을 얻기 위해 당신 자신의 경험을 의지하지 마십시오. 바른 안내를 위해 당신 자신의 지혜에 기대지 마십시오. 그렇게 되면 당신의 고충은 이전보다 열 배는 악화될 것이기 때문입니다. 깨어진 물통으로 가지 마십시오. 거기에는 물이 없습니다. 그리스도인이여, 당신에게 권고합니다. 강한 분(the Strong)에게 가서 힘을 구하십시오. 유일하게 효과적으로 깃발을 드실 수 있으며, 당신의 영혼을 새롭게 수습하여 싸우게 하시고, 당신에게 승리를 주실 수 있는 저 복되신 성령께로 가십시오. 당신은 어린 양의 속죄의 피로 이길 것입니다. 세상을 이기는 승리는 이것이니 곧 우리의 믿음입니다. 우리는 영적인 힘의 강화가 필요하며, 고난의 때에 그것을 얻을 것입니다.

또 다른 사례가 그리스도인에게 종종 발생합니다. 그런 경우는 죄에 빠지게 하는 부추김이라기보다는 의심하도록 만드는 유혹이 오는 때입니다. 우리가 의심 없이 살 수 있다면 얼마나 좋겠습니까! 하지만 의심과 두려움은 너무나 흔하기에, 지금까지 살았던 그리스도인의 경험에 대한 가장 위대한 스승인 존 번연 씨도, 그의 『거룩한 전쟁』(*Holy War*)에서 의심의 군대(army of doubters)를 인간영혼(Mansoul)의 성읍을 점령하려고 애쓰는 모습으로 묘사합니다. 그는 그 군대를 여러 부대로 나누는데, 곧 선택의 의심, 부르심의 의심, 인내의 의심 등등입니다. 그리고 이 놈들은 커다란 지옥의 북을 끊임없이 두드리면서, 인간영혼의 마을을 크게 놀라게 하고, 심지어 힘으로 침입하기도 하고, 거의 그 성의 심장부를 점령할 뻔도 합니다. 하지만 그들은 그 성채를 장악하지 못하고 결국에는 쫓겨납니다. 의심과 두려움이 우세할 때, 당신이 원하면 언제든 그것들을 제거할 수 있다고 말하지 마십시오. 나는 그것들이 죄임을 알며, 또 강력한 죄들인 것을 압니다. 나는 의심하는 것이 하나의 질병이라고 아는데, 물론 그렇지 않기를 바라지만, 더구나 그것은 하나님의 백성 가운데 아주 흔한 질병이라고 나는 알고 있습니다. 이런 우울한 의심들이 우세할 때에, 마음에는 위로가 없고 삶에는 기쁨이 없습니다.

> "오, 우울한 의심들이 힘을 발할 때
> 저는 당신을 제 편이라고 부르기가 두렵습니다.
> 그 때 위로의 샘들은 말라버리고
> 제 모든 소망은 시들어버립니다."

그 때 우리는 무엇을 해야 할까요? 다시 한 번 보혜사에게 달려가서 이렇게 부르짖으십시오. "하나님의 백성의 복된 위로자시여, 그 부드러운 날개로 평화를 우리에게 가져다주실 수 있는 분이시여, 내려오소서!" 그분이 우리 안에서 역사하시고, 그 사랑의 날개를 넓게 펼치실 때, 혼돈은 떠나고 질서가 찾아옵니다. 그분이 "빛이 있으라!" 말씀하시면, 짙은 어둠이 굴복하고, 빛이 있으며, 우리의 영혼은 "말할 수 없는 영광스러운 즐거움으로 기뻐합니다"(벧전 1:8). 이것이 모든 그리스도인의 경험이라고 나는 믿습니다. 내 사랑하는 형제여, 당신이 하나님의 힘에 의지할 수만 있다면, 그것은 당신의 경험이 될 것입니다.

나는 이 약속이 우리의 내적 상태와 관련된 것임을 상기합니다. 이것이 참되고 확실한 약속임을 기억하십시오. 이 약속은 하나님의 의지적 표현들 중의 하나이며, 당신이 신적 의지인 "쉘(shall)"을 붙잡으면 위로가 될 것입니다. "원수가 홍수처럼 올 때에 주의 영이 그를 대적하여 깃발을 올리시리라(shall lift)." 이 약속의 말씀은 이사야가 그것을 기록했을 때와 마찬가지로 진실입니다. 그것은 당신에게 진실입니다. 그것은 당신의 현재의 어둠의 상태에서도 진실입니다. 당신은 그것이 진실임을 알게 될 것이며, 천국에서 하나님의 영이 싸움의 날에 원수를 대적하여 전쟁의 깃발을 올리셨다고 증언하게 될 것입니다.

2. 세상에서의 거룩한 전쟁

이제 두 번째 요지로 전환하여, 우리 밖에서 일어나는 거룩한 전쟁을 살펴보도록 하겠습니다.

기독교회가 하나님의 사랑의 특별한 대상이라고 해서, 어둠의 세력들로부터 적개심의 표적이 되지 않는 것은 아닙니다. 교회가 태어난 바로 그 순간부터, 사탄은 헤롯처럼 그 어린아이를 멸하려고 시도했습니다. 만일 박해의 불길과 이

단의 날조된 사상들이 교회를 박해할 수 있었다면, 교회는 이미 오래전에 패망했을 것입니다. 교회사를 보면 원수가 교회에 홍수처럼 다가와, 평상시와 달리 끔찍하고 효과적인 공격을 감행하였던 분명한 시기들이 있었습니다. 베드로가 옥에 갇히고, 야고보가 칼에 죽임을 당했을 때에 초대 교회에 가해졌던 공격이 얼마나 가공스러웠는지요! 헤롯은 저 멸시받은 나사렛 사람을 추종하는 무리들을 박멸하고자 했고, 뒤이어 바리새인이었던 사울이 열성적으로 그들을 박해하여 죽음으로 몰고자 했습니다. 하지만 하나님의 영이 아주 신속하게 헤롯의 모든 책동을 무산시키셨고, 바리새인들의 박해는 그들 중의 지도자가 회심하였을 때, 즉 다소의 사울이 바울이 되고 이방인들의 사도가 되었을 때, 강력한 장애에 직면해야 했습니다. 초대 교회 당시 교회에 임했던 영적인 힘은 교회를 보호하고, 교회가 원수들의 악의에 찬 행위들에 맞서도록 하기에 충분했습니다.

단지 그뿐 아니라, 강력한 영적인 힘은 교회에 손상을 가할 수 있었던 것을 오히려 유익으로 전환시켰습니다. 교회의 열성은 가해지는 박해들을 불의 전차로 바꾸었고, 그것을 타고 교회는 당당하게 땅 끝까지 진격할 수 있었습니다. 사탄은 교회사에 익숙한 이들이라면 가장 잔혹한 종류의 박해였다고 기억하는 일련의 박해들을 일으켰습니다. 이러한 박해들은 느부갓네살의 풀무 곧 칠 배나 뜨겁게 되었을 때의 풀무 불에 비유될 수 있지만, 불에 타는 냄새와 같은 것이 교회에 가득하지는 않았습니다. 박해의 온갖 놀이들이 자행되었지만, 박해자의 완전한 패배로 결말이 났습니다. 여러분은 성도들이 자발적으로 죽으려 했던 것을, 심지어 순교자의 면류관을 열망하기까지 했던 것을 기억하지 않습니까? 젊은이들이 법정 앞으로 왔습니다. 젊은이들이라고 내가 말했습니까? 지팡이에 의지하는 노년의 남자들과 여자들이, 심지어 어린아이들까지도 법정에 섰으며, 그들이 예수님을 따르는 자들이라고 증언했습니다. 감옥은 그리스도인들로 가득했고, 원형경기장들은 그들의 피로 가득했습니다. 거룩하고 담대한 정신이 너무나 충만하였기에 원수는 당황했습니다. 피에 배부른 그도 아무 해를 끼치지 않는 양을 살해하는 혐오스러운 짓을 그만두어야 했습니다. 하나님의 영은 그리스도인들에게 불굴의 용기를 주심으로써, 그들로 하여금 사실상 고통에 무감각하게 했고, 죽음이 가장 끔찍한 형태로 다가왔을 때에도 그것에 맞서게 했습니다. 원수가 격분할 때에도 그에 맞서 깃발을 들어올리신 것입니다.

그 후 사탄은 전술을 변경하여, 저 세례 받은 이교도 콘스탄티누스를 기독교인이 되었다고 고백하게 했습니다. 그는 국가 통치술과 간교한 정책상의 이유들 때문에, 기독교를 국교로 삼았고, 그렇게 함으로써 기독교의 생명력에 가장 두려운 일격을 가했습니다. 교회와 국가의 연합은 참된 신앙에 치명적인 타격입니다. 왕의 손길이 그리스도의 교회에 미치는 곳마다, 그 손길은 왕의 악도 함께 가지고 왔습니다. 왕의 영향력 아래 있으면서 교회가 그 영성을 유지한 경우는 아직 없었고, 앞으로도 그런 일은 없을 것입니다. 그리스도의 왕국은 이 세상에 속하지 않았습니다. 만약 우리가 그리스도의 교회를 세속 나라와 혼인시키려 시도한다면 헤아릴 수 없는 해악들을 낳고 말 것입니다. 그래서 교회가 외적으로 화려하게 되었을 때 영적으로는 쇠퇴하는 일이 발생했습니다. 교회의 성찬 테이블은 금 쟁반과 은 쟁반으로 번쩍였지만, 그리스도와의 친교는 이전처럼 찬란한 빛을 발하지 못했습니다. 교회의 사역자들은 부유하였지만, 그들의 가르침은 빈약해졌습니다. 교회가 외적으로 황금을 얻을 때마다 교회는 은혜의 보화를 잃었습니다. 교회의 주교들이 귀족들이 되었을 때 교회의 양들은 굶주렸습니다. 소박한 집회 장소들은 웅장한 바실리카 양식의 성당으로 바뀌었지만, 교회의 참된 영광은 떠났습니다. 교회는 주변의 이교도들처럼 되었고, 성자들과 순교자들의 형상을 세우기 시작했으며, 마침내 오랜 세월에 걸친 지속적인 내리막 후에, 로마 교회는 그리스도의 교회가 되기를 멈추었습니다. 한때 명목상으로나마 그리스도의 교회였던 것이 실제로 적그리스도가 된 것입니다.

캄캄한 구름이 땅을 덮고, 암흑시대가 도래했습니다. 예수님의 피로 용서를 사는 것 대신, 거짓 제사장들이 영혼들을 상품 취급하고, 거리에서 용서가 흥정되었습니다. 집사들과 장로들이 거룩함과 순결로 장식하는 대신, 수도사들과 수녀들과 사제들 그리고 심지어 교황들까지 추악한 괴물들이 되었습니다. 이신칭의(以信稱義) 대신 사람들은 순례와 고행에 의한 칭의를 전파했습니다. 그 때 십자가의 예수상(像)이 예수 그리스도를 대체하였고, 한 조각의 빵이 마치 신처럼 높이 올려졌으며, 사람들은 그 앞에서 경배하며 "오 이스라엘이여, 이것들이 너희를 장래의 노하심에서 속량한 너희의 신들이다"(참조. 출 32:4)라고 말했습니다.

이 위급한 상황에 어떤 일이 행해졌습니까? 그 길고도 긴 어둠의 기간 동안 줄곧 하나님의 영은 신실한 소수들 가운데 한 깃발을 높이 드셨습니다. 저기 눈으로 덮인 알프스 산맥 위에와, 깊고 외진 피에몬테(Piedmont)의 골짜기에, 주님은 진리를 위한 "두 증인들"을 살아있게 하셨습니다. 알비파(Albigenses, 12-13세기 프랑스 알비 지방에 일어났던 반로마교회의 일파)와 발도파(Waldenses, 12세기에 프랑스인 피에르 발도가 창시한 역시 반로마교회의 일파)는 마치 산악 지역의 메추라기들처럼 사냥을 당했지만, 하나님의 기수들이었으며, 오늘날까지 이어지는 참된 사도적 전승에 대해 훼손되지 않은 노선을 유지했습니다. 그러한 계승은 옥스퍼드 운동(Oxford movement, 19세기 전반 옥스퍼드 대학을 중심으로 일어난 영국 국교회 재건운동)을 주도한 불명예스러운 고위 성직자들과 교황주의 사제들의 전통에 비해 비할 수 없을 정도로 순수한 계승입니다. 하나님의 영은 그 어두운 시대에도 프랑스, 헝가리, 보헤미아, 스위스 및 다른 여러 지역들에 살아있는 교회들을 존속되게 하셨고, 마침내 여호와께서 크게 복을 주시려고 예정하신 사람들이 나타났습니다. 루터와 그의 위대한 동료들, 츠빙글리와 칼빈의 등장에 민족들이 기뻐하였습니다.

내 형제들이여, 그 때 깃발이 올려지는 것을 목격한다는 것이 얼마나 대단한지요! 사람들은 루터의 말이 독수리의 날개를 타고 전파된다고 말했습니다. 오늘 그가 전한 설교들이 인쇄술을 매개로 널리 퍼져나갔으며, 내일 아펜니노(the Apennines, 이탈리아 반도를 종주하는 산맥)의 기슭에서 천둥처럼 크게 들려왔고, 옛 로마도 그 독일 수도사의 음성에 떨었습니다. 그 때 하나님께서 영국에도 한 깃발을 드셨습니다. 우리의 자랑스러운 휴 래티머(Hugh Latimer)가 단순하면서도 거친 말로 왕들을 책망했으며, 힘센 자들 앞에서 진리를 말했습니다. 그리고 저 윗지방 스코틀랜드에서는 존 녹스가 예수님의 복음을 불 같은 열정으로 온 힘을 다해 전했습니다. 하나님의 영이 십자가를 높이 드셨고, 마치 나팔처럼 낭랑한 음성이 언덕과 골짜기에 울려 퍼졌습니다. "율법의 행위로써는 의롭다 함을 얻을 육체가 없느니라"(갈 2:16). "그러므로 우리가 믿음으로 의롭다 하심을 받았으니 우리 주 예수 그리스도로 말미암아 하나님과 화평을 누리자"(롬 5:1).

그 이후에 어떻게 되었는지에 대한 이야기를 내가 할 필요는 없을 것입니다. 영국 전역에서 기독교가 사망 직전에 이를 정도로 쇠퇴했을 때가 있었고, 술취한 성직자들이 강단을 더럽히고, 아무런 열의도 없이 오직 흥겹게 축연을 베풀고 여우 사냥하는 일에만 몰두하고 있을 때가 있었습니다. 비국교도 목사들이 반(半)소지니주의자(semi-Socinian, 소지니주의란 이탈리아 법률가인 소치니의 이름을 딴 것으로 그는 그리스도의 속죄와 삼위일체를 부인하였다 — 역주)이거나, 혹은 비몽사몽에 빠진 정통주의자이거나, 사람들의 영혼이 구원을 받든 저주를 받든 상관치 않을 때가 있었었습니다. 그 때, 또다시, 주의 영이 깃발을 올리셨습니다. 여섯 명의 젊은이들이 기도하는 것 때문에 옥스퍼드에서 쫓겨났으며, 본인들의 의사에 반하여 어쩔 수 없이 교회법의 기준에 맞지 않는 행동으로 내몰렸던 이 사람들이 옥외에서 설교하기 시작했습니다. 런던 군중이 무어필즈(Moorfields)와 케닝턴(Kennington)에 모였습니다. 킹스우드(Kingswood)의 광부들에게 은혜의 불이 붙었습니다. 멀리 콘월(Cornwall)에서 영적인 열심의 불길이 타오르기 시작했습니다. 영국 섬의 끝에서도 사람들은 성령 하나님이 우리에게 오셨음을 인식하였고, "높은 곳에서부터 샛별"이 다시 빛나고 있음을 알아보았습니다. "감리교도"라는 이름은 사탄에게는 두려움이요 교회에는 기쁨이었습니다.

"은혜의 불꽃에 의해 점화된
큰 불길이 어떻게 치솟는지 보라!
예수의 사랑이 백성들에게 불을 붙이고
온 나라를 타오르게 하네!"

그 때 사람들은 살아계신 하나님의 복되신 영이 나타나 거짓된 가르침과 죄에 대적하여 깃발을 올리셨음을 알았습니다.

사랑하는 친구들이여, 내가 이러한 역사를 제시하는 것은 단지 그것을 상세히 열거하기 위해서가 아니라, 실제적인 목적을 위해서입니다. 현재 기독교회의 어떤 분파들은 지극히 불행한 상태에 처해 있다고 말해도 결코 과언이 아닙니다. 원수는 정녕 홍수처럼 오고 있습니다. 지금 위험은 가시적인 교회 내에 있습니다. 일명 고교회파(High Church, 영국 국교회의 일파로서 가톨릭교회와의 역사적 연속성을 강조하며 교회의 권위와 직제 및 성사 등을 중요시함)라는 것이 있는데, 그것은 로마교회의 모조품에 불과할 뿐입니다! 광교회파(Broad Church, 영국 국교회 가운데 자유주의적인 신학 경향을 가진 일파로서, 고교회파나 반로마주의 입장을 피해 '폭넓은' 관점을 대표한다고 하여 이런 이름이 붙었음)라고 하는 것이 있는데, 그것은 부정직한 불신앙일 뿐입니다! 그 불신앙은 교회로부터 보수를 받으면서 그 기초를 손상시키려고 애를 쓰고 있습니다. 지금 이 두 세력이 마치 두 군대처럼 의기양양하게 진군하고 있습니다. 그것들은 그 앞에 있는 모든 것을 휩쓸고 있습니다. 우리의 소심하고 마음약한 복음주의 친구들은 너무나 오랫동안 굴복하는 것에 익숙해 있기 때문에, 싸우려고 하는 배포가 거의 없습니다. 그들은 큰 싸움에서 아주 초라하기 짝이 없는 역할을 할 뿐이며, 그들이 한때 가졌던 힘은 그들에게서 떠났습니다. 그들은 양심이 거부하는 언어들을 사용하는 것에 익숙해져 있을 정도로 비참한 처지에 놓여 있습니다. 그들은 도무지 예측할 수 없는 자들입니다. 그들의 친구들과 그들의 원수는 모두 그들이 싸움에 전적으로 부적합하다는 것을 압니다. 복음주의자들이 개신교의 싸움을 싸워줄 거라고 기대하는 자는 상한 갈대를 의지하는 셈입니다. 나는 달리 생각하고 싶지만, 그럴 수가 없습니다.

무슨 일을 행할 수 있을까요? 위로부터가 아니면, 나는 어떤 방향에서도 도움의 징조를 찾아볼 수 없습니다. 성령께서 지금 개입하셔서 그분의 교회를 구원하시리라는 것이 우리의 소망입니다. 지금은 어두운 때이며, 이제 그분이 자기 능력을 보이실 것입니다. 우리는 지금 주교들이 의식주의자들(Ritualists)과 싸워줄 거라고 바라지 않습니다. 그들은 오히려 의식주의자들로 하여금 오랫동안 교회에 참견하게 만들었으며, 그래서 모두가 주교들이 무슨 소용이냐고 묻습니다. 오호라! 하나님의 교회를 위하여 주교들이 유일한 수호자들이라면 어찌되겠습니까! 의회의 개입도 거의 소용이 없으니, 의회는 정치나 돌보게 하고 종교의 문제는 그냥 두게 하십시오. 우리는 성령님을 원합니다. 성령께서 이 문제에 손을 대시면, 그분은 이 모든 로마주의의 모방을 제거하실 것입니다.

하지만 그 일이 어떻게 이루어질까요? 나는 그 시작을 보고 있다고 생각합니다. 일반적인 기도의 정신이 신실한 교회들 위에 임할 것입니다. 이미 그 정신이 임하고 있습니다. 거의 모든 방면에서 헌신의 정신이 증대하고 있습니다. 여러분이 알다시피, 런던에 있는 우리의 형제들이 모든 목사들과 집사들과 장로들과 더불어 11월 5일을 금식과 기도의 날로 정하였고, 보편적인 교회를 위하여 주의 복을 간구하기로 했습니다. 나는 우리의 형제들이 버밍엄(Birmingham)을 비롯하여 대부분의 큰 도시에서 같은 일을 행할 예정이라고 알고 있습니다. 이 모든 일은 어느 누구의 지시 없이 행해졌으며, 실제로 우리가 우리 교단에서 그렇게 지시할 힘도 없습니다. 그것은 자발적으로 이루어져왔고, 형제들이 마치 공통의 본능에 이끌린 것처럼 서로를 향해 움직이고 있으며, 위험의 시기에 뭉치고 있습니다. 나는 그리스도인들 사이에서 일반적으로 논쟁할 때에 사소한 문제들에서는 양보하고, 하나의 큰 문제에 대해서는 연합을 위해 결심하는 모습을 보고 있다고 생각합니다. 우리는 함께 맞서야 한다고 느낍니다. 어깨와 어깨를 맞대고, 하나의 견고한 방진(方陣)으로서 이 싸움의 날에 굳게 서서, 하늘의 무기들을 가지고서 싸워야 한다고 느끼며, 그렇지 않으면 사태가 악화될 것이라고 느낍니다. 우리는 하나님께 부르짖어야 한다고 느낍니다. 달리 아무도 우리를 도울 수 없기 때문입니다.

이 기도의 정신과 더불어—내가 낙관적인지 모르겠지만, 나는 그것을 보고 있다고 생각합니다—지금까지보다 옛 진리에 대한 더 깊은 사랑이 회복되고 있다고 나는 믿습니다. 목회하는 내 형제들이 한때 그들이 그랬던 것보다 그리스도에 대해 더 많이 전하지 않습니까? 그들은 철학적인 평론에 싫증을 내고, 단순한 진리로 돌아오고 있지 않습니까? 그들은 더 이상 창세기와 지질학을 가지고 우리를 귀찮게 굴지 않으며, 우리에게 십자가에 달리신 그리스도를 더 많이 제시하고 있습니다. 우리는 복음 대신 과학과 윤리를 전하는 것이 전적으로 잘못되었다고 아는데, 우리의 형제들도 그렇게 보고 있습니다.

얼마 전 나는 어느 웨슬리파 목사가 그들이 지난 몇 해 동안 큰 축복을 잃어버렸던 이유들 중의 하나가, 그들이 은혜의 교리들을 충분하고도 분명하게 제시하지 않았기 때문이라고 말하는 것을 들었습니다. 그는 이 예배당과, 하나님께서 이 교회에 주신 번창함을 하나의 사례로 지목하였는데, 즉 그리스도가 전파되고 그리스도 외에 달리 아무것도 전파되지 않으면, 또한 피에 의한 구원이 설교의 주된 주제가 되면, 청중들이 있을까 혹은 회심자들이 있을까에 대해 두려워할 필요가 없다고 했습니다. 옛 깃발은, 그것이 높이 올려지는 곳마다, 승리를 가져오기 때문입니다. 여러분은 그리스도의 진리의 깃발이 바람에 나부끼도록 하기만 하면 됩니다. 그러면 승리는 우리의 것입니다.

나는 지금 하나님의 영이 이 깃발을 올리고 계심을 볼 수 있다고 생각합니다. 상당 기간 그래왔던 것보다 지금 영국에서 복음이 더 많이 전파되고, 그리스도가 더욱 진지하게 선포되고 있습니다. 자, 형제들과 자매들이여, 성령께서 시작하셨으니 우리는 따릅시다! 깃발을 높이 드는 목적이 무엇일까요? 모든 병사들로 하여금 그 곳에 모이도록 하기 위함이 아닙니까? 그것이 바람에 나부끼는 곳으로 모이십시오! 여러분 중에 용사들은 모두 모이십시오! 군인은 그가 출발하는 지점에 서 있는 깃발을 보는 것이 아니라, 위험이 닥친 날 그가 집결해야 하는 곳에 있는 깃발을 보는 것입니다. 이제 기독교회에 있는 모든 용사들은 자기 의무를 행해야 하고, 그렇게 하는 것을 특권으로 간주해야 합니다.

여러분은 복음을 널리 전해야 합니다. 여러분은 그것을 여러분의 입술로 말해야 합니다. 여러분은 그것을 위해 온 마음으로 기도해야 합니다. 여러분은 그것을 인쇄물로 배포해야 합니다. 건전한 복음 서적의 판매 증대를 위해 할 수 있는 모든 것을 행하십시오. 하지만 또한 여러분 자신의 입을 사용해서 구주의 사랑에 대해 들려주십시오. 모든 사람들이 제 위치에 배치되고, 이제는 잠에서 깨어나야 합니다. 오! 성령께서 지금 우리에게 오시기만 하면, 우리는 옛 로마에 대해 두려워할 필요가 없습니다. 바람 앞의 지푸라기처럼 원수는 날려갈 것이며, 그들은 비스케이 만(Biscay, 서유럽 해안의 만)의 강풍 앞에서 엷은 구름처럼 흩어지고 말 것입니다. 일단 하나님께서 싸움에 개입하시면, 그분의 원수들인 너희여, 너희에게 화가 있을 것이다! 너희에게 화가 있을 것이다! 너희는 사람들처럼 도망치려 하겠지만, 옛적에 이스라엘의 칼의 능력을 너희가 지금 맛볼 것이다!

예수님의 군사들이여, 결코 실망하지 마십시오! 내 형제들이여, 두려워하지 마십시오! 용기를 내십시오! 확신을 가지십시오! 하나님이 우리 편이십니다. "임마누엘", 그 이름을 여러분의 표어로 삼으십시오. "임마누엘, 하나님이 우리와 함께 하십니다!" 용감하고, 진지하십시오. 원수가 홍수처럼 올 때에 주의 영이 깃발을 올리실 것입니다. 하나님께서 자기 이름을 위하여 그렇게 행하실 것입니다. 아멘.

제
81
장

영원한 날

"다시는 네 해가 지지 아니하며 네 달이 물러가지 아니할 것은 여호와가 네 영원한 빛이 되고 네 슬픔의 날이 끝날 것임이라."—사 60:20

옛 이스라엘에게는 세상의 나머지 모든 민족들이 흑암 속에 앉았을 때에도 빛이 있었습니다. 하나님께로부터 도덕적이면서 영적인 빛을 받은 결과, 그 민족은 번성했고, 하늘의 은총 아래에서 크게 번성하고 부유해졌습니다. 하지만 오호라, 그 해는 졌고, 그 달은 물러갔으니, 이스라엘이 빗나가 우상들을 따랐기 때문입니다. 그 땅은 적대적인 칼에 의해 끔찍하게 베임을 당했습니다. 그 민족이 회개하자마자 그 해는 다시 떠올랐고, 유다의 딸들은 기뻐했지만, 또다시 그들은 빗나갔습니다. 열정적인 사사나 경건한 왕이나 신실한 제사장이 죽으면, 그 민족은 다시 죄에 빠져들어 주님을 노하시게 하는 경향이 있었고, 그러자 그분의 얼굴빛은 그들에게서 거두어졌습니다. 하나님의 이 모형적인 교회는 지속적으로 빛에 거하지 않았으며, 그 역사는 바둑판무늬처럼 빛과 어둠, 회개와 타락, 번영과 역경이 번갈아 뒤섞였습니다. 솔로몬의 영광에서부터 시드기야의 포로까지, 영광스러웠던 성전이 있던 성읍이 폐허더미가 되기까지는 얼마나 큰 변화의 역사인지요! 정녕 이스라엘을 잘 알던 자들에게는 이사야의 이 예언이 너무나 진기한 음악처럼 들렸을 것이며, 그들은 틀림없이 이와 같이 간절하게 외쳤을 것입니다. "주여, 속히 행하시어, 그 일을 우리 시대에 이루어주소서."

또 다른 시대가 왔습니다. 예수 그리스도께서 베들레헴에 태어나셨습니다. "이방을 비추는 빛이요 주의 백성 이스라엘의 영광이니이다"(눅 2:32). 그 해는 전에는 한 번도 그런 적이 없었던 방식으로 땅을 비추었습니다. 가시적인 교회가 빛으로 오도록 부름을 받았으니, 그 교회는 여전히 땅에 존재하며, 오순절 때부터 오늘날까지 그 해는 결코 완전히 진 적이 없으며, 그 달도 교회로부터 물러간 적이 없습니다. 우리에게 본문의 약속은 은혜의 측면에서 성취되었습니다. 하나님의 교회에 거룩한 빛의 비추임이 완전히 중단된 적이 없기 때문입니다. 그 빛이 항상 동일하게 밝지는 않아도, 언제나 날을 밝혀왔습니다. 지상 어디에선가 하나님은 줄곧 가시적인 교회를 두셨습니다. 로마가 아니어도, 피에몬테(Piemonte, 이탈리아 북서부의 주)의 골짜기에 두셨고, 주교들의 궁전들 안은 아니어도, 땅의 동굴들 안에 두셨습니다.

하지만 지상의 가시적인 교회는 어두운 시대를 겪었습니다. 본문은 상대적인 차원에서도 교회에 관해 진실을 말해줍니다. 어떤 의미에서는 해가 진 적이 있었습니다. 중세의 긴 밤이, 그 무거운 습기와 더불어, 수많은 영혼들 위에 드리워졌고, 그들을 오싹 떨고 웅크리게 하여 미신에 빠져들게 했습니다. 그리고 마침내 하나님이 개혁의 시대를 오게 하셨을 때, 우리에게 그 날은 마치 새로운 새벽처럼 임했습니다. 지금도 밤으로 회귀하려는 징후들이 있지만, 주께서 그것을 막아주시길 빕니다. 예수님의 오른손에 있는 별들이여(참조. 계 1:20), 환하게 비추기를 바랍니다! 의의 태양이신 여러분의 주님이 빛을 발하시게끔 하십시오! 그리하여 우리 주변에서 날개를 퍼덕거리는 저 로마의 박쥐들과 올빼미들을, 그들이 사랑하는 어둠이 돌아오기를 바라는 저 무리들을 몰아내기를 바랍니다! 교회의 역사는 환하게 밝기만 하고 그 밝음의 강도가 증대되는 빛의 역사가 아니었습니다. 오히려 그것은 새벽이 낮이 되었다가 다시 밤이 되는 과정이었으며, 그 영광이 한동안 떠나고 촛대가 옮겨졌던 역사였으니, 그것은 또다시 그렇게 될 수 있습니다.

하지만 사랑하는 이여, 지상에 한 교회가 있으니, 그것은 가시적인 교회 안에 있고, 또한 그것이 가시적인 교회의 중추적인 생명입니다. 나는 진정으로 선택된 자들, 부름을 받고 의롭게 된 자들, 곧 영적인 교회를 말하고 있습니다. 가시적인 교회의 모든 분파들 안에 진실로 주 안에서 구원받은 백성이 있습니다. 그들은 곡식과 가라지가 섞여 있는 밭이 아니며, 모두 주의 오른손으로 친히 심으신 곡식들입니다. 이 은밀한 교회, 이 신비의 교회, 우리 주 예수 그리스도의 참된 몸인 이 교회는, 그 경험 속에서 이 본문의 의미가 가장 큰 의미로 성취되었다고 주장할 수 있습니다. "그가 빛 가운데 계신 것 같이 우리도 빛 가운데 행하면 우리가 서로 사귐이 있고 그 아들 예수의 피가 우리를 모든 죄에서 깨끗하게 하실 것이라"(요일 1:7). 이 말씀의 의미를 아는 신자들이 있습니다. 그들이 처음 믿을 때부터 그들은 빛 가운데서 행하기를 멈춘 적이 없기 때문입니다. 비록 이따금씩 한 구름이 그들의 하늘을 지나가지만, 전반적으로는 배교라든가 치명적인 의심의 밤이 그들에게 임하지 않았습니다. 그들은 온전히 믿었고, 그래서 하나님의 구원을 보았습니다. 그들의 해는 진 적이 없었습니다. 주 예수 그리스도께서 그 얼굴을 가리신 적이 없었기 때문입니다. 오히려 그들은 그분의 사랑을 지속적으로 느끼며 즐거워했습니다.

나는 이것이 모든 성도들의 합당한 상태라고 믿습니다. 만일 성도들이 마땅히 되어야 할 상태에 있다면 그들에게 이 말씀이 성취될 것입니다. "다시는 네 해가 지지 아니하며 네 달이 물러가지 아니할 것은 여호와가 네 영원한 빛이 되고 네 슬픔의 날이 끝날 것임이라." 오, 우리가 이런 상태에 이른다면 그 얼마나 즐거운 일일까요! "그러므로 우리가 믿음으로 의롭다 하심을 받았으니, 우리 주 예수 그리스도로 말미암아 하나님과 화평을 누리느니라"(롬 5:1, KJV. 한글개역개정은 '화평을 누리자'로 되어 있음 — 역주). 화평을 누려야 한다(ought to have)가 아니라, "우리가 우리 주 예수 그리스도로 말미암아 하나님과 더불어 화평을 누린다"입니다. 우리는 또한 환난 중에서도 기뻐하며 이렇게 외치는 법을 배웠습니다. "누가 우리를 우리 주 그리스도 예수 안에 있는 하나님의 사랑에서 끊을 수 있으리오?"(참조. 롬 8:39). 만일 우리가 "내 안에 거하라"(요 15:4)는 권면의 의미를 배우고, 그렇게 거하고 있다면, 우리의 교제는 지속적이며, 우리의 길은 밝은 빛과 같을 것이며, 정오처럼 밝게 빛날 것입니다.

"빛 안에서 행하라! 그러면
네 어둠이 지나갔음을 고백할 것이니,
이는 그 빛이 네게 비추었고
그 안에 거함이 곧 온전한 낮이기 때문이라."

하지만 이 영적인 교회에도 본문의 의미가 아직 완전한 의미에서 성취된 것은 아닙니다. 가장 영적인 이들에게도 어느 정도 어둠이 올 수 있음을 나는 염려하기 때문입니다. 그들의 빛의 씨는 뿌려졌으나, 아직 추수할 정도로 자라지는 않았고, 여전히 그들은 내적인 죄와 싸우고 있으며, 또한 외적인 유혹들과도 여전히 씨름해야 합니다. 어쨌든 그들의 슬픔의 날들은, 가장 넓은 의미에서 아직 끝나지 않았습니다. 믿음이 그들에게 생활의 염려를 이기도록 힘을 주고, 인내가 역경의 통증을 덜어주지만, 일반적으로 모든 피조물들과 더불어 그들은 신음하며 무거운 짐을 지고 있습니다. 최상의 성도들이 천국에 도달했을 때 그들이 "큰 환난에서 나왔다"(계 7:14)고 하는 것은 진실입니다. 하나님께서는 그분의 순금조차도 용광로에 집어넣으시고, 열매 맺는 가지를 깨끗하게 하십니다. 그분은 받으시는 아들마다 징계하십니다. 잠시 동안 우리의 징계는 즐겁지 않고 고통스럽습니다. "세상에서 너희가 환난을 당하리라"(요 16:33)는 승천하신 우리 주님의 유언의 일부입니다. 그러므로 가장 광범위한 범위에서 우리는 우리의 슬픔의 날이 끝났다고 말할 수 없습니다.

그렇기 때문에 우리는 본문을 교회의 '네 번째 형태'와 관련지어야 합니다. 우리가 본문의 성취를 모형적인 교회에서 전혀 발견하지 못하며, 가시적인 교회에서는 약간을, 영적인 교회에서는 상당 부분을 발견한다면, 승리의 교회(Church triumphant)에서는 모든 것을 발견합니다. 그리스도의 교회의 완전한 승리는 천년왕국에서 시작될 것입니다. 내가 그것에 관해 상세히 언급하지는 않겠지만, 내가 보기엔 지상에 새 예루살렘이 있을 것이고, 그것은 하늘에서 하나님께로부터 내려올 것이며, 신랑을 위해 준비된 신부로서 내려올 것입니다. 그리고 "의가 있는 곳인 새 하늘과 새 땅"(벧후 3:13)이 있을 것입니다. 죄가 만연하던 이 지상에서 의가 승리할 것입니다. 그리스도께서는 자기가 피를 흘리신 곳에서 다스리실 것입니다. 그분의 발꿈치가 상하신 곳에서 그 동일한 발꿈치가 용의 머리를 깨부술 것입니다. 하지만 그것은 일종의 전주(前奏)이자 천국에서의 완전한 승리의 시작일 뿐입니다. 나는 이 본문의 약속에 대한 완전한 성취를, 천년왕국 기간 동안의 지상에서이든지 혹은 영원한 세계인 천국에서이든지, 승리의 상태에 있는 교회와 관련지을 것입니다. 그 교회에 대해 이 예언의 말씀이 성취될 것입니다. "다시는 네 해가 지지 아니하며 네 달이 물러가지 아니할 것은 여호와가 네 영원한 빛이 되고 네 슬픔의 날이 끝날 것임이라."

1. 승리한 교회의 빛은 그치지 않는다.

우리의 첫째 요점은 승리한 교회의 빛은 그치지 않는다는 것입니다. "다시는 네 해가 지지 아니하며 네 달이 물러가지 아니할 것이라." 결코 어두운 밤이 그 사이에 끼어드는 일이 없을 것입니다. 오직 순결하고도 행복한 하나의 긴 정오만이 있을 것입니다. "네 슬픔의 날들이 끝날 것임이라." 왜 이런 일이 있을까요? 왜 천국의 기쁨이 절대로 멈추지 않을까요? 왜 천국의 순결은 결코 더럽혀지지 않을까요?

우리는 이렇게 대답합니다. 첫째, 천국의 빛은 피조물에 의존하지 않기 때문입니다. 해가 있는 한 그것은 질 것이며, 달이 있는 한 그것은 기울 것입니다. 하지만 주께서 우리의 빛이 되실 때, 피조물이라는 이차적인 동인(動因)으로부터의 독립은 우리로 하여금 변화의 두려움을 초월하게 합니다. 이 현재의 상태에서 모든 것은 변할 수밖에 없습니다. 하나님께서 피조물들에게 불변의 특성을 부여하지 않으셨습니다. 그 특성은 오직 그분에게만 속하기 때문입니다. 가장 견고한 바위들도 세월의 톱니바퀴 아래에서 부서집니다. 하늘조차도 오래도록 지속되었다가, 어느 날 낡은 의복처럼 치워질 것입니다. 흙에서 나는 모든 것들이 그것이 돋아난 토양의 성질을 소유하듯이, 모든 창조된 기쁨들은 시들고 부패하기 마련입니다. 우리는 뜨거운 태양으로부터 변하지 않는 빛을 기대할 수 없으며, 차고 기우는 달로부터 오래도록 동일하게 비치는 빛을 기대할 수 없습니다. 우리가 피조물을 너머, 변함이 없으시고 모든 것이 충족하신 창조주에게서 직접적으로 공급받을 때, 그 때 우리는 온전하고 중단 없는 빛으로 들어가는 것입니다.

천국에서 성도들은 교사를 필요로 하지 않습니다. 하나님께서 참된 교사를 보내실 때 그는 하나님의 오른손에 있는 하나의 별이며, 교회는 천국의 선물인 그의 빛을 존중해야 합니다. 하지만 거기에서 우리는 선생들을 필요로 하지 않습니다. 우리는 거울을 통해 어렴풋이 보는 것이 아니라, 얼굴과 얼굴을 맞대고 볼 것이기 때문입니다. 하나님은 자기 종들을 차례로 보내심으로써 교회에 빛을 비추십니다. 섭리의 질서를 따라 그들이 떠나고 그들의 유용한 사역이 종결되면 교회는 큰 손실을 겪습니다. 하지만 저 하늘에서는 오직 한 분의 목자가 계시며 그분은 결코 죽지 않으십니다. "보좌 가운데에 계신 어린 양이 그들의 목자가 되사 생명수 샘으로 인도하시리라"(계 7:17). 어떤 교사들도 눈물 속에서 침묵의 무덤에 눕는 일이 없을 터이니, 영화롭게 된 교회에서 어떤 사람도 자기 동료를 향해 "주님을 알라"고 말할 필요가 없기 때문입니다. 가장 작은 자에서부터 가장 큰 자에 이르기까지 그들 모두가 그분을 압니다.

저 위에서 그들은 고통의 때에 그들을 도와줄 위로자들이 필요하지 않습니다. 하나님께서 친히 그들의 눈에서 모든 눈물을 닦아주시기 때문입니다. 그분은 개들과 퇴비더미 가운데에서 나사로를 데리고 가시어, 아브라함의 품에 그를 두셨습니다. 그분은 초췌하고 기력 없는 자들을 고통의 침상에서 일으키시어 그들을 영광 중에서 왕자들과 함께 앉도록 하셨습니다. 가난한 성도들도 비록 한 때는 그들의 너그러운 친구들이 그들에게 해와 달과 같았더라도, 그 때는 구호물이나 다른 사람들의 위로물품에 의존하지 않을 것입니다. 그들은 그들의 위로가 떠날 것을 두려워할 필요가 없습니다. 주 하나님께서 그들의 빛이시기 때문입니다.

성도들은 덧없는 소유나 썩고 부패하는 재물에 의존하지 않습니다. 여기서 우리는 생계를 유지하게 할 외부로부터의 공급물이 필요하며, 하나님께 감사하게도 그것은 필요할 때에 우리에게 조달되었습니다. 하지만 빵은 상하고, 재물은 스스로 날개를 단 듯 떠나며, 사업은 쇠하고, 성공은 기울기 마련입니다. 영광 중에서 성도들은 모든 피조된 것들을 의존하던 것에서 벗어납니다. 그들은 공급을 위해 천사나 그룹이나 스랍들을 바라보지 않습니다. 그들은 흐르는 물을 버려둡니다. 그들이 마침내 샘의 원천에 도달했기 때문입니다. 물 뜰 그릇도 더 이상 필요하지 않습니다. 그들이 누워서도 그 우물을 마실 수 있기 때문입니다. 그곳에서는 수정 같은 생명수가 영원히 솟아납니다. 그들은 양식을 위해 애굽에 내려가지 않으며, 그들 자신의 고센에 거주하는데, 거기서는 소출이 부족한 법이 없습니다. 그들은 그들의 하나님께 이르렀으니, 더 이상 우리가 무슨 말을 하겠습니까?

오 사랑하는 이여, 하나님께서 친히 복된 자들에게 비추시는 이것이 천국의 기쁨이랍니다. 그들에게는 다른 빛이 필요치 않습니다. 그분이 그들의 모든 것이 되시며, 그분과 함께라면 기쁨이 충만하고, 그분의 우편에 영원한 기쁨이 있기 때문입니다. 그들의 해가 더 이상 지지 않으니, 그들에게 다른 해가 없으며, 그들의 달이 물러가지 않을 것이니 다른 달이 필요 없습니다. "하나님의 영광이 비치고 어린 양이 그 등불이 되심이라"(계 21:23).

둘째, 그들의 빛이 끊이지 않는 이유는 흐리게 하는 모든 요소들이 제거되었기 때문입니다. 이 점을 숙고하면 큰 위로를 얻습니다. 이 지상에서 하나님의 교회는, 하나님의 은혜에 의해 그 어떤 것이 우리의 빛이 되어도, 오류들이 발생하여 그 빛을 흐리게 합니다. 악한 자들이 모르는 사이에 들어와 거짓된 교리들과 분파와 이단으로 하나님의 성도들을 혼란스럽게 합니다. 저 천국에는 그런 자들이 없습니다. 무신론자들이 의심과 회의로 우리를 공격합니다. 저 위 천국에는 그런 자들이 없습니다. 지금은 위선자들이 가만히 들어와 우리의 엄숙한 잔치를 더럽히지만, 어떤 속이는 자들도 온전하게 된 성도들의 연회석에는 앉을 수가 없습니다. 형식주의자들이 우리 가운데 뒤섞여 우리의 헌신을 싸늘하게 만듭니다. 호산나 찬양이 시들해지는 이유는, 그 찬양이 뜨겁고 관대한 사랑을 의식하지 못하는 자들의 입술에서 나오기 때문입니다. 하지만 승리한 성도들 중에서는 그런 일이 없을 것입니다. 교회가 바깥 세계의 오염과 거짓된 신앙고백자들의 방해로부터 자유로워지는 것은 결코 적은 복이 아닙니다. 그것들의 부재가 지금 우리의 귀를 괴롭히는 경박한 담론으로부터와, 우리의 마음을 근심하게 하는 불일치로부터 우리를 해방시킬 것입니다. 예, 사탄 자체가 차단되어 들어오지 못할 것입니다. 그가 성도들의 진을 공격하려고 시도해도, 그들의 성벽을 결코 넘지 못할 것입니다. 그 거룩한 성벽들, 그 기초가 더없이 귀중한 보석들인 성벽들은, 저 형제들을 참소하던 자, 불일치와 죄를 조장하던 자를 영원히 차단할 것입니다. 그곳에서는 그 악한 자가 괴롭히는 일을 멈출 것이고, 아무것도 우리의 해를 지게 하거나 혹은 우리의 달을 물러가게 하지 않을 것이며, 천국의 순결과 평화와 행복이 끊임없이 지속될 것입니다.

기억할 것이 또 있습니다. 승리의 교회에서는 성도들 자체가 너무나 순결하게 되어 그들 안에 있는 어떤 것도 그들의 빛을 어둡게 하지 않을 것입니다. 오늘 여기에서 그리스도는 변하시지 않지만 우리는 변하며, 따라서 우리의 기쁨도 떠납니다. 은혜가 의의 태양으로부터 광선을 발하기를 중단하기 때문이 아니라, 우리의 눈이 세속성의 비늘로 가려져서 그것을 볼 수 없게 되는 것입니다. 천국에서는 그렇지 않을 것입니다. 우리는 타고난 죄의 마지막 흔적으로부터도 해방될 것이며, 부패와 타락의 모든 결과들이 효과적으로 제거될 것입니다. 하나님께로부터 그분의 얼굴을 뵈옵는 특권을 얻은 성도들 가운데에, 어떤 세속성도, 어떤 마음의 냉랭함도, 어떤 무기력도, 어떤 나태함도 끼어들지 못할 것입니다. 그들은 결코 무거운 염려로 짓눌리지 않을 것이며, 버리지 못한 죄를 회상하면서 낙심하지도 않을 것입니다. 그들은 의무를 소홀히 하지 않고, 어떤 잘못도 범하지 않습니다. 그들은 하나님의 보좌 앞에서 흠이 없을 것이며, 그리스도의 피와 거룩하게 하시는 성령의 능력으로써 마치 하나님 자신처럼 순결하게 여겨질 것입니다.

나는 이 말을 하면서, 진실로 그들 중의 하나가 되기를 갈망합니다! 우리는 아직 멀리까지 볼 수 없으며, 천국의 평원은 끝이 없기에, 우리가 그 아름다움을 보기 위해서는 먼저 먼 곳까지 볼 수 있는 시력이 필요할 것입니다. 하지만 우리의 내적 시력은 강해지고 있으며, 죄의 안개들은 걷히고 있습니다. 머지않아 우리의 시력은 강해져서 보이지 않는 것들을 뚫어지게 응시할 수 있을 것입니다. 우리가 승리의 교회로 들어갈 때, 우리에게는 죄를 지으려는 경향이 없을 것이므로, 우리 속에 순결을 더럽히거나 기쁨을 망칠 요소는 아무것도 없을 것입니다. 사랑하는 이여, 큰 기쁨으로 이것을 고대하십시오!

본문은 또한 성도들의 크고 작은 필요들이 풍성하게 공급될 것을 암시하고 있습니다. 이따금 그리스도께서 당신에게서 물러가신 것처럼 보일 때가 있었습니까? 그 때는 당신의 해가 진 것입니다. 당신은 사업에서 번창하고 있습니다. 하나님께서 당신에게 당신의 마음이 바랄 수 있는 모든 것을 주시고, 달이 물러가지도 않았지만, 문제는 해가 졌고, 비통함이 당신의 심령을 구름처럼 흐리게 했습니다. 하지만 천국에서는 그런 일이 없을 것입니다. 당신은 휘장으로 가리지 않은 상태에서 주님의 얼굴을 뵈올 것이며, 영원토록 뵈올 것입니다.

다른 측면에서, 이곳에서 때때로 예수님은 당신에게 비치시고, 당신은 영적인 것들에 대해 부요했지만, 그럴 때에도 세상의 고난이 당신 위에 구름처럼 드리웠고, 달이 당신에게서 물러갔었습니다. 당신의 영혼은 기뻐했지만, 당신의 몸은 고통을 겪었습니다. 마음으로는 의기양양했어도, 두통을 겪었습니다. 당신은 하나님의 성찬에 참여하여 기뻐했지만, 가난이 당신의 식탁 위를 휩쓸어, 언제 다음번 음식이 주어질지 알 수가 없을 정도였습니다. 해와 달 모두를 마치 피와 살처럼 항상 소유해야만 하는 것은 아니었습니다. 정녕 당신은 해 앞에서는 달 없이 지낼 수도 있었습니다. 하지만 당신은 영적인 복과 현세적인 형통 모두를 가지기를 선호했을 것입니다. 천국에서는 우리의 본성이 필요로 하는 모든 것들이 완벽하게 제공될 것입니다. 성도들의 몸은 그들의 영혼처럼 행복할 것입니다. 그들의 몸이라고 나는 말합니다. 나는 부활의 몸을, 완전한 승리를 얻은 몸에 대해 말하고 있는 것입니다. 우리의 인격을 구성하는 삼위일체인 영과 혼과 몸을 위해 충분한 공급이 있을 것입니다. 해도 지지 아니하며 달도 물러가지 아니할 것입니다.

오, 한 주간의 수고로 인해 주일 아침에 피곤한 상태로 일어날 필요가 없는 몸을 가지는 것이, 예배당까지 지친 몸을 끌고 올 필요가 없는 것이, 많은 회중으로 인하여 무거워진 공기 속에서 잠에 빠질 것 같은 느낌을 가질 필요가 없는 것이, 그 얼마나 복된 일인지요! 우리로 하여금 죄의 세상에 살고 있음을 강력하게 상기시켜주는 이 진흙 덩이와 같지 않은 몸을 "덧입는"(참조. 고후 5:2) 것이 얼마나 행복한 일인지요! 곧 우리는 공기처럼 가볍고, 강하고 영광스러우며, 영혼에 적합하고 영의 움직임에 신속하게 복종하는 몸을 소유할 것입니다. 그 몸은 모든 약함에서 자유롭고, 모든 고통과 피곤의 가능성에서 해방된 몸이며, 우리가 하나님을 그분의 성전에서 밤낮으로 섬길 몸이며, 결코 다시는 죄를 범치 않을 몸입니다. 사랑하는 이여, 이와 같이 여러분은 저 복된 해가 결코 지지 않는 또 하나의 이유를 보았습니다. 그 이유는 천국의 성도들은 모든 면에서 완벽한 내면적인 빛으로 충만할 것이며, 그것은 여호와 하나님의 영원한 빛의 영속적인 반사이기 때문입니다.

또한, 승리의 교회는 해와 달을 지게 만드는 계절의 부침(浮沈)으로부터 자유롭다는 점이 기억되어야 합니다. 나는 여름과 겨울을 언급하는 것이 아니라, 주일과 집회 시간들과 교회의 교제 등과 같은 교회 조직상 현세의 일정들을 언급하는 것입니다. 이 복된 안식일이 돌아올 때 우리는 얼마나 기쁜지요! 하지만 저녁 무렵이 되어 남은 안식의 시간이 얼마 되지 않을 때, 하나님의 자녀는 자기 집의 방으로 들어가면서 자주 이렇게 말합니다. "내일도 안식일이었으면 좋겠다." 우리는 평일들 대신에, 그 날들의 수고와 염려 대신에, 안식일에서 다음 안식일로 뛰어넘어가고, 마침내 영원히 끝나지 않는 안식으로 올라갈 수 있기를 자주 소망했습니다. 이제 그 때가 곧 올 것입니다.

"회중들이 다시는 흩어지지 않고
안식일이 끝나지 않는 나라에서."

여기서 함께 모일 때 우리의 마음이 따뜻해지고 정신은 고양됩니다. 우리는 즐거이 이 '산 위'에 머물기를 원하지만, 내려가야만 합니다. 다른 의무들이 우리를 부르기 때문입니다. 하지만 영광 중에서 우리는 저 천국의 들판에서 즐거운 노래가 온종일 울려 퍼지게 할 것입니다. 우리는 다시 흩어지거나 이 땅의 열등한 생업에 몰두해야 할 필요가 없습니다. 안식일의 해가 지지 않고 달이 물러가지 않을 그 날은 복된 날입니다!

여기서 우리는 또한 친교의 시간을 가집니다. 우리는 성찬의 식탁에 모이는데, 나로서는 사랑하는 주님의 깨어진 몸과 우리를 위한 무한한 사랑으로 쏟으신 그분의 피의 상징들을 볼 때보다 더 행복할 때가 없습니다. 하지만 우리가 항상 주의 만찬에만 머물 수는 없습니다. 우리는 주님과 더불어 먹듯이 세리들 및 죄인들과도 함께 먹어야 합니다. 교제 속에서, 우리의 마음은 마치 다볼 산(갈릴리 호수 서남쪽에 있는 산으로, 예수께서 변화하신 산이라는 전승이 있으나 확실치 않음)에서 주님과 교제를 나누는 것처럼 감격하고, 우리의 의복은 어떤 세탁업자도 더 깨끗하게 할 수 없을 정도로 희게 된 것처럼 보입니다. 하지만 우리는 다시 경건치 못한 자들에게로 내려가야 하고 그들의 유익을 위해 힘써 일해야 합니다. 장래에 우리는 그렇게 하지 않을 것입니다. 우리는 왕의 식탁에서 떡을 먹을 것이며, 영원토록 그곳에서 나가지 않을 것입니다.

희년의 아침, 나팔 소리가 울릴 때, 그 날은 이스라엘에게 복된 날이었습니다. 모든 종들이 풀려나고, 모든 빚진 자들은 그들의 채무에서 면제되었기 때문입니다. 잃었던 각 사람의 유업이 되돌려지고, 온 나라가 기뻐했습니다. 나팔소리와 더불어 그들은 그 희년의 첫 날 해가 떠오르는 것을 축하했습니다. 하지만 그 희년은 지나갔으며, 땅들은 저당잡히고 몰수되었으며, 종들은 다시 노예상태로 떨어졌고, 경제적 파산자들은 다시 채권자들에게 매이게 되었습니다. 아 사랑하는 이여, 우리는 희년으로 다가가고 있습니다. 그 때 나팔소리가 영원히 울려 퍼질 것입니다. 우리는 한때 몰수되었던 우리의 기업을 되찾을 것이며, 다시는 그것을 저당잡히지 않을 것입니다. 우리는 우리를 묶었던 족쇄들을 끊을 것이며 다시는 그런 일을 겪지 않을 것입니다. "아들이 너희를 자유롭게 하면 너희가 참으로 자유로우리라"(요 8:36). 지금까지 나는 여러분에게 천국에서는, 지금 이곳에서 사람들을 곤혹스럽게 만드는 계절의 부침으로부터 자유롭게 됨을 제시했습니다. 그와 같이 그들의 해는 다시 지지 않을 것이며, 그들의 달도 다시 물러가지 않을 것입니다.

2. 승리한 교회의 빛은 영원하다.

이제 이 강론의 흐름을 바꾸도록 합시다. 승리한 교회의 빛은 멈추지 않는 것임을 지금까지 제시했습니다. 이제 우리는 그 빛이 영원하다는 것을 제시하려고 합니다. "여호와가 네 영원한 빛이 되시리라." 이 말씀에는 어떤 설명도 필요하지 않습니다. 왜 그런지를 여러분은 즉시 이해할 수 있습니다. 왜 승리한 성도들의 온전함과 행복은 영원히 끝나지 않을까요? 첫째, 그것의 원천인 하나님이 영원하시기 때문입니다. 우리는 이 행복이 피조물에게서 발생되는 것이 아니라고 설명했습니다. 만일 그렇다면, 그것은 끝날 것이지만, 전적으로 창조주에게서 발생하는 것이니, 그것이 어찌 끝날 수 있겠습니까? 하나님이 사시는 한 그분의 백성은 틀림없이 행복할 것입니다. 그분이 그들을 온전하게 하시고 그분이 계신 곳에 그들을 데려가셨을 때, 그들이 마시는 샘은 마를 수 없습니다. 그 샘은 무한대로 충만하며 신선하기 때문입니다. 그들에게 빛을 주는 해가 흐려질 수 없음은, 그것이 불변하기 때문입니다.

또한, 천국의 성도들에게 주어진 언약은 확실합니다. 그 언약 안에는 영원하신 하나님에 의해 기재된 엄숙한 조항들이 있으며, 그 조항들은 그분의 사랑으로 인해 결코 외면당하지 않을 것입니다. 하나님이 거짓말을 하실 수 없는 이 두 가지 변하지 못할 사실로 말미암아, 그분은 우리에게 큰 안위를 주셨습니다(참조. 히 6:18). 모든 죄가 승리한 성도들에게서 제거되었습니다. 그러니 무엇이 그들을 망하게 할 수 있을까요? 그리스도께서 그들의 모든 채무를 청산하셨습니다. 그러니 무엇으로 그들을 송사할 수 있겠습니까? 그들을 위해 거룩한 피로써 영원한 유업을 사셨으니, 그들이 그것을 잃을 가능성이 있을까요? 하나님은 영원히 참되시니, 그분은 약속을 저버리실 수 없습니다. 하나님은 영원히 전능하시니, 그분은 실패하실 수 없습니다. 하나님은 영원히 인자하시니, 그분은 자기 백성을 외면하실 수 없습니다. 여호와께서 틀림없이 그들의 영원한 빛이 되실 것입니다.

게다가, 그 언약의 보증은 결코 실패하지 않을 터인데, 이는 그리스도 자신이 언약의 보증이시기 때문입니다. "이는 내가 살아 있고 너희도 살아 있겠음이라"(요 14:19)는 증서에 찍힌 커다란 인장이며, 그것으로써 우리는 천국에서 기업을 얻습니다. 그리스도께서 죽으시지 않는 한, 불멸하시는 그분이 소멸되지 않으시는 한, 하나님의 아들, 참 하나님에게서 나신 참 하나님이 존재하기를 멈추지 않으시는 한, 하나님의 자녀가 그 기업을 잃을 가능성은 없습니다. 그 인장은 신적인 것이며, 그 안정성은 의문시될 수 없습니다.

사랑하는 이여, 덧붙일 말이 있는데, 그것은 천국을 소유하는 자들은 그들 자신도 불멸이라는 사실입니다. 우리가 승리의 교회에 들어갈 때 거기서는 더 이상 죽음이 없고, 슬픔도 없고 우는 것도 없습니다. 이전 것들이 다 지나갔기 때문입니다. 몸은 썩어질 것으로 심어지지만, 썩지 않을 것으로 다시 날 것입니다. 몸은 병들고, 죽고, 썩기 마련이기에, 벌레가 그것을 삼킬 수 있으며 바람이 그 미립자들을 흩어 버릴 수 있습니다. 하지만 그것은 영원한 젊음으로 다시 부활할 것입니다. 썩거나 고통을 겪는 모든 경향에서 자유롭게 됩니다. 오, 하나님의 생명과 같이 영속적인 생명을 그 속에 소유하는 영혼들은 정녕 복된 영혼들입니다! 주께서 영원히 그들의 빛이 되실 것입니다. 이제 이 주제에 대해서는 여기서 마무리하려고 합니다. 이 주제는 더 이상 확대할 필요가 없으며, 오히려 생각하고 음미해야 할 주제라고 봅니다.

3. 승리한 교회의 빛은 무한하다.

이제 세 번째 주제를 언급하는 동안, 여러분의 진지한 주의와 도움을 바랍니다. 본문에 따르면, 승리한 교회의 빛은 무한할 것입니다. "여호와가 네 영원한 빛이 되리라." 주님은 무한한 분이십니다. 그분이 우리의 해라면, 그 빛에는 한계가 있을 수 없으며, 우리는 그 안에서 즐거워할 것입니다. 하지만 무한한 주제에 관하여 내가 어떻게 말해야 할까요? 나는 마치 제비처럼 시냇물의 표면을 스치고 다시 올라서 날아가듯이, 이 진리의 표면만 스칠 뿐, 그 깊은 곳으로 잠수할 수가 없습니다. 단, 이것만은 기억해두십시오. 하나님께서 우리의 빛이시라면, 모든 개별적인 신자 속에 완벽한 행복과 거룩함의 빛이 있을 것입니다.

사랑하는 이여, 내 말의 의도는 당신 속에 그 빛이 있으리라는 것입니다. 당신은 나이 들었고, 또한 당신이 연약함과 죄로 가득하다고 느낍니다. 자, 이러한 것들은 모두 사라질 것입니다. 당신의 연약한 형체가 능력으로 부활할 것입니다. 당신의 무지는 지식의 빛에 그 자리를 내어줄 것이며, 당신의 죄는 순결의 빛에, 당신의 슬픔은 기쁨의 빛에 자리를 비킬 것입니다. 당신이 어떻게 될지는 아직 나타나지 않았지만 당신은 당신의 주님처럼 될 것입니다. 당신은 주님께서 다볼 산에서 얼마나 밝게 빛나셨던지, 그리고 죽은 자 가운데서 부활하셨을 때 얼마나 영광스러우셨는지를 압니다. 당신이 그렇게 될 것입니다. 당신은 이미 하나님의 자녀이지만, 곧 당신의 영광이 빛을 발할 것이며, 당신의 순결, 평화, 행복이 모두 가시화될 것입니다. 예, 이것은 당신에게 진실입니다. 당신은 한때 어둠이었으나, 이제는 주님 안에서 빛입니다. 당신은 영광으로 가득하게 될 것입니다. 광야의 떨기나무처럼, 당신은 신의 성품으로 붉게 타오를 것입니다. 당신은 떨기나무이지만, 하나님께서 친히 당신 안에 거하실 것이며, 그래서 당신의 밝음이 해처럼 될 것입니다.

당신이 개별적인 빛을 소유하게 될 뿐 아니라, 영광 중에서 당신은 하나님과 더불어 가능한 가장 가까운 교제를 누리게 될 것입니다. 하나의 피조물이 창조주에게 얼마나 가까이 갈 수 있을지는 말하기가 어렵지만, 하나님의 자녀들은 어떤 수단에 의해서든 하나님 가까이로 이끌리며, 유한한 존재로서 무한하신 분께 가까워질 수 있습니다. 그토록 가까운 교제 속에 있는 것이 얼마나 큰 기쁨이겠습니까! 우리가 기도 중에 하나님과 가까워졌을 때 우리는 더할 나위 없이 행복해졌습니다. 하지만 우리가 하나님의 영광 중에 영원히 살게 되었을 때 그 행복감은 어떠할는지요!

하나님의 사람들은 때때로 하나님의 임재 속에서 그들의 육신이 감당하기 힘들 정도의 행복감을 느끼며, 이렇게 소리칩니다. "주여, 멈추소서. 저는 더 이상 감당할 수 없나이다. 제가 흙으로 빚어진 그릇일 뿐임을 기억하소서. 이에서 지나면 저는 죽고 말 것입니다." 솔로몬은 아가서에서 거룩한 사랑의 열병에 대해 노래합니다. "너희는 건포도로 내 힘을 돕고 사과로 나를 시원하게 하라 내가 사랑하므로 병이 생겼음이라"(아 2:5). 예수님의 사랑이 우리 영혼을 압도하고 기쁨의 황홀 상태로 몰아넣습니다. 우리는 곧 그 즐거움을 더 많이 누릴 수 있을 상태가 될 것입니다. 여러분은 아직 천국을 한 모금 정도 맛보는 것 이상을 감당하지 못합니다. 하지만 장차 여러분은 그 속에서 헤엄칠 것입니다. 여러분이 천국의 햇살을 한 번이라도 받게 될 때, 여러분은 그 과도한 영광의 빛 때문에 눈을 가립니다. 하지만 밀턴(Milton)이 태양 속에 있는 천사를 묘사했듯이, 여러분은 조만간 그 작열하는 빛 속에서 거할 것입니다. 영원히 타오르는 여호와의 영광 중에서 여러분은 흐려지지 않은 눈으로 걸을 것입니다. 그것이 무슨 의미인지 상상할 수 있습니까? 여러분의 정신은 확대되고, 확장되어, 지금보다 숭고한 생각들을 할 수 있을 것입니다. 여러분은 지금보다 더 위대한 존재가 될 것인데,

곧 사람이신 예수 그리스도와 같은 그러한 사람이 될 것입니다. 지금도 그분 안에서 여러분은 하나님이 손으로 지으신 모든 만물을 다스립니다. 양들과 소들과, 공중의 새들과, 바다의 물고기들과, 바다 길을 다니는 모든 생물들을 다스립니다. 하지만 그 때 여러분은 인간성의 고귀함을 더욱더 분명히 깨달을 것입니다. 여러분은 완벽에 이를 정도의 왕이 될 것이며, 하나님을 가까이 모시는 왕이 될 것입니다.

그 영광스러운 빛은 우리에게 복음의 진리에 대한 가장 명확한 시각을 부여할 것입니다. 천국에는 혼란스러운 신학이 없을 것이며, 우리에게 감추어진 교리도 없을 것입니다. 그분에게 우리가 알려졌듯이 우리도 분명히 알게 될 것입니다. 주께서 우리의 빛이 되시기에 우리는 멀리 또 깊이 볼 것입니다. 지금 우리를 당황스럽게 하는 신비들이 그 때는 단순한 일들로 드러날 것입니다. 은혜 언약에 대해 더 많이 알기를 내가 얼마나 간절히 바라는지요! 선택적 사랑이라는 위대한 교리에 더 깊이 잠기기를 내가 얼마나 갈망하는지요! 삼위일체의 신비를 내가 얼마나 들여다보기 원하는지, 한 분 속의 세 위격 이상의 무언가를 알게 되기를 얼마나 바라는지요! 예수님께서 열쇠를 대실 때 비밀들이 열릴 것입니다. 나는 천국에서 단 하루라도 지냈던 사람이라면 오십 년간 신학박사로 지냈던 사람보다 하나님께 대해 더 많이 알거라고 생각합니다. 천국에서의 빛은 너무나 밝기에 우리가 주께 알려진 것처럼 우리도 알게 될 것입니다. 오, 우리가 그곳에 있게 되기를 바랍니다!

그곳에서, 틀림없이 우리는 섭리에 대해 더 많은 것을 이해하게 될 것입니다. 여기서 하나님의 조치들과 관련하여 우리의 해는 이따금씩 저뭅니다. 우리는 그분의 의도를 알 수 없습니다. 길은 어둡고 굽이굽이 휘어져 있습니다. 우리는 그분이 우리를 똑바른 길로 인도하실 거라고 생각하지만, 우리는 광야 속에서 이리저리 돕니다. 형제여, 당신은 곧 보게 될 것입니다. 지금은 당신이 알지 못하는 것을 장래에 알게 될 것입니다. 지식과 깨달음이 지적인 존재에게 가져다줄 수 있는 모든 행복이 우리 가까이에 있습니다.

그곳에서 우리는 감내할 수 있는 최대한의 기쁨을 얻을 것입니다. 당신이 가장 좋아하는 형태의 행복을 생각해보십시오. 당신은 그것을 얻을 것입니다. 어떤 사람들은 천국의 기쁨이 지식에 있을 거라고 생각해왔습니다. 그들은 그것을 얻을 것입니다. 다른 사람들은 지속적인 예배를 전망하여 즐거워하였습니다. 그들 역시 그것을 얻을 것입니다. 그들은 낮과 밤에 하나님의 성전에서 주를 섬길 것입니다. 내가 좀 게으른 편인지 모르겠지만, 나에게는 천국에 관한 가장 달콤한 생각은 안식인데, 나는 그것을 얻을 것입니다. "그런즉 안식할 때가 하나님의 백성에게 남아 있도다"(히 4:9)라고 했기 때문입니다. 평화! 오 조용히 있는 영혼이여, 당신은 그것을 갈망하지 않습니까? 그것을 얻을 것입니다. 안정감과 평온함! 오, 폭풍에 요동치는 영혼이여, 당신은 그것들을 얻을 것입니다. 힘, 능력, 어떤 이들은 그것을 소망하여왔습니다. 여러분은 능력 중에 부활할 것입니다. 충만함, 모든 빈 곳의 채워짐! 여러분은 그것을 얻을 것입니다. 여러분은 하나님의 충만으로 채워질 것입니다. 나는 지금 내 키보다 훨씬 깊은 곳에 있지만, 그렇다고 여기서 빠질 것을 두려워하지 않습니다. 나는 결코 과장해서 말하지 않을 것입니다. 천국의 기쁨들은 황홀하며, 그래서 우리가 지금 이 순간 그것들에 관하여 무엇이라도 안다면, 우리는 이렇게 말한 바울처럼 될 것입니다. "그가 몸 안에 있었는지 몸 밖에 있었는지 나는 모르거니와 하나님은 아시느니라"(고후 12:2). 무아경, 즉 마치 당신 자신에게서 빠져나온 듯하고 스스로에 대해 까맣게 잊어버릴 정도의 상태를 말합니다. "하나님의 가장 깊은 곳에 빠져, 그분의 광대하심 속에 잠겨버린 상태", 당신은 그런 상태에 있을 것입니다. 그것은 사실상 무엇엔가 팔려 자기를 잃을 정도의 황홀경인데, 마치 부지중에 "내 귀한 백성의 수레"(참조. 아 6:12)에 이르러 거기에 태워지는 기쁨과도 같은 것입니다.

우리 중의 일부는 머지않아 그 모든 것에 관해 알게 될 것입니다. 그러므로 그것을 미리 상세하게 묘사하려고 시도할 필요가 없습니다. 주께서 빛이실 때, 그 빛의 밝기가 어떠할지 누가 알겠습니까? 주님이 어린 양이시고, 어린 양이 주이실 때, 또 주님과 어린 양이 동시에 빛이실 때, 그 영원한 빛이 얼마나 달콤하고 사랑스러울지 누가 알겠습니까? 오, 무한한 광채가 우리에게 비추길 바랍니다! 우리의 마음이 이 꿈나라를 떠나, 저 성스럽고 높은 곳, 종일토록 영원한 빛이 비치는 곳에 거하기를 바랍니다! 하지만 참으십시오, 내 형제들이여, 조금만 더 참으십시오. 우리는 우리의 할 일이 끝날 때까지 기다려야 하며, 우리의 일이 끝날 때 온전한 상을 얻을 것입니다. 저 영광이 우리에게 나타난다는 기대를 가지고 용기를 내십시오.

4. 승리한 교회의 빛에는 슬픔이 섞이지 않는다.

내 마지막 요점은 이것입니다. 승리한 교회의 빛에는 슬픔이 섞이지 않습니다. 본문이 이렇게 말하기 때문입니다. "네 슬픔의 날이 끝날 것임이라." 잠시 앉아서 이 복된 문장을 음미하십시오. "네 슬픔의 날이 끝날 것임이라." 어떤 종류의 슬픔인가요? 세상의 박해에서 오는 슬픔입니다. 비방도 없고, 감금도 없으며, 고문도 없고, 산 채로 바퀴에 달아 사지를 찢는 일도 없으며, 불에 태워 죽이는 일도 없습니다. 소나기처럼 쏟아지는 돌들을 맞고 하늘에 오른 자들에게, 혹은 스미스필드(Smithfield) 화형장에서의 순교자들처럼 불의 전차를 타고 오른 자들에게, 천국은 어떤 곳일까요? 그곳에서는 더 이상의 고통이 없습니다. 박해당하는 교회의 슬픔의 날들이 끝날 것입니다.

그곳에서는 일상의 시련들에서 비롯된 슬픔이 더 이상 없을 것입니다. 상실도, 고난도, 육신의 고통도 없을 것이며, 노년의 약함도, 사별도, 품 안의 자녀나 곁에 있던 남편을 잃는 일도 없을 것이며, 장례식 종소리도, 참혹한 무덤도 없을 것입니다. 저기 유리 바다에서는 고난의 파도가 괴롭히는 일이 없으니, 주님을 찬송합니다!

그 때 우리는 우리의 내적인 죄로 인해 야기되는 모든 슬픔에서도 해방될 것입니다. 그 때 우리 속을 들여다보아도 우리 마음에서 어떤 시기심이나, 교만이나, 반항심이나, 정욕이나, 어떤 악의 성향도 발견되지 않을 것입니다. 그 때 우리는 외부로부터 죄를 짓도록 하는 모든 유혹에서 해방될 것입니다. 마귀도 없고, 은밀히 파고드는 의심도 없으며, 마음을 좀먹는 염려도 없고, 악한 세상도 없으며, 시각적인 과시나 교만이 없을 것이며, 가난의 불행이나, 재물의 위험도 없을 것입니다. 우리는 이 모든 것으로부터 자유로울 것입니다.

우리는 하나님의 부재(不在)로 인한 모든 슬픔으로부터도 해방될 것입니다. 우리는 더 이상 그분을 근심하게 하지 않을 것이며, 그분의 영을 노엽게 하지도, 그분으로 하여금 징계의 회초리를 들게 하지도 않을 것입니다. "네 슬픔의 날이 끝날 것임이라."

나는 한 가지 번역본을 발견하였는데, 그것이 정확한지의 여부는 모르겠습니다. "네 슬픔의 날이 보상될 것이라." 나는 다른 사람들보다 더 많이 슬퍼해야 하는 이들에게 이 말을 하는데, 여러분은 보상을 얻을 것입니다. 여러분이 겪는 모든 고통에는 그 보상이 있습니다. "하지만 어떻게 그것이 올 수 있습니까?"라고 누군가 말하는군요. 슬퍼하는 귀한 성도들이여, 여러분이 천국에 이를 때, 여러분은 활발하게 활동하던 때에 못지않게 병상에서도 하나님의 목적을 이루고 있었음을 알게 될 것입니다. 지금은 여러분이 그것을 이해하지 못하지만, 그 때 여러분은 주께서 아무 목적도 없이 여러분을 슬픔에 처하도록 하시지 않았음을 알게 될 것입니다. 당신의 고난에서 위대한 결과들이 발생하였음을 볼 때, 여러분은 그분을 송축하며 그리스도의 못자국난 발에 입 맞출 것입니다. 그리고 고난당하도록 허용하신 큰 특권에 대해 감사할 것입니다.

만약 당신이 그리스도인으로서 고난당하도록 부름을 받았다면, 그 때 당신은 어떻게 당신이 "그리스도의 남은 고난을 그의 몸 된 교회를 위하여"(골 1:24) 당신의 육체에 채우게 되었는지 보게 될 것입니다. 그리스도의 온 몸 즉 머리뿐 아니라 모든 지체들도 고난 받아야 하므로, 당신도 그 지체로서, 충성된 전체 무리에 의해 감내되어야 할 일정 부분을 맡은 것입니다. 당신은 또한 하나님의 성령께서 당신이 겪은 고난들을 통해 어떻게 당신을 깨끗하게 하셨는지, 어떻게 고난들이 당신으로 하여금 죄를 피하게 했는지, 어떻게 고난들이 당신을 더 깊은 경험으로 이끌었는지, 어떻게 고난들이 당신을 더 고상한 섬김을 위해 준비시켰는지를 보게 될 것입니다. 오, 당신이 사랑의 아버지께 바칠 수 있는 감미로운 찬미의 곡조 중에서, 이것이 가장 감미로운 곡조 중의 하나가 될 것입니다. 당신은 모든 고통에 대하여, 또한 모든 질병으로 인해 겪었던 모든 신음으로 인해 그분을 찬미할 것입니다. 그렇게 당신의 슬픔의 날들은 보상될 것입니다.

사랑하는 이여, 아마도 이 중에는 단 하루라도 심령의 침울함이나 육신의 고통에서 자유로운 날을 거의 알지 못하는 이들이 있을 것입니다. 이런 분들이 이 모든 것에서부터 영원하고 순수한 기쁨으로 옮겨가는 것은 얼마나 큰 변화인지요! 우리 중에 어떤 이들은 곧잘 낙심합니다. 우리는 정신적으로 매우 지치는 것이 무엇인지를 압니다. 그곳에서, 밤 없이 낮만 있는 곳에서, 우리는 하나님을 송축하고 찬미할 것이며, 예수 그리스도 안에서 하나님의 무한한 지혜를 천사들에게 들려줄 것입니다.

이 모든 것으로 인해 성도들은 뜨거운 열정으로 고무되어야 합니다. 이 영광스러운 소망이 우리를 일깨워야 합니다. 우리는 본향에서 멀지 않습니다. 하나님의 순례자들이여, 아마도 여러분은 지쳐가고 있을 것이며, 특히 세월에서 앞서간 분들이 그러할 것입니다. 지금 이 시간, 하나님의 성령이 여러분을 언덕 꼭대기로 데려가시어, 그곳에서 여러분이 기대해왔던 결말을 보게 해 주시길 빕니다. 저기 그것이 있습니다! 그 땅의 언덕들이, 젖과 꿀이 흐르는 그 땅의 골짜기들이 여러분에게 보이지 않습니까? 포도나무와 무화과나무와, 그 아래에 앉아 있는 여러분의 모습이 보이지 않습니까? 그 무엇이 여러분을 두렵게 합니까? 조금만 더 가면, 아주 조금만 더 가면 그곳입니다. 여러분은 지금껏 그래왔듯이, 이 길의 남은 여정에서도 도움을 받을 것입니다. 여러분이 이 오십 년 동안을 걸어왔지만, 철과 동으로 된 신들이 떨어지지 않았습니다. 아직 여러분이 여행해야 할 불과 몇 마일 정도를 걸을 동안, 그 신들은 떨어지지 않을 것입니다. 비록 여러분은 그것이 먼 길이라고 생각하겠지만, 그렇지 않습니다.

눈을 들어 저 언덕 위를 보십시오. 그곳에 불 말들과 불 병거들이 있습니다. 여러분의 천부께서 여러분을 태우도록 보내신 것입니다. 여러분이 알아채기도 전에 여러분은 그리스도의 팔에 있을 것이며, 영광 중에 아찔해질 것입니다. 다시 말하지만 그것은 여러분이 채 알기 전에 일어나는 순간의 일입니다. 죽음은 바늘로 한 번 찌르는 정도에 불과할 것입니다.

> "한 번의 부드러운 한숨에, 당신의 차꼬는 풀어지고
> 우리가 채 말하기도 전에 당신은 떠나네.
> 당신의 속량 받은 영혼은
> 보좌 가까이 거할 처소에 들어가네."

그렇게 여러분의 슬픔의 날들은 끝날 것입니다.

이 예배당에 있는 어떤 이들에게는 이 빛을 볼 수 없을지 모른다는 큰 두려움이 임해야 합니다. 두렵건대, 선생들이여, 여러분 중에 일부는 결코 이 복된 영광을 얻지 못할 것입니다. 나는 여러분에게 이 세 가지 질문을 제시함으로써 설교를 마칠 것입니다. 여러분은 지상의 것들로 만족합니까? 여러분은 저물 수밖에 없는 태양과 물러갈 수밖에 없는 달에 만족하고 있습니까? 여러분은 "누가 우리에게 선한 것을 보이겠는가?"라고 말합니까? 아아, 선생들이여, 여러분의 자랑은 악하며, 곧 사라질 것입니다. 돈이 여러분을 돕지 못하는 날에 여러분은 무엇을 할 것입니까? 넓은 땅이 당신에게 행복을 주지 못하고, 친구들이 당신을 기쁘게 하지 못하는 날에 당신은 무엇을 할 것입니까? 당신은 마지막 두려운 여행을 떠나야만 합니다. 화로다, 당신에게 화로다! 만약 당신이 저기 저무는 구체

보다 더 나은 태양(주님)을 얻지 못하고, 저기 기우는 위성보다 더 나은 달을 갖지 못하면 당신에게 정녕 화가 있을 것입니다!

여러분에게 더 묻고 싶습니다. 여러분은 천국으로부터의 빛을 받았습니까? 여러분 안에 하나님으로부터의 빛이 있습니까? 기억하십시오, 만일 여러분이 그것을 지금 보지 못하면 영원히 하나님의 빛을 즐거워할 수 없을 것입니다. 여러분은 그것에 대해 생각해보았습니까? 오호라, 여러분의 생각 속에는 하나님이 전혀 없군요. 이 세상에 사는 수많은 사람들이 하나님에 대해서 그들이 소유한 개와 말 이상으로 많이 생각하지 않습니다! 그분은 그들의 친구가 아닙니다. 그들은 결코 그분의 얼굴을 구하지 않으며, 결코 그분을 존중하지도 않습니다. 만일 그분이 그들의 아버지시라면, 분명 그들은 이상한 자녀들임에 틀림없습니다. 그들이 아버지에게 결코 말을 걸지 않고, 그분을 신경도 쓰지 않기 때문입니다. 아아, 선생들이여, 여러분이 이 땅에서 위로부터의 빛을 원하지 않으면, 영원히 그것을 얻지 못할 것입니다.

마지막으로, 여러분은 위로부터의 빛을 갖기를 원합니까? 여러분은 기꺼이 그것을 받아들이려 합니까? 여러분은 그것을 바랍니까? 여러분은 자아의 빛과, 자기만족과 자기의존의 빛을 버리겠습니까? 여러분은 예수님을 의지하겠습니까? 여러분은 하늘의 빛이신 어린 양을, 피 흘리신 어린 양을, 여러분의 영혼의 빛이요 위안으로 삼겠습니까? 여러분은 여러분의 죄가 세상 죄를 지고 가신 하나님의 어린 양에게 올려진 것을 봅니까? 여러분 대신 고난당하신 그분을 믿습니까? 만일 그렇다면, 그 어린 양이 여러분에게 지금 용서를 주시고 장래에는 온전함을 주실 것입니다. 그분은 여러분에게 오늘은 베들레헴의 별이 되시고, 영원히 의의 태양이 되실 것입니다. 형제들이여, 하나님이 여러분에게 복 주시길 빕니다. 우리 모두가 빛의 나라에서 만나게 되길 바랍니다. 비록 내가 이곳의 어떤 이들보다는 그곳에 먼저 가겠지만, 나는 지금 나보다 앞서 그곳에 있게 될 일부 사람들에게 말하고 있습니다. 만일 우리가 서로 만날 가능성이 있다면 우리는 그렇게 할 것입니다. 우리는 결코 시들지 않는 빛에 대해 함께 말했던 행복한 여름 오전을 기억할 것이며, 서로를 향해 이렇게 말할 것입니다. "우리는 절반도 듣지 못했습니다. 그 딱한 설교자는 부족한 지식으로 그 태양을 설명하려고 노력하였지요. 그 해는 그가 묘사하기에는 너무나 밝았지만, 다만 그가 최선을 다했답니다." 하나님이 여러분에게 복을 주시길 빕니다. 아멘.

제
82
장

나을 수 있는 마음의 질병

“여호와께서 나를 보내사 마음이 상한 자를 고치려 하심이 라.”—사 61:1

이 구절은 구주께서 안식일에 나사렛의 회당에 들어가셨을 때 읽고 가르치셨던 구절들 중의 하나라는 사실에서 큰 영예를 얻습니다. 이 구절은 언제나 새롭게, 우리는 여전히 이에 대해 이렇게 말할 수 있습니다. “이 글이 오늘 너희 귀에 응하였느니라”(눅 4:21). 우리와 같이 낮고 보잘것없는 목자들이 “양들의 큰 목자”(히 13:20)가 취하셨던 것과 동일한 본문으로 말하도록 허용되는 것은 결코 작은 특권이 아닙니다. 우리의 관심은 이 구절 안에서 그분을 바라보도록 가리키는 것이어야 합니다.

나는 이 말씀을 누가복음 4장 18절을 본문으로 해서 전할까 의도했었지만, 개역판(Revised Version) 누가복음에서 이 구절을 발견할 수 없어서 다소 놀랐습니다. 나는 이러한 생략이 바른 것인지 아닌지를 묻기 시작했습니다. 학자인 체하려는 태도를 지양하며, 나는 편집자들이 그것을 빠뜨리는 일에서 정직하게 행동하였다고 확실히 느꼈습니다. 누가복음의 원문에는 이 대목이 없지만, 아마도 어떤 경건한 사람이 이 부분의 인용을 좀 더 정확하게 하려는 의도로 첨가하였을 것입니다. 그 의도가 무엇이었건, 그리고 첨부된 구절들이 얼마나 자연스럽게 보이든, 알려지지 않은 그 형제가 애초부터 완벽했던 것을 감히 개선하려고 시도했던 것은 유감입니다. 이 사실을 곰곰이 생각한 후에, 나는 이 구절이 누가 복음의 원래 저작에서는 기록되지 않았다는 것을 받아들이고, 나는 그 이유를 생각하고 밝히고자 했습니다. 우리 주님께서 이사야서를 펼치셨을 때, 그분은 그 구절에서부터 읽으셨습니다. 하지만 우리는 그분이 어느 한 구절 전체를 읽으셨는지 확인할 수 없습니다. 유대인들의 법에 따르면 회당에서 선지서를 읽을 때에는 낭독자가 특정 부분을 건너뛰는 것이 허용되었고, 우리가 발췌라고 부르듯이, 그의 주제를 제시하려는 목적으로 여기서 한 구절, 저기서 한 구절을 뽑아서 읽을 수 있었습니다.

이 구절이 우리의 흠정역(Authorized Version)에는 있으므로 여러분은 이 성경구절이 이사야 61장 예언의 말씀과 정확히 같지 않음을 알아챌 것입니다. 적어도 그 한 문장은 그 예언서의 다른 부분에서 취해진 것임이 틀림없을 것입니다. 주님께서는 이사야 61장에서 읽기 시작하셨습니다. 하지만 그분은 또한 이사야의 다른 부분에서도 인용하셨고, 아마도 여기저기서 한 구절씩을 취하시고 그것들을 하나로 혼합하셨을 것입니다. 그것은 마치 내가 여러분에게 하나의 연관된 이야기를 전할 때, 성경의 어느 한 장에서 8절을 말하고 나서 16절의 일부를 인용하고, 연이어 24절로 넘어가 어떤 구절들을 생략하는 식과 마찬가지입니다. 주님께서는 그 두루마리에서 서로 가까운 구절들의 요약을 제시하셨던 것이고, 누가는 주님의 설교에서 설명하셨던 부분들을 기록한 것입니다.

"하지만", 당신이 말합니다. "그렇다면 주님은 왜 그분에 대해 '마음이 상한 자를 고치려'라고 묘사한 부분을 빠뜨리셨을까요?" 그것은 아마도 치유에 대해 모두 언급하시지 않으려는 의도였을 것입니다. 사람들은 그 날 그분이 치유의 기적들을 행하시기를 고대하고 있었고, 그러므로 그분이 그 순간 그 문장 읽는 것을 생략하셨든지, 혹은 그분이 그 부분에 대한 설명을 하지 않으셨든지 둘 중 하나일 것입니다. 누가는 우리에게 구약성경의 정확한 구절들을 제시하는 것이 아니라, 그 의미들을 제시하며, 또한 구약성경에서 우리 구주께서 언급하신 요점들을 제시합니다. 그는 아마도 읽히고 설명되어진 문장들에 대한 메모를 제시하는 것이며, 주님께서는 우리 앞에 제시된 이 문장을 읽으셨지만 그 상세한 설명을 의도적으로 거절하셨을 것입니다. "여호와께서 나를 보내사 마음이 상한 자를 고치려 하심이라." 사람들은 그분이 치유의 기적들을 행하시는 것을 보고 싶으나, 그분은 그들의 욕구를 채우기를 원하지 않으셨습니다. 우리는 성경에서 "그들이 믿지 않음으로 말미암아 거기서 많은 능력을 행하지 아니하시니라"(마 13:58)는 대목을 읽습니다. 그분은 자신을 단지 '기적 행하는 자'(wonder-worker)로 나타내기를 원치 않으셨으며, 그래서 치유에 관한 그 문장을 단지 가볍게 언급만 하셨으며, 거기서 더 나아가, 그들의 마음을 읽으실 때 그들이 그 생략에 주목하는 것을 보시고는 그들에게 이런 말씀을 하셨습니다. "너희가 반드시 의사야 너 자신을 고치라고 말하리라"(눅 4:23). 그것을 바꾸어 말하면 이런 뜻이겠지요. "당신은 그 구절을 읽지 않았고, 혹은 그 구절을 가볍게 다루었습니다. 하지만 메시야가 할 일의 일부는 병든 자를 치유하는 것입니다."

주님은 자신이 침묵하시자 그들이 구약성경의 이 구절을 주목하고는, 속담을 인용하여 주님에게 이의를 제기하려고 하는 것을 인지하셨습니다. "의사야 너 자신을 고치라는 속담처럼 우리가 들은 바 가버나움에서 행한 일을 네 고향 여기서도 행하라." 그분은 그곳이 그분의 고향이라는 점에 근거한 요구들에는 관심을 기울이지 않으셨습니다. 그분은 긍휼에 기초한 요청 외에는 관심을 두지 않으시기 때문입니다. 그분은 자기 주권을 행사하기를 원하셨으며, 따라서 그들에게, 이스라엘에 많은 나병환자가 있었으되 그 중의 한 사람도 깨끗함을 얻지 못하였고, 오직 나아만 즉 이스라엘과 아무 상관이 없고 오히려 이스라엘을 반대하고 억압했던 수리아 사람 중의 한 사람에게 치유가 주어졌음을 상기시키셨습니다(참조. 눅 4:27).

아마도 주님은 그 날 그들에게 치유를 베풀지 않으셨을 것입니다. 왜냐하면 그들이 마음이 상한 자들이 아님을 아셨기 때문입니다. 사람들의 마음을 읽으시는 그분은 그들이 불신앙의 포로이며, 편견으로 눈멀고, 죄에 속박된 자들임을 아셨으며, 그래서 이렇게 말씀하셨던 것입니다. "여호와께서 나를 보내사 포로된 자에게 자유를, 눈먼 자에게 다시 보게 함을 전파하며, 눌린 자를 자유롭게 하고, 주의 은혜의 해를 전파하게 하려 하심이라"(눅 4:18-19). 하지만 복음의 가장 부드러운 부분도 그들에게는 적용될 수가 없었기에, 그분은 그 당시 그들이 듣는 데서는 치유에 관한 구절을 언급하지 않으셨던 것입니다. 그분은 돼지에게 진주를 던지는 것을 원치 않으셨으며, 오히려 그들이 죄를 슬퍼하고 그들의 마음 상태가 바뀔 때까지 그것을 유보하고자 하셨습니다. 제가 깨닫기로는, 바로 이것이 왜 이 구절이 누가복음의 원본에서 언급되지 않았던가에 대한 이유입니다. 만약 그렇다면 이 생략은 매우 교훈적입니다. 여러분 역시, 복음의 가장 달콤한 부분을 받아들이기에 부적절한 상태가 됨으로써 그것을 놓치는 일이 없도록 주의하시기 바랍니다.

개역판과 흠정역 사이에 차이가 있는 사실에 관해서는, 정확한 번역본을 내려는 시도와 구약과 신약에 대한 정확한 해석을 하고자 하는 어떠한 정직한 시도에 대해서도, 두려워해서는 안 된다고 말하고 싶습니다. 몇 년 동안 침례교 신자들은 우리도 가능한 최상의 방식으로 번역된 하나님의 말씀을 가져야 한다고 주장해왔습니다. 그것이 어떤 신앙적인 견해들과 절차들을 확증하든지, 혹은 그것들을 반대하는 쪽으로 작용하든지 말입니다. 우리가 원하는 전부는 성령님의 정확한 의도이며, 할 수 있는 한 그것을 깨닫는 것입니다. 다른 모든 그리스도인들 이상으로 우리는 이 일에 관심이 있으나, 우리는 어떤 다른 성경 번역본을 가지고 있지 않습니다. 우리는 어떤 기도서나 구속력 있는 신조, 혹은 권위 있는 회의의 신앙고백들을 가지고 있지 않습니다. 우리는 성경 외에 달리 가진 것이 없습니다. 그리고 우리는 할 수 있는 한 가장 순수한 형태의 성경을 가지고 싶습니다. 가능한 한 가장 훌륭하고 정직한 연구에 의해, 우리는 필사자들의 모든 실수 및 인간의 무지나 지식의 첨가가 깨끗이 제거된 공동 번역본을 갖기를 희망하며, 그리하여 하나님의 말씀이 마치 그분의 손에서 직접 온 것처럼 우리에게 주어지기를 바랍니다. 나는 우리가 누가복음의 일부라고 생각했던 말씀을 따로 떼어내는 것이 매우 근심스럽게 보인다는 점을 인정합니다. 하지만 그것이 가장 오래된 사본에는 없으며, 따라서 포기되어야 하기에, 우리는 그 생략된 부분을 오히려 이용할 것입니다. 위대하신 설교자의 지혜가, 사람들이 필요로 하지 않았을 때와 그들이 그분의 시의적절한 책망을 왜곡할 가능성이 있었을 때에는, 원기를 돋우어줄 진리들에 대해 언급하지 않으셨다는 사실을 우리는 주목할 것입니다.

비록 우리가 누가복음에서는 그 문장을 얻지 못하지만 이사야서에서는 그것을 가지므로, 이것이 내가 보기에는 충분합니다. 설혹 이 구절이 이사야서에 없다고 해도, 정녕 이 내용은 성경의 다른 부분들에 있습니다. 그 의미는 성경에 넘칩니다. 메시야가 마음이 상한 자들을 고치려고 보냄을 받으셨다는 것은 구약과 신약 성경에 흐르는 정신입니다. 복음이 복음인 것은 사람들의 고통을 누그러뜨리고, 환난당하는 자들을 절망에서 위로하며, 그들의 기쁨이 해가 떠오를 때의 아침이슬처럼 사방으로 반짝이게 만드는 것이기 때문입니다.

주 예수 그리스도의 사명이 오늘 이 메시지를 듣는 모든 마음이 상한 자들에게 성취되기를 기도합니다. 치유를 하나의 권리처럼 요구하는 자들이 여기에 하나도 없기를 바랍니다. 그런 자들이 있다면, 주께서는 그들의 요구를 듣지 않으실 것입니다. 그분은 자기 뜻대로 행하시는 분이십니다. 성경에 기록된 그대로입니다. "내가 긍휼히 여길 자를 긍휼히 여기리라"(출 33:19; 롬 9:15). 그 나사렛 사람들은 그 날 회당에서, 그분이 그들 가운데 사셨다는 이유로 마치 권리처럼 그분에게 요구했으며, 그래서 예수님이 그들에게 치유에 대해 말씀하시지 않았던 것입니다. 예수님은 아낌없이 주시는 분이시지만, 만일 어떤 사람이든 마치 당연한 것처럼 그분에게 무언가를 요구한다면, 그분은 그분 자신의 영광스러운 권리를 지키려 하시기에, 그런 무례한 요구들에는 관심을 기울이지 않으십니다. 그분의 치유의 행위는 의무가 아니라 은혜에 속한 일입니다. 뻔뻔하고 주제넘은 요구에 따라 주어지는 것이 아니라, 명백히 은혜의 선물로 주어지는 것입니다.

이제 본문으로 들어갑시다. "여호와께서 나를 보내사 마음이 상한 자를 고치려 하심이라." 여기서 세 가지 숙고해야 할 문제가 있습니다. 마음의 상처, 하늘의 치유, 그리고 영광을 얻으시는 치유자입니다.

1. 마음의 상처들

먼저, 마음의 상처들에 대해 생각해봅시다. 이 세상에서 많은 사람들이 상한 마음을 가지고 살아갑니다. 팔 다리 중 어느 하나가 부러지는 일도 나쁘며, 살이 찢기거나 상하는 일도 충분히 견디기 힘듭니다. 하지만 상처가 마음에 있을 때, 그 역시 힘든 일입니다. 모든 종류의 고통들 중에서 마음의 상처가 가장 딱하지만, 그것들은 빈번하게 무시됩니다. 한 사람의 정신이 겁을 먹고, 그의 마음이 무너질 때, 그는 자포자기의 초라한 상태가 되고 맙니다. 다른 사람들이 그를 멀리하게 되는데, 그가 우울한 동료이기 때문입니다. 사슴 무리가 상처 입은 사슴을 혼자 피 흘리다가 죽도록 버려두듯이, 인간들 역시 본능적으로 습관적인 우울함에 빠지는 자들과의 교제를 피합니다. 행복에 대한 열망이 사람들로 하여금 불행한 자들을 피하게 만드는 것이지요. 쾌활하면 사람들을 끌게 될 것입니다. 슬퍼하면 그들이 흩어질 것입니다. 욥이 이렇게 말한 것은 진실입니다. "평안한 자의 마음은 재앙을 멸시하나 재앙이 실족하는 자를 기다리는구나"(욥 12:5). 생각이 깊은 자들을 질책하면서 부주의하고, 그릇되고, 피상적인 시각으로 관찰하면 그들을 꾸짖게 되지요. 반면 형통하고 행복한 자들은 내키지 않는 시각으로 그들을 바라보는데, 왜냐하면 그런 자들이 그들에게 잊고 싶은 슬픔들을 상기시키기 때문입니다. 하나님께서 어떤 사람들을 치시면, 그들의 마음은 그분의 회초리로 인해 심하게 상하며, 그들의 동료들은 그들에게서 얼굴을 돌리고 그들을 멸시합니다. 많은 사람들이 그들을 비난하면서, 그들에게 우울함을 떨쳐버리고 용감해지도록 노력하라고 말합니다. 나는 그들이 말하는 내용을 모두 알지 못합니다. 하지만 분명한 것은, 사람들에게서 멸시와 거절을 당하는 자들 중에서 상한 마음으로 밤낮을 지내는 사람들이 적지않게 있다는 것입니다.

그들이 자주 외면당하는 것이 얼마나 놀라운지요. 일반적으로 인간성은 우리에게 팔다리에 상처 입은 자들을 돕도록 요구합니다. 거리에 사고가 생기면 사람들이 곧 모여들어 인간적인 친절을 발휘합니다. 그런데 마음의 상처를 입은 경우 긍휼은 곧 바닥나며, 사랑은 위로하려는 그 가망 없는 노력에 곧 지치게 됩니다. 하나님께 배운 자들은 마음이 상한 자들을 도우려 하겠지만, 인간적인 동정심은 곧 소진됩니다. 위로하려는 자신의 무능을 의식하기 때문입니다. 부러진 팔이나 다리를 접골하면, 뼈는 다시 붙겠지요. 하지만 부러진 마음을 접합시키려면 우리가 무엇을 할 수 있을까요? 그처럼, 불가능한 일을 시도하기를 원치 않기 때문에, 지속적으로 당황스러운 일에 신경을 쓰고 싶지 않기에, 자연히 선한 사람들조차 외로운 사람들과 동료가 되어주는 일에는 그다지 애를 쓰지 않는 것입니다. 그리하여 이 불행한 이들은 이런 식으로 탄식하는 수밖에 없지요. "주는 내게서 사랑하는 자와 친구를 멀리 떠나게 하시며 내가 아는 자를 흑암에 두셨나이다"(시 88:28). 유감스럽지만 욥의 이야기는 우리가 생각하는 것 이상으로 자주 반복되고 있습니다. 가망 없는 처지에 놓인 자를 위로하러 올 때, 사람들은 그들의 실패를 의식하고 종종 기분이 나빠져서, 질책하기를 시작하며, 마침내 괴롭힘을 당하던 그 불쌍한 사람은 비통하여 이렇게 소리칩니다. "너희는 다 재난을 주는 위로자들이로구나"(욥 16:2). 이와 같이 마음이 상한 사람의 처지가 매우 어려운 것은, 그들이 자주 멸시받고 외면당하기 때문입니다.

이 뿐 아니라, 상한 마음을 가지는 것은 극도로 고통스러운 일입니다. 마음은 감각의 중심이며, 따라서 그것이 상하는 것은 가장 예민한 고통으로 연결됩니다. 흩어지지 않는 구름 속에 있는 정신에는 슬픔이 드리워져 있습니다. 단지 그들의 잔이 슬픔으로 가득할 뿐 아니라, 그들 자신이 슬픔의 우물가에 앉아 있습니다. 그들은 오랫동안 엘림의 종려나무들을 잊었으며, 마라의 쓴 물로 가득 차 있습니다. 그들은 낮이고 밤이고 쉬지 못합니다. 어떻게 그들이 쉴 수 있겠습니까? 어떤 육신의 고통도 마음의 중압감과는 견주지 못합니다. 나로서는 몸이 견뎌낼 수 있는 모든 통증과 고통을 받아도, 마음의 고통만은 피하고 싶습니다. 산 채로 바퀴 아래 깔리는 일을 겪어도, 참회를 위한 중요한 이유 때문에 생기는 것이 아니라면, 산 채로 마음이 상하는 일은 면하고 싶습니다. "심령이 상하면 그것을 누가 일으키겠느냐?"(잠 18:14). 화살이 영혼을 꿰뚫을 때, 생명의 피는 액체로 된 불과 같이 되며, 그 사람은 엄청난 고통을 겪게 됩니다.

게다가, 마음이 상처를 입어 힘의 근원이 손상을 당하게 될 때, 그것은 우리를 약하게 합니다. 강한 마음을 가진 사람은 어떤 일이든 할 수 있습니다. 그의 몸이 아무리 약하고, 연약하며, 장애를 입고, 질병이 들었어도, 그의 심령이 강건하기만 하다면 그는 그 모든 고통들을 비웃습니다. 하지만 마음이 상했다면, 그가 무엇을 할 수 있을까요? 그가 무엇을 소망할 수 있을까요? 그가 무엇을 견뎌낼 수 있을까요? 두려움이 그의 마음에 도사리고 있을 때, 메뚜기조차 큰 짐이 되며, 집을 지키는 자들은 떨게 될 것입니다. 노년의 사람이 겪는 질병보다 상심한 마음의 고통이 훨씬 더 해롭습니다.

통상 상한 마음은 낫지 않습니다. 나 자신이 깊은 곳까지 낮아지면서 나는 빈번하게 이 교훈을 배워야 했습니다. 상심한 자들에게 말씀을 전하고, 내 주님께서 저를 통해 말씀하시고 그들이 점차 용기를 내는 것을 볼 때, 그것은 내게 너무나도 행복한 일이었습니다. 하지만 그분이 임재하지 않으신 채, 내가 주장하고, 호소하고, 설명하고, 설득하였을 때는 모든 것이 허사였습니다. 나는 내 동료 인간을 구하기를 희망하던 상태에서 영락없는 파산자의 나락으로까지 떨어졌습니다. 낙심한 자들을 위하여 내가 느꼈던 동정심이 거의 나 자신을 낙심하게 만들었습니다. 의사들이 아무리 다양한 조언을 한들, 그 모든 것이 무슨 소용일까요? "외국으로 여행을 하세요. 가서 새로운 도시들을 보거나, 알프스에서 기분을 전환하세요"라고 그들이 말합니다. 예, 하지만 그 사람이 삶에 지친 마음의 짐을 지고 간다면, 그는 다시 그 짐을 짊어지고 오기가 쉬울 터인데, 그가 얻는 유익이 무엇일까요? "온천에 가십시오. 최상의 의사들에게 도움을 청하십시오. 전기장치를 사용하십시오. 힘든 운동을 해보십시오." 이 모든 것은 아주 좋습니다. 몸은 튼튼해지거나, 자극을 받거나, 휴식할 필요가 있으니까요. 하지만 질병의 비밀이 상한 마음이라면, 하나님의 망치가 그 마음을 쳤다면, 세상에 있는 모든 의사들이 아무런 도움이 못됩니다. 그것은 마치 옛적에, 의사들에게 가진 것을 다 허비하였으되 아무런 효험이 없고 도리어 더 중하여졌던 여인처럼 끝날 것입니다.

우리가 곧 말할 이 중대한 질병을 위해서는 치유가 있습니다. 하지만 길르앗에는 없으며(참조. 렘 46:11), 자연의 영역 전체를 통틀어 그 어디에서도 없습니다. 지상의 쾌락들과 교훈들은 아무 소용없는 의사들입니다. 그들이 주는 각종 고약과 치료제들, 그들이 주는 외상용 연고들과 내복용 약들은 우리 존재의 깊은 곳까지 그 효력이 미치지 않으며, 따라서 마음을 회복시키지 못합니다. 사람들을 매혹시키는 마술사들도, 영혼의 밭고랑에 묻혀 있는 독(毒)당근을 제거하지는 못합니다. 마음이 깨어졌을 때 누가 조각나 흩어진 파편들을 모아 고정시킬 수 있을까요? 만약 다른 어느 곳에 치유책이 있었다면, 주 예수께서 치유를 위해 하늘을 떠나지 않으셨을 것입니다. 하지만 그분이 이 목적을 위해 오셨으니, 다른 누구도 그 임무를 수행하지 못했다는 것이 분명합니다.

이러한 상심은 치유되지 않으면 결국 치명적인 것이 됩니다. 우리는 갑작스럽게 쓰러져 죽은 사람들에 대한 이야기를 자주 접하는데, 사망진단서는 그들이 심장병으로 죽었다고 진술합니다. 의사들이 말하는 방식으로는 무엇이 환자를 고통스럽게 했는지 알 수 없다고 합니다. 마음이란 미답(未踏)의 지역인 아프리카와 매우 비슷합니다. 정신적으로나 영적으로도 그러하며, 마음이 상했을 때 참된 삶은 거의 끝난 것입니다. 심령이 약해질 때 삶의 존재가 더 이상 바람직스럽지 않게 됩니다. 그러한 우울한 정신은 욥과 더불어 이렇게 말합니다. "내 마음이 뼈를 깎는 고통을 겪느니 차라리 숨이 막히는 것과 죽는 것을 택하리이다"(욥 7:15). 하나님이시여, 누구도 스스로 자기 목숨을 끝낼 정도로 악하고 어리석게 되지 않게 해 주소서! 열기를 피하려고 불 속에 뛰어드는 자가 없게 해 주소서! 의심할 것 없이 많은 사람들이 눈물 속에서, 큰 슬픔에 잠긴 채로 무덤에 내려갔습니다. 살아서 위로받기를 거절하고, 자기를 치유하실 수 있는 저 선하고 위대하신 의사를 거부하면서 죽은 자는 불행합니다. 여러분 중에 어느 누구도 그런 불행한 무리에 속하지 않기를 바랍니다. 마음이 상한 자에 대한 이야기는 슬픈 이야기이지만, 그것은 많은 가정에서 잘 알려져 있습니다.

사랑하는 이여, 만일 여러분이 이 질병을 알지 못한다면, 나는 여러분이 결코 그런 질병에 걸리지 않기를 바랍니다. 여러분에게 그러한 병으로 고통당하는 친구들이 있다면, 그들에게 친절하고 부드럽게 대하십시오. 나는 어린 아이로서 마음에 받았던 인상에 대해 기억합니다. 내가 어느 한 가정에 가게 되었을 때 그곳에는 슬픈 숙녀가 있었습니다. 그녀는 항상 검은 색 의상을 입었고, 자기가 용서받을 수 없는 죄를 범했다고 말했습니다. 나는 그녀와 함께 방에 앉아 있는 동안 내가 느꼈던 두려움을 기억하며, 그녀가 무시무시하게 악한 여인임에 틀림없다고 생각하면서, 두려움 때문에 나가고 싶어 했던 것을 기억합니다. 하지만 그녀는 가장 은혜로운 그리스도인들 중의 하나였을 것입니다. 아마도 그녀는 이 삶을 떠나기 전에 다시 빛으로 들어왔을 것입니다. 이렇게 마음이 상한 자들이 종종 최상의 사람들입니다. 가장 아름다운 백합화들도 종종 줄기가 부러집니다. 가장 잘 익은 과일에 벌레가 찾아옵니다. 하나님께 감사하게도 그들은 슬픔의 재 때문에 아름다움을 가질 것이며, 슬픔의 탄식으로 인하여 기쁨의 기름을 얻을 것입니다. 슬픔과 탄식이 떠나갈 것입니다.

2. 하늘의 치유

이제 우리는 잠시 동안 하늘의 치유에 대해 말할 것입니다. 주 예수 그리스도께서 마음이 상한 자를 고치려고 세상에 오셨으니, 틀림없이 그것은 마음이 상한 모든 자를 의미할 것입니다. 나는 우리에게 성경 본문을 제한할 권한이 없다고 생각합니다. 우리가 종종 그러하듯이, 우리의 신학적 체계의 틀에 성경 말씀을 맞추려고 할 권한이 없다고 생각합니다. 이런 경우, 여러분은 이 구절이 영적으로 마음이 상한 자들을 의미한다는 해석을 들을 것입니다. 그러면 사람들은 그들의 고통이 영적인 것인지를 살피려 하고, 그렇게 하여 그리스도께 가는 것에 방해를 받습니다. 나는 개역판(revised version, 이 설교 서두에 밝혔듯이 '마음이 상한 자를 고치며'라는 부분이 빠졌음 — 역주)이 정말로 원문을 기초로 한 것이라면 그것을 꺼리지 않지만, 여러분이 본문을 개정하여(revise) 스스로 적절하다고 생각하는 바에 따라 말씀을 제한하지 않기를 바랍니다.

우리에게 얼마나 많은 개정판들이 있는지요! 모든 사람들이 자기 자신의 개정판을 가지고 있습니다! 우리의 사고 체계에 맞지 않는 어떤 본문들은 대패질하여 깎여야만 합니다! 여러분은 어떤 형제들이 성경을 그들의 사고의 틀에 맞추려는 어려운 작업을 하는 것을 본 적이 없습니까? 어떤 본문은 칼빈주의처럼 보이지 않고, 오히려 아르미니우스주의처럼 보입니다. 물론 그럴 수는 없겠지만 말입니다. 그래서 그들은 그 본문을 '바로잡기 위해' 뒤틀고 잡아당기곤 합니다. 우리의 아르미니우스주의 형제들에 대해 말하자면, 그들이 로마서 9장을 얼마나 망치질하여 조작하려드는지를 보면 놀라울 정도입니다! 증기 해머(steam hammer)든 나사 잭(screw jack)이든 어떤 것으로 작업해도 그 장에서 선택의 교리를 제거할 수는 없습니다. 우리 모두는 성경을 그렇게 억지로 틀에 맞추려는 잘못을 어느 정도 범해왔으며, 이제는 그 악한 일을 영원히 끝내는 편이 좋을 것입니다. 성령으로 감동된 말씀과 모순되는 것보다는 차라리 우리 자신과 모순되는 편이 훨씬 낫습니다. 나는 아르미니우스주의적인 칼빈주의자로 불리기도 했고, 칼빈주의적인 아르미니우스주의자로 불리기도 했습니다. 그러나 나로서는 성경을 따를 수 있다면, 그것으로 상당히 만족입니다. 나는 이 성경책에서 발견하는 것을 전하기 원하며, 그것이 다른 누군가의 책에서 발견되든지 아닌지는 중요치 않습니다. 나는 성경 본문에서 "영적으로"라는 단어를 찾지 못하므로, 이 마음의 상함에 대해서 폭넓게 해석할 자유를 가질 것입니다.

많은 사람들이 죄의식으로 상심하였습니다. 이것은 세상에서 최상의 형태의 상심입니다. 하나님의 율법의 망치가 임하여 열 번씩이나 강하게 치고, 모든 계명이 그 마음을 깨어 가루로 만들 때, 그것은 좋은 것입니다. 한 사람이 불붙은 시내 산에서 천둥소리와 더불어 선포되는 하나님의 율법을 들을 때, 그는 실없이 빈둥거리던 짓을 멈추고 심하게 두려워합니다. 그는 하나님께서 매일 악한 자들에게 노하시는 것을 배웁니다. "사람이 회개하지 아니하면 그가 그의 칼을 가심이여 그의 활을 이미 당기어 예비하셨도다"(시 7:12). 그가 이 무서운 선언을 들을 때 그의 마음은 아찔하게 됩니다. 그 때 사람은 마치 자기 독자, 자기 장자를 잃고 슬퍼하는 자처럼 마음이 괴롭습니다. 오, 내가 하나님을 내 원수로 삼고서 살아왔다면, 내가 나의 최상의 친구에게 그토록 천박하고 배은망덕하게 살아왔다면, 나는 어찌해야 하나요! 오, 우상을 사랑하고 지존하신 하나님을 미워하였던 저주받은 마음이여! 우리 중에 어떤 이들은 죄를 자각하는 즈음에 낮의 빛을 미워하고, 밤의 어둠을 두려워하는 것이 무엇인지를 알았습니다. 침상에서 잠들기를 그토록 갈망하지만, 야곱의 돌베개보다 더 단단한 베개 위에서 불안하여 이리저리 뒤척이는 것이 무엇인지를 알았습니다. 오 죄여, 죄여, 죄여! 죄의 무게가 일단 느껴지면, 하나님께 대한 두려움이 각성한 양심을 깨뜨리게 되면,

슬픔은 비통이 되고, 비통은 거의 죽음에 이르게 할 정도입니다.

하지만 사랑하는 이여, 우리 주 예수님께서 오신 것은 용서가 있음을 선포하심으로써, 또한 하나님께서 어떻게 자기가 의로우시면서 또한 믿는 죄인들을 의롭게 하시는 분이신지를 보여주심으로써, 양심의 고통을 치유하시기 위함입니다. 성경에는 이와 같이 기록되어 있습니다. "그 아들 예수의 피가 우리를 모든 죄에서 깨끗하게 하실 것이라"(요일 1:7). "그를 믿는 자는 심판을 받지 아니하는 것이라"(요 3:18). 주 예수님을 믿음으로 영접할 때 상심한 마음의 가책은 종결되고, 죄인은 십자가 아래에서 안식하게 됩니다. 성령께서 속죄의 피를 적용하실 때, 마음의 상처에서 흐르던 피가 멈춥니다. 예수님의 고통이 우리의 고통을 끝냅니다. 그분의 죽음이 우리 절망의 죽음입니다. 대속이란 소망의 문을 여는 마법의 단어입니다.

만약 이러한 형태의 상심이 오늘 아침 이곳에 있다면, 그것은 우리 주님의 '전문분야'입니다. 주님은 이것을 다루는데 아주 숙달되셨습니다. 그분은 긍휼 베푸시기를 기뻐하시기 때문입니다. 나는 그분이 부드러운 손가락으로 상처에 약을 발라주시는 것을 보아왔으며, 부드러우면서도 강한 손으로 상처를 싸매시어 그 상처가 다시 벌어지지 않도록 하시는 것을 보아왔습니다. 그분의 외과적 시술은 너무나 신속하고 확실하여, 상한 마음은 그분의 손길이 닿자마자 노래하기 시작했습니다. 위대하신 주님, 그 일을 다시 행하소서! 지금 이 시간 그 일을 행하소서! 가련한 죄인이여, 이렇게 말하십시오. "주여, 그 일을 제게 행하여주소서." 그분은 다른 모든 의사들이 실패했을 때에도 치유하실 수 있습니다. 그분은 지금 당신을 치유하실 수 있습니다.

> "심하게 다쳐 상처를 입은 영혼이
> 싸매지도 않은 채 피를 흘리고 있네.
> 오직 한 손, 못 박히셨던 손만이
> 그 죄인의 상처에 약을 바르실 수 있다네."

또 다른 마음의 상함이 스스로를 버려진 자들로 간주하는 이들에게 느껴집니다. 여러분들 중에는 영혼에 가해지는 그 무거운 압박, 마치 목에 맷돌이라도 감아놓은 듯한 무게를 느껴본 이들이 거의 없습니다. 하나님이 보시기에는 다른 사람들의 죄보다 더 심각하지 않을 수 있는 죄를 지은 여인이, 사회로부터는 전적으로 타락하고 더럽혀진 자로 간주됩니다. 마치 여러 사람의 손을 거쳐 내팽개침을 당하는 물건, 혹은 퇴비 위로 던져지는 시든 꽃처럼 간주되는 것입니다. 버림받은 자로 취급당하는 것을 인식했을 때, 배신당하고 기만당한 그 여인이 느끼는 몸서리는 말로 다 표현할 수가 없을 것입니다. 그와 유사한 일이 횡령의 죄를 지었거나, 혹은 다른 형태의 부정직한 죄를 지은 자에게도 찾아옵니다. 그는 발각되어, 그의 고용주에 의해 고소당하고, 법정에 소환되고, 범죄자의 낙인이 찍혀 감옥으로 보내어집니다. 오호라! 첫날 아침 감방에서 깨어났을 때의 느낌이 얼마나 비참하겠습니까! 한때는 사람들이 그의 환심을 사려고 가까이 다가왔으나, 이제는 모두가 그를 피합니다. 그의 평판은 땅에 떨어지고, 모두에게 그는 낙인이 찍혀 버립니다.

아아, 가엾은 남자여, 가엾은 여인이여, 예수님은 여러분과 같은 죄인들을 영접하십니다. 우리 중에 일부는 소망이 끊어지고 하나님의 은혜로부터 단절되었다고 느끼는 것이 무엇인지를 압니다. 우리는 하나님이 우리의 부르짖음을 듣지 않으신다고 생각했습니다. 우리는 두려워하면서, 기도하는 것은 아무 소용이 없을 것이라고 생각했습니다. 하나님께서 이처럼 심각한 범죄자들에게 긍휼을 베푸실 수 없을 것이며, 틀림없이 그분은 우리들을 버려두실 거라고 생각했습니다. 우리는 그분이 우리를 그분이 쏘시는 화살의 목표물로 삼으셨다고 생각했으며, 우리를 바로처럼 거만한 자들에 대한 그분의 진노의 기념비로 삼으셨다고 생각했습니다. 하지만 우리의 두려움은 모두 거짓이었습니다. 마음이 상한 자들을 고치려고 오신 우리 주 예수님은 우리의 모든 상처를 싸매어주셨고, 이제 우리는 그분 안에서 행복합니다.

죄로 타락한 여러분이여, 그분이 여러분을 회복시키시고 여러분에게 안식을 주실 것입니다. 타락하고 버려진 자들이 회개하자마자 그들을 형제의 관계 속으로 받아들이는 것이 기독교회의 기쁨입니다. 세상에는 뉘우친 자들을 받아줄 여지가 없지만, 교회 안에서는 모두가 뉘우친 자들입니다. 예수님께서 교회의 중심을 형성하실 때 그분 주위에 모여든 죄인들의 고리가 있을 것입니다. 우리는 "모든 세리와 죄인들이 말씀을 들으러 가까이 나아왔다"(눅 15:1)는 말씀을 읽지 않습니까? 그분은 결코 그들을 물리치지 않으셨고, 오히려 그들을 환영하셨습니다. "이 사람이 죄인을 영접하고 음식을 같이 먹는다 하더라"(눅 15:2).

망가져버린 불쌍한 사람이여, 들으십시오! 당신이 얼마나 낮은 곳까지 떨어졌든지, 예수님께 오십시오. 그분은 당신을 결코 내쫓지 않으실 것입니다. 그분의 참된 종들에게 오십시오. 당신을 회복시키는 것이 그들의 기쁨이기 때문입니다. 사회적 지위와 존경의 문이 닫힐 때 자비의 문이 열리며, 그리스도의 사랑은 여전히 열려 있습니다. 오, 방황하는 이여, 돌아오십시오. 환대가 기다리고 있습니다. 예수님이 당신을 눈보다 희게 하실 것입니다. 비록 당신은 그분이 "내가 너를 어떻게 자녀들 중에 속하게 하겠느냐?"라고 생각할지 모르겠지만, 그분은 당신을 자녀로 받으실 것입니다. 그분은 가난한 자를 진토에서 일으키시는 분이십니다(참조. 삼상 2:8).

"그리스도께서 받아주실 것인지에 대해
어떤 죄인도 두려워할 필요가 없어요.
더 불쌍하고 비참할수록 여기서는 더욱 환영을 받는답니다.
당신이 버림받아 멀리 쫓겨난 자일지라도
당신은 분명 환대받을 것이니, 있는 모습 그대로 오시오."

또 다른 형태의 상심은 전적인 무기력함입니다. 이런 상태에 빠진 사람은 너무나 연약하여 삶의 전투에 임할 수가 없다고 느낍니다. 그는 다른 사람들에 의해 포기되었을 뿐 아니라, 그 자신이 스스로를 포기했습니다. 그는 버려진 배처럼 표류하며, 물이 스며드는 채로 방치됩니다. 죄가 그를 괴롭히자 그는 유혹에 넘어졌으며, 이제 사탄이 그를 단단히 결박하였습니다. 아마도 그는 신앙을 고백하던 상태에서 다시 타락하여 그리스도의 이름에 커다란 불명예를 가져다주었을 것이며, 이제는 이렇게 부르짖습니다. "내 마지막은 처음보다 더욱 악할 것이다. 나는 주님을 새로 십자가에 못 박았으니, 내 죄 중에서 죽게 될 것이다. 나는 은혜의 수단들을 무시하였고, 기도에서 태만하였다. 내가 하나님으로부터 내 얼굴을 돌렸으니, 이제 그분이 나를 떠나셨다. 그래서 나는 다시 돌이킬 수 없을 것이다." 오호라, 그러한 차꼬에 매여 있는 사람들이여! 그들의 영혼은 학대 속에 고통을 겪고 있습니다! 이들 가운데는 잘 달렸던 사람들이 더러 있습니다. 무엇이 그들을 방해하여 진리에 순종하지 않도록 만들었을까요? 그들이 믿음에서 조금씩 뒤로 물러서더니, 마침내 지금은 그들이 진리 안에서 하나님의 은혜를 알았던가에 대해서도 의문이 일고 있습니다. 그들은 근심하면서 회복되기를 갈망하지만, 절망이 그들을 붙잡고 있습니다.

신앙을 버리고 타락했던 자들이여, 은혜로우신 주 예수 그리스도께서 여러분을 찾아오십니다. 수고하고 무거운 짐을 지고 영원히 버림받을 것을 두려워하는 자들이여, 그분이 "배역한 자식들아 돌아오라"(렘 3:22)고 말씀하십니다. 여러분이 돌아오도록 그분이 도우실 것입니다. 그분이 여러분을 이끄시면, 여러분은 그분에게 달려올 것입니다. 예수님의 사랑은 변하지 않았습니다. 그분은 끝까지 사랑하십니다. 그분은 자기를 바라보는 한 영혼도 결코 내쫓지 않으십니다. 오 주의 선하심을 맛보아 아십시오. 이 아침에 그분에게 돌아오십시오. 그분은 은혜롭게 당신을 받으실 것이며, 당신을 너그러이 사랑하실 것입니다. 그리고 여러분은 과거에 그러했던 것처럼 다시 그분에게 입술의 열매를 드릴 것입니다. 예수님은 마음이 상한 자를 치유하시며, 그들의 상처를 싸매어 주시는 분이십니다.

많은 사람들의 마음이 상한 이유는 그들이 너무 심하게 고통 받기 때문입니다. 질병이 처음 찾아올 때 우리는 그것에 대해 생소하며, 그것은 우리에게 매우 반갑지 않은 손님입니다. 새로운 통증은 날카롭고, 새로운 고통들은 견딜 수 없는 것처럼 보입니다. 마치 수소가 아직 멍에를 메는 것에 익숙하지 않은 것과도 같습니다. 차츰 우리는 더 참을성 있게 슬픔을 견디지만, 자기를 무덤으로 데려갈 그 질병으로 인해 처음 고통을 겪을 때 그 사람은 슬퍼하며 낙망합니다. 사업이 쇠퇴하는 것을 보고, 파산이나 극심한 빈곤을 전망하는 사람은 마음이 깨어집니다.

형제여, 만일 당신이 예수 그리스도를 마음에 영접하면, 그분이 당신에게 하나님의 뜻에 복종하는 법을 가르치심으로써 당신의 마음을 한결 편케 하실 것입니다. 그분이 당신에게 "하나님을 사랑하는 자들에게는 모든 것이 합력하여 선을 이룬다"(롬 8:28)고 말씀하실 것입니다. 그분이 당신에게 섭리의 교리를 설명하실 것입니다. 그분이 당신으로 하여금 주께서 주신 결말을 깊이 생각하게 하실 것입니다. 가장 혹독한 시련의 기간 중에도 그분은 가장 자비로운 분이시기 때문입니다. 그분이 은혜의 힘을 공급하실 터이니 당신은 고통이나 가난을 이겨낼 수 있을 것입니다. 그분이 당신을 붙드실 것이므로, 당신의 마음은 강해지고, 당신은 용감한 얼굴로 삶의 환난과 투쟁에 직면할 수 있을 것입니다.

어떤 이들은 사별(死別)로 인해 마음이 상합니다. 한 사람이 탄식합니다. "나는 아내를 잃었습니다." 또 다른 사람이 속으로 한탄합니다. "나는 내 남편을 잃었답니다." 또 다른 사람이 부르짖습니다. "내 어머니가 돌아가셨어요." 어머니의 애틋한 마음을 가진 또 다른 사람이, 품에 안겨 있던 가장 사랑스러운 자녀를 잃어버린 것 때문에 슬퍼합니다. 각 사람이 이렇게 소리칩니다. "오호라, 저는 그 충격을 이겨낼 수 없답니다!" 우리 모두는 슬픔을 견뎌냈지만, 사별은 날카로운 칼과 같습니다. 친구들마저도 죽음이 만든 거대한 간격을 메우기에는 할 수 있는 일이 거의 없습니다. 아아, 소중한 사랑의 대상을 잃어버렸을 때 애정으로 가득했던 그 마음에 남는 것은 정녕 쓰라린 공허감입니다. 이런 면에서는 가장 훌륭한 사람들도 크게 고통스러워합니다.

여기 예수님으로부터의 위로가 있습니다. 부활의 복된 교리가 무덤의 어두움을 몰아냅니다. 예수님이 말씀하십니다, "내 형제가 다시 살아나리라"(참조. 요 11:23). 우리가 이 땅에 붙들어두기를 간절히 바랐던 이들이 누리는 영원한 행복이 그들을 잃어버린 것에 대한 달콤한 보상입니다. 우리는 주님의 기도를 기억합니다. "내게 주신 자도 나 있는 곳에 나와 함께 있어 나의 영광을 그들로 보게 하시기를 원하옵나이다"(요 17:24). 때때로 우리는 우리가 사랑하는 이들을 잃을 것을 예상하면서, 그들을 땅의 방향으로 끌어당기면서 부르짖습니다. "아버지여, 그들이 나 있는 곳에 나와 함께 있게 하소서." 여러분은 다른 방향으로 잡아당기는 힘을 느끼고는, 깜짝 놀라, 하늘의 방향으로 당기는 분을 바라본 적이 있나요? 여러분은 다음과 같이 기도하는 분이 예수님이심을 보게 됩니다. "아버지여, 그들이 나와 함께 있기를 원하나이다." 그리스도의 목적과 여러분의 목적이 어긋날 때마다 나는 여러분이 질 것을 압니다. 여러분은 사랑하는 그 대상이 여러분의 것이기보다는 그리스도의 것임을 기쁘게 인정할 것이기 때문입니다. 그들로 가게 하십시오. 예수님, 우리는 당신을 위하여 모든 것을 떠나보낼 수 있습니다! 우리가 사랑하는 자들이 당신과 함께 있음을 알 때, 그것은 헤어지는 것이 아닙니다! 이와 같이, 나사로 때문에 친히 우셨던 예수님께서 너무나 사랑했던 사람을 땅에 묻고서 그 마음이 상한 자들을 치유하실 것입니다.

이러한 질병에는 또 다른 많은 형태들이 있습니다. 나는 버려짐으로 인해 철저하게 상한 마음에 대해 알고 있습니다. 여러분이 사랑하고 신뢰했던 누군가가 거짓된 것으로 판명되고, 참된 마음에서 비롯된 초기의 사랑은 마치 도자기처럼 깨어집니다. 황량함과 쓸쓸함이 한때는 새들처럼 즐거웠던 영혼들의 마음에 가득합니다. 배반은 마치 전쟁의 재앙처럼 모든 것을 황폐하게 만듭니다. 가장 좋았던 친구가 당신을 배반하고, 혹은 기독교 사역에서 같은 신앙을 고백했던 형제, 당신의 손을 들어주어야 했던 동료가 당신을 반대하고 약하게 만듭니다. 그것은 마치 뼈가 망치에 의해 부러질 때와 마찬가지로 마음에 커다란 타격을 입힙니다.

하지만 위로가 있습니다. 제자 중에 유다가 있었고 "내 떡을 먹는 자가 내게 발꿈치를 들었다"(요 13:18)고 고통스럽게 소리치셨던 분이 그렇게 상한 마음을 어떻게 싸매어주어야 하는지를 아십니다. 그분이 형제보다 더 가까운 친구가 되시고, 그분이 우리로 하여금 거룩한 교제의 친밀함과 신실함을 느끼게 하시며, 우리가 혼자가 아님을 알게 하십니다. 주님이 우리와 함께 계십니다. 그분은 우리에게 열 친구들보다 더 좋으신 분입니다. 그분의 미소가 우리의 가는 길을 비추어주는 한, 아히도벨이 우리의 원수들 편에 가담하고(참조. 삼하 15장), 가룟 유다가 은을 받고 우리를 팔아도, 우리는 안전할 것입니다. 그분이 사람에 대한 노여움을 그분을 향한 찬미로 바꾸시고, 그분과의 동행이라는 달콤함으로써 사람에 의한 배반의 쓴 맛을 중화시키실 것이기 때문입니다.

어떤 형태의 상한 마음이라도, 하나님의 말씀 안에서와 말씀이신 예수님 안에서 치료약을 찾지 못하는 경우는 없다고 나는 확신합니다. 이 나무의 잎사귀들은 만국을 치료하기 위한 것입니다(참조. 계 22:2). 예수 그리스도는 달리 치료되지 못하는 자들에게 만병통치약을 가져다주십니다. 그분의 제약소(製藥所)에는 신적인 솜씨로 복합된 치료제들이 있으며, 그것들은 마음에 작용하여 신기한 효험을 나타낼 것입니다. 그리하여 지금은 근심으로 인하여 두근거리던 심장이 마침내 기쁨으로 고동칠 것입니다. 이는 엉터리 의사의 치료가 아닙니다. 그분의 과학적인 의약 제조기술은 오랜 세월 동안 검증된 것이며, 헤아릴 수 없을 정도로 많은 환자들의 경험에 의해 입증된 것이므로 오류가 있을 수 없습니다. 여기에 서 있는 우리 자신들이 그분의 솜씨에 대한 증인들입니다. 그분이 우리를 싸매어주셨고, 지금 우리는 마음의 질병에서 구원받아, 전심으로 그분을 찬미하게 되었습니다.

3. 영광을 얻으시는 치유자

우리의 세 번째 주제는 영광을 얻으시는 의사에 대한 것이며, 이것이 본문의 요지입니다. 예수님이 말씀하십니다. "주 여호와의 영이 내게 내리셨으니 이는 여호와께서 내게 기름을 부으사 가난한 자에게 아름다운 소식을 전하게 하려 하심이라. 나를 보내사 마음이 상한 자를 고치게 하셨도다."

먼저, 이 명예로운 의사가 마음이 상한 자들을 개인적으로 돌보아주신다는 사실에 주목하십시오. 그분이 말씀하십니다. "여호와께서 나를 보내사 마음이 상한 자를 고치게 하신다." 다니엘은 이렇게 말했습니다. "나의 하나님이 이미 그의 천사를 보내어 사자들의 입을 봉하셨다"(단 6:22). 하지만 마음이 상한 자들이여, 여러분은 주님으로부터 개인적인 돌봄을 받습니다. 여호와께서 예수 그리스도를 보내신 이유는 그 임무에 신적인 손길이 필요하기 때문입니다. 주님이 아니시면 주의 종들은 게하시가 죽은 아이에게 엘리사의 지팡이를 올려둔 것 이상의 일을 하지 못합니다(참조. 왕하 4:31). 그럴 경우 죽은 아이는 소리도 내지 못하고 듣지도 못합니다.

하지만 저 위대한 선지자가 친히 오실 것이며, 우리 가운데에서 기적들이 목격될 것입니다. 지금 이 순간 이곳에 그분이 친히 와 계시며, 그분에게 데려온 어떤 환자들에 대해서도 그분이 치유에 실패하는 일은 없을 것입니다. 많은 위대한 의사들이 환자들이 너무 많을 경우 협력자나 보조자들을 데려오는 수밖에 없습니다. 하지만 내 주님은 그분의 모든 일을 친히 하실 수 있으며, 다른 누구도 그 일에 개입하지 못합니다. 예수님이 개인적으로, 그분의 못자국난 손으로, 끊임없이 상한 마음들을 싸매어주고 계십니다. 이 사실이 이미 여러분에게 위로를 주지 않습니까? 예수님께서 당신을 일으키시려고 일에 착수하시면, 그 일은 완수될 것입니다. 그분은 이스라엘의 위로이시며, 모든 슬퍼하는 자들을 위로하기 위해 지명되신 분입니다.

나이든 시므온이여, 오십시오. 그분을 당신의 팔에 안고서, 세월에 의한 질병들을 잊으십시오! 과부가 된 안나여, 오십시오. 마음이 외로운 자들에게 남편이 되어주시는 그분으로 인하여 하나님께 감사하십시오! 그분이 친히 자기 백성의 눈에서 모든 눈물을 닦아주실 것이며, 지금 그 일을 행하실 것입니다. 오, 젊은 나이에 고통의 멍에를 진 채 삶의 희망이 꺾였다고 선언하는 당신이여, 그런 말은 더 이상 하지 마십시오. 예수님이 당신을 도우러 오시기 때문입니다. 그분이 직접 당신에게 오십니다. 이 기록된 말씀을 기억하십시오. “제자들이 주를 보고 기뻐하더라”(요 20:20). 같은 것을 보고 당신은 기뻐하게 될 것입니다.

이 의사는 완전한 자격을 갖추었습니다. 그는 그리스도라고 불리며, 그 호칭은 기름 부음 받은 자를 뜻합니다. “여호와께서 내게 기름을 부으셨다.” 예수님이 마음이 상한 자들을 치료하실 수 있는 것은 하나님께서 그분에게 주의 영 곧 위로자이신 보혜사를 한량없이 주셨기 때문이며, 그리하여 그분 말씀에서 위로의 기름이 떨어지기 때문이라고 나는 확신합니다. 오, 지금 그분을 신뢰하십시오. 그분은 하나님께서 그분에게 부여하신 모든 사역에 매우 적합하십니다. 그분은 온전하시며, 우리 역시 그분 안에서 온전하게 됩니다. 상한 마음은 그 상처에 부어질 기름이 필요하며, “그리스도”는 기름 부음 받은 자의 이름입니다. 그분은 구주로 세워졌으며, 치료자로 기름 부음 받으셨습니다. 선한 사마리아인은 기름과 포도주를 부었습니다. 하지만 우리 구주의 손에는 우리를 건강하게 해줄 하늘의 기름이 있습니다.

만약 이것으로 충분하지 않다면, 우리 주님이 위임받으셨음을 주목하십시오. “여호와께서 나를 보내셨다”라고 그분이 말씀하십니다. 우리 주님은 날 때부터 맹인된 자에게 실로암 못에 가서 씻으라 하셨는데, 실로암은 번역하면 보냄을 받았다는 뜻입니다(요 9:7). 마음이 상한 여러분이 이 못에 가서 씻을 수 있기를 내가 얼마나 바라는지요! 그리스도께서 하나님으로부터 여러분에게 보냄을 받으셨다는 사실에서 위로를 찾으시기 바랍니다. 위대하신 아버지께서는 여러분을 너무나 많이 생각하시어 여러분을 치료하기 위해 특별한 사신을 보내셨습니다. 그렇습니다. 그분은 천국에서도 가장 뛰어나신 분을 여러분에게 선교사로 보내셨습니다. 다른 어느 누구도 그분을 따라가지 못합니다. 하지만 하나님께서는 하늘에서 최고의 영광의 자리를 비우시고, 상한 마음들을 싸매어 주시기 위해 그 사랑하시는 아들을 이 땅 낮은 곳에 보내셨습니다. 나는 하나님에게서 보냄을 받으신 이 메시야의 실패를 상상할 수 없습니다. 이분이 곧 야곱이 구원을 바라며 오시기를 기다리는 실로이십니다. 이분이 곧 우리가 믿는 도리의 ‘사도’(the Apostle)이시며(참조. 히 3:1), 모든 슬픈 자들을 위로하기 위해 보냄을 받으신 분입니다. 예수님은 사명을 수행하고 계시는데, 그 사명이란 버려진 자들을 위한 사명입니다. 그분은 의지할 것 없는 자들에게 파송된 선교사이시며, 딱한 자들을 위해 임명된 분이시며, 그들의 아픔을 덜기 위해 지명된 분이십니다.

그러므로 그분의 자격과 임무를 생각해보십시오. 그분은 최고의 자격증을 지닌 분이십니다. 그분은 고귀한 의사이십니다. 모든 피 흘리는 마음들을 위한 담당 의사이십니다. 오, 여러분의 슬픈 사연들을 그분의 손에 맡기십시오.

또한 그분의 인격과 성품이 어떠한지를 기억하십시오. 그러면 여러분은 이와 같이 말하게 될 것입니다. "나는 그분이 나를 고치실 수 있도록 내 상한 마음을 그분에게 맡길 것입니다." 당신의 의사이신 예수님은 마음의 상함을 직접 느껴보심으로써 그 증세를 잘 아십니다. 그분이 말씀하셨습니다. "내 마음이 매우 고민하여 죽게 되었다"(마 26:38). 나는 여러분에게 세상에서 가장 지독한 고문자에 대해 말할 것입니다. 그는 법정 심문자를 능가하는데, 곧 느끼지 못하는 위로자입니다. 대리석처럼 굳은 얼굴과 돌처럼 딱딱한 마음으로 나를 위로하려고 오는 사람에게서 나를 구해 주십시오! 그런 사람의 말은 여러분의 상처에 모래를 뿌리는 것, 아니 소금을 뿌리는 것과 같지 않습니까? 욥은 이 끔찍한 괴로움을 알았습니다. 그러나 그런 이들과 정반대되는 분을 바라보십시오. 가장 확실한 위로자는 우리의 약함을 겪어보시고, 모든 면에서 우리처럼 시험을 받으셨던 분입니다.

"아니요", 마음이 상한 자가 말합니다. "그리스도는 결코 내 고통을 모르셨습니다." 그분은 아셨습니다! 당신이 비방을 들었습니까? 예수님이 외치십니다. "비방이 나의 마음을 상하게 하였나이다"(시 69:20). 당신은 친구들에게 버림받았습니까? 성경에 이렇게 기록되지 않았나요? "제자들이 다 예수를 버리고 도망하니라"(마 26:56). 당신은 하나님에 의해 버림을 받았습니까? 예수님은 이렇게 외치셨습니다. "나의 하나님, 나의 하나님, 어찌하여 나를 버리셨나이까?"(마 27:46). 당신의 잔이 씁니까? 그분은 그 잔이 지나가기를 세 번 간구하셨지만, 여전히 그 잔은 치워지지 않았던 것이 아닙니까? 그분은 전에 그분 자신이 지나셨던 곳보다 더 어두운 곳으로 인도하시지 않습니다. 그리고 모든 면에서 그분은 당신에게 동정심을 느끼시니, 그분이야말로 당신이 바랄 수 있는 최상의 의사이십니다.

게다가, 그분은 얼마나 부드러우신지, 마치 자녀와 함께 있는 어머니와도 같습니다. 그분은 마음이 온유하고 겸손하시며, 신중하고 부드러우십니다. 그분과 같은 분은 없습니다. 그분은 부드러운 손가락으로 아픈 곳을 만지시며, 갈라져서 쓰린 상처에 부드럽고 향긋한 약을 바르시고, 피 흘리는 부위에 귀한 약재를 발라주십니다. 그분에게 부어졌던 향유는 향수이면서도 연고 기능이 있었습니다. 그것은 너무나 향긋하여 멀리 있는 사람들도 그것을 느낄 수 있었으며, 또한 너무나 귀한 연고이기에 다른 어떤 것으로도 효험을 보지 못하는 상처에도 효능을 나타냅니다. 예수님은 어두워진 마음의 울적하고 후미진 곳에도 빛을 비추시는 훌륭한 기술을 가지셨습니다.

오, 여러분이 내 주님을 알게 되기를 바랍니다. 만일 여러분이 내 첫 번째 영적인 생일날 나의 상한 마음이 그분을 바라보았듯이 그분을 바라보았다면, 내가 "땅 끝의 모든 끝이여 나를 바라보고 구원을 받으라"(KJV, 사 45:22, 한글개역개정은 '내게로 돌이켜 구원을 받으라'로 되어 있음)는 말씀을 들었을 때처럼 여러분이 그분을 바라보았다면, 여러분은 치유를 위해 그분의 발 아래로 달려갔을 것입니다. 나는 땅 끝에 있었습니다. 나는 언제라도 경계 너머로 미끄러져서, 깊은 나락으로 떨어질 것 같다고 생각했습니다. 하지만 나는 그분의 명령에 순종하여 바라보았습니다. 나는 반쯤 눈이 먼 희미한 시력으로 그분을 바라보았습니다. 나는 눈물을 흘리며 바라보았지만, 그분을 볼 것이라고는 거의 기대하지 않았습니다. 계속해서 나는 쳐다보았습니다. 나는 시선을 그분에게로 향했고, 만일 내가 잃은 자가 되어도 그분의 발치에서 쓰러진 채로 그렇게 되리라고 결심했습니다. 나는 그분이 나를 구원하실 수 있다고 믿었으며, 나 자신을 그분에게 맡겼습니다. 그러자 그분이 내게 큰 일을 행하셨으니, 나는 그 일을 기쁘게 증언합니다. 그분은 계속해서 내게 은혜를 베푸셨고, 머지않아 내게서 그분의 일을 완수하실 것입니다. 나는 내가 믿는 분을 알며, 그분 안에서 안식합니다. 오, 마음이 상한 자들이여, 나는 여러분이 나처럼 하시기를 바랍니다. 동일한 은혜가 여러분으로 하여금 즉시 내 주님의 발 앞에 엎드리도록 이끄시기를 빕니다. 기절하여도 그리스도의 팔에 안기시기를 바랍니다. 더 강해지려고 애쓰지 마십시오. 만일 더 약해질 수만 있다면 더 약해지십시오. 아무것도 아닌 자가 되고, 그분으로 하여금 여러분의 전부가 되게 하십시오. 죽은 자로서, 그분의 생명 안으로 들어가시기 바랍니다.

오십시오, 마음이 상한 이들이여, 스스로 상처를 싸매려 하지 마십시오. 그러면 상처를 더 심하게 할 뿐입니다. 당신 자신의 본성이라는 캄캄하고 무서운 심연 속에서 위로를 찾지 말고, 오직 하나님이 보내신 그분을 바라보십시오. 당신 자신에게서 벗어나 그분에게로 곧장 가십시오. 당신 속에 군대 귀신들이 있습니까? 그분은 악령들의 정복자이시며, 즉시 그 모두를 몰아내실 수 있습니다. 사탄이 당신을 꽉 붙들어 지배하는 듯이 여겨집니까? 옛적에 그 원수와 싸워 그를 굴복시키신 분이 사로잡혔던 당신을 사로잡으시고, 강한 자의 손에서 당신을 건져내실 것입니다. 만일 당신이 절망해야 한다면, 스스로에 대해 절망함으로써 그리스도께 안기십시오. 내 말의 뜻은 예수님께 대한 겸손한 믿음에 가까운 자기절망에 의해, 그분의 손 안에서 무너지라는 것입니다. 기력이 쇠한 채로 그리스도의 품에 안기고, 거기서 행복한 무기력의 상태로 누우십시오. 주께서 당신으로 하여금 다른 무엇에서도 무능하게 하시고, 그리하여 당신으로 하여금 오직 그의 기름 부음 받은 자를 의지하게 하시길 바랍니다. 하나님이 당신에게 예수님을 보내셨습니다. 당신은 그분을 받아들이지 않겠습니까? 그분은 자기를 힘입어 하나님께 오는 자를 끝까지 구원하실 수 있습니다. 그러므로 오십시오. 지금 즉시 하나님이 보내신 그분을 믿으십시오.

제
83
장

즉각적이고 영원한 자유

"포로된 자에게 자유를 선포하며"—사 61:1

여러분이 평상시에 일간 신문을 읽는지 모르겠군요. 나는 우리가 "쓸모없는 지식의 발매금지를 위한 협회"를 결성해야 한다고 생각합니다. 신문에 나오는 많은 부분이 쓸모없는 지식에 그칠 뿐이고, 그것 때문에 많은 시간이 허비됩니다. 하지만 때때로 우리는 뉴스 중에서 보석을 얻기도 하는데, 내 생각에는 5월 10일자 로이터 통신(Reuter)의 리우데자네이루(Rio de Janeiro) 발 전보에 보석이 포함되었다고 여겨집니다. "브라질 하원이 브라질에서 즉각적이고도 무조건적인 노예제도의 폐지를 투표로 가결하다." 그 기사를 읽으면서 내 마음은 기뻤습니다. 나는 이 투표가 상원에서 부결되거나, 혹 이 철폐가 어떤 다른 힘에 의해 방해받지 않기를 바랍니다. 만약 그것이 브라질에서 노예 제도가 즉각적이고도 무조건적으로 철폐될 것을 의미한다면, 나는 여러분이 하나님께 감사하고 그분의 이름으로 기뻐하라고 요청합니다. 어디든 노예 제도가 존재한다는 것은 끔찍한 저주이며, 그것의 폐지는 말할 수 없는 기쁨입니다. 모든 자유인들은 하나님을 찬송해야 하며, 특히 그리스도로 인해 자유하게 된 자들은 "참된 자유"를 얻게 된 것에 대해 감사해야 합니다.

내가 브라질에서의 노예제도에 대해 말하려는 것은 아니지만, 노예제도 폐지에 대한 메시지가 내 설교 주제의 큰 부분을 차지할 것입니다. 또 다른 종류의 노예상태가 있으며, 우리는 태어나면서 그 상태로 들어갑니다. 오호라! 우리는 노예상태에서 살아왔으며, 우리 중 일부는 여전히 그 속에서 괴로움을 겪습니다. 예수 그리스도는 위대한 해방자로 오셨으며, "포로된 자에게 자유를 선포"하려고 오셨습니다. 그 해방에 대해서는 의문의 여지가 없습니다. 그것을 위해 표결을 한 것은 하원이 아니며, 그것이 또 다른 의회 단체인 상원에서 폐지된 것도 아닙니다. 왕 중의 왕, 만주의 주이신 예수 그리스도! 그분이 직접 하늘의 권세를 가지고 오셨고, 결코 의문시되거나 논박될 수 없는 그 권세로, 그분은 죄의 노예로부터 자유를 선포하셨습니다. 옛 시대에는 왕들의 칙령을 선포할 때, 사람들을 고용하여 도시의 거리들과 시골의 마을마다 다니면서 나팔을 불게 했으며, 또한 장터에서 사람들을 불러 모아 왕의 메시지를 듣게 했습니다. 내가 오늘 밤 여기에 선 이유가 그런 것입니다. 내가 할 수 있는 최선을 다해 복음의 나팔을 불고, 이 메시지를 선포하는 것입니다. "위대하신 왕 중 왕의 이름으로, 사탄에게 사로잡힌 종들에게 자유를, 죄의 포로가 된 자들에게 구원을 전합니다!"

나는 내 힘을 다해 그 복음을 선포할 것이며, 즐겁고도 진지한 마음으로 죄와 사탄의 종들에게 우리 구주 예수 그리스도 곧 위대하신 해방자로 말미암은 자유가 있음을 전할 것입니다.

1. 이 자유의 특징

우선 이 자유의 특징을 묘사함으로써 시작하겠습니다. 일간 신문의 기사 제목을 다시 한 번 인용하겠습니다. "브라질 하원이 브라질에서 즉각적이고도 무조건적인 노예제도의 폐지를 투표로 가결하다."

그와 마찬가지로 오늘 밤 내가 선포할 내용은 즉각적인 자유와 관련되어 있습니다. 여러분은 충분히 오랫동안 죄의 노예로 지내왔습니다. 여러분은 더 이상 죄의 노예로 있을 필요가 없습니다. 그리스도께서는 여러분에게 여러 시간, 여러 날, 여러 주, 혹은 여러 달이 걸려야 비로소 완수될 구원을 이루시려고 오신 것이 아닙니다. 그분은 한 번의 타격으로 여러분의 차꼬를 깨뜨리려 오신 것이며, 즉시 여러분을 자유롭게 하려고 오셨습니다. 그분의 은혜의 능력이 이 회중에 나타난다면, 전에 죄의 노예였던 자들이 자유인으로서 이 예배당 문을 나설 수 있을 것입니다. 매였던 차꼬들 한두 개 정도만 풀어진 어정쩡한 자유가 아니라, 즉각적인 자유가 그에게 임할 것입니다. 중생이라고 불리는 위대한 변화가 인간의 마음에서 일어나는 데에는 많은 시간이 소요되지 않습니다. 그 이전에 많은 일들이 있을 수 있고, 또 그 후에도 많은 시간이 소요되는 일들이 따를 수 있겠지만, 사망에서 생명으로 옮겨지는 것은 즉각적인 일입니다. 그렇게 되는 것이 마땅합니다. 한 사람이 죽었고, 또 그가 살아나게 된다면, 죽음의 상태와 삶의 상태 사이에는 어떤 간격이 있을 수 없습니다. 그러한 변화가 일어나는 것은 한순간이어야 합니다. 한 맹인이 눈을 뜰 때에, 그가 일정 시간 동안 볼 수 없음이 분명합니다. 하지만 첫 번째 광선이 눈으로 들어와 망막에 도달하고, 눈이 그 빛의 능력을 의식하게 되는 것은 한순간입니다. 그와 마찬가지로, 한순간에, 내가 말하는 동안에도, 주께서는 여러분을 구원하실 수 있습니다. 한순간에, 죄와 사탄의 종된 여러분을, 그분은 자유하게 하실 수 있습니다! 내가 여러분에게 선포해야 하는 것은 노예상태의 즉각적인 폐지입니다.

내가 알기로 브라질에서는 일종의 견습 체계를 시도해왔습니다. 모든 종들을 해방하는 것이 왕의 의도였습니다. 그 왕을 축복합니다! 하지만 그는 종들에게 자유를 주기 위해서는 준비를 해야 한다고 생각했고, 자유인으로서 행동할 상태가 되도록 그들을 교육하기 위해 얼마간의 시간이 필요하다고 생각했습니다. 그래서 그들은 견습을 받았으며, 그들 중 어떤 이들에게 자유는 일정 기간 수습을 거친 후에 점진적으로 주어졌습니다. 하지만 이 하원의 법령은 노예제도의 즉각적인 폐지를 위한 것이며, 제대로 수행된다면 그 어떤 수습 기간도 없는 것입니다. 나는 여러분 중에서 어느 누구도 견습을 받기를 원치 않습니다. 사실상 견습이란, 여러분이 자유롭게 되기 전에 한동안 기다리는 것입니다. 술 취함에 빠진 것과 관련하여, 사람들은 그들이 조금씩 덜 마시게 되다가, 점차로 그것을 끊을 것이라고 생각합니다. 아니요, 조금도 마시지 마십시오. 곧바로 그것을 중단하십시오. 여러분은 악한 일을 떠나는 일에 있어서 어떤 수습 기간을 가지기를 바라서는 안 됩니다. 육체의 정욕도 마찬가지입니다. 사람들은 그들이 점차로 그 욕정을 가라앉힐 수 있을 것이라 생각하며, 차츰 그들 스스로의 수준을 높여 정욕의 노예상태에서 벗어날 수 있다고 생각합니다. 선생들이여, 그것은 단숨에 이루어져야 합니다. 제대로만 된다면 그렇게 될 것입니다. 여러분은 즉각적으로 즉석에서 자유롭게 될 것입니다.

아버지의 집을 떠났던 저 불쌍한 사람은, 먼 나라로 가서 재산을 탕진하고 돼지를 돌볼 정도로 가난하게 되었는데, 그 일은 유대인들이 하기에는 수치스러운 일이었습니다. 그가 어떻게 아버지의 집으로 돌아갔습니까? 그는 이렇게 말했습니다. "내가 일어나 아버지께 가리라 하고 … 이에 일어나서 아버지께로 돌아가니라"(눅 15:18,20). 그가 만약 멈추었다면, 그가 자기 주인과 상의했다면, 그가 만약 주인에게 "당신은 내게 돼지가 아니라 양을 먹이는 일을 시켜야 합니다"라고 말했다면, 그가 만약 임금을 올려주도록 요구하였더라면, 그는 그 먼 나라에서 머물게 되었을 것입니다. 그는 그의 옛 주인에게 십분 전의 예고도 없이, 곧장 아버지에게로 달려갔습니다. 그것이 구원을 얻는 유일한 방법입니다. 마치 롯이 소돔에서 도망쳤듯이, 구원을 위해 달려가는 것입니다. 주저함이 있어서는 안 됩니다. 머뭇거림이 있어서는 안 됩니다. 결심하고 즉시 죄의 영역에서 벗어나, 하나님의 은혜의 피난처로 달려가야 합니다. 오 위대하신 왕 중의 왕이시여, 오늘 밤 이곳에 모인 많은 사람들에게 어떤 종류의 견습도 없는, 즉각적인 자유를 허락하소서! 그들이 그리스도께 달려오게 하시고, 즉시 자유를 발견하게 하소서!

널리 퍼진 관념 중에서 죽을 때까지는 여러분이 구원받은 것을 확신할 수 없다고 하는 것이 있습니다. 그것이 복음일까요? 나는 곧 죽을 사람들을 향해서만 자유를 선포해야 하나요? 나는 그런 복음을 전하지 않을 것입니다. 나는 내 주님의 이름으로 즉각적인 노예 폐지, 곧바로 주어지는 용서, 마음의 현재적인 변화, 사슬을 깨뜨리고 포로를 즉시 해방하는 복음을 전하기 위해 왔습니다. 여러분이 일생을 소망하면서도 두려워하고, 의심하고 주저하면서 보내야 한다는 말을 믿지 마십시오. 그것은 옛 교황주의의 교리와 비슷합니다. 하지만 선하고 참된 개신교의 교리, 성경적인 가르침은 "주 예수 그리스도를 믿으라 그리하면 구원을 받으리라"(행 16:31)이며, "아들을 믿는 자에게는 영생이 있다"(요 3:36)입니다. 믿는 순간, 영생을 얻습니다. 믿는 그 순간 사망에서 생명으로 옮겨지며, 결코 정죄를 당하지 않습니다. 나는 그리스도를 믿는 모든 자에게 노예상태의 즉각적인 폐지를 기쁘게 선포합니다. 그것을 내가 아무리 서투르게 전해도, 그것은 너무나 복된 소식이기 때문에, 여기 있는 사람들 중에 자신의 노예상태를 느끼고 자유롭게 되기를 갈망하는 자라면 누구나 이 복된 소식을 듣고 기뻐 떨 것입니다.

다음으로, 그 일간 신문을 다시 읽어보면 이와 같이 되어 있습니다. "브라질 하원이 브라질에서 즉각적이고도 무조건적인 노예제도의 폐지를 투표로 가결하다." 나는 그 "무조건적인"이라는 말을 좋아합니다. 그것은 지불을 요구하지 않습니다. 그것은 "많은 값을 지불하면 네가 자유롭게 될 것이다"라고 말하지 않습니다. 그렇지 않습니다. 비록 어떤 종이 무일푼이어도, 그가 전적으로 파산한 자여도, 그는 하원의 포고문에 의해 자유입니다. 그와 마찬가지로 복음의 자유를 위해서도 아무런 값이 없습니다. 여러분은 와서 하나님이 거저 주시는 은혜를 "값 없이, 돈 없이" 가지라는 말씀을 듣습니다. 만약 하나님이 구원을 팔려고 하신다면, 여러분은 그것을 살 만한 충분한 액수를 지불할 수 없습니다. 구주께서 자기 목숨으로 값을 치르셨습니다. 여러분은 그 놀라운 속전(贖錢)에 상당하는 어떤 값도 치르지 못합니다. 오직 그리스도만이 그 값을 치르실 수 있으며, 그분의 피로만 사실 수 있습니다. 설혹 하나님께서 그렇게 하도록 허용하셨다고 해도, 여러분은 자신의 어떤 공로로도 구원을 사지 못합니다. 그러니 와서 이 자유를 얻으십시오. 그것은 무조건적이며, 값 없이 주어지는 것입니다.

한편, '무조건적'이란 노예의 편에서 어떤 약속 없이도 주어지는 것을 의미합니다. 노예는 특정 시기에 많은 일을 한다거나, 혹은 이런저런 약속을 조건으로 해방될 수도 있었습니다. 하지만 브라질에서의 해방은 무조건적입니다. 노예였던 그 사람은 가장 광범위한 의미에서 자유입니다. 그에게는 앞으로 갚아야 할 저당금이 없습니다. 그는 전적으로, 절대적으로, 무조건적으로 자유입니다. 우리가 전하는 복음은 바로 이런 것입니다! 그것은 불쌍한 죄인들에게 자유를 주되, "만약"이라든지 "하지만"이라는 부가 조건이 없습니다. 그들에게 아무것도 요구하지 않고, 모든 것을 주는 것입니다. 심지어 은혜를 위해 필요한 조건들조차도 은혜의 선물들입니다. 만약 여러분이 회개하라는 명령을 듣는다면, 여러분의 회개는 높은 곳에 오르신 그분에 의해 여러분에게 주어집니다. 믿음이 여러분에게 요구됩니다만, 믿음조차 하나님의 선물이며, 하나님의 영의 역사입니다. 구원은 하나님께서 선택하신 자들에게 무조건적으로 주어지며, 그들은 믿음의 말씀을 듣고 그것을 무조건적으로 받아들임으로써 그것을 입증합니다.

내가 이 진리를 깨닫는 데는 오랜 시간이 걸렸습니다. 나는 내가 무언가를 해야 하거나, 무언가 고통스러운 것을 감수해야 한다고 생각했었습니다. 나는 내가 절망의 상태로 몰려야 하든지, 고뇌해야 하든지, 그런 식의 일을 겪어야 한다고 생각했습니다. 내가 그런 것을 충분히 경험했음을 하나님이 아십니다. 하지만 나는 항상 내 소망이 거기에 달려 있다고 생각했었습니다. 오, 내가 "무조건적"이라는 이 단어의 의미를 깨닫게 된 것이 얼마나 큰 은혜인지요! 여러분이 무엇이건, 예수 그리스도는 불쌍한 죄인들을 자유롭게 하려고 오셨습니다. 죄인들이 그분을 믿을 때, 그들은 어떤 조건도 없이 해방됩니다. 때때로 여러분은 목초지에서 고삐가 달려 있는 말을 봅니다. 그것을 제어하기란 쉽습니다. 아아, 하지만 하나님께서는 우리에게 고삐를 달아 목초지로 이끌지 않으십니다. 그분은 우리를 자유롭게 하실 때에 우리에게 고삐를 벗겨주시며, 그래서 마귀가 다시는 우리를 잡지 못하게 하십니다! 주님은 자기 자녀로 삼으시는 자에게는 차꼬를 벗겨주십니다. 그분은 그의 한쪽 다리에 오래도록 사슬을 매어둔 채로 "너는 그것 하나만 빼고는 자유이다"는 식으로 말씀하시지 않습니다. 오, 그렇지 않습니다. 그것은 무조건적인 해방입니다. 노예상태로부터 즉각적이며 무조건적인 구원을 받아들이기를 거부할 사람이 누구입니까?

다음으로, 내가 신문에서 주목한 것은 "브라질 하원이 브라질에서 즉각적이고도 무조건적인 노예제도의 폐지를 투표로 가결하다"는 부분입니다. 말하자면 브라질에서 더 이상 노예제도가 없다는 의미입니다. 거기서 노예제도는 실질적으로 종식됩니다. 여러분은 노예를 발견할 수 없습니다. 단지 노예들을 해방하는 것뿐 아니라, 노예제도 자체가 철폐되는 것입니다. 오, 이는 놀라운 사실이 아닙니까? 죄는 하나의 거대한 예속상태이지만, 그리스도께서 오시어 죄를 용서하시며, 그분이 죄를 용서하심으로써 죄 자체가 끝나는 것입니다. "여호와의 말씀이니라 그 날 그 때에는 이스라엘의 죄악을 찾을지라도 없겠고 유다의 죄를 찾을지라도 찾아내지 못하리라"(렘 50:20). 메시야의 사역의 일부는, 다니엘서에 계시되었듯이, "죄를 끝내는"(참조. 단 9:24) 것입니다. 만일 그분이 죄를 끝내시면, 죄는 끝장일 터이니, 죄가 어디에 있겠습니까? 예수님이 오시는 것은 우리 죄를 바다 깊은 곳에 빠뜨리기 위함이며, 마치 구름이 사라지듯 죄들이 없어지도록 하기 위함이며, 그렇게 함으로써 확실히 실제적으로 죄가 존재하지 않도록 하기 위함입니다. 그분은 우리에게서 죄책과 형벌을 완벽하게 제거하여 죄의 예속 상태가 철폐되도록 하기 위해 오셨습니다. 이러한 철폐는 즉각적이면서도 무조건적입니다.

또한 우리 주 예수 그리스도께서는 죄의 권능을 끝내기 위해 오십니다. 그분은 우리로 하여금 우리의 정욕과, 약함과, 타고난 나쁜 기질들의 예속 상태에서 벗어나게 하십니다. 한 사람이 말합니다. "오! 그 말을 들으니 기쁩니다. 당신의 말은 주 예수 그리스도께서 죄의 권세에서 나를 해방하신다는 뜻인가요?"

예, 내 말이 바로 그런 의미입니다. 그분은 즉시 그 일을 행하실 수 있으며, 당신이 그 자리에 앉아 있는 지금 행하실 수 있습니다. 당신이 강한 독주를 좋아하는 상태로 여기 왔어도, 하나님의 은혜는 당신으로 하여금 그것을 보는 것도 싫어하도록 만들 수 있습니다. 당신이 여기에 교만한 마음으로 들어왔어도, 하나님의 은혜는 당신으로 하여금 상하고 겸손한 마음이 되어 돌아가게 할 수 있습니다. 당신이 여기에 음탕한 상태로 왔어도, 하나님의 은혜는 당신의 영혼에서 불순한 것을 제거하여, 당신으로 하여금 선하고 순결하며 거룩한 것을 사랑하도록 만들 수 있습니다.

또 한 사람이 말합니다. "글쎄요, 저는 그처럼 엄청난 변화를 믿지 않습니다." 나는 당신이 그것을 믿는다고 말하지 않았습니다. 하지만 당신이 그 변화를 느낀 적이 있다면, 당신은 그것을 믿었을 것입니다. 우리 중에 어떤 이들은 이러한 변화들을 경험했습니다. 지금은 천국에 있지만, 한때 추악한 자들 중에서도 가장 추악했던 자들이 많았습니다. 하지만 주 예수님이 오셨고, 그들의 부패한 본성의 힘으로부터 그들을 해방하셨습니다. 그러자 그들이 거룩한 백성이 되었고, 다른 사람들에게 좋은 본이 되는 사람들이 되었습니다. 동일하신 주 예수 그리스도께서 당신에게 즉각적이며 무조건적인 죄로부터의 해방을 주실 수 있습니다.

여러분에게 또 다른 것을 말하겠습니다. 죄가 우리를 지배하는 한 가지 힘이 있는데, 그것은 두려움으로 가득한 느낌입니다. 양심이 그것과 협동하며, 때때로 그것은 아주 적절합니다. 하지만 브라질에 있는 이 노예들은 해방될 때에, 한달에 한 번씩 와서 등을 보인 채로 스무 번씩 가해지는 채찍을 맞을 필요가 없습니다. 오, 그런 일은 없습니다! 그들이 얻게 될 것은 무조건적인 노예제도 철폐입니다. 주님께서 자기 백성을 죄책과 죄의 권세에서 해방하실 때에도 그분은 죄의 매질에서 그들을 해방하시고, 그들에게서 종의 영을 제거하시며, 그들에게 자유의 영을 주십니다. 그들은 전에 하나님을 두려워했습니다. 하지만 이제 그들은 그분에게 와서 "아빠, 아버지"라고 부르며, 즐겁게 그분의 임재 안으로 들어갑니다. 이 지독한 공포, 이 노예의 두려움이 마음에서 신속히 제거되는 것이 얼마나 놀라운지요! 즉각적이면서 무조건적인 노예상태의 철폐는 죄의 제거를 의미할 뿐 아니라, 죄책, 형벌, 두려움, 그리고 죄에서 비롯되는 속박의 제거를 의미합니다. 나는 오늘 밤에 그러한 해방을 선포해야 합니다.

브라질의 노예들은, 그들이 정녕 해방된다면, 다시는 노예가 되지 않을 것입니다. 하원의 법령은 그들을 6년간 풀어준다는 것이 아니며, 영원히 풀어준다는 것입니다. 나는 이 점에서 브라질이 우리나라처럼 되기를 희망합니다. 여러분은 쿠퍼(Cowper)가 부른 이 노래를 알 것입니다.

> "노예들은 영국에서 숨을 쉴 수 없네.
> 그들의 폐가 이 나라의 공기를 받아들이면,
> 그 순간 그들은 자유라네.
> 그들이 이 나라와 접하는 순간, 속박은 풀어지리."

은혜의 나라에서도 그러합니다. 그리스도께서 한 번 여러분을 해방하시면, 다시는 노예로 되돌아가는 일이 없습니다. "아들이 너희를 자유롭게 하면 너희가 참으로 자유로우리라"(요 8:36).

브라질의 노예들은, 자유롭게 된다면, 합법적으로 해방되는 것입니다. 그들은 자유를 훔친 것이 아닐 것입니다. 만약 누가 이 해방된 노예들 중 하나에게 "너는 자유롭게 될 권리가 없어"라고 말한다면, 그는 이렇게 대답할 것입니다. "나는 그럴 권리가 있습니다. 나는 가장 높은 권위에 의해 합법적으로 자유를 얻었습니다. 이 나라의 통치자들이 나를 자유인이 되게 했습니다."

오 사랑하는 이여, 우리가 주 예수 그리스도를 믿으면, 우리는 최고의 권위에 의해 죄와 사망의 법에서 해방되는 것입니다! 하나님의 법이 우리를 자유롭게 한 것입니다. 정의는 우리의 자유를 요구할 것이며, 은혜는 그것을 보증할 것입니다. 그처럼, 우리는 복음을 전함으로써 그와 같이 즉각적이며 무조건적인 노예 철폐를 선포해야 합니다.

한 번 더 귀를 기울여 주시기 바랍니다. 이 선포는 브라질 전역에 보편적으로 해당되는 것입니다. 어떤 노예들은 매우 검지만, 요즘 어떤 노예들의 피부색은 거의 흰색에 가깝습니다. 노예로 지냈던 이들 중에는, 식별될 정도로 검은 색 피부를 갖지 않았어도 노예였었던 이들이 상당히 많다고 하는 말을 나는 들은 적이 있습니다. 자, 가장 흰 사람들을 위해서나, 가장 검은 사람들을 위해서도 자유가 있습니다. 나는 여러분이 흰 쪽인지 검은 쪽인지 알지 못합니다. 아마도 여러분은 매우 검고, 죄에 깊이 빠졌던 편에 속할지도 모릅니다. 하지만 여러분을 위해서도 자유가 있습니다. 여러분이 아주 검지는 않을 수도 있습니다. 여러분은 갈색 계통의 죄인이며, 그리 선하지도 그리 악하지도 않은 편에 속할 것입니다. 또 어쩌면 여러분은 거의 흰 쪽에 가까울 수도 있겠지요. 모두 좋습니다. 동일하신 그리스도께서 그분을 믿는 모든 자에게 자유를 주십니다.

브라질의 노예들 중 일부는 아마도 매우 어릴 것입니다. 어쩌면 그들 중에 어떤 이들은 불과 하루나 이틀 전에 태어났을 수도 있습니다. 하지만 지금 그들은 자유입니다. 오, 어린아이들이여, 소년과 소녀들이여, 젊은 남자와 여자들이여, 여러분도 곧 자유롭게 될 수 있습니다! 여러분은 자유를 획득할 수 있으니, 그리스도께서는 자기 백성을 인생의 초기에 자유롭게 하실 수 있습니다. 한 어린 노예는 보기가 매우 딱합니다. 그가 아직 그토록 어린 데도 불구하고, 자유를 잃은 것을 생각하면 슬픕니다. 하나님께서는 어린 노예들을 자유롭게 하십니다! 하지만 브라질에 백세가 된 성인 노예가 있다면, 이 선포가 그를 자유롭게 합니다. 그와 마찬가지로, 만약 여러분이 죄 속에서 오랜 세월을 살았더라도, 예수님은 당신을 그것으로부터 해방시키실 수 있습니다. 그분은 여러분의 오랜 습관을 제거하실 수 있습니다. 구스인이 그 피부를, 표범이 그의 반점을 변하게 할 수는 없습니다. 하지만 그리스도는 구스인 같은 죄인을 씻어 희게 하실 수 있고, 표범 같은 죄인들을 새끼 사슴들처럼 순하게 만드실 수 있습니다. 여러분의 나이 때문에 그리스도의 능력을 의심하지 마십시오. 여러분이 너무 어리거나 너무 늙어서 그분이 자기를 믿는 모든 자들에게 주시는 자유를 얻지 못하는 것이 아닙니다.

브라질에 있는 노예들은 일반적으로 태어나면서부터 노예입니다. 그리고 여러분 역시 태어나면서부터 종들입니다. 하지만 주 예수 그리스도는 아담에 의해 야기된 해악으로부터 여러분을 구원하실 수 있으며, 원죄에 의해 종으로 태어난 자들에게 자유를 주실 수 있습니다. 어떤 이들은 의도적으로 종들이 됩니다. 많은 사람들이 글자 그대로 그렇게 한다고는 생각하지 않지만, 우리 모두는 자진해서 죄의 멍에에 목을 드리웁니다. 이것이 노예상태에서 가장 나쁜 부분입니다. 즉 그 속박이 우리의 의지에 따른 속박이라는 점입니다. 우리는 자발적으로 죄를 지었고, 죄 속에서 쾌락을 찾았습니다. 하지만 사랑하는 이여, 비록 그럴지라도, 그리스도께서는 우리를 자유롭게 하실 수 있습니다.

아마도 어떤 사람들은 그들의 주인들에게, 결코 그들을 떠나지 않을 것이며, 항상 종으로서 그들과 함께 있겠노라고 맹세했을 것입니다. 하지만 브라질 하원의 이 법령이 그들을 자유롭게 만들었습니다. 그렇지 않기를 바라지만, 아마도 이 중에도 그런 사람이 있을 것입니다. 여기에 있는 어떤 남성이 자기 자신을 마귀에게 팔았을 수도 있고, 이 자리에 있는 어떤 여성은 악을 행하는 일에 자기 몸과 영혼을 바쳤을 수도 있습니다. 비록 그렇다고 해도, 그리스도께서는 이렇게 말씀하실 수 있습니다. "사망과 맺은 너의 언약은 무효화될 것이며, 지옥과 맺은 너의 조약은 폐기될 것이다." 여러분은 여러분 자신의 것이 아니었으며, 그래서 사탄에게 복종하지 않을 수가 없었습니다. 여러분은 여러분이 했던 그 성급한 약속들과 악한 맹세들로부터 해방됩니다. 여러분은 마귀 및 죄와 더불어 맺었던 어떤 약조에도 매여 있을 수 없습니다. 와서 자유롭게 되십시오. 그렇게 하라고 주님이 말씀하십니다. 죄로부터 구원받기를 바라며 그리스도께서 주시는 자유를 얻기를 갈망하는 모든 자들에게, 즉각적이고도 무조건적인 해방이 있습니다.

2. 해방의 방식

이제 두 번째로, 아주 간략하게, 해방의 방식에 대해 말하려고 합니다. 자유의 성격에 대해 묘사했으니, 이제는 해방의 방법에 대해 말하도록 하겠습니다.

이것은 브라질에서와는 다릅니다. 내가 말하려고 하는 것은 하나님의 은혜의 나라와 상관이 있습니다. 귀 기울여 듣고 배우십시오. 이것이 해방의 방식입니다. 첫째, 천국이 속전(贖錢)을 지불했습니다. 자메이카에 있는 우리 노예들이 해방되었을 때, 그것은 영광스러운 행위였습니다. 여러분은 영국 국가가 그 노예들의 소유주들에게 수백만 파운드를 지불했음을 기억합니다. 사람들을 위해 지불된 몸값이 있었습니다. 예수 그리스도는 나무에서 나를 위한 대속물이 되셨고, 또한 그분을 믿는 여러분을 위해서도 그렇게 하셨습니다. 이것이 우리 자유의 근거이니, 곧 그리스도께서 우리를 값 주고 사셨고, 우리를 해방하셨다는 것입니다.

다음으로, 주권적인 은혜가 피로 값 주고 산 죄인의 해방을 선언합니다. 보좌에 계신 하나님께서 그리스도께서 죽으시고 사심으로써 구원하신 사람들을, 그리스도께서 값으로 사신 자들을, 그분의 소유이며 그분의 보석들이라고 선언하십니다. 지극히 영광스러우신 여호와 하나님께서 피로 사신 죄인이 해방되었다고 선언하십니다.

또한 전능의 은혜가 믿는 자의 해방을 보장합니다. 은혜가 영혼에 임하고, 그 영혼이 포로임을 발견할 때, 은혜는 그 영혼을 자유롭게 하려고 결심합니다. 처음에는 그 죄인이 자유를 갈망하지 않습니다. 그는 자기 사슬을 부둥켜안는데, 마치 이스라엘이 애굽에서 이렇게 소리쳤던 것과 같습니다. "우리를 내버려두라 우리가 애굽 사람을 섬길 것이라"(출 14:12). 하나님께서 그렇게 하도록 내버려두시지 않습니다. 그분이 애굽 사람들의 마음을 이스라엘을 미워하도록 바꾸시며, 그래서 그들이 이스라엘 백성을 압박하게 하시고, 이스라엘 백성은 그들의 속박을 싫어하도록 만드십니다. 오, 하나님께서 여러분으로 하여금 노예 상태를 불편하게 느끼도록 하신다면 그것은 복된 일입니다! 여러분 중에 어떤 이들은 지금까지 마귀의 지배 밑에서 아주 잘 지내왔습니다. 하지만 여러분은 조금씩 불평하기 시작했고, 전에 그랬던 것처럼 죄를 즐기지 않게 되었습니다. 여러분은 죄의 삯의 일부를 모으기 시작했는데, 그 삯이란 곧 사망입니다. 어떤 이들은 이 삯을 그들의 몸에 받고, 다른 이들은 그들의 마음에 받는데, 그 때 그들은 낙심과 절망이 그들에게 엄습하기 시작하는 것을 느낍니다. 죽음의 전망은 여러분에게 아주 불편하지요. 죄는 짊어지기 어려운 짐이 되기 시작합니다. 나는 여러분의 그런 증세를 기뻐합니다.

은혜의 가장 크고 어려운 일은 죄의 종으로 하여금 해방되기를 바라도록 만드는 것입니다. 은혜가 그런 일을 하고 있고, 또 상당 기간 그렇게 해 왔다면, 여러분은 억압의 사슬을 싫어하고 자유를 갈망하게 될 것이며, 은혜는 여러분을 포로에서 풀려나게 할 것입니다. 여러분이 그 감옥의 바깥 정문을 보기까지, 그 속박의 집에서 빠져나오기까지는, 오랜 시간이 걸릴 수 있습니다. 하지만 여러분은 그것을 볼 것입니다. 만일 여러분이 그것을 오늘 밤에 본다면, 살아계신 하나님께서 여러분을 도우시어, 오늘 밤 여러분이 달음박질하여 그 열린 문을 통과하고 자유롭게 되기를 바랍니다! 나는 즉각적인 노예상태의 철폐라고 하는 이 설교의 주제가 사람들의 마음에 구원의 능력으로 임하기를 간절히 바랍니다. 오, 젊은이들이여, 십대 소년들이여, 나는 내가 기도의 집으로 들어왔을 때를 회상합니다. 그것은 매우 작은 예배당이었고, 나는 온 몸에 차꼬를 찬 채로 강대상 아래쪽에 앉았습니다. 하지만 그 때 나는 진정 자유롭게 되기를 원했습니다! 나는 해방되기를 갈망했으며, "땅 끝의 모든 끝이여 내게로 돌이켜 구원을 받으라"(사 45:22)는 복된 메시지를 들었을 때, 나는 믿음으로 바라보았습니다. 여러분에게 말하지만 그 일은 내게 놀라운 일이었고, 지금도 놀라운 일입니다. 내 차꼬들이 한순간에 모두 풀어졌습니다! 그것들은 쇠로 된 것으로 보였으며, 실제로 쇠로 된 것처럼 강했습니다. 하지만 하나님의 은혜의 광선이 비추어졌을 때, 그것들은 마치 아침 서리가 햇빛 속에서 녹듯이 녹아 없어졌습니다. 영광스럽고 존귀하게 되신 구주께서 내 영혼 속으로 들어오셨습니다. 나는 한순간에 자유롭게 되었습니다. 그것은 즉각적이면서, 무조건적인 노예상태의 철폐였습니다. 은혜가 그 일을 이루었습니다. 오 주님, 당신의 은혜로 지금 다른 사람들에게도 그와 같은 일을 이루소서!

종종 문을 열고 들어와 이 예배당에 모인 거대한 회중을 내려다볼 때에, 나는 여러분 모두에게 말해야 하는 것을 생각하면서, 또한 여러분의 미래의 상태에 대해 어느 정도 책임을 져야 하는 것을 생각하면서, 온 몸에 전율을 느낍니다. 만일 내가 복음을 신실하게, 온 마음을 다하여 전하지 않으면, 주께서 여러분의 피를 내 손에서 찾으실 것입니다. 그러므로 내가 약해져서 아픈 동안, 여러분에게 말하려고 일어설 때에 머리가 어찔함을 느끼고, 속에서 가슴이 답답해질 질 때가 있는 것에 대해 놀라지 마십시오. 그 모든 것에도 불구하고 나는 이러한 기쁨을 누리고 있습니다. 즉 하나님께서 이 곳에서 많은 죄인들을 자유롭게 하십니다. 어떤 사람들은 회심하는 자들이 없으면 내가 슬퍼한다는 소식을 전합니다. 형제들이여, 여러분 모두가 오늘 밤 회심한다 해도, 나는 밖에 있는 수많은 사람들을 위해 슬퍼해야 합니다. 그것은 사실입니다. 하지만 나는 여기서 회심한 많은 사람들로 인하여 주님을 찬송합니다. 지난 화요일에 와서 회심한 사람들을 보았을 때, 나는 백이십 명에 대해 교회에 출석하도록 권할 수 있었습니다. 다음 화요일에도 그럴 것이라고 나는 의심하지 않습니다. 하나님이 영혼들을 구원하고 계시기에, 내가 말씀을 전하는 것은 헛되지 않습니다. 나는 그 문제에 대해 실망하지 않습니다. 포로된 자들에게 자유가 주어지기에, 오늘 밤에도 그들 중 일부에게 자유가 주어질 것입니다. 그들이 누구일지 나는 궁금합니다. 저기 있는 젊은 여성들이여, 여러분 중에 일부가 바로 그들이라고 나는 믿습니다. 오늘 밤 처음으로 이곳에 들른 이들 중에 어떤 이들도 그럴 것입니다. 오, 이곳에서 말씀을 듣는 첫 기회가 결코 끝나지 않을 새로운 삶, 거룩한 삶, 하나님과 화평을 누리는 새 삶을 출발하는 시간이 되기를 바랍니다!

다음으로, 죄인들이 해방되는 방식은 이러합니다. 그리스도께서 몸 값을 지불하시고, 아버지께서 그들이 자유라고 선언하시며, 하나님의 은혜가 그들의 자유를 보증합니다. 더 나아가, 그들이 한 번 자유가 되었으면, 의로운 법이 그들을 보호합니다. 브라질의 노예 주인들이 그들의 노예들을 되찾지 못합니다. 자기 노예에게 매질을 하던 늙은 악당이 있었습니다. 그는 자기 소유의 흑인들을 마음대로 때릴 권리가 있다고 말했습니다. 하지만 그 흑인이 자유롭게 되었을 때, 그는 감히 그에게 손을 대지 못합니다. 그는 그를 다시 되찾아오고 싶겠지만, 자유롭게 된 사람이 그의 옛 주인이 그를 다시 종으로 삼으려 한다면 어떻게 나오겠습니까? 그는 법에 호소할 것입니다. 우리도 그렇게 할 수 있습니다! 그리스도께서 우리를 자유롭게 하셨다면, 우리는 하나님의 법에 호소할 것입니다. 우리는 고등법원에 갈 것이며, 최고 재판장에게 이렇게 말할 것입니다. "주여, 당신께서 저를 자유롭게 하셨습니다. 저의 자유를 지켜주시지 않겠습니까?" 의롭다 하신 분은 하나님이시니, 누가 정죄하겠습니까? 하나님께서 자유라고 선언하신 자를 누가 노예로 삼을 수 있습니까? 오, 여러분 모두 이 자유를 알고 누리기를 바랍니다! 우리 주 예수 그리스도를 위하여, 하나님께서 그 은혜를 여러분에게 주시길 빕니다!

3. 이 자유를 획득한 사람

끝으로 세 번째 요점을 전할 것인데, 그것은 이 자유를 획득한 사람에 대한 것입니다. 이 요지에 대해서는 조금만 말하겠지만, 여기 있는 많은 분들이 이렇게 말할 수 있기를 바랍니다. "나는 이 자유를 획득한 사람들 무리에 속합니다."

첫째, 그들은 한때 노예들이었습니다. 브라질 하원은 노예가 아닌 사람은 자유인으로 해방시킬 수 없습니다. 하나님의 은혜는 아프지 않은 사람을 치유하지 못합니다. 전능하신 하나님이 죽지 않은 자를 다시 살리실 수는 없습니다. 우리가 노예라는 사실이 전제되어 있으며, 그렇지 않고서는 우리가 해방되지 못합니다. 자, 이에 대해 여러분은 무어라고 말하겠습니까? 여러분 중에 어느 누구든 이렇게 대답하는 자가 있습니까? "나는 자유인으로 태어났으며, 어떤 사람에게도 속박된 적이 없습니다. 나는 내 이웃들과 마찬가지로 선하며, 아니 오히려 그들 대다수보다 훌륭합니다." 그렇게 말하는 당신에게 할 말이 없군요. "건강한 자에게는 의사가 쓸 데 없고 병든 자에게라야 쓸 데 있느니라"(막 2:17). 죄가 없다고 하는 당신에게는 구원자가 없습니다. 심판을 두려워하지 않는 당신에게는 구원이 없습니다. 어떻게 그럴 수 있겠습니까? 그리스도께서 이미 잘 차려입은 자들에게 의복을 주려고 오셨을까요? 그분이 이미 배부른 자들에게 먹을 것을 주려고 오셨을까요? 아니면 많은 재물을 소유하고서, 아무것도 필요하지 않은 자들을 부요하게 하려고 오셨을까요? 그렇지 않습니다. 그분은 죄인들에게 회개를 전파하고, 범죄자들에게 용서를 전하기 위해 오십니다. 여러분은 종이어야 하며, 그렇지 않으면 여러분을 위한 자유는 없습니다.

내가 읽은 신문 기사와 관련해서 말하자면, 이번에 자유롭게 되는 노예들은 브라질 내에 있는 노예들이어야 합니다. 즉, 당분간 그들은 은혜의 통치 아래에 있는 노예들인 것입니다. 만일 그들이 브라질 내에 있지 않으면, 브라질 하원이 그들을 자유롭게 하지 못합니다. 만일 여러분이 해방되기를 원한다면, 그리스도의 왕국 안으로 들어와야 합니다. 오, 노예들이여, 여러분은 주 예수 그리스도의 권세 밑으로 와야 합니다. 여러분은 지금부터 기꺼이 그분을 왕으로 부르고, 그분께 순종하고, 그분의 법에 따라 살아야 합니다. 여러분은 있는 모습 그대로 그분에게 와야 하며, 죄의 삶을 버리고, 그분을 사랑하며, 그분의 거룩함을 사랑하고, 그분을 섬기기를 힘써야 합니다! 여러분이 주 예수 그리스도의 통치 아래로 들어온다면, 오늘 밤 여러분에게 즉각적이고도 무조건적인 노예의 폐지가 선포될 것입니다. 하나님께서 여러분에게 이 값진 복을 얻게 하시길 빕니다!

한 가지 더 말하자면, 이 해방은 그것을 무조건적으로 받아들이는 모든 자들을 위한 것입니다. 자유가 무조건적으로 주어질 때, 모두가 이렇게 말할 것입니다. "그것은 내게 꼭 해당되는 것이다. 아무런 조건들이 없다면 분명 아무런 결격 사유도 없겠지만, 만일 조건들이 있다면 나는 그 조건들에 부합되지 못할 것이다." 그런데 안타깝게도 많은 사람들이 여러 조건들을 내세우는 것을 나는 발견합니다. 한 사람이 말합니다. "예, 좋아요, 나는 구원받고 싶기는 합니다만, 내 죄를 버리고 싶지는 않아요." 그렇습니까? 그렇다면 당신은 노예로 남아야 합니다. 또 한 사람이 말합니다. "좋아요, 저의 죄를 대부분 포기하길 원합니다. 하지만 내가 버릴 수 없는 한 가지가 있습니다. 사실, 저는 그것을 통해서 생계를 이어가거든요. 저는 그것을 포기할 수 없답니다." 당신 역시 노예로 남든지, 아니면 무조건적으로 자유를 바라고 오든지 해야 합니다. 세 번째 사람이 말합니다. "하지만 나는 은혜로써 자유롭게 되는 것을 원하지 않습니다. 나는 내 구원을 위해 무언가를 하고 싶습니다." 아, 그러시군요. 당신은 그 무언가를 통해 약간의 명예를 얻기를 바라는군요. 하지만 그리스도의 동업자가 되거나, 한정된 의미로 구주를 받아들일 수는 없습니다. 당신은 그리스도 전부를 받아들이든지, 아니면 전혀 받아들이지 않든지 해야 합니다. 그리스도께서 알파벳 A부터 Z까지, 처음부터 끝까지 당신을 구원하셔야 하며, 그렇지 않으면 당신은 전혀 구원받지 못합니다. 하나님께서는 무조건적으로 은혜를 주십니다. 그러므로 여러분도 무조건적으로 은혜에 굴복하지 않겠습니까? 모든 협정과 조건들을 버리십시오. 있는 그대로 오십시오. 지금 오십시오. 즉시 오십시오. 무조건적으로 오십시오. 그러면 구원을 얻을 것입니다. 주께서 당신으로 하여금 그분의 은혜에 복종하게 하시되, 즉시 복종하게 하시길 빕니다!

"내가 무엇을 해야 하나요?" 한 사람이 말합니다. "집으로 가서 기도하겠습니다." 예, 당신이 원한다면 그렇게 해도 좋습니다. 하지만 복음의 메시지는 "주 예수 그리스도를 믿으라, 그리하면 구원을 받으리라"입니다. 하지만 기도는 하십시오. 하나님이 기도를 들으시기 때문입니다. 최근에 우리에게 전해진 놀라운 이야기가 있습니다. 아마도 여러분도 신문에서 보았을 것입니다. 호주의 서부 해안에서 한 마리의 알바트로스(albatross) 새가 발견되었습니다. 그것은 죽은 채 해변에 있었습니다. 그 새의 목에는 줄로 매어진 한 장의 카드가 있었습니다. 그 카드를 주운 사람은 어느 당국자에게 그것을 가져갔습니다. 거기에는 이렇게 기록되어 있었습니다. "열세 명의 우리 선원들이 크로젯(Crozets)에서 난파되었다." 인도양 먼 남쪽 바다에는 바위투성이 섬들이 많습니다. 이 사람들이 타고 항해했던 그 배는 난파되었고, 그들은 약간의 비스킷 정도만 가진 채 크로젯 섬에 남겨졌습니다. 나는 그들이 어떻게 알바트로스 새를 잡았는지 모릅니다. 하지만 그것은 인간의 비상한 재주와 삶에 대한 애착을 보여줍니다. 그들은 어찌해서든지 이 크고 강한 날개를 가진 새를 잡았고, 그 목에 카드를 달았던 것입니다. 그 새는 거의 이천 마일의 비행을 했을 것이 틀림없으며, 파선한 선원들의 메시지를 가지고 그 해안에 떨어졌던 것입니다. 프랑스 정부는 크로젯에 전함을 파견했으며, 영국 정부도 그렇게 했습니다. 이 딱한 처지에 놓인 사람들은 알바트로스에 의해 전갈을 보냈을 뿐 아니라, 누구든 그곳을 지나는 이들의 주목을 끌기 위해 거대한 돌무더기를 쌓고, 그 꼭대기에 깃발을 꽂아두었습니다. 그러나 그들 중 누구도 발견되지 않았습니다. 그들은 충분히 오랫동안 기다리지 않았기 때문입니다. 그들은 그 섬에 도달했던 작은 배 두 척을 타고서 바다로 나아갔으며, 그 이후 그들에 관해 어떤 소식도 들려오지 않았습니다. 하지만 그들이 기울인 노력이 어떤지를 보십시오! 그들은 지나는 선원들의 주의를 끌기 위해 돌을 쌓았고, 알바트로스의 목에 카드를 매달았습니다. 그 새가 그 메시지가 읽히는 해안에 도달할 가능성은 매우 희박해보였지만, 그들은 할 수 있는 일을 시도했습니다.

이제 나는 여러분에게 호소합니다. 만일 당신이 죽어가고 있으며 멸망하고 있다면, 구조를 얻기 위해 당신이 할 수 있는 무언가를 하십시오. 천국에 탄원을 보내십시오. 비록 그것이 마치 그 가엾은 새의 목에 기도의 카드를 매다는 것처럼 보일지라도, 그것을 날려 보내십시오. 돌무더기를 쌓으십시오. 그 위에 깃발을 꽂으십시오. 당신의 신음과, 부르짖음과, 눈물의 깃발을 세우고, 당신의 절망적인 상태에 대해 주의를 끄십시오. 하지만 당신은 그와 같이 가능성이 희박한 기회에 매달리도록 내몰리지 않았습니다. 당신은 원하는 만큼 많이 기도할 수는 있지만, 복음의 메시지는 이런 것입니다. "믿으라, 그러면 살리라." 왕의 선포를 들으십시오, 그 이상 아무것도 구하지 마십시오. 구원이 있습니다. 몸 값이 지불되었습니다. 좋은 자유입니다. 그것을 믿으십시오. 그것을 받아들이십시오. 나서서, 그것이 진실임을 입증하십시오. 오, 오늘 밤 몇몇 영혼들이 그렇게 하기를 바랍니다. 하나님께서 여러분에게 해방의 기회를 주셨음을 믿고, 그리스도께서 값 주고 사신 자유를 받아들이십시오.

왜 당신은 그것에 대해 논쟁하려 합니까? 나는 죄인들이 그들이 왜 구원받아서는 안 되는지 그 이유들을 발견하려고 애쓰는 것을 압니다. 만약 오늘 밤 옥에 갇혀서 목이 매달리도록 선고받은 사람이 있는데, 내가 그에게 가서 "나는 당신이 목숨을 잃지 않을 것을 알고, 그 합당한 근거를 가지고 있습니다"라고 말한다면, 그가 앉은 채로 그런 일이 일어날 수 없다는 것을 내게 입증하기 위해 노력할까요? 그렇지 않을 거라고 나는 믿습니다. 그는 자신이 교수형에 달릴 것이 틀림없다고 논쟁을 시도하지 않을 것입니다. 하여간 내가 그런 입장이 된다면 나는 그런 식으로 논쟁하지 않을 것입니다. 나라면 할 수 있는 모든 논리를 동원하여, 교수형 집행인의 올가미에 내 목을 집어넣기 위해서가 아니라 오히려 빼내기 위해서 노력할 것입니다. 오 가련한 영혼이여, 스스로를 지옥에 빠뜨리기 위해 논쟁하지 마십시오. 하나님의 은혜를 반박하는 논쟁을 멈추십시오! 조금

전 우리가 부른 노래 가사처럼 하십시오.

> "구원을 받으라.
> 지금 그것을 받아들이고, 행복하여라!"

당신 스스로에게와, 하나님을 향해 이렇게 말하십시오. "나는 믿습니다. 나는 받아들입니다. 나는 하나님의 주권적인 은혜에 의해 자유롭게 되어 갈 것이며, 자유인으로서 행동하겠습니다. 내 위대하신 주님을 찬송할 것이며, 그분의 은혜를 자랑할 것입니다."

사랑하는 친구들이여, 예수 그리스도를 위하여 하나님께서 여러분에게 복을 주시길 빕니다! 아멘.

제
84
장

재 대신 화관을

"무릇 시온에서 슬퍼하는 자에게 화관을 주어 그 재를 대신하며 희락의 기름으로 그 슬픔을 대신하며 찬송의 옷으로 그 근심을 대신하시고 그들이 의의 나무 곧 여호와께서 심으신 그 영광을 나타낼 자라 일컬음을 받게 하려 하심이라."—사 61:3

군인들이 행군하거나 싸움에 나설 때에, 그들은 나팔을 울리는 것이 지혜롭다고 생각합니다. 용사들이 피를 끓게 하는 그 음악소리에 자극을 받을 수 있다고 여기기 때문입니다. 음악대가 북을 쿵쿵 울리며 활기찬 행진을 할 때에 지쳤던 많은 병사들이 새로운 활력으로 힘차게 땅을 밟으며 걸을 수 있습니다. 내 형제들이여, 오늘날 우리 그리스도인의 섬김의 한가운데서, 나는 여러분 모두가 강한 대적에 맞서는 우리 주님에게 도움이 되기를 결심하며 온다고 믿습니다. 이 때에 우리는 복음의 약속이라는 나팔 소리를 크게 울리라는 명령을 듣습니다. 이는 하나님의 군대가 전투 대형을 이루어 행진할 때에 그들의 심장 박동이 빨라지는 것을 느끼고 그들의 영혼이 용기를 얻는 것을 느끼도록 하기 위함입니다. 부흥의 때는 또한 새로운 원기회복의 때이기도 합니다. 크게 수고하고 탁월하게 섬길 때에는, 지혜와 더불어 특별하고도 새로운 힘이 주어지기도 합니다. 추수하는 사람들은 그들의 힘겨운 수고 중에 많은 양의 식사를 필요로 합니다. 나는 추수의 주인께서 그분의 노동자들을 인색하게 대우하지 않으신다고 느끼기에, 여러분 각자에게 자기 분량의 빵과 고기와 포도주로 융숭하게 대접해야 합니다.

멜기세덱이 떡과 포도주를 가지고 아브라함에게 왔을 때는, 아브라함이 어느 멋진 휴일 날 마므레 평지에서 꿈꾸듯 생각에 잠겨 있을 때가 아니라, 그가 왕들을 쳐부수고 돌아올 때였습니다(참조. 창 14장). 힘겨운 싸움 후에 달콤한 원기회복이 찾아옵니다. 여기서 부지런히 주를 섬겨왔던 사람들, 그들의 거룩한 소명을 지칠 정도로 감당해왔던 사람들에게는, 와서 자리에 앉아 원기를 회복시켜주는 떡과 포도주를 먹을 자격이 주어집니다. 오늘 본문이 아버지의 모든 충실한 아들들에게 그러한 기회를 제공합니다. 엘리야는 천사가 가져다준 떡을 먹었습니다. 그의 앞에 사십 일을 가야 할 여행이 있었기 때문입니다. 어떤 형제들에게는 그러한 힘겨운 시련이 예정되어 있으며, 그런 이들에게 이런 말씀이 주어질 것입니다. 보배로운 약속들은 가난에 지친 성도들을 위한 것입니다. 거룩한 위로의 포도주는 마음이 무거운 자들을 위한 것인데, 솔로몬이 이렇게 말한 바와 같습니다. "그는 마시고 자기의 빈궁한 것을 잊어버리겠고 다시 자기의 고통을 기억하지 아니하리라"(잠 31:7). 지금 우리 앞에 펼쳐진 이 본문의 말씀을 공표하셨던 그분이, 이곳에 있는 각 사람의 마음에 이 말씀을 능력으로 들려주시길 빕니다! 이 말씀들은 예수님의 입술에서 떨어진 말씀들입니다. 이 말씀들은 순수한 위로의 샘인 그분의 입에서 새롭게 우리의 마음속으로 떨어질 수 있으며, 생명을 주는 모든 능력과 함께 우리에게 주어질 수 있습니다.

우선 본문을 다시 한 번 읽고, 그 후에 자세히 살펴보도록 하겠습니다. "무릇 시온에서 슬퍼하는 자에게 화관을 주어 그 재를 대신하며 희락의 기름으로 그 슬픔을 대신하며 찬송의 옷으로 그 근심을 대신하시고 그들이 의의 나무 곧 여호와께서 심으신 그 영광을 나타낼 자라 일컬음을 받게 하려 하심이라." 우리가 첫 번째로 숙고할 것은 '누가 이 말씀을 주시는가?' 하는 것입니다. 둘째로는 '그분이 누구에게 이 말씀을 주시는가?' 하는 것이며, 셋째로는 '그분이 이 구절에서 말씀하시는 바가 무엇인가?' 하는 것입니다. 그리고 넷째로는 '이 말씀의 결과가 무엇인가?' 하는 것입니다.

1. 누가 이 말씀을 주시는가?

첫째, 누가 이 말씀을 주십니까? 그것은 시온에서 슬퍼하는 자들을 향한 말씀이며, 그들을 위로하기 위한 말씀입니다. 그런데 누가 그 말씀을 주십니까? 그

대답을 찾기란 그리 어렵지 않습니다. 그 말씀은 다음과 같이 말씀하시는 분에게서 온 것입니다. "주 여호와의 영이 내게 내리셨다." "주 여호와께서 마음이 상한 자를 고치려고 나를 보내셨다"(1절). 이제, 그보다 하위적이고 종속적인 의미에서, 기독교 사역자들에게 하나님의 영이 내리십니다. 그들은 마음이 상한 자들을 싸매어주기 위해 보냄을 받습니다. 하지만 그들은 오직 예수님의 이름으로 그렇게 하며, 그분에게서 주어지는 힘으로만 그렇게 할 뿐입니다. 이 말씀은 그들이 한 말이 아닙니다. 이 구절의 말씀은 어떤 선지자들이나 사도들이 한 말이 아니며, 사도들과 선지자들의 머리이신 위대하신 주, 곧 주 예수 그리스도께서 친히 하신 말씀입니다. 그분이 우리를 위로하실 거라고 선언하신다면, 그 때 우리는 위로를 얻게 될 것이라고 확신할 수 있습니다! 그분의 오른손의 별들은 어둠을 뚫지 못할 수 있어도, 떠오르는 의의 태양은 효과적으로 어둠을 몰아내십니다. 이스라엘의 위로이신 그분께서 친히 낙심한 자기 백성을 일으키시기 위해 앞으로 나서신 경우라면, 그들의 의심과 두려움들은 속히 도망치는 것이 좋을 것입니다. 그분의 임재는 빛과 평안이기 때문입니다.

하지만 슬퍼하는 자들을 위로하기 위해 오시는 이 기름 부음 받은 분이 누구입니까? 그분은 이 본문의 서두에서 한 설교자로 묘사됩니다. "주 여호와의 영이 내게 내리셨으니 이는 여호와께서 내게 기름을 부으사 가난한 자에게 아름다운 소식을 전하게(preach) 하려 하심이라"(1절). 예수님이 어떤 설교자이셨는지를 기억하십시오. "그 사람이 말하는 것처럼 말한 사람은 이때까지 없었나이다"(요 7:46). 그분은 정녕 위로의 아들이셨습니다. 그분은 성경에 이렇게 언급되었습니다. "그는 상한 갈대를 꺾지 아니하며 꺼져가는 심지를 끄지 아니하리라"(마 12:20). 그분은 너무나 온유하셨습니다. 그분의 말씀은 퍼붓는 소나기처럼 떨어지지 않았고, 비처럼 내리고, 이슬처럼 맺혔으며, 연한 풀 위의 가는 비처럼 내렸습니다(참조. 신 32:2). 그분은 새롭게 돋아난 채소 위에 떨어지는 부드러운 봄비같이 오셨으며, 그분의 말씀이 들려지는 곳이면 어디든 새로운 원기회복과 부흥이 일어났습니다. 그분이 말씀하실 때 나인 성문에 있던 과부가 그 눈물을 닦았으며, 야이로는 더 이상 자기 자녀를 위해 슬퍼하지 않았습니다. 예수님이 자기를 나타내셨을 때 막달라 마리아는 슬피 우는 일을 멈추었고, 도마는 의심을 그쳤습니다. 근심하던 마음이 기쁨으로 뛰었고, 눈물로 흐려졌던 눈이 그분의 말씀으로 인해 기쁨으로 반짝였습니다. 이제 마음이 상한 자들을 위로하겠다고 선언하시는 분이 그런 분이라면, 그분이 그런 설교자시라면, 우리는 그분이 자기 일을 성취하실 것임을 확신하고 안심할 수 있습니다.

그분은 설교자이실 뿐 아니라, 의사로 묘사됩니다. "여호와께서 나를 보내사 마음이 상한 자를 고치게 하려 하심이라." 어떤 마음들은 말씀 이상의 것이 필요합니다. 인간의 말로 전달될 수 있는 최상의 위로도 그들의 경우에는 도달하지 않을 것입니다. 그들 마음의 상처는 깊어서, 단지 살을 베인 정도가 아니라, 끔찍하게 벌어져 뼈가 드러날 정도이며, 기술적으로 상처를 꿰매어 주지 않으면 머지않아 죽을 것임을 보여줍니다. 그러므로 슬퍼하는 자들을 위로하신다고 약속하시는 너그러우신 그 친구(Friend)께서, 가장 끔찍한 환자들도 능숙하게 다루시는 분이심을 안다면, 그것은 큰 기쁨입니다. 여호와 라파(참조. 출 15:26)는 나사렛 예수의 이름입니다. 그분은 우리를 치료하시는 여호와이십니다. 그분은 인간의 영혼을 치료하시는 사랑의 의사이십니다. "그가 채찍에 맞음으로 우리는 나음을 받았도다"(사 53:5). 그분이 친히 우리의 약함을 담당하시고 질병을 짊어지셨습니다. 이제 그분은 우리의 질병이 무엇이든, 말씀으로 우리의 모든 질병을 고치실 수 있습니다. 슬퍼하는 아들들이여, 여러분에게 기쁨을 전합니다. 낙심한 딸들이여, 여러분에게 축하를 전합니다. 여러분을 위로하려고 오시는 그분은 입술로 말씀을 전하실 수 있을 뿐 아니라, 손으로도 상처를 싸매어주실 수 있습니다. "상심한 자들을 고치시며 그들의 상처를 싸매시는도다. 그가 별들의 수효를 세시고 그것들을 다 이름대로 부르시는도다"(시 147:3-4).

이것으로도 충분치 않다면, 우리의 은혜로우신 보혜사께서는 또한 해방자로 묘사됩니다. "여호와께서 나를 보내사 마음이 상한 자를 고치며 포로된 자에게 자유를, 갇힌 자에게 놓임을 선포하게 하려 하심이라." 옛적에 이스라엘에는 풀죽은 사람들이 많았습니다. 그들은 파산하여 부동산을 잃고, 거기서 더 나아가 빚에 빠지게 되고, 마침내는 자녀들까지 종으로 팔아야 했으며, 자기 자신들 역시 종들이 되어야만 했습니다. 그들의 멍에는 무거웠고, 그들의 고통은 아주 심했습니다. 하지만 50번째 해가 돌아와, 희년의 아침을 알리는 나팔 소리가 단에서 브엘세바까지 이스라엘의 모든 성읍과 부락과 마을들에 크게 울려 퍼질 때, 온 유다 땅에서 그보다 달콤한 음악소리는 없었습니다. 그 낭랑하게 울려 퍼지는 소리가 무엇을 의미했을까요? 그것이 의미하는 바는 바로 이것이었습니다. "이스라엘 백성아, 너는 자유다. 네가 스스로를 종으로 팔았어도, 값의 지불

없이 가도 좋다. 희년이 왔기 때문이다." 돌아가십시오. 땅을 잃어버린 여러분이여, 돌아가십시오. 옛 농가를 찾고, 여러분이 떠나야 했던 땅으로 돌아가십시오. 그것들은 다시 여러분의 것입니다. 돌아가서, 쟁기질을 하고, 씨를 뿌리고, 다시 수확을 하십시오. 각 사람은 자기 소유의 포도나무와 무화과나무 아래에 앉으십시오. 여러분의 모든 기업이 회복되었기 때문입니다. 이것이 온 부족들 사이에 큰 기쁨이었습니다. 예수님은 그와 유사한 전갈을 가지고 오셨습니다. 그분 역시 파산하여 노예가 된 죄인들을 위해 희년을 선포하십니다. 그분은 죄의 차꼬를 깨뜨리시고, 믿는 자에게 진리의 자유를 주십니다. 어느 누구도 예수님께서 자유인이라고 선언하신 영혼들을 포로로 붙잡아두지 못합니다.

본문에서 선언하듯이 구주께서 포로된 자에게 자유를 선포할 권세를 가지셨다면, 또한 그분이 옥문을 부수어 열고 정죄된 죄인들을 풀어주실 능력을 가지셨다면, 그분은 정녕 여러분과 나의 영혼을 위로하기에 합당한 분이십니다. 비록 우리가 시온에서 슬퍼하며 울고 있는 자들이어도 그러합니다. 그분이 오심을 기뻐하며 호산나를 외칩시다! 주의 이름으로 오시는 그분을 찬미합시다! 예수님이 놋문을 깨뜨리시고 쇠 빗장을 산산이 부수시는 시대에 살고 있는 우리는 행복합니다.

이것이 전부가 아닙니다. 본문에서는 우리 주님과 관련하여 또 다른 측면이 묘사됩니다. 그분은 복된 소식의 전령으로 보냄을 받으신 것으로 그려지고 있습니다. 그 복된 소식은 우리 인간들에게 모든 종류의 복된 소식을 포함하고 있습니다. 2절을 읽어보십시오. "여호와의 은혜의 해를 선포하게 하려 함이라." 하나님께서 친히 인간의 육체를 취하셨습니다. 무한하신 여호와께서 하늘에서 내려와 한 아기가 되셨습니다. 우리 가운데 사셨고, 그 후에는 우리를 위해 죽으셨습니다. 성육하신 하나님의 위격 안에서 하나님의 축복의 확실한 보증을 보십시오. "자기 아들을 아끼지 아니하시고 우리 모든 사람을 위하여 내주신 이가 어찌 그 아들과 함께 모든 것을 우리에게 주시지 아니하겠느냐?"(롬 8:32). 사랑하는 이여, 구주께서 세상에 오셨다는 사실이 우리에게는 희망의 근거입니다. 그리고 그분이 어떠한 구주이시며, 어떤 고난을 받으셨고, 그분에게 주어진 일을 어떻게 완수하셨으며, 또한 그분이 우리에게 이루시는 구원이 어떠한 구원인지를 생각할 때에, 우리는 슬퍼 우는 자들을 위로하시는 일이 그분에게 적합한 일이라고 느끼는 것이 당연합니다. 그분은 그 일을 매우 효과적으로 수행하실 수 있습니다. 감람원과 골고다를 밟으셨던 그분의 발, 그 인격과 사역 안에서 "좋은 소식을 전하며 평화를 공포하며 복된 좋은 소식을 가져오며 구원을 공포하신"(사 52:7) 그분의 발이 어찌 그리 아름다운지요! 하지만 나는 여기서 시간을 끌어서는 안 됩니다. 나는 여러분에게 우는 자들을 위로하신다고 선언하시는 그분에 대해 생각하도록 충분하게 말했습니다. 성령께서 여러분에게 그분을 나타내주시기를 바랍니다. 그분의 팔의 능력과, 그분의 가슴의 사랑과, 그분의 피의 공로와, 그분의 간구의 효력과, 그분의 높으신 위엄과, 그분의 성품의 영광을 여러분이 알게 되기를 바랍니다.

2. 누구에게 이 말씀을 하시는가?

둘째로, 누구에게 이 말씀을 하시는 걸까요? 그것은 시온에서 우는 자들에게 하신 말씀입니다. 그들은 주의 백성입니다. 그런데 그들이 울고 있습니다. 우는 것이 언제나 은혜의 표징은 아닙니다. 본성도 웁니다. 타락한 인간 본성은, 은혜가 그것을 변화시키지 않으면, 영원히 울어야 할 것입니다. 하지만 여기서 운다는 것은 시온에서 우는 것이며, 은혜를 아는 영혼들이 우는 것입니다. 이런 종류의 울음이 무엇인지를 여러분에게 설명해보도록 하겠습니다.

그것은 다양한 형태들을 취합니다. 그것은 대부분의 마음에서 지나간 죄에 대한 비탄으로 시작합니다. 내가 하나님의 공의로운 계명을 어겼고, 내가 내 하나님을 거스르는 악을 행했으며, 내가 내 영혼을 망쳤습니다. 내 마음이 이것을 느끼고, 통탄하며 웁니다. "저는 비천한 죄인입니다"라고 형식적으로 말하는 것과, 실제로 그렇게 느끼는 것은 전혀 별개의 일입니다. 그렇게 말하는 것이 심각한 위선일 수도 있습니다. 하지만 그렇게 느끼는 것은 은혜의 표징입니다. 오, 만일 죄에 대한 슬픔을 느낀 적이 없다면, 이 시간에 우리 모두가 그것을 느낄 수 있기를 빕니다. 우리는 우리가 구주를 찌른 것을 생각하며 울 수 있고, 그토록 선하신 하나님과 인자하신 구세주를 거역하여 범죄한 것을 생각하며 울 수 있습니다. 지나간 죄에 대한 가책으로 우는 자들은, 머지않아 더 높은 지점에 오를 것입니다. 우는 자들은 오래 머무르며 고통스러워하지 않습니다. 은혜가 그들의 죄 짐을 가져갑니다. 그들의 죄악이 덮어집니다. 그 때는 울음이 그칠까요? 오, 그렇지 않습니다. 그럴 때 사람들은 다른 방식으로 웁니다. 과거의 죄와 관련하여 달콤하게 우는 것이 있는데, 그것은 내가 결코 잃어버리고 싶지 않습니다. 그 죄는 용서되고, 내 모든 죄가 지워졌으며, 따라서 내 영혼은 달콤하면서도 고통스럽게, 갈수록 더 많이 그 죄를 슬퍼할 것입니다.

> "내 구주시여! 내 죄들, 내 죄들이
> 슬프게도 당신의 짐이 되어 버렸습니다.
> 당신의 온유와 인내를 본 후에는,
> 저의 모든 죄들이 열 곱절이나 슬퍼집니다.
> 그 죄들이 용서된 것을 저는 압니다.
> 하지만 여전히 그것이 제게 아픔이 되는 이유는
> 그로 인한 모든 고통과 슬픔을
> 내 주여, 당신이 지셨기 때문입니다."

이러한 종류의 울음은 아마도 천국 문에 이를 때까지 우리와 동반할 것입니다. 어쩌면 우리는 천국에서도 그런 벗과 헤어지게 된 것을 거의 유감스럽게 여길지도 모르지요.

> "주여, 저로 울게 하소서, 오직 죄 때문에
> 오직 당신 때문에 울게 하소서.
> 오, 제가 원하는 것은, 할 수만 있다면
> 끊임없이 우는 자가 되는 것입니다."

하지만 참된 마음들은 지나간 죄악으로 인해 울 뿐 아니라, 그들의 현재적인 결점들로 인하여 슬퍼합니다. 사랑하는 친구여, 만일 당신이 마땅히 되어야 하는 상태에 있다면, 당신은 스스로에게서 슬퍼해야 할 많은 이유들을 볼 것이라고 나는 확신합니다. 당신은 당신이 원하는 대로 살지 못하고 있습니다. 자기가 완전하다고 느끼는 사람을 만날 때마다, 나는 즉시 그가 참된 온전함이 무엇이어야 하는지에 대한 희미한 개념조차 갖지 못하였음을 알아챕니다. 호주의 미개인은 장총을 본 적이 없고 대포에 대해 들어본 적이 없는 한, 자기가 가진 전쟁 무기에 만족합니다. 그에게는 자신의 오두막집이 건축의 모델입니다. 그는 거대한 대성당이나 궁전에 대해 들어본 적이 없기 때문입니다.

헛간 문에 있는 가금류는, 한 마리의 독수리가 원하는 만큼 높이 오르지 못하는 무능함에 대해 불만족하여 우는 소리에 틀림없이 깜짝 놀랄 것입니다. 그 닭은 완벽합니다. 그 헛간 문의 조건, 즉 땅에 떨어진 보리 알갱이나 찾아다니는 삶의 기준에 따르면 그것은 완벽하지요. 그것은 자기가 올라앉는 홰 이상의 높은 곳에 대해 아는 바가 없습니다. 그래서 그것은 자기 자신이 절대적으로 완벽하며 비행에 바람직한 모든 면에서 적절하다고 결론내립니다. 하지만 오, 만일 그것이 천둥이 머무는 곳을 알 수 있다면, 주의 명령을 기다리는 번개들이 거주하는 구름 너머로 비행할 수 있다면, 그 때 그 닭은 새들의 왕인 저 독수리의 마음을 괴롭히는 슬픔과 열망에 대해 어느 정도는 느낄 수 있을 것입니다. 인간은 하나님이 어떤 분이신지 알지 못합니다. 그분의 온전하심과 무한하심에 대해서 알지 못하며, 그분의 순결의 위엄에 대해서도 알지 못합니다. 만일 안다면, 가장 높은 경지에 오른 인간들도 "더 높이, 더 높이, 더 높이"라고 외칠 것이며, 그들이 아직 마땅히 이르러야 할 곳에 이르지 못한 것 때문에 슬퍼할 것이며, 독수리 날개를 타고 더 높이 오르기를 열망할 것입니다.

형제들이여, 나는 지금 여러분 모두에게 말하고 있습니다. 우리의 섬김이 우리를 만족시키는 날은 하루도 없습니다. 우리가 수행해왔던 어떤 행위도 우리를 만족시키지 못합니다. 우리는 우리의 오점들을 보며, 비록 그것들이 예수님의 보혈에 의해 제거되었음으로 인해 하나님을 찬송하지만, 한편으로는 할 수만 있다면 그것들을 우리의 눈물로 씻고 싶습니다. 원하는 만큼 온전한 삶을 살지 못하는 것 때문에 우는 자들은 복된 자들 중에 속한 것입니다. 더욱 거룩해지기를 바라며 우는 것은 거룩함의 한 징표입니다. 그리스도의 형상을 더욱 닮기 위해 우는 것은, 우리가 이미 그 정도만큼은 그분의 형상을 닮아가고 있음을 입증합니다. 우리의 전 삶을 하나님의 뜻에 온전히 복종하기를 바라며 탄식하는 것은, 곧 예수 그리스도께서 풍성한 위로를 가져다주기 원하시는 그러한 슬픔입니다.

그리스도인이 울며 한탄하는 이유는, 또한 그가 지속적으로 하나님과의 교제 안에 거하지 못하기 때문입니다. 그는 아버지와 그의 아들 예수 그리스도와 나누는 사귐의 달콤함을 압니다. 그는 그것이 깨어지는 것을 견디지 못합니다. 만일 그와 하나님의 사랑의 태양 사이에 옅은 구름이라도 지나간다면, 그는 곧바로 근심하게 됩니다. 그는 그분과의 교제의 기쁨을 잃어버리는 일에 아주 민감하기 때문입니다. 햇살이 강한 이탈리아의 원주민은, 양털 같은 구름이 많이 낀 이 나라에 거하게 될 때, 화창하고 파란 하늘의 부재를 한탄합니다. 주님과의 구름 없는 교제 속에서 살아왔던 사람은, 만약 잠시라도 해가 힘 있게 비치는 것 같은 그분의 얼굴을 볼 수 없게 되면, 그것 때문에 그의 고달픈 처지를 한탄합니다. 사랑은 부재를 견디지 못하며, 냉랭함은 더욱더 견디지 못합니다. 참된 은혜는 교제 안에서 그 생명을 발견하며, 그것이 거부될 때는 애를 태웁니다.

또한 참된 그리스도인이 우는 이유는 그가 더 쓸모 있게 되지 못하는 것 때문입니다. 그는 불과 빛의 기둥처럼 되어서, 낮이나 밤이나 무지한 자들에게 빛을 비출 수 있기를 바라며, 둔하고 게으른 자들에게 분발시킬 수 있기를 원합니다. 그는 더 많은 재능을 바라는 것이 아니라 그가 가진 재능을 활용할 수 있는 더 많은 은혜를 바랍니다. 그는 자기에게 포도원을 맡기시고 농부로 일하게 하신 포도원 주인에게 더 많은 소작료를 드릴 수 있기를 간절히 바랍니다. 그는 죄의 깊은 바다에서 값진 진주를 끌어올리기를 바라며, 그것으로써 그의 주와 왕이신 분의 왕관을 장식할 수 있기를 갈망합니다. 그는 백 배의 수확을 바라는 곳에서 가시와 엉겅퀴들이 돋아나는 것 때문에 탄식합니다. 이것이 그를 신음하게 만듭니다. "우리가 전한 것을 누가 믿었느냐 여호와의 팔이 누구에게 나타났느냐?"(사 53:1).

더 나아가, 그의 주님처럼, 그는 다른 사람들을 위해 웁니다. 그가 시온에서 우는 이유는 기독교회의 무감각함 때문이며, 그 당파와, 그 오류와, 죄인들의 영혼들을 향한 그 무관심 때문입니다. 그는 예레미야와 더불어 부르짖습니다. "슬프다 어찌 그리 금이 빛을 잃고 순금이 변질하였는고!"(애 4:1). 하지만 그는 무엇보다 회심하지 않는 자들을 위해 웁니다. 그는 하나님으로부터 멀어진 그들의 상태를 보고, 그들이 처한 위험을 알며, 선지자의 눈으로 그들이 "거기서 울며 이를 갈게 되리라"(마 13:42)는 것을 보기에, 그의 마음은 속에서 오그라드는 듯합니다. 그의 마음은 다른 사람들의 죄와 슬픔 때문에 깨어지고, 그의 구주와 마찬가지로, 하나님의 사랑을 거절하는 도시들을 바라보면서 웁니다. 그는 다른 사람들이 구원받을 수 없다면 차라리 자기 이름이 생명책에서 지워지기를 바랄 정도였던 모세처럼 말할 수 있습니다. 그는 육신으로는 자기의 친족이지만 그리스도께는 낯선 자들 때문에 마음에 커다란 슬픔과 중압감을 느낍니다. 그는 그들에 대한 염려 때문에 편히 쉬지 못합니다. 사랑하는 형제들이여, 새로운 생명에 의해 살아난 자는 커다란 슬픔의 유산을 획득합니다. 하지만 잊지 말아야 할 것은, 그가 이전보다 열 배나 많은 기쁨도 얻는다는 점입니다. 한편, 그렇게 우는 것은 그 자체로 달콤하기도 합니다. 눈물은 그다지 짜지 않으며, 슬픔은 그리 고통스럽지 않습니다. 그러한 슬픔을 우리는 사는 날 동안에 느끼기를 바랍니다. 특히 주 예수님께서는 그러한 슬픔을 가장 탁월한 약속의 성취와 번갈아 일어나게 하시는데, 이제는 그것에 관하여 여러분에게 말하고자 합니다.

3. 슬퍼하는 자들에게 무엇을 약속하시는가?

셋째로, 그렇다면 그 슬퍼하는 자들을 향해 본문이 무엇을 말합니까? 특히 이 대목에 주목하기 바랍니다. "시온에서 슬퍼하는 자에게 화관을 주어 그 재를 대신하게 하리라"(3절). 슬퍼하는 영혼들이여, 오십시오. 지금까지 묘사된 방식으로 우는 자들이여, 기쁘게 이리로 오십시오. 여러분을 위해 예정된 위로가 있습니다. 여러분에게 주어지는 위로가 있습니다. 그것을 예정하고 주시는 것은 왕이신 예수님의 특권입니다. 우리의 슬픔이 예정되었듯이, 우리의 위로 또한 예정되었다는 것이 얼마나 격려가 되는지요! 하나님께서는 마치 요셉이 연회에서 그의 형제들 각자에게 제 몫의 음식을 주었듯이, 슬퍼하는 그분의 모든 백성들에게 그들 각자의 분량을 주십니다. 당신은 은혜의 식탁에서 당신에게 합당한 몫을 얻을 것입니다. 만약 당신이 소자이며, 이중의 슬픔을 가지고 있다면, 당신의 위로의 몫은 두 배가 될 것입니다.

"그들에게 정하여"(KJV, to appoint unto them, 한글개역개정에는 없음 — 역주), 이는 강력한 위로로 가득한 말씀입니다. 만일 하나님이 내게 한 분깃을 정하신다면, 누가 내게서 그것을 빼앗겠습니까? 그분이 내게 위로를 정하셨다면, 누가 감히 그것을 막겠습니까? 그분이 정하신다면, 그것은 정당한 권리를 따라 내 것입니다. 하지만 그 정하심을 확실히 하기 위해, 그분은 "주어"라는 말씀을 더하십니다. 이스라엘의 거룩하신 분이 시온에서 슬퍼하는 자들에게 위로를 정하실 뿐 아니라 주십니다. 복음의 풍성한 위로는 성령에 의해 주어집니다. 예수 그리스도의 명에 따라, 위로가 필요한 때에 진실하게 우는 모든 자들에게 주어집니다. 주님은 각각의 경우에 합당하게 정해진 위로를 효과적으로 주실 수 있습니다. 내가 할 수 있는 것은 슬퍼하는 하나님의 백성들에게 위로에 대해 말하는 것이 전부입니다. 나는 그것을 할당하여 정할 수도 없으며, 분배하여 줄 수도 없습니다. 하지만 우리 주님은 그 두 가지 모두를 하실 수 있습니다. 내 기도는 지금 이 시간 그분이 그 일을 행하시는 것입니다. 모든 경건한 우는 자들이 은혜를 기다리는 자세로 주님의 발치에 앉은 동안에, 달콤한 위로의 시간을 얻게 되는 것이 나의 기도입니다. 당신은 낙심한 동안에, 별안간 높이 고양되어서, 어떤 귀한 하나님의 약속이 당신의 영혼에 임하는 것을 느낀 적이 있지 않습니까? 이것이 모든 성도들의 행복한 경험입니다.

"때때로 한 줄기 빛이
노래하는 그리스도인을 놀라게 하네.
그의 날개 위로 올리어
치료하시는 분은 주님이시네.
영혼에 위로가 줄어들 때,
다시금 화창하게 비치는 날을 허락하시니,
비 내린 후에, 그 영혼을 격려하시기 위함이네."

영원히 은혜로우시고 전능하신 우리 주님은 자기 자녀들을 어떻게 위로할지를 아십니다. 그분이 그들을 위로 없이 버려두지 않으실 것이 확실합니다. 그분은 그의 사역자들에게 거듭 이 의무를 수행하도록 명하시며 이와 같이 말씀하십니다. "너희는 위로하라 내 백성을 위로하라"(사 40:1). 그런 분이 위로를 잊지는 않으실 것입니다. 여러분이 아주 힘겹다면, 그분의 은혜가 여러분 안에 나타날 여지는 더욱 크며, 그분은 그분의 방식대로 여러분을 아주 즐겁게 만드실 것입니다. 실망하지 마십시오. 이렇게 말하지 마십시오. "저는 너무 아래로 떨어졌어요. 제 수금은 너무 오랫동안 버드나무에 걸려 있었기(참조. 시 137:2) 때문에 시온의 즐거운 곡조를 연주하는 법을 잊어버렸답니다." 오, 그렇지 않습니다. 당신은 오래된 그 익숙한 줄들에 손가락들을 튕길 것이고, 당신의 연주 솜씨는 회복될 것이며, 당신의 마음은 한 번 더 즐거워질 것입니다. 그분은 그것을 정하시고 주십니다. '정하시고' '주신다'는 그 두 단어가 우리로 하여금 곱절의 희망을 가지게 합니다. 그분은 자기의 우는 백성들에게 위로를 정하시고 또한 주십니다.

본문에서 그리스도께서 우는 자들에게 약속하시는 변화를 주목하십시오.

첫째, 여기에는 재 대신 화관이 있습니다. 히브리어에는 단어들 안에 영어로 옮겨지지 않는 하나의 고리가 있습니다. 동양에서 사람들이 슬픔의 때에 머리에 얹는 재는 우는 자의 이마에는 일종의 우울한 관이 되었습니다. 주께서는 이러한 모든 재들을 제거하시고, 그것들을 대신하여 영광스러운 머리 장식, 곧 아름다운 화관(花冠)을 주신다고 약속하십니다. 혹, 우리가 이 단어들 자체의 의미를 넘어 그 속뜻을 취한다면, 우리는 그것을 다음과 같은 방식으로 생각할 수 있습니다. '우는 것은 얼굴을 창백하게 하고 여위게 만들며, 아름다움을 앗아가 버립니다.' 하지만 예수님은 슬픔에 빠진 영혼에게 오셔서 기쁨을 주시며, 다시 그 얼굴을 아름답게 회복하실 것을 약속하십니다. 흐리고 침울한 눈은 다시 반짝일 것이며, 한때 슬픔 때문에 심하게 상했던 그의 얼굴과 전체적인 용모가 다시금 아름답게 빛날 것입니다.

나는 때때로 이러한 변화가 영적으로 낙심했었던 귀한 성도들에게서 일어나는 것을 보면서 하나님께 감사를 드립니다. 심지어 그들이 예수 그리스도 안에서 평화를 발견할 때 그들에게서 눈에 띄는 아름다움이 보이는 듯합니다. 이 아름다움은 명백히 정신적인 아름다움이면서 영적인 광채이기 때문에 매우 사랑스럽고 인상적이며, 육신의 표면적인 아름다움을 훨씬 능가합니다. 주께서 자기 종들의 얼굴에 빛을 충분히 비추실 때에, 그분은 그들의 달처럼 아름답게 하시는데, 마치 달이 태양 빛을 충분히 반사할 때와 같습니다. 은혜로우시고 불변하시는 하나님께서 자기 백성들에게 은혜롭고 시들지 않는 사랑스러움이 스며들도록 하십니다. 오 슬퍼하는 영혼이여, 그대의 눈은 울어서 붉어졌고, 그대의 뺨은 깊은 주름으로 상하였으며, 그 주름을 타고서 뜨거운 눈물이 흘러내렸습니다. 하지만 주께서 그대를 치유하실 것이며, 사람들의 눈에서 모든 눈물을 닦아주시는 전능하신 주께서 당신을 방문하실 것입니다. 당신이 지금 예수님을 믿으면, 그분은 지금 당신을 방문하실 것이며, 당신의 얼굴에서 슬픔의 구름들을 몰아내실 것입니다. 그리하여 당신의 얼굴은 다시 밝고 청명하게 될 것이며, 아침처럼 상쾌하고 이슬처럼 반짝일 것입니다. 당신은 구원의 하나님 안에서 즐거워할 것이며, 하나님 안에서 지극히 큰 기쁨을 누릴 것입니다. 이는 슬퍼하는 영혼들을 위한 근사한 약속이 아니겠습니까?

또한 이와 같은 말씀이 덧붙여집니다. "희락의 기름으로 그 슬픔을 대신하게 하리라." 여기서 우리는 먼저 화관을 얻고, 다음에는 기름을 얻습니다. 동양인들은 값비싼 향유기름을 사람들에게 사용하곤 했으며, 큰 기쁨의 때에 그것을 풍부하고 아낌없이 사용하곤 했습니다. 이제 성령께서 예수님을 믿는 자들에게 오시어, 그들에게 기름을 주시는데, 가장 귀하고 아라비아의 감송향(甘松香)보다 더 향기롭고 값비싼 향유를 그들에게 주십니다. 주의 영이 그들에게 머무실 때, 왕족조차도 받아본 적이 없는 그러한 기름이 모든 구속받은 성도들 위에 부어져 흘러내립니다. "너희는 거룩하신 자에게서 기름 부음을 받았느니라"(요일 2:20)라고 사도는 말합니다. "주께서 기름을 내 머리에 부으셨으니 내 잔이 넘치나이다"(시 23:5). 오, 하나님의 영이 그 위에 머무는 자들은 얼마나 큰 은혜를 받은 것인지요! 여러분은 기름이 아론의 머리에 부어져 그 옷자락을 타고 내렸던 것을, 그래서 그의 머리에 부어졌던 동일한 기름이 그의 옷자락에도 있었던 것을 기억할 것입니다. 예수 그리스도에게 머무시는 영과 동일한 영이 믿는 자에게도 머물며, 그리하여 믿는 자는 한 영 안에서 그리스도와 연합되는 것입니다. 이것이 얼마나 놀라운 은혜인지요! 우는 것을 대신하여, 그리스도인은 보혜사이신 성령을 받을 것입니다. 그분이 그리스도의 것을 가지고서 그들에게 그분을 계시하실 것이며, 그분을 기쁘시게 할 뿐 아니라 존귀와 영광을 얻게 하실 것입니다.

이 격려의 약속을 더욱 풍성하게 하기 위해, 주께서 "찬송의 옷으로 그 근심을 대신하게 하신다"는 말씀이 더해집니다. 시온에서 슬퍼하는 자는 먼저 아름다워지고, 다음에는 기름이 부어지며, 그 후에는 영광의 옷을 차려입게 됩니다. 이것이 얼마나 아름다운 의복인지요! 분명 솔로몬이 입었던 모든 영광으로도 그러한 의롭고 고귀한 의복에는 미치지 못할 것입니다. "찬송의 옷", 이 옷은 어떠한 옷인지요! 정금으로 만들어졌든지, 훌륭한 아마포로 만들어졌든지, 다양한 색채로 바느질하여 만들어졌든지, 광택이 흐르는 연분홍 무늬의 직물로 짜여졌든지, 혹은 먼 나라에서 건너온 비싸고 진귀한 비단으로 만들어졌든지, 그 어느 것이든 어찌 "찬송의 옷"과 비교할 수 있겠습니까? 한 사람이 찬송으로 자기를 두르고, 영원한 합창대원으로 살아가면서, 늘 같은 음성은 아니지만 늘 한결같이 뜨거운 마음으로 스스로 계시는 무한하신 하나님의 보좌 앞에서 영원히 끝나지 않는 찬송을 밤낮 부를 수 있다면, 그의 삶은 어떠할 것이며 또 그는 어떠한 사람이겠습니까!

오 슬퍼하는 자여, 이것이 당신의 분깃입니다. 그것을 지금 취하십시오. 지금 이 시간 예수 그리스도께서 찬송의 옷으로 당신을 덮으실 것입니다. 죄가 용서되고, 약함이 극복되고, 깨어 있는 은혜가 주어지고, 교회가 부흥되고, 죄인들이 구원받는 것으로 인해 당신은 정녕 감사하게 될 것입니다. 또한 당신은 생각할 수 있는 가장 위대한 변화를 경험할 것인데, 슬픔의 추한 옷이 벗어지고 빛나는 기쁨의 옷이 그것을 대신할 것입니다. 본문은 찬송의 정신이 슬픔의 정신을 대신할 것이라고 말하지 않습니다. 비록 그것도 근사한 교환이겠지만, 본문은 그것을 말하는 것이 아닙니다. 마치 당신이 근심을 간직한 것처럼 찬송을 속으로만 간직하는 것이 아닙니다. 그것은 당신에게 하나의 의복이 될 것이며, 내적이면서도 심오한 것일 뿐 아니라 외면적이고도 가시적인 것이 될 것입니다. 당신이 어디에 있든 그것은 다른 사람들에게 나타나 보일 것입니다. 그들은 하나님께서 당신을 위해 큰 일을 행하셨음을 보아 알게 될 것이며, 그로 인해 당신은 기뻐할 것입니다. 내게 이와 같은 주제를 적절하게 말할 능력이 있었으면 좋겠습니다. 하지만 시온에서 슬퍼하는 자들에게 이처럼 즐거운 약속을 선포하는 일에는 성령이 한량없이 머무셨던 그분이 필요합니다.

이러한 예정의 결과가 무엇일지를 살펴봄으로써 말씀을 맺으려 합니다. 본문은 이렇게 결말을 맺습니다. "그들이 의의 나무 곧 여호와께서 심으신 그 영광을 나타낼 자라 일컬음을 받게 하려 하심이라." 여기서 우리는 낙심하여 머리에 재를 쓰고 슬퍼하는 영혼들이, 예수 그리스도께서 무한한 자비로 그들에게 임하실 때에, 마치 나무들처럼 될 것임을 배웁니다. 원어로는 "의(義)의 상수리나무"처럼 된다는 것인데, 곧 그들이 강하게 되고, 굳게 뿌리를 내리며, 푸른 잎으로 덮이게 된다는 의미입니다. 그들은 즐거움과 기쁨을 위하여 물을 잘 공급해 준 나무와 같을 것입니다.

당신은 말합니다. "저는 마른 나무입니다. 말라빠진 가지이며, 방치되어 열매 없는 가지입니다. 오, 하나님께서 저를 찾아오시어 구원해주신다면 좋겠습니다! 저는 제가 되고 싶은 모습이 되지 못하여 그 때문에 운답니다." 우는 자여, 예수님이 당신에게 오시면, 당신은 당신이 되고 싶은 자가 될 것이며, 그보다 훨씬 더 좋은 모습이 될 것입니다. 지금 그분에게 기도하십시오. 그분을 바라보십시오. 그분을 신뢰하십시오. 그분은 당신을 말라서 죽은 듯이 보이는 마른 나무에서, 물가에 선 나무 곧 그 잎이 시들지 않으며 철마다 열매를 맺는 나무로 바꾸실 수 있습니다. 오직 기름 부음 받으신 구주를 신뢰하고, 멸하기 위해서가 아니라 복을 주시기 위해 오신 그분을 의지하십시오. 그러면 당신은 믿음으로 말미암아 의의 나무가 될 것이며, 주께서 심으시고 영광을 얻으시는 나무가 될 것입니다.

하지만 본문의 정수는 하나의 작은 단어에 놓여 있으며, 여러분은 그것을 볼 수 있어야 합니다. "그들이 의의 나무로 일컬음을 받게 하려 하심이라." 시온에서 슬퍼하는 성도들 곧 의의 나무들이 많지만, 아무도 그들을 그렇게 불러주지 않습니다. 오히려 그들은 너무도 의기소침하여 다른 사람들에게 의심스러운 생각을 갖게 합니다. 그들을 관찰하는 사람들이 묻습니다. "이 사람이 그리스도인인가?" 그들을 살펴보고 관찰하는 자들은 그리스도인으로서 그들의 성품에 주목하지 않습니다. 정녕, 나는 여기에 예수님을 참되게 믿는 얼마간의 신자들에 대해 말할 수 있지만, 그들은 일생 속박에 시달릴 수 있습니다. 그들은 그들이 구원받았는지를 거의 알지 못하며, 그리하여 다른 사람들이 그들의 경건한 성품과 덕스러운 대화에 큰 감명을 받을 수 있다는 것을 기대하지 못합니다. 하지만 오, 슬퍼하는 자여! 예수님이 오셔서 당신에게 희락의 기름을 주시면, 사람들이 당신을 "의의 나무"라고 부를 것입니다. 그들은 당신에게서 은혜를 볼 것이며, 그것을 시인하지 않을 수 없을 것입니다. 그것은 당신의 삶의 행복에서 너무나 두드러지기 때문에, 그들이 그것을 목격하지 않을 수가 없을 것입니다.

어디에 가든지 복음의 매력적인 선전자들이 되는 몇몇 그리스도인들을 나는 압니다. 30분 정도 그들과 함께 지낸 후 다음과 같이 말하지 않을 사람이 아무도 없습니다. "그들이 어디서 이러한 침착성과, 평화와, 평온함과, 거룩한 희락과 즐거움을 얻었을까?" 그리스도께서 풍성한 사랑으로 찾아오셨던 사람들과의 거룩한 즐거움과 쾌활한 대화를 통하여 그리스도의 십자가로 이끌린 이들이 많습니다. 나는 우리 모두가 그런 사람들이 되기를 바랍니다. 나는 슬퍼하는 자를 실망시키고 싶지 않으며, 오히려 찬송의 옷을 구하도록 그를 격려하고 싶습니다. 그럼에도 불구하고 나는 이 점을 말하지 않을 수 없습니다. 그토록 많은 신앙고백자들이 그들이 소유한 것과 그들이 소유하지 못한 것에 대해 푸념하고, 섭리의 뜻과 형제들의 수고에 대해 불평을 일삼으면서 세상을 돌아다니는 것은 참으로 딱한 일입니다. 그들은 주님의 유실수(有實樹)라기보다는 차라리 메마른 야생 사과나무에 더 가깝습니다. 사람들이 이렇게 말할 만도 합니다. "만약 이들이 기독교인들이라면, 하나님께서 우리를 그런 기독교에서 구원해주시기 바랍니다." 하지만 한 사람이 자족할 때, 그가 모든 상황 속에서도 행복해하고, 깊은 고난 중에서도 "그의 마음이 하나님 그의 구주를 기뻐할 때"(참조. 눅 1:47), 시련의 불 속에서도 노래할 수 있을 때, 병상에서도 기뻐할 수 있고, 투쟁이 더욱 더 격렬해질수록 그의 나팔 소리가 더욱 더 커져갈 때, 그리고 세상을 떠나는 순간에 가장 달콤한 승리의 노래를 부를 수 있을 때, 그 때 그런 사람들을 보는 모든 이들이 그들을 의의 나무들이라고 부를 것이며, 그들을 진정 하나님의 백성이라고 시인할 것입니다.

이 모든 것의 결과는 그 이상으로 이어짐을 주목하십시오. "그들이 의의 나무 곧 여호와께서 심으신 자라 일컬음을 받게 하려 하심이라." 말하자면, 기쁨이 주어지고 성령의 기름이 주어진 곳에서, 사람들이 이렇게 말하게 된다는 것입니다. "그것은 하나님이 하신 일이며, 그 나무는 하나님이 심으신 것이다. 만일 다른 누군가가 그것을 심었다면 그렇게 자라지 못했을 것이다. 이 사람은 하나님의 사람이며, 그의 기쁨은 하나님이 주신 기쁨이다."

우리들 중 어떤 경우는 회심 이전에 죄의식으로 인해 마음의 큰 슬픔을 겪었다고 나는 확실히 느낍니다. 우리가 평화를 발견했을 때, 모든 사람들이 우리 안에서 변화를 목격했으며, 우리에 대해 서로 이렇게 말했습니다. "누가 이 사람을 그토록 행복하게 했을까요? 그는 불과 얼마 전까지만 해도 매우 근심하고 의기소침했었잖아요?" 우리가 어디에서 우리의 짐을 벗었는지 그들에게 들려주었을 때, 그들은 이렇게 대답했습니다. "아아, 기독교 신앙에는 무언가가 있군요." "그 때에 뭇 나라 가운데에서 말하기를 여호와께서 그들을 위하여 큰 일을 행하셨다 하였도다"(시 126:2).

『천로역정』에 나온 가련한 그리스도인을 기억하십시오. 그가 얼마나 무거운 한숨을 내쉬었고, 그의 눈에서 어떤 눈물이 떨어졌던가를 기억하십시오. 그가 손을 쥐어짜며 다음과 같이 말했을 때 그가 얼마나 비참했던가를 기억하십시오. "내가 사는 도시는 하늘에서 내려오는 불에 타버릴 것이며, 나는 그 속에서 불살라질 것이다. 게다가 나는 나를 무겁게 짓누르는 짐 때문에 파멸할 것이다. 오, 내가 이 짐에서 벗을 수 있다면 좋으련만!"

여러분은 존 번연이, 그가 어떻게 그의 짐을 벗었는지를 묘사한 대목을 기억합니까? 그는 십자가 아래에 섰습니다. 바로 가까이에 무덤이 하나 있었습니다. 그는 서서 나무에 달리신 분을 보았습니다. 별안간 그의 짐을 묶었던 줄들이 풀어지더니, 그 짐이 굴러 무덤 속으로 떨어졌습니다. 그가 그곳을 쳐다보아도,

그것은 발견되지 않았습니다. 그가 무엇을 했던가요? 그는 기쁨으로 세 번이나 껑충 뛰었고, 이렇게 노래했습니다.

> "복된 십자가여! 복된 무덤이여!
> 나를 위해 수치를 당하신 복된 분이시여!"

만일 그 순례자의 비참했던 모습을 아는 자들이 결코 잊혀질 수 없는 그 무덤 건너편에서 그를 만났더라면, 그들은 이렇게 말했을 것입니다. "당신은 내가 알던 그 사람입니까?" 만일 그의 아내가 그 날 그를 만났더라면 그녀는 이렇게 말했을 것입니다. "내 남편이여, 당신은 같은 사람입니까? 어떤 변화가 당신에게 일어났지요?" 그녀와 그 자녀들이 아버지의 즐거운 대화에 주목했을 때, 그들은 이렇게 말할 수밖에 없었을 것입니다. "그것은 주께서 하신 일이며, 우리 눈에 놀라운 일이다." 오, 그런 행복한 삶을 살아서, 가장 악한 사람조차도 여러분에게 그러한 삶의 기술을 어디에서 배웠는지 묻지 않을 수 없게끔 할 수 있기를 바랍니다. 여러분의 삶의 시내가 너무나 맑고, 너무나 투명하며, 너무나 시원하고 생기가 넘쳐서, 마치 천국의 생명수 강처럼 되기를 바랍니다. 그리하여 사람들이 이렇게 말하게 되기를 바랍니다. "이 수정 같은 시내는 어디에서 비롯되었을까? 우리가 그 원천을 추적해볼 것이다." 그리하여 그들도 여러분의 소망이 시작된 그 귀한 십자가 아래로 인도되기를 바랍니다.

또 한 가지 부분이 남아있는데, 그 부분을 살펴본 후에 말씀을 맺겠습니다. 그것은 이러합니다. "그들이 의의 나무 곧 여호와께서 심으신 그 영광을 나타낼 자라." 이것이 그 모든 것의 끝입니다. 주님이 영광을 받으시는 것, 그것이 우리가 바라는 위대한 결과이며, 그것이 또한 하나님이 친히 의도하신 목적입니다. 사람들이 즐거워하는 그리스도인을 보며, 그것이 하나님이 행하신 일임을 인식할 때에, 그들은 하나님의 능력을 인정할 것입니다. 아마도 항상 마음으로 인정하지는 않겠지만, 그래도 "이는 하나님의 권능이니이다"(출 8:19)라고 시인하지 않을 수 없을 것입니다. 그리고 성도들도 그러한 본보기에 의해 위로를 얻고, 하나님을 찬송하고 높여드릴 것이며, 온 교회가 지존자에게 찬미의 노래를 올려드릴 것입니다.

내 형제와 자매들이여, 여러분 중에 낙심한 이들이 있습니까? 여러분은 거의 원수의 발 아래에 놓여 있나요? 여기 여러분을 위한 말씀이 있습니다. "나의 대적이여 나로 말미암아 기뻐하지 말지어다 나는 엎드러질지라도 일어날 것이다"(미 7:8). 여러분 중에 깊은 고난 중에, 아주 깊은 고통 중에 처한 분이 있습니까? 그런 분을 위한 또 다른 말씀이 있습니다. "네가 물 가운데로 지날 때에 내가 너와 함께 할 것이라 강을 건널 때에 물이 너를 침몰하지 못할 것이며 네가 불 가운데로 지날 때에 타지도 아니할 것이요 불꽃이 너를 사르지도 못하리라"(사 43:2). 여러분이 수고와 환난으로 짓눌려 있습니까? "네가 사는 날을 따라서 능력이 있으리로다"(신 33:25). "하나님을 사랑하는 자 곧 그의 뜻대로 부르심을 입은 자들에게는 모든 것이 합력하여 선을 이루느니라"(롬 8:28). 여러분이 박해를 받습니까? 여기 여러분을 위한 격려의 말씀이 있습니다. "나로 말미암아 너희를 욕하고 박해하고 거짓으로 너희를 거슬러 모든 악한 말을 할 때에는 너희에게 복이 있나니, 기뻐하고 즐거워하라 하늘에서 너희의 상이 큼이라 너희 전에 있던 선지자들도 이같이 박해하였느니라"(마 5:11-12). 여러분이 처한 환경이 어떠하건, "주 안에서 항상 기뻐하라 내가 다시 말하노니 기뻐하라"(빌 4:4).

예수님께서 여러분에게 주신 것을 생각하십시오. 여러분의 죄가 그분의 이름으로 용서되었고, 여러분에게 천국이 보장되었으며, 여러분을 그곳으로 데려가기 위해 필요한 모든 것이 확보되었습니다. 여러분은 마음속에 은혜를 간직하고 있으며, 따라서 영광이 여러분을 기다립니다. 여러분은 이미 속에 은혜를 가졌으며, 더 큰 은혜가 주어질 것입니다. 여러분은 그리스도의 영에 의해 속사람이 새로워졌습니다. 착한 일이 시작되었으니, 하나님께서는 그 일을 마치실 때까지 결코 그 일을 멈추시지 않을 것입니다. 여러분의 이름이 그분의 생명책에 있으며, 아니, 그분의 손바닥에 새겨져 있습니다. 그분의 사랑은 결코 변하지 않고, 그분의 능력은 결코 쇠하여지지 않으며, 그분의 은혜는 결코 실패하지 않습니다. 그분의 진리는 산처럼 견고하며, 그분의 신실하심은 큰 산들처럼 요동하지 않습니다. 그분 가슴의 사랑에 기대고, 그분의 팔의 힘에 의지하며, 그분의 피의 공로를 믿으며, 그분의 간구의 능력을 신뢰하고, 내주하시는 그분의 영을 신뢰하십시오.

여러분의 위로를 위하여 이러한 약속들을 간직하십시오. "너희는 약한 손을 강하게 하며 떨리는 무릎을 굳게 하며 겁내는 자들에게 이르기를 굳세어라, 두려워하지 말라 하라"(사 35:3-4). "버러지 같은 너 야곱아, 너희 이스라엘 사람들아 두려워하지 말라 나 여호와가 말하노니 내가 너를 도울 것이라 네 구속자는 이스라엘의 거룩한 이이니라"(사 41:14). "내가 잠시 너를 버렸으나 큰 긍휼로 너를 모을 것이요, 내가 넘치는 진노로 내 얼굴을 네게서 잠시 가리웠으나 영원한 자비로 너를 긍휼히 여기리라 네 구속자 여호와께서 말씀하셨느니라. 이는 내게 노아의 홍수와 같도다 내가 다시는 노아의 홍수로 땅 위에 범람하지 못하게 하리라 맹세한 것 같이 내가 네게 노하지 아니하며 너를 책망하지 아니하기로 맹세하였노니, 산들은 떠나며 언덕들은 옮겨질지라도 나의 자비는 네게서 떠나지 아니하며 나의 화평의 언약은 흔들리지 아니하리라 너를 긍휼히 여기시는 여호와께서 말씀하셨느니라"(사 54:7-10). "내 은혜가 네게 족하도다 이는 내 능력이 약한 데서 온전하여짐이라"(고후 12:9). "피곤한 자에게는 능력을 주시며 무능한 자에게는 힘을 더하시리라"(사 40:29). "영원하신 하나님이 네 처소가 되시니 그의 영원하신 팔이 네 아래에 있도다 그가 네 앞에서 대적을 쫓으시며 멸하라 하시도다"(시 33:27). "나 여호와는 변하지 아니하나니 그러므로 야곱의 자손들아 너희가 소멸되지 아니하느니라"(말 3:6).

이러한 귀한 구절들을 얼마든지 인용할 수 있지만, 주께서 그 구절들 중의 한두 가지를 모든 슬퍼하는 영혼들에게 적용해 주시기를 바랍니다. 특히 이곳에 슬퍼하는 죄인이 있다면, 그가 이 귀한 말씀을 꼭 붙들기 바랍니다. "내게 오는 자는 내가 결코 내쫓지 아니하리라"(요 6:37). 혹은 "사람에 대한 모든 죄와 모독은 사하심을 얻는다"(마 12:31)는 구절이나, "그 아들 예수의 피가 우리를 모든 죄에서 깨끗하게 하실 것이라"(요일 1:7)는 구절, 혹은 그와 마찬가지로 용기를 주는 말씀인 "오라 우리가 서로 변론하자 너희의 죄가 주홍 같을지라도 눈과 같이 희어질 것이요 진홍 같이 붉을지라도 양털 같이 희게 되리라"(사 1:18)는 구절을 붙드십시오. 주께서 십자가의 길 안에서 우리 모두를 위로와 기쁨으로 인도하시길 빕니다.

혹, 하나님의 약속에 아무런 매력을 느끼지 못하는 자들에게 말합니다. 그분의 위협은 그분의 약속만큼이나 확실하다는 것을 여러분에게 상기시키고 싶습니다. 그분은 복을 주실 수 있지만, 또한 저주하실 수도 있습니다. 그분은 지금 죄의 즐거움으로 웃는 자들을 울도록 정하십니다. 그분은 그분의 원수들에게 그들의 모든 반역적인 행위에 대해 보응하십니다. 그분이 친히 말씀하셨습니다. "그 때에 썩은 냄새가 향기를 대신하고 노끈이 띠를 대신하고 대머리가 숱한 머리털을 대신하고 굵은 베 옷이 화려한 옷을 대신하고 수치스러운 흔적이 아름다움을 대신할 것이라"(사 3:24). 그러므로 하나님을 잊지 않도록 주의하십시오. 그분이 크게 분을 내며 당신을 던져버리시지 않도록 주의하십시오. 지금 당신의 구주를 찾아, 지금 여러분에게 허락되는 희년이 처절한 절망의 긴 겨울과 더불어 닫히지 않도록 하십시오.

> "그분의 의로운 통치를 경멸하는 당신을
> 아직은 그분이 살려두시네.
> 그가 당신을 죽이기를 원치 않으시고
> 죽음의 번개를 유보하시네.
> 그 무서운 번개가 떨어지기 전에
> 서둘러 그분 발 앞에 엎드려
> 그가 내미시는 홀에 입 맞추고
> '만유의 주'이신 그분을 찬미하시오."

제 85 장

봄

"땅이 싹을 내며 동산이 거기 뿌린 것을 움돋게 함 같이 주 여호와께서 공의와 찬송을 모든 나라 앞에 솟아나게 하시리라."—사 61:11

지난 주간에는 향긋한 봄바람이 살랑거리고, 모든 자연이 대기의 부드러운 기운을 느꼈습니다. 오랜 겨울을 보냈던 대지에 대하여 우리는 "죽은 것이 아니라 잔다"(눅 8:52)고 말할 수 있었습니다. 이제 그 대지가 깨어났고, 이미 그 화려하고 아름다운 의상을 걸치기 시작했습니다. 산울타리에 들꽃들이 피어나고, 나무에서는 새싹들이 서둘러 돋아나고, 새들이 노래하는 때가 왔습니다. 거북이의 목소리가 이 땅에서 들리면, 우리는 겨울이 지나가고 비는 그쳤다고 믿을 수 있습니다. 자연은 단지 우리를 즐겁고 기쁘게 하기 위해 일하는 것이 아닙니다. 그 사명은 깨우침에 있습니다. 봄, 여름, 가을, 그리고 겨울은 하나님의 네 복음서 기자들이며, 각기 다른 판(版)으로 하나님의 사랑이라는 동일한 복음을 우리들에게 전합니다. 봄은 그만의 독특한 복음을 전하는데, 그것은 우리가 하나님의 영에 비추어 읽고 해석하는 것입니다. 구약과 신약, 그리고 봄철과 사람들의 마음속에서 이루어지는 하나님의 일 사이에는 종종 밀접한 유사성이 암시됩니다. 하나님께서 외적인 세상에서 씨 뿌리는 때가 있으면 추수 때가 이르며, 겨울이 지나면 봄과 여름이 온다고 약속하신 것처럼, 그분은 거듭하여 그분의 입에서 말씀이 나가면, 마치 씨를 뿌리는 것과 같아서 결코 헛되이 돌아오지 않으며, 그가 보내신 일에 형통하리라고 선언하십니다(참조. 사 55:11). 적절한 시기가 되면 틀림없이 땅은 새싹을 틔우고, 동산은 씨로 뿌려진 것들을 돋아나게 하듯이, 하나님의 위대한 목적들은 성취될 것이며, 공의와 찬송이 모든 나라 앞에서 솟아나게 될 것입니다.

오늘 아침의 교훈은 하나님께서 정하신 영적인 봄철이 있다는 것이며, 그때가 반드시 온다는 것입니다. 봄이 자연의 법칙에 따라 확실하게 오듯이, 봄은 영적으로도 교회에 틀림없이 올 것입니다. 하나님께서 자연의 원소들과 맺은 언약을 틀림없이 지키시는 것처럼, 그분은 자기 아들과 또한 그분의 교회와 맺은 언약을 틀림없이 지키실 것입니다.

1. 이 진리의 묵상: 세상이라는 넓은 들과 관련하여

먼저, 나는 여러분이 이 아침에 세상이라는 넓은 들과 관련하여 이 진리를 묵상하기를 바랍니다. 우리의 묵상의 폭을 넓혀, 역사와 예언의 영역으로 들어가도록 합시다. 하나님께서는 정녕, 이 거대한 세상 전체에서, 그분의 이름을 찬송하게 만드는 의의 원리들을 온 인류 앞에서 솟아나게 하실 것입니다.

이는 우리로 하여금 무엇보다 하나님의 일에서, 하나님을 위한 우리의 일에서, 보상 없는 수고의 시기가 있을 수 있음을 예상하도록 가르칩니다. 자연에서의 과정과 교회에서 하나님의 일 사이의 유추는 봄의 부흥에 대해서뿐 아니라 겨울의 실망되는 사건들과 관련해서도 유효합니다. 농부가 쟁기질하고 씨를 뿌리는 일에 몰두하지만, 매일같이 그는 자기 노동에서 아무런 결과를 보지 못할 때가 있습니다. 그는 대지에 그의 귀중한 씨를 맡기고, 미래에 싹이 돋아날 것을 기대하면서 그 씨를 묻습니다. 하지만 몇 달이 가도 돌아오는 것이 없습니다. 그는 인내하며 관찰하고, 그 울적한 몇 달 동안 계속 돌아보지만, 한 알의 알갱이도 약속의 희망으로 돋아나지 않고, 더욱이 풍성한 곡식 단이 그의 수고의 보상으로 돌아오지 않습니다. "음울한 겨울이 한 철을 다스리고", 식물의 세계는 죽은 채 누워 있습니다. 자연 세계에서 그러하듯이 우리는 영적인 세계에서도 그런 일을 예상해야 합니다. 주님의 일꾼들에게는 통상적으로 보상 없이 씨를 뿌리는 때가 있을 것입니다.

이런 현상은 하나님의 교회의 초기 역사에서 상당 부분 나타났습니다. 그때 교회의 모습은 "씨를 뿌리는 자가 뿌리러 나가서"(마 13:3)라는 말씀으로 적절하게 그려볼 수 있을 것입니다. 진실로, 저 위대하신 농부의 무한한 긍휼로 인하여, 복음 전파에 의해 즉시 구원받는 영혼들이 있었습니다. 하지만 복음을 널리 전하는 것은 몇 달간의 수고로 그치는 일이 아닙니다. 여러 해 동안 자기 부인이 필요했습니다. 하나님의 사람들은 일생 수고해야 했으며, 더 나아가 고통스러운 피의 죽음으로써 그들의 목숨을 내어놓아야 했습니다. 그럼에도 초기에 그리스도의 나라가 임한 것은 아닙니다. 여러 세대 동안 거룩한 순교자들과 신앙고백자들이 예수님에 관하여 진리를 증언한 것 때문에 옥에 갇히고 죽음에 처해졌습니다. 그것은 교회로서는 씨를 뿌리는 시기였으며, 그 씨는 눈물과 피로 흠뻑 젖었습니다. 끈질긴 인내와, 영웅적인 용기와, 끝없는 자기희생이 있었음에도 하나님의 임재와 능력이 즉각적으로 나타나 성공으로 이어진 것이 아니었습니다. 거룩한 찬송들이 수천 명이 모인 회중에 의해 불리어지고 지나가는 사람들이 그 소리를 들을 수 있었던 것이 아니라, 오히려 의인들은 토굴들과 지하묘지에서 주님을 찬미했습니다. 그 시대에 하나님의 말씀은 마치 땅에 묻힌 듯이 숨겨졌으며, 흙 밑에 있는 옥수수 씨앗처럼 감추어졌습니다. 교회는 가장 거룩한 성도들과 작별했으며, 그들은 교회가 살아서 성장하고 생육하여 땅을 정복하도록 하기 위해 죽었습니다. 여러 해 동안 마치 그 희생은 헛된 것처럼 보였으며, 진리는 여전히 시대의 비웃음이었고 지속적인 조롱거리였습니다. 교회의 가르침들 역시 교회의 순교자들과 마찬가지로 매장된 듯이 보였습니다. 폭군 황제들이 기독교를 끝장내겠다고 호언장담했으며, 교회의 뿌리와 가지와 그 터와 이름을 남겨두지 않겠다고 큰소리쳤습니다.

그 때는 단지 주님의 겨울이었으며, 그 혹독한 추위와 휘몰아치는 폭풍들과 사나운 비바람들은 그분의 말씀을 성취하고 있었던 것입니다. 그러므로 우리 또한 동일한 시련의 조건 하에서 크게 수고하며 파종하는 시기가 있을 것을 예상해야 합니다. 우리는 복음이 전파되는 그 순간 민족들이 회심할 것이라고 항상 간주해서는 안 됩니다. 특히 새로운 땅을 경작하는 곳, 즉 나라들이 복음의 메시지를 막 받아들인 곳에서, 우리는 오늘이나 내일 풍성한 결과로 보상을 얻지 못하더라도 실망해서는 안 됩니다. 하나님의 계획은 쟁기질하고, 파종하고, 기다리는 것을 포함하며, 이런 일들이 있은 후에 싹이 돋고 수확하는 일이 따릅니다. "그러므로 형제들아 주께서 강림하시기까지 길이 참으라 보라 농부가 땅에서 나는 귀한 열매를 바라고 길이 참아 이른 비와 늦은 비를 기다림이라"(약 5:7).

씨가 땅 속에 있는 동안 수많은 적대자들이 그 모습을 나타냅니다. 모두들 그 씨가 땅에서 솟아나는 것을 막기 위해 단합한 것이 명백합니다. 씨는 땅에서 올라와 겨울의 서리와 찬 바람에 대해 "이는 다 나를 해롭게 함이로다"(창 42:36)라고 말할 만합니다. 불과 몇 주 전 농부가 알갱이를 뿌려놓은 땅은 마치 단단한 쇠처럼 얼었습니다. 그의 발 밑은 마치 앞서 그가 땅을 갈 때 도구로 썼던 기구의 날처럼 단단합니다. 그 후에는 눈이 와서 그 파릇한 싹들을 어마어마한 양의 양털 같은 것으로 덮어 버립니다. 그처럼 얼어붙은 땅에서 혹은 그토록 두터운 눈의 덮개 밑에서 수확을 얻을 수 있을 거라고 상상할 수 있었을까요? 다음에는 비가 오고, 또 계속해서 왔습니다. 그것이 모든 것을 물에 잠기게 했습니다. 몇 달간의 우기가 지난 후에는 우울한 일이 뒤따릅니다. 올해는 우리 선조들이 좀처럼 본 적이 없는 비가 내렸습니다. 하지만 서리, 눈, 비, 홍수에도 불구하고, 씨앗들은 정원에서 싹을 틔우기 시작하고, 살구가 아름답게 꽃을 피우고, 사프란의 황금 잔에는 햇볕이 가득하며, 나무들은 잎사귀들을 냅니다. 그런 일들을 우리는 하나님의 교회에서 보리라고 예상해야 합니다. 지독한 장애물들이 복음 전파를 방해하고, 두려움과 실망이 희망을 시들게 하고, 중대한 재난들이 성공을 뒤엎으려 하고, 부정이 만연하고, 많은 사람들의 사랑이 차갑게 식을지라도, 우리는 그런 일들을 예상해야 합니다!

우리가 하나님께 대한 믿음과 상관없이 형편과 조건들을 살핀다면, 우리의 대의는 가망이 없어 보이고, 더 이상의 일의 추진은 가망 없는 노력으로 보일 수도 있습니다. 우리는 그런 일을 보리라고 예상해야 합니다. 자연에서 그런 일이 있다면 은혜 안에서도 그런 일이 있을 수 있습니다. 나는 때때로 그런 관점에서 지금 우리가 처한 시기를 생각합니다. 아마도 참된 신앙의 전진을 위해서 지금보다 더 우호적이지 않은 때는 없었을 것입니다. 나이 많은 사람들 중에 이 시대를 평가절하하면서, 이전 시대가 지금보다 나았다고 말하는 경향이 있다는 것을 나는 압니다. 그런 감정에 대해 나는 거의 또는 전혀 공감하지 않습니다. 내 나이도 내 기질도 그런 방향으로 나를 이끌지 않습니다. 하지만 그럼에도 어떤 면에서는, 나는 지금 시대가 이 나라에서 기독교회에 특별한 시련의 때임을 염려합니다. 우리나라는 굉장히 부유해졌습니다. 우리에게 비교할 수 없는 번영이 몇 년간 지속되었으며, 여기에서 세속적이고 사치스러운 정신이 자라났습니다. 교만과 넘치는 빵이 사람들의 생각을 하나님과 그분의 구원에서 멀어지게 했습니다. 끝없는 사치가 복음에 대한 무관심을 부추겼습니다. 소위 하층민들은, 그 어느 때보다 복음으로 접근하기가 어려워졌습니다. 어떤 지역에서는, 노동자들이 맥주, 개들, 그리고 놀이들 외에는 아무런 생각도 갖지 않는 듯이 보입니다. 심지어 정치도 한때 그랬던 것처럼 그들을 흥분시키지 않으며, 종교의 문제를 그들은 완벽한 무관심의 영역으로 간주합니다. 급여 증대는 마땅히 정신적 수준의 고양과 가족 행복의 증대로 이어져야 하지만, 그것은 방종과 낭비의 증대로 이어지고 말았습니다. 국가 세입의 어마어마한 증대는 독한 술의 판매에서 비롯되었고, 그것은 대체로 과도한 소요와 술 취함의 형태로 나타납니다. 우리를 향하신 하나님의 크신 은혜가, 우리로 하여금 더욱 은혜롭게 그분을 섬기도록 이끄는 대신, 오히려 더 큰 죄를 짓게 만드는 쪽으로 왜곡되었습니다. 오호라! 그런 일이 있음을 한탄합니다!

하지만 하나님과 그분의 진리를 사랑하는 자들은 실망하지 말아야 합니다. 비록 어떤 새로운 일들이 우리에게 일어났지만, 어두운 시대와 혹독한 겨울의 시기는 전에도 있었고, 날카로운 서리와 퍼붓는 비가 새로운 것은 아닙니다. 우리는 영적인 겨울을 지나고 있지만, 봄이 틀림없이 올 것이며, 영적으로도 봄이 올 것입니다.

"마치 잠에서 깨어나듯이
새로워지는 계절
맥박을 뛰게 만드는
갈망과 노래여.
새로워지고 건강해지는
쇄신의 느낌,
세속성을 버리고
하늘의 부를 사랑하리."

이 본문은 우리로 하여금 이익 없이 파종하는 시기를 예상하도록 하는 한편, 봄철에 대한 희망으로 우리를 흥분시키기도 합니다. 하나님의 복음은 썩을 수 없으며, 그분의 나라는 쇠할 수 없고, 그분의 진리는 압도될 수 없습니다! 그에 대한 많은 이유들이 있지만, 그 중에 이런 것들을 들 수 있습니다. 즉 동산에 뿌려지는 것이 땅에서 솟아나는 이유는 그 속에 생명력이 있기 때문입니다. 그 생명은 한동안 잠복해있지만, 적당한 시기에 스스로를 나타내보일 것입니다. 땅에 묻힌 모든 씨앗들이 대지의 그 두꺼운 옷을 찢고, 무덤을 깨트리고, 땅을 융기시키고 나오기에는 정해진 시기가 있습니다. 그 때 부활의 생명이 잎을 내게 되고, 이어서 이삭이 생겨나며, 그 다음에는 이삭의 곡식이 충실해집니다. 그와 마찬가지로 하나님의 진리는 살아, 썩지 않으며 영원히 거하는 씨앗입니다. 다른 비유를 사용하자면, 그것은 잎사귀들을 잃을 때에도 그 속에 튼튼한 생명력을 보유하고 있는 보리수나무 혹은 떡갈나무와 같습니다. 하나님의 진리가 생명을 잃어버리는 일은 불가능합니다. 비록 그것이 잘리어져도, 수분을 머금기만 하면 그것은 싹을 틔우고 새로운 가지들을 냅니다. 땅에 뿌려지는 씨앗은 소실될 수 있으며, 특정한 영향력 아래에서 그 생명의 배아가 소멸될 수 있습니다. 하지만 하나님의 살아있는 진리는 불멸이기에 소멸될 수 없습니다. 주께서 친히 그것이 영원하다고 선언하십니다. "풀은 마르고 꽃은 시드나 우리 하나님의 말씀은 영원히 서리라 하라"(사 40:8). 그러므로 우리는 확실히 복된 봄철을 바라보며, 산 자의 땅에서 주의 인자하심을 보기를 기다립니다. 그렇습니다. 우리는 영원한 복음이 큰 세력을 떨치는 날 보기를 기대합니다.

한편 씨앗이 솟아나는 것은 그 자체의 생명력 때문만이 아니라, 주변의 환경 때문이기도 합니다. 씨앗을 미라의 손에 두고, 그것을 피라미드에 감추어 두십시오. 그러면 그 씨에 생명력이 있다고 해도, 피어나서 생장하지는 않습니다. 흙 속에 있는 씨앗은 주변의 모든 환경이 순조로울 때까지 기다리며, 그럴 때에야 비로소 발아를 시작합니다. 수분과 온기가 협력하며, 토양은 그 작은 생명의 배아(胚芽)에 양분을 제공하기 시작합니다. 그처럼 우리는 하나님께서 그분의 섭리 속에서 그분 자신의 진리의 성장을 위하여 모든 것을 순조롭게 하실 것을 확신할 수 있습니다. 그분은 어떤 조건에서 신앙적인 생각이 인간의 정신 속에서 솟아나는지를 아시며, 그분이 그런 조건들을 만들어내실 수 있습니다. 그분이 그것들을 조성하여오셨으며, 앞으로도 그렇게 하실 것입니다! 이슬들이 하나님의 손에 있지 않습니까? 비가 그분의 손바닥에서 쏟아지지 않습니까? 햇볕이 그분의 미소 짓는 얼굴에 있지 않습니까? 온기가 그분의 사랑의 숨결에 있지 아니합니까? 나머지 필요한 것도 그분의 성령에 달려 있지 않습니까? 그분은 하늘문을 여실 수 있지 아니합니까? 그분이 빛들의 아버지로서, 사람들의 마음에 은혜의 햇살을 비출 수 있지 않습니까? 우리는 모든 조건들이 하나님의 손에 달려 있음을 믿을 수 있습니다. 그분은 그 모든 것들을 그분 자신의 의지에 따라 명하실 수 있으며, 그분이 땅에 뿌리신 씨앗이 솟아나게 하실 수 있습니다.

그와 같은 것을 나는 복음에 대해서도 말할 수 있습니다. 하나님의 감독하에, 모든 것이 그것을 위해 연결되어 있습니다. 천상에서도 싸웁니다. 별들이 그 행하는 길에서 예수님의 복음을 위하여 싸웁니다. 그것을 위해 바람들이 불고 폭풍우들이 사납게 휘몰아칩니다. 들판의 돌들이 복음과 동맹을 맺고, 들짐승들이 복음과 화친을 맺었습니다. 회전하는 섭리의 거대한 바퀴들에는 눈들이 가득하고, 그 모든 눈들은 그리스도와 그분의 십자가에 시선이 고정되어 있습니다. 그 바퀴들이 그 신비의 축을 따라 회전할 때, 그것들은 영원토록 한 가지 목적을 위해 움직입니다. 그것들이 앞으로 움직일 때에, 그 가운데서 한 음성이 이렇게 외친다고 나는 생각합니다. "하나님의 이름이 영광을 얻으시도록, 그리스도께서 하나님의 백성 중에서 왕이 되시도록!" 그러므로 복음은 전파될 수밖에 없습니다. 그것은 그 자체로 생명과 힘을 가지고 있으며, 또한 그것의 성장을 위하여 만군의 주께서 모든 것들을 향하여 명령하십니다.

하지만 곡식이 땅에서 나는 이유는 그 자체에 생명력이 있거나, 혹은 주변 환경 때문만이 아닙니다. 우리가 믿는 바로는, 자연 전반에 걸쳐 활동하시는 하나님의 실제적인 능력이 있습니다. 우리는 자연이, 마치 태엽을 감은 시계처럼, 일단 출발하면 저절로 작동한다는 이론에 결코 동의할 수 없습니다. 우리는 자연의 작동이 특정한 법칙에 일치한다고 믿지만, 그 법칙이 수행되도록 하는 어떤 힘이 있다고 믿습니다. 그렇지 않다면 그 법칙들이란 죽은 문자에 지나지 않을 것입니다. 존재하는 모든 것은 지존자로부터의 지속적인 발산에 따른 것이며, 세계 도처에서 행해지는 모든 일에 하나님께서 힘을 부여하시고, 그 힘에 의해 그 일이 이루어지는 것입니다. 만일 우리가 이 연단에서, 단 한순간에, 한 알의 밀알이 충실하게 익은 이삭으로 변하는 것을 볼 수 있다면, 우리는 "놀랍다!"고 감탄하여 소리칠 것입니다. 그 일은 기적으로 간주될 것입니다! 하지만 하나님께서는 그와 같은 작용이 수행되는 데에는 몇 개월이 지나도록 하기를 기뻐하셨습니다. 그렇다고 그 작용이 덜 놀라운 것은 아닙니다. 만약 봄이 한 세기에 단 한 차례 온다면, 그것은 모든 사람들의 마음을 흥분시킬 놀라운 일이 아니겠습니까! 만약 그런 일이 단 한 번 외에는 결코 일어나지 않았다면, 그것은 최고의 기적으로 간주될 것이며, 회의주의자들은 그것이 다시 올 가능성을 믿는 자들을 비웃을 것입니다. 하지만 하나님께서는 전에 추수라는 것이 전혀 없었다고 해도 우리의 추수를 확실히 창조하실 것입니다. 그분은 곡식으로 익은 들판을 그분의 전능의 능력으로 조성하실 것이며, 마치 그분이 에덴 동산에서 인간을 단번에 완벽하게 만드신 것처럼 그 일을 수행하실 것입니다!

하나님은 살아계시며, 하나님은 일하고 계십니다. 그분은 은밀한 방으로 물러나 문을 닫지 않으셨고, 우리들을 세상에 고아로 남겨두지 않으셨습니다. 그분은 지구를 통치자도 없고 친구도 없는 채로 버려두지 않으셨습니다! 그분은 어디에서나 일하십니다. 가장 깊은 바다 동굴에서와 하늘의 가장 높은 봉우리에서도 일하십니다. 또한 그분은 저기 강둑의 제비꽃들 가운데서도 일하시고, 잡목 숲 덤불 주변의 말라빠진 잎들 중에서 얼핏 보이는 달맞이꽃들 가운데서도 일하십니다. 그리고 저기 벌들이 윙윙거리기 시작하는 곳, 종달새가 노래하는 곳, 어린 양들이 노는 곳에서도 일하십니다. 대지의 품에 꽃들이 가득하도록 "만물을 깨우는 봄"을 보내는 분이 하나님이십니다! 그분이 그 모든 것을 행하십니다!

우리가 복음이 번성하리라고 기대하는 것은 바로 이 때문입니다. 단지 하나님의 말씀에 생명력이 있고, 하나님이 섭리에게 명하여 그 뜻을 이루도록 하시기 때문만이 아니라, 또한 그분이 섭리 안에서 일하시기 때문입니다. 정녕 그분의 활동은 신비롭지만, 그분이 일하시는 것은 확실합니다. 오순절에 주어졌던 살아계신 하나님의 영은 결코 하늘로 되돌아가시지 않았습니다. 그 영은 여전히 이곳에 계십니다. 예루살렘 거리에 모인 무리들 가운데서 역사하시고, 사람들로 하여금 "선생들이여 우리가 어떻게 하여야 구원을 받으리이까?"(참조. 행 16:30)라고 부르짖게 만드셨던 분이 바로 오늘 우리의 도시들 안에서 일하고 계십니다. 예수 그리스도가 전해지는 곳에는, 그분의 영이 계신다고 보증됩니다. 하나님의 영은 언제나 일하십니다. 그분은 마치 겨울에 흙덩이들이 부서지듯이 굳은 마음들이 깨어지게 하십니다. 그분은 봄철의 소낙비가 딱딱한 땅을 부드럽게 하듯이 완고한 의지들을 복종하게 만드십니다. 그분은 마치 따스한 햇살이 초록 잎사귀들과 꽃들을 일깨우듯이, 소망과 기도와 갈망이라는 어린 배아들을 일깨워 싹트게 하십니다. 하나님의 영은 영원히 일하십니다.

오, 복음의 원수여, 네가 맞서야 하는 것은 복음만이 아니라, 만유를 다스리시는 하나님이시니, 복되시고 전능하시며 영원하신 그분이 싸움에 개입하셨도다! 만일 복음이 그분의 검이라면, 너는 그 날에 떠는 것이 당연할 것이다. 하지만 그 치명적인 무기를 휘둘러 혼과 영을 쪼개실 수 있는 분의 팔을 기억할 때, 너는 더 두려워하게 될 것이다! 복음이 그분의 활과 화살이지만, 그 활을 당기고 그 화살을 발사하시는 분은 폭풍의 날에 번개들을 던지시며 산들을 건드려 연기를 내게 하시는 동일하신 하나님이십니다. 복음으로 역사하시는 하나님은 지구를 그 궤도에서 돌게 하시고, 모든 별들을 정렬시키시는 동일하신 하나님이십니다. 보이지 않지만 전능하신 여호와께서, 복음을 위하여 자기를 강한 분으로 나타내보이실 것이며, 그러므로 우리는 승리를 예상합니다. 침체와 슬픔의 때에도 불구하고, 부흥의 날이 주의 임재로부터 반드시 올 것입니다. 겨울 뒤에는 반드시 봄이 따를 것입니다. "땅이 싹을 내며 동산이 거기 뿌린 것을 움돋게 함 같이 주 여호와께서 공의와 찬송을 모든 나라 앞에 솟아나게 하시리라."

복음의 진보와 관련하여 우리 마음은 언제든 낙심될 수 있습니다. 나 역시 때로는 마음이 매우 무거움을 시인합니다. 하지만 복음이 승리할 것임을 기억하고 우리는 용기를 얻어야 합니다. 단지 그렇게 될 것처럼 보이기 때문이 아니라, 하나님께서 그렇게 될 것이라고 선언하시고 작정하셨기 때문입니다. 그 어떤 노력들도 봄의 도래나 진행을 촉진한 적이 없다는 것을 나는 압니다. 우리는 바람이 사납게 휘몰아치는 3월을 보내고, 추운 2월을 겪었습니다. 우리는 11월과 12월과 1월에 줄곧 비에 젖고 안개에 감싸였습니다. 나는 대기와 하늘에서 봄이 오는 데 도움을 주는 그 어떤 것도 보지 못했습니다. 봄이, 도움을 주는 그 어떤 것을 필요로 할까요? 그것이 인간의 도움을 필요로 할까요? 그렇지 않습니다. 지구는 그 정해진 궤도를 따라 돌고, 꽃들로 장식한 봄이 숨어서 기다리는 곳을 향해 매 시간 나아가면서, 봄의 화환을 기뻐하는 대지 위로 흩뿌리기를 고대합니다. 하나님은 봄을 창조하는 일에 어떤 조력자들도 필요로 하지 않으십니다. 그분은 그분 자신의 때에 봄을 보내시니, 오, 그 때에 봄이 옵니다!

마찬가지로 주께서는 그분의 은혜의 계획들이 실행되도록 하기 위해 어떤 피조물의 도움도 필요로 하지 않으십니다. 봄은 의회가 그 도래를 허용하고 명할 때까지 시간을 지체하지 않습니다. 그것은 또한 황제들이 미소를 지으며 "새싹들이여 돋아라!"고 말할 때까지 기다리지도 않습니다. 저 멀리 빽빽한 삼림과 이 명랑한 영국 땅에 있는 수많은 나무들에 수액(樹液)이 흐르고 수많은 싹들이 피어나는 것은 인간의 기술이나 도움에 의한 것이 아닙니다. 어떤 사람도 심은 적 없는 목초지에서 수선화들이 피어나고, 어떤 정원사도 가래질을 한 적이 없는 작은 골짜기들에서 초롱꽃들이 피어납니다. 또한 내가 잘 아는 것은, 하나님의 은혜의 이슬과 소생시키는 사랑의 소나기들이 사람 때문에 지체하거나, 사람들의 도움을 기다리지 않는다는 것입니다. 설혹 봄을 반대하는 대대적인 반역이 있었다고 해도, 그것은 지체되지 않았을 것입니다. 지상의 왕들이 뭉치고, 그 통치자들이 서로 동맹하였어도, 한 줄기의 햇살도 비추기를 주저하지 않았을 것입니다. 설혹 오류가 없다고 주장하는 교황이 직접, 태양으로 하여금 적도를 가로질러 북부 열대지방으로 가는 것을 금지하는 교서를 내렸다고 해도, 태양은 교황의 지엄한 명령에도 불구하고 애초의 진로대로 계속해서 나아갔을 것이라고 장담할 수 있습니다. 어느 누구도 한 해의 진행을 지연시킬 수 없고, 계절의 변화를 그 예정된 길에서 벗어나게 할 수 없습니다.

주께 맞서 싸울 수 있는 자가 누구입니까? 지존자와 힘을 겨룰 자가 누구입니까? 우리의 도움은 천지를 지으신 여호와께로부터 옵니다. 우리가 복음의 진보를 기대하는 이유는 우리를 도울 부자 동료들 때문이 아니며, 우리의 대의를 옹호할 웅변적인 신학자들과 좋은 교제를 맺었기 때문도 아니며, 상당수 존경할 만한 사람들이 우리의 선한 일을 지지하기 때문도 아닙니다. 선생들이여, 그렇지 않습니다. 우리 주님은 죽을 인생들의 도움을 필요로 하고 의존하는 거지의 상태로 오신 것이 아닙니다. 그분이 우리에게 이렇게 말씀하셨습니다. "무릇 사람을 믿으며 육신으로 그의 힘을 삼는 그 사람은 저주를 받을 것이라"(렘 17:5). 그분은 사람을 믿고 육신으로 힘을 삼기 위해 오신 것이 아닙니다. "만군의 여호와께서 말씀하시되 이는 힘으로 되지 아니하며 능력으로 되지 아니하고 오직 나의 영으로 되느니라"(슥 4:6). 봄이 하나님에 의해서 오고, 하나님의 정하심에 따라 오듯이, 사람들이 무슨 말을 하건, 교회가 승전하고 진리가 승리하는 때 역시 하나님의 정하심을 따라 옵니다.

겨울의 낙심하게 만드는 상황들은 봄의 좋은 결과들을 촉진하기 위함이라는 사실을 잊지 마십시오. 나는 그 혹독한 추위와 앵초(櫻草)의 아름다운 색채 사이에 어떤 상관이 있는지 알지 못합니다. 하지만 그 꽃들이 말할 수 있다면 그 관계를 말할 수 있을 거라고 믿어 의심치 않습니다. 나는 퍼붓듯이 내리는 소나기와 숲에서 들려오는 감동적인 노래 사이에 어떤 관련이 있는지 모르지만, 종달새들과 개똥지빠귀들은 그 사이의 비밀을 알 것이라고 믿습니다. 울부짖는 바람들이 잎으로 무성한 나무 그늘과 어떻게 연결되는지 나는 알지 못하지만, 상수리나무나 느릅나무는 내가 추측할 수 없는 것을 예언하도록 잠시 허락을 얻는다면 충분히 말할 수 있을 거라고 믿습니다. 어두운 것과 밝은 것, 추운 것과 따뜻한 것 사이의 친밀한 혼합과 뒤섞임이 있으며, 여기에서 봄의 기쁨이 솟아납니다. 모든 아이들은 3월의 바람과 4월의 소나기가 향긋한 5월의 꽃들을 낳는 것을 압니다. 그와 마찬가지로 교회가 겪어왔고 앞으로 겪을 모든 슬픔과 고난들은 교회가 장래에 성취할 승리의 모태입니다. 만일 교회가 겪은 밤이 그토록 어둡지 않았더라면 교회에 찾아올 낮이 그토록 환하지 않을 것입니다. 그러므로 최악의 시기도 무언가 더 좋은 것을 위한 쪽으로 작용하고 있음을 믿으십시오.

사랑하는 이여, 우리에게는 하나님 나라를 널리 전파하는 우리의 모든 노력을 지지하는 하나님의 약속들이 있습니다. 그분이 친히 선언하셨습니다. "비와 눈이 하늘로부터 내려서 그리로 돌아가지 아니하고 땅을 적셔서 소출이 나게 하며 싹이 나게 하여 파종하는 자에게 종자를 주며 먹는 자에게 양식을 줌과 같이, 내 입에서 나가는 말도 이와 같이 헛되이 내게로 돌아오지 아니하고 나의 기뻐하는 뜻을 이루며 내가 보낸 일에 형통하리라"(사 55:10-11). 주 하나님은 거짓말을 하실 수 없으며, 반드시 약속을 지키십니다. 그분은 예견치 못한 어려움 때문에 실망하실 수 없습니다. 그분의 능력은 불가항력적입니다. 그러므로 우리는 그분의 말씀이 승리를 얻을 것이라고 확신합니다.

결코 멈추지 않는 시계처럼 보이는 긴 밤을 보내면서 지쳐버린 여러분이여, 잠시 생각하십시오. 나는 여러분이 부르짖는 소리를 듣습니다. "날이 저물고 그림자가 사라지는구나!"(참조. 아 2:17). 의기소침하지 마십시오. 이런 생각으로 용기를 내십시오. 이미 씨가 뿌려졌음을 기억하십시오. 그리스도께서 친히 땅에 씨를 뿌리셨습니다. 씨를 뿌리는 분이 나가 씨를 뿌렸습니다. 그가 씨를 뿌리실 때 겟세마네 동산 가에 뿌리셨고, 거기에 귀한 씨앗들을 한 줌 뿌리시고는, 그 씨앗들을 핏방울 같은 땀으로 적시셨습니다. 그 후 그분은 '가바다'(돌로 포장된 뜰, 참조. 요 19:13)에 올라가셔서 거기에도 한 줌 가득 씨를 뿌리셨고, 그곳에 쟁기질하는 이들이 깊은 고랑들을 만들었습니다. 그 후에 그분은 십자가로 오르셨는데, 여러분은 거기서 그분이 어떻게 씨를 뿌리셨는지를 압니다. 거기서 그분은 땅에 떨어져 죽는 알갱이가 되셨습니다. 그러므로 그 알갱이는 혼자 사는 것이 아니라, 틀림없이 많은 열매를 맺습니다. 인간들을 구원하시려고 하나님께서 친히 인간이 되셨으니, 인간들이 구원을 받을 수 있지 않겠습니까? 그리스도께서 원수와 싸우려고 친히 하늘에서 내려오셨고, 승리자의 모습으로 "붉은 옷을 입고 보스라에서"(사 63:1) 오시니, 결국 싸움에서 원수를 이기시지 않겠습니까? 골고다가 아무것도 아닌가요? 겟세마네가 아무것도 아닙니까? 하나님의 아들이 고난당하시고 죽으신 것이 아무것도 아닐까요? 만약 복음이 이기지 못하고, 세상이 하나님께로 돌이키지 않는다면, 그렇다고 할 수 있을 것입니다. "그가 자기 영혼의 수고한 것을 보고 만족하게 여길 것이라"(사 53:11).

또한 이 들의 농부가 누구인지를 기억하십시오. 그분은 교회에게 하늘의 도움 없이 세상을 경작하라고 명하시지 않았습니다. "내 아버지는 농부라"(요 15:1). 하나님께서 세상이라는 넓은 들을 살피시고, 구주께서 심으신 것의 성장을 촉진하십니다. 그러니 그분이 실패하실까요? 위대한 농부의 일이 마쳐질 때에, 그 수고에서 아무런 결과가 없을까요? 우상들이 여전히 주각(柱脚)들 위에 견고히 서 있고, 적그리스도가 일곱 언덕(로마) 위에 앉아 거만한 자태를 하고 있으며, 단순한 복음은 여전히 소수파에 속합니다! 전능자가 실패할까요? 선생들이여, 여러분은 어떻게 생각합니까? 전능의 힘이 패배할 수 있을까요? 아니요, 그럴 수 없습니다! 여호와께서 사시거니와, 그럴 수는 없습니다! 살아계신 하나님께서 반드시 정복하실 것입니다. 여호와의 오른팔이 높이 힘차게 올라갈 것입니다. 그분이 잠시 동안은 싸움의 균형이 흔들리는 것을 허용하실 수 있어도, 반드시 하나님의 능력이 압도할 것입니다. 우리는 다른 것을 상상할 수 없습니다.

아버지와 아들뿐 아니라, 하나님의 영이 계십니다. 그분이 교회 가운데 거하시기로 정하셨습니다. 하나님의 영이 여기 계시고, 특별히 활동하고 계십니다. 그분은 혼돈 위에 운행하셨고, 그것을 질서로 바꾸셨습니다. 죽은 자까지도 소생시키시는 그분이, 이 세상을 복음으로 변화시키시는 일에 패배하고 실망하실까요? 그런 생각은 저주를 받을지어다! 그런 생각은 그 자체로 신성모독이 아닐지 몰라도, 거의 신성모독에 가깝습니다. 삼위일체 하나님은 "물이 바다를 덮음같이 여호와를 아는 지식이 세상에 충만하게"(사 11:9) 하실 것입니다. 하나님의 명예가 그 문제와 결부되었습니다. 세상이라는 이 전장에서 그분은 지옥의 권세에 도전하셨고, 사탄이 그 도전에 응하였으며, 그 사나운 싸움이 오래 지속되었지만, 결국엔 하나님의 승리로 끝날 것입니다. 다른 결말은 있을 수가 없습니다! 내 영혼은, 이 세상이 갈수록 점점 더 악화되어 결코 주 하나님께 복종하는 일이 없을 거라고 주장하는 이론을 혐오합니다. 그런 이론은 낙심하게 하고, 하나님의 군사들로 하여금 칼을 버리도록 하기에 적합하지만, 성경은 그 이론과는 정반대입니다. 틀림없이 나라들이 주를 알게 될 때가 올 것이며, 수많은 사람들이 지존하신 하나님 앞에 경배할 날이 올 것입니다. 겨울은 봄으로 이어질 것입니다. 그러므로 견실하며 흔들리지 말며 항상 주의 일에 더욱 힘쓰는 자들이 되십시오. 이는 여러분의 수고가 주 안에서 헛되지 않은 줄을 알기 때문입니다.

2. 이 진리의 묵상: 개인의 경작에 맡겨진 동산과 관련하여

이제 나는 몇 분간 동일한 주제를 다루되, 다른 각도에서 살펴보도록 하겠습니다. 사랑하는 친구들이여, 나는 여러분이 여러분 개인에게 경작하도록 맡겨진 동산과 관련하여 이 진리를 묵상하기를 바랍니다.

하나님의 백성으로서 여러분 모두에게 그분을 위해 해야 할 무언가가 있습니다. 나는 여러분이 그 일을 행하기를 바라며, 가능한 최상의 방식으로 행하기를 바랍니다. 하지만 여러분의 마음이 선하지 못하고 위로가 풍성하지 못하다면 그렇게 할 수 없을 거라고 나는 확신합니다. 여러분이 하는 일과 관련하여 조급해지지 마십시오. 어린아이는 땅에 씨앗을 묻고, 갔다가 한두 시간 안에 돌아와 땅을 헤집으며 그 씨가 자라고 있는지를 살펴봅니다. 그가 어린아이이기 때문이지요. 어른이라면 그보다는 더 잘 알 것입니다. 여러분은 주일학교에서 가르치며, 모든 어린이들이 그 때 그곳에서 회심하기를 기대합니다. 하나님께서 어느 정도는 여러분이 바라는 것을 허락하실 수 있습니다. 하지만 그분이 그렇게 하시지 않아도 조급해하지 마십시오. 계속, 계속해서 그 일을 하십시오! 여러분의 씨앗이 즉시 솟아나지 않는 것을 의아하게 여기지 말고, 계속해서 일하십시오! 풀 죽지 마십시오. 여러분에게 하는 이런 식의 말에 귀 기울이지 마십시오. "그 일을 그만두라." 그런 음성이 여러분 귀에 속삭이면, 그것이 사탄의 음성임을 알고, 두 배로 부지런하십시오. 왜냐하면 사탄이 그런 생각을 여러분 생각에 심어줄 때는 여러분이 성공에 가장 가까울 때이기 때문입니다.

위로를 잃지 마십시오. 여러분의 씨는 솟아날 것입니다. 은혜가 추수를 보증합니다. 만일 여러분의 씨가 더 빨리 솟아나는 것을 보고 싶다면, 여러분의 눈물과 기도의 물을 주십시오. 결코 실망하지 마십시오. 성공이 올 것입니다. 계속

일하십시오! 계속 일하십시오! 그 일에 대해 결코 우울해지지 마십시오. 어느 농부가 매일 아침 한숨을 쉰다고 해도, 그것이 그의 밀이나 보리를 더 빨리 자라게 하지 못한다는 것을 기억하십시오. 그가 추수를 볼 수 없다는 이유로 온종일 서서 눈물을 떨어뜨려도, 그의 눈물 때문에 곡식이 조금이라도 더 빨리 보이는 것이 아닙니다. 영혼들을 사랑하고, 그들을 위해 할 수 있는 모든 것을 하되, 불신앙에 빠지지 마십시오. 결과에 대해서도 믿음을 활용하십시오. 간절한 염원이 선할 수도 있지만, 그것은 오직 어느 정도까지만 그러하며, 그 정도를 넘어선다면 그것은 우리의 임무에도 부적절하며 하나님의 명예를 훼손합니다. 불신앙에 빠지는 것을 경계하십시오. 당신이 말합니다. "하지만 제가 얼마나 초라한 일꾼인지 모릅니다." 사랑하는 이여, 무엇 때문에 당신은 그렇게 실망하는 것입니까? 어떤 사람의 정원에 있는 나무들은 그 소유주가 병약한 사람이라고 해서 열매를 덜 맺는 것이 아닙니다. 열매는 나무와 계절에 달려 있습니다. 추수는 씨 뿌리는 자의 연약함 때문에 제한되지 않을 것입니다.

나는 일전에 들판에서 몇몇 어린아이들을 보았습니다. 그들은 씨앗을 심고 있었지만, 그 결과는 그들이 어린아이들이라는 이유로 더 적지는 않을 것입니다. 만약 하나님의 일이 하나님의 일꾼들처럼 약하다면, 그것은 정녕 약한 것이며, 만약 예수님의 왕국이 그분의 제자들의 힘에 의존한다면 그것은 곧 아무것도 아닌 결과가 될 것입니다. 비록 폐병환자의 손으로 심겨진 씨앗이라고 해도, 정원이 그 속에 심겨진 씨앗들을 솟아나게 할 것입니다. 의기소침해 있는 내 사랑하는 형제들이여, 계속 일하고, 계속 기도하며, 계속 깨어 있으십시오. 여러분은 머지않아 보상을 얻을 것입니다. "울며 씨를 뿌리러 나가는 자는 반드시 기쁨으로 그 곡식 단을 가지고 돌아오리로다"(시 126:6). 이 주제로 더 이상 지체할 수가 없군요.

3. 이 진리의 묵상: 신자의 영적 상태와 관련하여

셋째로, 나는 여러분이 이 동일한 진리를 신자의 영적 상태와 관련하여 묵상하기를 요청합니다. 여러분은 때때로 겨울의 상태로 떨어지지 않습니까? 나는 주님을 사랑하는 여러분에게 말합니다. 여러분에게 굳이 물어볼 필요가 없다고 생각하는데, 일반적으로 우리 각 사람은 나머지 사람들의 표본이 되기 때문입니다. 때때로 우리는 마치 우리에게 전혀 생명이 없는 것처럼 느껴집니다. 우리는 하나님을 사랑하기를 바라며, 우리의 믿음이 그리스도 안에서 견고하기를 바라지만, 그에 관한 많은 증거를 볼 수가 없습니다. 우리는 성경을 읽지만 깨닫는 것이 둔합니다. 우리는 기도하려고 애쓰고, 우리가 기도이기를 희망하는 일종의 의식을 수행하지만, 그것이 우리를 새롭게 하지 못합니다. 심지어 안식일에 하나님의 집에 가면서 우리는 "주여, 우리에게 복을 내려주소서"라고 신음하듯 말하면서도, 그분이 그렇게 하실 거라고 거의 생각하지 않습니다. 우리는 너무나 둔하고 무신경하고 냉랭하다고 느낍니다.

자, 그것은 그리 놀랄 일이 아닙니다. 우리가 살고 있는 세상은 결코 은혜에 이로운 방향으로 영향력을 행사하지 않으며, 우리가 짊어지고 있는 죄와 사망의 몸은 결코 천국으로 가는 길에서 우리를 돕지 않습니다. 그럴 때 우리는 겨울의 대지와도 같습니다. 씨는 거기에 있으나, 감추어진 채 있습니다. 수액은 나무에 있으나, 그것은 뿌리에 내려가 있으며, 활동적으로 흐르며 그 자체를 드러내지 않습니다. 이와 같은 때에 우리는 우리 속에서 어떠한 변화도 이룰 수 없습니다. 우리가 이미 말했듯이, "왕의 모든 말들과 왕의 모든 사람들로도" 겨울을 봄으로 바꿀 수 없듯이, 우리가 우리 자신을 따뜻하고 활기차게 만들지 못합니다. 우리는 말합니다, "나는 성경을 읽고 기도할 것입니다." 좋습니다, 그렇게 해야겠지요. 하지만 그것은 죽은 형식에 지나지 않고, 우리는 그것 때문에 더 나아지지 않습니다.

하지만 우리에게 위로가 있으니, 우리가 육신으로 말미암아 연약하여 할 수 없는 그것을 하나님은 하실 수 있습니다! 저 감미로운 아가서의 기자는 노래합니다. "부지중에 내 마음이 나를 내 귀한 백성의 수레 가운데에 이르게 하였구나"(아 6:12). 우리는 움직이거나 분발할 수 없지만, 별안간 우리는 우리 자신이 마치 신속하게 달리는 수레처럼 앞으로 나아가고 있음을 발견합니다. 한순간에 하나님께서는 따뜻한 날씨를 보내어 얼음을 녹이십니다. 그러면 얼어붙었던 시내가 활기찬 실개천이 되어 흐르고, 그처럼 우리 영혼도 하나님의 임재 안에서 거룩한 기쁨으로 뛸 것입니다. 주께서 우리에게 임하셨고, 우리를 소생시키셨기 때문입니다.

내 형제와 자매들이여, 그런 일들이 여러분에게 여러 차례 일어났던 것을 의식하지 않습니까? "오, 그렇습니다"라고 당신이 말합니다. 아주 좋습니다. 그런 일들을 다시 기대하십시오. 바로 지금 그런 일들을 위해 기도하며 하나님을 바라보십시오. 어떤 일이든 당신 자신과, 당신 자신의 기분과 감정에 몰두하는 것보다는 좋습니다. 겨울의 추위는, 골똘히 생각한다고 해서, 인간에게 따스함을 주지 않습니다. 혹한의 서리는, 우리가 그것들에 대해 묵상한다고 해서, 열기를 창조해내지 않습니다. 어떤 사람도 자기 자신의 영적인 죽음과 불행에 대해 단지 묵상한다고 해서, 생명과 기쁨으로 살아나지는 않습니다. 그 어둠을 외면하고 빛을 향하십시오. 봄이 저기 태양으로부터 오듯이, 우리의 신앙부흥도, 우리의 회복된 기쁨과 평화도 하나님 우리 아버지께로부터 옵니다. 복되신 그분의 이름을 찬양합니다. 그것이 전에도 그분으로부터 왔었고, 다시 그분으로부터 올 것입니다. 그분이 우리를 결코 떠나지 아니하시고 고통 중에 있는 우리에게 돌아오신다는 굳은 확신으로, 그분을 바라며 기다리십시오.

> "지나간 모든 세월 속에서
> 봄은 가지들을 푸르게 물들였으니
> 즐겁고 건강한 봄철이여,
> 그것이 이제 오리니, 용기를 내시오!"

"하나님께서 우리를 버리셨다. 우리는 타락하여 갈수록 악화될 것이다. 우리는 은혜에서 떨어질 것이며, 결국 멸망할 것이다"라는 식으로 말함으로써 사탄이 여러분을 이기도록 방치하지 마십시오. 여러분은 그런 식으로 말해서는 안 됩니다. 여러분은 회복될 것이며, 소생할 것입니다! 그렇습니다. 어쩌면 여러분이 오늘 이 아침에 이곳에 온 것은 하나님께서 여러분 안에 은혜의 놀라운 일을 행하도록 하시기 위함일 것입니다. 다시금 여러분으로 하여금 은혜의 열매들로 풍성케 하시기 위함일 것이며, 여러분의 입술로 그분을 찬미하는 노래를 부르도록 하시기 위함일 것입니다. 지날 몇 달간 당신의 모습은 거룩한 형제들 중에서 가장 무디고 쓸모가 적은 사람들 중의 하나였을지 모르지만, 이 날부터 당신은 가장 행복하고 가장 쓸모 있는 그리스도인들 중의 하나가 될 것입니다.

4. 이 진리의 묵상: 새롭게 각성한 자들과 관련하여

마지막으로 살펴볼 요점은 이것입니다. 우리는 새롭게 각성한 자들과 관련하여 이 진리를 묵상할 것입니다. 아마도 오늘 아침 이곳에 참석한 이들 중에는 이렇게 말하는 이들이 있을 것입니다. "오, 내가 구원받을 수만 있다면! 오, 그리스도를 어디서 찾을 수 있는지 알 수 있다면 좋으련만! 은혜로 말미암아 선한 소망을 가질 수만 있다면 나는 무엇이든 포기할 것입니다!" 사랑하는 형제여, 귀한 자매여, 여러분이 가진 그 소원이 여러분 안에 좋은 씨앗이 심겨졌음을 보여줍니다. 하나님의 은혜가 여러분으로 하여금 소원하고 갈망하도록 가르친 것입니다. 그리스도께서 성령으로 그 속에 먼저 역사하시지 않고서는, 사람이 결코 진실하게 그리스도를 갈망할 수 없습니다. 어떤 죄인도 그리스도를 앞지르지 못합니다. 만일 당신이 그리스도를 원한다면, 그분이 오래전에 당신을 원하셨기 때문이며, 또한 이미 당신에게 오셨기 때문입니다.

당신은 말합니다. "아, 하지만 저는 너무나 둔함을 느낍니다. 저는 전에 그랬던 것처럼 기도할 수가 없답니다. 저는 마땅히 그래야 할 정도로 내 죄들을 느끼지 못합니다. 사실, 저는 마땅히 느껴야 하는 것을 전혀 느끼지 못하고 있습니다."

사랑하는 친구여, 당신은 겨울의 때를 지나고 있군요. 하지만 겨울이 당신에게 선을 이룰 수 있습니다. "그것은 너무나 고통스럽고, 또 너무나 위험합니다."라고 당신이 말합니다. 그렇지요. 하나님께서는 당신 자신이 얼마나 불쌍한 자인지 스스로 보기를 원하시며, 당신이 얼마나 비참한 죄인인지를, 그리고 당신이 어떻게 잃어버린 자인지를 알기를 원하십니다. 그분이 당신에게 옷을 입히시기 전에 벗기시는 것을 당신은 알지 못합니까? 살리시기 전에 죽이시는 것이 언제나 그분의 방식입니다. 그분은 교만한 육체를 얇은 막으로 덮는 일을 하시지 않습니다. 오히려 그분은 가리는 막을 칼로 베어내어, 많은 잔혹한 상처가 드러나게 하시는데, 그것은 그분이 지속적인 치유를 행하시기 위함입니다. 그러므로 당신은 이러한 겨울의 때를 통과해야만 합니다.

하지만 당신에게 상기시키고 싶은 것은 지금 당신이 통과하고 있는 것보다 더 나은 무언가에 대한 유일한 희망은 오직 그리스도 안에 있다는 것입니다. 당신은 스스로를 구원할 수 없습니다. 그렇게 할 수 있을 거라는 생각으로 우물쭈물하는 한 당신은 결코 구원받지 못합니다. 당신이 스스로를 구원하지 못하는 것은 극지방이 스스로 열대지방으로 변하는 것이나 다름없습니다. 하나님께서 지구의 축을 바꾸시지 않는 한 그런 일은 일어날 수 없습니다. 아아, 그분은 틀림없이 당신을 위해 그처럼 위대한 일을 행하실 것이며, 그렇지 않다면 당신은 지금처럼 항상 추운 겨울에 머무를 것입니다. 그분이 당신에게 나타나지 않으시면 당신은 완전히 망하고 말 것입니다. 그분이 당신에게 나타나셔야 할 만큼 당신은 합당한 자격이 없습니다. 당신은 지금의 상태로 남겨지는 것이 마땅하며, 갈수록 혹독한 상태로 악화되다가, 결국 멸망의 상태로 떨어지는 것이 마땅합니다. 당신을 구원할 능력은 전적으로 그분에게 있습니다. 그러니 내가 당신에게 무엇을 말할까요? 그분을 바라보십시오. 그분에게 부르짖으십시오. 그분이 당신을 찾아오시도록 간청하십시오.

만일 당신이 하나님의 사랑의 빛을 보기 원한다면, 저기 십자가에서 그것을 보십시오. 거기서 하나님의 아들이 인간들의 죄로 인해 피 흘려 자기 목숨을 버리셨습니다. 하나님의 사랑은 마치 볼록렌즈에 의해 태양광선의 초점이 모아지듯이 거기에 집중되었습니다. 당신이 하나님의 사랑의 뜨거운 열기를 느끼기 원한다면 십자가로 가십시오. 당신이 거기서 죽으시는 예수님을 바라본다면, 당신은 놀랍게도 봄이 당신의 마음에 찾아오는 것과, 겨울이 지나간 것을 느낄 것입니다.

> "내 마음에 임한 자비는 무엇과도 비길 수 없네.
> 마음의 완고함이 떠났음을 느끼는 것이 얼마나 경이로운지!
> 당신의 인자하심에 압도되어 땅에 엎드려,
> 제가 발견한 자비를 울면서 칭송하나이다."

어둠에서 빛으로, 사망에서 생명으로, 정죄에서 구원으로, 하나님의 원수에서 그분과의 화평의 관계로 옮겨졌다는 성경 구절이 얼마나 놀라운지요! 하지만 그 구절이 효력을 발하는 데에는 시간도 요하지 않습니다. 그 효력은 즉시 발생됩니다! 한 번 바라보면, 그 일은 이루어집니다! 죽으시는 구주를 한 번 바라보면 죄인은 구원을 얻습니다. 정원은 그 안에 심겨진 것들을 솟아나게 만듭니다. 땅이 그 싹을 틔웁니다. 하나님께서 그 땅과 정원을 권고하시면, 은혜의 기적이 이루어집니다!

이러한 생각들이 많은 사람들에게 위로를 가져다주기를 기도합니다. 나는 일꾼들을 격려하기 위해 진지하게 노력했습니다. 하지만 구원을 찾는 자들을 격려하기 위해 한층 더 진지하게 노력했습니다. 이 설교를 듣는 사랑하는 형제여,

주께서 당신에게는 나타나시지 않을 거라고 마귀가 당신에게 말하지 못하게 하십시오. 그분은 나타나실 것이며, 반드시 나타나실 것입니다! 그분의 발 앞에 엎드리고, 그분의 아들을 통하여 자비를 간청하는 영혼들 중에서, 그분이 멸망하도록 버려두시는 경우는 하나도 없습니다! 봄과 여름이 없던 해는 한 번도 없었습니다. 마찬가지로 죄로 인해 슬퍼하였던 가련한 영혼이 위로 없이 그 목숨이 끝나도록 버려지는 경우는 한 번도 없었습니다. 주님은 반드시 당신에게 나타나실 것입니다. 그분은 반드시 오셔서 당신에게 복을 주실 것입니다. 그분이 지금 그렇게 행하시기를 기도합니다! 그분이 당신에게 은혜를 베푸실 때, 그로 인해 그분께 영광을 돌리도록 하십시오. 와서 그분의 백성에게 말하고, 그들에게 합류하십시오. 당신의 몸에 호흡이 붙어 있는 동안 그분을 찬미하십시오. 그리고 천국에서 당신을 위해 큰 일 행하신 그분께 영원한 찬미를 드리십시오. 그리스도를 위하여 하나님께서 여러분에게 은혜를 더하시기를 빕니다. 아멘.

제
86
장

기도와 증언을 위한 요청

"예루살렘이여 내가 너의 성벽 위에 파수꾼을 세우고 그들로 하여금 주야로 계속 잠잠하지 않게 하였느니라. 너희 여호와로 기억하시게 하는 자들아 너희는 쉬지 말며, 또 여호와께서 예루살렘을 세워 세상에서 찬송을 받게 하시기까지 그로 쉬지 못하시게 하라."—사 62:6-7

이 장의 첫 구절에서 우리 주님은 그분의 은혜의 목적이 성취되기까지는 쉬지 않겠다고 선언하십니다. "나는 시온을 위하여 잠잠하지 아니하며 예루살렘을 위하여 쉬지 아니할 것이라." 그분의 마음은 그분의 교회의 온전함으로 쏠려 있습니다. 그리스도의 심장이 그가 속량하신 자들의 구원을 위한 열망으로 고동치지 않았던 적은 한순간도 없습니다. 속죄를 위한 두렵고도 중한 일에서 그분이 손을 떼신 적이 없었고, 오히려 단단히 결심하고서 그 일을 진척시키셨으며, 마침내 "다 이루었다"고 말씀하실 수 있었습니다. 이제 그분은 그 후속 작업으로, 택하신 자기 백성을 모으시는 일을 꺼지지 않는 열성으로 수행하고 계십니다. 그분은 거룩한 간구를 중단하시지 않으며, 그분에게 주어진 하늘과 땅의 "모든 권세"를 사용하는 일에서 결코 손을 거두지 않으십니다.

사랑하는 이여, 그분은 자기 백성이 그분과 조화를 이룰 수 있기를 얼마나 바라시는지요! 그분은 구원의 일이 완수될 때까지 쉬지 않으실 것이며, 우리 또한 쉬기를 바라지 않으십니다. 그분은 우리를 간절한 소원으로 분발시키고, 하나님의 은혜의 목적의 성취를 위해 거룩한 열성으로 불붙이시기를 바라십니다. 그분이 잠잠히 계시는 동안에 그분은 우리가 침묵하도록 허락하지 않으십니다. 개역판 성경을 가진 여러분은 이 본문에 대한 좀 더 문자적이고 강력한 번역을 대할 것입니다. "여호와로 기억하시게 하는 자들아, 너희는 잠잠하지 말며(keep not silence), 여호와께서 예루살렘을 세워 땅에서 찬송으로 삼으시기까지, 그로 쉬지 못하시게 하라." 쉬지 않으시는 구주께서 자기 백성들에게 쉬지 말라고 요구하십니다. 또한 여호와로 하여금 그분의 택하신 성읍이 온전한 영광을 얻기까지, 그분의 택하신 교회가 온전하고 영광스럽게 되기까지, 쉬지 못하시게 하라고 말씀하시는 것입니다. 아아, 그 셋이 연합할 때, 아들과, 그분이 구속하신 백성과, 만유 중에 역사하시는 여호와께서 연합할 때, 찬란한 시대가 올 것입니다!

이 사실로부터 가치 있는 교훈을 얻으십시오. 어떤 일을 행하고자 하시는 그리스도의 결심, 그렇게 하시고자 하는 그분의 작정은, 우리의 한가한 논쟁거리가 아니며, 우리의 수고를 위한 최상의 이유이며 격려입니다. 한 사람이 외칩니다. "만일 그러하다면, 제가 어떤 일도 할 필요가 없군요." 아닙니다, 친구여, 당신의 주장은 나태하기 짝이 없습니다. 정반대로, 진지한 마음은 그 사실에서 즉각적이고 확신에 찬 행동을 이끌어냅니다. 그렇지 않다면 내 열심의 목적이 무엇입니까? 비록 내가 그렇게 될지 아니 될지를 알지 못하여도, 그것이 바람직하다고 생각한다면, 나는 그것을 위해 진지하게 수고할 것입니다. 하지만 주께서 그것을 정해두셨다고 내가 확신한다면, 나는 온 힘을 기울여 수고할 것이며, 주의 일을 행하면서 거룩한 확신을 느낄 것입니다. 그분이 그것을 원하시기에, 우리도 그것을 원하며, 그것은 그렇게 될 것입니다.

예정이란, 올바르게 이해될 때, 결코 게으름으로 이끌지 않습니다. 그것은 인간 역사에서 빈번하게 가장 대담하고 결심에 찬 행동을 이끌어내는 거대한 힘이 되곤 했으며, 다시 그렇게 될 것입니다. "데우스 불트(Deus vult)" 즉 "하나님이 그것을 원하신다"는 십자군 운동을 추진하는 위대한 외침입니다. 하나님이 원하시면, 그렇게 될 것입니다. 전능자의 손에서 던져지는 벼락처럼, 믿는 자들은 하나님의 목적을 성취하는 억제할 수 없는 힘에 이끌리어 모든 난관을 뚫고 나갑니다. 오, 이 시간 우리들의 묵상이 우리를 이러한 결심으로 이끌기를 바랍니다. 그리하여 우리가 쉬지 않고, 또한 하나님이 예루살렘을 세워 세상에서 찬송을 받게 하시기까지 그분을 쉬지 못하시게 하기를 바랍니다!

1. 책임져야 할 직무

본문에서 나는 세 가지를 보는데, 그것들을 한 가지씩 언급할 것입니다. 첫 번째는 책임져야 할 직무입니다. "내가 너의 성벽 위에 파수꾼을 세웠느니라." "너희 여호와로 기억하시게 하는 자들아 너희는 쉬지 말라." 혹은 우리의 난외주에서나 개역에서처럼 "여호와로 기억하시게 하는 자들아 너희는 잠잠하지 말라"고 표현할 수도 있습니다. 여기에 세 가지 직무가 있습니다. 파수꾼들이 성벽 위에 세워졌습니다. 말하는 자들이 결코 잠잠해서는 안 됩니다. 그리고 기억하시게 하는 자들이 여호와께 간구하기를 멈추어서는 안 됩니다.

주의 백성들을 파수꾼들로 묵상하는 동안 성령께서 우리를 도우시길 빕니다! 전쟁의 때에는 모든 요새화된 성읍의 성벽에 파수꾼들이 세워지는데, 시선과 시선이 마주치도록 배치됩니다. 말하자면 한 보초의 시선이 다른 보초의 시선에 닿도록 하고, 그런 식으로 그들이 도시 전체를 둘러싸게 되는 것입니다. 낮이든 밤이든 그 길로 지나가는 자가 있다면 그들이 그를 "누구냐" 하고 수하를 합니다. 만일 그가 적으로 판명되면, 그들이 경보를 발하고, 곧장 무장한 병사들이 위병소에서 나와 대처하며, 그 성읍은 불시의 기습으로부터 보호를 받습니다. 하나님의 백성들은, 특히 그들 중에서 더 강하고, 더 훈련받았고, 더 많이 경험한 자들은 그리스도를 위하여 성벽 위에 있는 파수꾼들처럼 행동해야 합니다.

우리가 어떤 방식의 파수꾼들이 되어야 하는지 주목하시기 바랍니다. 본문에는 "내가 파수꾼들을 세웠다"라고 기록되어 있습니다. 우리는 하나님의 지휘하에 있습니다. 로마 시대에는, 보초가 상관인 백부장에 의해 특정 지점에 배치되었으면, 그는 그곳을 떠날 생각을 하지 않았습니다. 바위들이 돌아다닐지언정, 그 제국의 보초들은 그렇지 않았습니다. 폼페이(나폴리 근처의 옛 도시, 서기 79년 베수비오 화산의 분화로 매몰되었음 — 역주)의 잿더미 속에서, 손에 창을 들고서 자기 자리에 서 있는 한 보초가 발견되었습니다. 그의 백부장은 황제의 이름으로 그를 그곳에 세웠으며, 그는 그곳에 서 있었습니다. 주께서 친히 자기 교회와 관련하여 특정 장소에 세우신 자들은 얼마나 견고하고 요동치 말아야 하는지요! "내가 너의 성벽에 파수꾼을 세웠다"라고 말씀하시는 분은 여호와이십니다. 하나님의 계획에 따라, 거룩한 명령에 의하여, 성도들은 그들의 자리에 배치됩니다. 그러니 그들은 견고하게 서야 하며, 어떤 일이 일어나든 요동치 말아야 합니다. 그들은 그 임무를 왕으로부터 부여받았기 때문입니다.

이 파수꾼들은 성읍들 중에서 으뜸인 성읍을 지켰습니다. "예루살렘이여, 너의 성벽 위에." 고대 로마를 지켰던 군단 병사들은, 그들이 태어난 도시를 위해 싸우지 않는 자는 진정 천박하다고 느꼈습니다. 만일 우리가 하나님의 교회를 파수하도록 세워졌다면, 자기 초소에서 잠자고 있거나, 혹은 반역자로 판명된 자에게 내가 무슨 말을 해야 할까요? 만일 당신이 이와 같은 경우에도 파수를 위해 온 힘을 기울이지 않는다면, 무엇이 당신을 일깨우겠습니까? 교회는 그리스도의 피로 사신 것임을 아십시오. 그것은 하나님의 특별한 기업이 아닙니까? "여호와의 분깃은 자기 백성이라"(신 32:9). 오 목자들이여, 여러분의 주님이 그토록 귀한 값을 치르셨던 양들을 잘 살피십시오. "하나님이 자기 피로 사신 교회를 보살피십시오"(참조. 행 20:28). 만일 우리가 "성도에게 단번에 주신"(유 1:3) 하나님의 진리를 파수하지 않으면, 우리는 반역자들보다 더 악한 자들일 것입니다. 어떤 말로 꾸며대어도 그리스도의 대의와 복음을 배반한 사람의 불성실 행위를 옹호하지 못합니다. 그는 영혼들의 살해자입니다. 하나님이 그분 소유의 성을 지키도록 우리를 세우셨으므로, 우리가 게으름을 피워서는 안 됩니다. 다른 성읍들이야 사라져야 한다면, 사라지게 하십시오! 하지만 평화의 성읍이자 하나님의 성읍인 살렘이여, 만일 내가 그대를 잊으면, 내 오른손이 그 기능을 잃는 것과 같도다! 내가 만일 그대를 나의 으뜸가는 기쁨으로 여기지 않으면, 나로 영원히 슬픔에 빠지게 하라! 형제들이여, 하나님이 세우신 파수꾼들이여, 하나님의 도시 성벽 위에 있는 파수꾼들이여, 여러분이 책임져야 할 직무를 살피십시오!

이 직무가 끊임없는 돌봄을 요구한다는 것을 생각할 때 그 책임이 극히 중하다고 여겨집니다. 주께서 이 파수꾼들에 대해 말씀하십니다. "그들로 하여금 주야로 계속 잠잠하지 않게 하였느니라." 우리는 하나님의 교회를 낮에만 지켜서는 안 되며, 한밤의 이슬과 서리를 맞으면서도 경계 태세를 유지해야 합니다. 그리스도인들은 추위 때문에 막사로 퇴각하거나, 더위 때문에 성벽을 떠나는 초병들이 되어서는 안 됩니다. 밤중에 파수꾼들이 가장 필요합니다. 당번일 때에, 우리는 교대 불침번이 나타나는 특정한 때마다 암구호를 제시하며, 낮이나 밤이나 우리의 평화가 중단되게 해서는 안 됩니다. 당번이 아닐 때에도 우리는 즉각적인 대기상태를 유지해야 합니다. 그럴 때에 적이 나타나기 쉽기 때문입니다. 하나님의 파수꾼들은 시간마다 교대로 당번을 서는 것이 아니라, 일생 동안 줄곧 영혼들을 위한 불침번이 되어야 합니다. 우리가 근무에서 떠날 때는 없습니다. 밤과 낮의 전환이 있을 뿐입니다. 우리의 안식은 주님을 섬기는 일 안에 있으며, 우리의 기분전환은 업무의 변경에 있습니다. 우리의 직무는 일생의 직무이며, 지속적인 직무입니다. 믿는 자들은 주님을 위해 하루에 몇 시간을 일할 것인지에 관하여 그분과 논의하려 해서는 안 됩니다. 우리의 근무 시간은 이러합니다. "그들로 하여금 주야로 계속 잠잠하지 않게 하였느니라."

성 아우구스티누스는 기도에서나 설교에서 항상 말하는 자가 되기를 소원했습니다. 즉 기도하든지 말씀을 전하든지, 기도에서 사람들을 위해 하나님께 말하든지, 혹은 그의 사역에서 하나님을 위해 사람들에게 말하든지 하기를 원했습니다. 그리스도의 사역자들은 식탁에서의 섬김을 위해서가 아니라, 말씀과 기도를 위한 사역에 자신을 드려야 합니다. 우리가 오락 행사를 개최하는 일과, 극장이나 음악당과의 경쟁자들이 되는 일에 자신을 드리는 것은, 우리의 거룩한 직무를 크게 저하시키는 것입니다. 만일 내가 생계를 위해 굴뚝청소부가 되었다는 목회자에 대해 말을 들었다면, 그 두 가지 소명에 대해 나는 그에게 존경을 표할 것입니다. 하지만 하나님의 파수꾼들이 세상의 흥행사들이 되는 것은 천박한 짓입니다. 하나님께서 그리스도의 사역자들인 우리 모두를 생활의 일들에 얽매이는 것에서 지켜주시기를 바랍니다. 속담은 말합니다. "구두장이여, 자기 본분을 지키라." 나는 이렇게 말하고 싶습니다. "목사여, 당신의 본분을 지키라!" 당신의 한 가지 일에 집중하십시오. 그러면 당신이 가진 힘으로 충분하며, 그 이상인 것을 알게 될 것입니다. 오, 설교자들이여 잠잠하지 말기 바랍니다!

그리스도인들이여, 여러분 역시 여러분의 의무를 수행해야 합니다. 여러분 역시 중단 없는 섬김으로 부름을 받았습니다. 한 경찰관은 완장을 차서 그가 임무 중인 것을 나타냅니다. 모든 신자들은 낮이고 밤이고 가슴에 배지를 찼다고 느껴야 합니다. 때때로가 아니라 언제나 "그리스도의 사랑이 우리를 강권하십니다"(고후 5:14). 주님을 위한 우리의 섬김은 일주일에 한 번 주일마다 오는 것이 아니라, 자주 그 기회가 주어집니다. 영혼들을 위한 파수꾼들, 하나님을 위한 파수꾼들, 오류와 죄에 맞선 파수꾼들, 주의 오심을 기다리는 초병들이 되고자 하는 자들은 항상 깨어 있어야 합니다. "예루살렘이여 내가 너의 성벽 위에 파수꾼을 세우고 그들로 하여금 주야로 계속 잠잠하지 않게 하였느니라."

다음으로, 우리는 대변인들이 되어야 합니다. 우리는 결코 잠잠해서는 안 되며, 주님의 이야기를 해야 합니다. 믿는 자들은 하나님을 위하여 사람들에게 말해야 합니다. 만일 여러분이 능력과 위임을 받았다면, 큰 회중에게 말하십시오. 여러분 각자는 여러분 주변에 있는 사람들에게 말할 능력과 위임 모두를 받았습니다. 시의적절한 말을 할 수 있도록 항상 준비하십시오. 항상 전할 말을 비축해두십시오. 하나님의 섭리에 따라 만나는 자들에게 전할 선한 말씀이 바닥나지 않기를 바랍니다.

만일 하나님을 위해 여러분이 말할 수 있는 대상이 주변에 아무도 없다면, 고독 속에서 여러분의 동료들을 위하여 하나님께 말하십시오. 여러분이 하나님과 친밀하여, 여러분의 친구들과 이웃들을 위하여 여러분이 하는 말에 그분이 귀를 기울이신다는 것이 얼마나 복된 일인지요! 잘못에 빠진 자들, 믿지 않는 자들, 불경한 자들을 위하여 그분께 간청하십시오. 하나님을 향하여 결코 잠잠하지 마십시오. 이런 경우에는 말하는 것이 금보다 귀한 것입니다. 기도로써 여러분은 하늘 보화의 창고를 엽니다. 그 황금의 열쇠가 지속적으로 작동되게 하십시오. 기도를 멈추지 마십시오. 간구는 축복의 말이기 때문입니다. 만일 세상이 잠들어 있다면, 교회가 잠들어 있다면, 밤에도 잠잠하지 마십시오. 또한 교회가 활동적이 되고, 세상이 조금 깨어난다면, 세상을 얻게 될 때까지 여러분의 기도를 두 배로 늘이십시오. 하나님을 위하고(for), 또한 하나님을 향한(to) 대변인들이여, 낮이나 밤이나 잠잠하지 마십시오. 아픈 성도들은 특히 야간에 잠을 들지 못합니다. 우리들 대부분은 기분을 새롭게 하는 잠을 자도록 복을 누리지만, 이들은 잠이 그들의 눈에서 떠난 것을 발견합니다. 그들은 지칠 줄 모르는 시계추의 똑딱거리는 소리를 들으며, 시간을 알리는 괘종 소리에 귀를 기울입니다. 그런 이들은 주님의 뜻과 나라를 위하여 마음을 하늘로 향하십시오. 아마도 하나님께서는 그들을 이런 목적을 위해 깨우신 것이니, 곧 그들이 기도로써 밤을 안전하게 지키고, 악한 영들을 쫓으며, 제단에서 주의 받으실 만한 간구의 향을 태우도록 하신 것입니다.

주님께서는 낮과 밤에 깨어 있는 파수꾼들이 드리는 간구로써 지구를 둘러싸십니다. 여왕의 아침 북소리가 사방에 울려 퍼지듯이, 우리의 지속적인 기도가 은혜의 황금 띠로 지구를 두릅니다. 오, 여호와로 기억하시게 하는 여러분이여, 기도의 불꽃이 결코 꺼지지 않도록 하십시오. 교회가 밤을 맞은 이 시기에 일어나 여러분의 등불을 준비하십시오. 하나님을 위하여, 그리고 하나님과 더불어, 다시 여러분의 목소리를 높이십시오. 벙어리의 영이 여러분을 사로잡지 못하게 하십시오. 하늘을 향해 말하는 자로서, 낮에도 밤에도 결코 잠잠하지 마십시오.

우리 앞에 제시된 세 번째 직무는 난외주에서와 새 번역에서 발견됩니다. "너희 여호와로 기억하시게 하는 자들아 너희는 쉬지 말라." "여호와로 기억하시게 하는 자들(the Lord's remembrancers)", 이는 아주 독특한 표현입니다. 나는 같은 단어가 다른 곳에서 "기록자"(recorder)로 번역된 것을 보았습니다. 진실로 우리는 여호와의 기록자들이 되어야 하며, 그분의 선하심을 기억하고 있어야 합니다. 만왕의 왕으로 하여금 기억하시게 하는 것은 높은 직무입니다. 모든 그리스도인은 이 탁월한 직무를 맡았습니다. 동양의 왕들은 전에 그들이 행한 약속들을 상기시키는 직무를 맡은 자들을 두었습니다. 왕이 이 시종에게 이것을 말하고, 저 시종에게 저것을 말하지만, 그 자신은 다른 생각할 것들이 많기 때문에 기억하게 하는 자들이 다음과 같이 말하곤 했습니다. "왕이시여, 왕께서 이것저것을 약속하셨나이다. 부디 그 말씀대로 행하시옵소서." 자, 주께서 기도하는 자기 백성을 그분으로 하여금 기억하시게 하는 자들로 삼으셨습니다. 나는 성령의 감동으로 된 말씀 안에서 발견하지 않았더라면 결코 감히 이런 표현을 사용하지 않았을 것입니다. 주께서 이사야 43장 26절에서 이렇게 말씀하십니다. "너는 나에게 기억이 나게 하라." 주님은 잊으실 수 없는 분입니다. 하지만 황송하게도 우리의 건망증 때문에, 그분은 마치 잊으실 수도 있는 것처럼 우리에게 기억나게 하라고 명하시는 것입니다. 주님의 약속을 그분이 기억하시게 함으로써, 우리 자신이 그 약속에 더욱 정통하게 되는 것입니다. 영국 조정에서 기억하게 하는 자가 임명된 것은 군주에게 신하들의 임무를 상기시키는 목적도 있었습니다. 이것이 우리 사역의 일부이기도 합니다. 즉 세상을 향해 하나님이 계심을 상기시키고, 그분이 피조물에게 순종을 요구하실 수 있음을 상기시키는 것입니다. 형제들이여, 여러분의 직무를 수행하십시오!

하나님을 향하여 기억하시게 하는 자로서 역할을 잘 수행하고자 한다면, 여러분은 그분에게 상기시킬 약속들을 알아야 합니다. 여러분이 성경을 잘 알고 있어야 할 말을 입에 가득 채우고서, 올바르게 간구할 수 있는 것입니다. 여러분은 위대하신 왕께 와서 이렇게 말해야 합니다. "주여, 당신께서 하신 말씀대로 행하소서. 당신의 종인 저로 하여금 소망을 가지게 만든 주님의 이 말씀을 성취하소서." 만일 우리가 약속 없이 기도하면 응답을 기대할 이유가 없습니다. 하나님께서는 그분이 행하겠다고 약속하신 바를 행하실 것입니다. 그분이 그 이상을 행하실 수도 있지만, 우리에게는 그것을 기대할 권리가 없습니다. 세상에서 최상의 기도는 약속에 호소하는 것입니다. 나는 우리 모두가 이런 종류의 기도를 실천하기를 바랍니다. 주님 앞에 그분 자신의 말씀을 가지고 와서, 그분의 거룩한 진실성에 호소하는 것은 지혜로운 일입니다. "당신께서 그 말씀을 하셨습니다. 당신은 진실하십니다. 그러므로 당신의 말씀을 이루소서!" 여호와로 기억하시게 하는 자로서, 그분에게 상기시켜드릴 거룩한 은혜의 말씀들을 숙지하는 것이 여러분의 일입니다. 여러분 자신이 그 말씀들을 기억하지 않으면, 어떻게 그 말씀들을 가지고 주님으로 기억하시게끔 할 수 있겠습니까?

기억나게 하는 여러분의 직무는 끊임없이 수행되어야 합니다. "너희 여호와로 기억하시게 하는 자들아 너희는 쉬지 말며, 또 그로 쉬지 못하시게 하라." 나는 하나님의 많은 약속들이 좀처럼 사용되지 않는다고 염려합니다. 그 말씀들은 마치 양철공의 열쇠 꾸러미와도 같습니다. 왜 그것들이 그토록 녹이 슬었을까요? 그것들이 지속적으로 사용되지 않아서입니다. 그것들은 매일 자물쇠 안에 들어가 돌려지지 않았을 것입니다. 만일 그랬더라면 그것들은 충분히 반질반질했을 것입니다. 너무나 크고 귀한 성경의 약속들 중에 여러분에게 죽은 문서처럼 되어버린 경우는 없습니까? 하나님의 거룩한 말씀 안에는 약속들이 감추어져 있지만, 여러분이 그것을 사용하지 않았습니다. 아니 어쩌면 여러분은 거기에 약속들이 있는지조차 알지 못합니다. 오래전에 한 사람이 내게 와서 말했습니다. "저는 이런 말씀들이 성경에 있는 것을 발견하고는 놀랐습니다." 그에게 내가 대답했습니다. "염려스럽건대 당신의 진술은 당신이 그동안 성경을 그만큼 살펴보지 않았음을 의미합니다." 우리는 주께서 우리에게 주신 땅의 길이와 넓이를 알아야 합니다. 오, 우리가 기도에서 끊임없이 약속들을 사용할 수 있기를 바랍니다!

얼마 전에 한 사람이 미소를 지으며 말했습니다. "수표장을 들고 다니며, 당신의 이름을 서명함으로써 원하는 만큼 돈을 얻을 수 있다면 멋진 일이지요!" 나는 수표장의 한계를 설명하려고 굳이 그의 말을 막지 않았습니다. 하지만 만약 그가 말한 것 같은 수표장을 소유한다면, 그는 우리들 중 대부분이 감당할 수 있는 것보다 더 큰 액수를 적을 사람처럼 보였습니다. 하지만, 그의 어리석음은 다른 방향으로 오류를 범하고 있는 자들의 미련함에는 미치지 못하는데, 왜냐하면 그런 이들은 수표장을 가지고 있으면서도, 결코 그것을 사용하지 않기 때문입니다. 천국의 보화창고는 믿음에게 열려져 있음에도, 우리는 일상의 작은 근심거리들로 인해 불평하고 염려합니다. 우리가 하나님의 약속에 호소하며 그분으로 기억나시게 하면, 그분이 우리의 모든 필요들을 채우실 것입니다. 왜 우리가 궁핍 속에서 한탄하는 것입니까? 무한한 부를 활용할 가능성이 가까이 있음에도 염려하며 가난에 시달리기만 한다면, 우리는 얼마나 어리석은 자들인지요! 우리 중에 이 본문 말씀을 붙들고 호소할 자가 누구입니까? "너희 여호와로 기억하시게 하는 자들아 너희는 쉬지 말며, 또 그로 쉬지 못하시게 하라."

지금까지 본문과 관련된 직무에 대해 살펴보았습니다. 성령께서 모든 신자들을 이 거룩한 일을 시작하고 또 지속적으로 수행하도록 이끌어주시길 바랍니다! 목사들, 집사들, 교회의 장로들은 특히 이 일에 부름을 받았습니다. 좀 더 나이 들고 믿음에서 진보를 이룬 그리스도인들이여, 여러분은 이 거룩한 사역에서 모범을 보여야 합니다. 그리고 내가 이미 말했듯이, 아픈 자들도 그 임무를 감당해야 합니다. 모든 그리스도인들이 전선에서 자기 위치를 고수하기를 열망해야 하며, 시온을 위하여 어떤 식으로든 깨어있어야 합니다. 하지만 특히 우리 주님의 귀한 약속에 호소하는 일에서 우리는 지속적이면서도, 절박하고, 뜨거워야 합니다. 성경에는 이렇게 기록되어 있습니다. "그래도 이스라엘 족속이 이같이 자기들에게 이루어 주기를 내게 구하여야 할지라"(겔 36:37). 우리 자신의 경험에서 이루어지기를 바라는 주님의 약속들이 있다면, 우리가 그분께 기억나시게 해야 하는 것이 하나님의 나라의 법칙입니다. 그러므로 "여호와로 기억하시게 하는 자들이여, 여러분은 쉬지 마십시오."

2. 주목할 만한 경고

두 번째 요지는 주목할 만한 경고입니다. "너희 여호와로 기억하시게 하는 자들아 너희는 쉬지 말라." 기도에서 쉬지 마십시오. 항상 기도하십시오. 항상 기도의 행동을 하지는 못해도, 항상 기도의 정신 속에서 살아가십시오. "쉬지 말고 기도하라"(살전 5:17). 변론만 할 것이 아니라, 기도 중에 하나님과 씨름하십시오. 때로는 말없이 기도하고, 때로는 말하면서 기도하십시오. 홀로 기도하고, 종종 형제들과 더불어 기도하십시오. 두세 사람의 기도에는 특별한 효력이 있습니다.

"너희 중의 두 사람이 땅에서 합심하여 무엇이든지 구하면 하늘에 계신 내 아버지께서 그들을 위하여 이루게 하시리라"(마 18:19). 기도를 위해 더 큰 회중으로 모이기 바랍니다. "모이기를 폐하는 어떤 사람들의 습관과 같이 하지 말라"(히 10:25). 유감스러운 말이지만, 요즈음 많은 교회들이 이러한 나쁜 습관에 빠져 있습니다. 현대인들은 기도 모임을 멸시합니다. 그들이 자기 자신들의 기도에 사소한 가치를 부여한다는 점에서, 그들은 스스로를 정죄하고 있습니다. 어쩌면 기도에서 하나님의 모든 능력을 잃어버렸다는 그들의 의식이, 그런 태도를 통해 무심코 폭로되고 있는 셈입니다. 기도 모임이 멸시되는 곳에서, 설교자의 똑똑함이 드러날 수는 있어도, 청중에게 성령의 감동은 없을 것입니다. 오 내 형제들이여, 여러분에게 호소합니다. 각 개인으로서와 교회로서, 기도를 제한하지 마십시오. "깨어 기도하라"(마 26:41)! 그 교훈이 오늘 본문의 요약입니다.

지쳤다고 해서 결코 기도를 쉬지 마십시오. 기도가 싫증날 때마다, 한층 더 기도의 부르짖음은 커져야 합니다. 기도에 관심을 기울이지 않는 사람만큼 기도가 절실하게 필요한 사람은 없습니다. 당신이 기도할 수 있고, 또한 간절히 기도하고 싶을 때, 당신은 기도할 것입니다. 하지만 당신이 기도할 수 없고, 기도하고 싶지도 않을 때, 그 때는 당신이 기도해야 하는 때입니다. 그렇지 않으면 화가 당신에게 미칠 것입니다. 은혜의 보좌를 잊은 자는 멸망의 가장자리에 있는 자입니다. 기도에 대해 마음이 무감각할 때, 그 사람 전체가 심각한 질병의 증세를 보이고 있는 것입니다. 우리가 어떻게 기도에 싫증낼 수 있을까요? 그것은 삶의 본질적인 부분입니다. 한 사람이 숨쉬는 것에 싫증날 때, 정녕 그는 죽음에 가까운 상태입니다. 한 사람이 기도에 싫증났을 때, 우리는 그를 위해 간절히 기도해야 하니, 그가 악한 상황에 빠졌기 때문입니다.

충분히 기도했다는 이유로 기도를 쉬지 마십시오. 사람이 충분히 기도했을 때는 언제인가요? 하나님께 호소하는 위대한 기도의 사람들은 기도에 가장 배고픈 자들입니다. 사람이 하나님께로부터 더 많은 것을 얻을수록, 그는 하나님께로부터 더 많은 것을 바라게 됩니다. 적게 가진 자는 적은 것만 요청할 것입니다. 하지만 구하는 자에게는 주어질 것이며, 그는 풍성하게 얻을 것입니다. 이런 식으로 말하는 사람이 있습니까? "나는 오랫동안 기도하고 깨어있었다. 그러니 이제 나는 더 쉽게 얻을 것이다." 예, 나는 일전에 어떤 사람이 쉽게 얻는 것을 보았습니다. 그는 자전거를 타고 있었는데, 양쪽 발을 페달에서 뗀 채로, 있는 힘껏 브레이크를 쥐고 있었습니다. 나는 자전거 타는 그 사람을 비난하지 않았습니다. 한 가지 분명한 것은, 그가 언덕을 내려가고 있었다는 것입니다. 만약 그가 오르막길을 가던 중이었다면 그런 식으로 발을 쉬게 하지 않았을 것입니다. 형제여, 다리를 올려두고서 더 이상 일하지 않기를 시작할 때마다, 당신은 언덕의 내리막길을 가고 있는 셈이며, 그것은 의심의 여지가 없습니다. 천국으로 가는 길은 언덕으로 오르는 것이며, 그 길에서 조금씩 진보할 때마다 노력이 필요합니다. 천국은 침노하는 자들의 것이기 때문입니다. 은혜가 활동을 면제하지 않으며, 오히려 그것은 우리 안에서 활동합니다. 만일 당신이 "모든 기도"(엡 6:18)라고 불리는 무기의 위력을 안다면, 결코 그것을 칼집에 넣지 마십시오. 계속해서 주의 이름을 부르고, 이 문제에서 "쉬지 마십시오."

판에 박힌 방식으로 기도하는 습관에 빠지지 마십시오. "여호와로 기억하시게 하는 자들아 너희는 쉬지 말라." 나는 행군 중에 자는 병사들에 대해 들었던 적이 있습니다. 또한 기도 중에 자는 어떤 사람들에 대해 알고 있습니다. 마침내 나는 그들의 기도란, 기도를 빙자한 일종의 코고는 것이라고 생각하게 되었습니다. 그들은 진부한 상투어를 그 의미를 생각지도 않은 채 계속 중얼거립니다. 그들은 귀뚜라미들 같아서, 영원히 같은 울음소리를 냅니다. 그런 사람은 "나는 자지만, 내 마음은 깨어있답니다"라고 말합니다. 하지만 이렇게 말하는 편이 좀 더 진실하겠지요. "나는 자지 않습니다. 하지만 내 마음이 깨어있지 않습니다." 기도한다는 많은 사람들이 마치 식료품 가게나 포목점에서의 계산처럼 "이것 얼마, 저것 얼마" 식으로 같은 말만 반복합니다. 그런 기도는 "항상 일정합니다." 우리의 기도가 마치 껍질은 있으나 그 속에 살점이 없는 조개와도 같다면, 그것은 끔찍한 일입니다.

그 형제의 입술은 여기 기도하는 자리에 있으나, 그의 혼은 그의 가게 혹은 그의 농장으로 떠났습니다. 그의 풍차 맷돌의 날개들은 바람이 불면 돌아가지만, 정작 그 맷돌은 아무것도 갈고 있지 않습니다. 그의 맷돌 속에는 제분용 곡물이 없으며, 아무런 지성이나, 사랑의 갈망 같은 것이 없습니다. 그런 판에 박힌 상투어나 반복하는 기도에서 벗어나도록 합시다. 판에 박힌 종교란 혐오스러운 것이건만, 우리는 얼마나 쉽게 그 속에 빠져버리는지요! 노 젓기를 쉬면서, 이미 얻은 추진력으로만 전진하려는 희망을 갖지 맙시다. 자연적인 물결이나 흐름에 의한 천국으로의 진행은 겉보기엔 그럴 듯하지만, 실제적이지 않습니다. 기계적인 모든 예배는 그 정도로 죽은 것입니다. 하나님은 영이시며, 우리는 영과 진리로 그분이 받으시는 예배를 드릴 수 있습니다. 만일 영이 떠나면, 예배의 진정성은 사라진 것이며, 그것은 좋은 향기라기보다는 불쾌한 연기에 지나지 않게 됩니다.

형제들이여, 이따금 생각난 듯이 기도하는 것으로 그치지 말고, 기도를 쉬지 마십시오. 많은 교회에서 어떤 일들이 행해졌나를 보십시오. 그들은 커다란 시간 계획을 세우는데, 아마도 그런 일에 성공할 것입니다. 모두가 기도 모임에 참석하고, 모두가 영혼들의 회심을 위해 열심인 듯이 보입니다. 큰 흥분이 있고, 어쩌면 상당히 좋은 일들이 행해집니다. 하지만 그 후에는 반작용이 따르는데, 무관심과 무감각입니다. 자연에서 높은 언덕 뒤에는 가파른 계곡이 있듯이, 어떤 종교적인 집단에서도 마찬가지입니다. 우리는 어떤 사람에 대해 "그는 교회처럼 깊이 잠들어 있다"고 속담처럼 말합니다. 정말 그런 것 같습니다. 교회처럼 깊이 잠드는 것도 없는데, 특히 흥분의 시간 이후의 교회가 그러합니다. 한때는 지나치게 활발했던 사람들이, 다른 때에는 깊이 잠들어 도무지 깨어나지를 않습니다. 거센 바람 뒤에 고요함이 찾아오는데, 그 때는 모든 것이 떨어지며, 침체된 공기가 크게 세력을 떨칩니다. 주께서 우리를 그러한 발작적인 종교에서 건지시기를 빕니다! "여호와로 기억하시게 하는 자들아 너희는 쉬지 말라." 항상 부흥의 높은 상태를 유지하십시오. 만일 그런 상태가 유지되지 않는다면, 건강하지 못하고 바람직스럽지 못한 상태가 아닌지 의심해보십시오.

만일 여기저기서 일종의 황홀경에 빠진 헛소리를 하는 경우가 있다면—그것이 정확한 묘사인지는 조심스럽지만—그런 것을 피하십시오. 육체의 거친 열광, 즉 모든 일이 소란스럽게 행해지는 상태에서는, 사람들이 '고함치는 자'에 의해 구원을 받지, 하나님으로부터 구원을 받지 않습니다. 유지될 수 없는 흥분은, 인간의 영혼이 그로 인해 지쳐버리기 때문에, 의심스러운 것입니다. 멋대로 굴며 통제할 수 없는 흥분은, 하나님의 영이 그것을 다스리시지 않기 때문에, 두려워해야 할 것입니다. 열광주의는 육체의 광풍이지, 건강을 주시는 성령의 숨결이 아닙니다. 여러분이 항상 유지하고 싶은 상태가 좋은 상태입니다. 하나님의 은혜로, 해마다 유지될 수 있는 속도가 최상의 속도입니다. 에녹은 하나님과 동행하였습니다. 그는 하나님과 더불어 달릴 수는 없었지만, 항상 그분과 보조를 맞출 수 있었습니다. 하나님의 보폭과 속도가 언제나 올바른 것입니다. 오, 시들지 않는 은혜의 힘으로, 힘을 얻고 또 얻어 전진하기를 바랍니다! "여호와로 기억하시게 하는 자들아, 너희는 쉬지 말라."

무엇보다도, 낙심으로 인해 쉬지 않도록 합시다. 때로는 이런 느낌이 들 것입니다. "우리의 수고가 무슨 소용일까? 수고의 결과가 지극히 미약하다. 진리를 수호하는 것이 무슨 소용일까? 교회들이 너의 말에 귀를 기울이지 않을 것이다. 너는 악 감정만 살 뿐이고, 시대에 뒤진 사람으로 조롱받을 것이다. 영혼들을 얻으려 열심을 내는 것이 무슨 소용일까? 사람들은 무관심하다. 현재가 그들의 생각을 차지하고, 사회적 관심사만이 그들에게 절실하다. 모두가 선정주의나 오락을 간절히 바란다. 옛 방식을 고수하는 것에 무슨 이득이 있을까?" 그런 생각이 마치 북극 지대의 추위처럼 하나님의 자녀에게 찾아오고, 그를 마비시키며 그를 절망의 잠으로 빠지도록 합니다. 이 악한 권세의 증거는 하나님 앞에서의 기도를 억누르는 경향에서 발견됩니다. 우리 하나님께서 이러한 악에서 우리를 건지시기를 빕니다! 오십시오, 내 형제들이여, 나는 여러분 중에서 누가 잠들려 하는지 모르지만, 멍한 상태에 있는 사람을 흔들어 깨우기를 원합니다. 또한 내가 멍하게 있는 것을 여러분이 볼 때는, 다시 기도에 부지런하도록 나를 흔들어 깨우기를 바랍니다! 이 아침에 깨어서, 다시 시작합시다! 우리는 잠에 굴복해서는 안 되며, 그러지도 않을 것입니다. 두려워할 이유는 조금 있어도, 절망할 이유는 전혀 없습니다. 우리의 대의가 좌절될까요? 전혀 그렇지 않습니다! 언젠가 모든 것이 올바르게 될 것입니다. 하나님께서 기다리심은, 우리에게 은혜를 베풀려 하심입니다. 시온에게 은혜를 베푸실 그분의 때가 올 것이며, 훌륭한 옛 대의가 승리를 얻을 것입니다. 주님의 일은 우리의 손보다 큰 손에 달려 있습니다. "그는 쇠하지 아니하며 낙담하지 아니하리라"(사 42:4). "항상 기도하고 낙망하지 말아야 할 것입니다"(눅 18:1). 낙망하고 있다고 느껴질 때, 오히려 두 배의 열심을 가지고 기도할 것을 결심해야 하며, 그럴 때 낙심은 기쁨에 굴복할 것입니다.

한 가지만 더 살펴보겠습니다. 하나님께 기도의 기간을 정하는 일을 피하십시오. 그분이 말씀하십니다. "여호와로 기억하시게 하는 자들아, 너희는 쉬지 말라." 한 아내가 그녀의 남편을 위해서 10년간 기도하겠다고 말하면서, 만약 그때에도 그가 회심하지 않으면 더 이상의 간구는 소용이 없다는 결론을 내릴 거라고 말했습니다. 그 훌륭한 부인에게 나는 이렇게 말하고 싶습니다. "당신이 10년 동안 기도하는 것은 옳지만, 이스라엘의 거룩하신 분을 제한해서는 안 됩니다. 당신이 누구이기에 달력을 손가락으로 가리키며 '하나님은 내게 그 날에 맞추어 응답할 것이며, 그렇지 않으면 나는 더 이상 기도하지 않겠다'고 말한단 말입니까? 남편이 사는 날 동안 그를 위해 간구하십시오." 한 사람이 말합니다. "그런데요, 저는 오랫동안 은혜를 위해 기도해왔습니다. 이제는 그것을 위해 간구하기를 멈추고 싶어집니다." 만약 당신이 기도의 정당성에 대해 의문을 가진다면, 그 혼동 상태를 지속하지 마십시오. 가능한 한 빨리 간구의 정당성에 대한 의문을 해결하십시오. 그 점에서 동요한다면, 당신의 기도는 주께서 받으시기에 합당치 못한 오락가락하는 기도가 될 것입니다. 만일 당신이 주께서 약속하신 것을 구하고, 확실히 그분의 영광을 위하여 구한다면, 당신은 확신을 가지고 기도할 수 있을 것이며, 육신의 마지막 호흡마저도 그것을 위해 기도하며 쓸 수 있을 것입니다. 여호와로 쉬지 못하시게 하고, 당신 자신도 쉬지 마십시오. 하나님께서 그의 거룩한 곳에서 당신에게 응답하실 때까지 끊임없이, 지속적으로, 계속해서 그분께 간구하십시오.

3. 훨씬 더 주목할 만한 명령

마지막으로 생각할 세 번째 문제는 아주 특별합니다. 우리에게 쉬지 말라는 지시는 주목할 만한 것이지만, 여기에 **훨씬 더 주목할 만한 명령**이 있습니다. "**그로 쉬지 못하시게 하라.**" 이 얼마나 놀라운 말씀인지요! 나는 내게 임한 엄숙한 경외심을 가지고 말합니다. 주께서 황송하게도 그처럼 관대하게 말씀하실 때, 우리는 곱절로 경외심을 가져야 합니다. 하나님을 쉬지 못하게 하십시오! 나는 그러한 명령에 어안이 벙벙합니다. 은혜로우신 성령이시여, 오셔서 저에게 어떻게 말해야 할지를 가르쳐주소서!

첫째로, 나는 여기서 **끈질긴 강청(强請)**이 명하여짐을 명백히 봅니다. "그로 쉬지 못하시게 하라"는 우리 주님께서 친히 위대하신 하나님께 대하여 우리에게 내리신 명령입니다. 나는 여러분 중에 누구라도 어느 거지에게 끈질기게 구하라고 조언한 적이 있다고 생각하지 않습니다. 여러분은 이렇게 말한 적이 있습니까? "당신이 건널목을 건너는 나를 볼 때마다 한 푼 달라고 내게 요청하시오. 만일 내가 당신에게 돈을 주지 않거든, 내 뒤에서 달려오든지, 혹은 거리를 내려가는 줄곧 나를 부르면서 오시오. 만일 그래도 소용이 없거든, 나를 붙잡고, 내가 당신을 도울 때까지 나를 가지 못하게 하시오. 멈추지 말고 구하시오." 여러분 중에 어느 누가 무언가를 신청하는 자들에게 자주 찾아오라고 초대하고, 큰 요청을 하라고 말하겠습니까? 오, 그런 일은 없습니다! 끈질긴 요청은 사람들이 이 땅의 혜택을 구할 때는 아주 흔하지만, 슬프게도 하늘의 일과 관련해서는 찾아보기 힘듭니다. 주께서 우리에게 권면하시는 것이 그분에 대해 끈질기게 요청하라는 것입니다. 그분은 실제적으로 이렇게 말씀하시는 셈입니다. "나에게 조르라! 나를 재촉하라! 나를 견딜 수 없게 하라. 마치 사람이 다른 사람을 쓰러뜨려 이기려고 애쓰는 것처럼, 나와 씨름하라!" 이 모든 의미가, 그 이상의 의미가, "그로 쉬지 못하시게 하라"는 표현 속에 포함되어 있습니다. 강청함을 명하시는 것입니다.

강청은 하나님께 영향을 미칩니다. 구주께서는 얼마나 생생하게 그분의 비유에서 그것을 제시하셨는지요! 그 가난한 과부는 불의한 재판장에게 정의를 요청했습니다. 그녀는 정당한 근거를 가졌고, 그래서 법정에 나타나 정의를 요청했으며, 거기서 그것을 기대했습니다. 그녀는 외쳤습니다, "재판장님, 제 사정을 들어주십시오!" 아무런 반응이 돌아오지 않습니다. 그 무례한 재판장은 그녀의 말을 들어줄 수 없다고 선언합니다. 법정은 다른 송사들로 분주했습니다. 잠시 휴식하는 시간이 되었을 때, 그녀의 외치는 소리가 들려옵니다. "재판장님, 지금은 잠시 쉬는 시간입니다. 제 말을 들어주시겠습니까?" 그녀는 냉정하게 거절당합니다. 다음날 그녀가 나타납니다. 그 다음날, 또 그 다음날에도 나타납니다. 그녀의 사정은 긴급하고, 그녀는 너무나 간절하게 사정을 알리려고 합니다. 다시 한 번 그녀는 법정 밖으로 쫓겨납니다. 그 때 내려진 지시는 그녀가 접근하지 못하도록 하라는 것입니다. 하지만 그녀는 어떻게든, 애처롭고도 뼈에 사무치는 목소리를 시도 때도 없이 들리게 합니다. 원수에게서 건짐을 받게 해 달라고 하는 요청입니다. 법정이 문을 닫고 있을 때 그녀가 외칩니다. "재판장님!" 돌아오는 대답은 이러합니다. "당신에게 신경 쓸 겨를이 없다고 전에 말하지 않았소?" "하지만, 재판장님!" 그는 발걸음을 돌려 집으로 갑니다.

다음날 아침 그가 대문에 모습을 나타낼 때, 거기에 그 과부가 있습니다. 그녀가 "재판장님!" 하고 외칩니다. 그는 욕설을 하면서 그녀에게 퇴짜를 놓습니다. 그는 법정으로 출근하여, 자기 자리에 앉습니다. 그 높으신 재판장은 판사석에 앉아 있고, 그 주변에는 경관들이 지키고 있습니다. 그는 아주 중요한 인물이기 때문입니다. 그에게 들려오는 첫 번째 목소리는 이러합니다. "재판장님, 당신께 간청합니다. 내 원수에 대한 나의 원한을 풀어주소서!" "또 그 여자로군! 그녀를 내쫓아라. 다음 사건을 진행하라." 하루 온종일, 잠시 휴정할 때마다, 혹은 그 재판장이 쉬려고 일어설 때마다, 거기에는 동일한 한맺힌 외침이 들려옵니다. "오 재판장님, 제 말을 들어주소서. 당신께 간청합니다!" 그 과부가 그를 따라다니며 괴롭힙니다. 그 재판장은 그 슬픈 얼굴의 과부가 마른 손가락을 펴들고서 "제 말을 들어주소서. 재판장님, 제 말을 들어주소서!" 하며 소리치는 꿈을 꿉니다. 다음날 아침, 그것은 꿈이 아닙니다. 그가 조반을 들고 있을 때, 하인이 와서 말합니다. "어떤 사람이 주인님을 뵙기를 요청합니다. 그녀는 아주 빈번히 문에 있던 자이며, 가려고 하지 않습니다." "그녀의 모습이 어떠하든가?" "저, 상복을 입고 있었습니다. 틀림없이 과부처럼 보였습니다." "그녀를 쫓아버리게. 그녀는 정말 성가신 존재야!" 그는 법정으로 갑니다. 그리고 거기에 그 여인이 있습니다. 그녀가 다시 시작합니다. 그 때 재판장이 속으로 생각합니다. "내가 하나님을 두려워하지 않고 사람을 무시하나 이 과부가 나를 번거롭게 하니 내가 그 원한을 풀어 주리라 그렇지 않으면 늘 와서 나를 괴롭게 하리라"(눅 18:4-5). 주님은 그 여인의 강청을 우리를 격려하기 위한 한 본보기로 제시하십니다. "하물며 하나님께서 그 밤낮 부르짖는 택하신 자들의 원한을 풀어 주지 아니하시겠느냐?"(눅 18:7). 그 과부처럼 기도하십시오. "아니요(No)"를 응답으로 간주하지 마십시오.

다른 경우를 생각해보겠습니다. 한 사람에게 친구가 있는데, 그 친구가 한밤중에 집으로 찾아왔습니다. 그 친구는 먼 길을 걸어왔고, 지금 매우 지쳐 있습니다. 그가 친구 집 문에 이르러서는 이렇게 말합니다. "마침내 이곳에 도착해서 기쁘군. 나는 뜨거운 태양 아래서 길을 잃었고, 길을 찾아 자네 집 앞에 도착하는데 여러 시간이 걸렸네. 내게 빵을 좀 주게나. 배고파서 거의 죽을 지경이라네." "내 집에 빵은 없네. 자네에게 내놓을 것이 아무것도 없군. 들어와서 잠을 청하게. 하지만 음식은 하나도 없다네." "오호라! 나는 잠을 잘 수가 없네. 나는 배고파서 정신이 혼미할 지경이네. 자네에게 호소하니, 음식을 찾아보게. 그렇지 않으면 나는 죽고 말겠네." 그 동정심 많은 집 주인은 거리를 따라 내려가 한 친구를 찾아가서, 그에게 세 조각의 빵을 얻어오기로 결심합니다. 그가 문을 두드립니다. 하지만 응답이 없습니다. 그는 두드리고, 또 두드리고, 그의 이웃을 크게 부릅니다. 똑! 똑! 똑! 이보게! 이보게! 이보게! "나는 내려가지 않겠어!"라고 잠자리에 있던 사람이 단언합니다. "나는 가지 않을 테야!"라고 밑에 있는 사람이 말합니다. 그는 계속해서 소리치며 문을 덜커덕거립니다. 똑! 똑! 똑! 두드리는 소리가 계속해서 들립니다. 위에 있는 사람은 반대로 돌아눕기도 하면서 잠을 자려고 시도해봅니다. 하지만 그럴 수가 없습니다. 노크 소리가 너무나 단호합니다. 비록 그가 자기 친구여서 돕지는 아니할지라도, "그 간청함을 인하여 일어나 그 요구대로 줄 것입니다"(참조. 눅 11:8). 이런 식으로 기도하십시오, 그러면 구하는 바를 얻을 것입니다. 오, 은혜를 위하여 하나님의 문이 열릴 때까지 두드리십시오! 만일 여러분이 강청의 기술을 이해한다면 여러분은 구하는 바를 얻을 것입니다.

"그로 쉬지 못하시게 하라!" 만일 우리가 강청하는 것이 옳지 않고 하나님께 대하여 효력도 없다면, 그렇게 하라고 명하시지도 않았을 것입니다. 우리는 주께서 명하신 것을 안전하게 권할 수 있습니다! 하나님은 자기 백성의 끈질긴 기도에 의해 움직여지실 수 있습니다. 우리가 끈질긴 믿음으로 기도한다면, 그분은 들으실 것입니다. 반드시 들으실 것입니다!

우리 편에서의 강청함은 하나님 편에서는 임박한 행동의 표징입니다. 구약의 묘사에 따르면, 때때로 주님은 그분의 오른손을 품에 넣어두시는 것처럼 보입니다. 우리는 그분께 부르짖습니다. "오 주여, 언제까지입니까?" 하지만 그분의 오른손은 여전히 그분의 품에 있습니다. 오류가 만연하고, 죄가 이기며, 하나님의 백성은 멸시받습니다. 하지만 그분의 오른손은 여전히 그분의 품 안에 있습니다. 기도를 쉬지 마십시오. 또 그분을 쉬지 못하시게 하십시오. 머지않아 그분은 오른손을 품에서 빼실 것이며, 소매를 걷어붙이실 것입니다. 그리고 여러분은 그분의 펴신 팔이 어떤 일을 행하는지를 볼 것입니다. 그분은 그분의 때가 된 것을 보시자마자 일하실 것입니다. 그 때란 우리가 간절할 때이며, 그분을 쉬지 못하시게 할 때입니다.

때로는 하나님의 일이 너무나 잘 진행되어 우리에게 감사할 이유가 풍성합니다. 하지만 우리는 그러한 속도가 크게 빨라질 수도 있다고 느낍니다. 일백 명을 구원할 수 있는 한 번의 설교가, 하나님이 크게 축복하신다면, 일천 명이라도 능히 구원할 수 있습니다. 한 사람의 마음을 뒤흔든 동일한 진리가, 위대하신 성령에 의해 적용된다면, 일백만 사람들의 마음을 뒤흔들 수도 있습니다. 주님의 말씀의 씨를 뿌리면, 이십 배의 결실 대신 일백 배의 결실을 맺지 못할 이유가 없습니다. 우리는 주의 영이 제한을 받으신다고 상상할 수 없습니다. 하나님이 우리와 함께 하실 때, 모든 일들이 가능합니다. 주께서 그분의 성도들을 열정으로 불붙이실 때, 그분 자신의 일이 결코 뒤처지지 않을 것입니다. 하나님은 결코 자기 백성의 열망에 뒤처지지 않으십니다. 사실상, 그들의 갈망은 그분이 주실 은혜의 전조입니다. 우리가 밤낮으로 부르짖을 때, 하나님은 밤낮으로 일하실 것입니다. 성도들이 부흥을 위해 신음하고 탄식할 때, 그것은 부흥이 이미 왔기 때문이며, 이미 그들의 영혼 속에서 시작되었기 때문입니다. 신실한 자들의 모임 전체가 간절한 열망과 강청하는 기도로 타오를 때, 우리는 우리의 구원이 가까운 것을 알 수 있습니다.

강청하는 기도는 증대되는 과업의 징표입니다. 교회의 탄식과 부르짖음은 증대되는 고통을 나타냅니다. 기도는 은혜의 온도계입니다. 주님은 그분의 신적인 능력을 상당 부분 자기 백성의 관리에 맡기셨습니다. 불신앙은 힘을 차단합니다. 기록되었듯이, 그분은 "그들이 믿지 않음으로 말미암아 거기서 많은 능력을 행하지 아니하셨습니다"(마 13:58). 반대로, 믿음은 거룩한 힘을 자유롭게 합니다. "믿는 자에게는 능히 하지 못할 일이 없느니라"(막 9:23). 성도들이 모두 살아있고 기도에서 쉬지 않는다면, 그것은 주께서 하늘 창을 여시고, 그들에게 쌓아둘 곳이 부족할 정도로 큰 복을 부어주실 것이라는 지표이자 징후입니다.

내 사랑하는 친구들이여, 마지막으로 이 본문을 실천해야 할 교훈으로 삼기를 권합니다. 내가 돌아와서 전하는 이 첫 설교가 올해 하나님을 섬기는 일에서 기본방침이 되어야 합니다. 여러분은 큰 은혜와 큰 계획을 염두에 두고 있습니까? 아니면 느슨해지기를 더 원합니까? 나는 여러분이 주저하거나 더 인색한 쪽을 택하지 않기를 바랍니다. 주님께서 한두 사람의 마음에 회심하지 않은 자들과 관련하여 고뇌를 주셨습니까? 이런 일이 주일학교에서 가르치거나 이웃에게 전도하러 나가는 여러분에게 일어났습니까? 이런 분위기가 교회의 직분자들 가운데 널리 퍼지고 있습니까? 대부분의 지체들이 이런 상태입니까? 그렇다면 대단한 미래가 우리 앞에 놓여 있습니다. 하나님께서 우리 모두로 하여금 영혼들을 위해 수고하게 하신다면, 우리는 지금보다 더 큰 일들을 볼 것입니다. 형제들이여, 우리는 하나님의 진리를 붙듭니다. 우리가 악하게도 주의 도에서 떠났다면, 우리의 모든 기도가 우리에게 아무런 영적인 진보를 가져다주지 않을 것입니다. 하지만 우리가 영원한 복음을 굳게 붙들고 있기에, 지금 필요한 것은 이

제단에 떨어져 제물을 사르는 하늘로부터의 불입니다. 오, 거룩한 성령이시여! 오, 하나님이 친히 우리 가운데 일하시기를 원합니다!

주를 경외하는 여러분에게, 여호와로 기억하시게 하는 여러분에게 권면합니다. 많이 기도하고 증언하십시오. 기도하고 전하십시오. 잠잠하지 마십시오. 단순한 복음을 분명하게 말하십시오. 피로 사신 용서에 대해 더 많이 말할수록 더 좋습니다. 이번 주에 나는 사랑하는 형제 아치볼드 브라운(Archibald Brown)을 만났습니다. 그가 내게 런던 동부에 사는 어느 불쌍한 사람에 대해 들려주었는데, 그는 영혼을 얻기를 바라는 어떤 형제의 방문을 받았습니다. 그는 거칠고 악한 사람이었습니다. 그는 아팠고, 그 방문자는 그와 오랜 시간 대화를 나누었습니다. 아무런 감동도 주지 못한 듯이 보였으며, 마침내 어느 날 그는 그에게 대속에 대해 설명했습니다. 그러자 그 사람이 날카롭게 질문했습니다. "만일 내가 예수님을 믿으면, 그분이 내 모든 죄를 친히 가져가신다고 말하는 건가요?" "그렇습니다. 그분은 친히 나무에 달려 그 몸으로 당신의 모든 죄를 담당하셨습니다." 그가 소리쳤습니다, "그렇다면, 그분이 내 모든 죄를 담당하셨다면, 나는 그 짐들을 벗는 것이군요." "예, 그것이 영광스러운 진리입니다. 주님이 당신의 죄 때문에 고난을 받으셨습니다." "그렇다면 내가 죄 때문에 고통을 당하지 않아도 되나요?" 그 방문자가 대답했습니다, "예, 당신의 죄가 제거되었지요." 그 거친 사람이 말했습니다. "그런 말은 전에 들어본 적이 없습니다. 그것은 내가 들었던 가장 아름다운 말입니다. 저는 그것을 믿습니다. 하나님을 찬양합니다. 저는 그것을 믿습니다, 저는 구원받았습니다!"

조금 후에 그의 아들이 들어왔습니다. 그는 거칠고 악한 부류에 속하는 또 한 사람이었습니다. 그 방문자가 그를 권면하기 시작했습니다. 그 나이든 사람이 소리쳤습니다. "그에게 기탄없이 말씀하세요. 효과가 있을 겁니다." 그렇습니다. 기탄없이 말하는 것이 효과가 있을 것입니다. 그 방문자는 죄인을 대신하여 죽으신 예수님의 이야기를 들려주었고, 기탄없이 전한 그 말에 효력이 있었습니다.

우리의 주된 임무는 "보라 세상 죄를 지고 가는 하나님의 어린 양이로다"(요 1:29)라고 외치는 것입니다. 우리는 사람들에게 예수님을 바라보고 살라고 말해야 합니다. 잠잠하지 마십시오. 이 구원의 소식을 널리 전하십시오. 십자가를 전하고, 피를 변론하십시오. 예수님을 위하여 전하고 기도하십시오. 그분이 전부이십니다. 그분의 희생을 전면에 내세우십시오. 그러면 하나님이 그분 자신의 말씀으로 복을 주실 것입니다. 오, 그분이 우리에게 진정한 은혜의 사역을 감당하는 영광스러운 시대를 허락하시길 빕니다! 아멘.

제
87
장

천국으로 가는 길 닦기

"돌을 제하라."—사 62:10

"돌을 제하라!" 말하자면, 왕의 길에서 돌을 가려내라는 뜻입니다. 길을 정돈하고, 죄인들이 올 공간을 만들라, 모든 거치는 돌들을 치우라, 복음을 명확하고 단순화하라, 구주께로 나아가는 길에서 장애물과 방해물들을 발견하는 자들을 도우라는 뜻입니다. 그런 돌들이 있으며, 사탄은 그런 돌들의 수를 늘리려고 애씁니다. 주의 종들은 그것들을 제하여야 합니다. 그것이 내 목표입니다. 나는 그 이상의 어떤 것을 시도하기를 원치 않습니다. 나는 단지 아주 단순한 생각과 언어로, 죄인들을 그리스도께로 오지 못하게 막는 것들을 치우려고 애쓸 것입니다. 이런 노력을 하는 동안 아마도 영원하신 성령께서 그들을 예수님께로 데려오실 것이며, 그들은 현장에서 구원을 발견할 것입니다. 그 목표를 위해 이미 구원받은 자들은 모두 주를 향해 힘차게 부르짖어, 그분의 구원의 능력과 위로의 은혜를 구하도록 합시다.

사랑하는 친구들이여, 불쌍한 영혼들이 예수님께로 올 때, 일반적으로는 그들 자신이 가장 악한 원수들입니다. 그들은 구원받아서는 안 될 이유들을 찾아내는데 특별한 재능을 가지고 있습니다. 그들은 기이한 문제에 심취하고, 그래서 실망할 이유를 찾아서 하늘과 땅과 바다를 돌아다닙니다. 그들은 문제가 없는 곳에서 문제들을 창작해냅니다. 소자들을 돌보는 임무를 맡은 목사는, 그런 성격의 사람들을 전에 경험해보았음에도 불구하고, 아주 종종 당혹스러움에 빠집니다. 목사는 종종 호기심을 가진 죄인들이 상상해내는 이상하고 새로운 난제들과, 그들이 왜 예수 그리스도를 믿어서는 안 되는지에 대해 스스로 고안해 내는 이유들 때문에 난처하게 됩니다. 인간의 정신이 어떻게 그렇게 꼬여서 복잡한 매듭을 만들어내는지 생각하기도 어려울 정도입니다. 죄인들의 수만큼, 주장들도 가지각색입니다. 각각의 사람이 자기 자신만의 논리를 가지고 있어서, 그 논리로 자기 자신의 구원의 불가능을 입증하려고 수고합니다.

곰곰이 생각해보면 이것이 그리 놀랄 만한 일로 여겨지지도 않습니다. 왜냐하면 그들은 오랫동안 죄 속에서 살아왔고, 그들이 자신들의 상태를 보기 시작할 때 두려움으로 어쩔 줄 모르게 되는 것은 놀랄 일이 아니기 때문입니다. 별안간 자기 발밑에서 지옥이 열리는 것을 보고서 두려움으로 가득하지 않게 될 자가 누구입니까? 그들은 최근까지 만족을 주지 못하는 찌꺼, 즉 돼지나 배불릴 뿐 사람에게 기운을 돋우지 못하는 찌끼 외에는 아무것도 먹지 못했습니다. 그들은 매우 약하고 가진 것도 없기에 아버지 집으로 향하는 길에서 비틀거리지 않을 수가 없습니다. 불쌍한 영혼들, 그들은 다음에 어떤 일이 생길지 알지 못하여 혼비백산합니다. 그들의 귀에는 멸하는 천사가 복수를 위해 뒤쫓아 오는 무시무시한 소리만 들릴 뿐입니다. 그들은 하나님이 그들에게 진노하신 것을 알며, 아직 회개하는 죄인들을 향한 그분의 크신 사랑을 이해하지 못합니다. 그래서 그들은 밤중에 "불이야"라고 하는 소리가 들릴 때 이층에서 벌떡 일어나 어느 방향으로 가야 하는지 모르는 사람들과 같습니다. 혹은 그들을 바다에서 큰 위기를 당하여, 이리저리 요동치고, 마치 술 취한 사람처럼 비틀거리며, 어쩔 줄 모르는 선원들에 비유할 수도 있습니다. 우리가 제시하는 위로를 그들이 거절하는 것을 나는 이상히 여기지 않습니다. 왜냐하면 환자가 모든 종류의 식사를 거절하는 것은 큰 질병의 결과이자 증상들 중의 한 가지이기 때문입니다. 그는 식욕을 잃었고, 너무 아파서 먹을 수가 없습니다. 그의 영혼은 거의 죽음의 문턱에 가까워졌습니다.

두려움과 연약함에 더하여, 일반적으로 각성한 죄인들은 영혼들의 큰 원수가 가하는 맹렬한 공격의 대상입니다. 사탄이 그리스도께 오려는 한 영혼을 볼 때, 그는 서둘러 죄인의 의심과 두려움을 악화시키며, 그의 영혼에 곱절의 풍랑을 일으킵니다. 그 때가 마귀에게는 "지금이 아니면 다시 오지 않는 기회"입니다. 마귀는 그것을 인식하고 있습니다. 만약 그가 지금 가련한 영혼들을 산산조각 찢어서 완전한 절망으로 몰아넣지 않으면, 그 영혼들은 곧 그리스도의 우리 안에 있을 것이며, 거기서는 마귀가 절대로 그들에게 다시 손을 대지 못할 것입니다. 그들은 옛 노예주인의 손에서 막 벗어나려 하고 있으며, 만약 그가 그들을 되돌려서 새로운 쇠사슬로 묶어두지 않으면, 그는 영원히 자기 포로들을 잃을 것입니다. 그들은 새벽별을 따라서 자유의 나라로 들어갈 것이기 때문입니다. 거기서는 그의 채찍이 그들에게 닿을 수가 없습니다. 그래서 그는 곱절의 술책과 잔인한 행위들을 활용하여, 그 불쌍한 죄인들을 억압하고 당혹스럽게 하는 것입니다. 그들의 정신은 그들에게 해가 되는 말까지도 기꺼이 믿으려는 상태이기에, 그 교활한 거짓말쟁이는 그들의 정신의 현(絃)을 능숙하게 연주합니다. 한편으로는 고민스러운 양심과 또 한편으로는 사탄 때문에, 구원의 길을 찾는 죄인이 미궁에 떨어지고, 어느 쪽으로 갈지를 모르게 되는 것도 이상한 일이 아닙니다. 그는 희망의 근거를 볼 수 없고, 오히려 수많은 절망의 이유들만 볼 뿐입니다. 그렇기 때문에 이러한 거치는 돌들을 불쌍한 초심자들의 길에서 제거하려고 애쓰는 것은 꼭 필요하고도 거룩한 일입니다. 내가 이 선한 일을 시도할 때, 그 결과는 훨씬 좋을 것입니다. 왜냐하면 나는 오는 죄인에게 그리스도께 가도록 가리킬 것이며, 그분은 모든 실제적인 거치는 돌들을 효과적으로 제거하시기 때문입니다. 만일 죄인이 진정으로 회개하고 주 예수 그리스도를 믿기만 하면, 죄인을 하나님께 가지 못하게 막을 수 있는 것은 아무것도 없습니다.

1. 길에서 거치는 돌들을 제거하기

먼저, 길에서 얼마간의 돌들을 제할 목적으로, 아주 오래되고 아주 일반적인 난제에서 시작하도록 합시다. 우선 나는 선택의 교리에 주목합니다. 많은 사람들이 이런 식으로 말합니다. "어쩌면 저는 하나님이 택하신 백성 중 하나가 아닐 겁니다. 내 이름이 어린 양의 생명책에 기록되지 않았을 것입니다." 불신이 계속해서 그런 생각을 밀어 넣습니다. 그것은 의심하는 자들이 좋아하는 주제입니다.

내 사랑하는 친구들이여, 내가 예정의 신비를 설명하려고 시도하거나, 혹은 선택의 교리를 잠시 부인하려 한다고 생각하지 마십시오. 나는 선택의 교리를 하나님의 존재에 대한 교리만큼이나 확실하게 진리라고 믿습니다. 나는 교묘한 사색가에 의해 끝없이 제안되는 형이상학적 난제들을 해소하려고 시도하는 것이 아닙니다. 나는 그런 문제들은 다른 사람들에게 맡겨두고, 그들이 자신들의 임무를 즐기기를 바랍니다. 내가 굳이 그런 수고를 감수하려든다면 나는 그저 굴러 떨어지는 돌을 계속해서 다시 굴려 올리는 시시포스(Sisyphos, 그리스 신화에 나오는 코린토스의 왕으로 죽은 후 지옥에서 돌을 산꼭대기에 굴려 올리면 다시 굴러 떨어져 그 일을 끊임없이 되풀이해야 하는 벌을 받았음 — 역주)처럼 될 뿐입니다. 자유의지와 예정에 관한 난제들은 존재해왔고, 존재하며, 세상 끝까지 아니 영원까지 존재할 것입니다. 내 생각에는 그 둘 모두 확실한 사실들이지만, 그 둘이 어디서 만날지는 하나님 외에는 아무도 모릅니다.

하지만 존 번연이 그의 책 『넘치는 은혜』(*Grace Abounding*)에서 이 난제를 다룬 방식이 있는데, 나는 모든 시험당하는 영혼에게 그 책을 열렬히 추천합니다. 『넘치는 은혜』라고 제목을 붙인 그의 자서전에서, 번연은 자신이 많은 날 동안 그 교리와 관련하여 혼돈스러웠다고 말합니다. 마침내 그에게 이런 생각이 머리 속으로 들어왔습니다. — "하나님의 책에서, 예수님을 의지하고서 혼동에 빠진 죄인이 있었던가를 찾아보라." 그래서 그 훌륭한 사람은 창세기 처음부터 계시록 마지막까지 성경을 자세히 읽는 일에 착수했습니다. 하지만 그는 그리스도께 오고서 선택받지 않았다는 이유로 거절당한 죄인의 사례를 단 한 번도 찾지 못했습니다. 그 때 올가미가 풀어졌고, 그는 말했습니다. "나도 갈 것이다. 그분이 나를 거절하시지 않으리라." 거기에 그 난제에서 빠져나오는 실제적이고 상식적인 길이 있습니다. 나는 그 문제를 실제적으로 다룰 때에 이렇게 말하는 것보다 더 나은 방식을 알지 못합니다. "나는 예수님이 내게 명하셨기에 그분에게 갈 것이다. 그분이 '내게 오는 자는 내가 결코 내쫓지 아니하리라'(요 6:37)고 말씀하셨다. 만일 내가 그분에게 가는데 그분이 나를 쫓아내신다면, 그분이 약속을 어기시는 것이다. 하지만 그분은 결코 그렇게 하실 수 없으니, 나는 담대히 그분의 피에 의지하여, 내 영혼의 구원을 그분 손에 맡길 것이다."

다른 문제들에서 여러분은 그렇게 행동합니다. 여러분이 병들었고, 회복되도록 예정되었는지 아닌지의 여부를 모르지만, 여러분은 의사를 찾아갑니다. 여러분이 부자가 되도록 정해졌는지에 대해 알 수 없겠지만, 여러분은 돈을 벌기 위해 노력합니다. 여러분은 하루를 넘겨 살지에 대해 알지 못하지만, 여러분은 자신에게 빵을 제공하기 위해 일합니다. 이런 식으로, 이론으로는 결코 풀 수 없는 매듭을 상식이 끊어버립니다. 복잡한 논쟁거리들을 내버려두고, 분별 있는 사람들로서 행동하십시오. 예수님이 당신을 거절하실 것인지 그분에게 가서 확인해 보십시오. 그러면 당신은 구원을 받을 것입니다.

또 하나의 난제는, 아주 흔한 문제인데, 깊은 죄의식입니다. 어떤 사람들에게 죄의 자각과 다가올 진노에 대한 두려움이, 한 가지 지독한 죄에 대한 기억에서부터 떠오릅니다. 나는 일생 지은 나머지 모든 죄들보다 한 가지 흉악한 죄로 인해 더 크게 근심하는 사람들을 알고 있습니다. 한 가지 거대한 오점이 낮이고 밤이고 그들의 면전에 나타나고, 그것이 그들의 영혼을 태우는 듯합니다. 하지만 다른 사람들에게는, 그들이 행한 일련의 죄악들 전체, 경솔한 불신앙으로 점철되었던 삶이 엄청난 무게로 짓누릅니다. 그들은 지은 죄들을 셀 수 없다는 것을 알며, 그런 시도를 하지도 않습니다. 하지만 그들의 모든 죄들은 마치 성난 바다 물결이나 먹이를 향해 울부짖는 한 무리의 굶주린 늑대들처럼 그들을 에워싸며, 혹은 반파된 배를 삼키려고 폭풍을 몰고 오는 짙은 구름과 사나운 바람처럼 그들에게 맹렬하게 달려듭니다. 그래서 그들은 그들의 입장에서 구원이 가능하다고 거의 상상도 하지 못합니다. 내 형제여, 나는 당신의 손을 붙잡고, 이 말을 하고 싶습니다. 당신은 그리스도께서 십자가에 죽으신 것이 허사라고 생각합니까? 그분이 그토록 잔인하고 수치스러운 죽음을 당하신 것은 틀림없이 어떤 큰 이유가 있기 때문입니다. 그 이유란 곧 '큰 죄'입니다. 만약 큰 죄가 없었더라면 크신 구주의 필요도 없었을 것입니다. 구주께서 당신의 죄보다 훨씬 크시고, 그분의 공로가 당신의 죄악보다 훨씬 크다는 것을 분명히 아십시오.

> "세상이 만들어진 때부터, 혹은 시간이 시작된 때부터,
> 의지와 말과 생각과 행위에서
> 인류가 범한 모든 죄들이
> 한 가련한 죄인에게 올려진다 해도,
> 예수의 보배로운 피를 뿌리면
> 그 끔찍한 죄의 짐이 벗어지리라."

지옥 문 밖에 서 있는 가장 추악한 죄인도 예수님을 믿으면, 그 순간 그의 모든 죄는 사라질 것입니다. 예수 그리스도의 피에는 무한한 효력이 있고, 또 틀림없이 그럴 수밖에 없습니다. 하나님의 아들이 공의의 채찍질을 당하지 않으셨습니까? 사랑하는 이여, 그분의 대속의 고난에는 당신이나 나의 능력으로는 측

량할 수도 없는 공로가 있음에 틀림없습니다. 죄가 당신을 괴롭게 합니까? 그렇다면 “사람에 대한 모든 죄와 모독은 사하심을 얻을 수 있다”(마 12:31)고 기록된 말씀을 기억하십시오. 또한 이 말씀을 기억하십시오. “그 아들 예수의 피가 우리를 모든 죄에서 깨끗하게 하실 것이라”(요일 1:7). 또 이런 말씀도 기억하십시오. “오라 우리가 서로 변론하자 너희의 죄가 주홍 같을지라도 눈과 같이 희어질 것이요 진홍 같이 붉을지라도 양털 같이 희게 되리라”(사 1:18). 여러분이 알지 모르겠지만, 나는 이 문제에 대해 여러분에게 말해야 하는 것에 행복을 느끼지만, 한편으로는 내가 마땅히 말해야 하는 대로 말하지 못하는 건 아닐까 하는 생각에 화살이 나를 꿰뚫는 느낌을 받습니다. 오, 가련하고 고통 받는 죄인들이여, 죄 때문에 하나님께 오는 것을 단념할 필요가 없음을 이해하기 바랍니다. 예수 그리스도의 피가 정의의 보좌 앞에서 예수에게 와서 그분을 의지하는 모든 자들의 모든 죄를 이미 제거하였기 때문입니다. 여러분이 하나님이 보내신 구주를 믿으면, 여러분의 죄는 이미 제거되었고, 여러분은 하나님이 사랑하시는 아들 안에서 받아들여진 것입니다.

어떤 사람들의 경우에, 길에 있는 또 다른 돌은 은혜의 날이 지나갔다는 두려움입니다. 아마도 그런 근심 때문에 쓰러진 사람은 이곳에 한두 사람에 불과하겠지만, 그 한두 사람이 귀하기에, 나는 그들을 찾아 도와야만 합니다. 번연의 『넘치는 은혜』를 다시 읽어보십시오. 그러면 그가 스스로에게 이렇게 말한 대목을 발견할 것입니다. “오, 칠 년 전에 내 마음을 하나님께 드렸더라면 좋겠지만, 이제는 분명 너무 늦어버렸어.” 그 때 그는 베드퍼드(Bedford)에 있는 작은 침례교회에 많은 인원이 늘어난 것을 회상하고는, 스스로에게 말했습니다. “이제 하나님께서는 베드퍼드에서 구원하기를 원하시는 모든 백성을 구원하셨으니, 이 가난한 땜장이는 그분이 결코 구원하지 않으시겠지. 내 은혜의 날은 지나가버렸군.” 여러분, 나는 “은혜의 날”(a day of grace)이라고 하는 개념이 어디서 왔는지를 잘 모르겠습니다. 나는 그 가르침이 진리인지에 대해 확신하지 못하며, 더욱이, 만약 그것이 어떤 사람이 회개하고 믿어도 이 생애에서 너무 늦었다는 것을 의미한다면, 나는 그런 가르침을 전면 부인합니다.

오히려 논쟁의 여지 없이 나는 여러분에게 한 가지 확실한 것을 말하겠습니다. 예수님을 믿었으나 너무 늦게 믿어서 구원받지 못한 죄인은 한 사람도 없었다는 것입니다. 이 세상에서 하나님께 예수님의 피로 말미암은 자비를 구하면서 부르짖고, "네 은혜의 날은 지나갔다"고 응답받은 사람은 단 한 사람도 없습니다. 그런 일은 없습니다. 나를 포함하여 어느 누구든, 어찌 감히 한 사람의 은혜의 날이 지나갔다고 말할 수 있을까요? 저 강도의 손이 십자가에 못 박히고, 그 십자가가 높이 세워지고, 그가 피를 흘리며 그곳에 달리고, 곧 죽어 까마귀들에게 그 사체(死體)를 뜯기게 되었을 때, 마치 은혜의 날이 지난 것처럼 보였습니다. 하지만 그 때 그의 영광의 날이 밝았습니다. 구주께서 "오늘 네가 나와 함께 낙원에 있으리라"(눅 23:43)고 말씀하셨기 때문입니다. 주님의 은혜는 한 사람에게 어느 때, 어느 시간에도 올 수 있습니다. 예수님을 믿기에 너무 늦은 때는 없습니다.

사랑하는 형제여, 당신에게도 너무 늦지 않았습니다. 사탄의 제안을 믿지 마십시오. 오십시오, 환영합니다. 은혜의 문은 닫히지 않았습니다. 번연 씨가 그러한 유혹에서 벗어난 것은 이러한 뛰어난 방법에 의해서입니다. 그는 성경을 부지런히 읽었고, 이 구절에 이르렀습니다(여러분은 우리의 친구들인 희년 합창대가 그 노래를 부른 것을 기억할 것입니다). "아직도 자리가 있나이다!"(눅 14:22). 그는 생각했습니다, "오! 그렇다면 내 은혜의 날은 지나지 않았다." "아직도 자리가 있습니다." 그 사실을 붙드십시오. 희망의 때가 지나갔다고 생각하는 여러분에게 호소합니다. "아직도 자리가 있습니다."

"멀리 있지 마시오,
형제들이여, 멀리 있지 마시오.
천사들이 말하길,
천국에 당신을 위한 자리가 충분하다 합니다."

불신의 마귀가 당신을 유혹하여 하나님의 자비와 그분의 능력을 제한하지 못하게 하십시오. 와서, 은혜로우신 하나님의 무한한 긍휼을 배우십시오.

나는 여기저기서 길에 있는 끔찍한 돌에 걸려 넘어진 사람들을 만났습니다. 그런 일이 여러분에게는 일어나지 않았을 수도 있으며, 또 여러분에게 결코 일어나지 않기를 나는 바랍니다. 그 돌이란 이것입니다. 그들은 신성모독적인 생각에 끌리는 경향이 있습니다. 사람이 신앙에 더욱 열심을 가질수록, 그는 이 특이한 유혹을 만날 가능성이 커지는데, 특히 그에게 신체적인 질병이 있는 경우에 그러합니다. 내가 그것을 경험하지 않았더라면 나는 그것을 믿지 않았을 것입니다. 참을 수 없을 정도로 악하고, 무신론적이며, 불경스러운 생각들이, 순수한 정신을 가졌던 사람들의 정신 속에 들어오는데, 그런 생각들은 그들의 의지와 동의에 반하는 것이며 오히려 그들에게 소름끼치도록 싫고 당황스러운 것입니다. 나는 어릴 때 어떤 사람이 저주의 욕설을 하는 것을 들었던 기억이 있습니다. 내 생애에서 그런 불경스러운 말을 들은 것은 그 때가 처음이었으며, 내 느낌은 마치 채찍에 의해 살이 찢어지는 것 같았습니다. 내 생각에 그것은 그 때까지 내 귀에 들려왔던 언어 중 유일한 신성모독의 말이었습니다. 하지만 내가 죄를 자각하며 주님을 찾고 있을 때, 지금은 감히 할 수도 없는 생각들이 스스로 내게 밀치고 들어오곤 했으며, 무릎을 꿇고 있던 나는 깜짝 놀라고 두려워서 벌떡 일어서곤 했습니다. 내가 자비를 구하며 부르짖으려 시도했을 때, 전에 내가 누구에게도 들어본 적이 없었던 어떤 지독한 문장이 내게 떠올랐으며, 전에 내 마음에 품어본 적도 없었던 생각들이 나를 은혜의 보좌로부터 거의 몰아내곤 했습니다.

사랑하는 이여, 아마 당신은 이런 생각들을 이해하지 못할 것이며, 나도 당신에게 굳이 이해하려 들지 말라고 조언합니다. 나는 그런 것들이 사탄의 활동이라고 믿습니다. 그놈은 자기 생각들을 은밀한 방식으로 당신의 영혼 속으로 쏘아댑니다. 그런 것은 당신의 생각들이 아닙니다. 그런 생각들이 찾아올 때 예수 그리스도께 가서 아뢰어야 하며, 그것들이 당신을 절망으로 몰고 가게 두어서는 안 됩니다. 그러한 생각들을 주님께 아뢰십시오. 만약 그것들이 당신의 생각이고, 당신에게 혐오스럽다면, 주님께 그것들을 제하여 달라고 기도하십시오. 하지만 그 생각들이 당신의 생각이 아니고, 사탄으로부터 온 것이라면, 주님에게 그 악한 영을 꾸짖어주시도록 구하고 당신이 평화를 얻을 수 있도록 요청하십시오.

또 한 가지를 말하겠습니다. 만약 이런 생각들이 당신의 것이고, 당신이 그런 죄를 범하였다면, 그리스도께서는 이런 것조차도 용서하실 수 있다고 믿음으로써 그분에게 영예가 되게 하십시오. 당신의 있는 모습 그대로, 당신의 모든 추한 생각들과 함께 당신 자신을 그분의 발 앞에 던져 엎드리십시오. 그러면 그분이 그 모든 것에도 불구하고 당신을 구원하실 것입니다. 사실 작은 죄인은, 예수 그리스도를 신뢰함으로써 그분께 작은 영예를 드릴 뿐이지만, 지금 당신은 스스로를 죄인들 중의 괴수라고 느끼니, 그분의 보혈이 당신을 깨끗하게 하실 수 있다고 믿어 그분께 큰 영광을 드리십시오. 그분은 자기를 힘입어 하나님께 나아가는 자들을 온전히 구원하실 수 있습니다(히 7:25). 오 영혼이여, 이러한 신성모독적인 생각들이 당신을 예수님께로 몰아가도록 하십시오. 그러면 마귀가 그런 것들이 자기 목적에 부합되지 못함을 발견할 것이며, 그런 생각들로 당신을 공격하는 일을 멈출 것입니다. 십자가 아래에 서서, 결코 거기에서 떠나지 않기로 결심하십시오. 그러면 사탄이 당신에게서 떠날 것입니다.

다른 사람들을 빈번하게 넘어뜨리는 또 하나의 돌은 두려움, 공포, 혹은 놀람과 같은 생각의 결핍 혹은 부재입니다. 예수 그리스도가 그들에게 전파되자마자 그분을 믿게 된 어떤 사람들을 나는 압니다. 결과적으로, 그들은 어려움을 거의 겪지 않고 기쁨을 찾은 것입니다. 그런 후, 약간의 시간이 지난 뒤에 그들은 이렇게 말했습니다. "이것은 진정한 회심이 될 수 없습니다. 왜냐하면 저는 다른 사람들이 경험한 공포나 불안을 겪지 않았기 때문입니다." 우리는 많은 부류의 사람들에게 그리스도를 전했고, 그들은 우리의 모든 격려의 말에 이런 식으로 반응했습니다. "오, 하지만 우리는 주의 두려우심을 느끼지 못합니다. 우리는 절망에 빠지지 않았고, 무섭고 불길한 조짐을 자주 접하지 못했습니다. 그러므로 우리는 옳은 길에 있는 것이 아니며, 구원받기를 기대할 수 없습니다."

오, 내 사랑하는 친구여, 만약 당신이 악한 자에게 심한 괴로움을 당하지 않고서도 예수님께 오도록 허락되었다면, 그것에 대해 안달하지 말고 오히려 기뻐하십시오. 당신이 그런 공포들을 겪지 않았다면, 그런 일을 겪지 않은 것을 감사하십시오. 당신이 겉으로 나타나는 죄와 악한 불신앙의 극단으로 치닫지 않고서도 그리스도께 인도된 것을 하나님께 감사하십시오. 죄의 회개는 필수적입니다. 하지만 하나님의 자비를 의심하고 절망으로 치닫는 것은, 필수적이지 않으며, 오히려 해롭고 죄악된 것입니다. 그리스도께서 마귀로 하여금 당신을 준비시키도록 하는 일이 필수적이라고 생각합니까? 불신앙이 구원으로 이끌 수는 없습니다. 가책과 낙망이라는 지옥의 사냥개들에 의해 자주 쫓기는 일이 당신에게 일어나지 않았다면, 당신은 그만큼 선한 목자를 필요로 하는 것이며, 또한 그분에게 환영받는 셈입니다. 천국에 이르기 위해 굳이 지옥문 곁에서 돌아다닐 필요는 없습니다. 당신의 있는 그대로 예수님을 믿으십시오. 그러면 구원을 받을 것입니다. 끔찍한 생각들을 가진 자들은 그것들이 제거된다면 너무나 기뻐할 것입니다. 당신은 불필요한 괴로움을 청하지 말고, 단지 예수님께 오십시오. 당신의 모습 그대로 속죄의 피를 믿으십시오. 그러면 그분이 당신이 그분의 나라에 합당하도록 필요한 모든 것을 주실 것입니다.

또한 죄와 관련한 감수성이 결핍되었다는 생각 때문에 근심하는 자들이 더러 있습니다. 그들은 이런 식으로 주장합니다. "저는 예수님을 믿는 자는 누구든지 구원을 받는 것을 이해합니다. 하지만 저는 저의 죄악성을 느껴야 합니다. 저는 목사님이 때때로 많은 사람들이 느꼈던 깊은 뉘우침과 심령의 상함에 대해 묘사하시는 것을 듣습니다. 제가 그런 종류의 느낌을 경험한 적이 없는 것이 염려스럽습니다. 저의 둔감에도 불구하고 예수님이 저를 구원하실 수 있다고 희망을 가질 수 있을까요?" 그에 대한 우리의 대답은 이러합니다. 상한 심령은 하나님의 은혜의 선물입니다. 그것은 예수 그리스도께서 당신을 구원하셔야 하는 근거나 이유가 아니라, 구원의 일부입니다. 사람은 상한 마음을 갖는 것과, 자기 자신을 예수님께 맡기는 것에 의해 구원을 얻습니다. 당신이 할 일은 그것을 위해 예수님께 오는 것이지, 그것을 스스로 가질 때까지 멀리 떨어져 있다가 그런 후에 그것을 마치 장점으로 간주하면서 그리스도께로 오는 것이 아닙니다. 만일 당신이 예수님께 와서 "주여, 저는 상한 마음을 가져 올바른 상태에 이르렀습니다. 이제 저는 당신께서 저를 구원하실 수 있다고 믿습니다"라고 말한다면, 내가 생각하기에 그분이 당신에게 이렇게 말씀하실 것입니다. "만일 네가 그처럼 많은 일을 행하였다면, 가서 나머지 일을 하라. 만일 네가 은혜를 받기에 스스로를 합당하게 만들 수 있다면, 가서 네 스스로 영광에 이르기에 합당하게 만들라." 비록 당신이 상한 마음을 가지지 못했어도, 예수님께 와서 그것을 구하십시오.

"참된 믿음과 참된 회개,
주께 가까이 이르게 하는 모든 은혜를,
돈 없이, 예수 그리스도께 와서 사시오."

당신이 스스로 무언가를 한 후에, 나머지를 위해 예수님을 바라보는 것이 아닙니다. 그런 식으로 생각한다면 부끄러운 줄 아십시오! 당신의 마음을 사랑의 용광로에 녹이는 것은 하나님의 일이니, 그리스도께서 그 일을 행하셔야 합니다. 오십시오, 돌 같은 마음을 가진 죄인이여, 당신 안에 부싯돌과 화강암을 그대로 가진 채 오십시오. 비록 당신이 느끼지 못해도 오십시오. 그리스도께서 당신으로 하여금 느끼게 하실 수 있다고 믿으십시오. 행악과 죄와의 친밀성이라는 용광로에서 강철처럼 달구어진 당신이여, 오십시오, 그리스도께 오십시오. 그분은 당신에게 살 같은 마음을 주시고 또한 돌 같은 마음을 제하실 수 있습니다. 나는 감정의 결핍 때문에 슬퍼하는 자들이야말로 세상에서 가장 잘 느끼는 사람들이라고 확신합니다. 하지만 나는 그 진리에 대해 자세히 언급하지 않을 것입니다. 우리가 스스로 무언가를 느끼도록 해야 하며 그런 후에야 그리스도께서 우리를 구원하실 거라고 상상하는 것은 가장 큰 실수입니다. 죄의 사면을 위한 속죄가 그분의 일이듯이 참회의 느낌을 갖게 하는 것도 그분의 일입니다. 그리스도는 구원에 있어서 알파이며 오메가이십니다. 당신은 그분과 함께 시작해야 하며, 그분과 함께 지속해야 하며, 만일 끝이 있을 수 있다면 마치는 것도 그분과 함께 마쳐야 합니다.

이제 다른 사람이 이렇게 말하는 것을 듣습니다. "아, 하지만 내 길에 있는 돌은 내가 믿을 수 없다는 것입니다. 내게는 가져야 할 믿음이 없습니다." 사랑하는 구도자여, 어쩌면 당신은 당신의 믿음에 대해서 잘못 알아온 듯합니다. 당신은 구원받기 전에 충만한 확신으로 믿는 것이 필요하다고 생각합니까? 만일 그렇다면, 귀담아 들으십시오. 구원하는 믿음이라면 가장 작은 알갱이도 사람을 구원할 것입니다. 시므온처럼 그리스도를 당신의 팔로 안는 것은(참조. 눅 2:28), 온전히 성숙한 성도에게 맞는 위대한 행위입니다. 하지만 그분의 옷자락을 만지는 것은 그분을 안는 것과 마찬가지로 확실히 구원에 이르게 합니다. 만일 당신에게 겨자씨 한 알만큼의 믿음만 있다면, 하나님께서 그 믿음을 알아보시고, 그것을 자라게 하실 것이니, 결국 그 믿음이 당신을 구할 것입니다. 주께서 보시는 것은 양이 아니라 질입니다. 당신은 예수 그리스도를 믿습니까? 그것이 핵심입니다. 당신의 구원 전체가 당신이 믿는 것에 달린 것이 아니라, 예수 그리스도의 공로에 달려 있음을 기억하십시오.

어떤 죄인들은 너무 지나치게 그들 자신의 믿음을 바라보고, 믿음의 대상은 충분히 바라보지 않습니다. 우리가 바라보아야 할 것은 그 믿음의 대상이며, 우리가 그렇게 한다면 우리 믿음이 자랄 것입니다. 당신은 자기 믿음을 바라보다가, 마침내 당신에게 믿음이 전혀 없다고 생각할 수 있습니다. 하지만 반대로, 당신은 그리스도를 바라보면 마침내 그분을 믿지 않을 수 없다고 느낄 것입니다.

저 뒤편의 작은 목양실에서 나는 믿을 수 없다고 말하는 이들에게 얼마나 자주 이 진리를 권면하는지 모릅니다. 나는 그런 이들에게 이렇게 말해왔습니다. "당신은 무엇을 믿을 수 있습니까? 당신은 하나님을 믿지 못하나요? 그분이 거짓말쟁이입니까?" 이런 유형의 질문자들에게 나는 이렇게 말합니다. "아하! 만약 내가 당신에게 무언가를 말하는데, 당신이 내게 '나는 당신을 믿지 못합니다'라고 말한다면, 나는 즉시 '왜 믿지 못하나요? 당신이 내 성품에 대해 무엇을 알기에 나를 진실하지 못하다고 생각하는 겁니까?'라고 대꾸해야 하지 않을까요?" 그러면 그들이 즉시 이렇게 대답합니다. "오, 제가 목사님에게 그렇게 말해서는 안 되지요. 만약 목사님이 저에게 어떤 일이 진실임을 안다고 말씀하신다면, 저는 틀림없이 그렇다고 느낄 것입니다. 저는 당신을 믿어야 합니다."

그 말에 나는 이렇게 대답합니다. "그렇다면, 당신은 어떻게 감히 예수 그리스도를 믿지 못하겠다고 말하고, 또 영원하신 하나님을 믿을 수 없다고 말하는 겁니까? 대체 하나님이 진리를 말씀하시는 것을 믿지 못하고, 예수님께서 말씀하시는 것을 믿지 못하겠다고 하는 무슨 이유가 있을 수 있나요? 나는 당신이 믿지 못하겠다고 하는 말을 납득하지 못합니다." 죄를 자각한 죄인이여, 하나님께서 당신이 죄인임을 느끼도록 영적 생명을 주신 바로 그 순간, 그분은 당신에게 생명력을 주셨는데, 그 속에는 죄인의 구주이신 예수 그리스도를 믿을 능력이 내포되어 있습니다. 우리는 당신에게 그 힘을 활용하라고 권합니다. 속죄를 완수하신 주 예수 그리스도를 즉시 의지하십시오.

또한 우리는 사람들이 이렇게 말하는 소리를 듣습니다. "하지만 저는 제가 구원받을 수 없다고 생각합니다. 왜냐하면 저는 아무개와 같지 않기 때문입니다." 좋습니다, 그 아무개가 누구입니까? "음, 저의 할머니입니다. 그분은 영광스럽게 숨지셨지요." 아아, 당신은 어린 아기이고, 그래서 당신은 당신의 할머니처럼 되기를 기대하는군요. 당신은 막 태어나 천국백성의 삶을 출발했을 뿐인데, 믿은 지 오래된 그리스도인이 알고 행하는 모든 것을 알고 행하길 기대하는군요. 자기 정원에 사과나무를 심은 어떤 사람도, 다음 가을에, 마치 심은 지 이십 년 지난 과수에서 얻는 것처럼 거기에 사과들이 주렁주렁 달려 있을 거라고 기대하지 않습니다. 게다가, 주님은 당신에게서 그분의 긍휼을 얻을 자격이 되도록 하는 열매를 찾지 않으실 것이며, 당신 또한 그런 것을 찾아서는 안 됩니다. 당신의 열매는 다른 나무에서 자라야만 하는데, 그 나무는 곧 구주께서 죽으신 나무입니다. 그분에게서 당신의 열매가 발견될 것입니다. 당신 자신 속에 아무런 선한 것이 없고 또한 당신 자신이 선하지 못한 것에 대해 만족하지 말고, 오히려 예수 그리스도에게서 모든 선한 것을 취하십시오.

한 사람이 말합니다. "아, 하지만 당신은 제가 얼마나 나쁜지 모릅니다." 모르는 것은 당신도 마찬가지입니다. 당신은 당신이 생각하는 것보다 열 배나 나쁠 것입니다. 아니, 당신은 자기 스스로 생각하는 것보다 일천 배나 나쁠 것입니다. 당신은 너무나 나빠서 아무 짝에도 소용이 없습니다. 당신은 땅에도 합당하지 않고 거름으로도 적당하지 않습니다. 하지만 예수 그리스도께서 구원하려고 오신 대상은 쓸모없는 사람들입니다. 존경할 만하고, 뛰어나고, 가치 있는 자들이 아니라, 자기 스스로의 눈으로 보기에 천한 자들, 스스로 생각하기에 아무것도 아닌 자들, 기적이 아니면 어떤 쓸모 있는 존재도 될 수 없다고 느끼는 자들, 바로 이런 자들을 주님은 찾으십니다. "권세있는 자를 그 위에서 내리치셨으며 비천한 자를 높이셨고 주리는 자를 좋은 것으로 배불리셨으며 부자는 빈손으로 보내셨도다"(눅 1:52-53). 이것이 언제나 그분이 사람들을 대하시는 방식입니다. 당신이 스스로에 대해 나쁘다고 느낄수록, 당신은 하나님의 은혜를 더욱 필요로 할 것이며, 그것을 얻을 가능성은 더욱 커집니다. 예수 그리스도를 믿는 단순한 믿음으로, 와서 영생을 취하십시오. 당신이 그렇게 할 수 있도록 하나님의 영이 당신을 이끌어주시길 빕니다.

이 난관들에 대하여 한 번만 더 말하겠습니다. 한 사람이 말합니다. "오! 하지만 저는 어떤 기쁨이나 평안을 갖지 못했어요. 내가 듣기론 구원받은 자들은 매우 행복하고 즐겁다고 하던데요." 아, 자비의 집 문이 활짝 열려 있으며, 당신은 바깥 추위와 눈 속에 있습니다. 그 집 안쪽에(그곳을, 당신은 창문을 통해 볼 수 없나요?) 불가에 둘러 앉아 있는 행복한 자녀들이 있으며, 그들은 저녁을 먹을 때에 맞추어 즐겁게 노래하고 있습니다. 그리고 당신은 바깥 추위 속에 서 있으면서 중얼대고 있습니다. "내가 어떻게 안에 들어갈 수 있을까? 나는 너무나 춥다. 나는 이 겨울 눈보라 속에서 떨고 있다. 그들은 저 안에서 너무나 행복하다. 나는 어찌하여 저 가족 중의 하나이면서, 여전히 여기서 떨고 서 있을 수가 있을까?" 당신은 그런 질문을 할 필요가 없습니다. 거기 문이 있으며, 그것은 활짝 열려 있습니다. 그리스도의 손이 못 박혔을 때 그분은 그 문을 활짝 열어두셨고, 마귀가 그것을 닫지 못합니다. 당신이 들어간다면 안에서 비바람을 피한 사람들과 동일한 기쁨을 가질 수 있습니다. 하지만 당신이 밖에 서 있다면, 그리고서 안에 있는 자들이 누리는 따뜻함을 기대하고, 그들의 즐거운 노래를 추위 속에서 부르기를 바란다면, 당신은 크게 잘못 생각하는 것입니다. 믿음을 발휘할 때 당신은 기쁨을 얻을 것입니다. 오, 예수님을 믿으십시오. 달리 말하자면, 그분을 신뢰하십시오. 그 문으로 들어가 자비의 축복에 참여하게 하는 것은 은혜입니다. 그분을 신뢰하되, 전적으로 신뢰하고, 오로지 그분만을 신뢰하십시오. 그러면 당신은 "믿음으로 의롭다 하심을 받고" 또한 "우리 주 예수 그리스도로 말미암아 하나님과 화평을 누릴" 것입니다(롬 5:1). 주께서 그것을 허락하시고, 찬송을 받으시길 바랍니다.

우리 친구들 중 하나가 기도 모임에서, 내가 오늘 아침 하나님의 백성에게 마치 하나님이 그분의 배고픈 자녀들에게 주시듯 두터운 고기 조각을 줄 수 있도록 기도하였습니다. 그것은 아주 색다르고 많은 것을 연상시키는 기도였습니다. 또한 나는 때때로 그 목적에 따라 행동하려고 시도합니다. 하지만 오늘 밤 나는 얇은 고기 조각을 자르려고 시도하였습니다. 왜냐하면 때때로 주일학교에서, 고기가 너무 두꺼워 어린이들의 입에 넣기에 적당치 않다고 하는 말을 들은 적이 있기 때문입니다. 그래서 나는 내 고기를 얇게 썰려고 노력했고, 만약 이곳에 아기가 있다면, 그 역시도 내가 주는 음식을 먹을 수 있을 것입니다. 나는 심지어 이 주제를 잘게 부수고 그것을 말씀의 젖과 섞어서, 아직 강한 음식을 먹지 못하는 자들에게도 적합하게 만들기를 원합니다. 내 간절한 기도는 성령께서 도우시어 약한 자들도 이 설교에서 양식을 얻고 즐거워하게 되는 것입니다.

2. 길과 진리와 생명이신 분을 가리키기

내가 앞에서 말하기를, 두 번째 부분에서는 돌들을 제거하는 이상의 일을 할 것이라고 했는데, 그렇게 할 것입니다. 여러분에게 "길이요, 진리요, 생명이신" 분을 가리킬 것이기 때문입니다. 그분이 이미 길에서 거치는 돌들을 제거하셨습니다. 천국으로 향하는 여행객이여, 밤의 순례자여, 당신의 눈이 우리 구원의 주, 나사렛 예수 그리스도, 하나님의 아들을 향하게 하십시오. 그분이 어떻게 사막에서 대로를 놓으시고 광야에서 길을 예비하셨는지를 보십시오. 그분을 바라본다면, 굽었던 의지는 곧아질 것이며, 거친 곳이 평지가 되고, 당신은 하나님의 구원을 보게 될 것입니다.

그분을 바라보되, 먼저 이 땅에서 인자(人子)로 계셨던 분으로 바라보십시오. 인간이 구원을 얻을 수 있도록 하기 위해, 하나님께서 친히 그분의 신성을 인간이라고 불리는 가련하고 연약한 피조물의 본성과 연합하시는 일이 필요했습니다. 만약 내가 모든 것을 만드신 신비롭고, 신성하며, 전능하신 영이 실제로 이 땅에 내려오시어 살과 피로 된 몸을 취하셨다는 것을 계시에 의해 알지 못했다면, 그것을 성경의 계시에 의해 배우지 못했더라면, 그런 일이 가능하리라고 상상조차 하지 못했을 거라고 고백합니다. 그런 일은 결코 내 생각에 스쳐지나가지도 않았을 것입니다. 이제 나는 그것을 알고, 그것을 확신하지만, 여전히 그것은 나를 아연실색하게 만듭니다. 천사들이, 인간의 육체에 거하신 하나님을 보았을 때 그들은 놀랐으며(그분이 천사들에게 보인 것은 신비입니다), 지금까지도 그 놀라움은 가시지 않고 있습니다. 죄인이여, 당신이 구원을 얻을 수 있도록 하기 위해, 하나님께서 이곳에서 인간의 육체 안에 거하시는 일이 필요했습니다. 그분이 여기에 계셨습니다! 그분이 지상에 거하셨습니다! 그분이 이 땅에 거하셨습니다! 그 사실은 신비로우면서도 확실합니다! 그분이 베들레헴에서 한 여인의 품에서 잠드셨습니다. 그분이 다른 아기들이 그랬던 것처럼 포대기에 싸여졌습니다. 하나님이 우리와 함께 하셨습니다. 인간으로서 그분이 목수의 가게에서 일하셨습니다! 그분이 이곳에 계셨습니다. 그분이 사람들 가운데 먹고 마셨고, 사람들이 그러하듯이 주무시기도 하고 고통도 겪으셨습니다! 그분이 여기 계셨습니다. 하나님이 죄인들을 구원하려고 인간이 되신 것입니다. 그런 일이 있은 후에 불가능한 일이 있을 수 있을까요?

예수 그리스도께서 한동안 이곳에 거하시고, 사랑의 기적들을 행하시는 일이 필요했습니다. 우리가 조금 전 저녁 강의에서 그 일들에 대해 일부분을 읽었지요. 그분이 병자들을 치료하셨고, 맹인의 눈을 뜨게 하셨고, 죽은 자를 일으키셨습니다. 그렇습니다. 구주께서 이곳에 계셨고 죽은 자들을 일으키셨습니다. 그분이 당신을 일으키시지 못할까요? 그분은 자기 능력을 잃지 않으셨습니다. 어느 정도인가 하면, 그분은 이곳 지상에 계실 때보다 지금 하늘에서 더욱 위대하게 되셨습니다. 그분이 당신의 눈을 뜨게 하실 수 없을까요? 당신의 귀를 열고, 당신의 더듬는 혀를 풀고, 당신이 다리가 저는 것을 멈추며, 마침내 당신이 사슴처럼 뛰게 하는 일을 하실 수 없을까요? 예, 그분은 하실 수 있습니다. 오늘 밤 당신이 앉은 그 자리에서 그 일을 행하실 수 있습니다. 비록 당신이 무거운 짐을 지고서 들어왔지만, 넘치는 기쁨으로 춤을 추고 싶은 사람처럼 나갈 수 있을 거라고 나는 기대합니다. 당신은 이렇게 외칠 것입니다. "주 예수께서 나를 구원하셨습니다. 나 같은 자도 구원하셨습니다!" 그리스도께서 성육신하시고, 지상에서 일하셨다는 사실들은, 두 가지의 굉장한 광경이며, 혹은 같은 영광스러운 광경의 두 측면입니다. 그 사실들이 죄인의 길에서 돌들을 치웁니다.

하지만 사랑하는 이여, 나는 무엇보다도 당신이 마음의 눈으로 모든 광경들 중에 가장 기이한 광경을 바라보기를 바랍니다. 당신이 구원받을 수 있기에 앞서, 하나님의 아들이 죽으시는 일이 필요했습니다. 나는 그분이 지상에 사신 것을 상상할 수 있지만, 누가 그분이 죽으시는 것을 상상할 수 있을까요? 저 저주받은 나무에서 죽으실 때 하나님이 그리스도 안에 계셨습니다. 하늘을 펼치시고 땅을 만드셨고 산들을 쌓아올리신 그분이, 이곳에 계셨고, 사람의 모양으로 거하셨습니다. 병사들이 와서 동산에 계시던 그분을 마치 도적인 것처럼 체포하였고, 그분을 빌라도의 뜰에 끌고 갔으며, 거기서 그분에게 매질을 가했습니다. 거기서 그들이 그분 얼굴에 침을 뱉었습니다. 거기서 그들이 그분에게 가시 면류관을 씌웠고, 그런 후 십자가를 지고 가도록 그분을 정죄했습니다. 그들이 그분을 마치 사냥감 몰듯이 몰았습니다. 그분을, 육체 안에 거하셨던 영원하신 하나님이신 그분을 말입니다. 그들이 예루살렘 거리를 따라 그분을 몰아대었고, 그런 후 그분을 내던지듯이 가로지른 나무에 등을 대도록 하고는, 잔혹한 대못들로 복되신 그분의 여린 손과 발을 뚫었습니다. 그 후 그 십자가를 땅 구덩이 속으로 내려치듯이 하여 세웠습니다. 마침내 모든 뼈들이 어긋나고, 그분이 소리쳤습니다. "나는 물 같이 쏟아졌으며 내 모든 뼈는 어그러졌도다"(시 22:14).

그분은 얼마 전만 해도 천사들의 노래를 들으시고, 스랍과 그룹 천사들이 그 발치에서 찬미를 드리던 분이었습니다. 그런 분이 피투성이가 된 채 나무에 높이 달리셨고, 거기서 엄청난 고통 속에서 죽으셨습니다. 그 고통을 묘사하기란 불가능합니다. 아무도 그 고통과 공포를 알지 못하기 때문입니다. 하나님이 그분을 버리셨습니다. 그분의 아버지가 얼굴을 외면하셨기에, 그분은 쓰린 고통 속에서 외치셨습니다. "나의 하나님, 나의 하나님, 어찌하여 나를 버리셨나이까?"(마 27:46). 이렇게 그분은 나무에 달려 죽으셨고, 그 죽음에서 그분은 그분을 믿을 모든 자들의 죄로 인한 형벌을 감당하신 것입니다. 그분은 그들 대신, 그들이 지옥 구덩이에 떨어졌다면 거기서 겪어야 했던 모든 고통에 상당하는 고통을 겪으셨습니다. 이런 일이 이루어졌으므로, 구원은 단지 가능한 것이 아니라, 성취된 것입니다. 죄인이여, 그것을 믿으십시오! 이제 예수님이 죽으셨거늘 어떤 돌이 남아 있습니까? 하나님께서 속죄를 이루셨습니다. 영원하신 하나님이 친히 인간의 죄를 없애셨습니다. 그대는 왜 의심합니까? 오십시오, 서둘러 십자가로 오십시오. 하나님의 사랑이 나타난 이 놀라운 광경을 응시하십시오. 그것을 응시할 때 당신은 살 것입니다. 예수님을 바라보는 것에 생명이 있고, 그분을 의지하는 모든 자에게 생명이 있기 때문입니다.

하지만 나는 여러분이 이보다 더 아름다운 광경을 보기를 원합니다. 앞의 것도 크게 격려가 되지만, 이것은 더욱 큰 격려를 주는 것입니다. 저기를 바라보십시오! 저기, 그분이 누우셨던 무덤이 있습니다! 사람들이 십자가에서 그분을 데려가, 그분을 향료와 더불어 세마포에 쌌습니다. 그들이 그분을 그곳에 두었습니다. 그곳을 보십시오! 거기에 그리스도께서 아니 계십니다. 무덤이 비었습니다. 그곳에 머리를 쌌던 수건이 있습니다. 하지만 그분은 계시지 않습니다. 그분이 어디에 계실까요? 그분은 부활의 영광 중에 나오셨으며, 여인들에게 이렇게 말씀하고 계십니다. “나를 붙들지 말라 내가 아직 아버지께로 올라가지 아니하였노라”(요 20:17). 그분은 인간의 죄 때문에 죽으셨지만, 자기 백성을 의롭게 하시기 위해 다시 사셨습니다. 왜 그분이 사실까요? 그것은 어떤 인간의 죄도 그분을 무덤에 억류시킬 수 없기 때문입니다. 그분이 담당하셨던 모든 죄를 그분이 제거하셨습니다. 그분이 그것을 묻으셨습니다. 그것은 사라졌습니다. 그것은 그분이 죽으셨을 때 우리에게서 떠났습니다. 그것은 그분이 살아나신 지금 그분에게서도 사라졌습니다. 부활하신 주님은 “허물을 끝내고, 죄들을 종결시키며, 영원한 의를 가져오셨습니다”(KJV, 단 9:24). 부활하신 그리스도를 믿지 않는 자가 누구입니까? 하나님께서 내 보증인을 자유로 놓으셨다면, 내 채무가 해결되었음이 확실합니다. 그리스도께서 나의 죄를 위한 인질로서 아리마대 요셉의 무덤이라는 차가운 감옥에 갇히셨다면, 나는 그로 인해 그분을 찬송할 것입니다. 그러나 그분이 해방되신 것을 볼 때, 나는 더욱더 그분을 찬송할 것입니다. 내 죄가 사라진 것을 알기 때문입니다. 죄의 잔해나 유물은 남지 않았습니다.

> “나의 불의가 가려졌으니,
> 정죄로부터 나는 자유하다네.”

그리스도께서 죽은 자들 가운데서 살아나셨기 때문입니다. 오 죄인이여, 하나님께서 당신을 부드럽게 인도하시어 부활의 신비를 이해하게 하시고, 오늘 밤 당신에게 평화를 주시기를 기원합니다.

하지만 이것이 전부가 아닙니다. 이제 당신의 눈을 저 동산에서 돌려 그 감람원의 꼭대기를 올려다보십시오. 그리고 그 감람원 꼭대기에서 눈을 돌려, 저기를 보십시오! 그분이 하늘에 오르십니다! 그분의 제자들이 쳐다보고 있으며, 그들이 쳐다보는 가운데 그분이 승천하십니다! 그분이 점점 더 높이 오르시고, 마침내 구름이 그분을 가려 보이지 않게 합니다. 하지만 구름이 그 사이에서 막아도, 믿음의 눈은 그것을 꿰뚫어 볼 수 있습니다. 우리는 천사들이 도중에 그분을 맞이하는 것을 볼 수 있습니다.

"그들이 높은 곳에서 그분의 병거를 가져와
그분을 태워 보좌로 안내하네.
그들의 날개로 승리의 갈채를 보내면서, 외치기를
'영광스러운 일이 이루어졌도다!'
천사들이 외치길, '만세, 왕이시여! 영원히 만세!
비길 데 없는 사랑 때문에
왕이 이 영광스러운 나라와
천상의 보좌를 떠나셨었네.'"

여러분은 천사들이 새 예루살렘의 황금 문에 가까이가면서 부르는 노래를 듣지 않습니까? 그들이 노래합니다. "문들아 너희 머리를 들지어다, 영원한 문들아 들릴지어다, 영광의 왕이 들어가시리로다"(시 24:7). 여러분은 성문 위에서 파수꾼들이 문으로 오는 기마대를 향하여 수하(誰何)로 검문하는 소리를 듣지 못합니까? "영광의 왕이 누구시냐?"(시 24:8) 다시 이렇게 대답하는 천사들의 노래를 들어보십시오. "문들아 너희 머리를 들지어다, 영원한 문들아 들릴지어다, 영광의 왕이 들어가시리로다"(시 24:9). 그분이 들어가십니다. 아버지께서 그분을 환대하십니다. "잘하였도다, 잘 하였도다"라고 아버지께서 말씀하십니다. 그분은 아버지 우편에 앉으십니다. 그분의 일생의 사역을 마쳤기 때문입니다. 더 이상의 희생은 필요치 않습니다. 다른 어떤 희생제물이 드려지지 않을 것입니다. 하지만 그분이 거기 앉아계시는 동안, 그분이 무엇을 하시는지 주목하십시오. 그분은 간구하십니다. 그분이 간구하십니다! 그분이 누구를 위해 간구하십니까? 피로 사신 죄인들을 위해서입니다. 그분은 자기를 힘입어 하나님께 오는 모든 자들을 위해 간구하십니다. 만약 지금 당신이 그분을 신뢰한다면, 바로 당신을 위해서입니다. 지옥에서 나온 가장 흉악한 죄인인 당신이여, 당신이 그분을 믿는다면, 그분이 당신을 위해 간구하십니다. 당신은 지금까지 전적으로 타락하고, 망가지고, 유죄를 선고받고, 방종하며, 방탕했을 것이며, 거의 지옥에 떨어진 정도였습니다. 하지만 당신이 그분을 믿으면 희망이 있습니다. 그분의 마음에는 무한한 자비가 있으며, 그분의 간구에는 무한한 능력이 있습니다.

오, 내가 복음을 어떻게 전해야 할지 알기를 얼마나 바라는지요! 오, 모든 귀가 들을 수 있도록 큰 소리로 나팔을 불 수 있기를 바랍니다! 오, 당신은 그리스도를 거절할 겁니까? 그러지 않기를 기도합니다. 그렇게 하면 위험합니다. 오늘 아침 내가 이 강단에 있다가 하나님의 법정으로 부름을 받는다면, 나는 감히 여러분 모두에게 내가 아는 바 내 주님에 관한 위로의 진리를 전하려 애썼다고 말할 수 있습니다. 내가 울어서 여러분을 구주께로 인도할 수 있다면, 나는 그러고 싶습니다. 만일 내 팔로 여러분의 목이라도 붙잡고 여러분을 그분의 발 아래로 데려갈 수 있다면, 나는 기꺼이 그렇게 여러분을 붙잡아 데려가고 싶습니다. 내 형제들이여, 하지만 사람이 그 이상 무엇을 할 수 있겠습니까? 당신은 내 주님을 거절할 것입니까, 아니면 영접할 것입니까? 나는 로마의 대사들이 동양의 왕에게 했던 것처럼 하고 싶습니다. 그들은 모래 위에 원을 그려두고는 말했습니다. "그 원을 통과하시오. 그리고 전쟁을 선언하든지 화친을 하든지 하시오. 당신은 서서 그 원 안에서 결정해야 하오." 나는 오늘 밤에 그런 원을 여러분 주위에 그려놓고, 이렇게 말합니다. "그 좌석에서 움직이지 마시오. 그리스도인지 죄인지, 천국인지 지옥인지, 믿음인지 불신인지를 당신이 선택해야 하오." 성령께서 여러분이 은혜로운 결정을 내리도록 도우시어, 여러분이 이렇게 말하게 되기를 바랍니다. "저는 믿겠습니다. 주여, 저의 믿음 없는 것을 도와주소서. 이제 저는 나 자신을 버리고, 구원받든지 버림을 받든지, 부활하신 주님이 완성하신 일만 의지하겠습니다." 예수님을 위하여, 하나님께서 그런 은혜를 주시길 바랍니다. 아멘.

제
88
장

능력의 구원자

"구원하는 능력을 가진 이"—사 63:1

이 구절은, 물론 우리의 복되신 주 예수 그리스도를 가리킵니다. 그분은 "보스라에서 물들인 붉은 옷을 입고 에돔에서 오는 이"로 묘사됩니다. 그가 누구인지에 대한 물음이 있자, 그분은 이렇게 대답하십니다. "나는 공의를 말하는 자요 구원하는 능력을 가진 이니라"(1절). 그러므로 이 설교의 서두에서 우리가 '우리 구주 예수 그리스도'라고 부르는 분의 사람이자 하나님으로서의 신비롭고 복합적인 위격(Person)과 관련하여 한두 가지를 진술하는 것이 좋을 것입니다.

우리가 그리스도를 하나님이시면서 사람으로 믿도록 배우는 것은 기독교 신앙의 신비들 중의 하나입니다. 성경에 따라, 우리는 그분이 "참 하나님"(very God)이시며, 아버지와 동등하시고 영원히 공존하시는 분이시며, 아버지와 마찬가지로 모든 신적 속성들을 무한하게 소유하신다고 주장합니다. 그분은 아버지의 모든 신적 능력의 행위들에 참여하셨습니다. 그분은 선택의 작정과, 언약의 형성과, 천사들의 창조와, 무로부터 세계를 만들어 우주 공간에 밀어 넣으시고 이 아름다운 자연계의 질서를 창조하시는 일에 관여하셨습니다. 이러한 모든 행위들이 있기 이전에도 거룩하신 구주께서는 영원하신 하나님의 아들이셨습니다. "영원부터 영원까지 주는 하나님이시니이다"(시 90:2). 그분이 사람이 되셨을 때에도 그분은 하나님이시길 멈춘 것이 아니었습니다. 그분은 "간고를 많이 겪은 슬픔의 사람"(KJV, 사 53:3)이 되셨을 때에도 성육신 이전과 마찬가지로

"만물 위에 계셔서 세세에 찬양을 받으실 하나님"(롬 9:5)이셨습니다. 성경의 지속적인 진술들에서뿐 아니라, 그분이 행하셨던 기적들에서도 우리는 풍부한 증거를 가지고 있습니다. 죽은 자를 일으키시고, 바다 물결 위를 걸으시고, 바람을 잠잠케 하시며, 바위를 쪼개시는 등 우리가 여기에서 시간상 다 언급할 수 없는 수많은 기적의 행위들이, 그분이 자기를 낮추어 인간이 되셨을 때에도 여전히 진실로 하나님이셨다는 강력한 증거들입니다. 성경이 우리에게 확실하게 가르치는 것은, 그분이 지금도 하나님이시며, 그분이 지금 아버지 보좌에 함께 앉으시되 "모든 통치와 권세와 모든 이름 위에 뛰어난"(엡 1:21) 분으로 앉아계시며, 그분이 온 세상의 존경과 경배와 숭배의 참되고도 합당한 대상이시라는 것입니다.

또한 우리는 그와 마찬가지로 그분이 사람이심을 믿도록 가르침을 받습니다. 그분은 하늘에서 내려와, 하나님이실 뿐 아니라 사람이 되시어, 스스로 아기의 모양으로 베들레헴의 구유에 계셨습니다. 그 아기에서 출발하여, 그분이 장성하여 어른이 되고, 죄를 제외하고는 모든 일에서 "우리의 뼈 중의 뼈요 살 중의 살"이 되셨다고 우리는 성경에서 듣습니다. 그분의 고난, 그분의 배고픔, 무엇보다 그분의 죽음과 장사는, 그분이 진실로 사람이셨음을 증언하는 강력한 증거들입니다. 기독교 신앙에서 우리에게 요구되는 것은, 그분이 사람이실 때에도 진실로 하나님이셨음을 믿는 것입니다. 우리는 그분이 "우리에게 주신 바 된 한 아기"(사 9:6)이심과 동시에 "기묘자, 모사, 전능하신 하나님, 영존하시는 아버지"이심을 믿습니다.

누구든지 예수님에 대해 올바르고 명확한 관점을 가지고 싶은 자는 그분의 본성들을 뒤섞지 말아야 합니다. 우리는 그분의 신성에 대하여 마치 신격화된 인간 정도로 생각해서는 안 되며, 또한 단순한 인간으로서 공식적으로 신의 위치까지 높아진 분으로 간주해서는 안 됩니다. 우리는 예수님을, 구별되는 두 본성들이 한 위격 안에 계신 분으로 간주해야 합니다. 신성이 인성으로 녹아들어간 것도 아니고, 인성이 신성으로 변화된 것도 아니라, 인성과 신성이 하나로 연합된 것입니다. 그러므로 우리는 그분을 중재자로서, 하나님의 아들이시면서 인자이신 중보자로서 믿는 것입니다. 이것이 우리 구주의 위격이십니다. 그분은 영화로우시고 신비로우신 분입니다. 그분에 관하여 본문은 "구원하는 능력을 가진 이"라고 말합니다.

그분이 능하신 것에 대해서는 여러분에게 알릴 필요가 없을 것입니다. 성경을 읽는 자로서 여러분 모두는 성육하신 하나님 아들의 능력과 위엄을 믿을 것입니다. 여러분은 그분을 섭리의 통치자, 사망과 죽음의 정복자, 천사들의 주, 폭풍을 다스리는 분, 전쟁의 신으로 믿을 것이며, 그러므로 여러분은 그분의 능력에 대해서는 어떤 증거도 필요로 하지 않습니다. 오늘 아침의 주제는 그분의 능력의 일부에 관한 것입니다. 그분은 "구원하기에 능하신" 분입니다. 성령 하나님께서 우리를 도우시어, 우리가 이 주제로 들어가, 그것을 우리 영혼의 구원을 위하여 활용하게 해 주시길 빕니다!

첫째, 우리는 "구원하다"는 단어가 무엇을 의미하는지 숙고할 것입니다. 둘째, 그분이 "구원하는 능력을 가진" 사실을 우리가 어떻게 입증할까요? 셋째, 그분이 "구원하는 능력을 가진" 이유입니다. 그리고 넷째는, 예수 그리스도가 "구원하는 능력을 가진 이"라는 가르침에서 끌어낼 수 있는 추론들에 대한 것입니다.

1. "구원하다"는 말의 의미는 무엇인가?

먼저, "구원하다"는 단어를 우리는 어떻게 이해해야 할까요? 일반적으로, 대부분의 사람들은 이 단어들을 읽을 때, 그것이 지옥으로부터의 구원을 의미한다고 간주합니다. 그것이 부분적으로는 옳지만, 그런 개념은 매우 불완전합니다. 그리스도께서 사람들을 죄의 형벌에서 구원하시는 것은 참입니다. 그분은, 지존자를 불쾌하게 하여 영원한 진노를 받기에 합당한 자들을 천국으로 데려가십니다. 그분은 "악과 과실과 죄"(출 34:7)를 제하시며, 그래서 택하신 그분의 백성들의 죄악들이 그분의 피와 속죄로 인하여 간과되는 것이 사실입니다. 하지만 그것이 "구원하다"는 말의 전체적인 의미는 아닙니다. 이 말에 대한 결핍된 설명이, 신학체계를 안개로 자욱하게 만드는 많은 신학자들의 오류의 뿌리에 놓여 있습니다. 그들은, 구원하는 것이 사람들을 타는 불에서 나뭇가지들을 꺼내듯이, 사람들이 회개하면 그들을 멸망으로부터 건져내는 것이라고 말해왔습니다. 하지만 구원한다는 말의 의미는, 내가 이미 말했듯이, 그보다 훨씬 넓습니다. "구원하다"는 것은 단지 회개하는 자들을 지옥으로 가는 것에서 구출하는 것 이상을 의미합니다. "구원하다"는 단어를, 나는 구원이라는 큰 일 전체, 즉 먼저는 영적인 자각과 거룩한 소원으로부터 완전한 성화로 나아가는 전체의 과정으로 이해합니다. 이 모든 일은 예수 그리스도를 통하여 하나님께서 행하시는 일입니다. 그리스도는 단지 회개하는 자들을 구원하기에 능하실 뿐 아니라, 사람들을 회개하도록 만드실 수 있습니다. 그분은 믿는 자들을 천국으로 데려가시는 일에만 종사하시는 것이 아니라, 사람들에게 새 마음을 주시고 그들 안에서 믿음이 활동하도록 하시는 일에도 능하십니다. 그분은 천국을 바라는 자에게 천국을 주실 뿐 아니라, 거룩함을 미워하는 사람으로 하여금 그것을 사랑하게 만드시고, 그분의 이름을 멸시하는 자를 강권하여 그분 앞에 무릎 꿇게 만드시며, 가장 방탕하고 불량한 자로 하여금 그 악한 길에서 돌이키게 만드시는 능력도 있습니다.

"구원하다"는 말을, 나는 어떤 사람들이 설명하는 것과는 다르게 이해합니다. 그들은 그들의 신학 체계에서, 그리스도께서 세상에 오신 것이 모든 사람들을 구원받을 상태로 두기 위해서라고 말합니다. 즉 모든 사람들의 구원이 그들 자신의 노력에 의해 가능하도록 하기 위해서라는 것입니다. 나는 그리스도께서 그런 일을 위해 오신 것이 아니라고 믿습니다. 나는 그분이 세상에 오신 것은 사람들을 **구원받을**(salvable) 상태로 두시기 위해서가 아니라 **구원받은**(saved) 상태로 두시기 위해서라고 믿으며, 그들을 스스로를 구원할 수 있는 곳에 두시기 위해서가 아니라, 그들 안에서 그리고 그들을 위해, 처음부터 끝까지, 그 일을 하시기 위해서라고 믿습니다.

내 사랑하는 청중이여, 만일 그리스도께서 여러분과 나를 단지 우리가 우리 자신을 구원할 수 있는 상태로 두기 위해 오셨다고 믿는다면, 나는 지금부터 영원히 설교하기를 포기해야 할 것입니다. 왜냐하면 사람들의 마음에는 악함이 있으며, 나 자신의 경우를 통해서 어느 정도 알듯이, 사람들이 본성적으로는 기독교 신앙을 혐오한다는 것을 알기 때문입니다. 만일 복음을 전하는 결과가 새로워지지 않았고 거듭나지도 않은 사람들의 자발적인 수용에 의존한다면, 나는 복음을 전하는 일에서 성공을 단념해야 할 것입니다. 만일 내가 예수님의 말씀에 강력한 능력이 있다고 믿지 않으면, 사람들로 하여금 자원하게 만들고 그릇된 길에서 돌이키게 만드는 압도적이고도 신비로운 영향력, 강권하시는 하나님의 능력을 믿지 못하면, 나는 그리스도의 십자가를 자랑하는 일을 멈추어야 할 것입니다. 다시 말하지만, 그리스도는 능하십니다. 단지 사람들을 구원받을 상태로 두는 것이 아니라, 절대적으로 온전히 그들을 구원하기에 능하신 분이십니다.

이 사실을 나는 성경 계시의 신적 특성에 대한 가장 위대한 증거들 중의 하나로 간주합니다. 여러분 대부분이 그랬던 것처럼, 나도 의심하고 두려워했던 때가 많았습니다. 이따금씩 흔들리지 않는 강한 믿음의 사람이 어디 있습니까? 종종 나는 속으로 말했습니다. "날마다 내가 사람들에게 전하는 이 신앙은 참된 것일까?" 내가 나 자신을 어떻게 평가했는지를 여러분에게 들려주지요. 나는 내 주변에 있는 수백 명, 아니 수천 명의 사람들을 바라보았습니다. 그들은 한때 악한 자들 중에서도 가장 악한 자들, 곧 술주정뱅이들이요 거짓 맹세하는 자들이었습니다. 이제 나는 그들이 "옷을 입고 정신이 온전하여 앉은 것을"(참조. 막 5:15) 봅니다. 그들이 거룩하게 하나님을 경외하는 가운데 행하고 있음을 봅니다. 그러면서 나는 속으로 말합니다. "이것은 진리임에 틀림없다. 왜냐하면 그 놀라운 결과들을 보기 때문이다. 그것은 참되다. 왜냐하면 그것은 어떠한 오류도 이룰 수 없는 목적들을 효과적으로 이루기 때문이다. 그것은 도덕적으로 가장 저급한 부류의 사람들, 가장 혐오스러운 부류의 사람들에게도 영향력을 미치기 때문이다. 그것은 하나의 능력이며, 저항할 수 없는 선의 작용이다. 그러니 누가 그 진리를 부인할 것인가?" 나는 그리스도의 능력에 관한 최고의 증거는 그분이 구원을 제공하는 것이 아니라, 단지 여러분이 원한다면 여러분에게 그것을 취하라고 명하시는 것이 아니라, 오히려 여러분이 그것을 거절할 때에도, 그것을 미워하고 멸시할 때에도, 그분이 여러분의 마음을 바꾸실 수 있는 것이라고 간주합니다. 그분은 여러분이 전에 가진 생각들과 다른 생각들을 가지도록 하실 수 있으며, 행실의 오류에서 여러분을 돌이키실 수 있습니다. 이것이 나는 이 본문이 말하는 "구원하는 능력을 가진 이"의 의미라고 이해합니다.

하지만 그 의미가 전부는 아닙니다. 우리 주님은 사람들로 하여금 회개하도록 하고, 죄 속에서 죽은 자들을 일깨우시고, 그들을 악하고 어리석은 길에서 돌이키도록 하는 일에만 능하신 것이 아닙니다. 그분이 승천하신 것은 그 이상의 일을 하시기 위해서입니다. 그분은 그리스도인들이 악한 길에서 돌이킨 후에 그들을 지키시는 일에서도 능하시며, 그들로 하여금 그분을 경외하고 사랑하게 하고, 마침내 천국에서 영적인 삶을 완성할 때까지 그들을 보전하시는 일에서도 능하십니다. 그리스도의 능력은 신자를 만드는 일에만 있고 그 후에는 신자로 하여금 자활하도록 하는 것이 아닙니다. 착한 일을 시작하신 그분이 그 일을 계속 수행하십니다. 죽은 영혼을 살리는 생명의 배아를 나누어주신 그분이, 후에는 그 신적 존재를 지속할 수 있는 생명을 주시며, 마침내 모든 죄의 속박을 산산이 깨뜨리고 그 영혼이 영광 중에 온전함에 이르도록 강한 힘을 주십니다. 우리가 성경의 권위에 따라서 믿고 가르치고 주장하는 바는, 그리스도께서 회개에 이르게 하신 모든 사람들은 틀림없이 그 믿음의 도를 끝까지 부여잡는다는 것입니다. 우리는 하나님께서 인간 속에 시작하신 선한 일을 끝까지 완수하신다고 믿습니다. 그분이 한 사람을 영적인 것에 관하여 살게 하셨다면, 그 일이 그 영혼 속에서 끝까지 지속되도록 하여, 마침내 그가 거룩한 합창단 중에 속하도록 하실 거라고 우리는 믿습니다. 우리는 그리스도의 능력이 단지 어느 날 나를 은혜 속으로 이끌고 그 후에는 나 스스로 그곳에 머물도록 하는 것이 아니라고 생각합니다. 오히려 그분의 능력은 나를 은혜의 상태에 두시고 또한 내 속에 내적인 생명과 능력을 주시는 것이므로, 내가 예전으로 되돌아갈 수 없음은 마치 태양이 중도에 멈추어 비추기를 중단하지 않는 것과도 같습니다.

사랑하는 이여, 우리는 이것이 "구원하는 능력을 가졌다"는 말씀이 의미하는 것이라고 간주합니다. 이것은 흔히 칼빈주의 교리라고 불립니다. 하지만 그것은 다름 아닌 기독교 교리이며, 거룩한 성경의 가르침입니다. 그것이 지금 칼빈주의라고 불리기는 하지만, 아우구스티누스의 시대에는 그렇게 불릴 수가 없었습니다. 하지만 아우구스티누스의 저작에서도 여러분은 같은 가르침을 발견할 것입니다. 그렇다고 그것이 아우구스티누스주의라고 불리지는 않지요. 그것은 사도 바울의 글에서도 발견됩니다. 하지만 그것이 바울주의라고 불리지 않았던 것은, 그것이 우리 주 예수 그리스도의 복음의 확대이며 풍성함이라는 단순한 이유 때문입니다. 앞에서 말한 것을 반복하자면, 우리는 예수 그리스도께서 단지 그분의 길을 따르고자 하고 구원받기를 원하는 사람들을 구원하실 수 있을 뿐 아니라, 사람들로 하여금 그것을 바라게 하실 수 있다고 담대하게 주장하며 가르칩니다. 그분은 술주정뱅이로 하여금 술주정을 단념하고 그분에게 오게 하실 수 있습니다. 그분은 멸시하는 자로 하여금 그분에게 무릎 꿇게 하실 수 있고, 굳은 마음을 그분의 사랑 앞에서 녹아지게 만들 수 있습니다. 이제, 그분이 그렇게 하실 수 있음을 제시하는 것이 우리가 할 일입니다.

2. 그리스도께 구원의 능력이 있음을 어떻게 입증할 것인가?

우리는 어떻게 그리스도께서 "구원하는 능력을 가진" 분임을 입증할까요?

우리는 여러분에게 가장 강력한 논증을 제시할 터인데, 우리에게 필요한 것은 오직 하나입니다. 그 논증이란, 그분이 그 일을 행하셨다는 것입니다. 우리는 다른 논증을 필요로 하지 않습니다. 다른 것을 덧붙이는 것은 불필요합니다. 그분이 사람들을 구원하셨습니다. 그분이 그들을 구원하시되, 우리가 설명하려고 노력해온 그 단어의 최대한의 의미에서 구원하셨습니다.

하지만 이 진리를 분명하게 밝히기 위해, 우리는 가장 나쁜 사례들을 가정할 것입니다. 이곳에 있는 사랑스럽고 상냥한 일부 사람들에게와, 하나님을 경외하도록 항상 훈련받아온 사람들에게 그리스도의 복음이 전해질 때, 그들이 그 복음을 사랑으로 받아들일 것이라고 상상하는 것은 아주 쉽습니다. 그러므로 우리는 그런 경우를 가정하지 않을 것입니다.

여러분은 남태평양 섬사람의 사례를 볼 것입니다. 그는 극악무도하게도 인육(人肉)을 먹어왔습니다. 그는 식인종입니다. 그의 허리띠에는 그가 죽인 사람들의 머리가죽이 매달려 있습니다. 그들의 피를 흘린 것을 그는 자랑스러워합니다. 여러분이 해안에 상륙할 때 정신을 차리지 않으면 그는 여러분도 먹을 것입니다. 그 사람은 큰 나무 앞에서 절합니다. 그는 가난하고 무지하며 비천한 인간으로서, 야수성으로부터 그다지 벗어나지 못했습니다. 자, 그리스도의 복음에 그 사람을 길들일 능력이 있습니까? 그로 하여금 허리띠에서 머리가죽을 떼도록 가르치고, 피 흘리는 행실들을 포기하게 만들며, 우상을 버리게 하고, 문명화된 그리스도인이 되게 만듭니까?

내 사랑하는 친구들이여, 여러분은 영국에서 교육의 힘에 대해 대화를 나눕니다. 아마도 큰 효과가 있겠지요. 교육은 이 나라에 있는 어떤 이들에게, 영적인 면에서는 아니어도 자연적인 방식에서 아주 큰 영향을 미칠 수 있습니다. 하지만 이 야만인에게는 교육이 무슨 영향을 미칠지, 가서 시도해 보십시오. 영국에서 최상의 학교 선생을 그에게 파견하여 그를 지배하도록 해보십시오. 그는 날이 저물기 전에 그를 잡아먹을 것입니다. 하지만 선교사가 그리스도의 복음과 함께 간다면, 그에게 어떤 일이 일어날까요? 수많은 사례들에서, 선교사는 문명의 개척자가 되었고, 하나님의 섭리 안에서 잔인한 죽음을 면해왔습니다. 선교사는 손과 눈에 사랑을 담아 가서, 그 야만인에게 말합니다. 주목하십시오, 여러분이여, 우리는 지금 사실들을 말하고 있는 것이지 꿈을 말하는 것이 아닙니다. 그 야만인이 도끼를 떨어뜨립니다. 그가 이렇게 말합니다. "이 사람이 내게 들려주는 일들은 너무나 놀랍구나. 앉아서 그 말에 귀를 기울여야겠다." 그는 듣습니다. 눈물이 그의 뺨을 타고 내립니다. 그의 영혼에서 한 번도 타오른 적이 없었던 인간성의 감정이 그의 속에서 점화되었습니다. 그가 말합니다, "나는 주 예수 그리스도를 믿습니다." 곧 그는 옷을 입고, 바른 정신을 가지며, 모든 면에서 온전한 사람이 됩니다. 곧 우리 모두가 되기를 바라는 그런 사람 말입니다.

이것은 그리스도의 복음이 미리 준비된 정신에 임하는 것이 아니라, 복음 자체가 그 정신을 준비시킨다는 하나의 증거입니다. 또한 그리스도께서 단지 미리 준비된 땅에만 씨앗을 심으시는 것이 아니라, 오히려 땅을 갈고 써레질을 하기도 하신다는 증거입니다. 그분은 그 일 전체를 행하십니다. 그분은 이 모든 일을 하실 수 있습니다. 아프리카에 있는 우리 선교사들에게, 세상에서 가장 야만스러운 사람들 중에 있는 그들에게 그리스도의 복음에 구원의 능력이 있는지를 물어보십시오. 그들은 호텐토트(Hottentot, 남아프리카 미개인 종족)의 오두막을 가리키고, 또한 크루족(Kroomen, 라이베리아 해안에 사는 종족)의 집들을 가리키면서 이렇게 말할 것입니다. "예수 그리스도의 복음의 말씀이 아니면, 무엇이 이 차이를 만들었을까요?" 그렇습니다. 사랑하는 친구들이여, 우리는 이방 나라들에서 충분한 증거를 가지고 있습니다.

더 이상 말할 필요가 없지만, 이 한 가지만 덧붙이겠습니다. 우리는 본국에서도 충분한 증거들을 가지고 있습니다. 사람들을 도덕적으로 훈련시키기에는 아주 적절하지만 그들을 구원하기에는 전적으로 부적절하게 복음을 전하는 자들이 더러 있습니다. 그들이 전하는 복음이란 사람들이 술주정뱅이가 되었을 때에도 그들로 하여금 맑은 정신을 유지하도록 하려는 것이지요. 사람들이 이미 생명을 가졌을 때에 그런 종류의 삶을 제시하는 것은 충분히 좋은 일이겠지요. 하지만 죽은 자를 살리지 못하고 영혼을 구원하지 못하는 것은, 결국 그리스도의 복음이 진정으로 목표로 하는 성품에 이르도록 하는 일에는 자포자기하도록 만들 수 있습니다. 나는 가장 캄캄한 죄의 심연으로 곤두박질치는 어떤 사람들의 이야기를 들려줄 수 있습니다. 아마도 그들의 죄를 열거하도록 허락한다면, 그것은 여러분과 나를 소름끼치게 만들 것입니다. 나는 그들이 하나님의 집에 들어와서도 이를 악물고 목사의 말을 거부하며, 목사가 무슨 말을 하든지 조롱하리라고 결심하였었는지 말할 수 있습니다. 그들이 잠시 하나님의 집에 머물렀습니다. 어떤 말씀이 그들의 주의를 잡아끌었습니다. 그들이 속으로 생각했습니다. “저 문장은 귀담아두어야겠군.” 어떤 예리하고 간결한 표현이 그들의 영혼 속으로 파고들어갔습니다. 어찌된 영문인지 그들은 알지 못했지만, 그들은 홀린 듯이 좀 더 긴 시간 동안 귀를 기울입니다. 잠시 후, 그들이 의식하지 못하는 사이에, 눈물이 떨어지기 시작합니다. 그리고 집으로 돌아갈 때에도 어떤 기이하고 신비로운 느낌이 그들을 골방으로 인도합니다. 거기서 그들은 무릎을 꿇습니다. 그들의 삶의 이야기들을 모두 하나님 앞에 고백합니다. 그분이 그들에게 어린 양의 피로 말미암은 평화를 주십니다. 그리고 그들이 다시 하나님의 집에 가게 되었을 때, 많은 사람들에게 말합니다. “와서 하나님이 내 영혼을 위해 행하신 일을 들어보십시오.”

> “얼마나 귀하신 구주를 만나게 되었는지를
> 주변의 죄인들에게 들려주네.”

울노트(Woolnoth)에 있는 성 메리(St. Mary) 교회의 위대하고 강력한 설교자 존 뉴턴의 경우를 기억하십시오. 하나님께서 그의 마음이 변했을 때 평화를 주셨을 뿐 아니라, 하나님의 능력이 그 마음을 변화시킨 경우입니다. 아아, 사랑하는 청중이여, 나는 종종 속으로 ‘이것이야말로 구주의 능력을 보이는 가장 위대한 증거이다’라고 생각하곤 합니다. 다른 교리가 전파될 때, 그것이 같은 일을 할까요? 만일 그렇다면, 모든 사람이 그것을 전하는 사람에게로 몰려야 하며, 그는 그것을 전해야 할 것입니다. 그것이 정말 그 일을 할까요? 만일 그렇다면, 사람들의 영혼의 피가 그것을 담대하게 전파하지 않는 사람에게로 돌려져야 할 것입니다. 그런데 만일 그가 ‘그의 복음’이 영혼들을 구한다고 믿는다면, 1월 첫 주부터 12월 마지막 주까지 강단에 서고서도, 매춘부가 정직하게 되고 술주정뱅이가 온전하게 되었다는 소식을 한 번도 듣지 못하는 것을 어떻게 설명해야 할까요? 왜 그런 일이 있을까요? 그 이유는, 그가 전하는 것이 기독교 신앙의 희석(稀釋)이기 때문입니다. 그것은 그와 비슷한 무엇이지만, 대담하고 명료한 성경의 기독교가 아니기 때문입니다. 그것은 복되신 하나님의 순전한 복음이 아닙니다. 왜냐하면 하나님의 순전한 복음에는 구원하는 능력이 있기 때문입니다. 그들이 만약 그들이 전하는 것이 복음이라고 믿는다면, 그들에게 나와서 떳떳하게 전하라고 하십시오. 그들로 하여금 온 힘을 다해 영혼들을 넘치는 죄로부터 건지도록 힘쓰게 하십시오. 다시 말하지만, 우리는 바로 이곳에서의 실제 사례들에서도, 그리스도께서 최악의 사람들까지도 구원할 능력을 가지셨음을 입증할 분명한 증거를 가지고 있습니다. 그리스도께서는 그들이 오랫동안 빠져 있던 어리석음에서 돌이키게 하셨습니다. 우리는 그 동일한 복음이 어디에서 전파되든 같은 결과들을 낳을 것이라고 믿습니다.

사랑하는 청중이여, 하나님의 구원하시는 능력에 대하여 여러분이 얻을 수 있는 최상의 증거는 그분이 여러분을 구원하셨다는 것입니다. 아! 내 사랑하는 친구여, 만약 그분이 당신 곁에 서 있는 당신의 동료를 구원하신다면 그것은 기적일 테지만, 그분이 당신을 구원하신다면 그것은 그 이상의 기적일 것입니다. 오늘 아침 당신은 어떤 사람입니까? 대답해보십시오! 한 사람이 말합니다. "저는 무신론자입니다. 저는 기독교 신앙을 멸시하고 혐오합니다." 하지만 선생이여, 만일 그 신앙 속에 언젠가 당신으로 하여금 그것을 믿도록 하는 능력이 있다면, 그 때 당신은 무어라고 말하겠습니까? 아, 나는 당신이 영원히 그 복음과 사랑에 빠질 수도 있다는 것을 압니다. 어쩌면 당신은 이렇게 말할 것입니다. "저는 모든 사람들 중에서 가장 그것을 받아들이지 않을 사람이었습니다. 하지만 이제 저는 여기에 있습니다. 어찌된 영문인지는 모르지만, 저는 그것을 사랑하게 되었습니다." 오, 그런 사람이 강권함을 받아 복음을 믿게 될 때 세상에서 가장 감동적인 설교자가 될 것입니다.

또 한 사람이 말합니다. "하지만 저는 신념을 가지고 안식일을 어겨왔던 사람입니다. 저는 안식일을 멸시하고, 모든 종교적인 것을 철저하게 미워합니다." 그렇군요. 나로서는 결코 당신에게 입증하지 못할 것입니다. 하지만 종교가 당신을 사로잡고, 당신을 새 사람으로 만들 수도 있습니다. 그 때 당신은 그 속에 무언가가 있다고 말하게 될 것입니다. "우리는 아는 것을 말하고 본 것을 증언합니다"(요 3:11). 우리가 변화를 느낄 때 변화는 우리 속에서 일어나는 것이며, 그 때 우리는 상상에 대해서가 아니라 사실에 대해 말하며, 또한 담대하게 말합니다. 그러므로 다시 말하지만, 그분은 "구원하는 능력을 가진" 분입니다.

3. 그리스도께서 구원의 능력을 가지신 이유는 무엇인가?

이제 이런 질문이 제기됩니다. 왜 그리스도는 "구원하는 능력을 가지셨을까요?" 이에 대해서는 무수한 대답들이 있습니다.

첫째, 우리가 "구원하다"는 단어를 일반적으로 통용되는 차원에서 이해한다면, 즉 전체를 포괄하지는 않지만 한 가지 참된 의미로서, 구원이 죄의 용서와 지옥으로부터의 구원이라고 이해한다면, 그리스도께서 구원의 능력을 가지시는 이유는 그분의 속죄의 피의 무한한 효력 때문입니다. 죄인이여! 비록 당신은 죄로 흉악하지만, 이 아침에 그리스도께서는 당신을 눈보다 희게 만드실 수 있습니다. 당신은 왜냐고 그 이유를 묻습니다. 당신에게 그 대답을 들려주지요. 그분이 용서하실 수 있는 것은, 그분이 당신의 죄로 인해 형벌을 당하셨기 때문입니다. 만일 당신이 스스로를 죄인이라고 느끼고 알며, 또한 그리스도 안에서가 아니고는 하나님 앞에서 어떤 희망도 피난처도 없다고 여긴다면, 그 때 당신은 그리스도께서 당신을 구원하실 수 있음을 알게 될 것입니다. 그분은 당신이 범했던 바로 그 죄들로 인하여 한때 벌을 받으셨기 때문에 당신을 너그럽게 용서하실 수 있습니다. 그분은 몸소 당신의 죄로 인한 형벌을 남김없이 감당하셨습니다.

이 주제를 언급할 때마다 나는 한 가지 이야기를 들려주고 싶은 마음이 생깁니다. 비록 내가 그 이야기를 이 중에 많은 분들이 듣는 가운데 여러 차례 말하기는 했지만, 또 이 중에는 그에 대해 듣지 못한 사람들도 있을 것입니다. 그것은 그리스도의 속죄에 대해 내가 가진 믿음을 표현하는 데 있어서 내가 아는 가장 단순한 방식입니다.

한때 어느 가난한 아일랜드 사람이 내 목양실로 찾아왔습니다. 그는 자기 자신을 이런 식으로 알렸습니다. "존경하는 사제님, 저는 한 가지 질문을 드리려고 찾아왔습니다." 대뜸 나는 이렇게 대답했습니다. "우선, 나는 사제가 아니며, 그런 호칭을 요구하지도 않습니다. 둘째, 당신의 사제에게 가서 그 질문을 하는 것이 어떻겠습니까?" 그가 말했습니다. "아, 저, 존경하는 신부님, 아니 목사님, 제 말은 에—, 저는 그에게 갔었습니다. 하지만 그는 내가 만족할 정도로 정확하게 대답하지 않았습니다. 그래서 당신을 찾아온 것입니다. 이 질문에 대답을 해 주셔서 제 마음에 평화를 찾게 해 주실 수 없을까요? 저는 그 문제로 대단히 불안하답니다."

"그 질문이 무엇인가요?"라고 내가 물었습니다. "바로 이것입니다. 당신도 그렇고, 다른 사람들도 그렇고, 하나님이 용서하실 수 있다고 말합니다. 저는 어떻게 그분이 의로우시면서, 또 죄를 용서하실 수도 있는지 이해할 수 없습니다." 그 딱한 사람이 계속해서 말을 이어갔습니다. "저는 큰 죄를 지어왔습니다. 그래서 만약 전능하신 하나님이 마땅히 저를 벌하시지 않는다면, 벌을 주지 않고 저를 사면하시게 된다면, 그분이 정의로우시지 않은 거라고 저는 느낍니다. 그런데 목사님, 어떻게 그분이 죄를 용서하시면서도, 여전히 의로우시다는 칭호를 유지하실 수 있을까요?" "음, 그것은 예수 그리스도의 피와 공로로 말미암아 가능한 것이지요"라고 내가 말했습니다. 그가 말했습니다. "아! 하지만 저는 당신의 그 말뜻이 무엇인지 이해하지 못하겠군요. 그것은 내가 그 사제로부터 얻은 것과 같은 종류의 대답입니다. 나는 어떻게 그리스도의 피가 하나님을 정의롭게 하실 수 있었는지에 대해, 그가 더 자세하게 설명해주기를 원했습니다. 당신도 그것을 말하지만, 저는 어떻게 그런 것인지 알 수가 없습니다. 당신이 말씀하시는 내용에 대해, 저는 어떻게 그런지를 알고 싶습니다."

내가 말했습니다. "음, 그렇다면, 당신에게 속죄의 체계에 대해 내가 생각하는 바를 당신에게 말하겠습니다. 그것은 전체 복음의 요약이자 바탕이며, 뿌리요, 정수이며, 본질이지요. 이것이 그리스도께서 용서하실 수 있는 방식입니다. 자, 당신이 누군가를 죽였다고 가정해보십시오. 그러면 당신은 살인자일 것입니다. 당신에게는 사형이 내려지고, 당신은 그것을 받아 마땅합니다." "예, 그래야 마땅하겠지요."라고 그가 말했습니다. "그런데 왕이 당신의 목숨을 구하기를 몹시 바라고 있으며, 동시에 보편적인 정의는 그 행위로 인하여 누군가가 죽어야 할 것을 요구합니다. 자, 왕은 어떻게 해야 할까요?" 그가 말했습니다, "그것이 제가 하고 싶은 질문입니다. 저는 어떻게 왕이 변함없이 정의로우면서도, 나를 사면할 수 있는지 이해할 수 없습니다."

계속해서 내가 말했습니다. "패트 씨, 내가 왕에게 가서 이렇게 말한다고 가정해보십시오. '여기 이 불쌍한 아일랜드 사람이 있습니다. 그는 교수형을 당해 마땅합니다. 왕이시여, 저는 그 선고에 대해 다투기를 원치 않습니다. 왜냐하면 그것이 정당하다고 생각하기 때문입니다. 하지만 왕이시여, 부디, 제가 그를 너무나 사랑하기에 만일 당신이 그 대신 저를 교수형에 처해주실 수 있게 해 주신다면, 저는 기꺼이 그렇게 할 것입니다.' 패트 씨, 왕이 거기에 동의하고서, 당신 대신 나를 교수형에 처하게 한다고 가정해보십시오. 그러면 어떻게 됩니까? 왕이 당신을 사면하면서도 여전히 정의로울 수 있을까요?" "예, 그렇고말고요"라고 그가 대답했습니다. "그럴 경우 왕은 의로울 것입니다. 한 사람의 죄로 인해 두 사람의 목을 매달까요? 물론 그렇지 않겠지요. 당신이 걸어 나가더라도 경찰이 당신에게 손을 대지 못할 것입니다. 예수님이 구원하시는 것은 바로 그런 방식입니다. 예수님께서 이렇게 말씀하셨습니다. '아버지여, 내가 이 불쌍한 죄인들을 사랑하니, 그들 대신에 제가 고난당하게 하소서!' '네가 그렇게 하리라'고 하나님께서 말씀하셨습니다. 그리하여 예수님께서 나무에 달려 죽으셨고, 그분의 모든 택하신 백성들이 받아야 할 형벌을 대신 당하신 것입니다. 그리하여 이제는 그분을 믿는 모든 사람들은, 그분을 믿음으로써 그분의 택하신 백성임을 입증하면서, 그분이 그들을 위하여 벌을 받으셨기 때문에 그들이 형벌을 받는 일이 있을 수 없다고 결론내릴 수 있는 것입니다."

그가 내 얼굴을 한 번 더 쳐다보면서 말했습니다. "무슨 의미인지 이해하겠습니다. 하지만 만약 그리스도께서 모든 사람들을 위하여 죽으셨다면, 그런데도 어찌하여 어떤 사람들이 다시 벌을 받는 건가요? 그것은 부당하다고 여겨집니다." 내가 대답했습니다. "아, 나는 절대 그렇게 말하지 않았습니다. 내가 당신에게 말하는 것은 그분이 그분을 믿는 모든 사람들을 위해, 회개하는 모든 자들을 위해 죽으셨다는 것입니다. 그분이 그들의 죄로 인해 진정으로 실제적으로 형벌을 당하셨기에, 그들 중에 누구도 다시 형벌을 받는 일은 영원히 없을 것입니다." 그 사람이 손뼉을 치면서 말했습니다. "믿음이군요! 그것이 복음이군요! 복음이 아니라면 저는 어떤 것도 알지 못할 것입니다. 어떤 사람도 그런 것을 생각해낼 수 없기 때문입니다. 오, 그것은 너무도 놀라운 것입니다!" 그는 계단을 내려가면서 말했습니다. "이제 패트는 안전하다. 그의 모든 죄에도 불구하고 그는 그를 위해 죽으신 분을 믿기에, 그는 구원을 받을 것이다."

사랑하는 청중이여, 그리스도는 구원하는 능력을 가지셨습니다. 하나님이 검을 치우신 것이 아니라, 그것을 그분의 아들의 가슴에 꽂으셨습니다. 그분은 빚을 탕감하신 것이 아닙니다. 그것은 보혈의 핏방울로 다 지불되었습니다. 이제 지불된 것에 대한 영수증이 십자가에 달려 있으며, 우리의 죄도 십자가에 못 박혔습니다. 그러므로 그리스도를 믿는다면 우리는 자유롭게 갈 수 있습니다. 이것이 참된 의미에서 그분이 "구원하는 능력을 가지신" 이유입니다.

하지만 커다란 의미에서, 나는 그분이 "구원하는 능력을 가지셨다"는 말씀이 의미하는 전부를 다 말하지 않았습니다. 어떻게 그리스도께서는 사람들을 회개하게 하고, 믿게 하며, 하나님께 돌이키도록 만드실까요? "설교자들의 웅변에 의해서이지요"라고 한 사람이 대답합니다. 그런 말을 하다니 당치도 않습니다! 그것은 "힘으로 되지 아니하며 능력으로 되지 아니 합니다"(슥 4:6). 다른 사람들이 대꾸합니다. "그것은 도덕에 호소하는 권고에 의해서이지요." 그 말 역시 당치도 않습니다! 도덕적 권면이 오랫동안 사람들에게 시도되었지만, 그것은 성공을 거두지 못했습니다. 어떻게 그분이 그 일을 하실까요? 우리는 이렇게 대답합니다. 바로 여러분 중 일부가 멸시하는 무언가에 의해, 그럼에도 불구하고 실제인 무언가에 의해 그 일을 이루십니다. 그분은 그분의 거룩하신 영의 전능한 영향력으로써 그 일을 행하십니다. 하나님께서 구원하실 사람들이 말씀을 듣는 동안 성령께서 회개하도록 역사하시며, 그분이 마음을 바꾸시고 영혼을 새롭게 하십니다. 진실로, 설교는 그 도구이지만, 성령이 위대한 주체자이십니다. 진리가 구원의 방편인 것은 확실하지만, 그 진리를 적용하여 영혼들을 구원하는 분은 성령이십니다. 아, 성령의 이러한 능력으로 우리는 사람들 중에 가장 비천하고 타락한 자들에게도 갈 수 있으며, 하나님이 그들을 구원하실 수 있는지에 대해 두려워할 필요가 없습니다. 하나님이 원하시면, 성령께서는 지금 이 순간에도 여러분 모두를 무릎 꿇게 하실 수 있으며, 죄를 고백하게 하시고, 여러분을 하나님께 돌이키게 하실 수 있습니다. 그분은 전능의 영이시며, 놀라운 일들을 행하실 수 있습니다.

휫필드(Whitfield)의 생애에서, 이따금씩 그의 한 번의 설교를 통해 이천 명의 사람들이 즉시로 구원받았음을 고백하곤 했으며, 실제로 그들 중에 다수가 구원을 받았다고 하는 내용을 읽습니다. 어떤 이유로 그런 일이 있을 수 있었는지를 우리는 묻습니다. 또 다른 때에는 그가 여느 때와 마찬가지로 강력하게 설교하였지만, 단 한 영혼도 구원을 얻지 못했습니다. 왜일까요? 전자의 경우에는 성령께서 말씀과 함께 역사하셨고, 후자의 경우에는 그렇지 않았기 때문입니다. 설교의 모든 성스러운 결과는 위로부터 성령이 보내어진 덕택입니다. 나는 아무것도 아닙니다. 내 주변에서 사역을 수행하는 내 형제들 모두 아무것도 아닙니다. 모든 것을 행하시는 이는 하나님이십니다. "그런즉 아볼로는 무엇이며 바울은 무엇이냐 그들은 주께서 각각 주신 대로 너희로 하여금 믿게 한 사역자들이니라"(고전 3:5). "만군의 여호와께서 말씀하시되 이는 힘으로 되지 아니하며 능력으로 되지 아니하고 오직 나의 영으로 되느니라"(슥 4:6).

부족한 사역자여, 앞으로 나아가십시오! 당신에게는 세련된 화법을 구사할 능력과 우아한 품위가 없지만, 가서 당신이 할 수 있는 대로 전하십시오. 성령께서는 당신의 보잘것없는 말을 가장 매혹적인 웅변보다 강력하게 만드실 수 있습니다. 오호라, 웅변술이여! 오호라, 달변이여! 그런 것은 오랫동안 시도되어 왔습니다. 우리는 세련되고 근사하게 다듬어진 문장들을 경험해보았습니다. 하지만 어디에서 그런 것들에 의해 사람들이 구원을 받던가요? 우리는 장엄하고 번지르르한 언어를 경험해보았지만, 어디에서 마음이 새로워졌습니까? 하지만 이제 "전도의 미련한 것으로"(고전 1:21), 하나님의 말씀을 어린아이의 단순한 언어로 전하는 것으로써, 하나님은 믿는 자들을 구원하기를 기뻐하시며, 죄인들을 그릇된 길에서 건지시기를 기뻐하십니다. 하나님께서 오늘 아침에 다시 그분의 말씀을 입증해주시길 바랍니다!

4. 이 말씀에서 추론할 수 있는 교훈들은 무엇인가?

네 번째 요점은, 예수 그리스도께서 구원하는 능력을 가지신 분이라는 사실에서 끌어낼 수 있는 추론들은 무엇인가 하는 것입니다.

첫째, 목사들이 배워야 하는 한 가지 사실이 있습니다. 그것은 그들이 흔들림없이 믿음으로 전하려고 애써야 한다는 것입니다. 때때로 목사는 무릎을 꿇고 이렇게 부르짖습니다. "오 하나님, 저는 약합니다. 저는 내 회중에게 말씀을 전해왔고 그들을 위해 울었습니다. 저는 그들을 위해 신음합니다. 하지만 그들은 당신께 돌이키지 않을 것입니다. 그들의 마음은 마치 냉혹하여 죄로 인해 울지 않을 것이며, 구주를 사랑하지도 않을 것입니다."

그 때 저는 천사가 바로 곁에 서 있는 것을 보는 듯하고, 그의 귀에 "너는 약하지만 그분은 강하시다. 너는 아무것도 할 수 없지만 그분은 구원하는 능력을 가진 분이시다"라고 속삭인다고 생각합니다. 이 점을 숙고하십시오. 중요한 것은 도구가 아니라, 하나님이십니다. 작가에게 그의 지혜와 저술에 대해 칭송을 얻게 하는 것은 펜이 아니라, 그것을 생각하게 하는 그의 지성이며, 그 펜을 움직이는 그의 손입니다. 구원에 있어서도 그러합니다. 먼저 구원을 계획하는 이는 목사나 설교자가 아니라 하나님이시며, 그분이 나중에도 설교자를 사용하여 그 일을 이루시는 것입니다. 오, 불쌍하고 수심에 잠긴 설교자여, 당신의 사역에서 열매가 거의 없었더라도, 계속해서 믿음으로 전진하십시오. 이렇게 기록된 말씀을 기억하십시오. "내 입에서 나가는 말도 이와 같이 헛되이 내게로 돌아오지 아니하고 나의 기뻐하는 뜻을 이루며 내가 보낸 일에 형통하리라"(사 55:11).

계속 전진하십시오. 용기를 내십시오. 하나님이 당신을 도우실 것입니다. 그분이 당신을 도우시되, 가까운 장래에 도우실 것입니다.

또한, 여기에는 기도하는 남자와 여자들, 곧 벗들을 위해 기도하는 사람들을 위한 또 하나의 격려가 있습니다. 어머니여, 당신은 당신의 아들을 위해 몇 년 동안 신음하며 괴로워하였습니다. 그는 이제 성년이 되어 당신의 집을 떠났지만, 당신의 기도는 응답되지 못했습니다. 그렇다고 당신은 생각합니다. 그는 변함없이 방탕하고, 당신의 마음을 기쁘게 하지 않습니다. 때때로 당신은 그가 흰 머리가 된 당신을 슬퍼하며 무덤으로 내려가게 만들 거라고 생각합니다. 바로 어제 당신은 "저는 그를 포기할 것입니다. 다시는 그를 위해 기도하지 않을 것입니다"라고 말했습니다. 멈추십시오, 어머니여, 거기서 멈추십시오! 거룩하고 신령한 모든 것을 두고 말하거니와, 멈추십시오! 그런 결심일랑 다시는 입 밖에 내지 마십시오. 한 번 더 시작하십시오! 당신은 그를 위해 기도해왔습니다. 그가 요람에 누워 있을 때, 당신은 그의 이마 위에서 울며 기도했습니다. 그가 사리를 분별할 나이가 되었을 때, 당신은 종종 그를 훈계하였습니다. 하지만 아무런 소용이 없었지요. 오, 당신의 기도를 포기하지 마십시오. 그리스도께서 "구원하는 능력을 가지신" 분임을 기억하십시오. 주께서는 당신에게 은혜를 베풀려고 기다리시는 것일 수 있습니다. 그분이 계속해서 당신을 기다리심은, 은혜가 임했을 때 당신으로 하여금 그분의 은혜로우심을 더 잘 알도록 하기 위함입니다.

계속해서 기도하십시오! 나는 자녀들을 위해 이십 년간 기도해온 어머니들에 대해 들은 적이 있습니다. 그들 중에 일부는 자녀들이 회심하는 것을 보지 못하고 죽었지만, 그 후 그런 죽음이 그들의 자녀들로 하여금 생각하도록 이끌어, 그들을 구원하는 수단이 되기도 했습니다. 한 아버지는 오랜 세월 신앙이 독실한 사람이었지만, 그의 자녀들의 회심을 보는 행복을 얻지 못했습니다. 그는 자녀들을 침상 주변에 모이게 했고, 그 임종의 때에 그들에게 이와 같이 말했습니다. "내 아들들아, 나는 평화롭게 죽을 수 없구나. 너희들이 나를 따라 천국에 온다고 믿을 수만 있다면 얼마나 좋을까? 가장 슬픈 것은 내가 죽는 것이 아니라, 이제 내가 너희를 떠나면 다시는 너희를 보지 못하게 된다는 것이다." 그들이 그를 지켜보았지만, 그들의 행실에 대해 돌이켜 생각하지 않았습니다. 그들이 떠났습니다. 그들 아버지의 마음에는 크고 어두운 구름이 드리웠습니다. 평화롭고 행복하게 죽는 대신, 그는 영혼의 큰 슬픔 중에 죽었습니다. 물론 여전히 그리스도를 신뢰하긴 했습니다. 임종의 때에 그가 말했습니다. "오! 내가 행복한 죽음을 죽을 수 있다면, 그것이 내 아들들에게 증언이 될 수 있으련만. 하지만 오 하나님, 이 어둠과 구름들이 당신을 믿는 진리를 증언할 내 힘을 상당 부분 앗아갔습니다." 그는 죽었고, 매장되었습니다.

그 아들들이 장례식에 왔습니다. 그 다음날, 그들 중의 하나가 자기 형에게 말했습니다. "형님, 나는 생각해보았습니다. 아버지는 언제나 독실한 분이었고, 만약 그분의 죽음이 그토록 슬픔에 찬 것이었다면, 하물며 하나님도 그리스도도 없는 우리들의 죽음은 어떠할까요?" 형이 말했습니다. "오, 나 역시 그런 생각이 들었단다." 그들은 하나님의 집으로 갔고, 하나님의 말씀을 들었으며, 집으로 와서 무릎을 꿇고 기도했습니다. 놀랍게도, 그들은 나머지 가족도 같은 일을 행한 것과, 하나님께서 그들 아버지의 기도를 그의 생전에는 응답하지 않으셨지만 그의 죽음 후에 응답하셨음을 알게 되었습니다. 그의 죽음을 통해서, 어떤 사람도 회심하도록 이끌 것 같지 않아 보였던 그런 죽음을 통해서, 하나님은 그런 놀라운 일을 이루신 것입니다. 그러니 내 자매여, 계속해서 기도하십시오. 내 형제여, 멈추지 말고 기도하십시오! 하나님께서 당신의 아들들과 딸들을 그분을 사랑하고 경외하도록 이끄실 것입니다. 당신이 지상에서는 그들 때문에 슬퍼했지만, 천국에서는 그들로 인해 기뻐하게 될 것입니다.

마지막으로 내 사랑하는 청중이여, 오늘 아침 이곳에 있는 사람들 중 많은 이들은 하나님과 그리스도를 사랑하지 않습니다. 하지만 마음속으로 당신은 그분을 사랑하기를 바라고 있습니다. 당신은 이렇게 말하고 있습니다. "오, 그분이 나를 구원하실 수 있을까? 나 같은 죄인도 구원받을 수 있을까?" 짙은 먹구름 속에 당신은 서 있으며, 속으로 이렇게 말하고 있습니다. "언젠가 나도 저 천국의 성도들 중에서 노래할 수 있을까? 내 모든 죄가 거룩한 피로써 씻어질 수 있을까?" 그렇습니다, 죄인이여, 그분은 "구원하는 능력을 가진" 분입니다. 그 사실이 당신에게는 위로입니다. 당신은 스스로를 가장 악한 사람이라고 생각합니까? 당신의 양심이 마치 쇠 비늘 장갑을 낀 주먹으로 당신을 치는 듯 합니까? 양심이 모든 것이 끝났다고, 당신은 잃은 자가 될 것이라고, 당신의 회개는 소용이 없을 거라고, 당신의 기도는 들으심을 얻지 못할 거라고, 어느 모로 보나 당신은 희망이 없다고 당신에게 말합니까?

형제여, 그렇게 생각하지 마십시오. 그분은 "구원하는 능력을 가진" 분입니다. 비록 당신은 기도할 수 없어도, 그분이 당신을 기도하도록 도우실 수 있습니다. 비록 당신은 회개할 수 없어도, 그분은 당신을 회개하도록 하실 수 있습니다. 비록 당신은 완악하여 믿지 못한다고 느껴도, 그분은 당신을 믿도록 도우실 수 있습니다. 그분이 높은 곳에 오르신 것은 죄 사함을 주시기 위해서뿐만 아니라, 회개를 주시기 위함이기 때문입니다.

오 가련한 죄인이여, 예수님을 신뢰하십시오. 그분에게 당신을 맡기십시오. 부르짖으십시오, 하나님께서 새해의 첫 번째 안식일인 오늘 그렇게 하도록 당신을 도우실 것입니다. 그분은 바로 오늘 당신의 영혼을 예수께로 이끄실 수 있습니다. 그렇게 되면 올해가 당신의 전 삶에서 최고의 해가 될 것입니다. "이스라엘 족속아 돌이키고 돌이키라"(겔 33:11). 지친 영혼들이여, 예수께로 돌아오십시오. 그분에게 오십시오. 그분이 당신에게 오라고 명하십니다! "성령과 신부가 말씀하시기를 오라 하시는도다 듣는 자도 오라 할 것이요 목마른 자도 올 것이요 또 원하는 자는 값없이 생명수를 받으라 하시더라"(계 22:17). 오십시오, 그러면 그리스도의 은혜를 값없이 얻을 것입니다. 이 선언이 여러분에게 전달되었고, 또한 이미 주어졌으니, 원하는 자는 모두 그것을 얻을 수 있습니다.

은혜의 하나님께서 여러분으로 하여금 그것을 바라게 하시고, 그리하여 우리 구주 예수 그리스도로 말미암아 여러분의 영혼을 구원하시길 빕니다. 아멘.

제
89
장

단독으로 이룬 정복

"만민 가운데 나와 함께 한 자가 없이 내가 홀로 포도즙틀을 밟았도다."—사 63:3

어떤 굉장한 건축물들에 대해서는, 비록 여러분이 그것들을 매일 보아도, 볼 때마다 감탄과 경이로움에 사로잡힌다고들 말합니다. 비록 여러분이 그것들 가까이에 살고, 여러분의 눈이 계속해서 그것들을 응시하여도, 여러분의 감탄은 결코 감소되지 않을 터인데, 그 이유는 그것들이 대칭과 기술 양식 등에서 비할 데 없을 정도로 인간 기술이 발휘된 때문이라고 합니다. 나는 그것이 사실인지 모르겠습니다. 나는 인간의 최상 최고의 업적도, 자세하게 살펴보면 그 영광을 잃고, 그것들을 자주 볼수록 우리의 감탄은 감소된다고 믿습니다. 하지만 그런 진술은 우리 주 예수 그리스도에 관해서는 진실임을 나는 압니다. 여러분이 그분을 더 자주 바라볼수록, 여러분은 그분에 대해 더 많이 놀라게 될 것이며, 그분을 "기묘자"(Wonderful)라고 부를 것입니다. 여러분이 매 시간 그분과 교제하고 자주 대화를 나누어도, 그 교제의 지속성이 그분에 대한 여러분의 감탄, 사랑, 존경, 경건한 찬미의 정도를 결코 감소시키지 않을 것입니다. 여러분이 그분을 더 많이 알수록, 여러분의 경이와 감탄은 더욱 증대될 것입니다.

그리스도에 관해서 그리스도의 교회만큼 많이 안다고 누가 기대할 수 있겠습니까? 하지만 이 장의 첫 머리에서, 여러분은 교회조차도 이러한 감탄을 쏟아내는 것을 볼 것입니다. "에돔에서 오는 이는 누구며 붉은 옷을 입고 보스라에서 오는 이 누구냐? 그의 화려한 의복, 큰 능력으로 걷는 이가 누구냐?"(1절). 교회는 종종 목전에서 그분을 뵈었습니다. 교회는 종종 그분의 장엄한 모습을 보았고, 의심의 여지 없이 그분을 힘센 영웅들의 정복자요, 제후들의 주요, 땅의 왕들의 군주로 보았습니다. 하지만 그분을 새롭게 보았을 때, 교회는 크게 놀라서 이렇게 소리치지 않을 수 없었습니다. "에돔에서 오는 이는 누구며 붉은 옷을 입고 보스라에서 오는 이 누구냐?"

형제들이여, 예수님 가까이에 사십시오. 예수님과 함께 사십시오. 예수님 안에 사십시오. 그러면 여러분은 그분이 묵상하기에 너무나도 훌륭하고 끝없는 주제임을 발견할 것입니다. 그분을 묵상의 대상으로 삼을 때 결코 싫증나거나 지치지 않을 것입니다. 처음에 시작할 때보다 다시 시작할 때가 더 쉽다는 것을 발견할 것입니다. 여러분이 그분을 처음 알던 때보다 그분을 오십 년 동안 알았을 때에 그분을 묵상하는 것이 더욱 흥미롭고 즐거운 일임을 알게 될 것입니다. 그분을 많이 생각하십시오. 그러면 그분을 가볍게 생각할 이유를 찾지 못할 것입니다. 그분을 지속적으로 묵상하십시오. 그러면 여러분은 그분의 선하심에 더욱 감탄하고 놀랄 것입니다.

우리는 여기에서 교회의 질문에 답하시는 구주를 대합니다. 교회는 경탄하여 그분에 대해 묻습니다. "에돔에서 오는 이는 누구며 붉은 옷을 입고 보스라에서 오는 이 누구냐? 그의 화려한 의복, 큰 능력으로 걷는 이가 누구냐?" 그분이 말씀하십니다. "그는 나이니 공의를 말하는 자요 구원하는 능력을 가진 이니라"(1절). 다시 교회가 그분에게 묻습니다. "어찌하여 네 의복이 붉으며 네 옷이 포도즙틀을 밟는 자 같으냐?"(2절). 그분이 대답하십니다. "만민 가운데 나와 함께 한 자가 없이 내가 홀로 포도즙틀을 밟았노라."

아주 간략히, 성령님의 도우심을 따라, 우리는 먼저 여기서 사용된 흥미로운 비유에 주목할 것이며, 둘째, 여기서 진술된 영광스러운 사실에 주목할 것입니다. 셋째로, 여기서 묘사된 단독자로서의 정복자를, 그리고 넷째로, 몇 가지 달콤하고 유익한 내용을 고찰할 것이며, 그러한 묵상에 의해 우리의 심령이 새로워질 수 있을 것입니다. 인간들과 지옥의 정복자가 홀로 포도즙틀을 밟으시는 이 놀랍도록 엄숙하고 장엄한 광경을 묵상하는 동안, 우리의 영혼이 잠잠하고 고요하기를 바랍니다.

1. 흥미로운 비유

먼저, 여기서 한 가지 흥미로운 비유가 사용됩니다. "내가 포도즙틀을 밟았다." 여러분은 이 말씀과 관련된 상황들을 이해해야 합니다. 이는 예수님께서 원수들을 정복하신 후에 하시는 말씀입니다. 싸움 이전이 아니라, 그 이후입니다. 예수님께서 갑옷을 입고 싸우실 때가 아니며, 베들레헴에서 아기가 되셨을 때가 아닙니다. 오히려 예수님께서 그 싸움을 싸우신 이후, 승리를 쟁취하셨을 때입니다. 하나님의 백성의 구원에 반대하는 원수들이 있었습니다. 헤아릴 수 없는 많은 원수들이 주의 택하신 백성들의 구원을 방해하였습니다. 하지만 그리스도께서 그들을 정복하는 일에 착수하셨습니다. 그리고 이제, 돌아오시는 길에, 그분은 단지 그들을 이겼다고 선언하시는 것이 아니라, 원수들을 정복한 놀라운 위업을 묘사하기 위해 매우 인상적인 비유를 사용하십니다. "내가 포도즙틀을 밟았다."

우선, 이는 힘센 정복자가 그가 이긴 원수들을 대단히 경멸한다는 것을 나타냅니다. 마치 그가 이렇게 말하는 듯합니다. "나는 내 백성의 많은 원수들을 정복했다. 나는 그들에 대한 나의 승리를 포도주 틀을 밟는 것 정도에 비할 뿐이다. 천사들이 나를 찬양하며, 천국에서 구속받은 무리들이 승리의 기쁨에 도취되어 찬송할 것이니, 그들은 내가 어떻게 그 용의 머리를 깨뜨렸는지에 대해서와 압제자의 힘을 꺾었는지를 선언할 것이다. 그들은 내가 진노 중에 어떻게 강한 왕들을 죽였는지를 말하고, 뜨거운 노염으로 거인들을 죽였는지를 말할 것이다. 하지만 나로서는, 그에 대해 거의 말하지 않으며, 단지 포도즙틀을 밟았다고 선언할 뿐이다. 나는 내 원수들을 마치 내 발 아래의 포도를 밟는 것처럼 손쉽게 정복하는 대상으로 간주한다. 내 백성의 죄는 어마어마했을 것이며, 그들의 원수는 강했을 것이다. 하지만 나는 '붉은 옷을 입고 보스라에서' 올라와, 마치 포도송이를 밟는 사람이 발밑에서 그것들을 밟듯이, 내 백성과 나의 원수들을 쳐부수었다. 나는 그들을 포도즙틀에서 밟듯이 밟아버렸다."

오 경건하지 못한 죄인이여, 아마도 당신은 하나님께서 당신을 완전히 멸하시려면 큰 수고로움을 감수하셔야 한다고 생각할 것입니다. 하지만 그렇지 않습니다! 아마도 당신은 하나님께서 당신의 악한 영혼을 지옥의 역겨운 감옥에 던지시려면 큰 힘을 기울이셔야 할 거라고 생각할는지 모릅니다. 하지만 아아! 그 일은 그분에게 큰 힘을 요구하지 않을 것입니다. 만일 당신이 계속해서 그분의 원수로 머문다면, 그분은 마치 발로 포도송이를 밟듯 당신을 쉽게 밟으실 것입니다. 포도즙틀 안에서 발로 밟히는 포도송이들이 대체 무엇입니까? 예수님의 발이 밟으려 하신다면, 당신의 영혼과 몸이란 대체 무엇입니까? 당신의 늑골이 강철이어도 소용없고, 당신의 힘줄이 놋으로 되었어도 버티지 못합니다. 당신의 뼈들이 단단한 대리석이라 해도 그것들은 아무것도 아닙니다. 비록 당신의 영혼이 거대한 괴물의 비늘로 만든 옷을 입었어도, 예수님의 발 아래에서 당신은 마치 익은 포도들과 마찬가지일 것이며, 거기서 피가 마구 쏟아질 것입니다. 아아, 그리스도께서 마지막 날 죄인들에 대해 말씀하실 때 그 비유의 의미는 끔찍할 것입니다. "내가 포도를 밟아 거기서 즙을 짜내듯이 그들을 밟았으니, 내가 포도즙틀을 밟았노라."

하지만 이 비유 속에는 고생과 수고의 암시도 있음에 주목하십시오. 포도 열매는 힘겨운 수고 없이 으깨어집니다. 물론 힘센 정복자는 원수들에 대하여는 그분의 힘에 비하면 마치 그들이 수확한 포도송이들에 지나지 않음을 경멸조로 말씀하십니다. 하지만 우리와 같은 사람의 입장에서 말하자면, 그분이 원수들과 싸우셨을 때 그들을 이기기 위해 무언가를 행하신 것입니다. 때때로 포도즙틀을 밟는 자는 힘든 노동으로 지칩니다. 비록 그는 머리 위쪽에 있는 손잡이를 붙잡고서 몸을 이리저리 움직이고, 춤추면서 웃기도 하고, 온 종일 노래도 부르면서 포도즙을 짜내지만, 종종 그는 이마에서 땀을 닦아내고, 그 수고에 지칩니다. 그처럼 우리의 복되신 주님께서도, 비록 그분의 교회의 원수들을 마치 손가락으로 모기를 누르듯 짓밟으실 수 있었지만, 한편으로는 그들을 정복하기 위해 동산에서 충분한 수고를 하셔야 했습니다. 그분이 옛 용의 머리를 겟세마네에서 상하게 하실 때, 발로 밟는 일은 결코 작은 일이 아니었습니다. 그 때 그분은—

> "성육하신 하나님이 질 수 있는 모든 짐을 지셨고,
> 충분한 힘을 기울여, 아무 힘도 남기지 않으셨네."

내 영혼은 포도즙틀을 밟으시는 영광스러운 주님의 모습을 묵상합니다! 당신을 산산조각 내었을 죄들을, 그분이 그분의 발 아래에서 밟으셔야 했습니다. 그 죄들을 밟으셔야 했을 때 그분의 발꿈치가 얼마나 상해야 하셨는지요! 오, 얼마나 강력하게 그분은 당신의 죄들을 밟으셔야 했는지요! 그것들을 산산조각

내어 없애버려야 하셨는지요! 그분이 "내가 포도즙틀을 밟았다"고 말씀하실 수 있었을 때, 그 일이 그분에게서 어떻게 우리의 땀과는 다른 핏방울 같은 땀을 요구했는지요! 하지만 그 일이 아무리 수고로웠고, 그분에게서 눈물과 신음의 희생을 요구했어도, 그분은 이렇게 말씀하실 수 있었습니다. "내가 그 일을 완수하였다. 그 큰 일이 온전히 성취되었다. 다 이루었다. 내가 홀로 포도즙틀을 밟았다."

더 나아가, 이 비유에는 의복이 피로 물들여진다는 암시가 있습니다. 우리는 본문의 앞 구절에서 그것을 볼 수 있습니다. "어찌하여 네 의복이 붉으며 네 옷이 포도즙틀을 밟는 자 같으냐?"(2절). 포도즙틀을 밟는 자의 옷은, 자연스럽게 그의 발밑에서 뿜어져 솟아오르는 즙으로 온통 물들게 됩니다. 아, 내 영혼이여, 여기서 자기 자신의 선혈을 튀게 하신 네 구주를 묵상해보라! 나신지 겨우 팔일이 되었을 때에(참조. 눅 2:21), 그대를 위해 이미 피를 흘리신 그분을 생각해보라! 그리고 그분이 겟세마네 동산에서 피를 흘리기 시작하셨던 때를 생각해보라! 그분이 얼마나 유혈이 낭자한 옷으로 몸을 가리셨는지! 그분은 진홍빛으로 물들인 두로 산(產) 의복을 걸친 지상의 왕들과 같지 아니하고, 오히려 불행의 왕처럼, 피의 진홍빛 의복을 입으셨습니다! 가시면류관이 그분의 이마를 찢을 때, 관자놀이에서부터 흘러내리는 그 피를 주목하십시오! 잔인한 로마인의 진저리나는 채찍질이 경련을 일으키는 그분의 살을 연이어 찢어놓을 때, 그로 인해 우십시오! 그분이 예루살렘 거리를 걸어가실 때, 비아 돌로로사(*via dolorosa*) 곧 고난의 길에서 그분을 따라가 보십시오! 거기서 멈추고, 그분이 밟으신 돌마다 어떻게 그분의 보혈로 물들여졌는지를 보십시오! 그리고 저 거친 쇠말뚝이 그분의 손을 찢었을 때, 어떻게 핏물이 솟아나기 시작했는지를 보십시오! 이제 그분이 어떻게 십자가에 못 박히고, 나무에 달려서, 가장 깊은 슬픔의 심연으로 빠져드는지를 보십시오!

"그분의 머리와, 손과, 발에서
슬픔과 사랑이 뒤섞이어 흘러내림을 보라!
사랑과 슬픔이 그렇게 만난 적이 있었던가?
가시들이 그리도 귀한 면류관으로 엮어진 적이 있었던가?
그가 흘리신 붉은 피는, 마치 의복처럼,

나무에 달린 그분의 온 몸을 뒤덮었네."

오 예수님, 정수리부터 발바닥에 이르기까지, 당신의 온 몸이 피로 물들었습니다! 당신의 속사람이 피로 물들었고, 당신의 겉 사람 역시 그러했습니다. 당신은 온통 피로 덮였으니, 당신은 우리 죄를 발로 밟으신 영광스러운 분이십니다! 우리는 다시는 이렇게 묻지 않을 것입니다. "에돔에서 오는 이는 누구며 붉은 옷을 입고 보스라에서 오는 이 누구냐? 그의 화려한 의복, 큰 능력으로 걷는 이가 누구냐?"(1절). 우리는 왜 당신의 의복이 붉게 되었는지를 압니다. 당신은 하나님의 진노의 포도주 틀을 밟으셨습니다.

지금까지 할 수 있는 한 간략하게, 우리 주님이 제시하신 흥미로운 비유에 대해 설명했습니다.

2. 영광스러운 사실

이제 우리는 본문에서 언급된 영광스러운 사실을 숙고해볼 것입니다. "내가 포도즙틀을 밟았다."

그리스도인이여, 잠시 시간을 내십시오. 내 형제여, 나와 함께 천국도 아니고 지옥도 아닌, 구주께서 밟으신 저 큰 포도즙틀에 가봅시다. 당신은 동양의 포도즙틀의 형태를 이해합니다. 그것이 어떻게 세워지며, 많은 양의 포도를 거기에 넣고는, 발로 밟도록 되어 있는지에 대해 알 것입니다. 그렇다면 여기 와서 큰 포도즙틀 가장자리에 서서 그것을 자세히 살펴보십시오. 그 안에서 구주께서 당신을 위하여 밟으셨으니, 그 깊이를 응시해보십시오.

그 포도즙틀에서 당신이 보게 될 첫 번째는 당신의 죄들입니다. 주의 깊게 내려다보십시오. 그 포도즙틀의 중간에 당신이 젊은 시절에 행한 죄들이 있습니다. 마치 설익었으나 촘촘하게 알갱이들이 박혀 있는 포도송이들 같습니다. 그곳에는 당신이 어른이 되어 지은 죄들, 마치 고모라의 검고 탁한 포도즙과 같은 죄들이 있습니다. 당신은 소돔의 포도나무에서 난 포도송이들 같은 그 죄들을 봅니까? 당신은 십마의 포도나무(참조. 렘 48:32)에서 난 듯한 포도송이들을 보지 않습니까? 거기서 당신의 중년의 열매들을 보십시오. 거기서 당신의 노년의 열매들도 보십시오! 그것들이 모두 저 강력한 포도즙틀에 넣어졌습니다. 죄인 중의 괴수여, 와서 보십시오. 저기 당신의 죄들이 있습니다. 거기에 나의 죄들이 있습니다. 그 모두가 하나의 큰 무더기가 되어 뒤섞입니다! 하지만 좀 더 머물러 보십시오. 포도즙틀을 밟는 자가 들어오며, 그분이 발로 그것들을 밟습니다. 오! 그분이 그것들을 어떻게 밟으시는지를 곰곰이 생각해보십시오! 당신은 겟세마네에서 당신의 죄들을 밟아 산산조각 내시는 그분을 보지 않습니까? 와서 다시 보십시오. 거기에 껍질들이 있습니다. 찢어진 껍질들, 모두 밟혀서 으깨어진 당신의 죄들입니다.

하지만 거기에 더 이상 죄가 없습니다. 이제는 거기에 더 이상의 범죄가 없습니다. 그것들은 모두 사라졌습니다. 제거되었습니다! 그분이 말씀하십니다. "내가 포도즙틀을 밟았노라." 그 죄들을 돌아보고 우십시오. 그것들은 여전히 당신의 죄이기 때문입니다. 하지만 동시에, 심하게 절망적인 고통 속에서, 마치 당신이 그것들로 인해 형벌을 받아야 하는 것처럼 울지는 마십시오. 그 모든 검은 즙, 당신의 죄악의 독은, 모두 압착되어 빠져나왔으며, 흘러 나갔습니다. 그리스도께서 그분의 쓴 잔에 그것을 담아, 마지막 한 방울까지 그것을 마셨습니다. 당신에게 거기를 내려다보라고 나는 말합니다. 당신에게 믿음의 눈이 있다면, 당신의 모든 죄가 파멸되었음을 당신은 볼 것입니다. 한 번 쳐다보십시오. 마귀가 그의 손으로 당신의 눈을 가리지 못하게 하십시오. 혹 어떤 어두운 죄, 고백되지 않은 죄, 여전히 당신의 품속에 도사리고 있는 죄가 있는지를 보십시오! 당신의 이웃에게 잔인한 해를 가한 죄, 혹은 당신의 창조주에게 행한 어떤 무서운 죄, 여전히 당신을 따라다니며 괴롭히는 어떤 죄가 있다면, 그것들은 여전히 그 포도즙틀에서 밟히고 있습니다! 작은 죄와 큰 죄들, 모두가 밟혀서 찢기고 있으며, 당신이 아무리 열심히 찾아보아도 그것들 중의 한 가지도 찾지 못할 것입니다.

"내 죄를 찾으려 살펴보았지만,
아무리 해도 찾을 수가 없었네."

믿는 자여, 그것들은 저 포도즙틀에서 밟혀 흔적도 없이 사라지고 맙니다! 그것들은 사라졌고, 모두 제거되었습니다! "누가 능히 하나님께서 택하신 자들을 고발하리요? 의롭다 하신 이는 하나님이시니 누가 정죄하리요? 죽으실 뿐 아니라 다시 살아나신 이는 그리스도 예수시니 그는 하나님 우편에 계신 자요 우리를 위하여 간구하시는 자시니라"(롬 8:33-34). 참소하는 자여, 저 포도즙틀 안을 들여다보라! 양심이여, 저 포도주 짜는 기구 속을 들여다보라! 사탄이여, 그곳을 보라! 내 옛 죄들이 산산조각 깨어진 것을 너는 보지 못하느냐? 그것들은 모두 사라졌으니, 내 죄는 더 이상 있지 않도다!

> "내 불의가 가려졌으니,
> 정죄로부터 나는 해방되었네."

믿는 자여, 아마도 당신은 그리스도의 포도즙틀에서 당신이 보리라고 기대하지 못했던 것을 볼 것입니다. 거기에서 사탄이, 머리가 상한 채로 누워있습니다. 그가 얼마나 자주 지금 당신을 괴롭히기 위해 오는지요! 얼마나 끔찍하게 그가 때때로 당신의 귀에 고함을 지르고, 또 당신이 그의 몫이 될 것이라고 말하는지요! 그가 당신을 구주의 피에서 멀어지게 하려고 얼마나 노력하는지요! 비록 하나님이 당신을 사랑하심에도 불구하고, 얼마나 빈번하게 그는 당신에게서 평안을 빼앗으려고 애를 썼는지요! 당신에게 호소합니다. 사탄에게 오늘 밤 당신과 함께 겟세마네의 포도주 짜는 틀로 가자고 하십시오. 그가 그곳을 들여다볼 때, 그는 자기 자신을 볼 것입니다. 그렇습니다. 사탄을 데리고 가서 그 포도즙틀에 던져 놓으십시오. 그러면 그리스도께서 당신을 위해 다시 그의 머리를 상하게 하실 것입니다.

그리스도인이여, 사탄은 거기 있습니다! 그가 당신을 해칠 수 있다고 두려워하지 마십시오. 그가 당신을 괴롭힐지는 모르지만, 그는 사슬에 묶여 있기 때문에 당신을 멸하지 못합니다. 그가 짖을 수는 있지만, 물지는 못합니다. 그가 두려워하게 할 수는 있지만, 당신을 해치지는 못합니다. 그가 놀라게 할 수는 있지만, 당신을 삼키지는 못합니다. 그가 삼킬 자를 찾으며 돌아다니겠지만, 당신을 삼키지는 못합니다. 그는 사방을 돌아다니며 오랫동안 찾아다니겠지만, 당신을 찾지는 못할 것입니다. 왜냐하면 주께서 당신에 대해서 말씀하시길, 당신이 결코 멸망하지 않을 거라고 하셨기 때문입니다. 당신이 사탄과 치열한 싸움을 벌일 때마다, 그에게 그 포도즙틀에 대해 말하십시오. 그리고 루터가 "마귀를 조롱하라"고 말했듯이, 그를 조롱하며 즐거워하십시오. 그를 조롱하십시오. 그에게 겟세마네의 포도즙틀을 상기시키십시오. 그에게 그것을 어찌 생각하는지 묻고, 그가 거기서 입은 상처에 대해 어떻게 느끼는지를 물어보십시오. 그가 겟세마네에서 우리 주님께 가한 타격은 지독한 것이었지만, 우리 주님께서 그에게 가하신 타격은 그보다 훨씬 치명적인 것이었습니다. 그 때 주님은 그에게서 그의 힘을 빼앗고, 그가 찌른 침을 뽑아내셨습니다. 주님은 아직 그를 남겨두셨지만, 그는 패배한 자입니다. 그리스도께서 그 포도즙틀에서 그를 밟으셨기 때문입니다.

그리스도인이여, 다시 보십시오! 당신의 죄와 마귀 사이에, 상처를 입고 누워있는 추악한 괴물 하나를 보십시오! 그는 뼈만 앙상한 해골 같은 존재입니다. 당신은 그것을 인식합니까? 그것은 당신의 마지막 원수입니다. "맨 나중에 멸망 받을 원수는 사망이니라"(고전 15:26). 그를 쳐다보십시오. 그의 두개골이 깨어진 것과, 그의 뼈들도 부서진 것을 보고 있습니까? 죽음이 이제는 몰락한 폭군과도 같음에 주목합니까? 그는 쓰러져 누워있습니다. 하지만 당신은 상하고, 깨어지고, 두들겨 맞고, 해를 당하고, 몰락하고, 멸망당한 채 누워있는 그를 두려워합니다! 거기에 죽음, 마귀, 당신의 죄가 모두 있습니다. 그 지옥의 3인조는 전능하신 정복자의 발 아래 영원히 짓밟힙니다! 그가 말씀하셨습니다. "오 사망이여, 내가 너에게 재앙을 내릴 것이며, 오 무덤이여, 내가 너의 파멸을 초래할 것이다!" 그분은 그렇게 하셨습니다. 그러므로 우리는 언제든 원수들이 우리를 괴롭히고 해치려 할 때마다, 그 포도즙틀에 갈 것입니다.

그리스도인이여, 당신을 대적하는 것으로 또 무엇이 있습니까? 그것이 무엇인지 나는 모르지만, 그 모든 것이 여기 있습니다. 당신의 원수가 그 무엇이든, 가서 그 포도즙틀을 들여다보고, 거기에서 죽어있는 그것을 보십시오. '절망 거인'(Giant Despair, 번연의 『천로역정』에 있는 내용임—역주)이 순례자들을 어떤 장소로 데려가, 거기서 그가 먹어치운 어떤 순례자들의 뼈를 보여주었습니다. 그리고는 그들에게도 그렇게 할 것이라고 다짐하며 말했습니다. 하지만 그리스도인이여, 당신의 모든 의심과 두려움들을 향하여, 그 절망 거인이 그 순례자들에게 위협한 것처럼 이렇게 말하십시오. "의심과 두려움들이여, 너희는 거기서 짓밟힌 나의 옛 의심과 두려움들의 뼈들을 보느냐? 하루나 이틀 안에, 너희도 그것들과 함께 있을 것이다." 오늘의 죄들에 대해서, 그것들도 어제의 죄들처럼 될 것이라고, 즉 예수의 피에 익사하고 그분의 복되신 희생에 의해 죽임을 당할 거라고 말하십시오! 양심이 당신의 죄들을 자각시킬 때, 양심을 이 포도즙틀로 데려가십시오. 당신이 그곳에 데려갈 수 있다면, 그 포도즙틀은 어떠한 죄의식의 망령도 쓰러뜨릴 것입니다. 주께서 "내가 홀로 포도즙틀을 밟았다"고 선언하셨기 때문입니다. 그 일은 끝났습니다. 그 일은 완수되었습니다. 죄, 의심, 두려움, 지옥, 사망, 멸망, 그리고 자아(自我)까지도, 모든 것이 정복자 예수의 발 아래 밟혔습니다. 그분이, 홀로 "포도즙틀을 밟으셨습니다."

3. 외로운 정복자

그리스도인이여, 이제는 본문에 묘사된 단독(單獨)의 정복자에 대해 숙고해봅시다. "내가 홀로 포도즙틀을 밟았노라."

하나님께서 세상에 가르치실 위대한 교훈은 이것입니다. "나는 여호와라 나 외에 다른 이가 없나니 나 밖에 신이 없느니라"(사 45:5). 특히 구원에 있어서, 그분은 모든 영광이 그분의 것이 되도록 하십니다. 그러므로 그리스도께서는 구속을 위한 수고를 어느 누구와도 나누는 것을 허용하지 않으시며, 그 영예를 누구와 나누는 것도 용인하지 않으실 것입니다. 더 나아가, 그분을 도울 수 있는 자는 아무도 없었고, 구속을 위한 일에 그 일익을 담당할 수 있었던 자도 없었습니다. 그분의 마음을 짓눌렀던 어마어마한 죄의 짐, 곧 그분 백성의 산더미 같은 죄의 짐을 조금이라도 질 수 있는 자는 아무도 없었기 때문입니다. 그분이 남김없이 마셔야 했던 잔을 한 방울이라도 마실 수 있는 자는 달리 아무도 없었습니다. 이 장의 5절에서 선언하듯이, 그분이 그 모든 일을 홀로 행하셨습니다. "내가 본즉 도와 주는 자도 없고 붙들어 주는 자도 없으므로 이상히 여겨 내 팔이 나를 구원하며 내 분이 나를 붙들었음이라."

믿는 자여, 이제 와서 저 외로운 예수님을 바라봅시다. 이 세상에서 자기 사역을 수행하시는 몇 년 동안, 그분은 얼마나 외로우셨는지요! 그토록 많은 사람들 중에 살면서, 주 예수 그리스도처럼 외로웠던 사람은 없었다고 나는 생각합니다. 그분은 무리 중에 서 계셨고, 큰 회중이 그분의 가르침에 귀를 기울였습니다. 비록 많은 이들이 기쁘게 들었어도, 그분이 필요로 했던 만큼 공감할 수 있었던 자는 아무도 없었습니다. 그분은 한적한 곳으로 가셔서 제자들과 대화하셨습니다. 하지만 그들은 그분과 공감할 수 없었습니다. 요한은 조금이나마 할 수 있었는데, 그가 그리스도의 품에 머리를 기대었기 때문입니다. 하지만 요한이 할 수 있었던 공감조차도 빈약한 것이었습니다. 예수님은 언제나 너무나 외로운 사람으로 지내셔야 했습니다. 어느 누가 그토록 순결하여, 오점이 없는 그분의 순결에 비길 수 있었습니까? 어느 누가 그토록 완벽하여, 흠 없는 온전함을 가지고 살아갈 수 있었던가요? 어느 누가 그토록 지혜로워, 저 놀라운 지혜의 주님과 동행할 수 있었던가요? 어느 누가 그토록 선견지명이 있어, 모든 세대의 참 선지자인 그분과 대화를 나눌 수 있었던가요? 어느 누가 은혜로우신 예수님과 대화를 나눌 정도로 자비심이 풍성했던가요? 그리고 어느 누가 "질고에 익숙했던 저 슬픔의 사람"(KJV, 사 53:3)과 동무가 될 만큼 슬픔이 많았던가요?

가장 무거운 슬픔이 찾아왔을 때, 그분의 외로움은 증대되었습니다. 그분이 겟세마네 동산에 계실 때에, 그분은 홀로 포도즙틀을 밟으셨습니다. 나는 우리 구주를 보는 듯합니다. 마치 동료들에게 매달리시듯, 그분은 이렇게 말씀하십니다. "베드로, 야고보, 그리고 요한아, 다른 여덟은 떠날 수도 있다. 유다는 이미 떠났다. 그들을 동산 끝자락에 머물도록 두라. 너희는 나와 함께 가자. 내가 극심한 슬픔을 겪게 되었기 때문이다." 그분이 그들을 데려가십니다. 아아! 하지만 그분은 그분이 씨름하시는 동안 그들을 함께 있도록 할 수 없다고 느끼십니다. 만약 그 때 그들이 그분의 얼굴을 본다면 그들은 죽을 것입니다. 그분의 몸이 고문을 당하고 그분의 영혼이 우리의 죄짐을 감당하는 동안, 그분의 용모는 너무나 끔찍하게 되어, 그들이 그 슬픔의 얼굴을 본다면 틀림없이 충격으로 죽고 말 것이기 때문입니다. 고뇌로 인하여 흘러내린 피와 같은 땀방울들이 얼마나 무거웠는지요! 여전히 그분은 마치 어떤 동료애를 원하듯이 그 세 제자들을 곁에 있도록 하셨지만, 오, 그분이 돌아와서 그들 모두가 잠들어 있는 것을 보셨을 때 그 슬픔이 어떠했을까요? 잠자고 있는 그 세 제자들을 바라보시는 예수님이 눈앞에 보이는 듯하지 않습니까? 거기서 그들은 누워있습니다! 마치 사람에게 어떤 도움을 구하듯이, 마치 그들이 그분을 위로해주기를 바라듯이, 그분은 그들에게 세 번이나 가셨습니다. 그것이 슬픔에 빠진 그분을 위해 그들이 할 수 있는 전부였기 때문입니다.

세 번 그들에게 가시고는, 세 번째에 그분은 이렇게 말씀하십니다. "일어나라 함께 가자 보라 나를 파는 자가 가까이 왔느니라"(마 26:46). 정녕, 이제는 그들이 그분을 도우러 모이겠지요? 잠시 동안 그들은 그렇게 합니다. 베드로는 칼을 들고서 말고의 귀를 칩니다. 하지만 곧, "제자들이 다 예수를 버리고 도망합니다"(마 26:56). 그분은 검과 몽치를 든 사람들에 의해 체포됩니다. 오 땅이여, 그분에게는 친구가 없는지! 오 하늘이여, 하늘에는 예수님을 위한 친구가 없는지! 베드로는 어디 있습니까? 그가 말했습니다. "모두 주를 버릴지라도 나는 결코 버리지 않겠나이다"(마 26:33). 요한은 어디 있습니까? 그는 도망쳤습니다. 예수님과 함께 있는 이가 아무도 없습니다. 아무도 그분을 돕지 않습니다. 사람들이 그분을 공회 앞으로 데려갑니다. 하지만 거기에는 그분의 무죄를 주장할 사람이 없습니다. 그분이 뜰에 서십니다. 하지만 그분과 함께하는 이가 아무도 없습니다. 예, 한 사람이 있네요. 하지만 그가 하는 말을 들어보십시오! 그가 말합니다, "나는 그 사람을 알지 못하노라"(마 26:72). 곧 베드로는 거의 자기 주님의 면전에서 저주하고 맹세하면서 부인합니다.

이제 그분은 골고다로 올라가십니다. 여전히 그분 곁에는 아무도 없습니다. 마침내 그분이 십자가에 달리실 때, 저 복된 여인들이 와서 슬픈 눈으로 그들이 사랑한 주님을 올려다봅니다. 눈물을 흘리는 그들의 마음이 녹아내립니다. 어둠이 몰려오자, 그분은 아무도 볼 수 없었고, 그분은 홀로, 외로이, 혼자서, 가늠할 수 없는 큰 슬픔에 빠집니다. 그분이 소리치는 것을 들어보십시오. "엘리 엘리 라마 사박다니 하시니 이를 번역하면 나의 하나님, 나의 하나님 어찌하여 나를 버리셨나이까 하는 뜻이라"(막 15:34). 그 때 그분은 이렇게 소리칠 수 있었습니다. "만민 가운데 나와 함께 한 자가 없이 내가 홀로 포도즙틀을 밟았노라." 그분이 매장되셨을 때, 무덤 안에 그분과 함께 누운 자가 없었습니다. 그 동일한 무덤에서 부활의 아침에 시작한 다른 이가 아무도 없었습니다. 아, 그리스도인이여! 구속의 일에 있어서는 어느 누구도 예수님과 관련짓지 마십시오. 오직 예수님이 홀로 포도즙틀을 밟으셨다는 이것이 중요한 진리이며, 따라서 그분이 전부라고 생각하십시오.

4. 달콤하고 유익한 묵상들

다른 요점들에 대해서는 간략히 살펴보았으므로, 이 복되고 거룩한 주제에서 암시되는 몇 가지 달콤하고 유익한 묵상의 항목들을 살펴보겠습니다.

먼저 유추할 수 있는 것으로서, 오 신자여, 당신이 밟아야 할 하나님의 진노의 포도즙틀은 없습니다! 예수님이 포도즙틀을 밟으셨고, 그것을 홀로 밟으셨다면, 당신이 그것을 밟을 필요가 없습니다. 그리스도인들이 종종 이 문제에서 실수를 합니다! 어떤 불량배가 자기 죄 때문에 벌을 받았다고 하는 말을 여러분은 들을 것입니다. 나는 어떤 신자들에 대해 알고 있는데, 그들은 그들의 환난이 그들의 죄 때문에 하나님이 보내신 벌이라고 생각합니다. 그런 일은 불가능합니다. 하나님은 우리를 벌하시되, 그분의 백성인 우리를 그리스도 안에서 단번에 벌하셨습니다. 그분은 결코 우리를 다시 벌하지 않으실 것입니다. 그분은 그렇게 하실 수 없습니다. 그분은 의로운 하나님이시기 때문입니다. 환난은 아버지의 손에 의한 징계이지만, 그것들은 사법적인 형벌이 아닙니다. 예수님이 포도즙틀을 밟으셨고, 그분이 홀로 그것을 밟으셨습니다. 그러니 우리는 그것을 밟지 못합니다. 얼마나 자주 여러분은 하나님께서 여러분으로 하여금 죄짐의 일부를 느끼게 하신다고 생각해왔으며, 또 그분이 여러분으로 하여금 죄로 인한 고통의 일부를 감당하게 하신다고 생각해왔습니까? 그렇게 생각하지 마십시오! "내가 포도즙틀을 밟았다"고 예수님이 말씀하십니다. 만약 당신이 그것을 밟아야 했다면, 당신이 만약 당신의 죄에 대한 형벌의 고통을 조금이라도 감당해야 했다면, 그리스도께서는 더 이상 "내가 홀로 포도즙틀을 밟았다"라고 말씀하실 수 없을 것입니다. 하지만 그분이 그 일을 완벽하게 행하셨으니, 당신에게는 남은 죄의 형벌이 더 이상 없습니다. 당신에게는 지옥의 불도 없고, 형벌도 없고, 고문도 없습니다. 당신은 무죄 방면이며, 완전히 석방되었고, 다시 정죄당할 수도 없습니다. 그리스도께서, 단번에, 당신의 모든 죄들을 그분의 발로 밟으셨습니다. 그러므로 당신은 결코, 결코, 그것 때문에 형벌을 받을 수 없습니다.

진리를 추구하는 자들이여, 여러분은 이에 대해 무어라 말하겠습니까? 아마 여러분은 그리스도께서 모든 사람의 죄를 위하여 벌을 받으셨으며, 그러나 많은 사람들이 그들 자신의 죄로 인해 벌을 받는다고 가르치는 교리를 들어왔을 것입니다. 여러분은 그런 교리에서 결코 평안이나 위안을 발견하지 못할 것입니다. 그런 교리는 허위이며, 하나님께도 공정하지 못하고, 사람을 위해서도 안전하지 못합니다. 성경에서 우리가 배우는 것은, 하나님께서 자기 아들을 모든 자기 백성을 위한 대속물로 삼으셨다는 것이며, "우리 모두의 죄악을 그에게 담당시키셨다"(사 53:6)는 것입니다. "우리" 중 어느 한 사람도, 즉 그리스도께서 위하여 대신 벌을 받으신 그분의 백성 중 어느 한 사람도, 다시 벌을 받을 수 없습니다. 만약 예수님께서 우리의 벌을 감당하셨다면, 우리는 변개할 수 없는 정의의 토대 위, 즉 언제나 자기 본성에 일치되게 행하시는 하나님께서(그분은 결코 자신의 본성과 모순되게 행하실 수 없습니다) 더 이상 우리를 벌하실 수 없다는 확고한 토대 위에 서는 것입니다. 오, 그리스도인 형제들이여, 우리가 그토록 견고한 토대 위에 있음을 기뻐하십시오! 선택된 자들, 산 믿음에 의해 그리스도와 연합된 모든 자는 그리스도 안에서 벌을 받은 것이며, 이제는 그분 안에서 "아침 빛 같이 뚜렷하고 달 같이 아름답고 해 같이 맑고 깃발을 세운 군대 같이 당당한"(아 6:10) 모습으로 서 있습니다. 누구도 그들을 정죄할 수 없습니다. "그러므로 이제 그리스도 예수 안에 있는 자에게는 결코 정죄함이 없습니다"(롬 8:1). 오 영화로우신 하나님, 당신을 찬양합니다! 헤아릴 수 없는 이 대속의 가치와, 그 결과로 이어지는 완전한 칭의의 가치를 제대로 인식하지 못하고 사랑하지 않는 자는 부끄러워해야 합니다!

> "주여, 예수께서 피 흘리셨음을 기억하소서.
> 예수께서 죽으시며 고개를 숙이신 것과,
> 핏방울 같은 땀을 흘리셨음을 기억하소서.
> 그분이 몸소 나무에 달려
> 당신의 진노와 저주를 나를 위해 감당하시므로
> 나의 빚진 것 이상을 갚으셨나이다.
> 정녕 그분이 값을 치르고 내게 용서를 가져다주셨고
> 구속할 자기 백성을 위하여
> 완벽한 의를 이루셨도다.
> 오, 내 죄가 그분에게 전가되었듯이
> 이제는 은혜로써 그분의 의가
> 내게 전가될 수 있도다!"

하나님의 자녀여, 당신을 위하여 한 가지 더 생각해볼 것은 이것입니다. 비록 형벌의 포도즙틀은 없어도, 당신이 밟아야 할 고난의 틀은 있습니다. 어두운 밤에 사람의 왕래가 적은 외진 길을 걷는 한 어린아이가 있습니다. 그 아이가 말합니다. "어머니, 저는 그곳에 가기를 원치 않아요." "내가 너와 함께 갈 거야"라고 어머니가 말합니다. 그 어린아이가 말합니다. "그렇다면 제가 갈게요, 어머니와 함께라면 어디든 갈게요." 아, 그리스도인이여! 당신이 걸어야 할 어두운 길들이 많이 있습니다. 하지만 당신은 그곳에 홀로 갈 필요가 없습니다! 많은 포도즙틀들이 있습니다. 하나님의 진노의 포도즙틀이 아닌, 그분의 징계의 손길과 관련된 것입니다. 당신이 그것을 밟아야 합니다. 하지만 당신은 그것들을 홀로 밟지 않아도 됩니다. 오, 이것이 우리의 마음을 황홀하게 하는 진리가 아닌가요? 우리는 결코 그 포도즙틀을 홀로 밟지 않을 것입니다. 목회자여, 당신은 강단으로 갑니다. 하지만 하나님께서 당신을 보내셨다면, 당신은 결코 홀로 가는 것이 아닙니다. 당신의 주님의 발이 당신 뒤에 있으며, 당신의 주님께서 친히 당신 곁에 서십니다. 집사들이여, 여러분은 때때로 험난한 물결을 헤치며 교회를 이끌고 나아가야 합니다. 큰 지혜가 필요합니다. 하지만 여러분에게 집사들의 우두머리가 계십니다. 여러분은 여러분의 수고를 홀로 감당하지 않을 것입니다. 주일학교 교사여, 당신은 진지한 열심을 가지고 교회학교에 참여하며, 홀로 가르친다고 생각합니다. 아, 그렇지 않습니다! 당신 곁에 앉아계시는 또 다른 교사(Teacher)가 계십니다. 그분은 당신이 가르치는 것보다 잘 가르치실 수 있습니다. 당신이 머리만 가르치는 동안, 그분은 마음을 가르치십니다. 당신이 몸을 향해 가르치는 동안, 그분은 영혼들을 가르치십니다. 그분이 당신을 가르치실 것입니다. 오, 질병의 고통을 겪는 딸이여, 당신은 쇠약한 모습으로 침상에 누워있습니다. 하지만 당신은 그곳에 홀로 누워있는 것이 아닙니다! 당신의 머리에 그늘을 드리우시는 이는 순결한 날개를 단 천사가 아니라 예수님이십니다. 그분이 못자국난 손으로 서서 열이 나는 당신의 이마에 손을 대십니다. 죽어가는 성도여, 당신은 죽는 것을 두려워합니다. 하지만 당신은 외로이 죽지 않을 것입니다. 예수님께서 당신의 병상을 돌보십니다. 다윗은 말합니다, "여호와께서 그를 병상에서 붙드시고 그가 누워 있을 때마다 그의 병을 고쳐주시나이다"(시 41:3).

"예수님은 임종의 침상을
아늑한 베개처럼 느끼게 하실 수 있으니,
그분의 품에 내 머리를 기대는 동안
거기서 내 생명의 숨결은 평화롭기 그지없도다."

그리스도인이여, 당신의 시련이 무엇입니까? "오, 캄캄합니다!"라고 당신이 말합니다. 그럴 수도 있겠지요. 하지만 그분의 지팡이와 막대기가 당신을 안위할 것입니다. 그분의 오른손이 당신을 인도하실 것입니다. 그리스도인이여, 당신의 슬픔이 무엇입니까? "아아, 깊은 슬픔입니다!"라고 당신이 말합니다. 하지만 예수님이 속삭이십니다. "네가 물 가운데로 지날 때에 내가 너와 함께 할 것이라 강을 건널 때에 물이 너를 침몰하지 못할 것이며 네가 불 가운데로 지날 때에 타지도 아니할 것이요 불꽃이 너를 사르지도 못하리라"(사 43:2).

오래전 나는 할아버지의 집에서 『천로역정』을 읽곤 했습니다. 강물에서 크리스천(Christian)을 붙들어주는 소망 씨(Hopeful)의 모습을 나는 기억하며, 그것이 기억 속에 잘 새겨져 있습니다. 소망 씨는 크리스천을 팔로 감싸고 그의 손을 잡아 올려주면서 이렇게 말합니다. "형제여, 두려워마세요. 바닥이 느껴집니다." 그것이 바로 우리의 시련 중에서 예수님이 하시는 일입니다. 그분은 우리를 팔로 감싸시고, 우리의 기운을 북돋우면서 말씀하십니다. "두려워 말라! 물이 깊을 수는 있지만, 바닥이 견고하다." 비록 차가운 고난의 강물이 급하게 흘러도, 두려워 마십시오. 그리스도께서 그 물을 지나는 당신과 함께 하십니다. 당신은 홀로 그 물을 통과하지 않아도 됩니다. 그분이 우리를 위해 포도즙틀을 밟으셨습니다. 사랑하는 이여, 만일 우리가 그 포도즙틀을 밟아야 한다면 그 날은 우리에게 고난의 날이겠지만, 그럼에도 우리는 그것을 홀로 밟는 것이 아닙니다. 일부 하나님의 백성들은 그들 스스로 어느 정도 시도해보고, 홀로 노력해보지만, 유감스럽게도 그것을 엉망으로 만들 뿐입니다.

만일 우리가 우리 자신의 힘으로 무언가를 해야 한다면, 우리는 그것에 압도당하고 말 것입니다. 하지만 예수님과 함께 사는 자, 그분에게 함께 해 주시도록 간청하는 자는, 포도즙틀에서, 겟세마네와 같은 곳에서, 그리고 빌라도 총독의 관저와 같은 곳에서, 그분이 함께 하심을 발견할 것입니다. 만일 우리가 골고다에서 십자가에 못 박히는 것이 필요하다면, 우리는 그곳 골고다에서 우리와 함께 십자가에 못 박히시는 그리스도를 발견할 것입니다. 그리스도인이여, 당신은 당신의 주님 없이 물을 지나지 않아도 됩니다. 우리는 소년 시절에 들었던 옛이야기를 기억합니다. 난파되어 낯선 해안에 오른 가엾은 로빈슨 크루소는 사람의 발자국을 보았을 때 기뻐했습니다. 고난 중에 있는 그리스도인 역시 마찬가지입니다. 그는 외로운 땅에서 절망하지 않을 것입니다. 왜냐하면 우리의 모든 유혹과 환난 중에서도 예수 그리스도의 발자국을 발견할 것이기 때문입니다. 당신은 사람이 거주하는 나라에 있습니다. 당신의 모든 환난과 슬픔 중에서도 예수님이 당신과 함께 하십니다. 당신은 홀로 그 포도즙틀을 밟지 않아도 됩니다.

마지막으로, 살아계신 하나님의 종들이여, 예수님께서 홀로 포도즙틀을 밟으셨으므로, 나는 여러분에게 주님을 위하여 모든 것을 드리라고 호소합니다. 홀로 그분이 고난을 받으셨습니다. 그러니 여러분은 그분만을 사랑하지 않겠습니까? 홀로 그분이 포도즙틀을 밟으셨습니다. 그러니 여러분은 그분을 섬기지 않겠습니까? 홀로 그분이 여러분을 속량하셨습니다. 그러니 여러분은 그분의 소유이며, 오직 그분만의 소유가 되어야 하지 않겠습니까? 오, 세상에 자기 자신의 절반을 바친 이여, 당신은 주님께 당신의 절반만 바칠 것입니까? 세상이 당신에게 복을 준 적이 있습니까? 세상이 당신을 속량했나요? 세상이 당신을 위해 십자가에 못 박혔나요? 세상이 당신을 위해 포도즙틀을 밟았던가요? 그렇지 않습니다. 그렇다면 당신 마음의 일부를 세상에 주지 마십시오. 당신은 온 마음을 다해 사랑하는 이와 친밀한 관계를 유지할 수 있습니다.

오 그리스도인이여, 당신의 마음이 온전히 주님께로 향하도록 유의하십시오! 세상이라는 벗이 당신을 위해 포도즙틀을 밟았습니까? 세상이라는 친구가 당신을 위해 십자가에서 고난을 받았습니까? 그렇지 않다면, 예수님이 우선순위에서 으뜸이 되시도록 하십시오. 그분이 왕으로서 보좌에 앉으시도록 하고, 그분이 아닌 그 무엇도 그 자리에 앉지 못하게 하십시오. 당신이 매일 일하러 갈 때에, 당신 자신이나 쾌락이나 혹은 어떤 세상적인 목적을 위해 일하지 않도록 하고, 오직 예수님을 위해 일하도록 유의하십시오. 만일 세상이 "나와 함께 지내자. 그러면 너에게 모든 종류의 즐거움들을 네게 보여주겠다"라고 말하면, 이렇게 대답하십시오. "오 세상이여! 그럴 수 없다! 나는 포도즙틀에서 너의 발을 본 적이 없기 때문이다." 당신의 정욕이 당신을 유혹합니까? 이렇게 소리치십시오. "오 정욕이여! 나는 너를 사랑할 수 없다. 너는 나를 위해 한 방울의 땀도 흘리지 않았기 때문이다." 그렇습니다. 세상의 모든 거주민들이 팔을 넓게 벌리고 당신으로 하여금 당신의 주님을 버리고 오라고 구애하여도, 이렇게 대답하십시오. "아니, 그럴 수 없다! 너희는 포도즙틀을 밟지 않았으니, 내게 중요한 문제는 바로 그것이다. 예수님이 홀로 포도즙틀을 밟으셨고, 나는 나의 전부를 그분께 드릴 것이다."

마음이 내키지 않는 그리스도인들이여, 여러분은 마음을 둘로 나누었으며, 절반은 그리스도께 드리고 나머지 절반은 정욕에 바쳤으니, 여러분은 주의 것이 아닙니다. "너희가 하나님과 재물을 겸하여 섬기지 못하느니라"(마 6:24). 주인이자 주님은 오직 한 분이 있을 뿐입니다. 왜냐하면 구속자는 한 분이기 때문입니다. 친구도 한 분, 통치자도 한 분, 우리가 의지하여 사는 이도 한 분뿐이니, 오직 그분을 위해 우리는 용감히 죽기도 할 것입니다. 그리스도인들이여, 여러분에게 호소합니다. 아니 여러분에게 호소할 때는 나 자신에게도 호소하는 것입니다. 예수님께서 홀로 포도즙틀을 밟으셨다는 이 사실을 결코 잊지 마십시오. 오직 그분만을 여러분 마음에 왕으로 삼으십시오.

만일 오늘 밤 여러분이 속량이 무엇인지 그림으로 설명해보라고 내게 요청한다면, 나는 그 그림에서 오직 한 인물만을 그려야 할 것입니다. 우리는 창조를 묘사할 때는 여러 집단을 그릴 수 있습니다. 그 때에 새벽 별들이 기뻐 노래하였기 때문입니다(참조. 욥 38:7). 부활을 묘사할 때에 우리는 여러 집단들을 그릴 수 있습니다. 한 천사가 돌을 굴려 치웠기 때문입니다. 하지만 구속을 묘사할 때, 오직 한 인물만이 있을 수 있으니, 그 인물은 곧 "사람이신 그리스도 예수"이십니다(딤전 2:5). 그러므로, 만일 여러분이 마음속에 하나의 그림을 그리고자 한다면, 나는 당신의 영혼이라는 화폭에 어떤 집단들을 그리지 말라고 명합니다. 오직 하나님의 성령에 요청하여, 거기에 오직 한 이름, 사랑스러운 한 분, 찬탄할 만한 한 인물, 곧 홀로 포도즙틀을 밟으신 그리스도를 그리도록 하십시오.

메리(Mary) 여왕은 죽을 때에, 사람들이 그녀의 가슴에 "칼레"(Calais, 도버 해협에 접한 북프랑스의 항구 — 역주)라는 한 단어가 새겨져 있음을 발견할 것이라고 말했습니다. 아아, 그리스도인이여! 당신도 그렇게 사십시오. 당신이 죽을 때, 모든 사람이 "예수"의 이름이 당신의 마음에 새겨져 있음을 알게 하십시오. 왜냐하면 당신의 이름이 그분의 가슴과 그분의 손과 그분의 이마에 깊이 새겨져 있음이 틀림없기 때문입니다. 그것은 귀한 피로 쓰여 있습니다. 당신의 마음에서 최상의 장소뿐 아니라, 당신 마음의 전부를 그분께 드리십시오. 종종 이렇게 노래하십시오.

> "주여, 내 사랑하는 하나님을 떠나
> 방황하기 쉬운 저이니,
> 여기 제 마음을 취하여, 당신의 소유로 인치시고,
> 위에 있는 당신의 궁전에 가두어두소서."

형제들과 자매들이여, 이제 여러분은 성찬에서 여러분의 주님과 친밀한 교제 속으로 들어갈 터인데, 이 한 가지 생각이 여러분의 마음에 간직되기를 바랍니다. 그 생각은 바로 이것입니다.

> "예수 외에 그 무엇도, 예수 외에 그 누구도,
> 어찌할 수 없는 죄인들을 선하게 만들 수 없네."

그리고 십자가를 멸시하는 여러분이여, 여러분에게 단언하거니와 여러분은 포도즙틀에 있는 포도들과 같습니다! 만일 여러분이 불경건하게, 구원받지 못한 채, 불의하고, 용서받지 못한 채 죽는다면, 여러분은 반드시 저 거대한 하나님의 진노의 포도즙틀에 던져질 것입니다. 수많은 여러분의 동료들과 더불어 완전히 익은 포도들처럼 지옥에 던져질 것이며, 천사의 낫으로 베어질 것입니다. 그리스도께서 분노 중에 여러분을 밟으실 그 날, 그분이 타오르는 노여움으로 여러분을 밟으실 그 날은 끔찍할 것입니다. 하나님께서 여러분을 구원하시어, 여러분 자신이 포도즙틀에 던져지는 것이 아니라, 여러분의 죄가 그곳에 던져지기를 바랍니다. 그리스도께서 여러분이 아닌 여러분의 죄를 밟으시기를 바랍니다!

설교를 마치면서 6년 전 이 날에 있었던 행복한 상황이 떠오릅니다. 그 때 나는 애굽의 속박에서 해방된 나 자신을 발견하였고, 그리스도께서 나를 해방하셨던 그 자유 안에서 기뻐하였습니다. 내 입술을 도구로 삼아, 내 주님께서 다른 영혼을 그분께 이끄신다면 얼마나 좋을는지요! 두려워 떠는 불쌍한 이여, 당신은 이 아침에 본문을 통해 이 음성을 들었습니까? "땅 끝의 모든 끝이여 내게로 돌이켜 구원을 받으라 나는 하나님이라 다른 이가 없느니라"(사 45:22). 당신은 그 말씀을 들었습니까? 그렇다면 다시 그 말씀을 들으십시오. 또 당신은 그분을 바라보았습니까? 만약 그렇지 않다면, 지금 바라보기 바랍니다! 당신은 그분을 바라보았습니까? 당신이 아직 그분을 보지 못했다면, 계속해서 바라보십시오, 그러면 결국 보게 될 것입니다.

하지만 지금 보십시오! 그것이 그분이 요구하시는 전부입니다. 아니 그분은 그것을 당신에게 허락하십니다. 가련한 죄인이여, 지금 바라보십시오. 그리스도를 위하여, 당신의 영혼을 위하여, 천국을 위하여, 당신이 지옥의 저주를 피하고 싶다면, 지금 바라보십시오! 그분을 바라본다면, 그 보는 것이 당신을 구원할 것입니다! 가시 면류관을 쓰신 그분의 귀한 머리를 한 번 보십시오. 그분의 자비로운 눈, 연민으로 가득한 눈을 한 번 보십시오. 그분의 미소 짓는 얼굴을 한 번

보십시오. 만일 당신이 높이 올려다볼 수 없다면, 그분의 못 박힌 발이라도 보십시오. 그러면 당신은 구원을 얻을 것입니다. "그들이 주를 앙망하고 광채가 났다"(시 34:5)고 기록되었기 때문입니다. "땅 끝의 모든 끝이여 내게로 돌이켜 구원을 받으라."

제
90
장

자비에 대한 노래

"내가 여호와께서 우리에게 베푸신 모든 자비와 그의 찬송을 말하며 그의 사랑을 따라, 그의 많은 자비를 따라 이스라엘 집에 베푸신 큰 은총을 말하리라."—사 63:7

이 장은 원수들을 궁극적으로 전복시키시는 영광스러운 우리 주님에 대한 선언으로 시작됩니다. 그분은 자기 백성의 모든 원수들을 마치 포도즙틀에서 포도송이들을 밟듯 짓밟으실 것임을 선언하십니다. 이 장은, 여러분이 알다시피, 이러한 주목할 만한 선언으로 시작합니다. "에돔에서 오는 이는 누구며 붉은 옷을 입고 보스라에서 오는 이 누구냐?"(1절). 그 영광스러운 환상을 보고, 승리한 영웅의 선언을 들은 선지자는, 그 영혼이 감동으로 흥분되는 것을 느낍니다. 그리스도께서 가까이 계실 때 성도들의 마음이 속에서부터 뜨거워지는 것은 일반적입니다. 타오르는 마음의 불꽃이 그의 혀의 속박을 풀었습니다. 그는 말할 수밖에 없었고, 그에게 떠오르는 주제는 주님의 자비였습니다. 미래에 닥쳐올 일을 보면서, 임마누엘의 승리와 이스라엘 원수들의 패배를 미리 보면서, 그는 황홀해졌습니다. 하지만 그는 지나간 시대에 있었던 영광스러운 승리들, 지난날의 찬란한 승리들도 잊지 말아야 한다고 느꼈습니다. 그래서 그는 굳센 결심으로 이렇게 선언합니다. "내가 여호와께서 우리에게 베푸신 모든 자비를 말하리라"(7절).

선지자들 시대에는 여호와로 기억하시게 하는 일을 맡은 자들이 있었습니다. 여러분은 주께서 하신 이러한 말씀을 기억하지 않습니까? "너희 여호와로 기억하시게 하는 자들아 너희는 쉬지 말라"(사 62:6). 그들은 공개적으로 그분에 대하여(of) 말하는 자들이었습니다. "그 때에 여호와를 경외하는 자들이 피차에 말하였느니라"(말 3:16). 그들은 또한 그분에게(to) 말하는 자들이었으며, 여호와로 하여금 기억하시게 하는 자들이었고, 그분의 백성을 향하신 그분의 자비를 생각나게 하는 자들이었습니다. "너희 여호와로 기억하시게 하는 자들아 너희는 쉬지 말며, 또 여호와께서 예루살렘을 세워 세상에서 찬송을 받게 하시기까지 그로 쉬지 못하시게 하라"(사 62:6,7). 이사야가 여호와의 자비에 관해 말하기로 결심한 것은 그 두 가지 모두의 의미에서였습니다. 즉 백성을 향하여는 그들이 하나님을 사랑해야 함을, 그리고 하나님을 향하여는 그분이 자기 백성을 잊으실 수 없으며, 도리어 옛적에 그러하셨듯이 자기 백성에게 계속하여 자비의 미소를 보이실 것임을 말하고자 한 것입니다.

오늘 아침 우리는 선지자에게 주어졌던 임무와 동일한 임무를 부여받았습니다. 동일하신 성령께서 그들에게 임하셨듯이 우리에게도 임하시기를 기도합니다. 첫째로, 우리는 언급되어야 할 자비들의 목록을 여러분에게 제시해야 합니다. 그런 후, 시간이 허락되는 대로, 우리는 여러분에게 언급된 자비의 목록들 중에서 몇 가지 특별한 요점들에 주의를 기울이도록 요청할 것입니다. 그리고 여호와의 자비를 말하는 것이 가져다주는 실제적이고도 유익한 결과들을 언급함으로써 말씀을 맺을 것입니다.

1. 언급되어야 할 자비들

첫째, 우리는 언급되어야 할 자비들의 목록을 여러분에게 제시하고자 합니다. 완벽한 요약을 제시할 수는 없습니다. 바다의 모래나 하늘의 별들을 누가 셀 수 있겠습니까? 만일 그런 일을 완수한 사람이 있다면, 그는 주의 자비들을 헤아리는 일을 시도해볼 수 있을 것입니다. 내 형제들이여, 나는 나 자신에 해당되는 자비의 목록을 만들 필요도 없는데, 왜냐하면 본문에 따르는 구절들 속에 영감을 받은 펜에 의해 기록된 목록이 제시되어 있기 때문입니다.

그 목록은 특별한 선택의 사랑으로 시작됩니다. 히브리 성경에서 8절은 이렇게 되어 있습니다. "그가 말씀하시되, 그들만이 나의 백성이라." 그분은 지상의 모든 민족들 중에서 그들만을 그분의 분깃이요 그분의 기업으로 선택하셨습니다. 다른 곳에서도 그분은 이와 같이 말씀하셨습니다. "내가 땅의 모든 족속 가운데 너희만을 알았다"(암 3:2). 그분은 이스라엘을 그분과 가까운 백성으로 택하셨습니다. 비록 그들이 작은 민족이고 여러 왕국들 중에서 대단치 않은 나라였지만, 그럼에도 그분은 그들을 자기를 위한 민족으로 구별하셨습니다. 그분은 그들의 선조 아브라함을 선택하셨고, 그를 우상을 섬기는 가문에서 불러 갈대아 우르에서 떠나게 하셨으며, 약속의 땅에 홀로 거하게 하셨습니다. 그 족장을 선택하신 후, 그분은 그의 후손들에게 은혜 베풀기로 언약을 세우셨는데, 그것은 그들의 어떤 선함 때문이 아니라 그분 자신의 주권적인 뜻과 기뻐하시는 목적 때문이었습니다. 그래서 이사야 선지자는 이것을 사랑의 첫 번째 실례로서 강조하는 것입니다. 우리가 주의 자비를 언급할 때는 처음에서 시작하는 것이 좋으며, 그렇지 않으면 시작이 없는 은혜를 찬미하는 셈이 됩니다. 흐르는 물을 찬미하되 수원(水源)을 잊지 마십시오. 그분은 자기 백성을 영원 전부터 사랑하셨습니다.

"태양이 찬란한 광선을 발하여
태고의 어둠을 몰아내기 오래전부터,
그 백성은 그분의 성스러운 품에 있었고
영원한 사랑으로 사랑받았네."

영원한 사랑에 대한 생각은 얼마나 황홀한지요! 그 생각에 취하기를 바랍니다. 만일 당신이 그리스도를 믿는 자이면 당신은 시간이 그 주기를 시작하기도 전에 사랑을 받았습니다. 아주 오래전부터, 땅이 생기기 전부터, 당신은 주의 사랑을 입었습니다. 이 거대한 세상, 태양과 달과 별들이 아직 태어나지 않은 삼림처럼 도토리 껍질 속에 잠들어 있듯이 하나님의 생각 속에 잠들어 있을 때에도, 당신은 이미 여호와께 귀한 존재였습니다. 그분이 당신을 영원하고도 무한한 사랑으로 사랑하셨습니다. 여러분의 영혼이 이 사실을 기뻐하고 즐거워하기를 바랍니다. 선택이 모든 자비의 원천임을 잊지 마십시오. 우리 주 예수 그리스도의 아버지 하나님께서, 세상의 기초가 놓이기도 전에 우리를 그리스도 안에서 택하심으로, 하늘에 속한 모든 신령한 복들로 우리를 복되게 하셨습니다.

다음으로 넘어가, 하나님의 자비의 달콤한 증거는 주께서 자기 백성을 향하여 밝히신 아버지로서의 신뢰입니다. 8절을 다시 한 번 읽어보십시오. "그가 말씀하시되 '그들은 실로 나의 백성이요 거짓을 행하지 아니하는 자녀라' 하시고 그들의 구원자가 되셨음이라." 사람의 방식을 따라 말하자면, 하나님께서 자기 백성에게 두신 이러한 신뢰는 때때로 틀린 신뢰라고 여겨지기도 했지만, 나는 그렇게 생각하지 않습니다. 그 구절의 의도는 우리와 관련해서 하나님이 은밀하게 생각하시고 아신 것을 표현하는 것이 아니라, 그들을 대하여 사용하시는 외견상의 언어입니다. 그것은 주께서 실제로 자기 백성을 다루시는 신실하신 방식을 나타냅니다. 신뢰가 없는 곳에 큰 사랑이 있기란 어렵습니다. 신뢰는 종종 애정의 큰 증거입니다. 예를 들어, 아내가 남편을 전적으로 신뢰하고 의지하는 것은 그녀가 온 마음으로 그를 사랑하기 때문입니다. 그녀는 신뢰하고 맡기는 것으로써 남편에 대한 자기 사랑을 입증합니다. 아버지가 자녀를 사랑할 때 그는 자녀의 많은 결점들과 변덕스러움을 볼 수 있지만, 그는 의심과 불신으로 자녀를 바라보지 않으며, 오히려 많은 면에서 신뢰로 그를 대합니다. 주께서도 그분의 옛 백성인 이스라엘을 신뢰하셨습니다. 그분이 그들에게 율법을 맡기시고 그분의 뜻을 계시하시지 않았습니까? 하나님의 말씀이 누구의 것이었습니까? 다른 어떤 민족에게도 그분은 자기와 관련된 진리를 맡기시지 않았습니다. 그리스도에 관한 모든 예언들과, 그분을 나타내는 예표들이 그들에게 맡겨졌습니다. 또 그분이 이렇게 말씀하셨습니다. "그들은 거짓을 행하지 아니하는 자녀라."

그렇습니다. 하나님께서 자비롭게도 우리를 어떻게 신뢰하셨는지요? 그분은 우리에게 복음을 맡기셨고, 우리를 신뢰하여 다른 사람들의 영혼에 영향을 미치도록 하셨습니다. 그분이 우리에게 어린 소자들을 맡기셨는데, 그들의 불멸의 영혼이 우리의 영향력을 느낍니다. 그분이 우리에게 그분의 이름과 명예를 맡기셨으니, 우리가 거룩하게 살아감에 따라 그분이 사람들 가운데서 영광을 얻으시기 때문입니다. 그분이 우리를 놀라울 정도로 신뢰하셨습니다. "모든 성도 중에 지극히 작은 자보다 더 작은 나에게 이 은혜를 주신 것은 측량할 수 없는 그리스도의 풍성함을 이방인에게 전하게 하려 하심이라"(엡 3:8)는 구절을 생각할 때, 종종 그 사실이 나로 하여금 진토 속에 낮아지도록 만듭니다. 하나님께서 부족하기 짝이 없는 존재를 택하여 "너는 내 이름을 이방인에게 전하기 위하여 택한 나의 그릇이라"(참조. 행 9:15)고 말씀하신 것은, 놀라운 애정의 실제적인 사례입니다. 모든 신자들이 자기 분량을 따라 이런 식으로 위탁을 받았습니다. 그런 영예를 모든 성도들이 받았습니다. 여러분 모두가 어느 정도 책임을 맡고 있으며, 어느 정도의 재능이 청지기인 여러분에게 주어졌습니다. 어떤 보석이 여러분에게 보관되었으며, 주께서는 여러분에 대하여 사랑의 신뢰를 가지고 이렇게 말씀하십니다. "그들은 실로 거짓을 행하지 아니하는 자녀라."

오호라! 우리가 그런 신뢰에 얼마나 합당치 못하게 행했는지요! 그분은 우리가 어떤지를 아셨음에도, 우리가 매우 신뢰할 자들인 것처럼 우리를 신뢰로 대하셨습니다. 주께서 우리에게 큰 책임을 맡는 영예를 주셨고, 또 우리가 그 일에 얼마나 턱없이 부족한 지를 기억하면서, 우리 중에 어떤 이들은 눈가에 눈물이 흐르는 것을 느낍니다! 성령께서는 우리가 젊은 시절에는 결코 차지할 것이라고 꿈꾸지도 못하던 지위에 우리를 두셨고, 또 우리를 향해 "내 종이 되어 충성하라"고 말씀하셨습니다. 그렇게 하심으로써 그분은 우리를 향한 그분의 호의와 자비의 달콤한 증거를 주셨습니다. 사랑하는 이여, 그것을 곰곰이 생각해보십시오. 나는 이곳에 있는 많은 그리스도인들에게 어린 영혼들을 가르치고 훈련하는 일이 맡겨진 것을 압니다. 여러분이 불멸하는 고귀한 영혼들에게 영향을 끼치도록 사용되는 것을 특별한 은혜로 간주하십시오. 여러분이 진정 그분의 백성이라면 여러분은 이 일에서 큰 사랑을 볼 것이며, 또한 이것이 여러분을 더욱 충성된 자로 발견되기를 간절히 열망하게 만들 것입니다.

하지만 선지자는 계속해서 하나님의 사랑의 또 다른 달콤한 실례에 주목하는데, 그것은 우리에 대한 그분의 큰 동정심입니다. 9절의 첫 번째 문장의 해석과 관련하여 많은 논쟁이 있었습니다. 하지만 나는 우리의 흠정역이 옳은 해석이기를 바라며, 또 그렇다고 확실히 느낍니다. 이 문장은 너무나 성스러워 영감을 받은 것임에 틀림없습니다. "주께서 그들의 모든 고난 속에서 고난을 당하셨다." 여호와의 자비로우심에 관하여 언급할 때에, 그분이 시련과 고난을 겪는 자기의 모든 백성과 더불어 고난당하셨다는 것보다 더 가치 있는 것이 무엇일까요? 그분은 단지 한 사람이 다른 사람에게 동정하는 것과 같은 차원이 아니라, 마치 자기 백성이 그분 자신과 하나인 것처럼, 그들이 고난을 당할 때에 그분도 고난을 당하십니다. "그들의 모든 고난 속에서", 그들의 겪는 시련의 일부만이 아니라 그들이 겪어야 하는 모든 시련에서, 크든 적든, 주께서 고난을 당하셨습니다. 믿는 자의 어깨 위에 올려진 십자가 중에, 주 예수님께서 그 한쪽 끝을 메지 않으신 십자가는 없습니다. 성도의 식탁에 올려진 잔 중에, 주 예수님께서 먼저 음미하시고 그분의 거룩한 친교에 의하여 달콤하게 하지 않으신 잔은 없습니다. "이스라엘이여, 불 가운데로 지날 때에 내가 너와 함께 하노라. 다른 어디에도 아닌, 나는 바로 너와 함께 있노라. 풀무 가운데 있을 때에 내가 너와 함께할 것이며, 풀무 불이 칠 배나 더 뜨거워질 때에, 거기에 나 곧 하나님의 아들이 너와 함께 있어 그 불 사이를 거닐 것이며, 나의 임재로 말미암아 네게 힘을 주리라." 이와 같은 사랑이 달리 있었던가요? 사랑하는 이여, 진토 속의 벌레와도 같은 여러분이 하나님과 친교를 나눌 줄 꿈이나 꿀 수 있었던가요? 그런데 그분이 황송하게도 여러분의 고난 속에서 고난을 당하셨습니다. 즐겁지 않습니까? 그분의 이름을 찬송하지 않겠습니까? 그게 아니라면 여러분의 마음은 돌처럼 굳은 것이 아닌가요? 오, 우리는 주의 자비를 말하고 그분을 찬미할 것입니다. 왜냐하면 그분이 우리의 슬픔을 아시고, 환난 가운데서 우리를 불쌍히 여기시기 때문입니다.

다음으로 언급할 그분의 자비는 우리와 나누시는 친밀한 사귐입니다. 본문에는 이런 표현이 포함되었습니다. "그의 임재의 천사가 그들을 구원하였도다"(9절. KJV, 한글개역개정은 '자기 앞의 사자로 하여금 그들을 구원하시며'로 되어 있음 — 역주). 이스라엘 자녀들은 광야에서 메시야 자신에 의해 인도와 안내를 받았습니다. 그들에게 보이지는 않았지만, 그럼에도 불구하고 그들 중에 임재하셨습니다. 두 그룹 사이에서 빛나는 하나님의 영광은 구속의 사랑이 그 백성 가운데에 머물러 있다는 징표입니다. 하나님의 임재의 사자가 그들을 구원하였습니다. 그 사자는 다음과 같이 기록된 분이 아니고 누구이겠습니까? "그는 하나님의 영광의 광채시요 그 본체의 형상이시라. 그 안에는 신성의 모든 충만이 육체로 거하시니라"(히 1:3, 골 2:9). 그가 "우리가 사모하는 언약의 사자"(참조. 말 3:1), 곧 여호와께 기름 부음을 받아 사람들의 구주로 나신 이가 아니면 누구이겠습니까?

사랑하는 이여, 하나님의 아들 예수께서 오늘날에도 영적으로 우리와 함께 거하신다는 사실을 생각하십시오. 그분은 몸으로 이곳에 계셨습니다. "말씀이 육신이 되어 우리 가운데 거하시매 우리가 그의 영광을 보니 아버지의 독생자의 영광이요 은혜와 진리가 충만하더라"(요 1:14). 그분은 영으로 여전히 이곳에 계십니다. 그렇습니다. 우리는 그분 안에 있으니, 우리가 "그분의 몸의 지체들이며, 그분의 살 중의 살이며, 그분의 뼈 중의 뼈"이기 때문입니다. "그의 임재의 천사"와 나누는 우리의 교제는 매우 가깝고 매우 귀중합니다. 그분은 그분 자신의 살과 같은 우리에게 낯설게 대하지 않으십니다. 그분은 세상에 나타내시는 것과는 달리 우리에게 자기를 나타내십니다. 여러분은 그분을 본 적이 없습니까? 홀로 있을 때 그분의 임재의 그늘이 임하는 것을 느껴본 적이 없습니까? 여러분은 가장 깊은 애정으로 여러분을 바라보시는 그분의 얼굴을 바라본 적이 없습니까? 날이 서늘할 때에 그분과 함께 걸었던 적이 없습니까? 여러분의 순례의 거친 곳에서 그분의 팔을 붙든 적이 없습니까? 메마른 곳에서 벗어나기 위해 여러분이 사랑하는 그분을 의지했던 적이 없었습니까? 오, 그랬던 적이 있을 것임을 나는 압니다. 여러분은 여러분이 받은 사랑의 즐거운 증거들에 대해 알고 있으며, 하나님의 언약의 사자의 임재가 가장 큰 위안이라는 것을 알고 있습니다.

우리는 이러한 내용들을 간략히 언급할 뿐, 그 하나하나를 길게 생각할 시간이 없습니다. 다음으로 선지자는 자기 백성을 위한 하나님의 은혜로운 개입에 대해 기록합니다. "주께서 그의 사랑과 그의 긍휼로 그들을 구속하셨도다"(9절). 형제들이여, 우리는 구원을 받았습니다. 예수님을 믿는 우리는 단지 종말에 구원받을 것을 기대할 뿐 아니라, 이미 구원받은 것을 즐거워합니다. 이미 우리는 애굽에서 나왔으며, 우리의 죄들은 홍해에 수장되었습니다. 우리는 그것들을 영원히 보지 않을 것입니다. 그리스도께서 영원히 우리의 죄를 가져가셨기에, 설혹 찾으려 해도 그것을 찾지 못할 것이라고 주께서 말씀하십니다. 우리의 구원은 얼마나 놀라운 것인지요! 사랑하는 이여, 저 멸하는 천사를 잊지 말고, 그가 어떻게 우리를 넘어갔는지를 기억하십시오! 유월절 어린 양과, 그 보혈이 뿌려졌음을 잊지 마십시오! 여러분이 주의 위대한 속죄 희생의 피로 세례를 받았을 때 여러분이 건넜던 저 깊은 바다를 잊지 마십시오. 여러분의 죄가 큰 물 속에 빠진 바로처럼 잠겼을 때, 여러분 자신이 구원을 받은 것입니다. 이 모든 놀라운 기적들을 잊지 말라고 나는 여러분에게 당부합니다.

그 때 이후로 여러분은 다른 많은 구원들을 경험했습니다. 우리 중에 최상의 자비들에 관하여 말할 수 없는 사람이 어디 있겠습니까? 우리들 중에 어떤 이들은 최근에 병상에서 일어났습니다. 그 병상에서 우리는 더 이상 사람들을 산 자들의 땅에서 볼 수 없을 것이라고 생각했었습니다. 하지만 우리는 여전히 살아 하나님을 찬양하고 있습니다. 아마도 여러분은 깊은 가난의 늪에서 빠져나왔을 터인데, 그곳에서 여러분은 틀림없이 굶어죽을 것이라고 생각했었지만, 실제로는 여러분에게 어떤 결핍도 없었습니다. 주께서 여러분을 넓은 곳에 거주하게 하셨고, 베풀 수 있을 정도로 충분한 빵을 주셨습니다. 혹 여러분은 영혼의 싸움에서 벗어났을 수도 있습니다. 그 싸움에서 여러분은 원수에게 압도당했으며 그의 발이 여러분을 짓눌렀지만, 여러분은 이렇게 말할 수 있는 은혜를 입었습니다. "나의 대적이여 나로 말미암아 기뻐하지 말지어다. 나는 엎드러질지라도 일어날 것이다"(미 7:8). 여러분은 다시 일어났으며, 그래서 이 아침에 주의 자비하심을 회상하고 있습니다. 그러므로 여러분이여, 헤르몬과 미살 산에 대하여 노래하십시오(참조. 시 42:6). 여러분이 한때 "여호와께서 여기까지 나를 도우셨다"(참조. 삼상 7:12)고 말했던 옛 에벤에셀에 새로이 기름을 부으십시오. 나는 주의 자비에 대해 말할 것입니다. 여러분에게도 할 말이 많지 않습니까? 여러분 역시 이렇게 말할 수 있지 않습니까?

"일어나 말하라
임마누엘의 경이들을.
그가 진창에 빠졌던 그대들의 발을 꺼내주시고
그대들을 왕의 대로에 올려 주셨도다."

나는 여러분이 그렇게 말할 수 있을 것임을 압니다. 자기 백성을 향한 주의 위대한 자비와 사랑을 자주 언급하시기 바랍니다.

하지만 이것이 전부가 아닙니다. 우리의 목록으로 되돌아가 봅시다. 선지자는 하나님께서 자기 백성이 광야에서 지내는 동안 그들의 필요를 공급하시고, 그들을 인도하시고, 보호하시며, 기이하고도 특별한 섭리로 붙들어주셨다고 말합니다. "주께서는 옛적의 모든 날들에 그들을 안고 다니셨도다"(9절). 제대로 걸을 수 없고 겨우 비틀거리며 몇 걸음을 뗄 뿐인 어린아이를 안아서 돌보는 유모처럼, 혹은 새끼 수리들을 등에 태우고 높은 곳으로 날아오르는 독수리처럼, 하나님께서는 자기 백성을 광야에서 안고 다니셨습니다. 또한 같은 방식으로 그분이 우리를 안고 오셨습니다.

오, 신자들이여, 오늘날까지 여러분에게 결핍된 것이 무엇이었습니까? 하나님의 백성이면서도 불평하는 여러분이여, 무슨 이유로 여러분은 불평하는 것입니까? 그분이 여러분을 돌보도록 천사들을 보내시지 않았습니까? 그들이 그들의 손으로 여러분을 붙들어 발이 돌에 부딪히지 않게 하지 않았던가요? 그분이 지금까지 여러분의 피난처가 되어주시지 않았던가요? 그분이 그의 깃털로 여러분을 덮어주시고, 그의 날개가 여러분의 은신처가 되게 하시지 않았습니까? 여러분은 일용할 양식과 물을 공급받지 못했습니까? 여러분의 의복이 주어지지 않았던가요? 거할 거처가 마련되지 않았던가요? 이 시각까지 주께서 여러분을 실망시키신 적이 있던가요? 그분이 여러분에게 물 없는 사막 같아서, 자기 약속들 중 어느 하나라도 어기셨던가요? 그분이 신실하지 않으셨던 어느 한 가지 경우라도 좋으니 입증해보라고 나는 여러분에게 도전합니다. 나 자신의 증언은 이것입니다. "진실로 내 평생에 선하심과 인자하심이 나를 따랐습니다"(참조. 시 23:6). 이것이 모든 성도들의 판단입니다. 그들은 주의 인자하심에 대해 말할 수 있으며, 그분의 자비를 기록할 수 있습니다. 그들에게 동참합시다. 만일 이러한 축복들이 잠시라도 멈춘다면, 우리가 어찌 존재할 수 있겠습니까? 만약 주께서 더 이상 섭리의 하나님이 아니시라면 어찌되겠습니까? 그분이 더 이상 우리를 지탱해주시지 않으면 우리가 어찌될까요? 그분이 은혜의 곡식창고를 닫으신다면 어찌될까요? 그분의 친절한 자비가 우리에게서 떠나고, 그분의 긍휼의 마음이 진노로 변한다면, 우리가 어찌되겠습니까? 하지만 그렇지 않기에, 결코 그렇게 되지 않을 것이기에, 우리는 주의 모든 자비와 찬송을 말하도록 합시다.

이것이 전부가 아닙니다. 선지자는 여기서 더 나아가 주의 징계하심에 대해서도 언급합니다. 나는 진실로 선지자가 주님께 감사하도록 하는 목적으로 이것을 기록하였다고 믿습니다. 우리에게 징계가 필요하다는 것 자체는 슬픈 일이지만, 하나님께서 우리에게 징계를 마다하지 않으시는 것에 대해서는 우리가 칭송해야 마땅합니다. "그들이 반역하여 주의 성령을 근심하게 하였으므로 그가 돌이켜 그들의 대적이 되사 친히 그들을 치셨도다"(10절). 그렇습니다. 하지만 그분은 그 때에도 그들을 사랑하셨으니, 그분의 이름을 찬송합니다! 어머니는 아이를 가볍게 때리기도 하지만, 여전히 아이를 사랑합니다. 아이가 징계를 받아야 한다는 사실은, 그 아이를 근심하게 하는 것 이상으로 아이의 어머니를 근심하게 만듭니다. 주께서 우리의 모든 고난 속에서 고난을 당하셨다는 것은 이런 방식에서입니다. "주께서 인생으로 고생하게 하시며 근심하게 하심은 본심이 아니시기"(애 3:33) 때문입니다. 그분은 자기 백성이 근심하는 것에서 즐거움을 얻지 않으시며, 오히려 그들의 눈물을 보고 그들이 우는 소리를 들으실 때에 그분의 마음은 그들을 측은히 여기십니다. 나는 내가 징계 없이 내버려지지 않았다는 것에 대해 전심으로 하나님께 감사합니다. 자기 생애를 돌아보는 하나님의 모든 자녀는 동일하게 말할 것입니다. “고난당하기 전에는 내가 그릇 행하였더니 이제는 주의 말씀을 지키나이다”(시 119:67).

오 내 형제들이여, 우리가 얼마나 망치와 모루, 그리고 연마와 불의 덕택을 입었는지요! 날마다 지는 작은 십자가들로 인하여 하나님께 감사합시다! 그분이 특정한 시기에 우리에게 보내시는 무거운 십자가들에 대해서도 하나님께 감사합시다! 그분은 회초리로 쓰실 나뭇가지들을 진노의 산에서 모으시지 않으며, 오히려 사랑의 동산에서 그 회초리를 찾으십니다. 비록 때때로 그분이 우리를 심하게 때려 멍들게 하시지만 여전히 그분은 우리를 사랑하십니다.

“그분의 매들은 우리의 범죄들보다 적으며,
우리의 잘못보다 가볍다네.”

사랑이 그분이 만드신 모든 상처들을 씻기고, 그 아픈 곳을 쓰다듬어줍니다. 징계하시는 하나님을 찬송합니다! 여러분이 받은 징계들을 최상의 자비들 중에 포함시켜서, 주의 자비하심을 노래하십시오.

다음으로 선지자가 노래하는 것은 하나님의 신실하심에 대해서입니다. 비록 그분이 자기 백성을 때리셔도, 아주 짧은 시간 내에 그분은 옛적 모세의 때를 돌아보면서 이렇게 말하는 자기 백성을 기억하십니다. “백성과 양 떼의 목자를 바다에서 올라오게 하신 이가 어디 계시냐? 그들 가운데에 성령을 두신 이가 이제 어디 계시냐? 그의 영광의 팔이 모세의 오른손을 이끄시며 그의 이름을 영원하게 하려 하사 그들 앞에서 물을 갈라지게 하시고, 그들을 깊음으로 인도하시되 광야에 있는 말 같이 넘어지지 않게 하신 이가 이제 어디 계시냐?”(11-13절). 그분은 자기가 행하신 일을 회상하시며, 그와 같은 일을 다시 행하시기로 결심하십니다. 그분이 그들을 치셨으나, 그분은 이런 생각을 하십니다. “나는 옛적에 그들을 사랑했다. 나는 전에 그들에게 복을 주었고, 그들을 지켜주었으며, 내 이름을 위하여 그들을 건져내었다. 그러므로 나는 그 일을 다시 행하리라.” 하나님께서 스스로 그렇게 생각하신다면, 우리는 이와 같이 말할 수 있습니다.

“그 이름을 의지하도록
나를 가르치신 그분이,

또 지금까지 나를 이끌어주셨던 그분이,
나로 부끄러움을 당하게 하실 수 있을까?"

만일 그분이 나를 멸하기로 의도하셨다면, 왜 나를 위해 그분이 그토록 많은 일을 행하셨을까요?

"지난 시절의 그분의 사랑이,
'내가 쇠약해지는 마지막 때에
그분이 나를 떠나시지 않을까?'라고
생각하지 못하게 만드네.
에벨에셀의 달콤한 추억을
돌아볼 때마다
끝까지 나를 도우실
그분의 자비를 확신한다네."

이 자비의 목록을 끝내기 전에 한 가지 최상의 자비를 더 언급하고자 합니다. 선지자는 하나님께서 궁극적으로 자기 백성에게 안식을 주심에 대해 말합니다. 선지자는 먼저 하나님께서 그들을 깊음으로 인도하시되 광야에 있는 말 같이 넘어지지 않게 하셨다고 묘사합니다(13절). 돌이 많거나 울퉁불퉁한 길에 있는 말은 넘어질 수 있지만, 평평하고 넓은 광야의 모래땅에 있는 말은 전혀 달라집니다. 그런 말은 자유의 기쁨에 도취하여 바람처럼 달리며, 넘어지는 것을 두려워하지 않습니다. 그처럼 주님께서는 자기 백성으로 하여금 자유를 누리게 하시고 평평한 곳에 서 있는 것처럼 안전함을 느끼게 하셨습니다. 선지자는 또 다른 비유를 사용하여 이렇게 말합니다. "여호와의 영이 그들을 골짜기로 내려가는 가축 같이 편히 쉬게 하셨도다"(14절). 이는 매우 즐거운 비유입니다. 흐르는 시내를 따라, 나무 그늘 아래의 풀을 뜯으며 골짜기로 내려가는 가축처럼, 하나님께서는 자기 백성을 편히 쉬게 하십니다. 여러분은 소나 말들이 한낮의 열기 속에서 시내로 내려가, 무릎을 물 속에 담근 채 서 있는 광경을 목격한 적이 있습니까? 그들이 꼬리를 흔들며 파리들을 쫓고, 새끼들을 쳐다보면서 핥아주고, 신선한 물을 깊이 들이마시는 모습은 너무나 만족스럽게 보여, 우리는 그들이 그곳에서 가축이 바랄 수 있는 천국을 발견했다고 여길 정도입니다. 그와 마찬가지로, 믿는 우리는 하나님을 신뢰하고 예수님을 의지할 때, 태양의 열기를 피해 성령의 은혜로운 감화력이라는 시원한 시내를 발견하는 셈입니다. 그곳에서 우리는 멱을 감으며, 달콤한 만족 속에서 안식을 누립니다. 믿음으로 우리는 정녕 안식으로 들어갑니다. 예수님이 우리의 평화이십니다. 그분이 우리에게 모든 지각을 뛰어넘는 하나님의 평화를 주시며, 그 평화는 예수 그리스도로 말미암아 우리 마음과 생각에 간직됩니다.

내가 여러분에게 제시한 목록의 내용은 얼마나 많은지요? 만일 여러분이 이 악보를 따라 노래하기 시작한다면, 언제 그 끝에 이를 수 있을까요? 오, 여러분의 목청을 가다듬고, 여러분의 수금을 준비하여, 그 모든 줄들이 잘 조율되도록 하십시오. 여기에 여러분을 위한 고상한 음악이 있습니다. 그것은 여러분이 천국에 이를 때까지 지속될 음악이며, 내 생각에는 천국에서도 여러분이 그 노래를 반복할 것이라고 여겨집니다. 주의 자비하심을 말하며 노래하는 것보다 여러분이 바랄 만한 더 달콤하고, 더 고상한 것이 무엇일까요?

2. 특별히 언급할 만한 몇 가지 요점들

하지만 이제 우리는 두 번째 대지로 전환해야 합니다. 이사야는 특별히 언급할 만한 몇 가지 요점들에 우리의 주의를 요청합니다.

첫째로, 선지자는 하나님에 의해 우리에게 베풀어진 것이 무엇이건, 그것은 그분의 자비와, 선하심과, 은총과, 긍휼을 나타낸다는 사실을 깊이 생각하도록 지시합니다. 사실상 우리가 받은 모든 것은 거저 주시는 은혜에 의해 우리에게 온 것입니다. 이에 대해 말할 필요가 있을까요? 그럴 필요가 있을지도 모르지요. 하지만 만약 우리가 우리 자신의 무가치성을 분명하게 의식한다면, 우리가 얼마나 악하고, 본성상 우리의 죄와 부패가 얼마나 심각한지를 안다면, 우리는 하나님께로부터 온 그 어떤 것이든 공로의 차원에서 받은 것이 결코 아니라고 여길 것입니다. 여전히 우리의 마음이 교만하다는 것을 거듭 언급할 필요가 있으며, 그리하여 우리가 받아 누리게 된 모든 복들이 값없이 주시는 하나님의 주권적인 은혜에 의한 것임을 상기할 필요가 있습니다. 그러므로 선지자는 이런 표현을 거듭하고 있습니다. "우리에게 베푸신 모든 자비", "그의 사랑", "그의 많은 자비", "큰 은총" 등의 표현에 주목하십시오.

믿는 자여, 이 모든 것들 중에서 그 어떤 것도 당신의 합당한 자격에 의해 주어진 것은 없습니다. 당신의 식탁 위에 있는 떡은 은혜로 베풀어진 것입니다. 당신의 음식은 그 양념까지도 은혜로 주어진 것입니다. 당신의 혀로 시원함을 느끼는 물 한 방울도 은혜로 제공되었습니다. 자비가 당신을 덮었습니다. 무한한 사랑이 당신을 먹였습니다. 당신의 영적인 복들에 대하여 말하자면, 당신의 시내는 어디에서 발견됩니까? 영원한 사랑의 마르지 않는 샘에서가 아니라면, 당신이 달리 어디서 물을 마시겠습니까? 다른 사람들이 스스로 한 일들에 관하여 감히 자랑하고 싶다면, 그들로 자랑하게 하십시오. 다른 사람들이 인간 본성의 고결성에 관하여 말한다면, 그들로 하여금 그들 자신의 행동의 가치를 자랑하게 두십시오. 하지만 하나님은 우리가 주 예수 그리스도의 십자가가 아닌 것을 자랑한다면, 그것을 금하십니다. 우리처럼 한없이 가련하고 무가치한 자들이 십자가에서 나타난 사랑이 아닌 다른 것을 자랑한다면, 하나님이 그것을 금하십니다. 값없이 주시는 은혜와 죽음으로 보이신 사랑, 그것이야말로 정녕 매력적인 종소리입니다. 모든 자비는 은혜의 상아(象牙) 문을 통하여 죄인들에게 옵니다. 이 홍보석 창문과 석류석 성문을 통하여(참조. 사 54:12), 모든 좋은 선물들이 인간들에게 건네어집니다. 그것이 첫 번째로 주목해야 하는 것입니다.

다음으로 이어지는 것은 그 자비로 인하여 하나님께 합당한 찬송입니다. 선지자는 말합니다. "내가 여호와께서 우리에게 베푸신 모든 자비와 그의 찬송을 말하리라." 오, 주를 찬송하십시오. 여러분이 소유한 모든 자비로 인하여 그분을 찬송하십시오! 우리는 하나님의 은총을 늘 기억하고, 늘 헤아려야 합니다. 모든 새로운 은혜들로 인하여 새로운 노래로 찬미해야 합니다. 그렇게 한다면 우리는 결코 노래하는 것을 멈추지 않을 것입니다. 만약 우리가 받은 바 모든 자비로 인하여 하나님께 합당한 찬미를 드린다면 우리에게는 불평할 시간이 없을 것입니다. 오, 찬미의 마음을 갖기를 바랍니다! 찬미하는 마음은 행복한 마음입니다. 천국의 소유는 천상의 마음을 소유한 사람들에게 해당되는 것이며, 그들이 이 지상에 있는 동안에도 천국은 그들의 소유입니다. 하나님의 도우심으로 우리가 그런 사람들이 되기를 빕니다.

"날마다 당신을 찬송하리니
이제 당신의 진노가 떠났기 때문입니다."

나는 사는 날 동안 당신의 이름을 높일 것이니, 또한 내가 사는 날 동안 당신의 은총이 저를 높여주실 것입니다!

세 번째로 언급할 것은 우리를 대하시는 하나님의 한결같은 성품입니다. "우리에게 베푸신 모든 자비"를 따라 말한다고 한 부분에 주목하십시오. 우리는 모든 일 안에서(in), 그리고 모든 일에 대해서(for) 하나님을 찬송해야 합니다. "범사에 감사하라"(살전 5:17)가 그리스도인에게 주어진 명령입니다. 지난 삶을 돌아볼 때, 나는 두세 가지 주목할 만한 은혜들만 언급하면서 "나는 이런 일들에 대해서는 주님을 찬송하겠습니다"라고 하지 않을 것입니다. 나는 내 삶 전체의 과정에 대하여 그분을 찬송할 것입니다. 그분이 나의 안락함을 가져가셨습니까? 그분이 내게 내가 나쁜 일이라고 판단하는 것을 보내셨습니까? 우리가 찬송의 주제들을 고르고 선택해야 할까요? 우리가 주시는 주님께 찬송하면서 가져가시는 주님께는 찬송하지 말아야 합니까? "주신 이도 여호와시요 거두신 이도 여호와시오니 여호와의 이름이 찬송을 받으실지니이다"(욥 1:21)라고 욥은 말했습니다. 그분의 섭리 전체를 말하고, 모든 일을 합력하여 선을 이루시는 그분을 찬송하십시오. 어떤 사람도 자기 인생에서 어떤 부분이 최선인지 알지 못합니다. 어쩌면 우리가 최악이라고 생각하는 부분이 우리에게 가장 유익을 주는 부분일 수 있습니다. 하나님께서는 우리에게 최선이 무엇인지를 아십니다. 그분이 우리에게 베푸신 모든 자비를 따라 그분을 찬송합시다. 쓴 것과 단 것으로 인해 그분을 찬송합시다. 검은 것과 흰 것에 대해 그분을 찬송하고, 폭풍과 평온으로 인해, 또한 그와 같은 모든 것으로 인해 그분을 찬송합시다. 그것이 우리의 노래에서 특별한 음표여야 합니다.

다음으로 주목할 점은 모든 자비에서 나타난 은총의 위대함입니다. "이스라엘 집에 베푸신 큰 은총"이라는 말씀에 주목하십시오. 우리가 받은 것이 작은 은총이 아니라 큰 은총임을 상기시켜줍니다. 우리가 하나님께 받아 누리는 은혜 중에서 감히 멸시할 만한 것이 있던가요? 배은망덕은 많은 것도 적게 여기지만, 감사는 적은 것도 많게 여깁니다. 무엇이든 우리에게 온 것은 모두 큰 은총입니다. 하지만 사랑하는 이여, 우리는 그것에 대해 계속 말할 필요가 없습니다. 표면적으로만 보아도 우리는 선택의 사랑과, 구속의 사랑과, 회심하게 하신 사랑과, 용서의 사랑과, 그리고 붙들어주신 사랑과, 성화의 사랑에서 나타난 위대한 은총을 볼 수 있기 때문입니다. 구주께서 우리를 위해 천국을 예비하시는 것도 위대한 은총이며, 천국에 들어가도록 우리 자신을 예비시키는 것도 위대한 은총입니다. 하나님의 은총은 너무나 위대합니다. 은혜로우신 우리 하나님께로부터 온 것 중에서 하찮은 것은 아무것도 없습니다. 오 큰 죄인이여, 여기에 당신을 위한 한 줄기 희망의 빛이 있지 않습니까? 큰 죄인들을 위하여 위대하신 하나님의 위대한 은총이 있습니다. 그것이 바로 하나님께서 당신을 원하시는 이유입니다. 위대하신 구주를 힘입어 그분에게 달려가십시오.

또한 우리의 노래에서는 하나님의 황송한 애정에 대해서도 특별히 강조해야 합니다. 그 애정이 "그의 사랑을 따라 이스라엘 집에 베푸셨다"고 하는 표현에 담긴 힘입니다. 좀 더 명확히 표현하자면 "그분의 긍휼을 따라서"라고 할 수 있습니다. 여러분은 다른 사람에게 아주 인자한 어떤 사람에 대해서 알고 있겠지만, 아마도 그는 그 이상으로 인자할 수는 없을 것입니다. 거리의 거지에게 마치 개에게 던져주듯 1실링의 돈을 던져주는 방식이 있습니다. 하나님은 자비를 그런 방식으로 우리에게 베풀지 않으십니다. 의사가 우리를 치료해 주어도, 그가 너무나 거칠어서 우리는 그가 없어져버리면 좋겠다고 여길 수도 있습니다. 하지만 주님은 우리를 너무나 부드럽고 친절하게 치료하십니다. 종종 이곳에서 말한 적이 있지만 감히 다시 반복합니다. 나는 어떤 언어에서도 "인자하심"(loving-kindness. 원어로 '헤세드'인데 변치 않는 언약적 사랑을 나타내는 단어이다. 한글개역개정에서는 주로 '인자하심' 또는 '자비'로 번역된다 — 역주)에 비교될 만한 단어를 알지 못합니다. 우리가 앵글로색슨인들(Anglo-Saxons)이기에 '사랑의 친절'(loving-kindness)이라고 표현할 수 있는 것에 대해 하나님께 감사합니다! 비할 데 없는 단어입니다! 그것이 골수와 기름진 것입니다. 사랑의 친절! 한 입 가득 삼키고 싶은 단어입니다! 그것을 삼킬 때 그것이 우리의 영혼을 얼마나 상쾌하게 하는지요! 주님은 항상 우리를 은혜롭게 대해 오셨습니다. 그분은 마치 유모가 자기 자녀를 돌봄 같이 부드럽게 우리를 대하셨습니다. 그분은 우리에게 우리 상태에 적합한 은혜를 주셨습니다. 그분이 우리를 가르치실 때 그분은 한꺼번에 너무 많은 것을 가르치지 않으셨고, 조금씩 우리가 감당할 수 있을 정도로 가르치셨습니다. 그분이 우리의 체질을 아시기 때문입니다. 그분은 약한 눈에 강한 빛을 가려주시고, 굶주린 자들에게 편하게 먹을 수 있는 음식을 제공하십니다. 우리가 처음에 복음을 받을 때 그 숭고한 교리들의 빛나는 영광 속에서 받은 것이 아니라, 단순하게 명백하게 드러난 진리의 형태로 받았습니다. 하나님은 부드럽게 우리를 가르치셨고, 또한 그분이 우리를 대하시는 다른 모든 면에서도 그와 유사한 부드러움이 발견됩니다. 하나님은 사려 깊고 지혜롭게 우리를 대하셨으니, 그로 인해 우리는 그분을 송축합니다.

이 자비의 노래에서 우리가 귀 기울여야 할 또 하나의 선율은 그분의 자비가 무수히 나타났다는 것입니다. "그의 많은 자비를 따라", 모든 시기에, 모든 형태로, 모든 방식으로, 모든 삶의 범위에서, 하나님의 은총이 나타났습니다. 이제 나는 어찌할 바를 모르겠습니다. 나는 산술 전문가를 불러도, 그 역시 여기서 무수한 자비들을 헤아리지 못합니다. 때때로 우리가 많은 자리 수를 곱해야 할 때, 그 시도에서 우리의 머리가 지끈거립니다. 하지만 여러분은 주의 자비의 무수한 수를 결코 헤아릴 수 없을 것입니다. 그것은 끝이 없는 일이기 때문입니다. 봄철에 노란 미나리아재비와 하얀 데이지로 뒤덮인 들판, 그리고 마치 하나님께서 천상의 대관식을 위해 황금색 천을 바닥에 펼쳐놓으신 듯한 무수한 초록의 풀들을 보십시오. 할 수 있다면 이 꽃들의 수를 세어보십시오. 그 꽃잎들, 그 잎사귀들, 그 초록의 풀잎들, 그리고 거기에 매달린 이슬방울들의 수를 헤아려 보십시오. 그런 다음 눈을 들어 나무들을 보고, 그 숲을 형성한 무수한 잎사귀들을 헤아려 보십시오. 여름의 폭풍 속에서 소용돌이치는 먼지의 수를 세어 보십시오. 산들을 형성한 미세한 알갱이들을 세어보고, 바닷가에 있는 모든 모래들의 수와, 바다를 구성하는 모든 물방울들을 헤아려 보십시오. 그렇게 했습니까? 아, 그렇다면, 여러분은 주님의 무수한 자비를 헤아려보기를 막 시작한 셈입니다. 오, 내 영혼아, 주를 송축하라! 어찌하여 잠잠히 있느냐?

> "그분이 베푸신 많은 자비가
> 어찌 침묵 속에 잊혀져야 하는가?"

내 영혼아, 외쳐 노래할지어다! 온 마음으로 외쳐 노래할지어다! 내 속에 있는 것들아 그분의 거룩하신 이름을 높여 찬양할지어다! 그가 하나님이시며, 그의 자비는 측량할 수 없고, 그의 인자는 무궁하심이라! 그분의 이름에 영광을 돌릴지어다!

3. 주의 은총을 언급해야 하는 실제적인 이유들

이제 왜 우리가 주님의 은총을 언급해야 하는지에 대한 실제적인 이유들을 몇 분간 제시하고서 말씀을 마칠 것입니다.

첫째, 우리가 이렇게 해야 하는 이유는 기도에서의 청원을 위함입니다. 이것이 기도에서 최상의 방식입니다. "주여, 당신께서 당신의 종을 위하여 이것을 행하셨습니다. 당신께서 당신의 종을 위해 저것을 행하셨나이다. 그러므로 당신께서 더 많은 일을 행하시기를 간청합니다." 이는 사람의 방식을 따른 것이 아닙니다. 왜냐하면 사람은 일단 다른 사람의 필요를 들어주면 그에게 이렇게 말하기 때문입니다. "다시 찾아오지 마시오." 하지만 하나님께서 주시는 모든 선물은 다시 찾아오라는 초대이며, 우리의 감사를 표현하는 것은 더 이상의 선물들을 구하는 최상의 방법입니다.

"나와 같이 불쌍하고 가난한 자가
할 수 있는 최상의 보답은,
그분이 주신 선물에서 탄원의 근거를 찾아
더 많은 선물들을 그분께 구하는 것이네."

주님의 큰 은총을 말할 때에 여러분은 잘 기도할 수 있을 것입니다.

다음으로, 이러한 기억들은 여러분의 믿음에 버팀줄로 작용할 것입니다. 여러분에게서 의심과 근심이 찾아올 때가 있을 것입니다. 그 때 여러분은 주께서 이전에 베푸신 은총들을 기억할 수 있습니다. 또한 그분은 변하실 수 없으므로, 여러분은 그분이 그와 같은 일을 다시 행하시리라고 확신할 수 있을 것입니다. 오, 그분을 신뢰하십시오. 그분이 여러분에게 행하신 일을, 그분은 끝까지 행하실 것입니다. 세상이 지속되는 동안 여러분은 그분을 신뢰하십시오. 그러면 그분이 여러분의 소원을 이루어주실 것입니다.

또한 이처럼 기억된 은총들은 여러분의 현재적인 행복과 위안에도 도움이 될 것입니다. 하나님께서 우리를 위해 행하신 일들을 생각하는 것은 지금 우리를 행복하게 만들기에 충분합니다. 설혹 주께서 내게 또 다른 은혜를 베푸시지 않는다 해도, 나는 그분이 이미 내게 주신 것에 대해 그분을 찬송해야 마땅합니다. 그분의 이름을 송축합니다! 처음에 내가 그분의 문 앞에 거지로 서 있던 때 이후로, 그분이 친히 내 영혼의 굶주림을 면하게 하시어, 내 주린 영혼을 위한 영양분으로서 그분 자신의 살을 먹게 하시고 그분 자신의 피를 마시게 하신 이후로, 무언가를 구할 때마다 그것은 곧 내게 주어지곤 했습니다. 오 주여, 우리가 의무의 짐으로 가라앉을 때마다 당신께서는 은혜로써 날마다 우리의 짐을 지셨으니, 여전히 우리는 행복합니다!

사랑하는 형제들이여, 이 모든 것에 대한 생각은 우리에게 또 다른 실제적인 영향을 미치는데, 즉 그것은 우리로 하여금 하나님을 더욱 사랑하게 하고, 그분께 더욱 순종하도록 만듭니다. 우리가 감사할 수 있는 한, 의무는 기쁨이 됩니다.

> "자원하는 우리의 발을
> 순종으로 신속하게 움직이게 하는 것은 사랑이라네."

하나님은 나를 위해 많은 일을 행하셨습니다. 그러니 그분의 은혜가 나를 도우신다면 내가 그분을 위해 하지 못할 일이 무엇이겠습니까?

사랑하는 친구들이여, 주의 인자하심이 우리에게 힘을 주는 것을 언급하자면, 다른 사람들을 격려하는 것입니다. 우리가 하나님의 인자하심을 다른 사람들에게 말할 때 그로 인해 어떤 사람들이 위로를 얻는지 우리는 알지 못합니다. 오랫동안 닫혀 있는 위로의 문에서 슬퍼하는 누군가가 있을 것입니다. 하지만 그가 하나님께서 자기 백성에게 행하신 일을 들을 때, 그의 마음은 분발하며 이렇게 말할 것입니다. "하나님께서 나를 위해서도 그와 같은 일을 행하시지 않을지 알아보아야겠다." 하나님의 인자하심에 대해 말하십시오. 이런 일들을 말하는 것에서 둔감하지 마십시오. 하늘의 상속자가 된 자로서 이런 일에 대해 말하십시오. 한가한 잡담 따위를 늘어놓지 마십시오. 우리 모두가 그런 사람이 될까 염려스럽습니다. 여러분은 아무런 불평할 일이 없을 때에도 종종 불평하지 않습니까? 여러분은 투덜대지 않습니까? 여러분은 한탄의 말을 내뱉는데 너무나 익숙하지 않습니까? 그런 천박한 말을 내뱉는 것에 여러분의 호흡을 낭비하지 말고, 오히려 찬양하는 것에 집중하십시오. 주의 손이 베푸신 것을 말하고, 그분의 입술이 말씀하신 것을 전하십시오. 그분이 셀 수 없는 은혜들로써 여러분을 어떻게 복되게 하셨는지를 말하십시오. 그러면 그것이 낙심한 딸들을 기뻐하게 만들고, 탄식하는 아들들로 하여금 기도의 손을 들게 할 것입니다.

마지막으로, 하나님의 인자하심에 대해 말하는 이유는, 그것이 하나님을 영화롭게 하기 때문이며, 이것이 항상 여러분의 중요한 동기가 되어야 합니다. 그리스도인이 사는 것은 하나님을 영화롭게 하기 위함입니다. 오, 주께서 행하신 일을 말하여, 사람들로 하여금 그분을 찬송하게 하십시오. 사람들은 그분을 망각하기가 쉽습니다. 그들이 계속해서 그분을 기억하도록 만드십시오. 사람들은 그분이 무정하고 굳은 분이라고 말하는 경향이 있으니, 그들에게 주의 인자하심에 대해 말하여, 여러분이 섬기는 주님이 얼마나 좋으신 분인지를 그들에게 알리십시오. 큰 소리로 그들의 귀를 향해 외치고, 그들로 그 소리를 듣게 하십시오. 그들로 하여금 주께서 여러분에게 얼마나 인자한 분이셨는지를 반복해서 듣게 하십시오. 여러분은 주의 인자하심에 관하여 말해서는 안 될 어떤 이유라도 내게 제시할 수 있습니까? 여러분이 함께 지내야 하는 동료들 중에서, 주의 인자하심에 대해 말할 수 없는 어떤 경우를 내게 들려줄 수 있습니까?

나는 특정한 취미들에 몰두하는 어떤 사람들에 대해 알고 있는데, 그들과 한동안 지내면 그들은 곧 그 취미들을 소개해 줍니다. 그런 것을 언급하는 것이 부적절할 수도 있는 상황에서도, 그들은 어떻게든 그들이 좋아하는 주제로 대화를 이어갑니다. 나는 여러분이 하나님의 인자하심에 대해 담대하게 말하는 것을 고상한 취미로 삼기 바랍니다. 여러분이 만나는 모든 동료들에게 이 고상한 취미를 알려주기를 바랍니다. 그들로 하여금 하나님의 인자하심에 대해 말하는 것이 여러분의 습관이자 삶의 방식이라고 느끼게 하십시오. 어떻게든 그것을 대화거리로 삼으십시오. 나는 여러분이 찬미의 이유들을 발견하기에 결코 부족하지 않을 거라고 생각합니다. 사람들에게 이 뜨거운 여름날에 시원한 바람을 보내시는 하나님의 인자하심에 대해 들려주십시오. 혹은 익어가는 곡물들에 필요한 따뜻함을 제공하시는 그분의 은총에 대해 말하십시오. 풀들이 다시 자라는데 필요한 비를 보내는 그분의 자비에 대해 말하고, 혹은 곡식 베는 자의 수고가 마칠 때까지 비를 멈추게 하시는 그분의 사랑에 대해 말하십시오. 오늘 이 모든 회중이 밖으로 나가서 자기 백성을 향하신 주님의 인자하심에 대해 말한다면, 전대미문(前代未聞)의 수준에서 런던 도처에 복음이 전파될 것입니다. 형제들이여, 만일 여러분이 다른 사람들에 대해 험담하거나, 주님의 섭리에 대해 불평하였다면, 주께서 여러분의 입을 씻어주시길 빕니다. 주께서 이제부터 그분의 거룩한 이름을 높이도록 여러분을 인도해주시길 빕니다. 아멘, 아멘.

제
91
장

자아에 대한 시각

"무릇 우리는 다 부정한 자 같아서 우리의 의는 다 더러운 옷 같으며 우리는 다 잎사귀 같이 시들므로 우리의 죄악이 바람 같이 우리를 몰아가나이다. 주의 이름을 부르는 자가 없으며 스스로 분발하여 주를 붙잡는 자가 없사오니 이는 주께서 우리에게 얼굴을 숨기시며 우리의 죄악으로 말미암아 우리가 소멸되게 하셨음이라. 그러나 여호와여, 이제 주는 우리 아버지시니이다 우리는 진흙이요 주는 토기장이시니 우리는 다 주의 손으로 지으신 것이니이다."—사 64:6-8

죄를 범하기는 쉬우나, 그것을 시인하기란 어렵습니다. 인간은 유혹자 없이도 죄를 지을 것입니다. 하지만 가장 진지한 변론가에게 권면을 받을 때에도, 그는 자기 죄를 인정하지 않을 것입니다. 만일 우리가 사람들의 마음을 스스로 유죄라고 느끼는 상태로 이끌 수만 있다면, 그들에게는 희망이 있을 것입니다. 하지만 이런 일은 우리 인류에게 가장 가망 없는 기적들 중의 하나입니다. 인간은 너무나 완악하고 고집스러워, 죄가 면전에서 빤히 보일 때에도, 여전히 무죄를 주장하며, 거만하게도 머리를 꼿꼿이 쳐들고 죄를 나무라는 자에게 도전합니다. 범죄자들은 항상 그들의 잘못을 인정하는 고통스럽고 수치스러운 의무를 모면할 길을 찾습니다.

어떤 이들은 범죄를 자기 자신과 다른 사람들 모두에게 숨깁니다. 자기들의 양심을 침묵시키고, 그들 동료들의 눈 속에는 티끌을 던져 넣습니다. 바벨론의 의복과 금 덩어리를 땅 속에 묻어둔 아간처럼, 그들은 자기들의 죄가 결국에는 드러나게 된다는 것을 망각합니다. 사냥꾼들에게 쫓길 때 모래 속에 머리를 파묻고는, 자기 눈으로 원수들을 볼 수 없을 때에는 위험에서 벗어났다고 여기는 멍청한 타조처럼, 이 사람들은 사람들에게 발각되지 않고 스스로 편안하게 지낸다는 사실을 마치 좋은 징조나 되는 것처럼 여깁니다. 하지만 그것은 그들 마음의 완고함과 맹목을 나타내는는 슬픈 징조일 뿐입니다.

많은 사람들이 또 다른 길을 추구하는데, 곧 그들의 잘못을 변명하는 것입니다. 그들은 잘못을 범했으며, 그것은 사실입니다. 하지만 그럴 때, 그들에게는 정상이 참작되도록 하기 위해 할 말이 너무나 많습니다. 아론처럼, 그들은 사람들의 아우성을 핑계로 삼고, 혹은 마치 섭리가 그들로 하여금 죄를 지을 수밖에 없도록 만든 것처럼 변명합니다. "그들이 가져온 금을 내가 불에 던졌더니 이 송아지가 나왔나이다"(출 32:25). 마치 죄가 우연일 뿐, 고의적인 악의는 아니었다는 식으로 그들은 말합니다. 마치 하나님께 대한 불순종이 일종의 자연의 필연성에 의한 것이며, 하늘의 존엄에 대한 직접적인 의지의 반역은 아니었다는 식으로 말합니다.

다른 사람들은 그들의 죄를 동료들에게 전가시킵니다. 그것은 우리의 첫 부모로부터 그들이 배운 술수이지요. 아담은 에덴 동산에서 이렇게 말했습니다. "하나님이 주셔서 나와 함께 있게 하신 여자 그가 그 나무 열매를 내게 주므로 내가 먹었나이다"(창 3:12). 아마도 그들은 그 술수를 우리 어머니 하와에게서 배웠는지 모릅니다. 그녀도 "뱀이 나를 꾀므로 내가 먹었나이다"(창 3:13)라는 식의 책략을 알고 있었으니 말입니다. 그런 식으로 그들은 어쩔 수 없는 힘에 의해 죄에 끌려들어갔으며, 교묘한 유혹에 설득을 당하였기에, 그 범죄의 공범자로 간주되어서는 안 된다고 말하는 것입니다. 사실상 그들은 다른 사람들의 죄의 방편이 되었을 뿐이며, 거의 저항할 수 없었기 때문에, 그들 자신은 무죄 방면되어야 한다고 주장하는 것입니다.

그보다 높은 수준의 뻔뻔함을 획득한 어떤 이들은, 그들이 실제로 죄를 범했다는 것을 전적으로 부인합니다. 그들은 하나님의 종 앞에서, 마치 아나니아가 베드로 앞에서 "예 이것뿐이라"(행 5:8)고 뻔뻔하게 거짓말을 한 것처럼 행합니다. "우리는 죄를 짓지 않았습니다"라고 단호하게 말하는 자들이 더러 있지요.

만일 여러분이 명백한 어투로 그들이 하나님의 법을 어겼다고 비난하면 그들은 모욕을 당했다고 여깁니다.

또한 죄를 미화하려고 애쓰는 자들이 더러 있는데, 그런 이들이 적지 않습니다. 그들은 화려하고도 신중하게 치장한 종교 의식들에 참석함으로써, 경건의 모양이라는 망토로 그들의 죄를 덮어서 가립니다. 옛 바리새인들처럼, 그들은 과부의 가산을 삼키면서도 아주 길게 기도합니다. 그들은 마음속으로 그리스도를 미워하지만, 박하와 회향과 근채의 십일조를 바칩니다. 그들은 계명들을 어기면서도, 그 계명들을 이마에 써서 붙이고, 긴 옷단의 술에 매달고, 그들 가택의 문설주에 성경 구절을 써 붙입니다. 이런 일들은 하나님의 제사장 의복을 입고서 마귀의 제단을 섬기는 것이며, 이스라엘의 하나님을 높이는 시늉을 하며 산당에서 부정한 고기를 바치는 것입니다. 우리는 이런 사람들이 도처에 있다는 것을 압니다. 인간은 자기 죄를 숨기기 위해서라면 무슨 짓이든 하려 합니다. 그는 스스로 의롭다고 여겨지기 위해서라면 자기 살가죽이라도 바칠 태세이며, 지존하신 분 앞에 설 때 변명할 만한 무엇이라도 얻기 위해서라면, 자기 교만을 위한 양식을 얻기 위해서, 그리고 자기 마음의 파렴치한 교만을 가릴 덮개를 얻기 위해서라면, 자기가 가진 모든 것을 바치려 합니다. 그는 자기 자신의 의를 획득하기 위해서라면, 찾고, 수고하고, 애쓸 것이며, 가난한 자들에게 자기 재물을 나누어 줄 것입니다.

사랑하는 이여, 만약 여러분과 내가 하나님의 은혜에 참여하였다면, 우리는 죄의 고백이라는 혐오스러운 의무로 이끌릴 수밖에 없었을 것입니다. 왜냐하면 우리의 죄를 인정하기를 거부하고서 용서받기란 불가능하기 때문입니다. 만일 우리가 여전히 “주여, 저는 의롭습니다. 저는 스스로 당신의 저주에서 면제되기를 주장할 수 있습니다”라고 말할 수 있다면, 우리의 영혼은 하나님의 생명에 참여할 수 없습니다. 우리 자신의 잃어버린 상태에 대한 분명한 의식은, 우리가 용서를 구하기 위해서는 절대적으로 필요합니다. 자기 스스로 건강하다고 생각하는 사람이 결코 의사를 찾지 않고, 충분히 따뜻한 사람이 그에게 제공되는 여분의 옷을 이용하지 않으며, 배고프지 않은 사람이 구호기관의 잔치 초대에 응하지 않는 것처럼, 반드시 그리스도께 와야 한다고 느끼는 자들이 아니면, 그리스도 밖에서는 전적으로 잃은 자이며 망가지고 가망 없는 자라고 느끼는 자들이 아니면, 결코 그리스도께 오지 않는 것을 우리는 발견합니다.

더 나아가, 아무도 자기의 필요를 알기까지는 자비를 구하지 않는 것처럼, 그들 자신의 영적 빈곤이 명백해지기 전에는 설혹 자비가 주어진다고 해도 그 가치를 평가절하 한다는 것을 우리는 장담할 수 있습니다. 건강한 사람에게 약이 무슨 소용이란 말입니까? 여러분이 약을 그의 집으로 보내면, 그로부터 감사의 인사를 받을 것 같습니까? 오히려 여러분이 주제넘은 잘못을 범한 셈이 될 것입니다. 부유하고 재물이 증식되고 있는 사람에게 왜 자선을 베푼단 말입니까? 그가 당신의 구제품을 받을 것 같습니까? 오히려 그는 홱 돌아서 외면하며, 길거리에서 거지나 찾아보라고 당신에게 말하지 않을까요? 그가 당신의 시혜를 필요로 할 것이라고 당신이 잘못 안 것은 아닙니까? 만일 하나님께서 구원을 필요로 하지도 않는 자들에게 구원을 주신다면, 그들은 그 고귀한 은혜를 제대로 평가하지 않을 것입니다. 하나님의 고귀한 '다이아몬드'가 그들에게는 깨어진 한 조각의 유리처럼 무가치하게 여겨질 것입니다. 이 하늘로부터의 보석이 단지 시냇가에서 주워온 조약돌 하나 정도에 지나지 않을 것입니다.

> "자기들의 재앙을 결코 느끼지 않는 자들에게
> 그리스도께서 무슨 위로를 가져다주실 수 있을까?
> 죄인임을 아는 것이 소중하니,
> 성령께서 그를 그렇게 만드셨음이라."

자기들의 필요를 시인하지 않는 자들에게 하나님이 결코 용서를 주시지 않을 것임이 분명합니다. 왜냐하면 자기의 유죄를 인정함으로써 먼저 하나님의 법을 존중하지 않으려는 사람에게 용서를 베푸는 것은 하나님의 주권과 위엄에 모순되기 때문입니다. 만약 어떤 사람이 여전히 "나는 율법을 어기지 않았어요"라고 말한다면, 하나님께서 그에게 용서를 거절하신다고 해서 무자비한 것입니까? 만일 당신의 이마가 무쇠처럼 굳고 당신의 마음이 대리석처럼 완강하다면, 하나님께서 "나는 저 사람에게 자비를 베풀지 않을 것이며, 그는 내 손에서 용서를 찾지 못할 것이다. 나는 심령이 가난하고 통회하는 자, 내 말에 떠는 사람에게 은혜를 베풀 것이다"라고 말씀하신다고 해도, 당신이 하나님께 사랑이 결핍되어 있다고 비난할 수 있겠습니까? 당신에게 묻겠습니다. 하나님께서 교만하고 스스로 의롭게 여기는 자를 무시하시고 그 사람을 복을 받지 못하는 상태에 버려두신다고 해서, 그것이 놀라운 일인가요? 그들 자신의 공언에 의해, 그들은 그분의 자비를 필요로 하지 않는 것입니다. 그들은 용서받는 것이 필요하지 않다고 스스로 선언하는 셈입니다. 그렇다면 멸망하는 것이지요! 스스로 의롭게 여기는 자에게는 멸망이 있을 뿐입니다! 그런 자는 자기 교만에 의해 지옥에 내려가기를 선택한 것이며, 자기 고집의 열매를 거두는 것입니다. 그러니 만일 우리가 우리 죄를 자백하지 아니하면 우리 죄 가운데 망하리라는 이 불가침의 법칙을 하나님께서 고수하신다고 해도, 그분의 자비에 관해 탓하지 말아야 합니다.

"그리스도께서 자기 보좌를 포기하시고
하늘로부터 낮아지신 것이,
교만한 자에게 보좌를 팔기 위함은 아니리."

오늘 아침 내 의도는, 하나님의 도우심을 따라, 모든 은혜로운 영혼이 자기 자신에 대해 확실하게 가지고 있는 관점을 묘사하는 것입니다. 두 번째로는, 여러분에게 어떤 위험들을 경고하는 것인데, 그 위험에는 자기 자신의 필요만 알고 아직 그리스도를 발견하지 못한 자들이 노출되어 있습니다. 마지막으로 나는 몇 가지 탄원들로 마무리를 하려고 합니다. 그 탄원들 중 일부는 본문에서 발견되며, 일부는 다른 곳에서 발견됩니다. 그 탄원들은 죄를 의식하는 모든 영혼이 은혜의 보좌 앞에서 제기할 수 있는 것입니다.

1. 모든 은혜로운 영혼이 스스로에 대해 가지는 관점

먼저, 진실로 은혜를 아는 영혼들이 자기 자신에 대해 취하는 관점을 묘사하려고 합니다. 그것을 묘사하면서, 나는 이곳에 "그것이 바로 제가 저 스스로에 대해 생각하는 바이며, 그것이 바로 하나님 앞에서의 제 상태입니다"라고 말하는 사람들이 일부 있을 것이라고 희망합니다. 비록 여러분은 스스로를 가망 없는 경우라고 생각해도, 만약 여러분이 지금 내가 간략히 언급하려고 하는 고백에 동참할 수 있다면, 나는 여러분이 가망이 없는 상태가 아님을 확신하게 되기를 기도합니다. 나는 여러분으로 하여금 자신의 잃어버린 상태를 깊이 의식하도록 이끄신 분이 하나님의 영이라고 믿습니다. 성령님은 그렇게 하심으로써 여러분의 영혼 안에 선한 일을 시작하신 것입니다.

1) 성령에 의해 깨우침을 받은 모든 은혜로운 영혼은 자신의 모든 죄의 뿌리를 분명하게 의식합니다. 그는 자기 마음의 추함을 알며, 본문 말씀과 더불어 이렇게 외칩니다. “우리는 다 부정한 자입니다.” 그가 발견하는 것은 단지 그의 외적 행위들만이 아니라, 자기 인격 자체가 본질적으로 하나님 앞에서 죄스럽다는 것입니다. 그는 한때 흐르는 물이 더러움을 기꺼이 고백하려 했지만, 이제는 두렵게도 그 근원 자체가 오염되었다고 인식합니다. 예전에 여러분은 그로 하여금 그의 가지들의 열매들이 쓰다고 인정하게 만들 수 있었습니다. 하지만 이제 그는 그 뿌리가 썩었음을 인식하며, 그 나무가 악하고, 모든 수액이 해롭다고 인식합니다. 그는 이제 자신의 죄성(罪性)이 그의 뼈 골수에 있으며 선천적으로 그의 피속에 내재되어 있다고 인식합니다. 자기 자신, 그의 생각들과 그의 행동들뿐 아니라, 그는 자기 자신이 “부정한 자”라고 인식합니다.

여기서 사용되는 은유는 우리에게는 이해되기가 어렵습니다. 왜냐하면 “부정하다”(unclean)는 단어는 레위기의 의식적 용법에서 끌어온 단어이기 때문입니다. 유대 율법 하에서 한 사람이 부정하면 그는 주의 집에 올라갈 수 없습니다. 그는 제물을 바치지 못합니다. 하나님께서는 그의 손에서 아무것도 받으실 수 없습니다. 부정한 상태로 있는 한, 그는 내쫓긴 자이며 외인(外人)입니다. 만약 그가 침상에 앉으면 그 침상을 물로 씻어야 합니다. 만약 그가 질그릇에 손을 대면 그것은 깨뜨려져야 합니다. 그릇도 부정하게 되었기 때문입니다. 만약 그가 어떤 음식을 먹으면, 그 음식 전체가 부정하게 되어, 정한 사람은 감히 그 음식에 손을 대지 않습니다. 이러한 부정이 나병과 같은 질병에 관계되었을 때, 그 사람은 혐오스럽게 됩니다. 그는 자기 자신에게도 너무나 혐오스러워 산다는 것 자체가 두려움이었음에 틀림없습니다. 그는 자기 동료 인간들에게도 너무나 혐오스러워 그가 머물기에 유일하게 적절한 장소는 황야였으며, 그곳에서 외로이, 사람들이 입술을 대고 마실 수 있는 어떤 시냇물로부터도 멀리 떨어져 지내야 했습니다. 공기도 그의 질병으로 오염되지 않아야 했기에, 그는 홀로 외로이 살면서 외쳤습니다. “부정하다! 부정하다! 부정하다!”

모든 은혜로운 영혼은 그 자신이 본성적으로 부정한 존재라는 것을 압니다. 그는 자신에 대해 하나님이 받으실 만한 예배를 드릴 수 없다고 느낍니다. 그는 자기 자신의 공로라고 하는 휘장 안에 서 있을 수 없다고 느낍니다. 그는 하나님이 받으실 수 있는 어떤 제물도 가져올 수 없다고 느낍니다. 그는 다른 사람들에게 해를 끼치는 매개체일 뿐이며, 그의 악한 본보기가 다른 사람들을 방황하도록 이끈다고 느낍니다. 사실상, 그는 의인들의 회중에 서기에 적합하지 않고, 하나님의 선택된 백성으로 간주되기에도 적절하지 않습니다. 그는 그 사람 자체가 오염되었고 또 남들을 오염시키는 자이기 때문입니다. 끔찍한 타락과 부패에 대한 의식이 무겁게 그를 짓누를 때, 그리스도를 발견하기 전에는, 그 사람은 마치 중죄인처럼 몰래 숨어서 하나님의 집에 들어갔다가 자기를 숨기면서 나올 것입니다. 혹, 그가 하나님의 백성들과 함께 자리에 앉았다면, 마치 궁전에 있는 더러운 거지처럼 어울리지 않는 곳에 있다는 생각이 들고, 혹은 신성한 성전에 있는 파충류 같은 존재인 듯 스스로를 혐오스럽게 느낍니다. 어떤 그리스도인이 말을 걸 때, 그는 대답하기가 적절치 않다고 종종 느낍니다. 그는 자신이 사람으로서 살아가기에 전혀 적합하지 않다고 느낍니다.

아아, 내가 처음 이 진리를 발견했던 시기를 나는 잘 기억하고 있습니다. 마치 존 번연이 그랬던 것처럼, 나는 자기 창조주에게 죄를 지은 피조물인 사람이기보다는, 그토록 쉽게 어긋난 길을 가고, 홀로 남겨지면 틀림없이 죄를 범하고 마는 인간이기보다는, 차라리 두꺼비나 뱀이었기를 얼마나 바랐었는지요! 『넘치는 은혜』(*Grace Abounding*)에서 번연은 말합니다. "내 원래의 내적 오염, 그것이, 그것이 나의 재앙이며 불행이었다. 그것은 언제나 끔찍할 정도로 내 속에서 솟아오르며, 그에 대해 나는 경악하며 죄책을 느꼈다. 그것 때문에, 나는 내 눈으로 보기에 두꺼비보다 혐오스럽고, 하나님이 보시기에도 역시 그럴 거라고 나는 생각했다. 죄와 부패는, 마치 샘물에서 기포(氣泡)가 솟아오르듯 내 마음에서부터 자연적으로 부글부글 끓으며 솟아오르곤 했다. 당시 나는 모든 사람이 내 마음보다는 선한 마음을 가졌다고 생각했다. 어느 누구와도 마음을 바꿀 수 있기를 나는 원했다. 마귀를 제외하고는 어느 누구도 내적 사악함과 정신의 오염의 정도에서 나와 동등할 수 없을 거라고 나는 여겼다. 그러므로 나는 나 자신의 악함을 보고서 깊은 절망 속으로 떨어졌다. 나는 당시 내가 처한 상태가 은혜의 상태와는 공존할 수 없다고 결론을 내렸기 때문이다." 오, 그때 인간의 존엄에 대해 말할 수는 없었습니다!

여전히 여러분들의 세련된 설교자들 중에는, 인간의 본성 속에 상당한 존엄이 있다고 주장하는 자들이 더러 있습니다. 오호라! 형제들이여, 본성의 고결함에 대해 말하고, 타락한 인간의 고귀함에 대해 말하는 자는 자기 자신을 모르는 자입니다. 강단에 서기에는 도무지 적합하지 않으므로, 그런 사람은 교리문답을 배우는 것에서 시작해야 합니다. 그는 은혜의 상태에 대해 말할 수 없습니다. 그는 아직 자기 본성의 상태에 대해서도 올바로 배우지 못했기 때문입니다! 그런 식으로 말할 수 있는 자는 눈먼 자를 인도하는 눈먼 지도자임에 틀림없습니다. 그는 자기 영혼 안에서 성령이 처음으로 행하시는 일에 대해서 알지 못합니다. 만일 그가 성령의 그러한 역사에 대해 알았더라면 그는 우리가 어떤 고상하거나 선한 것과는 정반대라고 느꼈을 것입니다. "우리는 다 부정한 자 같다"고 했기 때문입니다. 인간 전체가 비열하고 절망적으로 사악합니다. 인간 내부나 외부 어디에도 건전한 부분은 한 군데도 없습니다. 죄는 우리의 면전에도 명백히 나타나지만, 그 핵심은 내부 깊숙이 자리하고 있습니다. 마음은 거짓되고 욕망은 부패했습니다. 우리의 지각(知覺)은 치명적인 나병으로 잠식당했습니다. 우리 속에는, 즉 우리 육체 속에는, 아무런 선한 것이 거하지 않습니다.

"주여, 당신의 영이
제 마음의 악함을 보여주실 때,
그 기막힌 광경에 놀라
제 영혼은 공포로 떱니다.
그 지하 감옥이 열리니, 지옥처럼 추하고
혐오스러운 악취가 풍깁니다.
각각의 은밀한 감방마다
가증스러운 괴물들이 앉아서 알을 품고 있습니다.
악한 생각들이 떼를 지어 그 해악을 퍼뜨리니
곧 교만과 시기와 거짓과 부정입니다.
그 토굴의 구석구석마다
생각지도 못할 죄들이 도사리고 있습니다."

2) 두 번째로, 영적으로 깨우침을 받은 사람은—우리는 다른 누구도 영적으로 깨우침을 받지 못했다고 주장합니다—그의 모든 행동들이 악하다고 인식합니다. "우리의 의는 다 더러운 옷 같으며." 우리의 의입니다. 본문은 우리의 불의라고

말하지 않습니다. 형제들이여, 만약 우리의 의가 그토록 나쁘다면, 우리의 불의란 어떠하겠습니까? 우리의 "의", 즉 우리의 기도들, 눈물들, 선한 행위들, 그 외에 우리가 한때 칭송하던 것들에 대해, 우리가 하나님에게 진정으로 배울 때 우리는 이런 것들이 더러운 의복들이라고 인식합니다. 히브리어로 "더러운 옷"이라는 표현은 우리가 현재의 집회에서 적절하게 설명할 수 없습니다. 죄의 자백은 하나님 앞에서 은밀하고도 혼자서 해야 하는 것이기에, 그러한 표현에 담긴 풍부한 의미를 온전히 이해하기란 어렵습니다. 그저 어떤 주석가들이 이해한 것처럼, 더럽고, 악취가 나며, 고름이 흐르는 피부를 감싼 누더기라고 말하는 정도로 충분하겠습니다. 우리의 의란 그러한 누더기에 비유될 수 있습니다.

오, 우리가 인간의 타락을 묘사할 때에 우리가 과장한다고 말하지 마십시오! 선생들이여! 우리가 인류를 평가절하하기를 좋아하고, 고귀한 피조물인 인간을 비방하기를 좋아한다고 말하지 마십시오! 여러분이 과장이라고 부르는 그런 모든 것들도 오히려 표준에 못 미칩니다. 여러분이 과장이라고 부르는 것은 우리들 중 일부가 우리 스스로에 대해서 느끼는 정도에도 못 미칠 뿐 아니라, 하나님께서 우리의 상태에 대해 아시는 정도에 훨씬 못 미칩니다. 선생들이여, 우리의 기도에도 죄가 있습니다. 우리의 기도는 반복해서 드려야 할 필요가 있습니다. 우리가 참회하면서 흘린 그 눈물에도 불결함이 있습니다. 우리의 성결 자체에도 죄가 있습니다. 우리의 믿음에는 불신앙이 있습니다. 우리의 사랑에도 미움이 있습니다. 우리 정원의 가장 아름다운 꽃에도 뱀의 점액(粘液)이 있습니다. 내 과거의 삶을 되돌아볼 때, 나는 다른 사람들의 눈으로 보기에는 도덕적으로 보였을지 몰라도, 나 자신은 너무나 무가치한 생활을 영위하고 있는 나 스스로를 혐오스러워 할 때가 있었습니다. 그리고 정녕 현재에도 나는 "내 속 곧 내 육신에 선한 것이 거하지 아니하는 줄을 아노니"(롬 7:18)라고 말할 수밖에 없습니다.

영혼이 죄를 자각할 때 영혼은 '자기 의'(self-righteousness)라고 하는 것을 지옥에서 꾸며낸 가장 혐오스러운 거짓말로 간주할 거라고 나는 확신합니다. 또한 그 때 영혼은 모든 '자기 신뢰'(self-confidence)를 영혼이 빠져들 수 있는 가장 충격적인 기만이자 속임수라고 간주할 것입니다. 형제들이여, 우리의 행위를 의지한단 말입니까? 우리가 의지할 행위란 아무것도 없습니다. 우리의 최상의 행위조차 나쁘며, 너무나 나빠서 더러운 누더기일 정도입니다. 그러하거든 하물며 우리의 나쁜 행위들은 어떠하겠습니까? 오, 나는 이 아침에 여러분이 여러분의 나쁜 행실들을 기억하고 그것들을 회개하게 되기를 바랍니다. 여러분은 사도가 어떻게 "음행하는 자들, 간음하는 자들, 도적들, 탐욕을 부리는 자들, 술 취하는 자들"(고전 6:9-10)에 대해 말하고, 또 "너희 중에 이와 같은 자들이 있더니 씻고 거룩하게 되었느니라"(고전 6:11)고 말하는지를 기억하십시오. 인간의 죄를 고상하게 다루는 것은 결코 지혜가 아닙니다. 런던에는 고린도에서와 마찬가지로 악행들이 많으며, 우리 교회에도 한때 그런 것들에 빠졌던 이들이 있습니다. 오늘 아침 이 회중에는 여전히 그런 것들에 빠져 사는 자들이 더러 있을 것입니다. 오 하나님, 그들에게 그들의 죄를 보여주소서! 그들로 하여금 당신 앞에서 그들의 죄책을 느끼게 하소서! 그리고 우리 모두로 하여금 우리의 의는 더러운 옷과 같다고 시인하게 하소서! 하나님의 영이 우리 마음속에 계시면 우리는 그렇게 고백할 것입니다.

3) 다음으로, 주께서 밝히신 촛불로 비추임을 받은 마음은 더 나아지기 위한 모든 해결책들의 실패와 무익을 보게 됩니다. "우리는 다 잎사귀같이 시들므로." 여러분 중에 어떤 이들은 최근에 영적으로 각성하여, 여러분이 잃은 영혼들이라고 느꼈습니까? 지금껏 여러분은 무엇을 하였습니까? 여러분은 더 나아지겠다고 약속했습니다. 또 그렇게 되려고 노력했습니다. 여러분은 많은 면에서 개선되었고, 여러분 스스로 개선되고자 계획했습니다. 아마도 여러분은 다시는 기도하지 않은 채 일하러 가지 않겠다고, 혹은 다시 화를 내지 않겠다고 결심했을 것입니다. 욕망에 빠져드는 유혹을 받을 때 여러분은 그것을 억제하려고 결심했습니다. 여러분을 따라다녔던 죄들을 이제는 포기할 것이라고 결심했을 것입니다. 오늘 여러분은 결심하고 또 결심했던 그 사람인가요, 아니면 여전히 같은 모습의 사람인가요? 진실로 스스로의 힘으로는, 우리 모두 잎사귀처럼 시들어버립니다.

아침에 잠자리에서 일어날 때 우리는 산뜻하고 파릇하게 보이며, 한밤의 맹세와 회개와 더불어 신선해보이지만, 밤이 오기 전 우리는 시들고 쇠하여지기를 마치 가을의 돌풍에 메마르고 시들어버린 잎사귀처럼 되고 맙니다. 우리는 밖으로 나서면서 이렇게 말했습니다. "오늘 나는 굳게 서리라. 이번에는 쓰러지지 않으리라. 이제 나는 안전하다. 나는 굳게 결심했다. 나는 내 안에 개선시킬 수 있는 무언가가 있음을 알며, 스스로 원한다면 나는 더 나아질 수 있다. 나는 스스로를 개혁할 것이다. 나는 스스로 굳게 서서 그리스도인이 될 것이다." 하지만 그 모든 결심이 어떻게 되었나요? 결국에는 "기초 없는 환상의 건물처럼, 아무런 잔해도 남기지 않고 사라져버리고 맙니다." 여러분은 "토하였던 것에 돌아가는 개나 씻었다가 더러운 구덩이에 도로 눕는 돼지처럼"(참조. 벧후 2:22) 되고 맙니다. 얼마나 많이 미끄러진 후에야 비로소 사람들이 하나님의 팔에 자기를 의탁하는 법을 배우고, 그분에 의해 이끌림을 받게 되는지요! 우리는 적어도 오십 번은 그런 시도를 하고 나서야 비로소 "나를 떠나서는 너희가 아무것도 할 수 없음이라"(요 15:5)는 이 단순한 진리를 배우게 되는 듯합니다.

마치 우리는 토대가 불안정한 해변을 뛰어다니면서, 마지막으로 밟은 곳보다 더 견고한 모래땅을 찾으려 하는 자들과 같습니다. 그러면서 우리의 새롭고 고상한 집을 세우기 위해 좀 더 견고한 지역을 찾았다고 여기면서 스스로를 칭찬하지요. "아! 지난번에는 실수였지. 그것은 집을 세우기에는 약한 모래땅이었어. 하지만 이번에는 문제없을 거야. 땅이 얼마나 딱딱한지 보라! 조수가 여기까지 자주 들어오지는 않잖아? 그것은 무너지지 않을 것이며, 마치 잔디밭과 같아서 부드러우면서도 딱딱하잖아? 나는 이곳에 집을 세울 거야." 목재가 놓이고, 훌륭한 석재들도 쌓이며, 집은 올라갑니다. 하지만 주의하십시오! 그것이 무엇입니까? 파도가 닥쳐오고 있습니다. 물결이 틀림없이 그 장소까지 도달할 것입니다. 이번에 해변에 도달하는 물결은 봄철의 만조입니다. 보십시오! 그 재료들이 모든 것을 삼켜 버리는 파도에 삼켜집니다. 우리의 탑들은 기우뚱거리다가 붕괴되고 맙니다. 선생들이여, 이제 실망한 인간이 무엇을 할까요? 이제 그는 또 다른 모래땅을 찾으려 할 것이며, 하나님의 은혜가 막지 않으면 틀림없이 그는 그렇게 할 것입니다. 하지만 은혜가 임할 때 그는 모든 모래땅을 즉시 포기할 것입니다. 반석 위에 집을 세우기를 시작할 것이며, 오직 반석 위에만 집을 세울 것입니다.

나는 여러분이 가능한 한 여러분 자신을 많이 개혁하길 바랍니다. 하지만 여러분의 개혁과 신앙을 뒤섞지 마십시오. 여러분은 거듭남이 필요하며, 개혁으로는 충분하지 않습니다. 옛 집을 손질하는 것으로는 충분하지 않으니, 그것을 허무십시오. 그것을 허무십시오! 그 기초가 썩었기 때문입니다. 여러분의 의복을 수선하라는 것이 아닙니다. 영광의 잔치에 참여하려면 그 의복들을 전부 버리고, 의의 새 옷을 입으십시오. 우리는 기브온 거민들의 "낡아서 기운 신과 낡은 옷"(수 9:5)을 원하지 않습니다. 우리는 "철과 놋으로 된 신"(KJV, 신 33:25)을 가져야 하는데, 그것만이 여러분을 천국에 이르도록 할 수 있기 때문입니다. 검은 피부를 문질러 보십시오. 검은 피부를 가진 사람이 씻는 것은 좋은 일이지만, 그것이 그의 피부를 희게 만들지는 않습니다. 솔을 사용해도 좋고, 질산칼륨이나 비누를 써도 좋습니다. 하지만 여러분이 천국에 들어가려면 반드시 하나님께 가서, 그분에게 '구스인'을 새롭게 해 달라고 요청해야 합니다. 왜냐하면 그런 모든 재료들 중에서 어떤 것도 사람을 하나님 앞에서 희게 만들지 못하기 때문입니다. "우리의 의는 다 더러운 옷 같으며 우리는 다 잎사귀 같이 시듭니다." 우리의 최선의 장담들, 희망들, 결심들, 그리고 자부심들—이 모든 것들은 마치 그림자처럼, 꿈처럼, 머릿속의 환영처럼, 희미해지다가 사라집니다.

4) 네 번째로, 진실로 각성한 영혼은 그가 스스로의 힘으로는 유혹의 침공에 맞서지 못하는 것을 압니다. 본문은 그것을 이렇게 표현하고 있습니다. "우리의 죄악이 바람같이 우리를 몰아가나이다." 나무에 홀로 매달려 있는 시든 잎사귀가 있습니다. 그의 동료들은 모두 오래전에 떨어져 사라졌습니다. 시든 잎사귀여, 그대는 그곳에 오래 매달려 있지 못할 것이니, 그대는 매우 가느다란 실에 연결되어 매달려 있기 때문이라! 들으십시오! 북풍이 윙윙거리고 있습니다! 이제 모든 나무들이 앙상해질 것입니다. 시든 잎사귀는 이제 어디에 있습니까? 이제 곧 땅바닥에 떨어진 낙엽 무더기에 합류하겠지요. 그와 마찬가지로, 사람들은 그들의 맹세가 시든 것을 발견할 때, 여전히 그들의 희망과 도덕성에 매달릴 것입니다. 하지만 그들의 정신이 힘을 버릴 때 예상치 못한 어떤 강력한 유혹이 그들에게 닥쳐옵니다. 그 때 그들은 어디에 있습니까? 마귀는 그들이 메마른 틈을 놓치지 않고, 부싯깃에 불을 붙입니다. 마귀는 언제 유혹해야 할지를 압니다. 그는 자기 희생자들이 저항할 준비가 되어있을 때 그들을 공격하지 않습니다. 오히려 어떤 음침한 골목 구석에 매복하고 있다가, 무방비 상태의 통행자들에게 치명적인 타격을 가합니다. 도둑은 침입하려고 할 때 결코 그것을 알리지 않습니다. "집 주인이 만일 도둑이 어느 때에 이를 줄 알았더라면 그 집을 뚫지 못하게 할"(눅 12:39) 것이기 때문입니다. 유혹은 마치 북풍처럼 예상치 못한 순간에 찾아옵니다. 그 때 여러분의 대장부다움은 어디에 있습니까? 저항하지 못하고, 그가 단절했다고 생각했던 그 죄악에 휩쓸려가고 맙니다. "우리의 죄악이 바람같이 우리를 몰아가나이다."

모든 그리스도인은 이 사실을 압니다. 그리스도인은 하나님의 은혜가 유혹의 모든 바람보다 강함을 알지만, 은혜가 없으면, 마치 지푸라기가 키질하는 기구에서 불어오는 한바탕의 거센 바람을 이기지 못하는 것처럼 더 이상 그가 죄를 이기지 못하는 것을 압니다. 그는 마치 풀무에 던져진 것처럼 느낍니다. 은혜가 있다면 그는 불에 맞설 수 있겠지만, 은혜가 아니라면 그는 불꽃 앞에 있는 베옷 쪼가리 혹은 타는 불 앞에 있는 밀랍과 같습니다. 잘 교육받은 신자는 자기 자신을 무척 두려워합니다. 그는 감히 유혹 속으로 들어가지 않습니다. 왜냐하면 그는 포탄을 지니고 있는 사람은 불꽃을 멀리해야 하는 것을 알고, 마음속에 화약고를 간직한 사람은 불장난을 삼가야 하는 것을 알기 때문입니다. 자기 자신을 고려할 때, 성령의 내주하심이 아니라면, 주님을 다시 십자가에 못 박아 드러내놓고 욕되게 하는 자들과 마찬가지로, 그는 틀림없이 옛 죄로 되돌아가고 다시 과거의 정욕에 떨어질 것임을 압니다.

아, 나의 청중이여, 만일 여러분이 이를 알지 못한다면, 유감이지만 나는 여러분이 스스로를 알지 못한다고 생각합니다. 그리고 여러분이 스스로를 알지 못하면 여러분은 그리스도를 알지 못하는 것입니다. 우리가 옷을 입는 의상실로 들어가려면, 먼저 옷을 벗는 탈의실(脫衣室)로 들어가야 합니다. 인간의 손목에서 팔찌를 빼십시오! 그의 머리에서 관을 벗기십시오! 그 주홍색 의복을 벗기십시오. 그 신을 벗기고, 그 망토를 찢으십시오. 그를 벌거벗게 하십시오! 벌거벗기 전까지 그는 결코 의복을 입기에 합당하지 않습니다. 그의 더러운 피부를 보게 하십시오. 그가 자기 더러움을 보기까지 그는 씻을 수 없기 때문입니다. 이제 그의 발을 반석 위에 서게 하되, 그보다 먼저 그의 발을 모래에서 완전히 빼게 하십시오. 사람들이 다른 무언가를 발판으로 삼는 한, 그들은 결코 만세반석 위에 안전하게 설 수 없습니다. 하나님의 은혜를 얻지 못하면, 여러분의 죄악이 바람처럼 여러분을 몰아갈 것임을 알기 바랍니다.

5) 또한 하나님의 햇빛에 한 번 비추임을 받은 자들은 기도에 있어서 그들 자신의 자연적인 연약함과 나태함을 고통스럽게 인식합니다. 본문은 무어라고 말합니까? "주의 이름을 부르는 자가 없으며 스스로 분발하여 주를 붙잡는 자가 없나이다"(7절). 내가 육적인 상태에 있을 때, 나는 어느 목사에게서 설교를 듣곤 했는데, 내가 이해하는 바로는 그의 설교는 주로 이런 내용이었습니다. "이것을 행하라, 저것을 행하라, 다른 것을 행하라, 그러면 구원을 받을 것이다." 그의 이

론에 따르면, 기도하는 것이 매우 쉬운 일이었습니다. 여러분 스스로 새 마음이 되도록 하는 것이 순식간에 이루어지는 일이고, 거의 언제라도 이루어질 수 있는 일이었습니다. 나는 정말이지 내가 원하기만 하면 그리스도께 돌아올 수 있다고 생각했고, 그래서 나는 그 일을 내 삶의 마지막 때까지 미루어두었다가, 편리하게 병상에 누웠을 때 이루어질 수 있는 일이라고 생각했습니다. 하지만 주님께서 처음으로 죄의 자각으로 내 영혼을 흔드셨을 때, 나는 곧 그 이상을 알게 되었습니다. 나는 기도하러 갔습니다. 하나님이 아시듯 실제로 기도했습니다. 그런데도 기도하지 않은 듯이 여겨졌습니다. 뭐라고요? 내가 보좌로 가까이 가다니요! 나와 같이 파선한 자가 약속을 붙들다니요! 내가 감히 하나님께서 나를 바라보시기를 바라다니요! 그런 것은 불가능해보였습니다. 눈물과 신음만 있을 뿐이었고, 때로는 그런 것마저도 없었습니다! "아아!", "그렇게만 된다면!", "하지만"—내 입술은 그 이상의 단어를 발설하지 못했습니다. 그것은 기도였지만, 그때는 그것이 기도로 여겨지지 않았습니다. 오! 하나님을 노엽게 한 죄인에게 효력 있는 기도란 얼마나 어려운지요! 하나님의 능력을 부여받거나 천사와 씨름할 힘이 어디에 있습니까? 정녕 내 속에는 없었으니, 나는 물처럼 약하고, 또 때로는 지옥의 맷돌처럼 완악했습니다.

모든 신자는 때때로 기도에서 두려울 정도의 무능함을 느낍니다. 그는 은혜의 보좌로 가서 신음합니다. 하지만 골방에서 나올 때, 마치 밤새 침상에서 뒤척이다가 일어난 사람처럼, 그는 전혀 새 힘을 얻지 못한 채 나옵니다. 그는 기도가 무엇인지를 알지만, 그 의무를 수행하지 못합니다. 그는 기도에 능력이 있음을 알지만, 그 능력을 얻지 못합니다. 병거의 바퀴들이 망가졌습니다. 한때 그의 영혼이 '암미나딥의 수레들'(참조. 아 6:12)처럼 달리던 곳을 이제는 힘겹게 느릿느릿 끌면서 갑니다. 하나님께서 우리를 가까이 이끌어주시지 않으면 우리가 그분께 가까이 갈 수 없음을 알지 못하는 자는, 결코 자기 자신을 알지 못하는 사람이라고 나는 생각합니다. 기도의 태만함으로 인하여 우리 자신에게 진저리를 낸 적이 없다면, 우리는 아직 우리가 어떤 사람인지를 깨닫지 못한 것입니다. 오, 우리가 기도하지 못하는 것을 생각해보십시오! 이는 우리가 위로를 받기에 합당한 무능이 아니라, 저주스러운 무능입니다. 우리가 우리의 창조주를 가까이 하지 못한다는 것, 이는 우리가 범하는 가장 큰 죄들 중의 하나입니다. 우리가 너무나 악하고 비열하게 되어 은혜조차도 구하지 못하고, 그것을 위해 올

바로 부르짖지도 못한다는 것은, 실로 두렵고도 끔찍한 일입니다. 여기에는 변명이 있을 수 없으니, 변명은 우리의 죄를 가중시킬 뿐입니다. 내 청중이여, 여러분은 이것을 느껴보았습니까? 오! 만약 아직도 여러분이 이것을 느끼지 못했다면, 염려스럽건대 나는 당신이 새로 시작하여 믿음의 처음 원리부터 배워야 한다고 생각합니다.

6) 마지막 요점으로, 일단 죄악의 흉악함을 인식한 영혼은, 만약 죄가 없었더라면 누릴 수 있었던 하나님의 호의와 사랑을, 죄로 인해 모두 잃었음을 발견합니다. 본문이 그렇게 말하고 있습니다. "주께서 우리에게 얼굴을 숨기시며 우리의 죄악으로 말미암아 우리가 소멸되게 하셨음이라." 하나님이 얼굴을 숨기신다는 것은 우리가 결코 가벼이 여길 일이 아닙니다. 선지자가 "주께서 우리가 소멸되게 하셨음이라"고 말할 때에, 그것은 무서운 말입니다. 여러분은 격렬히 타오르는 용광로를 본 적이 있습니까? 느부갓네살의 군사들이 세 사람을 묶어 그 안에 던지려고 하였습니다. 그들을 불에 사르기 위해서였습니다. 불은 지극히 뜨거웠고, 그들을 순식간에 소멸시킬 것 같았습니다. 각성한 죄인이 인식하기에는, 그것이 그의 운명입니다. 그는 틀림없이 지옥에 던져져 완전히 소멸될 것이라고 느낍니다. 더 나아가, 비록 모두가 같은 정도는 아니지만, 어느 정도 인간은 불에 태워졌습니다. 우리 중 어떤 이들은, 처음 죄를 자각했을 때 우리가 통과한 그 끔찍한 열기에 의해, 지금도 머리털이 푸석하다고 느낍니다. 번연(Bunyan)은 그가 통과했던 죄의 자각이라는 진지한 시기를 생생하게 회상함으로써, 더욱 더 하나님의 얼굴빛을 온전히 누린 듯하였습니다. 만일 여러분이 하트(Hart)의 찬송시들을 읽으면, 그리스도와 관련한 그 시들의 독특한 명확성과 온전한 칭의(稱義)에 감동을 받을 것입니다. 그 명료성과 확신의 상당 부분은 하트가 자기 임종의 날까지 율법의 채찍 아래에 있던 때의 경험을 잊지 않고 기억하였다는 사실에서 기인합니다. 그가 자신의 감정을 묘사하려고 시도할 때, 비록 그 일에 실패하지만, 이와 같은 표현을 덧붙입니다.

> "오! 그 얼마나 음울한 상태였는지!
> 얼마나 큰 공포가 내 약한 몸을 떨게 하였는지요!
> 하지만 형제들이여, 정녕 여러분은 추측할 수 있을 것이니
> 아마 여러분도 같은 것을 느꼈을 것이기 때문입니다."

나는 주님을 아는 모든 사람이 이와 같은 정도의 소진을 겪는다고 생각하지 않습니다. 하지만 여러분이 정녕 구원받았다면, 그리스도 외에 모든 소망을 내려놓고 또한 그분을 바라보는 것 외에 모든 생각을 버리라는 음성이, 여러분의 마음속에 들려온 적이 있을 것입니다. 여러분은 여러분의 변명들, 여러분의 헛된 신뢰들, 여러분의 거만한 자랑들과 수치스러운 행위들을 정죄하는 사형집행 영장을 틀림없이 보았을 것입니다. 그렇지 않다면 여러분은 진정으로 주님을 알지 못하는 것입니다. 만일 여러분이 "하나님은 [악인들에게] 매일 분노하시는"(시 7:11) 분이신 것과, 여러분 스스로는 그분의 진노의 대상인 것을 알지 못하고 느끼지 못했다면, 나는 여러분이 성령에 의해 각성한 적이 없는 자라고 염려스럽게 생각합니다. 하지만 이곳에는 그런 분들이 많다는 것을 나는 압니다. 이런 과정을 통과한 다수의 사람들, 자기 자신에 대해 이런 관점을 취하고 있는 사람들, 그리고 지금 그런 과정을 겪고 있는 사람들이 있다는 것을 압니다. 주께서 우리 모두를 그리스도께 인도하시고, 그분이 완성하신 일을 믿게 하시기를 빕니다!

2. 경고해야 할 위험들

이제 내 설교 주제의 두 번째 부분에서, 나는 몇 마디 말씀만 전하려고 합니다. 내 사랑하는 친구들이여, 내가 말하는 동안, 나는 여러분이 몸을 숙여 한 마디도 놓치지 않고 들으려는 모습을 보았습니다. 여러분은 속으로 이렇게 말했습니다. "아, 저것이 바로 나로구나." "저것이 바로 내 입장이구나. 설교자는 저 묘사에서 내 마음을 읽고 있구나." 자, 이제 내가 여러분에게 경고해야 할 위험이 있습니다. 그것은 단지 그렇게 아는 것으로 만족하지 말라는 것입니다.

여러분은 단지 여러분이 잃은 상태라는 것을 알기만 해서는 안 되며, 그것을 느껴야 합니다. 또한 단순히 그렇게 느끼는 것으로 만족해서는 안 되며, 그로 인해 하나님 앞에서 슬퍼해야 하며, 또 그로 인해 여러분 스스로를 미워해야 합니다. 그것을 단지 여러분의 불행한 상태로 간주하기보다, 여러분 자신의 고의적인 죄로 간주할 것이며, 그러므로 여러분 자신을 사악한 죄인들로 바라보고, 이미 유죄를 선고받은 자로 간주해야 합니다. 여러분이 정죄를 받은 것은 단지 그러한 이유 때문만이 아니라, 더 나아가 여러분이 그리스도를 믿지 않기 때문이며, 결국 그것이 바로 최고의 유죄입니다. 여러분이 진정으로 여러분의 죄악을 느끼고 또한 그로 인해 슬퍼할 때, 거기서 멈추지 마십시오. 여러분이 그것으로부터 구원을 받았음을 알 때까지 쉬지 마십시오. "아, 나는 죄를 짓습니다"라고 말하는 것과, "그분이 나를 내 죄에서 구원하셨습니다"라고 말하는 것은 전혀 다른 것입니다. 여러분으로 하여금 전에 사랑했던 죄에서 떠나게 만드는 회개에 이르는 것과, 단지 회개에 대해 말하는 것은 전혀 별개입니다.

아아, 나는 이따금씩 하나님의 자녀가 죄를 범했을 때, 그의 상한 마음의 행동들과 그의 측은한 고백들을 들었으며, 참된 회개의 눈물을 흘리는 그 사람에게로 내 마음이 쏠리는 것을 경험했습니다. 믿는 자가 잘못을 범하고서 기꺼이 "내가 죄를 지었습니다"라고 말할 때, 그가 더 이상 거만하게 하나님 앞에서 자기를 내세우지 아니하고 오히려 어린아이처럼 자기 자신을 낮출 때, 그것은 하늘 아래에서 볼 수 있는 가장 아름다운 광경 중의 하나입니다. 그런 사람은 높여질 것입니다. 하지만 나는 두려운 광경을 목격하기도 했습니다. 나는 죄를 짓고 회개하고, 또 죄를 짓고 회개할 수 있는 한 사람을 본 적이 있습니다. 오, 그 눈물 없는 냉정한 회개는 저주스러운 회개입니다! 형제들이여, 그런 것을 조심하십시오! 나는 몇 년 전에 회심하였다고 고백하고서는, 그 가장된 회심 이후로, 줄곧 알려진 죄 속에서 살아온 한 사람을 알고 있습니다. 그런데도 그는 자신이 하나님의 자녀라고 생각합니다. 그는 죄에 빠진 이후에 양심에서 솟아나는 한동안의 우울한 시기를 보낸 후, 잠시 후 양심을 달래고는 뻔뻔하게도 이와 같이 말합니다. "나는 소망을 포기하지 않겠습니다." 오, 그것은 끔찍스러운 일입니다! 하나님께서 당신을 무미건조한 회개에서 건지시기를 바랍니다. 그런 것은 전혀 회개가 아니기 때문입니다! 하나님께서 당신을 그런 것에서 구원하시길 바랍니다!

내 사랑하는 청중이여, 여러분에게 호소합니다. 내가 이런 것들을 묘사할 때, "내게 위로가 있구나. 왜냐하면 내가 그런 것을 느끼기 때문이다"라고 말하지 마십시오. 그것은 위로가 아닙니다. 거기에는 위로의 근거가 없습니다. 그것은 마치 의사가 병원에 들어와 어느 병상 앞에 멈추어 서서 "열병이 있는 사람은 이런저런 증상을 느낄 것이며, 혹은 암이 있는 사람은 이런저런 느낌을 가질 것입니다"라고 말할 때, 한 사람이 "제가 바로 그렇게 느낀답니다"라고 말하는 것과 마찬가지일 것입니다. 거기에 어떤 위로가 있을까요? 유일한 위로는 그가 열병이 있음을 아는 것입니다. "발진(發疹)티푸스를 앓고 있으며, 기적이 일어나지 않는 한 반드시 죽을 사람은 이런저런 증세를 느낍니다." "제가 느끼는 것이 바로 그렇답니다." 거기에 무슨 위로가 있습니까? 글쎄요, 당신이 죽을 것임을 아는 것이 유일한 위로라 할까요? 우리의 부패성을 느끼는 것에서는 아무런 위로가 없습니다. 위로란 그 부패성으로부터 치료되는 것입니다. 위로란 질병 자체에서 발견되지 않습니다. 우리는 우리 자신의 정욕이라고 하는 악취 풍기는 웅덩이를 파헤치면서, 거기서 달콤한 물을 찾으려고 해서는 안 됩니다. 뭐라고요? 우리의 부패성이라고 하는 더러운 퇴비더미를 파헤치면서, 거기서 우리에게 소망을 주는 무언가를 찾는다고요? 당치도 않습니다! 위로란 치료에 있는 것이지, 질병에 있는 것이 아닙니다. 우리가 평화를 찾는다면 그것은 그리스도 안에 있는 것이지, 우리의 죄 의식에 있지 않습니다. 내 사랑하는 청중이여, 여러분에게 호소하거니와, 자기 백성을 죄에서 건지시는 그리스도를 발견할 때까지 결코 만족하지 마십시오.

"오! 하나님께서 당신의 눈물 때문에 당신을 받으신다는
분별없는 생각을 조심하십시오.
난파당한 자가 가라앉는 것으로써 구원을 받습니까?
패망한 자가 공포 때문에 일어설 수 있나요?"

3. 활용할 수 있는 탄원들

마지막으로, 두 번째 요지에서 다룬 내용으로도 설교의 가치가 있겠지만, 본문은 몇 가지 탄원들을 시사하는 듯이 보입니다. 우리는 그 탄원들을 간략하게나마 간절한 마음으로 살펴보기를 원합니다.

고통당하는 가련한 영혼이여, 당신은 나와 더불어 이와 같은 고백을 할 수 있었습니다. "주여, 저는 온전하게 되기를 원합니다. 저의 모든 죄로부터 구원받기를 원합니다. 저는 그리스도 안에서 받아들여지고 거룩하게 되기를 바랍니다." 그렇다면 당신이 활용할 수 있는 많은 탄원들이 있습니다. 먼저, 나는 당신이 본문에서 언급된 첫 번째 탄원을 사용할 수 있기를 바랍니다. "주는 우리 아버지이시니이다!"(8절). 당신이 그것에 대해 충분한 믿음을 갖지 못한 것은 아닌지 염려스러운 마음입니다. 하지만 오, 만약 당신이 그런 믿음을 가지고 있다면, 그것은 얼마나 설득력 있는 탄원인지요! "내 아버지여, 저는 죄를 지었습니다. 하지만 저는 비록 그렇게 불릴 자격은 없지만 당신의 아들이오니, 내 아버지여,

아버지의 사랑으로 용서하소서. 잘못을 범한 당신의 아들을 용서하소서. 당신의 긍휼의 마음으로 저를 불쌍히 여기소서!" 다시 잘못에 빠져든 당신도 이렇게 호소할 수 있습니다. 당신은 당신의 양자됨을 알기 때문입니다. 당신은 지금도 당신의 입술로 "아빠 아버지"라고 부릅니다. 그렇게 호소하십시오. 당신은 비록 악할지라도, 당신의 자녀를 용서하지 않습니까? 당신은 그 자녀를 팔에 안고서 이렇게 말하지 않습니까? "내 아들아, 나는 네가 우는 것을 견딜 수 없다. 너의 눈물이 내 마음에는 피눈물이 흐르게 하는구나." 당신은 그에게 입 맞추며 "가서, 이제는 더 이상 죄를 범하지 말라"고 말하지 않겠습니까?

하지만 만약 그렇게 하는 것이 당신에게 너무 어렵게 여겨지거든, 다음 탄원을 활용하십시오. 이렇게 말하십시오. "주여, 저는 진흙이고 당신은 토기장이십니다. 저는 스스로 모양을 형성하지 못하는 진흙처럼 무력합니다. 주여, 저는 아무런 가치 없는 진흙처럼 쓸모가 없습니다. 주여, 저는 부정합니다. 진흙처럼 발아래 밟히기에 적합할 뿐입니다. 하지만 당신은 토기장이십니다. 토기장이들은 진흙으로도 좋은 그릇을 빚으며, 무가치한 흙으로도 훌륭한 그릇들을 만들 수 있습니다. 주여 제가 여기 있나이다. 저 자신을 당신의 손에 맡기나이다. 저는 아무것도 아니오니, 당신께서 원하시는 대로 저를 빚으소서. 주여, 오소서 저를 만드소서. 저를 빚으소서. 당신이 원하시는 형상으로 빚어주소서. 저에게 아무 힘이 없음을 고백합니다. 저에게 아무 공로가 없음을 인정합니다. 오 하나님, 저를 불쌍히 여기소서. 저는 기꺼이 진흙임을 인정하오니, 저의 토기장이가 되소서! 저로 주의 작품이 되게 하시고, 그리스도 예수 안에서 선한 일들을 위하여 새로운 피조물이 되게 하소서." 그 호소로 충분하지 않겠습니까? 가련한 영혼이여, 그 탄원을 활용하고 그 효력을 시험해 보십시오!

하지만 죄인이여, 이 말을 들으십시오! 이 본문의 구절에서 제시된 탄원보다 더욱 달콤한 탄원이 있습니다. 이 구절은 구약의 본문이기 때문입니다. 나는 당신을 신약성경으로 데리고 가서, 우리 구주 예수 그리스도와 관련된 탄원을 알려주어야 합니다. 그 탄원은 결코 실패하지 않을 것이기 때문입니다. 그 탄원이란 이것입니다. "주여, 그리스도 예수께서 죄인들을 구하시려고 세상에 오셨다고 성경에 기록되어 있습니다. 세상에 오직 한 사람을 제외하고는 더 이상 죄인이 없다고 해도, 바로 그 죄인이 저입니다. 만약 당신께서 큰 글씨로 그것을 기록하셨다면, 저는 기꺼이 그 글을 제 이마에 써 붙일 것입니다. 왜냐하면 제가

'죄인 중의 괴수'이기 때문입니다. 저는 일반적인 의미에서 죄인일 뿐 아니라 특별한 죄인이기도 합니다. 왜냐하면 저는 이런저런 율법들을 어겼으며, 언제나 방황했기 때문입니다. 하지만 예수님께서 잃어버린 자를 찾아 구원하러 오셨고, 또 당신께서 '미쁘다 이 말이여'(딤전 1:15)라고 말씀하셨으니, 저는 그 말씀을 믿습니다. 또한 당신께서 그 말씀이 '모든 사람이 받을 만하다'고 하셨으니, 선하신 주여, 저는 그 말씀을 받아들입니다. 저는 예수님께서 죄인을 구원하시려고 세상에 오신 것을 믿나이다. 저는 저 자신을 구원하시는 그분의 손에 맡깁니다." 그러면 되었습니다. 이제 되었습니다. 당신은 구원받았습니다. 그렇게 하면 당신은 구원받은 것입니다. 당신의 죄는 사라졌습니다. 당신의 불의는 용서되었습니다. 당신은 사랑받는 자녀로 받아들여졌습니다.

그런데 무엇이 이렇게 하는 것을 어렵게 만들까요? 형제들이여, 그것이 어려운 이유는 그것이 너무 쉽기 때문입니다. 만일 구원의 길이 어렵다면, 인간은 그것을 좋아할 것입니다. 하지만 그것이 너무 쉽기 때문에 우리는 그것을 잘 용납하지 못합니다. 우리는 너무 교만하고, 그래서 은혜로 주어지는 구원을 얻지 못합니다. 그리스도께 와서 그분을 의지하는 것이 우리를 구원하는 것입니다. 우리를 구원하기 위한 일이 완수되었으니, 그분으로 하여금 그 일을 하시게 하십시오. 오, 이는 인간을 지극히 겸손하게 하는 것입니다.

그렇다면 가련한 영혼이여, 그 일이 본문의 고백처럼 "우리의 의는 다 더러운 옷 같습니다"라고 말한 당신에게는 적합하지 않습니까? 하나님 앞에 와서 이렇게 말하십시오. "주여, 그분의 고뇌와 피맺힌 땀방울, 그분의 십자가와 수난, 그분의 고귀한 죽음과 매장으로 인하여, 저를 불쌍히 여기소서." 당신이 그 피를 언급할 때, 주님은 당신에게 응답하실 것이며 이렇게 말씀하실 것입니다. "너의 많은 죄가 사하여졌도다."

오, 길 잃은 영혼이여, 아직 희망이 있습니다. 아직 희망이 있습니다! 지옥의 문 앞까지 오늘 아침 내 음성이 울려 퍼지길 바랍니다. 잃어버린 영혼이여, 아직 희망이 있습니다! 만약 당신이 그 문을 통과했다면 희망이 없습니다. 하지만 아직 지옥문 이 편에 있다면, 당신에게는 희망이 있습니다. 당신 자신에게서가 아니라 예수님에게서 당신의 도움이 발견될 것입니다. 그분을 바라보십시오. 그분이 살아계십니다. 그분이 아버지 보좌 앞에서 간구하십니다. 살아계신 주님께 대한 믿음이 당신의 영혼을 살게 할 것입니다. 하나님께서 은혜를 베푸시어 당신의 자아를 비우게 하시길 빕니다. 그러면 믿는 것이 쉬울 것입니다. 하지만 당신이 그런 상태가 될 때까지, 믿음은 불가능한 일입니다. 당신이 철저히 잃은 자임을 알게 되기를 바랍니다. 그래야만 내가 "주 예수 그리스도를 믿으라 그리하면 구원을 받으리라"는 그리스도의 말씀을 선포할 때, 당신이 즐거이 그 거룩한 계명에 순종할 것이며, 그리스도 안에서 당신의 궁핍한 영혼이 원하는 모든 것을 발견할 것이기 때문입니다.

교회의 기도하는 사람들에게 간절히 요청합니다. 오늘 아침의 이 증언이 많은 영혼들을 불러모을 수 있도록 하나님께 은혜를 구하십시오. "형제들아 우리를 위하여 기도하라"(살전 5:25). 여러분의 기도를 멈추지 마십시오. 오! 이제껏 여러분이 그랬던 것처럼 다시 한 번 교회에 많은 사람들을 모을 수 있기를 바랍니다. 그리하여 그분에게, 오직 그분에게, 무궁한 영광을 돌려드릴 수 있기를 바랍니다! 아멘.

제
92
장

하나님을 붙잡는 것

"주의 이름을 부르는 자가 없으며 스스로 분발하여 주를 붙잡는 자가 없나이다."—사 64:7

이사야는 이 장에서 하나님의 백성들의 매우 슬픈 상태를 묘사합니다. 그는 그 상태가 너무 절망적이어서 하나님의 개입을 위하여 탄식하며 호소합니다. "원하건대 주는 하늘을 가르고 강림하소서"(1절). 그 백성들이 너무나 깊은 무기력 상태에 빠져들고, 너무도 철저하게 그들의 죄의 권세 아래에 놓여 있기 때문에, 하나님이 시내 산에서 보이셨던 능력과 권위로 친히 강림하시지 않으면, 그 민족은 죄악으로 인해 철저히 망하여, 마치 시든 잎사귀처럼 격렬한 바람에 휩쓸려 갈 것이라고 선지자는 인식합니다. 그는 그들의 굳은 마음을 녹이는 불을 갈망하였습니다. 마치 화염이 순식간에 산비탈의 섶을 사르듯이, 하나님의 불이 그들의 헛된 확신들을 신속하게 끝장내 주기를 바랐습니다. 또한 뜨거운 열이, 마치 물을 끓게 만드는 것처럼, 주를 경배한다고 공언하는 자들의 미지근함을 제거해주기를 간절히 바랐습니다.

나는 현재 하나님의 교회의 상태가 여기서 묘사되는 것처럼 그리 나쁘지는 않은 것으로 압니다. 우리의 상태를 자랑하는 것은 잘못이겠지만, 우리 상태에 대해 절망하는 것도 잘못일 것입니다. 이 본문의 말씀을 지금 시대의 교회에 적용하는 것은 정직하지 못할 것입니다. 하나님께 감사하게도, 우리는 "주의 이름을 부르는 자가 없으며 스스로 분발하여 주를 붙잡는 자가 없습니다"라고 말할 수 없습니다. 밤낮으로 시온의 부흥을 위하여 간구하는 자들이 많이 있기 때문입니다. 하지만 어느 정도, 우리는 선지자가 묘사한 것과 같은 곤경에 처해 있는 것도 사실입니다. 슬퍼하며 탄식해야 할 일들이 많이 있습니다. 많은 교회들에서 기도가 시들해지고, 간구의 능력은 결코 흔히 목격되지 않습니다. 기도를 위한 모임들에는, 일반적으로 드문드문 참석자들이 있을 뿐이며, 그런 모임을 중요하게 생각하지도 않습니다. 죄는 가득하며, 공허한 신앙 고백은 일반적이며, 위선이 넘치고, 영혼 속에 있는 하나님의 생명은 과소평가되고 있습니다.

본문을 신중하게 살펴보면, 선지자는 많은 죄악의 원인을 기도의 결핍에서 찾으며 한탄합니다. 그들의 의를 더러운 옷에 비교한 후에 그는 이와 같이 덧붙입니다. "주의 이름을 부르는 자가 없으며 스스로 분발하여 주를 붙잡는 자가 없습니다." 공공연히 드러나는 태도에서 퇴보가 있을 때, 은밀한 기도에서도 심각한 퇴보가 있었다고 확신해도 좋습니다. 교회의 외적인 섬김이 시들해지고 거룩함이 쇠퇴할 때, 여러분은 그 교회가 슬프게도 하나님과의 친교에서 중단되어 있다고 확신해도 좋습니다. 하나님을 향한 기도의 헌신은 성결의 토대이며 성실의 버팀목으로 판명될 것입니다. 만일 여러분이 하나님을 향한 은밀한 기도에서 퇴보하고 있다면, 여러분은 곧 사람들 앞에서 공개적으로 행동을 그르칠 것입니다. 나의 사랑하는 회중이여, 여러분의 영적 상태와 관련하여, 여러분은 기도에 있어서 여러분의 마음이 어떠한지에 따라서 스스로를 판단할 수 있을 것입니다. 은혜의 보좌에서 여러분은 어떠합니까? 거기에 여러분의 진정한 모습이 있습니다. 여러분에게 하나님의 위로가 적습니까? 그것은 사소한 문제입니다. 더 깊이 살펴보십시오. 살아계신 하나님 앞에서의 기도를 억누르는 것은 없습니까? 여러분은 유혹 앞에서 약한 자기 모습을 발견합니까? 그것은 중요하지요. 하지만 표면 아래를 살펴보십시오. 그러면 여러분이 기도에서 느슨해져 있으며, 하나님과의 지속적인 교제를 유지하는 것에서 실패했음을 발견할 것입니다.

선지자는 또한 기도의 정수와 핵심을 제시합니다. 그것은 분발하여 하나님을 붙잡는 것입니다. 만일 기도에서 우리가 하나님을 붙잡지 않으면, 설혹 그것이 기도라고 해도, 우리는 빈약하게 기도한 셈입니다. 기도의 핵심은 하나님의 임재를 실감하는 것입니다. 실제적인 인격체로서 하나님을 대하는 것이며, 그분의 신실하심을 확고히 믿는 것이 기도이니, 그것을 한 마디로 말하자면 "하나님을 붙잡는 것"입니다. 사람들은 그림자를 붙잡지 않습니다. 그들은 실체가 없는 환영을 붙잡을 수 없습니다. 붙잡는다는 것은 우리가 붙잡는 실제적인 무언가를 전제합니다. 기도가 하나님 앞에서 신실하게 받아들여지도록 만드는 것은, 굳센 믿음으로 붙잡는 것, 곧 하나님이 계신 것과 그분이 간절히 자기를 찾는 자들에게 상 주시는 분이라는 사실을 믿는 것입니다. 붙잡는다는 것은 주님께 대한 경건한 친밀성을 내포합니다. 그것으로써 우리는 그분의 손에서 복을 얻어내는 거룩한 힘을 발휘하는 것입니다.

이스라엘이 그처럼 비참한 상태로 떨어진 것은 이와 같은 것이 너무 빈약했기 때문입니다. 만일 여러분이 이 시대에 교회에 닥치는 불행의 근원을 추적한다면, 바로 이곳에 도달할 것입니다. 즉 스스로 분발하여 살아계신 하나님을 붙잡는 자들이 극소수라는 것입니다. 철저하고 정직하게 영적인 문제들로 씨름하는 자들, 그 문제들을 결연한 믿음으로 주님 앞에 가져오는 자들이 극소수인 것이 원인입니다. 우리에게는 지금 엘리야 같은 이들이 거의 없으며, 야곱과 같은 이들을 찾기 어렵습니다. 선생들이여, 한 번 보십시오. 종교가 단지 외적인 행위에 지나지 않는 자들은 많이 있습니다. 그들에게 종교란 그저 안식일에 예배 장소에 참석하는 것이며, 가정에서 기도문을 읽는 것이며, 밤과 아침에 기도문 형식을 반복해서 낭독하고, 그리고 기계적으로 성경 한 장씩을 읽는 것에 지나지 않습니다. 하지만 그들에게 하나님이 가까이 계시다는 의식은 없습니다. 그분과의 대화도 없고, 그분을 붙잡는 것도 없습니다. 그런 사람들의 경우에, "하나님께서 저를 보셨군요"(참조. 창 21:17)라는 광야에서 하갈의 외침 같은 것은 결코 그들의 입술에서 터져 나올 리가 없습니다. 그들은 다윗처럼 이렇게 소리쳐 본 적도 없습니다. "내가 주께만 범죄하여 주의 목전에 악을 행하였습니다"(시 51:4). 그들이 기도할 때조차도 하나님은 그들에게서 멀리 계십니다. 그들은 그분의 귀에 말하는 것을 결코 꿈꾸지 않습니다. 그들은 하나님이 계신다고 믿지만, 마치 그분이 계시지 않은 것처럼 행동합니다. 그분이 그들에게 영향을 미치지 않으시고, 그들의 삶은 그분의 임재에 고무되지 않으며, 그분의 미소에 의해 고상하게 되지도 않습니다. 그들의 종교에는 실제적으로 하나님이 없으며, 따라서 그것은 무가치합니다. 그들의 마음이 하나님 자체를 가까이 하지 않는 한, 그들이 규칙적으로 예배당에 가고 설교를 경청하는 것은 허사입니다. 그들의 예배가 모든 면에서 아주 질서 있고 품위 있게 보일 수 있어도, 하나님을 붙잡는 것이 없다면 그것은 생명력도 없고 쓸모도 없는 것입니다. 그것은 장식한 무덤일 뿐, 성전이 아닙니다. 우리 속에 "우리와 함께 하시는 하나님", 그분이 우리의 구원자이십니다. 성령으로 "우리와 함께 하시는 하나님"이, 우리가 구원받은 자들임을 입증하십니다.

하나님을 붙잡는 것은 죽은 사람의 행위가 아니며, 영적 지각력이 빈약한 사람의 행위도 아닙니다. 그것은 성령의 내주하시는 능력에 의해 깨어 있고 살아있는 사람의 행위입니다. 하나님과 적대관계에 있는 자들은 결코 그분을 붙잡을 수 없을 것입니다. 왜냐하면 그들은 "우리에게서 떠나십시오. 우리는 당신의 길을 알기를 원치 않습니다"라고 말하기 때문입니다.

사람들은 분발하여 하나님을 붙잡기보다는 차라리 무슨 일이든 하려고 합니다. 그들은 교회를 건축하고, 제단을 높이 세우며, 미사를 올리고 순례를 행하는 등 수많은 다른 일들을 합니다. 하지만 그들은 하나님을 원하지 않고, 그분을 얻으려 하지 않습니다. 생각과, 깊은 숙고와, 마음을 드리는 것에 비하면 쳇바퀴 돌듯 의식들을 수행하기란 아주 쉬운 일입니다. 신앙의 문제들에 있어서 여러분은 벽돌제조인의 눈먼 말처럼 될 수 있는데, 그것은 흙 반죽기계를 한없이 맴돌면서도 자기가 무엇을 행하는지에 대해서는 알지 못합니다. 그런 예배에 대해 하나님은 아랑곳하지 않으십니다. 그것은 우리가 마치 자동기계로 하여금 기도하게 하고, 밀랍 인형으로 하여금 예배당 문을 들락날락하게 만드는 것과 마찬가지입니다. 하나님은 영이시며, 영을 붙잡는 것은 일상의 습관적인 일이 아닙니다. 오직 영적인 사람만이 그런 종류의 일을 할 수 있고 또한 그것이 의미하는 바를 이해합니다. 인간은 스스로 분발하여 자기의 모든 재능들을 일깨워야 하며, 자기의 모든 정신적이고 영적인 부분이 열정적으로 활동하는 상태로 몰입되어야만, 비로소 이 신비를 이해할 것이며, 하늘과 땅을 지으셨으며, 눈에 보이지 않고 귀에 들리지 않으시며, 오직 인간 내면의 영혼으로만 지각되시는 하나님을 붙잡을 수 있습니다. 하나님의 기뻐하시는 뜻을 따라서, 여러분 중에서 많은 사람들이 분발하여 온 마음과 성품과 힘을 다해 주님을 붙잡도록 하는 일에 내가 도움이 되기를 기도합니다. 그렇게만 된다면, 그것은 여러분이 속한 교회들에 큰 복이 될 것이며, 또한 여러분이 활동하는 사회에도 큰 복이 될 것입니다.

하나님을 붙잡는 것은 지금 이 시대에도 지극히 바람직한 일인데, 이 시간에 나는 그 몇 가지 형태들을 묘사하려고 합니다. 영적 삶의 다양한 단계들에서, 동일한 원리가 다양한 형태들로 나타납니다. 나는 그 중에서 가장 필요한 네 가지만 언급하도록 하겠습니다. 성령께서 도우시어, 우리 중 몇몇 이들이 스스로 분발하여 거룩한 노력을 수행하게 되기를 바랍니다.

1. 각성한 죄인으로서 하나님을 붙잡기

첫 번째 형태의 붙잡는 것은 본문에 언급되어 있는데, 각성한 죄인이 하나님을 붙드는 것입니다. 이 대목에서 나는 이곳에 참석한 많은 사람들, 현재적인 구원을 찾기를 진실하게 갈망하는 사람들을 향하여 말할 것입니다. 여러분이 진정으로 하나님과 화평케 되기를 바라거든, 위대하신 아버지에 의해 즉시 용서되기를 바라거든, 여러분의 영혼이 살 수 있도록 진지하게 내 말에 귀를 기울이십시오. 여러분의 유일한 소망은 하나님을 붙잡는 것에 있습니다. 놀라지 말며, 오직 잘 듣고 순종하십시오. 주님께서 그렇게 되도록 허용하시는 것은 그분 편에서 지극히 큰 겸손이십니다. 주께서 당신을 치기 위해 오른팔을 드실 때, 여러분의 안전은 외관상 당신을 멸하기 위해 높이 올리신 바로 그 손을 붙잡는 것에 있습니다. 그분이 선지자의 입을 통해 말씀하십니다. "내 힘을 의지하고 나와 화친하며 나와 화친할 것이니라"(사 27:5). 자녀가 자기 아버지가 막 그를 징계하려 할 때 자기 아버지의 손을 종종 붙잡고는, 많은 눈물로써 그 회초리를 거두기를 호소하는 것처럼, 여러분도 그렇게 하면 지혜롭게 행동하는 것입니다. 여러분은 하나님께서 여러분에게 눈살을 찌푸리실 때, 바로 그분에게로 달려가 그분 자신을 피난처로 삼아야 합니다. 그분이 비록 멸하시는 분처럼 보여도, 여러분이 그분을 의지할 수만 있다면, 여러분은 그분이 여러분의 구원자이심을 발견할 것입니다.

여러분은 한때 존 번연이 말한 것처럼 말해야 합니다. "나는 쫓김을 당하듯이 그리스도께 달려가야 했다. 비록 그분이 손에 창을 들고 서 계셨지만, 바로 그 이유 때문에라도, 나는 그 상태로 머물기보다는 그분이 계신 지점으로 달려가고자 했다." 하나님 없이 지낸다는 것은 너무도 비참한 것이기에, 사람은 감히 그분을 가까이하려는 모험에서 어떤 재난이라도 기꺼이 각오할 수 있으며, 실상은 그럴 경우에 두려워할 이유가 없습니다. 하나님은 그분의 사랑하는 아들 예수 그리스도의 인격 안에서 기쁘게 자기 자신을 나타내셨으며, 예수 그리스도는 사람들의 구원을 위하여 사셨고 또 죽으셨습니다. 누구든지 예수 그리스도 안에서 계시된 분으로서 하나님을 믿으면, 그의 모든 죄가 용서됨을 발견할 것이며,

새로운 본성을 부여받고, 새로운 삶으로 들어가며, 영원불멸의 복된 상속자가 될 것입니다. 하나님이 정하신 구원의 길은 바로 이것인데, 즉 여러분이 지금 즉시 그분의 아들을 진심으로 신뢰하는 것입니다.

이 방법이 여러분에게 아무리 이상하게 보여도, 눈에 보이는 대로 판단하지 말고, 오직 주께서 여러분 앞에 제시하신 것을 받아들이십시오. 하나님께서 최선이라고 생각하신 것이 여러분에게 최선임에 틀림없습니다. 만약 그것이 당신의 창조주를 만족시킨다면 그것은 또한 당연히 당신을 만족시킬 것입니다. 정녕 당신에게는 다른 선택이 없습니다. 이 한 가지 구원 외에 다른 길은 막혀 있습니다. 그리스도를 의지하는 것이 당신을 구할 것입니다. "다른 이로써는 구원을 받을 수 없나니 천하 사람 중에 구원을 받을 만한 다른 이름을 우리에게 주신 일이 없음이라"(행 4:12).

제 말을 이해하겠습니까? 생명의 길은 그리스도 예수 안에서 하나님을 붙잡는 것입니다. 여러분은 죄로 기소되었습니다. 그것을 부인하지 마십시오. 그런 길의 결말은 파멸일 것입니다. 죄로 인해 고소당하는 곳에 서서, 유죄를 의식하고, 거기 선 채로 회개하십시오. 그런 다음 하나님께로 돌이켜, 그분에게 이렇게 말하십시오. "당신의 말씀에 이런 말씀이 기록되어 있습니다. '미쁘다 이 말이여 그리스도 예수께서 죄인을 구원하시려고 세상에 임하셨다 하였도다.' 주여, 당신은 제가 죄인임을 아시며, 저 역시 그렇게 느낍니다. 저는 그 미쁘신 말씀에 따라서, 당신의 아들 예수 그리스도를 통하여 저를 구원하실 당신을 의지하나이다." 이런 것이 하나님을 붙잡는 것입니다. 여러분이 그렇게 할 때 구원을 발견할 것입니다. 예, 그럴 때 여러분은 구원을 받은 것입니다.

여러분 중에 어떤 이가 이렇게 말한다고 생각됩니다. "하지만 제가 어떻게 하나님을 붙잡겠습니까? 저는 너무나 악하고, 너무나 약하며, 너무나 멀리 그분에게서 떨어져 있습니다." 당신은 많은 측면에서 그분을 붙들 수 있습니다. 당신은 그분의 속성들 중 특정한 면을 붙잡되 특히 그분의 자비를 붙잡으십시오. "주께서는 인애를 기뻐하십니다"(미 7:18). 당신은 용서할 준비가 되시고, 돌아오는 자녀를 뜨겁게 받아주시는 하나님을 믿지 못합니까? 그분의 인자하심과 그분의 자비의 풍성하심을 기억하고, 그분은 죄인의 죽음을 기뻐하지 아니하시며 도리어 죄인이 그분에게로 돌이켜 살기를 기뻐하신다는 사실을 기억하십시오. 당신은 거룩하신 구주께서 보여주신 무한한 자비의 항구에 닻을 내릴 수 없습니까? 당신은 "그의 인자하심이 영원함이로다"(시 118:1)는 복되고 확실한 말씀에서 믿음의 발판을 발견할 수 없습니까? 이는 죄인의 밤에 보이는 별이며, 그의 소망의 날의 여명입니다. "사유하심이 주께 있음은 주를 경외하게 하심이니이다"(시 130:4). "여호와께서는 인자하심과 풍성한 속량이 있음이라"(시 130:7). 오 가련하고 무력한 영혼이여, 이 사실을 붙잡으십시오. 하나님께서 그리스도로 말미암아 죄인을 정당하게 용서하실 수 있음을 믿고, 당신에게 그 일을 행하시도록 그분께 간청하십시오. 당신의 소송에서 이에 근거하여 탄원을 올리십시오. 그러면 실패하지 않을 것입니다.

아마도 한 가지 약속을 곰곰이 생각하면서 여러분의 마음이 더욱 안정될 것입니다. 약속들은 매우 많기 때문에 어떤 약속을 붙드느냐는 그다지 중요하지 않을 것입니다. 그 모든 약속들은 동일하게 효력이 있을 것이기 때문입니다. 하지만 주께서 구원의 길을 찾는 영혼들을 위하여 붙잡을 만한 곳들을 제공하셨으니, 그 중 한두 가지에 기초하여 주님을 붙잡으십시오. 이와 같은 말씀에 의하여 그분을 붙잡으십시오. "악인은 그의 길을, 불의한 자는 그의 생각을 버리고 여호와께로 돌아오라 그리하면 그가 긍휼히 여기시리라 우리 하나님께로 돌아오라 그가 너그럽게 용서하시리라"(사 55:7). 혹은 다른 은혜로운 초대의 말씀을 붙드십시오. "여호와께서 말씀하시되 오라 우리가 서로 변론하자 너희의 죄가 주홍 같을지라도 눈과 같이 희어질 것이요 진홍 같이 붉을지라도 양털 같이 희게 되리라"(사 1:18). 그런 은혜의 말씀들이 얼마든지 있습니다. 내가 이미 말했듯이, 그 말씀들은 모두 동일하게 확실합니다. 런던에서 모두 만나게 되는 대로(大路)들처럼, 어떤 약속이든 여러분을 하나님께로 인도할 것입니다. 여러분의 성격이나 조건에 가장 적합한 말씀을 믿음으로 꼭 움켜쥐십시오. 그러면 여러분은 즉시 하나님과 접촉하게 될 것입니다. 오직 굳게 붙잡고, 약속을 가벼이 여기거나, 또는 약속을 붙드는 일에서 흔들리지 마십시오. 오 죄인이여, 스스로 분발하여 사랑의 말씀을 붙잡으십시오. 영혼이여, 열심을 내십시오. 거기에 당신의 생명이 달렸습니다. 당신이 일단 붙잡았으면, 철석같이 굳게 붙들고, 마치 강철 갈고리로 무언가를 걸어 꼼짝 못 하게 하듯이 약속의 말씀을 걸어 당신에게 꼭 밀착되게 하십시오. 이런 식으로 호소하십시오. "오 하나님, 당신께서 그렇게 말씀하셨으니 저는 그것을 믿습니다. 저는 당신의 말씀을 따라서 당신께서 인자하신 분임을 믿고 바랍니다. 저는 당신의 이 약속을 의지하며, 또한 당신께서 당신의 약속을 지키실 줄 믿습니다."

아마도 우리 주 예수 그리스도의 성품이 여러분에게 붙잡을 힘을 제공할 것입니다. 그분이 누구이며 어떤 분이신지 기억하십시오. 그리스도가 어떤 분이신 줄 알면 하나님이 그런 분이신 줄 기억할 것이니, 그분이 친히 "나를 본 자는 아버지를 보았다"(요 14:9)고 증언하셨기 때문입니다. 예수님께서 어떻게 사랑의 메시지를 전하셨는지 회상해보십시오. "수고하고 무거운 짐 진 자들아 다 내게로 오라 내가 너희를 쉬게 하리라. 나는 마음이 온유하고 겸손하니 나의 멍에를 메고 내게 배우라 그리하면 너희 마음이 쉼을 얻으리라"(마 11:28-29). 여러분은 온유하고 겸손한 분을 신뢰할 수 있지 않습니까? 여러분은 기꺼이 예수님을 신뢰할 수 없나요? 여러분은 임마누엘을 두려워하거나 혹 하나님의 어린 양을 무서워하나요? 나무에 달려 피 흘리시며, 그 손에 벼락도 없고, 그 이마에 공포가 서려 있지 않는 분, 여러분은 그분을 신뢰할 수 있지 않습니까? 많은 상처로 인하여 죽어가는 그분의 몸이 갈라진 반석 안에서 피난처를 찾도록 인간들을 초대합니다. 즉시 하나님을 굳게 붙잡으십시오. 그분의 성육하신 아들의 몸과 그분의 모든 복된 행위와 죽으심이 여러분 앞에 제시되어 있으니, 그 모든 것이 그분을 붙잡도록 여러분의 마음을 끌어당깁니다. 돌이키지 마십시오. 사랑의 하나님이 이제와 영원토록 당신의 하나님이 되시게끔 하십시오.

여러분은 복음을 통해 하나님을 붙잡을 수 있지 않습니까? 복음은 가장 경건하지 못한 자들에게도 구원을 공포하니 말입니다. 여러분은 이런 선포에 대해 무어라 말하겠습니까? "주 예수 그리스도를 믿으라 그리하면 구원을 받으리라"(행 16:31). "그를 믿는 자는 심판을 받지 아니하는 것이라"(요 3:18). "그 아들 예수의 피가 우리를 모든 죄에서 깨끗하게 하실 것이라"(요일 1:7). 얼마나 많은 사람들이 그 복된 구절들을 통해 하나님을 붙잡았는지요! 그것은 마치 활짝 열린 문 같아서, 죄 속에 살던 거인이라도 충분히 들어올 수 있습니다. 어떤 사람들은 다른 어디에서도 위로를 찾지 못하다가, 그 구절에서 용기를 얻어 즉시 하나님과의 화평을 찾을 수 있었습니다. 당신은 안 될 이유가 무엇입니까? 이 말씀을 또한 주목하십시오. "내게 오는 자는 내가 결코 내쫓지 아니하리라"(요 6:37). 또 이런 말씀도 있습니다. "원하는 자는 값없이 생명수를 받으라"(계 22:17). 그러한 복음의 선언들에 힘입어, 나는 예수의 이름으로 모든 죄인들에게 하나님을 붙잡으라고 호소합니다. 다시 말하지만 그분에게서 도망치지 마십시오. 혹은 여러분이 처한 슬픈 현실에서 도망치지 마십시오. 하나님 앞에서 여러분이 어떤 상태인지를 잊으려 하지 말고, 당신이 계속해서 죄 안에 거한다면 그분이 당신에게 어떻게 대하실지에 대해서도 잊으려 하지 마십시오. 지금 정직한 태도로 와서, 진리와 대면하십시오. 굳은 결심으로 이렇게 하면, 여러분은 더 이상 하나님에게 낯선 자가 아닐 것입니다. 여러분의 영혼 깊은 곳에서 이렇게 말하십시오. "나는 오늘 하나님을 붙잡을 것이다. 그분이 그의 말씀 안에서 자기 자신을 내게 나타내주셨기 때문이다." 비록 더 이상의 일을 하지 못해도, 손을 내밀어 예수님의 옷자락을 만지십시오. 그분은 당신을 경멸하지 않으실 것이며, 오히려 즉각적인 구원을 주실 것입니다.

본문은 스스로 분발하여 하나님을 붙잡는 한 사람에 대하여 말하고 있습니다. 그것이 바로 내가 여러분에게 제시하기를 간절히 바라는 요점입니다. 나는 지금 이 순간 회심하지 않은 모든 사람이 자신의 죽음의 잠에서 깨어나기를 바랍니다. 여러분은 죄의 푹신한 침대에서 잠들어 있는 동안에는 결코 하나님을 붙잡지 않을 것입니다. 내 말을 믿으십시오. 어떤 죄인도 그의 정신이 꿈꾸고 있고, 주저하고 있고, 혼수상태에 빠져 있는 동안에는 구원받지 못합니다. 여러분은 분발하여 여러분의 부르심과 택하심을 분명히 할 필요가 있습니다. 정녕 그러한 일은 진지하게 관심을 기울여야 하는 일입니다. 여러분의 기억력을 분발시켜 여러분의 죄를 회상하고, 여러분의 영혼을 분발시켜 그 죄를 회개하도록 하십시오. 여러분의 양심이 분발하여 여러분에게 그 죄책을 생각나게 하고, 여러분의 마음이 분발하여 깊은 부끄러움과 쓰라린 슬픔으로 그것을 온전히 고백하게 하십시오. 여러분의 두려움이 분발하여 다가올 진노를 인식하게 하고, 여러분의 소망이 분발하여 영원한 생명과 영광의 가능성을 상기하게 하십시오. 여러분의 소망이 이 아침에 일깨워지기를 바랍니다. 여러분이 간절하게 부르짖어 자비를 구하게 되기를 바랍니다. 여러분의 소원과 더불어 여러분의 의지도 각성하게 되어, 지금까지 습관적으로 그래왔던 것처럼 사악한 고집으로 하나님께 대항하던 것과는 달리, 주의 권능의 날에 기꺼이 순종하게 되기를 바랍니다. 그분의 성령께서 여러분의 이성과 사고를 일깨우시고, 지각과 애정, 그리고 여러분의 전 인격을 일깨우시길 빕니다. 여러분이 사업에서 지극히 중요한 무언가를 행하려고 할 때에, 스스로 분발하고 노력하여 모든 지혜를 동원하는 것처럼, 이제 여러분의 영혼의 구원에 관계된 이 커다란 일에서 여러분의 모든 생각과 여러분의 모든 힘을 분발시키십시오. 그 모든 것이 필요하기 때문입니다. 그것은 가장 중요한 문제가 아닙니까? 그 상은 획득할 가치가 있는 것이며, 그것을 잃어버림은 참을 수 없는 것이기에, 강한 결심으로 분발하십시오. 만약 은혜와 자비가 하나님을 붙잡음으로써 주어지는 것이라면, 여러분은 지금 이 시간 그것들을 가질 수 있습니다.

사랑하는 형제들이여, 만일 우리 중에서 하나님을 붙잡는 자가 아무도 없다면 우리 교회는 매우 슬픈 상태에 있는 것입니다. 회심하는 자들이 없는 교회는 비 없는 구름이며, 물 없는 강입니다. 우리가 그런 곤경에 처하지 않았음에 하나님께 감사합니다. 이곳에는 최근에 주님을 붙잡은 자들이 많고, 그분을 바라봄으로써 은혜를 찾은 이들이 많습니다. 이런 일이 우리 모두에게 은혜의 수단이 되었습니다. 가장 오래되고 가장 견고한 신앙에 선 이들도 이러한 새로운 회심자들에 의해 격려를 받았습니다. 그들이 우리 회중에 들어오는 것이 마치 주께로부터 내리는 이슬과도 같았습니다. 사람들이 봄에 제비들을 환영하듯이 우리는 그들을 환영하였습니다. 우리 교회의 지체들로서 그들이 더하여지는 것은 하늘에 새로운 별들이 반짝인 것과 마찬가지입니다. 모든 각성한 죄인들이 분발하여 하나님을 붙잡는 일은 지극히 바람직한 일이기 때문입니다.

2. 충성된 신자로서 하나님을 붙잡기

이제 우리는 앞에서 다룬 것에서 한 걸음 더 나아가, 분발하여 하나님을 붙잡는 사람의 또 다른 특징을 살펴보도록 하겠습니다. 하나님을 향한 충성으로 인해 그분을 붙잡는 철저한 신자들이 우리 가운데 많이 있어야 합니다. 나는 "굳게 붙잡으라!"는 표어가 칼빈에게 적용되었음을 봅니다. 보이지 않는 것들을 굳게 붙잡은 한 사람이 있다면, 그가 바로 저 유명한 종교개혁자입니다. 그는 자신이 붙잡은 바를 분명한 확신과, 지적인 이해와, 경건한 존경심을 가지고 붙잡았습니다.

내가 간절히 바라는 것은, 이제 내가 하나님을 붙잡는 신자에 대해 묘사하는 동안, 이 교회의 모든 지체들이 자기 자신을 개별적이면서도 명확하게 살펴보는 것입니다. 하나님을 붙잡는 신자는 그가 행하는 모든 일에서 매우 진지하고 철저합니다. 겉치레와 허식은 그가 혐오하는 것들입니다. 그는 영과 진리로 주님을 대하는 일, 단지 명칭이나 말로나 형식으로가 아니라 하나님 자체를 붙잡는 일이 얼마나 엄숙하고 중요한지를 느낍니다. 그는 스스로에게 말합니다.

"나는 그리스도인이다. 또한 하나님의 은혜로 앞으로도 그럴 것이다. 단지 명목상으로가 아니라, 행위와 진실함에서 그럴 것이다. 나는 종교의 외적 형식이 단지 껍데기일 뿐임을 알며, 따라서 그 알맹이를 먹고자 결심한다. 내가 얻기를 원하는 것은 신앙의 본질이지 그것의 그림자가 아니다. 나는 하나님이 계시하신 외적인 모든 것들을 붙잡을 것이다. 하지만 나는 주로 그 내부를 바라볼 것이며, 내 영혼과 정신은 살아계신 하나님 자신을 대할 것이다. 만일 내가 산다면, 나는 그분을 향해 살 것이다. 이에 미치지 못하는 그 무엇도 나를 만족시키지 못할 것이다." 그런 사람은 성경을 펴서 하나님의 뜻이 무엇인지 찾기로 결심하며, 스스로 판단합니다. 왜냐하면 개인적으로 결산해야 할 것임을 알기 때문입니다. 그는 스스로 모든 계시된 진리를 붙잡기 원하는데, 이는 그가 사람에게서만 가르침을 받기보다는 하나님에게서 배우기를 원하기 때문입니다. 그는 자기의 모든 지혜를 분발시켜서 하나님의 말씀의 교리와 계명들을 이해하려고 합니다. 그는 제자가 되었고, 그래서 그는 배우기를 원합니다. 그의 부르짖음은 이것입니다. "저는 철저해지기를 원합니다. 저는 문제들의 정수와 중심에 들어가기를 원하며, 내 마음 속에서 하나님의 영의 가르침을 따라 진리를 알기 원합니다." 말씀을 살펴보는 것만으로는 만족하지 않기 때문에, 그는 말씀에서 발견하는 모든 것을 가지고는 하나님께 가서 이렇게 아뢰니다. "주여, 저는 이 진리 안에서 당신을 붙잡기를 간절히 바랍니다. 저는 단지 그리스도에 관해서 아는 것으로 만족하지 않으며, 그리스도 자체를 알기 원합니다. 단지 성령의 가르침을 믿는 것이 아니라, 내 영혼에서 성령의 능력을 느끼고 싶습니다. 나의 하나님, 저는 당신을 알고 당신과 교제하며, 당신을 사랑하고 당신을 섬기고 싶습니다."

사랑하는 형제들과 자매들이여, 그런 사람은 일단 주님의 뜻을 알 때, 그가 아는 바를 신속히 행하기로 결심합니다. 그의 마음은 옛적에 이와 같이 말한 분의 언어에 잘 표현되어 있습니다. "오직 나와 내 집은 여호와를 섬기겠노라"(수 24:15). 다른 사람들이 무엇을 행하는지는, 그들이 그릇 행하는 것에 대해 그가 유감으로 생각하는 것만 제외하고는, 그에게 중요하지 않습니다. 그는 발을 견고하게 디디고 서서, 악을 행하는 다수와 더불어 달려가지 않습니다. 그는 주의 말씀을 삶의 안내자로 삼으며, 거기에서 떠나지 않으려 합니다. 그의 믿음은 표절된 믿음이 아닙니다. 그는 스스로 예수님의 진리를 신봉하며, 어떤 위험에도 불구하고 그분을 따르길 원합니다. 그리고 할 수만 있다면, 그는 그의 집안을 잘 다스려서 그의 주변에 모여드는 모든 이들이 그의 주님이신 예수님을 볼 수 있게 합니다. 무슨 일이 닥쳐도, 그는 붙잡은 것을 굳게 붙잡으며, 그것을 결코 놓치지 않으려 합니다.

그러한 사람은 내적 열망의 재촉을 받아, 그리스도의 왕국 확장을 위해 자기를 드립니다. 확실한 지식이라는 견고한 지레받침을 획득했기에, 그는 이제 그의 지레를 활용하여 다른 사람들을 위해 일합니다. 섭리 안에서 그가 자리를 잡는 곳이 어디든, 그는 자기 주님을 위한 교회를 세우는 일에 착수합니다. 그는 그리스도인의 교제를 위하여 교회의 지체가 되는 것을 기뻐하지만, 만약 그가 어떤 황량한 곳에 던져진다 하더라도 그는 홀로 설 수 있습니다. 그가 붙잡은 것은 사람이 아니라 하나님이기 때문입니다. 그는 하나님을 두려워하지 않는 사람들 중에서도 증언할 수 있습니다. 그는 만약 그렇게 부르심을 받는다면 이방인들 중에서도 증언하려 할 것입니다. 반대나 핍박이 그를 흔들 수 없기 때문입니다. 그는 하나님을 붙잡았지 교회를 붙잡은 것이 아니며, 목사를 붙잡은 것도 아니고, 단지 형식적인 신조를 붙잡은 것도 아닙니다. 그는 모든 것을 뛰어넘어 주님에게로 가며, 그러므로 그의 확신은 하늘 위에 있습니다. 그는 자신이 어디에 있든 그곳에 하나님이 계심을 알며, 따라서 그는 자기의 가장 좋은 친구가 항상 가까이 있다고 느낍니다. 사람의 시선은 그에게 아무것도 아닙니다. 하나님의 임재가 그에게는 처음이요 마지막입니다.

그는 진지한 열심을 가지고 우리 가운데 전파된 진리를 지키고 수호하며, 또한 널리 전하기 위해서도 수고합니다. 그는 하나님을 부르는 사람인데, 단지 기도에서만 그렇게 하는 것이 아니라, 그분의 이름을 고백하고, 그분의 목적을 시인함으로써 그렇게 합니다. 그는 이런 모든 일을 행함에 있어서 스스로 분발하여 하나님을 붙잡습니다. 형제들이여, 이 교회의 모든 지체들이 이러한 기질의 사람이 되기를 간절히 바랍니다! 우리는 하나님을 위해 강해져야 합니다. 우리에게는 신앙을 고백하면서도 여전히 아기 상태로 머무는 사람들이 많습니다. 이미 사십 세가 되었음에도 불구하고 젖병을 필요로 하고 유모차를 찾는 자들이 있습니다. 이런 이들에게 우리가 무엇을 할 수 있을까요?

다른 사람들은 견고하지 못합니다. 그들은 진리에 관해서 어느 정도 알지만, 그리 많이 알지 못하며, 그들이 아는 것을 확신하지 못하기 때문에, 미혹되어 진리에서 벗어나기가 쉽습니다. 이 시대에는, 만약 어떤 사람이 말을 잘하면, 그가 무엇을 가르치든지 그는 추종자를 얻을 것입니다. 나는 어떤 신앙고백자들에게 놀랍니다. 그들은 오늘 이 사람에게서 듣고 다음 날에는 저 사람에게서 들을 수 있습니다. 그 두 사람이 정반대로 가르치는 사람들임에도 불구하고 말입니다. 정녕 진리와 오류 사이에는 차이가 있으며, 단순한 명석함이 헛된 교리를 중립으로 만들지 않습니다. 우리의 선조들은 다른 것들을 분별하였고, 거짓 교리가 그들에게 다가올 때는 그것을 옹호하는 자가 아무리 웅변적이어도 그것을 배격하였습니다. 나는 여러분이 고집통이가 되기를 바라지 않습니다. 하나님께서 우리를 그러한 신랄한 정신에서 건지시기를 바랍니다.

하지만 나는 여러분이 건전한 신자들이 되기를 바랍니다. 완고하고 편협한 신앙과 우리가 믿은 바를 굳은 결심으로 지키는 것 사이에는 큰 차이가 있습니다. 결국, 무엇이 쭉정이고 무엇이 알곡입니까? 인간의 가르침과 주님의 가르침 사이에는 분명한 차이가 있습니다. 어떤 거짓도 진리에 속하지 않습니다. 그것을 아무리 장식하여도, 그것은 여전히 거짓입니다. 오, 그리스도 안에 뿌리를 내리고, 거기에 기초를 두고 세워지기를 바랍니다! 이 변덕스러운 시대에 가장 바람직한 것들 중의 하나는, 그리스도의 사역자 주위에서 진리를 아는 사람들을 보는 것이며, 그들을 그들의 하나님께 단단히 동여매어주는 진리를 느끼는 것입니다.

3. 씨름하는 탄원자로서 하나님을 붙잡기

여기서 한 걸음 더 나아가 하나님을 붙잡는 세 번째 형태에 대해 언급하고자 합니다. 우리는 씨름하는 탄원자로서 성장할 필요가 있습니다. 이 표현은 차용한 것인데, 여러분이 알다시피 얍복 시내에서의 야곱으로부터 차용한 것입니다. 그는 시냇가에서 홀로 기도하기 시작했고 그 때 천사가 그에게 나타났습니다. 아니 천사들의 왕 그분이 친히 나타났습니다. 야곱이 그 천사를 보았을 때 그는 그를 붙잡았습니다. 그들 사이에 밤새도록 씨름 경기가 있었습니다. 땅이 전에 결코 본 적이 없는 광경이었지요. 많은 통곡과 고생 후에, 야곱은 천사에게 필사적으로 매달리며 부르짖었습니다. "당신이 내게 축복하지 아니하면 가게 하지 아니하겠나이다"(창 32:26). 하나님의 교회에는 씨름하는 야곱들이 많이 필요합니다.

본문에서 스스로 분발하여 하나님을 붙잡는 자에 대해 말할 때 그 의미가 무엇이겠습니까? 그것은 이런 형태를 취합니다. 한 사람이 사태가 긴급하다고 느낍니다. 절실하게 필요한 복이 그의 마음에 간직되어 있으며, 그는 그것을 꼭 가져야 한다고 느낍니다. 그는 그 필요성에 대해 확신하고, 또한 하나님으로부터가 아니면 그것을 가질 수 없다고 확신합니다. 그런 다음 그는 타당성을 살피며 이렇게 묻습니다. "이것이 내가 하나님 앞에 타당하게 제시할 수 있는 문제인가? 나는 그러한 것을 구하지만, 거룩하신 하나님께서 그것을 나에게 주실 것이라고 기대할 수 있을까? 그것이 그분의 영광을 위한 것인가?"

사랑하는 친구여, 당신이 그렇게 하였을 때, 시작을 잘한 것입니다. 이제 그 일에서 더 나아가십시오. 열정적이면서도 합당한 방식으로 그 문제를 제기하십시오. 다음에는, 성경을 펼치고 주께서 당신이 구하는 것에 대해 약속하신 바가 있는지를 찾으십시오. 약속들을 면밀하게 살피고, 그 약속들을 손에 쥐고서, 그 말씀의 의미를 배우십시오. 그런 후 하나님 앞에 가서 당신의 소원을 분명하게 말하고, 정직하게 그것을 바라는 이유를 밝히십시오. 당신이 알고 있는 주님의 약속과 복을 그분에게 제시하고, 그분 자신의 말씀을 이루시도록 그분께 간청하기를 시작하십시오.

하나님을 붙잡는 일의 상당 부분은 그분과 변론하는 것에 있음이 틀림없습니다. 주님은 어떤 일이 선함을 아시지만, 그분은 당신이 그것을 알기 원하시며, 그래서 당신이 구하는 은혜의 가치를 잘 깨닫도록 하기 위해, 당신이 변론을 사용하여 강한 논증을 제시하기를 그분은 바라십니다. 많은 교사들이 소위 '소크라테스의 방식'이라는 것을 사용하여 가르칩니다. 그 방식에서 학생은 질문에 대답하게 되어 있고, 그것은 그의 교사가 가르침을 받기 위함이 아니라 젊은 학생이 배우도록 하기 위함입니다. 당신의 입장을 잘 정돈하여, 당신이 간청하는 것들을 주님 앞에서 언급하되, 마치 법정에서 호소하듯이 하십시오. 왜 무엇 때문에 이 일이 그렇게 되어야 하는지를 말하고, 만일 당신이 응답을 받지 못하면 당신이 염려하는 어떤 일이 일어나는지를 언급하십시오. 거듭하여 말씀으로 되돌아가서, 마치 아브라함이 소돔을 위해 간구할 때처럼, 매번 당신의 힘을 새롭게 하십시오. 특히 하나님의 약속들을 제시하고, 그 약속들 하나하나를 언급하십시오. "당신께서 말씀하신 대로 행하소서. 이 말씀을 당신의 종에게 이루소서. 그 말씀에 근거하여 제가 소망을 갖게 되었나이다."

그렇게 하였으면, 하나님께서 약속을 지키실 것임을 믿으십시오. 그리고 은총 얻기를 기대하십시오. 마치 그것을 얻은 것처럼 행동하십시오. "기도하고 구하는 것은 받은 줄로 믿으라 그리하면 너희에게 그대로 되리라"(막 11:24)라고 기록되었기 때문입니다. 만약 그 때 은총이 주어지지 않거든, 다시 구하십시오. 전에처럼 같은 간청을 올리십시오. 그 간청의 힘을 새롭게 하고 증대시키십시오. 기도의 수고는 어느 정도는 성을 포위 공격하는 것과도 같습니다. 하나의 토루(土壘)가 세워지면, 잠시 후에 또 다른 토루가 세워져, 취해야 할 그 성읍에 점점 더 가까워지는 것입니다. 포위 군사들이 차례로 그들의 일을 수행할 때 마침내 그곳은 에워싸이는 것입니다. 그 때 그들은 대포를 설치하고, 그들이 함락하기로 결심한 성벽들을 향해 포격을 가하기 시작하는 것입니다. 우리도 우리가 필요로 하는 복을 얻기 위해서는 이와 같이 해야 합니다. 하나님의 약속들을 우리의 토루로 삼고, 우리의 강력한 변론을 마치 거대한 대포처럼 사용해야 합니다. 여러분이 이와 같이 탄원하도록 부름을 받는 것은 하나님을 위함이 아니라 여러분 자신을 위한 것임을 기억하십시오. 주님은 여러분이 은총의 가치를 확신하기를 바라시며, 그렇게 되었을 때 그분은 그것을 여러분에게 주기를 원하십니다.

기도에서 하나님을 붙잡을 수 있는 사람은 교회에 큰 가치가 있는 사람입니다. 우리가 이 기술을 배워야 하지 않겠습니까? 하지만 오, 그분의 이름을 부르는 이들이 얼마나 소수이며, 스스로 분발하여 하나님을 붙잡는 자들이 얼마나 희박한지요! 잠든 채 기도하는 사람들, 하나님께서 그들을 불쌍히 여기시길 빕니다! 아무런 의미도 없는 기도라니요! 거절될 수 있는 사람들의 기도, 이런 것은 마치 길가의 돌들처럼 흔하며, 별반 가치가 없는 기도입니다. 우리는 끈질김이 필요합니다. 자비의 문을 두드리고, 두드리고, 또 두드리는 것이 필요합니다. 우리는 정복당할 수 없는 결의가 필요합니다. "나는 그것을 가져야만 한다. 그것은 하나님의 영광을 위한 것이고, 그분이 그것을 약속하셨기에, 나는 그것을 얻을 때까지 멈추지 않을 것이다." 우리는 다시 한 번 우리 중에서 기도의 위엄을 보아야만 합니다. 만일 우리 중에 하나님을 붙잡을 수 있는 수백 명의 교회 지체들이 있다면, 신앙은 부흥할 것이며, 우리는 더 이상 장벽에 대해 불평할 필요가 없을 것입니다. 주의 백성들이 주의 말씀을 붙잡고, 그들이 믿은 대로 기도할 때, 하나님께서 하늘을 가르고 강림하실 것이며 산들이 그분의 임재 앞에서 진동할 것입니다.

4. 강한 신자로서 하나님을 붙잡기

마지막 네 번째 요지는, 우리 스스로 분발하여 하나님을 붙잡는 또 하나의 형태를 언급하는 것입니다. 고백하건대 그것은 내가 좀처럼 보지 못한 것이면서도, 내가 도처에서 볼 수 있기를 바라는 것입니다. 나는 그런 것에 대해 전기(傳記)물에서 읽었으며, 과거의 세대들은 그것을 보았으며, 그것을 보고 놀랐습니다. 하지만 그것은 교회에서 일반적인 것이 되어야 하며, 모든 그리스도인들에게서 목격되어야 하는 것입니다. 내 말은 강한 신자로서 하나님을 붙잡는 것을 의미합니다.

강한 신자란 의심과 두려움들을 뛰어넘어 영원한 진리들을 붙든 신자를 말합니다. 그에게 하나님이 계신지 아니 계신지에 대한 의문은 더 이상 없습니다. 그는 그분을 알고, 그분과 더불어 말하며, 그분과 동행합니다. 거룩한 교제 안에서 주님은 그의 친밀하심을 그에게 알리시며, 그에게 그의 언약을 보이십니다. 복음과 관련하여, 진리들이 드러났기에, 그는 논쟁에 신경 쓰지 않습니다. 그는 하늘에는 태양이 있고 바다에는 소금이 있는 것처럼, 사실에 관한 문제들을 확신합니다. 그는 이런 종류의 일들에 관하여 논쟁을 뛰어넘습니다. 여러분은 굳게 서 있는 땅을 흔들리게 하지 못하는 것처럼 확신에 서 있는 그를 흔들지 못합니다. 그는 믿고 확신하는 바를 알며, 아는 것 훨씬 이상으로, 그것들을 강하게 실감합니다. 그는 마치 자기 자신의 존재를 믿는 것만큼이나 하나님과 그분의 복음을 믿습니다. 이런 것들은, 마치 보고 들리는 것들이 인간의 감각에 영향을 미치는 것처럼 그에게 영향을 미칩니다. 그는 이제 하나님과 친밀하며, 예수님과 대화합니다. 성령님이 그 안에 거하십니다. 그는 영적인 실재 속으로 들어갔으며, 영적인 것들을 의식합니다. 그러한 사람은 이제 하나님께서 그와 함께 하심을 확신하는데, 그가 그분의 임재 안에 거하고 있으며, 또한 그가 감히 그 임재 의식을 벗어나 행동할 수 없기 때문입니다. 그는 하나님이 약속을 지키심을 확신하며, 감히 그것을 의심하지 않습니다. 왜냐하면 이미 하나님의 신실하심에 관하여 충분히 많은 증거들을 얻었기에 그분을 불신할 수가 없기 때문입니다.

이제 그 사람이 어떻게 차분하게 움직이는지를 보십시오. 시련이 그의 앞에서 엎드립니다. 그는 시련을 예상하면서도, 그 시련에서 건짐 받을 것도 예상합니다. 설혹 여러분이 그에게 아주 무서운 정보를 가지고 그에게 달려간다고 해도, 그 정보가 그를 괴롭히지 못합니다. "그는 흉한 소문을 두려워하지 아니하며 여호와를 의뢰하고 그의 마음을 굳게 정하였기”(시 112:7) 때문입니다. 아브라함의 성품이 얼마나 위대했는지요? 그것은 오직 그의 믿음이 훌륭했기 때문입니다. 믿음이 아브라함에게서 멀어질 때마다, 이따금씩 그러했던 것처럼, 가장 훌륭한 사람도 그저 사람일 뿐이기에, 그는 평범한 수준으로 떨어지고 말았습니다. 그가 자기 아내를 부인하며 “그녀는 내 누이입니다”(창 20:2)라고 말했듯이 말입니다. 하지만 그의 믿음이 강했을 때 그는 얼마나 놀라운 사람이었는지요! 그는 결코 가장 기름진 목초지를 택한 롯과 다투지 않았습니다. 롯은 그가 원하는 것을 가질 수 있었으나, 아브라함은 자기 하나님을 소유했기 때문입니다. 롯은 그가 원한다면 물이 흐르는 요단의 평지를 가질 수 있었으나, 아브라함은 홀로 그의 하나님과 함께 거할 수 있었습니다. 롯이 포로로 잡혀갔을 때, 아브라함이 친척을 구하는 것이 자신의 의무라고 느꼈을 때, 그는 그돌라오멜과 다른 세 왕이 얼마나 강한지에 대해서는 묻지 않습니다(참조. 창 14:1). 그것은 그에게 아무 문제가 아닙니다. 하나님이 그와 함께 하시기에, 그는 서둘러 싸우러 갑니다. 그는 즉시 쓸 수 있는 도구들을 사용하고, 이웃들에게 추격에 동참하도록 요청하며, 대담하게 그돌라오멜을 따라잡고는, 그를 칩니다. 하나님께서 그 약탈의 무리를 그의 손에 붙여 그에게 굴복하게 하십니다. 여러분은 아브라함이 불평하는 모습을 볼 수 없습니다. 그의 마음은 항상 평화롭기 때문입니다. 그는 사람들을 두려워하지 않으며, 군주들 앞에서도 당혹스러워하지 않습니다. 그의 믿음이 그를 온 세상의 상속자가 되게 했으며, 그는 그것을 알았습니다. 그는 위엄 있게 움직였습니다. 하나님을 믿는 것이 어떤 것인지를 그는 배웠기 때문입니다. 이삭을 바쳐야 했을 때, 그 강한 사람이 어떻게 자신의 감정을 억누르고서, 잠잠히 그러나 결의에 차서 자기 아들과 함께 삼일 길을 떠나, 하나님이 그에게 말씀하신 산으로 향했는지를 보십시오. 거기서 천사가 개입하지 않았더라면 그 행위는 실행되었을 것입니다. 주님께 불순종한다는 생각은 추호도 그의 머릿속에 들어오지 않았기 때문입니다. 그는 자기 하나님을 너무나 확고하게 믿었기 때문에 하나님께서 무엇을 그에게 명하시든 그렇게 하기로 결심했습니다.

오, 여러분도 그와 동일한 실감나는 믿음에 도달하기를 바랍니다. 침착하고, 고요하며, 평온하고, 강하며, 행복한 믿음을 가져, 하나님을 온전히 붙잡는 복된 사람이 되기를 바랍니다. 교회에 그런 사람이 있다면 그는 모든 면에서 능력의 사람일 것입니다. 그가 말할 때 그것은 거의 하나님의 예언의 말씀과도 같습니다. 다른 연사들이 웅변으로 여러분을 현혹시킬 수 있겠지만, 이 사람은 여러분을 은혜로 압도할 것이며 그의 담대함으로써 대적들을 깨뜨릴 것입니다.

하나님께서는 이따금씩 그런 사람을 교회에 주십니다. 마르틴 루터가 그런 사람이었으니, 그는 결코 오류가 없는 사람은 아니었으나, 영광스럽게도 의심에서 해방된 사람이었습니다. 다른 사람들도 복음이 참되다고 생각합니다. 에라스무스도 그렇다고 확실히 느낍니다. 그러나 그는 탈 없이 죽기를 바랍니다. 루터는 이신칭의(以信稱義)가 옳음을 알고, 그의 목숨이 위험에 처하거나 아니거나, 그것을 큰 소리로 외치기를 원합니다. 보름스(Worms)에 가지 않는 것이 더 좋을 거라고 나약한 조언자들이 말하며, 거기에 가면 목숨이 위험할 거라고 알립니다. "루터여, 당신은 그 싸움에서 죽기 전에 멈추는 것이 좋을 것입니다. 미래의 세대들이 그 일을 평가해주긴 하겠지만, 만약 당신이 보름스에 가면 다시 돌아오지 못할 것이 틀림없습니다!" 좋습니다, 하지만 그는 "나는 갈 것입니다"라고 말합니다. "예, 설혹 지붕 위의 기왓장 수만큼 악한 자들이 많다고 해도, 나는 가야만 합니다. 나는 거기서 그리스도를 시인해야 하며, 또 기꺼이 그분을 시인할 것입니다." 그는 이런 질문을 받습니다. "만약 거기서 당신의 보호자인 그 공작이 더 이상 당신을 비호해주지 않으면 어떻게 할 겁니까?" 그가 대답합니다. "나는 전능하신 하나님의 넓은 방패를 나의 피할 곳으로 삼을 것입니다." 그런 사람에게 공작들이나 제후들이 무엇입니까? 그는 하나님을 붙잡았으니, 모든 사람과 모든 악령들이 결탁한 것보다 강한 것을 느낍니다.

믿음으로 영원한 것과 연결되어 있음을 아는 이도 있습니다. 칼빈이 그런 사람이었습니다. 나는 칼빈이 성 베드로 교회에 들어갔을 때, 그가 그렇게 해서는 안 된다고 미리 선언했음에도 불구하고 난봉꾼들이 주의 만찬에 참여하려고 결의했을 때, 그들을 쳐다볼 때의 그의 모습을 그려봅니다. 그들은 생활이 방탕한 사람들이었고 성품적으로도 불경건한 자들이었습니다. 하지만 그들은 칼빈이 원하건 원하지 않건, 무시하고 성찬석으로 다가와 성찬을 취하려고 합니다. 그들은 아무도 신경 쓰지 않으며, 폭동이나 유혈사태를 의도합니다. 그들이 칼빈에게 말을 전하기를, 만일 그가 거절한다면 그들이 교회에서 그를 죽일 것이라고 했습니다. 그가 성찬 식탁으로 가서 떡을 떼어, 그것을 하나님의 백성들에게 나누어줍니다. 그리고 그 불경한 자들에게는 한 입도 건네지 않으며, 그들을 커다란 연민과 엄한 시선으로 바라봅니다. 그 사람의 용기에 위압당하여, 그들은 조용히 물러가 더 나은 태도가 무엇인지를 배웁니다.

이 시대에는 시류에 편승하는 자들과 말을 지어내는 자들이 있습니다. 어린아이들이 세례 시에 그리스도의 지체들이 되고, 하나님의 자녀들이 되며, 천국의 상속자들이 되는 것은 명백히 사실이 아니라고 말하는 이들이 수백 명이나 있습니다. 하지만 우리는 계속해서 어린아이들에게 그렇게 말하도록 가르칠 것이며, 이후에도 그렇게 말할 것입니다. 이것이 주님의 일을 하는 방식이 아닙니까? 이것이 믿음의 복음을 따르는 것이며, 진리의 방식을 따르는 것이 아니겠습니까? 또 다른 많은 사람들이 이렇게 말합니다. "예, 우리는 이 모든 것을 지켜보고 있습니다. 교황주의가 예배의식의 형태로 되돌아오고 있음을 우리는 보고 있습니다. 하지만 동시에, 우리는 단호하지 못하고, 그 저주스러운 것을 우리에게서 떨쳐버릴 수 없습니다. 우리는 어떤 일이 일어날는지 알지 못합니다. 우리는 기다릴 것이며, 아마도 운이 우리에게 좋게 작용할 수도 있겠지요."

우리가 하나님을 더욱 경외한다면 어떤 일이 일어날 것인지를 나는 압니다. 우리는 교황주의와의 어떤 결탁 속에 머무느니 차라리 죽기를 바랄 것입니다. 자신이 적그리스도와 연루되는 것을 두렵게 여기는 모든 사람은 즉시 이렇게 말할 것입니다. "나는 그것을 취하지 않을 것입니다. 교황주의는 주님께 혐오스러운 것이며, 그것을 돕는 자는 짐승의 표를 받는 자입니다. 나는 적그리스도를 미워하며, 따라서 그것을 배격하며 '그것을 무너뜨리라, 그것을 완전히 무너뜨리라!'고 외칠 것입니다." 교황과 교황주의에 속한 모든 것은, 만약 사람들이 그들의 양심과 그들의 하나님께 대해 진실하다면 즉시 배격될 것입니다. 이 세대는 경솔하게 믿는 세대이면서도, 진실하게 믿지 않는 세대입니다! 빤히 들여다보이는 사기에 속아 넘어가는 세대입니다. 이 세대는 마치 진자(振子)처럼 이리저리 흔들리는 세대입니다. 하나님을 제외하고는 거의 모든 것을 믿으려 하면서도, 오직 하나님과 그분의 진리와 의에 대해서는 믿지 않으려고 합니다.

오, 존 녹스여! 우리에게는 그와 같은 지도자가 필요합니다. 확고하고 영웅적이며, 하나님이 함께 하시기 때문에 강하고 억센 사람이 필요합니다. 하나님을 믿는 자는, 다른 때라면 망설이고 있을 사람들로 하여금 옳은 것을 선택하게 만듭니다. 그는 사람들 가운데 사령관과도 같습니다. 그의 이마는 부싯돌처럼 단단하여, 당혹스러워하지 않습니다. 재잘거리는 비난의 소리가 마치 우박처럼 그의 갑옷에 퍼부어져도, 그는 견고히 서서 그 모든 것을 물리칩니다. 하나님께서 여러분 중 일부를 그런 영웅들처럼 만들어주시길 바랍니다! 하나님께서 여러분 모두를 진리를 위한 용사로 삼으시기를 바랍니다! 여러분이 하나님을 붙잡고, 여러분의 삶의 영역에서 하나님과 성경의 가르침과 순수한 예배를 위하여 견고해지기를 바랍니다. 하나님께서 우리를 사람들이 몇 십 실링의 돈만 주면 얼마든지 살 수 있는 버드나무 조각상이나, 합성수지 인형이나, 파리스(Paris, 그리스 신화에 나오는 트로이의 왕자 — 역주) 석고상(石膏像)들처럼 되지 않게 하시기를 바랍니다. 오, 이런 것들을 치우고, 우리에게 화강암 같은 사람들, 단단한 뼈 같은 사람들, 곧 하나님의 사람들을 보내어주소서!

우리 각 사람이 분발하여 하나님을 붙잡기를 바랍니다. 우리의 모든 재능들을 최고조로 분발시키고, 그 모든 재능들을 동원하여 주님을 붙잡기를 바랍니다. 전우들이여, 저기 깃발이 보이지 않습니까! 그것이 나부끼고 있습니다! 그것이 무너질까요? 참된 군사는, 처절한 전투 중에서, 기수가 쓰러진 것을 볼 때와 깃발 주변의 싸움이 격렬해지는 것을 볼 때, 온 힘을 분발하여 마치 먹이를 덮치는 사자처럼 그 싸움 속으로 뛰어 들어갑니다. 그는 모든 힘을 동원하고, 모든 신경을 집중하여 행동하며, 달려가서 그 깃발을 붙잡아 그것을 높이 들어올립니다. 누가 감히 그것을 손대겠습니까? 그는 오른쪽 왼쪽을 치며 싸우고, 그 진흙탕 속에서도 그 깃발을 따를 것이니, 자기 생명의 붉은 피를 그 땅에 쏟을 것입니다. 그리스도의 군사들이여, 일어나십시오! 사자 같은 사람들이여, 일어나 전장으로 가십시오! 그리스도를 위하여 그렇게 행하는 여러분을 하나님이 도우시길 빕니다. 아멘.

제
93
장

매우 담대한 예언

"나는 나를 구하지 아니하던 자에게 물음을 받았으며 나를 찾지 아니하던 자에게 찾아냄이 되었으며 내 이름을 부르지 아니하던 나라에 내가 여기 있노라 내가 여기 있노라 하였노라." — 사 65:1

이 구절은 로마서 10장에서 사도 바울이 인용한 구절입니다. 로마서 10장 20-21절에서 바울은 말하기를, "이사야는 매우 담대하여 내가 나를 찾지 아니한 자들에게 찾은 바 되고 내게 묻지 아니한 자들에게 나타났노라 말하였고 이스라엘에 대하여 이르되 순종하지 아니하고 거슬러 말하는 백성에게 내가 종일 내 손을 벌렸노라 하였느니라"고 했습니다. 사도 바울은 70인역을 인용했지만, 절의 위치를 바꾸어 인용합니다.

우리는 이 말씀이 매우 담대함을 영감된 권위로 압니다. 이 말씀이 처음 선포될 때 상당한 용기가 요구되었습니다. 바울의 시대에 이 구절을 사용해서 주변에 있는 유대인들에게 차근차근 타이르기에는 더 큰 용기가 필요했습니다. 하나님은 의롭다 자칭하는 백성에게 이의를 제기하시면서 화를 내셨습니다. 주님은 이스라엘 백성이 무시했던 다른 백성들은 구원을 받는 반면 그들 자신은 버림을 받는다는 사실을 보여주셨습니다. 이때, 하나님은 용기가 필요하셨을 것입니다. 이스라엘 백성은 자기들이 하나님의 은혜를 독점한다고 생각했습니다. 그들은 자기 조상을 택하시고 그들에게 하늘의 계시를 주신 하나님께서 결코 자기들의 특권을 자기들에게서 빼앗거나 다른 사람에게 주리라고 생각하지 않았습니다. 그들은 하나님께서 땅 위에 있는 모든 민족보다 자기들을 반드시 복 주신다고 생각했습니다. 이와 같은 민족적 자부심을 분명히 꾸짖어 주기 위해서는 매우 담대한 사람이 필요했습니다.

바울이 이방인을 향해 선포할 때, 유대인들은 소리를 높여 외치기를 "이러한 놈은 세상에서 없이하자 살려 둘 자가 아니라"고 말했습니다. 그러므로 사도 바울은 이사야가 다음과 같은 사실을 이스라엘 사람에게 알려 줄 때 매우 담대했음을 알았습니다. 앞서 간 시대에 이사야는 이스라엘 사람에게 선포하기를, 하나님께서 자기의 이름을 부르지 않던 백성을 구원하시며, 반면 은총을 받은 백성은 자기들의 죄로 죽을 것이라는 사실을 알게 했습니다. 왜냐하면 이스라엘 백성은 자기 하나님의 간청을 듣지 않았기 때문이라고 했습니다.

하나님의 종들은 죄를 꾸짖고, 거만에 이의를 제기할 때 담대해집니다. 정말 그들은 자기들의 모든 메시지에 대해 두려움이 없습니다. 그들은 자신의 말을 전하지 않습니다. 만약 그렇다면, 그들은 자신의 설교에 대해 사과할 것입니다. 그들은 단지 살아계신 하나님의 말씀만을 말하고, 연약한 사람이 두려워할까봐 자기들의 언어를 부드럽게 사용하지 않습니다. 진리를 말하는 것을 부끄럽게 여기는 사람은 자기 자신에 대해 부끄러워해야만 합니다. 하나님의 말씀의 어조를 떨어뜨리는 것은 왕 중 왕에 대한 반역입니다. 그러한 사람은 정말 모든 비겁자들 중에서 하나님께 성실하기를 싫어하는 가장 악한 자입니다. 이와 같은 설교자는 다음 구절 속에서 특별히 손가락질을 당합니다.

"그러나 두려워하는 자들과 믿지 아니하는 자들은 불과 유황으로 타는 못에 던져지리니 이것이 둘째 사망이라"(계 21:8).

이 본문은 값없이 주는 은혜에 대해 말합니다. 이런 이유로 본문은 담대하다고 일컬을 수 있을 것입니다. 오늘날, 하나님의 주권적 은혜를 자세하고 분명하게 설교하는 사람은 담대해야 합니다.

오늘날 문명 시대는 은혜 교리를 거부합니다. 복음을 가르칠 때 은혜교리는 핵심입니다. 사람들은 하나님께서 먼저 인간 구원에 관심을 가지시고, 인간이 하나님을 찾기 전에 인간을 찾으셨다는 사실을 선언할 때 화를 냅니다. 많은 사람은 우리가 다음과 같은 사실을 확실히 말할 때 얼굴이 붉어집니다. 즉, 하나님의 은혜로우신 주권으로, 하나님은 자기를 찾을 수 없는 자들을 만나 주시고, 그들의 마음을 영원한 성령으로 변화시켜 하나님 앞으로 그들을 인도하시는 반면, 어떤 사람들은 성령님을 거절하고 하나님의 자비로운 초대에 응하지 않았기 때문에 그들의 죄에 빠져 멸망하도록 내버려 두셨다는 사실을 증거하면 그런 반응을 보이는 것입니다. 그러나 우리는 정말 기쁨에 넘쳐 우리의 하나님을 찬양하는 것을 그만둘 수 없습니다.

"어느 죄인도 당신을 막을 수 없네
당신의 은혜는 가장 주권적이며,
가장 풍부하며, 정말 값없이 주는 은혜라오."

어린 시절부터 복음을 듣던 많은 사람들은 계속 복음을 헛되이 듣는 반면, 예전에 복음을 들어 보지 못한 자들은 일반적으로 우연한 상황이라 불리는 상황에 의해, 소생하게 하는 말씀을 듣게 된 후 즉시 복음을 받아들여 영생하게 됩니다. 나는 오늘 아침 우리들이 살펴보려는 본문이 다시 우리의 기대를 충족시켜 주기를 원합니다.

하나님, 지금까지 하나님이 필요하지 않았던 자들을 찾으소서. 오늘 이 장소에 아무 생각 없이 앉아 있는 사람들이 예수님을 발견하게 하소서!

아마 여러분은 하늘의 일에 경험이 없으며, 예수님을 믿으라는 은혜로운 사랑의 계명에 익숙하지 않을지도 모릅니다. 오! 여러분은 단번에 믿어, 회개하며, 새로워지고, 구원받을 수 있습니다. 이 시간, 주 예수님께서 "내가 여기 있노라, 내가 여기 있노라"고 여러분을 부르시는 한, 여러분은 간절히 원하게 되며, 찾게 되며, 영생을 얻게 되며, 사랑하게 되리라고 나는 확신합니다. 정말 놀라운 은혜가 임할 것입니다. 우리 주님은 놀라운 하나님이시며, 하나님의 이름은 놀랄 만합니다. 하나님, 오늘 하나님을 찾지 않는 자를 찾아내시어 영원히 영광을 받으소서!

설교하는 동안도 나는 성령님께 기도할 것입니다. 하나님의 말씀이 이 회중 가운데 분명히 임하기를 기도합니다. 나는 여러분이 본문에 대해 진지한 관심을 갖기를 원합니다. 이 본문 속에는 네 가지 중요한 사실이 있습니다. 첫째, 은혜 사역 속에 나타난 하나님의 인격성과, 둘째, 은혜 사역을 기뻐하시는 하나님의 기쁨과, 셋째, 은혜 사역을 설명하는 하나님의 표현, 그리고 넷째, 이런 표현으로 하나님께서 나타내시고자 하는 목적입니다. 우리가 이 네 가지를 묵상할 때 성령님께서 도와주시기를 바랍니다.

1. 여러분이 생각해야 할 것은, 하나님의 은혜 사역 속에서 나타난 하나님의 인격성입니다.

본문 속에 하나님의 인격성이 분명히 나타나 있습니다. 내가 이 말씀을 읽을 때, 하나님을 말하는 인칭 대명사들을 주목하여 보시기 바랍니다. "나는 나를 구하지 아니하던 자에게 물음을 받았으며 나를 찾지 않던 자에게 찾아냄이 되었으며 내 이름을 부르지 아니하던 나라에게 내가 여기 있노라 내가 여기 있노라 하였노라." 저자나 하나님의 말씀처럼 주님은 여기 계시지 않습니까? 하나님은 자신의 은혜 사역 속에 분명히 계십니다. 하나님은 인격적으로 사람의 마음에 작용하시며, 부수적인 이유로 말미암아 혼자 계시지 않습니다. 하나님은 우리 안에서 즐거이 일하시며 기뻐하십니다. 하나님은 은혜로운 모든 것을 인격적으로 지키실 뿐 아니라 인격적으로 일하십니다.

오늘날, 철학자들은 유행처럼 하나님을 하나님 자신의 창조 세계 밖으로 몰아내려고 애씁니다. 그들은 우리에게 가르치기를, 이 세상과 세상에 속한 모든 것이 몇 가지 방법에 의해 진화되었다고 합니다. 이 사상은 인간 발전을 원하는 것이 아닐 것입니다. 다시 말하면, 철학자들은 진화론 자체에는 아무 관심도 없고, 단지 하나님 사상으로부터 멀리 달아나려는 자기들의 목적을 달성하려는 것뿐입니다. 허영심이 강한 사람들이 이런저런 방법을 사용하여 하나님이 없는 세상을 만들 수 있었다면, 그들은 하나님을 생각하지 않는 자기 행위가 정당함을 보여주는 아주 교묘한 거짓말을 만들어 낸 철학자가 그 시대의 왕자가 되고 인기 있는 사람이 될 것이라는 사실에 기뻐했을 것입니다. 물론 하나님이 다소 망각된 것은 틀림없습니다. "어리석은 자는 그의 마음에 이르기를 하나님이 없다"(시 53:1)고 하니까요.

또한, 이 현인들은 하나님의 섭리가 베풀어지고 다스려지는 곳에서도 하나님을 버릴 것입니다. 현대 사상에 의하면, 우주는 태엽이 풀려 가는 시계와 같다고 합니다. 왜냐하면 이미 시계는 오래전에 태엽이 감겨졌기 때문이라고 합니다. 시계 태엽을 감으신 하나님이 계셨다는 사실을 인정하지 않습니다. 이들은 어떤 고정된 법칙들은 배후에 작용하는 힘이 없어도 작용하며, 세상은 일체 완비가 된 것이어서 하나님 없이도 스스로 흘러가고 있다고 합니다. 이것이 바로 현대 사상입니다. 이들은 태엽이 다 풀려도, 이 시계에 태엽을 다시 감을 사람을 원하지 않습니다. 그들에게는 새 하늘과 새 땅에 대한 기대도 없습니다. 그곳에는 의로움이 있지만, 그들은 기대하지 않습니다. 자연과 하나님의 섭리 밖으로 하나님을 몰아내려는 자들은 하나님 없는 종교를 만들려고 합니다. 이 종교가 멋진 종교라니! 이 일은 너무 하찮은 일이기 때문에 생각해 볼 필요조차 없습니다.

창조와 하나님의 섭리 속에서 기쁨에 차 하나님을 바라보는 이들은, 은혜의 왕국에서 가장 눈에 띄는 분이 하나님이심을 확실히 압니다. 그곳에서 하나님은 처음과 나중이 되시며, 알파와 오메가가 되시며, 시작과 끝이 되십니다. 그리스도 예수 안에서 주 하나님은 구원의 총체이시며 내용이십니다. 이 구원의 내용은 바로 우리가 하나님을 바라보고, 하나님 안에서 우리가 모든 것을 발견하고, 우리가 하나님에 의해 이끌려 주님께 나아오고, 그리고 하나님은 우리의 전부가 되신다는 것입니다. 하나님은 지금까지 하나님을 멀리한 자들에게, 요나가 "구원은 여호와께 속하였나이다"(욘 2:9)고 말한 그 구원을 마음껏 베푸십니다. 인본주의적 구원은 행위의 대가로 생길지 모르나, 하늘의 구원은 은혜의 선물입니다.

본문 속에서, 자신이 하신 일에 관심을 가지시는 하나님의 속성을 살펴봅시다.

누가 하나님을 찾았습니까? 하나님께서 말씀하시기를 "나는 물음을 받았다"고 하십니다. 누가 하나님을 발견했습니까? 하나님은 말씀하십니다. "나는 찾아냄이 되었다." 복음에 대한 외침이 있었습니까? 하나님은 이렇게 외치셨습니다. "내가 여기 있노라 내가 여기 있노라 하였노라."

하나님은 모든 것을 지켜보십니다. 기도를 올리지 않으며, 한숨을 몰아쉬지도 않고, 마음으로부터 찬양의 곡조가 나오지 않아도, 전능하신 하나님은 모든 생각을 기록하고 계십니다. 그 눈은 바다 가장 깊은 곳의 미세한 생명을 바라보며, 가장 높은 곳에서 독수리의 날아간 흔적을 발견하시며, 구하는 영혼의 가장 슬픈 고통을 살피시며, 자기들의 하나님을 찾아 기뻐하는 영혼의 기쁨을 바라봅니다. 시작과 성장과 쇠함과 증가와 분투 속에서도 은혜는 하나님의 눈 아래 항상 있습니다. 우리가 하나님의 사랑을 찾는다면, 이 순간 하나님의 편재하신 마음은 우리의 모든 마음에 응하여 주십니다. 여러분이 하나님을 찾고 있다고 알리지 않아도, 하나님은 여러분의 은밀한 생각을 꿰뚫어 보시고, 여러분을 만나, 하나님께 돌아오게 하십니다. 여러분이 이 시간 기도한다면, 곧 하나님은 여러분을 보시고 "보라 그가 기도하는구나"라고 말씀하십니다. 여러분이 믿음의 눈으로 주 예수님을 바라본다면, 즉시 하나님은 여러분을 향하여 "내가 찾아냄이 되었다"고 말씀하실 것입니다. 하나님의 눈은 하나님의 은혜를 느끼는 심령에게 향하십니다.

더욱이, 은혜 사역 속에서 하나님의 인격성을 볼 수 있습니다. 하나님은, 은혜가 베풀어지는 곳에서 우리가 바라는 대상이 되기 때문입니다. 물론, 사람들은 구원의 필요를 느낄 때 하나님을 찾습니다. 무엇을 찾습니까? 종교를요? 결코 아닙니다. 그들이 찾는 것은 바로 하나님입니다. 때때로 우리는 "종교를 찾았다"고 말하는 사람을 봅니다. 이런 표현은 사용하지 마십시오. 이것은 헛된 것입니다. 사람들이 평화와 영생을 찾았다면, 그가 찾은 것은 바로 하나님입니다. 하나님께서 말씀하시기를 "나는 찾아냄이 되었다"고 하셨습니다. 하나님을 찾지 않은 사람은 아무것도 찾지 않은 것입니다.

하나님이 친히 믿음의 비전을 채우십니다. 성경 말씀을 살펴봅시다. "내가 여기 있노라 내가 여기 있노라." 우리는 그리스도 안에서 하나님을 바라보고, 그 안에서 우리 영혼이 필요로 하는 모든 것을 발견합니다. 어떤 사람이 구원을 받는다면, 그는 하나님을 바라보아야 할 것입니다. 성경에는 이렇게 기록되어 있습니다. "그들이 주를 앙망하고 광채를 내었으니 그들의 얼굴은 부끄럽지 아니하리로다"(시 34:5).

오, 나의 설교를 듣는 여러분, 여러분의 하나님을 바라보십시오!

여러분은 죄를 용서받고자 합니까? 그리스도 예수 안에서 하나님을 찾으십시오. 마음이 새로워지기를 원합니까? 성령 하나님을 찾으십시오. 그분에 의해서만 우리는 거듭날 수 있습니다.

하나님의 자녀가 되기를 원합니까? 예수님을 영접하십시오. 왜냐하면 "영접하는 자 곧 그 이름을 믿는 자들에게는 하나님의 자녀가 되는 권세를 주셨으니"라고 했기 때문입니다. 하나님은 우리의 필요의 전부입니다. 우리는 죄인으로서 하나님을 찾지만, 우리는 성도로서 하나님을 발견합니다. 나는 자주 여러분에게 이렇게 말했습니다.

여기 하수구에서 구해 낸 어린아이가 있습니다. 그는 굶주렸고, 헐벗고, 씻지 않았고, 구역질이 나 죽을 정도입니다. 이 아이는 무엇을 원할까요? 물론, 내가 그 아이에게 필요한 모든 목록으로 작성하려면 많은 시간이 걸릴 것입니다. 이 아이는 씻고, 옷 입고, 따뜻하고, 먹고, 간호를 받고, 사랑받는 것이 필요합니다. 아닙니다. 나는 이 필요한 목록을 다 해주려고 하지 않을 것입니다. 그것을 한 마디로 말하자면, 이 어린아이에게는 오직 자기 어머니가 필요할 뿐입니다. 사랑 많고 능력 있는 어머니를 만난다면, 이 아이는 한꺼번에 필요한 모든 것을 갖게 됩니다.

타락한 영혼에게는 수천 가지가 필요하겠지만, 하나님을 발견하는 것보다 더 필요한 것은 없을 것입니다. 버림받은 탕자는 빵과 여러 가지가 필요했지만, 그가 "내가 일어나 아버지께 가리라"고 결심하고 갔을 때, 그는 모든 것을 얻었습니다.

그러므로 하나님께서 자신의 인격성을 은혜로 나타내심은 아름답고 분명한 사실입니다. 왜냐하면 하나님은 바로 우리의 영혼이 찾고, 발견해서, 기뻐하는 대상이기 때문입니다. "하나님은 우리에게 구원의 하나님이시라." 또한 이사야는 12장에서 다음과 같이 말했습니다. "보라 하나님은 나의 구원이시라 내가 신뢰하고 두려움이 없으리니 주 여호와는 나의 힘이시며 나의 노래시며 나의 구원이심이라."

하나님의 사랑 많은 인격성이 은혜 사역 속에 나타납니다. 하나님은 은혜를 베푸시고, 구원받을 자를 부르십니다. "내가 여기 있노라 내가 여기 있노라 하였노라." 하나님 자신께서 능력 있는 말씀을 하십니다. 이사야가 복음을 전파하지 않았습니까? 아닙니다. 그는 복음을 전파했습니다. 이사야가 전파한 말씀의 결론은 바로 이것입니다. "우리가 전한 것을 누가 믿었느냐." 그러나 하나님의 팔이 나타날 때, 하나님은 자신의 선지자를 통해 말씀하셨습니다. 그 때, 아주 다른 결과가 일어났습니다. 왜냐하면 하나님의 말씀은 헛되이 하나님께로 돌아가지 아니하며, 전파되는 곳에서는 어디서나 좋은 일이 생기기 때문입니다.

사랑하는 영혼이여, 여러분이 그리스도를 바라보았다면, 그것은 그리스도께서 먼저 여러분을 보시고, 자신을 바라보도록 하셨기 때문입니다. 믿음이 가장 연약한 자가 하나님을 바라본다면, 그것은 바로 하나님께서 성령님을 통해 "온 세상 사람들아, 나를 바라보라. 그러면 구원을 얻으리니, 나는 하나님이며, 나 외에는 아무도 없느니라"고 말씀하시기 때문입니다. 나는 복음이 하나님에 의해 준비되었고, 하나님에 의해 계시되었을 뿐만 아니라, 하나님의 능력으로 구원에 이를 자의 귀와 마음에 하나님 자신이 실제로 말씀하시는 것이라고 생각합니다.

나의 형제여, 지금까지 여러분은 내 입술만으로부터는 살아 있고 소생시키는 말씀을 들어 본 적이 없을 것입니다. 아마 이 말씀이 성대를 통해 내 입술에서 나왔을지라도, 이 말씀이 소생시키는 말씀이 되려면, 하나님 자신으로부터 나와야만 합니다. 사람의 말은 단순히 숨쉬는 것에 불과하지만, 하나님의 말씀은 영과 생명입니다. "여호와의 말씀으로 하늘이 지은 바 되었으며." 하늘의 모든 일들이 바로 하나님에게서 나왔습니다. 그러므로 여러분은 복 주시는 하나님을 찬양하십시오. 하나님은 자기를 구하고 찾도록 인도함을 받는 모든 사람의 회심 중에 인격적으로 나타나십니다. 하나님은 자기를 찾지 않는 자에게 찾아냄이 되시고, 그 때 하나님 자신이 인간에게 자신을 계시하심은 놀라운 일이 아닙니다.

더욱이, 하나님은 은혜 사역 속에 나타나십니다. 왜냐하면 하나님 자신이 메시지 전달자이시기 때문입니다. "내 이름을 부르지 아니하던 나라에 내가 여기 있노라 내가 여기 있노라 하였노라"(사 65:1). 하나님은 일반적으로 복음을 말씀하실 뿐만 아니라, 자신이 복음을 듣도록 지명한 이들에게 자세히 복음을 말씀하십니다. 말씀을 전파하는 우리는 진리가 누구에게 적용될 것인지 모릅니다.

오늘, 내가 여러분에게 말씀을 전하는 것은 그렇게 하도록 부름받았기 때문입니다. 나는 이 일을 위해 하늘의 씨를 몇 움큼 뿌렸지만, 이 씨가 어디에 떨어질지 내가 어떻게 압니까? 하나님의 영원한 목적은 좋은 씨 한 알 한 알을 자신이 준비한 골에 뿌리시는 것입니다. 주님께서 씨 뿌릴 땅과 씨를 준비하는 방법은 매우 놀랍습니다. 최근 목요일 밤마다, 나는 이것이 분명히 증거됨을 뚜렷이 보았습니다. 자주 이런 편지들이 날아옵니다. "저는 교회 신문을 보고 마음이 끌려 예배당에 다니게 되었다고 생각합니다. 그 때 내가 들은 말씀을 결코 잊을 수가 없어요. 왜냐하면 내게는 굉장히 의미 있는 말씀이었기 때문이지요." 그는 계속해서 설교를 듣고 생겨난 자기 인생의 상황들을 열거했습니다. 어떻게 이럴 수가 있을까요? 설교자는 그의 문제에 대해 아무것도 모르지만, 하나님의 말씀은 장갑처럼 그 사람의 손에 꼭 맞았습니다.

이것이 전부가 아닙니다. 이상할지 몰라도, 하나님의 말씀은 서로 다른 상황의 사람에게도 똑같이 인격적일 것입니다. 하나님의 말씀은 여러 가지로 작용합니다. 이 사람에게는 용기에 합당한 말씀이 되는 것이, 저 사람에게는 똑같은 말씀인 데도 꾸지람에 해당되는 말씀이 될지도 모릅니다. 하나님은 같은 말씀으로 사람을 죽일 수도 있고, 치료할 수도 있습니다. 우리가 보기엔 이상하지만, 이것이 하나님께서 하시는 일입니다. 복음을 전하는 것이 단지 인간의 행위라면 인간의 열매가 맺혀질 것이며, 그곳에는 멸망이 초래됩니다.

그러나 하나님께서 자신의 종들을 통해 말씀하시고 자신의 권능으로 말씀을 가르치신다면, 그 때 하나님의 권능은 열매를 맺고, 우리는 하나님의 은혜에 대해 영광의 찬양을 드릴 것입니다. 은혜의 왕국에서 하나님의 말씀인 성경은 하나님의 나타나심입니다. 즉, 하나님은 말씀으로, 옛 창조를 하신 것처럼, 새 창조를 하십니다. "믿음은 들음에서 나며 들음은 그리스도의 말씀으로 말미암았느니라"(롬 10:17). "십자가의 도가 멸망하는 자들에게는 미련한 것이요 구원을 받는 우리에게는 하나님의 능력이라"(고전 1:18). 그러므로 사랑하는 여러분, 나는 하나님께서 은혜 사역을 통해 우리에게 가까이 오셔서 우리로 하나님을 알게 하신다는 사실을 기뻐하라고 말씀드립니다.

이것은 복음을 이상한 위엄으로 둘러싸고 있습니다. 즉, 복음이 우리에게 복을 준다 해도, 복 주시는 이는 복음이 아니라 하나님이십니다. 다시 말한다면, 하나님 자신이 우리에게 오셨습니다. 그러나 복음에는 다른 면이 있음을 기억하십시오. 복음이 거절당한다면, 거절당하는 것은 하나님이시기 때문입니다. 다음 구절을 읽어 봅시다. "내가 종일 패역한 백성에게 손을 펴서." 물론입니다. 여러분이 복음을 받아들인다면, 하나님을 발견할 것입니다. 그러나 여러분이 복음을 거절한다면, 바로 하나님을 거절하는 것입니다. 복음은 하나님의 가장 연약한 종들을 통해 여러분에게 전달될 것입니다. 그러나 그 복음은 하나님 자신의 사랑의 메시지이므로, 이 복음을 거절하는 것은 곧 여러분이 자기 하나님을 거절하는 것입니다.

사실 여러분에게 펼쳐진 손은 인간의 손이었으므로, 여러분은 그러한 초청의 스타일을 비평하고, 나아가 그 초청을 비웃으면서 거절했을 것입니다. 그러나 그 연약한 초청 뒤에는 위대한 왕이 서 계셨으며, 천박한 초청 배후에는 하나님의 숭고한 마음이 있었습니다. 하나님은 여러분이 자신의 메시지를 거절한 사실에 화를 내십니다. 왜냐하면 여러분은 하늘로부터 전파된 하나님을 거절했기 때문입니다.

오, 여러분이 하나님께서 복음을 통해 인격적으로 여러분에게 오심을 기억했더라면 여러분 중 몇 사람은 하나님의 말씀을 정말 들을 수 있었을 것입니다. 성부, 성자, 성령께서는 여러분과 변론하러 오셨습니다. 여러분은 듣지 못하는 귀를 성 삼위일체께로 돌릴 의사나 능력이 있습니까?

2. 나는 이 본문 속에서 은혜 사역을 기뻐하시는 하나님을 보았습니다.

본문은 기쁨을 언급합니다. 하나님은 옛날에 자기를 무시했던 자에게 물음을 받으시고 찾아냄이 되신 것을 기뻐하십니다.

확실히 다음 구절에서 하나님은 불평을 나타내시는 것보다는 기쁨을 나타내십니다. 하나님은 기쁨에 차서 말씀하시기를 "나는 나를 구하지 아니하던 자에게 물음을 받았으며 나를 찾지 아니하던 자에게 찾아냄이 되었으며"(사 65:1)라고 하십니다. 이 말씀은 다음 말씀 속에 나타난 슬픈 어조와 좋은 대조를 이룹니다. 주님께서 말씀하시기를, "내가 종일 나의 손을 패역한 백성에게 폈노라"고 하셨습니다.

우리는 하나님에 대해 말할 때 사람들의 태도에 따라 말합니다. 사실, 하나님이 자기의 손을 헛되이 펴셨을 때, 마음이 아프셨고 슬퍼하셨습니다. 우리는 구약에서 "주의 성령을 근심하게 하였으므로"(사 63:10)라는 구절을 봅니다. 종종 비슷한 표현이 성경에 나타납니다. 하나님의 자비가 거절당할 때 하나님은 슬퍼하십니다. 하나님의 외치는 소리를 들어 보십시오. "하늘이여 들으라 땅이여 귀를 기울이라 여호와께서 말씀하시기를 내가 자식을 양육하였거늘 그들이 나를 거역하였도다"(사 1:2). 이 구절은 이와 같은 슬픔을 위로하듯이 참 기쁨 곧 뜨거운 만족을 나타냅니다. 이는 어떤 사람들이 평화와 사랑을 찾아 나오고 있기 때문입니다.

하나님은 기쁨으로 말씀하시기를, "나는 나를 찾지 아니하던 자에게 발견되었으며"라고 하셨습니다. 다음 구절을 잊지 마십시오. "주 여호와의 말씀이니라 나의 삶을 두고 맹세하노니 나는 악인이 죽는 것을 기뻐하지 아니하고 악인이 그의 길에서 돌이켜 떠나 사는 것을 기뻐하노라"(겔 33:11).

하나님은 사람들이 자신에게 돌아오는 것을 볼 때 기뻐하십니다. 하나님은 자신의 영광스러운 성품으로 인해 마땅히 행복하시지만, 그분은 사람들에게 구한 바 되고 찾은 바 되었을 때 자신만 느끼시는 기쁨이 있습니다. 가장 가망 없는 자들이 주님을 찾고 구할 때, 주님은 특별히 더 기뻐하십니다. 하나님은 "내가 여기 있노라 내가 여기 있노라"고, 자기 이름을 부르지 아니하던 나라에게 말씀하실 때 가장 기뻐하십니다.

주님은 한순간 한순간마다 기뻐하십니다. "오, 내가 하나님을 어디서 찾을 수 있는지 알고 싶습니다"라고 울부짖는 불쌍한 영혼이 있습니다. 보십시오. 하나님은 "내가 물음을 받았다"고 말씀하십니다. 어떤 사람이 이제 막 교회에 출석하기 시작했습니다. 최근 들어 그는 진지하게 성경 공부를 시작했습니다. 하나님은 이것을 보시고 말씀하시기를, "내가 물음을 받았다"고 하십니다.

어부가 미끼를 조금씩 물어뜯기 시작하는 물고기를 보고 미소를 짓는 것처럼, 하나님도 역시 자신에게 향하는 심령들의 처음 움직임을 기록하시며, "내가 물음을 받았느니라"고 말씀하십니다.

당신이 바로, 어젯밤 기도하던 그 불쌍하고 어린 기도자였습니다. 여러분은 자신이 실제로 기도하게 된 것을 깨달았을 때 놀랐을 것입니다. 그러나 하늘에 계신 여러분의 아버지는 여러분을 보시고 기뻐하시며, "내가 물음을 받았느니라"고 말씀하십니다.

"아직도 거리가 먼데 아버지가 그를 보고." 모든 것을 지켜보시는 하나님께서 한량없이 불쌍히 여기시는 것을 보십시오!

그 다음 구절은 "내가 찾아냄이 되었느니라"고 기록되어 있습니다. 마침내 불쌍한 죄인이 "주여, 내가 믿나이다. 나의 믿음 없는 것을 도와주소서!"라고 외칠 때, 하나님의 마음은 정말 기뻤습니다. 그때 예수님은 말씀하시기를, "내가 찾아냄이 되었느니라"고 하십니다.

어떤 영혼도, 천부께서 자신을 알지 못하시는데 하나님을 찾았다고 생각하지 마십시오. 우리는 "내 영혼이 주를 사모하였사온즉 내 중심이 주를 간절히 구하오니"라고 말할 수 있을 때 기쁨을 느낍니다. 그러나 하나님께서 본문의 말씀 속에서 "내가 찾아냄이 되었느니라"고 외치실 때, 우리가 찾은 하나님은 더 크고 충만한 기쁨을 느끼십니다.

하나님은 자신이 물음을 받으시고 찾아냄이 되셨을 때, 정말 기뻐하십니다.

오, 여러분은 기뻐하시지 않는 하나님을 찾는다고 생각하지 마십시오. 주님은 여러분을 만나러 오십니다. 그분은 여러분의 목을 껴안고, 여러분에게 입을 맞추십니다. 여러분이 하나님께 나아오기 위해 무엇을 행하든지, 하나님은 무한히 기뻐하시며 바라보십니다.

하나님은 또한 자신을 찾는 자들을 기뻐하십니다. 그는 말씀하시기를 "나는 나를 구하지 아니하던 자에게 물음을 받았느니라"고 하셨습니다. 하나님은 예전에 자기를 찾지 않던 자에게 찾아냄이 된 것을 특별히 기뻐하십니다. 하나님은 찾기 시작한 것을 계속 찾고 있는 심령을 기뻐하실 것입니다. 그러나 하나님은, 찾지 않던 사람들이 찾는 사람이 되었을 때 가장 기뻐하십니다.

어머니의 무릎에서 기도를 배운 여러분, 하나님은 여러분의 진실한 간구를 기쁘게 들으실 것입니다. 그러나 여기, 이전에 전혀 기도를 해본 적이 없는 사람이 있다면, 그분은 즉시 기도해 보십시오. 그러면 하나님은 그의 기도를 기쁘게 들으실 것입니다.

여러분의 마음이, 창조주 되시며 보호자 되시며 친구 되신 하나님을 찾으려는 거룩한 열망으로 떨려 본 적은 없었습니까? 여러분은 관심도 없고 신앙도 없었습니까? 그렇다면 즉시 하나님께 돌아오십시오. 그러면 하나님은 즐거이 여러분에게 은혜를 베푸실 것입니다.

오! 경솔한 여러분, 돌아와서 여러분이 구하지 않던 하나님을 찾으십시오.

분별없는 여러분, 돌아와 여러분이 찾지 않던 하나님을 찾으십시오.

거룩한 이름을 불러 보지 못한 여러분, 와서 자기의 하나님 곧 자기의 구세주를 보십시오. 다음의 말씀은 하나님의 아들에게 향한 하나님의 참된 기쁨이며 하나님의 뜻이며 하나님의 약속입니다. "네가 알지 못하는 나라를 네가 부를 것이며 너를 알지 못하는 나라가 네게로 달려올 것은 여호와 네 하나님 곧 이스라엘의 거룩하신 이로 말미암음이니라 이는 그가 너를 영화롭게 하였느니라"(사 55:5).

어떤 사람은 "아! 나는 그분을 찾은 적이 한 번도 없습니다"라고 말합니다. 그러나 여러분은 하나님을 찾을 것입니다. 하나님의 말씀이 "나를 찾지 아니하던 자에게 찾아냄이 되었느니라"고 기록하고 있기 때문입니다. 우리 구주는 우리에게, 값진 진주를 구하러 나선, 진지한 영혼을 가진 상인에 대해 말씀하고 계십니다. 그는 특별히 값진 진주 하나를 찾기 위해, 여러 곳을 두루 다니면서 많은 보석을 조사한 후, 마침내 그것을 찾아내어 삽니다. 하나님을 찾는 자는 하나님을 찾을 것입니다.

그러나 큰 일을 별로 좋아하지 않는 사람이 있었습니다. 그는 흙내 나는 땅에 대해서만 생각했습니다. 어느 날 아침 그는 소에 쟁기를 맸습니다. 그는 단지 토양과 밭에 대해서만 생각하며 밭을 갈고 있었는데, 그 때 갑자기 쟁기에 무엇이 걸렸습니다. 밭에 무언가 있었습니다. 그는 소를 멈추고, 땅을 살펴보았습니다. 그는 땅을 팠습니다. 오래된 항아리 하나를 얻었습니다. 그는 항아리 속에서 금은보화를 발견했습니다. 그는 자신이 결코 바라지 않았던 것을 발견했습니다. 그가 이것을 발견한 순간, 그는 보화를 소유하기 위해, 자신이 가지고 있는 모든 것을 팔아 그 밭을 사기로 결심했습니다.

나의 설교를 듣는 여러분, 여러분은 즐기기 위해 런던에 오든지, 아니면 사업차, 아니면 전시회를 구경하기 위해 런던에 옵니다. 여러분은 그리스도와 영생을 찾으려는 기대로 온 것은 분명히 아닙니다. 내가 바라는 것은 여러분이 바로 이 순간 완전한 구원을 만나는 것입니다. 행복과 천국이 여러분 앞에 놓여 있습니다. 이것을 소유하지 않으시렵니까? 쟁기는 숨겨져 있던 복음의 보화에 걸렸습니다. 여러분이 허리를 굽혀 본다면, 여러분이 전혀 꿈꾸지 못한 부가 여기 있습니다. 내가 기도하는 바는, 성령 하나님께서 여러분의 마음을 부드럽게 두드려서, 여러분이 어떤 값을 치르더라도 예수님을 소유하기로 결심하고, 또 주님을 소유하기 위해 죄나 독선에 대해 생각했던 모든 것을 포기할 수 있기를 원합니다.

여러분이 살아 있을 때, 즉시 예수님께 오십시오. 그리고 즉시 주님의 완전한 구원을 받아들이십시오. 여러분이 이렇게 한다면, 하나님은 여러분을 기뻐하실 것입니다. 이 땅에 있는 주님의 종인 우리가 기뻐하고, 하늘에 있는 주님의 종인 천사가 기뻐할 뿐 아니라, 성부, 성자, 성령께서 여러분을 보고 기뻐하실 것입니다. 하나님은 "나는 나를 찾지 아니하던 자에게 찾아냄이 되었노라"고 말씀하실 것입니다.

나는 기쁜 마음으로 본문을 설교합니다. 오, 사악하고 무심한 여러분 중에 지금 하나님을 찾을 수 있는 사람이 많습니다. 그래서 하늘에 있는 모든 종들이 환호의 종소리를 울리게 합니다!

하나님은 자기를 구하고 찾는 무리들을 기뻐하십니다. "내가 여기 있노라 내가 여기 있노라 하였노라."

일시에 나라들이 태어날 날이 언제 옵니까? 우리는 수만 명이 예수님께 나아오는 것을 보기를 원합니다. 여러분 모두가 나아온다면, 은혜의 문은 여러분에게 넓게 열렸으므로 충분합니다. 그리고 하나님은 여러분이 나아오는 것으로 영광을 받으실 것입니다. 정말 주님의 거룩한 마음은 여러분이 자기에게 달려 나오는 것을 보고 기뻐하실 것입니다.

자비하신 성령님, 이들을 이끌어 주소서! 예수님께 모든 런던 사람들을 데려다 주소서! 영국 사람 모두를 예수님께 데려가소서! 세계를 예수님께로 인도하소서! 당신의 사랑을 위해 이 일을 행하시기를 간절히 원합니다.

3. 이제 하나님께서 은혜 사역에 대해 설명하고 있는 표현을 살펴봅시다.

시간이 너무 빨리 지났으므로, 나는 충분한 설명 대신 단지 대강의 암시만 하려고 합니다. 본문의 성경 구절은 한 권의 작은 성경입니다. 이 속에서 여러분은 구원의 경험이 표현된 것을 봅니다.

하나님은 은혜 베풀 자를 어디서 발견하셨는지 말씀하십니다. 하나님은 "그들은 나를 구하지 아니하였고 찾지 아니하였으며 나의 이름을 부르지 아니하였노라"고 말씀하십니다. 호세아서를 보면, 우리는 그들이 하나님의 백성이 아니었음을 알 수 있습니다. 이들은 하나님께서 은혜로 말미암아 불렀던 무심하고 무감각한 자들입니다. 우리가 허물과 죄로 죽었을 때, 하나님은 우리에게 큰 사랑을 보여주셨습니다. 우리는 날 때부터 정말 쓸모없는 흙이었습니다. 우리가 주인 되신 하나님의 필요에 맞는 그릇이 되려면, 토기장이 되신 하나님의 손에 모든 것을 맡겨야 합니다. 우리 안에 선한 생각도 없으며, 소원도 없고, 열망도 없을 때, 그때 하나님은 풍성한 사랑으로 우리에게 오십니다. 하나님께서 죄와 불행 속에 있는 우리에게 오시다니 얼마나 큰 은혜입니까! 확실히 우리는 하나님께 나아갈 방법이 이것 외에는 없었습니다.

하나님께서 자기 백성 이스라엘을, 아무도 돌보아 주지 않는 갓난아이로 표현하신 것을 기억하십시오. 씻어 주거나 강보로 싸 주거나 돌보아 주는 사람도 없이 들판에 내팽개쳐져 버린 갓난아이로 표현했습니다. 그것은 이렇게 기록되어 있습니다. "내가 네 곁으로 지나갈 때에 네가 피투성이가 되어 발짓하는 것을 보고 네게 이르기를 너는 피투성이라도 살아 있으라 다시 이르기를 너는 피투성이라도 살아 있으라."

사랑하는 여러분, 우리는 날 때부터 생명도 없고, 힘도 없고, 선한 것도 없으며, 하나님께 칭찬을 받을 만한 것도 없는 상황에 놓여 있음을 아십시오. 그 때 주님께서 우리에게 오셔서, 우리를 은혜로 대하시고, 우리가 주님을 찾고 발견하도록 하셨음을 아십시오.

오, 하나님의 은혜의 황홀함이여!

둘째, 그들에게 온(come) 복음을 하나님의 능력으로 표현하고 있습니다. 하나님은 말씀하십니다. "내가 여기 있노라 내가 여기 있노라 하였노라." 누가 나에게 복음을 몇 마디 말로 표현해 보라고 하면, 나는 이렇게 말할 것입니다. "내가 여기 있노라 내가 여기 있노라." 구원의 길은 "온 세상 사람들아, 나를 보고 구원을 얻으라"는 것입니다.

십자가 위에 계신 그리스도는 죄인에게 "하나님의 어린 양을 보라"고 외치셨습니다. 떨고 있는 영혼이 확고한 희망을 가지고 주님을 바라보도록, 주님은 용기를 주기 위해 두 번째 이렇게 말씀하십니다. "내가 여기 있노라 여기 있노라."

어느 죄인이 "그러나 주님, 나는 너무 더럽습니다"라고 외칩니까? 자신을 보지 마십시오. "나를 보라 내가 너를 깨끗하게 하리라."

"그러나 주님, 저는 죽어 마땅합니다."

여러분은 여러분의 죽음을 보지 마십시오. "나를 보라. 나는 부활이요 생명이니라."

"그러나 주님, 저 자신을 보면 볼수록 더 절망적입니다."

"그래도 너 자신을 보지 말고, 나만 보라. 나를 보라. 그리고 또다시 나를 보라. 그리고 너의 마음에 확실한 안식을 얻을 때까지 나를 계속 붙잡으라."

하나님께서 자신을 여러분의 구세주와 여러분의 전부로 계시하실 때, 그 때 예수님을 바라보십시오. 여러분의 왕이 또한 여러분의 희생물이심을 보십시오. 여러분은 마지막 큰 날에 여러분을 심판할 주님을 통해 의롭다 함을 받을 수 있습니다.

본문에서, 주님은 좌우에 날선 하나님의 은혜의 복음을 선포하시는 것을 기뻐하시는 것 같습니다. 죄인들이여, 들으시오! 듣고, 즉시 복음에 순종하시오! 바라보지 않을 것이라고요? 주님이 여러분을 바라보는 것을 부인하십니까? 하나님은 "내가 여기 있노라"고 외치시는데, 여러분은 자신의 얼굴을 주님으로부터 숨기렵니까? 나는 전에 복음을 결코 몰랐던 자가 이 순간 하나님의 어린 양을 바라보게 될 것을 확신합니다. 피 흘려주신 여러분의 구세주, 용서하시는 여러분의 하나님을 바라보십시오. 바라보고 생명을 얻으십시오.

셋째, 하나님은 복음으로 인한 회개를 표현합니다. 관심 없던 자가 구하는 자가 되었고, 하나님을 찾지 않던 자가 찾는 자가 되었고, 기도하지 않던 자가 자기들의 하나님을 바라보고 살아났습니다. 주님을 구하지 않던 죄인들이 이 복음을 듣고, 복음의 기쁜 소식에 기뻐합니다. 이곳에 기쁨이 있습니다.

넷째, 하나님은 구원받은 자의 경험을 표현합니다. 이들은 전에 하나님을 구하지 않았지만, 지금은 하나님을 찾습니다. 이것이 첫 번째 은혜 사역입니다. 곧, 우리로 하여금 은혜를 찾도록 만든 것입니다. 하나님은 우리가 당신께 나아갈 수 있도록 우리에게 오셨습니다. 궁핍을 느끼고, 은혜가 없어 굶주림이 밀려 올 때, 사람들은 빵과 물을 찾듯 하나님을 찾습니다. 여러분 중에 살아 계신 하나님을 간절히 찾는 분이 있습니까? 하나님은 지금, 여러분이 전에는 관심이 없던 것을 찾도록 만드시며, 여러분은 이것으로 인해 주님을 찬양해야만 합니다. 구하면 곧 찾게 됩니다. 우리가 가지고 있는 성경 본문에 의하면 "내가 물음을 받았으며"라는 구절과 "내가 찾아냄이 되었으며"라는 구절 사이에 세미콜론(;)이 하나 있습니다. 여러분이 진실하게 하나님을 찾는다면, 여러 해 동안 구원에 대해 소홀히 해 왔어도 하나님을 찾게 될 것입니다.

나는 여러분이 이것저것을 찾으면, 그것을 찾아낼 것이라고는 말하지 않습니다. 그러나 여러분이 하나님을 찾는다면, 그분이 여러분에게 찾아냄이 되실 것입니다. 하나님은 이것을 약속하셨으며, 이 약속을 선히 이루실 것입니다. 하나님은 자기를 간절히 바라는 자들 모두에게 찾아냄이 되십니다. 때때로 찾자마자 찾게 됩니다.

나는 여기 표현된 구원의 길이 참으로 쉽다고 생각합니다. 하나님은 죄인을 찾으시고, 죄인은 자기 하나님을 찾습니다. 하나님께서 죄인을 찾으셨기 때문에, 죄인은 자기 하나님을 찾을 수 있습니다. 이렇게 이 모든 것이 이루어집니다. 까다롭고 어려운 것도 없습니다. 믿으면 살리라는 말은 정말 간단한 문제입니다.

어떤 사람은 "오, 그러나 하나님을 찾는 내가 그분을 찾을 수 있기 전에 많은 준비를 해야만 돼"라고 말하지요. 그러나 아무 준비도 필요하지 않습니다. 하나님께서 "너희는 내 얼굴을 찾으라"고 말씀하실 때, 여러분이 "여호와여 내가 주의 얼굴을 찾으리이다"라고 한다면, 하나님은 지금 여러분에게 가까이 오십니다.

"그러나 목사님, 나는 확실히 배우고, 행하렵니다." 오, 물론입니다. 여러분은 천천히 이 모든 것을 할 것입니다. 그러나 구원에 대해서는, 여러분은 즉시 얻을 수 있으며, 그것에는 시간을 지체할 필요가 없습니다. 여러분은 하나님을 바라보며 살게 됩니다. 하나님의 아들의 복음으로 자신을 나타내신 하나님을 찾을 때, 구원은 이루어집니다. 찾고 구하는 것은 "내가 여기 있노라 내가 여기 있노라" 하신 말씀 속에 포함되어 있습니다. 바라보는 행위에는 찾고 구하는 행위가 동시에 포함되어 있습니다. 우리는 예수님을 바라봄으로써 구원을 바라봅니다. 그리스도를 바라볼 때 우리는 그리스도를 소유합니다. 우리는 주님을 찾는 믿음의 행위로, 주님을 찾습니다. 소원과 소원의 성취는 "보라"는 단어 하나 속에 모두 들어 있습니다.

오, 오늘 아침, 내가 이와 같이 평탄한 길을 어떻게 말했는지 알고 싶군요. 이 길은 길 잃은 사람이 매우 쉽게 따라갈 수 있는 길이며, 이 방법은 복으로 이끄는 은혜로운 방법입니다. 주 예수님과 십자가를 알기 전, 나는 신앙에 대해 어떤 큰 비밀이 있다고 상상하곤 했습니다. 가엾은 나의 영혼은 신앙을 이해할 수도 없고 즐길 수도 없는 것을 생각할 때 무서웠습니다. 그러나 나는 평범한 노동자가 "예수님을 바라보십시오. 바라보면 삽니다"라고 말하는 것을 들었습니다. 그리고 나는 그 메시지에 불순종하지 않았습니다. 나는 예수님을 믿어 살아났습니다. 나는 애써 이해하려 하지 않고, 단지 믿고 살아났습니다. 나는 불쌍한 죄인의 머리를 혼잡하게 만들고 마음을 무디게 만드는 교묘한 의심과 질문들을 모두 없애 주시기를 하나님께 기도했습니다.

오, 친구여, 바보가 될 정도로 지혜로워져서, 여러분의 지혜가 되신 예수님을 받아들이십시오. 어린아이처럼 되어 자리에 앉아, 주 예수님께서 여러분을 가르치도록 하십시오. 주님께서 여러분에게 진리라고 일러 주신 것을 받아들이십시오. 그리고 다시는 의심하지 마십시오. 믿으시오! 이 모든 사실을. 이 세상 모든 것 대신 하나님을 바라보십시오. 그러면 구원을 얻습니다.

본문에서, 은혜의 복음을 기뻐하시는 하나님께서 구원의 모든 과정을 어떻게 분명하고 간결하게 표현하셨는지 보십시오.

하나님, 성령님을 통해 우리 마음속에 복음의 내용을 크게 새겨 주옵소서!

4. 하나님께서 이 모든 것을 만들어 내신 용도를 살펴봅시다.

사랑하는 친구들이여, 여러분도 아시다시피 하나님은 "나는 나를 구하지 아니하던 자에게 물음을 받았으며"라고 말씀하실 때, 하나님의 말씀이 기록되어 우리에게 알리도록 하실 것에 관심을 가지셨습니다. 이 말씀은 하나님께서 자신에 대해 말씀하실 수 있는 전부는 아닙니다. 그러나 하나님의 마음은 이사야를 통해 우리에게 말씀되었고, 영감된 성경 속에 기록되었습니다. 무슨 목적으로 이렇게 하셨다고 생각합니까?

첫째, 내가 생각하기로는, 하나님께서 우리에게 놀라움과 감탄을 일으키시려는 것입니다. 전혀 하나님에 대해 생각지 않고, 도리어 혐오감을 가졌던 사람이었을지라도, 하나님을 찾는 자로 변할 수 있다니 얼마나 놀라운 일입니까! 종종 있는 일이므로 이 사실은 조금도 의심할 바가 없습니다. 갑자기 회심하는 일들은 계속해서 일어납니다.

나는 독신이면서 신실한 그리스도인인 한 사람을 알고 있습니다. 하나님을 믿던 초창기 때, 그는 교회에 간다는 것을 결코 생각하지 않았습니다. 주일 아침, 그는 전날 이야기했던 오리 한 쌍을 계약하기 위해 친구를 방문하려고 떠났습니다. 비가 오고 있었기 때문에, 그는 예배당으로 들어갔습니다. 그는 그곳에서 결코 찾지 않았던 것을 발견했습니다. 그는 전날 말했던 오리 한 쌍을 사지 않았습니다. 그는 사마리아 여인이 물동이를 잊어버린 것처럼, 오리에 대해 생각하지 않았습니다. 바로 그곳에서 주님은 그를 만나주셨고, 그는 구세주를 바라보게 되었습니다.

교회 안에서는 이와 같은 일들이 많이 생깁니다. 이와 같은 일들이 오늘 아침 일어날 것입니다. 그 유명한 가디너 대령을 기억하시지요? 그는 악한 일을 하려고 약속 장소로 정한 곳에 도착했습니다. 기다리는 동안 그는 십자가 위에 계신 주님을 보게 되었고, "내 너를 위해 이 모든 것을 하였건만 너 날 위해 무엇 하려느냐?"는 주님의 음성을 들었습니다. 그는 그 장소에서 도망쳐, 자기 방에 와서는 하나님께 울부짖었습니다. 가디너 대령은 사나운 군인에서 하나님의 성도가 되었습니다. 정말 이 사건은, 우리가 경이에 차 하나님의 은혜를 찬양하도록 만듭니다. 오! 오늘이 이러한 날이 되기를 바랍니다.

그러면 우리는 놀라움과 기쁨에 차 노래를 부를 것입니다. 하나님의 은혜는 이슬 같아서 "사람을 기다리지 아니하며 인생을 기다리지 아니합니다." 하나님의 효과적인 은혜는 우리를 놀랍게 사로잡고, 사랑의 힘으로 우리를 정복합니다.

> "이렇게 영원한 경륜이 시작되었네,
> 전능하신 은혜여, 저 사람을 사로잡으소서."

그때, 사람들은 사로잡히고 맙니다. 사람들은 원하지 않았지만, 하늘의 보안관의 손이 그 사람의 어깨를 붙잡고, "선생, 당신은 더 멀리 가지 못합니다. 당신은 하나님의 원수였지만, 지금 그분의 친구가 될 겁니다"라고 말합니다. 그래서 그들은 꼼짝없이 사로잡히고 맙니다.

어떤 사람은 "음, 사람은 자유 의지를 가지지 않았습니까?"라고 묻겠지요. 정말 놀랍게도, 값없이 주는 은혜는 자유 의지를 방해하지 않습니다. 그러나 하나님의 목적은 성취됩니다. 자유 의지만으로는 사람을 망하게 하나, 값없이 주는 은혜로 말미암아 인도함을 받는 자유 의지는 또 다른 문제입니다. 자유 의지를 값없이 주는 은혜에 의탁하면, 지금보다 더 자유로울 것입니다. 그리고 하나님의 뜻은 이루어집니다. 그러나 죄인을 회개시키는 분은 하나님이시므로, 하나님은 우리가 하나님의 은혜의 무한함을 믿도록 하십니다.

박해자가 십자가 앞에 엎드려 신자가 된 것을 보고 교회가 기뻐했던 적이 여러 번 있었습니다. 다소 사람 사울에 대해 언급할 필요가 없습니다. 왜냐하면 그가 바로 그 많은 사람 중 하나였다는 것을 너무도 잘 알기 때문입니다. 하나님은 죄인의 괴수 중에서 복음을 진지하게 전할 자들을 찾았습니다. 그들은 변화 받은 후, 신앙의 가르침의 깨끗하게 하는 능력을 전하는 강력하고 생생한 증인이 되었습니다.

왜 주님은 세상 밖으로 나간 자의 회심을 선포하셨습니까? 나는 회심이 거만과 자만심을 부수는 것이라고 생각합니다. 여러분 중 회심하지 않은 자는 다른 사람보다 더 교만에 빠져 있습니다. 우리 교회에 출석하고 있거나 혹은 철저한 복음주의 교회에 출석하고 있는 여러분 자신에게 "저 사람이 하늘나라에 들어갈 수 있다면 우리도 갈 수 있지. 왜냐하면 우리는 순수한 하나님의 말씀을 듣고 있으니까"라고 말하겠지요. 여러분은 복음이 여러분을 만족시킬 때 구원을 얻을 수 있다고 생각하므로, 회개를 미루고 영원한 것에 관한 생각을 멀리합니다.

하나님은 무엇을 하십니까? 그분은 버림받고 타락한 자에게 복음을 전하셔서, 자신에게로 돌아오게 하십니다. 하나님은 여러분이 죄로 고통당한다고 생각하는 자를 구원하십니다. 여러분은 교회에 다니고 예배에 참석하면서 특권을 독점한다고 꿈꾸지만, 자신의 완악함을 버리십시오. 하나님은 특권 계급에 대해 아무 관심도 없으실 것입니다. 그분은 사람들을 특별대우 하시지 않을 것입니다. 도리어 하나님은 "나는 은혜 베풀 자에게 은혜를 베풀고"라는 당당한 말씀에 따라, 자신이 원하는 자를 부르십니다. 하나님은 출생과 교육에 대한 자만심을 땅에 내팽개치십니다.

다음으로, 하나님은 자기를 찾고 있는 사람들에게 용기를 주십니다. 하나님을 찾지 않던 자가 종종 하나님을 발견한다면, 하나님을 찾는 여러분은 물론 하나님을 발견하리라고 확신하기 때문입니다. 자기를 찾지 않는 자에게 찾아냄이 된다면, 하나님은 매일 자기를 찾으려고 괴로워하는 자에게 확실히 찾아냄이 되십니다. 하나님께서 주의 얼굴을 찾는 여러분을 헛되게 하시리라고는 생각지 마십시오. 오늘, 그에게 나아와 믿으십시오. 그러면 그때, 하나님은 여러분에게 찾아냄이 되십니다.

나는 하나님께서 이것을 통해 일꾼들에게 용기를 주신다고 생각합니다. 가장 사악한 곳에 가서 일해 보십시오. 왜냐하면 하나님께서 자기를 찾지 않는 자에게 찾아냄이 되시므로, 악한 곳에도 희망이 있기 때문입니다. 그 사람들은 본문에 기록된 자들보다 더 악하지는 않습니다. 오, 일꾼들이여! 여러분이 그들 속에 뛰어들 용기만 있다면, 값진 진주들을 모을 것입니다. 다시 말하지만, 가장 값진 진주들은 의심할 바 없이 가장 깊은 바다 속에 숨겨져 있습니다. 하나님은 믿음이 없는 자들, 도둑들, 창녀들, 하나님을 모독하는 자들 등등을 자신에게로 인도할 수 있습니다. 주저하지 말고 그들을 따라갑시다. 그리고 우리의 일이 실패할까봐 두려워하지도 마십시오.

하나님은, 너무 큰 죄를 지어 자기에게 오지 않는 자에게 확신을 줄 수 있도록, 하나님의 은혜를 더 크게 베푸십니다. 보십시오. 하나님은 이전에 자기의 말을 결코 듣지 않던 자가 구원을 찾은 반면, 가르침을 받고 청함받고 감동받은 여러분이 여전히 밖에 머물러 있으면서 성령을 거부하였다고 말씀하십니다.

너희는 감동하고, 간절히 원하며, 여러 번 기도하고, 거듭 눈물을 흘리지만, 여전히 내게로 오지 않는구나. 여러분 자신 외에 누가 이것을 책임지겠습니까?

여러분은 여러분의 굳은 마음 때문에 은혜를 도둑맞았습니다. 악한 불신앙으로 말미암아 천국에 들어가지 못하는 여러분 앞에서, 술집 주인과 창녀들은 하늘나라에 들어갑니다.

나의 설교를 듣는 여러분, 정신 차리십시오! 하늘나라가 보이는 곳에서 멸망당하지 않도록 정신 차리십시오. 나는 여러분을 위해 기도합니다. 하나님과 여러분 자신의 영혼을 위하여 의에 대해 깨어 있기를 기도합니다.

제
94
장
—

살아계신 하나님을 위한 살아있는 성전들

—

"여호와께서 이와 같이 말씀하시되 하늘은 나의 보좌요 땅은 나의 발판이니 너희가 나를 위하여 무슨 집을 지으랴? 나의 안식할 처소가 어디랴? 나 여호와가 말하노라 내 손이 이 모든 것을 지었으므로 그들이 생겼느니라. 무릇 마음이 가난하고 심령에 통회하며 내 말을 듣고 떠는 자 그 사람은 내가 돌보리라."—사 66:1-2

이것은 어느 가난한 사람이, 그의 신앙을 조롱하려고 드는 한 무신론자에게 제시한 훌륭한 답변입니다. 조롱하는 자가 이렇게 말했습니다. "기도해보시오, 선생, 당신의 하나님은 크신 하나님인가요 아니면 작은 하나님인가요?" 그 가난한 사람이 대답했습니다. "선생님, 내 하나님은 너무나 위대하셔서 하늘들의 하늘이라도 그분을 용납하지 못합니다. 하지만 그분은 황송하게도 너무나 작으셔서, 상하고 통회하는 마음속에 거하신답니다." 오, 하나님의 위대함과, 그분의 겸손하심이여! 오늘 저녁 우리는 본문의 말씀에 기초해서, 이 두 가지 모두를 생각해보려고 합니다.

우리에게는 서론을 위한 시간이 없습니다. 본문은 가장 먼저 우리에게 하나님께서 그분이 거하실 장소로서 모든 물질적인 성전들을 거절하신다고 가르칩니다. 두 번째로, 본문은 우리에게 하나님께서 그분이 거하실 장소로서 영적인 성전들을 택하셨음을 알려줍니다.

1. 물질적인 성전들을 거절하심

먼저, 모든 물질적인 성전들에 대한 하나님의 거절에 관하여 생각해보도록 합시다. 한때는, 지상에 하나님의 집이 있다고 말할 수 있었던 시대가 있었습니다. 그 때는 상징들의 시대였으며, 아직 하나님의 교회는 유년기였을 때입니다. 교회는 그림책에서 A B C를 읽는 법을 배우고 있었고, 아직 글로 된 하나님의 말씀을 읽지 못했습니다. 교회 앞에 그림들을 펼쳐놓을 필요가 있었고, 하늘의 양식을 딴 모형들을 보여줄 필요가 있었습니다. 그 시절에, 유대인들 중에서 선각자들은 하나님께서 휘장 사이에 거하시지 않음과, 그분이 휘장 안 지성소에 제한되시는 것이 불가능한 일임을 옳게 알고 있었습니다. 그것은 그분의 임재의 상징일 뿐이었습니다. 불 기둥과 구름 기둥은 단지 그분이 거기에 계신다는 표시, 즉 그분이 자기 자신을 특별히 계시하기를 기뻐하신다고 말씀하셨던 그 회막에 계심을 나타내는 표시였습니다. 하지만 상징의 때는 이제 전적으로 지나갔습니다. 구주께서 그 머리를 숙이시며 "다 이루었다!"고 말씀하신 그 순간, 성전의 휘장은 둘로 찢어졌으며, 그렇게 신비들은 드러나 공개되었습니다.

나는 가장 위엄 있는 모형들(types) 중 하나가 성전의 휘장일 거라고 간주하는데, 십자가에 죽으신 구주께서 그 손으로 그 휘장을 움켜잡으시고, 그것을 꼭대기에서 바닥까지 둘로 찢으셨습니다. 그 때 그 안에 있는 비밀들, 곧 상징이었기에 더욱더 비밀스러웠던 것들이, 그것을 응시하는 자의 눈에 밝히 드러났습니다. 더 이상 하나님은 지상에 그분의 집이라고 불리는 장소를 갖지 않으시고, 그 어떤 것이건 사람들 사이에서 그분의 임재의 어떤 상징들이라고 할 만한 것들도 갖지 않으셨습니다. 이제 그곳을 돌아다니며 그곳을 가리켜 "이는 하나님의 집이다"라고 말하거나, 어떤 예배당이나 석조 건조물을 가리켜 "이것은 하나님의 제단이다"라고 하거나, 혹은 별의별 넝마조각이나 리본들을 걸쳐 입은 특정한 사람을 두고서 "이는 하나님의 사람이며, 지존자의 제사장이다!"라고 말하는 것은, 뻔한 율법주의, 생명 없는 의식주의, 유대주의, 육적인 행위, 그리고 우상숭배입니다. 이런 일은 모두 끝이 났고, 영원히 치워졌습니다.

이제는, 교회가 성숙하게 되었으므로, 이러한 어린아이의 일들을 버려야 합니다. 하나님을 섬기는 체계로서 상징들에 지나지 않던 것들은 그 목적이 달성되었고, 폐지되고 대체되었으므로, 하나님께서는 그런 옛 잔재들을 미신적으로 숭배하는 것을 경멸하십니다. 하나님은 그분의 종 바울의 입을 통해, 히브리서에서, 그림자들을 바라보지 말고 실체를 바라보고, 상징들을 바라보지 말고 위대한 실재들을 바라보라고 우리에게 말씀하십니다. 그러므로 형제들이여, 하나님께서 손으로 지은 성전들 안에 거하지 않는다고 말씀하신 한 가지 이유는, 우리로 하여금 상징적인 예배는 끝이 났으며 이제는 영적 예배의 시대가 출범하였음을 알게 하시려 함입니다. 우리 주님께서 우물가의 사마리아 여인에게 말씀하셨습니다. "이 산에서도 말고 예루살렘에서도 말고 너희가 아버지께 예배할 때가 이르리라. 아버지께 참되게 예배하는 자들은 영과 진리로 예배할 때가 오나니 곧 이 때라 아버지께서는 자기에게 이렇게 예배하는 자들을 찾으시느니라"(요 4:12,23).

본문은 하나님의 입에서 직접 나온 말씀으로, 왜 이 시대에는 하나님이 거하실 수 있는 집이 있을 수 없는지 그 이유들을 제시합니다. 정녕, 상징으로서 있었을 뿐, 실재로 그런 종류의 집은 있던 적이 없었습니다. 하나님의 집을 세울 만한 곳이 어디란 말입니까? 하나님의 집을 세우고자 하는 야심만만한 건축가들이여, 사방을 둘러보십시오! 그대들은 그런 집을 어디에 두겠습니까? 하늘에 두겠습니까? 하늘은 그분의 보좌일 뿐, 그분의 집이 아닙니다. 하늘의 모든 위엄조차도 그분이 앉으시는 자리에 불과합니다. 그러면 그대들이 어디에 그 집을 세우겠습니까? 그분의 보좌에요? 그분의 보좌에 성전을 세운다고요? 그럴 수는 없습니다. 그러면 땅에서 그런 성전을 세우겠다고 여러분은 말합니까? 뭐라고요, 그분의 발판 위에다 말인가요? 온 지구가 그분의 발판일 뿐입니다! 여러분은 그것을 그분이 발을 올려놓으시는 곳에 두어 그것을 밟게 하신단 말입니까? 하나님의 발판 위에 있는 하나님의 집이라니요! 그 자체로 모순되는 생각, 즉 하나님이 거하실 집을 세운다거나, 그분이 안식하실 곳을 건축한다는 따위의 생각은 영원히 버리는 것이 좋습니다.

광활한 우주공간으로 날아가도, 여러분은 하나님이 그곳에 계시다고 할 만한 특정한 장소를 발견하지 못할 것입니다. 비록 수천 년을 늘어놓는다 하더라도, 시간이 그분을 한정할 수 없습니다! 공간도 그분을 가두지 못합니다. 모든 만물을 만드신 그분이, 만드신 모든 만물보다 크시기 때문입니다! 그렇습니다,

공간 속에 있는 모든 것들이 그분을 한정하지 못합니다. 그분은 제한하거나 측량할 수 없는 분입니다. 비록 천문학자들이 가시적인 우주의 크기가 지극히 광대하다고 우리에게 알려주며, 망원경에 의해 관측되는 장면들만으로도 우리의 상상을 초월하며 우리의 이성을 압도하기에 충분하다고 말하지만, 하나님은 그분이 이미 만드신 모든 것 위에 계시는 분입니다. 하나님이 지으신 모든 것은, 그분이 만드실 수 있었던 것에 비하면 단지 양동이의 물 한 방울에 지나지 않습니다. 우리로서는 이미 그분이 창조하신 세계들을 열거하는 데에도 끝없는 세월이 소요될 것이지만, 그분으로서는 입술에서 나오는 단 한 번의 입김으로도 그 일만 배나 되는 세계들을 창조하실 수 있으니, 이는 그분이 무한한 하나님이시기 때문입니다. 그러니 어느 누가 그분의 보좌인 하늘에나, 그분의 발판인 땅 위에, 그분을 위한 집을 짓겠다고 상상할 수 있습니까?

하지만 주님께서 이렇게 물으시는 듯합니다. 만약 하나님이 거하실 집을 세울 곳이 우리에게 있다면, 우리는 어떤 종류의 집을 그분을 위해 세울까요? 인간들이여, 어떤 물질적인 것으로 여러분은 영원하시고 순결하신 그분을 위한 거처를 세울 수 있을까요? 흰 석고를 재료로 하여 세우겠습니까? 하늘이라도 그가 보시기에는 부정하며(참조. 욥 15:15), 그는 그의 천사라도 미련하다고 하시는 분입니다(참조. 욥 4:18). 여러분이 금으로 짓겠습니까? 보십시오, 그분의 거대한 도성의 거리들은 정금으로 포장되었으니, 그것은 정녕 지상의 거무스름한 황금이 아니라 투명한 금, 곧 맑은 유리처럼 깨끗한 순금입니다. 하나님께 금이란 무엇입니까? 인간들은 그것을 탐하고 그것을 예찬하지만, 그분이 그것에 무슨 관심을 기울이시겠습니까? 교회가 영원히 거할 그 성은 그 기초석들이 벽옥과 남보석과 옥수 등 모든 종류의 진귀한 보석들로 되어 있거늘, 여러분이 세울 성이 그 성과 견줄 수 있을 거라고 생각합니까? 아아, 비록 왕의 모든 보화들을 당신 뜻대로 처분할 수 있다고 해도, 여러분의 재물로는 결코 비용을 감당할 수 없습니다.

솔로몬이 시온에 그의 집을 세울 때 썼던 많은 양의 돌처럼, 그만큼의 다이아몬드를 찾아보고, 그런 후에는 홍옥과 벽옥들을 쌓아, 가장 진귀한 보석들로 만들어진 집을 세워보십시오. 그것이 하나님께 무엇이겠습니까? 하나님은 영이십니다. 그분은 여러분의 물질주의를 경멸하십니다. 여러분이 어떻게 무한한 정신을 여러분의 담벼락 안에 가둘 수 있습니까? 담벼락이란 아무리 좋아도 만져지는 유형의 물질이 아닙니까? 하지만 사람들은 참으로 어이없게도, 고딕양식이나 그리스풍의 건축물을 세우고는 "이것이 하나님의 집이다"라고 생각합니다. 나를 황제 시대의 러시아로 데려가서, 가장 천한 농노(農奴)가 거주하는 가장 천한 오두막집에 두고서, "이것이 황제의 궁전입니다"라고 말하면, 나로서는 차라리 그것을 믿을 가능성이 있습니다. 하지만 인간의 기술로 세운 것 중에 가장 으리으리한 건축물로 나를 데리고 가서, "저것이 하나님의 집입니다"라고 내게 말한다면, 그건 믿을 수가 없습니다! 불가능합니다! 그런 식이면 차라리 나는 달팽이의 집을 세우고는 "이것이 가브리엘 천사장의 집이나, 살아계신 하나님의 집에 버금가는 것입니다"라고 말하겠습니다. 그러면 그들이 내가 말하는 의미를 알겠지요. 그들의 뇌가 없든지, 혹은 그들이 만물을 채우시는 하나님에 대해 생각하려 들지 않든지, 둘 중 하나이겠지요!

또한 하나님은 땅과 하늘 자체가, 성전에 비유될 수 있는 것으로서, 그분이 손으로 지으신 것임을 보여주십니다. 나는 종종 소나무 숲 가운데 있거나, 히스가 무성한 언덕 위에 있거나, 밤중에 높은 하늘에서 내려다보고 있는 별들과 함께 있을 때에, 혹은 뇌성이 울려 퍼지는 소리를 듣거나, 하늘에서 번쩍이는 번개를 바라볼 때, 마치 엄숙하고 장엄한 성전 안에 있는 듯한 느낌을 가질 때가 있습니다. 그 때는 마치 하나님의 성전 안에 있는 것 같이 느껴집니다! 푸른 바다 아득한 곳, 배가 물결에 따라 이리저리 흔들리는 곳이나, 장엄한 자연의 한 가운데에 있을 때, 그 때 여러분은 마치 하나님 가까이에 있는 듯이 느껴질 것입니다. 하지만 결국 무엇입니까? 이 모든 자연만물도 그분이 만드신 것이며, 그것들은 그분을 위한 집이 아닙니다. 그것들은 창조된 것이라고 그분이 말씀하십니다. "땅이 있으라"고 그분이 말씀하시자, 아름답고 둥근 지구가 생겨났습니다. 그분이 말씀하셨을 뿐인데, 땅이 초록색 외투를 걸치고 나타났습니다. 그분이 말씀만 하셨을 때, 해와 달이 그 찬란한 빛을 발하였습니다.

그런데 하늘조차 하나님의 보좌이며 땅도 그분의 발판에 불과하거늘, 그분을 위한 집을 짓겠다고 생각한단 말입니까? 형제들이여, 그럼에도 불구하고, 어떤 특별한 성스러운 장소들이 있다고 여기는 개념이 사람들의 정신 속에 자리잡고 있습니다. 스스로를 그리스도인이라고 부르는 자들조차 그렇게 생각하는 경향이 있습니다. 하지만 그것은 매우 사악한 개념이며, 내가 진실로 믿기로는, 해악으로 가득한 생각입니다. 나는 이따금씩 알프스의 장엄한 자연 한가운데에 머물러봅니다. 빙하와 눈으로 덮인 산봉우리가 있습니다. 탁 트인 곳에서, 나는 저 고대의 언덕에서 불어오는 신선한 공기를 마십니다. 하지만 여러분은 그곳을 "거룩하지 않은 땅"이라고 부르겠지요. 거기에 서 보십시오. 조그마한 장소, 온갖 화려한 색채로 칠한 곳, 한 여인(성모 마리아)에게 경의를 표하는 곳—물론 그녀가 여인들 중에 복된 여인임은 사실입니다— 가까이에 서 보십시오. 나는 안으로 들어가, 주위를 둘러봅니다. 그리고 온갖 인형들과 장난감들로 가득한 것을 바라봅니다! 이 내부가 하나님의 집이며, 그 바깥은 하나님의 집이 아니라는 식의 말을 내가 들어야겠습니까? 그것은 터무니없는 말입니다! 분별 있는 사람이라면 그 말을 어찌 믿겠습니까? 그 조그마한 잔, 소위 "성수"로 채워진 잔을 들여다보십시오. 그리고 밖으로 나가십시오. 나가서 폭포에서 물보라를 일으키며 반짝이는 물이나, 혹은 구름에서 떨어지는 물을 보십시오! 사람들은 "거기에는 거룩한 것이 없다"고 말합니다. 그것은 사악한 생각입니다.

여러분이 만든 네 개의 벽면과, 주문 암송과도 같은 기도문들이 그곳을 거룩하게 만든다는 생각, 그런 생각은 사악하다고 나는 감히 말합니다. 무엇이 그곳을 신성하게 한다는 것인지 나는 알지 못하겠습니다. 하지만 그 바깥에, 폭풍과 천둥이 있는 곳, 비와 바람이 있는 곳을 보십시오. 오 선생들이여, 나는 차라리 그 둘 중에 바깥이 더 거룩하다고 생각합니다! 나로서는, 그곳에서 최선의 예배를 드릴 수 있고, 하나님을 사랑하고, 그분에 대해 생각할 수 있으며, 건물 안에 있을 때보다 그곳에서 그분과 더 가까워졌다고 느낄 수 있습니다.

사람들로 하여금 어느 특정한 시기에 특정한 장소에 가서, 어떤 특정한 행동들을 하면 하나님을 섬긴 것이라고 여기게 만드는 미신적인 생각이, 그들로 하여금 평상시에 하나님을 잊도록 유도합니다. 비록 전적으로 부인하게 만드는 것은 아니지만, 일상의 환경 속에서 그분을 잊어버리게 만듭니다. 그들의 하나님은 지역적인 하나님이며, 그들의 예배는 지역에 국한된 예배입니다. 사람들을 보고 있노라면, 그들이 의식을 마친 다음에는, 다시 헛된 일들로 되돌아가서 흥청거리고, 다시 그들의 죄를 반복합니다.

마음의 변화에 대해서는 그들이 신경을 쓰지 않습니다. 그들은 세례로 새 사람이 된다고 여깁니다. 하나님의 도에 대해 배우는 것, 더 온전해지는 것, 그것이 그들에게는 관심거리가 아닙니다. 그들은 견진성사(堅振聖事, 가톨릭에서 칠 성례 중 하나 — 역주)를 받지 않았습니까? 그리스도를 의지하여 살고, 영과 진리 안에서 그분의 살과 피를 먹는 것이 그들에게는 아무것도 아닙니다. 그들은 성찬식에서 떡과 포도주를 줄곧 먹어왔습니다. 그것으로 그들은 충분하다고 여기지 않습니까? 그 모든 것이 형식주의를 만들어내고, 참된 경건의 정신을 갉아먹습니다. 그렇지만, 예수님께 대한 신앙은 항상 예배해야 한다고 내게 가르칩니다. 가족 기도가 큰 회중에서의 기도만큼이나 선한 것이며 하나님께 받아들여지는 것이라고 가르칩니다. 나는 개인적으로 기도할 수 있습니다. 단지 어떤 교회법상으로 정해진 시간이 아니라, 매 시간 기도할 수 있고, 또 그렇게 기도해야 합니다.

> "어디든 내가 그분을 찾는 곳에서 그분은 발견된다네.
> 그러니 모든 곳이 거룩한 땅이라네."

내가 어디에 있든, 주님은 내게 복을 주시고 나를 받아주십니다. 사랑하는 자녀로서 나를 그분의 품에 안으십니다. 내 아버지의 집에는 거할 곳이 많으니, 하나님의 은혜는 이곳이나 저곳에만 있는 것이 아니라, 참된 마음이 구하는 곳이라면 어디에나 있습니다. 나는 여러분 모두가 그렇게 느끼기를 바랍니다. 이 말을 하는 이유는 웬일인지 교회가 그것을 배우는 것처럼 보이지 않기 때문입니다. 하나님께서는 대성당들에서 영광스럽게 자기 자신을 나타내셨던 것과 마찬가지로, 종교개혁자들이 머물던 외딴 골짜기에도 계셨습니다. 하나님은 그분을 진실하게 찾는 곳이라면, 가장 거대한 교회당에 나타나셨던 것과 마찬가지로, 진실로 두세 사람들이 모여서 기도하는 초라한 오두막에서도 발견되셨습니다. 바다에서 선원들이 드리는 예배는 육지에서의 예배와 마찬가지로 하나님께 받아들여집니다.

비천한 로마 성도들의 지하무덤(Catacombs)에서의 모임이나, 박해로 쫓기던 우리 선조들의 후미진 골짜기에서의 모임이나, 이 평화로운 시대에 좋은 시설을 갖춘 예배당에서의 회중들의 모임과 마찬가지로, 하나님의 참된 교회의 모임입니다. 주께서 이렇게 말씀하십니다. "하늘은 나의 보좌요 땅은 나의 발판이니 너희가 나를 위하여 무슨 집을 지으랴? 나의 안식할 처소가 어디랴?" 이 시대에 너무나 일반화된 모든 우상숭배와 물질주의를 우리 자신에게서 깨끗이 떨쳐버리도록 합시다.

2. 영적인 성전들을 택하심

이제 두 번째로, 영적인 성전들에 대한 하나님의 선택을 잠시 묵상하도록 합시다. "무릇 마음이 가난하고 심령에 통회하며 내 말을 듣고 떠는 자 그 사람은 내가 돌보리라"(2절). 사랑하는 이여, 하나님께서 인간들의 마음에 거하시기로 선택하셨음에 주목하십시오. 그분은 영이시며, 따라서 우리의 심령을 그분의 영이 거하실 곳으로 삼으십니다.

하나님께서 거하실 곳으로 마음을 선택하심에 있어서, 그분이 말씀하시지 않은 것에 대해 주의 깊게 생각해보십시오. "나는 높은 계층의 사람들과 더불어 거할 것이다"라고 말씀하신 것이 아닙니다. 나는 성경에서 고관, 귀족, 왕족에게 어떤 특별한 특권을 부여하셨다고 기록한 부분을 단 한 군데도 찾지 못했습니다. 아니, 성경 전체를 통틀어 이 세상의 위인이나 부자들에게 특별한 복음을 약속하는 단 한 마디도 찾지 못했습니다. 정녕 선택된 자들 중에는 육체를 따라 위대한 자들이나 능한 자가 많지 않습니다(참조. 고전 1:26). 이 본문에서 나는 어떤 특정한 지위에 관해 언급한 부분도 전혀 발견하지 못합니다. 본문은 "성직 수임으로 구별된 자, 특별히 은혜의 그릇이 되도록 정해진 자, 그 사람을 내가 돌보리라"고 기록되지 않았습니다. 그런 것은 없습니다. 수도사에 관하여 언급한 부분도 없고, 사제들이나, 성직자나, 혹은 목사들이나, 복을 받기 위해 구별된 어떤 특별한 계층, 그런 종류에 대해서는 전혀 언급되지 않았습니다.

다른 면에서, 나는 어떤 특별한 자질이 필요하다고 언급하는 부분도 찾지 못합니다. "나는 시인의 정신을 가진 사람과 더불어 거할 것이다"라고 기록되지 않았습니다. "세련된 정신을 가진 사람", 혹은 "색깔과 관련하여 심미안(審美眼)을 가진 사람", 혹은 "소리의 조화에 관하여 좋은 청력을 가진 사람" 등에 관해서는 한 마디도 언급되지 않았습니다. 어떤 사람들은 자질이 사람을 훌륭하게 만들고, 탁월하게 될 사람들은 모두 뛰어나게 되도록 정해져 있다고 생각합니다. 하나님은 그렇지 않으십니다. 그런 말은 여기에 없습니다. 하나님께서 어떤 특별한 교육을 받은 사람들과 함께 거하신다고 기록된 것도 아닙니다. 교육받는 것은 좋은 일이지만, 라틴어나 헬라어, 히브리어와 아람어에 대한 지식이 우리 이름을 생명책에 기록해주는 것은 아닙니다. 가장 배우지 못한 사람도 여기에 묘사된 범주에 포함될 수 있습니다. 학식을 갖추거나 고등 교육을 받은 자들이 하나님의 성전이 된다는 것에 대해서는 한 마디도 없기 때문입니다. 또한 여기에는 외적인 의(義)에 대해서도 전혀 언급된 것이 없습니다. 본문은 이렇게 말하지 않습니다. "나는 주일에 예배당에 두 번씩 출석하고, 교회에 참여하고, 세례를 받고, 성찬식에 참여하는 자들과 함께 거할 것이다." 그와 같은 언급은 없습니다. 영적인 성전은 그런 식으로 묘사되지 않습니다.

다음으로, 나는 여러분이 이 부분에 주목하기를 바랍니다. 즉, 하나님의 성전으로 묘사되도록 선택된 자들이 빈번하게도 멸시받는 자들이라는 점입니다. 세상은 이렇게 말합니다. "오, 누가 가난해지기를 원합니까?" "마음이 가난한 것입니다"라고 우리는 대답하지요. 세상이 말합니다. "아하, 우리는 하여튼 여러분처럼 마음이 가난한 사람들을 원하지 않습니다. 우리는 용기와 확신으로 가득한 사람, 자력으로 일어서고, 자기를 믿는 사람을 좋아합니다." 덧붙여서 세상은 말합니다. "저런, 마음이 가난하다니요! 게다가 우리는 통회하는 자들을 매우 따분한 동료라고 간주합니다. 마음이 상한 자들은 우리가 교제하기를 원하는 사람들이 아니랍니다." 오, 안타까울 뿐입니다. 그들의 계산으로는 통회의 가치가 얼마나 될 수 있을까요? 또한 하나님의 말씀에 대해 떠는 것에 관하여는 어떠한가요? 여러분이 알다시피 친우회(Society of Friends)가 이에 관하여 많은 말을 하고, 또 그들이 하나님의 말씀에 떤다고 해서, 사람들은 그들을 "떠는 자들"(Quakers, 17세기 중엽 조지 폭스가 창시하였으며 형제회의 별칭이기도 함 — 역주)이라고 불렀습니다. 그렇게 부름으로써 그들의 선한 고백을 멸시와 조롱의 용어로 바꾸어버린 것이지요.

그리고 요즘 시대에, 만약 어떤 사람이 하나님의 말씀을 아주 공경하고, 모든 면에서 주님의 명령들을 순종하기를 간절히 바라면, 사람들은 그에 대해 "그는 너무 꼼꼼해"라고 말하면서 그를 피합니다. 또는 좀 더 신랄한 투로 이렇게 말하지요. "그는 아주 편협해. 그는 진보적인 정신을 가진 사람이 아니야." 그렇게 함으로써 그들은 그의 이름을 마치 불길한 것처럼 배격해 버립니다. 현대의 어법에서 편협성이란, 여러분이 알다시피, 새로운 이론들을 선호하기보다 옛 진리들에 주의를 기울이는 것을 의미하지요. 그리고 요즘 시대에 진보적인 정신이란 여러분의 돈을 제외하고는 모든 면에서 진보적인 것을 의미합니다. 하나님의 율법에 대해서 진보적이고, 하나님의 교리에 대해서 개방적이며, 거짓을 진리라고 믿는 것에 대해서 관용적이며, 검은 것을 흰 것이라 하고, 흰 것이 때로는 검은 것이 될 수 있다고 믿는 것이지요. 그것이 곧 종교에서 진보의 정신입니다.

하나님께서 지속적으로 우리를 그런 것에서부터 구원해주시기를 바랍니다! 결국 세상에는 참된 것이 있으며, 만약 우리가 그런 것이 없다고 생각하면, 마음의 근본이 그릇되고 부패한 것입니다.

하나님께서는 말씀을 듣고 떠는 자, 심령에 통회하는 자, 마음이 가난한 자, 그런 사람들을 돌보기를 기뻐하신다고 말씀하십니다. 이들이 그분의 성전들이며, 오직 이들만이 그분이 그 안에 거하시는 사람들입니다. 사랑하는 친구들이여, 내가 이에 대해 크게 감사하는 이유는, 이러한 상태가 하나님의 은혜로 말미암아 주께서 부르시는 자들에게만 얻어지는 것이기 때문입니다. 오, 만약 주께서 위대한 자들의 마음 안에 거하신다고 말씀하셨다면, 우리들 중에 어떤 이들은 그다지 희망이 없을 것입니다. 혹은 그분이 세련되고 잘 교육받은 자들과 더불어 거하신다고 말씀하셨다면, 우리는 결코 그분의 방문을 받지 못할 것입니다. 하지만 그분이 가난한 자들과 함께 하신다면, 그것이 우리에게는 행복한 것입니다. 여러분이 알다시피 부자가 되기보다는 가난해지기가 더 쉽고, 또한 하나님께서 그분의 은혜로써 우리를 마음이 가난하도록 만드시기 때문입니다. 그분이 통회하는 자와 함께 거하신다면, 내가 통회하는 자들 중에 속하지 못할 이유가 무엇입니까? 그분이 그분의 말씀에 떠는 자들과 더불어 거하신다면—그것이야말로 아주 높은 수준의 은혜인데—정녕 그분의 사랑으로 말미암아 나는 그렇게 될 수 있으며, 또한 하나님께서 오셔서 나와 더불어 거하시고, 나로 하여금 그분과의 사귐 안에서 기뻐하게 만드실 것입니다.

사랑하는 이여, 여기에 표현된 이러한 증거들은 성도들 중에서 가장 작은 자들에게만 속하는 증거들입니다. 만약 주께서 충만한 확신을 가진 자들과 함께 거하겠다고 말씀하셨다면, 우리 중에 많은 이들은 제외되는 것입니다. 만약 주께서 높은 수준의 삶에 도달한 자들과, 그분과 동행하는 것이 습관화된 자들과만 함께 거하겠다고 말씀하셨다면, 그 또한 우리를 배제시키는 조항이 될 것입니다. 하지만 오, 얼마나 황공하게도 그분이 표현하시길, 가난한 자, 통회하는 자, 그분의 말씀에 떠는 자들과 함께 한다고 하십니다. 마음이 가난한 자, 통회하는 자, 떠는 자, 여기에 하나님이 세우신 건축물이 있습니다! 여기에 그분의 대성당이 있으며, 여기에 그분이 거하실 성막이 있습니다. 이 세 가지가 하나님이 거하시는 성전의 표징들이라면, 이로 인해 하나님께 감사합시다! 그것은 우리 심령에 위안이며, 우리로 소망을 단념치 않게 만드는 것입니다. 이 세 가지 표징들 각각에 주의를 기울이십시오.

하나님께서는 가난한 자들, 즉 모든 공로가 결핍되고, 선한 공적들이 없으며, 자랑으로 내세울 공적의 마지막 녹슨 구리 동전을 다 써버리고, 그들의 소유와 관련해서는 아무것도 의지할 것이 없는 자들을 돌보십니다. 사랑하는 형제여, 당신은 의지할 수 있는 모든 것이 다 바닥났습니까? 당신이 바로 하나님이 함께 거하시고자 하는 그 사람입니다. 모든 힘이 없어지고, 아무런 공로도 없어, 당신은 이렇게 느끼고 있습니까? "과거에 내가 해야 했던 것을 행하지 못한 것처럼 미래에도 내가 해야 할 바를 행할 수가 없구나." 당신은 회개조차도 하나님의 선물이어야 한다고 느끼며, 믿음이 그분으로부터 와야 한다고 느낍니까? 당신이 그분 발치에 죽은 사람처럼 누워있는 듯이 느끼고, 만약 구원이 주어진다면, 그 구원이 처음부터 끝까지 온통 은혜임이 틀림없다고 느낍니까? 오, 사랑하는 형제여, 그대의 손을 주십시오. 당신이야말로 하나님이 그 마음 안에 거하실 바로 그 사람입니다.

당신은 이제 모든 지혜가 결여되었습니까? 한때 당신은 스스로를 모든 것을 안다고 평가했지만, 이제는 기꺼이 하나님의 학교에서 가장 낮은 의자에 기꺼이 앉아서, 어린아이처럼 위대하신 선생(Master)으로부터 배우기를 바랍니다. 오, 스스로를 바보 곧 철저한 바보라고 느끼며, 약하고, 미약하며, 죽었고, 소망이 없고, 무력하며, 잃은 자라고 느끼게 되는 것이야말로 얼마나 중요한 은혜인지요! 오 사랑하는 친구들이여, 주께서 여러분을 그런 상태에 이르게 하셨다면, 여러분의 상태가 여러분 스스로에게는 슬프겠지만, 그것이 가장 밝은 소망으로 가득한 상태입니다. 왜냐하면 하나님께서 가난한 자를 돌본다고 말씀하셨기 때문입니다.

자, 왜 하나님께서 가난한 자에게 임하실까요? 그것은 바로 거기에 그분을 위한 공간이 있기 때문입니다. 다른 마음은 가득 차 있지만, 이런 마음은 비어 있으며, 그래서 하나님이 들어오십니다. 하나님께서는 자기 의로 가득한 마음에 결코 임하지 않으십니다. 혹 그분이 임하신다면, 그 마음을 비우기 위해 오시는 것이며, 그 마음을 가난하게 만드시기 위해 오시는 것입니다. 하지만 그분이 일단 그 마음을 비고, 황량하고, 쓸쓸하게 만드셨다면, 그 때 그분은 임하셔서 그 광야를 기쁘하게 만드시고, 그 사막에 장미가 피도록 만드십니다. 나는 여러분 중에 일부가 마음이 가난하다고 믿으며, 이 귀한 본문에서 위로의 빵 부스러기들을 줍고 있을 거라고 믿습니다.

다음 말씀은 "통회하는 자", 곧 "심령에 통회하는 자"입니다. 이는 자기 죄를 느끼고 그것을 미워하는 자, 자기가 하나님을 거역했음을 한탄하며, 자비를 발견하기를 갈망하는 자를 말합니다. 하나님께서는 그런 사람에게 임하실 것이니, 왜냐하면 거기에 마음의 청결이 있기 때문입니다. 통회하는 자가 말합니다. "오, 저는 제 마음에서 어떤 청결함도 발견하지 못합니다." 그러면 당신은 무엇을 봅니까? "오, 저는 온갖 종류의 죄와 악을 보며, 그렇기 때문에 저는 나 자신을 미워합니다." 그 미움 속에 청결이 있습니다. 내면의 죄에 대한 미움이 있다는 것은 당신의 영혼 속에 하나님이 사랑하시는 무언가가 있다는 것입니다. 그분은 당신에게 오실 것입니다. 거기에 그분 자신의 성결에 가까운 무언가가 있기 때문입니다. 그분이 그것을 거기에 두셨습니다. 당신은 자비를 간청하기 시작했습니다. 오, 그러면 하나님의 자비가 임할 것이니, 자비란 비참한 사람을 방문하기를 기뻐하기 때문입니다. 자비는 언제나 죄인이 죄를 자백하는 곳에 머뭅니다.

"자비란 유죄를 아는 자들에게
정녕 반가운 소식이니,
도움의 필요를 느끼는 비천한 자들은
도움의 손길에 감사하리.
우리 모두는 하나님께 죄를 지었으니
자랑할 수 있는 자는 아무도 없네.
하지만 그 무거운 짐을 가장 크게 느끼는 자가
가장 큰 용서를 얻게 되리."

이뿐 아니라, 만일 여러분이 상한 마음을 가졌다면 여러분에게 어떤 일이 일어날는지 나는 압니다. 자기 죄 때문에 자기 스스로를 미워하는 자들만큼 그리스도를 사랑하는 자는 없습니다. 자기에게서 자신의 의지라고 하는 모든 자부심을 벗어버리는 자는, 그리스도께서 제공하시는 의의 옷을 크게 찬미하며, 그것을 얻기를 애타게 갈망합니다. 사랑하는 이여, 그리스도께서 통회하는 당신 안에 계시고, 당신은 그분을 소중히 여기기 때문에, 이것이 하나님께서 임하셔서 당신 안에 거하시는 한 가지 이유입니다. 그분은 자기 아들이신 그리스도보다 더 나은 동반자를 원치 않으십니다. 게다가, 당신의 마음의 통회는 성령의 작용입니다. 성령께서 활동하시는 곳, 그곳에 성부 하나님께서는 머물기를 좋아하십니다. 당신은 당신의 통회함이 성령으로부터 오는 것임을 이해하고, 당신의 소망이 아들에게서 오는 것임을 이해합니까? 아버지께서는 그분의 영과 그분의 아들이 이미 있는 곳에 오셔서 거하셔야 하지 않을까요? 그대 상한 심령을 가진 사람이여, 용기를 내십시오. 비록 모든 소망이 깨어져도, 당신의 모든 기쁨이 사라져도, 당신이 매우 낮은 곳에 처하고, 심지어 극도의 의심과 두려움의 상태에 떨어져도, 하나님께서는 심령에 통회하는 자에게 오셔서 그와 함께 거하겠다고 말씀하셨으니, 그분은 그 말씀을 지키실 것입니다.

세 번째 말씀은 그러한 성전들을 좀 더 생생하게 묘사합니다. 하나님께서는 그분의 말씀을 듣고 떠는 자들과 함께 거하실 것입니다. 하나님이 거하실 수 있도록 올바른 상태에 있는 사람은 하나님의 말씀에 떱니다. 왜냐하면 그는 그 말씀이 모두 사실이라고 믿기 때문입니다. 만일 당신이 하나님의 말씀을 의심하면, 하나님과 당신 사이에는 불화와 단절과 다툼이 있는 것이며, 하나님께서는 결코 당신의 영혼 안에 거하시지 않을 것입니다. 말씀에 떠는 자는 그 말씀이 모두 사실임을 믿기에, 그래서 떠는 것입니다. 그는 율법을 읽으면서 이렇게 말합니다. "당신의 거룩한 법이 저를 정죄합니다." 그는 율법의 위협에 떱니다. 그 위협들이 그에게 성취되기에 합당하다고 느끼기 때문입니다. 또한 복음이 임하고, 그가 그것을 받아들이고 그 안에서 기뻐할 때에도, 그는 복음을 듣고 떱니다. 그 사랑으로 인해 떨고, 영원의 관점에서 자기를 보면서 떨고, 그가 구주를 십자가에 못 박았음에 떨고, 적어도 그 보혈에 씻음 받지 못하는 일이 없기 위해 떱니다. 이런 일들은 너무나 숭고하고 장엄하기에, 그는 그가 받아야 할 영광의 짐 아래에서 떱니다. 그는 약속을 듣고 떱니다. 그가 말합니다. "오 주여, 그 달콤한 약속이 저의 것이 되게 하소서." 그는 그것을 놓치지 않기 위해 떱니다. 또한 계명에 대해서도 떠는데, 그것을 오해하는 일이 없도록, 혹은 그것을 합당한 정신으로 이행하지 않는 일이 없도록 하기 위해 떱니다. 그는 특정한 계명들에 대하여 "이런 것은 본질적인 것이 아니다"라고 말하는 어떤 사람들과는 다릅니다. 그 하나님의 사람은 이렇게 말합니다. "아닙니다, 나는 당신들이 중요하지 않다고 하는 계명에 대해 떱니다."

만일 성경에 하나님이 제정하신 계명이 있다면, 다른 사람들은 그것을 가볍게 여기고 그것을 사소한 것이라 말해도, 하나님의 사람은 이렇게 말합니다. "아니요, 내게는 그것이 사소하거나 중요치 않은 문제가 아니오. 하나님의 말씀에 있는 것은 무엇이든지 그분의 승인의 도장을 받은 것이며, 나는 그 말씀에 떱니다." 한 번은 어떤 사람들이 나이든 한 청교도에게 이렇게 말했습니다. "어떤 사람들은 그 양심에 거대한 틈새가 있으니, 당신도 당신의 양심에 작은 틈 정도는 가지고 있어도 무방할 겁니다. 당신이 너무 정확해야 할 이유는 없습니다." 하지만 상대방은 이렇게 대답했습니다. "나는 정확하신 하나님을 섬깁니다." 이스라엘의 하나님은 질투하시는 하나님이시며, 그분의 백성은 그것을 압니다. 모세는 가나안에 들어가도록 허락되지 않았습니다. 비록 그의 죄는 여러분이 그것이 무엇이었는지조차 말하기 어려운 것이지만, 그토록 사소한 잘못인 것처럼 보였지만, 그럼에도 불구하고 그는 그것 때문에 약속의 땅에 들어가지 못했습니다. 하나님께서는 다른 사람들보다 그분에게 가까운 자들에게 더욱 엄격하십니다. 그분은 애정을 가진 자들에 대하여 질투하십니다. 머리를 그분의 가슴에 기댄 자는, 위대하신 구주께서 바깥 멀리에 있는 자들에게 대하시는 것보다 그에게 더욱 엄격하실 것임을 예상해야 합니다.

오, 사랑하는 이여, 우리는 하나님의 말씀에 떨어야 합니다. 우리는 예수님을 믿으면 천국에 들어갈 것임을 압니다. 하지만 우리가 저 복된 나라의 상속자들이라는 증거들을 훼손하는 일이 생기지 않도록 떨어야 합니다. 우리는 하나님의 사랑이 결코 우리를 버리지 않을 것임을 압니다. 우리는 영원한 사랑이 결코 선택된 자들을 거절하지 않을 것임을 압니다. 하지만 우리는 그 은혜를 오용하는 일이 없도록 떨어야 합니다. 우리가 듣고 믿는 교리가 더 은혜로울수록, 그토록 은혜로우신 하나님께 죄를 범하지 않기 위해 더욱 떨어야 합니다. 우리는 떨면서 그리고 즐거워하면서 세상을 통과합니다. 자, 만약 그것이 우리의 상태라면, 하나님께서는 우리와 함께 거하시겠다고 말씀하십니다.

오, 이곳에 참석한 여러분 중에는 이 본문 중에서 다른 어떤 부분도 붙잡을 수 없고, 오직 이 한 부분만 붙잡을 수 있는 사람들이 더러 있습니다. 그런 분들은 이렇게 말할 수 있습니다. "오, 목사님, 저는 하나님의 말씀 아래에서 떱니다. 설교를 들을 때 얼마나 자주 목사님이 저를 머리부터 발끝까지 떨게 만드는지요. 또 제가 혼자서 성경을 읽고 있을 때, 저는 그 말씀 때문에 마음이 녹아 눈물이 흐른답니다." 사랑하는 형제여, 그 말을 들으니 기쁩니다. 그 말이 나를 기쁘게 합니다. 거룩한 떨림은 생명의 징표이기 때문입니다. 만일 당신이 하나님의 영원한 음성의 위엄 앞에서 떨 수 있다면, 당신은 돌이나 나무토막이 아닌 것이며, 죄와 허물 안에서 전적으로 죽은 것도 아닙니다. 이러한 상태가 되는 것이 얼마나 복된 것인지를 이해하십시오. 하나님께서 우리와 함께 하실 것입니다.

3. 이러한 특징을 가진 자들에게 커다란 복이 주어짐

마지막으로 이 말을 하고서 마치겠습니다. 이러한 특징을 가진 사람들에게는 커다란 복이 보장됩니다. 하나님께서 그들을 돌보시겠다고 말씀하십니다. 돌보신다는 의미는 여러 가지로 해석됩니다. 우선 그것은 배려를 의미합니다. 하나님께서는 다른 것은 간과하실지 몰라도, 마음이 상한 자들을 돌아보십니다. 그것은 또한 인정을 의미합니다. 하나님께서는 가장 사치스러운 건물이 그분의 집이 되는 것을 인정하시지 않을지라도, 그분의 말씀에 떠는 모든 자들을 인정하십니다. 그것은 수용을 의미합니다. 비록 하나님께서 그분을 예배함에 있어서 어떤 물질주의도 수용하시지 않을지라도, 가난하고 깨어진 심령의 한숨과 부르짖음을 받아주실 것입니다. 그것은 애정을 의미합니다. 다른 사람들은 하나님의 도움을 받을 수 없을지 몰라도, 통회하는 자들은 그것을 얻을 것입니다. 그것은 또한 선의를 의미합니다. "그 사람은 내가 돌보리라."

나는 일전에 옛 저자의 책에서 다음과 같은 내용의 글을 읽은 적이 있습니다. 그는 이렇게 말합니다. "가족 중에는 매우 약하고 아픈 자녀가 있을 수 있다. 건강하지 못한 또 다른 아이들이 몇몇 더 있을 수 있다. 하지만 이 한 아이는 몹시 아프다. 어머니가 유모에게 이렇게 말한다. '당신이 나머지 아이들을 돌볼 것이지만, 이 아이만큼은 내가 돌볼 것입니다. 이 아이는 심하게 아프고 극도로 약하기 때문입니다.'"

그처럼 하나님께서도 그분의 천사들에게 "너희가 가난하고 통회하는 자들을 돌보라. 나는 다른 할 일들이 있다"라고 말씀하시지 않고 오히려 이렇게 말씀하실 것입니다. "너희 천사들이여 가라, 가서 더 강한 자들을 섬기고, 그들이 돌부리에 상하지 않도록 너희 손으로 그들을 돌보아주어라. 하지만 여기 가난한 영혼, 그 마음이 매우 가난한 영혼이 있다. 이 사람은 내가 직접 돌볼 것이다. 여기에 마음이 크게 상한 가난한 사람이 있다. 내가 직접 그를 싸매어 줄 것이다. 여기에 내 말에 크게 떠는 사람이 있다. 내가 친히 그 마음을 위로하리라." 별들의 수효를 세시고 그것들을 다 이름대로 부르시는 그분이, 친히 상심한 자들을 고치시며 그들의 상처를 싸매어주십니다(참조. 시 147:3-4). 그들을 향한 특별한 사랑으로 그분이 그 일을 친히 행하실 것입니다.

나는 오늘 밤 몇몇 상심한 영혼들에게 위로의 수단이 되었으면 좋겠습니다. 그런데 주께서 이렇게 말씀하실 것 같습니다. "아니다, 나는 너를 그런 수단으로 삼지 않을 것이다." 좋습니다, 주님, 당신의 뜻대로 되기를 원합니다. 하지만 당신께서 친히 그 일을 행하시겠지요. 우리가 책이나 소논문을 쓸 때, 우리는 낙심한 자들을 위로하기 원합니다. 그런데 주님께서 이렇게 말씀하실 것 같습니다. "아니, 아니다." 이에 대해 우리가 어떻게 대답해야 할까요? "주여, 당신께서는 우리가 할 수 있는 것보다 그 일을 더 잘하실 수 있습니다. 어떤 상처들은 우리가 손댈 수 없으며, 어떤 질병은 우리의 치료를 비웃습니다. 하지만 선하신 주님, 당신께서는 그 일을 행하실 수 있습니다."

마음이 상하고 가난한 이여, 주께서 당신에게 오실 것입니다. 그분이 오실 것입니다. 낙심하지 마십시오. 비록 마귀는 당신이 결코 구원받지 못할 거라고 말하지만, 그 말을 믿지 마십시오. 무엇보다, 당신의 눈물 고인 눈을 들어 십자가에 달리신 그리스도를 바라보십시오. 그리고 그분을 믿으십시오. 다른 어디에도 구원이 없으나, 십자가에 달리신 예수 그리스도 안에는 구원이 있습니다.

"십자가에 달리신 분을 바라보는 것에 생명이 있으니
바로 그 순간 그대에게 생명이 있습니다.
그러니 죄인이여, 그분을 바라보고, 구원을 얻으십시오.
나무에 못 박히신 그분을 바라보십시오.
그대의 회개의 눈물이나 기도가 아니라,
영혼들을 위하여 흘리신 속죄의 피가 중요하니,
그 피를 흘리신 분을 믿으면,
그대의 무거운 죄짐이 벗어지리.
십자가에 달리신 그분의 영혼의 고뇌를 그대는 보았나요?
그분의 고통스러운 외침을 그대는 들었나요?
그 때 끔찍한 진노를 그분이 견디셨다면,
그대에게 용서가 주어지지 못할 이유가 무엇이리요?

그가 채찍에 맞음으로 우리가 나음을 받으니, 이에 무슨 말을 더하리?
그가 우리의 의가 되셨으니,
천국에서 가장 좋은 옷을 입으라고 그분이 말씀하시네.
오! 그대여 어떻게 이보다 더 아름답게 단장할 수 있으리?
하나님이 선언하셨으니, 그대를 환영함을 의심하지 마시오.
더 이상 할 일이 남지 않았다오.
세상의 끝에 그분이 나타나셨고,
몸소 시작하신 그 일을 끝마치셨네."

예수님을 바라보십시오. 당신의 영혼이 그분의 십자가 아래에서 쉬도록 하십시오. 설혹 당신이 오늘이나 내일 생명을 얻지 못하여도, 결국엔 그것을 얻을 것입니다. 비록 당신이 많은 날 동안 믿음 안에서 기쁨과 평안을 얻지 못해도, 그것은 결국 올 것입니다. 반드시 올 것입니다. 하나님께서 조만간 마음이 가난하고 심령에 통회하는 자, 그분의 말씀에 떠는 자를 돌보실 것입니다.

이제, 많은 사람들이 예배당을 떠나면서 웃고, 이렇게 말할 것입니다. "음, 나는 그 설교에 관해서 아무것도 이해하지 못하겠어." 가련한 영혼이여! 불쌍하기 짝이 없군요! 만약 당신이 이것을 알지 못한 채 살다가 죽는다면, 당신의 운명은 차라리 당신이 태어나지 않은 것보다 더 나쁠 것입니다. 주님이 당신을 불쌍히 여기시길 바랍니다! 비록 당신의 주머니가 금으로 채워지고, 최상의 옷감으로 당신의 몸을 덮고, 당신의 집은 화려한 가구로 가득하고, 당신 슬하에 자녀들이 많아도, 당신이 통회하는 심령이 무엇을 의미하는지 알지 못한다면 당신은 불쌍하기 짝이 없는 사람입니다. 주께서 사시거니와, 끔찍한 종말이 당신에게 임할 것입니다. 끝나지 않는 운명, 영원한 불행이 당신의 몫이 될 것입니다.

하지만, 만약 내가 가난한 자들 중에서 가장 가난한 사람에게 말하고 있다면, 이곳에 들어오긴 했지만 점잖은 무리에 끼기에는 적합하지 않은 옷을 입었다고 생각하는 사람, 오늘 밤 돌아갈 집이 없고, 죄로 인하여 양심의 어떤 위로를 가지지 못한 사람에게 말하고 있다면, 주께서 그런 사람에게 은혜를 주시길 빕니다! 혹 내가 많은 외적인 위로들을 가지고 있어도 심령의 위로를 얻지 못한 자, 죄로 인해 마음이 눌린 자에게 말하고 있다면, 주께서 그런 사람에게도 은혜를 주시길 빕니다!

친절하게도 여러분의 낮은 상태를 깊이 생각하시는 그분의 선언에 귀를 기울이십시오. 복음의 메시지를 들으십시오. 예수님께서 포로 된 자를 자유롭게 하시고, 눈먼 자의 눈을 뜨게 하시며, 잃은 자들을 찾아 회복시키시려고 오셨습니다. "미쁘다 모든 사람이 받을 만한 이 말이여 그리스도 예수께서 죄인을 구원하시려고 세상에 임하셨다 하였도다"(딤전 1:15). 그분의 사랑을 인하여, 여러분이 그분 안에서 구원을 찾기를 바랍니다. 아멘.

제
95
장

영혼들을 위한 산고(産苦)

"시온은 진통하는 즉시 그 아들을 순산하였도다."—사 66:8

이스라엘은 가장 낮은 상태로 떨어졌습니다. 하지만 하나님의 백성들 가운데는 하나님의 은혜의 회복을 위한 내적인 갈망이 있었습니다. 그들의 갈망이 간절해지자 곧 하나님께서는 그 부르짖는 소리를 들으셨고, 은혜가 임했습니다. 그 일은 바벨론 포로에서의 회복의 때에 있었고, 또한 우리 주님의 시대에도 매우 명확해진 일이기도 합니다. 신실한 무리는 멈추지 않고 주의 기름 부으신 사자의 강림을 고대했습니다. 그들은 그분이 별안간 그분의 성전에 임하시기를 기다렸고, 선택된 남은 자들에 의해 대표되는 열두 지파들은 밤낮으로 지존하신 주를 향해 부르짖었습니다. 마침내 그들의 기도가 맹렬해지고, 그들의 갈망이 심령의 가장 깊은 고민이 되는 수준에 이르렀을 때, 그 때 메시야께서 오셨습니다. 이방인들의 빛, 이스라엘의 영광이 임하신 것입니다. 그 때 아이를 낳지 못하던 여인이 가정을 지키고 자녀들의 즐거운 어머니가 되는 복된 시대가 시작되었습니다. 성령이 주어졌고, 무수한 사람들이 하나님의 교회에 태어났습니다. 그렇습니다, 우리는 한 민족이 하루에 태어났다고도 말할 수 있습니다. 광야와 메마른 땅이 기뻐하며 사막이 백합화 같이 피어 즐거워하였습니다(사 35:1).

하지만 우리는 이사야가 언급했던 것처럼 이 본문을 특정한 면에 한정하여 적용하지 않으려 합니다. 계시의 위대한 선포들은 모든 경우들에 적용될 수 있으며, 그 선포들이 진리라면, 그것들은 영원히 서는 것입니다. 하나님께서 오늘 아침 그분의 교회에 큰 복을 주시기를 간절히 바랍니다. 내 마음이 이끄는 이 주제를 통하여, 첫 번째로 나는 여러분이 교회의 수적 증대를 얻기 위해서는 산고(産苦)가 있어야 한다는 점에 주목하기를 바랍니다. 두 번째로, 이 산고는 빈번하게도 놀라운 결과를 수반한다는 점에 주목하십시오. 세 번째로, 나는 그 산고와 결과가 모두 바람직하다는 것을 제시해야 할 것이며, 또한 뒤로 물러서서 주저하는 자들에게는 화를, 하나님의 성령에 힘입어 영혼들을 위해 산고를 감당하려는 자들에게는 복을 선언할 것입니다.

1. 출산의 진통이 있어야 한다.

"시온은 진통하는 즉시 그 아들을 순산하였도다"고 하는 본문에서 볼 때, 영적 출생이 있기 전에는 반드시 진통이 있어야 한다는 것이 명백합니다.

먼저 이 사실을 역사로부터 입증하겠습니다. 하나님의 백성에게 큰 복이 임하기 전에는, 마음의 큰 가책이 선행되었습니다. 이스라엘은 애굽에서 심하게 압제를 당했기에, 그 백성으로서는 마음이 완전히 무너져 세습적인 노예상태를 감수하는 것이 너무나 쉽고 거의 자연스러웠으며, 그것이 그들의 비참한 운명과 관련하여 그들이 할 수 있는 최선이었습니다. 하지만 하나님은 그렇게 되기를 원치 않으셨습니다. 그분은 "강한 손과 편 팔로"(신 26:8) 그들을 이끌어내기를 원하셨습니다. 하지만 그 전에, 그분은 그들로 하여금 부르짖도록 만드는 일을 시작하셨습니다. 그들의 탄식과 부르짖음이 하나님의 귀에 상달되었고, 그래서 그분이 손을 펴서 그들을 구원하신 것입니다. 의심할 여지 없이, 아기들이 품에서 떨어져나가 강물에 던져졌을 때, 하늘을 향해 외치는 어머니들의 마음을 찢는 호소가 있었습니다. 크게 괴로워하며, 그들은 하나님께 그분의 불쌍한 백성 이스라엘을 살펴주시고, 그들의 압제자들에게 보응해주시기를 요청했을 것입니다. 젊은이들은 저 잔인한 멍에 아래에서 신음하였고, 백발의 아비들은 공사감독의 굴욕스러운 매질 아래에서 괴로워했습니다. 그래서 그들은 이스라엘의 하나님 앞에서 탄식하고 울었습니다. 온 민족이 부르짖었습니다. "오 하나님, 우리를 찾아오소서. 아브라함과 이삭과 야곱의 하나님이시여, 당신의 언약을 기억하시고, 우리를 구원하소서." 이러한 진통이 그 결과를 이끌어냈습니다. 주께서 강력한 재앙으로 소안의 들을 치시고, 미스라임(애굽의 별칭, 참조. 창 10:6)의 아들들의 속박으로부터 이스라엘 자녀들을 이끌어내어 즐거이 행진하게 하셨던 것입니다.

많은 사건들을 이야기할 시간이 없으므로, 역사를 길게 건너뛰어 다윗 시대를 보도록 하겠습니다. 이새의 아들의 그 시대는 명백히 종교적 부흥의 시대였습니다. 왕이면서 시인이었던 그의 시대에, 하나님은 존중을 받으셨으며 그분을 섬기는 예배는 유대 땅에서 지속되었습니다. 하지만 성경을 읽는 자들에게, 다윗이 영적 고민과 고통을 가장 극심하게 겪은 사람이라는 것은 명백합니다. 위대한 부흥의 지도자가 되기에 적합한 사람처럼, 그의 가슴은 고통으로 쑤시고 한숨으로 가득했습니다. 그가 얼마나 하나님을 갈망하고, 살아계신 하나님을 목말라 했는지요! 하나님께서 시온을 권면하시도록, 그분이 심으신 포도나무가 다시 한 번 무성해지도록, 그가 얼마나 많은 탄원을 쏟아냈는지요! 심지어 그 자신의 죄가 그를 무겁게 누르고 있을 때에도, 그는 자신의 개인적인 자백으로 탄원을 끝낼 수 없었고, 주께서 시온에 선을 행하시고 예루살렘 성을 쌓으시도록 간구했습니다(시 51:18). 당시 다윗의 간구는 수백 명의 다른 사람들의 간구 중 하나일 뿐이었으며, 그들은 동일한 열성으로 하나님의 은혜가 그 백성 위에 머물도록 부르짖었습니다. 이스라엘과 유다에 많은 산고가 있었고, 그 결과는 주께서 영광을 받으시고, 참된 신앙이 번성하게 된 것입니다.

또한 요시야 왕 시대를 기억하십시오. 성전에 방치되었던 율법책이 발견되어, 그것을 왕 앞으로 가져왔을 때, 그가 어떻게 자기 옷을 찢었는지를 여러분은 알 것입니다. 그가 그렇게 한 것은 그 민족이 여호와께 반역하여 반드시 극한 진노가 임할 것임을 알았기 때문입니다. 그 젊은 왕의 마음은, 예민하고 하나님을 경외하였기에, 그 백성의 죄로 인해 그들에게 닥칠 불행을 생각하니 고통으로 금방이라도 깨어질 듯 했습니다. 그 때 영광스러운 개혁이 이루어졌으니, 그 땅에서 우상들이 타파되고, 전에 한 번도 지켜진 적이 없었던 유월절이 지켜졌던 것입니다. 경건한 사람들의 마음의 진통이 즐거운 변화를 낳은 것입니다.

느헤미야의 일에서도 마찬가지입니다. 그의 책은 그의 마음의 고통에서부터 시작됩니다. 그는 애국자였으며, 신경이 과민하고 흥분하기 쉬운 기질의 사람이었으며, 하나님의 명예를 위한 예민한 감수성을 가진 사람이었습니다. 그의 영혼이 큰 근심과 갈망을 느꼈을 때, 그는 성벽을 재건하기 위해 일어섰고, 그의 노력에 은혜가 임하였습니다.

기독교 역사의 여명기에, 그 수가 크게 증대되기 전에 교회의 준비가 있었습니다. 다락방에 앉아서, 간절한 소망을 가지고 기다리는 저 순종하는 제자들을 보십시오. 주님의 죽음으로 인한 슬픔으로 그곳에 있던 자들의 마음이 모두 미어졌으며, 각 사람은 약속된 성령의 은혜를 받기 원했습니다. 거기서, 한 마음과 한 뜻이 되어, 그들이 기다렸을 때, 기도의 씨름이 없었던 것이 아닙니다. 그래서 보혜사가 주어졌고, 삼천 명의 영혼들 역시 교회에 주어진 것입니다.

부흥의 시기 이전에는 하나님의 교회에서 살아있는 열의와 간절한 소원이 언제나 감지되었습니다. 루터가 종교 개혁을 유발한 유일한 사람이라고 생각하지 마십시오. 검은 숲(Black Forest, 독일 남서부의 삼림 지대—역주)의 오두막들에서와, 독일의 가정들에서, 그리고 스위스의 산악지대에서, 은밀하게 탄식하고 부르짖었던 수백 명의 사람들이 있었습니다. 그들은 낯선 곳에서 주님의 나타나심을 바라며 마음이 상하던 자들이었습니다. 그런 이들을 스페인의 궁전들에서나, 종교재판소의 지하 감옥에서, 그리고 네덜란드의 운하에서와, 영국의 푸르른 시골길에서 발견할 수 있었습니다. 여인들은 목숨을 잃지 않으려고 성경을 감추면서 속으로 부르짖었습니다. "오 하나님, 언제까지입니까?" 마치 산고 중에 있는 여인과 같은 고통이 있었고, 은밀한 곳에서 눈물과 쓰라린 탄식이 있었으며, 목초지 높은 곳에서 영혼의 강력한 씨름이 있었습니다. 그리하여 드디어, 그 기초부터 꼭대기에 이르기까지 바티칸을 흔들고 요동치게 했던 거대한 격동이 일어났던 것입니다. 교회의 역사에는 어떤 결과가 일어나기에 앞서 언제나 진통이 있었습니다.

사랑하는 친구들이여, 큰 규모로 보았을 때에도 그것이 사실이지만, 또한 모든 개인적인 경우에 있어서도 그것은 사실입니다. 다른 사람들의 영혼을 위한 감수성과 동정심이 없는 사람이, 뜻밖에 회심의 도구가 될 수는 있습니다. 말하는 자가 하나님의 법령을 선포할 자격이 없다는 이유로, 그가 입 밖으로 낸 좋은 말이 좋은 말이 되지 않는 것은 아닙니다. 엘리야에게 전달된 떡과 고기는, 까마귀들이 그것들을 가져왔다고 해서 영양분이 감소되는 것이 아닙니다. 하지만 까마귀들은 여전히 까마귀로 남았습니다. 완고한 마음을 가진 사람이 하나님이 복주실 좋은 말을 할 수는 있지만, 일반적으로, 영혼들을 그리스도께로 이끄는 자들은 무엇보다 영혼들이 구원받아야 한다는 열망과 고민을 느꼈던 자들입니다.

이는 우리 주님의 성품에서도 얼마든지 생각해볼 수 있는 것입니다. 그분은 사람들의 위대한 구주이시지만, 다른 사람들을 구원하실 수 있기에 앞서, 그들과 같은 육신으로 그들을 동정하는 법을 배우셨습니다. 그분은 예루살렘을 위하여 우셨고, 겟세마네에서 피와 같은 땀을 흘리셨습니다. 그분은 과거에도, 그리고 지금도, 우리의 연약함을 동정하시는 대제사장이십니다. 우리 구원의 대장으로서, 많은 사람들을 영광으로 이끄심에 있어서, 그분은 고난으로 온전해지셨습니다. 심지어 그리스도께서는, 중보의 기도로 밤을 보내면서 듣는 자들의 구원을 위하여 부르짖고 눈물을 흘리기 전에는, 설교를 위해 앞으로 나서지 않으셨습니다. 매우 유용하게 쓰임 받았던 그분의 종들은 언제나 그렇게 되기를 간절히 바랐습니다. 만약 어떤 사역자가 회심하는 자 없이도 만족할 수 있다면, 그는 더 이상의 회심자들을 얻지 못할 것입니다. 하나님께서는 어떤 사람을 억지로 쓰시지 않습니다. 우리의 마음이 사람들이 구원받는 것을 보기 위해 깨어질 때, 그 때에만 우리가 죄인들의 마음이 깨어지는 것을 볼 수 있을 것입니다. 성공의 비밀은 영혼들을 위해 모든 것을 태우는 열망, 그리고 모든 것을 복종시키는 산고입니다. 웨슬리나 휫필드의 설교들을 읽어보았습니까? 거기에 무엇이 있던가요? 보존할 정도로 가치 있는 것은 거의 없다고 말해도 그것은 심한 비평이 아닙니다. 하지만 그 설교들이 놀라운 일을 이루었으며, 또 그럴 만도 합니다. 두 설교자 모두 진실로 이렇게 말할 수 있었기 때문입니다.

> "그리스도의 사랑이 나를 강권하시어,
> 사람들의 방황하는 영혼들을 찾게 하시네.
> 부르짖음과, 탄원과, 눈물로써,
> 불타는 바다에서 그들을 움켜내어 건질 수 있기 바라네."

그런 설교를 이해하기 위해서, 여러분은 그 사람을 보고 들어야 합니다. 여러분은 그의 눈물 고인 눈을 보아야 하며, 그의 홍조 띤 얼굴을 보아야 하며, 그의 호소하는 음성을 듣고, 그의 터질 것 같은 마음을 보아야 합니다. 나는 그의 설교가 인쇄되는 것을 거절한 위대한 설교자에 관하여 들은 적이 있습니다. 그가 말했습니다. "왜냐하면, 당신이 나를 인쇄하지 못하기 때문입니다." 그 진술은 아주 핵심을 찌른 말입니다. 그 설교자는 그가 말하는 내용에 자기 자신을 던집니다. 내가 이따금씩 말했듯이, 우리는 우리 자신을 우리의 대포 속에 장전해야 하며, 우리의 청중을 향해 우리 자신들이 발사되어야 합니다. 우리가 이렇게 할 때, 하나님의 은혜로, 그들의 마음은 종종 말씀의 공세에 넋을 잃습니다. 여러분 중에 어느 누구든 자녀들의 회심을 원합니까? 여러분이 그들을 위해 고투를 벌일 때에 그들을 구원할 것입니다. 그 자녀들이 진리 안에서 걷는 은혜를 누리는 많은 부모들이, 그 복이 오기 전에 많은 기도의 시간과 간절한 간구의 시간을 보냈으며, 그런 후에 주께서 찾아오시고 그들 자녀의 심령이 변화되었다고 여러분에게 들려줄 수 있을 것입니다.

성년이 된 어느 젊은이가, 부모의 집을 떠났을 때 악한 영향의 부추김을 받아 회의주의적인 관점을 가지게 된 일에 관하여 들은 적이 있습니다. 그의 아버지와 어머니는 모두 신실한 그리스도인들이었으며, 아들이 구주께 대해 그토록 반대하는 모습을 보게 되는 것이 거의 그들의 마음을 깨어지게 만들었습니다. 한 번은 그 아들에게 어느 저명한 목사의 설교를 듣기 위해 함께 가자고 권유하였습니다. 그는 단지 부모를 기쁘게 하기 위해 동행했으며, 그 이상의 아무런 동기는 없었습니다. 그 설교는 천국의 영광에 관한 내용이었습니다. 그것은 매우 특별한 설교였고, 참석한 모든 그리스도인으로 기쁨으로 뛰게 한 것으로 짐작됩니다. 그 젊은이는 설교자의 웅변에 크게 만족했지만, 그 이상은 아니었습니다. 그는 그의 탁월한 웅변 능력을 인정하고, 그 설교에 관심을 가지긴 했지만, 전혀 그 힘을 느끼지는 못했습니다. 그는 설교 도중에 우연히 자기 아버지와 어머니를 보았는데, 그들이 울고 있는 모습을 보고 놀랐습니다. 그는 왜 그들이 우는지 짐작하지 못했고, 그리스도인들이 아주 기쁨에 찬 어투로 전하는 설교를 들으면서 왜 우는지를 이해할 수 없었습니다.

집에 도착했을 때 그가 물었습니다. "아버지, 오늘 우리는 아주 훌륭한 설교를 들었습니다. 그런데 무엇이 거기 앉아계시던 아버지와 어머니를 울게 만들었는지 저는 이해할 수 없었습니다." 그의 아버지가 대답했습니다. "내 사랑하는 아들아, 나는 나 자신에 관해서는 특별히 울 만한 이유가 없고, 그것은 너의 어머니도 마찬가지란다. 하지만 그 설교 내내 너에 대해 생각하지 않을 수 없더구나. 의인들을 기다리고 있는 그 찬란한 기쁨에 네가 참여할 거라는 소망을 갖지 못한 이유 때문이란다. 네가 천국에 들어갈 수 없다고 생각하니 그것이 내 마음을 아프게 했단다." 그의 어머니가 말했습니다. "나도 같은 생각이었단다. 그 설교자가 구원받은 자들의 기쁨에 대해 말할수록, 나는 내 사랑하는 아들인 네가 그것이 무엇을 의미하는지 알지 못할 거라는 생각이 들어 더욱 슬펐단다." 그 말이 그 젊은이의 마음을 움직였고, 그로 하여금 그의 아버지의 하나님을 찾게 만들었습니다. 머지않아 그는 같은 성찬예식에 참여했고, 거의 부모가 섬기는 하나님과 구주 안에서 즐거워할 수 있었습니다. 출생 이전에 진통이 있었습니다. 애타는 근심, 내면 깊은 곳의 감정이, 다른 사람들을 위한 구원의 도구가 되는 일에 선행되었습니다.

나는 사실을 확인했다고 생각합니다. 이제는 잠시 여러분에게 그 이유들을 제시하도록 하겠습니다. 왜 바람직한 결과들이 얻어지기 전에 이러한 근심이 있어야 할까요? 그 대답으로, 하나님께서 그렇게 정하셨다고 말하는 정도에서 만족할 수 있습니다. 그것은 자연의 질서입니다. 어머니의 진통 없이 아이는 세상에 태어나지 않으며, 수고 없이 생명을 유지시키는 빵이 땅에서 저절로 나지 않습니다. "네가 얼굴에 땀을 흘려야 먹을 것을 먹으리라"(창 3:19)는 태고(太古)의 저주 중의 일부입니다. 자연에서 그런 것처럼, 영적인 면에서도 그러합니다. 우리가 구하는 복은 먼저 그것을 얻기 위한 진지한 갈망 없이는 오지 않을 것입니다. 그것은 일상의 일에서도 마찬가지입니다. 우리는 이렇게 말하지요. "땀 흘림이 없이 달콤한 즐거움은 오지 않는다(No sweat, no sweet)." "수고가 없으면 소득도 없다(No pains no gains)." "갈지 않으면 곡식 가루가 생기지 않는다(No mill no meal)." 수고가 없는 곳에는 이득도 없을 것입니다. 부자가 되고자 하는 자는 그것을 위해 수고해야 합니다. 명성을 얻고자 하는 그것을 얻기 위해 힘을 기울여야 합니다. 언제나 그러합니다. 수고가 있어야만 그 후에 바라는 것이 옵니다. 하나님께서 그렇게 정하셨습니다. 그것을 법칙으로 받아들여야 합니다.

하나님이 그렇게 정하신 것은 우리의 유익을 위해서입니다. 만일 영혼들이 어떤 수고나 고민이나 기도 없이 우리에게 주어진다면, 그렇게 되는 것은 우리에게 손해일 것입니다. 왜냐하면 동정 어린 마음 속에서 고동치는 염원이 은혜들을 활동하게 하고, 그 은혜들이 하나님께 감사의 사랑을 일으킵니다. 그 간절한 염원이 하나님의 능력으로 다른 사람들을 구하기 위해 그 사람의 믿음을 작동하게 하며, 또한 그를 은혜의 보좌 앞으로 나아가게 합니다. 그것이 그의 인내와 참을성을 강화하며, 그 사람 안에 있는 모든 은혜는 영혼들을 위한 그의 수고에 의해 훈련되고 증대됩니다. 노동이 축복이라면, 영혼의 수고 역시 그러합니다. 사람들은 그로 인해 그리스도의 형상을 더욱 온전히 닮아가게 되며, 전체 교회가 동일한 정서로 인해 활력을 띠게 됩니다. 우리 자신의 영적 생명의 불은,

사방에서부터 죽은 자들 위에 생기가 불어지기를 갈망하는 우리의 기도로 인해 더욱 뜨겁게 타오릅니다.

사랑하는 친구들이여, 또한 하나님께서 우리 안에 일으키신 열정은 종종 우리가 바라는 그 목적을 이루는 효과적인 수단들이 됩니다. 결국, 하나님께서 허락하시는 회심은 웅변에 달린 것이 아니라 마음에 달린 것입니다. 회심을 위한 하나님의 성령의 능력은 마음에서 마음으로 이어지는 접촉에서 나타납니다. 마음에서 우러나온 진리가 마음에 전달됩니다. 이것이 하나님의 전투용 도끼이며 그분의 십자군 전쟁을 위한 무기입니다. 그분은 그리스도인들의 갈망과 애탐과 동정심을 사용하기를 기뻐하십니다. 부주의한 자들을 생각하게 만들고, 완고한 자들을 느끼게 만들며, 믿지 않는 자들을 진지하게 숙고하게 만드는 강력한 도구들로 사용하십니다. 나는 사람들의 마음에 도달하는 수단으로서 능란한 화술과 세련된 문장들에는 확신을 가지지 않습니다. 하지만 단순한 마음을 가진 그리스도인 여성이 회심시켜야 할 대상들을 위해 우는 것에 대해서는 큰 믿음을 가지고 있습니다. 또한 낮과 밤에 은밀하게 기도하며, 자기에게 주어진 모든 기회를 살려 죄인들에게 사랑에서 우러나오는 말을 전하는 겸손한 그리스도인에 대해서는 큰 확신을 가지고 있습니다. 우리가 느끼는 감정과, 우리가 간직한 애정이, 영혼을 구하는 가장 강력한 도구들입니다. 성령 하나님께서는 대체로 부드러운 마음을 가진 자들을 쓰시어 강한 마음을 깨뜨리십니다.

또한, 진통은 출생하는 자녀의 적절한 돌봄을 위해서도 필요합니다. 하나님께서는 새로 태어난 자녀들을 그들에게 관심을 기울이지 않는 사람들에게 맡기지 않으십니다. 만약 하나님께서 회심자들을 그런 자들의 손에 맡기신다면, 그로 인해 그들은 심각한 손실을 겪을 것입니다. 갓 태어난 신자를 격려하는 일에, 그 이전에 그 사람의 회심을 위해 주님 앞에서 간절히 구했던 사람보다 적당한 사람이 누구이겠습니까? 여러분이 울면서 기도해주었던 자들을 위해서는, 여러분이 격려하고 지지하는 일에 적격일 것입니다. 산고의 진통을 겪지 않은 교회는, 하나님께서 수백 명의 회심자들을 보내신다고 해도, 그들을 훈련하기에 부적당합니다. 그런 교회는 어린 자녀들을 위해 무엇을 해야 하는지를 알지 못하기에, 많은 고통을 겪도록 그들을 방치할 것입니다. 만약 하나님께서 우리에게 어느 정도의 진지한 근심과 동정심을 주셨다면, 그로 인해 하나님께 감사합시다. 그것이 영혼을 건지는 남자와 여자들의 특징이기 때문입니다. 우리가 그것을 더 갖도록 구합시다. 우리가 그것을 가지는 정도에 따라, 우리는 성령의 손에 들린 도구가 되기에 적합해지고, 하나님의 아들들과 딸들을 돌보고 양육하는 일에도 적합할 것이기 때문입니다.

또한, 하나의 법칙으로서, 산고가 영적 출생에 필수적인 이유는, 그것이 하나님께 모든 영광을 돌리도록 하기 때문입니다. 만약 여러분이 스스로에 대한 평가에서 겸손해지기를 원한다면, 한 어린아이를 회심시키려고 시도해 보십시오. 자유 의지를 과신하고 인간 마음의 자연적인 선함을 지나치게 믿는 형제들이 있다면, 나는 그들이 내가 데리고 오는 몇몇 아이들을 겪어보도록 하고 싶습니다. 그래서 그들이 그들의 마음을 깨뜨리고 그들로 하여금 구주를 사랑하게 만들 수 있는지 시도해보라고 하고 싶습니다. 선생이여, 당신은 한 죄인을 구주께로 데려오기 위해 온 힘을 기울여보고 나서야, 비로소 스스로를 큰 바보라고 생각하게 될 것입니다. 오! 나는 죄를 자각한 한 사람에게 위로를 주기 원하여 그와 논쟁하는 과정에서 얼마나 자주 좌절한 상태로 되돌아오곤 했는지요! 나는 슬픔에 빠진 사람들을 다루는데 어느 정도 기술을 갖추고 있다고 생각했습니다. 하지만 나는 이렇게 말할 수밖에 없었지요. "나는 얼마나 숙맥인지! 성령 하나님께서 이번 일을 직접 다루셔야만 합니다. 저는 완전히 실패했으니까요!" 설교자가 어떤 설교에서 죄 가운데 살고 있는 어떤 사람의 마음을 감화시키려 시도했을 때, 그 설교자는 그 죄인이 찔림을 받도록 하려는 목적으로 전했던 그 설교를 그가 오히려 즐겼음을 발견하기도 합니다. 그 때 그 설교자는 이렇게 말합니다. "아아, 이제 제가 얼마나 연약한 벌레 같은 자인지를 봅니다. 만약 어떤 선한 일이 이루어졌다면, 그 영광은 오직 하나님께만 돌려져야 합니다." 그러므로 다른 사람들이 구원받기를 바라는 여러분의 갈망과 타는 마음은, 하나님이 친히 행하시는 일에서 하나님께만 모든 영광이 돌려지게끔 합니다. 이는 주님이 목표로 삼으신 것입니다. 그분은 그의 영광을 다른 자에게 주지 않으시며, 그의 찬송을 육체의 힘에게 돌리지 않으시기 때문입니다(참조. 사 42:8).

이제, 사실을 확립하고, 또한 그 이유를 제시하였으니, 이 산고가 어떤 형태로 나타나는지를 살펴보도록 합시다.

통상적으로 하나님께서 어느 교회에 큰 복을 주려고 하실 때, 그 일은 이런 식으로 시작됩니다. 그 교회 내의 두세 사람이 무력한 현 상태에 대해 근심하고, 그 근심은 고뇌의 수준으로 변합니다. 아마도 그들이 서로 말을 한다거나 서로의 공통적인 근심에 대해 알지는 못해도, 그들은 타는 갈망과 지치지 않는 끈질김으로 기도하기 시작합니다. 교회가 부흥되는 것을 보고자 하는 열심이 그들을 압도합니다. 그들은 쉴 때에도 그것에 대해 생각하고, 침상에서도 그에 관한 꿈을 꾸며, 거리에서도 그 문제에 대해 곰곰이 생각합니다. 이 한 가지 일에 그들은 열중합니다. 그들은 큰 중압감을 느끼고, 멸망하는 죄인들로 인하여 지속적인 슬픔을 겪습니다. 그들은 영혼들을 위한 출산의 진통을 겪습니다.

나는 이 교회에서 어떤 형제들의 중심이 되었던 적이 있습니다. 그들 중의 하나가 일전에 내게 이런 말을 했습니다. "오 목사님, 저는 낮에도 밤에도 우리 교회가 번성하기를 하나님께 기도합니다. 저는 더 위대한 일들을 보기를 갈망합니다. 하나님께서 우리에게 복을 주고 계시지만, 저는 이보다 훨씬 더 큰 일을 보기 원합니다." 나는 인간 영혼의 깊은 갈망을 보았고, 그것이 다가올 복의 확실한 징조라고 생각하면서, 그에게와 하나님께 진심으로 감사했습니다. 그 얼마 후에, 또 다른 친구의 경우가 있었는데, 아마도 그는 지금 내 말을 듣고 있을 것입니다. 그는 방금 전에 내가 언급한 내용에 대해서는 모르고 있었지만, 같은 갈망을 느끼고 있었고, 그것을 내게 알릴 필요가 있었습니다. 그 역시 애가 탔으며, 부흥을 갈망하고, 간청하며, 부르짖고 있었습니다.

이와 같이 나는 서너 군데의 경로를 통해 같은 메시지를 전달 받았고, 이것이 좋은 징조들이기에 나는 희망을 느낍니다. 해가 뜰 때에, 산꼭대기가 제일 먼저 빛을 받듯이, 지속적으로 하나님 가까이에 거하는 자들이 다가올 부흥의 영향을 가장 먼저 느낄 것입니다. 주님은 내게 십여 명의 강청하는 탄원자들과 영혼들을 사랑하는 자들을 보내셨습니다. 주님의 은혜로 우리는 온 런던을 끝에서부터 끝까지 뒤흔들 것입니다. 그리스도인들이여, 그 일은 여러분 중 대다수와는 무관하게 진행될 것입니다. 여러분 중에서 많은 이들이 군대의 행진을 막고 있을 뿐입니다. 하지만 우리에게 십여 명의 사자 같은 이들, 어린 양과 같은 사람들, 그리스도와 영혼들을 향한 뜨거운 사랑으로 타오르는 자들을 보내어주소서! 그리하면 그들의 믿음으로 불가능한 일은 없을 것입니다! 우리 중 대부분은 저 열렬한 성도들의 구두끈을 풀기에도 합당치 않습니다. 나는 종종 나 자신도 그렇지 못하다고 느끼지만, 그들 중의 하나로 간주되기를 간절히 바라고 열망합니다. 오, 하나님께서 마음이 진지한 두세 사람에게서 산고의 첫 표징을 우리에게 보여주시길 빕니다.

점차 그러한 개인들이 성스러운 친밀감으로 서로에게 이끌리고, 기도 모임이 아주 달라집니다. 기도라고 부르던 시간에 이십 분 동안이나 장황하게 말하면서도 정작 단 한 가지도 구하지 않았던 그 형제가, 자기 연설을 중지하고, 많은 눈물과 띄엄띄엄 이어지는 문장으로 엎드려 기도합니다. 그런 와중에, 자기 경험에 대해 이야기하고 은혜의 교리들에 관하여 나열하면서, 그것을 기도라고 부르던 그 친구가, 장황하고 횡설수설하던 것을 버리고 보좌 앞에서 고투를 벌이기 시작합니다. 이 뿐만이 아닙니다. 여기저기 오두막집에서 삼삼오오 모이고, 그들의 작은 방에서 하나님께 강력하게 부르짖습니다. 그 결과 목사가, 비록 사람들의 마음에서 느껴지는 것에 대해서는 알지 못해도, 적어도 자기 자신이 뜨거워진다는 것입니다. 그는 더욱 복음적으로 전할 것이며, 더욱 부드럽게, 더욱 진지하게 전할 것입니다. 그는 더 이상 형식적이거나, 냉랭하거나, 판에 박은 듯한 사람이 아닐 것이며, 아주 살아있는 사람이 될 것입니다. 설교자만 복의 수단이 되는 것이 아니라, 주님을 사랑하는 그의 청중 역시 복의 수단이 됩니다. 한 사람은 젊은이들을 얻기 위해 방도를 강구할 것이며, 다른 사람은 교회당 통로에서 이따금씩 교회에 출석하는 낯선 자들을 살펴볼 것입니다. 한 형제는 길모퉁이에서 복음을 전파하려고 맹렬히 시도할 것이며, 또 다른 이는 하숙집들과 병원들을 방문할 것입니다. 모든 종류의 거룩한 계획들이 고안되고, 많은 방면에서 열정들이 표출됩니다. 이 모든 일은 자발적일 것이며, 아무것도 강요에 의하지 않을 것입니다. 만약 여러분이 부흥을 일으키기를 원하고, 그런 구호가 있듯, 당신이 그 일을 할 수 있는 것이라면, 그것은 마치 당신이 인공적인 열로 겨울철의 맛없는 딸기를 재배할 수 있는 것과 마찬가지일 것입니다. 그런 종류의 일을 행하는 방법들과 수단들이 있습니다만, 진정한 하나님의 일은 그런 계획과 책략이 필요치 않습니다. 그것은 전적으로 자연발생적입니다.

여러분이 만일 여러분의 정원에 다음 달 2월에 스노드롭꽃이 피는 것을 본다면, 여러분은 봄이 다가오고 있다고 느낄 것입니다. 조화(造花)를 만드는 사람이 여러분이 원하는 만큼의 많은 스노드롭꽃을 가져다놓을 수는 있어도, 그것이 다가오는 봄의 표징은 아닐 것입니다. 마찬가지로 여러분도 하나님의 축복의 표징이 되지 못하는 겉치레의 열심을 낼 수 있습니다. 하지만 열정이 인간의 지시나 통제 없이 저절로 발생할 때, 그것은 주님으로부터 생겨난 것입니다. 마치 정원의 옥토가 거기에 묻혀 있는 소성하게 만드는 생명의 기운으로 움을 틔우듯이, 사람들의 마음이 한숨을 발하면서 깨어질 때, 그 때 진정한 축복이 가까워진 것입니다. 산고(產苦)는 결코 흉내 내는 것이 아니며, 진정으로 실질적인 진통입니다. 그런 것이 우리 교회에서와, 하나님의 온 이스라엘에게서 목격되기를 바랍니다.

2. 산고(產苦)는 놀라운 결과를 가져온다.

간략하게, 그 결과가 종종 아주 놀랍다는 것을 숙고해보도록 합시다. "시온은 진통하는 즉시 그 아들을 순산하였도다." 빈번하게도, 그것은 신속성으로 인해 놀랍습니다. 하나님의 일은 시간에 매이지 않습니다. 어떤 힘이 더 영적일수록 그것은 시간의 사슬에 덜 매이게 됩니다. 전류(電流)는 조악한 물질의 형태에 비하면 훨씬 영적인 것에 가까운 것으로서, 바로 그 이유 때문에 상상할 수 없을 정도로 신속하며, 또한 그 때문에 시간은 거의 무력화됩니다. 하나님의 성령의 영향력은 최고의 영적인 힘이며, 해 아래 있는 그 무엇보다 빠릅니다. 우리의 영이 산고의 사투를 벌이자마자, 성령께서는, 원하시기만 하면, 우리가 위하여 간구하는 그 사람을 회심시키실 수 있습니다. 우리가 아직 말하고 있는 동안 그분은 이미 들으시며, 우리가 그분을 부르기도 전에 그분은 응답하십니다. 어떤 사람들은 산술적으로 교회 성장의 기대치를 예측합니다. 나는 계산적인 설교들을 들은 적이 있다고 생각하는데, 그 설교들의 내용에는 온 세상을 변화시키려면 얼마나 많은 선교사들이 필요할 것이며, 또한 얼마나 많은 돈이 요구되는지에 대한 정교한 계산이 포함되어 있었습니다. 하지만 여기에는 수학을 적용할 여지가 없습니다. 영적인 힘들은 물리적인 세계에 정통한 계산가에 의해 측정되지 않습니다. 오늘 한 사람의 마음에 감명을 주었다고 여겨지는 진리가 내일은 수백만 사람들의 마음에 비슷한 효과를 산출할 수도 있습니다. 한 사람의 마음을 움직이는 설교는 일만 사람을 대상으로 전할 때에도 수정될 필요가 없습니다. 하나님의 성령이 함께 하시면 우리가 현재 가진 도구들만으로도 세상을 예수님께로 이끌기에 충분합니다. 그분이 없이는, 비록 외적인 힘이 일만 배로 커진다고 해도 너무나 약한 것이 되고 말 것입니다.

게다가, 진리의 전파는 시간으로 계산할 수 없습니다. 1870년을 끝으로 약 십 년 동안, 세상에는 놀라운 변화들이 일어났으며, 그러한 변화들은 어떤 선지자가 미리 예고했다고 해도 믿어지지 않았을 것입니다. 영국, 미국, 독일, 스페인, 이탈리아에서 개혁이 이루어졌으며, 그것은 일반적인 계산에 따르면 적어도 백 년의 세월이 걸리는 것이었습니다. 마음과 관련된 일들은 증기선이나 철도를 통제하는 시간이라는 규칙들의 지배를 받지 않습니다. 그런 문제들에 있어서 하나님의 전령들은 맹렬한 화염입니다. 하나님의 영은 사람들의 마음에 즉각적으로 작용하실 수 있습니다. 바울의 경우가 그것을 증언합니다. 지금과 내일 아침 사이에 성령님은 수십억 아담의 후손들 모두의 정신에 거룩한 생각을 불러일으키실 수 있습니다. 만약 기도가 충분히 강력하고 힘이 있다면, 어느 멋진 날에 그런 일이 일어나지 않는다는 법이 어디 있습니까? 우리는 그분 안에서 제한되지 않으며, 오직 우리 자신의 심정에서 제한될 뿐입니다. 모든 흠결은 거기에 있습니다. 오, 즉각적인 결과들을 낳는 산고의 진통이 있기를 바랍니다.

결과가 놀라운 이유는 단지 그 신속성 때문만이 아니라, 그 위대성 때문이기도 합니다. "나라가 어찌 하루에 생기겠으며 민족이 어찌 순식간에 태어나겠느냐?"라고 말합니다. 시온이 그 자녀들로 인하여 진통하자마자, 수만 명이 와서 예루살렘을 수축하고, 무너졌던 나라를 세웁니다. 그처럼 기도의 응답에서, 하나님은 신속한 복을 주실 뿐 아니라 위대한 복을 주십니다. 오순절 날이 이르기에 앞서, 다락방에서 뜨거운 기도가 있었습니다. 그 때 얼마나 놀라운 응답이 있었습니까? 베드로의 설교 후에, 약 삼천 명이 그리스도께 대한 믿음을 고백하고 세례를 받았습니다. 우리는 그런 일을 다시 볼 수 없을까요? 성령이 제한되십니까? 그분의 팔이 짧아지셨나요? 정녕 그렇지 않습니다. 오직 우리가 그분을 제한하고 방해하고 있을 뿐입니다. 그분은 우리의 불신앙 때문에 이곳에서 많은 능력을 행하실 수 없습니다. 우리의 불신앙이 제거된다면, 우리의 기도가 뜨겁고, 맹렬하고, 끈질기게 하나님께 올라간다면, 우리 모두가 놀랄 만한 큰 복이 내려올 것입니다.

이제 다음 요점으로 넘어가도록 하겠습니다.

3. 산고와 그 결과는 매우 바람직한 것이다.

산고와 그 결과는 매우 바람직한 것인데, 이 때에 특별히 그러합니다. 세상은 지식의 결핍으로 망하고 있습니다. 우리 중에 어떤 사람이 중국을 그 마음에 품고 있습니까? 여러분의 상상력으로는 하나님도 없고 그리스도도 없으며, 이스라엘 나라 밖에 있는 그 강력한 제국의 인구를 헤아릴 수가 없습니다. 하지만 중국만 그런 것이 아닙니다. 어둠 가운데 놓여 있는 다른 거대한 나라들이 있습니다. 큰 뱀이 지구를 둘러 감고 있으니, 세상을 그에게서 풀어줄 이가 누구입니까? 삼백만 인구가 있는 이 도시를 생각해보십시오. 그 큰 죄악을 밤하늘의 달이 보고 있습니다! 안식일이 그 죄를 지켜보고 있습니다! 오호라, 이 악한 도시의 범죄를 보십시오! 옛 바벨론이 지금의 런던보다 더 악하지는 않았을 것입니다. 바벨론은 런던이 받은 빛을 가지지 못했기 때문입니다. 형제들이여, 교회가 나태하고 혼수상태에 빠져 있는 한, 중국에는 소망이 없으며, 세상에도 소망이 없고, 우리의 이 도시에도 소망이 없습니다. 복이 주어지는 것은 교회를 통해서입니다. 그리스도께서 떡을 축사하시고, 그것을 제자들에게 주십니다. 군중은 제자들을 통해서만 그것을 얻을 수 있습니다. 오, 지금은 죽어가는 무수한 영혼들의 유익을 구하기 위해 교회가 깨어야 할 때입니다.

더욱이 형제들이여, 악의 권세가 더욱 기승을 부리고 있습니다. 우리는 잠들 수 있지만, 사탄은 결코 잠들지 않습니다. 교회의 쟁기가 저기 놓여진 채, 밭고랑에서 녹슬고 있습니다. 그것을 바라볼 때 여러분은 부끄럽지 않습니까? 하지만 사탄의 쟁기는 이 거대한 밭의 끝에서 끝까지 오가고 있습니다. 게으른 교회가 잠들어 있는 동안 사탄은 쟁기로 깊이 땅을 파면서, 갈지 않은 부분을 남겨두지 않습니다. 우리가 악한 영들의 끔찍한 활동과 그들의 지배하에 있는 사람들을 보고서 분발할 수 있기를 바랍니다. 해로운 문학들이 얼마나 널리 퍼지고 있으며, 사람들은 얼마나 큰 열심을 가지고 죄지을 새로운 방법들을 찾는지요! 호색적인 혀를 만족시킬 새로운 노래들을 지어내거나, 부정한 눈을 즐겁게 해 줄 새로운 볼거리들을 만들어낼 수 있는 자들은 사람들 중에서 유명해집니다. 오 하나님, 당신의 원수들은 깨어있고, 당신의 벗들만 잠들어 있는 것인지요? 오, 한때 겟세마네에서 피와 땀으로 온 몸이 젖으셨던 고난의 주여, 열둘 중에 오직 유다 외에는 깨어있는 자가 없는지요? 그 배반자를 제외하고는 그들이 모두 잠들어 있는 것입니까? 하나님께서 그 무한하신 긍휼로 인하여 우리를 깨어나게 하시길 빕니다!

내 형제들이여, 한 교회가 하나님을 섬기지 않을 때에는, 그 자체 내에 해악이 발생합니다. 교회가 다른 사람들을 이끌어 들이지 않으면, 그 심장의 박동이 약해지며, 몸 전체가 쇠약해집니다. 교회는 자녀들을 낳아 하나님께 드리든지, 그렇지 않으면 쇠약해져서 죽든지 해야 합니다. 그것 외에 교회에 다른 선택은 없습니다. 한 교회는 열매를 맺느냐 혹은 말라 죽느냐의 두 가지 경우 중 하나일 것이며, 모든 것 중에서 말라 시드는 교회야말로 가장 거슬리는 경우입니다. 가능하다면 우리는 마치 아브라함이 사라를 매장했듯이, 우리의 죽은 교회들을 눈에 보이지 않도록 매장할 수 있기를 원합니다. 왜냐하면 지면 위에 있을 때 그것들은 회의주의 역병을 퍼뜨릴 것이고, 사람들은 "이것이 종교란 말인가?"라고 말할 것이기 때문입니다. 그들은 그런 모습을 종교라고 간주하며, 참된 종교를 저버릴 것이기 때문입니다.

가장 나쁜 것은, 하나님이 영광을 얻지 못하시는 것입니다. 교회 안에 마음의 갈망이 없고, 회심도 없다면, 구속주의 영혼의 수고는 어떻게 되는 것입니까? 임마누엘이시여, 어디에, 어디에 당신의 치열한 싸움의 전리품들이 있습니까? 당신의 면류관의 보석들은 어디에 있나이까? 당신께서는 당신의 것을 소유하실 것이며, 당신의 아버지의 뜻은 좌절되지 않을 것이며, 당신은 찬양을 받으실 것입니다. 하지만 아직 우리가 그것을 볼 수 없습니다. 사람들의 마음은 완고하고, 그들이 당신을 사랑하려 하지 않습니다. 그들의 고집은 완고하고, 그들의 의지는 당신의 주권을 인정하려고 하지 않습니다. 오! 예수님이 영예를 얻지 못하시는 것으로 인해 우십시오! 주의 이름을 남용하는 더러운 말들을 들을 때, 그것이 우리의 피를 더럽힙니다. 불경스러운 노래가 감사하는 노래의 자리를 찬탈합니다. 오! 그리스도를 따르는 이들이여, 그리스도의 상처와, 피와 같은 땀과, 그분의 십자가와 못과 창을 두고 여러분에게 호소하거니와, 간절해지기를 바랍니다! 기독교회의 간절하고 애타는 노력으로 말미암아 예수 그리스도의 이름이 알려지고 사랑받게 되기를 바랍니다!

4. 교회의 산고를 방해하는 자들에게 화가 임한다.

끝맺을 때가 가까워지고 있습니다. 이제 네 번째로, 교회의 산고를 방해하여 교회로 하여금 자녀들을 낳지 못하게 하는 자들에게는 틀림없이 재앙이 임한다는 사실에 주목하도록 합시다. 진지한 심령의 설교자는 무관심한 자들에게 경고를 선언하지 않고는 결코 그 권면을 종결지을 수가 없습니다. 이스라엘의 원수들에 맞서 출전했던 옛 여걸(女傑)이 겁쟁이 정신을 가진 자들을 기억하면서 무슨 말을 했던가요? "여호와의 사자의 말씀에 메로스를 저주하라 너희가 거듭거듭 그 주민들을 저주할 것은 그들이 와서 여호와를 돕지 아니하며 여호와를 도와 용사를 치지 아니함이니라 하시도다"(삿 5:23). 그러한 저주가, 정녕 그리스도인이라고 공언하면서도, 영혼들을 위한 진통의 날에 교회를 돕는 일에 뒤로 물러서는 모든 자들에게 임할 것입니다. 교회를 방해하는 그들이 누구입니까? 나는 이렇게 대답합니다. 모든 세속적인 그리스도인이 복음의 진보를 막습니다! 은밀한 죄 중에 살아가는 교회의 지체, 스스로 잘못되었다고 아는 무언가를 그 심중에 용인하는 자, 자기 자신의 개인적인 성화를 위해 애쓰지 않는 자, 그런 자들이 모두 그 정도에 따라 하나님의 성령의 활동을 방해하는 것입니다.

주의 그릇들은 깨끗해야 합니다. 우리가 알려진 부정을 담아두고 있는 그 정도만큼, 우리는 성령을 제한하는 것입니다. 우리가 의식하는 어떤 죄를 용인하고 있는 한, 성령님은 우리와 함께 일하실 수 없습니다. 형제들이여, 내가 지금 말하고 있는 것은 어떤 명백한 율법의 어김에 대한 것이 아닙니다. 내가 언급하는 것에는 세속성, 곧 육적인 것들에 대한 관심과 영적인 일들에 대한 무관심도 포함됩니다. 여러분이 가진 은혜는 우리로 하여금 여러분이 그리스도인일 것이라고 희망을 갖게 만들기에는 충분하지만, 여러분을 그리스도인이라고 입증할 정도로 충분하지는 않습니다. 여러분은 제일 꼭대기에 있는 가지에 군데군데 시든 사과들을 달고 있긴 하지만, 많은 열매를 맺지 않습니다. 내가 의미하는 것은, 이 부분적인 메마름이 비록 정죄할 정도는 아니어도, 축복을 억제하기에 충분하다는 것입니다. 이러한 메마름이 교회의 보화들을 앗아가며 그 진보를 저해합니다. 오 형제들이여, 여러분 중에 이렇게 묘사된 이들이 있다면, 회개하고 처음 일들을 행하십시오. 그러면 하나님께서 지금까지 여러분이 뒤처졌던 것만큼 앞장서도록 도우실 것입니다.

이러한 당면한 문제로부터 교회의 정신을 딴 데로 돌리게 만드는 자들 또한 잘못입니다. 교회의 생각을 영혼 구원하는 일에서 떠나게 만드는 어느 누구든 해악을 일으키는 자입니다. 나는 어느 목사에 대해 이런 말을 하는 것을 들은 적이 있습니다. "그는 그 도시의 정치에 크게 영향을 미치고 있다." 내 생각에는, 그런 일이 유익한 것인지 의심스러우며, 정말이지 선한 것인지 미심쩍습니다. 만일 그 사람이 복음 전파라고 하는 자기 소명을 지속하면서 그보다 천한 일들에도 영향을 미친다면, 그것은 좋은 일입니다. 하지만 어떤 기독교 목사이건, 그가 두 가지 일들을 잘할 수 있다고 생각한다면 오산입니다. 그는 영혼을 얻는 일에 관심을 집중해야지, 기독교회를 정치적 동호회로 변질시켜서는 안 됩니다.

다른 곳에서라면 정치적 문제로 싸울 수도 있겠지만, 하나님의 교회 안에서는 그럴 수 없습니다. 우리가 할 일은 영혼을 얻는 것이고, 우리의 깃발은 십자가이며, 한 분이신 우리의 지도자는 십자가에 달리신 왕입니다. 교회 안에, 사람들의 생각을 영혼들을 구하는 일에서 빗나가게 만드는 부차적인 일들이 있을 수 있습니다. 지극히 미미한 작은 일들이, 실족하게 만드는 큰 일로 확대될 수 있습니다.

오 내 형제들이여, 영혼들이 죽어가는 동안에 개인적인 다툼들은 뒤로 미루도록 합시다. "실족하게 하는 일이 없을 수는 없으나 실족하게 하는 그 사람에게는 화가 있도다"(마 18:7). 결국, 그리스도를 영화롭게 하는 일에 비하면, 주목할 가치가 있는 일이 무엇이겠습니까? 만일 여러분이 성도들의 신발을 터는 매트가 됨으로써 우리 주님께서 영광을 얻으신다면, 여러분은 바로 그 자리에 있음으로써 영예를 얻을 것입니다. 여러분이 참고 인내함으로써 하나님께 영광이 된다면, 심지어 모욕적인 언동에 대해서도, 그리스도께서 모든 것이 되시기 위해 여러분이 아무것도 아닌 것이 되도록 허락받은 것으로 인해 기뻐하시기 바랍니다. 우리는 이리로나 저리로 빗나가서는 안 됩니다. 황금의 사과조차도 우리를 이 경주에서 벗어나도록 유혹하지 못하게 해야 합니다! 푯대가 있으니, 그 푯대에 이를 때까지, 우리가 멈추어서는 안 됩니다. 오직 우리는 그리스도의 대의와 면류관을 위하여 앞으로 달려가야 합니다.

무엇보다 내 형제들이여, 우리가 교회의 산고에 참여하지 않으면 결과적으로 그 일을 방해하는 자가 될 것입니다. 교회의 많은 지체들은 아무런 잘못을 하지 않고, 문제를 일으키지만 않으면, 잘하고 있는 것이라고 생각합니다. 그렇지 않습니다. 선생이여, 전혀 그렇지 않습니다. 여기 하나의 수레가 있습니다. 우리 모두 그것을 끌기 위해 참여해야 합니다. 여러분 중에 어떤 이들은 그것을 끌기 위해 손을 내밀지도 않습니다. 그러면 우리들 중 나머지가 그만큼의 수고를 더 해야 합니다. 최악의 일은, 우리가 방관하는 여러분들까지도 끌어야 한다는 것입니다. 끄는 일에 여러분이 힘을 보태지 않으면, 여러분은 우리가 끌어야 하는 무게만 늘리는 셈입니다. 아마도 여러분은 이렇게 말하겠지요. "하지만 저는 방해하지 않았어요." 당신은 방해했습니다. 당신은 방해할 수밖에 없습니다. 만일 한 사람의 다리가 그가 걷는 일을 돕지 않으면, 그 다리는 틀림없이 그를 방해하는 것입니다. 오, 나는 그런 일을 생각조차 하기 싫습니다. 내가 나 자신의 영혼의 성장에 방해가 되는 일은 정녕 나쁜 일입니다. 하지만 만약 내가 하나님의 백성들에게 방해가 되고, 그들의 용기를 꺾고, 그들의 열정을 식게 만든다면 어찌 할까요? 오 주여, 그런 일이 절대 일어나지 말게 하소서! 당신의 이름을 위하여 행해지는 아주 작은 일이라 할지라도, 그 일에 방해가 되느니 저는 차라리 저 골짜기의 흙더미 사이에 묻히는 편이 좋겠습니다!

5. 영혼들을 위해 산고를 감당하는 자들에게 복이 임한다.

나는 화에 대한 진술로 끝맺기보다 축복의 말로 끝맺으려고 합니다. 여러분 중 어느 누구든 영혼들을 하나님께 데려오기 위해 영혼의 수고를 감당하는 자에게는 분명 큰 복이 임할 것입니다. 여러분의 가슴에는 눈물이 흐릅니다. 여러분은 자주 언급되어서 이제는 진부할 정도가 된 오랜 예화를 알 것입니다. 두 여행자들이 눈 속에서 얼어버린 한 사람 곁을 지나갔습니다. 아마도 그는 죽은 것으로 생각되었습니다. 둘 중 하나가 이렇게 말했습니다. "나는 나 자신이 살아남기에도 할 일이 많아, 나는 서둘러 가야 해." 다른 하나가 말했습니다. "나는 그에게 희미한 숨이라도 붙어있는 한 내 동료 인간을 그냥 지나칠 수가 없다." 그는 몸을 구부려 얼어붙은 그 사람의 몸을 따뜻하게 하기 위해 힘차게 비비기 시작했습니다. 마침내 그 불쌍한 동료가 눈을 떴고, 다시 되살아나 움직이게 되었고, 자기 목숨을 살려준 그 사람과 함께 걸었습니다. 그들이 보게 된 첫 광경이 무엇일까요? 바로 자기 자신만을 돌보려 했던 사람이 얼어 죽어있는 모습이었습니다. 그 선한 사마리아인은 다른 사람의 몸을 비빔으로써 자기 자신의 목숨을 보전했던 것입니다. 그가 일으킨 마찰이 자기 자신의 피를 돌게 만들었고, 그에게 활기를 유지시켜주었던 것입니다. 만일 여러분이 다른 사람들을 축복한다면 여러분은 스스로를 축복하는 셈이 될 것입니다.

게다가, 여러분이 할 수 있는 일을 행했다고 느끼는 것이 기쁨이 아닐까요? 주일 저녁에 설교자가 집에 돌아왔을 때 느끼는 것이 이런 것이라면 좋은 것입니다. "음, 나는 내가 바라는 만큼 잘 전하지 못했을 수도 있다. 하지만 나는 주 예수님을 전했고, 내 온 마음을 다해 전했으니, 더 이상 잘할 수는 없었다." 그는 그날 밤 편히 잘 수 있습니다. 여러분이 할 수 있는 선을 모두 행하면서 하루를 보낸 후에는, 비록 성공을 거두지 못했더라도, 여러분은 그리스도의 품에 머리를 기대고 잠들 수 있습니다. 비록 영혼들을 거두지 못했더라도, 여러분의 보상은 얻었다고 느낄 수 있습니다. 만일 사람들이 잃은 상태에 있을지라도, 우리가 그들에게 구원의 길을 알리는 데에 실패하기 때문에 잃은 것은 아닙니다. 그것은 다행입니다. 하지만 여러분이 몇 영혼들을 그리스도께 이끄는 일에 성공을 거두었다면, 그것이 여러분에게 얼마나 큰 위안이 될는지요! 여러분 영혼의 모든 기쁨의 종들을 울리는 셈이 될 것입니다. 그리스도와의 친교의 기쁨을 제외하고는 그보다 더 큰 기쁨이 없을 것입니다. 오, 이 기쁨을 추구하고 그것을 갈망하시기 바랍니다!

여러분의 친 자녀들이 회심한 것을 볼 때 어떻겠습니까? 여러분은 그것을 오랫동안 희망해왔지만, 그 희망은 실망이 되곤 했습니다. 여러분이 하나님과 더욱 가까이 살 때 하나님께서는 그 최상의 기쁨을 여러분에게 주기 원하십니다. 예, 아내들이여, 여러분의 마음이 온전히 바쳐질 때 남편의 마음을 얻을 것입니다. 어머니들이여, 여러분이 구주를 더 사랑할 때 딸이 그분을 사랑하게 될 것입니다. 교사들이여, 하나님께서는 여러분의 반에 복을 주시길 원하십니다. 하지만 그분은 먼저 여러분의 마음을 그 복 받기에 합당하게 만드시기 전에는 그 복을 주시지 않을 것입니다. 만일 여러분의 자녀가 여러분의 가르침을 통해 회심하게 된다면, 여러분은 그것을 크게 자랑스러워 할 것입니다. 하나님께서는 여러분이 그런 성공을 감당하지 못하는 것을 아시기에, 당신이 그분의 발치에 엎드리기 전에는, 여러분 자신을 비우고 그분으로 채워지기 전에는, 그 복을 주시지 않을 것입니다.

이제 나는 이 교회의 모든 지체들에게 하나님께서 부흥의 때를 허락하시도록 기도하기를 요청합니다. 나는 내가 헛되이 수고했다거나, 내 힘을 헛되이 소비했다고 불평해서는 안 됩니다. 결코 그럴 수 없습니다. 나는 말씀을 전하는 일에서 은혜가 조금이라도 줄었다고 생각해서도 안 됩니다. 왜냐하면 내 생애에서, 내가 질병에서 회복된 이후의 기간보다, 더 많은 회심자들을 얻은 적이 없었기 때문입니다. 아주 짧은 기간에, 내 설교 인쇄물을 통해서나 이 자리에서 선포된 설교를 통해 은혜를 얻었다고 알려주는 이렇게 많은 편지들을 받았던 적이 전에는 없었습니다. 나는 통상적으로 모이는 회중으로부터 너무 적은 회심자들을 얻었다고 생각하지도 않습니다. 여러분은 항상 한 연못에서만 낚시를 할 수 없으며, 한 곳에서 처음처럼 많은 물고기들을 잡지 못합니다. 어쩌면 주님께서는 그분이 원하신 만큼 여러분 모두를 구원하셨을 수도 있습니다. 때때로 나는 그분이 그렇게 하신 것이 아닌지 염려합니다. 그렇다면 내가 여러분에게 계속 설교하는 것은 거의 소용이 없을 것이며, 차라리 다른 곳으로 옮기는 편이 나을 것입니다. 만일 내가 그렇게 믿는다면 그것은 굉장히 우울한 생각이겠지요. 나는 그렇게 믿지 않으며, 다만 그것을 염려할 뿐입니다. 정녕 어쩌다 이곳에 한 번 들른 낯선 자들이 회심을 하고, 항상 복음을 듣는 여러분은 변하지 않은 채로 있다는 것이 항상 사실은 아닐 것입니다. 하지만 이상하게도, 또 한탄스럽게도, 그것이 여러분에게 사실이 아닌가요? 바로 오늘 여러분의 그리스도인 친구들의 근심이 간절해지고, 또한 여러분 자신이 스스로를 위해 애타는 마음을 가지게 되기를 바랍니다. 여러분이 구주를 발견하기까지는 여러분의 눈을 잠들게 하지 마십시오.

여러분은 구원의 길을 압니다. 그것은 여러분의 죄를 가지고 단순하게 나아와 구주에게 그 죄들을 내려놓는 것입니다. 그것은 그리스도를 신뢰하고 그분의 속죄의 피를 의지하는 것입니다. 오, 여러분이 이 아침에 그분을 믿고, 그분의 은혜의 영광을 찬미하게 되기를 바랍니다. 장로님들이 내일 저녁 특별 기도의 시간을 갖기 위해 모일 것입니다. 나는 어머니들 또한 모여 기도의 씨름을 하는 시간을 갖기 바랍니다. 그리고 교회의 모든 지체들이 이번 주에 기도를 위한 시간을 따로 떼어놓기를 바랍니다. 그리하여 주께서 그분의 교회를 다시 권고하시고, 교회로 하여금 그분의 이름 안에서 다시 기뻐하게 만드시기를 바랍니다. 우리는 뒤로 물러설 수 없으며, 감히 뒤돌아보지도 않을 것입니다. 우리는 손에 쟁기를 잡았으니, 뒤돌아본다면 저주가 우리에게 임할 것입니다. 롯의 처를 기억하십시오. 우리는 전진해야 합니다. 뒤로 물러설 수는 없습니다. 영원하신 하나님의 이름으로, 성령의 능력으로 우리의 허리를 동이고, 어린 양의 피로 말미암아 정복하며 앞으로 나아갑시다. 예수의 이름을 위하여 그 일을 갈망합니다. 아멘.